de Gruyter Lehrbuch

Philipp Vielhauer

# Geschichte der urchristlichen Literatur

Einleitung in das Neue Testament,
die Apokryphen und
die Apostolischen Väter

Walter de Gruyter · Berlin · New York
1975

Die wissenschaftliche Leitung der theologischen Lehrbücher im Rahmen der „de Gruyter Lehrbuch"-Reihe liegt in den Händen des ord. Prof. der Theologie D. Kurt A l a n d , D. D., D. Litt. Diese Bände sind aus der ehemaligen „Sammlung Töpelmann" hervorgegangen.

*CIP-Kurztitelaufnahme der Deutschen Bibliothek*

**Vielhauer, Philipp**
Geschichte der urchristlichen Literatur: Einl. in d. Neue Testament, die Apokryphen u. d. Apostol. Väter.
(de-Gruyter-Lehrbuch)
ISBN 3-11-002447-0

Printed in Yugoslavia

Satz und Druck: Časopisno grafično podjetje Delo, Ljubljana
Buchbinder: Wübben u. Co., Berlin 42

MEINER FRAU

# VORWORT

Als der Verlag die Neubearbeitung der „Einführung in das Neue Testament. Bibelkunde des Neuen Testaments, Geschichte und Religion des Urchristentums" (Sammlung Töpelmann. Die Theologie im Abriß: Band 2) von R. Knopf, H. Lietzmann und H. Weinel plante, zeigte sich die Notwendigkeit, das bewährte Werk in zwei Bücher aufzuteilen. Das eine, das die Geschichte des Urchristentums behandeln sollte, wurde Helmut Köster (Harvard), das andere, das die urchristliche Literatur behandeln sollte, mir übertragen. Nach dem Vorbild der „Einführung" und vor allem einer alten wissenschaftlichen Forderung entsprechend sollte nicht eine der üblichen ‚Einleitungen in das Neue Testament' gegeben, sondern das gesamte urchristliche Schrifttum, von dem das Neue Testament ja nur ein Teil ist, *literaturgeschichtlich* dargestellt werden. Über die Abgrenzung des Stoffs und die Methode der Darstellung gibt § 1 Auskunft. Hier sei nur betont, daß das vorliegende Buch als *Lehrbuch* gedacht ist: es stellt die urchristliche Literaturgeschichte nicht einfach aus meiner Sicht dar, sondern es führt zugleich in ihre Probleme und deren heutigen Diskussionsstand ein, um dem Leser ein eigenes Urteil zu ermöglichen; es ist ein Arbeitsbuch.

Da § 2 (Vorliterarische Formen) wegen der Spröde des Materials eine besondere Konzentration bei der Lektüre erfordert, wäre dem Anfänger zu raten, diesen Paragraphen zunächst zu überschlagen und ihn erst, wenn er sich – etwa in das 1. Kapitel – eingelesen hat, durchzuarbeiten.

Eine wichtige *Ergänzung zu § 7 (Der Galaterbrief)*, die ich durch die Freundlichkeit von Herrn Prof. Dr. Kurt *Bittel* erhalten habe und für die ich ihm herzlich danke, sei hier angebracht, weil sie aus technischen Gründen nicht mehr in den Text (unten S. 107f) aufgenommen werden kann. In der umstrittenen Frage, ob die Adressaten des Galaterbriefs in der Landschaft Galatien, also im Norden der Provinz, oder aber im Süden der Provinz (in Pisidien, Lykaonien usw) zu suchen sind, wird häufig geltend gemacht, in der Landschaft Galatien gebe es vor dem 3. Jh. nChr. keine archäologischen Zeugnisse für die Existenz des Christentums, der Brief müsse also an

Gemeinden im Süden der Provinz gerichtet sein. Nun hat aber K. Bittel im östlichen Galatien, im trokmischen Gebiet, jüdische und christliche Grabsteine aus dem 2. Jh. entdeckt; ihre Bekanntgabe findet sich in: Boğazköy V, Funde aus den Grabungen 1970 und 1971, Abhandlungen der Deutschen Orientgesellschaft Nr. 18, S. 108 bis 113: K. Bittel, Christliche und jüdische Grabsteine. Der archäologische Befund spricht also nicht gegen, sondern für die Landschaftshypothese.

Die *Literaturangaben* sind aus Raumgründen möglichst knapp gehalten, allerdings bewußt nicht auf Kosten der älteren Literatur. Die Subjektivität der Auswahl soll durch Verweise auf Nachschlagewerke, Forschungsberichte und neue Arbeiten, die Literaturverzeichnisse enthalten, ausgeglichen werden. Die Kommentare zu den neutestamentlichen Schriften werden in dieser Folge aufgeführt: zunächst die deutschen, dann die englischen und die französischen Reihenwerke, schließlich wichtige Einzelkommentare. – Die Abkürzungen der Literatur sind die des Nachschlagewerkes „Die Religion in Geschichte und Gegenwart" (RGG), 3. Auflage.

Mein Dank gilt dem Herausgeber dieser Reihe, Herrn Prof. D. Kurt *Aland*, D. D. für hilfreichen Rat bei der Drucklegung. Für mannigfache Unterstützung während der langen Entstehungszeit dieses Buches danke ich meinen früheren Mitarbeitern, den Herren Prof. Dr. Dr. Hartmut *Stegemann*, Doz. Dr. Klaus *Wengst*, Dr. Hilger *Weisweiler* und Priv. doz. Dr. Gerd *Theißen*, dem ich auch für förderliche Anregungen verpflichtet bin, und für unermüdliche Hilfe beim Abschluß des Manuskripts, bei der Korrektur und bei der Erstellung der Register meinen jetzigen Mitarbeitern, den Herren Pastor Peter *Klein* und stud. theol. Erich *Dobberahn*, sowie Herrn stud. theol. Thomas *Hübner*, der sich freiwillig an der mühsamen Arbeit beteiligt hat. Vor allem danke ich meinem Freunde Dr. Wolfgang *Meyer*, der das Werden dieses Buches von den ersten Anfängen bis zum Abschluß mit Rat, Kritik und tatkräftiger Hilfe begleitet hat.

Philipp Vielhauer

Bonn, den 26. Mai 1975

# INHALTSVERZEICHNIS

2. Kapitel: Die synoptischen Evangelien
und die Apostelgeschichte

3. Kapitel: Der johanneische Kreis

10. Kapitel: Der Ausgang der christlichen Urliteratur

# ABKÜRZUNGSVERZEICHNIS

| | |
|---|---|
| AGG | Abhandlungen der Gesellschaft der Wissenschaften zu Göttingen |
| AKG | Arbeiten zur Kirchengeschichte |
| ASNU | Acta Seminarii Neotestamentici Upsaliensis |
| AThANT | Abhandlungen zur Theologie des Alten und Neuen Testaments |
| Bauer, WB | W. Bauer, Griechisch-Deutsches Wörterbuch zu den Schriften des Neuen Testaments und der übrigen urchristlichen Literatur, ⁵1958 |
| BFChTh | Beiträge zur Förderung christlicher Theologie |
| BHTh | Beiträge zur historischen Theologie |
| Bibl | Biblica |
| Bill. I–V | (H. L. Strack-) P. Billerbeck, Kommentar zum Neuen Testament aus Talmud und Midrasch, Bd 1–4 1922–1928, Bd 5 1955 |
| BJRL | The Bulletin of the John Rylands Library |
| Bl-Debr | F. Blaß-A. Debrunner, Grammatik des neutestamentlichen Griechisch, ⁹1954 |
| BNTC | Black's NT Commentaries |
| Bultmann, NT | R. Bultmann, Theologie des Neuen Testaments, ⁵1965 |
| BWA (N) T | Beiträge zur Wissenschaft vom Alten (und Neuen) Testament |
| BZ | Biblische Zeitschrift |
| BZNW | Beihefte zur Zeitschrift für die neutestamentliche Wissenschaft |
| CN | Coniectanea Neotestamentica |
| DBS | Dictionnaire de la Bible, Supplément, Bd 1ff, 1928ff |
| EKL | Evangelisches Kirchenlexikon, Kirchlich-theologisches Handwörterbuch, hg. v. H. Brunotte und O. Weber, 1955ff |
| EphLov | Ephemerides Lovanienses |
| EtB | Études Bibliques |
| EThL | Ephemerides Theologicae Lovanienses |
| EvTh | Evangelische Theologie |
| FRLANT | Forschungen zur Religion und Literatur des Alten und Neuen Testaments |
| GGA | Göttingische Gelehrte Anzeigen |
| Gn | Gnomon. Kritische Zeitschrift für die gesamte klassische Altertumswissenschaft |
| HNT | Handbuch zum Neuen Testament, begr. v. H. Lietzmann, hg. v. G. Bornkamm |
| HThK | Herders Theologischer Kommentar, hg. v. A. Wikenhauser |

| | |
|---|---|
| HThR | The Harvard Theological Review |
| HUCA | Hebrew Union College Annual |
| HZ | Historische Zeitschrift |
| JBL | Journal of Biblical Literature and Exegesis |
| ICC | The International Critical Commentary of the Holy Scriptures of the Old and New Testament |
| JR | Journal of Religion |
| JThS | Journal of Theological Studies |
| KlT | Kleine Texte für theologische und philologische Vorlesungen und Übungen, begr. v. H. Lietzmann, hg. v. K. Aland |
| KNT | Kommentar zum Neuen Testament, hg. v. Th. Zahn |
| KuD | Kerygma und Dogma |
| LThK | Lexikon für Theologie und Kirche, ²1957ff |
| MeyerK | Kritisch-exegetischer Kommentar über das Neue Testament, begr. v. H. A. W. Meyer |
| Moffatt, NTC | The Moffatt New Testament Commentary |
| NovTest | Novum Testamentum. An international quarterly for New Testament and related studies |
| NTD | Das Neue Testament Deutsch (Neues Göttinger Bibelwerk), hg. v. P. Althaus u. J. Behm |
| NTS | New Testament Studies |
| PW | A. Pauly-G. Wissowa, Real-Encyclopädie der klassischen Altertumswissenschaft, NB 1894ff |
| RAC | Reallexikon für Antike und Christentum, hg. v. Th. Klauser, 1941ff |
| RB | Revue Biblique |
| RBén | Revue Bénédictine |
| RE | Realencyklopädie für protestantische Theologie und Kirche, ³1896–1913 |
| RGG¹·²·³ | Die Religion in Geschichte und Gegenwart, ¹1909–1913, ²1927–1932, ³1957–1962 |
| RHPhR | Revue d'Histoire et de Philosophie Religieuses |
| SAB | Sitzungsberichte der Deutschen (bis 1944: Preußischen) Akademie der Wissenschaften zu Berlin |
| SAH | Sitzungsberichte der Heidelberger Akademie der Wissenschaften. Heidelberg |
| SgV | Sammlung gemeinverständlicher Vorträge und Schriften aus dem Gebiet der Theologie und Religionsgeschichte |
| ThB | Theologische Bücherei |
| ThBl | Theologische Blätter |
| ThHK | Theologischer Handkommentar zum Neuen Testament |
| ThLZ | Theologische Literaturzeitung |
| ThR | Theologische Rundschau |
| ThRv | Theologische Revue |
| ThViat | Theologia Viatorum. Jahrbuch der Kirchlichen Hochschule Berlin |
| ThW | Theologisches Wörterbuch zum Neuen Testament, begr. v. G. Kittel, hg. v. G. Friedrich, 1933ff |

| | |
|---|---|
| ThZ | Theologische Zeitschrift |
| TU | Texte und Untersuchungen zur Geschichte der altchristlichen Literatur |
| UNT | Untersuchungen zum Neuen Testament |
| VF | Verkündigung und Forschung |
| VigChr | Vigiliae Christianae |
| WUNT | Wissenschaftliche Untersuchungen zum Neuen Testament |
| WZ | Wissenschaftliche Zeitschrift (folgt jeweils der Name der Stadt einer Universität der DDR) |
| ZKG | Zeitschrift für Kirchengeschichte |
| ZKTh | Zeitschrift für katholische Theologie |
| ZNW | Zeitschrift für die neutestamentliche Wissenschaft und die Kunde der älteren Kirche |
| ZThK | Zeitschrift für Theologie und Kirche |

# § 1. Die Aufgabe

*Literatur:*

R. Bultmann-H. Gunkel, RGG² III, 1675 ff;

M. Dibelius, Geschichte der urchristlichen Literatur I. II, 1926;

Kl. Koch, Was ist Formgeschichte?, ²1967, 125 ff;

Fr. Overbeck, Über die Anfänge der patristischen Literatur, 1882, Neudruck, Libelli XV, 1966;

M. Tetz, Über Formgeschichte i. d. Kirchengeschichte, ThZ 17, 1961, 413 ff;

–, Overbeckiana II, Studien zur Geschichte der Wissenschaften in Basel XIII, 1962;

–, Altchristliche Literaturgeschiche – Patrologie, ThR NF 32, 1967, 1 ff;

R. Wellek-A. Warren, Theorie der Literatur, ²1956;

P. Wendland, Die urchristlichen Literaturformen, HNT I, 3, 1912, 257 ff.

Martin Dibelius, dem die Theologie die letzte „Geschichte der urchristlichen Literatur" verdankt, hat die Aufgabe eines Literarhistorikers des Urchristentums folgendermaßen bestimmt:

„... die Bücher des Neuen Testaments und die anderen aus der urchristlichen Zeit, dem ersten und zweiten Jahrhundert, stammenden Schriften stellen den Niederschlag der christlichen Botschaft dar, ... Aber die Wirkung jener Botschaft hängt mit ihrem Eingehen in bestimmte zeitbedingte Formen zusammen; sie wird von geschichtlichen Persönlichkeiten verkündet und gelangt in historischen Ereignissen zum Ausdruck. Wer die Entstehung des Christentums darstellen will, muß untersuchen, wie die christliche Botschaft auf solche Weise Gestalt gewann. Zu diesem Prozeß der Formwerdung gehörte es aber auch, daß Christen Briefe schrieben, absandten und austauschten, wie daß sie Bücher belehrenden, erbauenden oder erzählenden Inhalts verfaßten und weiterverbreiteten. Der Literarhistoriker des Urchristentums, der die Entstehung dieser Schriften verständlich machen will, hat also zu zeigen, wie es zu dieser schriftlichen Betätigung der ersten Christen kam und in welcher Weise die Bücher die Eigenart ihrer Verfasser und die Bedingtheit ihrer Abfassungsverhältnisse widerspiegeln. Indem er so die Formwerdung des Christentums nach der literarischen Seite darstellt, schreibt er Literaturgeschichte des Urchristentums. Daß er dabei nicht nur bestimmte beweisbare Einzelergebnisse vorträgt, sondern diese untereinander auch nach bestem eigenen Ermessen konstruktiv verbindet, um dem Leser eine Anschauung von der Entwicklung der Dinge zu vermitteln, ist in der Sache bedingt." (I, 5 f).

Diese Formulierung der Aufgabe besitzt noch heute Gültigkeit.

Bevor die Art der Durchführung dieses Programms besprochen werden kann, ist der Umfang der Literatur des Urchristentums zu bestimmen, dh sie ist von der ihr folgenden altkirchlichen abzugrenzen. Das ist keine primär chronologische Frage, denn das Ende des Urchristentums läßt sich nicht mit einer Jahreszahl angeben; geschichtliche Epochen enden und beginnen nicht mit einem bestimmten Datum, sondern gehen mehr oder weniger bruchlos ineinander über. Manches der neuen manifestiert sich schon während der alten, manches der alten regt sich noch lange in der neuen – nicht zuletzt in Form literarischer Äußerung. Die Frage ist vielmehr, ob die Literatur des Urchristentums sich zu der altkirchlichen, dh der Literatur der Kirchenschriftsteller entwickelt hat, so daß es sich nur um die Unterscheidung von Älterem und Jüngerem handelte, zwischen dem man die chronologische Grenze beliebig etwas früher oder später ziehen könnte; oder ob jeder der beiden Literaturen je so Spezifisches eignet, daß eine prinzipielle Abgrenzung geboten ist. Das ist in der Tat der Fall. Franz Overbeck hat in seinem berühmten Aufsatz „Über die Anfänge der patristischen Literatur" (1882) festgestellt, daß diese Anfänge nicht im NT liegen[1]; er hat durch „Vergleichung der Formen der neutestamentlichen und patristischen Literatur" (18) nachgewiesen, „daß es zwischen beiden Literaturen ... literarhistorisch keinen Zusammenhang gibt" (18f). Das Spezifische und Unterscheidende sind die „Formen". Die des NT sind einerseits der Brief, den es immer und überall in der christlichen Literatur gegeben hat, der aber – als wirklicher Brief – keine Form der Literatur ist (s. u. § 3), und andererseits „wirkliche Formen": Evangelien, die Apostelgeschichte, die Apokalypse, die „katholischen" Briefe[2]. Es sind aber keine bleibenden Formen: ihre Produktion wird durch die Kanonsbildung abgeschnitten; sie sterben ab, „noch bevor es zur gesicherten Existenz einer Literatur der Kirche kommt" (19). Overbeck sieht den Anfang der altkirchlichen Literatur in der Apologetik, die sich profaner Formen bedient und an Nichtchristen wendet, ihre volle Ausprägung erst im Werk des Clemens Alexandrinus und definiert sie als „griechisch-römische Literatur christlichen Bekenntnisses und christ-

---

[1] Vgl. dazu die beiden Aufsätze von M. Tetz.

[2] So heißen die sieben Briefe des Jakobus, Petrus, Johannes und Judas. Die Bezeichnung „katholisch" meint ursprünglich die „allgemeine" Adresse und wurde, soviel wir erkennen können, erstmalig auf den 1Joh angewendet, um ihn von den an eine Einzelgemeinde und eine Einzelperson gerichteten 2. 3Joh zu unterscheiden; später wurde sie auch auf Jak, 1. 2Petr und Jud, auch auf den nicht in den Kanon gekommenen Barnabasbrief angewendet und sogar – per nefas – auf 2. 3Joh übertragen.

lichen Interesses", und zwar mit der Begründung, „daß das Christentum nur im Anschluß an die vorhandene Weltliteratur es zu einer lebensfähigen Literatur gebracht hat" (37. 38). Das Absterben der urchristlichen Formen und die Rezeption von Formen der großen Weltliteratur indizieren eine grundsätzliche Änderung in den Bedingungen christlicher Schriftstellerei überhaupt. Eben weil er nach diesen Bedingungen fragt, insistiert Overbeck auf der Beachtung der Formen. So sagt er: „Ihre Geschichte hat eine Literatur in ihren Formen, eine Formengeschichte wird also jede wirkliche Literaturgeschichte sein" (12), und zwar, wie M. Tetz gegen das weitverbreitete rein formalästhetische Mißverständnis dieses Satzes betont, „weil die literarische Form das Resultat der Entstehung der Literatur ist."[3]

Dieses Buch behandelt jene durch die Kanonsbildung zum Absterben verurteilte Literatur, die Overbeck „christliche Urliteratur" genannt hat: „Es ist eine Literatur, welche sich das Christentum so zusagen aus eigenen Mitteln schafft, sofern sie ausschließlich auf dem Boden und den eigenen Interessen der christlichen Gemeinde noch vor ihrer Vermischung mit der sie umgebenden Welt gewachsen ist" (36). Das soll natürlich nicht heißen, daß alle ihre Formen neu sind – das ist nur die des Evangeliums –, wohl aber dies, daß die Urliteratur, wo sie von vorgegebenen Formen Gebrauch macht (Apokalypse), an solche der religiösen Literatur anknüpft, während sie sich von Formen der bestehenden profanen Weltliteratur noch ganz fernhält (ebd). Overbeck spricht immer von den großen Formen, in denen sich die einzelnen Schriften präsentieren; er kennt noch nicht die kleineren Formen, die in jenen enthalten sind und die erst viel später von der religions- und formgeschichtlichen Forschung herausgearbeitet wurden[4]. Viele dieser kleineren Formen und Gattungen[5] haben Analogien

---

[3] ThR 1967, 11.
[4] Ed. Norden, Agnostos Theos. Untersuchungen zur Formengeschichte religiöser Rede, 1913; im Gefolge von H. Gunkels gattungsgeschichtlichen Forschungen: M. Dibelius, Die Formgeschichte des Evangeliums, 1919; R. Bultmann, Die Geschichte der synoptischen Tradition, 1921.
[5] Eine Sprachregelung für den Gebrauch von „Form" und „Gattung" gibt es nicht. Die beiden Termini werden in den grundlegenden formgeschichtlichen Werken und daher im wissenschaftlichen Sprachgebrauch weitgehend promiscue verwendet. Die Versuche, eine terminologische Differenzierung einzuführen, gehen in ganz verschiedene Richtungen und tragen zu einer sinnvollen Sprachregelung nichts bei. Der Terminus „Form" ist allgemeiner als „Gattung" und der Ausdruck „Formgeschichte" empfiehlt sich daher und von seinem wissenschaftsgeschichtlichen Ursprung her als Oberbegriff für die Methode und ihre Teilaspekte. Vgl. W. Klatt, Her-

in der Literatur des zeitgenössischen Hellenismus; aber meist handelt es sich ebenfalls um religiöse Formen (nämlich der Rede oder der Darstellung), selten um profane (zu letzterer gehören die Paränese und in gewissem Sinne die Wundergeschichten). Ihr Vorhandensein in der christlichen Urliteratur ist nicht verwunderlich; es zeigt nur, daß diese vom „allgemeinen Ausdrucksmittel der Sprache, in welcher sie vorliegt" (36), Gebrauch macht, nicht aber, daß das Christentum bestrebt ist, sich in Formen der Weltliteratur vernehmlich zu machen (vgl. 38). Die form- und religionsgeschichtliche Forschung hat Overbecks Kategorie der „christlichen Urliteratur" – unbewußt und ungewollt – bestätigt.

Der Umfang der hier zu behandelnden Literatur sei kurz angegeben. Außer dem NT sind es Schriften der sog. „Apostolischen Väter"[6], die Briefe des Clemens Romanus, des Ignatius, des Polykarp, der sog. Barnabasbrief, der Hirt des Hermas und die Didache. Ferner die Fragmente der Bücher des Papias und Hegesipp, die Euseb in seiner Kirchengeschichte erhalten hat. Sodann die sog. „Apokryphen": Evangelien, Apokalypsen und Apostelgeschichten, allerdings in einer Auswahl, die einerseits die älteren Dokumente umfaßt, andererseits exemplarisch das Eindringen weltlicher Literaturformen oder gar von Formen der Weltliteratur aufzeigt (zB an Sonderbildungen der Kindheits- und Ostergeschichten, vor allem aber an den Apostelakten). Auch einige christlich-gnostische Texte werden behandelt. – Ein besonderes Problem spielte dabei, welche Texte aus dem epochemachenden Fund von Nag Hammadi berücksichtigt werden sollten. Er enthält christlich-gnostische und nichtchristlich-gnostische Schriften, dazu christlich überarbeitete nichtchristliche, also literarisch und reli-

---

mann Gunkel, FRLANT 100, 1969, 12 Anm. 6; ähnlich Kl. Koch, Was ist Formgeschichte?, 1967.
[6] Der Ausdruck „Apostolische Väter", eine Verkürzung des Buchtitels „Patres aevi apostolici" (J. B. Cotelier, 1672), kam im 17. Jh. als Bezeichnung der angeblichen Apostelschüler Barnabas, Hermas, Clemens Romanus, Ignatius und Polykarp auf, als die ihnen zugeschriebenen Werke zusammen mit Briefen und Berichten über sie vereinigt und publiziert wurden. Im 19. Jh. wurde die Sammlung um die neugefundene Didache, den Diognatbrief, die von Euseb erhaltenen Papiasfragmente und die Presbyterzitate bei Irenäus erweitert. Der Ausdruck „Apostolische Väter" bezeichnet also kein altes Schriften-Corpus (wie etwa der Terminus „katholische" Briefe), sondern ist ein neuzeitlicher editorischer Verlegenheitstitel für eine Zusammenstellung weckselnden Umfangs von Schriften und Fragmenten aus dem 1. und 2. Jh. Vgl. K. Bihlmeyer-W. Schneemelcher, Die Apostolischen Väter I, ²1956, VIIff.

gionsgeschichtlich recht komplexe Gebilde. Manche Schriften sind primär oder sekundär als „Evangelium", „Apokalypse", „Brief" oder „Akten" betitelt, ohne diese Titel gattungsmäßig zu Recht zu tragen. Die Hauptschwierigkeit besteht darin, daß der Fund noch nicht vollständig ediert ist; daher liefe eine literargeschichtliche Behandlung der edierten sicher christlich-gnostischen Texte Gefahr, Makulatur zu schreiben. Die Nag Hammadi-Texte sind einstweilen Gegenstand monographischer Analysen. Gleichwohl schien es mir nötig, das Thomasevangelium und das Evangelium Veritatis ausführlich zu besprechen, und aus bestimmten Gründen berechtigt, den apokryphen Jakobusbrief und das Buch von Thomas dem Athleten heranzuziehen. – Abschließend sei bemerkt, daß die Apologien des 2. Jh (zB Justins, aber auch der sog. Diognetbrief) aus den vorhin genannten Gründen unberücksichtigt bleiben.

Diese durch ihre Formen zusammengehörigen und gegenüber der hellenistischen wie der altkirchlichen Literatur isolierten Schriften sind nicht allzu zahlreich, und sie sind innerhalb eines Zeitraums von 100 bis 130 Jahren entstanden[7]. Sie scheinen demnach ein leicht überschaubares und geschichtlich zu ordnendes Material zu sein; aber es scheint nur so. Sie stellen ihrer zusammenhängenden literarhistorischen Darstellung ungewöhnliche Schwierigkeiten entgegen. R. Bultmann hat die Möglichkeit einer „Literaturgeschichte" des NT (und der andern eben genannten urchristlichen Schriften) mehrfach bestritten[8]. Er macht geltend, daß diese Literatur im Unterschied zu der

---

[7] Der schwierigen Frage der modernen Literaturwissenschaft, was aus der Sintflut bedruckten Papieres als „Literatur" zu gelten habe und somit Gegenstand der Literaturwissenschaft und -geschichte sei (Vgl. Wellek-Warren, 14ff), ist man hier mangels Masse enthoben. Alle Schriften dieser Formen aus diesem Zeitraum – sowie ihre zu erschließenden mündlichen Vorformen – sind Gegenstand dieser Darstellung. Das bedeutet natürlich nicht die Übernahme des zZ modernsten Literaturbegriffs, nach dem alle sprachlichen Äußerungen von Homer und Aischylos bis zu den Wandzeitungen der 60er Jahre und den „Protokollen" mancher Linguisten – als „Texte" – „Literatur" sind. Vielmehr wird im folgenden immer wieder zu fragen sein, ob die christliche Urliteratur „Literatur" ist – und zwar im Vergleich zu dem griechisch-römischen Schrifttum ihrer Zeit, dh ob sie der Sprache wegen, in der sie abgefaßt ist, einen Teil der griechischen bzw. hellenistischen Literaturgeschichte bildet.

[8] In seinen Rezensionen der formgeschichtlich orientierten Werke von P. Wendland (ThR 17, 1914, 79ff) und M. Dibelius (ThLZ 52, 1927, 80ff) und in seinem Artikel „Literaturgeschichte, Biblische" (RGG ²III, 1675ff).

des AT 1. von viel geringerem Umfang ist, 2. eine sehr viel kürzere
Zeitspanne umfaßt und daß 3. ihr Träger, die urchristliche Gemeinde,
keine Volks- oder Kultureinheit bildet. Aber er betont die Notwendigkeit der literaturgeschichtlichen Fragestellung, da „die literarischen
Äußerungen des Urchristentums ... weitgehend in feste Formen gefaßt (sind) und ... sich in Gattungen (gliedern)" und sie nur dann
wirklich verstanden werden können, „wenn man die Gattungen, ihre
F o r m e n und Ü b e r l i e f e r u n g s g e s e t z e kennt" (RGG III,
1680); doch meint er, man solle „vielleicht bescheidener nur von einer
gattungs- oder formgeschichtlichen Erforschung" statt von einer Literaturgeschichte reden (ebd 1681). Wenig überzeugend ist, daß Bultmann die Disziplin der „Einleitung in das NT" „als die historisch-
kritische Erforschung der Schriften des NT, die Zeit und Bedingungen
ihrer Entstehung untersucht", von der Literaturgeschichte „im
eigentlichen Sinne" trennt (ebd 1680), nachdem er kurz vorher deren
Aufgabe darin bestimmt hat, daß sie „nach der Entstehungszeit, den
Entstehungsbedingungen und dem gegenseitigen Verhältnis" der
literarischen Dokumente einer Epoche oder Gemeinschaft fragt (1676).
Gewiß geht die herkömmliche Einleitung analytisch vor, und sollte
die Literaturgeschichte „eigentlich" konstruktiv verfahren. Beide
Methoden wären nur dann zu trennen, dh eine literargeschichtliche
Darstellung könnte nur dann von der „Einleitung" absehen, wenn sie
die sog. Einleitungsfragen des NT und der andern Schriften als gelöst
voraussetzen könnte. Das ist aber nicht der Fall. Da nur zu oft das
literargeschichtliche Urteil von der Antwort auf eine solche Frage abhängt, müssen beide Methoden kombiniert werden. Diese Notwendigkeit gründet nicht nur im Dissensus der Forscher, sondern vor allem
in der Trümmerhaftigkeit des Materials[9].
Das vorliegende Buch will das von M. Dibelius formulierte Programm in etwas anderer Weise als dieser durchführen. Dibelius
gliedert seine Darstellung streng formgeschichtlich: 1. Evangelien, 2.

---

[9] Beim AT verhält es sich anders, auch wenn nicht das ganze Schrifttum
Israels erhalten ist. Trotzdem hat die at. Wissenschaft den Versuch
H. Gunkels, eine Literaturgeschichte zu schreiben (Die israelitische Literatur, in: Die Kultur der Gegenwart I, 7, 1906) nicht fortgeführt, sondern
ist bei der „Einleitung in das AT" verblieben (vgl. Kl. Koch, 125ff). Gunkels Plan einer das NT einschließenden „biblischen Literaturgeschichte"
scheint mir angesichts des Charakters der christlichen Urliteratur nicht
durchführbar, da sie noch weniger eine Fortsetzung des AT ist als die
rabbinischen Schriften.

Apokalypsen, 3. Briefe, 4. Abhandlungen, Predigten, Traktate in Briefform, 5. Mahnungen ethischer und kirchenrechtlicher Art, 6. Kultisches und 7. Apostelgeschichten, jeweils mit differenzierenden Unterabschnitten. Gut literargeschichtlich gibt er Charakteristiken übernommener nichtchristlicher Formen (Apokalypse, Brief, Paränese usw) und geht, wo immer möglich, konstruktiv vor, so bei den Evangelien, Apokalypsen und Apostelgeschichten. Doch hat diese Einteilung nach Gattungen Nachteile, deren Vermeidung allerdings dann einen anderen Aufriß bedingt. Einmal wird Zusammengehöriges auseinandergerissen, zB das Lukasevangelium und die Apostelgeschichte; sie gehören zwar zwei völlig verschiedenen Gattungen an, sie gehören aber nach der Absicht ihres Verfassers als erstes und zweites Buch (Apg 1, 1) eines einheitlichen Doppelwerkes zusammen – ein literarisches und literargeschichtliches Phänomen, das alle Beachtung verdient. Der andere Nachteil – insbesondere bei Schriften, die sich als Briefe geben, es aber nicht sind – besteht darin, daß schon durch die Disposition vorentschieden wird, zu welcher Gattung eine Schrift gehört, obwohl die Gattungsbestimmung in vielen Fällen problematisch ist, zB beim ersten Johannes-, ersten Petrusbrief und bei den Pastoralbriefen. Die strenge Durchführung der Gesichtspunkte der Form führt bei diesem Material gelegentlich zu Gewaltsamkeiten.

Im Folgenden möchte ich die Durchführung des formgeschichtlichen Programms so modifizieren, daß einerseits geschichtlich zusammengehörige Schriften auch in der literargeschichtlichen Darstellung beisammen bleiben und daß andererseits der Unsicherheit in der Gattungsbestimmung mancher Schriften Rechnung getragen wird. So muß Lk/Apg als Doppelwerk behandelt werden, aber auch zusammen mit Mk und Mt, da Lk mit diesen der gleichen Tradition angehört. Die fingierten Paulusbriefe stehen literarisch, als Nachahmung, und theologisch, wenn auch modifiziert, in der Tradition der echten Paulusbriefe und werden daher, aber auch weil die Echtheitsfrage im einzelnen kontrovers ist, zusammen mit diesen behandelt. Was sich unter der fingierten Briefform verbirgt, wird im einzelnen erhoben; was sich ergibt – zB Abhandlung, Kirchenordnung, Testament – soll aber nicht nur als Beleg für diese Gattungen und deren Bedingtheit („Sitz im Leben"), sondern im Zusammenhang mit der brieflichen Fiktion verstanden werden: als Formgeschichte des paulinischen Briefs und diese wiederum als Lebensäußerung paulinischer Gemeinden. Um ein letztes Beispiel zu nennen: das Johannesevangelium und die drei Johannesbriefe gehören trotz der Verschiedenheit ihrer literarischen Form zusammen, wenn auch nicht wie Lk/Apg durch den gleichen Verfasser, so doch wie die paulinischen und deuteropaulinischen Briefe durch die gleiche theologische Tradition. Es scheint mir sachgemäßer, sie als Zeugnisse einer höchst eigenartigen urchristlichen Gruppe, ihrer Theologie und ihrer Geschichte im Zusammenhang zu behandeln, als sie unter drei verschiedenen Rubriken (Evangelium, evtl Traktat und Brief) zu besprechen, um dann doch irgendwo wegen der Verfasserfrage, des gegenseitigen Verhältnisses, der religions-, theologie- und kirchengeschichtlichen Stellung auf alle vier Schriften gemeinsam eingehen zu müssen. Eine solche Berücksichtigung der Zugehörigkeit zu bestimmten Traditionen dürfte der formgeschichtlichen Behandlung urchristlicher Schriften eher gerecht werden als ihre rein formalistische Einteilung in Gattungen – wenn anders Literatur Lebensäußerung einer Epoche oder Gemeinschaft ist. Ich würde diesen Aspekt gerne „traditionsgeschichtlich" nennen, wenn dieser Terminus nicht schon anderweitig besetzt und zudem in seiner Bedeutung umstritten wäre.

Ist Literaturgeschichte eine Geschichte der Gattungen, so empfiehlt es sich, ihre Darstellung mit ihrer ältesten Gattung zu beginnen und die jeweils jüngeren folgen zu lassen. In unserer Literatur ist die chronologische Reihenfolge der Gattungen: Brief, Evangelium, Apokalypse. Unter Berücksichtigung des über die Traditionszugehörigkeit Gesagten ergibt sich zunächst folgende Anlage: das Corpus Paulinum, die drei ersten Evangelien und die Apg, der johanneische Kreis, Apokalypsen. Die übrigen Schriften werden in ähnlicher Weise angeordnet: wirkliche und fingierte Briefe, apokryphe Evangelien und Apostelakten, Gemeindeordnungen und Kultisches, schließlich die über die christliche Tradition reflektierenden Werke des Papias und Hegesipp. Den vor den literarischen Dokumenten liegenden christlichen Traditionen und ihren Formen sind zwei spezielle Paragraphen gewidmet (§ § 2 und 22).

Ich habe diese Literaturgeschichte aus den schon genannten sachlichen Gründen bewußt im Stil einer „Einleitung" gehalten, hoffe aber, die formgeschichtlichen Aspekte so weit zur Geltung gebracht und den literarischen Charakter der einzelnen Schriften so weit herausgearbeitet zu haben, daß der Buchtitel gerechtfertigt ist. Die analytische Art der Durchführung ist im Blick auf die Leser, die über die Probleme informiert und so zu eigener Urteilsfindung befähigt werden sollen, jedenfalls gerechtfertigt.

## § 2. Vorliterarische Formen

*Untersuchungen zum Ganzen:*

W. Bauer, Der Wortgottesdienst der ältesten Christen, SgV 148, 1930 = Aufsätze und kleine Schriften, 1967, 155–209;

H. Bausinger, Formen der „Volkspoesie", 1968;

G. Bornkamm, Formen und Gattungen, RGG[3] II, 999ff;

–, Das Ende des Gesetzes, 1952;

–, Studien zu Antike und Urchristentum, 1959;

–, Geschichte und Glaube, 1. Teil, 1968 (abgek. Bornkamm I, II, III);

R. Bultmann, Theologie des Neuen Testaments, [5]1965;

–, Exegetica, 1967;

H. Frhr. v. Campenhausen, Das Bekenntnis im Urchristentum, ZNW 63, 1972, 210ff;

H. Conzelmann, Was glaubte die frühe Christenheit? Schweizerische theologische Umschau 25, 1955, 61–74;

–, Zur Analyse der Bekenntnisformel I Kor 15, 3–5, EvTh 25, 1965, 1–11;

–, Grundriß der Theologie des Neuen Testaments, 1967;

O. Cullmann, Die ersten christlichen Glaubensbekenntnisse, ThST 15, 1943;

–, Urchristentum und Gottesdienst, AThANT 3, 1950;

–, Vorträge und Aufsätze (1925–1962), 1966;

N. A. Dahl, Formgeschichtliche Beobachtungen zur Christusverkündigung in der Gemeindepredigt: Neutestamentliche Studien für Rudolf Bultmann zu seinem 70. Geburtstag, BZNW 21, 1954;

R. Deichgräber, Gotteshymnus und Christushymnus in der frühen Christenheit, StUNT 5, 1967;

M. Dibelius, Die Formgeschichte des Evangeliums, [3]1959;

–, Zur Formgeschichte des Neuen Testaments (außerhalb der Evangelien), ThR NF 3, 1931, 207–242;

–, Aufsätze zur Apostelgeschichte, FRLANT 60, [3]1957;

F. Hahn, Christologische Hoheitstitel, FRLANT 33, 1963;

J. Jeremias, Die Abendmahlsworte Jesu, [3]1960;

–, Abba. Studien zur neutestamentlichen Theologie und Zeitgeschichte, 1966;

A. Jolles, Einfache Formen, [2]1958;

E. Käsemann, Exegetische Versuche und Besinnungen I, 1960; II, 1964;

–, Formeln, Liturgische im NT, RGG[3] II, 993ff;

J. N. D. Kelly, Eearly Christian Creeds, [2]1960;

W. Kramer, Christos Kyrios Gottessohn, AThANT 44, 1963;

H. Lietzmann, Messe und Herrenmahl, AzKG 8, 1926;

–, Kleine Schriften III, TU 74, 1962;

V. H. Neufeld, The Earliest Christian Confessions, New Testament Tools and Studies V, 1963;

Ed. Norden, Agnostos Theos. Untersuchungen zur Formengeschichte religiöser Rede, 1913, [4]1956;

–, Die Geburt des Kindes, 1924, [3]1958;

E. Peterson, ΕΙΣ ΘΕΟΣ. Epigraphische, formgeschichtliche und religionsgeschichtliche Untersuchungen, FRLANT 41, 1926;

J. A. T. Robinson, Traces of a Liturgical Sequens in 1 Cor. 16, 20–24, JThS NS IV, 1953, 38–41;

Ed. Schweizer, Erniedrigung und Erhöhung bei Jesus und seinen Nachfol-
gern, AThANT 28, ²1962;
–, Neotestamentica, 1963;
–, Beiträge zur Theologie des Neuen Testaments, 1970;
A. Seeberg, Der Katechismus der Urchristenheit, 1903, ThB 26, ²1966;
–, Die Didache des Judentums und der Urchristenheit, 1908;
Kl. Wegenast, Das Verständnis der Tradition bei Paulus, WMANT 8, 1962;
Kl. Wengst, Christologische Formeln und Lieder des Urchristentums, StNT
7, 1972;
U. Wilckens, Der Ursprung der Überlieferung der Erscheinungen des Aufer-
standenen. Zur traditionsgeschichtlichen Analyse von 1Kor 15, 1–11:
Dogma und Denkstruktur (Schlink-Festschrift), 1963, 56–95;
P. Winter, I Corinthians XV 3b–7, NovTest 2, 1957, 142–150;
H. Zimmermann, Neutestamentliche Methodenlehre, 1967.

Zu 5:

H. J. Gabathuler, Jesus Christus, Haupt der Kirche – Haupt der Welt. Der
Christushymnus Colosser 1, 15–20 in der theologischen Forschung der
letzten 130 Jahre, AThANT 45, 1965;
E. Lohmeyer, Kyrios Jesus. Eine Untersuchung zu Philipper 2, 5–11, SAH
1927/28, 4. Abh., 1928;
R. P. Martin, Carmen Christi. Philippians II. 5–11 in Recent Interpretation
and in the Setting of Early Christian Worship, SNTS Monograph Series
4, 1967;
J. M. Robinson, A Formal Analysis of Colossians 1, 15–20, JBL 76, 1957,
270–287;
–, Die Hodajot-Formel in Gebet und Hymnus des Frühchristentums:
Apophoreta. Festschrift für E. Haenchen, BZNW 30, 1964, 194–235;
J. Schattenmann, Studien zum neutestamentlichen Prosahymnus, 1965;
G. Schille, Frühchristliche Hymnen, 1965;
G. Strecker, Redaktion und Tradition im Christushymnus Phil 2, 6–11,
ZNW 55, 1964, 63–78.

Zu 6:

W. Schrage, Die konkreten Einzelgebote der paulinischen Paränese, 1962;
A. Vögtle, Die Tugend- und Lasterkataloge im Neuen Testament, NTA 16,
4–5, 1936;
K. Weidinger, Die Haustafeln, UNT 14, 1928;
S. Wibbing, Die Tugend- und Lasterkataloge im Neuen Testament, BZNW
25, 1959.

Das urchristliche Schrifttum hat im wesentlichen in vier Gattungen
literarische Gestalt gewonnen: im Brief und in der Apokalypse, im
Evangelium und in der Apostelgeschichte. Doch schon vor diesen
schriftlichen Dokumenten existierte eine reiche christliche Überlieferung, die bestimmten Bedürfnissen der Gemeinde entsprang, in der
mündlichen Weitergabe der Einzelstücke festgeprägte Formen erhalten hatte und zum großen Teil in die urchristliche Literatur auf-

genommen wurde und so erhalten blieb. Wir nennen diese festge-
prägten Traditionsstücke „vorliterarische Formen". So sind zB die
synoptischen Evangelien aus solchen festgeformten Einzelstücken verschiedener Art geradezu zusammengesetzt, und die Apostelgeschichte
enthält ebenfalls eine Anzahl vorgeformter und vom Verfasser übernommener Erzählungen. Aber auch in den Briefen und Apokalypsen
findet sich viel geprägtes, von den Verfassern nicht selbst geschaffenes,
sondern übernommenes Material, zB Zusammenfassungen des christlichen Glaubens, Lieder, traditionelle Mahnungen (Paränese). Die
methodische Rekonstruktion der vorliterarischen Formen ist notwendig zur Erhellung der vor der Abfassung der urchristlichen Schriften
liegenden inneren Geschichte des Urchristentums, seines Glaubens,
Gottesdienstes und Lebens, und damit zum historisch, literarisch und
theologisch genaueren Verständnis dieser Schriften.

Aus praktischen Gründen wird in diesem Paragraphen nur ein bestimmter Teil der vorliterarischen Formen behandelt. Diejenigen, die
für die großen Gattungen konstitutiv geworden, also ihre Grund-
bestandteile sind – wie die Formen des Erzählungs- oder Wortstoffes
der Jesusüberlieferung für die synoptischen Evangelien oder die
Formen der Erzählung für die Apostelgeschichte – werden bei der
Behandlung dieser Gattungen besprochen. Gegenstand des vorliegenden Paragraphen sind diejenigen vorliterarischen Formen, die für
keine größere Gattung literarisch konstitutiv geworden, sondern als
mehr oder weniger deutlich markierte Zitate oder auch als größere
Einlagen in ihren heutigen Kontext eingebettet sind und die sich zum
größten Teil in der Briefliteratur, gelegentlich aber auch außerhalb
ihrer finden. Es handelt sich also um die vorhin erwähnten Formen
(Zusammenfassungen des Glaubens, Lieder und Paränese[1]), die noch
zu differenzieren und zu vermehren sind.

Eine zusammenfassende formgeschichtliche Aufarbeitung dieses
Materials – dh eine differenzierende Analyse seiner Formen und die
Bestimmung der verschiedenen Bereiche urchristlichen Lebens, denen
die einzelnen Formen entstammen und zugehörten (ihres „Sitzes im

---

[1] Ich behandle die Paränese in diesem Zusammenhang und nicht bei den
Briefen, obwohl sie einen wichtigen Bestandteil vieler Briefe bildet und
für Jak konstitutiv geworden ist. Denn einerseits ist sie trotz häufigen
Vorkommens kein konstitutives Element des urchristlichen Briefes, und
andererseits findet sie sich auch außerhalb der Briefliteratur; und der Jak
ist kein eigentlicher Brief, sondern gehört formgeschichtlich zur Paränese
(s. u. S. 567 ff).

Leben") – steht trotz der Fülle vorzüglicher Einzelarbeiten noch aus[2]
und kann hier schon aus Gründen des Raumes, aber auch des For-
schungsstandes nicht gegeben werden. Ich beschränke mich auf das
relativ Sichere und bespreche die wichtigsten Formen anhand exem-
plarischer Texte. Dabei liegt das Schwergewicht auf der Formanalyse;
der Rückschluß von der Form auf den Sitz im Leben wird nur anhangsweise vorgenommen, da er in vielen Fällen hypothetisch bleibt.

Da die vorliterarischen Formen fest in ihrem heutigen Kontext
verankert und daher nicht ohne weiteres erkennbar sind, stellt sich die
Frage nach den Indizien für das Vorhandensein vorgeformter Traditionsstücke[3].

1. Das deutlichste Anzeichen sind Zitationsformeln, die eine »Überlieferung" einführen (zB 1 Kor 11, 23a; 15, 1–3a; Eph 5, 14; 1 Tim 1, 15).
2. Das Heraustreten eines Textes aus seiner Umgebung durch Formel-
haftigkeit oder poetische Stilelemente wie rhythmische Gliederung, strophischen Aufbau, Relativ- oder Partizipialstil (zB Röm 4, 25; Phil 2, 5–11;
Kol 1, 15–20; 1Tim 3, 16; Hebr 1, 3).
3. Das Auftreten einer Terminologie, die von der des Verfassers abweicht
(zB der Plural »Sünden" und „Schriften" 1Kor 15, 3f statt des bei Paulus
sonst gebräuchlichen Singulars).
4. Theologische Vorstellungen, die von den sonstigen des Verfassers abweichen (zB die „Einsetzung" Jesu „zum Sohne Gottes" Röm 1, 3f).
5. Die Wiederkehr derselben, eventuell leicht abgewandelten formelhaften
Wendung oder Aussage bei verschiedenen Autoren (zB Röm 1, 3f; 2Tim
2, 8 oder 1Tim 2, 6a; Mk 10, 45b; Tit 2, 14).
6. „Gedanken, die über den Zusammenhang auffällig hinausgehen und
besonders streng und geschlossen formuliert sind"[4] (zB genügte Phil 2, 6–8
für den Sinnzusammenhang, während V. 9–11 überschießen).
7. Grammatische Inkorrektheiten (zB μυστήριον ὅς... 1Tim 3, 16) und
stilistische Härten (das asyndetische δικαιούμενοι Röm 3, 24).

Wenn ein Text zwei oder mehrere dieser Indizien aufweist, darf
man mit einiger Sicherheit auf älteres, geprägtes Traditionsgut
schließen; die unter 2. und 4. genannten sind bedeutsam für seine

---

[2] Gute Überblicke über Gang und Stand der Forschung geben Ferd. Hahn
in der Einführung in seine Neuausgabe von A. Seeberg, „Der Katechismus der Urchristenheit", VII–XXXII, und Kl. Wengst, Christologische
Formeln, 11–26. Methodisch grundlegend ist immer noch der Forschungsbericht von M. Dibelius, ThR NF 3, 1931, 207–242.
[3] Hierzu vor allem Dibelius aaO, 210f; E. Stauffer, Die Theologie des
NT[3], 1947, 322; H. Conzelmann, Grundriß der Theologie des NT, 1967,
81ff.
[4] Dibelius aaO, 210f.

formale Abgrenzung bzw. Rekonstruktion und damit für die Bestimmung seiner Form.

Eine Vorbemerkung zur Terminologie der Formbestimmung:

Bei einer Anzahl der uns hier beschäftigenden Formen ist die sachgemäße Benennung unproblematisch (zB Paränese, Doxologie). Problematisch ist sie dagegen bei jenen soeben vorläufig als „Zusammenfassungen des christlichen Glaubens" bezeichneten Texten, die in der Literatur häufig einem Begriff wie Glaubensformel, Bekenntnisformel, Bekenntnis oder Glaubensbekenntnis subsumiert werden[5]; denn diese Texte sind weder formal einheitlich strukturiert noch inhaltlich gleichsinnig. Man muß sie also nach ihrer formalen Struktur differenzieren und ihre so gewonnenen Formen sachgemäß zu benennen versuchen.

Den Weg dazu hat H. Conzelmann gewiesen[6]. Er weist nach daß in Röm 10, 9 mit den technisch gebrauchten Ausdrücken ὁμολογεῖν und πιστεύειν zwei verschiedenartige vorpaulinische Formeln eingeführt werden: ἐὰν ὁμολογήσῃς ἐν τῷ στόματί σου κύριον Ἰησοῦν, καὶ πιστεύσῃς ἐν τῇ καρδίᾳ σου ὅτι ὁ θεὸς αὐτὸν ἤγειρεν ἐκ νεκρῶν, σωθήσῃ. Er zeigt, daß dei beiden Formeln zwei Typen repräsentieren, die sich aufgrund formaler und inhaltlicher Kriterien auch sonst feststellen lassen, und nennt den von Paulus zur Einführung verwendeten Stichworten den einen Typus, in dem Jesus als Kyrios „bekannt" wird, „Homologie", den andern, der den „Glauben" an die durch Gott vollzogene Auferweckung Jesu von den Toten (das geschehene Heilswerk) formuliert, »Credo". Diesen zweiten Terminus ersetzt W. Kramer[7] durch „Pistisformel"; wir übernehmen Kramers Bezeichnung, weil sie unbelastet ist, während »Credo" im allgemeinen Sprachgebrauch das ausgebildete „Glaubensbekenntnis" bedeutet; die Vokabel „Credo" vermengt also die Begriffe „Glauben" und „Bekennen", die in Röm 10, 9 scharf unterschieden werden und auf deren Differenzierung es Conzelmann gerade ankommt; der Ausdruck „Pistisformel" verdient den Vorzug. Daß es sich um zwei verschiedene Akte handelt, geht daraus hervor, daß der eine dem „Munde", der andere dem „Herzen" zugeschrieben wird, daß ὁμολογεῖν (V. 9. 10) durch ἐπικαλεῖσθαι αὐτόν bzw. τὸ ὄνομα κυρίου aufgenommen (V. 12. 13), dh als Anruf, Zuruf interpretiert wird und daß nach V. 14 das „Glauben" die Voraussetzung

---

[5] Dieser Sprachgebrauch stammt aus der Symbolforschung, die die Vorstufen der späteren Glaubensbekenntnisse, etwa des Symbolum Romanum, bis in das NT zurückverfolgt, und rückt die fraglichen Texte notwendigerweise unter den Aspekt der späteren Symbolbildung – einen Aspekt, der dem geschichtlichen Verständnis nicht immer dienlich ist. Gewiß hat eine solche Betrachtungsweise ihr gutes Recht. Aber sie darf nicht zu Simplifikationen verführen. Man muß die fraglichen Texte als eigenständige Größen würdigen und die besonderen Funktionen beachten, die sie ursprünglich hatten. Vgl. auch von Campenhausen, ZNW 63, 1972, 210ff.

[6] Schweizerische theologische Umschau, 1955, 61ff, bes. 64f.

[7] Christos Kyrios Gottessohn, 15ff.

des „Anrufens" (= „Bekennens") ist. In V. 14 wird ihre Zusammengehörigkeit deutlich; und wie beides auf die Verkündigung zurückgeht (V.
8. 14f), so zielt beides auf das Heil und ist heilsnotwendig (V. 9–11. 13).
Homologie und Pistisformel repräsentieren die zwei fundamentalen Aussagen des Urchristentums. Da nach V. 14 das „Glauben" die Voraussetzung
des „Bekennens" bildet, ist es sachgemäß, die Darstellung der vorliterarischen Formen mit der Pistisformel zu beginnen und dann die Homologie
folgen zu lassen.

Bei der Benennung und Anordnung des übrigen, durch keine entsprechenden Stichworte gekennzeichneten Materials gehen wir vom formgeschichtlichen Gesichtspunkt aus. Der Übersichtlichkeit halber fassen wir
eine Anzahl Formen und Formeln, deren „Sitz im Leben" zweifellos der
Gottesdienst ist, als „liturgische Texte" zusammen; die zu diesen gehörigen Lieder aber behandeln wir aus demselben Grund gesondert.

Schließlich noch eine Bemerkung zum Gebrauch des Ausdrucks ‚Formel'.
Im Anschluß an H. Bausinger wird dieser Ausdruck in seiner umgangs-
sprachlichen Bedeutung: „fixierte, wiederholbare, gültige Wendung" gebraucht, wobei „der Gedanke der Abkürzung und Verdichtung" einschlägig ist (Formen der „Volkspoesie", 65; hier auch Hinweise auf die
Herkunft der heutigen Verwendung des Terminus ‚Formel').

## 1. Pistisformeln

Die Pistisformel formuliert das in der Vergangenheit liegende
christologische Heilsgeschehen. Sie verwendet daher durchweg ein
Tempus der Vergangenheit, meist den Aorist, gelegentlich auch das
Perfekt. Man kann drei Ausprägungen feststellen: a) eine, die nur
die Auferweckung Jesu, b) eine, die nur seinen Tod und c) eine,
die Tod und Auferweckung (Auferstehung) nennt. Die beiden ersten
sind älter als die dritte, die die beiden ersten kombiniert, und wohl
auch verschiedener Herkunft. Daß die beiden ersten das Heilsereignis verschieden bestimmen, liegt auf der Hand; daß ihre Kombination
nicht eine einfache Addition bedeutet, sondern auch eine Sinnver-
schiebung mit sich bringt, ist eine Tatsache. K. Wengst meldet deshalb
Bedenken gegen die Verwendung des Begriffs Pistisformel für diese
drei verschiedenen Formeln an (27). Aber der nt. Befund zeigt, daß
alle drei Formeln das fundamentale Heilsgeschehen definieren, das
Inhalt des „Glaubens" ist, wie denn alle drei mit den technischen
Stichworten πιστεύειν / πίστις verbunden sind (Röm 10, 9; Gal 2,
16f. 20; 1Thess 4, 14)[8], so daß man unbeschadet aller von Wengst
scharfsinnig herausgearbeiteten Differenzen diese Formeln hinsicht-

---

[8] Weiteres bei Kramer, 41ff.

lich ihrer Struktur und Funktion doch der Gattung „Pistisformel"
zuordnen muß.

### a) Die Formel von der Auferweckung

Der Satz läßt sich aus *Röm 10, 9* und den Parallelen mit ziemlicher
Sicherheit so rekonstruieren: πιστεύομεν ὅτι ὁ θεὸς ἤγειρεν Ἰησοῦν
ἐκ νεκρῶν. Subjekt des Satzes ist Gott[9]; das Verbum, immer im
Aorist, charakterisiert das Heilsgeschehen als einmaliges Ereignis der
Vergangenheit; meist wird die Auferweckung durch den Zusatz ἐκ
νεκρῶν näher bestimmt; das Objekt heißt ursprünglich „Jesus",
wenn es auch in den heutigen Kontexten öfter durch ein Personal-,
Relativ- oder Demonstrativpronomen oder Χριστόν ersetzt wird[10].
Der Satz ist offenbar als prägnante Zusammenfassung des ganzen
christlichen Glaubens verstanden worden. Das geht aus einer bezeichnenden Abwandlung hervor, die er schon früh erfahren hat: er
wurde geradezu zu einer christlichen Gottesprädikation, wobei anstelle des verbum finitum das Partizip des Aorist trat: ὁ ἐγείρας (τὸν)
Ἰησοῦν (ἐκ νεκρῶν) (Röm 8, 11; 2Kor 4, 14; Gal 1, 1)[11]. Doch ist
die ursprüngliche Verknüpfung mit der Pistisformel dabei nicht
gelöst worden, wie die Verbindung der Prädikation mit Vokabeln
vom Stamme πιστ- zeigt:

Röm 4, 24 τοῖς πιστεύουσιν ἐπὶ τὸν ἐγείραντα Ἰησοῦν... ἐκ νεκρῶν,
1Petr 1, 21 τοὺς δι' αὐτοῦ πιστοὺς εἰς θεὸν τὸν ἐγείραντα αὐτὸν ἐκ
νεκρῶν, Kol 2, 12 διὰ τῆς πίστεως τῆς ἐνεργείας τοῦ θεοῦ τοῦ ἐγεί-
ραντος αὐτὸν ἐκ νεκρῶν (vgl. Eph 1, 19f).

Der Glaube, daß Gott Jesus von den Toten erweckt hat, ist zugleich
Glaube an den Gott, der Jesus von den Toten erweckt hat.

Die Formel nennt nur das Ereignis, gibt aber keine Deutung;
eine solche war insofern nicht nötig, als für jüdisches Verständnis
die Totenerweckung ein Geschehen der Endzeit war und die Formel
demgemäß ein eschatologisches Ereignis aussagte; ob damit der Be-

---

[9] Manchmal wird der Gottesname auch durch die passivische Form des
Verbs umschrieben, so in den formelhaften Wendungen Röm 7, 4; 1Kor
15, 12–17; 2Tim 2, 8.
[10] Vgl. Wengst, 27ff.
[11] Sie ersetzt die jüdische Gottesprädikation der 2. Benediktion des Acht-
zehn-Bitten-Gebets: „Der die Toten lebendig macht", die auch bei Paulus begegnet (Röm 4, 17; 2Kor 1, 9).

ginn der allgemeinen Totenauferstehung (Jesus, der Erstling der Entschlafenen) oder die Erhöhung Jesu oder beides gemeint war, läßt
sich schwer entscheiden[12].

An den erwähnten Stellen steht die Formel in innerchristlichen
Zusammenhängen. Aber es ist anzunehmen, daß sie auch in der
Missionspredigt an die Juden eine sehr gewichtige Rolle spielte –
selbst wenn man den Belegen in der Apg skeptisch gegenübersteht[13]
––, wie sie ja auch in das Missionskerygma für die Heiden aufgenommen worden ist (1Thess 1, 10).

### b) Die Formel vom Tode

Unter den Formeln, die nur den Tod Jesu als Heilsereignis und
als Inhalt des Glaubens nennen, herrscht eine große Mannigfaltigkeit. Immer aber enthalten sie eine positive Deutung seines Todes,
und zwar durch eine Wendung mit ὑπέρ c. gen. oder einer analogen
Präposition[14]. Es lassen sich schon bei Paulus zwei Gruppen von
Formeln unterscheiden: in der einen wird der Tod als Sterben
(ἀποθανεῖν), in der andern als Dahingabe (παραδοῦναι, δοῦναι) bezeichnet.

Die Gruppe der „Sterbensformeln" wird durch *Röm 5, 8* repräsentiert: Χριστὸς ὑπὲρ ἡμῶν ἀπέθανεν (vgl. V. 6; Röm 14, 15; 1Kor
8, 11; 1Thess 5, 10, auch Gal 2, 21). Subjekt ist Christus (nicht
Jesus; aber auch als Eigenname, nicht titular gebraucht), das Verbum
steht im Aorist, das deutende ὑπέρ (bzw. διά oder περί) hat immer
ein persönliches Objekt – das „für uns" ist ursprünglich, der „Bruder" (Röm 14, 15; 1Kor 8, 11) und „wir, die Gottlosen" (Röm 5,
6) stellen sekundäre Abwandlungen dar. Das „Sterben für uns" ist
als Sühne oder auch als Stellvertretung verstanden.

In der Gruppe „Dahingabeformeln"[15] lassen sich aus paulinischen
Kontexten mit einiger Wahrscheinlichkeit folgende Formen eruieren[16]:

(1) ὁ θεὸς τὸν υἱὸν αὐτοῦ ὑπὲρ ἡμῶν παρέδωκεν
(vgl. Röm 8, 32);

---

[12] Vgl. die Überlegungen bei Wengst, 33ff.
[13] Apg 3, 15; 4, 10; 5, 30; 10, 40; 13, 30. 37, hier aber immer zusammen
   mit der Erwähnung des Todes Jesu.
[14] Vgl. die Zusammenstellungen bei Joach. Jeremias ThW V, 707, Anm.
   435.
[15] Vgl. Kramer, 112ff; Wengst, 55ff.
[16] Vgl. Wengst, 55ff.

(2) (bezogen auf den „Herrn Jesus Christus") ὁ δοὺς ἑαυτὸν ὑπὲρ τῶν ἁμαρτιῶν ἡμῶν
(Gal 1, 4);
(3) (bezogen auf den Gottessohn) ὁ ἀγαπήσας ἡμᾶς καὶ παραδοὺς ἑαυτὸν ὑπὲρ ἡμῶν
(Gal 2, 20);
(4) ὁ Χριστὸς ἠγάπησεν ἡμᾶς καὶ παρέδωκεν ἑαυτὸν ὑπὲρ ἡμῶν
(Eph 5, 2. 25).

Bei solchen Differenzen in Umfang und Wortlaut derselben Formel käme der Versuch, eine Urform zu rekonstruieren, nicht über eine vage Hypothese hinaus; doch sind einige Hinweise auf traditionsgeschichtlich Älteres und Jüngeres notwendig. Im Blick auf analoge Formeln (s. unter a und c) wird man vermuten dürfen, daß Gott als Subjekt des Handelns (Form 1) gegenüber Christus als Subjekt (in den drei andern Formen) primär ist, ebenso die sachliche Fassung der ὑπέρ-Wendung („für unsere Sünden"; Form 2) gegenüber der persönlichen Fassung in Form 1, 3, 4,. Es scheint daß υἱὸς αὐτοῦ (bzw. θεοῦ) die originale Bezeichnung des Dahingegebenen in der Formel ist[17]. Die partizipialen Formen (2, 3) sind dem einfachen Aussagesatz gegenüber sekundär[18]. Problematischer ist die Frage nach dem ursprünglichen Umfang. Nach der schlichten Faustregel, daß der kürzere Text traditionsgeschichtlich der ältere ist, wäre die Erwähnung der Liebe (in Form 3 und 4) ein sekundärer Zuwachs; aber da das Motiv der Liebe auch in Dahingabeformeln begegnet, die von Paulus unabhängig sind (Joh 3, 16; 1Joh 3, 16), und es zudem möglicherweise in der Wendung, Gott habe „seinen eigenen Sohn nicht geschont" (Röm 8, 32), nachklingt, muß man mit der Möglichkeit rechnen, daß es zum ursprünglichen Bestand der Formel gehört und daß Form 2 eine Verkürzung darstellt.

Die Dahingabeformel deutet den Tod Jesu wie die Sterbensformel als Sühne bzw. als Stellvertretung und als einmaliges Ereignis der Vergangenheit. Doch hebt sie stärker als jene mit dem Verbum (παρα) δοῦναι die willentliche Aktivität des Handelnden und mit der Sohnesbezeichnung die enge Verbindung von Gott und Jesus hervor. Damit und vollends mit der Erwähnung der Liebe, die offenbar als

---

[17] Kramer und Wengst aaO.
[18] Doch scheint es fraglich, ob man die Partizipialwendungen mit Wengst als Prädikationen zu verstehen hat; denn sie treten nie verselbständigt, dh als Ersatzbezeichnung für Christus auf, und Form 3 dürfte für eine Prädikation zu lang sein.

Motivation des Heilsgeschehens gedacht ist, repräsentiert die Dahingabeformel ein fortgeschritteneres und komplexeres Stadium der Reflexion als die Sterbensformel. Trotzdem wird man sie wie diese dem Oberbegriff Pistisformel unterordnen dürfen. Dafür spricht, vom Inhaltlichen abgesehen, die Tatsache, daß sie auch in den kombinierten Formeln erscheint (Röm 4, 25) und daß sie Gal 2, 20 ausdrücklich mit dem Stichwort πίστις verknüpft ist (ἐν πίστει ζῶ τῇ τοῦ υἱοῦ τοῦ θεοῦ τοῦ ἀγαπήσαντός με κτλ.). Man kann aus dieser Stelle den zu vermutenden vollständigen Wortlaut der Form 3 erschließen: πιστεύομεν εἰς Χριστὸν Ἰησοῦν τὸν υἱὸν τοῦ θεοῦ, τὸν ἀγαπήσαντα ἡμᾶς καὶ παραδόντα ἑαυτὸν ὑπὲρ ἡμῶν.

Man kann auch vermuten, daß Form 1 und 4 als Einleitung ein πιστεύομεν ὅτι... hatten.

Die Dahingabeformel findet sich auch in späteren urchristlichen Schriften[19]: johanneisch modifiziert Joh 3, 16; 1Joh 3, 16; als Nachklang 1Clem 16, 7; 21, 6; 49,6; verbunden mit der Vorstellung vom Lösegeld Mk 10, 45b; 1Tim 2, 6; Tit 2, 14 – Zeichen für die fundamentale Bedeutung, die diese Formel von Anfang an hatte.

### c) Kombinierte Formeln

Diese Form ist in mehreren Variationen überliefert. Die am stärksten ausgebildete findet sich 1Kor 15, 3bff. Daß Paulus hier ein festgeprägtes Traditionsstück zitiert, steht außer Zweifel, da er es selbst als solches einführt (V. 1–3a). Wie weit es reicht, war lange strittig, doch wird heute fast allgemein angenommen, daß die zitierte Formel V. 3b–5 umfaßt:

ὅτι Χριστὸς ἀπέθανεν ὑπὲρ τῶν ἁμαρτιῶν ἡμῶν κατὰ τὰς γραφάς, καὶ ὅτι ἐτάφη,

καὶ ὅτι ἐγήγερται τῇ ἡμέρᾳ τῇ τρίτῃ κατὰ τὰς γραφάς,

καὶ ὅτι ὤφθη Κηφᾷ, εἶτα τοῖς δώδεκα.

Ob die vier ὅτι ursprünglich sind, ist umstritten[20]. Sicher aber ist die Formel nicht viergliedrig, sondern zweigliedrig; sie handelt von Christi Tod, dem die Grablegung, und von seiner Auferweckung, der die Erscheinungen zugeordnet sind – und zwar als Tatsachenbeweise. Die beiden Glieder stehen formal parallel. Aber diesem

---

[19] Zur Analyse: Wengst, 72–77.
[20] Auf die vielschichtige Problematik dieser Paradosis kann hier nicht eingegangen werden; vgl. zuletzt H. Conzelmann, EvTh 25, 1965, 1–11 und die hier genannte Literatur.

formalen Parallelismus entspricht sachlich nur das zweimalige „nach
den Schriften", während die formal ebenfalls einander korrespondie-
renden Aussagen „für unsere Sünden" und „am dritten Tage" inhaltlich ganz verschieden orientiert sind: durch die erste wird Christi
Tod gedeutet, durch die zweite wird seine Auferweckung datiert.

Das erste Glied bringt eine doppelte Deutung des Sterbens Christi:
als „für unsere Sünden" geschehen, als Sühnetod, dh als Tilgung der
durch die Sünden kontrahierten Schuld[21], und ferner als „nach den
Schriften" geschehen, als schriftgemäß, dh als dem im AT geoffen-
barten Ratschluß Gottes entsprechend. Das zweite Glied kennzeichnet durch die passivische Formulierung Gott als Subjekt der
Auferweckung, gibt deren Datum an und bezeichnet sie ebenfalls als
schriftgemäß. Sofern das „nach den Schriften" auch den Gedanken
eschatologischer Erfüllung von Schriftweissagungen impliziert – ohne
daß an spezielle Texte, etwa Jes 53 und Hos 6, 2 gedacht zu sein
brauchte –, so sind Christi Tod und Auferweckung auch als eschatologische Ereignisse charakterisiert.

Die Motive der Schriftgemäßheit, des Begräbnisses, des dritten
Tages und der Auferstehungszeugen fehlen in allen andern Pistisformeln und sind für diese nicht konstitutiv; doch finden sie sich
anderweitig[22]. Die Paradosis 1Kor 15, 3b–5 ist also ein komplexes
Gebilde und das Ergebnis eines komplizierten traditionsgeschichtlichen Vorgangs. An ihrem hohen Alter kann aber kein Zweifel bestehen. Inhaltlich erweist sie sich eindeutig als judenchristlich. Doch
ist die These, die Formel sei aus einem semitischen Idiom übersetzt
(J. Jeremias), durch Conzelmanns Gegenargumente (EvTh 1965,
4ff) erschüttert worden; es gibt zumindest kein einziges Indiz, das
zur Annahme einer Übersetzung nötigte. –

Die andern Formeln heben sich von ihrem Kontext nicht so deutlich ab.

---

[21] Bultmann, Theol., [5]1965, 295.

[22] Die Schriftgemäßheit des Todes Jesu ist für die evangelischen Passions-
berichte und für einen Teil der Missionsreden der Apg konstitutiv; doch
fehlt hier (abgesehen von Mk 14, 24par) der Sühnegedanke völlig. Lukas
hat in den Acta-Reden auch den sonst nie geführten Schriftbeweis für
die Auferstehung Jesu geliefert (Apg 2, 24–36; 13, 24ff) und mehrfach
die Augenzeugen erwähnt (Apg 1, 22; 2, 32; 3, 15; 10, 41; 13, 31). Auch
der „dritte Tag" wird genannt (Apg 10, 40); in den Leidensweissagungen dagegen heißt es immer „nach drei Tagen" (Mk 8, 31; 9, 31; 10,
34).

Doch dürfte hinter *2Kor 5, 15* eine solche stehen, deren Wortlaut etwa so zu rekonstruieren wäre: Χριστὸς ὑπὲρ ἡμῶν ἀπέθανεν καὶ ἠγέρθη (vgl. Röm 8, 34a)[23].

Christi Tod ist auch hier als Sühnetod aufgefaßt, nur umfassender als 1Kor 15, 3 („für uns" statt „für unsere Sünden"); Gott ist auch hier Subjekt der Auferweckung; diese scheint als göttliche Bestätigung des Heilstodes verstanden und erwähnt zu sein.

Eine dritte Variante der doppelgliedrigen Pistisformel scheint *1Thess 4, 14* vorzuliegen:

πιστεύομεν ὅτι Ἰησοῦς ἀπέθανεν καὶ ἀνέστη.

Die Unterschiede zu den bisherigen Formeln sind deutlich: Fehlen des Sühnegedankens; Ersetzung des ἐγερθῆναι durch das intransitive ἀναστῆναι. Die soteriologische Bedeutung dieses Handelns Jesu wird erst durch den Kontext klar (Gleichheit des Schicksals der Gläubigen und Jesu). Aber es besteht kein Anlaß, hier eine durch den Kontext bedingte sekundäre Streichung des Sühnemotivs zu vermuten.

Eine vierte Variante findet sich *Röm 4, 25:*

ὅς παρεδόθη διὰ τὰ παραπτώματα ἡμῶν
καὶ ἠγέρθη διὰ τὴν δικαίωσιν ἡμῶν.

Der Text unterscheidet sich von den drei bisher genannten kombinierten Formeln sowohl formal (streng gebauter synthetischer Parallelismus membrorum; rhythmische Gliederung) als auch sachlich (Ersetzung der Sterbensformel durch die verkürzte Dahingabeformel; Gott durch die passivische Form als Subjekt beider gekennzeichnet); vor allem aber durch die gleichsinnige Deutung der beiden Akte, die damit als Einheit verstanden werden – das διὰ τὰ παραπτώματα ἡμῶν gibt die Veranlassung, das διὰ τὴν δικαίωσιν ἡμῶν das Ziel des Heilsgeschehens an[24]. Die erste Zeile spielt auf Jes 53, 12 an. Wie der Anfang der Formel ausgesehen hat – ob das ὅς einen Namen verdrängt oder sich an eine vorhergehende Aussage, die einen Namen oder Titel enthielt, angeschlossen hat –, läßt sich nicht feststellen.

### d) Herkunft und Sitz im Leben

Von den drei Grundformen, in denen der Inhalt des christlichen Glaubens zusammengefaßt wurde, ist die Auferweckungsformel die älteste und geht zweifellos auf die palästinische Urgemeinde zurück; der christliche Glaube entstand ja aus den Ostererfahrungen der

---

[23] Vgl. Kramer aaO, 25. 28. Kramer vermutet, daß auch ἐκ νεκρῶν zur Formel gehört habe. Hierfür könnte Röm 6, 4 sprechen; aber es ist nicht klar, ob Paulus Röm 6, 3–9 eine einheitliche Formel oder Elemente mehrerer Formeln, etwa der von 1Kor 15, 3b–5 und Röm 10, 9, verwendet hat. Eindeutig begegnet die Wendung ἐκ τῶν νεκρῶν nur in den eingliedrigen Formeln, die die Auferweckung allein erwähnen; hier ist sie wegen der Doppeldeutigkeit des ἐγείρειν auch nötig, in den zweigliedrigen Formeln wegen der vorhergehenden Betonung des Sterbens Jesu dagegen überflüssig.

[24] Vgl. Bultmann, Theol., 49; 85 und Wengst, 102f.

Jünger und bestand zunächst in der Überzeugung, „daß Gott Jesus von den Toten auferweckt hat". Von ihr her erst ergab sich auch die Notwendigkeit, den Tod Jesu positiv zu deuten[25]. Die Kombination beider Aussagen lag nahe und wurde bald vollzogen – die kombinierte Formel existierte ja schon vor Paulus in mannigfachen Ausprägungen –, hat aber die beiden ältesten Grundformen nicht verdrängt. Die Herkunft der Sterbens- und der kombinierten Formel ist umstritten. Daß bei 1Kor 15, 3–5 sprachlich keine zwingenden Gründe vorliegen, ein semitisches Original anzunehmen und die Formel der palästinischen Gemeinde zuzuweisen, wurde schon gesagt. Wengst hat zudem gezeigt, daß die Vorstellung vom stellvertretenden Sühnetod zwar im hellenistischen Judentum, nicht aber im palästinischen nachzuweisen ist[26]. Man wird also auch aus religionsgeschichtlichen Gründen die Sterbens- und die kombinierten Formeln nicht so zuversichtlich wie bisher aus der palästinischen Urgemeinde herleiten dürfen. Aber der Verweis auf „die Schriften" (1Kor 15, 3f) und die Anspielung auf Jes 53, 12 (Röm 4, 25) sind judenchristlicher Herkunft. Man wird daher annehmen, daß die kombinierten Formeln im hellenistischen Judenchristentum entstanden sind und daß hier auch der Ursprung der Sterbensformel zu suchen ist[27].

Welchen „Sitz im Leben" die Pistisformeln haben, läßt sich, wie Kramer gezeigt hat, mit einiger Wahrscheinlichkeit erschließen einerseits aus den Stichworten, mit denen sie verbunden sind (πίστις | πιστεύειν, ferner εὐαγγελίζεσθαι und κηρύσσειν), und andererseits aus den Sachzusammenhängen, in denen sie auftreten (konkrete Fragen des Glaubens und Lebens). Die Formeln sprechen den zentralen Inhalt der Heilsbotschaft aus, die im Glauben anzunehmen ist (vgl. Röm 10, 8–15; 1Kor 15, 1–3a.11); sie sind aber nicht als Summarien der Missionspredigt formuliert, sondern als Aussagen der schon Glaubenden („wir glauben, daß . . ."; „für unsere Sünden"; „für uns"). Die Übermittlung der geprägten Formeln geschieht in der Weise des παραδιδόναι und παραλαμβάνειν, einem Vorgang also, der beim Empfänger schon ein gewisses Maß an Erkenntnis voraussetzt, das ihn zum Empfang der „Hauptstücke" befähigt (1Kor 15, 2f). Die Pistisformeln haben ihren Sitz im Leben im Katechumenat. Man bezeichnet sie zwar häufig als „Bekenntnis". Da sie aber nie

---

[25] Vgl. Bultmann, Theol., 47ff; 84ff; Kramer, 29–34.
[26] 62–71.
[27] So auch Wengst, 70f; 82; 97ff.

mit dem Stichwort ὁμολογεῖν verbunden sind und da eine anders geartete Formel sich als Taufbekenntnis ermitteln läßt, wird man den
Ausdruck „Bekenntnis" besser vermeiden. Die Pistisformeln sind
katechetische Formeln, die zweifellos beim Taufunterricht eine Rolle
gespielt haben, vielleicht auch bei der Tauffeier abgefragt und auf-
gesagt wurden; aber sie sind nicht speziell auf die Taufe bezogen,
sondern haben eine umfassende Bedeutung, wie ihre Verwendung in
lehrhaften und ethischen Unterweisungen zeigt.

## e) Anhang

Hier ist noch die von Paulus *Röm 3, 24f* zitierte und glossierte
Formel zu nennen, die als solche von Bultmann erkannt und von
Käsemann näher analysiert worden ist[28]. Sie lautet ohne die paulin-
ischen Zusätze:

δικαιούμενοι (...) διὰ τῆς ἀπολυτρώσεως τῆς ἐν Χριστῷ Ἰησοῦ, ὃν
προέθετο ὁ θεὸς ἱλαστήριον (...) ἐν τῷ αὐτοῦ αἵματι εἰς ἔνδειξιν
τῆς δικαιοσύνης αὐτοῦ διὰ τὴν πάρεσιν τῶν προγεγονότων ἁμαρ-
τημάτων ἐν τῇ ἀνοχῇ τοῦ θεοῦ

Das Traditionsstück ist offensichtlich unvollständig zitiert; denn mit der
Partizipialwendung δικαιούμενοι kann es nicht begonnen haben, doch muß
die Partizipialwendung zu ihm gehört haben, wie der harte asyndetische
Anschluß von V. 24 an V. 23 und wie außerdem die plerophorischen Ausdrücke, dh die paulinischen Zusätze zeigen[29]. Der Sühnegedanke V. 25a
ist in kultischen und juridischen Termini formuliert und in V. 24 und 25b
von juridischen Vorstellungen eingerahmt. Wahrscheinlich versteht die
Formel unter der „Gerechtigkeit Gottes" seine Bundestreue und unter
unserer Rechtfertigung die Wiederherstellung des Bundesverhältnisses
(Käsemann). Der Text ist formal und inhaltlich sehr komplex. Seine theologischen Motive berühren sich mit denen der Sterbensformel (Sühnege-
gedanke), gehen aber über diese hinaus (Gerechtigkeit Gottes, Rechtfertigung, heilsgeschichtlicher Aspekt).

Man kann Röm 3, 24f nur unter Vorbehalt zu den Pistisformeln
rechnen. Käsemanns These, der Text gehöre in die Nähe der Abend-
mahlstradition von Mk 14, 24, ist eine ansprechende Vermutung,
aber nicht sicher zu beweisen, so daß die Frage nach dem Sitz im
Leben offen bleiben muß. Theologiegeschichtlich stammt die Formel
höchstwahrscheinlich aus dem hellenistischen Judenchristentum[30].

---

[28] Bultmann, Theol., 49; Käsemann, Exegetische Versuche und Besinnungen I, 96ff.
[29] Anders Wengst, 87–90, der nur V. 25 als Zitat gelten lassen will.
[30] So auch Wengst, 90.

## 2. Homologien[31]

Als Homologien bezeichnen wir diejenigen formelhaften Wendungen oder Sätze im NT, die mit ὁμολογεῖν eingeleitet oder als ὁμολογία gekennzeichnet werden, sowie diejenigen, die durch gleiche Struktur und gleichen Inhalt sich mit den erstgenannten als verwandt erweisen, auch wenn die Stichworte ὁμολογεῖν/ὁμολογία fehlen. Die Berechtigung zu diesem Vorgehen und zu dieser Benennung ergibt sich aus Röm 10, 9, wo Paulus terminologisch und sachlich streng zwischen „glauben" und „bekennen" unterscheidet, sowie aus dem prägnanten Sinn von ὁμολογεῖν und ὁμολογία. Ὁμολογία gehört, wie G. Bornkamm gezeigt hat, in der Profangräzität ursprünglich der juridischen und politischen Sphäre an und „bezeichnet hier eine verbindliche öffentliche Erklärung, durch die ein Rechtsverhältnis vertraglich hergestellt wird"[32]. In der religiösen Homologie des NT fehlt allerdings die Vorstellung eines zwischen zwei gleichberechtigten Parteien frei vereinbarten Vertrages, doch bleiben in ihr „das Moment der Öffentlichkeit, der Verbindlichkeit, der Endgültigkeit und der Antwortcharakter ... konstitutiv"[33].

Überblickt man das auf die eingangs erwähnte Weise gesammelte Material, so zeigt sich, daß es – ganz anders als die Pistisformeln, die das in der Vergangenheit geschehene Heilsereignis umschreiben – die Person Jesu und seine gegenwärtige Würdestellung zum Gegenstand hat. Es lassen sich nach Form und Inhalt zwei Typen der Homologie unterscheiden: die Kyrios-Homologie, die strukturelle Akklamation, und die Gottessohn-Homologie, die strukturell Identifikationssatz ist.

### a) Akklamation

Sie lautet κύριος Ἰησοῦς (Röm 10, 9 [eingeführt durch ὁμολογεῖν]; 1Kor 12, 3) oder auch κύριος Ἰησοῦς Χριστός (Phil 2, 11 [eingeführt durch ἐξομολογεῖσθαι]). Der Satz besteht aus Titeln und Namen (in dieser Reihenfolge!); κύριος ist Subjekt, der Name Prädikat, das Hilfsverbum fehlt. Nach seiner Struktur und nach Ausweis des zu ὁμολογεῖν parallelen Ausdrucks „anrufen den (Namen des) Herrn" (Röm 10, 12ff)[34] ist der Satz Zuruf, Anruf, Akklamation. Er ist Ant-

---

[31] Hierzu Kramer, 61–80.
[32] Studien zu Antike und Urchristentum, 1959, 192.
[33] Ebd.
[34] Vgl. Kramer, 71ff.

wort der Gemeinde auf die Frage: Wer ist der Herr? Die Gemeinde
antwortet mit dem öffentlichen und verbindlichen „Bekenntnis":
„Herr ist Jesus". Es handelt sich bei dieser Homologie um eine
Entsprechung zu jenen ἐγώ-εἰμι-Sätzen im Johannesevangelium, die
R. Bultmann als „Rekognitionsformel" bezeichnet hat und die mit
dem ‚Ich bin es' auf die Frage antworten: „Wer ist der Erwartete,
der Erfragte, der Besprochene?"[35] Mit dieser Akklamation unterstellt
sich die Gemeinde dem erhöhten Jesus als ihrem Herrn, proklamiert
sie seine Herrschaft vor der Welt und vollzieht sie eine polemische
Abgrenzung gegen die Ansprüche jedes anderen κύριος. Die Formel
ist ein σύμβολον im antiken Sinne des Wortes, ein Kennwort der
Kultgenossen[36], wenn ihre Funktion auch umfassender und ihr Anspruch exklusiver ist. Die hellenistischen Christen verstanden die
Akklamation κύριος Ἰησοῦς so sehr als das für sie Charakteristische,
daß sie die technische Bezeichnung dafür („den Namen des Herrn
anrufen") zur Selbstbezeichnung der Gemeinde umformten: οἱ ἐπικαλούμενοι τὸ ὄνομα τοῦ κυρίου ἡμῶν Ἰησοῦ Χριστοῦ (1Kor 1, 2;
vgl. 2Tim 2, 22; Apg 9, 14. 21; 22, 16).

Ihren „Sitz im Leben" hat die Akklamation im Gottesdienst; sie
ist offenbar mit dem kultischen Kniefall verbunden gewesen (Phil 2,
10) und galt – wie die antiken Akklamationen überhaupt – als inspiriert (1Kor 12, 3)[37]. Sie scheint im Gottesdienst der versammelten
Gemeinde eine mannigfache Verwendung gefunden zu haben[38].

An dem hohen Alter der Formel kann kein Zweifel bestehen, da
sie schon in das vorpaulinische Christuslied Phil 2, 6–11 aufgenommen worden ist. Indes läßt sich ihre Herkunft nur bis in die heidenchristliche Gemeinde verfolgen, nicht noch weiter zurück bis in die
hellenistisch-judenchristliche oder gar in die palästinische Urgemeinde; denn der älteste Beleg Phil 2, 11 hat den Doppelnamen
Ἰησοῦς Χριστός, und Χριστός als Eigenname ist im Heidenchristentum entstanden, das den ursprünglich titularen Sinn von Χριστός =
Messias nicht mehr verstand. In heidnischer Umwelt läßt sich ihre
Entstehung auch am ehesten erklären als σύμβολον einer Kultge-
meinde, die sich gegen andere abgrenzen mußte. Wie weit verbreitet
sie war, läßt sich nicht mit Sicherheit sagen, da sie seltsamerweise

---

[35] Bultmann, Das Evangelium des Johannes, [11]1950, 167, Anm. 2.
[36] Zu dieser Bedeutung vgl. A. Dieterich, Eine Mithrasliturgie, [2]1910, 64,
Anm. 3.
[37] Vgl. E. Peterson, ΕΙΣ ΘΕΟΣ, 1926, 171 und Anm. 3.
[38] Hierzu Kramer, 76ff.

außer an den drei genannten paulinischen Stellen nirgendwo im NT begegnet und die christliche Selbstbezeichnung οἱ ἐπικαλούμενοι κτλ. nur im Corpus Paulinum und in der Apostelgeschichte begegnet.

## b) Identifikationssatz

In jüngeren nt. Schriften findet sich mehrfach ein anderer christologischer Satz, der gelegentlich mit ὁμολογεῖν eingeleitet oder als ὁμολογία bezeichnet wird, der Jesus als Gottessohn prädiziert, aber anders strukturiert ist als die Kyrios-Homologie. Sein Wortlaut läßt sich mit einiger Wahrscheinlichkeit rekonstruieren.

Das Material: Der Hebr erwähnt dreimal die ὁμολογία (3, 1; 4, 14; 10, 23). A. Seeberg (Katechismus, 145) und G. Bornkamm (II, 188ff) haben erkannt, daß damit immer das Taufbekenntnis gemeint ist und daß es in 4, 14 seinem Inhalt nach zitiert wird: ἔχοντες ... Ἰησοῦν τὸν υἱὸν τοῦ θεοῦ, κρατῶμεν τῆς ὁμολογίας. Der genaue Wortlaut liegt hier nicht vor, da das Zitat als Apposition einem Satz eingefügt ist. Der 1 Joh bringt in seiner antihäretischen Auseinandersetzung zweimal dieselbe Aussage als ὅτι-Satz, aber einmal mit ὁμολογεῖν und einmal mit πιστεύειν eingeleitet:
4, 15 ... ὁμολογήσῃ ὅτι Ἰησοῦς ἐστιν ὁ υἱὸς τοῦ θεοῦ
5, 5 ὁ πιστεύων ὅτι Ἰησοῦς ἐστιν ὁ υἱὸς τοῦ θεοῦ
Hinzuzunehmen ist ein analoger Satz, der die Prädikation ὁ χριστός anstelle des „Gottessohnes" enthält und bei dem derselbe Wechsel von ὁμολογεῖν und πιστεύειν begegnet. An der ersten zu nennenden Stelle 2, 22 verwendet der Verfasser das Oppositum zu ὁμολογεῖν, ἀρνεῖσθαι, aber V. 23 spricht er wieder von ὁμολογεῖν.
2, 22 ὁ ἀρνούμενος ὅτι Ἰησοῦς οὐκ ἔστιν ὁ χριστός,
5, 1 ὁ πιστεύων ὅτι Ἰησοῦς ἐστιν ὁ χριστός.
Schließlich ist Apg 8, 37 zu nennen, ein Zusatz des „westlichen" Textes, der das Taufbekenntnis des äthiopischen Eunuchen bringt: πιστεύω τὸν υἱὸν τοῦ θεοῦ εἶναι τὸν Ἰησοῦν Χριστόν.
Zur Rekonstruktion: Die Konkurrenz der zwei Prädikationen – Gottessohn und Christus – nötigt zu der Frage, ob es sich hier um ein und dieselbe Formel handelt oder nicht vielmehr um zwei verschiedene[39], oder zumindest, welche der beiden Prädikationen primär ist, wobei häufig für Christus = Messias, gelegentlich unter Hinweis auf das Petrusbekenntnis, als ursprünglich plädiert wird[40]. Doch scheint mir beides nicht richtig; es handelt sich vielmehr um eine Formel, und in ihr ist die Gottessohn-Prädikation ursprünglich. Denn einmal ist zu beachten, daß der Prädikationenwechsel in den sonst gleichlautenden Formeln auf 1Joh beschränkt ist, wozu noch eine gewisse Parallele im Johannesevangelium kommt (vgl. Joh 1, 34 mit 9, 22); ferner, daß der Verfasser des 1Joh „Gottessohn" und „Christus" begrifflich nicht unterscheidet, sondern promiscue gebraucht;

---

[39] So zuletzt Deichgräber, 114f.
[40] Neufeld, 142.

das wird besonders deutlich an 2, 22f, wo er das Bekenntnis, „daß Jesus der Christus ist", im nächsten Satz mit der Wendung „den Sohn bekennen" aufnimmt; aus dieser Stelle geht auch hervor, daß die Sohnesprädikation die vorgegebene ist, um deren rechtes Verständnis es dem Verfasser in seiner antihäretischen Auseinandersetzung geht, daß sie also ursprünglich ist. Dafür sprechen auch Hebr 4, 14 und Apg 8, 37. Die Formel mit dem Christustitel ist eine speziell johanneische „Analogiebildung" zur ursprünglichen Fassung[41]. Die weitere Frage, die durch 1Joh gestellt ist, ob zur ursprünglichen Formel „bekennen" oder „glauben" gehört, ist trotz Apg 8, 37 in ersterem Sinne zu entscheiden; denn nur so ist es verständlich, daß der Hebr den Satz als ὁμολογία bezeichnet und daß 1Joh 2, 22f mit dem Begriffspaar „bekennen" und „verleugnen" argumentiert (vgl. Joh 9, 22). Doch zeigt der promiscue-Gebrauch in 1Joh, daß zur Zeit seiner Abfassung die scharfe Unterscheidung von ὁμολογεῖν und πιστεύειν, wie sie bei Paulus vorlag (Röm 10, 9), verschwunden ist. Was schließlich die Formulierung betrifft, bedarf es wohl keines Beweises, daß der junge Text Apg 8, 37 (A. c. I. statt ὅτι-Satz; andere Reihenfolge von Name und Prädikation) sekundär ist. Der ursprüngliche Text der Homologie lautet: ὁμολογῶ (-οῦμεν?) ὅτι Ἰησοῦς ἐστιν ὁ υἱὸς τοῦ θεοῦ.

Diese Homologie ist keine Akklamation[42]. Die Struktur ist anders als bei der Kyrios-Akklamation: das ὁμολογεῖν ist integrierender Bestandteil der Formel, es wird gesprochen; dann folgt der ὅτι-Satz mit dem Namen als Subjekt, dann Hilfsverb und Prädikation (als Prädikatsnomen). Während die Kyrios-Akklamation auf die Frage antwortet, wer Herr ist, antwortet diese Homologie auf die Frage, wer Jesus ist (die Frage des Petrusbekenntnisses). Ich möchte sie im Anschluß an Bultmanns Bezeichnung der entsprechenden ἐγώ-εἰμι-Worte[43] Identifikationssatz nennen[44].

Obwohl der Verfasser des 1Joh „Gottessohn" als Wesensbezeichnung versteht, hat diese Prädikation in der Formel ursprünglich titularen Sinn, ist altorientalische Königstitulatur (wie in Ps 2, 7; Mk 1, 11); diesen Sinn gibt der Hebr dem Begriff expressis verbis: der Name, den der Erhöhte „geerbt" hat (1, 4), ist der Sohnesname (1, 5). Die Homologie identifiziert Jesus mit dem eschatologischen König, spricht also von seiner gegenwärtigen Würdestellung.

---

[41] Wengst, 109 vgl. seine weitere Argumentation 108ff.
[42] Gegen Kramer, 68ff.
[43] Das Evangelium des Johannes, 167, Anm. 2, Nr. 3.
[44] Nicht zu verwechseln mit dem Begriff „Identitätsformel", mit dem K. Wengst 108f die spezifische Verwendung dieser Homologie in 1Joh kennzeichnet: der Verfasser des 1Joh verwendet sie in seinem antidoketischen Kampf dazu, die Identität des irdischen Jesus mit dem himmlischen Christus bzw. Gottessohn zu fixieren.

Der „Sitz im Leben" ist die Taufe; diese Homologie ist Taufbekenntnis. Mit ihm bekennt sich der Täufling öffentlich, verbindlich und endgültig zu Jesus, dh er unterstellt sich der Herrschaft und dem Schutz des eschatologischen Königs. Die fundamentale Bedeutung des Aktes macht es verständlich, daß die Verfasser des Hebr und 1Joh immer wieder auf dieses Bekenntnis als die Basis ihrer theologischen Ausführungen rekurrieren; diese Ausführungen machen aber ihrerseits deutlich, daß das „Festhalten am Bekenntnis" (Hebr 4, 14) nicht durch die Repetition seines Wortlautes, sondern nur durch stets neue Interpretation zu geschehen hat.

Alter und Herkunft des Taufbekenntnisses sind nicht genau zu bestimmen. Es begegnet erst in jungen Schriften des NT, ist aber natürlich älter. Die titulare Verwendung des Gottessohnbegriffs läßt sich sicher im hellenistischen Judenchristentum nachweisen, ist aber für die palästinische Urgemeinde nicht auszuschließen. Dieses Taufbekenntnis ist jedenfalls judenchristlicher Herkunft. Es ist höchstwahrscheinlich älter als die Kyrios-Akklamation; aber ein genetischer Zusammenhang zwischen beiden Homologien läßt sich nicht konstatieren[45].

### c) Anhang

Es ist noch zu fragen, ob aus *Hebr 13, 15* der Hinweis auf weitere Homologien zu entnehmen ist: „Durch ihn nun laßt uns Gott allezeit Lobopfer darbringen, τοῦτ' ἔστιν καρπὸν χειλέων ὁμολογούντων τῷ ὀνόματι αὐτοῦ". G. Bornkamm sieht dieses Lobopfer „in dem lobpreisenden Bekenntnis des Namens, der Christus von Gott übertragen ist, dh des Sohnesnamens", und findet es in Christushymnen (wie Phil 2, 6ff; Kol 1, 13ff; 1 Tim 3, 16; Hebr 1, 3), die er als „hymnische Christusbekenntnisse" bezeichnet; er ordnet sie der Eucharistie zu und führt sie auf die frei betenden Propheten (Did 10, 7) zurück[46]. Auch abgesehen von der letztgenannten Zuspitzung dieser Hypothese ist es eine Frage von weitreichender theologischer Bedeutung, ob jene hymnischen Texte die Funktion und das Gewicht einer Homologie, dh eines öffentlichen, verpflichtenden und endgültigen Bekenntnisses hatten. Diese Frage ist indessen zu verneinen, wie Deichgräber (117f) überzeugend nachgewiesen hat: ὁμολογεῖν mit Dativ heißt „preisen"[47], nicht „bekennen", und „sein Name" ist

---

[45] Gegen Neufeld, 142.

[46] Studien zu Antike und Urchristentum, 196ff; zum Ganzen 193–200.

[47] Vgl. W. Bauer, WB⁵, 1126, Nr. 5.

nicht der Sohnesname Jesu, sondern der Name Gottes. Hebr 13, 15 handelt vom Lob Gottes und berechtigt nicht dazu, die Christuslieder als Homologien zu charakterisieren[48]. Keines von ihnen wird so eingeführt oder bezeichnet. Es empfiehlt sich aus methodischen und theologischen Gründen, die Begriffe ὁμολογεῖν und ὁμολογία in ihrem prägnanten Sinn nicht über den Bereich hinaus anzuwenden, für den sie im NT reserviert sind.

### 3. Kerygmatische Formeln

#### a) Missionspredigt an die Heiden

M. Dibelius[49] hat erkannt, daß Paulus *1Thess 1, 9b. 10* eine „Zusammenfassung des Missionsevangeliums" aufnimmt: ... und wie ihr euch bekehrt habt zu Gott von den Götzen, zu dienen dem lebendigen und wahren Gott (10) und zu erwarten seinen Sohn aus den Himmeln, den er von den Toten erweckt hat, Jesus, der uns rettet vor dem kommenden Zorn(esgericht)". Denn das „Typische der Paulusbotschaft" fehlt hier; Paulus scheint bei der Mission zunächst „mehr gemeinschaftliche Gedanken und Begriffe verwendet" und „wie ein anderer Missionar gesprochen zu haben" (Dibelius). Freilich handelt es sich bei dem Text nicht um das Zitat einer geprägten Formel, sondern um Aufzählung der Topoi des gemeinchristlichen Missionskerygmas, deren Reihenfolge im obigen Text auf Paulus zurückgeht; welche Form das Summarium gehabt hat, können wir aus dieser Stelle nicht erschließen.

Als seinen Inhalt nennt Paulus drei Themen: Bekehrung zu dem einen Gott, Jesus und seine Auferweckung, Eschatologie. Allerdings gehören das erste und das dritte Thema, montheistische und eschatologische Predigt, eng zusammen[50], wie denn das ganze Summarium vom eschatologischen Gedanken beherrscht ist. Das „christologische" Thema wird durch die älteste Fassung der Pistisformel (V. 10b)

---

[48] Das wird besonders deutlich in dem Christuslied Phil 2, 6–11, in das die Homologie κύριος Ἰησοῦς Χριστός aufgenommen ist (V. 11): die Schilderung des Christusweges führt zur Homologie, ist aber nicht deren Gegenstand.

[49] An die Thessalonicher I. II. An die Philipper (HNT 11), ³1937, 6f. Vgl. ferner Joh. Munck, I Thess. I, 9–10 and the Missionary Preaching of Paul: NTS 9, 1962/63, 95–110; U. Wilckens, Die Missionsreden der Apostelgeschichte, ²1963, 81f.

[50] Vgl. Hebr 11, 6; Apg 17, 31 und Bultmann, Theol., 77.

bestimmt; eine Betonung oder Deutung des Todes Jesu fehlt ebenso wie ein Hinweis auf Ereignisse seines Lebens. Der „eschatologische" Teil nennt die Parusie, das Gericht und Jesu rettende Funktion, nicht aber die Totenauferstehung.

Das Summarium ist inhaltlich judenchristlich und stammt, da die palästinische Gemeinde keine Heidenmission trieb (Gal 2, 7ff), aus dem hellenistischen Judenchristentum.

### b) Missionspredigt an die Juden

Lange Zeit hat man unter dem Eindruck der Arbeiten von M. Dibelius[51] und C. H. Dodd[52] in den an Juden gerichteten Missionsreden der Apg (2; 3; 4; 5; 10; 13) Zeugnisse für die urchristliche Missionspredigt an die Juden gesehen. Zwar nicht authentische Wiedergaben wirklich gehaltener Predigten; nach Dibelius, der die formale Struktur dieser Reden analysiert hat, hat Lukas sich vielmehr an ein altertümliches Predigtschema gehalten: Kerygma, Schriftbeweis und Bußmahnung. Das Kerygma besteht aus einer summarischen Nennung der wichtigsten Ereignisse der vita Jesu; und hier hat – nach Dibelius – Lukas wörtlich fixierte Formeln übernommen. Aber U. Wilckens[53] hat nachgewiesen, daß sowohl das Schema der Predigten als auch die Summarien der vita Jesu literarische und theologische Schöpfungen des Lukas sind und daß sich aus ihnen die Missionspredigt an die Juden nicht rekonstruieren läßt.

### 4. Liturgische Texte

### a) Eine Personformel

Daß Paulus in *Röm 1, 3f* eine christologische Formel zitiert, ist aufgrund formaler, terminologischer und sachlicher Eigentümlichkeiten des Textes anerkannt[54]; kontrovers dagegen ist, ob und wie

---

[51] Die Formgeschichte des Evangeliums, ²1938, 8–34; Die Reden der Apostelgeschichte und die antike Geschichtsschreibung (1944), 1949: Aufsätze zur Apostelgeschichte, 1951, 120–162.

[52] The Apostolic Preaching and its Developments, 1936.

[53] Die Missionsreden der Apostelgeschichte, ²1963.

[54] Ed. Norden, Agnostos Theos, 385; R. Bultmann, Theol., 52; Ed. Schweizer, Neotestamentica, 180ff; Ferd. Hahn, Christologische Hoheitstitel, 1963, 257f; H. Zimmermann, Neutestamentliche Methodenlehre, 192 bis 202 (Lit.!).

weit er sie mit Zusätzen versehen hat: περί... κυρίου ἡμῶν... Das
Traditionsstück dürfte von τοῦ γενομένου bis νεκρῶν reichen, davor
den jetzt am Ende von V. 4 stehenden Namen Jesu, auf den sich die
Partizipien beziehen, in einer Einleitungswendung gehabt haben,
während das περί τοῦ υἱοῦ αὐτοῦ (V. 3) als Inhaltsangabe zu „Evangelium Gottes" (V. 1) gehört, also auf Paulus zurückgeht. Man wird
mit Bultmann die beiden κατά-Wendungen und mit Ed. Schweizer
das ἐν δυνάμει (V. 4) ebenfalls als paulinische Zusätze auszuklam-
mern haben, um den ursprünglichen Text zu gewinnen[55].

    Ed. Schweizer hat gegen Bultmann die Ursprünglichkeit der κατά-
Wendungen verteidigt; da seine These viel Zustimmung und bisher nur
von Wengst Widerspruch erfahren hat, ist auf seine Argumentation kurz
einzugehen. Schweizer beruft sich auf 1Tim 3, 16; 1Petr 3, 18 (4, 6), wo
der Gegensatz von „Fleisch" und „Geist" in christologischen (und anthropologischen) Zusammenhängen begegnet, und schließt daraus, daß dieser
Gegensatz von irdischer und himmlischer Sphäre auch für das Traditionsstück Röm 1, 3f konstitutiv sei. Aber diese Argumentation ist nicht stringent; denn in den angeblichen Parallelen wird nicht κατά, sondern der
Dativ (mit oder ohne ἐν) gebraucht. Ferner fehlt bei „Geist" das Epitheton
„heilig", und schließlich liegen 1Tim 3, 16; 1Petr 3, 18 andere christologische Vorstellungen (Präexistenz) zugrunde. Zu diesen Unterschieden
kommt hinzu, daß die Übersetzung von κατά c. acc. mit „in der Sphäre
von..." sprachlich nicht möglich ist (vgl. 2Kor 10, 3). Die Antithese
„Fleisch/Geist" hat hier und dort ganz verschiedene Bedeutungen. Auch
Schweizers anderer Einwand, πνεῦμα ἁγιωσύνης (V. 4) sei „in jüdischem
Milieu belegt, nicht aber bei Paulus" (aaO, 180f), stamme also nicht von
diesem, verfängt nicht. Zwar macht diese Wendung in der Tat den Eindruck einer wörtlichen Übersetzung des hebräischen ruach haq-qodesch,
aber noch auffälliger ist, daß sie im ganzen griechischen AT nicht vorkommt, auch nicht an den Stellen, auf die Schweizer verweist (Ps 51 [50],
13; Jes 63, 10f). Das „jüdische Milieu", in dem πνεῦμα ἁγιωσύνης belegt
ist, beschränkt sich auf die einzige Stelle Test Lev 18, 11. Da nun im
ganzen NT ἁγιωσύνη nur noch zweimal, und zwar bei Paulus, vorkommt
(1Thess 3, 13; 2Kor 7, 1), die Wendung κατά πνεῦμα und die Antithese
κατά σάρκα / κατά πνεῦμα sich ebenfalls ausschließlich bei Paulus finden, liegt es näher, ihm die Bildung des völlig singulären κατά πνεῦμα
ἁγιωσύνης zuzuschreiben als einem andern. Da ferner nur Paulus κατά
σάρκα im Zusammenhang mit dem irdischen Christus verwendet (Röm
9, 5; 2Kor 5, 16), spricht alles dafür, die beiden κατά-Wendungen Röm
1, 3f als Interpretamente auf ihn zurückzuführen; mit der ersten relativiert
er kritisch die davidische Herkunft Jesu, mit der zweiten hebt er die Bedeutung von Jesu Gottessohnschaft hervor. Weder in der ursprünglichen
noch in der paulinisch glossierten Formel ist von Erniedrigung und Erhöhung (Schweizer) oder von einer „Zweistufenchristologie" (Hahn) die

---

[55] So auch Wengst, 112f.

Rede. – Daß ἐν δυνάμει paulinischer Zusatz ist, hat im Anschluß an Schweizer H. Zimmermann zur Evidenz gebracht (193f. 196f). Diese Zufügung ist dadurch veranlaßt, daß die Gottessohn-Prädikation von Paulus schon V. 3a gebracht worden ist und sie nun mit der der Formel konkurriert; das Interpretament soll einen Ausgleich schaffen.

Die ursprüngliche Formel dürfte demnach gelautet haben:

... Ἰησοῦν (Χριστόν?),

τὸν γενόμενον ἐκ σπέρματος Δαυίδ (...)

τὸν ὁρισθέντα υἱὸν θεοῦ (...) ἐξ ἀναστάσεως νεκρῶν.

Die formalen Charakteristika – zwei parallele Glieder, Partizipialwendungen, Vorausstellung der Verben, Artikellosigkeit der Substantive – tragen zur Formbestimmung des Textes wenig aus. Zwar sind Parallelismus membrorum und Partizipialstil hymnische Elemente und könnten ihn als Lied verstehen lassen, aber dagegen spricht, daß er nicht eigentlich „poetisch" ist. Sein Inhalt weist in eine andere Richtung. Die Formel handelt nur von der Person Jesu, in der ersten Zeile von seiner davidischen Herkunft, dh von seiner „genealogischen Qualifikation zum Messias" (Wengst, 106), in der zweiten von seiner Einsetzung zum Gottessohn kraft seiner Auferstehung von den Toten. Der Ausdruck „Gottessohn" ist im Zusammenhang mit „Einsetzung" nicht Wesensbestimmung, sondern Königstitulatur (Ps 2, 7; Mk 1, 11) und charakterisiert den erhöhten Jesus als eschatologischen König. Damit rückt die Formel in die Nähe des Taufbekenntnisses („Ich bekenne, daß Jesus der Sohn Gottes ist"); nur zeigt sie stärkere theologische Reflexion: die Art der Gottessohnschaft (Adoption), die Art der Einsetzung (Auferstehung) und die Legitimation Jesu zu dieser Würde (davidische Abstammung) werden ausdrücklich erwähnt. Trotz der in die Vergangenheit gerichteten Reflexionen liegt das Interesse der Formel nicht auf der Vergangenheit (wie in der Pistisformel), sondern auf der gegenwärtigen Herrschaftsstellung Jesu wie im Taufbekenntnis. Eine nähere Formbestimmung als der Hinweis auf diese Verwandtschaft scheint mir nicht möglich, zumal wir nicht wissen, wie die Formel eingeleitet war; vielleicht mit ὁμολογῶ Ἰησοῦν oder πιστεύω εἰς Ἰησοῦν, aber das bleibt Vermutung.

Auch die Frage nach dem Sitz im Leben läßt sich nicht genauer beantworten als mit dem Hinweis auf den Gottesdienst. Jedenfalls hat die Formel autoritative Geltung besessen, da Paulus sich mit ihr als im consensus ecclesiae stehend bei den Römern einführt und da sich ein Nachklang von ihr noch 2Tim 2, 8 findet.

Sie ist judenchristlicher Herkunft, wie ihr Inhalt zeigt. Da sie keine Übersetzungsspuren aufweist, wird die Formel nicht im palästinischen, sondern im hellenistischen Judenchristentum entstanden sein[56].

## b) Εἷς-Akklamationen

Die nt. εἷς-Akklamationen sind eng verwandt mit der Kyrios-Akklamation, scheinen aber nicht dieselbe fundamentale Bedeutung wie diese gehabt zu haben, sie werden jedenfalls nie als Homologie charakterisiert. Sie treten im NT nicht einzeln, sondern immer in dyadischer oder triadischer Erweiterung und zudem in Kombination mit andern Formeln auf[57]. Sie stellen keine spezifisch christliche Schöpfung dar, wie die Parallelen im hellenistischen Judentum und im hellenistisch-orientalischen Heidentum zeigen[58]. Die Christen haben vermutlich die εἷς-θεός-Formel aus der monotheistischen Missionspropaganda des hellenistischen Judentums, in der sie eine große Rolle gespielt hat[59], die εἷς-κύριος-Formel dagegen aus der heidnischen Umwelt übernommen[60]; denn nur hier finden sich vor- und außerchristliche Belege für dyadische und triadische εἷς-Formeln[61]. Ihrem Sinne nach sind die jüdischen und heidnischen εἷς-θεός-Formeln einander konträr; diese identifizieren orientalische und griechische Gottheiten, während jene polemisch gegen den Polytheismus gerichtet und exklusiv monotheistisch gemeint sind. Diesen exklusiven Sinn haben auch die entsprechenden nt. Formeln; ihren christlichen Charakter erhalten sie durch die Zufügung der christologisch verstandenen εἷς-κύριος-Formel[62].

Ein vorpaulinisches Traditionsstück dieser Art findet sich *1Kor 8, 6*:

εἷς θεὸς ὁ πατήρ,

ἐξ οὗ τὰ πάντα καὶ ἡμεῖς εἰς αὐτόν,

---

[56] Vielhauer, RGG³ II, 581; Wengst, 116.

[57] Von formelhaften Wendungen von dem „einen Gott" (Röm 3, 30; 1Kor 8, 4; Gal 3, 20; Jak 2, 19; 4, 12) ist hier abgesehen, da sie keine Akklamationen darstellen.

[58] E. Peterson, ΕΙΣ ΘΕΟΣ, 1926.

[59] Vgl. Or. Sib. I Prooem. 7: εἷς θεός, ὅς μόνος ἀρχεῖ...; III 11: εἷς θεός ἐστι μόναρχος und die weiteren Belege bei A. Seeberg, Die Didache des Judentums, 1908, 11ff.

[60] Über das Problem des Verhältnisses beider Formen zum Schema' Dtn 6, 4 s. Peterson, 216 und Kramer, 91f.

[61] Peterson, 254ff.

[62] Peterson, 227–256; 276–299; Kramer, 92f.

καὶ εἷς κύριος Ἰησοῦς Χριστός,
    δι᾽ οὗ τὰ πάντα καὶ ἡμεῖς δι᾽ αὐτοῦ.

Der in strengem Parallelismus membrorum gebaute Text enthält
zwei Elemente: 1. eine dyadische εἷς-Akklamation („Einer ist Gott:
der Vater . . . und Einer ist Herr: Jesus Christus") und 2.
zu jedem Glied eine doppelte Präpositionalwendung, die Gott als Schöpfer des
Alls und Ziel der Sprechenden (= Christen, Erlösten), Jesus Christus
als Mittler der Schöpfung und der Erlösung kennzeichnen. Die Kombination dieser beiden Elemente ist traditionsgeschichtlich nicht
ursprünglich; denn die Präpositionalaussagen bilden ursprünglich
eine selbständige Einheit, die auch sonst im NT begegnet – Röm 11,
36; Hebr 2, 16 auf Gott (vgl. Eph 4, 6), Kol 1, 16f auf den präexistenten Erlöser bezogen – und von Haus aus eine pantheistische
Allmachtsformel ist, die sich in der Stoa, bei den Vorsokratikern
und im hellenistischen Synkretismus feststellen läßt[63]; 1Kor 8, 6 ist
sie auf Gott und Jesus Christus verteilt. Die sekundäre Verbindung
mit der Akklamation ist aber wohl schon vorpaulinisch. Die Akklamation selbst ist eine christliche Absage an den Polytheismus (die
„vielen Götter und vielen Herren", V. 5) und Proklamation des
Einen Gottes, der durch Jesus Christus zugänglich ist; in Verbindung mit der zweigeteilten Allmachtsformel, dh sachlich: mit der
Identifikation des Schöpfers und Erlösers, kann sie auch antignostischen Sinn haben.

    Eine triadische Komposition begegnet *Eph 4, 4–6* („Ein Leib . . .,
ein Herr . . ., ein Gott"), in der jedes Glied nochmals drei Elemente
enthält. Der Text könnte als traditionsgeschichtliche Weiterbildung
der zweigliedrigen Akklamation 1Kor 8, 6 zu einer triadischen Formel erscheinen. Aber aus formalen und sachlichen Gründen kann
weder das Ganze, noch können das erste und dritte Glied ein zitier-
tes Traditionsstück sein[64]; es handelt sich vielmehr um eine Komposition des Verfassers, mit der er die Mahnung, „die Einheit des

---

[63] Ed. Norden, Agnostos Theos, 240ff; 347ff.
[64] Daß Gott erst an dritter Stelle genannt ist, würde noch kein Einwand
sein, da der Verfasser die Reihenfolge umgestellt haben könnte. Aber
daß in V. 4 das erste Glied nicht der „Geist", sondern das „Leib" ist,
dieser aber keine Parallele zum Kyrios und zu Gott bildet, macht evident, daß keine trinitarische Formel (Geist, Herr, Gott) vorliegt. Die
drei Verse bilden wegen ihrer ganz verschiedenartigen Struktur keinen
Parallelismus membrorum und gehören daher von Haus aus nicht zu
einer Einheit zusammen. Vgl. Dibelius-Greeven und Schlier zSt.

Geistes zu wahren" (V. 3), unterstreicht. Zitat ist offenbar nur V. 5:
εἷς κύριος, μία πίστις, ἓν βάπτισμα,
eine triadische εἷς-κύριος Akklamation, bei der das Zahlwort konstitutiv ist und in seinen drei genera erscheint. Das auffällige Fehlen
des Eigennamens des Kyrios und die Nennung von Glaube und
Taufe zeigen, daß der Text keine Abgrenzung von den „vielen Herren" der Heiden vollzieht – diese ist vielmehr vorausgesetzt –, sondern die Einheit der Kirche dokumentiert, indem er die diese Einheit
begründenden und wahrenden Größen nennt. Es handelt sich um
eine innerkirchliche Akklamation, mit der sich die Gemeinde auf
diese Größen verpflichtet und so zugleich die Trennungslinie gegen
Häresie und Schisma zieht. – Welchen Sitz im Leben diese Akklamation hatte, ist nicht festzustellen; sie setzt – mit Glauben und Taufe
– den Katechumenenunterricht voraus; ob sie aber einen Bestandteil
der Tauffeier gebildet oder eine andere Funktion gehabt hat, muß
offen bleiben.

Schließlich ist *1 Tim 2, 5 f* zu nennen, ein Text, in dem neben dem
„einen Gott" Jesus Christus als dem „einen Mittler" akklamiert
wird: εἷς γὰρ θεός, ... ἰδίοις. Daß hier ein Zitat vorliegt, ist anerkannt, aber sein Umfang ist umstritten[65]. M. E. dürfte das Zitat
folgendermaßen abzugrenzen sein:
εἷς θεός,
εἷς μεσίτης θεοῦ καὶ ἀνθρώπων (...) Χριστὸς Ἰησοῦς,
ὁ δοὺς ἑαυτὸν ἀντίλυτρον ὑπὲρ πάντων.
Es stellt die Verbindung einer dyadischen εἷς-Akklamation mit einer
dem zweiten Glied angehängten Pistisformel dar. Ob diese Verbindung traditionsgeschichtlich vorgegeben war oder – wahrscheinlicher
– erst vom Verfasser hergestellt wurde, läßt sich kaum entscheiden.
Die Proportionen der beiden Glieder der Akklamation sind so ungleich, daß man eine Verkürzung des ersten annehmen möchte; aber
das Vergleichsmaterial reicht nicht hin, einen Rekonstruktionsversuch
zu rechtfertigen. – Sachlich grenzt sich die Gemeinde mit dieser
Akklamation gegen andere „Mittler" ab und proklamiert Christus
als den einzigen Mittler zwischen Gott und Menschen. –

Die christliche Heidenmission hat schon vor Paulus die dyadische
εἷς-Akklamation verwendet. Deren ursprünglicher Sinn war die
polemische, aber zugleich auch proklamatorische Abgrenzung gegen
den Polytheismus. Aber schon Paulus scheint sie antihäretisch ver-

---

[65] Vgl. Dibelius-Conzelmann, Die Pastoralbriefe, ³1955, 34f.

wendet zu haben. Die Formel 1Tim 2, 5f ist von Haus aus antihäretisch orientiert. Bezeichnenderweise findet sie sich an beiden Stellen nicht allein, sondern kombiniert mit religionsgeschichtlich heterogenen Elementen (Allmachtsformel, Pistisformel), die je auf ihre Weise das Heilsgeschehen charakterisieren – wobei die Aussage über das „Werk" der Aussage über die „Person" untergeordnet ist. Rein innerkirchlich ausgerichtet ist die triadische Akklamation Eph 4, 5, die mit dem zweiten und dritten Glied (Glaube, Taufe) ebenfalls Bezug auf das Heilsgeschehen nimmt. – Daß diese Formeln ihren „Sitz im Leben" im Gottesdienst haben, ist ebenso deutlich, wie ihre präzisere liturgische Funktion undeutlich ist.

### c) Andere Akklamationen

wie Amen, Halleluja, Hosianna, Maranatha und Abba seien nur erwähnt. In der Apk begegnen ἄξιος-Akklamationen (4, 11; 5, 9f ἄξιος εἶ; 5, 12 ἄξιός ἐστιν), aber verbunden mit Doxologien und hymnischen Elementen. Es ist unsicher, ob es sich hier um vorliterarische Formen und nicht vielmehr um literarische Bildungen handelt[66].

### d) Doxologien

Man unterscheidet zwei Typen dieser Lobsprüche. Der erste, die eigentliche Doxologie, hat die Grundform[67]:

ᾧ | τῷ ... | αὐτῷ | σοί | σοῦ ἡ δόξα εἰς τοὺς αἰῶνας (ἀμήν).

Sie kann auch erheblich erweitert werden (Röm 16, 25–27; Jud 24f). Meist steht sie am Ende eines Sinnabschnittes (Röm 11, 36; Gal 1, 5; Eph 3, 21; Phil 4, 20; 1Tim 1, 17; 6, 16; 2Tim 4, 18); den Briefschluß bildet sie Röm 16, 25ff; Jud 24f und den Abschluß des Vater-Unsers Did 8, 2. Mit Ausnahme von 2Tim 4, 18 beziehen sich die Doxologien immer auf Gott.

Der zweite Typ wird durch Stellen bei Paulus repräsentiert (Röm 1, 25; 9, 5; 2Kor 11, 31): εὐλογητὸς εἰς τοὺς αἰῶνας (ἀμήν) und wird als Eulogie bezeichnet. Auch sie ist immer auf Gott bezogen. Manche Briefproömien beginnen statt mit εὐχαριστῶ (-οῦμεν) mit einer hymnisch ausgebauten Eulogie (2Kor 1, 3; Eph 1, 3; 1Petr 1, 3).

In der Apk werden beide Typen gelegentlich miteinander verbunden (5, 13).

---

[66] Vgl. Käsemann, RGG[3] II, 994; zu den ἄξιος – Akklamationen überhaupt: Peterson, 176f; 318; 324.
[67] Deichgräber, 25ff.

Beide Typen sind jüdischer Herkunft (εὐλογητός entspricht dem
hebräischen baruk); sie beziehen sich fast ausschließlich auf Gott.
Sie preisen „weniger gegenwärtige Epiphanie als Gottes ewiges Wesen
und erfahrenes Handeln"[68].

### e) Gebete

Die urchristlichen Gebete haben ihren Sitz im Leben natürlich nicht
nur im Gemeindegottesdienst, sondern auch in der persönlichen
Sphäre; aber die uns erhaltenen sind liturgisch geprägt. Das wichtigste ist das Vater-Unser, das in einer kürzeren Fassung Lk 11, 2–4
und in einer längeren Mt 6, 9–13 überliefert ist. Die letztere wird
auch Did 8, 2 zitiert, und zwar vermehrt um eine zweigliedrige Doxologie („Denn dein ist die Macht und die Herrlichkeit in Ewigkeit");
dann folgt die Vorschrift: „Dreimal täglich sollt ihr so beten" (Did
8, 3). Doch hatte das Vater-Unser auch seinen Platz im Abendmahls-
gottesdienst. Im Zusammenhang mit diesem stehen die sog. Mahlgebete der Didache (9 und 10). Ein großes Gemeindegebet, das offenbar ein Stück der römischen Liturgie darstellt, findet sich im Schlußteil des 1Clem (59–61). Das kleine Gemeindegebet Apg 4, 24–30
scheint dagegen ein literarisches Gebilde des Lukas zu sein[69].

Nicht hierher gehören die Proömien der meisten nt. Briefe, obwohl
sie als Gebete stilisiert sind („Wir danken Gott . . .", „Gepriesen sei
Gott . . .") und gelegentlich liturgisches Material verwenden; denn
die Proömien sind keine vorformulierten Gebete und nehmen Momente der Briefsituation auf, sind also, auch wenn sie einem gewissen Schema folgen, ,freie' Gebete.

### f) Kultformeln des Herrenmahls

Viermal werden im NT die ,Einsetzungsworte' überliefert (Mk 14,
22–25; Mt 26, 26–28; Lk 22, 15–20; 1Kor 11, 23–26), die, zumal
in ihren älteren Fassungen (Mk 14 und 1Kor 11), deutlich vom liturgischen Brauch des Herrenmahls geprägt sind.

*Mk 14, 22–25:* „Und als sie aßen, nahm er Brot, sprach das Dankgebet,
brach es, gab es ihnen und sagte: ,Nehmet! Das ist mein Leib!' Und er
nahm den Kelch, sprach das Dankgebet, gab (ihn) ihnen, und sie tranken
alle aus ihm. Und er sagte zu ihnen: ,Das ist mein Blut des Bundes, das
für viele vergossen wird. (25) Amen, ich sage euch: ich werde vom Ge-

---

[68] Käsemann, RGG³ II, 994.
[69] Vgl. M. Dibelius, Botschaft und Geschichte I, 1953, 289ff; E. Haenchen,
Die Apostelgeschichte, ⁵1965, 183ff.

wächs des Weinstocks nicht mehr trinken bis zu jenem Tage, an dem ich es neu trinken werde in der Herrschaft Gottes'."

*1Kor 11, 23–26:* Denn ich habe vom Herrn empfangen, was ich euch auch überliefert habe: „Der Herr Jesus hat in der Nacht, in der er dahingegeben wurde, Brot genommen, (24) das Dankgebet gesprochen, es gebrochen und gesagt: ‚Das ist mein Leib, für euch; das tut zu meinem Gedächtnis.' (25) Desgleichen auch den Kelch nach dem Mahl und sagte: ‚Dieser Kelch ist der neue Bund in meinem Blute. Das tut, so oft ihr (daraus) trinket, zu meinem Gedächtnis'." (26) Denn so oft ihr dies Brot esset und diesen Kelch trinket, verkündigt ihr den Tod des Herrn, bis er kommt.

Die beiden Texte stellen zwei literarisch voneinander unabhängige Fassungen derselben Tradition dar[70]. Paulus kennzeichnet sie ausdrücklich als Überlieferungsstück (V. 23a); dieses reicht bis V. 25, während V. 26 paulinische Interpretation des Wiederholungsbefehls ist. Die von Paulus zitierte Paradosis ist nicht nur literarisch, sondern auch traditionsgeschichtlich älter als der Mk-Text. Denn sie zeigt noch Spuren einer älteren Form der Feier. Der Genuß des eucharistischen Brotes und Kelches waren ursprünglich durch eine Mahlzeit getrennt (μετὰ τὸ δειπνῆσαι, V. 25a), rahmten sie also ein. Von daher erklärt sich auch, daß die Deuteworte zu Brot und Kelch (V. 24b; 25b) nicht parallel formuliert sind. In der Herrenmahlfeier der korinthischen Gemeinde war die ursprüngliche Trennung von Brot- und Kelchgenuß verschwunden, waren diese beiden Akte zusammengerückt und fanden nach dem gemeinsamen Mahl statt (11, 20ff); der alte Brauch hat sich nur noch in der „Rubrik" („Desgleichen nach dem Mahl") erhalten. Der neue Brauch hatte Folgen für die Deuteworte: diese wurden mit der Zeit einander angeglichen, und so entstand die markinische Fassung der Kultformel.

### g) Eingangsliturgie des Herrenmahls

Paulus verwendet am Schluß des 1 Kor nach den Grußbestellungen einige Sätze, die den Abschluß des öffentlichen Gottesdienstes und den Beginn der Eucharistiefeier markieren (16, 20b. 22f):

Grüßet einander mit dem heiligen Kuß ...
Wenn einer den Herrn nicht liebt, so sei er verflucht.
Maranatha.
Die Gnade des Herrn Jesus sei mit euch.

Daß diese Sequenz: heiliger Kuß – Anathema – Maranatha – Gnadenspruch zur Eingangsliturgie des Herrenmahls gehört, legt die

---

[70] H. Lietzmann, Messe und Herrenmahl, 1926, 218.

Parallele Did 10, 6 nahe, wo sich im Zusammenhang mit den Mahlgebeten eine ähnliche Satzreihe findet. Lietzmann vermutet, gewiß mit Recht, daß die Sätze teils vom Liturgen, teils von der respondierenden Gemeinde gesprochen wurden:

Liturg: Es komme die Gnade und es vergehe diese Welt.
Gem.: Hosianna dem Sohne Davids.
Liturg: Wenn einer heilig ist, so soll er kommen; wenn einer nicht heilig ist, so soll er Buße tun. Maranatha.
Gem.: Amen.

Auf die ebenso interessanten wie komplizierten liturgiegeschichtlichen Probleme dieser Texte ist hier nicht einzugehen, sondern nur auf ein Moment hinzuweisen, das die Funktion dieser Texte und damit ihren Sitz im Leben deutlich macht. Es handelt sich um die 1Kor 16, 22 und Did 10, 6 parallelen Elemente:

| 1Kor 16, 22 | Did 10, 6 |
|---|---|
| . | εἴ τις ἅγιός ἐστιν, |
| . | ἐρχέσθω. |
| εἴ τις οὐ φιλεῖ τὸν κύριον, | εἴ τις οὔκ ἐστιν, |
| ἤτω ἀνάθεμα. | μετανοείτω. |
| μαραναθά. | μαραναθά. |

Die dem gemeinsamen Maranatha vorangestellten Bedingungssätze sind sakralrechtlicher Art. Bei Paulus ist es ein „Satz heiligen Rechts"; in der Did stehen statt des einen negativen Satzes zwei Sätze, ein positiver und ein negativer. Der positive ist eine Einlade-, der negative eine Ausschlußformel; die Verfluchung dessen, der den Herrn nicht liebt, hat ebenfalls den Sinn, die Unwürdigen bzw. die Nichtchristen von der nun beginnenden heiligen Handlung auszuschließen. Solche Einlade- und Ausschlußformeln gehören zu den griechischen Mysterien und sind von da in den christlichen Kult übernommen worden[71]. Sie leiten die esoterische Feier ein, an der nur die Gläubi-

---

[71] Eine frappante Parallele bringt Lukian, Alexander 38: Vor Beginn der Mysterienfeier beginnt ein öffentlicher Ausruf (πρόρρησις) mit Ausschluß- und Einladeformel:
„Wenn ein Atheist, Christ oder Epikuräer gekommen ist (εἴ τις ἄθεος . . .), diese Orgien auszukundschaften, der soll fliehen! Die aber an Gott glauben (οἱ δὲ πιστεύοντες), sollen sich mit gutem Glücke weihen (τελείσθωσαν)."
Darauf erfolgt die „Austreibung" (ἐξέλαυσις) der Profanen:
Alexander ruft: „Hinaus mit den Christen (ἔξω Χριστιανούς)".
Die Menge respondiert: „Hinaus mit den Epikuräern (ἔξω Ἐπικουρείους)".

gen teilnehmen und in deren Mittelpunkt das Herrenmahl steht. Man darf also in den beiden Texten 1Kor 16, 20b. 22f und Did 10, 6 Formulare einer solchen Eingangsliturgie sehen.

### h) Tauffeier

Schon öfter wurden Texte mit mehr oder weniger großer Wahrscheinlichkeit der Tauffeier zugeschrieben. Aber liturgische Formulare (wie 1Kor 16, 20ff; 11, 23ff für die Eucharistie) bietet das NT für die Taufe nicht. Indessen kann man in dem Missions- und Taufbefehl Mt 28, 19 eine den Kultformeln 1Kor 11, 23ff; Mk 14, 22ff analoge Kultätiologie sehen.

Käsemann hat *Kol 1, 12–20* als „eine urchristliche Taufliturgie", diagnostizieren wollen, deren zweiter Teil – V. 15–20 – ein Hymnus ist[72]. Wenn man auch gegen den Begriff „Taufliturgie" Bedenken haben kann, so ist doch der Bezug des Textes auf das Taufgeschehen sicher; das zeigen Terminologie und Vorstellungen (Rettung aus der Finsternis, Versetzung in das Reich des Gottessohnes, Anteil am Erbe der Heiligen im Licht)[73]. Höchstwahrscheinlich gehört auch *Eph 5, 14* in den Zusammenhang mit der Taufe, ein Text, der mit einer Zitationsformel wie ein Schrift- oder Herrenwort eingeführt wird, dessen Herkunft aber unbekannt ist:

ἔγειρε, ὁ καθεύδων,

καὶ ἀνάστα ἐκ τῶν νεκρῶν,

   καὶ ἐπιφαύσει σοι Χριστός.

Ein Dreizeiler mit Homoioteleuton, eine Form, für die Peterson zahlreiche Parallelen nachgewiesen hat (130ff). Die Bildersprache des Zitates (Aufwachen vom Sündenschlaf, Auferstehen von den Toten, Lichtsymbolik) verweist auf die Taufe. Ein Tauflied wird es nicht sein, sondern ein Zuruf an den Täufling[74].

---

Vgl. G. Bornkamm I, 124, Anm. 5; Leipoldt, RAC I, 260f; H. Conzelmann, Der erste Brief an die Korinther, 1969, 361, Anm. 27; Wengst, 50 verweist außerdem auf Isokrates, Panegyricus 157.

[72] Exegetische Versuche und Besinnungen I, 34–51.

[73] Vgl. Bornkamm II, 196, Anm. 19a.

[74] Dibelius zSt spricht von Zuruf und Tauflied; Käsemann nennt den Text ein „kleines Tauflied" (I, 45), dagegen (RGG³ II, 994f) einen „Heilsruf über dem Täufling". C. F. D. Moule, The Birth of the NT, 1962, 25 bringt den Text mit Apg 12, 6f in Verbindung als „an ancient hymn built round the Peter-story"!

### i) Tauf- oder Ordinationsparänese

Der Abschnitt *1Tim 6, 11–16* unterbricht die allgemeine mit einer
speziellen, an den Apostelschüler gerichteten Paränese, dem die
Leitung und innere Festigung der Gemeinde übertragen ist. Der
Passus besteht aus traditionellem Material paränetischer (11f) und
liturgischer Art von verschiedener Herkunft, enthält in V. 13 eine
zweigliedrige Formel und in V. 12 eine Erinnerung an „das gute
(rechtgläubige) Bekenntnis", das der Angeredete vor vielen Zeugen
bekannt hat. Strittig ist, ob mit diesem ein Bekenntnis vor Gericht
bei einer Verfolgung oder die Taufhomologie oder eine besondere
Ordinationsverpflichtung gemeint ist. Die erste Möglichkeit dürfte
wohl ausscheiden. Zwischen den beiden andern läßt sich keine
sichere Entscheidung treffen. Da die zweiteilige Formel V. 13 keine
spezifisch pastoraltheologischen oder kybernetischen Motive enthält,
also die etwaige Ordinationsverpflichtung nicht sein kann, wissen
wir über diese gar nichts. Trotzdem scheint mir die Charakterisierung des Textes als Ordinationsparänese, des Kontextes wegen, zutreffender. Auch wenn die V. 12 erwähnte Homologie das Taufbekenntnis sein sollte, müßte der Text keine Taufparänese sein; denn
auch bei der Ordination ist der Rekurs auf dieses möglich und sinnvoll.

## 5. Lieder

Das Urchristentum hat von Anfang an christliche Lieder hervorgebracht (1Kor 14, 26; Kol 3, 16 = Eph 5, 19; Apg 16, 25), sie aber
nicht in einer geschlossenen Sammlung, analog dem at. Psalter, überliefert. Lediglich das Liederbuch einer christlich-gnostischen Gemeinschaft aus der Mitte des 2. Jahrhunderts ist auf uns gekommen, die
sog. Oden Salomos. Was von den urchristlichen Liedern erhalten
blieb, sind zufällige Reste, die als mehr oder weniger kenntliche
Zitate in lehrhafte oder paränetische Zusammenhänge der Briefliteratur oder der Apk eingelegt sind. Ihre Rekonstruktion bereitet
Schwierigkeiten, da sie oft nur fragmentarisch zitiert, gelegentlich
glossiert oder auch auseinandergerissen sind. Da es sich bei diesen
Liedern nicht um metrische Poesie handelt, sind sie oft von gehobener und rhythmisierter Prosa, die sich etwa gelegentlich bei Paulus
findet, schwer zu unterscheiden, so daß in der Forschung manche
Stücke dieser Art zu Unrecht als Lieder angesprochen werden. Aber

auch bei nachweislichen Traditionsstücken, die Lieder sind, ist die nähere Formbestimmung schwierig. Zwar nennen Kol 3, 16 = Eph 5, 19 „Psalmen, Hymnen und Oden" und sind die entsprechenden Verben bezeugt (ψάλλειν Eph 5, 19; ᾄδειν ebd und Kol 3, 16; ὑμνεῖν Apg 16, 25); aber auch wenn es sich dabei nicht um plerophorische Bezeichnungen derselben Sache handeln sollte, können wir weder vom Sprachlichen noch von den uns erkennbaren Traditionsstücken her zwischen diesen drei Arten differenzieren. Da der Begriff des Hymnus durch die Psalmenforschung festgelegt ist und wichtige Indizien dieser Gattung bei den urchristlichen Liedern fehlen, verwende ich im folgenden die neutrale Bezeichnung „Lieder". Ich beschränke die Darstellung auf das relativ Sichere, dh auf nachweisliche Traditionsstücke, die nach Form und Stil als „Lieder" zu charakterisieren sind.

a) Zunächst sind zwei vorchristliche Lieder zu nennen, die Lukas in sein Evangelium aufgenommen hat, das Magnificat *(Lk 1, 46–55)* und das Benedictus *(Lk 1, 68–79)*, stilechte „eschatologische Hymnen" jüdischer bzw. täuferischer Herkunft; ob dagegen das Nunc dimittis (Lk 2, 29–32) ein (vorchristliches) Traditionsstück oder eine Bildung des Evangelisten ist, sei dahingestellt.

b) Daß Paulus *Phil 2, 6–11* ein vorpaulinisches Christuslied zitiert, ist durch E. Lohmeyer (Kyrios Jesus, 1929) bewiesen worden und seither fast allgemein anerkannt. Umstritten sind die Fragen etwaiger paulinischer Zusätze, der strophischen Gliederung, der religionsgeschichtlichen Herkunft der Terminologie und Vorstellungen und damit der theologischen Gedanken. Von diesen Fragen, deren Behandlung eine uferlose Literatur erzeugt hat, sollen nur die beiden ersten kurz gestreift werden. Als paulinischen Zusatz sieht man mit Lohmeyer fast allgemein die Worte θανάτου δὲ σταυροῦ V. 8 (Ende) an. Aus dem Bestreben, ein Lied mit gleichlangen Strophen und von symmetrischer Zwei- oder Dreiteilung zu rekonstruieren, hat man noch andere Zusätze entdeckt und gestrichen: G. Strecker zB den ganzen V. 8, J. Jeremias, dem u. a. Deichgräber folgt, die Worte ἐπουρανίων καὶ ἐπιγείων καὶ καταχθονίων V. 10 und εἰς δόξαν θεοῦ πατρός V. 11. Aber keiner dieser Versuche überzeugt[75], und ihre Voraussetzung – gleichgebaute Strophen, Symmetrie der Teile – ist im Blick auf andere Lieder des NT mehr als problematisch. Der Text scheint vielmehr bis auf das θανάτου δὲ σταυροῦ integer zu

---

[75] Vgl. Wengst, 144ff; 145, Anm. 15.

sein; auch das ὅς am Anfang (V. 6) ist nicht zu beanstanden und weder in ein ὁ zu verwandeln noch durch Voranstellung eines Namens zu ergänzen. Das Lied, das im Er-Stil den Weg Jesu Christi beschreibt, ist zweigeteilt: Erniedrigung V. 6–8, Erhöhung V. 9–11.

*1Tim 3, 16* liegt ein Lied von sechs Zeilen vor, von sechs asyndetischen Sätzen, von denen jeder zuerst das Prädikat im Aorist Passiv und dann ein Substantiv (meist mit ἐν) bringt, das den Bereich bezeichnet, in dem die Handlung vor sich geht. Die Reihenfolge der Substantive – Fleisch/Geist, Engel/Völker, Welt/Herrlichkeit – zeigt, daß es sich um drei Gegensatzpaare in chiastischer Anordnung handelt, daß also das Gedicht formal aus drei Doppelzeilen besteht (von Nestle im Druck richtig abgesetzt). Jedes Gegensatzpaar umschreibt die himmlische und die irdische Welt. Die Verben jeder Doppelzeile nennen Geschehnisse, die sich in der oberen und in der unteren Welt korrespondieren. Die drei Doppelzeilen entsprechen, wie Ed. Norden[76] als erster erkannt hat, den drei Akten eines altägyptischen Thronbesteigungsrituals, das sich als literarisches Schema in der hellenistischen Zeit nachweisen läßt: 1. Begabung mit göttlichem Leben, 2. Präsentation und 3. Einsetzung in die Herrschaft. Das Lied schildert also die Inthronisation Christi, ist demnach eine Parallele zu Phil 2, 9–11; daß es auch eine Parallele zu Phil 2, 6–8 enthalten habe, die jetzt verloren sei, läßt sich nicht wahrscheinlich machen. Die Integrität des Liedes, auch seines Anfangs mit ὅς, steht außer Zweifel[77].

Hier ist der komplizierte Text *1Petr 3, 18–22* anzuschließen, der, wie O. Cullmann[78] und R. Bultmann[79] erkannt haben, ein vom Verfasser des 1Petr bearbeitetes Traditionsstück darstellt. Cullmann weist dem Verfasser die kurze Taufunterweisung V. 20. 21a. b zu, ohne die das Traditionsstück von Christi Tod (V. 18), Descensus (V. 19), Auferstehung (V. 21c), Himmelfahrt und sessio ad dexteram handele. Freilich erhält man nach Aushebung von V. 20–21b noch keinen glatten Text.

Bultmann versuchte, aus V. 18f. 22 und aus 1, 20 das Traditionsstück zu rekonstruieren, hält es für ein Bekenntnis und ergänzt es deshalb durch eine entsprechende Einleitung:

---

[76] Die Geburt des Kindes, 1924, 116–128.
[77] Vgl. Wengst, 156ff.
[78] Die ersten christlichen Glaubensbekenntnisse, 15.
[79] Bekenntnis- und Liedfragmente im ersten Petrusbrief, 1ff = Exegetica, 285ff.

(πιστεύω εἰς τὸν κύριον Ἰησοῦν Χριστόν, [?])

1,20     τὸν προεγνωσμένον μὲν πρὸ καταβολῆς κόσμου,
        φανερωθέντα δὲ ἐπ᾽ ἐσχάτου τῶν χρόνων.

3,18     ὅς ἔπαθεν ἅπαξ περὶ ἁμαρτιῶν,
        ἵνα ἡμᾶς προσαγάγῃ τῷ θεῷ,
        θανατωθεὶς μὲν σαρκί,
        ζωοποιηθεὶς δὲ πνεύματι,
3,19     ἐν ᾧ καὶ τοῖς ἐν φυλακῇ πνεύμασιν ἐκήρυξεν,
3,22     πορευθεὶς (δὲ) εἰς οὐρανὸν ἐν δεξιᾷ θεοῦ,
        ὑποταγέντων αὐτῷ ἀγγέλων καὶ ἐξουσιῶν καὶ δυνάμεων.

Die starken Eingriffe Bultmanns am Text haben Widerspruch[80], aber auch neue Rekonstruktionsversuche hervorgerufen. Erwägenswert ist Wengsts Versuch, der den Text sehr viel konservativer behandelt, dem Verfasser sehr viel mehr zuschreibt und die hypothetische Vorlage auf wenige Zeilen reduziert (161ff):

1,20     ὁ προεγνωσμένος μὲν πρὸ καταβολῆς κόσμου,
        φανερωθεὶς δὲ ἐπ᾽ ἐσχάτου τῶν χρόνων,
3,18     θανατωθεὶς μὲν σαρκί,
        ζωοποιηθεὶς δὲ πνεύματι,
3,22     πορευθεὶς εἰς οὐρανόν,
        ὑποταγέντων αὐτῷ ἀγγέλων καὶ ἐξουσιῶν καὶ δυνάμεων[81].

Wie die Vorlage auch rekonstruiert werden mag, sie ist ihrem Stil nach ein Lied, kein „Bekenntnis", auch wenn sie Motive enthält, die im zweiten Glaubensartikel erscheinen. Das Lied schildert in Vorstellungen, die denen von Phil 2, 6ff und 1Tim 3, 16 verwandt sind, den Weg Christi in der zeitlichen Reihenfolge seiner Stationen und legt den Akzent auf die Erhöhung und die Herrschaft über die Mächte.

Daß *Kol 1, 12–20* ein „liturgisches" Stück darstellt, hat Ed. Norden entdeckt[82]; seit E. Käsemanns Analyse dieses Textes[83] wird weitgehend anerkannt, daß Kol 1, 15–20 ein glossiertes Lied ist, während seine andere These, das Lied bilde zusammen mit V. 12–14 eine Taufliturgie, nicht in der gleichen Weise akzeptiert wurde. Das Lied gliedert sich deutlich in zwei Strophen mit parallelen Anfängen:

[80] ZB von J. Jeremias, Abba, 1966, 323ff und Deichgräber, 169ff.
[81] Problematisch ist dabei das Fehlen eines verbum finitum. Eine solche Reihe von Partizipien im Nominativ kann schwerlich eine selbständige Einheit gebildet haben, sondern ist nur als Apposition zu einem Namen (plus Prädikat) denkbar.
[82] Agnostos Theos, 250ff.
[83] Eine urchristliche Taufliturgie, Exegetische Versuche und Besinnungen I, 34–51.

I. ὅς ἐστιν εἰκών ... πρωτότοκος πάσης κτίσεως (V. 15) und II. ὅς ἐστιν ἀρχή, πρωτότοκος ἐκ τῶν νεκρῶν (V. 18b) und auch mit sonstigen parallelen Formulierungen (zB V. 16 und 19). Diese Parallelität der Strophen einerseits und formale wie sachliche Störungen dieser Parallelität andererseits verlocken dazu, durch Streichungen, Umstellungen und Ergänzungen den ursprünglichen Text wiederherzustellen[84].

Mit guten Gründen hat Käsemann in V. 18a τῆς ἐκκλησίας und in V. 20 διὰ τοῦ αἵματος τοῦ σταυροῦ αὐτοῦ als Zusätze wahrscheinlich gemacht; aber auch die Aufzählung der Mächte in V. 16b. c (von τὰ ὁρατὰ bis ἐξουσίαι) dürfte im Blick auf die kolossische Häresie vom Briefverfasser hinzugefügt sein[85]. Mehr Zusätze anzunehmen, scheint mir nicht nötig. Als ursprünglich wäre dann (mit Deichgräber) folgender Text anzunehmen:

I.  15. ὅς ἐστιν εἰκὼν τοῦ θεοῦ τοῦ ἀοράτου,
          πρωτότοκος πάσης κτίσεως,
    16. ὅτι ἐν αὐτῷ ἐκτίσθη τὰ πάντα,
          ἐν τοῖς οὐρανοῖς καὶ ἐπὶ τῆς γῆς. [...]
    17. καὶ αὐτός ἐστιν πρὸ πάντων
          καὶ τὰ πάντα ἐν αὐτῷ συνέστηκεν
    18. καὶ αὐτός ἐστιν ἡ κεφαλὴ τοῦ σώματος [...]
II.     ὅς ἐστιν ἀρχή,
          πρωτότοκος ἐκ τῶν νεκρῶν,
          ἵνα γένηται ἐν πᾶσιν αὐτὸς πρωτεύων,
    19. ὅτι ἐν αὐτῷ εὐδόκησεν πᾶν τὸ πλήρωμα κατοικῆσαι
    20. καὶ δι' αὐτοῦ ἀποκαταλλάξαι τὰ πάντα εἰς αὐτόν,
          εἰρηνοποιήσας [...] δι' αὐτοῦ

          εἴτε τὰ ἐπὶ τῆς γῆς εἴτε τὰ ἐν τοῖς οὐρανοῖς.

Die erste Strophe preist den Präexistenten als Mittler der Schöpfung, die zweite den Postexistenten als Mittler der Versöhnung. Der Weg, den Phil 2, 6ff beschreibt, spielt ebenso wenig eine Rolle wie die Ereignisse, die in der Zeit zwischen Schöpfung und Gegenwart geschehen sind und eine Versöhnung des Alls notwendig machten; ja, daß die zweite Strophe überhaupt vom Postexistenten handelt, geht nur aus der Prädikation πρωτότοκος ἐκ τῶν νεκρῶν hervor. Das ganze Interesse des Liedes liegt auf der Identität des Versöhnungsmittlers mit dem Schöpfungsmittler.

Auch *Hebr 1, 3* wird als Lied aufgefaßt, als Vierzeiler:

---

[84] Vgl. den Überblick und die Diskussion bei Gabathuler und Deichgräber, 143ff.

[85] So J. M. Robinson, 283, Deichgräber. Gegen alle Streichungen außer der von τῆς ἐκκλησίας hat sich Wengst, 170–175, energisch gewandt.

ὃς ὢν ἀπαύγασμα τῆς δόξης καὶ χαρακτὴρ τῆς ὑποστάσεως
αὐτοῦ,
φέρων τε τὰ πάντα τῷ ῥήματι τῆς δυνάμεως αὐτοῦ,
καθαρισμὸν τῶν ἁμαρτιῶν ποιησάμενος
ἐκάθισεν ἐν δεξιᾷ τῆς μεγαλωσύνης ἐν ὑψηλοῖς.

Aber der empfindliche Stilbruch nach der zweiten Zeile und das nach
den Präexistenzaussagen unvermittelte Auftreten der Motive der
Sündentilgung und der Thronbesteigung lassen an der Integrität des
Liedes zweifeln. Während die ersten beiden Zeilen den Eindruck
eines Liedanfangs machen, scheinen die beiden nächsten nicht die
ursprüngliche Fortsetzung zu bilden, sondern vom Verfasser des
Hebr zu stammen, der mit ihnen den ursprünglichen Text ersetzt
oder umgeformt hat.

Ignatius von Antiochien zitiert in seinem Brief an die Epheser ein
Lied, dessen Umfang und Gliederung allerdings umstritten sind; der
ignatianische Text lautet *Ign Eph 19, 2f*:

„(2) Ein Stern erstrahlte am Himmel, heller als alle Sterne, und sein Licht
war unaussprechlich, und seine Neuheit erregte Befremden.
Alle übrigen Sterne aber zusammen mit Sonne und Mond umgaben
den Stern im Chor;
er aber übertraf mit seinem Licht sie alle, und Verwirrung herrschte,
woher die neue ihnen ungleichartige Erscheinung.
(3) Von da an wurde vertilgt alle Zauberei und jede Fessel der Schlechtigkeit verschwand;
die Unwissenheit wurde ausgerottet;
die alte Herrschaft wurde zerstört, da Gott sich als Mensch offenbarte zu einem neuen ewigen Leben.
Und es nahm seinen Anfang, was bei Gott schon vollendet war.
Von da an waren alle Dinge zugleich in Bewegung, weil die Vernichtung des Todes eifrig betrieben wurde.“

Zur Vorlage gehören sicher folgende Zeilen:

2. ἀστὴρ ἐν οὐρανῷ ἔλαμψεν ὑπὲρ πάντας τοὺς ἀστέρας
   καὶ τὸ φῶς αὐτοῦ ἀνεκλάλητον ἦν
   καὶ ξενισμὸν παρεῖχεν ἡ καινότης αὐτοῦ. [...]
3. ὅθεν ἐλύετο πᾶσα μαγεία
   καὶ πᾶς δεσμὸς ἠφανίζετο κακίας,
   ἄγνοια καθῃρεῖτο,
   παλαιὰ βασιλεία διεφθείρετο
   θεοῦ ἀνθρωπίνως φανερουμένου εἰς καινότητα
   ἀϊδίου ζωῆς. [...]

Ob dieser von Wengst (198f) rekonstruierte Text das ganze Traditionsstück bildet oder ob es umfangreicher war, sei dahingestellt; ebenso wie es strophisch zu gliedern ist[86]. Deutlich heben sich zwei Teile voneinander ab, deren Zäsur zwischen V. 2 und 3 liegt. Jeder beschreibt dasselbe Ereignis, die Inkarnation Christi, hinsichtlich seiner Wirkung, und zwar auf die himmlische (V. 2) und die irdische Welt (V. 3).

Bultmann[87] hat die alte Vermutung zur Gewißheit erhoben, daß die Zeichnung Christi als Vorbild 1Petr 2, 21–24 (innerhalb der Mahnung an die Sklaven 2, 18ff) mit Hilfe eines vorgeformten poetischen Traditionsstückes geschieht, das der Verfasser glossiert und der Mahnung angepaßt hat (Umsetzung der 1. in die 2 Pers. Plur.). Der Text lautet, wenn man ihn möglichst wenig ändert:

21. Χριστὸς ἔπαθεν ὑπὲρ ἡμῶν [...]
22. ὃς ἁμαρτίαν οὐκ ἐποίησεν
     οὐδὲ εὑρέθη δόλος ἐν τῷ στόματι αὐτοῦ –
23. ὃς λοιδορούμενος οὐκ ἀντελοιδόρει,
     πάσχων οὐκ ἠπείλει.
     [παρεδίδου δὲ τῷ κρίνοντι δικαίως.]
24. ὃς τὰς ἁμαρτίας ἡμῶν αὐτὸς ἀνήνεγκεν
     ἐν τῷ σώματι αὐτοῦ ἐπὶ τὸ ξύλον,
     ἵνα ταῖς ἁμαρτίαις ἀπογενόμενοι
     τῇ δικαιοσύνῃ ζήσωμεν.
     οὗ τῷ μώλωπι ἰάθημεν.

Bultmann vermutet, V. 23 sei vom Verfasser sekundär eingefügt (drei Zeilen statt zwei; keine Anspielung auf Jes 53 wie in V. 22 und 24), um einen Bezug zu den angeredeten Sklaven herzustellen; Deichgräber (140ff) wendet dagegen ein, das Umgekehrte sei wahrscheinlicher, daß nämlich gerade dieser Satz die Heranziehung des Liedes veranlaßt habe, – was einleuchtet. Er erwägt seinerseits, der ἵνα-Satz V. 24 (bis ζήσωμεν) sei sekundär, – aber ein Motiv für diese Zufügung läßt sich nicht erkennen. Mir scheint eher die dritte Zeile von V. 23 (παρεδίδου κτλ.) eine Zufügung des Verfassers im Blick auf die ungerecht gescholtenen Sklaven zu sein; die Zeile klappt nach und bringt ein etwas störendes Motiv in den Duktus der Gedanken hinein. Doch läßt sich über die ursprüngliche Textgestalt keine absolute Sicherheit erlangen.

Ist das Lied vollständig – wogegen nichts spricht –, so nimmt es unter den Liedern dadurch eine Sonderstellung ein, daß es ausschließlich vom Leiden Christi handelt, Präexistenz und Menschwerdung, Erhöhung und gegenwärtige Würde dagegen nicht berührt; das In-

---

[86] Zum einzelnen s. Deichgräber, 157ff.
[87] Bekenntnis- und Liedfragmente, 12ff = Exegetica, 295ff.

teresse liegt ganz auf dem Sühnegedanken wie bei denjenigen Pistisformeln, die nur den Tod Jesu nennen[88].

c) Der ‚Sitz im Leben' dieser Lieder ist der Gottesdienst. Daß einzelne Lieder noch einen spezielleren Bezug hatten, ist wahrscheinlich oder jedenfalls möglich. Kol 1, 15–20 dürfte – in seiner Verknüpfung mit V. 12–14 – einen Bezug zur Taufe haben (Käsemann); ob das Lied aber speziell für die Taufe geschaffen wurde, ist eine andere Frage. Beachtet man, was Paulus 1 Kor 14, 26 über die Entstehung christlicher „Lieder" erwähnt – daß „jeder" einen zu Hause präparierten oder auch improvisierten „Psalm" im Gottesdienst rezitieren durfte –, wird man mit der Zuweisung der Lieder zu speziellen liturgischen Akten zurückhaltend sein. So sorgfältig solche Bezüge bei jedem erhaltenen Lied zu prüfen sind, so hypothetisch bleiben – einstweilen – die Ergebnisse.

d) Weniger sicher – wenn man so will: noch weniger sicher – liegen Lieder oder Liedfragmente vor in Röm 11, 33–36; Eph 1, 3–14. 20–23; 2, 9–10. 14–18; Kol 2, 9–15; Hebr 5, 5–10; 7, 1–3. 26–28; IgnEph 7, 2. Doch soll ihr Vorhandensein keineswegs bestritten werden. Nur ist in den meisten Fällen schwer zu entscheiden, ob man es mit Bildungen des Autors – evtl unter stilistischen und Motivanleihen – oder mit Zitaten von Traditionsstücken zu tun hat.

Von dieser Schwierigkeit sind auch die ‚Lieder' der Johannesapokalypse belastet. Die Meinungen gehen weit auseinander; während Cullmann Apk 5, 9. 12. 13; 12, 10–12; 19, 1. 2. 6 für die ältesten Christuslieder hält[89], erklärt Deichgräber (44–59) sie und die anderen hymnischen Texte der Apk für literarische Bildungen des Verfassers oder seiner Traditionen.

Bei der uns beschäftigenden Frage nach den vorliterarischen Formen müssen wir von diesen Texten absehen.

### e) Schlußbemerkung

Eine nähere formgeschichtliche Bestimmung der urchristlichen Lieder ist bei ihrer geringen Zahl und ihrem fragmentarischen Überlieferungszustand schwierig. Als formgeschichtliche Fortbildung der at. Psalmen oder einer ihrer Gattungen (etwa der Hymnen) lassen

---

[88] Wengst, 83ff, rubriziert 1Petr 2, 21ff daher nicht unter die Lieder, sondern unter die katechetischen Formeln.
[89] O. Cullmann, Urchristentum und Gottesdienst, 1950, 24.

sie sich nicht verstehen, aber auch nicht als Fortführung einer der in der hellenistisch-orientalischen Umwelt gängigen Gattungen. Indes gibt es in einzelnen Stilelementen durchaus Parallelen im at.–jüdischen wie „heidnischen" Bereich, und eine systematische Vergleichung könnte ergiebig sein, wie die Heranziehung at. und jüdischer Texte (Qumran) durch Deichgräber zeigt. Ein Charakteristikum der (unter b genannten) Christuslieder, das sich allerdings auch aus einem Vergleich mit „heidnischem" Material ergibt, ist dies, daß sie durchweg im proklamatorischen „Er-Stil", nicht im „anbetenden" „Du-Stil" gehalten, also Lieder auf Christus, nicht an Christus, dh keine Gebete sind. Mit der Unterscheidung zwischen „berichtenden" und „beschreibenden" Liedern, die Deichgräber von Westermann übernommen hat, ist zur Differenzierung der urchristlichen Lieder nichts gewonnen; brauchbarer erscheinen in dieser Hinsicht die Prädikationen (Tat-, Titel- und Wesensprädikationen). Daß Wesensprädikationen in den nt. Liedern noch fehlen, ist nicht richtig[90]. Freilich läßt sich eine Gruppierung nach Prädikationen nicht strikt durchführen, da es zwar Lieder ausschließlich mit Tatprädikationen, nicht aber ausschließlich mit Titel- oder Wesensprädikationen gibt. Deichgräber hat leider auf eine Gruppierung der „Christushymnen" (im Unterschied zu den Gotteshymnen) überhaupt verzichtet, während Wengst eine solche aufgrund von inhaltlichen und Strukturkriterien wenigstens versucht hat[91]. Schilles Klassifikation der Lieder – bald nach inhaltlichen Kriterien, bald nach ihrem doch nur vermuteten ‚Sitz im Leben' – läßt methodisch und sachlich unbefriedigt.

Auch nach Wengsts und Deichgräbers Untersuchungen ist auf dem Gebiet der urchristlichen Lieder noch viel zu tun, zumal Schilles methodisch anfechtbare Monographie, die noch nicht grundsätzlich genug kritisiert ist, keine wesentliche Förderung dieser Arbeit bedeutet. Erforderlich ist eine umfassende Sichtung und Sammlung des Materials und eine eingehende Formanalyse, bei der die Ergebnisse und Gesichtspunkte von Ed. Nordens Agnostos Theos sehr viel stärker als bisher zu berücksichtigen wären; beide Arbeitsgänge

---

[90] Gegen Deichgräber, 106. Daß εἰκών Kol 1, 15 oder ἀπαύγασμα Hebr 1, 3 keine Wesens-, sondern Titelprädikationen sein sollen, ist nicht einzusehen.

[91] Weglied (Phil 2, 6ff; 1Tim 3, 16; 1Petr 1, 20; 3, 18. 22), Schöpfungsmittler-Inthronisationslied (Hebr 1, 3; Kol 1, 15–20), Versöhnungslied (Eph 2, 14–16; Kol 2, 13–15), Inkarnationslied (IgnEph 19, 2f).

müssen ineinander greifen und sich ergänzen. Ferner ist die Frage nach der religionsgeschichtlichen Herkunft der einzelnen Vorstellungen und Motive allseitig zu prüfen – der religionsgeschichtliche Horizont sollte nicht an den Ruinen von Chirbet Qumran enden –, denn nur so ist eine theologiegeschichtliche Einordnung der einzelnen Stücke und damit ein Einblick in die ebenso verzweigte wie rasch ablaufende Theologiegeschichte des Urchristentums möglich.

M. Dibelius hat in seinem Forschungsbericht „Zur Formgeschichte des NT (außerhalb der Evangelien)" bei der Besprechung von J. Krolls „Christlicher Hymnodik" die damals gewonnene grundsätzliche Einsicht in das Wesen der urchristlichen Lieder formuliert, die heute noch Gültigkeit besitzt. Einmal damit, daß er auch diese vorliterarischen Formen als „Urliteratur" charakterisiert, wenn auch ohne diesen Ausdruck Overbecks zu gebrauchen: „Die für die literarische Stellung des Urchristentums wesentlichste Erkenntnis besteht in der Feststellung, daß die griechische metrische Verspoesie im Christentum erst in der Zeit heimisch wird, da die Beziehungen zur ‚großen' Literatur des Hellenismus hergestellt sind, also im zweiten Jahrhundert". Und dann damit, daß er mit seinen Bemerkungen über den Stil nicht nur ein Resumé, sondern ein Programm gibt: „In den Hymnen der früheren Zeit herrscht ein gehobener Prosastil, sinnvoll gegliedert, bisweilen auch strophisch gebaut, mit Kennzeichen formaler Bindung, gelegentlich rhythmisch, aber doch nicht eigentlich metrisch. Es liegt dabei eine ‚in griechische Worte gekleidete orientalische Redeweise zugrunde, die in ihrer Eigenart durch den ganzen Orient bis in uralte Zeiten zu verfolgen ist' (Kroll S. 9)" (THR NF 3, 1931, 221).

## 6. Paränese

Von den bisher besprochenen vorliterarischen Gattungen unterscheidet sich die Paränese dadurch, daß sie keine knappe, geschlossene und abgerundete Form bildet, sondern einen unabgeschlossenen Traditionsstoff von Sittenregeln darstellt, der aber doch durch bestimmte Formmerkmale gekennzeichnet ist. Als Paränese (= Mahnrede) in formgeschichtlichem Sinn bezeichnet man „einen Text, der Mahnungen allgemein sittlichen Inhalts aneinanderreiht. Gewöhnlich richten sich die Sprüche an eine bestimmte (wenn auch vielleicht fingierte) Adresse oder haben mindestens die Form des Befehls oder Aufrufs;

das unterscheidet sie von dem Gnomologium, der bloßen Sentenzen-Sammlung"[92].

## a) Formen der Paränese

Nicht jede sittliche Mahnung ist Paränese in diesem Sinne. Man kann sich den Unterschied zwischen Paränese und andersartiger ethischer Mahnung durch einen Vergleich zweier Abschnitte in derselben nt. Schrift, nämlich von *Röm 12. 13* mit Röm 14, 1–15, 13 verdeutlichen: Hier (Röm 14f) ein einziges Thema, ein konkretes und aktuelles Problem der römischen Gemeinde (Streit der „Starken" und „Schwachen" über die Erlaubtheit von Fleischgenuß), das Paulus ausführlich unter Bezugnahme auf christologische Formeln und das AT theologisch abhandelt, relativiert und seiner Lösung entgegenführt; dort eine Fülle von Themen, die keinen aktuellen Anlaß haben, die als knappe Mahnungen ohne strenge Disposition lose aneinandergereiht sind – nur 13, 1–7 bildet eine größere thematische Abhandlung (Verhältnis zur Obrigkeit) – und so allgemein gehalten sind, daß sie nicht nur für die römische, sondern für jede Gemeinde passen: das ist Paränese.

Solche Paränese begegnet außer Röm 12f noch häufig im Corpus Paulinum: *Gal 5, 13–6, 10; Eph 4, 1–6, 20; Phil 4, 4–9; Kol 3, 5–4, 6; 1Thess 4, 1–12; 5, 1–22,* also meist im Schlußteil der Briefe; ferner *Hebr 13, 1–9. 17; 1Petr 2, 11–5, 11* und *Jak;* außerhalb des NT *1Clem 4–39; Did 1–6; Barn 18–20* und in den *Mandata des Pastor Hermas.* Diese Texte sind formal und inhaltlich so stark miteinander verwandt, daß man oft literarische Abhängigkeit der späteren von den früheren Schriften angenommen oder aber Abhängigkeit von einer gemeinsamen Tradition vermutet hat. A. Seeberg hat als diese gemeinsame Tradition ein einheitliches Lehrstück des Katechismus der Urchristenheit, die Sittenlehre, zu erweisen gesucht, und diese Hypothese ist im angelsächsischen Raum mit Modifikationen aufgenommen[93] bzw. unabhängig von Seeberg neu aufgestellt worden[94]. Doch läßt sich die gemeinsame Tradition in dieser Weise nicht fassen; sie ist zu weitschichtig, als daß sie sich auf ein einheitliches Lehrstück zurückführen ließe. Man sollte die Erkenntnis, daß ge-

---

[92] M. Dibelius, Der Brief des Jakobus[11], hg. und ergänzt von H. Greeven, 1964, 16f.

[93] E. G. Selwyn, The First Epistle of St. Peter, 1949, 365–466.

[94] Ph. Carrington, The Primitive Christian Catechism, 1940.

meinsame Tradition vorliegt, durch solche Hypothesen nicht belasten und einengen.

Die *Formmerkmale*, deren wichtigste schon genannt sind, seien kurz zusammengefaßt. Keine ausführlich begründeten ethischen Entscheidungen, sondern kurze Gebote oder Aufrufe sind das auffälligste Merkmal. Diese sind nicht immer Imperative. An ihre Stelle können imperativisch gemeinte Partizipien treten[96] (z. B. τῇ ἐλπίδι χαίροντες, τῇ θλίψει ὑπομένοντες, τῇ προσευχῇ προσκαρτεροῦντες, ταῖς χρείαις τῶν ἁγίων κοινωνοῦντες τὴν φιλοξενίαν διώκοντες Röm 12, 12f) oder Infinitive (χαίρειν μετὰ χαιρόντων, κλαίειν μετὰ κλαιόντων Röm 12, 15) oder Adjektive (ἡ ἀγάπη ἀνυπόκριτος, . . . τῇ φιλαδελφίᾳ εἰς ἀλλήλους φιλόστοργοι Röm 12, 9f). Das andere Merkmal ist die lose Aneinanderreihung der einzelnen Ermahnungen und Sprüche, ohne Disposition. Zur besseren Behältlichkeit wird öfter das mnemotechnische Mittel der Stichwortverknüpfung verwendet, so daß Spruchreihen entstehen, oder werden die Sprüche thematisch zu Spruchgruppen verbunden; doch folgt die Anordnung der Gruppen keinem festen Aufriß.

Wie einzelne Sprüche thematisch zusammengestellt werden, so kann auch das Thema eines einzelnen Spruches Gegenstand einer „Abhandlung" werden, die es erläutert und anwendet. Man nennt diese Form nach Dibelius „ausgeführte Paränese". Sie findet sich in den Mandata des Hermas und Jak 2, 1–13; man wird auch Röm 13, 1–7 hierher zu rechnen haben (vgl. Tit 3, 1; 1Petr 2, 13ff).

Die Paränese verwendet ferner *katalogartige Schemata.* Als erstes ist das schon bei Paulus begegnende Schema der *Tugend- und Lasterkataloge* zu nennen. Unmittelbar nebeneinander stehen die beiden Kataloge nur Gal 5, 19–23, wo die Laster als „Werke des Fleisches" (V. 19) und die Tugenden als „Frucht des Geistes" (V. 22) gekennzeichnet werden; nahe beieinander und aufeinander bezogen finden sie sich Kol 3, 5–8 (Lasterkatalog) und 12–14 (Tugendkatalog). Weitere Tugendkataloge: Eph 4, 2f; Phil 4, 8; 1Tim 4, 12; 2Tim 2, 22; 3, 10; 1Petr 3, 8; 2Petr 1, 5–7; Lasterkataloge: Röm 13, 13; 1Kor 5, 10f; 6, 9f; 2Kor 12, 20f; Eph 4, 31; 5, 3–5; 1Tim 1, 9f; 6, 4; 2Tim 3, 2–4. Die Lasterkataloge aus 1Kor und 2Kor stehen nicht

---

[95] D. Daube, Participle an Imperative in I Peter (bei Selwyn aaO, 467–488) führt zu dem Gebrauch imperativischer Partizipien Parallelen aus dem tannaitischen Hebräisch an; vgl. Ed. Lohse, Paränese und Kerygma im 1. Petrusbrief, ZNW 45, 1954, 75ff.

in eigentlichen Paränesen, sind aber paränetisch gemeint. Dagegen dient der Lasterkatalog Röm 1, 29–31 nicht der Warnung, sondern der Beschreibung des Heidentums.

Das andere Schema wird durch die sog. *„Haustafeln"* repräsentiert. So bezeichnet man die Zusammenstellungen von Pflichten der einzelnen Angehörigen eines „Hausstandes" – der Gatten, der Eltern, der Kinder, der Herren und Sklaven – zueinander und zur Umwelt. Die älteste nt. Haustafel findet sich Kol 3, 18–4, 1, es folgt, dieser parallel, Eph 5, 22–6, 9; dann 1Petr 2, 18–3, 12; 1Tim 2, 8–15; Tit 2, 1–10; die apostolischen Väter bringen ebenfalls Haustafeln: 1Clem 21, 7–9; IngPol 4f; Polyk 4f. Das Schema ist relativ fest, fester als das der Tugend- und Lasterkataloge, wenn auch Zahl und Reihenfolge der angesprochenen Familienstände variiert.

Schließlich ist die *Zwei-Wege-Lehre* zu nennen: Sie begegnet im NT noch nicht, obwohl Mt 7, 13f (enge und weite Pforte, schmaler und breiter Weg) auf sie Bezug nimmt. Sie liegt Barn 18–20 und Did 1–6 vor, ferner in einer lateinischen Übersetzung (De doctrina apostolorum), ferner im VII. Buch der Apostolischen Konstitutionen, in das die Did ganz, und in der Apostolischen Kirchenordnung, in die sie teilweise aufgenommen worden ist. Das Schema der beiden Wege, des guten und des bösen, dient als Einteilungsprinzip für die Mahnungen, das zugleich das Ziel der beiden Wege, Leben oder Tod, angibt und so zur Entscheidung ruft. Zwischen Barn 18–20 und Did 1–6 gibt es so viele Berührungen, daß man Abhängigkeit der einen von der anderen Schrift oder beider von einer gemeinsamen Quelle annehmen muß.

Es gibt zwei Wege (verschieden in) der Lehre und Machtbefugnis, den des Lichts und den der Finsternis. Groß ist der Unterschied zwischen den zwei Wegen: über den einen nämlich sind lichtspendende Engel Gottes gesetzt, über den anderen aber Engel des Satans; und der eine (Machthaber ist) Herr von Ewigkeit zu Ewigkeit, der andere (ist) Herrscher über die jetzige Periode der Gottlosigkeit. – Der Weg des Lichts ist nun dieser. Wenn einer den Weg gehen will bis zum bestimmten Ort, wende er Mühe auf seine Werke. Die Erkenntnis nun, die uns gegeben ist, daß wir auf ihm (oder: in ihr) wandeln, ist folgende. Du sollst lieb haben den, der dich gemacht hat, fürchten den, der dich gebildet hat, preisen den, der dich vom Tode erlöst hat. Sei einfältigen Herzens und reich im Geiste. Schließe dich nicht an die an, die auf dem Wege des Todes ziehen. Hassen sollst du alles, was Gott nicht gefällig ist, hassen sollst du alle Heuchelei (Barn 18, 1–19, 2).
Der Weg des Schwarzen aber ist gekrümmt und des Fluches voll. Denn es ist (der) Weg zum ewigen Tod (verbunden) mit Strafe, und man findet

auf ihm, was ihre Seelen ins Verderben bringt: Götzendienst, Frechheit, Machtdünkel, Heuchelei, Doppelsinnigkeit, Ehebruch, Mord, Raub, Übermut, Übertretung, List, Schlechtigkeit, Unverschämtheit, Giftmischerei, Zauberei, Habsucht, Mangel an Gottesfurcht; (da gehen) Verfolger der Guten, die die Wahrheit hassen, die Lüge lieben, den Lohn der Gerechtigkeit nicht kennen, dem Guten nicht anhangen, (auch) nicht gerechtem Gerichte, die sich um Witwe und Waise nicht kümmern, nicht auf Gottesfurcht eifrig bedacht sein, sondern auf das Schlechte, von denen Sanftmut und Geduld weit entfernt sind, die Eiteles lieben, der Bezahlung nachjagen, sich des Armen nicht erbarmen, sich nicht mühen um den Mühseligen, die leichtfertig in Verleumdung (sind), ihren Schöpfer nicht kennen, Mörder von Kindern, Verderber des Gebildes Gottes, die sich abwenden von dem Bedürftigen, den Bedrängten bedrücken, Fürsprecher der Reichen, gesetzwidrige Richter der Armen, gänzlich in Sünden (verstrickt) (Barn 20, 1. 2).

Zwei Wege gibt es, einen zum Leben und einen zum Tode; es ist aber ein großer Unterschied zwischen den beiden Wegen. Der Weg zum Leben ist nun der: ,erstens du sollst Gott lieben, der dich geschaffen hat, zweitens deinen Nächsten wie dich selber'; alles aber, was du nicht willst, daß es dir geschehe, tue auch du einem andern nicht an... (Did 1, 1ff).

Der Weg des Todes aber ist dieser: allem zuvor ist er schlecht und voll Fluches: Morde, Ehebrüche, Begierden, Hurereien, Diebstähle, Abgöttereien, Zaubereien, Giftmischereien, Räubereien, falsche Zeugnisse, Heucheleien, Doppelsinnigkeit, List, Hochmut, Bosheit, Frechheit, Habsucht, schändliches Reden, Eifersucht, Dreistigkeit, Stolz, Prahlerei, Großtuerei. (Auf ihm gehen) die Verfolger der Guten, Hasser der Wahrheit, Freunde der Lüge, die, die den Lohn der Gerechtigkeit nicht kennen, die an Gutes und an gerechtes Gericht sich nicht halten, die da wachen nicht zum Guten, sondern zum Bösen; von denen Milde und Geduld ferne sind, die ,Nichtiges lieben, nach Lohn jagen', sich des Armen nicht erbarmen, über den Bedrückten nicht Leid tragen, ihren Schöpfer nicht erkennen, Kindesmörder, Vernichter des Gebildes Gottes im Mutterleibe, den Bedürftigen abweisend, den Bedrückten plagend, Fürsprecher der Reichen, unbarmherzige Richter der Armen, mit allen Sünden beschwert... (Did 5, 1f).

## b) Herkunft

Die urchristliche Paränese unterscheidet sich von den meisten der bisher besprochenen Texte auch dadurch, daß sie keine christliche Schöpfung ist; sie hat nicht nur Parallelen in der jüdischen und hellenistischen Umwelt, sondern sie hat dort ihre Wurzeln. Die Spruch-Paränese wurde sowohl in der literarischen und in der volkstümlichen Weisheitstradition des Judentums als auch in der hellenistischen Popularphilosophie gepflegt. Das hellenistische Judentum benutzte literarische Formen und ethische Inhalte der Popularphilosophie zum Zweck seiner missionarischen Propaganda und Apologetik. Als wichtigste Texte, in denen die paränetischen Traditionen greibar werden, sind zu nennen: die at. Proverbien, die Weisheit Salomos, Tob 4, 5–19; 12, 6–10; Pirqe Abot; die TestXII; Partien des äthiopischen und slavischen Henochbuches; bestimmte Qumrantexte, insbesondere 1QS 3f; Ps. Phokylides; Isokrates, Nikokles und Ad Nicoclem; Ps. Isokrates ad Demonicum; Epiktets Disserationes. M. Dibelius hat die urchristliche Paränese in den Zusammenhang der zeitgenössischen gestellt, aber er hat auch vor einer allzu schnellen Aufteilung in jüdische und hellenistische Elemente gewarnt: „Die Frage, inwieweit auch die griechische und besonders die hellenistische Paränese mit orientalischer Weisheit zusammenhängt, ist noch nicht geklärt. Verständlicherweise ist die Herkunft des Materials in der paränetischen Literatur aus dem Inhalt nicht immer zu erkennen; volkstümliche Weisheit ist oft international und überkonfessionell"[96].

Am ehesten lassen sich Abhängigkeitsverhältnisse bei relativ festgefügten Texten nachweisen, dh bei den katalogischen Paränesen[97].

Die Tugend- und Lasterkataloge wurden unter dieser Fragestellung mehrfach monographisch behandelt (A. Vögtle, S. Wibbing, E. Kamlah). Solche Kataloge sind eine geläufige Form in der popularphilosophischen Paränese; das Schema geben häufig die vier platonischen Kardinaltugenden ab, denen vier Hauptlaster entgegengestellt werden; jede Tetrade wird dann durch Aufzählung anderer Tugenden bzw. Laster vermehrt und konkretisiert. Aber auch in der außerkanonischen Literatur des Judentums finden sich derartige Kataloge[98]. Unter diesen sind diejenigen für die Frage des Abhängigkeitsverhältnisses von Bedeutung, die eine Strukturverwandtschaft mit nt. Tugend- und Lasterkatalogen aufweisen. Das gilt vor allem für 1QS 3, 25–4, 14 und Gal 5, 19–23, wo die Tugenden und Laster sachlich zwei dualistischen Prinzipien zugeordnet werden – dem Geist des Lichtes und dem Geist der Finsternis (1QS 3f), dem Geist und dem Fleisch (Gal 5, 19ff) – und formal in zwei antithetischen Katalogen nebeneinandergestellt sind; der paulinische Text ist traditionsgeschichtlich von einem in 1QS 3f faßbaren dualistischen Schema abhängig. Ähnliches wird für die anderen dualistisch strukturierten Kataloge des NT anzunehmen sein (Röm 13, 12f; Eph 5, 3–5. 9)[99].

---

[96] Geschichte der urchristlichen Literatur II, 66f.
[97] Vgl. M. Dibelius, ThR 1931, 213ff.
[98] S. die Belege bei Wibbing, 23–76.
[99] Vgl. Wibbing, 108ff.

Aber damit ist nicht für alle urchristlichen Kataloge jüdische Herkunft bewiesen; der Tugendkatalog Phil 4, 8 zB ist eindeutig hellenistischer Herkunft: „Schließlich, Brüder, bedenkt alles, was wahr sittlich, gerecht, gut, beliebt und anerkannt ist, was es an Tugenden gibt und was Lob verdient".

Das Schema der Zwei Wege ist, wie längst erkannt und durch die Qumranfunde bestätigt, jüdischer Herkunft und in dem soeben erwähnten Dualismus beheimatet. Das traditionsgeschichtliche Bindeglied zwischen Ansätzen zu diesem Schema in jüdischen Apokryphen[100] und seiner ausgebildeten Form in Barn 18–20 bildet 1QS 3, 17ff, ein Text, in dem die den beiden „Geistern" zugeordneten Tugenden bzw. Laster mit dem Motiv der beiden Wege verbunden sind. Dadurch ist auch die traditionsgeschichtliche Priorität von Barn 18–20 gegenüber Did 1–6 erhärtet. Dagegen scheint sich die alte Vermutung, das Zwei-Wege-Schema repräsentiere einen jüdischen Proselyten-Katechismus, nicht zu bestätigen. Die auffällige Tatsache, daß das Zwei-Wege-Schema in der urchristlichen Literatur erst im Barn und in der Did auftaucht, läßt sich entweder so erklären, daß die älteste Urchristenheit es bewußt ignoriert hat – was unwahrscheinlich ist –, oder daß sie die aus dem Judentum übernommenen Tugend- und Lasterkataloge nicht in Verbindung mit den Zwei Wegen vorgefunden hat.

Die Haustafeln wurden von M. Dibelius und seinem Schüler K. Weidinger nach Form und Herkunft untersucht mit dem Ergebnis, daß dieses Schema dem palästinischen Judentum fremd ist, sich aber in der popularen Morallehre der Stoa sowie in der hellenistisch-jüdischen Propagandaliteratur feststellen läßt und daß das junge Christentum es übernommen und mehr oder weniger stark verchristlicht hat. Ob das hellenistische Judentum bei der Übernahme eine Mittlerrolle gespielt hat, ist unsicher. Die Thematik der hellenistischen Haustafeln ist umfassender als die der christlichen, sie umfaßt auch die Gottesverehrung und die Stellung zum Staat. An der Haltung gegenüber diesen beiden Themen läßt sich ein Blick in die Entwicklung der christlichen Ethik tun. Das Thema Obrigkeit findet bei Paulus eine selbständige Behandlung (Röm 13) und ist erst in 1Petr 2 in die Haustafeln einbezogen. Das Thema Religion ist in keine Haustafel des NT aufgenommen worden, denn es fällt, wie Dibelius mit Recht betont hat, für die ältesten Christen nicht

---

[100] ZB TestJud 20, Ben 6; äthHen 91, 18f; 94, 1ff; slHen 30, 15.

unter die sittlich-bürgerlichen Pflichten; unter diesen taucht es aber bezeichnenderweise im 1Clem auf (21, 6).

## c) Aufnahme und Sitz im Leben

In seinem ältesten Brief schreibt Paulus beim Übergang zur Paränese (1Thess 4, 1): Λοιπὸν οὖν, ἀδελφοί, ἐρωτῶμεν ὑμᾶς καὶ παρακαλοῦμεν ἐν κυρίῳ Ἰησοῦ, ἵνα καθὼς παρελάβετε παρ' ἡμῶν τὸ πῶς δεῖ ὑμᾶς περιπατεῖν καὶ ἀρέσκειν θεῷ, καθὼς καὶ περιπατεῖτε, ἵνα περισσεύητε μᾶλλον. Und am Ende der Paränese im Phil schreibt er (4, 9): ἃ καὶ ἐμάθετε καὶ παρελάβετε καὶ ἠκούσατε καὶ εἴδετε ἐν ἐμοί, ταῦτα πράσσετε. Die schriftliche Paränese ist Erinnerung und Wiederholung der mündlich „überlieferten" Paränese. Diese wurde also schon gleich zu Anfang mit der Missionspredigt erteilt. Zweifellos spielte sie im Taufunterricht der Katechumenen eine große Rolle; sie war aber nicht auf ihn beschränkt, sondern wurde, weil nötig, auch den getauften Christen immer wieder eingeprägt.

Daß die christliche Tradition dabei paränetische Traditonen des Judentums und Heidentums aufnahm, ist verständlich. Einerseits konnten die Christen, weil sie das Weltende in nächster Nähe erwarteten, nicht auf den Gedanken kommen, ein System christlicher Ethik zur Umgestaltung der Welt zu entwerfen; andererseits waren sittliche Mahnungen unentbehrlich. Da die „Gebote des Herrn" nicht ausreichten, griffen die christlichen Missionare auf die paränetischen Traditionen ihrer Umwelt zurück, die ja hier – sei es in der jüdischen, sei es in der popularphilosophischen Propaganda – eine „missionarische" Funktion ausübten. Es läßt sich noch deutlich erkennen, wie diese allgemein sittlichen Weisungen verchristlicht wurden: sie werden „im Herrn" oder „durch den Herrn" erteilt (1Thess 4, 1. 2) oder unter den Oberbegriff „Heiligung" gestellt (V. 3) oder durch eine Präambel mit einem radikal christlichen Vorzeichen versehen (Röm 12, 1f). Besonders deutlich läßt sich die Verchristlichung der Paränese an den Haustafeln verfolgen. Die Rezeption der Haustafeln, der Aufbau und die Erweiterung ihrer Thematik zeigen, daß und wie das junge Christentum sein Verhältnis zu den Kulturgemeinschaften (Gesellschaft, Staat) in der weiterbestehenden Welt zu regeln gezwungen war, daß und wie es sich in der weiterbestehenden Welt eingerichtet hat.

Man muß den unter a) genannten Unterschied zwischen allgemein sittlicher Paränese und spezifisch christlichen, theologisch begründeten

Lösungen ethischer Fragen bei der Exegese, insbesondere der Paulusbriefe, streng beachten. Sonst kommt man zu einem falschen Bild
der Adressaten der Briefe. Man kann zB aus einem Lasterkatalog
nicht schließen, daß diese Dinge in der Gemeinde passiert sind und
deshalb erwähnt werden. Dibelius: „Die Regeln und Weisungen sind
nicht für bestimmte Gemeinden und konkrete Fälle formuliert, sondern für die allgemeinen Bedürfnisse der ältesten Christenheit. Sie
haben nicht a k t u e l l e , sondern u s u e l l e Bedeutung" (Die
Formgeschichte des Evangeliums, 239).

# 1. KAPITEL:
## DAS CORPUS PAULINUM

§ 3. Die antiken und die urchristlichen Briefe

*Literatur:*

A. Deissmann, Licht vom Osten, ⁴1923, 116ff;

M. Dibelius, Geschichte der urchristlichen Literatur, Bd. II, 1926, 5ff;

E. Fascher, RGG³, Bd. I, 1412ff;

H. Koskenniemi, Studien zur Idee und Phraseologie des griechischen Briefes bis 400 nChr, 1956;

E. Lohmeyer, Probleme paulinischer Theologie I: Die brieflichen Grußüberschriften, ZNW 26, 1927, 158ff (dazu G. Friedrich, ThLZ 81, 1956, 348ff);

B. Rigaux, St. Paul et ses lettres, 1962;

O. Roller, Das Formular der paulinischen Biefe, BWANT 4. Folge, 6, 1933;

P. L. Schmidt, Der kleine Pauly, Bd. II, 1957, 324ff;

J. Schneider, RAC, Bd. II, 564ff;

P. Schubert, Form and Function of the Pauline Thanksgivings, BZNW 20, 1939;

J. Sykutris, PW Suppl. 5, 186ff;

P. Wendland, Die urchristlichen Literaturformen, HNT I, 3, 1912, 342ff.

### 1. Der Brief als Gattung

Die älteste Form schriftlicher Äußerung des Urchristentums ist der Brief, dh die ursprünglichste und ihrem Wesen nach ganz unliterarische Form des schriftlichen Verkehrs. Sie ist im Urchristentum auch die häufigste. Naturgemäß besteht auch unter den urchristlichen Briefen eine große Verschiedenheit in Umfang, Inhalt und Tenor; man vergleiche etwa den kurzen, ganz persönlich gehaltenen Philemonbrief mit dem langen, überwiegend lehrhaft gehaltenen Römerbrief, den an konkreten Einzelheiten reichen 1. Korintherbrief mit dem an solchen armen 1. Thessalonicherbrief, den 3. Johannesbrief, einen Privatbrief an eine Einzelperson, mit dem Galaterbrief, einem gleichsam amtlichen Rundschreiben an eine Mehrzahl von Gemeinden. Vor allem ist nicht jede als „Brief" überlieferte oder bezeichnete urchristliche Schrift tatsächlich ein Brief; die Offenbarung des Johannes zB gibt sich als Brief, gehört ihrer Gattung nach aber zu den Apokalypsen, der 1. Johannesbrief wird von jeher als Brief bezeichnet, gibt sich aber nicht als solchen, da er weder brieflichen Eingang noch brieflichen Schluß hat; auch beim Hebräer- und Jakobusbrief, um nur sie noch zu nennen, ist der Briefcharakter fraglich. Variabilität und Fiktionalität der brieflichen Form sind natürlich keine spezifisch urchristlichen Erscheinungen, sondern finden sich ebenfalls bei den aus der griechisch-römischen wie der orientalischen Antike erhaltenen Briefen. Man muß genau differenzieren, um den wahren Charakter eines „Briefes" zu diagnostizieren und das betreffende Dokument literargeschichtlich richtig zu verstehen.

a) Die suggestive Unterscheidung A. Deissmanns zwischen dem unliterarischen Brief, der nur der augenblicklichen Korrespondenz dient, also Privatbrief ist, und dem literarischen Kunstbrief (von ihm „Epistel" genannt), bei dem die briefliche Form nur fingiert ist und nur als Einkleidung einer Abhandlung dient, ist im Ansatz richtig[1]. Sie wird aber der Mannigfaltigkeit der Briefe, gerade auch der wirklichen, nicht gerecht. Doch ist sie heuristisch brauchbar.

Der wirkliche Brief hat in der Tat mit Literatur nichts zu tun. Fr. Overbeck, der früher und zutreffender als Deissmann sein Wesen analysiert hat, bezeichnet ihn als „literarische Unform"[2]. Der wirkliche Brief ist Ersatz für mündliche Aussprache, ein durch räumliche Trennung der Korrespondenten bedingter Ersatz. Sein Zweck – Nachrichtenmitteilung, Anfragen, Aufträge – ließe sich ebenso gut oder besser mündlich erreichen. Für seinen Inhalt ist die schriftliche Form ein Notbehelf; das ist der wesentliche Unterschied zum Literaturwerk, für dessen Inhalt die Schriftlichkeit konstitutiv ist. Der wirkliche Brief hat eine bestimmte und begrenzte Adresse: eine Einzelperson oder mehrere Personen, einen größeren oder auch sehr großen Personenkreis; die Paulusbriefe sind an eine oder auch mehrere Gemeinden adressiert; „ja, ganze Staaten können einander Briefe schreiben"[3]. Der Briefcharakter des wirklichen Briefes geht durch die Größe des Adressatenkreises, sofern dieser ein begrenzter und bestimmter ist, nicht verloren. Das Literaturwerk dagegen wendet sich von vornherein an eine unbegrenzte Öffentlichkeit. Anders

---

[1] Licht vom Osten, 116ff, ders., Bibelstudien, 1895, 187ff.
[2] Anfänge der patristischen Literatur, 21.
[3] Overbeck, Geschichte der Literatur der alten Kirche, 158.

als dieses entsteht der Brief aus einer bestimmten Situation und ist
für diese berechnet. Es wäre eine unsachgemäße Verengung, den
wirklichen Brief auf den Privatbrief einzuschränken. Die Momente
des Persönlichen, Intimen, Unmittelbaren, die den Privatbrief kennzeichnen oder kennzeichnen können, sind für den wirklichen Brief
nicht konstitutiv; sie treten desto mehr zurück, je ferner sich die
Korrespondenten stehen oder je weiter die Adresse ist; sie fehlen
ganz in geschäftlichen oder amtlichen Schreiben. Das Fehlen dieser
Züge indiziert aber keineswegs schon den Kunstbrief.

Unter Kunstbriefen sind die Briefe zu verstehen, die von vornherein für eine unbegrenzte Öffentlichkeit und zur Veröffentlichung
bestimmt sind und nicht der aktuellen Korrespondenz, sondern als
Einkleidung einer thematischen Abhandlung dienen und die deshalb
auf einem „literarischen" Niveau stehen. Für sie ist Schriftlichkeit
konstitutiv, sie sind Literaturprodukte. Auch bei ihnen lassen sich
verschiedene Typen feststellen, zB solche, deren briefliche Form nur
Fiktion ist, oder solche, die zwar eine konkrete Person als Adressaten
nennen – wie die Briefe Senecas an Lucilius –, in Wirklichkeit aber
jedem gelten, der lesen kann und Interesse hat.

Von den Kunstbriefen sind die pseudonymen oder auch hetero-
nymen Briefe zu unterscheiden, dh solche, die auch den Verfasser
fingieren und als solchen einen berühmten Mann nennen (zB Sokrates, Platon). Die Herstellung pseudonymer Briefe galt in der Antike
nicht als Fälschung, sondern als Huldigung an den großen Namen
und gehörte zur literarischen Konvention. Dabei waren verschiedenartige Motive – biographische, darstellende, belehrende u. a. – leitend.
Diese Briefe konnten selbständig und dann meist als Sammlungen
publiziert oder in historische und biographische Werke eingelegt
werden. Dichtungen in Briefen können hier unberücksichtigt bleiben.

Zwischen dem wirklichen und dem Kunstbrief gibt es Übergänge:
Einmal Mischgattungen, dh wirkliche Briefe, deren Verfasser schon
bei der Abfassung an spätere Publikation gedacht und sich in Form
und Inhalt auf sie eingestellt haben; ferner zeigen die antiken Privatbriefe hinsichtlich des Stilniveaus, der literarischen Qualität eine
reiche Skala von Zwischenstufen: vom primitiv-unbeholfenen, fehler-
haften Zettel bis zum formvollendeten hochgebildeten Brief, der
allen „literarischen" Ansprüchen genügt und darin den Kunstbrief
erreicht, dh zur „Literatur" gehören könnte, wenn er für ihr Publikum bestimmt wäre. Deissmanns Geschmacksurteil, diese Briefe und
jene Mischgattungen seien „schlechte Briefe" und könnten „uns mit

ihrer Frostigkeit, Geziertheit oder eitelen Unwahrhaftigkeit lehren, wie ein wirklicher Brief nicht sein soll"[4], läßt außer acht, daß hohe Briefkultur eine gesellschaftliche Gegebenheit der hellenistisch-römischen Zeit war; das Briefschreiben wurde schon in der Schule geübt, und der kultivierte Privatbrief galt als „Epistolographie im eigentlichen Sinn"[5].

Indes, auch ganz anspruchslose Briefe, wie sie sich zahlreich unter den Papyri finden, tragen das Gepräge der Konvention und verwenden briefspezifische Motive und Topoi, wie sie im „gebildeten" Privatbrief üblich sind[6]. Gerade diese und die sog. Mischgattungen verdienen daher erhöhte Beachtung, wenn man die Stellung der urchristlichen Briefe unter den antiken literargeschichtlich sachgemäß beurteilen will. Man darf das Modell dazu nicht aus dem untersten Regal holen.

Es würde zu weit führen, diese Zwischenstufen einzeln charakterisieren zu wollen; nur einige Typen seien genannt. Der P r i v a t - b r i e f zeigt je nach Adressat und Inhalt in Sprache, Stil und Tenor starke Unterschiede; Cicero bemerkt darüber: „Aliter scribimus quod eos solos, quibus mittimus, aliter quod multos lecturos putamus" (Ad fam. 15, 21, 4); bei der an zweiter Stelle genannten Art ist nicht nur an Briefe zu denken, die an einen größeren Adressatenkreis gerichtet sind, sondern auch an solche, die in der Erwartung oder Absicht späterer Publikation geschrieben sind. Welche Modulationen von Privatbriefen desselben Verfassers möglich sind, lehren die Briefsammlungen Ciceros. Als eigentliche Mittelgattung dürfte der weitverbreitete Typ des „F r e u n d s c h a f t s b r i e f s " gelten, dessen Art als „Konvention persönlichen Gepräges und stilisierte Individualität" gekennzeichnet wurde[7], der allerdings nicht die Literatur bereichern, sondern Ausdruck des gebildeten Gesprächs Getrennter sein sollte. Dem Kunstbrief näher stehen die L e h r b r i e f e von Philosophen und Gelehrten (zB Epikurs, Eratosthenes', Archimedes'), philosophische, ethische und wissenschaftliche Abhandlungen zum Zweck des Fernunterrichts; doch dürften die Briefe Epikurs, gerichtet an einzelne auswärtige Jünger und für seine Anhänger bestimmt, der Gemeinschaft des Kepos entsprechend mehr als nur Unterrichtsmittel,

---

[4] Licht vom Osten, 196.
[5] Vgl. Thraede, 11ff; 62 Anm. 3.
[6] Vgl. dazu Koskenniemi, 64–203 und Thraede, 14–29.
[7] Thraede, Einheit, 11.

nämlich Vertreter des abwesenden Meisters gewesen sein. Als Brief-
typen, die sich an einen individuellen Adressaten und gleichzeitig an
die Öffentlichkeit wenden, sind der W i d m u n g s b r i e f und die
F l u g s c h r i f t (unser „Offener Brief") zu nennen.

b) Angesichts dieser – nur grob skizzierten – Vielfalt verwundert
die eingangs angedeutete Verschiedenartigkeit der urchristlichen
„Briefe" nicht sonderlich. Es ist selbstverständlich, daß die Frage, zu
welcher Art die urchristlichen Briefe gehören, nicht pauschal, sondern
nur von Fall zu Fall beantwortet werden kann; daß mit dem über
wirkliche Briefe, Kunstbriefe und die Zwischengattungen Gesagten
keine starren Gattungen, sondern nur Gesichtspunkte zu geben bezweckt war, braucht nicht eigens betont zu werden. Hier sollen nur
einige allgemeine Bemerkungen Platz haben. Im ganzen erhaltenen
urchristlichen Schrifttum ist der Privatbrief bezeichnenderweise nur
einmal durch 3 Joh vertreten; denn die an Einzelpersonen adressier-
ten Briefe – des Paulus an Timotheos und Titus, des Ignatius an
Polykarp – gehören aus inhaltlichen Gründen nicht hierher; bei dem
an eine Hausgemeinde gerichteten Phlm kann man verschieden urteilen. Alle andern urchristlichen Schriften brieflicher Form sind an
Gemeinden, einzelne oder mehrere, adressiert, wenden sich also an
eine mehr oder minder grosse Öffentlichkeit. Die unbestritten echten
Paulusbriefe richten sich an Einzelgemeinden (der Phlm an eine
Hausgemeinde), sind aus aktuellem Anlaß entstanden und nehmen
zu konkreten Fragen Stellung. Doch sind sie keine private Korrespondenz. Paulus schreibt als Apostel an seine Gemeinden; die Briefe
sollen in der Gemeindeversammlung verlesen (1 Thess 5, 27), benachbarten Gemeinden zur Kenntnis gebracht (2 Kor 1, 1 „... mit allen
Heiligen in ganz Achaia") und vielleicht auch mit Briefen an andere
Gemeinden ausgetauscht werden (wenn man Kol 4, 16 für die paulinische Praxis heranziehen darf); als apostolische Briefe tragen sie
öffentlichen, offiziellen und autoritativen Charakter. Aufgrund ihres
lehrhaften Inhalts hat man sie oft als dogmatische und ethische Abhandlungen verstanden und mißverstanden. So gewiß der Apostel in
ihnen seine Theologie entwickelt, so gewiß tut er es nicht, um ein
Lehrgebäude zu errichten, sondern zur Bewältigung aktueller Probleme; die konkrete Situation bestimmt die Themen, die „Korrespondenz" prägt die Darbietung der „Lehre" – wenn auch der Lehrgehalt immer weit über die Anlässe und Fragen hinausgeht. Man
kann die Paulusbriefe also nicht den Lehrbriefen parallelisieren,
ebenso wenig den zeitgenössischen amtlichen Briefen. Man sollte

aber nicht eigens eine Gattung apostolischer Briefe erfinden. Die Paulusbriefe sind nichts anderes als wirkliche Briefe an eine Gruppe von Empfängern; daß Paulus als Apostel schreibt, verändert diesen Briefcharakter in keiner Weise; denn er schreibt nur, was er auch mündlich gesagt hätte; sein Brief ist Ersatz für persönliche Anwesenheit[8].

Die sog. „katholischen Briefe" – mit Ausnahme des 2 und 3 Joh – und der Barnabasbrief, der dieser Gruppe zugerechnet werden kann, wenden sich an eine sehr weit gefaßte, einige sogar an eine unbegrenzte christliche Öffentlichkeit und nähern sich insofern dem Kunstbrief. Es sei, ohne etwas präjudizieren zu wollen, angemerkt, daß ihre Brieflichkeit problematisch ist und die wirkliche Gattung jeder einzelnen dieser Schriften erst festgestellt werden muß.

c) Die Zwischenstufen zwischen wirklichem und Kunstbrief, die bei den urchristlichen und erst recht bei den antiken Briefen zu konstatieren sind, lassen die starre Grenze, die Deissmann gezogen hat, fließend erscheinen. Wo die Grenze zur „Literatur" überschritten ist, müßte in jedem Einzelfall geklärt werden. Hier nur eine Bemerkung zu der Tatsache, daß wirkliche, unliterarische Briefe „Literatur zu werden", genauer gesagt: „zum Ansehen von Büchern zu gelangen" vermögen[9]. Das geschieht durch Veröffentlichung, sei es aufgrund der Bedeutung des Schreibers oder der des Briefinhaltes[10]. Durch Ver-

---

[8] Gegen Güttgemanns (Offene Fragen zur Formgeschichte d. Evg.s, 1970, 111–115), der zeigen will, daß die paulinischen Briefe „doch etwas anderes" (112) seien als Ersatz für persönliche Anwesenheit des Apostels. Er führt dafür dreierlei ins Feld: 1. die Behauptung der Gegner des Pls, seine Briefe seien zwar stark, sein persönliches Auftreten dagegen schwach (2Kor 10, 10); 2. den „Tränenbrief" (2Kor 2, 4; 7, 12), mit dem Pls durchsetzen wollte, was er persönlich nicht hatte erreichen können und vor allem 3. die Tatsache, daß seine Briefe aufbewahrt wurden: „das Phänomen des Aufbewahrens" sei „für das sprachlich-formgeschichtliche Phänomen der paulinischen Briefe wesentlich" (114). Güttgemanns ignoriert bei dem letzten Argument, daß einmal keineswegs alle Paulusbriefe erhalten sind (der 1Kor 5, 9. 11 erwähnte ist schwerlich zu rekonstruieren) und ferner „das Phänomen des Aufbewahrens" kein spezifisch paulinisches, sondern ein sehr allgemeines ist (wie aus den zahllosen Papyrusbriefen jener Zeit, aus den Briefsammlungen von der Antike bis zur Gegenwart und aus unsern eigenen Gepflogenheiten ersichtlich), so daß es „für das sprachlich-formgeschichtliche Phänomen der paulinischen Briefe" ebenso „wesentlich" oder unwesentlich ist wie für das aller andern aufbewahrten Briefe auch.

[9] Dibelius, 5; Overbeck, Anfänge der patristischen Literatur, 20.

[10] Dibelius, 5f; Schneider, 569.

öffentlichung erhalten solche Briefe in der Tat das wesentlichste Merkmal der Literatur: die Richtung auf eine unbegrenzte Öffentlichkeit; sie müssen gleichsam ihre Adressaten erst suchen. Aber sind sie durch diese sog. „Literarisierung" tatsächlich „Literatur" geworden? Die Ausdrücke „Literatur", „literarisch" sind immer auch Qualitätsbegriffe. Das Kriterium „Veröffentlichung" wird problematisch, wenn es sich um Briefe unbedeutender Verfasser, belanglosen Inhalts und ohne literarische Qualität handelt; die Masse der Papyrusbriefe zB ist zwar als Quelle für das Leben im hellenistischen Ägypten von unschätzbarem Wert, wird aber auch durch Publikation in einer Prachtausgabe nicht zu Literatur. Umgekehrt wären viele Briefe Jacob Burckhardts, auch wenn sie nicht veröffentlicht worden wären, literarische Kostbarkeiten. Um publizierte Briefe literarisch gerecht zu beurteilen, wird man immer fragen müssen, ob sie literarische Qualitäten bzw. Ambitionen besitzen und ob und inwieweit ihre Veröffentlichung der Intention ihres Schreibers entsprach. Die Literarisierung, die – sit venia verbo – Buchwerdung wider Willen, ist „das Schicksal der neutestamentlichen Briefe in besonders ausgezeichneter Weise gewesen. Aber eben ein Schicksal ist es gewesen, ein nachträgliches Erlebnis, das gerade mit ihrer ursprünglichen Absicht und der eigenen Form dieser Schriftstücke nichts zu tun hat"[11].

## 2. Die Formalien des Briefes

Die urchristlichen Briefe schließen sich in formaler Hinsicht der brieflichen Konvention ihrer Umwelt an. Der Brief wurde meist auf Papyrus geschrieben, zusammengerollt und durch Boten spediert. Die Adresse stand auf der Außenseite der Rolle: Name des Adressaten im Dativ, des Absenders mit παρά oder ἀπό, oft als Imperativ formuliert: ἀπόδος Μαξίμῳ ἀπὸ Σεμπρωνίου ἀδελφοῦ = Gib's ab an Maximus von Sempronius, seinem Bruder –, manchmal mit Nennung des Bestimmungsortes[12].

Der Brief selbst hatte eine konventionelle Rahmung, das sog. F o r - m u l a r ; die Formen des Eingangs und des Schlusses waren „fest".

Den Anfang bildet das sog. Präskript, das drei Elemente enthält: den Namen des Absenders, den Namen des (der) Adressaten und einen Gruß

---

[11] Overbeck, Anfänge, 20f.
[12] Beispiele bei Deissmann, Licht vom Osten, 119–193; das Zitat 160f.

(superscriptio, adscriptio und salutatio) – üblicherweise in dieser Reihenfolge[13]. Es handelt sich beim Präskript nicht um die Adresse, sondern um einen Bestandteil des Briefes selbst: Vorstellung und Begrüßung. In der Umwelt des Urchristentums war es in zwei Formen gebräuchlich: in der griechischen Form als einteiliger Satz in 3. Person – „ὁ δεῖνα τῷ δεῖνι χαίρειν (sc. λέγει), der X (sagt) dem Y, er solle sich freuen!" – und in der orientalischen Form in zwei Sätzen, einem prädikatlosen in 3. Person und einem in 2. Person – „A an den B; freue dich, bzw. Heil dir." Das orientalische Präskript ist das von den Urchristen am meisten gebrauchte, so in fast allen nt. Briefen, im 1Clem, im Polykarp-Brief an die Philipper und im Polykarp-Martyrium; das griechische Präskript findet sich im NT im Jak, merkwürdigerweise in dem Brief der Jerusalemer Autoritäten, der das sog. Aposteldekret enthält (Apg 15, 23) stilgerecht in dem fingierten Schreiben des Claudius Lysias an Felix (Apg 23, 26) und in den meisten Ignatiusbriefen (doch dürfte es auch IgnTrall und IgnPhld vorliegen); das Präskript des Barn enthält nur die salutatio in 2. Pers. plur. Die drei Elemente können erweitert werden, die Namen in der superscriptio und adscriptio durch Verwandtschaftsbezeichnungen, Titel und Würdebezeichnungen des Absenders und Empfängers, die salutatio χαίρειν durch πολλά oder πλεῖστα oder durch καὶ ἐρρῶσθαι und dergleichen[14]. Paulus und Ignatius sind sehr erfinderisch in der Variation der superscriptio und der adscriptio.

Die paulinische salutatio, auf die kurz einzugehen ist, hat die Grundform χάρις ὑμῖν καὶ εἰρήνη (1Thess 1, 1), die dann in allen andern echten Paulusbriefen mit der Erweiterung ἀπὸ θεοῦ πατρὸς (ἡμῶν) καὶ κυρίου Ἰησοῦ Χριστοῦ erscheint. Die Doppelung „Gnade und Heil" entspricht dem jüdischen Gruß „Barmherzigkeit und Heil" (ἔλεος καὶ εἰρήνη), der Gal 6, 16 noch nachklingt und 1 und 2Tim 1, 2 in Kombination mit der üblichen paulinischen Form wieder auftritt. Lohmeyer wollte die paulinische salutatio als liturgische Formel nachweisen und aus dem urchristlichen Gottesdienst herleiten, aber Friedrich hat diese These widerlegt und mit guten Gründen Paulus als Autor dieses Eingangsgrußes wahrscheinlich gemacht. Wie dem auch sei, es ist wohl nicht ohne Absicht geschehen, daß bei der Rezeption des jüdischen Grußes an Stelle von ἔλεος das an das χαίρειν des griechischen lautlich erinnernde, aber qualitativ ganz andere χάρις gewählt wurde; dieser prägnant religiöse Terminus sollte den profanen verdrängen.

Eine Sonderstellung im Briefformular nimmt das auf das Präskript folgende P r o ö m i u m ein, und zwar deshalb, weil es nur im Corpus Paulinum und im 1Petr, motivisch und abgewandelt auch 3Joh 2 vorkommt. Es fehlt auch einmal bei Paulus (Gal) sowie in 1Tim und Tit. Es gehört trotz seiner Bezeichnung zum Briefkontext und ist eine Danksagung für den Stand der Adressatengemeinde, häufig verbunden mit den Motiven

---

[13] Sie ist in den urchristlichen Briefen die ausschließliche. Sie entspricht dem griechischen, nicht dem vorderorientalischen Briefstil, wie G. Friedrich gegen Lohmeyer nachgewiesen hat.

[14] Vgl. Wendland, 412f.

der Fürbitte und des Gedenkens; aber die Danksagung beherrscht das Ganze. Im Proömium verbinden sich Persönliches und Sachliches und klingen Thema und Themen des Briefes an (vgl. Röm 1, 8–17; 1Kor 1, 4–9). Das Proömium existiert in zwei Fassungen; die häufigste beginnt mit εὐχαριστῶ τῷ θεῷ und setzt sich in einem ὅτι-Satz oder in Partizipialkonstruktionen fort[15]; die andere beginnt mit εὐλογητὸς ὁ θεός (nur 2Kor 1, 3; Eph 1, 3; 1Petr 1, 3), die mit ihren Stichworten die jüdische Benediktion baruk Jahwe aufnimmt und gelegentlich „Eulogie" genannt wird; ihre Funktion ist aber dieselbe wie die der ersten. So fest das Schema dieser Danksagung bei aller Variabilität ihrer Einzelteile auch ist, so läßt sich das Proömium doch nicht als einfache Übernahme aus dem profanen Brieformular erklären. Gleichwohl bestehen Zusammenhänge in einzelnen Motiven[16]. Sehr häufig wurde nach dem Präskript der Gedanke, der Adressat möge gesund sein, in einer formelhaften Wendung ausgesprochen (formula valetudinis), die lange Zeit stereotyp war. Sie wurde variiert durch Zufügung von εὔχομαι, was sowohl „wünschen" wie „beten" heißen kann und gelegentlich durch den Zusatz τοῖς θεοῖς ausdrücklich als Beten gekennzeichnet wird[17]. Im 2. Jh. nChr findet sich die religiöse „Proskynema-Formel", die den Adressaten ausdrücklich der Fürbitte bei den Göttern um sein Wohlergehen versichert. Auch die Danksagung für dieses begegnet in Papyrusbriefen und schließlich die Versicherung des Gedenkens, das Mneia-Motiv[18]. Die einzelnen Elemente des urchristlichen Proömiums sind also vorhanden; ihre Stilisierung zu einem Dankgebet dürfte aber auf Paulus zurückgehen.

Der Briefschluß hat eine relativ feste Form. Hier ist der konventionelle Ort für etwaige Grußbestellungen des Absenders an den Empfänger und an Verwandte und Freunde in dessen Umgebung, aber auch aus der Umgebung des Absenders. Auf diese ἀσπασμοί folgt der Schlußwunsch, der in den profanen Briefen meist die Form des Imperativs ἔρρωσο/ἔρρωσθε (sei/seid gesund) hat. Auch einige urchristliche Briefe schließen so (zB Apg 15, 29; die Ignatiusbriefe, jedoch immer mit christlichen Zusätzen, andere mit dem Friedenswunsch (1Petr 5, 14; 3Joh 15). Der paulinische Schlußwunsch lautet in seiner älteren Form: „Die Gnade unsers Herrn Jesus Christus sei mit euch" (1Thess 5, 28) und wird in den andern Paulusbriefen leicht variiert; es spricht einiges dafür, daß es sich bei der „charis" um eine liturgische Formel handelt.

Unter dem Schlußwunsch stand, wenn auch nicht immer, das Datum, Monat und Tag, seltener das Jahr. Bei der Sammlung und Veröffentlichung der Briefe fiel das Datum gewöhnlich weg – so auch bei den Paulusbriefen –, aber zahlreiche Papyrusbriefe zeigen, wie datiert wurde.

---

[15] Zum Aufbau s. P. Schubert, 10ff.

[16] Belege bei Wendland, 413f.

[17] ZB πρὸ παντὸς εὔχομαί σε ὑγιαίνειν. Vgl. dazu 3Joh 2 περὶ πάντων εὔχομαί σε εὐοδοῦσθαι καὶ ὑγιαίνειν. Als Belege für das Gebet s. die beiden Briefe aus dem 3. und 2. Jh. vChr bei Schubert, 160f.

[18] Zu den einzelnen Motiven und ihrer Entwicklung s. Koskenniemi, 128–148.

### 3. Vorbemerkungen zu den Paulusbriefen

„Paulus, der größte Apostel, ist auch der größte Schriftsteller des Urchristentums. Aber er hat gar kein Schriftsteller sein wollen; nicht Bücher, sondern wirkliche Briefe – freilich außer dem Philemonbrief keine Privatbriefe – bilden seine literarische Hinterlassenschaft. Seine Stellung in der Literaturgeschichte ist dadurch gekennzeichnet, daß seine Briefe sich oft genug vom aktuellen Gegenstand zu predigt-mäßiger Allgemeingültigkeit erheben, daß ihnen aber die Intimität der Korrespondenz, namentlich in der persönlichen Aussprache, aber auch im Eingehen auf die Bedürfnisse der Adressaten, nicht verloren geht"[19].

Einige Bemerkungen über den stilistischen Charakter der Paulus-briefe sollen der Besprechung der einzelnen Schreiben vorangestellt werden; dabei beschränken wir uns auf die anerkannt authentischen Briefe des Apostels (Röm, 1 2Kor, Gal, Phil, 1Thess, Phlm). Zu-nächst eine Ergänzung zu dem über den Rahmen des urchristlichen Briefes Gesagten: Paulus nennt in der superscriptio manchmal außer sich selbst noch andere Personen als Mitabsender (Silvanus und Timotheos: 1Thess 1, 1; „alle Brüder, die mit mir sind": Gal 1, 2); diese Nennung bedeutet nicht, daß sie Mitverfasser sind (Gal 1, 2), sondern nur, daß sie die Mitverantwortung für den Brief tragen, und im Gal-Präskript hat dies im Blick auf die bekämpfte Irrlehre den Sinn, Paulus als im consensus ecclesiae stehend zu zeigen. Auf keinen Fall läßt sich durch die Erwähnung der Mitabsender die These stützen, Paulus habe die Briefe nicht selbst verfaßt, sondern nur ihre allgemeine Richtung bestimmt und die Ausarbeitung Sekretären über-lassen.

Der Schluß ist für die Eigenart der Paulusbriefe in zweierlei Hin-sicht aufschlußreich. Die Charis dürfte eine liturgische Formel sein, und in 1Kor 16, 20–24 ist die Eingangsliturgie des Herrenmahls ver-wendet[20]; der Briefschluß leitet zur Eucharistie über. Die Briefe wur-den demnach in der Gemeindeversammlung verlesen, gewiß aus praktischen Gründen, aber in gewisser Weise auch als gottesdienst-licher Akt – Ersatz für die Predigt, Lehre und Mahnung des abwesen-den Apostels – und sind mit Rücksicht auf diese Verwendung ge-formt.

---

[19] Dibelius, Geschichte der urchristlichen Literatur II, 9.
[20] S. o. S. 37 ff.

Ferner findet sich im Briefschluß gelegentlich die Bemerkung, jetzt ergreife Paulus selbst die Feder: „Der Gruß mit meiner eigenen, des Paulus, Hand" (1Kor 16, 21; vgl. Gal 6, 11; auch Kol 4, 18; 2Thess 3, 17); Paulus hat demnach seine Briefe diktiert – nur den Phlm hat er offenbar ganz eigenhändig geschrieben (V. 19) – und Röm 16, 22 nennt sich der Sekretär Tertius mit Namen.

Daß Paulus <u>diktiert,</u> gibt weiten Partien seiner Briefe den Charakter des <u>mündlichen Stils</u>. Er zeigt sich in zwei entgegengesetzten Phänomenen, <u>bald in</u> einer <u>gewissen Formlosigkeit, bald in</u> formaler <u>Strenge</u>. Für das erste sind die unvollständigen Sätze (Anakoluthe; <u>Röm 5</u>, 12ff; Gal 2, 4ff) oder nachträgliche Selbstberichtigungen (1Kor 1, 16) zu nennen. Für das zweite <u>die starken „rhetorischen"</u> <u>Elemente</u>: vor allem der dialogische Charakter vieler Passagen, dh Fragen und Anreden an einen gedachten Gesprächspartner, Scheltworte an einen gedachten Gegner, rhetorische Fragen; Klangwirkungen durch Endreim bei Aufzählungen, Wortspiele, Wechsel der Präpositionen bei gleichbleibendem Sinn; Parallelismus membrorum, Antithesen, Chiasmus, Rhythmus; bestimmte Dispositionsschemata (a–b–a)[21]. Die Beachtung dieser rhetorischen Elemente ist für die präzise Erfassung des Gemeinten von großer Bedeutung. Wenn Paulus den Vorwurf von Gegnern, er sei ein schlechter Redner, gelten läßt, so wird das stimmen; aber ein Mann von erheblicher Wortgewalt war er dennoch. Kunstmäßige Rhetorik pflegt er gleichwohl nicht und war in ihr auch kaum ausgebildet. Was er an Redefiguren, Bildern oder auch Dichterzitaten (1Kor 15, 33) und Sprichwörtern verwendet, hat er als Diasporajude auf der Straße von Popularphilosophen hören können; es war vermutlich auch in die griechische Synagoge eingedrungen; literarische Ambitionen offenbaren sich darin nicht. Manches der formal rhetorischen Elemente mag auch auf seine theologische Ausbildung (Schuldiskussionen) zurückgehen.

Weitere Eigenarten der Paulusbriefe sind durch ihren *Lehrzweck* bedingt, dadurch also, daß der Apostel aktuelle Fragen prinzipiell zu klären unternimmt und dabei gelegentlich auf autoritative Texte zurückgreift. Vor allem verwendet er *„die Schrift"*, allerdings nur in den sog. Hauptbriefen (Röm, 1, 2Kor, Gal), hier aber sehr

---

[21] Belege und Weiterführung in den immer noch nicht überholten Arbeiten von J. Weiss, Beiträge zur paulinischen Rhetorik: Theologische Abhandlungen für Bernhard Weiss 1897, 165ff und R. Bultmann, Der Stil der paulinischen Predigt und die kynisch-stoische Diatribe, 1910.

ausgiebig. Er zitiert das AT meist in der LXX-Fassung, bringt Einzelzitate und Zitatenkombinationen und führt oft ausgedehnte Schriftbeweise, die in ihrer Methodik von der jüdischen Exegese bestimmt sind; die schriftgelehrte Argumentation bestimmt den Charakter von Röm 3f und Gal 3f, aber auch mancher anderen kleineren Abschnitte. Weniger auffallend, aber nicht weniger bedeutsam ist die Zitierung vorpaulinischer *christlicher* Texte, die Paulus selbst gelegentlich durch Verwendung der technischen Traditionsterminologie παραλαμβάνειν/παραδιδόναι als Zitate einführt (wie die Herrenmahl-Liturgie 1Kor 11, 23ff oder die Pistis-Formel 1Kor 15, 1ff), oder die aus anderen Gründen als vorgeprägtes Gut zu erkennen sind (wie das Christuslied Phil 2, 6–11). Es handelt sich um die in § 2 besprochenen vorliterarischen Formen christologischen Inhalts, deren Großteil ja in den paulinischen und deuteropaulinischen Briefen konserviert ist. Paulus behandelt dieses Material recht verschiedenartig, indem er es bald genau zitiert, bald glossiert und paraphrasiert und ihm im Kontext verschiedene Funktionen, bald konstitutiv lehrhafte, bald paränetische, zuweist.

Hinzu kommt anderes traditionelles Material, und zwar nichtchristlicher Herkunft, das für die paulinischen Briefe bedeutsam ist, die *Paränese* (s. § 2, S. 49 ff), die Paulus gern an den Schluß der Briefe rückt (Röm 12f; Gal 5, 13–6, 10; 1Thess 4, 1–12; 5, 1ff). Es handelt sich um Paränese im vorhin gekennzeichneten formgeschichtlichen Sinn, die von den Partien, die aktuelle ethische Fragen der betreffenden Gemeinde behandeln, zu unterscheiden ist. Die Paränese läßt sich nicht zur Rekonstruktion der moralischen Verhältnisse und Probleme der Adressatengemeinde verwenden.

Schließlich sind die sog. *„Einlagen"* zu erwähnen, Partien, die die Ausführungen der Korrespondenz unterbrechen, im Kontext nur lose verankert sind und eine gewisse Abgeschlossenheit aufweisen, Partien also, die den Eindruck von Exkursen oder gar Einschüben machen und die unter literarkritischem Aspekt gelegentlich als Interpolationen angesehen wurden. Aber Interpolationshypothesen sind in diesen Fällen unangebracht. Denn einmal waren Abschweifungen auf Lieblingsthemen auch in der kynisch-stoischen Popularphilosophie nichts Ungewöhnliches[22]; und ferner lassen sich die fraglichen Abschnitte der Paulusbriefe aus terminologischen, stilistischen und inhaltlichen Gründen dem Apostel nicht absprechen. Man muß schlies-

---

[22] Dibelius II, 12.

sen, daß sie von Paulus stammen, aber nicht ad hoc konzipiert, sondern vorher schon, in anderem Zusammenhang ausgearbeitet worden sind. Als bekanntestes Beispiel dieser Art ist der Preis der Liebe 1Kor 13 zu nennen. Dann aber auch die Midraschim über Sara und Hagar Gal 4, 21–31, über das Schicksal der Wüstengeneration 1Kor 10, 1ff, über die Decke auf dem Antlitz Moses 2Kor 3, 7–18[23]. Auch Röm 9–11 dürfte nicht erst beim Diktat des Briefes nach Rom entstanden sein[24]; 1Kor 2, 6–16 macht ebenfalls den Eindruck eines vorgeformten Textes[25]. Die Frage nach der Entstehung dieser nicht für die Korrespondenz geschaffenen Texte hat Dibelius mit der Vermutung beantwortet, Paulus habe sie für die Zwecke der Predigt geformt[26], Conzelmann mit der Hypothese einer von Paulus (in Ephesus) geleiteten „Schule", einer über den Katechumenenunterricht hinausgehenden Lehrtätigkeit[27]; so überraschend diese Hypothese klingen mag – den "jüdisch-urchristlichen Schulbetrieb" setzt man für die urchristliche Literatur üblicherweise etwas später an (Hebr, 1Clem) –, ein paulinischer Schulbetrieb als „Sitz im Leben" würde die Entstehung solcher Einlagen befriedigend erklären.

## § 4. Zur Chronologie des Lebens des Paulus

*Literatur:*

G. Bornkamm, Paulus, 1969;
H. Braun, RGG³, Bd. I, Sp. 1693f;
Th. H. Campbell, Paul's Missionary Journeys as Reflected in His Letters, JBL 74, 1955, 80ff;
H. Conzelmann, Die Apostelgeschichte, HNT 7, 1963;
A. Deissmann, Paulus, ²1925, 203ff;
D. Georgi, Die Geschichte der Kollekte des Paulus für Jerusalem, 1965, 91ff;
E. Haenchen, Die Apostelgeschichte, ⁵1965;

---

[23] S. Schulz, ZNW 49, 1958, 1ff und D. Georgi, Die Gegner des Paulus im 2. Korintherbrief, 1964, 274ff vermuten, daß Paulus hier eine fremde Vorlage überarbeitet habe, rekonstruieren sie aber verschieden.
[24] J. Munck, Christus und Israel, 1956, 14ff.
[25] H. Conzelmann, Paulus und die Weisheit, NTS 12, 1965–66, 231–244 nennt außerdem noch Röm 1, 18ff; 1Kor 1, 18ff; 11, 2ff.
[26] AaO, 12.
[27] AaO. Er hält zB 1Kor 11, 2ff für den Niederschlag einer Schuldiskussion mit Voten, 240f.

G. Hölscher, Die Hohenpriesterliste des Josephus und die evangelische Chronologie, SAH, Phil.-hist. Kl. H. 3, 1940;

K. Lake, The Chronology of Acts: The Beginnings of Christianity I Vol. 5, 1933, 49ff;

B. Rigaux, St. Paul et ses Lettres, 1962, 99ff;

G. Strecker, Die sogenannte zweite Jerusalemreise des Paulus, ZNW 53, 1962, 67ff.

Obwohl Paulus die am besten bekannte Gestalt des Urchristentums ist, liegen große Strecken seines Lebens im Dunkel. Auch die bekannten haben ihre geschichtlichen Probleme. Vor allem ist die Chronologie des Lebens des Paulus, die Datierung bestimmter Ereignisse und seiner Briefe, nie mit Sicherheit zu klären. Wären die Datierungen, die seine Briefe vermutlich trugen, bei der Sammlung und Publikation nicht weggefallen, wüßte man wenigstens über den Zeitraum, aus dem sie stammen, und über ihre Reihenfolge Bescheid. So ist man auf Rückschlüsse aus den Paulusbriefen und aus der Apostelgeschichte angewiesen, auf Rückschlüsse, die naturgemäß hypothetisch bleiben. Die Briefe sind eine Quelle ersten Ranges, sie enthalten auch wichtige autobiographische Äußerungen, aber diese sind chronologisch mit wenigen Ausnahmen unergiebig. Der Verfasser der Apg verwertet für den Paulus-Teil gute Aufzeichnungen, ein „Itinerar" der Paulusreisen, dh Notizen über Reisestationen, Gastfreunde, Missionserfolge, manchmal auch über die Dauer der Mission; doch hat Lukas, wie man traditionellerweise den Verfasser der Apg nennt, das Itinerar nicht als ganzes seinem Werk eingelegt; manchmal zitiert er es wörtlich, manchmal kürzt er es, indem er die Städtenamen durch Landschaftsnamen ersetzt (16, 6–8; 20, 1–3) oder anderweitige Angaben streicht; doch hat er das Itinerar als Rahmen der Darstellung Apg 13–21, bis zur Verhaftung des Paulus in Jerusalem benutzt und diesen Rahmen mit Einzelerzählungen und Reden ausgefüllt[1]. Lukas ist aber von ganz anderen als chronologischen Interessen geleitet, kennt die Briefe des Paulus nicht und gibt von seinem Wirken eine recht stilisierte Darstellung, so daß man auch hier nur zu oft ins Leere greift. Bei Widersprüchen zwischen Apostelgeschichte und Paulusbriefen – und an solchen fehlt es nicht – ist natürlich dem Paulus recht zu geben. Totale Skepsis ist der Apg nicht entgegenzubringen; bei kritischer Benutzung des

---

[1] Die Entdeckung des „Itinerars" verdankt man M. Dibelius, Aufsätze zur Apg. Die Bestreitung der Existenz dieser Quelle ist nicht gelungen; s. u. § 27.

Buches und besonnener Kombination seiner Angaben mit denen der Briefe läßt sich ein ungefähres Bild vom chronologischen Rahmen des Wirkens des Paulus gewinnen.

Dabei stellt sich eine doppelte Aufgabe: 1. ist zu fragen, ob es im Leben des Paulus Fakten gibt, die sich mit Hilfe der damaligen Geschichte sicher datieren lassen (absolute Chronologie); 2. ist zu fragen, welche zeitlichen Abstände sich zwischen den einzelnen Ereignissen des Lebens des Paulus errechnen lassen (relative Chronologie). Und sie wären dann in die gewonnenen Daten der absoluten Chronologie einzufügen.

## 1. Die absolute Chronologie

Es sind nur wenige Gestalten und Ereignisse der bekannten Profangeschichte jener Zeit, die von Paulus und der Apg erwähnt werden und die Hoffnung auf genauere Datierung des einen oder anderen Ereignisses der vita Pauli erwecken. Bei Paulus findet sich nur eine derartige Notiz, 2Kor 11, 32: der Ethnarch des Königs Aretas habe ihn in Damaskus verfolgt; Aretas ist der Nabatäerkönig Arithat IV, der von 9 vChr bis 40 nChr regiert hat; ein Datum der Flucht des Paulus aus Damaskus läßt sich von daher nicht errechnen. Die Apg bringt öfter Bezüge auf zeitgeschichtliche Ereignisse und Gestalten: sie erwähnt die Hungersnot unter Claudius 11, 28; die Verfolgung der Jerusalemer Gemeinde durch Herodes I. Agrippa (Martyrium des Zebedaiden Jakobus, Verhaftung und Befreiung des Petrus) und seinen Tod 12, 1ff. 20ff (44 nChr); einen Sergius Paulus als Prokurator von Kypern 13, 7ff (unbekannt); das Judenedikt des Claudius 18, 2ff (wohl 49 nChr); Gallio als Prokonsul von Achaia 18, 12ff; den Prokuratorenwechsel Felix/Festus 24, 27. Von alledem läßt sich nur der Prokonsulat Gallios einigermaßen sicher datieren.

Nach Apg 18, 12–17 wurde Paulus in Korinth vor dem Prokonsul Gallio angeklagt. Die Notiz dürfte auf dem Itinerar beruhen und historisch sein. Lucius Iunius Gallio, der Bruder des Philosophen Seneca, wird in der in Delphi gefundenen und 1905 edierten sog. Gallio-Inschrift als Prokonsul von Achaia erwähnt[2]. Die Inschrift ist ein Edikt des Kaisers Claudius an die Stadt Delphi über Grenzstreitigkeiten und nennt als Abfassungsdatum die Zeit seiner 26. imperatorischen Akklamation und davor – heute verstümmelt – das Jahr seiner tribunicischen Gewalt, dh das Regierungsjahr.

---

[2] Dazu vor allem Deißmann, Paulus, ²1925, 203ff und Rigaux 100ff (hier weitere Literaturangaben).

Diese 26. Akklamation ist nicht datierbar, die 27. hatte aber am 1. August 52 schon stattgefunden, die 24. im 11. Jahr, die 25. ist unbekannt; die 26. imperatorische Akklamation hat demnach im 12. Jahr der tribunicischen Gewalt des Claudius stattgefunden, das vom 25. Januar 52 bis zum 24. Januar 53 dauerte. Die Abfassung des Edikts fällt also in die Zeit vom 25. Januar bis 1. August 52. Die Amtszeit eines Prokonsuls in einer senatorischen Provinz, wie Achaia es war, dauerte im Regelfall ein Jahr; die gewählten Prokonsuln mußten Rom im April verlassen. Gallio kann sein Amt im Mai angetreten haben. Es fragt sich nur, ob er bei der Abfassung des Reskripts am Anfang oder am Ende seines Prokonsulates stand, ob er es im Mai 51 oder 52 angetreten hat. Beides ist möglich; da aber dem Erlaß zeitraubende Verhandlungen vorausgegangen waren und ein Brief Gallios an den Kaiser erwähnt wird, ist es aus zeitlichen Gründen wahrscheinlicher, daß er sein Amt im Mai 51 angetreten hat. Leider läßt sich aus Apg 18, 12ff nicht erkennen, ob die Szene vor Gallio am Anfang seiner Tätigkeit oder später spielt. Doch legt sich die Annahme nahe, daß die Juden ihre Anklage gegen Paulus bald nach dem Eintreffen des neuen Prokonsuls erhoben haben, so daß man die Gallio-Szene auf Sommer 51 datieren kann. Da Paulus laut Apg 18, 11 anderthalb Jahre in Korinth verweilte und gegen Ende seines Aufenthaltes angeklagt wurde, kann man sein Eintreffen dort auf Anfang 50 oder Ende 49 und seinen Weggang von dort, ἡμέρας ἱκανάς nach der Szene, V. 18, auf Sommer oder Herbst 51 ansetzen.

Die Datierung der Ankunft des Paulus in Korinth auf 49/50 wird vielleicht durch die Notiz Apg 18, 2 bestätigt, er habe ein jüdisches Ehepaar, Aquila und Priscilla, getroffen, die „kürzlich" aus Italien gekommen seien, weil Claudius die Juden aus Rom vertrieben habe; man identifiziert diese Judenvertreibung gern mit der von Sueton[3] erwähnten, die Orosius in das 9. Jahr des Claudius, also 49 nChr, datiert[4].

Es wäre viel für die paulinische Chronologie gewonnen, wenn sich der Prokuratorenwechsel Felix/Festus datieren ließe (Apg 24, 27); dann hätte man den terminus ad quem der öffentlichen Wirksamkeit des Paulus: zwei Jahre zuvor seine Verhaftung in Jerusalem, im Frühjahr nach dem Amtsantritt des Porcius Festus seine Ankunft in Rom. Aber die Angaben der Quellen über diesen Wechsel gehen auseinander[5] und ebenso die Folgerungen der Forscher[6]; die einen plädieren für 55 oder 56, die andern für 59, 60 oder 61. Sicherheit läßt sich nicht gewinnen. Aber die relative Chronologie für die Ereignisse vom Ende des Korinthaufenthaltes bis zur Verhaftung

[3] Claudius, 25, 4.
[4] Historia adversum Paganos VII 6, 15.
[5] Josephus, Bell. 2, 232–246; Ant. 20, 118–136; Tacitus Ann. 12, 54.
[6] Vgl. die Diskussion bei Rigaux, 126ff.

in Jerusalem spricht gegen eine Frühdatierung und empfiehlt eine spätere Ansetzung der Gefangennahme und des Prokuratorenwechsels[7].

## 2. Die relative Chronologie

Die zeitlichen Abstände der Ereignise im Leben des Paulus lassen sich nur sehr approximativ errechnen. Eine zuverlässige relative Chronologie gibt Paulus selbst Gal 1, 11–2, 1, allerdings nur für *die Zeit von seiner Bekehrung bis zu dem sog. Apostelkonvent* in Jerusalem. Er verteidigt Gal. 1f die Unabhängigkeit seines Apostolats und seines Evangeliums von jeder menschlichen Instanz durch den Nachweis, daß er zwischen seiner Bekehrung und dem Apostolkonvent nur einmal und kurz in Jerusalem war, daß er vor und nach diesem Besuch lange Zeit und in räumlicher Ferne völlig unabhängig von Jerusalem gewirkt hat und daß auf dem Konvent sein Apostolat und sein Evangelium feierlich anerkannt wurden. Er betont, daß er nach seiner Bekehrung und Berufung zum Heidenmissionar nicht nach Jerusalem zu den älteren Aposteln, sondern „sofort" (1, 16f) in die Arabia, dh in die Gegend südöstlich von Damaskus, gegangen und dann wieder nach Damaskus zurückgekehrt sei. „Dann nach drei Jahren zog ich hinauf nach Jerusalem, Kephas zu besuchen, und blieb fünfzehn Tage bei ihm" (1, 18). „Dann ging ich in die Gegenden Syriens und Kilikiens" (1, 21). „Dann nach vierzehn Jahren zog ich wieder hinauf nach Jerusalem mit Barnabas und nahm auch Titus mit" (2, 1). Nach der Schilderung seines Erfolgs in Jerusalem stellt Paulus ohne chronologische Angabe seinen Streit mit Kephas in Antiochia dar (2, 11ff). Da nach antiker Zählweise die angebrochenen Jahre mitgezählt wurden, sind die Zahlenangaben von 1, 18; 2, 1 etwas zu reduzieren, etwa 2 1/2 und 13 1/2 Jahre. Es ist nicht ganz sicher, aber doch sehr wahrscheinlich, daß das „danach" und die vierzehn Jahre (2, 1) sich auf den ersten Jerusalembesuch von 1, 18 beziehen und nicht auf die Bekehrung 1, 15; denn es kommt Paulus ja darauf an, die Länge der Zeit seines unabhängigen Wirkens herauszustellen. Dann lägen zwischen Bekehrung und Konvent 3 + 14, unter den genannten Abstrichen insgesamt etwa ± 16 Jahre. Während dieser Jahre hat Paulus missioniert. Für Syrien und Kilikien ist das selbstverständ-

---

[7] Rigaux, 133 datiert die Verhaftung auf 58, den Prokuratorenwechsel auf 60 nChr.

lich; daß er nicht zu einsamen Meditationen in die Arabia zog, sondern zur Mission, geht aus 1, 16a hervor und daraus, daß der Ethnarch des Königs Aretas den Apostel in Damaskus verhaften lassen wollte (2Kor 11, 32) – es muß also im Reich des Aretas infolge der Tätigkeit des Apostels zu Unruhen gekommen sein.

Ganz anders stellt die Apg (9–15) *die Zeit zwischen der Bekehrung und dem Konvent* dar. Sie berichtet nichts vom Aufenthalt in der Arabia, nichts von der selbständigen Mission in Syrien und Kilikien, statt dessen läßt sie Paulus bald nach der Bekehrung (ἡμέραι ἱκαναί 9, 23) nach Jerusalem gehen, Kontakte mit den Aposteln suchen und finden, von diesen aus Gründen seiner Sicherheit nach Tarsus in Kilikien geschickt (9, 30) und durch Barnabas zu einer nicht genannten Zeit von dort nach Antiochien geholt werden (11, 25f); sie läßt ihn nach einem Jahr mit Barnabas nach Jerusalem reisen, um vorsorglich eine Kollekte zu überbringen, und wieder nach Antiochien zurückkehren (11, 30; 12, 25); sie läßt ihn wieder nach einer unbestimmten Zeit zusammen mit Barnabas und Johannes Markus die sog. 1. Missionsreise (Kypern, Pamphylien, Pisidien, Lykaonien und wieder zurück nach Antiochien) unternehmen (Apg 13f) und nach einem „nicht geringen Zeitraum" (14, 28) ein drittes Mal nach Jerusalem, zum Konvent, ziehen (15, 1ff) und dann wieder nach Antiochien zurückkehren (15, 35). Die Differenzen liegen auf der Hand, Harmonisierungsversuche sind verlorene Liebesmüh. Wir gehen nur auf drei für die Chronologie wichtige Fragen ein, die Jerusalemreisen, die sog. 1. Missionsreise und das Datum des Apostelkonvents.

Daß Paulus als Christ nur ein einziges Mal vor dem Konvent nach Jerusalem, und zwar von Damaskus aus, gereist ist, steht aufgrund seiner Aussage fest. Die Gal 1, 18 genannte Reise ist mit der von Apg 9, 26 identisch, nur daß Lukas sie zu früh ansetzt und inhaltlich unzutreffend charakterisiert. Die sog. zweite Jerusalemreise Apg 11, 30; 12, 25 ist als unhistorisch zu streichen. Der Versuch, die beiden Berichte Apg 11, 30; 12, 25 und 15, 1ff quellenkritisch als zwei Berichte über dieselbe Reise zum Konvent, dh als literarische Dubletten zu erklären, die Lukas nicht als solche erkannt hatte, läßt sich nach G. Streckers Aufsatz nicht mehr halten; Strecker hat auch gezeigt, daß die "zweite Reise" lukanische Konstruktion aus bestimmten theologischen Interessen ist. Sie scheidet also samt der Hungersnot unter Claudius aus der Debatte über die paulinische Chronologie und über die Datierung des Apostelkonvents aus.

Das Problem der sog. 1. Missionsreise besteht aus zwei Fragen: wie verhält sie sich zu der dreizehn Jahre währenden Mission des Paulus in Syrien und Kilikien? und wie zum Apostelkonvent? Die syrisch-kilikische Mission fehlt in der Apg; sie fehlt auch dann, wenn man in der Erwähnung von Tarsus (9, 30) und Antiochien (11, 26) einen fernen Anklang hören will. Wäre es aber möglich, die sog. 1. Missionsreise Apg 13f. als den letzten Teil der Gal 1, 21ff erwähnten Mission zu verstehen, da doch nach beiden Berichten anschließend das Apostelkonzil stattfand? Gegen solche Harmonisierung spricht einmal die Geographie und dann die leitende Absicht des paulinischen Berichtes Gal 1f. Man kann die Gebiete der 1. Missionsreise (Kypern, Pamphylien usw) schlechterdings nicht zu Kilikien rechnen. Und Paulus legt Wert auf die Feststellung, daß seine von Jerusalem unabhängige Missionstätigkeit sich nicht nur auf viele Jahre, sondern auch auf räumlich weit entfernte Gegenden erstreckt hat; wäre er vor dem Apostelkonvent mit seiner Mission bis nach Pamphylien und Pisidien gedrungen, so hätte er das Gal 1, 21 erwähnt. Dh die syrisch-kilikische Mission und die sog. 1. Missionsreise haben nichts miteinander zu tun.

Damit ist auch die zweite Frage beantwortet. Die sog. 1. Missionsreise hat nicht vor, sondern nach dem Apostelkonvent stattgefunden. – Nun haben einige Forscher die Geschichtlichkeit dieser Reise bestritten, den Bericht Apg 13 und 14 als literarische Komposition des Lukas, als Modellreise, erklärt, die die Probleme von Apg 15 exponieren und außerdem die syrisch-kilikische Mission ersetzen soll[8]. Ihre Argumente sind allerdings nicht überzeugend. Gewiß erwähnt Paulus die Gebiete dieser Reise in seinen Briefen nicht, aber das besagt nichts; man kann aus diesem Schweigen nur schließen, daß er in seiner erhaltenen Korrespondenz mit den Gemeinden in Thessalonike und Philippi, Korinth, Galatien und Rom keine Veranlassung hatte, auf diese Reise einzugehen. Natürlich hat Lukas das Ganze von Apg 13 und 14 gestaltet – wann hätte er das nicht? –, aber hat er es auch konstruiert, dh erfunden? Gerade in diesen beiden Kapiteln läßt sich das Itinerar deutlich erkennen[9]. Und das

---

[8] ZB E. Haenchen, Die Apg; H. Conzelmann, Die Apg.
[9] Das Itinerar wird sichtbar in 13, 3f. 13. 42f; 14, 1. 5–7. 21f. 24f. Besonders deutlich ist der Nachtrag der Lystra-Episode 14, 8–20a: während die Missionare laut V. 7 von Lystra schon nach Derbe und Umgebung gelangt sind, gelangen sie V. 20b nochmals dorthin; V. 20b knüpft an den Faden des Itinerars wieder an, der durch V. 8–20 a zerrissen war.

Itinerar beweist, daß diese Reise keine Konstruktion des Lukas, sondern unbeschadet der Einlage legendärer Erzählungen (13, 6ff; 14, 8ff) und programmatischer Reden (13, 16ff; 14, 15ff) historisch ist. Nur hat sie nicht vor dem Apostelkonvent – wo Lukas sie aus kompositorischen Gründen, nämlich um dem Konvent einen Hintergrund zu geben, plaziert hat –, sondern danach stattgefunden, und zwar zeitlich zwischen dem Apostelkonvent (Gal 2, 1–10) und dem Konflikt mit Petrus und Barnabas in Antiochien (Gal 2, 11ff)[10].

Die Datierung des *Apostelkonvents*, dieses für die Geschichte des Urchristentums wichtigsten Ereignisses, ist umstritten. Die relative Chronologie (Bekehrung des Paulus ca sechzehn Jahre vorher) und der Fixpunkt (Ankunft des Paulus in Korinth Ende 49 oder Anfang 50) grenzen den fraglichen Zeitraum zwar ein, legen ihn aber nicht genau fest. Meist nimmt man eine Spätdatierung auf 48 vor; dann hat man nach rückwärts genügend Spielraum: die Bekehrung hätte dann 32 stattgefunden, in gemessenem Abstand zu Jesu auf 30 datierter Kreuzigung, einem Abstand, in dem die Ausbreitung des Christentums nach Damaskus (Apg 9, 1ff), nach Phönikien, Kypern und Antiochien (Apg 8, 4; 11, 19) gut denkbar ist. Nur wird der Zeitraum nach vorn etwas knapp: in den anderthalb Jahren zwischen Konvent und dem Eintreffen des Paulus in Korinth 49/50 ist die Durchführung der sog. 1. und 2. Missionsreise schwerlich unterzubringen – es sei denn, man streiche die erste als unhistorisch. Man nimmt deshalb oft eine andere Datierung des Apostelkonvents vor, auf 44, vor die Verfolgung der Jerusalemer Urgemeinde durch Herodes I. Agrippa. Die Voraussetzung für die Erschließung dieses Datums ist die Annahme, daß bei dieser Verfolgung nicht nur der Zebedaide Jakobus (Apg 12, 1f), sondern auch sein Bruder Johannes hingerichtet worden sei, dieser aber nach Gal 2, 9 auf dem Apostelkonvent anwesend und eine der „Säulen" war; der Hauptgrund für die Annahme eines gemeinsamen Martyriums der Zebedaiden ist das Vaticinium Mk 10, 39 par, das schwerlich anders als von einem gleichzeitigen Tod der Brüder verstanden werden kann und ohne Apg 12, 2 auch nie anders verstanden worden wäre. Lukas, der Apg 12, 2 nur den Tod des Jakobus erwähnt, hat das vaticinium Mk 10, 39 unterdrückt (die Perikope Mk 10, 35–45 fehlt bei Lk), ist also keine Instanz gegen die erwähnte Annahme. Außerdem ist die Bemerkung: „Es waren aber die Tage der ungesäuerten Brote"

---

[10] So auch G. Bornkamm, Paulus, 1969, 63f.

(Apg 12, 3) höchstwahrscheinlich lukanischer Zusatz[11] und nötigt nicht, den Apostelkonvent vor dem Passa 44 anzusetzen. Größere Schwierigkeiten entstehen bei dieser Datierung für die vorhergehende Zeit. Man ist genötigt, die Bekehrung des Paulus auf 28 anzusetzen, und kommt so zu einer Kollision mit der üblichen Datierung des Todes Jesu. Aber diese Datierung ist keineswegs sicher. Für Jesu Tod kommen die Jahre in Frage, in denen der 14. oder 15. Nisan auf einen Freitag fiel: das sind die Jahre 27, 30 und 33. G. Hölscher hat zwar nicht zwingende, aber gewichtige Gründe für 27 beigebracht[12]. Möglich ist jedenfalls beides: Jesu Kreuzigung 27 und die Bekehrung des Paulus 28, wenn auch beides etwas nah beieinander steht. Weniger groß ist die andere Schwierigkeit, daß man zwischen Konvent und Ankunft des Paulus in Korinth den ziemlich großen Zeitraum von fünf Jahren hat, den mit Hilfe der Apg auszufüllen etwas schwer fällt; aber sie berichtet ja ohnehin nur selektiv. So bleibt die Schwierigkeit bestehen. Doch scheint mir die Frühdatierung auf 44 wegen Gal 2, 9 und Mk 10, 39 trotz aller Schwierigkeiten den Vorzug zu verdienen.

Über die mehr als anderthalb Jahrzehnte während *Missionstätigkeit des Paulus zwischen seiner Bekehrung und dem Apostelkonvent* ist im Vergleich zu der folgenden Zeit fast nichts zu erfahren. Immerhin läßt sich dies dem Gal entnehmen: gegen Ende der fraglichen Zeit hatte Paulus seinen „Standort" in Antiochien und der dortigen Gemeinde und arbeitete mit Barnabas zusammen (Gal 2, 1. 9. 11; vgl. Apg 11, 25f.); die syrisch-kilikische Mission war sehr erfolgreich (Gal 1, 21–24); trotz der positiven Haltung der judäischen Gemeinden zu dieser Mission (Gal 1, 23f.) entstanden auf dem paulinischen Missionsgebiet schwere Mißhelligkeiten durch die Forderung zugereister gesetzesstrenger Judenchristen, die Heidenchristen müßten das jüdische Gesetz, insbesondere die Beschneidung übernehmen (Gal. 2, 3), Mißhelligkeiten, die das Missionswerk des Paulus erschütterten und ihn zu einer prinzipiellen Klärung der Frage nach der Verbindlichkeit des Gesetzes im Einvernehmen mit den Jerusalemer Autoritäten zwangen, dh den Apostelkonvent nötig machten (Gal 2, 1ff).

Nach dem günstigen Ausgang des Apostelkonvents unternahmen Paulus und Barnabas in Begleitung des Johannes Markus eine grös-

---

[11] Haenchen und Conzelmann zSt.
[12] AaO, 24ff.

sere *Missionsreise, die sog. erste nach lukanischer Zählung,* die sie
von Antiochien über Kypern ins südliche Kleinasien, Pisidien und
Lykaonien, führte (Apg 13, 4–14, 28). Wann sie die Reise angetreten
haben und wie lange sie gedauert hat, läßt sich aus den wenigen
und unbestimmten Zeitangaben der Apg (13, 14. 44; 14, 3) nicht erschließen. Nach der Rückkehr „verbrachten sie eine nicht kurze Zeit"
in Antiochien (Apg 14, 28), die man ebenfalls nicht berechnen
kann. In diese Zeit muß der Konflikt des Paulus mit Petrus und
Barnabas, aber auch mit einem Teil der antiochenischen Gemeinde
über die Gültigkeit jüdischer Speisegesetze in gemischten Gemeinden fallen (Gal 2, 11ff; ein verharmlosender Nachklang Apg 15,
36ff). Paulus hat sich diesmal nicht durchsetzen können. Er hat es
zwar, wie 1Kor 9, 4f zeigt, zu keinem endgültigen Bruch mit Petrus
und Barnabas kommen lassen, hat aber die gemeinsame Arbeit mit
diesen abgebrochen und fortan wieder selbständig missioniert.

Die nächste (die *sog. zweite) Missionsreise* (Apg 15, 40–18,
22) war Mission in großem Stil. Sie führte ihn durch das innere
Kleinasien, dann nach Europa und erreichte ihr Ziel in der anderthalb Jahre dauernden Wirksamkeit in Korinth. Die Mitarbeiter
waren Silvanus (= Silas, Apg 15, 40) und dann auch Timotheos
(Apg 16, 1). Der korinthische Aufenthalt läßt sich zwar datieren
(Ende 49 oder Anfang 50 bis Sommer oder Herbst 51), aber die
Dauer der Reise nach Korinth läßt sich aufgrund der Apg nur
ungefähr berechnen, da ihre Angaben ungenügend sind und Lukas
das Itinerar (16, 6–8) kürzt. Verfolgt man die Reiseroute, speziell
das zeitraubende Hin und Her im Innern Kleinasiens (Apg 16,
6–8) auf der Landkarte, bedenkt man, daß Paulus im „galatischen
Land" Gemeinden gründete (vgl. Apg 18, 23) und daß er dort durch
Krankheit zum Bleiben gezwungen war (Gal 4, 13f); stellt man in
Rechnung, daß die Mission in den makedonischen Städten Philippi
und Thessalonike nach Ausweis der Paulusbriefe sehr viel mehr Zeit
beansprucht hat, als die Apg erkennen läßt: dann wird man zwischen
dem Antritt der Reise und der Ankunft in Korinth mehr als ein
Jahr ansetzen müssen. Man wird den Beginn der Reise also nicht
auf 49, sondern auf eine passable Reisezeit (nach der Schneeschmelze
im Taurus) des Jahres 48 datieren, dh für die ganze Reise etwa
Frühjahr 48 bis Sommer/Herbst 51 annehmen.

Die nächste und letzte, die „*dritte" Missionsreise* (Apg 18, 23–21,
17) kann Paulus frühestens im Frühling 52 angetreten haben, da er
den Taurus passieren mußte. Er besuchte die Gemeinden Galatiens

und Phrygiens und ließ sich dann für zwei bis drei Jahre in Ephesus
nieder (Apg 19, 10; 20, 31), dem Zentrum seiner Tätigkeit in dieser
Zeit, bis ein Mißgeschick ihn von dort vertrieb. Über den weiteren
Verlauf der Reise äußert sich die Apg recht wortkarg: Paulus geht
von Ephesus nach Makedonien (20, 1), dann nach „Hellas", wo er
drei Monate des Winters zubringt (20, 2f), will mit großem Gefolge
zu Schiff nach Syrien fahren, nimmt aber, um einem Anschlag von
jüdischer Seite zu entgehen, einen Umweg über Land nach Philippi,
wo er Ostern verbringt, fährt nach Troas (20, 3–6), wandert von
dort nach Assos und besteigt hier das Schiff, das ihn und seine Begleiter nach Cäsarea bringt (20, 13ff; 21, 1ff) und kommt gegen
Pfingsten nach Jerusalem (21, 15f). Hier wird Paulus verhaftet (21,
27ff). Lukas gibt trotz der anekdotenhaften Buntheit und lebhaften
Dramatik nur ein sehr unzulängliches Bild von dem ephesinischen
Aufenthalt des Paulus, das kaum etwas von der Arbeit, Unruhe und
steigenden Gefährdung erkennen läßt, von denen die Paulusbriefe
Kunde geben; er hat zudem Apg 20, 1–6 das Itinerar empfindlich
gekürzt, so daß der Leser nur einen summarischen Eindruck von den
Vorgängen erhält. Für die Fragen der Chronologie sei hier das
Wichtigste erwähnt. Paulus und seine Mitarbeiter haben von Ephesus
aus die Asia minor missioniert; durch seine Mitarbeiter entstanden
Gemeinden im Lykostal (Kolossae, Laodikeia, Hierapolis; einen
Reflex dieser Tätigkeit kann man Apg 19, 10 erblicken). Ferner
machte Paulus von Ephesus aus einen kurzen Besuch in Korinth
(2Kor 2, 1; 12, 21; 13, 2), um schwere Differenzen zwischen der Gemeinde und ihm beizulegen. Schließlich erwähnt Paulus im Römerbrief, den er bei seinem dritten Aufenthalt in Korinth geschrieben
hat (= „Hellas" Apg 20, 2), er habe „das Evangelium von Christus
von Jerusalem im Umkreis bis Illyrikum vollendet" (15, 19), dh bis
in den Nordwesten der Balkanhalbinsel. Da Illyrikum von Paulus
nur hier und von der Apg – was allerdings nichts besagt – nie genannt wird, hat man dieser Nennung nur einen symbolischen Wert
beigemessen und gesagt, Paulus sei nie dort gewesen[13]. Das dürfte
übertriebene Skepsis sein. Die illyrische Mission muß m. E. als historisch anerkannt werden und wäre etwa zwischen den Ereignissen von
Apg 20, 1 und denen von 20, 2f anzusetzen.

Ist Paulus zu der „dritten" Missionsreise im Frühjahr 52 aufgebrochen und einige Monate später in Ephesus eingetroffen, so dürfte

---

[13] So zuletzt G. Bornkamm, Paulus, 72f.

der dortige Aufenthalt bis etwa Ende 54 oder Anfang 55 gedauert haben. Die Zeitdauer vom Weggang aus Ephesus bis zur Ankunft in Jerusalem darf man nicht zu knapp bemessen, insbesondere wenn man die Mission in Illyrikum in Rechnung stellt, aber ein Jahr dürfte genügen; dann wäre Paulus vor Pfingsten 56 in Jerusalem verhaftet worden. Die ganze Dauer dieser letzten Missionsreise wird, wenn man für Ephesus zweieinhalb Jahre annimmt, ungefähr vier Jahre betragen haben. Doch bleiben genug Unsicherheitsfaktoren; die Reise kann länger gedauert haben, oder Paulus kann sie zu einem späteren als dem vorhin angenommenen frühesten Termin (Frühjahr 52) angetreten haben, so daß sich das Berechnungsresultat – da die Abreise nach Jerusalem kurz nach einem Osterfest geschah – um ein Jahr verschöbe. Die „absoluten" Zahlen 52–56 sind also durchaus „relativ" zu nehmen.

Über die zwei Jahre Haft in C ä s a r e a und die Überführung des Apostels mit einem Gefangenentransport nach R o m wurde schon gesprochen. Er soll dort zwei Jahre in milder Haft unbehindert haben wirken können (Apg 28, 31) und hat ebenfalls in Rom das Martyrium erlitten (1Clem 5, 7). Lukas berichtet es nicht, deutet es aber Apg 20, 25 an. Das Todesjahr des Paulus ist uns ebenso unbekannt wie das Jahr seiner Geburt.

So lückenhaft unser Wissen von den Lebensdaten des Apostels ist, so sind wir doch hinsichtlich der Datierung seiner Briefe auf einigermaßen sicherem Boden.

## § 5. D e r  e r s t e  T h e s s a l o n i c h e r b r i e f

*Kommentare:*

HNT: M. Dibelius, ³1937; MeyerK: E. v. Do schütz, ⁷1909; ICC: J. E. Frame, 1912; CNT: Ch. Masson, 1957; Moffatt, NTC: W. Neil, 1950; KNT: G. Wohlenberg, ²1909; EtB: B. Rigaux, 1956.

*Untersuchungen:*

K. G. Eckardt, Der zweite echte Brief des Apostels Paulus an die Thessalonicher, ZThK 58, 1961, 30ff;

W. Hadorn, Die Abfassung der Thessalonicherbriefe in der Zeit der dritten Missionsreise des Paulus, BFChTh 24, 3/4, 1919;

W. G. Kümmel, Das literarische und geschichtliche Problem des ersten Thessalonicherbriefes, Neotestamentica et Patristica, Freundesgabe O. Cullmann, NovTest Suppl. 6, 1962, 213ff;

W. Lütgert, Die Vollkommenen im Philipperbrief und die Enthusiasten in Thessalonich, BFChTh 13, 6, 1909;

T. W. Manson, St. Paul in Greece: The Letters to the Thessalonians, BJRL 35, 1952/53, 428ff;

W. Michaelis, Die Gefangenschaft des Paulus in Ephesus und das Itinerar des Timotheus, NTF I, 3, 1925;

B. Reicke, RGG³, Bd. VI Sp. 851ff;

W. Schmithals, Die Thessalonicherbriefe als Briefkomposition, Zeit und Geschichte 1964, 295ff;

–, Die historische Situation der Thessalonicherbriefe: Paulus und die Gnostiker, 1965, 89ff;

K. Thieme, Die Struktur des Ersten Thessalonicher-Briefes, in: „Abraham unser Vater", Festschrift für O. Michel, 1963, 450ff.

## 1. Die Gründung der Gemeinde

Der älteste erhaltene Paulusbrief und somit die älteste erhaltene Schrift des Urchristentums ist dieser Brief an die Gemeinde in Thessalonike. Diese Stadt war 315 vChr von Kassander, einem General und Schwager Alexanders d. Gr., gegründet und zu Ehren seiner Gattin Thessalonike so benannt worden. An der Via Egnatiana gelegen, die Rom mit Byzanz verbindet, war die Stadt ein wichtiger Handelsplatz; in römischer Zeit Hauptstadt der Provinz Makedonien, Sitz des Prokonsuls und seit der Schlacht von Philippi 31 vChr eine „freie Stadt" mit Rat und Volksversammlung (βουλή und δῆμος) und Stadtpräfekten (Politarchen, Apg 17, 6. 8). Als volkreiche Handelsstadt beherbergte sie viele Kulte, darunter auch eine große jüdische Gemeinde.

Paulus kam auf der sog. zweiten Missionsreise, die ihn erstmals nach Europa führte, in der zweiten Hälfte des Jahres 49 von Philippi dorthin (1Thess 2, 2). Thessalonike war nach Philippi die zweite Gründung einer paulinischen Gemeinde auf europäischem Boden. Seine Mitarbeiter, die er auch im Präskript nennt, waren Silvanus, ein Glied der Jerusalemer Urgemeinde (= Silas Apg 15, 40) und Timotheos aus Lystra, der von Paulus selbst bekehrt worden war (Apg 16, 1; 1Kor 4, 17). Die Apg gibt 17, 1–10 eine dramatische Schilderung der Vorgänge bei der Gemeindegründung: Paulus predigt nur an drei Sabbaten in der Synagoge, und zwar verkündigt er die Messianität Jesu (V. 3); er gewinnt wenige Juden, aber sehr viele „gottesfürchtige" Hellenen – dh Heiden, die sich zur Synagoge halten und den ethischen Monotheismus der Juden übernehmen, ohne durch

Übernahme der Beschneidung und des Ritualgesetzes selber Juden zu werden wie die „Proselyten" – und „von den vornehmsten Frauen nicht wenige" (V. 4); die Juden, eifersüchtig wegen dieses Erfolgs, wollen die unerwünschten Konkurrenten ausschalten, mobilisieren den Mob zu Demonstrationen und schleppen, als sie die Missionare nicht finden, deren Gastgeber Jason und einige andere Christen vor die Stadtpräfekten und erheben Anklage auf politisch subversive Agitation in der ganzen Oikumene (V. 5–8); Jason und seine Freunde werden gegen Stellung einer Kaution freigelassen (V. 9) und ermöglichen den Missionaren in der folgenden Nacht die Flucht aus der Stadt (V. 10). Paulus zieht mit seinen Begleitern nach Beröa und dann weiter nach Athen und Korinth (V. 10–16).

Diese Schilderung folgt dem lukanischen Schema (Anknüpfung an die Synagoge, Erfolg bei den „Gottesfürchtigen", Eifersucht der Juden, Verfolgung) und ist im Interesse der Dramatik zeitlich gerafft. Die Äußerungen des Paulus modifizieren das lukanische Bild, vor allem hinsichtlich der Dauer des Aufenthaltes. Die drei Sabbate von Apg 17, 2 sind viel zu wenig. Denn Paulus, der seinen Unterhalt durch eigene Arbeit verdiente (1Thess 2, 9) und in Thessalonike in große Not geraten war, hat während dieser Zeit mindestens zweimal materielle Unterstützung aus Philippi erhalten (Phil 4, 16): die Nachricht von seiner Not muß dorthin gedrungen, eine Sammlung veranstaltet und die Wegstrecke zwischen beiden Städten (ca 150 km) mehrfach zurückgelegt worden sein: auf einige Monate wird man die Wirksamkeit des Paulus in Thessalonike schon schätzen müssen. Von einer Verfolgung durch die dortigen Juden spricht er nirgends, während er die in Philippi erlittenen Mißgeschicke 1Thess 2, 2 erwähnt; das Schweigen braucht allerdings nicht gegen die Historizität des Apg 17, 5–8 Berichteten zu sprechen; man könnte die Wendung „von euch verwaist für einen kurzen Augenblick" 1Thess 2, 17 auf einen erzwungenen Abgang beziehen. Was die Apg über den Inhalt der Verkündigung sagt (17, 3), ist das lukanische Schema der Missionspredigt an Juden und stimmt schlecht zu dem, was Paulus selbst darüber sagt (1Thess 1, 9f: Summarium der Missionspredigt an die Heiden; s. o. S. 2, 3a). Die Gemeinde setzte sich nach 1Thess 1, 9; 2, 14; 4, 3ff religiös mehr aus ehemaligen Götzendienern als aus „Gottesfürchtigen" zusammen und sozial nach 2Kor 8, 2 aus armen Leuten (die vornehmen Damen von Apg 17, 4 kommen auf das Konto des Lukas, der auf das Sozialprestige des jungen Christentums bedacht war).

Als Paulus Thessalonike verließ, bestand dort eine offenbar nicht unbeträchtliche, jedenfalls sehr lebendige Gemeinde (1Thess 1, 2ff; 2, 13), an der er mit Liebe hing und die er bald wiederzusehen hoffte (2, 17ff). Da dieser Wunsch unerfüllt blieb, sandte er zuerst den Timotheos und nach dessen Rückkehr den Brief (1Thess 3, 1–10).

## 2. *Inhalt und literarischer Charakter des 1Thess*

Präskript 1, 1.
Proömium = I. Teil 1, 2–3, 13.
1. Danksagung für den Stand der Gemeinde und Versicherung des Gedenkens 1, 2–10.
2. Erinnerung an die Wirksamkeit des Paulus („Apologie") 2, 1–12.
3. Dank für die Standhaftigkeit der Gemeinde in einer Verfolgung 2, 13–16.
4. Sehnsucht des Paulus und Sendung des Timotheos 2, 17–3, 5.
5. Freude über die von Timotheos gebrachten guten Nachrichten 3, 6–10.
6. Fürbitte 3, 11–13.
Paränese = II. Teil 4, 1–5, 22.
1. Sittliche Ermahnungen (Stichwort „Heiligung") 4, 1–12.
2. Belehrung über das Schicksal verstorbener Christen 4, 13–18.
3. Mahnungen zur Bereitschaft für die nahe Parusie 5, 1–11.
4. Mahnungen für das Gemeindeleben 5, 12–22.
Briefschluß 5, 23–28.

Es ist auffällig, daß 1Thess 1–3 keiner sachlichen Disposition folgt, sondern daß die wiederholten Motive der Danksagung und des Gedenkens den Aufbau bestimmen (1, 2ff; 2, 13ff) und die Fürbitte 3, 11–13 diesen Teil abschließt, so daß die Kapitel 1, 2–3, 13 als Proömium anzusprechen sind. Ferner fällt auf, daß nur der Abschnitt 2, 17–3, 10 konkrete briefliche Korrespondenz enthält – Mitteilungen über die Besuchsabsichten des Apostels, die Sendung des Timotheos und über dessen Rückkehr mit guten Nachrichten –, während die andern Partien in Form des dankenden Gedenkens der Erinnerung an die Wirksamkeit des Paulus in Thessalonike und an die Entstehung und vorbildliche Haltung der Gemeinde gelten. Ein so weit ausgesponnenes Proömium ist unter den Paulusbriefen singulär, hat aber in Eph 1–3 eine Entsprechung, nur daß hier der Korrespondenzteil an den Schluß gerückt ist (Eph 6, 21f). M. Dibelius hat den literarischen Charakter dieses Proömiums geklärt. Er hat gezeigt, daß es in zwei Gedankengängen nach dem formalen Schema:

ich bzw. wir (1, 4f; 2, 1–12) – ihr (1, 6–10; 2, 13–16) aufgebaut ist; ferner, daß der Inhalt mit seiner Erzählung von Bekanntem und seinen Appellen an das Wissen der Adressaten sowie die feierliche Diktion stark rhetorisches Gepräge tragen. Dieses „Zurücktreten der brieflichen Situation zugunsten rhetorischer Plerophorie" (Dibelius, 13) ist zu beachten, um diese Kapitel und insbesondere die sog. „Apologie" 2, 1–12 und die plötzliche Judenpolemik 2, 15f sachgemäß zu beurteilen.

Die letztere ist nicht durch besondere Vorkommnisse in Thessalonike veranlaßt – die dortige Gemeinde leidet unter Verfolgung durch ihre heidnischen Landsleute –, sondern durch die Parallelisierung dieser Verfolgung mit der, die die Gemeinde in Judäa durch die Juden trifft; diese Parallelisierung evoziert das theologische Judenproblem – Tötung Jesu und Behinderung des Evangeliums durch die Juden –, ein Problem, das Paulus mit Schlagworten christlicher und heidnischer Judenfeindschaft formuliert[1].

In der sog. „Apologie" 2, 1–12 charakterisiert Paulus seine Missionstätigkeit in Thessalonike, und zweifellos trägt dieser Rückblick stark apologetische Züge. Paulus betont die Reinheit seiner Motive und grenzt sie ab gegen Irreführung, Unlauterkeit und List (V. 3), Schmeichelei, Habsucht (V. 5) und Ehrsucht (V. 6) und – vielleicht – gegen eine Mißdeutung der Tatsache, daß er sich seinen Unterhalt selbst verdiente, statt der Gemeinde zur Last zu fallen (V. 9). Ist dieser Katalog moralischer Verdächtigungen konkret gegen ihn erhoben worden? Und wenn ja, von wem? Man hat an die Juden von Thessalonike gedacht[2] – aber wie sollten sie nach ihren politischen Attacken gegen die Missionare (falls Apg 17, 5–8 historisch zuverlässig ist) Einfluß auf die Gemeinde gewonnen haben? – oder an heidnische Gegner des Apostels[3] – aber diese haben ja die Gemeinde verfolgt (1 Thess 2, 14), nicht in ihrem Innern agitiert. Man hat ferner an christliche Gegner des Paulus gedacht und zwar an dieselben, die er in 1 und 2 Kor und Gal bekämpft, und hat sie je nachdem für Judaisten und Nomisten oder für Enthusiasten und Gnostiker erklärt[4]; der Katalog von Verdächtigungen findet sich ähnlich

---

[1] Vgl. Dibelius zSt, 5. 11ff. (zum 1. Glied s. Mt 23, 3f. 37; Lk 11, 49; 13, 34; Apg 7, 52; Justin Dial 6, 4) und die Beilagen 1–13 auf S. 34–36.
[2] So zuletzt W. G. Kümmel, Einleitung, [17]1973, 222f.
[3] So P. W. Schniedel und Th. Zahn, Einleitung I, [3]1906, 155f.
[4] Lütgert und in seinem Gefolge Schmithals sehen hier christliche Enthusiasten bzw. judenchristliche Gnostiker bekämpft.

auch in 2Kor; aber der Kern der Angriffe auf Paulus, die Bestreitung
seines Pneumatikertums und der Legitimität seines Apostolates, findet
sich im ganzen 1Thess nicht. Jede der drei Vermutungen und zumal
die letztgenannte besäße nur dann Wahrscheinlichkeit, wenn die vorausgesetzte Agitation auf die Gemeinde Einfluß gewonnen hätte. Das
ist jedoch nicht der Fall. Einmal geht aus 1Thess 3, 5ff hervor, daß
das Verhältnis der Gemeinde zu ihrem Apostel durch nichts gestört
worden ist. Vergleicht man ferner 2, 1–12 und insbesondere V. 5–9
mit den „Parallelen" in 2Kor, so fällt der grundsätzliche Unterschied
im Tenor auf: 1Thess 2, 1–12 zeigt keine Spur von Leidenschaft,
Zorn und Sarkasmus, keine Spur der polemischen Züge, die in 2Kor
und Gal die Reaktion des Apostels gegen Angriffe auf seine persönliche Integrität kennzeichnen; der Abschnitt ist vielmehr in völlig
ruhigem Ton gehalten und rhetorisch durchgestaltet. Dh aber, die
„Vorwürfe" V. 3–9 sind in Wirklichkeit gegen Paulus nicht erhoben
worden, es hat in Thessalonike keine Agitation gegen den Apostel
stattgefunden. Wozu dann aber die „Apologie"? Dibelius hat gezeigt, warum sie nötig war. Die Wirksamkeit christlicher Missionare
glich äußerlich in vielem der philosophischen und religiösen Propaganda der damaligen Zeit (vgl. Apg 17, 18!). Daraus ergab sich die
Notwendigkeit für die christlichen Missionare, sich gegen Wander-
philosophen, Schwindelpropheten und herumziehende Zauberer abzugrenzen. Späte Zeugnisse dafür liegen bei Hermas mand XI und
Did 11. 12 vor. Auch Paulus hat schon früh diese Notwendigkeit
empfunden und solche Abgrenzungen nicht nur brieflich, sondern
auch in der Verkündigung vorgenommen[5]. In diesem Zusammenhang
ist 1Thess 2, 1–12 zu verstehen: die Apologie ist nicht Polemik gegen
Umtriebe von Gegnern, sondern eine Abgrenzung gegenüber ähnlichen Erscheinungen in der Umwelt.

Daß der an das Proömium sich anschließende zweite Briefteil 4,
1–5, 22 aus Paränese besteht, ist ebenfalls singulär und hat eine
Parallele nur in Eph. Seltsam scheint auch, daß die einzige lehrhafte
Partie des Briefes, die Belehrung über das Schicksal verstorbener
Christen 4, 13–18 in die Paränese eingebettet ist. Aber das bedeutet,
daß der Akzent nicht auf der Belehrung über eschatologische Ereignisse, sondern auf der Tröstung für die Gegenwart liegt. An sich
besteht der Passus aus einer kleinen Apokalypse (V. 15–17), für die
sich Paulus auf ein „Herrenwort" über Parusie, Auferstehung der

---

[5] Dibelius, 10f; Rigaux, 58–62.

Gläubigen und Entrückung der noch lebenden Christen beruft; das Herrenwort steckt wohl in V. 16f, ist nicht wörtlich zitiert und findet sich in der Evangelienüberlieferung nicht, es ist ein apokryphes Wort, ein „Agraphon". Die paränetische Akzentuierung dieser kleinen Apokalypse ist ein instruktives Beispiel für den Umgang des Apostels mit der Tradition.

### 3. Veranlassung und Zweck des Briefes

Als Paulus die Gemeinde verlassen hatte oder auch hatte verlassen müssen, erfüllte ihn wachsende Sorge um ihren Bestand. Verfolgungen, wenn auch unblutige und mehr schikanöser Art, von seiten der heidnischen Landsleute (2, 14), stellten die junge Gründung auf eine erste Probe und beunruhigten den Apostel. Er wollte mehrfach selbst nach Thessalonike eilen und der Gemeinde beistehen und sandte, als dieser Plan sich nicht verwirklichen ließ, seinen Mitarbeiter Timotheos von Athen aus zu ihr (2, 17–3, 5). Die guten Nachrichten, die dieser brachte, waren der unmittelbare Anlaß zur Abfassung dieses Briefs (3, 6ff). Trotz seines Mangels an Korrespondenz hat dieses Schreiben den ursprünglichen Sinn der Korrespondenz: Ersatz für persönliche Anwesenheit und Aussprache. Einen Brief der Gemeinde an Paulus scheint Timotheos nicht überbracht zu haben, sondern nur mündliche Nachrichten und Anfragen.

Der Zweck des Briefes ist primär die erneute Kontaktaufnahme, ihr dient das Eingehen auf die Nachrichten und Anfragen. Die Nachrichten betrafen vor allem die vorbildliche Haltung der Gemeinde; die Antwort darauf ist die breit angelegte lebendige Danksagung (1, 2–10; 2, 13–16; 3, 6–10).

Eine Anfrage scheint Paulus in dem Passus über das Schicksal verstorbener Christen zu beantworten (4, 13–18), vielleicht auch in der eschatologischen Mahnung 5, 1–11. Die Gemeinde war durch den Tod einiger ihrer Glieder in Unruhe versetzt worden; denn sie erwartete die baldige Parusie Christi und rechnete nicht mit dem Tode vorher. Durch den Tod schienen ihr die Verstorbenen vom Heil ausgeschlossen. Vielleicht knüpfte sich daran die Frage nach dem Wann der Parusie (5, 1ff), eine bange Frage, denn die Todesfälle konnten sich ja mehren. Paulus entwickelt – so seltsam es erscheinen mag – erstmalig der Gemeinde den Gedanken der Auferstehung der Christen, den er offenbar bei seiner Missionspredigt nicht berührt hatte: die verstorbenen Gläubigen sind nicht vom Heil ausgeschlossen, sie

werden bei der Parusie auferweckt und mit den dann lebenden
Gläubigen, zu denen Paulus sich und die Christen in Thessalonike rechnet, zur Einholung des Herrn entrückt werden; die
im Glauben begründete Schicksalsgemeinschaft mit Jesus (4, 14) vollendet sich im dauernden „mit dem Herrn Sein" (4, 17; 5, 10). Bis
dahin gilt es ständige Bereitschaft für die nahe Parusie (5. 1ff). Die
Frage der Thessalonicher konnte eine grundsätzliche Infragestellung
des Heils implizieren. Aber so weit ist es in Thessalonike nicht gekommen. Sicher hat sich auch Timotheos zu dem Problem im
Sinne des Paulus geäußert. Das mag der Grund sein, weshalb der
Apostel die Frage nicht gesondert, sondern nur innerhalb der Paränese behandelt.

Möglicherweise brachte Timotheos auch die Nachricht von einer
Spannung oder beginnenden Spaltung in der Gemeinde mit. Darauf
könnten zwei Bemerkungen Bezug nehmen. Nach der Mahnung, die
Gemeindeleiter in Ehren zu halten, fährt Paulus fort: „Haltet Frieden
untereinander" oder auch „. . . mit ihnen" (5, 13) – beide Lesarten
sind gut bezeugt. Das könnte auf Differenzen zwischen der Gemeinde
und ihrer Leitung hindeuten. In dieselbe Richtung weist 5, 27: „Ich
beschwöre euch beim Herrn, diesen Brief allen Brüdern vorlesen zu
lassen." Da der Brief aber sonst nichts derartiges erwähnt, kann man
die beiden Sätze auch harmlos verstehen, können jedenfalls die etwa
vorhandenen Spannungen nicht ernster Natur gewesen sein.

## 4. Zeit und Ort der Abfassung

Bei der Abfassung des Briefes befinden sich Silvanus und Timotheos bei Paulus (1, 1) und blickt der Apostel auf erhebliche Missionserfolge in Achaia zurück (1, 7f). Da er in Athen keinen solchen
hatte, müßte man die Abfassung des Briefes in die Zeit seines Wirkens in Korinth ansetzen, etwa auf 50/51. Dazu stimmt, daß nach
Apg 18, 5 die beiden Mitarbeiter erst in Korinth wieder zu Paulus
gestoßen sind.

Freilich bestehen zwischen den Angaben des 1Thess und der Apg (17,
10–18, 5) einige Differenzen. Paulus sagt, er habe Timotheos von Athen
aus nach Thessalonike gesandt und sei „allein in Athen gelieben" (3, 1f).
Die Apg berichtet, Paulus habe sich von Thessalonike aus nach Beröa
begeben, wo sich das Analoge wie in Thessalonike ereignet habe, habe
Silas und Timotheos dort gelassen, sich selbst in Begleitung beröischer
Christen nach Athen begeben und habe seine Begleiter mit der Anweisung

zurückgesandt, Silas und Timotheos sollten so rasch wie möglich zu ihm kommen (17, 10–15); in Athen war er nach Apg 17, 16ff ebenfalls allein, desgleichen während der ersten Zeit in Korinth, bis die beiden bei ihm eintrafen. Die Differenzen liegen auf der Hand: Die Apg weiß nicht, daß Timotheos mit Paulus nach Athen gekommen und von dort nach Thessalonike gesandt worden war. Paulus selbst berichtet lückenhaft; er sagt nichts über den Verbleib des Silvanus, dessen Namen er im ganzen Brief nur 1, 1 erwähnt. Da er in Athen „allein" geblieben und erst in Korinth mit seinen beiden Mitarbeitern – ob gleichzeitig, sei dahingestellt – wieder zusammengetroffen war, muß Silvanus in der Zwischenzeit mit andern Aufträgen unterwegs gewesen sein (vielleicht in Beröa).

Trotz der Di»erenzen zwischen 1Thess und Apg 17 läßt sich aus beiden Schriften die Abfassung des Briefes 50/51 in Korinth mit ziemlicher Sicherheit erschließen.

Die Versuche einer Spätdatierung des 1Thess in die sog. dritte Missionsreise, wie sie Lütgert, Michaelis und neuerdings Schmithals unternehmen, lassen sich nicht durchführen. Denn es ist wenig überzeugend, wenn man mit der Historizität von Apg 17, 10ff gegen die Frühdatierung argumentiert und ihre Darstellung in K. 19 bzw. 20 zugunsten einer Spätdatierung korrigiert. Die Behauptung, der 1Thess gehöre wegen 2, 1ff in die Zeit der Kampfbriefe, verkennt den stilistischen Charakter der Apologie und ist seit Dibelius' Kommentar (¹1911) antiquiert. Die Berufung auf 1, 8 verkennt völlig die rhetorische Plerophorie dieser Stelle. Und die Todesfälle hätte man im Zusammenhang der Datierungsfrage besser überhaupt nie bemüht. All diese Argumente scheitern an der einfachen Tatsache, daß Paulus 1Thess 1f von seinem ersten, dem Gründungsaufenthalt in Thessalonike spricht und daß die Ereignisse, die er 2, 17–3, 6 erwähnt, nicht allzu lange danach stattgefunden haben.

## § 6. Der zweite Thessalonicherbrief

*Kommentare s. § 5:*
*Außer den Untersuchungen zu § 5:*

H. Braun, Zur nichtpaulinischen Herkunft des zweiten Thessalonicherbriefes, ZNW 49, 1952/53, 152ff – Gesammelte Studien zum Neuen Testament und seiner Umwelt, 1962, 205ff;

Ch. H. Giblin, S. J., The Threat of Faith. An Exegetical and Theological Re-Examination of 2. Thessalonians 2 (Analecta Biblica, Investigationes scientificae in Res Biblicas 31), 1967;

A. v. Harnack, Das Problem des 2. Thessalonicherbriefes, SAB 1910, 560–578;

Ed. Schweizer, Der zweite Thessalonicherbrief ein Philipperbrief?, ThZ 1, 1945, 90–105, dazu die Kontroverse mit W. Michaelis ebd. 282–289; ebd. 2, 1946, 74f;

W. Wrede, Die Echtheit des 2. Thessalonicherbriefs, TU 24, 2, 1903.

## 1. Aufbau und Inhalt

Präskript 1, 1f.
Proömium 1, 3–12.
1. Teil. Apokalyptische Belehrung über die Vorzeichen des Endes 2, 1–12.
2. Teil. Danksagung, Fürbitte und Mahnung 2, 13–3, 5.
3. Teil. Mahnungen 3, 6–15.
  a) Kirchenzucht gegen Unordentliche und Arbeitsscheue 3, 6–12.
  b) Mahnungen an die treuen Gemeindeglieder 3, 13–15.
Friedenswunsch und eigenhändiger Briefschluß 3, 16–18.

Der Inhalt dieses Briefes ist weitgehend dem des 1Thess gleich. Es sind nur zwei Passagen, die dem 2Thess seine inhaltliche Besonderheit verleihen: vor allem die apokalyptische Belehrung 2, 1–12, das Zentralstück des Briefes, dann aber auch die eschatologischen Ausführungen 1, 5–10 innerhalb des Proömiums. Hier wird nach Erwähnung der „Verfolgungen und Bedrängnisse" der Gemeinde (1, 4) als Motiv eschatologischen Trostes der Ausblick auf das gerechte Gericht des Weltenrichters eröffnet und dies Gericht in kräftigen jüdischen Farben und mit Zitaten aus Jesaia und den Psalmen geschildert (1, 5–10). Die Schilderung ist eine Digression vom Schema des Proömiums, setzt abrupt ein und wirkt überladen. M. Dibelius hat wahrscheinlich gemacht, daß in diesen Versen jüdisches Material, und zwar die Schilderung einer Gerichtstheophanie – vielleicht aus einem liturgischen Gebet – verwendet und durch christliche Zusätze erweitert ist[1]. Hebt man die Zusätze heraus, so erhält man den zugrunde liegenden jüdischen Text[2]. Dibelius vermutet, es handle sich bei dieser Einlage um eine „‚kultische' Erweiterung" des Proömiums; dieses sollte eine feierliche Verlesung im Gottesdienst einleiten (aaO, 43).

---

[1] Kommentar, 41ff.
[2] Die Zusätze: V. 5 εἰς τὸ καταξιωθῆναι bis πάσχετε, V. 7 μεθ' ἡμῶν und Ἰησοῦ, V. 8 καὶ τοῖς bis Ἰησοῦ, V. 10 ὅτι bis ὑμᾶς. Der jüdische Text V. 5–10 lautet: „(Das ist) ein Anzeichen des gerechten Gerichtes Gottes...; denn es ist Rechtens bei Gott, euern Bedrängern Drangsal heimzuzahlen und euch Bedrängten Befreiung... (zu schenken), bei der Offenbarung des Herrn... vom Himmel her mit den Engeln seiner Macht in loderndem Feuer, der Vergeltung übt an denen, die Gott nicht kennen... Sie werden als Strafe empfangen ewiges Verderben vom Angesicht des Herrn und von der Majestät seiner Stärke, wenn er kommt, verherrlicht zu werden unter seinen Heiligen und gefeiert zu werden unter allen Gläubigen... an jenem Tage."

Wichtiger ist der religions- und theologiegeschichtlich interessante Abschnitt *2, 1–12,* um dessentwillen der Brief überhaupt geschrieben worden ist. Diese kleine Apokalypse belehrt die Leser, daß „der Tag des Herrn" (V. 2) erst kommen könne, wenn bestimmte Vorbedingungen erfüllt seien, und nennt deren drei: 1. das Eintreten „des Abfalls" (V. 3); 2. das Auftreten des großen „Widersachers" Gottes und aller Religion, der in der Macht Satans die Menschen verführt und seinen Frevel so weit treibt, daß er sich in den Tempel Gottes setzt und sich selbst als Gott proklamiert (V. 3f. 9ff), dessen Erscheinen aber durch eine retardierende Größe, eine geheimnisvolle Macht verhindert wird (V. 6ff); 3. die Beseitigung dieses retardierenden Faktors, der einmal neutrisch als τὸ κατέχον (V. 6) und einmal maskulinisch als ὁ κατέχων (V. 7) bezeichnet wird; die zeitliche und kausale Reihenfolge ist demnach: Beseitigung des Katechon, Auftreten des Widersachers, Eintreten des Abfalls; dann erst kann „der Tag des Herrn", die „Parusie" Jesu kommen. Diese Belehrung gibt sich als Erinnerung an von Paulus schon Gesagtes (V. 5) und setzt voraus, daß die Adressaten wissen, wen bzw. was der Schreiber mit dem Widersacher und dem Katechon meint. Dem späteren Leser aber ist das weniger klar; daher einige Bemerkungen zu den Problemen dieses Abschnittes[3].

Seine Vorstellungen sind weitgehend traditionell. Das gilt vor allem von der des Abfalls, einer Zunahme der Gottlosigkeit in der Endzeit. Bei dem großen Widersacher handelt es sich um die Gestalt, die man im Anschluß an 1Joh 2, 18. 22; 4, 3; 2Joh 7 den Antichristen zu nennen pflegt und die unter andern Bezeichnungen auch sonst in der urchristlichen Eschatologie eine Rolle spielt[4]. Auch sie hat in der jüdischen Eschatologie ihr Modell; sie geht hier vermutlich auf die mythologische Vorstellung von einem urzeitlichen Gegner Gottes bei der Weltschöpfung zurück, der besiegt und gebunden wurde, aber in der Endzeit zum letzten Kampf gegen Gott und die Seinen erscheinen wird; diese ursprünglich mythische Figur (Drache, Schlange, Teufel) wurde unter dem Eindruck geschichtlicher Erfahrungen der Juden mit Verfolgern und Unterdrückern (Antiochos IV. Epiphanes, Pompeius, Caligula) zum Repräsentanten und Gesandten des Teufels vergeschichtlicht und nahm die Züge

---

[3] Vgl. zum folgenden: Dibelius, 40–52; Rigaux, 259–280. 646–680. und Vielhauer bei Hennecke-Schneemelcher, Neutestamentliche Apokryphen[3] II, 1964, 431–434.

[4] Mk 13, 14 par; Apk 13 und 17; Did 16, 4.

eines gottfeindlichen Herrschers an. Ob dieser endzeitliche Widersacher Gottes im Judentum auch als Anti*messias* verstanden wurde
oder ob es sich beim Antichrist um eine spezifisch christliche Deutung dieser Gestalt handelt, ist umstritten. Jedenfalls konnte sie
zeitgeschichtlich auf den jeweiligen Unterdrücker gedeutet werden.
So ist sie Apk 13 der römische Kaiser. Ob in 2Thess 2 eine zeitgeschichtliche Gestalt gemeint ist, und, wenn ja, welche, oder ob nur
allgemein auf den Antichristen verwiesen wird, läßt sich schwer
sagen, da hier wie oft in apokalyptischen Texten die traditionellen
Züge, ihre zeitgeschichtliche Deutung und eigenständige zeitgeschichtliche Bezüge sich kaum entwirren lassen. – Noch schwieriger
ist V. 7a, die Deutung des Katechon, die schon in der altkirchlichen
Exegese umstritten war. In einer Catene heißt es: „Die einen sagen,
es sei die Gnade des Geistes, die andern, es sei das römische Reich,
und denen stimme ich am meisten zu"[5]. Diese politische Deutung –
des κατέχον auf das römische Reich, des κατέχων auf den Kaiser
– hat seit den Tagen der Apologeten bis in 20. Jh. viele Vertreter
gefunden; sie ist aber sicher nicht richtig, da sie weder von den
Voraussetzungen des Judentums noch von denen des Christentums
im 1. Jh. her möglich ist. Großer Beliebtheit erfreut sich O. Cullmanns geistvolle Interpretation des κατέχον auf das Evangelium
und seine Verkündigung und des κατέχων auf den Apostel[6]. Aber
auch diese Deutung ist mit großen Schwierigkeiten belastet: denn
wenn Paulus die Thessalonicher schon mündlich von der Beseitigung
des Katechon als der Vorbedingung der Parusie Christi unterrichtet
hatte, wie V. 6 nahelegt, dann ist es schwer verständlich, daß sie
kurze Zeit darauf, während der Apostel noch wirkte, meinen
konnten, der Tag des Herrn sei da; wenn die Belehrung aber etwas
neues ist, dann hätten sie diesen Sinn aus dem Text nicht herauslesen können[7]. Eine dritte, mythologische Deutung sieht in dem
Katechon eine göttliche oder himmlische Macht, die den großen
Widersacher bis zu dem von Gott bestimmten Zeitpunkt „nieder-
hält", bindet[8]. Es bleibt unklar, wen der Verfasser konkret unter

---

[5] Catena ed. Cramer, 6 p. 387, zitiert bei Dibelius, 50.
[6] Der eschatologische Charakter des Missionsauftrags und des apostolischen
  Selbstbewußtseins bei Paulus (Vorträge und Aufsätze, 1966, 305–336;
  erstmalig 1936 in französischer Sprache erschienen).
[7] Vgl. Rigaux, 274–280, bes. 276f.
[8] Vgl. Dibelius, 47. 49ff: In einem Zauberpapyrus heißt Horus ὁ κατέχων
  δράκοντα und Michael κατέχων ὃν καλέουσι δράκοντα μέγαν W. Bauer,
  Wörterbuch[5], 1958, 836.

ihr versteht und wie er sich das „Beseitigtwerden", „vom Schauplatz Abtreten" denkt. Dennoch wird das mythologische Verständnis dem Text und den in ihm verarbeiteten Traditionen am ehesten gerecht, zumal verhüllende Aussagen zum apokalyptischen Stil gehören.

## 2. Abfassungsverhältnisse

Über die Verhältnisse in der Gemeinde, die den Brief veranlaßt haben, ist diesem folgendes zu entnehmen. In der Gemeinde sind Unruhen entstanden – diesmal nicht, weil Christen vor der Parusie Christi gestorben waren, also ihr Heil in Frage gestellt schien, dh gewissermaßen wegen der Parusieverzögerung, sondern aus dem entgegengesetzten Grund; gewisse Leute behaupteten: „Der Tag des Herrn ist da." Sie beriefen sich dafür auf „Geist, Wort und Brief, angeblich von uns" (2, 2), dh auf pneumatische Aussagen christlicher Propheten, die Verkündigung und einen echten oder fingierten Brief des Paulus. Sie haben damit starken Eindruck gemacht; der Schreiber kennzeichnet ihn als „schnelles, unbesonnenes Erschüttert- und Erschrecktwerden" (2, 2).

Mit der hochgespannten eschatologischen Stimmung hängt offenbar eine andere Erscheinung zusammen, daß einige Gemeindeglieder „unordentlich wandeln", nicht nach der vom Apostel empfangenen Überlieferung, dh konkret: „nichts arbeiten, sondern unnützen Betrieb machen" (3, 6. 11). Denn da es sich dem Ton der Ausführungen 3, 6–15 nach nicht um „sittenlose Bummler" (Dibelius) handelt, ist anzunehmen, daß sie in Erwartung der unmittelbar bevorstehenden Parusie ihre Berufsarbeit und ihren geordneten Lebenswandel aufgegeben haben.

Die Deutung des Satzes ἐνέστηκεν ἡ ἡμέρα τοῦ κυρίου (2, 2) = „der Tag des Herrn ist da" im Sinne von „der Tag des Herrn steht ganz unmittelbar bevor" ist gelegentlich angefochten worden, zB von W. Marxsen[9] und vor allem von W. Schmithals[10]. Der Satz meine die wirkliche Gegenwart, er sei keine apokalyptische, sondern eine gnostische Aussage; der apokalyptische Terminus ‚Tag des Herrn' sei gnostisch spiritualisiert worden wie andere eschatologische Begriffe auch und bezeichne die gegenwärtige Vollendung. Der Verfasser von 2Thess 2 glaube allerdings, er habe es mit apokalyptischer Schwärmerei zu tun. Aber Paulus habe wieder einmal die Situation mißverstanden. Schmithals: „Den ‚spiritualistischen'

---

[9] Einleitung in das NT, 40f.
[10] Paulus und die Gnostiker, 146ff.

Hintergrund der gnostischen Behauptung, der Tag des Herrn sei schon
da, hat Paulus nicht erkannt. Darüber sollte man sich bei dem Apostel
nicht wundern ..." (S. 150). Die Frage nach dem Unwissen des Apostels
und dem Besserwissen von Schmithals mag auf sich beruhen. Es fragt
sich lediglich, ob das Perfekt ἐνέστηκεν, dessen Übersetzung mit „ist da"
zweifellos richtig ist, die ganze Last der gnostischen Interpretation zu
tragen vermag – denn eine andere Basis hat sie nicht. Schmithals ignoriert, daß ἐνίστημι nicht nur „vorhanden sein, gegenwärtig sein", sondern
auch „bevorstehen" heißen kann, und zwar nicht nur, wenn das Wort im
Futur steht (2Tim 3, 1). Das Partizip Perfekt ἐνεστώς und Aorist ἐνστάς
kann bald „gegenwärtig" (Gal 1, 4; Röm 8, 38 u. ö.), bald „bevorstehend" (1Kor 7, 26; Josephus Ant. 4, 209) bedeuten[11]; welche Bedeutung
vorliegt, geht also nicht aus dem Tempus, sondern aus dem Zusammenhang hervor. Und nach diesem bedeutet der Satz „Der Tag des Herrn ist
da", er stehe ganz unmittelbar bevor, zumal sich die Schwärmer dafür
auf Paulus berufen[12]. Hinzu kommt, daß der Terminus ‚Tag des Herrn'
in der ganzen mir bekannten gnostischen Literatur nie zur Bezeichnung
der gegenwärtigen Vollendung spiritualisiert wurde. Die gnostische Interpretation der Stelle ist unhaltbar.

Der Zweck des Briefes ist, die eschatologische Schwärmerei zu beseitigen durch Belehrung, die Parusie Christi stehe noch
in einiger Ferne, sowie durch Mahnung an die „Arbeitsscheuen", ihre
geordnete Berufsarbeit wieder aufzunehmen, und falls diese nichts
fruchtet, durch Anordnung disziplinarischer Maßnahmen. Gegen die
Berufung auf einen Paulusbrief wendet sich der kurze Hinweis auf
die eigenhändige Unterschrift des Paulus als Echtheitszeichen 3,
17; dieses Verfahren ist seltsam; handelt es sich um das Mißverständnis eines wirklichen Paulusbriefes, dann ist es auffällig, daß es
nicht – wie in dem analogen Fall 1Kor 5, 9–13 – als Mißverständnis
herausgestellt und korrigiert wird; handelt es sich um einen fingierten Brief – und das setzt 3, 17 unbestreitbar voraus –, dann ist
es auffällig, daß Paulus sich nicht deutlicher und energischer zur
Wehr setzt.

Die Situation der Absender ist dieselbe wie im 1Thess.
Das Präskript nennt dieselben Namen, Paulus, Silvanus und Timotheos. Da Silvanus während des Aufenthaltes des Paulus in Korinth aus der Umgebung des Apostels verschwindet, müßte der

---

[11] W. Bauer, Wörterbuch, 528.
[12] Das einleitende ὡς ὅτι = „die besagen sollen" (Dibelius), „des Inhalts"
zeigt, daß der Verfasser nicht direkt zitiert, sondern die Meinung der
Schwärmer in seiner eigenen Formulierung wiedergibt. Zu ὡς ὅτι vgl.
Bl-Debr § 396.

2Thess vor diesem Ereignis verfaßt sein, also bald nach dem 1Thess um 50 in Korinth, – wenn er von Paulus geschrieben ist. Das aber ist umstritten.

### 3. Echtheitsfrage

Der 2Thess war der erste kanonische Paulusbrief, der den Verdacht erweckte, nicht von Paulus zu stammen. Dieser Verdacht wurde erstmals 1801 von J. E. Chr. Schmidt in seinen „Vermuthungen über die beiden Briefe an die Thessalonicher" geäußert, und die Echtheitsdebatte ist seitdem nicht zu Ende gekommen. Zweierlei hat sie in Gang gehalten, zunächst die Eschatologie von 2, 1–12 (bei ihr setzte J. E. Chr. Schmidt ein) und dann vor allem das eigentümliche literarische Verhältnis des zweiten Briefes zum ersten (das war für W. Wrede der Grund des Unechtheitsverdikts). Unter dem Eindruck der Kommentare von E. von Dobschütz und M. Dibelius wurde die Skepsis gegen die Echtheit auch innerhalb der kritischen Theologie reduziert, wenn auch nicht ausgeräumt.

#### a) Die Eschatologie

von 2, 1–12 wurde als unpaulinisch empfunden wegen der Betonung der Ferne der Parusie, während Paulus in 1Thess die Nähe betont; wegen der Passage über den Antichrist, die in den andern Paulusbriefen keine Parallele hat, wohl aber in Apk 13 und 17, und die sich nicht in das paulinische Bild der Endereignisse einfüge; sie meine mit dem Antichrist den Nero redivivus und gehöre in die Jahre 68–70. – Gegen diese Argumentation wurde und wird mit Recht eingewendet, daß in 2, 3ff traditionelle Motive der jüdisch-christlichen Apokalyptik vorliegen, keine Neubildung, und daß zeitgeschichtliche Bezüge nicht zu fassen sind. Ferner daß Paulus in den apokalyptischen Partien seiner Briefe kein Gesamtbild vom Ablauf der letzten Dinge entwerfe, sondern von diesen immer nur anläßlich konkreter Fragen und spezieller Situationen spreche, und daß diese Einzelbilder auch nicht ganz miteinander harmonierten. Die Spannung zwischen der Betonung der Ferne der Parusie und der Betonung ihrer Nähe wird gelegentlich durch die veränderte seelsorgerliche Situation erklärt oder durch die grundsätzliche Erwägung auszugleichen versucht, „daß beide Vorstellungen – das Ende kommt plötzlich und es bereitet sich geschichtlich vor – auch sonst in der Apokalyptik des Judentums und des Urchristentums nebeneinander hergehen und zusammengeschaut werden" (Kümmel, Einleitung, 229). Aber diese Argumentation wird der genannten Spannung nicht gerecht: in 1Thess 4, 13 – 5, 11 schärft Paulus die Nähe der Parusie ein, 2Thess 2 sagt, von der Nähe der Parusie könne gar keine Rede sein; die Spannung bleibt. M. a. W.: stofflich gibt der eschatologische Abschnitt 2Thess 2 keinen Anlaß zum Unechtheitsverdacht, wohl aber mit seiner Tendenz, die Naherwartung zu dämpfen.

## b) Das literarische Verhältnis

der beiden Briefe ist außerordentlich eng (ich bezeichne sie der Einfachheit halber mit den Siglen I und II). Der ganze Inhalt von II, abgesehen von 1, 5–10; 2, 1–12, findet sich auch in I, während I inhaltlich noch manches andere bringt. Die parallelen Abschnitte haben, wieder mit Ausnahme des eschatologischen, die gleiche Reihenfolge. Dazu kommen zahlreiche wörtliche Übereinstimmungen. Besonders auffällig ist, daß das Proömiumsmotiv des Dankes in beiden Briefen wiederholt wird (I 1, 2; 2, 13; II 1, 3; 2, 13) und dabei an der jeweils zweiten Stelle auch die Hervorhebung des „Wir" erfolgt (I 2, 13 καὶ διὰ τοῦτο καὶ ἡμεῖς εὐχαριστοῦμεν, II 2, 13 ἡμεῖς δὲ ὀφείλομεν εὐχαριστεῖν); diese Betonung des „Wir" ist I 2, 13 durch den Kontext bedingt, in II 2, 13 dagegen nicht: hier liegt eine Übernahme aus dem entsprechenden Satz in I vor. Wieweit die Übereinstimmungen gehen, zeigen die Tabellen bei Wrede.

Solche Übereinstimmungen können kein Zufall sein, sondern indizieren literarische Abhängigkeit des II von I. Da nicht anzunehmen ist, daß Paulus einen zweiten Brief an dieselbe Gemeinde vom Konzept des kurz vorher abgesandten abgeschrieben oder den ersten auswendig gekannt hat, schließt man auf einen andern Verfasser: Ein Unbekannter habe, um mit der Autorität des Apostels die eschatologische Schwärmerei zu dämpfen, II geschrieben.

Doch hat auch diese Hypothese kräftigen Widerspruch erfahren. Man hat gegen sie eingewendet, sie lasse das Prinzip nicht erkennen, nach dem der Imitator verfahren sei, warum er dies aufgenommen und jenes ausgelassen, dies wörtlich übernommen und jenes modifiziert habe. M. Dibelius hat versucht, die Übereinstimmungen und Unterschiede in den wichtigsten Parallelen positiv als Variationen desselben briefstilistischen (so bei II 2, 13–17) und katechetischen

Schemas (so bei II 3, 6–16) zu erklären. Aber auch so bleiben offene Fragen (s. u.)[13].

Nimmt man an, die Bedenken gegen die Echtheit seien durch die Gegenargumente, wenn nicht widerlegt, so doch neutralisiert, so präsentiert sich ein seltsamer Widerspruch. Die Verschiedenheit der Gemeindesituation (in I Unruhe über den Tod von Christen vor der Parusie, in II eschatologischer Enthusiasmus) und die Verschiedenheit der eschatologischen Aussagen der Briefe (in I Naherwartung, in II Polemik gegen sie) nötigen dazu, zwischen I und II einen nicht unbeträchtlichen Zeitraum anzunehmen, in dem Paulus anderer Meinung über die Nähe der Parusie geworden sein und die Situation in der Gemeinde sich geändert haben konnte. Die enge literarische Verwandtschaft der beiden Briefe jedoch nötigt dazu, ihre Abfassungszeiten so nahe wie möglich aneinanderzurücken.

Die Divergenz in der eschatologischen Haltung wurde in der Forschung nicht so stark empfunden, umso stärker dagegen die Schwierigkeit, daß Paulus an die gleichen Adressaten kurz hintereinander zwei so gleichlautende Briefe geschrieben hat. Aber sind es die gleichen Adressaten?

### c) Leserkreis

A. von Harnack hat 1910 die ingeniöse Hypothese aufgestellt, II sei nicht wie I an die Gesamtgemeinde, sondern an eine judenchristliche Minorität in Thessalonike gerichtet, und zwar gleichzeitig mit I. Letzteres erklärt die Verwandtschaft der beiden Briefe in Aufbau und Formulierung. Daß Judenchristen die Empfänger seien, begründet Harnack mit dem at.-jüdischen Einschlag von II (1, 5–12; 2, 1–12) und vor allem mit der Charakterisierung der Angeredeten als „vom Herrn geliebten Brüdern, weil Gott euch als Erstlinge (Lesart ἀπαρχήν statt ἀπ' ἀρχῆς) erkoren hat" (2, 13); er stützt diese Hypothese zusätzlich durch die Stelle I 5, 27, die eine Spannung oder gar Spaltung in der Gemeinde andeutet; und er vermutet, daß die

---

[13] Gelegentlich hat man das literarische Rätsel durch den Rückgriff auf eine alte Vermutung von Hugo Grotius (1640), II gehöre zeitlich vor I, zu lösen versucht (zB Michaelis), in der Meinung, I sei leichter als erweiternde Paraphrase von II denn II als Exzerpt aus I zu verstehen. Doch scheitert die Umkehrung der zeitlichen Reihenfolge daran, daß der II 2, 2. 15 erwähnte frühere Brief aufgrund von II 2, 1 nur I sein kann und I sich durch 2, 17–3, 6 als erste schriftliche Kontaktnahme des Paulus mit Thessalonike zu erkennen gibt.

Adscriptio einen einschränkenden Zusatz gehabt habe, der bei der
Sammlung und Veröffentlichung der Paulusbriefe getilgt worden sei.

Aber gegen diese Hypothese wurde immer wieder eingewandt, und
zwar mit Recht, daß Paulus die Existenz einer judenchristlichen
Sondergemeinde nicht geduldet hätte (vgl. Gal 2, 11–14), wie er ja
auch sonst energisch gegen Gruppenbildungen vorgeht (1Kor 1–4).
Dibelius hat daher die Hypothese dahingehend variiert, I sei an die
Leiter, II an die Gesamtgemeinde gerichtet und speziell für den Kult
bestimmt. Aber auch diese Version hat Schwierigkeiten: Denn auch
I soll nach 5, 27 im Kult verlesen werden und wendet sich seinem
Inhalt nach an die Gesamtgemeinde. Differenzierte man die Leserkreise in der genannten Art, dann verwundert es, daß die Mahnung
zur Achtung der Gemeindeleiter (I 5, 12f) im Brief an diese, statt in
dem an die Gesamtgemeinde steht und umgekehrt die Anordnung zur
Kirchenzucht (II 3, 6. 14f) in dem an die Gesamtgemeinde und nicht
in dem an ihre Leiter. Vor allem aber wird das Problem, das durch
die Annahme zweier verschiedener Leserkreise gelöst werden soll,
nicht gelöst; denn da auch I laut 5, 27 vor der Gesamtgemeinde verlesen werden soll, bleibt die Frage, wie Paulus gleichzeitig (Harnack)
oder kurz hintereinander (Dibelius) zwei so gleichlautende Briefe an
die gleiche Gemeinde schreiben konnte, unbeantwortet.

Daher wurde eine dritte Variante proponiert: Die literarische Verwandtschaft der beiden Briefe habe dann nichts Störendes, wenn II
ungefähr gleichzeitig mit I verfaßt, aber an eine andere Gemeinde
gerichtet gewesen sei; II sei durch Austausch und Abschrift nach
Thessalonike gekommen und habe hier die heutige Adresse erhalten.
M. Goguel hat im Anschluß an eine von Harnack erwogene und
verworfene Möglichkeit Beröa vorgeschlagen[14]. Ed. Schweizer hat,
mit besseren Gründen, II als ursprünglich nach Philippi gerichteten
Brief zu erweisen versucht. Sein Hauptargument für Philippi: Polykarp von Smyrna spricht in seinem Brief an die Philipper von „Briefen" (im Plural) des Paulus an diese Gemeinde (Polyk 3, 2) und
zitiert 11, 3 eine Stelle aus 2Thess 1, 4 als in einem Philipperbrief
des Paulus stehend; nimmt man beide Aussagen ernst, dann hätte
Polykarp um 110 nChr nicht nur von mehreren Philipperbriefen des
Paulus gewußt, sondern auch II noch als einen solchen gekannt.
Unter der Annahme, II sei ein Philipperbrief, scheinen die literarischen
Schwierigkeiten sich aufzulösen. Indes bleiben Bedenken. Die An-

---

[14] Introduction au NT IV 1, 1925, 335ff.

nahme einer Adressenänderung bietet zwar keine unüberwindlichen, aber doch einige Schwierigkeiten. Vor allem jedoch scheitert die Philippi-Hypothese daran, daß II 2, 2. 15 einen früheren Paulusbrief voraussetzen, dieser aber nicht ein Philipperbrief sein kann, sondern 1Thess sein muß; denn II 2, 1 nimmt mit dem Ausdruck „wegen . . . unserer Vereinigung mit ihm (sc. dem Herrn bei der Parusie)" Bezug auf I 4, 17. Man wird also in Polyk 11, 3 einen Irrtum in der Zuweisung des Zitats sehen müssen (ohne die Existenz mehrerer Philipperbriefe des Paulus zu bestreiten) und an der Ursprünglichkeit der Adresse von II festhalten.

Die Hypothesen über verschiedene Leserkreise von I und II überzeugen nicht, vermögen das literarische Rätsel nicht zu lösen und damit auch die paulinische Verfasserschaft von II nicht zu erweisen. Umso schwerer fallen die Differenzen zwischen I und II in der eschatologischen Haltung ins Gewicht.

### d) Akzentverschiebungen

in der Begrifflichkeit des II gegenüber I und andern echten Paulusbriefen verstärken die Skepsis. H. Braun hat die weniger auffällige, aber nicht weniger aufschlußreiche Verlagerung auf den Moralismus aufgezeigt und sieht in der mehrfachen Ersetzung des θεός in I durch κύριος in II ein Zeichen der Übertragung der ursprünglich Gott meinenden Attribute auf Christus, wie sie für die zweite christliche Generation typisch ist.

### e) Abschluß

Beim Abwägen des Für und Wider der Echtheitsfrage hat sich ergeben, daß die Gründe für die Unechtheit überwiegen. Ausschlaggebend waren folgende Gründe: Einmal die enge literarische Verwandtschaft von I und II bei gleichzeitigen sachlichen Divergenzen in der Behandlung derselben theologischen Themen – ein Dilemma, das sich nur bei Annahme einer bewußten Imitation von I durch den Verfasser von II erklärt. Ferner die sachlichen Differenzen selbst; vor allem die Bekämpfung der Naherwartung als unvernünftig (σαλευθῆναι ὑμᾶς ἀπὸ τοῦ νοός II 2, 2), während Paulus in I, aber auch noch in seinen letzten Briefen von der Nähe der Parusie überzeugt ist (Phil 4, 5; Röm 13, 11), wenn auch nicht davon, daß er selbst sie noch erleben werde (vgl. I 4, 17 mit Phil 1, 20f). Dazu kommt die auffällige Vorsicht in der Polemik gegen die Berufung auf „einen Brief, der angeblich von uns geschrieben ist",

(2, 2) und die nicht minder auffallende Echtheitsversicherung: „Der
Gruß mit meiner eigenen, des Paulus, Hand; das ist das Zeichen in
jedem Brief; so schreibe ich" (3, 17). Beide Stellen sind in mehrfacher Hinsicht problematisch. Einmal darin, daß schon zu Lebzeiten
des Apostels fingierte Briefe existiert haben sollten; ferner darin, daß
er sich in diesem Fall nicht schärfer gegen sie verwahrt hat; schließlich darin, daß sich beide Stellen in Wirklichkeit widersprechen:
wenn die Paulusbriefe an der eigenhändigen Unterschrift erkennbar
sind, dann sind Berufungen auf angebliche Paulusbriefe sinnlos –
oder es handelt sich um eine Zeit, in der nur noch Abschriften existierten. Die in 2, 2; 3, 17 vorausgesetzte Existenz fingierter Paulusbriefe weist, wie Wrede richtig gezeigt hat, ebenso in nachpaulinische
Zeit wie die literarischen und theologischen Gründe. Gegen die Ansetzung wird gelegentlich (zB von Kümmel, 231) ins Feld geführt,
daß die Weissagung, der Widersacher werde sich in den Tempel
Gottes setzen (2, 4), das Bestehen des Jerusalemer Tempels voraussetze, 2Thess also vor 70 geschrieben sei. Aber die Tempelschändung
ist ein so fester Topos, daß er sich auch noch in Apokalypsen nach
der Zerstörung Jerusalems durchgehalten hat[15]. Die Stelle 2Thess
2, 4 bietet „keinesfalls" ein Argument „gegen die Unechtheit"[16].

## 4. Entstehung

Wie ist nun aber die Entstehung des 2Thess zu erklären? Diese
Frage reduziert sich auf die, warum der Verfasser in der Maske des
Paulus schrieb. Denn die vorausgesetzte Situation und der Zweck
des Briefs bleiben dieselben wie unter der Annahme der Echtheit –
enthusiastische Naherwartung dort und ihre Bekämpfung hier – und
brauchen nicht im einzelnen wiederholt zu werden (s. Nr. 2). Man
hat gelegentlich die Möglichkeit einer solchen Auseinandersetzung in
der zweiten nachchristlichen Generation bestritten; so läßt sie sich
etwa nach Kümmel (231) „aus nachpaulinischen Tendenzen des 1. Jh.
nicht verständlich machen". Aber enthusiastische Naherwartung gab
es nicht nur in der ersten Generation, sie ist auch später immer wieder aufgeflammt, wie die Johannesapokalypse und der Montanismus
beweisen. Und daß gegen Ende des 1. Jh.s die Notwendigkeit emp-

---

[15] Belege bei Dibelius, 45f.
[16] Dibelius, 45.

funden wurde, die Naherwartung zu dämpfen, lehrt die lukanische
Bearbeitung der „synoptischen Apokalypse" (Mk 13)[17], aber wohl
auch schon deren Bearbeitung durch Markus selbst[18]. Dieses Analogiephänomen zeigt, daß eine eschatologische Belehrung wie 2Thess
2 in nachpaulinischer Zeit alles andre als ein Anachronismus ist,
auch nicht im paulinischen Missions- und Einflußbereich.

Denn um eine Auseinandersetzung innerhalb dieses Bereichs geht es
im 2Thess. Die eschatologischen Enthusiasten ebenso wie der Schreiber des Briefes halten sich für gute „Pauliner". Paulus ist beiden
eine unbestrittene Autorität. Bei jeden spielt ja nicht nur der „Geist",
das pneumatische Element, eine Rolle, sondern auch die Rückbe-
ziehung auf das „Wort", die Verkündigung, und vor allem auf
einen Paulusbrief, und zwar den 1Thess (vgl. II 2, 1f mit I 4, 17).
Sie konservieren und stimulieren die Naherwartung in der Überzeugung, so das paulinische Erbe zu wahren; ob und wieweit äußere
Ereignisse dabei mitgewirkt haben – etwa die Verfolgungen (II 1,
4) –, ist nicht festzustellen. Der Verfasser des 2Thess dagegen reflektiert die Tatsache der Parusieverzögerung; für ihn ist die Naherwartung zwar nicht antichristliche Ketzerei wie für Lukas (21, 8), wohl
aber eine Täuschung (2, 3) und vor allem „unvernünftig" (ἀπὸ τοῦ
νοός, 2, 2). Er sieht zudem durch die Berufung auf Paulus den Apostel selbst diskreditiert und verfälscht. Deshalb schreibt dieser Paulus-
schüler als „Paulus", und zwar im Hinblick auf die Bedeutung des
1Thess bei den Enthusiasten einen zweiten Thessalonicherbrief; er
sucht dergestalt Paulus den Schwärmern zu entreißen, ihn zeitgemäß
zu interpretieren und dadurch kirchenfähig zu erhalten. Literatur- und
theologiegeschichtlich interessant sind an dieser Fingierung eines
Paulusbriefes die literarische Imitation, die theologischen Modifikationen und die Rezeption traditioneller – hier: apokalyptischer –
Elemente.

Der 2Thess ist kein wirklicher Brief, sondern eine polemische
Schrift in brieflicher Form. Da er konkrete Umstände anvisiert, wird

---

[17] Lk 21, 8 trägt in Mk 13, 6 als zweite Parole der „Verführer" ein „die
Zeit ist nahe", erklärt also die Naherwartung für häretisch. Vgl. ferner
das „vor all diesen Ereignissen" Lk 21, 12 mit Mk 13, 9 und die histo-
risierende Umdeutung des eschatologischen Antichrist-Passus Mk 13, 14ff
auf die Zerstörung Jerusalems in Lk 21, 20ff.

[18] Mk 13, 7 („aber das ist noch nicht das Ende"). 8 („der Anfang der
Wehen ist das"). 10.

man ihn als einen Traktat mit bestimmter Abzweckung zu bezeichnen haben.

Wo diese konkreten Umstände zu suchen sind, läßt sich nicht
sicher sagen, vielleicht in Thessalonike selbst, jedenfalls in einer
Gemeinde, in der der 1Thess geschätzt war und benutzt wurde.

Der Ort der Entstehung ist unbekannt, er wird, wie meist bei
derartigen Pseudepigrapha, entweder dort zu suchen sein, wohin der
„Brief" angeblich gerichtet ist, oder dort, wo er zuerst auftaucht. Da
2Thess erstmalig im Brief des Polykarp von Smyrna zitiert und in
Philippi als bekannt vorausgesetzt wird, kann man eine paulinische
Gemeinde Makedoniens (oder auch Kleinasiens) als Entstehungsort
annehmen.

Ebenso ungewiß ist die Entstehungszeit; der terminus ad quem ist
durch den Polykarpbrief (ca 110) gegeben, aber ein terminus a quo
läßt sich nicht fixieren.

Da der 2Thess keine Spuren einer schwereren Christenverfolgung
zeigt, wird man ihn zeitlich nicht allzu nahe an die ApkJoh, und da
er offenbar das Nichtmehrvorhandensein paulinischer Autographen
voraussetzt, nicht allzu nahe an den Tod des Paulus rücken, sondern
etwa die zweite Hälfte der 80er Jahre als Entstehungszeit vermuten
können.

Der 2Thess ist wohl der älteste erhaltene, wenn auch nach 2, 2;
3, 17 zu urteilen, nicht der erste fingierte Paulusbrief. Ihn als „Fälschung" zu bezeichnen, wäre angesichts der antiken literarischen
Gepflogenheiten unhistorisch und falsch. Er zeigt exemplarisch die
Strukturelemente der Deuteropaulinen und damit eines wesentlichen
Sektors der Geschichte der urchristlichen Literatur: den fingierten
paulinischen Brief als literarisches Mittel innerkirchlicher Auseinandersetzung und die Methoden dieser Auseinandersetzung, nämlich
Ausspielen des Paulus als d e r Autorität, aktualisierende und mo-
difizierende Weiterbildung paulinischer Gedanken, kritische Aufnahme anderer Traditionen. Im Vergleich mit den anderen Deuteropaulinen zeigt der 2Thess dies alles recht zurückhaltend und
anspruchslos; er repräsentiert ein frühes Stadium dieses Prozesses.

## Anhang

Wenigstens erwähnt sei der Versuch von W. Schmithals, die beiden
Thessalonicherbriefe als Komposition aus vier (echten) Thessalonicher-
briefen zu erweisen und mittels Zerteilen und Umstellen diese vier Briefe
zu rekonstruieren. Es sollen dies in folgender Reihenfolge sein:

A = 2Thess 1, 1–12 + 3, 6–16
B = 1Thess 1, 1–2, 12 + 4, 3 (2)–5, 28
C = 2Thess 2, 13.14 + 2, 1–12 + 2, 15–3, 5 + 3, 17.18
D = 1Thess 2, 13–4, 2 (1)

Das Resultat hat mich ebenso wenig überzeugt wie die Methode. Für eine Auseinandersetzung mit diesem durchaus entbehrlichen Hypothesengebäude ist hier nicht der Ort.

## § 7. Der Galaterbrief

*Kommentare:*

HNT: H. Lietzmann, [3]1932; KNT: Th. Zahn, [3]1922; MeyerK: H. Schlier, [12]1962; NTD: H. W. Beyer-P. Althaus, [9]1962; ThHK: A. Oepke, [2]1957; ICC: E. D. Burton, 1921; Moffat, NTC: G. S. Duncan, 1934; CNT: P. Bonnard, 1953; EtB: M.-J. Lagrange, [2]1925.

*Untersuchungen:*

G. Stählin, RGG[3] II, 1187ff;

W. Foerster, Abfassungszeit und Ziel des Galaterbriefes, Apophoreta, Festschr. E. Haenchen, BZNW 30, 1964, 135ff;

E. Hirsch, Petrus und Paulus, ZNW 29, 1930, 63ff;

–, Zwei Fragen zu Galater 6, ebd., 192ff;

G. Klein, Gal 2, 6–9 und die Geschichte der Jerusalemer Urgemeinde – ders., Rekonstruktion und Interpretation 1969, 99ff;

W. Lütgert, Gesetz und Geist. Eine Untersuchung zur Vorgeschichte des Galaterbriefes, BFChTh 22, 6, 1919;

T. W. Manson, St. Paul in Ephesus: (2) The Problem of the Epistle to the Galatians = ders., Studies in the Gospels and Epistles, 1962, 168ff;

J. Munck, Paulus und die Heilsgeschichte, Act. Jutl. 26, 1, 1954, 79ff;

J. H. Ropes, The Singular Problem of the Epistle to the Galatians, HThSt 14, 1929;

W. Schmithals, Die Häretiker in Galatien = ders., Paulus und die Gnostiker, ThF 35, 1965, 9ff;

Ed. Schweizer, Die „Elemente der Welt", Gal 4, 3.9; Kol 2, 8.20 = ders., Beiträge zur Theologie des NT, 1970, 147ff;

R. K. Sherk, The Legates of Galatia from Augustus to Diocletian, The J. Hopkins University Studies in Historical and Political Sciences, 69, 2, 1952;

F. Stähelin, Geschichte der kleinasiatischen Galater, [2]1907;

L. Weisgerber, Galatische Sprachreste, Natalicium, Festschr. J. Geffcken, 1931, 151ff.

Der Gal ist das für die Biographie des Paulus und die Geschichte des Urchristentums, für die innerkirchlichen, nicht lediglich lokal bedingten Spannungen jener Zeit, für die Theologie des Apostels,

ihren Inhalt und ihre Entfaltung in einer konkreten Situation auf-
schlußreichste Dokument. Wie hoch Luther den Gal geschätzt hat, ist
bekannt. Und F. C. Baur hat aus ihm, speziell aus seinen Angaben
über den Gegensatz zwischen Paulus und Petrus und aus den Angaben des 1Kor über die Parteien, speziell die Kephaspartei, die Geschichte des Urchristentums als Widerstreit und allmählichen Ausgleich von gesetzesstrengem petrinischen Judenchristentum und ge-
setzesfreiem paulinischen Heidenchristentum zu konstruieren versucht,
ein Geschichtsbild, das heute noch nachwirkt. Auch wenn man heute
die Geschichte des Urchristentums sehr viel komplizierter sieht und
die Dokumente anders interpretiert als Baur, so hat der Gal weder
seinen Quellenwert noch seine theologische Bedeutung (und schon
gar nicht seine Faszinationskraft) verloren.

## 1. Die Empfänger

Paulus sendet den Brief als Zirkularschreiben „an die Gemeinden
Galatiens" (1, 2), ohne eine Stadt mit Namen zu nennen. Offenbar
hatte keine von ihnen den Rang eines ‚Vorortes', wie etwa Korinth
für Achaia (2Kor 1, 1). Es scheint sich um kleinere und relativ nahe
beieinander gelegene Orte und um miteinander eng verbundene Gemeinden zu handeln, die, was sie erleben, gemeinsam erleben und
die gemeinsam angesprochen werden könen. Die nächstliegende Annahme ist, sie in dem als Γαλατία bezeichneten Teil der phrygischen
Hochebene in der Mitte Kleinasiens zu suchen. Nach dem Bericht
der Apg hat Paulus diese Gegend (Γαλατικὴν χώραν) auf der sog.
zweiten Missionsreise durchzogen (16, 6) und auf der dritten wieder
besucht und die dortigen „Jünger gestärkt" (18, 23). Daß diese Lokalisierung nicht einhellig anerkannt wird, hängt mit der Geschichte
Galatiens und der Galater zusammen.

### a) Galatien und die Galater

Das Wort Γαλάται ist lautlich und sachlich gleichbedeutend mit
Κέλται und Bezeichnung für die Keltenstämme, die von König Ni-
komedes von Bithynien 278 vChr aus dem Balkan nach Kleinasien
gerufen und als Söldner in Thronstreitigkeiten eingesetzt wurden.
Sie machten sich aber bald selbständig, beunruhigten durch Raub-
züge Kleinasien und wurden ca 240–230 vChr in der genannten

Gegend zwischen dem mittleren Sangarios und dem Halys seßhaft;
daher der Name Γαλατία.

Es waren drei Stämme, von denen jeder seinen Hauptort hatte, Pessinus,
Ankyra (Ankara) und Tavium. Doch sie blieben unruhig und führten bald
als Söldner, bald auf eigene Faust Kriege. Von größter Bedeutung für ihre
Zukunft wurde es, daß die Galater nach einer schweren Niederlage gegen
die Römer (189) treue Anhänger Roms wurden. Denn als Eumenes von
Pergamon sie einige Jahre später besiegt und annektiert hatte – den
Zeusalter von Pergamon errichtete er 180 zur Verherrlichung seines Sieges
–, da erklärte der römische Senat 166 die Galater für autonom unter der
Bedingung, daß sie in ihren Wohnsitzen blieben. Sie lebten nun unter
einheimischen Fürsten mit eigener Verfassung und leisteten den Römern
Kriegsdienste. Einer ihrer Fürsten, Deiotaros, erhielt für seine Verdienste
in den Kriegen gegen Mithridates den Königstitel und war 44–40 König
der vereinigten Galaterstämme. Ein Staatsschreiber des Deiotaros,
Amyntas, seit 39 König von Pisidien, erhielt 36 vChr von
Antonius auch das Herrschaftsgebiet des verstorbenen Deiotaros, die Landschaft Galatien, zugeteilt und konnte, da er Octavian rechtzeitig anerkannt
hatte und bei der Befriedung Kleinasiens tatkräftig unterstützte, in glück-
lichen Kriegszügen weitere Gebiete – Lykaonien, Pamphylien und Kilikien
– erwerben. Nach seinem Tode wandelte Augustus 25 vChr diesen ganzen
Komplex in eine römische Provinz um. Zu ihr wurde auch noch Isaurien,
Paphlagonien und Pontus Galaticus geschlagen. Diese Provinz erhielt
keinen offiziellen einheitlichen Namen[1]. Im offiziellen Sprachgebrauch
wurden die einzelnen Gebiete dieser Provinz aufgezählt[2] oder summarisch
angedeutet (ἐπίτροπος ἐπαρχείας Γαλατίας καὶ τῶν σύνεγγυς ἐθνῶν)
oder auch einmal von der „galatischen Provinz" (τῆς Γαλατικῆς ἐπαρχείας
nicht: „Provinz Galatien"!) gesprochen.

„Galatien" ist im offiziellen Sprachgebrauch also nie Name der
Provinz, sondern der Landschaft. Dagegen verwenden Schriftsteller
„Galatien" auch als Provinzbezeichnung. Mit „Galatien" kann zur
Zeit des Paulus umgangssprachlich sowohl die Landschaft, das eigent-
liche Galatien, als auch die Provinz a potiori bezeichnet werden.

## b) Die Gemeinden Galatiens

Der mehrdeutige Ausdruck macht es problematisch, ob „die Gemeinden Galatiens" im eigentlichen Galatien, in der Landschaft
zwischen Sangarios und Halys, also im Norden der Provinz, zu
suchen sind, was prima vista das nächstliegende ist, oder nicht viel-

---

[1] Zum folgenden Lietzmann, 3f; Schlier, 15f; Sherk, 19ff.
[2] Der höchste Beamte wird bezeichnet als leg(atus) Aug(usti) pro pr(aetore)
   provinc(iae oder -iarum) Gal(atiae) Pisid(iae) Phryg(iae) Luc(aoniae)
   Isaur(iae) Paphlag(oniae) Ponti Galat(ici) Ponti Polemoniani Arm(eniae);
   CIL III Suppl. 6818.

mehr in einem andern Gebiet der Provinz, also im Süden Kleinasiens. Letzteres wurde schon im 18. Jh. von Joh. Joach. Schmidt (1748) vermutet, später von W. M. Ramsey und Th. Zahn, und wird in neuerer Zeit u. a. von T. W. Manson, Michaelis und G. Klein vertreten, das erste zB von Jülicher, H. Schlier, W. G. Kümmel und Marxsen. Der Streit um die „nordgalatische", besser „Landschaftshypothese" und die „südgalatische", besser „Provinzhypothese" ist ennuyant, aber von seiner Entscheidung hängt die Datierung des Gal ab; daher müssen die Argumente geprüft werden.

Der Provinzhypothese, als der ferner liegenden, fällt dabei die Beweislast zu. Nach ihr ist der Gal an Gemeinden gerichtet, die Paulus auf der sog. ersten Missionsreise gegründet hat, in Pisidien oder Lykaonien (Apg 13f), Gebieten, die damals schon seit ca 100 Jahren zur „galatischen" Provinz gehörten.

Ich nenne von den unterschiedlichen und nicht von allen Verfechtern der Provinzhypothese vertretenen Argumenten nur die wichtigsten.

1. Paulus gebrauche zur Bezeichnung der von ihm durchreisten Gebiete die römischen Provinznamen, nicht die Landschaftsnamen; daher sei „Galatien" als Provinzbezeichnung zu verstehen und könne gut auch Pisidien oder Lykaonien meinen. – Aber die Behauptung über den Sprachgebrauch des Paulus stimmt nicht. „Syrien" (Gal 1, 21) meint nicht die römische Provinz, zu der auch Judaea gehörte (1, 22), sondern, wie das Nebeneinander der beiden Namen zeigt, das seleukidische (griechischsprechende) Syrien. „Arabia" (Gal. 1, 17) und das mehrfach erwähnte „Judaea" (1Thess 2, 14; Rm 15, 31; 2Kor 1, 16) waren damals keine Provinzen.

2. Manche Stellen des Gal (3, 2f. 13f. 23f.; 4, 2. 5; 5, 1) setzten in den „Gemeinden Galatiens" gebürtige Juden voraus; solche habe es aber in der Landschaft nicht gegeben, sondern nur im Süden der Provinz. – Indes, diese Stellen sprechen nicht von einem Teil, sondern von der Gesamtheit der galatischen Christen und „beweisen entweder die jüdische Nationalität aller Galater oder Niemandes von ihnen" (Jülicher-Fascher, 74). Nach 4, 8; 5, 2f.; 6, 12f. waren sie ehemalige Heiden.

3. Paulus sagt 1Kor 16, 1, er habe in „den Gemeinden Galatiens" Durchführungsbestimmungen für die Kollekte gegeben. In der Liste der Paulusbegleiter (Apg 20, 4), die die Kollekte nach Jerusalem bringen sollen, werden keine Vertreter der Landschaft Galatien, wohl aber neben denen Makedoniens und der Asia noch Gaius von Derbe und Timotheos aus Lystra erwähnt; da Derbe und Lystra zur galatischen Provinz gehören, müsse 1Kor 16, 1 eben sie gemeint sein. – Aber die Liste Apg 20, 4, deren Text übrigens unsicher überliefert ist, nennt auch keine Vertreter Korinths (Achaias), die nach 1Kor 16, 1ff.; 2Kor 8f. und Röm 15, 26 zu erwarten wären, ohne daß man – die Vollständigkeit der Liste einmal vorausgesetzt – daraus schließen dürfte, dort habe keine Kollekte stattgefunden. Die Nichterwähnung Galatiens in der Liste besagt also gar nichts.

4. Die Gegenmission gegen Paulus sei seinen Spuren gefolgt und habe demnach die Gebiete seiner „ersten" Missionsreise zuerst in Angriff genommen. – Aber es ist ja gar nicht sicher, ob es sich um eine großangelegte, nach festem Plan organisierte Gegenaktion gehandelt, von wo und wem sie ihren Ausgang genommen und wann sie begonnen hat.

5. Die Landschaft Galatien sei kein geeignetes Missionsobjekt gewesen wegen der dort vorherrschenden keltischen Dialekte. – Es ist richtig, daß die Völkerschaften Kleinasiens an ihren nationalen Eigenarten und Sprachen noch Jahrhunderte festhielten[3]. Aber hellenisiert waren sie so ziemlich alle, und die Galater, die keltischen Bewohner der Landschaft Galatien, hatten das Griechische als offizielle Sprache angenommen[4].

6. Da Barnabas als den Empfängern bekannt vorausgesetzt wird (Gal 2, 1. 9. 13), müsse er bei der Gründung der Gemeinden Galatiens beteiligt gewesen, die Gründung also auf der ersten Missionsreise erfolgt, die Gemeinden daher im Süden der Provinz zu lokalisieren sein. – Aber das ist ein Fehlschluß; denn Barnabas gehörte zur urchristlichen Prominenz und wird auch in Korinth (1Kor 9, 6) und in Kolossä (Kol 4, 10), wo er nie war, als bekannt vorausgesetzt.

7. Die Ausgrabungen in der Landschaft Galatien hatten keine archäologischen Beweise für die Existenz christlicher Gemeinden vor dem 3. Jh zu Tage gefördert; also könnten die Adressaten des Gal nicht in der Landschaft gesucht werden. – Doch ist auch dieser Schluß nicht zwingend. Der archäologische Befund – wenn er sich nicht durch Ausgrabungen noch ändern sollte – kann zwei andere Gründe haben: die Abneigung der Galater gegen größere Zusammenschlüsse, die ja auch durch das Fehlen eines Städtenamens im Präskript dokumentiert wird, und, bzw. oder, das Versinken der Gemeinden Galatiens in Paganismus und Häresie, das Paulus wohl nicht ohne Grund fürchtet (4, 8–11).

Die Argumente für die Provinzhypothese sind wenig überzeugend. Für die Landschaftshypothese spricht folgendes:

1. der zeitgenössische Sprachgebrauch von ἡ Γαλατία, der offiziell die Landschaft bezeichnet, nicht aber die Provinz. Wenn Historiker die Provinz gelegentlich Galatien nennen, so ist das eine bequeme Abkürzung der umständlichen offiziellen Benennung, nicht aber Zeichen eines üblichen Sprachgebrauchs.

2. der zeitgenössische Sprachgebrauch von οἱ Γαλάται, der damit ausschließlich die Bewohner der Landschaft bezeichnet[5]. Die Völkerschaften Kleinasiens waren trotz der Hellenisierung auf ihre ethnischen Eigenarten stolz. Daß der Kleinasiat Paulus Pisidier aus Antiochia oder Lykaonier aus Lystra als „unvernünftige Galater" (3, 1) apostrophiert haben sollte, läßt sich schwer vorstellen.

---

[3] Vgl. K. Holl, Das Fortleben der Volkssprachen in Kleinasien in nachchristlicher Zeit: Gesammelte Aufsätze zur Kirchengeschichte II, 1928, 238ff.

[4] J. Moreau, Die Welt der Kelten, 1958, 38.

[5] PW XIII, 556.

3. der Sprachgebrauch des Paulus, der keineswegs nur Provinznamen verwendet.

Diese sprachlichen Argumente sind zwingend. Sie bestätigen das nächstliegende Verständnis der Adscriptio, daß die Empfänger des Gal in der Landschaft Galatien und nirgends anders zu suchen sind.

## c) Paulus und die Gemeinden Galatiens

Über die Mission, die Gründung der galatischen Gemeinden und die Ereignisse bis zur Abfassung des Gal muß man alles Wesentliche dem Brief selbst entnehmen. Denn die Apg bringt über den Kontakt des Paulus mit der Landschaft Galatien nur zwei knappe Notizen, deren Dürftigkeit dazu Anlaß gegeben hat, die Adressaten nicht hier, sondern anderswo zu vermuten.

Die erste Notiz 16, 6 (Paulus und seine Begleiter Silas und Timotheos „durchzogen Phrygien und das galatische Land, gehindert vom heiligen Geist, das Wort in der Asia zu reden") klingt, als hätte Paulus dort überhaupt keine Mission getrieben; aber nach der zweiten 18, 23 (Paulus „durchzog nacheinander das galatische Land und Phrygien und stärkte alle Jünger") gab es dort Christen. Man wird kein Gewicht darauf legen dürfen, daß 18, 23 von „Jüngern", nicht aber von „Gemeinden" gesprochen wird, und daraus schließen, solche hätte es dort nicht gegeben, sondern nur eine kleine Anzahl Christen (Michaelis, 184); der Sprachgebrauch der Apg erlaubt einen derartigen Schluß nicht[6]. Die Knappheit der Schilderung Apg 16 rührt von der Kürzung des Itinerars (V. 6–8) her und ist in der schriftstellerischen und theologischen Ökonomie des Verfassers begründet: er will zeigen, daß Paulus durch göttliches Eingreifen zum Übergang nach Europa geradezu gedrängt wurde; deshalb handelt er die durch weite Räume führende, sehr viel Zeit beanspruchende und von mannigfachen Hindernissen erschwerte Reise durch das Innere Kleinasiens mit ein paar Zeilen ab (V. 6–8), um dann den wegweisenden Traum, die Schiffahrt nach Makedonien und die Ereignisse in Philippi in geruhsamer Breite zu erzählen (16, 9–40). Auch 18, 23 ist das Itinerar gekürzt, der Aufbruch zur dritten Missionsreise kaum zäsuriert, Paulus muß möglichst rasch vom syrischen Antiochien nach Ephesus kommen. Allerdings: Lukas hat offensichtlich kein besonderes Interesse an den Gemeinden des „galatischen Landes" und Phrygiens, sonst hätte er sie nicht ein zweites Mal nur eben erwähnt. Ob dieses Desinteresse in den kirchlichen Zuständen dieser Gegenden zur Zeit des Lukas begründet ist? Gleichviel, aus der Apg geht hervor, daß Paulus auf der zweiten Missionsreise in der Landschaft Galatien Gemeinden gegründet und auf der dritten wieder besucht hat.

---

[6] Nach Apg 14, 22 „stärkt" Paulus ebenfalls die „Jünger", die aber 14, 23 als „Gemeinden" bezeichnet werden.

Der Gal konkretisiert diese blassen Angaben durch einige Details. Paulus bezeichnet die galatischen Christen als seine eigenen Kinder (4, 19) und damit sich als den ersten Missionar, von dem sie die christliche Botschaft gehört haben (1, 8ff, 3, 2). Als er bei ihnen missionierte, war er krank, aber die Galater haben ihn und sein Evangelium bereitwillig aufgenommen: „Ihr wißt aber, daß ich einer Krankheit wegen (δι' ἀσθένειαν τῆς σαρκός) das erstemal euch das Evangelium verkündigt habe. Da habt ihr die Versuchung, die euch mein Fleisch bereitete, nicht mit Verachtung abgewiesen und habt auch nicht ausgespien, sondern wie einen Engel Gottes habt ihr mich aufgenommen, wie Christus Jesus selbst" (4, 13f). Ob die Wendung δι' ἀσθένειαν τῆς σαρκός den ‚begleitenden Umstand‘ bezeichnet, dh Paulus sei während seiner Missionstätigkeit bei den Galatern erkrankt, oder den Grund, dh Paulus sei durch Krankheit gezwungen worden bei den Galatern Station zu machen, obwohl er eigentlich ein anderes Reiseziel hatte, und habe dann bei ihnen missioniert, ist kaum zu entscheiden. Im zweiten Fall könnte man eine Verbindung zu Apg 16, 6 sehen, Paulus sei vom heiligen Geist gehindert worden, aus dem galatischen Land in die Asia zu reisen: eben durch diese Erkrankung. Paulus betont die Heftigkeit der Krankheit – sie bedeutete eine „Versuchung", ihn für einen von einer Gottheit geschlagenen Menschen zu halten, ihn deshalb zu „verachten" und sich vor ihm durch das apotropäische Zaubermittel des „Ausspeiens" zu schützen –, um die Hilfsbereitschaft, Opferfreude (V. 15) und Liebe der Galater hervorzuheben. Die Mission war trotz der „Schwachheit des Fleisches" ein großer Erfolg.

Im Gal finden sich auch Indizien dafür, daß Paulus vor der Abfassung des Briefes nochmals in Galatien war.

Wenn er 4, 13 schreibt: „ich habe euch τὸ πρότερον das Evangelium verkündigt" so kann τὸ πρότερον sowohl „das erste Mal" als auch „einst" bedeuten; lexikalisch ist es also nicht zu beweisen, daß Paulus den Gründungsaufenthalt von einem späteren Aufenhalt unterscheiden will[7]. Aber wenn er vor dem Brief nur einmal dort gewesen wäre, wäre die Charakteristik dieses Besuches durch „einst", „früher" gänzlich überflüssig; „4, 13 setzt vielmehr... z w e i Besuche des Paulus in Galatien voraus"[8]. Dafür sprechen auch indirektere Anzeichen. Er ist nach 1, 6f sehr überrascht, daß die Galater sich „so schnell" von seinem Evangelium abbringen ließen, kann also den Brief nicht allzu lange nach seinem Weggang geschrieben haben. Sein Urteil über ihren Glaubensstand: „ihr

---

[7] Bauer, Wb, 1432.
[8] Kümmel, 264.

liest so gut" (5, 7) scheint sich nicht (nur) auf ihr schon 4, 13ff charakte-
risiertes Verhalten zur Zeit des Gründungsaufenthaltes, sondern auf die
treue Ausdauer ihres Glaubens während einer längeren Zeit zu beziehen
und den letzten persönlichen Eindruck, den Paulus von ihnen gewonnen
hat, wiederzugeben (vgl. 5, 7b). Beide Stellen geben nur unter Voraussetzung eines zweiten galatischen Aufenthaltes einen guten Sinn. Man
wird diesen Aufenthalt unbedenklich mit dem Apg 18, 23 erwähnten
gleichsetzen dürfen und von da aus die Abfassungsverhältnisse zu bestimmen suchen.

Paulus hat in Galatien lebhaft für die Kollekte geworben (Gal 2,
10) und hier sogar ein Modell für die Modalitäten entwickelt, das er
auch für Korinth verbindlich macht („So wie ich es den Gemeinden
Galatiens verfügt habe, so verfahrt auch ihr...", 1Kor 16, 1ff); dem
Tenor beider Stellen nach muß der Erfolg gut gewesen sein. Ob
Paulus die Kollekte in Galatien schon beim Gründungsaufenthalt
ins Werk gesetzt hat oder, wie 1Kor 16, 1 nahezulegen scheint und
A. Jülicher[9] annimmt, erst nicht allzu lange vor Abfassung des 1Kor
– was dann ein weiteres Indiz für einen zweiten Besuch wäre –, ist
schwer zu entscheiden.

Nimmt man die Angaben von Apg 16, 6; 18, 23 als historisch zuverlässig an, so wäre die Gründung der Gemeinden Galatiens etwa
auf 49 nChr, der zweite Besuch auf frühestens 52 oder 53 zu datieren.

## 2. Die Abfassungsverhältnisse

Der Brief ist auf der sog. dritten Missionsreise verfaßt worden.
Aber eine genauere Bestimmung von Ort und Zeit bleibt hypothetisch. Denn die Angabe 1, 6 läßt sich natürlich nicht chronologisch
auswerten; man weiß nicht, wann die Irrlehrer aufgetreten sind, wie
lange es gedauert hat, bis ihr Erfolg beängstigend wurde und bis
Paulus die Nachricht erhielt. Paulus nennt keine Namen und bestellt keine Grüße von Christen aus seiner Umgebung, aus denen
man Schlüsse auf den Ort und dann auch die Zeit der Abfassung
ziehen könnte; denn daß sich der Ausdruck „die Gesamtheit der
Brüder bei mir" (1, 2) nur auf die Begleiter des Paulus von Apg 20,
4ff beziehen könnte und der Gal auf einer Station der letzten Jerusalemreise des Paulus geschrieben sei (W. Foerster), ist fraglich. Man
hat den Gal wegen seiner theologischen Thematik zeitlich nahe an
den Röm gerückt (Abfassung in Korinth) oder wegen der angeblich

---

[9] Einleitung, 75f.

gleichen Front in die Nähe des 2Kor (Abfassung in Makedonien);
aber die Rechtfertigungslehre ist dem Apostel nicht erst während
jenes Winters in Korinth eingefallen, und die Polemik gegen Irrlehrer
– selbst wenn es sich, was erst noch zu beweisen wäre, um die
gleiche Häresie handelte – liefert keine chronologische Präzision.

Die Gründe für solche Spätdatierungen sind unzulänglich. Der
Gal macht den Eindruck, nicht allzu lange nach dem letzten Besuch
des Apostels bei der Gemeinde geschrieben worden zu sein. Das
spricht dafür, daß Paulus ihn während seines zwei bis drei Jahre
dauernden Aufenthalts in Ephesus verfaßt hat, nicht in der Zeit
danach, also etwa gleichzeitig mit 1Kor. Daß die galatische Kollekte
1Kor 16, 1 erwähnt, in den Kollektenkapiteln 2Kor 8f dagegen nicht
erwähnt wird, berechtigt schwerlich zu chronologischen Schlüssen.
Der ephesinische Aufenthalt liegt dem zweiten Galatienbesuch nahe
genug und läßt doch einen genügend großen zeitlichen Spielraum
für die Geschehnisse bis zur Abfassung, er hat also die größere
Wahrscheinlichkeit für sich.

### 3. Aufbau und Eigenart

Präskript 1, 1–5
Tadel und Drohung 1, 6–10

I. Hauptteil. Der göttliche Ursprung des paulinischen Evangeliums, nachgewiesen an der historisch kontrollierbaren Unabgängigkeit des Paulus
von den Jerusalemer Autoritäten 1, 11–2, 21

   1. Das vorchristliche Verhalten des Paulus 1, 11–14

   2. Das selbständige Wirken des Heidenapostels von seiner Berufung bis
      zum Apostelkonvent 1, 15–24 (in Arabien; Besuch in Jerusalem; in
      Syrien und Kilikien)

   3. Der Erfolg des Paulus auf dem Apostelkonvent 2, 1–10

   4. Der Streit mit Petrus in Antiochien 2, 11–21 (von 2, 15 ab Übergang
      von der historischen zur theologischen Darlegung).

II. Hauptteil. Rechtfertigung aus Glauben und Freiheit vom Gesetz 3,
1–5, 12

Erster Gang 3, 1–4, 11

   1. Persönlicher Appell an die Geisteshaltung der Galater 3, 1–5

   2. Schriftbeweis: Abraham als Zeuge der Glaubensgerechtigkeit 3, 6–18

   3. Der heilsgeschichtliche Sinn des Gesetzes 3, 19–25

   4. Die Freiheit der Söhne Gottes 3, 26–4, 7

   5. Warnung vor Rückfall 4, 8–11

Zweiter Gang 4, 12–5, 12

   1. Persönlicher Appell, Erinnerung an die Gründung der Gemeinde 4,
      12–20

2. Schriftbeweis: Sara und Hagar als Bild für das Entweder-Oder von
   Freiheit und Knechtschaft 4, 21–31
 3. Aufforderung, die Freiheit vom Gesetz zu bewahren 5, 1–12
III. Hauptteil. Paränese 5, 13–6, 10
 1. Freiheit vom Gesetz und Wandel im Geist 5, 13–25
 2. Einzelermahnungen 5, 26–6, 10
Eigenhändiger Briefschluß 6, 11–18

Diese „Enzyklika" an die Gemeinden Galatiens ist ein Kampfbrief in Inhalt, Ton und Form. Schon die Art, wie Paulus hier die
Formalien des Briefs behandelt, hebt den Gal von seinen andern
Briefen ab. Im Präskript hat er die Superscriptio und die Salutatio
stark erweitert, jene durch Hervorhebung seiner apostolischen Autorität und durch Nennung der Gesamtheit der Brüder in seiner Umgebung als Mitabsender, diese durch christologische Aussagen und
eine Doxologie, dagegen die Adscriptio auffällig kurz formuliert –
„an die Gemeinden Galatiens" – ohne jedes epitheton ornans, so
daß der Eindruck beabsichtigter Schroffheit entsteht. Er verstärkt
diesen Eindruck durch das Weglassen des Proömiums, statt der
Danksagung für den Glaubensstand der Ausdruck der Verwunderung
über den Abfall der Galater, an Stelle der Versicherung der Fürbitte
die Androhung des Anathema (1, 6–10). Auch das eigenhändige
Eschatokoll (6, 11ff.) ist polemisch geprägt; der Friedenswunsch V.
16 ist durchaus kritisch gemeint, die Aspasmoi fehlen, stattdessen
verbittet sich Paulus jede weitere Belästigung V. 17, erst die Charis
ist frei von Polemik und schließt mit dem Brudernamen.

Fast der ganze Brief spiegelt die Erregung wider, in der Paulus ihn
verfaßt hat; Zorn, Ironie, Sarkasmus, böse Invektiven, dann aber
wieder dringende Bitten werbender Liebe bestimmen den Ton. Dabei gerät gelegentlich die Syntax durcheinander – siehe die Anakoluthe in 2, 4ff. –, aber nie der Gedankengang; auch nicht bei der
Schilderung des antiochenischen Zwischenfalls, bei der Paulus unmerklich von der Rede an Kephas zu der Darlegung für die Galater
übergeht (2, 11–21): die sachliche Gedankenführung ist dem Paulus
wichtiger als der formal zu erwartende szenische Abschluß. Trotz
aller Erregung bewahrt Paulus seine Souveränität, trotz aller Polemik
zeigt der Gedankengang dieses Kampfbriefes eine so strenge Konsequenz und Geschlossenheit wie unter den andern Briefen des Apostels nur noch der an die Römer.

Daß der Gal inhaltlich ein Kampfbrief ist, besagt nicht, daß er
nur aus Polemik besteht, sondern nur dies, daß Paulus polemisch
entwickelt, was man als seine ‚Lehre' bezeichnet. Mehr oder weniger

polemisch tut er das auch sonst, dh aus konkreten Anlässen und weit über diese hinausgehend. Die Abfassung des Gal ist nun nicht durch vielerlei Fragen veranlaßt wie etwa die des 1Kor, sondern – so sieht es jedenfalls Paulus – durch eine einzige und zwar zentrale Frage, die Frage nach der Geltung, dh der Heilsnotwendigkeit des jüdischen Gesetzes. Das gibt dem Gal seine einheitliche Thematik. Die Auseinandersetzung mit dieser Frage war nicht nur eine Auseinandersetzung mit den Gegnern in Galatien, sondern zugleich eine Auseinandersetzung des Apostels mit seiner eigenen religiösen Vergangenheit als Jude. Dies gibt dem Gal seine systematische Architektonik: er entfaltet aus äußerem Zwang und innerer Notwendigkeit das ,Herzstück' paulinischer Theologie in seiner Ganzheit.

So ist der Gal, ein als Kampfbrief konzipierter Rundbrief, zu einem ,Lehrbrief' geworden, aktuelle Korrespondenz und doch von systematischer Geschlossenheit. Wodurch wurde er veranlaßt?

## 4. Die Gegner

Das Auftreten von Irrlehrern in den galatischen Gemeinden ist die Veranlassung des Briefes; sein Zweck, die Irrlehrer aus dem Felde zu schlagen und die Gemeinden wieder zum wahren Evangelium zurückzuführen. Wer sind diese Irrlehrer? Worin besteht ihr „anderes Evangelium" (1, 6)? Beide Fragen sind nicht voneinander zu trennen. Ihre Beantwortung ist von der Schwierigkeit belastet, daß Paulus weder Namen seiner Gegner nennt, noch ein Gesamtbild ihrer Lehre entwirft. Dazu hatte er auch keine Veranlassung, da die Empfänger ja beides kannten. Paulus greift nur bestimmte, ihm wichtige Punkte heraus und entwickelt von ihnen aus seine Widerlegung. Aus den wenigen Angaben und aus der polemischen Auseinandersetzung muß man die gegnerische Position zu rekonstuieren versuchen. Wir beginnen mit dem, was als gegnerische ,Lehre' zu erkennen ist, weil sich nur dann bestimmen läßt, wer die Gegner sind, genauer: zu welcher Richtung im Urchristentum sie gehören.

### a) Die Angaben des Galaterbriefs

Die Unruhen haben ihren Ursprung nicht in der inneren Entwicklung der galatischen Gemeinden, sondern sind durch von außen kommende Leute hervorgerufen worden, die die Galater „verwirren" (1, 7; vgl. 5, 10) und „aufwiegeln" (5, 12). Es handelt sich um

christliche Missionare, denn sie verkündigen ein „Evangelium", freilich, wie Paulus nachdrücklich sagt, ein „anderes Evangelium", das
in Wirklichkeit gar keines ist, sondern eine Verkehrung des Evangeliums in sein Gegenteil (1, 6–9). Sie haben geschickt taktiert (4,
17; 5, 7f), die Galater fasziniert (3, 1) und rasch Erfolg gehabt (1, 6).
   Was sie lehren und fordern, nennt Paulus „Werke des Gesetzes"
(3, 2. 5), „unter dem Gesetz sein wollen" (4, 21) und „durch das
Gesetz gerechtfertigt werden" (5, 4). Konkreter sind zwei andere
Angaben: Sie fordern die rituelle Beschneidung als Bedingung des
Heils (5, 2; 6, 12f; vgl. 5, 6. 11f) und die kultische Beobachtung
bestimmter Festzeiten (4, 10). Paulus kennzeichnet sie eindeutig als
christliche Nomisten, die das Gesetz Moses, einschließlich Beschneidung und Festkalender, als Heilsweg proklamieren, die Übernahme
des Gesetzes offensichtlich als Voraussetzung des christlichen Glaubens fordern.
   Die Angaben des Gal lassen einige Fragen offen. Vor allem die
nach dem Umfang der geforderten Gesetzeserfüllung. Aus 5, 3 („Ich
bezeuge aber wieder jedem Menschen, der sich beschneiden läßt,
daß er verpflichtet ist, das g a n z e Gesetz zu tun") geht hervor,
daß die Beschneidungsprediger das nicht verlangt haben; und 6, 13
sagt Paulus: „Sie beachten selber das Gesetz nicht". Aus diesen
beiden Stellen lesen manche Exegeten eine moralische Laxheit
(Schlier), andere sogar einen prinzipiellen Libertinismus heraus
(Schmithals), aber zu Unrecht. Denn „das ganze Gesetz tun" heißt
im Sinne des Paulus, das Gesetz in dem Umfang und mit der Strenge
erfüllen, wie er es als Jude und Pharisäer getan hat, dh nach der
Norm der pharisäischen Gesetzesauslegung (Gal 1, 14; Phil 3, 4–6).
Aber zu solcher Gesetzeserfüllung war nicht jeder Jude verpflichtet.
Es gab ja bekanntlich auch unter den Rabbinen eine strengere und
eine mildere Richtung; die Gesetzeserfüllung auch der frommen
Juden Palästinas war nicht standardisiert, die der Diasporajuden
unterschied sich von der der palästinischen, und die jüdische Mission
unter den Heiden kam ohne Konzessionen nicht aus. Eine Erfüllung
des ganzen Gesetzes – in pharisäischem Sinn – war für ehemalige
Heiden und außerhalb Palästinas ohnehin unmöglich[10]. Das von
Paulus 5, 3; 6, 13 inkriminierte Faktum besteht also in nichts an-

---

[10] Vgl. E. Hirsch, 194. Zur Erleichterung der religionsgesetzlichen Vorschriften für Proselyten s. W. G. Braude, Jewish Proselyting in the First
Five Centuries of the Common Era, 1940.

derem als in der normalen Ermäßigung der Gesetzeserfüllung auf das von ehemaligen Heiden und auf heidnischem Gebiet durchführbare Maß, nicht in moralischer Laxheit. Was Paulus 5, 3 den Galatern sagt, ist nicht etwa die unbekannte Neuigkeit, Beschneidung verpflichte auf das Gesetz[11], sondern ein ‚Wenn schon, denn schon‘: wenn schon Beschneidung, dann aber auch Gesetzeserfüllung in vollem Umfang und ganzer Strenge. Worin die Ermäßigungen bestanden haben, läßt sich dem Brief allerdings nicht entnehmen; sie heben aber nicht die Tatsache auf, daß die Gesetzlichkeit als Heilsweg verstanden wurde.

Die andere Frage knüpft sich an den Festkalender (4, 10) und besteht darin, ob die durch V. 9 u. 10 betonte Verbindung des Festkalenders mit dem ‚Dienst der Elemente‘ eine paulinische Behauptung oder eine These der Häretiker ist.

Manche Exegeten verstehen den Ausdruck στοιχεῖα (4, 9) bzw. στοιχεῖα τοῦ κόσμου (4, 3) als Stichworte der Gegner und sehen in dem Halten bestimmter Festzeiten das Indiz einer von den Gegnern propagierten Verehrung der Weltelemente, eines Stoicheiakultes[12]. Sie begründen diese Annahme mit Hilfe der antihäretischen Polemik Kol 2, 8–23, in der ebenfalls der Ausdruck στοιχεῖα τοῦ κόσμου fällt (2, 8. 20) und eine Lehre bekämpft wird, die u. a. ebenfalls einen Festkalender (2, 16) und zudem ausdrücklich eine Engelverehrung (2, 18) propagiert. Man sieht in den Weltelementen ein häretisches Schlagwort, identifiziert sie mit den Engeln und versteht sie als Elementargeister oder Gestirnengel, die den Lauf der Gestirne und somit die Zeiten, den Weltlauf und das Schicksal regieren; Engelverehrung ist Verehrung der Weltelemente und findet ihren Ausdruck in der Beobachtung bestimmter Feste. Da der Ausdruck στοιχεῖα (τοῦ κόσμου) im Corpus Paulinum nur an den genannten vier Stellen vorkommt, glaubt man, eine Verwandtschaft der in Gal und Kol bekämpften Häresien feststellen, dieselbe innere Beziehung zwischen Festkalender und ‚Elementen‘ annehmen und dh auch für die galatische Häresie einen Stoicheiakult postulieren zu können. – Aber es ist methodisch fragwürdig, den späten und in seiner Echtheit angefochtenen Kol zur Rekonstruktion der galatischen Häresie heranzuziehen. Die Unterschiede sind zu groß. Von allem anderen abgesehen, die Häretiker in Kolossä fordern die Beschneidung nicht; ihr Festkalender (Fest, Neumond, Sabbat) stimmt terminologisch in nichts mit dem von Gal 4, 10 überein. Es ist zudem umstritten, ob der Ausdruck ‚Weltelemente‘ eines ihrer Schlagworte ist oder vom Verfasser des Kol ins Spiel gebracht worden ist[13]. Bei solcher Sachlage ist es geboten, bei der Rekonstruktion der ga-

---

[11] So Schmithals 22f; 29 und nach ihm Marxsen, Einleitung, 52.
[12] Z. B. Schlier, Schmithals, Stählin, Marxsen, Ed. Schweizer.
[13] G. Delling, ThW VII, 686.

latischen Häresie auf Anleihen aus dem Kol zu verzichten und sich auf den Gal zu beschränken.

Der Festkalender Gal 4, 10 (Tage, Monate, Zeiten, Jahre) bietet an sich keine Veranlassung, auf einen speziellen ‚Elementendienst' zu schließen. Die Aufzählung ist zwar nicht die ‚orthodox' jüdische; aber sie ist nachgewiesener- und anerkanntermaßen formelhaft[14]; dh sie gibt keine Auskunft darüber, welche Feste tatsächlich gefeiert wurden, sondern nur darüber, daß eine Festpraxis geübt wurde. Eine Verbindung zwischen ihr und einem Stoicheiadienst wäre nur aus dem Kontext zu erhärten. Aber dieser ist der Stoicheiahypothese nicht sonderlich günstig.

Wenn es Gal 4, 8–11 heißt: „Aber damals, als ihr Gott nicht kanntet, habt ihr Göttern gedient, die von Natur keine sind. Jetzt aber, nachdem ihr Gott erkannt habt, vielmehr von ihm erkannt worden seid, wie kehrt ihr wiederum zu den schwachen und armen Elementen zurück, denen ihr wiederum von neuem dienen wollt? Tage beobachtet ihr und Monate und Zeiten und Jahre! Ich fürchte für euch, daß ich mich vergeblich um euch bemüht habe", so geht aus diesem engeren Kontext nur hervor, daß Paulus erstens das gesetzliche Verhalten der Galater einem Rückfall in ihr früheres Heidentum gleichstellt und zweitens dieses Heidentum als ‚Elementendienst' charakterisiert. Es geht aus diesem Kontext aber nicht hervor, daß die Häretiker eine Elementenlehre und -verehrung propagiert hätten, deren Änlichkeit mit der ehemaligen Religion der Galater den Apostel zu der Gleichung ‚Gesetzesdienst=Elementendienst=Götzendienst' veranlaßt hätte. Hätten die Gegner tatsächlich einen Stoicheiadienst verbreitet, dann wäre die Feststellung des Paulus – in der seine Polemik ja gipfelt –, die Galater übten einen Stoicheiadienst, von erstaunlicher Pointelosigkeit. Der genannte Rückschluß aus der zitierten Stelle würde übrigens auch durch das, was wir von der keltischen Religion wissen, verboten; sie kennt keine Elementenverehrung[15], der Kult einer Gestirngöttin ist allenfalls für die Kelten des Moseltales nachweisbar[16], bei den kleinasiatischen Galatern findet sich – nach dem von L. Weisgerber gesammelten Material zu urteilen[17] – keine Spur von Stoicheia- oder Astralmotiven. Sowenig der Satz V. 9 – trotz des „wiederum zu den Elementen zurückkehren" und des „ihnen wiederum von neuem dienen wollen" – das frühere Heidentum der Galater religionsgeschichtlich als Stoicheiaverehrung ausweist, sowenig gestattet er, die galatische Häresie religionsgeschichtlich als Stoicheiaverehrung zu diagnostizieren.

---

[14] Vgl. Schlier, 203ff.
[15] Vgl. J. Moreau, Die Welt der Kelten, 1958, 99ff; J. de Vries, Keltische Religion, 1961.
[16] De Vries, 134f.
[17] Galatische Sprachreste, in: Natalicium Joh. Geffcken zum 70. Geburtstag, 1931, 156ff.

Gal 4, 8ff enthält keine religionsgeschichtliche Charakteristik, sondern ein theologisches Urteil – und zwar des Paulus: Der Abfall der Galater zum Gesetz ist Rückfall ins Heidentum, zwar nicht in Polytheismus, wohl aber in die Haltung, in der Polytheismus und Nomismus identisch sind und die Paulus als Dienst der Elemente deutet.

Wenn Paulus im weiteren Kontext sein eigenes vorchristliches Sein unter dem Gesetz als Knechtschaft unter den Elementen der Welt charakterisiert (4, 3), so geht daraus selbstverständlich nicht hervor, daß er als Jude einen Stoicheiakult zelebriert habe. Aus seiner Aussage: „So waren auch wir, als wir unmündig waren, unter die Elemente der Welt versklavt" geht vielmehr hervor, daß er das vorgläubige Sein sowohl der Juden als auch der Heiden auf den gleichen Nenner bringt: Knechtschaft unter den Elementen der Welt. Diese Interpretation des Gesetzes ist durchaus paulinisch und kann nach Gal 3, 17ff nicht verwundern. Paulus versteht das Gesetz als ‚Zusatz' zu der Verheißung, mit dem Zweck, die Übertretungen zu provozieren (3, 19 wie Röm 5, 12); er übernimmt die spätjüdische Vorstellung von der Gesetzgebung durch Engel, aber im Gegensatz zur Tradition mit dem Ziel, den nichtgöttlichen Ursprung des Mosegesetzes herauszustellen; kein Wunder, daß er diese Engel auf dieselbe Ebene wie die „Götter, die von Natur keine sind; (4, 8), rückt und beide dem Begriff ‚Elemente der Welt' subsumiert. Daß Paulus gerade mit diesem Begriff eine terminologische Anleihe bei seinen Gegnern gemacht hätte, ist denkbar unwahrscheinlich. Es spricht alles dafür, daß Paulus den Stoicheiabegriff von sich aus in die Argumentation eingebracht hat, um den Gesetzesdienst zu disqualifizieren. Von einem Stoicheiakult in Galatien fehlt jede Spur[18].

Außer den Forderungen der Beschneidung und der Beobachtung von Festen zeigt der Gal noch einen anderen Aspekt des häretischen Wirkens: eine offensichtlich heftige Agitation gegen Paulus. Wie aus 1, 1. 11f ersichtlich, bestreiten die Häretiker dem Paulus den unmittelbar göttlichen Ursprung seines Apostolates und des von ihm verkündigten Evangeliums; dieses sei „nach Menschenart" (1, 11), dh unverbindlich oder falsch, der Apostolat sei, da nicht legitim, angemaßt. Gegen diese persönlichen und sachlichen Anfeindungen verteidigt sich Paulus Gal 1f mit dem Nachweis seiner völligen

---

[18] Ähnlich Delling, ThW VII, 684f.

Unabhängigkeit von den Jerusalemer Autoritäten. Diese Argumentation zwingt zu der Frage, in welchem Sinne die Jerusalemer Autoritäten gegen Paulus ausgespielt wurden. Die häufigste Antwort, der Vorwurf habe auf Abhängigkeit von ihnen gelautet, befriedigt in all ihren Variationen nicht, wie Schmithals richtig gezeigt hat[19]. Tatsächlich aber geht aus 1, 1. 11f nur hervor, daß die Gegner dem Paulus Abhängigkeit seines Apostolates und seines Evangeliums von Menschen überhaupt, nicht speziell von den Jerusalemer Autoritäten, nachgesagt haben. Wenn diese in der Argumentation der Gegner eine Rolle gespielt haben, was kaum zu bestreiten ist, dann dürfte als gegnerischer Vorwurf vermutet werden, daß Paulus „kein Offenbarungsempfänger des Messias Jesus sei und deshalb sich nicht mit den Jerusalemer Autoritäten messen könne"[20]. Paulus demonstriert Gal 1f die Unabhängigkeit seines Apostolates und seines Evangeliums von a l l e n Menschen, indem er den kontrollierbaren historischen Nachweis seiner Unabhängigkeit von Jerusalem als der höchsten Autorität der damaligen Christenheit führt; zugleich demonstriert er damit die Ebenbürtigkeit seines Ranges und den Offenbarungscharakter seiner Botschaft, die beide von den Jerusalemer ‚Säulen' in solenner Weise anerkannt worden waren (2, 7ff).

### b) Historische Einordnung

Die Einordnung der galatischen Paulusgegner in die Geschichte des Urchristentums erscheint heute schwieriger als vor etwa 50 Jahren. Handelt es sich um Judaisten, wie früher allgemein und heute noch weithin angenommen wird, oder um Gnostiker, wie W. Schmithals behauptet? Handelt es sich um zwei verschiedene Fronten, wie gelegentlich vorgeschlagen wurde, oder um Judaisten mit gnostischem Einschlag, wie heute gerne kombiniert wird?

Die erstgenannte Hypothese hat viel für sich; sie wurde ja hauptsächlich aufgrund des Gal entworfen: Die Gegner sind Judenchristen streng gesetzlicher Observanz, die den Heidenchristen das jüdische Gesetz, insbesondere die Beschneidung zur Pflicht machen, und die man zur Unterscheidung von den weniger strengen Judenchristen ‚Judaisten' nennt. Nach der Judaistenhypothese in ihrer klassischen Ausformung bildet die Agitation in Galatien keinen isolierten Vor-

---

[19] 16ff.
[20] Schlier, 22.

gang, sondern einen Teil einer groß angelegten judaistischen Gegenmission gegen die Mission des Paulus, geplant und organisiert von
Petrus, die auch in Korinth (Kephas-Partei, 1Kor 1, 12; 3, 22) und in
Philippi ihre Spuren hinterlassen hat und sogar noch im Judenchristentum der Pseudoclementinen fassbar ist. In dieser Form wird
die Judaistenhypothese nicht mehr vertreten. Einmal hat man erkannt, daß die Geschichte des Urchristentums viel zu komplex ist,
als daß man ihr mit der einfachen Antithese ‚Paulinismus – Judaismus' gerecht werden könnte; die Paulusgegner, von denen die Briefe
sprechen, kann man unmöglich ein und derselben Richtung zuordnen,
deshalb ist auch eine einheitliche antipaulinische Gegenmission unwahrscheinlich. Ferner ist man mehr und mehr davon abgekommen,
Petrus oder auch Jakobus für die antipaulinischen Agitationen verantwortlich zu machen, ohne damit auszuschließen, daß die Paulusgegner sich auf eine oder mehrere der Jerusalemer Größen berufen
hätten. In dieser Modifikation findet die Judaistenhypothese heute
noch Anwendung auf den Gal. Die Judaisten spielen zwar offenbar
die Jerusalemer Autoritäten gegen Paulus aus, aber Paulus selbst
bringt beide Gruppen nicht miteinander in Verbindung. Man hat
daher diese Verbindung – auch in der Form, daß die Agitation mit
Wissen und stillschweigender Billigung der Jerusalemer geschah, –
gelegentlich ganz geleugnet und dafür andere Beziehungen wahrscheinlich zu machen versucht: zu den „neben eingeschlichenen falschen Brüdern", die auf dem Apostelkonvent mit ihrer Forderung
nach Beschneidung aller Heidenchristen unterlegen waren (2, 4ff),
oder zu beschnittenen Heidenchristen des vorpaulinischen Typs (W.
Michaelis) oder zu den antiochenischen Heidenchristen, die sich bei
dem Konflikt zwischen Paulus und Petrus in Antiochien nach dem
Vorbild des Petrus und Barnabas auf die Seite der Jakobus-Sendlinge geschlagen, dh für streng judenchristliche Tradition optiert
haben (E. Hirsch). Die letztgenannte Hypothese hat viel Wahrscheinlichkeit für sich, freilich nicht mehr als dies. Sie erneuert aber das
Problem, das auch durch die anderen Hypothesen nicht beseitigt
war, wie das Verhältnis der galatischen Paulusgegner zu den Jerusalemer Autoritäten Petrus und/oder Jakobus tatsächlich beschaffen
war. Paulus wirft seinen Gegnern nicht Bruch der Konvention von
Jerusalem – Freiheit der Heidenchristen von Gesetz und Beschneidung, Teilung der Mission – vor, so daß indirekt auch die ‚Säulen'
belastet wären. Der loyale und faire Ton, in dem er von den ‚Säulen'
und Barnabas spricht, legt die Vermutung nicht nahe, er habe hinter

der Agitation Petrus und/oder Jakobus gesehen. Aber dieser Ton schließt eine solche Vermutung auch nicht völlig aus. Es ist jedenfalls eindeutig, daß <u>Paulus sich seinen Gegnern gegenüber trotz der Jerusalemer Abmachungen nicht auf seinen Konsensus mit Petrus und Jakobus berufen kann</u> (2, 11–14!); ebensowenig kann er der korinthischen Kephas-Partei gegenüber seine Einigkeit mit Kephas ins Feld führen, während er seine Einigkeit mit Apollos ausgiebig als Argument benutzt (1Kor 1, 10–17; 3, 4 – 4, 6). <u>Eine Verbindung der galatischen Gegner des Paulus zu Petrus und/oder Jakobus läßt sich weder beweisen noch zwingend bestreiten;</u> hier bleibt ein ungelöster Rest.

Wie dem auch sei, allen Varianten der Judaistenhypothese ist die Auffassung gemeinsam, daß die Judaisten als Nomisten zu verstehen sind, die die Übernahme des jüdischen Gesetzes (als Heilsweg) und der Beschneidung (als Eingliederung in das jüdische Gottesvolk) als Voraussetzung der Teilhabe am Heil in Christus propagieren.

W. Lütgert glaubte, aufgrund des Gal diese Auffassung ergänzen zu müssen: Paulus führe einen Zweifrontenkrieg, einerseits gegen judaistische Nomisten, andererseits gegen pneumatische Libertinisten. Er stützte sich auf Gal 5, 15. 17, zwei Stellen, die eine Gespaltenheit unter den Gegnern des Paulus anzuzeigen scheinen, und dann auf den Lasterkatalog (5, 19–21), den er als Beweis für das Vorhandensein von Libertinisten in Galatien wertete. Diese Hypothese hat trotz ihrer Erneuerung durch H. J. Ropes keinen Anklang gefunden, und zwar im wesentlichen aus drei Gründen: Einmal empfand man deutlich, daß Paulus den Libertinismus, wo er ihm in seinen Gemeinden begegnete, sehr viel härter attackierte. Vor allem aber setzte sich die Erkenntnis durch, daß der Passus Gal 5, 13–6, 10, auf den Lütgert und Ropes sich stützten, formgeschichtlich zur Gattung der Paränese gehört, die nicht aktuell motiviert, sondern traditionell formuliert ist und deshalb keinen Aufschluß über die tatsächlichen moralischen Verhältnisse bei den Angeredeten oder Adressaten gibt. Und schließlich konnte man an der Tatsache nicht vorbeigehen, daß Paulus im Gal nie die Adresse wechselt, sondern immer die Gemeinden Galatiens als Einheit anredet.

W. Schmithals hat Lütgerts These von den pneumatischen Libertinisten aufgenommen und dahingehend radikalisiert, diese seien die einzigen Gegner des Paulus in Galatien (und anderswo); die Häretiker in Galatien seien nicht nomistische Judaisten – Judaisten habe es überhaupt nicht gegeben –, sondern judenchristliche Gnostiker mit

ausgesprochen libertinistischen Tendenzen. Eine erstaunliche Behauptung, die am Gal selbst nur eine geringe Stütze findet. Schmithals
gibt das bereitwillig zu und betont selber, daß Paulus meint, es mit
Nomisten zu tun zu haben. Aber Paulus habe sich geirrt: „Ich setze
... voraus, daß Paulus nur sehr spärlich über die Vorgänge in Galatien orientiert war. ... Er kennt anscheinend lediglich einige Vorwürfe bzw. Forderungen und Verhaltensweisen der Häretiker, ohne
offenbar über deren Herkunft und deshalb auch über ihre Gesamthaltung Genaues zu wissen" (12). Hier liegt der erste fundamentale
Fehler von Schmithals' Gnostikerhypothese. Es ist zwar unbestritten,
daß Paulus sich gelegentlich über Einzelheiten der gegnerischen Meinung getäuscht hat[21]. Aber daß er die Situation so total verkannt
hätte, daß er Gegner bekämpft, die es in Wirklichkeit überhaupt
nicht gegeben hat, – eine solche These könnte nur als Ergebnis einer
Untersuchung, nicht aber als deren Voraussetzung ernstgenommen
werden. Die forsche Prämisse –: Paulus ist schlecht informiert,
Schmithals aber ist bestens informiert, und zwar durch den Gal des
schlecht informierten Apostels – ist natürlich indiskutabel. Sie fungiert als Alibi für das subjektive Belieben, mit dem Texte (aus den
anderen Paulusbriefen und aus den Schriften altkirchlicher Häresiologen) herangezogen und interpretiert werden. Damit hängt der weitere methodische Fehler zusammen: die Ignorierung des formgeschichtlichen Charakters der Paränese; nach den grundlegenden Arbeiten
zur Paränese von M. Dibelius, nach den speziellen Untersuchungen
zu den Tugend- und Lasterkatalogen in der hellenistischen und jüdischen Umwelt von A. Vögtle und S. Wibbing und nachdem man in
1QS 3, 25–4, 14 eine formale und inhaltliche Parallele zu den
Laster- und Tugendkatalogen von Gal 5, 19–23 besitzt, hätte eine
Wiederholung von Lütgerts Fehler vermieden werden können.

Auch die Einzelargumente für die Gnostikerhypothese haben wenig
Überzeugungskraft. Das Argument, daß die Auffassung, die Echtheit des
Evangeliums werde durch den unmittelbar göttlichen Ursprung des Apostolates garantiert und ausgewiesen, von Paulus und seinen Gegnern geteilt werde, nicht aber von den Jerusalemern, und typisch gnostisch sei

---

[21] So hält Paulus die „Auferstehungsleugnung" in Korinth für krassen
Materialismus (1Kor 15, 32), während sie spiritualistisch gemeint war;
doch weiß man das nur durch Paulus selbst, der sich über den dem
supponierten Materialismus widersprechenden Brauch der Vikariatstaufe
verwundert (V. 29) und später seine Meinung stillschweigend korrigiert
(2Kor 5, 1ff.).

(13–22), dieses Argument basiert auf der unhaltbaren These vom gnostischen Ursprung des Apostolates[22] und auf der Eintragung von Motiven
aus den Korintherbriefen in den Gal. Besonders bravourös zwingt Schmithals die Beschneidung in sein Schema ein (22–29): die Gnostiker hätten
sie nicht jüdisch, sondern gnostisch als „Befreiung des Pneuma-Selbst von
dem Kerker dieses Leibes" (27) verstanden; Paulus setze irrtümlicherweise
die für ihn selbstverständliche Verbindung von Beschneidung und Gesetz
auch bei den Gegnern voraus und sei, da sie das Gesetz nicht erfüllten
(5, 3; 6, 13), „ratlos über Sinn und Grund der Beschneidungspraxis in
Galatien" (28). Aber diese Ratlosigkeit des Paulus ist eingetragen; die
einzige Stelle, an der er sich „ratlos" nennt (4, 20), bezieht sich auf den
Gesinnungswechsel der Galater gegenüber seiner Person, nicht etwa auf
den Gegensatz von nomistischer Theorie und libertinistischer Praxis. Und
die gnostische Interpretation der Beschneidung ist eine anachronistische
Eintragung späterer Vorstellungen und kann nichts für sich geltend machen
als die Konsequenz einer petitio principii. Über die Argumentation mit
dem Festkalender und dem Elementendienst (30ff) ist schon gesprochen
worden. Was Schmithals für den angeblich gnostischen Pneumatismus an-
führt (32–36), reduziert sich auf paulinische bzw. allgemein urchristliche
Anschauungen vom Pneuma. Daß Gal 5, 3; 6, 13 den Schluß auf „einen
grundsätzlichen Verzicht auf das Gesetz" (23), auf „ausgeprägte libertini-
stische Tendenzen" (23 Anm. 51) nicht gestatten, wurde schon gezeigt. Im
Hinblick auf das Gewicht, das Schmithals Gal 6, 13 beimißt („denn die
Beschnittenen selber beachten das Gesetz ja gar nicht"), sei doch darauf
hingewiesen, daß der Vorwurf, gerade die Gesetzesstrengen hielten das
Gesetz nicht, so häufig belegt ist, daß er als polemischer Topos verstanden
werden muß (Ps 50, 16–21; Mal 2, 7ff; Mt 23, 3f; Joh 7, 19; Röm 2, 1.
21ff); sowenig etwa durch Mt 23, 3ff die Schriftgelehrten und Pharisäer
oder durch Röm 2, 21ff alle Juden als Libertinisten qualifiziert werden,
sowenig durch Gal 6, 13 die Paulusgegner in Galatien.

Dem Bestreben, die Existenz von Judaisten überhaupt zu bestreiten, steht die Tatsache entgegen, daß Paulus schon vor der galatischen Krise mit Gegnern zu kämpfen hatte, die den Heidenchristen
Gesetz und Beschneidung zur Pflicht machen wollten, mit den „falschen Brüdern", die auf dem Apostelkonvent diese Forderung durchsetzen wollten (2, 4ff). Schmithals versucht, diese Schwierigkeit mit
der verzweifelten Auskunft zu beseitigen, bei den „falschen Brüdern"
handele es sich gar nicht um getaufte Christen, sondern um unge-
taufte Juden und in der Urgemeinde habe es hinsichtlich des Gesetzes
keine Spaltung und keine über Jakobus hinausgehende radikale
Gruppe gegeben (9f). Er hat diese zunächst nur hingeworfenen Thesen später in einer Monographie („Paulus und Jakobus", 1963) zu

---

[22] Schmithals, Das kirchliche Apostelamt, FRLANT 79, 1961.

einem Entwurf der Geschichte des apostolischen Zeitalters ausgearbeitet, ohne daß sie dadurch überzeugender geworden wären[23].
Dieser Entwurf braucht uns daher hier nicht zu beschäftigen[24]. Der
Nachweis, daß es Judaisten nicht gegeben habe, will nicht gelingen. –
Dieses Eingehen auf Schmithals' Thesen war notwendig, weil sie
seltsamerweise einen gewissen Anklang gefunden haben. Marxsen
bezeichnet die Anschauungen der ‚judenchristlichen Gnostiker' als
„einen christlich-jüdisch-gnostischen Synkretismus"[25]. Auch dort, wo
man Schmithals' Prämissen nicht akzeptiert, ist man gelegentlich geneigt, einen Teil seiner Folgerungen zu übernehmen, und spricht
dann von gnostisierenden Judaisten, judaistischen Gnostikern, gnostischen Tendenzen und dgl. Wenn man jedoch Paulus mehr Kenntnis seiner Gegner zutraut, als Schmithals ihm zubilligt, und wenn
man nicht die ganze Ausrichtung und viele Einzelheiten des Gal als
Irrtümer deklariert und mittels Eintragungen aus anderen Quellen
„berichtigt", dann besteht weder Grund noch Anlaß zur Annahme
gnostischer Einschläge in der galatischen Häresie.

Für die Frage nach der historischen und theologiegeschichtlichen
Einordnung der galatischen Paulusgegner bietet also die Judaistenhypothese die sachgemäße Antwort, die Judaistenhypothese natür-

---

[23] Dazu nur zwei Bemerkungen. (1.) Die erste These, die ‚falschen Brüder'
Gal 2, 4 seien Juden gewesen, scheitert schon am neutestamentlichen
Sprachgebrauch von ἀδελφός, und damit scheitert auch die zweite
These. ‚Bruder' im übertragenen Sinn bedeutet Glaubensgenosse; und
dieser übertragene Sinn liegt auch bei ψευδαδελφός = ‚falscher Glaubensgenosse' vor (vgl. H. v. Soden, ThW I, 144ff); Paulus nennt die
Juden nie ‚Brüder', sondern ‚Brüder nach dem Fleisch', wie Kl. Wegenast (Das Verständnis der Tradition bei Paulus und in den Deuteropaulinen, 1962, 47, Anm. 1) richtig gegen Schmithals betont hat. Schmithals' Replik: Paulus „konnte doch nicht von ‚falschen Brüdern nach
dem Fleisch' sprechen!" (Paulus und Jakobus, 90, Anm. 1), hat zwar
die Rhetorik, aber nicht die Logik für sich, denn sie setzt voraus, was
erst zu beweisen wäre. (2) Ferner spricht Apg 15, 1ff gegen Schmithals' These; man mag die „Pharisäer" (V. 5) bezweifeln und in der
Darstellung des Apostelkonvents eine Konstruktion des Verfassers sehen,
Apg 15 beweist aber auf jeden Fall, daß Lukas in seiner Tradition
keinen Hinweis darauf gefunden hat, daß die Beschneidungsforderung
nicht von Judenchristen, sondern von den Juden erhoben worden sei;
sonst hätte er, der den Juden ja so viel wie möglich anlastet, es nicht
unterlassen, ihnen auch diese Störung des urchristlichen Friedens zuzuschreiben.

[24] Zur Auseinandersetzung s. U. Wilckens, ThLZ 90, 1965, 598ff.

[25] Einleitung, 54.

lich nicht in ihrer „klassischen" Ausprägung, sondern in ihrer vorhin skizzierten Reduktion und unter Anerkennung der genannten Unsicherheiten. Dh diese Gegner sind mit Paulus als Nomisten zu verstehen, die die Teilhabe am Heil in Christus von der vorgängigen Eingliederung in das alte Gottesvolk (in das „Israel Gottes" 6, 16; in den „Samen Abrahams" 3f) durch Übernahme des Gesetzes (in welchem Umfang auch immer) und durch Beschneidung abhängig machen. Ihre Wirksamkeit ist ferner mit Paulus als Analogon zu den judaistischen Vorstößen auf seinem syrischen Missionsgebiet und auf dem Apostelkonvent, aber auch zu dem Verhalten und der Wirkung der Jakobus-Sendlinge in Antiochien (Gal 2, 11–14) zu sehen. Ob es sich um mehr als um ein Analogon handelt, ob personelle oder gar organisatorische Verbindungen zwischen der Agitation in Galatien und den Aktionen in Syrien, Jerusalem und Antiochien bestehen, läßt sich den Quellen nicht mit Sicherheit entnehmen; ebensowenig, ob man aus dem Satz 6, 13 wegen des Part. Präs. οἱ περιτεμνόμενοι schließen kann, die judaistischen Agitatoren seien Heidenchristen (aus Antiochien? 2, 14) gewesen, oder ob man den Singular ὁ ταράσσων ὑμᾶς 5, 10 generisch oder von einer speziellen Führergestalt unter den ταράσσοντες von 1, 7 verstehen soll. Aber daß es sich in all den genannten Fällen um dieselbe Bedrohung des Evangeliums durch den Nomismus handelte, historisch gesprochen: um den Versuch einer radikalen judenchristlichen Richtung (und eventuell ihrer Anhängerschaft aus ehemaligen Heiden), das jüdische Gesetz auch für Heidenchristen verbindlich zu machen, wird durch die Quellen eindeutig bezeugt. Die judaistische Bewegung hatte jedoch nicht das Ausmaß, weder geographisch noch zeitlich, das man ihr früher zuschrieb, sie ist „eine Episode geblieben" (Bultmann)[26]; aber an Intensität mangelte es ihr nicht; sie hat nicht nur dem Apostel das Leben schwer gemacht, sondern auch das junge Christentum in seine schwerste, Einheit und Existenz gefährdende Krise gestürzt (Gal 2, 1ff.); wenn Paulus sich auf dem Apostelkonvent nicht durchgesetzt hätte, wäre das Christentum zu einer jüdischen Sekte verkümmert und untergegangen[27]. Die Bedeutung der judaistischen „Episode" liegt nach Bultmann „nur darin ..., daß sie den Paulus zur theologischen Diskussion nötigte, der wir den Galaterbrief verdanken".

---

[26] Theologie, ⁵1965, 110; hier auch das folgende Zitat.
[27] Zur Bedeutung des Apostelkonvents: Conzelmann, Geschichte des Urchristentums, ²1971, 67–75.

## 5. Erfolg des Briefes

Welche Bedeutung der Gal dagegen für diese Episode gehabt hatte, ist unbekannt. Die judaistische Bewegung hatte ja durch den Apostelkonvent den entscheidenden Schlag erhalten. Daher legt sich die Annahme nahe, daß Paulus sich auch in Galatien gegen sie durchgesetzt, die Gegner ausgeschaltet und die Gemeinden wieder zurückgewonnen hat. Freilich läßt sich das nicht erweisen. Paulus schweigt in seinen späteren Briefen von Galatien[28], und zwar auch da, wo man seine Nennung unbedingt erwartet, in der Kollektenangelegenheit. Er macht in dem etwa gleichzeitig mit dem Gal verfaßten 1Kor die Durchführungsbestimmungen für die Kollekte in Galatien als Modell auch für Korinth obligatorisch (16, 1ff) und hat die Sammlung in Galatien schon vor dem Gal (2, 10!) ins Werk gesetzt. Umso auffälliger ist es, daß er Galatien in den einschlägigen Texten nicht mehr nennt, sondern nur noch Makedonien und Achaia (2Kor 8; 9; Röm 15, 26). Bedeutet dieses Schweigen, daß die galatische Kollekte in der Zwischenzeit gegenstandslos geworden war, weil die Gemeinden dem Apostel entglitten waren? Hat Lukas das ‚galatische Land' deshalb nur mit so knappen Erwähnungen bedacht (Apg 16, 6; 18, 23), weil zu seiner Zeit über die dortigen Christen nichts Erfreuliches zu berichten war? Verschwunden ist das Christentum dort zwar wohl nicht, wie man aus dem Fehlen archäologischer Spuren von christlichen Gemeinden schließen könnte; denn für die zweite Hälfte des 2. Jh.s ist die Existenz einer Gemeinde in Ankyra bezeugt (durch den Antimontanisten bei Euseb, KG V 16, 4). Und für das Ende des 1. Jh.s darf man wohl aufgrund von 1Petr 1, 1 Gemeinden in Galatien voraussetzen. Möglich, daß es sich bei diesen ursprünglich um die paulinischen Gründungen handelt, aber auch dann läge noch kein Indiz dafür vor, daß sie sich von den Judaisten abgewandt hätten. Daher läßt sich die Möglichkeit nicht ausschließen, daß Paulus in Galatien, wie zuvor in Antiochien (Gal 2, 14b), sich nicht durchgesetzt hat. Es gibt in den Paulusbriefen und in der gesamten urchristlichen Literatur kein Zeichen dafür, daß der Gal den von Paulus erwünschten Erfolg gehabt hat – es sei denn die Tatsache, daß der Galaterbrief erhalten geblieben ist.

---

[28] Die Erwähnung Galatiens 2Tim 4,10 gehört nicht hierher, da 2Tim nicht von Paulus stammt und außerdem mit „Galatien" vermutlich Gallien gemeint ist, wie die Variante Γαλλίαν nahelegt; vgl. die Kommentare zSt.

## § 8. Der erste Korintherbrief

*Kommentare:*

HNT: H. Lietzmann-W. G. Kümmel, ⁵1969; KNT: Ph. Bachmann, ⁴1936;
Meyer K.: J. Weiß, ⁹1910; H. Conzelmann, ¹¹1969; NTD: H.-D. Wendland,
¹²1968; BNTC: C. K. Barrett, 1968; ICC: A. Robston – A. Plummer, ²1914;
Moffatt, NTC: J. Moffatt, 1938; CNT: J. Héring, 1949; EtB: E.-B. Allo,
1934; K. Barth, Die Auferstehung der Toten, 1924; A. Schlatter, Paulus,
der Bote Jesu, 1934.

*Untersuchungen:*

C. K. Barrett, Cephas and Corinth, in: Abraham unser Vater, Festschr.
O. Michel, 1963, 1ff;
E. Dinkler, RGG³ IV, 17ff;
J. C. Hurd, The Origin of I Corinthians, 1965;
W. Lütgert, Freiheitspredigt und Schwarmgeister in Korinth, BFChTh 12,
3, 1908;
T. W. Manson, St. Paul in Ephesus: (3) The Corinthian Correspondence
Studies, 190ff;
J. Munck, Paulus und die Heilsgeschichte, 1954, 127ff;
W. Schmithals, Die Gnosis in Korinth, FRLANT 66, ²1965;
H. von Soden, Sakrament und Ethik bei Paulus = ders., Urchristentum
und Geschichte I, 1951, 239ff = K. H. Rengstorf, Das Paulusbild in der
neueren deutschen Forschung, 1964, 338ff;
G. Theißen, Soziale Schichtung in der korinthischen Gemeinde, ZNW 65,
1974, 232ff;
–, Die Starken und die Schwachen in Korinth. Soziologische Analyse
eines theologischen Streites;
U. Wilckens, Weisheit und Torheit. Eine exegetisch-religionsgeschichtliche
Untersuchung zu 1. Kor. 1 und 2, 1959.

In der literarischen Hinterlassenschaft des Paulus nimmt seine
Korrespondenz mit der Gemeinde in Korinth den breitesten Raum
ein. Und doch ist sie mit den beiden Korintherbriefen des NT nicht
vollständig erhalten. Der Apostel hat laut 1Kor 5, 9 schon vor
diesem Brief ein Schreiben nach Korinth gerichtet (Brief A), das vor
Unsittlichkeit warnte, aber mißverstanden wurde und nun präzisiert
wird. Er hat ferner zwischen 1 und 2Kor einen Brief „unter Tränen"
geschrieben (Brief C), in dem er die Gemeinde wegen eines bösen
Zwischenfalls, der sich kurz vorher bei seinem zweiten Besuch in
Korinth ereignet hatte, zur Rede stellte (2Kor 2, 3f. 9; 7, 8–12). Daß
Paulus in relativ kurzen Abständen (mindestens) vier Briefe an dieselbe Gemeinde geschrieben hat, zeigt, wie rege der Austausch zwi-
schen ihm und ihr, aber auch wie nötig er war. Hier wird eine solche
Fülle von Problemen behandelt, die innerhalb der Gemeinde, aber

auch zwischen ihr und dem Apostel aufgebrochen waren, daß sich insbesondere im 1Kor ein so reiches Bild des Lebens einer urchristlichen hellenistischen Gemeinde entfaltet, wie es aus keinem anderen Dokument jener Zeit zu gewinnen ist.

## 1. Inhalt und Aufbau

Präskript 1, 1–3.
Proömium 1, 4–9.
I. Parteistreitigkeiten 1, 10–4, 21.
  1. Die Sachlage 1, 10–17.
  2. Die Torheit der Kreuzespredigt 1, 18–2, 5.
  3. Die Weisheitspredigt des Paulus 2, 6–16.
  4. Die Torheit des Parteiwesens 3.
  5. Persönliche Auseinandersetzung 4.
II. Sittliche Mißstände in der Gemeinde 5; 6.
  1. Ein Fall von Blutschande 5, 1–8.
  2. Stellung zu den Unzüchtigen überhaupt 5, 9–13.
  3. Prozessieren von Christen vor heidnischen Gerichten 6, 1–11.
  4. Unzucht 6, 12–20.
III. Beantwortung von Fragen asketischer Tendenz 7.
  1. Ehe, Ehelosigkeit, Scheidung 7, 1–24.
  2. Über die „Jungfrauen" 7, 25–38.
  3. Über die Wiederheirat von Witwen 7, 39f.
IV. Fragen betreffs Genuß von Götzenopferfleisch 8, 1–11, 1.
  1. Antwort unter dem Gesichtspunkt der Liebe, nicht der Erkenntnis 8.
  2. Exkurs: Paulus als Vorbild des Rechtsverzichts 9.
  3. Theologische Behandlung der Frage 10, 1–11, 1.
    a) Das warnende Beispiel der Wüstengeneration 10, 1–13.
    b) Opfermahl und Herrenmahl 10, 14–22.
    c) Freiheit, Gewissen und Liebe 10, 23–11, 1.
V. Mißstände in der Gemeindeversammlung 11, 2–34.
  1. Verschleierung der Frauen beim Gottesdienst 11, 2–16.
  2. Mißstände beim Herrenmahl 11, 17–34.
VI. Fragen betreffs Geistesgaben 12–14.
  1. Das Kennzeichen des Geistes 12, 1–3.
  2. Die Einheit der Kirche 12, 4–31.
    a) Der einheitliche Ursprung der Charismen 12, 4–11.
    b) Die Kirche als der Leib Christi 12, 12–27.
    c) Anwendung 12, 28–31.
  3. Die Liebe als Kritik und Norm aller Charismen 13.
  4. Der Aufbau der Kirche als Aufgabe der Charismen, exemplifiziert am Zungenreden und Prophezeien 14.
VII. Die Auferstehung der Toten 15.
  1. Grundsätzliche Einleitung 15, 1–11.
  2. Das Daß der Totenauferstehung 15, 12–34.
  3. Das Wie der Totenauferstehung 15, 35–58.

Inhalt und Aufbau des 1Kor sind ganz von der „Korrespondenz"
bestimmt. Das war der Gal auch, aber bei ihm ging es um ein einziges Thema, daher die einheitliche Gedankenführung. Die Vielfalt
der Probleme bedingt den häufigen Themenwechsel im 1Kor; und
doch trägt auch dieser Brief ein einheitliches Gepräge, weil Paulus
von einem einheitlichen Gedanken aus – der Kreuzestheologie unter
ethischem und ekklesiologischem Aspekt – argumentiert. Deutlicher
als im Gal bezieht er sich auf die gemeinchristliche Tradition: er
zitiert die verbindliche Pistisformel 15, 3b–5, die verbindliche Herren-
mahlliturgie 11, 23b–25 und die ebenso verbindliche dyadische εἷς –
Akklamation 8, 6 und läßt seinen Brief in die Eingangsliturgie des
Herrenmahls 16, 20b. 22. 23 einmünden (s. § 2).


## 2. Die Anfänge der Gemeinde

Korinth war eine neue Stadt, etwa 100 Jahre alt, als Paulus dort
missionierte. Das alte griechische Korinth war 146 vChr von den
Römern unter Mummius gründlich zerstört worden. Caesar hatte
ca 44 vChr Korinth als römische colonia neu gegründet durch An-
siedelung von Freigelassenen und wohl auch von Veteranen. Schon
27 vChr wurde Korinth Haupstadt der Provinz Achaia (Mittelgrie-
chenland und Peloponnes) und Sitz des Statthalters. Dieser politische
Aufstieg entsprach der wirtschaftlichen Bedeutung Korinths.

Die Stadt am Isthmos, zwischen dem korinthischen und dem saronischen
Meerbusen, mit zwei Hafenstädten, Lechaion im Westen und Kenchreai
im Osten, war der gegebene Umschlagsplatz zwischen Orient und Okzi-
dent; sie wurde eine Metropole von Handel, Gewerbe und Finanzen, in
der sich das Leben beider Reichshälften kreuzte und verschmolz. Die Bevölkerung war teils „römisch" – Inschriften und die 1Kor belegen lateinische Namen, die allerdings über die ethnische Herkunft ihrer Träger nichts
aussagen –, teils einheimisch griechisch; auch eine jüdische Kolonie ist für
die Zeit des Paulus bezeugt; was sonst noch an Bevölkerungsgruppen aus
Ost und West dort zusammengeströmt ist, läßt sich nicht mehr ausmachen. Auch die Kulte geben darüber keine Auskunft: Die Heiligtümer

der Göttermutter, der Isis und des Sarapis besagen nichts über die ethnische Herkunft ihrer Verehrer; diese Verehrung war international. In religiöser Hinsicht unterschied sich Korinth kaum von irgendeiner anderen Stadt der Levante. Ebensowenig in moralischer Hinsicht; der Ruf besonderer Lasterhaftigkeit, in dem Korinth stand, ging nicht sowohl auf Tatsachen als auf die Médisance anderer Städte zurück. Die Gegensätze zwischen Reich und Arm waren in dieser mächtig aufstrebenden Handelsstadt naturgemäß stark ausgeprägt.

Als Geisteszentrum kann man das damalige Korinth nicht bezeichnen: das war – bzw. dafür hielt sich – das kleinere, aber immer noch hoch renommierte Athen, das von seiner großen Vergangenheit zehrte, durch seine Schulen Studierende und durch seine Feste Touristen aus aller Welt anzog. Aber Korinth besaß eine große geistige Beweglichkeit und Aufgeschlossenheit – eine Folge des Kontinuitätsbruches von 146 vChr –, die es für alles Neue, Gutes und Schlechtes, empfänglich machte; es war weniger intellektuell als Athen, aber auch weniger snobistisch und weniger museal.

Korinth bot für die Aufnahme des Christentums wie für die jedes neuen Kultes bedeutend günstigere Voraussetzungen. Es ist aber auch begreiflich, daß es hier rasch in eine schwere Krise geriet. Umso beachtlicher, daß es aus ihr gestärkt hervorging und daß die christliche Gemeinde in Korinth trotz einer erneuten Krise am Ende des 1. Jh.s (1Clem!) im antihäretischen Kampf des 2. Jh.s eine feste Bastion der „Rechtgläubigkeit" war[1].

Paulus kam auf der sogenannten zweiten Missionsreise, vermutlich im Frühjahr 50, von Athen aus, wo er mit recht geringem Erfolg missioniert hatte, nach Korinth. Über seine dortige Wirksamkeit gibt Apg 18, 1–18 einen knappen Bericht, der sich durch manche Notizen der Korintherbriefe und des Röm ergänzen läßt. Der Bericht der Apg verwendet das „Itinerar" (zu ihm gehören V. 1. 11. 18ff), einige Personalnotizen und Anekdoten, ist in dem üblichen Schema angelegt, inhaltlich sehr dürftig, aber wohl zuverlässig. Nach ihm ist Paulus allein in Korinth eingetroffen, später sind seine Mitarbeiter Silas und Timotheos zu ihm gestoßen (V. 1. 5), die er auch 2Kor 1, 19 als die Mitbegründer der Gemeinde nennt. Er trifft das kürzlich durch das Judenedikt des Claudius aus Rom vertriebene (judenchristliche) Ehepaar Aquila und Priscilla, in dessen Haus er Unterkunft und in dessen Textil- oder Lederwarenbetrieb er seinen Broterwerb

---

[1] Vgl. W. Bauer, Rechtgläubigkeit und Ketzerei, 99ff.

findet (V. 2f, vgl. 1Kor 4, 12; 9, 6. 15. 18). Er beginnt die Mission
in der Synagoge, hat Erfolg bei Juden und „Gottesfürchtigen" (dh
heidnischen Sympathisanten, die den Monotheismus und die Ethik
der Juden akzeptierten, sich zur Synagoge hielten, aber nicht wie die
Proselyten durch Beschneidung und Übernahme des ganzen Gesetzes
zum Judentum übertraten), trennte sich aber von ihr, als die jüdische
Opposition gegen seine Predigt stark wurde (V. 4. 6). Die solenne
Form dieser Trennung V. 6 begegnet noch zweimal in der Apg (13,
46; 28, 25–28) und bringt den theologischen Gedanken des Lukas
zum Ausdruck, daß das Evangelium mit heilsgeschichtlicher Notwendigkeit von den Juden weg und zu den Heiden überging. Unter
diesem Gesichtspunkt steht der restliche Bericht. Zunächst die zwei
pikanten Züge: Paulus setzt seine Missionstätigkeit in einem an die
Synagoge angrenzenden Hause fort, das ihm der „Gottesfürchtige"
Titius Justus dazu zur Verfügung gestellt hat (V. 7); der Synagogenvorsteher Crispus wird Christ, und dieses sensationelle Ereignis hat
die Bekehrung vieler Korinther zur Folge (V. 8). Dann als Höhe-
und Schlußpunkt die Gallioszene: die Juden erheben vor dem Prokonsul Anklage gegen Paulus wegen gesetzeswidriger Religionspro-
paganda, werden aber von dem korrekten Römer abgewiesen und
müssen außerdem noch zusehen, wie ihr Synagogenvorsteher Sosthenes vom Pöbel verprügelt wird (V. 12–17)[2]; der Widerstand der
Juden, will Lukas sagen, kann zumal bei korrektem Verhalten der
Obrigkeit den Lauf des Evangeliums nicht hemmen. Die Dauer der
korinthischen Wirksamkeit des Paulus wird V. 11 mit anderthalb
Jahren angegeben.

Es ist nicht viel, was die Apg über diese Wirksamkeit zu berichten
weiß. Von Paulus erfährt man noch weitere Namen korinthischer
Christen. Der Erstbekehrte war Stephanas (mit seinem Haus), zu
dem auch Fortunatus und Achaicus gehören (1Kor 1, 16; 16, 15ff).
Paulus erwähnt auch Crispus und einen Gaius (1, 14), in dessen
Haus er später den Röm verfaßte und zu jener Zeit sich die Ge-
meinde versammelte (Röm 16, 23), ferner einen Quartus und einen
Erastos, den οἰκονόμος τῆς πόλεως einen städtischen Finanzbeamten
(Ädil? Quästor? Röm 16, 23). Wichtiger als die Namen ist eine
andere Ergänzung. Die Missionstätigkeit des Paulus griff über die

---

[2] Ob er mit dem 1Kor 1, 1 genannten Mitabsender Sosthenes identisch ist,
der nach diesem schmerzlichen Erlebnis sich zum Christentum bekehrt
hätte, weiß man nicht: „Sosthenes" war ein gebräuchlicher Name.

Stadt hinaus; in ganz Achaia gibt es Christen (1Thess 1, 7; 2Kor 1, 1);
Korinth war die Zentrale, die Mission war intensiv.

Über die *innergemeindlichen Verhältnisse* bei und kurz nach dem
Weggang des Paulus läßt sich folgendes sagen. In religiöser Hinsicht
stammte das Gros der Gemeinde aus dem Heidentum (1Kor 12, 2),
nur eine Minorität aus dem Judentum (7, 18). Soziologisch bietet
die korinthische Gemeinde das übliche Bild[3]: die große Mehrzahl
gehört den ärmeren Schichten an, die sozial Höhergestellten und
pekuniär Bevorzugten bilden eine Minorität; „nicht viele Weise nach
dem Fleisch, nicht viele Mächtige, nicht viele Hochgeborene" (1, 26)
gibt es in der Gemeinde. Daß die Bildungsunterschiede groß waren,
versteht sich von selbst. Der wohlhabenden Minorität, zu der die
meisten eben namentlich genannten Christen gehört haben, kam eine
erhebliche Bedeutung zu; nur sie konnte der Gemeinde Räume zu
ihren Versammlungen stellen, nur sie konnte dank ihrer Unabhängigkeit und Freizügigkeit Dienste leisten (zB Reisen unternehmen
oder finanzieren), nur sie besaß Einfluß in der Öffentlichkeit usw.
Aber ein Teil dieser Minorität verhielt sich rücksichtslos gegen die
ärmeren Christen. Die sozialen Gegensätze traten gerade in der Gemeindeversammlung und beim Herrenmahl kraß in Erscheinung (11,
20ff). Wie groß die Gemeinde war, als Paulus Korinth verließ, entzieht sich natürlich unserer Kenntnis; klein kann sie nicht gewesen
sein, auch wenn sie sich als ganze in einem Privathaus versammeln
konnte (1Kor 11, 20); denn wenn Paulus 11, 30 von vielen Kranken
und ziemlich vielen Todesfällen spricht, setzt das eine gewisse Größe
der Gemeinde voraus; auch machte die Zahl der Christen eine organisatorische Ordnung notwendig (12, 28).

Auch nach seinem Weggang von Korinth (Apg 18, 18ff) hielt
Paulus den Kontakt mit der Gemeinde aufrecht. Diese wuchs weiter,
teils durch eigene missionarische Tätigkeit, teils durch das Wirken
auswärtiger Missionare, insbesondere des Apollos (Apg 18, 24ff;
1Kor 1, 12; 3, 4ff; 16, 12) und des Kephas (bzw. seiner auswärtigen Anhänger) (1Kor 1, 12; 3, 22). Aber die Gemeinde geriet
immer mehr in eine gefährliche Krise. Paulus versuchte, sie aus der
Ferne – zunächst durch das 5, 9 erwähnte Schreiben, dann durch
den 1Kor – zu beheben.

---

[3] Hierzu vor allem G. Theissen, Soziale Schichtung in der korinthischen
Gemeinde, ZNW 65, 1974, 232ff.

### 3. Die Veranlassung des ersten Korintherbriefes

Über die Verhältnisse in der Gemeinde, die ihn zur Abfassung des 1Kor veranlaßt haben, wurde Paulus aus verschiedenen Quellen informiert. Die eine war ein Fragebrief der Korinther, auf den Paulus sich mit den Worten περὶ δὲ ὧν ἐγράψατε (7, 1) bezieht und dem auch die anderen mit περί eingeführten Themen (8, 1 Götzenopferfleisch; 12, 1 Geistesgaben; 16, 1 Kollekte; 16, 12 Apollos) angehören dürften. Eine andere Quelle waren „die Leute der Chloe" (1, 11), die ihm mündlich Nachrichten über die „Parteistreitigkeiten" gebracht hatten. Schließlich hatte Paulus noch andere mündliche Informationen erhalten (5, 1 über Unzucht und wohl auch über das Prozessieren 6, 1ff), deren Überbringer er nicht nennt. Die in seiner Umgebung weilenden korinthischen Christen Stephanus, Fortunatus und Achaicus (16, 15ff), vermutlich die Überbringer des Gemeindebriefs, haben den Apostel natürlich ebenfalls über die Zustände in Korinth unterrichtet. Paulus war offenbar durch die Nachricht von den Parteien besonders alarmiert und geht deshalb auf sie zuerst ein. Da sie aber in dem Gemeindebrief keine Rolle spielten und ihm gegenüber zeitlich eine Novität waren, gehen wir zunächst auf die anderen Spannungen ein.

Die *Gefahr,* die Korinth bedrohte, war ganz anderer Art als die in Galatien: nicht der jüdische Nomismus – trotz des jüdischen Elements in der Gemeinde –, sondern ein hellenistischer Pneumatismus, ein hochgesteigertes Bewußtsein der Geisterfahrung und des Geistbesitzes, das den Pneumatiker unmittelbar mit dem erhöhten Christus verbindet und daher über die irdische Welt und ihre Dinge erhebt. Dieser Pneumatismus dominierte in der Gemeinde, rief aber bei den nicht derart Begabten Minderwertigkeitsgefühle, Ängstlichkeit und Widerspruch hervor. So kam es, auch abgesehen von den „Parteien", zu mannigfachen Spannungen. Der Geistbesitz äußerte sich in den verschiedensten Weisen. Am deutlichsten in den „Geistesgaben", den πνευματικά, die Paulus χαρίσματα nennt und in Kap. 12–14 behandelt. Er erwähnt „Weisheitsrede" und „Erkenntnisrede", Fähigkeit zu heilen und andere Wunder zu tun, Prophetie und die in Korinth als höchste Geistesgabe geschätzte Glossolalie (Zungenreden), dh ein ekstatisches unartikuliertes Reden, das niemand verstand außer den wenigen, die das besondere Charisma besaßen, das Zungenreden „auszulegen". Die Gemeindeversammlungen arteten zu turbulenten Selbstdarstellungen der enthusiastischen Pneumatiker aus

(14, 23). Möglich, daß auch das in 11, 2–34 gerügte Verhalten der Frauen im Gottesdienst und der Wohlhabenden beim Herrenmahl hierher gehört; aber bei jenen kann es sich um eine Modeerscheinung und bei diesen einfach um Rücksichtslosigkeit und schlechte Manieren gehandelt haben. Der Pneumabesitz verlieh eine besondere „Weisheit" und „Erkenntnis" (12, 8; vgl. 1, 22; 2, 1; 8, 1), dh die erlösende Gnosis. Dieser Besitz trennt die Christen in zwei Klassen, die Pneumatiker bzw. die „Vollkommenen" einerseits und die Sarkiker bzw. „Unmündigen" andererseits (3, 1). Für den Pneumatiker ist das „Fleisch", dh Vergänglichkeit und Tod, unwesentlich geworden und das ewige Leben Gegenwart (4, 8). Von daher ist auch die Leugnung der (leiblichen) Auferstehung zu verstehen (15, 12ff), die keine materialistische, sondern eine spiritualistische These ist; die Auferstehung ist im Pneuma bzw. in der Gnosis vorweggenommen (wie 2Tim 2, 18), vielleicht auch in der Taufe; denn der Brauch, sie stellvertretend für Verstorbene zu vollziehen („Vikariatstaufe" 15, 21), setzt doch die Anschauung voraus, sie verleihe das Leben. Auch sonst scheint ein magisches Verständnis der Sakramente sich mit dem korinthischen Pneumatismus vertragen zu haben; Paulus polemisiert jedenfalls 10, 1ff gegen die Meinung, die Sakramente feiten vor Sünde und Tod. Wie dem auch sei, in seiner Freiheit vom Tode verstand sich der Pneumatiker auch frei gegenüber der vergänglichen Welt: sie konnte ihm nichts anhaben und zu nichts verpflichten. Das Schlagwort heißt: πάντα (μοι) ἔξεστιν (6, 12; 10, 23) und hat seinen Kontexten nach im Verhalten zur Sexualität und zum Götzenopferfleisch eine gewichtige Rolle gespielt. Von einem grundsätzlichen Libertinismus der Pneumatiker zu sprechen, wäre übertrieben; daß ein Gemeindeglied mit seiner Stiefmutter im Konkubinat lebte (5, 1ff), braucht keine prinzipielle Demonstration pneumatischer „Freiheit" zu sein, sondern kann lediglich eine trübe Liebesaffäre gewesen sein. Was Paulus tadelt, ist die Indolenz, mit der die Gemeinde sittliche Laxheit und deren Verteidigung mit dem Schlagwort „alles ist erlaubt" hinnimmt. Andererseits gibt es – als Gegenschlag? – eine streng asketische Richtung; die Sexualität wurde negiert, die Auflösung der bestehenden Ehen erwogen und das Eingehen von Ehen verneint; die aus dieser Haltung entstehenden Probleme bewegten die Gemeinde so sehr, daß sie sie dem Apostel zur Lösung vorlegte (7, 1ff). Eine weitere Spannung, die sie ebenfalls vortrug, resultierte aus der verschiedenen Einstellung der „Starken" und der „Schwachen" zum Genuß von „Götzenopferfleisch", dh rituell geschlachtetem Fleisch. Die Christen kamen in verschiedener Weise in die Lage, solches Fleisch zu essen: bei Festen, die mit Opfer und Opferschmaus in einem Tempel verbunden waren (8, 10), bei Einladungen durch Nicht-Christen (10, 27) oder einfach dadurch, daß man rituell geschlachtetes Fleisch – und jede Schlachtung wurde grundsätzlich rituell vollzogen – auf dem Markt kaufte (10, 25) (christliche Metzger gab es noch nicht). Ein Teil der Gemeinde forderte als christliche Pflicht die strikte Vermeidung solchen Fleischgenusses, weil man durch ihn in die Gewalt der Götzen komme; ein anderer Teil erklärte das Problem für nichtig mit der Begründung, es gäbe nur einen Gott, daher keine Götzen und also auch kein „Götzenopferfleisch" und bezeichnete die Ängstlichen als „Schwache", sich selbst als „Starke" in der „Erkenntnis". Bei dieser Spannung ist die Gegenposition zu der „Freiheit" der Starken nicht Askese, sondern die Furcht vor Idolatrie, dh die Furcht, in die Gewalt der Götzen bzw. Dämonen zu kommen (die Schwachen sind übrigens keine Judenchristen, sondern ehemalige Heiden; vgl. 8, 7). Da die Starken eine solche Haltung als dem Stand christlicher Erkenntnis unangemessen ansahen, und von ihrer Freiheit ohne Rücksicht Gebrauch machten, steigerte sich der Konflikt so sehr, daß man Paulus als die von beiden anerkannte Instanz anrief. Andere Streitigkeiten, auf die Paulus eingeht, hatten keine ideologischen Hintergründe (Prozesse von Christen vor heidnischen Gerichten, 6, 1ff).

Die „Parteien", die Paulus 1, 10–4, 21 so leidenschaftlich bekämpft und die er wohl auch 11, 18f im Auge hat, – für F. C. Baur der feste Ausgangspunkt seiner Rekonstruktion der Geschichte des Urchristentums – sind heute problematischer denn je. Die Schwierigkeit, sie historisch zu erfassen, besteht darin, daß Paulus die Parteien nicht einzeln nach ihren Anschauungen, sondern das Parteitreiben grundsätzlich kritisiert und dabei immer die Gemeinde als ganze anspricht. Da er von Kap. 5 ab – abgesehen von 11, 18f – nicht mehr auf die Parteien eingeht, sind wir für ihr Verständnis auf Kap. 1–4 und hier speziell auf 1, 12ff, den einzigen Passus, aus dem man etwas Konkretes über diese Gruppen erfährt, angewiesen:

„Ich meine aber dies, daß jeder von euch sagt: ‚ich gehöre zu Paulus', ‚ich zu Apollos', ‚ich zu Kephas', ‚ich zu Christus'. (13) Ist Christus zerteilt? Wurde etwa Paulus für euch gekreuzigt? Oder wurdet ihr auf den Namen des Paulus getauft? (14) Ich bin dankbar, daß ich niemanden von euch getauft habe außer Crispus und Gaius, damit nicht jemand sage, ihr seid auf meinen Namen getauft worden."

Paulus zitiert Parolen, aus denen hervorgeht, daß die Parteien sich nach ihren Parteihäuptern nannten; aus der Argumentation des Paulus (V. 13f) geht hervor, daß für die Parteizugehörigkeit die Taufe durch das Parteihaupt eine Rolle gespielt hat. Mehr als diese beiden Sachverhalte, die Paulus von den Leuten der Chloe erfahren hat, wissen wir nicht. Alles andere, was man über die Parteien positiv sagt, beruht auf Kombinationen. Aber die beiden Sachverhalte sind in sich rätselhaft. Anzahl, Eigenart und Entstehung der Parteien sind unsicher.

Das Problem ist die „*Christuspartei*". Denn neben Paulus, Apollos und Kephas (Petrus) sich „den Christus" als Parteihaupt vorzustellen, wie es die Koordination der vier Parolen fordert, bereitet historisch einige Schwierigkeiten. Die Versuche, sie zu beseitigen, spiegeln nur die Verlegenheit. Die Auskünfte, wie die Christuspartei zu denken sei, gehen denkbar auseinander. Entweder deutet man die Christusleute auf Anhänger des historischen Messias („Christus") Jesus; dann muß man erklären, wie korinthische Christen sich auf ihn berufen können, weil sie ja keinen persönlichen Kontakt zu ihm wie etwa zu Paulus oder Apollos hatten, und rät auf unbekannte persönliche Jünger oder Sendlinge des Herrenbruders Jakobus (so G. Chr. Storr[4], C. Weizsäcker[5] und neuerdings auch E. Bammel[6]); nur ist dann unerklärlich, warum diese Leute sich nicht nach ihrem Gewährsmann nannten. F. C. Baur[7] identifiziert darum die Christusleute mit dem extremen Flügel der Kephaspartei und hält sie für strenge Judenchristen (ähnlich Feine-Behm); nur ist von solchen im 1Kor nichts wahrzunehmen. Oder man deutet die fragliche Parole auf den Anspruch einer unmittelbaren Verbindung mit dem erhöhten, himmlischen Christus, unter Ausschaltung jeder Vermittlung durch einen Apostel oder anderen Lehrer, und identifiziert die Christusleute mit den korinthischen Pneumatikern (so H. Lietzmann) oder ganz eng mit libertinistischen Gnostikern (so W. Lütgert und W. Schmithals). Nur gibt es keinen Beleg für diese Identifikation; es ist ferner unmöglich, sie mit der 1, 13f herausgestellten Rolle der Taufe bzw. des Taufenden in Übereinstimmung zu bringen; und schließlich ist völlig unerklärlich, wie die Parolen ‚ich gehöre zu Paulus', ‚ich zu

---

[4] Nach F. C. Baur, aaO, 3ff.
[5] Das apostolische Zeitalter, [3]1902, 274ff.
[6] Herkunft und Funktion der Traditionselemente in 1. Kor. 15, 1–11, ThZ 11, 1955, 401ff, bes. 411f.
[7] AaO.

Kephas' mit der exklusiven und partikularistischen Parole ‚ich gehöre zu Christus' konkurrieren konnten, wie es laut 1, 12 der Fall
sein müßte: man steht also auch hier wieder am Ausgangspunkt der
Frage.

Da es nicht gelingen will, das Sätzchen ‚ich gehöre zu Christus'
sinnvoll als Parteiparole und als Beleg für das Vorhandensein einer
Christuspartei zu erklären, wurde immer wieder versucht, es anders zu
verstehen. Man hat es als Glosse streichen wollen[8]; das ist das Einfachste, aber textkritisch gibt es dafür keinen Anhalt. Oder man hat es als
Antithese des Paulus gegen die anderen Parolen interpretiert; nur müßte
die Formulierung anders sein (etwa: ἀλλ᾽ ἐγὼ λέγω᾽ ἐγώ εἰμι τοῦ Χριστοῦ); oder – so Käsemanns Variante dieser Erklärung – die koordinie-
rende Formulierung ist beabsichtigt und wäre „als ironisierende Überbietung der andern umlaufenden Parolen, also aus spezifisch paulinischer
Rhetorik zu begreifen"[9]. Oder schließlich: das Sätzchen enthält eine ergänzende Aussage zu den drei vorher zitierten Schlagworten – die Paulus-,
Apollos- und Kephasleute wollen selbstverständlich ‚zu Christus gehören'
und betonen das auch – und ist „unter rhetorischem Zwang als viertes
Glied zugefügt, um durch diesen Gegensatz zu zeigen, wie unpassend jene
Eigentumserklärungen an Menschen sind, weil sie diese Menschen dem
Gotte gleichsetzen"[10]. Diese Auskunft Reitzensteins und jene Käsemanns
lassen sich zwar nicht stringent beweisen, bieten aber die passabelsten
Hypothesen zur Erklärung des fraglichen Sätzchens und seiner Koordination mit den vorhergehenden. – Wie dem auch sei, entscheidend für das
Urteil über die „Christuspartei" ist der Kontext. Und dieser spricht gegen
ihre Existenz. Im engeren Kontext der Argumentation 1, 13ff ließe sich
allenfalls der erste Einwand („Ist Christus zerteilt?!") auf eine eventuelle
Christuspartei – auch auf sie, denn er trifft auch die anderen – beziehen,
nicht dagegen die beiden anderen Einwände (daß Christus es ist, der für
uns gekreuzigt wurde und auf dessen Namen wir getauft wurden), die die
fragliche Partei ja gerade unterstützen würden. Diese beiden Einwände
gelten ausschließlich, der erste – zumindest – auch den Parteien des Paulus,
Apollos und Kephas; die Argumentation 1, 13ff schließt zwar die Existenz
einer Christuspartei nicht aus, fordert aber auch nicht ihre Annahme; der
Passus läßt sich als ganzer ohne Schwierigkeiten als nur gegen die drei
Parteien gerichtete Polemik verstehen. Im weiteren Kontext gibt es keine
Stelle, die als Anspielung auf eine Christuspartei verstanden werden könnte.
Im Gegenteil: In der zweiten Aufzählung der Parteihäupter 3, 22 fehlt
Christus. Und wenn Paulus vorher das Parteitreiben überhaupt als καυχᾶσθαι ἐν ἀνθρώποις (3, 21) charakterisiert, so schließt dies das Vorhan-
densein einer Christuspartei aus und sind eben nur menschliche Parteihäupter, also keine Christuspartei vorausgesetzt. Dasselbe gilt von dem
ὑμεῖς δὲ Χριστοῦ (3, 23), das eine Antithese gegen die Schlagworte ‚ich

---

[8] ZB J. Weiß; U. Wilckens, aaO, 17 Anm. 2.
[9] In der Einführung zu F. C. Baur, Ausgewählte Werke 1, 1963, X.
[10] R. Reitzenstein, Hellenistische Mysterienreligionen, [3]1927, 334.

gehöre zu Paulus usw' darstellt. Spätestens hier wäre die energische Abfertigung einer Gruppe fällig gewesen, die das Χριστοῦ εἶναι in exklusiver Weise für sich beanspruchte und den anderen Christen absprach, – wenn es eine solche Gruppe gegeben hätte[11]. Aber nirgends im 1Kor findet sich eine Polemik gegen eine so ungeheuerliche Anmaßung. Aus allem ergibt sich: eine Christuspartei hat nicht existiert[12].

Man hat also nur mit den „Parteien" des Paulus, Apollos und Kephas zu rechnen. Über ihre Entstehung lassen sich nur Vermutungen anstellen. Nach 1, 12ff scheinen sie sich aus den von Paulus, Apollos und Kephas Bekehrten und Getauften zu rekrutieren. Nun hat man einen Aufenthalt des Kephas in Korinth bestritten – aus dem einzigen Grunde, weil die Apg nichts davon erzählt – und die Entstehung der Kephaspartei zugereisten Anhängern des Apostelfürsten anlasten wollen. Aber das Schweigen der Apg besagt hier gar nichts, zumal sie auch nichts über auswärtige Petriner in Korinth sagt. Von solchen fehlt im 1Kor jede Spur; Paulus spricht zwar auch nie direkt von einer Wirksamkeit des Kephas in Korinth, aber er spricht immerhin von ihm, und die Art, wie er es tut, macht diese Wirksamkeit wahrscheinlich (Bedeutung der Täufer für die Getauften 1, 12ff!). Aber auch bei dieser Annahme ist die Entstehung der Parteien noch nicht geklärt. Sind sie identisch mit den von den drei Missionaren Bekehrten? Eine Rivalität zwischen den von Paulus und den von Apollos Bekehrten ist zwar nicht ausgeschlossen, aber weil Paulus mehrfach sein gutes Verhältnis zu Apollos hervorhebt (3, 5–9; 4, 6) und von der Gemeinde um seine Fürsprache bei Apollos gebeten wird (16, 12), können die Differenzen zwischen den beiden Parteien jedenfalls nicht grundsätzlicher Natur gewesen sein. Anders scheint es sich mit der Kephaspartei zu verhalten. Paulus hebt nie sein gutes Einvernehmen mit Kephas hervor, das als Argument gegen das Parteitreiben von unschätzbarem Wert gewesen wäre, sondern hüllt sich darüber in vielsagendes Schweigen. Das weist auf schärfere Gegensätze, und ihr Grund kann nicht zweifelhaft sein: die Suprematie Petri als des ersten Auferstehungszeugen (15, 5) und wohl auch als des „Felsen", des Fundamentes der Kirche – jene Petrusauffas-

---

[11] 2Kor 10, 7 bestätigt ihre Existenz auch nicht. Das Χριστοῦ εἶναι wird hier lediglich dem Paulus abgesprochen – wobei es strittig ist, ob damit sein Christsein oder sein Apostolat bestritten wird –, nicht aber irgendwelchen Gemeindegruppen.

[12] Dies Ergebnis wird durch 1Clem 47, 3 bestätigt: Paulus „schrieb auch über sich selbst und über Kephas und über Apollos"; auch hier fehlt eine Reminiszenz an eine Christuspartei.

sung, die schon im Namen des Apostels zum Ausdruck kommt, später ihren Niederschlag in Mt 16, 18f gefunden hat und gegen die Paulus 1Kor 3, 11 zu polemisieren scheint. Dieser Anspruch auf Subordination, wie immer auch begründet, ist auf Widerstand gestoßen und hat vermutlich als Reaktion die Parteibildung erst veranlaßt, dh den Zusammenschluß von Christen, die von Paulus oder von Apollos bekehrt waren, zu eigenen Gruppen, wodurch auch die Kephasleute, nunmehr isoliert, in die Rolle einer blossen Gruppe gedrängt wurden.

Über die Eigenart der einzelnen Parteien kann man nur wenig sagen. Sie waren „Personalgemeinden", aber im antiken Sinne; sie verstanden sich nach Analogie der Mysterienkulte, in denen der Myste den Mystagogen, der ihn eingeweiht hat, als seinen Vater verehrt und sich nach ihm nennt[13]; diesen Schluß legen die Parolen und die Bedeutung der Täufer 1, 12ff nahe. Nur daß Paulus und Apollos die ihnen zugedachte Rolle des Mystagogen bzw. Parteihauptes ablehnen. Die Anschauungen der einzelnen Parteien lassen sich aus Kap. 1–4 nicht rekonstruieren und die in Kap. 5–16 sichtbar werdenden Positionen lassen sich nicht auf die einzelnen Parteien verteilen. Diese haben offensichtlich nicht den Rahmen, sondern nur einen Teil des korinthischen Treibens gebildet. Doch sollte die Heftigkeit, mit der Paulus sie bekämpft, davor warnen, ihre Bedeutung zu bloßen „Zankreden" herabzuspielen[14].

Neben den Spannungen und den Parteien sind noch Angriffe auf Paulus persönlich zu nennen, die ihn zur Abfassung des Briefes veranlaßt haben. Aus der „Apologie gegen die, die mich verhören (wollen)" (9, 1ff) geht hervor, daß die Legitimität seines Apostolats bestritten wurde und zwar mit der Begründung, sein Verzicht auf das Recht des Unterhalts durch die Gemeinde und seine Ehelosigkeit seien Beweis und Eingeständnis, daß er kein rechter Apostel sei. Nach 4, 3 scheinen in Korinth Bestrebungen im Gange, ihn zu „verhören", dh seine Apostolizität zu prüfen. Wer diese Gegner sind, ob sie – wegen des Kontextes von 4, 3 – in einer der Parteien, also in der Kephaspartei zu suchen sind, ist nicht festzustellen.

Abgesehen von diesen Gegnern und der Kephaspartei (die vielleicht identisch sind) scheint es in Korinth keine Gegner des Paulus gegeben zu haben; denn dieser erwähnt keine anderen und war ja

---

[13] J. Weiß, aaO, XXXII; Lietzmann, aaO, 7.
[14] So J. Munck; dagegen H. Conzelmann, aaO, 48.

brieflich und mündlich bestens informiert. Die Front, gegen die Paulus kämpft, – das gnostisch enthusiastische Pneumatikertum – kämpft selber nicht gegen Paulus. Das zeigt der Brief, in dem die Gemeinde ihre Fragen und inneren Differenzen vertrauensvoll dem Apostel vorlegt und der, wie aus den daraus entnommenen Argumenten bzw. Zitaten (8, 1ff) hervorgeht, von den „Starken", also den Pneumatikern verfaßt war. Diese empfanden keinen prinzipiellen Gegensatz zwischen ihrer Auffassung von Pneuma, Gnosis/Sophia und Exousia zum Evangelium des Paulus. Es ist vielmehr Paulus, der diesen Gegensatz sieht und aufweist. Aber die Art, wie er es tut, weist zugleich seine enge Gemeinsamkeit mit den korinthischen Auffassungen auf; wie er selbst den Geist, die Erkenntnis, die Freiheit für sich beansprucht, kann er den Korinthern diese Größen nicht absprechen und versucht, die falsche Einstellung zu diesen Größen, Mißverständnisse und Mißbräuche zu beseitigen. Diese Sachlage ist für das Urteil über das Aufkommen des Pneumatikertums in Korinth bedeutsam. Äußere Einflüsse, etwa die Mission gnostischer Missionare, kann man aufgrund des 1Kor nicht verantwortlich machen; auch den Apollos sollte man im Blick auf 1, 10–4, 21 als Katalysator besser nicht bemühen oder allenfalls in dem Maße wie den Paulus selbst. Das Pneumatikertum scheint eher das Produkt einer inneren (sozusagen „endogenen") Entwicklung der korinthischen Gemeinde gewesen zu sein: einseitige Betonung einzelner Elemente der paulinischen Verkündigung und ihre leichte Verbindung mit den mitgebrachten weltanschaulichen und religiösen Gedanken und Vorstellungen, wie W. Lütgert ansatzweise und R. Reitzenstein[15] richtig gesehen haben. Eine vollständige Rekonstruktion der ‚korinthischen Theologie' oder der ‚Gnosis in Korinth' läßt sich aufgrund der Quellen nicht durchführen, sondern nur mit Hilfe der Phantasie; die Ergebnisse gehen dementsprechend auseinander.

Paulus redet immer die ganze Gemeinde an, weil sie als ganze bedroht ist, und arbeitet trotz der Vielfalt der behandelten Themen das alle angehende Grundsätzliche heraus. Er zeigt, daß das Evangelium „das Wort vom Kreuz" ist (1, 18ff) und daß in der „Entleerung des Kreuzes" (1, 17) das πρῶτον ψεῦδος des korinthischen Treibens besteht, das zur Zerstörung der Kirche führt. Er zeigt ferner, daß und wie das Wort vom Kreuz die Geistesgaben und die Freiheit begründet und begrenzt. Es ist bezeichnend, daß er die pneumatischen

---

[15] AaO, 333ff.

Phänomene nicht zu eliminieren, sondern zu integrieren trachtet; er
statuiert als ihren Zweck die οἰκοδομή der Gemeinde und als ihre
letzte Norm die ἀγάπη (12–14; vgl. 8; 10)[16].

## 4. Einheitlichkeit

Es hat immer schon befremdet, daß zwei Briefe des Apostels an
die Korinther – der 5, 9 (= A) und der 2Kor 2, 3f („Tränenbrief"
= C) erwähnte – verlorengegangen sein sollten. So kam die Vermutung auf, sie könnten ganz oder teilweise unseren kanonischen Korintherbriefen – als Anlagen zu gleichen oder ähnlichen Themen –
inkorporiert worden sein, und von daher kam es zu Versuchen, sie
durch literarkritische Operationen wiederzugewinnen. Die Annahme,
die beiden Korintherbriefe seien Briefkompositionen, läßt sich weder
beweisen noch widerlegen; ein Consensus fehlt; aber sein Fehlen beweist ebensowenig etwas gegen die mögliche Richtigkeit dieser
Arbeitshypothese wie sein Vorhandensein etwas für die Richtigkeit
einer Hypothese bewiese. Meines Erachtens ist der 2Kor nur als
Briefkomposition verständlich und ist eine entsprechende Annahme
für den 1Kor nicht von vornherein abzulehnen. Als Motiv für eine
solche Komposition wird die Absicht angegeben, diese Briefe zu ver-
öffentlichen, dh sie über ihren ursprünglichen Adressatenkreis hinaus
zu verbreiten.

Beim 1Kor, mit dem wir es hier zu tun haben, läßt sich diese Absicht mit einiger Wahrscheinlichkeit aufzeigen: im Präskript wird die
Adressierung an die Korinther (1, 2a) durch die Worte „mit allen,
die den Namen unseres Herrn Jesus Christus an jedem Orte, ihrem
und unserem, anrufen" ins Unbegrenzte ausgeweitet.

Man kann zwar immer wieder versucht, diese Worte als rhetorische oder
liturgische Floskel zu verharmlosen. Aber überzeugender ist die Annahme,
diese auffällige, singuläre und absolut unpassende Wendung sei der Zusatz eines Editors, der dem 1Kor „ökumenische" Geltung zu verschaffen
suchte[17] – ganz analog der Streichung von „in Rom" (Röm 1, 7. 15), die
dieselbe „ökumenisierende" Tendenz verfolgt. Nur sollte man diese Annahme nicht mit der anderen belasten, der 1Kor habe ursprünglich das
Corpum Paulinum eröffnet, was kanonsgeschichtlich nicht beweisbar ist.

---

[16] Hierzu vor allem H. Jonas, Gnosis und spätantiker Geist, II 1, 1954,
   43ff und G. Friedrich, Christus, Einheit und Norm der Christen, KuD
   9, 1963, 235ff.
[17] So vor allem J. Weiß.

Die kanonsgeschichtlich nachweisbare weite Verbreitung und hohe Autorität des 1Kor allein genügt völlig zur Erklärung der „Ökumenisierung" seiner Adresse. Weitere Spuren literarischer Bearbeitung durch einen Editor mögen auf sich beruhen[18].

Der 1Kor mit seinem Themenwechsel und lockerem Gefüge lädt zu Teilungshypothesen geradezu ein. Die modernen Teilungshypothesen stellen lediglich Variationen der von J. Weiß durchgeführten

Er rechnet zu A: aus thematischen Gründen (5, 9!) 6, 12–20 und 2Kor 6, 14–7, 1; wegen Spannung zum Kontext 1Kor 9, 24–10, 23 und wegen einer anderen vorausgesetzten Situation 11, 2–34, ferner 16, 7b–9. 15–20; zu B: 1, 1–6, 11; 7, 1–9, 23; 10, 24–11, 1; 12–16. Es würde zu weit führen das Kaleidoskop der Variationen darzustellen[19].

Mir scheint eine Zuweisung zu verschiedenen Briefen nur dann gerechtfertigt zu sein, wenn bestimmte Partien des 1Kor verschiedene Situationen voraussetzen. Das ist beim Thema der Parteien 1, 10–4, 21 und 11, 18f der Fall; die beiden Texte setzen verschiedene Situationen bzw. verschiedene Beurteilungen der Situation voraus. Zu Brief A dürfte am ehesten 11, 18f (wegen der harmlosen Auffassung der Schismata), dann aber auch der davon untrennbare Kontext 11, 2–34 gehören. Nachdem H. von Soden gezeigt hat, daß die Herauslösung von 10, 1–23 aus seinem jetzigen Zusammenhang formal und sachlich unbegründet ist, bleibt für alle anderen Partien des 1Kor kein zureichender Grund, sie A zuzuweisen.

## 5. Abfassungsverhältnisse

Paulus schreibt den 1Kor von Ephesus aus, wo er „noch einige Zeit, bis Pfingsten bleiben" will (16, 8), dh gegen Ende seines etwa zweieinhalb Jahre dauernden dortigen Aufenthaltes (Apg 20, 31), also im Frühjahr 54, 55 oder 56, vermutlich vor Ostern (5, 8)[20]. Die vorhergehende Korrespondenz – Brief A und der Fragebrief – können nicht allzu lange vor dem 1Kor liegen. Bei Paulus befinden sich außer Sosthenes (1, 1), Aquila und Prisca und anderen nicht namentlich genannten Christen (16, 19) auch die korinthischen Delegierten, Stephanas, Fortunatus und Achaicus (16, 15ff), die vermutlich den Brief überbringen sollen. Ebenso ist oder war Apollos bei Paulus; dieser

---

[18] J. Weiß, (XLf) hält 4, 17; 7, 17; 11, 16; 14, 33b–35 für Zusätze.
[19] Vgl. W. Schenk, ZNW 60, 1969, 219ff.
[20] Wohl bald nach dem Galaterbrief, vgl. 16, 1.

hatte ihn gedrängt, der Einladung nach Korinth zu folgen, aber Apollos hatte keine Lust. Paulus hatte vor Abfassung des 1Kor Timotheos dorthin gesandt, allerdings nicht direkt, denn er erwartet, daß sein Brief vor ihm eintrifft (4, 17; 16, 10f); Timotheos soll dem Brief Nachdruck verleihen und Ordnung in die korinthischen Verhältnisse bringen. Paulus selbst will im Laufe des Jahres kommen, allerdings erst Makedonien besuchen, dafür aber den Winter über in Korinth bleiben (16, 5ff); er hofft, daß bis dahin die Gemeinde wieder intakt ist (4, 18ff).

## § 9. Der zweite Korintherbrief

*Kommentare:*

HNT: H. Lietzmann – W. G. Kümmel, ⁵1969; KNT: Ph. Bachmann, ⁴1922; MeyerK: H. Windisch, ⁹1924; NTD: H.-D. Wendland, ⁶1954; ICC: A. Plummer, 1925; Moffatt, NTC: R. H. Strachan, 1935; CNT: J. Héring, 1950; EtB: E.-B. Allo, 1936; A. Schlatter, Paulus, der Bote Jesu, 1934.

*Untersuchungen:*

C. K. Barrett, Paul's Opponents in II Corinthians, NTS 17, 1970/71, 233ff;
–, Titus, Neotestamentica et Semitica, Festschr. M. Black, 1969, 1ff;
H. D. Betz, Der Apostel Paulus und die sokratische Tradition, BHTh 45, 1972;
G. Bornkamm, Die Vorgeschichte des sogenannten Zweiten Korintherbriefes, SAH, 1961, 2 = Gesammelte Aufsätze IV, 1971, 162ff;
R. Bultmann, Exegetische Probleme des zweiten Korintherbriefes, SBU 9, 1947 = ders., Exegetica, 1967, 298ff;
E. Dinkler, RGG³ IV, 1960, 17ff;
G. Friedrich, Die Gegner des Paulus im II. Korintherbrief, in: Abraham unser Vater, Festschr. O. Michel, 1963, 181ff;
D. Georgi, Die Gegner des Paulus im 2. Korintherbrief, WMANT 11, 1964;
E. Käsemann, Die Legitimität des Apostels, ZNW 41, 1942, 33ff = Libelli XXXIII, Darmstadt 1958.

### 1. *Inhalt und Aufbau*[1]

Präskript 1, 1f.
Proömium (Eulogie) 1, 3–11.
 I. Verteidigung 1, 12–2, 13.
  1. Der Ruhm des Paulus, sein gutes Gewissen 1, 12–14.
  2. Reisepläne 1, 15–2, 4.

---

[1] Im Anschluß an R. Bultmanns Disposition des 2Kor (Vorlesung WS 1935/36).

## 2. Die Vorgeschichte

Die Hoffnung des Paulus, durch den 1Kor und die Sendung des Timotheos die Gemeinde wieder in Ordnung zu bringen, hatte sich, wie aus 2Kor hervorgeht, nicht bzw. nur vorübergehend erfüllt. Es war zu neuen, ungleich schwereren Konflikten gekommen. Was zwischen dem 1Kor (Brief B) und dem 2Kor geschehen ist, muß man aus dem letzteren zu rekonstruieren versuchen – die Apg hilft hier nicht weiter – und dabei manche Unsicherheiten in Kauf nehmen, die in den widersprüchlichen Aussagen, der seltsamen Komposition und dem in manchen Partien heftig polemischen Stil dieses Schreibens begründet sind.

### a) Die äußeren Ereignisse

Paulus teilt der Gemeinde 2Kor 1, 8–10 mit, daß er nicht allzu lange vor Abfassung des Briefes „in der Asia", dh in Ephesus (1Kor 16, 19) in schwerer aussichtloser Lebensgefahr gewesen war, aber gerettet worden ist. Er hat sich nach Troas begeben, wo er vergeblich auf die Rückkehr des Titus aus Korinth gewartet hat, und dann nach Makedonien (2, 12f) wo Titus ihn erreicht und ihm gute Nachrichten aus Korinth gebracht hatte (7, 5ff). Paulus schreibt den Brief in großer Freude über die Wiederherstellung des guten Verhältnisses zwischen ihm und der Gemeinde. – Was für eine Gefahr ihn bedroht hat, sagt Paulus nicht; da er von ihr als von etwas den Korinthern bisher Unbekanntem spricht, kann sie nicht mit der 1Kor 15, 30ff erwähnten identisch sein. Man könnte an Krankheit denken; da er aber 1, 5 von den „Leiden Christi" spricht, die reichlich über ihn gekommen seien, wird die Lebensgefahr eher in Verfolgungen (vielleicht auch Gefangenschaft und Prozeß) wegen seiner Verkündigung bestanden haben; dafür spricht auch, daß er sich alsbald nach Troas abgesetzt hat. Apg 19 berichtet nichts derart Gefährliches über den ephesinischen Aufenthalt; aber vielleicht war der Demetrios-Krawall in der Geschichte des Apostels nicht so harmlos wie in der Apg.

Paulus bezieht sich 2, 3–9; 7, 8–12 auf einen früheren Brief, den er „aus großer Trübsal und Herzensangst unter vielen Tränen geschrieben" (2, 4) und in dem er die Unterwerfung der Gemeinde und speziell die Disziplinierung eines Gemeindegliedes gefordert hat, das ihn „betrübt", ihm „Unrecht getan" hatte (2, 9; 7, 12); vom Erfolg dieses Briefes hat ihm Titus soeben berichtet. Dieses Schreiben kann nicht der 1Kor sein (der keine derartigen Forderungen enthält und dem ja nicht Titus, sondern Timotheos Nachdruck verleihen sollte); es liegt zwischen diesem und unserem 2Kor; man nennt es Zwischenbrief oder Tränenbrief. – Worin das „Unrecht" bestand, erfahren wir nicht; es muß mehr als eine persönliche Beleidigung des Apostels gewesen sein – wegen einer solchen hätte er nicht einen derartigen Aufwand gemacht – und muß im Zusammenhang mit der gleich zu erwähnenden Agitation gegen Paulus gestanden haben[2].

Er spricht ferner von einem zurückliegenden zweiten Besuch in Korinth (13, 2) und kündigt einen dritten an (12, 14; 13, 1), der nicht wie jener ἐν λύπῃ verlaufen soll (2, 1) und bei dem er die Gemeinde

---

[2] Vgl. Bornkamm, Vorgeschichte, 165f.

nicht wieder schonen will (1, 23f; 13, 1ff). Bei dem zweiten, dem sogenannten „Zwischenbesuch", war es zu heftigen Auseinandersetzungen, deren Höhenpunkt wohl das genannte „Unrecht" war, und zu einem fast völligen Zerwürfnis zwischen der Gemeinde und dem Apostel gekommen. Der Zwischenbesuch ist nicht der 1Kor 16, 5–9 angekündigte Aufenthalt, sondern wurde von Paulus improvisiert, weil der Erfolg seiner Gegner sein Eingreifen in Korinth nötig machte. Paulus war dann nach Ephesus zurückgekehrt und hatte versucht, durch den Tränenbrief und die Sendung des Titus die Gemeinde wieder in seine Botmäßigkeit zu bringen (2, 1–13; 7, 6f. 13ff).

Schließlich ist noch ein Stück der äußeren Vorgeschichte zu nennen. Paulus kündigt in Kapitel 8 einen erneuten Besuch des Titus an, der die Kollekte zu Ende führen soll, „wie er sie früher angefangen hat" (προενήρξατο, 8, 6). Er erwähnt auch 12, 17f diese Kollektentätigkeit des Titus (zusammen mit einem nicht namentlich genannten Bruder). Ist dieser Korinthaufenthalt identisch mit dem, bei dem Titus die Gemeinde dem Apostel wieder unterwarf und von dem er gerade zurückgekommen war (7, 6ff)? Das ist kaum möglich, denn wenn Paulus von den Korinthern sagt, sie hätten mit der Kollekte „seit vorigem Jahr angefangen" (προενήρξασθε ἀπὸ πέρυσι 8, 10), so fällt dieses „Anfangen" mit dem kurz zuvor erwähnten des Titus offenbar zeitlich zusammen (Terminus und Tempus sind identisch). Ist das richtig, dann wäre Titus vor dem 2Kor zweimal in Korinth gewesen, zuerst in der Kollektenangelegenheit (8, 6; 12, 17f) und später zur Wiedergewinnung der Gemeinde (2, 13; 7, 6–14); der angekündigte Besuch wäre der dritte[3].

Man kann den Ablauf der äußeren Ereignisse ungefähr folgendermaßen rekonstruieren. Die Sendung des 1Kor und des Timotheos scheint einigen Erfolg gehabt zu haben (denn Timotheos wird im Präskript 2Kor 1, 1 als Mitabsender erwähnt). Aus irgendwelchen Gründen hat Paulus seinen ursprünglichen Plan, nach Pfingsten von Ephesus zuerst nach Makedonien und dann nach Korinth zu reisen (1Kor 16, 5–7), aufgegeben, den Titus wegen der Kollekte nach Korinth gesandt und der Gemeinde brieflich oder mündlich seinen veränderten Reiseplan (Ephesus–Korinth–Makedonien–Korinth; 2Kor 1, 13–17) mitgeteilt. Nachdem Titus erfolgreich zu Paulus zurückgekehrt war, kam es zu dramatischen Zuspitzungen: in Korinth

---

[3] Vgl. Bornkamm, aaO, 164f, 186f.

setzte eine heftige Agitation gegen Paulus ein, er reiste dorthin, fand
die Gemeinde in Aufruhr und erlebte eine schwere Niederlage
(Zwischenbesuch), kehrte nach Ephesus zurück, sandte den „Tränenbrief" und den Titus, um so zu erreichen, was ihm persönlich nicht
gelungen war. Darauf geriet er selbst in die große Lebensgefahr,
verließ Ephesus und zog über Troas nach Makedonien. Hier erhielt
er durch Titus die guten Nachrichten und schrieb den Versöhnungsbrief nach Korinth.

### b) Die innere Situation der Gemeinde

Paulus lernte diese Situation aus eigener Anschauung bei seinem
Zwischenbesuch kennen, hatte aber schon vorher alarmierende Informationen erhalten, die ihn zu diesem Besuch veranlaßten. Er
tadelt den üblen sittlichen Zustand der Gemeinde (12, 20–13, 2) in
einem Lasterkatalog, der an Vollständigkeit nicht zu wünschen übrig
läßt. Aber das eigentlich Beunruhigende ist dies, daß die Gemeinde
sich durch Agitatoren gegen ihren Apostel einnehmen ließ und
weitgehend von ihm abgefallen ist. Die Angriffe richteten sich gegen
Paulus persönlich und gegen die Legitimität seines Apostolates. Die
Frage, wer „die Gegner des Paulus im 2Kor" sind, ist seit E. Käsemanns Aufsatz zu diesem Thema viel verhandelt und sehr verschieden beantwortet worden. Sind sie mit einer der Parteien des 1Kor
identisch oder handelt es sich um neue Gegner? Was führen sie
gegen Paulus ins Feld? Die Art, wie Paulus polemisiert und sich
verteidigt, erschwert eine genaue Erfassung der Situation: er legt
nicht systematisch die Position seiner Gegner dar, um sie dann zu
destruieren – sie war ja seinen Lesern bekannt –, sondern bestimmt
selbst den Gang seiner Auseinandersetzung; dabei ist es nicht immer
ersichtlich, ob er zitiert oder übertreibt bzw. verdreht. Ein weiterer
Unsicherheitsfaktor käme hinzu, wenn er tatsächlich in 10–13 traditionelle Muster und Topoi einer „antisophistischen" Apologie,
die keine sein will, verwendet[4]. Jedenfalls ist es methodisch geboten,

---

[4] So Betz. Sein materialreiches, anregendes, aber nicht ganz fertig gewor-
denes Buch ist so sehr auf Topoi und Muster fixiert, daß hinter ihnen
der bittere Wirklichkeitsbezug von 2Kor 10–13 nahezu verschwindet;
eine Strukturanalyse der verwendeten Apologien hätte die notwendige
Ergänzung gebracht und das einseitige Ableiten ins Traditionelle verhindern können. Ein Vergleich der Apologie des Apollonios von Tyana
(VitAp VIII 7) zB mit 2Kor 10–13 macht den Unterschied zwischen rhetorischer Stilübung und echter Apologie evident.

sich auf den 2Kor zu beschränken – hier kommen vor allem die beiden Apologien 2, 14–7, 4; 10–13 in Betracht[5] – und erst dann nach Beziehungen zum 1Kor zu fragen. Ebenso empfiehlt es sich, von den Vorwürfen gegen Paulus auszugehen und erst dann nach den Gegnern zu fragen.

Unbeschadet aller näherer Bestimmungen kann man aber mit Sicherheit sagen, daß die Gegnerschaft gegen Paulus durch ortsfremde Zugereiste hervorgerufen bzw. aktiviert worden ist. Sie sind von außen „gekommen" (11, 4), haben sich in fremdes Missionsgebiet eingedrängt (10, 12–18) und haben sich mit „Empfehlungsbriefen" anderer Gemeinden Einlaß verschaft (3, 1).

Sicher liegt in 10, 10 ein Zitat von Vorwürfen vor: „ ‚Denn die Briefe', heißt es, ‚sind freilich wuchtig und kraftvoll, aber sein persönliches Auftreten ist schwächlich und seine Rede nichts wert.' " Die beiden ersten Vorwürfe begegnen auch 10, 1 (Paulus sei „ins Gesicht demütig", dh feig und opportunistisch, „abwesend aber stark", dh nur aus der Ferne mutig und energisch). Sie zielen auf ein zwiespältiges, zweideutiges Verhalten des Paulus, auf eine Diskrepanz zwischen Anspruch und Wirklichkeit. Der dritte Vorwurf kehrt 11, 6 wieder (Paulus sei ein „Laie der Rede", ἰδιώτης τῷ λόγῳ, ihm fehle die Gabe der freien Rede). Damit ist kaum der Mangel an rhetorischer Schulung gemeint[6], sondern, wie der Kontext nahelegt, der Mangel an wirkungsmächtiger, geistgewirkter Rede (vgl. 13, 3). Diese Vorwürfe verfolgen nicht nur eine persönliche Verunglimpfung, sondern vor allem den Nachweis, daß dem Paulus die Qualifikation zum Apostel fehlt. Seine „Schwachheit" – ein gegnerisches Schlagwort (11, 21) – enthülle sich nicht nur in den schon genannten Mängeln, sondern auch in seiner Unfähigkeit, „die Zeichen des Apostels" zu vollbringen (12, 12; ebenfalls ein Schlagwort) und mit anderen pneumatischen Begabungen, Ekstasen und Gesichten, aufzuwarten (12, 1. 7). Zudem fehle ihm ein legitimierender Auftrag (10, 13f), er könne nicht einmal Empfehlungsbriefe vorweisen (3, 1) und kompensiere dieses Manko durch Selbstempfehlungen (4, 2; 10, 18) und maßlosen Selbstruhm (10, 13; 12, 1). Aber – und darauf haben die Gegner offenbar mit besonderem Nachdruck verwiesen, denn Paulus geht zweimal ausführlich darauf ein – sein Verzicht auf das apostolische Recht des Unterhalts durch die Gemeinde sei deutlich sein eigenes Eingeständnis, daß er kein Apostel sei (11, 7–12; 12, 11–16), ein Argument, das schon 1Kor 9, 3ff begegnet war. Die Polemik spricht dem Paulus aber nicht nur die Apostelwürde, sondern die Christlichkeit überhaupt ab: er „gehöre Christus nicht an" (10, 7) und „wandle nach dem Fleisch" (10, 2). Die Argumente dafür reichen von der Kritik an der Änderung seiner Reisepläne (1, 13ff) über die Unter-

---

[5] Ich setze voraus, daß es sich in beiden Texten um dieselben Gegner handelt.

[6] So zuletzt wieder Betz, aaO, 57ff, der in dem Eingeständnis mangelnder rhetorischer Schulung einen rhetorischen Topos findet.

stellung von Hinterlist und Berechnung (12, 16) bis zur Verdächtigung, er unterschlage Kollektengelder zur eigenen Bereicherung (12, 17ff). Daß der Angriff auf Paulus „totale Ausmaße" angenommen hat, wird man zugeben müssen, auch wenn man in Rechnung stellt, daß man nur die eine Seite hört und diese sich einseitig äußert.

Wer sind die Gegner? Ihre Namen erfahren wir nicht, Paulus polemisiert wie üblich anonym. Man kann seinen Ausführungen und sarkastischen Verballhornungen einige Selbstcharakteristika und -bezeichnungen, aber auch einige andere Wesenszüge der Gegner entnehmen; die historische Interpretation dieser Züge, dh die Einordnung der Gegner in die Geschichte des Urchristentums ist mit diesen Erhebungen noch nicht gegeben.

Selbstcharakteristika der von außen mit Empfehlungsbriefen Zugereisten sind „Hebräer, Israeliten, Samen Abrahams" (11, 22); die Gegner rühmen sich einwandfreier jüdischer Abstammung (was keineswegs palästinische Herkunft impliziert), ohne daß deutlich würde, ob und welche Ansprüche sie damit verbunden hätten. In den Invektiven 11, 13–15 – „Pseudoapostel, trügerische Arbeiter, die sich in Apostel Christi verkleiden. ... Seine (des Satans) Diener verkleiden sich als Diener der Gerechtigkeit" – verdreht Paulus Selbstbezeichnungen seiner Gegner: Apostel Christi, Arbeiter (= Missionsarbeiter, Missionare), Diener Christi bzw. der Gerechtigkeit; also Missionare, die den Aposteltitel beanspruchen und Christus bzw. die Gerechtigkeit verkündigen. Ob die „Überapostel" (11, 5; 12, 11) mit diesen Falschaposteln identisch oder von ihnen zu unterscheiden sind, ist umstritten. Ebenso, ob der Terminus „Diener" die Gegner als hellenistische Juden ausweise. Weitere Wesenszüge dieser Leute ergeben sich aus der Polemik gegen Paulus; alles, was sie ihm absprechen, beanspruchen sie für sich: Legitimation von außen und Pneumabesitz, der sich in geistgewirkter Rede, in den „Zeichen des Apostels" und anderen ekstatischen Phänomenen dokumentiert. Anders als Paulus beziehen sie finanzielle Unterstützung durch die Gemeinde, und zwar offenbar beträchtliche (vgl. 2, 17; 11, 20). Über die Lehre seiner Gegner äußert sich Paulus nur einmal direkt, in dem Tadel an die Korinther: „Wenn einer kommt und einen anderen Jesus verkündigt, den wir nicht verkündigt haben, oder ihr einen anderen Geist empfangt, den ihr nicht empfangen habt, oder ein anderes Evangelium, das ihr nicht erhalten habt, dann laßt ihr euch das ganz schön gefallen" (11, 4). Dh die Pseudoapostel verkündigen eine Irrlehre (vgl. Gal 1, 6), und zwar eine christologische Häresie. Worin sie des näheren besteht, läßt sich aus dem Ausdruck „einen anderen Jesus" nicht erschliessen. Man sieht wohl mit Recht in 4, 10–14 und 5, 16–21 eine Auseinandersetzung mit der gegnerischen Christologie; dann hätte der Tod Jesu hier keine Heilsbedeutung gehabt. Was aber seine Stelle eingenommen hat, bleibt unsicher; daß es eine θεῖος ἀνήρ – Christologie war (nach Art des Mk und Lk)[7], läßt sich aus dem ganzen 2Kor durch nichts belegen;

---

[7] So Georgi.

eher könnte man aufgrund von 11, 4 an eine Geistchristologie denken. Wenn der Midrasch 3, 7–18 ebenfalls eine Auseinandersetzung mit den Gegnern darstellt, so hätten in ihrer Lehre Mose und das Gesetz, der Bundesgedanke und der Geist eine Rolle gespielt; aber welche, bleibt unklar[8].

Die Zuordnung dieser judenchristlichen Missionare zu einer der bekannten urchristlichen Richtungen ist bei dieser Sachlage natürlich kontrovers. Die alte Zuordnung dieser Paulusgegner zu den Judaisten, wie sie im Gal bekämpft werden, findet immer noch Vertreter, ist aber zweifellos unrichtig; denn Paulus bekämpft die judaistischen Hauptforderungen, Beschneidung und Gesetzlichkeit, im 2Kor gerade nicht. Eine geistvolle Variation der Judaistenhypothese hat E. Käsemann geliefert: die Eindringlinge sind Abgesandte der Jerusalemer Urgemeinde und spielen gegen Paulus die Autorität Urapostel aus, sie vertreten ein Traditionsprinzip, verbinden dieses aber gleichzeitig mit dem Pneumatismus; diese kühne Konstruktion ist jedoch in sich unwahrscheinlich und läßt sich exegetisch nicht halten[9]. Nach einer anderen Hypothese sind die Gegner judenchristliche Gnostiker, die eng mit den im 1Kor bekämpften Pneumatikern zusammen gehören, sodaß Paulus in beiden Briefen gegen die gleiche Front kämpfte[10]. Dagegen hat D. Georgi[11] im 2Kor eine total andere Front aufzeigen und die Bekämpften als hellenistisch-judenchristliche θεῖοι ἄνδρες diagnostizieren wollen. Allerdings basiert seine Schilderung ihrer Art und Missionsmethode zum geringsten Teil auf dem 2Kor und zum größten auf jüdischen, heidnischen und (anderen) christlichen Quellen. Der Nachweis für diesen Charakter der Gegner scheint mir ebensowenig gelungen wie der Nachweis für ein entsprechendes Christus- und Moseverständnis[12]. So richtig es ist, daß mit ihrem Eindringen in die Gemeinde eine neue Situation entstan-

---

[8] S. Schulz, ZNW 49, 1958, 1ff, und Georgi versuchen, aus diesem Passus einen gegnerischen Text zu rekonstruieren (den Paulus zitiert und glossiert hätte); aber die Ergebnisse divergieren derart, daß sie für die Erkenntnis der Theologie der Gegner nichts austragen.

[9] Vgl. vor allem Bultmann, Exegetica, 313ff.

[10] So Bultmann, Dinkler, Schmithals.

[11] Unter Zustimmung von G. Bornkamm sowie von H. Köster und J. M. Robinson, Entwicklungslinien durch die Welt des frühen Christentums, 1971, 57f, 176f.

[12] Gegen Georgis Thesen zB G. Friedrich (der allerdings die Gegner für hellenistische Judenchristen aus dem Stephanuskreis hält) und C. K. Barrett (der allerdings eine modifizierte Judaistenhypothese vertritt).

den und die Feindschaft gegen Paulus (neu) aufgeflammt ist, so
gewiß sind die pneumatischen Fähigkeiten, auf die sie pochen, den
korinthischen Pneumatikern altbekannt; sie kommen alle schon im
1Kor vor. Die θεῖοι ἄνδρες-Hypothese ist daher unwahrscheinlich.
Die Annahme, die judenchristlichen Eindringlinge seien Gnostiker
bzw. gnostisierende Pneumatiker ähnlich denen des 1Kor, dürfte dem
Textbefund am ehesten entsprechen. Sie erklärt auch am besten die
Tatsache des raschen Erfolges dieser Leute bei den für Paulus doch
schon wiedergewonnenen Korinthern. Lassen sich auch die jüdischen
Specifica der Eindringlinge nicht genau erfassen, so scheint es doch,
daß sie ihre Paulusfeindschaft schon mitgebracht und nicht erst in
Korinth unter dem Einfluß der zurückgedrängten Paulusgegner entwickelt haben (die vielmehr durch die Eindringlinge neuen Auftrieb
erhalten und sich ihnen angeschlossen haben). Die Eindringlinge
haben ihre Hauptaufgabe offensichtlich im Kampf gegen Paulus
gesehen. Nur so erklärt es sich, daß nach ihrem Auftauchen eben
dieser Kampf und nicht mehr der pneumatische Individualismus die
korinthische Szene – und die Thematik des 2Kor beherrscht[13]. Auch
wenn man in Rechnung stellt, daß man aus den Quellen nur die
eine Seite hört und diese sich sehr einseitig äußert, drängt sich der
Eindruck auf, daß der Angriff auf Paulus „totale Ausmaße" angenommen hat[14].

### 3. Die Frage der literarischen Einheitlichkeit[15]

Der 2Kor macht einen sehr uneinheitlichen Eindruck. Die Versöhnung zwischen dem Apostel und der Gemeinde, die in 7, 7–16
besiegelt erscheint und in den Kollektenkapiteln 8f vorausgesetzt ist,
ist in den vier folgenden Kapiteln 10–13 nicht vorhanden, hier
kämpft der Apostel um die Gemeinde und gegen seine Feinde in
ihrer Mitte. Schon früh wurde daher vermutet, 10–13 gehörten nicht
ursprünglich mit 1–9 zusammen, sondern seien ein selbständiger
Brief bzw. das Fragment eines solchen und sekundär 1–9 angefügt.
Aber auch diese sind uneinheitlich. Die beiden Kollektenkapitel
erscheinen als Dubletten. Und in 1–7 wird der Bericht über des
Paulus Warten auf Titus nach 2, 13 unterbrochen und nahtlos erst

---

[13] Zur Themenverschiebung s. Dinkler, aaO, 18f.
[14] Käsemann, ZNW 41 = Libelli XXXIII.
[15] Hierzu Bornkamm, aaO, 172ff und Kümmel, Einleitung, [17]1973, 249ff.

in 7, 5 fortgesetzt; 2, 14–7, 4 bilden eine selbständige Abhandlung über das apostolische Amt. Aber auch sie ist nicht ganz einheitlich; der Passus 6, 14–7, 1 zerreißt den Zusammenhang. Dieser Befund und die schon erwähnten Hinweise des Paulus auf frühere Briefe (1Kor 5, 9; 2Kor 2, 3f usw) haben die Vermutung gestärkt, der „zweite Korintherbrief" sei in Wirklichkeit eine Sammlung von Paulusbriefen bzw. Fragmenten, zusammengestellt zwecks Austausch und Verbreitung. In der literarkritischen Abgrenzung der einzelnen Fragmente und in der Zuweisung der Fragmente (etwa zum „Tränenbrief") gehen die Meinungen freilich auseinander. Trotz dieser Divergenzen scheint mir im 2Kor tatsächlich eine Briefsammlung vorzuliegen – und zwar vor allem deshalb, weil die Uneinheitlichkeit in der Komposition des Ganzen liegt, während die einzelnen großen Einheiten, zB 2, 14–7, 4 und 10–13, in sich vorzüglich disponiert sind; daher scheint mir der Versuch einer literarkritischen Analyse notwendig; nur muß er durch den Versuch ergänzt werden, die Motive der Komposition aufzuzeigen. Selbstverständlich läßt sich in beiden Fragen kein stringenter Beweis, sondern nur ein Wahrscheinlichkeitsbeweis führen. Aber auch die Verteidigung der Einheitlichkeit ist nicht besser dran, sie kommt nicht ohne Hypothesen aus und nicht über Wahrscheinlichkeiten hinaus. Es geht darum, welche Hypothese mehr Wahrscheinlichkeit besitzt.

Bei 10–13 ist die Diskrepanz zum Vorhergehenden besonders kraß. Nicht so sehr der totale Umschwung in Ton und Stimmung als der sachliche Gegensatz in der vorausgesetzten Situation macht es unwahrscheinlich, daß 10–13 die Fortsetzung von 7 bzw. 8f ist. Die Harmonisierungsversuche wirken wenig überzeugend: die „schlaflos durchwachte Nacht", die Lietzmann zur Erklärung genügt[16], wird sonst niemandem genügen; die These einer anderen Front – in 1–9 die Gemeinde, in 10–13 die Gegner – trifft nicht zu, weil Paulus immer die ganze Gemeinde anspricht; die Vermutung, er habe neue Nachrichten erhalten[17], scheitert daran, daß Paulus in 10–13 solche Neueingänge nicht erwähnt; und Kümmels Annahme, er habe „nach einem gewissen zeitlichen Abstand dem Brief einen Schluß angefügt..., der seinen weiterhin bestehenden Sorgen um die Gemeinde schärferen Ausdruck gab"[18], verträgt sich schwer mit den hier und dort vorausgesetzten Situationen. In 10–13 tobt der Kampf in aller Heftigkeit und sein Ausgang ist völlig ungewiß (vgl. 12, 14; 13, 1); laut 7, 5–16 hat

---

[16] AaO, 139.

[17] M. Krenkel, Beiträge zur Aufhellung der Geschichte und der Briefe des Apostels Paulus, 1890, 153ff und nach ihm zB Windisch, aaO, 16ff; A. Jülicher-E. Fascher, Einleitung in das NT, [7]1931, 98ff.

[18] Kümmel, aaO, 253.

die Gemeinde nicht nur den ἀδικήσας bestraft, sondern sich als ganze dem
Apostel unterworfen, und ist der Friede wiederhergestellt[19]. Daß beides
im gleichen Brief gestanden hat, scheint mir ausgeschlossen; es kann nicht
gleichzeitig Krieg und Frieden herrschen. – Die Einordnung der vier Kapitel in die Korrespondenz des Paulus mit Korinth ist bei den Literarkritikern allerdings umstritten. Die einen datieren sie zeitlich nach dem
Versöhnungsbrief[20], die anderen rechnen sie dem vorhergehenden „Tränenbrief" zu[21]. Im ersten Fall wären eine erneute Aktivität der Gegner
und ein erneuter Abfall der Gemeinde vorauszusetzen; aber dagegen
spricht, daß jeder Hinweis auf einen Bruch des geschlossenen Friedens,
den Paulus kaum unterlassen hätte, in 10–13 fehlt. Die zweite Hypothese
ist wahrscheinlicher. Gegen sie werden allerdings zwei Einwände erhoben:
da einerseits in 10–13 die Forderung nach Bestrafung des ἀδικήσας nicht
erwähnt sei und andererseits im Versöhnungsbrief nichts von der Ausschaltung der Gegner stehe, könnten 10–13 nicht zum Tränenbrief gehören.
Aber einerseits gelten die vier Kapitel ja nur als Fragment dieses Briefes;
da die Bestrafung im Versöhnungsbrief als vollzogen erwähnt wurde, war
die Übernahme des Passus mit der entsprechenden Forderung bei der
Zusammenstellung des 2Kor überflüssig. Andererseits ist es unbillig, von
Paulus einen besonderen Triumphgesang über die besiegten Gegner zu
erwarten; es ging ihm um die Gemeinde, und sein überströmender Dank
über ihre Wiedergewinnung 7, 8–12 wäre durch ausdrückliche Bezugnahme
auf die Ausschaltung der Konkurrenz nicht gerade bereichert worden. So
dürfte das Fragment 10–13 als Stück des Tränenbriefs am besten verständlich sein.

Daß der andere Passus 2, 14–7, 4 den Bericht über Titus unerträglich
unterbricht und daß 7, 5 glatt an 2, 13 anschließt, braucht nicht eigens
gezeigt zu werden. Gewiß sind Parenthesen, Exkurse und Gedanken-
sprünge bei Paulus keine Seltenheit. Aber eine Parenthese von solcher
Länge (mehr als 6 Nestle-Seiten) findet sich bei ihm sonst nicht; als
Exkurs wäre die Apologie des Apostolats unmotiviert; und von Gedan-
kensprüngen ist in der streng aufgebauten Apologie nichts wahrzunehmen.
Sie gehört also schwerlich in ihren jetzigen Zusammenhang. Strittig ist
aber, ob sie zum Tränenbrief gehört[22] oder zu einem früheren Brief aus der
Zeit vor dem Zwischenbesuch, als Paulus die Gefährlichkeit der Agitatoren noch nicht erkannt hatte[23]. Für letzteres wird der andere Ton gegenüber der Gemeinde (6, 11ff und andererseits 11, 8ff) geltend gemacht[24].

---

[19] „Denn siehe, eben dies, daß ihr so, wie Gott es will, betrübt worden
seid, wie viel ernstes Bemühen hat es in euch bewirkt, ja Verteidigung,
ja Unwillen, ja Furcht, ja Sehnsucht, ja Eifer, ja Bestrafung! In allem
habt ihr euch rein erwiesen in dieser Sache", 7, 11.

[20] So zuerst J. S. Semler, 1776.

[21] So A. Hausrath, Der Vier – Capitelbrief des Paulus an die Korinther,
1870 und nach ihm viele andere Forscher, zB Bultmann, Bornkamm,
Dinkler, Dodd (weitere Namen bei Kümmel, aaO, 251 Anm. 22).

[22] So Bultmann, Dinkler u. a.

[23] So Bornkamm, Georgi u. a.

[24] Bornkamm, aaO, 176f.

Aber die Änderung des Tons besagt nichts, sie findet sich auf engstem Raum 1Kor 4, 14–21, wo Paulus den Korinthern seine väterliche Liebe versichert und gleich darauf mit dem „Stock" droht, in einem Passus also, den niemand deshalb auf zwei verschiedene Briefe verteilen würde. Für die Zuordnung zum Tränenbrief sprechen die Gleichheit der Situation und die Gleichheit des Themas, das in 2, 14ff in sachlicher Darlegung, in 10ff in persönlicher Auseinandersetzung behandelt wird.

Die Kollektenkapitel 8 und 9 können nicht demselben Brief angehört haben. Denn wenn Paulus nach den langen Ausführungen zum Thema plötzlich 9, 1 das Thema neu einführt und es dann fast ebenso ausgiebig behandelt und wenn er in 8, 1ff den Korinthern die Makedonier, in 9, 2ff dagegen den Makedoniern die Korinther als leuchtendes Vorbild vor Augen stellt, muß es sich um zwei selbständige Stücke gehandelt haben. Allerdings beziehen sich beide auf dieselbe Kollektenaktion. Kapitel 8 ist ein Empfehlungsbrief für Titus und zwei ihn begleitende Brüder („Apostel von Gemeinden" 8, 23); und diese drei Männer sind auch in 9, 5 gemeint. Ob 8 ein separates Empfehlungsschreiben ist oder – mir weniger wahrscheinlich – ob 9 ein wenig später geschrieben wurde, sei dahingestellt.

Bei dem Abschnitt 6, 14–7, 1, der den Kontext zerreißt, stellt sich nicht nur die literarkritische, sondern auch die Echtheitsfrage. Denn er enthält Hapaxlegomena und stilistische Eigentümlichkeiten; Terminologie und Gedanken haben engere Verwandtschaft mit Qumrantexten als mit den Paulusbriefen. Man hat daher den Passus als Fremdstück qumranischer oder christlich-qumranischer Herkunft deklariert, das von fremder Hand in den 2Kor eingebracht oder aber auch von Paulus selbst übernommen worden ist. Mir scheint 6, 14–7, 1 eine unpaulinische Interpolation zu sein[25].

Wahrscheinlich sind im 2Kor drei Briefe bzw. deren wichtigste Partien kombiniert: der Tränenbrief 2, 14–7, 4 (ohne 6, 14–7, 1); 10–13 (Brief C), der Versöhnungsbrief 1, 1–2, 13; 7, 5–16; 9 (?) (Brief D) und der Empfehlungsbrief für Titus und seine Gefährten 8 (Brief E).

Kompositorisch wären dem Versöhnungsbrief die anderen Stücke eingefügt und angehängt. Die Kompositionsprinzipien sind offensichtlich nicht die einer historisch-kritischen Edition, die auf Vollständigkeit der Texte und auf ihre chronologisch richtige Reihenfolge allen Wert legt. Lassen sich Motive für eine so seltsame Komposition erkennen? Meines Erachtens hat G. Bornkamm einleuchtende, zumindest erwägenswerte Motive aufgewiesen[26]. Er erklärt die befremdliche Stellung der Ketzerpolemik (aus dem Tränenbrief) am Schluß (nach dem Versöhnungsbrief) damit, daß der Redaktor sich

---

[25] Literatur zu diesem Thema bei Kümmel, aaO, 249f.
[26] AaO, 179ff.

von einem in der urchristlichen Literatur weitverbreiteten Formgesetz
leiten läßt, wonach die Ankündigung von falschen Propheten und
Lehrern und die Warnung vor ihnen häufig am Ende einzelner
Schriften und Schriftengruppen steht; die aktuelle Polemik des Paulus
erhält durch diese Stellung einen eschatologischen Akzent. Die Einfügung der Apologie gerade an der Stelle, wo Paulus von seinem
Weggang aus Ephesus und seiner Reise über Troas nach Makedonien, Titus entgegen, berichtet, begründet Bornkamm damit, daß der
Redaktor „rückblickend auch jene Reise... im Lichte des Triumph-
zuges sieht, den der Völkerapostel vollbracht hat", also mit einer
gewissen „Tendenz der Idealisierung des Apostelbildes"[27]. Bei der
Zusammenfügung der beiden Kollektenkapitel waren dagegen keine
theologischen Motive maßgebend; hatte der Versöhnungsbrief eine
Kollektenmahnung, so war es nur natürlich, ihr bei der Edition das
parallele Stück (sei es Kap 8 oder 9) zur Seite zu stellen.

Das Vorhandensein von Briefkompositionen aus Brieffragmenten
desselben Autors sollte man nicht grundsätzlich bestreiten[28]. Es hat
in der urchristlichen Literatur Analogien.

Strikte nachweisen läßt es sich in einer syrischen Epitomierung der
Ignatiusbriefe, in der der Röm mit IgnTrall 4f kombiniert ist[29] (ohne daß
die Motive dazu erkennbar wären!). Höchstwahrscheinlich ist Polykarps
Philipperbrief eine Kombination zweier Briefe, deren älterer (Kap 13. 14
oder nur 13) dem jüngeren an- oder eingefügt ist (das Motiv war offenbar
einfach dies, daß man beide Briefe beieinander haben wollte). Analogien
aus den Briefen und Briefsammlungen der Antike sind mir nicht bekannt.
Aber die antiken Briefsammlungen gestatten immerhin, ein Bedenken zu
beseitigen, das W. G. Kümmel immer wieder gegen die Kompositions-
hypothesen erhebt. Wenn er moniert, daß bei solchen Kompositionen „je
mindestens ein Briefanfang oder Briefschluß weggeschnitten wurde, wofür
sich kein plausibles Motiv angeben läßt"[30], so ist darauf hinzuweisen, daß
in den genannten Sammlungen die Präskripte und Schlußgrüße ganz unterschiedlich behandelt werden. Sie sind – um nur einige Beispiele zu

---

[27] AaO, 185. 184.

[28] Es ist nicht einzusehen, warum im Falle des 2Kor zB die Annahme, die
Gemeinde hätte den Tränenbrief schamhaft unterdrückt, grundsätzlich
richtiger sein soll als der Versuch, ihn im 2Kor wiederzufinden, wenn
gewichtige Indizien dazu Anlaß geben (zB die Tatsache, daß die Gemeinde sich nicht gescheut hat, einen für sie so blamablen Text wie
10–13 zu überliefern).

[29] W. Bauer, Die Briefe des Ignatius von Antiochien, HNT ErgBd, 1920,
186.

[30] Kümmel, aaO, 241 zu 1Kor, ähnlich 254 zu 2Kor, 225. 231 zu 1. 2.
Thess, 293 zu Phil.

nennen – bei den Briefen Platons[31] und des Demosthenes[32] erhalten, dagegen bei denen des Isokrates[33] und des Apollonios von Tyana[34] weggeschnitten (hier nur Überschriften). Sogar bei den notorisch fingierten Briefen, bei denen man die korrekte Einhaltung des Briefformulars erwarten würde, sind Präskript und Schlußgruß oft überhaupt erst gar nicht verfaßt worden, zB bei Philostrat[35] und Aelian[36]. Nach einem besonderen Motiv braucht man nicht zu forschen: Präskript und Schlußgruß galten als entbehrlich, die Nennung des Absenders und des Adressaten genügte, wenn man Einzelbriefe zu Sammlungen zusammenstellte. Angesichts solcher Gepflogenheiten darf man nicht postulieren, ein urchristlicher Redaktor hätte, wenn er mehrere Briefe zu einem kombinierte, deren Präskripte und Schlußgrüße dokumentarisch getreu überliefern müssen, andernfalls sei die Existenz einer Briefkomposition unwahrscheinlich. Der vermutete Redaktor hat in seiner vermuteten Komposition immerhin je ein Präskript und einen Schlußgruß bewahrt.

Ich betone noch einmal den Hypothesen-Charakter der literarkritischen und redaktionsgeschichtlichen Operationen. Es kann sich alles auch ganz anders verhalten haben, zB so, wie es sich nach Kümmels Hypothesen verhalten hat. Der „Konglomerat" – Charakter des 2Kor bleibt bestehen und verlangt eine Erklärung; und jede solche Erklärung bleibt notwendigerweise so hypothetisch und subjektiv wie die andere.

## 4. Abfassungsverhältnisse

Der 1Kor war im Frühjahr 55, 56 oder 57 in Ephesus abgefaßt worden. Der Abfassungsort des Tränenbriefes ist ebenfalls Ephesus; seine Abfassungszeit ist schwer zu bestimmen, sehr nahe an die des 1Kor wird man sie in Anbetracht der dazwischen liegenden Ereignisse (Rückkehr des Timotheos, erster Korinthaufenthalt und Rückkehr des Titus, Einbruch der Agitatoren, Zwischenbesuch) nicht rücken dürfen: im Herbst desselben oder im Frühjahr des nächsten Jahres (der Winter kam wegen des mare clausum nicht in Frage) wird Paulus den Brief geschrieben und den Titus gesandt haben. – Der Versöhnungsbrief ist auf jeden Fall im Jahr nach dem 1Kor

---

[31] Epistolographi Graeci, ed. R. Hercher, 1873, 492–532 (in Ep. 13 fehlt allerdings der Schlußgruß).

[32] Ebd, 219–234.

[33] Ebd, 319–336.

[34] Ebd, 110–130.

[35] Ebd, 468–489.

[36] Ebd, 17–23.

geschrieben worden, und zwar von einer Gemeinde Makedoniens aus (8, 11; 9, 2; 2, 13; 7, 5ff). Man kann den Termin noch näher eingrenzen, wenn man annimmt, daß Paulus bald nach dem Brief seinen letzten Besuch in Korinth machte, der drei Monate dauerte und in den Winter fiel, denn danach reiste Paulus nach Makedonien und feierte in Philippi das Passa (Apg 20, 2–6); dann wäre die Abfassungszeit der Spätherbst 56, 57 oder 58. Leider wissen wir nicht, wie lange die lebensgefährliche „Trübsal in der Asia" gedauert und wann Paulus von Ephesus abgereist ist. – Die Versöhnung mit Korinth war dauerhaft; Korinth wurde ein Zentrum kirchlicher Rechtgläubigkeit.

## § 10. Der Philipperbrief

*Kommentare:*

HNT: M. Dibelius, ³1937; HThK: J. Gnilka, 1968; KNT: P. Ewald, ⁴1923; MeyerK: E. Lohmeyer, ⁸1930; NTD: G. Friedrich, ⁹1962; ThHK: W. Michaelis, 1935; BNTC: F. W. Beare, ²1969; ICC: M. R. Vincent, 1897; Moffatt, NTC: J. H. Michael, 1928; CNT: P. Bonnard, 1950; K. Barth, Erklärung des Philipperbriefes, ²1933.

*Untersuchungen:*

G. Bornkamm, Der Philipperbrief als paulinische Briefsammlung = Ges. Aufs. IV, 1971, 195ff;

G. Delling, RGG³ V, 1961, 333ff;

C. H. Dodd, NT Studies, 1953, 85ff;

V. Furnish, The Place and Purpose of Philippians III, NTS 10, 1963/64, 80ff;

H. Köster, The Purpose of the Polemic of a Pauline Fragment (Philippians III), NTS 8, 1961/62, 317ff;

O. Linton, Zur Situation des Philipperbriefes, ASNU 4, 1936, 9ff;

W. Lütgert, Die Vollkommenen in Philippi und die Enthusiasten in Thessalonich, BFChTh 13, 6, 1909;

T. W. Manson, St Paul in Ephesus = ders., Studies in the Gospels and Epistles, 1962, 149ff;

W. Michaelis, Die Datierung des Phil, NTF I, 8, 1933;

J. Müller-Bardorff, Zur Frage der literarischen Einheit des Phil, WZ Jena 7, 1957/58, Gesellschafts- und sprachwissenschaftliche Reihe 4, 591ff;

T. E. Pollard, The Integrity of Philippians, NTS 13, 1966/67, 57ff;

B. D. Rathjen, The Three Letters of Paul to the Philippians, NTS 6, 1959/60, 167ff;

J. Schmid, Zeit und Ort der paulinischen Gefangenschaftsbriefe, 1931;

W. Schmithals, Die Irrlehrer des Philipperbriefes = ders, Paulus und die Gnostiker, 1965, 47ff.

## 1. Inhalt

## 2. Paulus und die Gemeinde von Philippi

Philippi[1] war 358/357 vChr von König Philipp II. von Makedonien, dem Vater Alexanders d. Gr., gegründet worden und war zeitweilig makedonische Residenz. Die Stadt bewahrte durch ihre günstige Lage (Nähe zur Hafenstadt Neapolis und zur Ägäis), durch die Fruchtbarkeit der ostmakedonischen Ebene und durch Bodenschätze (Gold- und Silberminen) ihre wirtschaftliche Bedeutung auch in den politischen Unruhen der zwei letzten vorchristlichen Jahrhunderte. In römischer Zeit gehörte sie zum ersten der vier Bezirke der Provinz Makedonien.

Nach der Schlacht bei Philippi 43 vChr, die den Untergang der römischen Republik besiegelte, wurde die Stadt von den Siegern, von Antonius und dann vor allem von Octavian, mit römischen Veteranen besiedelt. Letzterer, inzwischen Kaiser Augustus, machte etwa 30 vCr die Stadt zur Militärkolonie mit dem Namen Colonia Julia Augusta Philippensis und verlieh ihr das Jus Italicum. Sie besaß Selbstverwaltung und Abgabenfreiheit; die

---

[1] Vgl. zuletzt Gnilka, 1ff und die hier verzeichnete Literatur.

oberste Behörde waren die Prätoren, untergeordnete Organe hießen Liktoren (στρατηγοί und ραβδοῦχοι Apg 16, 19f. 35).
Die Bevölkerung war gemischt. Die makedonisch-griechischen Bewohner sollen eine Minorität gewesen sein. Das römische Element dominierte; bis in die Zeit der Flavier wurden immer wieder römische Veteranen dort angesiedelt. Diese waren natürlich der unterschiedlichsten ethnischen Herkunft. Dazu kamen viele Kleinasiaten und Orientalen. Die Lage an der Via Egnatia, die Rom und Byzanz verband, begünstigte Handel und Verkehr und damit die Fluktuation der Bevölkerung. Die Religiosität zeigte eine entsprechende Vielfalt; neben alten thrakischen Göttern wurden griechische und römische, aber auch kleinasiatische verehrt; Mysterienkulte und eine kleine jüdische Gemeinde sind bezeugt. Kurz, Philippi bot religiös das übliche synkretistische Bild einer damaligen Levantestadt.

Die christliche Gemeinde von Philippi war die erste paulinische Missionsgründung auf europäischem Boden. Der Verfasser der Apg hebt die Bedeutung des Übergangs nach Europa gebührend hervor; er erwähnt nicht weniger als drei göttliche Eingriffe, die Paulus von seinen ursprünglichen Reiseplänen abgebracht und nach Europa gedrängt haben (16, 6. 7. 9ff), und widmet dann dem Bericht über die Mission in Philippi viel Raum (16, 11–40). Nach Darstellung der Apg fand diese Mission in der ersten Hälfte der sogenannten zweiten Missionsreise – dh etwa 48/49 – statt und waren Silas und Timotheos die Mitarbeiter des Paulus. Im übrigen ist der Bericht trotz seiner Länge nicht sehr ergiebig; er zeigt das übliche Schema (Beginn der Mission an der jüdischen Versammlungsstätte, Erfolg bei den „Gottesfürchtigen", gewaltsame Vertreibung) und verwendet nur einige Anekdoten (die Bekehrung der Purpurhändlerin Lydia und ihres Hauses, die Szene mit der weissagenden Magd, die Einkerkerung und Befreiung des Paulus und Silas und die Bekehrung des Gefängnisdirektors). Historisch ist sicher die Verfolgung; sie wird von Paulus bezeugt (1Thess 2, 2). Die freundliche Aufnahme der Missionare durch Lydia dürfte das herzliche Verhältnis zwischen den Philippern und Paulus reflektieren. Ob man die wohlhabende „Gottesfürchtige" Lydia, die heidnische Magd und den römischen Gefängnis-Chef als typisch für die soziale und religiöse Zusammensetzung der Gemeinde ansehen darf[2], sei dahingestellt[3]. Über die

---

[2] Lohmeyer, 2.
[3] Der Purpurhandel war ein lukratives Geschäft. Abnehmer der teueren Ware dürften u. a. die Veteranen gewesen sein; denn wer als Centurio ausgemustert wurde, hatte das Recht, die Toga mit Purpurstreifen zu tragen. Der „Kerkermeister" ist gewiss nicht als einfacher Stadtpolizist vorgestellt, sondern als mittlerer Beamter. Die Veteranen wurden häufig

Dauer des Gründungsaufenthaltes sagt die Apg nichts Genaues; die
Bemerkung 16, 18 („viele Tage") scheint einige Wochen vorauszusetzen. – Wie bei Korinth so macht auch bei Philippi die Apg nur
karge Angaben über die weiteren Beziehungen zwischen Apostel und
Gemeinde: Paulus sendet von Ephesus aus den Timotheos und
Erastos nach Makedonien (19, 22) und kommt selber noch zweimal
dorthin (20, 1–6), und dh natürlich auch nach Philippi; hier hat er
sein letztes Passa in Freiheit gefeiert (20, 6).

Die Briefe des Paulus zeigen mehr: das herzliche Vertrauens-
verhältnis zwischen ihm und den Philippern, das sich beim Gründungsaufenthalt gebildet hatte, war einzigartig und war von Dauer.
Nur von dieser Gemeinde nahm er Unterstützung an, während er
sonst auf dieses Recht prinzipiell verzichtet und seinen Lebensunter-
halt selbst verdient hat[4]; die Gemeinde sandte ihm mehrfach Geld-
spenden nach Thessalonike (Phil 4, 15f), nach Korinth (2Kor 11, 9)
und kurz vor Abfassung des Phil an den Ort seiner Haft (Phil 4,
10ff); den Überbringer dieser letzten Spende, Epaphroditos, hatte sie
außerdem als Gehilfen dem Paulus zur Verfügung gestellt (2, 25).
Mit diesen finanziellen Unterstützungen hängt es auch zusammen,
daß Paulus im Präskript 1, 1 „Episkopen und Diakone" ausdrücklich nennt. Die Beziehungen zwischen Philippi und dem Apostel
müssen sehr rege gewesen sein und wurden offenbar durch Boten,
vielleicht auch durch Briefe (3, 1?), aufrechterhalten; zu einer längeren Unterbrechung des Kontaktes scheint es einige Zeit vor dem
Phil (4, 10) gekommen zu sein, ohne daß das gute Verhältnis dadurch gelitten hätte.

### 3. Die Frage der literarischen Einheitlichkeit

Der Phil zeigt anders als Gal und Röm keine einheitliche Gedankenführung; seine Themenwechsel sind verbunden mit Stilbrü-
chen, Stimmungsumschwüngen oder anderen Auffälligkeiten. Diese
Besonderheiten wurden häufig als Anzeichen literarischer Uneinheitlichkeit gewertet. Aber unter dem Eindruck von A. Jülichers „Ein-

---

mit Landbesitz begabt, waren also i. a. gut situiert. Vgl. Friedrich, 92f;
er meint, die Gemeinde hätte „größtenteils aus Angehörigen des Mittel-
standes" bestanden.

[4] Friedrich, aaO, meint, Paulus habe diese Ausnahme gemacht, weil die
Gemeinde in Philippi wohlhabender gewesen sei als die anderen.

leitung" und den Phil-Kommentaren von M. Dibelius und E. Lohmeyer gewann die Annahme der Einheitlichkeit fast den Grad der
Sicherheit[5]; man erklärte die Dispositionslosigkeit des Phil als „Abschweifungen", wie sie in einem so persönlichen, ganz der Aussprache
mit der vertrauten Gemeinde gewidmeten Brief nichts Auffälliges
hätten. Aber die Abschweifungen sind in sich wieder gut disponiert
und weisen untereinander Spannungen auf, die die Einheitlichkeit
stören. Mir scheint die in letzter Zeit von verschiedenen Seiten und
mit ähnlichen Ergebnissen vertretene Hypothese, der Phil sei eine
Komposition aus drei paulinischen Brieffragmenten, den Befund am
besten zu erklären[6].

Der auffälligste Stilbruch findet sich zwischen der Mahnung zur Freude
3, 1 und der mit heftigen Verbalinjurien einsetzenden Ketzerpolemik 3, 2.
Den Stimmungsumschlag braucht man nicht sehr hoch anzuschlagen –
psychologische und technische Erklärungen (Diktierpause u. ä.) stehen beliebig zur Verfügung. Aber zwei andere Beobachtungen lassen sich nicht
bagatellisieren. Die Ketzerpolemik zerreißt den literarischen Zusammenhang von 3, 1 und 4, 4. Nachdem Paulus die Gemeinde über sich informiert, sie ermahnt und ihr seine Mitarbeiter empfohlen hat, setzt er 3, 1
mit der Wendung τὸ λοιπόν zur Schlußmahnung an; diese findet in 4, 4
ihre Fortsetzung; daß dem Apostel erst bei dem Ansatz 3, 1 eingefallen
sei, daß er ein so akutes Gemeindeproblem wie die Wirksamkeit der
Irrlehrer vergessen habe, glaube wer will. Ferner setzt die Ketzerpolemik
eine andere Situation der Gemeinde voraus als der vorhergehende Teil.
In diesem ist zwar auch von einer Gefährdung der Gemeinde die Rede
(1, 27–30). Aber die ἀντικείμενοι 1, 28 sind äußere, nichtchristliche Gegner, von denen die Gemeinde Verfolgungen zu gewärtigen oder schon zu
erleiden hat. In 3, 2ff dagegen handelt es sich um eine innere Bedrohung
durch Irrlehrer. Hier warnt Paulus vor dem um sich greifenden Falschglauben (vgl. 3, 18), dort mahnt er zur Furchtlosigkeit und Eintracht angesichts der Verfolgung, ohne daß der Glaubensstand der Adressaten Anlaß zur Besorgnis gäbe (1, 3ff; 2, 12). Aus literarischen und inhaltlichen
Gründen wird man die Ketzerpolemik 3, 2–4, 3 als Fragment eines Briefes
anzusehen haben, das nicht zu dem Vorhergehenden gehört.
Dasselbe gilt auch von dem Dank des Paulus für die von Epaphroditos
überbrachte Gabe 4, 10–20. Der Abschnitt ist in sich geschlossen und folgt
abrupt auf den Friedenswunsch 4, 9. Daß der Dank im heutigen Text am
Briefende steht, statt an früherer Stelle, etwa in der dem Epaphroditos

---

[5] Heutige Vertreter der Einheitlichkeit sind vor allem Kümmel und Delling.
[6] So Müller-Bardorff, Rathjen, Schmithals, Beare, Bornkamm, u. a. Dagegen nehmen Friedrich und Gnilka eine Zweiteilung vor; Friedrich: A
1, 1–3, 1a; 4, 10–23; B 3, 1b–4, 9; Gnilka: A 1, 1–3, 1a; 4, 2–7. 10–23;
B 3, 1b–4, 1. 8f.

gewidmeten Passage 2, 25–30, ist seltsam, aber noch kein zureichender Grund zu literarkritischen Operationen. Entscheidend ist die Verschiedenheit der Situation. Laut 2, 25–30 ist Epaphroditos (nach Überbringung der Gabe) längere Zeit im Dienst des Paulus geblieben und lebensgefährlich erkrankt; die Kunde ist nach Philippi gedrungen und hat dort große Besorgnis erregt; das hatte wiederum Epaphroditos vernommen und war beunruhigt, sodaß Paulus den inzwischen Genesenen vorzeitig zurückschickt und ihm den Brief mitgibt; das alles dauerte Wochen, wenn nicht Monate. Nach dem heutigen Text hätte Paulus trotz des regen Verkehrs zwischen seinem Haftort und Philippi die ganze Zeit über mit dem Dank gewartet und ihn erst anläßlich der Rücksendung des Epaphroditos abgestattet. Das ist nicht gerade wahrscheinlich. Aber 4, 10–20 ist deutlich die erste Dankesbezeugung für die letzte Gabe der Philipper: „Eine große Freude im Herrn war es mir, daß eure fürsorgliche Gesinnung für mich endlich einmal ans Licht treten konnte; (bisher) fehlte es euch ja nicht an Gesinnung, wohl aber an Gelegenheit. ... Aber recht war's, daß ihr meiner Bedrängnis eure Teilnahme erwieset. ... Mir ist genug und übergenug gezahlt, ich habe die Hände voll, nun ich von Epaphroditos eure Gabe erhalten habe" (4, 10. 14. 18 Übersetzung von M. Dibelius).

Der Text zeigt nicht nur, wie schon erwähnt, daß vor dieser Gabe die Verbindung eine Zeit lang unterbrochen war, sondern macht auch den Eindruck, er sei unmittelbar nach Wiederherstellung des Kontaktes und nach Empfang der Spende geschrieben. Man würde auch den ganzen Phil so datieren, wenn 2, 25ff nicht eine spätere Ansetzung forderten. Läßt man aber beiden Texten ihre Eigenaussagen, dann setzen sie verschiedene Situationen voraus; und das berechtigt, in 4, 10–20 ein ursprüngliches selbständiges Dankes-Billet des Paulus zu sehen, das er vor dem Brief, zu dem Phil 1f gehören, abgesandt hat.

Der Abschnitt 4, 4–9 wird von den Literarkritikern sehr verschieden behandelt und meistens auf verschiedene Briefe verteilt (zB V. 8f zur Ketzerpolemik, V. 4–7 zu 3, 1 geschlagen). Ich sehe keinen zureichenden Grund – auch nicht in dem τὸ λοιπόν 4, 8 –, die Paränese 4, 4–9, die eine schöne Einheit bildet, zu zerreißen und das literarkritische Verfahren unnötig zu komplizieren. Ich halte den Passus für die Fortsetzung von 3, 1, auf den der Briefschluß 4, 21–23 folgt.

In welcher zeitlichen Beziehung das Fragment 3, 2–4, 3 zu den beiden anderen Stücken steht, ist nicht sicher zu sagen. Daß es keinen Hinweis auf die Gefangenschaft enthält, besagt nicht, daß Paulus (noch oder wieder?) in Freiheit ist, hilft also in der Frage der zeitlichen Einordnung nicht weiter. Wenn es vor dem Brief 1f geschrieben worden wäre, würde man in ihm eine Aussage über die Wirkung der Ketzerpolemik erwarten (analog der Bezugnahme des Versöhnungsbriefs auf den Erfolg des Tränenbriefs, 2Kor 2, 3f; 7, 8–16). Da aber jede derartige Anspielung in 1, 1–3; 4, 4–9. 21–23 fehlt, wird man wohl annehmen dürfen, daß die Ketzerpolemik der letzte Brief des Paulus an die Philipper ist.

Eine gewisse Stütze erhalten die Teilungshypothesen durch ein äußeres Zeugnis, die Bemerkung Polykarps in seinem Brief an die Philipper über Paulus: ὃς καὶ ἀπὼν ὑμῖν ἔγραψεν ἐπιστολάς (Polyk

3, 2). Daß Polykarp mit dem Plural wirklich mehrere Briefe gemeint hat, ist sicher; daß er den Plural aus Phil 3, 1 erschlossen hat, ist allenfalls möglich, aber keineswegs wahrscheinlicher, als daß er wirklich von mehreren Philipperbriefen wußte oder sie gar noch kannte. Einfach deshalb, weil in unserem Kanon nur e i n Phil steht, der klaren Aussage Polykarps über mehrere Philipperbriefe ihren historischen Zeugniswert abzusprechen, ist petitio principii.

Ich möchte folgende Briefe bzw. Fragmente unterscheiden:
A Dankschreiben 4, 10–20
B das große Schreiben 1, 1–3, 1; 4, 4–9. 21–23
C die Ketzerpolemik 3, 2–4, 3.

Eine Auseinandersetzung mit anderen Abgrenzungen und vor allem mit Umstellungen erspare ich mir, weil sie ins Uferlose führen würde, nicht aber weil ich meine Hypothese für die einzig richtige hielte[7].

Die Redaktion[8] ging offenbar einfacher und theologisch weniger reflektiert vor sich als beim 2Kor. Der Redaktor, der alle drei Briefe aus praktischen Gründen (Erhaltung, Austausch zur gottesdienstlichen Verlesung) beieinander haben wollte, inkorporierte die beiden kürzeren Schreiben dem längeren Brief an den ihm geeignet erscheinenden Stellen. Daß er die Ketzerpolemik in die dreifache Mahnung zur Freude einschob, dh mit ihr umklammerte, ist wohl dadurch motiviert, daß er so den Sieg über die Häresie anzeigen wollte, für den es kein briefliches Zeugnis des Paulus gab. Die Einschiebung des Dankschreibens in den Briefschluß (statt der Anfügung an den Passus 2, 25ff, zu dem es thematisch eigentlich gehört) ist wohl ad maiorem Philippensium gloriam geschehen: an dieser Stelle wirkte es besonders einprägsam. Diese Redaktion wurde in Philippi, nicht in Korinth, und zwar vor der des 2Kor vorgenommen[9]. Sie hat die Briefe des Paulus nach Philippi offenbar sehr konservativ behandelt und sie bis auf das briefliche Rahmenwerk (dessen Verlust wegen der möglichen historischen Hinweise natürlich sehr bedauerlich ist) vollständig erhalten.

---

[7] Zur Orientierung einige andere Hypothesen. Müller-Bardorff: A 4, 10–20; B 1, 1–26; 2, 17f; 1, 27–2, 16; 4, 1–3; 2, 19–30; (3, 1a); 4, 4–7. 21–23; C 3, 2–21; 4, 8f. Schmithals: A 4, 10–23; B 1, 1–3, 1; 4, 4–7; C 3, 2–4, 3. 8f. Bornkamm: A 4, 10–20; B 1, 1–3, 1; 4, 21–23; C 3, 2–4, 9. Beare: A 4, 10–20; B 1, 1–3, 1; 4, 2–9. 21–23; C 3, 2–4, 1. Weiteres bei Gnilka, aaO, 6f.

[8] Hierzu vor allem Bornkamm, 202ff.

[9] Bornkamm, aaO, gegen Schmithals.

## 4. Anlässe und Zwecke. Situation der Korrespondenten

Über die Veranlassung ist das meiste im Vorhergehenden schon gesagt. Es muß noch geordnet und ergänzt werden.

### a) Brief A: 4, 10–20

Dieser Brief ist durch die Geldspende der Philipper, die von Epaphroditos überbracht worden war, veranlaßt, bestätigt den Empfang und spricht die Freude des Apostels in Form eines „danklosen Dankes" aus (M. Dibelius). Paulus ist gefangen (darauf bezieht sich der Ausdruck ϑλῖψις 4, 14).

### b) Brief B: 1, 1–3, 1; 4, 4–9. 21–23

Dieser einige Wochen oder Monate später geschriebene Brief hat mehrere Anlässe bzw. Zwecke: Paulus will die Gemeinde über seine Lage unterrichten, sie in ihrer Verfolgungssituation ermutigen und ihr den Timotheos und Epaphroditos empfehlen. Unmittelbarer Anlaß scheint die Rücksendung des letzteren gewesen zu sein, der auch der Überbringer des Briefes B ist; eigentlicher Zweck aber ist die Unterrichtung und Stärkung der Gemeinde.

Über die Ereignisse in Philippi läßt sich nur sagen, daß es sich um Verfolgung wegen des Christenglaubens gehandelt hat; wenn Paulus „den Kampf" der Gemeinde mit seinen eigenen Erlebnissen damals in Philippi und jetzt an seinem Aufenthaltsort parallelisiert (1, 29f), dann dürften es Verfolgungen durch die römischen Behörden gewesen sein. Zu Martyrien ist es aber noch nicht gekommen; solche würde Paulus zweifellos erwähnt haben[10].

Aus den Mitteilungen des Paulus über seine Situation[11] läßt sich kein vollständiges Bild gewinnen. Er ist gefangen (1, 7. 13. 16f). Über den Ort s. u. Sein Prozeß schleppt sich hin, doch hat Paulus Gelegenheit zur „Verteidigung und Festigung des Evangeliums" gehabt (1, 7) und immerhin erreicht, daß seine „Fesseln in Christus offenbar geworden sind" (1, 13); zwar ist es immer noch möglich, daß der Prozeß mit einem Todesurteil endet, aber ein Freispruch ist wahrscheinlicher (1, 21–27). Die Untersuchungshaft ist nicht streng: Paulus kann Besuche empfangen, Briefe schreiben und die Vorgänge in der Gemeinde seines Gefangenschaftsortes beobachten. Hier wird

---

[10] Vgl. M. Dibelius, aaO, 71 gegen Lohmeyer.
[11] Hierzu vor allem Linton.

lebhaft und erfolgreich christliche Mission getrieben, und zwar sowohl von Freunden wie von Gegnern des Paulus (1, 15–18); es ist auffällig, daß er diesen <u>Gegnern</u>, obwohl er ihnen unlautere Motive unterstellt, nicht absprechen kann, daß sie Christus verkündigen; es sind also <u>persönliche Gegner oder Christen, die sich von Paulus wegen seines Prozesses distanzieren.</u> Den Gegenstand des Prozesses bzw. den Inhalt der Anklage, den die Adressaten kannten, können wir nicht mehr feststellen. Die Evangeliumsverkündigung als solche kann es nicht gewesen sein, denn sonst wäre die lebhafte Mission in der Umgebung des Paulus nicht möglich gewesen. Wenn Paulus es als „Fortschritt des Evangeliums" verbucht, daß seine „Fesseln in Christus offenbar geworden" seien „im ganzen Prätorium und bei allen übrigen" (1, 12f), und wenn er hervorhebt, seine Freunde wüßten, daß er „zur Verteidigung des Evangeliums bestimmt" sei (1, 16), so geht daraus hervor, daß eben dies sogar unter den Christen kontrovers war, und <u>daß Paulus nicht als Verkündiger des Evangeliums und als Christ, sondern wegen irgendeines strafrechtlichen Tatbestandes angeklagt war.</u> Das war zwar das damals Übliche – das nomen ipsum war noch kein Verbrechen –, aber das Besondere in diesem Fall ist die gegensätzliche Stellungnahme der Christen. <u>Diejenigen, die von der Unschuld des Paulus nicht ganz überzeugt sind, wollen seinen Prozeß und die Sache des Evangeliums streng geschieden wissen, damit diese nicht durch jenen tangiert wird</u>; der Apostel dagegen identifiziert seine Sache mit der des Evangeliums und will a l s C h r i s t freigesprochen oder verurteilt werden.

Er will, sobald er den Ausgang des Prozesses absieht, Timotheos nach Philippi senden, der ihm dann über die Gemeinde berichten, also wieder zu ihm zurückkehren soll (2, 19–23). Er hofft, „bald" selber die Gemeinde wieder besuchen zu können (2, 24).

## c) Brief C: 3, 2–4, 3

Die Veranlassung ist das Auftreten von Irrlehrern in Philippi. Über die Frage, was für Irrlehrer, gehen die Urteile weit auseinander: Judaisten, „neugebackene Proselyten", judenchristliche Gnostiker libertinistischer Observanz oder auch nomistischer Observanz, zwei verschiedene Gruppen: Judaisten und Libertinisten. Eine begründete Stellungnahme zu diesem Problem erforderte eine vorgängige Analyse der paulinischen Polemik, die aus Raumgründen hier nicht gegeben werden kann; ich begnüge mich mit der Nennung einiger Charakteristika. Nach der Invektive 3, 2 („Gebt acht auf die Hunde! Gebt acht auf die bösen Arbeiter! Gebt acht auf die Zerschneidung!") handelt es sich um Beschnittene („Zerschneidung" ist eine Entstellung von „Beschneidung"), um Judenchristen, und zwar um Missionare („Arbeiter" = Missionarbeiter), die von außen gekommen sind; das Wort „Hund" wird einfach als Schimpfwort zu verstehen sein und nicht als Charakterisierung der Gegner als „unrein", als Libertinisten[12]. Denn nach dem Folgenden propagieren die Gegner die Beschneidung, das Gesetz und die Vorzüge Israels (3, 3ff). Aus der Polemik des Paulus läßt sich ein weiterer Zug der Gegner, ihre Selbsteinschätzung, erkennen; sie verstehen sich als τέλειοι (der Terminus, von Paulus 3, 15 positiv aufgenommen, wird mit Recht als eine Selbstbezeichnung der Gegner verstanden; ebenso τελειοῦν 3, 12 als gegnerisches Stichwort). Diese Vollkommenheit hängt einerseits mit der Werkgerechtigkeit (3, 7–9), andererseits mit der Auferstehung zusammen, die als „schon erreicht", als geschehen und gegenwärtig gilt (3, 10–16); sie stellt eine seltsame Verbindung von Nomismus und Enthusiasmus dar. Nun scheint freilich der Schluß der Polemik, insbesondere 3, 19 („Ihr Ende ist Untergang, ihr Gott der Bauch und die Herrlichkeit (liegt) in ihrer Schmach, nach irdischen Dingen trachten sie"), dem nomistischen Charakter zu widersprechen und einen Libertinismus zu dokumentieren, der dann besser zum Enthusiasmus paßte. Aber diese Deutung trifft nicht zu. Daß „ihr Gott der Bauch ist" bezieht sich, wie H. Köster[13] einleuchtend gezeigt hat, auf die strenge Einhaltung von Speisegeboten; 3, 17ff setzt die Attacke auf jüdisches Wesen von 3, 2ff fort. Die Vorstellung von der Präsenz der Auferstehung kann religionsgeschichtlich mysterienhafte oder gnostische Hintergründe oder eine Kombination beider als Basis haben. Da der hier bekämpften Häresie aber kultische Einschläge fehlen, wird ihr Enthusiasmus gnostischer Art sein. Die Polemik gegen sie zeigt eine gewisse Verwandtschaft mit der von 2Kor 10–13; doch wird man die Gegner dort und hier nicht einfach identifizieren dürfen. Die philippischen Irrlehrer kann man als judaisierende Gnostiker jüdischer Herkunft bezeichnen.

---

[12] Vgl. Köster, 319f und Gnilka, aaO, 185f.
[13] AaO, 324ff. Nach Gnilka, 205f, gibt die Attacke keine differenzierte Charakteristik, sondern nur eine ganz allgemeine Schilderung des Schicksals und Wesens der Gegner.

Brief C hat, wie schon gesagt, seinen Zweck erreicht und die Gegner aus dem Feld geschlagen.

## 5. Ort und Zeit der Abfassung

Die Bestimmung der Abfassungszeit hängt von der Bestimmung des Abfassungsortes – Rom, Cäsarea oder Ephesus – ab. Die Briefe A und B werden gemeinsam behandelt, weil sie am gleichen Ort verfaßt worden sind; anschließend werden die Mutmaßungen über C geäußert.

Für die Lokalisierung sind folgende Momente maßgebend: lange Gefangenschaft und lebensgefährlicher Prozeß des Paulus; seine Angaben über seine Umgebung, vor allem 1, 13 und 4, 22 und über seine Pläne, schließlich das rege Hin und Her zwischen Philippi und dem Ort seiner Haft. Die Apg berichtet außer von der kurzen Verhaftung des Paulus in Philippi nur von einer langen Gefangenschaft und einem Prozeß des Paulus, während welcher Zeit er zwei Jahre in Cäsarea und zwei Jahre in Rom inhaftiert war (21, 31–28, 31), man denkt daher zunächst an eine dieser beiden Städte als Abfassungsort. Aber die Apg berichtet nichts von den zahlreichen Gefangenschaften, die davor lagen und die Paulus 2Kor 11, 23 erwähnt; die Apg mit ihrer lückenhaften Darstellung kann also nicht den Ausschlag geben.

Die konkretesten Angaben des Paulus über den Ort seiner Haft seien der Diskussion über die Städte vorangestellt[14]:
1, 13 „... offenbar geworden sind ἐν ὅλῳ τῷ πραιτωρίῳ καὶ τοῖς λοιποῖς πᾶσιν,"
4, 22 „... alle Heiligen, μάλιστα δὲ οἱ ἐκ τῆς Καίσαρος οἰκίας."
Der Ausdruck praetorium, ursprünglich Bezeichnung des dem Prätor im Heerlager reservierten Raums, hat im Lauf der Entwicklung zwei verschiedene Bedeutungen gewonnen: er kann identisch sein mit cohortes praetorianae und bedeutet dann die Prätorianergarde; er kann aber auch die außerhalb Roms liegende Wohnung eines Beamten, die kaiserliche Villa oder die Residenz des Statthalters bezeichnen. „Im ganzen Prätorium" kann entweder heißen „bei der ganzen Prätorianergarde" oder „im Statthalterpalast", dh (wegen des parallelen „bei allen übrigen") bei allen seinen Bewohnern. Die

---

[14] Dazu Dibelius, 64f. 97f und Gnilka, 57f.

zweite Bedeutung schlösse Rom aus, die erste weist nicht unbedingt auf Rom, weil es auch anderswo Prätorianer gab. Der andere Ausdruck „die aus des Kaisers Hause" ist terminus technicus für die Angehörigen des kaiserlichen Haushaltes, Sklaven und Freigelassene. Solche „Kaisersklaven" gab es in Rom, aber auch im ganzen Reich. Die beiden konkretesten Angaben können demnach keine Entscheidung in der Frage nach dem Abfassungsort bringen.

Nach der altkirchlichen Tradition, die auch heute noch ihre Verfechter hat, ist R o m der Abfassungsort des Phil[15].

Die Angaben 1, 13; 4, 22 passen auf Rom. Als weitere Argumente werden angeführt: der Prozeß, sein nahegerückter Abschluß und die Milde der Haft passen zu der Apg 28, 30f gezeichneten Situation; die lebhafte Missionstätigkeit in der Umgebung des Paulus ist in einer großen Gemeinde wie der der Hauptstadt am besten vorstellbar.

Aber einiges im Phil verträgt sich nicht mit der Rom–Hypothese.

So die Reisepläne: Paulus will von Rom nach Spanien reisen (Röm 15, 24. 28); dem widerspricht seine im Phil geäußerte Absicht, nach seinem Freispruch bald Philippi zu besuchen (1, 26; 2, 24). Will man den Phil trotzdem in Rom lokalisieren, nimmt man an, Paulus habe eben wieder einmal seine Reisepläne geändert. Ein zweiter Einwand ist die große Entfernung von Rom und Philippi; das lebhafte Hin und Her zwischen Philippi und dem Aufenthaltsort des Paulus, das 2, 25ff vorausgesetzt ist, ist von Rom aus nicht möglich[16]. Will man trotzdem an Rom festhalten, versucht man, das Hin und Her exegetisch zu reduzieren, was aber verlorene Liebesmüh ist. Ein dritter Einwand: wenn Paulus den Timotheos in absehbarer Zeit nach Philippi schicken, seine Rückkehr abwarten und dann selbst dorthin kommen will, wie kann er dann sein Kommen, das bei der Rom-Hypothese erst in einigen Monaten stattfinden kann, als „bald" bevorstehend (2, 24) ankündigen? – Zwei weitere Einwände sind weniger gewichtig. Daß die Ketzerpolemik 3, 2ff besser in die Zeit des Gal und 2Kor paßt, ist richtig; aber das bedeutet ja nicht, daß sie nicht auch in der römischen Zeit des Paulus nötig gewesen sein konnte. Daß Paulus zwar mehrfach auf den Gründungsaufenthalt Bezug nimmt (1, 30; 4, 15f; dazu 1, 26; 2, 12. 22), aber an keiner Stelle andeutet, daß er inzwischen noch einmal in Philippi gewesen sei, wird gelegentlich als Beweis dafür verstanden, daß der Phil vor den beiden anderen Besuchen dort (Apg 20, 1–6), also nicht in Rom geschrieben sei; aber dieses argumentum e silentio hat keine entscheidende, sondern nur zusätzliche Bedeutung.

---

[15] So zB J. Schmid, Dodd, Beare, Rathjen, Delling.

[16] Friedlaender, Darstellungen aus der Sittengeschichte Roms, [8]II, 1910, 3ff; erwähnt auch sehr rasch vonstatten gehende Reisen, zB von Sizilien nach Korinth (5 Tage) und von Rom nach Milet (14 Tage); aber das war nicht das Normale.

Da die Rom-Hypothese nicht befriedigt, wurde die Abfassung des Phil anderweitig lokalisiert, zuerst in C ä s a r e a , und zwar von H. E. G. Paulus (1799), dem dann andere Forscher gefolgt sind[17].

Für diese Lokalisierung wird geltend gemacht, daß die Angaben der Apg über die Haft des Paulus in Cäsarea (Apg 23, 31–26, 32) besser als die über Rom mit den Angaben des Phil in Übereinstimmung zu bringen sind. So kann man das Prätorium Phil 1, 13 mit dem „Prätorium des Herodes" in Cäsarea identifizieren, in dem Paulus untergebracht war (Apg 23, 35). So kann man die Apologie von Phil 1, 7 mit der von Apg 24 identifizieren. Gewisse Spannungen kann man ausgleichen: daß Paulus nach Phil 1, 26; 2, 24 in Bälde den Abschluß des Prozesses erwartet, der Cäsareabericht der Apg aber nichts derartiges andeutet, kann man so erklären, daß Paulus den Phil vor seiner Appellation an den Kaiser 25, 11 geschrieben habe und die Apg nicht jede Einzelheit erzähle. Einen wirklichen Vorzug hat die Cäsarea-Hypothese: die Kollision zwischen der geplanten Spanienreise und dem angekündigten Philippibesuch entfällt; dieser ließ sich auf jener durchführen – vorausgesetzt, daß sich während dieser Haft tatsächlich einmal das nahe Prozeßende abzeichnete; aber diese Voraussetzung muß man erst aus Phil in die Apg eintragen.

Sonst spricht alles, was gegen Rom spricht, auch gegen Cäsarea. Vor allem der geographische Einwand; zwar ist die Entfernung Cäsarea-Philippi nicht ganz so groß wie die von Rom, aber die Verbindungen waren schlechter.

Daher wurde E p h e s u s als Abfassungsort vorgeschlagen, zuerst von A. Deißmann (1897), und diese Hypothese erfreut sich zunehmender Beliebtheit[18].

Die große Schwierigkeit, die sie belastet, besteht darin, daß eine ephesinische Gefangenschaft des Paulus nirgendwo direkt bezeugt ist. Für den, dem die Apg als wichtige Instanz in solchen Fragen gilt – nach dem Motto: quod non est in Actis, non est in mundo –, ist diese Hypothese von vornherein erledigt. Sie ist aber auch nicht für jeden, der der Apg skeptisch gegenübersteht, akzeptabel, weil sie auf Konklusionen beruht (und außerdem durch manche ihrer Vertreter zusätzlich mit überflüssigen Hypothesen belastet wird). Die

---

[17] Zuletzt Lohmeyer und L. Johnson, ExpT 68, 1956/57, 24ff.
[18] Vertreter zB W. Michaelis, Bornkamm, Müller-Bardorff, Schmithals, Gnilka, u. a.

wichtigsten Indizien für eine Haft des Paulus in Ephesus sind (unter Ausschluß des Phil) folgende. Paulus war dort wegen seiner Verkündigung in großer Lebensgefahr 1Kor 15, 30ff und vor allem 2Kor 1, 8ff. Dieser Passus ist die Basis der Hypothese; „die unerträgliche Trübsal" war so lastend, „daß wir schon am Leben verzweifelten; ja wir hatten bei uns selbst schon das Todesurteil (!) gesprochen". Der Passus läßt wegen seiner Parallelität zu V. 5–7 weniger an eine lebensgefährliche Erkrankung als an Verfolgung und Prozeß denken. In dieselbe Richtung weist auch Röm 16, 3f, Prisca und Aquila (die laut 1Kor 16, 19 in Ephesus bei Paulus waren), hätten „für mein Leben ihren Hals dargeboten". Diese Stellen beweisen zwar eine ephesinische Gefangenschaft des Paulus nicht, schließen sie aber noch weniger aus; sie lassen sie vielmehr als einigermaßen begründete Möglichkeit erscheinen.

A l l e Angaben des Phil passen zu dieser hypothetischen Gefangenschaft in Ephesus; in erster Linie diejenigen, die gegen Rom und Cäsarea sprechen. Der lebhafte Verkehr zwischen Philippi und dem Haftort des Paulus bietet keine Schwierigkeiten; von Ephesus kam man nach Philippi in wenigen Tagen, von Rom oder Cäsarea aus brauchte man mehrere Wochen. Daher ist es auch nicht befremdlich, wenn Paulus seinen Besuch – ungeachtet der vorherigen Sendung und Rückkehr des Timotheos – als „bald" in Aussicht stellt. Schließlich muß man diesen Reiseplan nicht erst mühsam mit dem Spanienplan ausgleichen. In zweiter Linie: die Phil 1, 26; 2, 24 geplante Reise ist dann mit der laut 2Kor 2, 13; 7, 5 durchgeführten identisch. Auf diesem Hintergrund gewinnen dann auch die Argumente zweiten Ranges an Bedeutung: Nicht so sehr die Tatsache, daß es auch in Ephesus Prätorianer und einen Verein der „Kaisersklaven" gab, als dies, daß bei dieser Lokalisierung die Ketzerpolemik zeitlich in die Nähe von Gal und 2Kor rückt, und ferner, daß das Fehlen jeder Bezugnahme auf einen späteren als den Gründungsaufenthalt sich zwanglos erklärt[19].

Da gegen eine Abfassung des Phil in Rom oder Cäsarea unüberwindliche Bedenken bestehen, die nur durch zahlreiche Hypothesen beschwichtigt werden können, gegen seine Abfassung in Ephesus aber gar nichts spricht außer der Tatsache, daß die ephesinische Gefangenschaft eine Hypothese ist, hat man die Wahl, die Lokali-

---

[19] Weiteres bei Gnilka, 18ff.

sierung entweder mit mehreren Hypothesen oder mit nur einer Hypothese zu begründen, wenn man nicht lieber auf eine Lokalisierung verzichtet. Mir scheint Ephesus als Abfassungsort der Briefe A und B am wahrscheinlichsten zu sein.

Die Abfassungszeit läge dann zwischen dem Tränenbrief und dem Versöhnungsbrief nach Korinth, in der durch die θλῖψις gekennzeichneten Situation (2Kor 1, 8; Phil 4, 14), B einige Wochen nach A.

Der Brief C dürfte etwas später ebenfalls in Ephesus (oder in Troas, 2Kor 2, 12) verfaßt sein. Offenbar hatte Paulus auch noch bei seiner Ankunft in Makedonien mit den Irrlehrern zu tun (2Kor 7, 5). Gnilka möchte den „Kampfbrief" nach dem zweiten Philipperbesuch des Paulus datieren und in Korinth (Apg 20, 2f) lokalisieren[20] und rückt ihn damit in unmittelbare Nähe zum Röm. Nur ist die Voraussetzung dieser Spätdatierung, daß der Kampfbrief nach dem Freispruch geschrieben sei, nicht evident zu machen.

# § 11. Der Philemonbrief

*Kommentare:*

HNT: M. Dibelius–H. Greeven, [3]1953; KNT: P. Ewald, [2]1910; Meyer K.: Ed. Lohse, [14]1968; NTD: G. Friedrich, [9]1962; ICC: M. R. Vincent, 1897; Moffatt, NTC: E. F. Scott, 1930.

*Untersuchungen:*

J. Knox, Philemon among the Letters of Paul, 1935, [2]1959 (dazu H. Greeven, ThLZ 79, 1954, 373ff);

Th. Preiss, Vie en Christ et éthique social dans l'Épître à Philémon, in: –, La vie en Christ, 1951, 65ff;

U. Wickert, Der Philemonbrief – Privatbrief oder Apostolisches Schreiben?, ZNW 52, 1961, 230ff.

## 1. Inhalt

Präskript 1–3.
Proömium 4–7.
Bitte um freundliche Aufnahme des entlaufenen Sklaven Onesimos 8–20.
Schluß: Ankündigung des Besuches; Grüße; Schlußgruß 21–25.

---

[20] AaO, 25.

## 2. Veranlassung und Zweck

Paulus schreibt den Brief aus einer Gefangenschaft (1. 9); aber die Haft ist erträglich, er ist von Mitarbeitern umgeben (23f), kann selber missionarisch wirken (10) und hofft, bald den Adressaten besuchen zu können (22). Der Phlm ist der einzige echte Paulusbrief an eine einzelne Privatperson. Zwar nennt das Präskript außer Philemon noch eine Apphia und einen Archippos sowie die Hausgemeinde (des Philemon) als Adressaten, aber von V. 4 ab redet Paulus nur eine Einzelperson an. Wer die beiden anderen Genannten sind und in welchem Verhältnis sie zu Philemon stehen, weiß man nicht[1]. Der Ort der Adressaten wird nicht erwähnt, aber wenn die Notiz Kol 4, 9 stimmt, Onesimos sei Kolosser, so wird man auch seinen Herrn in Kolossä suchen. Dort hatte Paulus nie missioniert.

Es scheint aber, daß Philemon von Paulus selbst bekehrt worden (19b) und ihm nicht nur vom Hörensagen bekannt ist (5). Jedenfalls ist der Ton des Briefes sehr persönlich und vertraut, mit dem Paulus die recht delikate Angelegenheit behandelt. Der Sklave Onesimos war seinem Herrn Philemon entlaufen, vielleicht unter Mitnahme einiger Gelder (18f), war mit Paulus zusammengetroffen[2], von ihm bekehrt worden und hatte ihm im Gefängnis persönlich und bei der Missionsarbeit nützliche Dienste erwiesen (10f. 13). Paulus hätte ihn deshalb gerne bei sich behalten, aber er respektiert die Rechtslage und sendet den Entlaufenen korrekterweise seinem Herrn zurück.

---

[1] J. Knox hat zu beweisen versucht, daß der Herr des Onesimos und eigentliche Adressat des Briefes nicht Philemon, sondern Archippos sei, daß der sogenannte „Philemonbrief" identisch sei mit dem Brief „aus Laodikea" (Kol 4, 16), daß Philemon ein angesehener laodikenischer Christ sei, der sich bei Archippos für Onesimos verwenden sollte, und daß der „Dienst", zu dessen Erfüllung die Kolossergemeinde den Archippos ermahnen soll, in der Freilassung und Rücksendung des Onesimos bestehe. Knox konstruiert weiter: Onesimos sei identisch mit dem gleichnamigen Bischof von Ephesus (IgnEph 1, 3), habe aus Dankbarkeit den Phlm aufbewahrt, alle erreichbaren Paulusbriefe gesammelt, den Eph fingiert, um auf die Siebenzahl der Adressatengemeinde zu kommen, und die Sammlung (mit dem Eph am Anfang) publiziert. Beide Argumentationsreihen lassen sich nicht halten, die erste aus exegetischen, die zweite aus namensgeschichtlichen Gründen nicht. Vgl. Lohse, aaO, 261f.

[2] Ob er verhaftet und in das gleiche Gefängnis gesteckt worden war oder ob er bei Paulus als einem Freund seines Herrn Asyl gesucht hat (wie der libertus des Sabinianus bei Plinius dem Jüngeren, Epist. IX 21), läßt sich nicht feststellen.

Der Begleitbrief hat den Zweck, den entlaufenen Sklaven vor den auf diesem Delikt stehenden schweren, oft grausamen Strafen zu schützen und ihm darüber hinaus eine freundliche Aufnahme zu sichern. Paulus verfolgt dieses Ziel mit vollendeter Meisterschaft; er spielt mit seiner apostolischen Autorität und stellt sie sofort wieder zurück (8ff), er läßt dem Philemon alle Freiheit und macht ihm doch seine Wünsche unmißverständlich klar (13f). Er bezeichnet den Onesimos als sein eigenes Kind (10), ja als sein eigenes Herz (12), er bittet, obwohl er es befehlen könnte, Philemon soll den entlaufenen Sklaven aufnehmen wie ihn, den Apostel selbst (8ff. 17). Er verpflichtet sich feierlich, den Schaden, der dem Philemon entstanden sei, selbst zu ersetzen, läßt aber durchblicken, daß Philemon dieses Angebot nicht annehmen könne (18f). Er läßt ferner seinen Wunsch durchblicken, den Onesimos als Gehilfen wieder zu erhalten und zwar in Stellvertretung seines Herrn, doch stellt er das diesem anheim (13f). Und schließlich läßt er einen noch weitergehenden Wunsch durchblicken, wenn er schreibt, Philemon werde den Onesimos „ewig wiederhaben, nicht mehr als Sklaven, sondern als etwas viel Höheres als einen Sklaven: als geliebten Bruder ... sowohl im Fleisch, als auch im Herrn" (15f), nicht nur als „Bruder im Herrn", als Mitchristen, sondern – und das ist das Entscheidende – als „Bruder im Fleisch", als leiblichen Bruder; das kann bei aller rücksichtsvollen Umschreibung nichts anderes heißen, als daß Philemon dem Onesimos die Freiheit schenken solle; und Paulus vertraut auf den Gehorsam des Adressaten, der mehr tun werde, als er (Paulus) sage (21). Es wird gelegentlich bestritten, daß dies der Sinn von 15f. 21 sei. Gewiß: „von Freilassung des Onesimus steht in Phlm kein Wort"[3]; aber sie steht deutlich genug zwischen den Zeilen. Paulus hat nicht die Absicht, die „Sklavenfrage" zu lösen. Er hat sich nie damit befaßt, die sogenannten „Herrschaftsstrukturen" zu ändern, nicht weil er die bestehenden staatlichen, rechtlichen und sozialen Verhältnisse für gut hielt, sondern weil er Wichtigeres zu tun hatte. Aber gelegentlich konnte er auch in diesem Bereich einschneidende Entscheidungen treffen[4]. Wie er 1Kor 7, 20ff den Sklaven raten kann, in ihrem Stande zu bleiben, auch wenn sie frei werden könnten, so kann er in einem Einzelfall einem Herrn nahelegen, einen Sklaven, dazu noch einen entlaufenen, freizulassen; weder das eine noch das

---

[3] Kümmel, Einleitung, [17]1973, 308.
[4] ZB 1Kor 6, 1ff.

andere ist soziales Programm. Aber der Rat an Philemon war, wenn
er befolgt wurde, ein doppelter Verstoß gegen die damalige Gesell-
schaftsordnung und ihre Klasseninteressen: gegen die Interessen der
„Besitzenden", insofern das Verhalten Philemons ein schlechtes Beispiel für die Sklaven war, gegen die Interessen der Sklaven, insofern
Onesimos für Spartacus- und ähnliche Klassenkämpfe verdorben
war; Herr und Sklave verdarben es je mit ihrer eigenen Klasse. Dafür war zwischen ihnen eine neue Gemeinschaft konstituiert, in der
die sozialen Gegensätze samt ihren ideologischen „Überbauten" und
praktischen Auswirkungen überholt waren.

Veranlassung und Zweck geben dem Phlm eine Sonderstellung
unter den Paulusbriefen. Er nähert sich am meisten dem antiken
Privatbrief und hat vom Thema her auch in der Topik eine gewisse
Verwandtschaft mit dem berühmten Brief des jüngeren Plinius an
Sabinianus[5] und mit dem weniger bekannten des Papas Kaor von
Hermupolis[6], die sich beide für Entlaufene einsetzen; briefstilistisch
hält der Phlm die Mitte zwischen dem rhetorisch artistischen Plinius-
brief und dem schlichten Billet des Kaor. Der Phlm verlangt viel
mehr als diese beiden, aber seine Zumutungen sind so in überlegener
Liebenswürdigkeit verpackt, daß sie als solche gar nicht spürbar
werden[7]. Der Phlm zeigt eine Eigenschaft des Apostels, die man nach
seinen übrigen Briefen nicht erwartet hätte: Charme.

## 3. Abfassungsverhältnisse

Als Ort der Gefangenschaft des Paulus werden auch hier Rom,
Cäsarea oder Ephesus vorgeschlagen. Da es nicht gerade wahrscheinlich ist, daß Onesimos von Kolossä nach Cäsarea oder Rom ge-
flüchtet ist, sondern in eine näher gelegene Großstadt, hat Ephesus
als Abfassungsort die größere Wahrscheinlichkeit. Timotheos befindet sich bei Paulus, wie bei der Abfassung des Phil. Aber die Reisepläne des Paulus sind andere (22; Phil 1, 1; 2, 19ff), und ebenso
umgeben ihn andere Mitarbeiter (23f), sodaß eine vom Phil verschiedene Abfassungszeit angenommen werden muß. Die Namenliste

---

[5] Epist. IX 21, vgl. IX 24.
[6] Bei A. Deissmann, Licht vom Osten, [4]1923, 183ff.
[7] Paulus verwendet sogar den Humor (Spielerei mit der Bedeutung des
Namens Onesimos V. 11).

23f stimmt fast völlig mit der von Kol 4, 10 überein, auch Archippos wird in beiden Briefen genannt; in beiden sind die gleichen Abfassungsverhältnisse vorausgesetzt (nur seltsam, daß im Phlm sich keine Anspielung auf die kolossische Häresie findet); aber genaueres läßt sich nicht sagen.

## § 12. Der Römerbrief

*Kommentare:*

HNT: H. Lietzmann, ⁴1933; E. Käsemann, 1973; KNT: Th. Zahn, ³1925; MeyerK: O. Michel, ¹²1963; NTD: P. Althaus, ⁹1959; ThHK: H. W. Schmidt, 1963; BNTC: C. K. Barrett, 1957; ICC: W. Sanday – A. C. Headlam, ⁵1902; Moffatt, NTC: C. H. Dodd, ¹³1954; CNT: F. – J. Leenhardt, 1957; EtB: M.–J. Lagrange, ²1930; K. Barth, Der Römerbrief, ²1922; A. Schlatter, Gottes Gerechtigkeit, 1935.

*Untersuchungen:*

F. Ch. Baur, Über Zweck und Veranlassung des Römerbriefes und die damit zusammenhängenden Verhältnisse der römischen Gemeinde: Ausgewählte Werke I, 1963, 147ff;
G. Bornkamm, Paulus, UB 119, 1969, 103ff;
–, Der Römerbrief als Testament des Paulus, in: Gesamelte Aufsätze IV, 1971, 120ff;
R. Bultmann, Glossen im Römerbrief, in: Exegetica, 1967, 278ff;
G. Friedrich, RGG³ V, 1961, 1137ff (Lit.);
Ed. Grafe, Über Veranlassung und Zweck des Römerbriefes, 1881;
G. Harder, Der konkrete Anlaß des Römerbriefes, ThViat 6, 1959, 13ff;
E. Hirsch, Petrus und Paulus, ZNW 29, 1930, 63ff;
G. Klein, Der Abfassungszweck des Römerbriefes, in: Rekonstruktion und Interpretation, 1969, 129ff;
T. W. Manson, Studies in the Gospels and Epistles, 1962, 225ff;
J. Munck, Paulus und die Heilsgeschichte, 1954, 190ff;
H. Preisker, Das historische Problem des Römerbriefes, WZ Jena, 1952/53, 25ff;
K. H. Rengstorf, Paulus und die römische Christenheit, StEv II TU 87, 1964, 447ff;
A. Roosen, Le genre littéraire de l'Épître aux Romains, ebd. 465ff.

Der Römerbrief nimmt unter den echten Paulusbriefen eine Sonderstellung ein. Er ist 1. an eine Gemeinde gerichtet, die nicht von Paulus oder einem seiner Schüler gegründet worden ist und die der Apostel nur vom Hörensagen kennt. Der Brief befaßt sich 2. anders als die bisher besprochenen nur zu einem geringen Teil mit aktuellen Fragen der Adressatengemeinde und entfaltet statt dessen thematisch und systematisch das paulinische Verständnis des Evangeliums; der

Lehrgehalt überwiegt die „Korrespondenz" derart, daß man den Röm häufig mehr als Lehrschrift denn als Brief behandelt hat; in der Tat stellt der literarische Charakter ein Problem dar, auch wenn man dieses Schreiben als Brief versteht.

## 1. Abfassungssituation

Der Röm, vermutlich der letzte Brief, den Paulus geschrieben hat, ist an einem Wendepunkt seines Lebens entstanden. Über die Abfassungssituation geben einige Bemerkungen des Paulus über seine nächsten Pläne Auskunft. Der Apostel steht nach 15, 19–24 am Ende seiner Wirksamkeit im Osten; er hat die Verkündigung von Jerusalem, dem Ausgangspunkt des Evangeliums, bis Illyricum, seinem westlichsten Missionsgebiet, „vollendet" und hat „keinen Raum mehr in diesen Gegenden", er will daher nach Rom und von dort nach Spanien reisen. Augenblicklich aber steht er vor dem Aufbruch nach Jerusalem, um der Urgemeinde die Kollekte Makedoniens und Achaias zu überbringen (15, 25–29). Die Abfassung des Röm gehört also zeitlich an das Ende der sog. 3. Missionsreise, das Apg 20, 1–5 skizziert wird. Als Abfassungsort nimmt man meist Korinth an; denn Paulus hatte während dieser Zeit drei Monate in „Hellas" zugebracht (Apg 20, 2f) und erwähnt Röm 16, 23 einen Gaius als seinen Gastgeber, den man gerne mit dem von Paulus selbst getauften korinthischen Christen gleichen Namens identifiziert (1Kor 1, 14). Natürlich wäre auch eine Stadt in Makedonien, Thessalonike oder Philippi, als Abfassungsort möglich, doch scheint Paulus damals nur in „Hellas" längere Zeit verweilt zu haben; und die Abfassung des Röm beanspruchte einige Zeit. Paulus hat den Röm also aller Wahrscheinlichkeit nach während seines dritten Aufenthaltes in Korinth abgefaßt, und zwar vor Ostern (Apg 20, 6) des Jahres seiner Verhaftung (frühestens 56, spätestens 59 nChr)[1].

In seiner Umgebung befinden sich außer Gaius auch der Stadtrendant Erastos und ein Quartus (16, 23) und vor allem seine Mitarbeiter Timotheus, Lucius, Jason und Sosipatros (16, 21). Auch den Namen des Schreibers, dem Paulus den Röm diktiert hat, erfährt man: Tertius; er grüßt in 1. Person die Adressaten (16, 22).

---

[1] J. R. Richards, NTS 13, 1966/67, 14ff datiert den Röm vor den 1Kor. Auf die vielen Hypothesen, die diese Frühdatierung erweisen sollen, kann ich aus Raumgründen nicht eingehen.

## 2. Inhalt und Aufbau

## 3. Die römische Gemeinde

### a) Die Entstehung

Die Entstehung der römischen Gemeinde ist in völliges Dunkel gehüllt; wir wissen nicht, wann und durch wen der Christusglaube nach Rom gekommen ist. Die Apostelgeschichte berichtet darüber ebensowenig wie über die Anfänge des Christentums in Ägypten, und aus dem Röm, dem ältesten Zeugnis für die Existenz einer römischen Christengemeinde, ist über ihre Entstehung ebenfalls nichts zu erfahren. Doch wenn Paulus den römischen Christen schreibt, er wünsche „seit manchen Jahren", sie zu besuchen (15, 23), so wird man aufgrund der wahrscheinlichen Abfassungszeit des Röm diesen Wunsch in den Anfang der 50er Jahre datieren müssen. Damit gewinnt man freilich bestenfalls den Zeitpunkt, an dem Paulus von der Existenz der römischen Gemeinde gehört hat, nicht aber denjenigen ihrer Entstehung. Doch läßt sich diese durch zwei andre Nachrichten zeitlich etwas näher bestimmen.

Nach der zuverlässigen Notiz Apg 18, 2 hat Paulus zu Beginn seines Aufenthalts in Korinth (49 oder 50 nChr) das jüdische Ehepaar Aquila und Priscilla kennengelernt, das „kürzlich von Italien gekommen war, ... weil Claudius angeordnet hatte, daß alle Juden sich aus Rom zu entfernen hätten". Es spricht nun alles dafür, daß die beiden Eheleute bei ihrer Begegnung mit Paulus schon Christen – also Judenchristen – waren; denn die Apostelgeschichte berichtet nicht ihre Bekehrung, kennzeichnet sie aber als Christen (Apg 18, 18ff. 26ff), und Paulus nennt als Erstbekehrte von Achaia/Korinth nicht sie, sondern Stephanas und sein Haus (1Kor 16, 15; vgl. 1, 14ff; 16, 19; Röm 16, 3–5). Waren Aquila und Priscilla schon bei ihrer Vertreibung aus Rom Christen, dann hat dort zur Zeit des Judenedikts des Claudius (49 nChr) eine Christengemeinde bestanden.

Die andere Nachricht, die Notiz Suetons über dieses Edikt, weist in dieselbe Richtung: „Judaeos impulsore Chresto assidue tumultuantes Romae expulit" („Die Juden, die, aufgehetzt von Chrestus, fortwährend Unruhe machten, vertrieb er aus Rom", Vita Claudii 25). Dieser knappe Satz, der in einer Aufzählung zahlreicher Anordnungen des Claudius steht, kann bedeuten, daß die zu dem Edikt führenden Tumulte in der jüdischen Kolonie Roms durch einen sonst unbekannten Mann mit dem griechischen Namen Χρηστός verursacht worden waren. Aber es ist wahrscheinlicher und allgemein anerkannt, daß „Chrestus" die Wiedergabe von „Christus" ist: das Wort Χριστός war für Außenstehende in seinem titularen Sinn (der Gesalbte, der Messias) nicht verständlich und wurde wegen des lautlichen Gleichklangs (von η und ι: Itazismus) als der griechische Eigenname aufgefaßt und wiedergegeben. Ist das richtig, dann ist die Sueton-Notiz aufschlußreich: sie ist dann ein Reflex der Tatsache, daß es in der römischen Judenschaft zu heftigen Auseinandersetzungen über „Christus", dh über die Messianität Jesu, gekommen war, die ein solches Ausmaß angenommen hatten, daß Claudius die Juden aus Rom vertrieb. Dem Kaiser boten die Tumulte, deren religiöser Hintergrund ihn kaum interessiert haben dürfte, willkommenen Anlaß, gegen die Juden Roms, deren Anwachsen ihm nicht behagte, energisch vorzugehen. Für unsere Frage nach den Anfängen der römischen Gemeinde läßt sich der Sueton-Notiz zweierlei entnehmen: (1) um 49 gab es zahlreiche Christen in Rom, und zwar schon längere, wenn auch nicht allzu lange Zeit – das geht aus der Erwähnung der „fortwährenden Unruhen" und aus der Überlegung hervor, daß die Verkündigung der Messianität Jesu rasch den Widerspruch provozieren mußte –, also etwa seit der Mitte der 40er Jahre; (2) die Christen befanden sich im Synagogenverband, sahen noch keinen Anlaß, ihn zu verlassen, bestanden also vorwiegend aus Juden; daß auch Proselyten und „Gottesfürchtige" zu den Christen gehörten, ist von vornherein wahrscheinlich.

Genaueres zu sagen, erlauben die Quellen nicht. Spätere Legenden machen Petrus zum Gründer und ersten Bischof der Welthauptstadt, werden aber durch die ältesten Zeugnisse für die Beziehung des Petrus zu Rom desavouiert; diese Zeugnisse nennen immer Petrus und Paulus zusammen, erwähnen aber die Gründung der Gemeinde nicht (1Clem 5, 2–7; IgnRöm 4, 3). Der Christusglaube kam durch uns Unbekannte nach Rom – vermutlich durch römische Juden, die bei Pilgerfahrten zu den großen Festen in Jerusalem für ihn gewonnen worden waren, vielleicht auch durch hellenistisch-jüdische Missionare aus dem Stephanuskreis (Apg 8, 4; 11, 19), vielleicht auf beide Weisen.

Das Judenedikt des Claudius traf weder die Juden noch die Christen in Rom als vernichtender Schlag. Jedenfalls bestand in der zweiten Hälfte der 50er Jahre dort eine blühende Christengemeinde. Nach dem Tode des Kaisers 54 wuchs unter dem judenfreundlichen Einfluß der damaligen Gattin Neros Poppaea die jüdische Kolonie Roms stark an, und vermutlich waren schon vor dem Tode des Claudius die Bestimmungen des Judenedikts gelockert worden. Aber es hatte für die römische Christengemeinde eine bedeutsame Folge: es schaltete den jüdischen Einfluß auf sie für einige Jahre aus, stellte sie, die über Proselyten und „Gottesfürchtige" hinaus einen erheblichen Zuzug aus den Heiden erhielt, auf sich selbst und beschleunigte so den Prozeß, der ohnehin unaufhaltsam war, die Trennung der Christengemeinde von der Synagoge. Als Paulus den Röm schrieb, befand sich die christliche Gemeinde Roms offenbar nicht mehr innerhalb des Synagogenverbandes.

b) Die Situation der Gemeinde zur Abfassungszeit des Röm

Über die innere Lage, über die religiöse Zusammensetzung und die Anschauungen der römischen Gemeinde steht uns als Quelle nur der Röm selbst zur Verfügung, genauer gesagt: nur Röm 1–15. Denn da Röm 16 möglicherweise ursprünglich nicht an die römischen Christen gerichtet ist (s. u.), sieht man von diesem Kapitel aus methodischen Gründen besser ab, wenn man versucht, die Zustände in der römischen Gemeinde zu rekonstruieren. Auch ohne dieses Kapitel macht der Röm deutlich, daß Paulus über die Gemeinde relativ gut unterrichtet war und bei ihr einige Kenntnis seiner Person und Wirksamkeit voraussetzen konnte.

Paulus redet die römische Gemeinde in ihrer Gesamtheit als Heidenchristen an. Er hat den Apostolat empfangen „für alle Heiden..., zu denen auch ihr gehört" (1, 5f; vgl. 15, 15f), er will „einige Frucht auch bei euch erhalten, wie unter den übrigen Heiden" (1, 13) und redet in seinen Ausführungen über Israels Schicksal die Leser mit der Wendung an: „Euch aber, den Heiden, sage ich..." (11, 13). Auch sonst finden sich Wendungen, die die Leser deutlich als Heidenchristen charakterisieren (9, 3ff; 10, 1f; 11, 23. 28. 31).

Aber der Röm selbst modifiziert diese Kennzeichnung. Ginge man von den Darlegungen des Briefes statt von diesen eindeutigen Aussagen aus, so müßte man auf eine vorwiegend judenchristliche Leserschaft schließen. Und diese Folgerung ist auch häufig gezogen worden. Die reichliche Verwendung von Schriftzitaten und Schriftbeweisen, die Benutzung judenchristlicher Formeln (1, 3f; 3, 24f; 4, 25), vor allem die leidenschaftliche Diskussion über die Bedeutung des Gesetzes und das nicht minder leidenschaftliche Ringen um das Problem, das durch die Verstockung Israels gestellt ist (9–11), schließlich die direkte Anrede an den Juden (2, 17) und die Wendung

„Abraham, unser Vater nach dem Fleisch" (4, 1) scheinen den genannten Schluß nahezulegen, sodaß sich eine Diskrepanz in der
Charakterisierung der römischen Gemeinde auftut.

Rein heidenchristlich kann sie schon von ihrem Ursprung her nicht
gewesen sein. Aber über das Größenverhältnis von heiden- und
judenchristlichem Gemeindeteil läßt sich aus der genannten Diskrepanz kein Aufschluß gewinnen. Hinsichtlich der Argumentation des
Paulus im Röm muß man in Rechnung stellen, daß das AT das
heilige Buch der ganzen Urchristenheit war, daß der Schriftbeweis in
einem paulinischen Brief daher nichts für die jüdische Herkunft seiner
Leser beweist – man denke an den Gal – und daß die Auseinandersetzung mit dem Judentum zum paulinischen Evangelium von der
Rechtfertigung allein aus Glauben notwendig hinzugehört. Es wäre
daher wenig sinnvoll, aus der Länge des im Röm geführten dialogus
cum Iudaeis zu schließen, der judenchristliche Gemeindeteil müsse
sehr groß gewesen sein. Andrerseits geht aus der Tatsache, daß
Paulus die römischen Christen in toto als Heidenchristen anredet,
nicht hervor, daß sie es auch mehrheitlich waren; denn es ist fraglich,
ob der Apostel sich bei dieser Kategorisierung von einem Majoritäts-
prinzip leiten läßt und nicht vielmehr von dem geographischen
Gesichtspunkt, daß jede Gemeinde außerhalb Judäas eine Gemeinde
„aus den Heiden" ist. Wie dem auch sei, die römische Gemeinde ist
faktisch gemischt, Paulus behandelt sie aber als de jure heidenchristlich.

Das einzig Konkrete, was der Röm über die dortigen Verhältnisse
erkennen läßt, ist der Streit zwischen den ‚Schwachen', die Fleisch-
und Alkoholgenuß als „unrein" ablehnen (14, 2. 14. 21) und bestimmte Tage feiern (14, 5), und den ‚Starken', die das nicht tun, ein
Streit, auf den Paulus ausführlich eingeht (14, 1–15, 13). Man hat
diesen Dissensus oft aufgrund von 15, 7ff als Kontroverse zwischen
Judenchristen und Heidenchristen gedeutet; aber diese Deutung
ist nicht sicher, da prinzipielle Fleisch- und Alkoholabstinenz nichts
spezifisch Jüdisches ist[2]. Nichts in dem ganzen Passus weist darauf

---

[2] Vgl. den Exkurs bei Lietzmann, HNT, 114f. E. Hirsch meint, daß die
   hier erwähnten Zeugnisse für die Fleischabstinenz des Petrus „allen
   Glauben verdienen", und bezieht Röm 14f auf Petrus und seine Anhänger: „Die Schwachen erscheinen wieder als die Petriner" (aaO, 75).
   Aber diese Zeugnisse (Epiphanius 30, 15, 3 und pseudoclementin. Hom.
   8, 15; 12, 6) sind späte tendenziöse Behauptungen und reichen, selbst
   wenn sie glaubwürdig wären, nicht aus, bei den römischen ‚Schwachen'
   petrinischen Einfluß zu erweisen.

hin, daß es um die Geltung des jüdischen Gesetzes geht. Es findet
sich aber auch kein Zeichen dafür, daß es sich wie bei den ‚Starken'
und ‚Schwachen' in Korinth um den Genuß von Götzenopferfleisch
handelt, ja, in Rom war zudem der Weingenuß kontrovers. Es
handelt sich in Rom offenbar um eine ritualistische Askese[3]. Über
ihre Herkuft und über ihre Anhänger vermögen wir nichts zu sagen.
Ebensowenig darüber, wie Paulus zur Kenntnis des Zwistes zwischen
‚Schwachen' und ‚Starken' gelangt ist.

   Über die religiösen Anschauungen der Gemeinde gibt der Brief
wenig Auskunft. Paulus apostrophiert die römische Gemeinde als
„Gesetzeskundige" (7, 1) und setzt ausdrücklich eine bestimmte
Taufauffassung als bekannt voraus (6, 3). Die Bezugnahmen auf die
Homologie: „Herr ist Jesus" und die Pistisformel: „Gott hat Jesus
von den Toten erweckt" (10, 9) sowie auf andere Formeln (1, 3f;
3, 24f; 4, 25) dürften ebenfalls an den Römern Bekanntes erinnern.
Aber weitere Rückschlüsse und eine Rekonstruktion auf ihrer Basis
wären prekär.

## 4. Der Abfassungszweck

   Anders als die übrigen Paulusbriefe ist der Röm nicht aus der
‚Geschichte' des Apostels mit der Adressatengemeinde erwachsen.

   Der Zweck des Briefes ist die Ankündigung und Vorbereitung
des schon lange geplanten Besuchs des Apostels in Rom. Paulus will
den römischen Christen „eine geistliche Gabe mitteilen", damit sie
„gestärkt werden" und damit er selbst „mitgetröstet" werde; er will
„auch in Rom das Evangelium verkündigen", um auch bei ihnen
„einige Frucht zu erlangen" (1, 10–15). Deutlicher wird er gegen
Ende des Briefs: Er will nur auf der Durchreise Rom berühren; sein
eigentliches Ziel ist Spanien, wo er missionieren will (15, 23f. 28f);
er hofft, von den römischen Christen „dorthin geleitet zu werden"
(15, 24), dh nach dem Sprachgebrauch von προπέμπεσθαι: von ihnen
bei der Mission unterstützt zu werden; in dieser Unterstützung besteht also die erhoffte „Frucht" (1, 13 vgl. 15, 28; Phil 4, 17).
Paulus will Rom zur Ausgangsbasis und zum Rückhalt seiner Spanienmission machen; der Röm soll der fremden Gemeinde ein authentisches Bild der Verkündigung des Apostels geben, den sie nur vom
Hörensagen kennt, damit sie Vertrauen zu ihm gewinnt und seine
Pläne tatkräftig unterstützt.

---

[3] So H. v. Soden, Urchristentum und Geschichte I, 1951, 269.

Paulus sah sich bei diesen Plänen zwei Schwierigkeiten konfrontiert. Die eine lag in seinem missionarischen Prinzip, „das Evangelium nicht dort zu verkündigen, wo Christus (schon) genannt worden ist, um nicht auf einem fremden Fundament zu bauen..." (15, 20f vgl. 2Kor 10, 15f). Er war im Begriff, dieses Prinzip etwas zu durchbrechen, denn er wollte in Rom ja nicht nur das Evangelium verkündigen, sondern festen Fuß fassen – und mußte es auch –, um seine Spanienmission durchzuführen. Freilich handhabte er dieses ‚Nichteinmischungsprinzip' nicht allzu starr; – er trug ja kein Bedenken, in der nicht von ihm gegründeten Gemeinde Antiochia zu wirken und sie jahrelang als Ausgangsbasis und Rückhalt seiner Missionsreisen zu benützen, und diese Gemeinde war wie die zu Rom eine judenchristliche Gründung und aus Juden- und Heidenchristen zusammengesetzt. Er rechtfertigt 15, 20f seinen geplanten Schritt nicht vor seinem eigenen Prinzip, sondern vor allfälligen Mißdeutungen. Denn sein Erscheinen in Rom, das nicht durch langjährige Beziehungen wie die zu Antiochia begründet war, konnte als Übergriff in fremdes Missionsgebiet und als Verstoß gegen das eigene ‚Nichteinmischungsprinzip' verstanden werden. Paulus begründet sein Recht, in Rom das Evangelium zu verkündigen, damit, daß die römische Gemeinde heidenchristlich (1, 5f. 10–15) und er als Heidenapostel dann auch für sie zuständig ist (15, 15–19); doch betont er, gleichsam um das Gewicht dieses Anspruchs abzuschwächen, zweimal, er wolle in Rom nur durchreisen (15, 24. 28).

„Es ist immer das ungelöste Problem des Römerbriefes gewesen, wie sein Inhalt mit Rücksicht auf den Leserkreis zu begreifen sei", sagt Lietzmann[4]. Seit es eine historische Betrachtung des NT gibt und man den Röm nicht mehr als zeitlose ‚Dogmatik' auffaßt, sind die Versuche, ihn historisch zu verstehen, dh seinen Inhalt und seinen Zweck zur Deckung zu bringen, nicht abgerissen. Das ist durchaus legitim. Meist verfuhr man dabei wie bei den andern Paulusbriefen, dh man suchte in allen polemischen oder apologetischen Aussagen des Röm Bezugnahmen auf konkrete Verhältnisse, Meinungen, Strömungen in der römischen Gemeinde[5]; aber die Ergebnisse divergieren erheblich; zudem ist die Voraussetzung, Paulus wisse über Rom ebenso gut Bescheid wie etwa über Korinth, höchst frag-

---

[4] Kleine Schriften II, 1958, 290.
[5] Nachdem die Judaistenhypothese nicht mehr der Schlüssel zu allen urchristlichen Problemen, auch dem des Zwecks des Röm, ist, hat man den Röm so verstehen wollen, als greife Paulus in innergemeindliche

lich. Wenn Paulus sich 15, 14f für seine Stellungnahme zum Streit der ‚Starken' und ‚Schwachen' (14, 1–15, 13) gleichsam entschuldigt, obwohl er in ihr weniger τολμηροτέρως gesprochen hat als in den vorhergehenden Kapiteln, so wird man mit Rückschlüssen aus 1, 18–13, 14 auf spezielle Gemeindeverhältnisse in Rom etwas zurückhaltender sein. Gelegentlich wird aber der Röm als eine Dokumentation der paulinischen Auseinandersetzung mit dem Judentum aufgefaßt, die gar nicht primär für Rom konzipiert, wohl aber nach Rom (und Ephesus) gesandt worden sei[6]. Zweifellos spiegelt der Röm Auseinandersetzungen wider, die Paulus schon vor dessen Abfassung geführt hat (Gal, 2Kor 3–6), aber die Frage bleibt, warum er das „Referat" über sie (Munck) als Brief nach Rom sendet. Diese Frage ist nun zu behandeln.

Die andere Schwierigkeit war größer. Paulus mußte damit rechnen, daß die Feindschaft seiner Gegner, die ihn mit ihrer Agitation auf seinen Missionsfeldern und in Jerusalem das Leben schwer gemacht hatten, auch in Rom Einfluß gewonnen hatte; und er mußte diesem Einfluß, falls schon vorhanden, entgegenwirken oder, falls noch nicht vorhanden, vorbeugen, wenn sein Spanien-Plan gelingen sollte. Aus dieser Tendenz erklären sich die apologetischen und polemischen Äußerungen des Röm. Sie sind bei aller Verwandtschaft mit denen des Gal zu ruhig im Ton, als daß sie durch eine aktuelle judaistische Propaganda in Rom veranlaßt sein könnten, aber auch zu konkret und speziell, um nur theoretischen Erwägungen zu entstammen. Sie basieren auf den Erfahrungen des Apostels und befassen sich mit Einwänden, die von jüdischen und judenchristlichen Gegnern immer wieder gegen sein Evangelium von der Rechtfertigung allein aus Glauben erhoben wurden, und die er selbst als ehemaliger Jude, der als Christ am Gott Israels festhielt, reflektieren mußte. Wenn er den Römern sein (1, 16f definiertes) Evangelium nahebringen wollte, mußte er auf diese Einwände eingehen, um Mißdeutungen und falsche Konsequenzen zu beseitigen oder zu verhindern: er „vernichte das Gesetz durch den Glauben" (3, 31), er halte das Gesetz für Sünde (7, 7), er sei ein Feind Israels (9–11) und vor allem, er lehre folgerichtig schrankenlosen Libertinismus: „und ist es etwa wirklich

---

Streitigkeiten ein, in Streitigkeiten zwischen Judenchristen und Heidenchristen (Preisker) und Proselytenchristen (Harder, Marxsen); aber die Definition des Streitobjekts fällt jeweils anders aus.
[6] So vor allem T. W. Manson und J. Munck.

so, wie wir verlästert werden und gewisse Leute behaupten, wir sagten: ‚Laßt uns das Böse tun, damit das Gute komme'?! Die empfangen ihr Urteil mit Recht!" (3, 8 vgl. 6, 1. 15). In den Kämpfen der sog. 3. Missionsreise hatte Paulus erfahren, wie groß, grundsätzlich und wirksam die Gegnerschaft von Christen – von Judenchristen verschiedener Prägung, aber auch von Heidenchristen – gegen ihn und seine Lehre war, und wie umstritten seine Stellung auch in der Urgemeinde ist, deutet er selbst an (15, 30f): er kann nicht einmal sicher sein, daß die Kollekte, die er doch aufgrund der Abmachungen des Apostelkonvents gesammelt hat und jetzt überbringen will, den Jerusalemer Christen „willkommen" ist, ganz abgesehen davon, daß sein Leben von den dortigen Juden bedroht ist. Bei dieser Sachlage mußte Paulus mit ähnlichen Stimmungen und Vorbehalten auch in Rom rechnen. Auf dem Hintergrund des Mißtrauens der Urgemeinde und der Agitationen auf seinen Missionsgebieten gewinnt seine Aussage, er habe „keinen Raum mehr (τόπος = Wirkungsfeld) in diesen Gegenden" (15, 23), einen düsteren Aspekt: die Wirkungsmöglichkeiten im Osten sind ihm abgeschnitten, er wird nach dem Westen abgedrängt[7]; daher sein Plan, in Spanien zu missionieren. Ohne Rückhalt in der römischen Gemeinde wäre er nicht zu verwirklichen. Dieser Rückhalt war nicht zu gewinnen, wenn in Rom die Auffassung von des Paulus Person, Lehre und Wirksamkeit herrschte, die seine Gegner verbreiteten. Wenn Paulus diese Auffassung widerlegen bzw. von vornherein unterbinden wollte, dann mußte er den römischen Christen sein Evangelium in extenso darlegen – und zwar unter besonderer Berücksichtigung seiner Stellung zur „Schrift", zum jüdischen Gesetz und zum jüdischen Volk. Daher die Ausführlichkeit und der theologische Charakter dieses Einführungs- und Empfehlungsbriefes.

Dem Hauptzweck, die Spanienmission vorzubereiten, verdanken wir, daß der Röm geschrieben wurde; der unerläßlichen Vorbedingung hierfür, der Bekämpfung von Mißdeutungen der paulinischen Botschaft, verdanken wir, wie der Brief an die Römer geschrieben wurde, dh seinen theologischen Inhalt. Briefzweck und Briefinhalt entsprechen sich genau[8].

---

[7] Vgl. W. Bauer, Rechtgläubigkeit, 234f.

[8] Ganz anders bestimmt G. Klein diese Kongruenz; aus der Kombination der „Nichteinmischungsklausel" (15, 20) mit der Absicht des Paulus, in Rom das Evangelium zu verkündigen (1, 5. 11–16; 15, 15f), folgert er, Paulus habe es „mit Adressaten zu tun ..., deren Glaube zwar außer

## 5. Der literarische und theologische Charakter

Von daher läßt sich auch der literarische Charakter des Röm verstehen, der so stark von dem der andern Paulusbriefe abweicht. Nach Thematik und Strenge des Aufbaus ist er am nächsten dem Gal verwandt, doch wird gerade bei diesen verwandten Briefen der Unterschied besonders spürbar; die Unmittelbarkeit und Situationsgebundenheit des Gal fehlen dem Röm völlig. Die ‚Korrespondenz' befindet sich im brieflichen ‚Rahmen' 1, 1–15; 14, 1–15, 33 (16, 23), der Hauptteil (1, 18–11, 36) führt „fast abhandlungsartig" (Dibelius)[9] das Thema von 1, 16f aus. Und doch dient auch der Hauptteil der ‚Korrespondenz', dh dem brieflichen Zweck: die römische Gemeinde soll das Evangelium des Apostels kennenlernen und bejahen, bevor er selbst erscheint und dann in Spanien missioniert. „Paul's letter, then, represents not merely his approach to the capital of the Empire, and not merely the first preparatory step to the mission in Spain; it is also Paul's exposition of ‚his' Gospel to the Gentile churches which had come into existence independently of his efforts."[10] Die Frage, die auch hinter den neuesten Arbeiten zur litera-

---

Frage steht, der apostolischen Signatur aber noch entbehrt" (141), da das römische Christentum „nicht als apostolische Gründung" gelten könne; Paulus erachte diesen Tatbestand „als Provokation seines apostolischen Auftrages" (140) und beabsichtige, den römischen Christen „das grundlegende Kerygma" (144) zu bringen und ihnen dadurch die apostolische Signatur zu verleihen. Dergestalt entsprächen sich Zweck und Inhalt des Briefes, und der Röm erscheine „geradezu als ein vorweggenommener Akt jenes εὐαγγελίσασθαι..., welches Paulus persönlich in Rom noch vor sich hat" (144). – Diese mit viel Scharfsinn durchgeführte Hypothese überzeugt freilich nicht. Die Herausstellung der Evangeliumsverkündigung als des eigentlichen oder gar einzigen Zwekkes des Rombesuchs ist ebenso einseitig wie die Bagatellisierung des Spanienplans, von dem nur in „beiläufigen Bemerkungen" die Rede sei (134). Ferner trifft Paulus nirgendwo die Distinktion zwischen einem Glauben, der „außer Frage steht", und einem solchen, der außerdem noch „die apostolische Signatur" besitzt. Schließlich deutet er nirgendwo die Auffassung an, eine Gemeinde sei nur dann eine Gemeinde, wenn sie von einem veritablen Apostel gegründet sei. Nirgends moniert der Röm bei den Adressaten ein Manko an Apostolizität, sei es hinsichtlich der Gründung, sei es hinsichtlich des Glaubens und der Lehre. Die von Klein beschworene „apostolische Signatur" paßt ausgezeichnet in die frühkatholische Ideologie der Lukasschriften (Apg 8, 14ff!) und der alten Bischofslisten, nicht aber in die Ekklesiologie des Paulus.

[9] Geschichte der urchristlichen Literatur II, 24.
[10] Barret, 7.

rischen Eigenart des Röm steht, ob er als wirklicher Brief oder als Abhandlung zu gelten habe, ist als Entweder–Oder wenig sinnvoll. Er ist beides, aber so, daß die abhandlungsartigen Partien dem Briefzweck untergeordnet, ein integrierender Bestandteil des Briefes sind. M. a. W., der Röm ist keine Abhandlung in brieflicher Form, für die ein brieflicher Zweck ja nicht konstitutiv ist, sondern ein wirklicher Brief, der seinen brieflichen Zweck aber auf weiten Strecken in der Form der Abhandlung verfolgt.

Was am Röm den Eindruck einer Abhandlung hervorruft, ist zunächst seine Komposition. Der lehrhafte Hauptteil ist nicht nur genau und logisch disponiert – das ist der Gal auch –, sondern zeigt auch eine gekonnte Kompositionstechnik, die seine weit ausgesponnenen Unterteile straff zusammenfügt und deutlich zäsuriert: 3, 9–20 faßt die Ausführungen von 1, 18–3, 8 zusammen, 5, 1 greift auf 3, 21–31 zurück, Kap. 8 wiederholt die Gedanken von 5, 1–7, 6 unter neuen Gesichtspunkten; 9–11 wendet das Thema ‚Gottes Gerechtigkeit‘, das in 1–8 im Blick auf den Einzelnen und damit auf ‚alle‘ behandelt worden war auf das Schicksal Israels an. Paulus markiert die großen Sinnabschnitte durch rhetorisch wirksame Abschlüsse: durch eine rhythmisierte christologische Formel 4, 25 und durch hymnenartige Texte 8, 38f und 11, 33–36. Im Blick auf solche kompositorischen Mittel nennt Dibelius den Röm „eine halbliterarische Arbeit"[11].

Zu dieser formalen Eigentümlichkeit kommt die Art, wie Paulus die Themen behandelt, und sie prägt nicht nur den literarischen, sondern auch den theologischen Charakter des Röm. Seine Themen, das ist häufig hervorgehoben worden[12], werden fast alle (abgesehen vom Schicksal Israels 9–11) auch in andern Paulusbriefen behandelt oder gestreift: die ‚natürliche Theologie‘ 1Kor 1, 21; die Rechtfertigung allein aus Glauben Gal 3f; Phil 3; Adam und Christus 1Kor 15, 22ff. 45ff; Abraham Gal 3; die Kirche und die Gnadengaben 1Kor 12 usw. Aber hier behandelt Paulus diese Themen immer in Auseinandersetzung mit bestimmten christlichen Gegnern oder Gemeindegruppen; im Röm dagegen erörtert er sie nicht in einer aktuellen Kampfsituation, sondern in prinzipieller Besinnung. Zu einer solchen treibt er zwar auch in den andern Briefen die aktuellen Probleme

---

[11] AaO, 24.
[12] ZB von J. R. Richards, NTS 13, 1966/67, 14ff; G. Bornkamm, Paulus, 1969, 108f; H. Conzelmann, Der erste Brief an die Korinther, 1969, 16.

vor, hier aber geht er von ihr aus. Er hat die früher einzeln behandelten Themen dem einen Hauptthema ‚Gottesgerechtigkeit aus Glauben allein' zu- und untergeordnet, die immer wieder gegen seine Rechtfertigungslehre erhobenen Einwände einbezogen und so ein geschlossenes Bild seiner Botschaft an die Heiden entworfen, aber nicht in Antithese zu speziellen christlichen Gegnern; er entfaltet sein Evangelium im Röm auf der Ebene prinzipieller Auseinandersetzung mit dem eigentlichen Gegner, dem „jüdischen Heilsverständnis und Heilsanspruch"[13]. Daher auch das neue Thema, das Schicksal Israels (9–11). Dieses jüdische Selbstverständnis, das er ehemals selbst geteilt hatte, stand ja nicht nur hinter der Feindschaft der Juden sondern auch hinter der judaistischen Agitation und der mißtrauischen Zurückhaltung weiter judenchristlicher Kreise gegen Paulus und gefährdete seine Mission; eine grundsätzliche Auseinandersetzung war sachlich und zeitlich fällig. Die Art der Themenbehandlung erweist den Röm als theologische Abhandlung; aber wie diese Abhandlung auf dem Hintergrund lebendiger Erfahrungen entstanden ist, so verfolgte sie auch ein konkretes Ziel. „Das früher Gesagte ist nicht nur geordnet, sondern zugleich ausgerichtet auf den umfassenden Horizont der paulinischen Botschaft und Mission und ausgereift bis zu der in diesem Brief erst erreichten gültigen Gestalt"[14].

## 6. *Fragen der Integrität*

Zum Schluß sind zwei literargeschichtlich wichtige Fragen zu erörten, die eng miteinander zusammenhängen: das textkritische Problem der Doxologie 16, 25–27 und das literarkritische Problem der Zugehörigkeit von K. 16 zum Brief des Paulus an die Römer[15].

Die Doxologie („Dem aber, der euch stärken kann nach meinem Evangelium ..., dem einzigen, weisen Gotte durch Jesus Christus, ihm sei die Ehre in Ewigkeit! Amen"), die in den üblichen Ausgaben des NT den Schluß des Röm bildet – nach der herkömmlichen Kapitel- und Verseinteilung: 16, 25–27 – und an 16, 23 anschließt,

---

[13] G. Bornkamm, Paulus 1969, 109.

[14] Bornkamm ebd.

[15] R. Bultmann, Glossen im Römerbrief (= Exegetica, 1967, 278ff), hat 2, 1. 16; 6, 17; 7, 25b; 8, 1; 10, 17 als Glossen zu erweisen gesucht. Eine angemessene Behandlung dieser Thesen kann hier nicht erfolgen, da sie ausführliche exegetische Erörterungen erforderte; es sei daher auf den Kommentar von O. Michel verwiesen.

ist kein sicherer Bestandteil des ursprünglichen Röm-Textes. In der handschriftlichen Überlieferung wechselt ihre Stellung: die Doxologie steht in der ältesten Paulushandschrift, dem Papyrus 46, zwischen 15, 33 und 16, 1, in den meisten Zeugen des sog. „Hesychius-Textes" und in andern hinter 16, 23, in dem sog. Koine-Text zwischen 14, 23 und 15, 1, in den Codices A, P und einigen Minuskeln zweimal: hinter 14, 23 und 16, 23, in Zeugen der altlateinischen Übersetzung, in denen Röm 15. 16 fehlten, hinter 14, 23 (nach Ausweis von Kapitelverzeichnissen in Vulgata-Codices); sie fehlt überhaupt in wichtigen Vertetern des sog. „westlichen" Textes und bei Markion, bei dem aber auch Kap. 15. 16 fehlen[16]. Ein solcher Befund – wechselnde Stellung und gelegentliches Fehlen eines Textstückes – ist immer ein starkes Indiz gegen seine Ursprünglichkeit. Hinzu kommt, daß die Doxologie durch Vokabular und Vorstellungen einen unpaulinischen Eindruck macht. Es ist daher ziemlich allgemein anerkannt, daß die Doxologie nicht von Paulus stammt.

Ihr Aufkommen und ihre verschiedenen Positionen werden im Anschluß an D. de Bruyne[17] und P. Corssen[18] so erklärt: Es gab im 2. Jahrhundert einen verstümmelten Röm-Text, der mit 14, 23 endete und der in diesem Umfang für Markion, aber auch für kirchliche Kreise bezeugt ist – ob Markion ihn verstümmelt hat, wie Origenes behauptet, oder ob er ihn so schon vorgefunden hat, sei dahingestellt. Dieser abrupte Schluß wurde als störend empfunden; deshalb wurde – in markionitischen oder kirchlichen Kreisen – die feierliche Doxologie an 14, 23 angefügt – so noch im Text der Altlateiner. Die Doxologie fand Gefallen und wurde deshalb auch in unverstümmelte Röm-Texte – wenngleich auch nicht in alle – aufgenommen, indem man sie entweder an ihrer ursprünglichen Stelle beließ oder an den Schluß, hinter 16, 23 setzte oder auch gelegentlich zweimal brachte. Ihre singuläre Stellung zwischen 15, 33 und 16, 1 in Papyrus 46 legt den Schluß auf einen Röm-Text nahe, der mit 15, 33 geendet hat; denn die Funktion der Doxologie ist sowohl hinter 14, 23 wie hinter 16, 23 deutlich die, den Röm feierlich abzuschließen, und anderes ist auch für eine der Vorlagen von Papyrus 46 nicht anzunehmen. Die Position der Doxologie dürfte die Stellen markieren, an denen der Röm-Text in der handschriftlichen Überlieferung geendet hat (14, 23; 15, 33; 16, 23).

Die Zugehörigkeit des Kap. 16 zum Brief an die römische Gemeinde wird seit J. S. Semler (1767) und D. Schulz (1829) häufig an-

---

[16] Tabellarische Übersichten bei E. v. Dobschütz, Eberhard Nestles Einführung in das griechische NT, [4]1923, 132f und Kümmel, Einleitung, 275f.

[17] RBén 15, 1908, 423ff.

[18] ZNW 10, 1909, 1ff; 97ff.

gezweifelt – nicht (mehr) dagegen die paulinische Autorschaft. Bedenken erweckt zunächst die lange Grußliste V. 3–16 und zwar aus zwei Gründen. Einmal verwundert es, daß Paulus in der ihm fremden Gemeinde so viele Christen mit Namen kennt. Ferner befinden sich unter den Gegrüßten solche, die man eher im Osten, insbesondere in Ephesus, als in Rom lokalisieren würde: das Ehepaar Prisca und Aquila (V. 3–5) hatte sich nach seiner Vertreibung aus Rom eine Zeit lang in Korinth und dann in Ephesus niedergelassen (Apg 18, 2. 18f. 26), wo es zur Abfassungszeit des 1Kor wohnte (1Kor 16, 19) und wo es noch von dem pseudopaulinischen 2Tim ansässig gedacht wird (4, 19); Epainetos, „der Erstling der Asia" (Röm 16, 5), ist ebenfalls eher hier als in Rom zu vermuten; andere Namen der Grußliste werden von Paulus mit Epitheta bedacht, die eine persönliche und dh im Osten geschlossene Bekanntschaft beweisen (zB „Andronikos und Junias, meine Mitgefangenen" V. 7, „Ampliatos, meinen Lieben" V. 8, „Urbanus, unsern Mitarbeiter", „Stachys, meinen Lieben" V. 9, „Rufus . . . und seine Mutter, die auch die meine ist" V. 13); wieso sind diese alle in Rom versammelt? Verdacht erweckt auch die Polemik V. 17–20 gegen Irrlehrer, die die Gemeinde spalten, da sie nicht zu Röm 14f paßt und die Heftigkeit des Tons in einem Brief an eine fremde Gemeinde befremdet. Schließlich werden die beiden Tatsachen, daß 15, 33 wie ein Schlußgruß klingt und daß in Papyrus 46 an diesen Satz die Doxologie anschließt, als Indizien gegen die Zugehörigkeit von K. 16 zum Brief nach Rom geltend gemacht. Man nimmt dann aufgrund von V. 3–5 an, K. 16 sei ursprünglich ein nach Ephesus gerichtetes Schreiben oder Brieffragment oder Postscriptum zu einer dorthin gesandten Abschrift des Röm.

Diese Hypothese wurde und wird stark angefochten. Sie ist leicht angreifbar, da ihre Vertreter zu ‚unbeweisbaren Hypothesen' greifen müssen, um die Anfügung des Schreibens nach Ephesus an das nach Rom zu erklären. Die Verteidiger der Zugehörigkeit von K. 16 zum Röm müssen zwar zur Beseitigung der Anstöße dieses Kapitels ebenfalls zu ‚unbeweisbaren Hypothesen' greifen – eine kleine „Völkerwanderung aus den paulinischen Gemeinden des Ostens nach Rom" postulieren[19] und die Psychologie des Paulus bemühen –, sind aber den Bestreitern gegenüber im Vorteil, da diesen die Beweislast zufällt. Der Haupteinwand gegen die Abtrennung von K. 16 –: „die gesamte Tradition (ist) einig in der Zusammenhaltung von Rm 15

---

[19] Jülicher, Einleitung, 5/61906, 95.

und 16; nur für die Verse 24–27 versagt sie"[20] – ist aber seit dem
Bekanntwerden des Papyrus 46 hinfällig. Denn die Stellung der
Doxologie in dieser ältesten Paulushandschrift durchbricht diese Tradition, läßt, wie gesagt, die Existenz eines Röm-Textes ohne K. 16
textkritisch erschließen und gibt der literarkritischen Hypothese eine
feste textgeschichtliche Basis. Es ist also mehr als eine bloße Vermutung, wenn man Röm 1, 1 bis 15, 33 für den Brief des Paulus an
die römische Gemeinde, K. 16 für ein Schreiben nach Ephesus hält.
Die einfachste Hypothese für die Zusammenfügung beider Schreiben
ist die alte, von T. W. Manson u. a. aufgenommene Annahme, Paulus
habe der ephesinischen Gemeinde, die er auf der Reise nach Jerusalem nicht besuchen konnte, eine Abschrift seines Röm gesandt und
ihr ein Begleitschreiben bzw. Postskript beigefügt, das die Empfehlung der Phoibe, Grüße an die Gemeinde und aus der Umgebung
des Paulus sowie eine Polemik gegen Irrlehrer enthielt. Der Brief
nach Rom und seine Abschrift und Nachschrift für Ephesus waren
etwa gleichzeitig abgesandt worden. Der Röm hätte dann von Anfang an in zwei Fassungen existiert, in der römischen (1–15) und in
der erweiterten ephesinischen (1–15 + 16).

Die Fragen der Integrität des Röm haben aufgrund der Auswertung des Papyrus 46 durch T. W. Manson eine m. E. befriedigende
und die Ergebnisse de Bruynes und Corssens ergänzende Lösung gefunden: Der Röm hat von Anfang an in zwei Fassungen existiert,
der für Rom bestimmten (1–15) und der um K. 16 vermehrten Kopie
für Ephesus. Die römische Fassung ist (von Markion? oder schon vor
ihm?) um K. 15 verkürzt worden, hat aber auch in ihrem ursprünglichen Umfang weiterbestanden. Dann erfolgte die Angliederung der
Doxologie, zuerst an den verkürzten Markion-Text (hinter 14, 23),
dann an den integren römischen Text (hinter 15, 33), und diese
beiden Formen fanden Verbreitung. Von Ephesus aus wurde die
dortige Fassung (1–16, aber natürlich ohne die Doxologie) verbreitet.
In Ägypten wurden im 3. Jh. beide Fassungen in der Weise kombiniert, daß an die römische mit der Doxologie das Mehr an Text der
ephesinischen (16, 1–23) angegliedert wurde: Papyrus 46. Der längere
Text setzte sich natürlich durch, weil er als vollständiger galt. Das
weitere textgeschichtliche Schicksal der Doxologie ist am Anfang
dieses Abschnittes schon skizziert worden (s. S. 187f) und braucht
nicht wiederholt zu werden.

---

[20] Jülicher-Fascher, Einleitung[7], 110.

# § 13. Der Kolosserbrief

*Kommentare:*

HNT: M. Dibelius – H. Greeven, ³1953; KNT: P. Ewald, ²1910; MeyerK:
E. Lohmeyer, ⁸1930; E. Lohse, ¹⁴1968; NTD: H. Conzelmann, ⁹1962; ICC:
T. K. Abbott, 1897; Moffatt, NTC: E. F. Scott, 1930; CNT: Ch. Masson,
1950.

*Untersuchungen:*

G. Bornkamm, Die Häresie des Kolosserbriefes, ThLZ 73, 1948, 11ff = Das
Ende des Gesetzes, BEvTh 16, ²1958, 139ff;

M. Dibelius, Die Isisweihe bei Apuleius und verwandte Initiations – Riten,
Botschaft und Geschichte II, 1956, 30ff;

W. Foerster, Die Irrlehrer des Kolosserbriefes, in: Studia Biblica et Semitica, Festschr. Th. Ch. Vriezen, 1966, 71ff;

H. J. Holtzmann, Kritik der Epheser- und Kolosserbriefe, 1872;

E. Käsemann, RGG³ III, 1959, 1727f;

N. Kehl, Erniedrigung und Erhöhung in Qumran und Kolossä, ZKTh 91,
1969, 364ff;

J. Lähnemann, Der Kolosserbrief. Komposition, Situation und Argumentation, StNT 3, 1971;

E. Percy, Die Probleme der Kolosser- und Epheserbriefe, SHVL XXXIX,
1946 (dazu E. Käsemann, Gn 21, 1949, 342ff);

H.-M. Schenke, Der Widerstreit gnostischer und kirchlicher Christologie
im Spiegel des Kolosserbriefes, ZThK 61, 1964, 391ff;

Ed. Schweizer, Die „Elemente der Welt" in: ders., Beiträge zur Theologie
des NT, 1970, 147ff.

## 1. Inhalt

Präskript 1, 1f.

Proömium 1, 3–8.

I. Die Herrschaft Christi über die Welt 1, 9–2, 23.
1. Fürbitte um Erkenntnis Gottes 1, 9–11.
2. Christus, Schöpfer und Erlöser der Welt 1, 12–20.
3. Mahnung zum Festhalten an diesem Evangelium 1, 21–23.
4. Der Apostel als Diener des Evangeliums und der Gemeinde 1, 24–2, 5.
5. Warnung vor Irrlehrern 2, 6–23.
   a) Die Exklusivität der Herrschaft Christi 2, 6–15.
   b) Die Freiheit von „Satzungen" 2, 16–23.

II. Paränese 3, 1–4, 6.
1. Begründung der Paränese 3, 1–4.
2. Allgemeiner Teil 3, 5–17.
3. Haustafeln 3, 18–4, 1.
4. Abschließende Mahnungen 4, 2–6.

Briefschluß 4, 7–18.
1. Persönliche Mitteilungen 4, 7–9.
2. Grüße und Aufträge 4, 10–17.
3. Eigenhändiger Gruß.

## 2. Die Gemeinde von Kolossä

Kolossä[1], eine Stadt Phrygiens am oberen Lykos, war einst wegen
der günstigen Lage an der großen Verkehrsstraße, die Ephesus und
Tarsus verbandt, eine reiche Handelsstadt, um die Zeitenwende aber
zu einem bedeutungslosen Städtchen herabgesunken und von den
Nachbarstädten Laodikeia und Hierapolis überflügelt. Es ist möglich,
daß auch Kolossä wie Laodikeia 60/61 nChr durch ein Erdbeben zerstört wurde[2]; jedenfalls existiert die Stadt in frühchristlicher Zeit
nicht mehr. Die Christengemeinde in Kolossä war nicht von Paulus
selbst gegründet worden – sie und die mit ihr eng verbundenen Gemeinden in Laodikeia und Hierapolis kannten ihn persönlich nicht
(2, 1; 4, 13) –, sondern von Paulusschülern, vermutlich von Ephesus
aus. Man nimmt an, daß der oder einer der Gründer Epaphras, ein
persönlicher Schüler und Mitarbeiter des Apostels, war (1, 7f; 4, 12f;
Phlm 23). Die Größe der Gemeinde ist unbekannt. Nach Kol 2, 13
waren die kolossischen Christen ursprünglich Heiden (vgl. 1, 21. 27).
Ihr Glaubensstand wird gelobt. Aber sie wie auch ihre Glaubens-
genossen in Laodikeia und Hierapolis sind von einer Irrlehre bedroht,
gegen die Epaphras sich zwar energisch gewendet (4, 13), dann aber
die Hilfe des Apostels erbeten hat (1, 7f; 4, 12f). Der Apostel ist gefangen (4, 3. 10. 18); da er nicht persönlich erscheinen kann, greift
er brieflich ein.

## 3. Die bekämpfte Irrlehre

Die Irrlehrer wirken auch in Laodikeia und Hierapolis und scheinen von außen eingedrungen zu sein; sie haben zwar keinen durchschlagenden, aber immerhin einigen Erfolg gehabt (2, 4. 8). Diese
Häresie ist offenbar kein endogenes Phänomen der Gemeinde in
Kolossä. Über ihre Anschauungen kann man sich nur aus der Polemik des Briefes orientieren, die natürlich viele Fragen offen läßt;
über die Rekonstruktion und die religionsgeschichtliche Einordnung
der kolossischen Häresie bestehen daher Differenzen. Aber in den
Hauptzügen dürfte sie klar sein.

Sicher ist, daß die Gegner nicht Heiden oder Juden sind, sondern
Christen und sich für die wahren Christen halten. Sicher ist auch,
daß sie ihre Lehre als φιλοσοφία (2, 8) bezeichnen; sie verstehen

---

[1] Vgl. Lohse, 36ff.
[2] Tacitus, Ann. XIV, 27; vgl. Lohse, 37f.

darunter etwas anderes und höheres als die auf dem vernünftigen und kritischen Denken basierende wissenschaftliche Philosophie der Griechen, nämlich ein auf „Tradition", altehrwürdiger Überlieferung (2, 8) beruhendes Geheimwissen, das Erkenntnis des Menschen, der Welt und Gottes verleiht und Erlösung vermittelt. Drei Charakteristika dieser „Philosophie" lassen sich erkennen. Zunächst das spekulative Charakteristikum, die Lehre von den „Weltelementen" (στοιχεῖα τοῦ κόσμου 2, 8. 20). Anders als Gal 4, 3. 9 handelt es sich nicht um ein Interpretament des Autors, sondern um ein Stichwort und zwar um einen Grundbegriff der Gegner[3]. Diese Weltelemente sind nicht neutrale, natürliche Grundstoffe, sondern als „Mächte und Gewalten" (2, 10. 15) vorgestellt und stehen mit den „Engeln" in engster Beziehung bzw. sind mit ihnen identisch (2, 18); auf jeden Fall sind sie personale und kosmische Mächte, wie die Antithese Weltelemente/Christus 2, 9 zeigt. Sie herrschen über die Welt und die Menschen – offensichtlich (auch) als Gestirnengel 2, 16, die die Zeiten und das Schicksal regieren – und verlangen „Verehrung" (θρησκεία 2, 18), die in der Befolgung bestimmter „Satzungen" (δόγματα 2, 20. 14) besteht. Sie bilden die Zwischenmächte zwischen der materiellen Welt und der göttlichen Welt, der „Fülle" (dem πλήρωμα 2, 9), zu der die Menschen emporstreben (τὰ ἄνω ζητεῖν 3, 1), um an ihr teilzubekommen (πληροῦσθαι 2, 9); dazu ist die Verehrung nötig. Unklar und umstritten ist, in welchem Verhältnis diese Mächte zum Pleroma und zu Christus einerseits und zu dem Menschen andererseits stehen, ob sie beide verbinden und gewissermaßen das Pleroma repräsentieren (so Bornkamm) oder beide trennen und als feindliche Gewalten den Aufstieg nur dem gestatten, der ihnen die gebührenden Huldigungen erwiesen hat (so Schenke). Möglicherweise ist aber dieses Entweder–Oder falsch; möglicherweise sind – viele Analogien legen diese Annahme nahe – diese Zwischenmächte als hierarchisch gegliedert und ihre Machtbereiche als übereinander gelagerte Sphären vorgestellt, sodaß die Mächte und ihre Sphären je näher dem Pleroma, desto göttlicher und wohlwollender, je näher der Welt, desto bösartiger und feindlicher wären (so Ed. Schweizer). Bei dieser Annahme wäre auch die Stellung Christi innerhalb der Mächtehierarchie verständlich; er gilt offenbar als ihr eingegliedert, als die höchste Spitze (denn 2, 9f betont polemisch, ausschließlich in Christus sei der Zugang zum Pleroma möglich).

---

[3] Anders G. Delling, ThW VII, 685f.

Wie dem auch sei, nach der Stoicheiaspekulation der kolossischen Häretiker sind diese kosmischen personalen Mächte die Herrscher und Ordner des Alls und haben auch die Christen ihnen aus Gründen des eigenen Heils Verehrung zu zollen.

2 Diese Verehrung ist das zweite, das praktische Charakteristikum der Irrlehre. Sie besteht im Befolgen bestimmter „Satzungen", in dem sich die „Demut" (ταπεινοφροσύνη 2, 18. 23) gegenüber den Mächten erweist. Zu den Satzungen gehört das Einhalten festgesetzter Zeiten (Fest, Neumond, Sabbat 2, 16); mit solcher kalendarischer Observanz erweist man den Mächten – vermutlich jeweils besonderen und in abgestufter Weise – Verehrung und fügt man sich den übergreifenden makrokosmischen Ordnungen ein. Zu den Satzungen gehört ferner eine strenge Askese, Enthaltung von bestimmten Speisen und Getränken (2, 16; wohl Fleisch und Wein). Dazu kommen die Tabuvorschriften „das faß nicht an, das koste nicht, das rühr nicht an" (2, 21), die vermutlich unter anderem auch sexuelle Abstinenz verlangen[4]. Diese asketische Observanz macht den dualistischen Charakter der gegnerischen „Philosophie" deutlich; die „Kasteiung des Leibes" (ἀφειδία σώματος 2, 23) dient dem „Ablegen des Fleischesleibes" (2, 11), dem Freiwerden von der Bindung an widergöttliche Materie und damit der Reinigung des Ich und seinem Aufstieg ins Pleroma.

3 Die soziologische Form, in der sich die Häresie in Kolossä etabliert hat, ist – und das ist das dritte Charakteristikum – die eines Mysterienkultes. Seine Umrisse sind allerdings undeutlich. Aber der Ausdruck 2, 18 ἃ ἑόρακεν ἐμβατεύων nimmt Bezug auf eine Weihehandlung, einen Initiationsritus und auf eine damit verbundene „Schau" der Engelmächte, also auf ein visionäres Erlebnis. Der Ausdruck ἐθελοθρησκία (Eigenkult, selbstgewählter Kult 2, 23) dürfte ein Stichwort der Gegner (und nicht seine polemische Verdrehung) sein und den Kult als einen solchen bezeichnen, dem man sich durch freiwillige Entscheidung anschließt. Die kultische Verehrung der Engel hat sich vermutlich nicht in Askese und im Halten von Festtagen erschöpft, aber wie sie sich sonst noch geäußert hat, läßt der Text nicht mehr erkennen.

Die Häretiker sehen das All von persönlich vorgestellten kosmischen Mächten durchwaltet und unterscheiden sich darin nicht vom übrigen Urchristentum. Aber sie verstehen diese Mächte als unaus-

---

[4] Schweizer, 161.

weichliches Geschick, dem auch der Christ ausgeliefert ist, und das Kreuz Christi nur als Teil des Erlösungsgeschehens (nur als Tilgung der Schuld), nicht als Befreiung von der kosmischen Knechtschaft (2, 13f; dagegen der Autor 2, 15). Sie bieten mit ihrer „Philosophie" den ergänzenden und vollendenden Weg zur ganzen Erlösung an. Das war besonders gefährlich, zumal sie eine Doppelmitgliedschaft in der Kirche und in ihrem Mysterienverein ermöglichten.

Religionsgeschichtlich stellt die kolossische Häresie ein synkretistisches Phänomen dar, darüber besteht Einigkeit. Strittig ist der Umfang des jüdischen Elementes[5]. Weitgehend anerkannt ist, daß es sich um eine Erscheinung der Gnosis handelt, und zwar in der Form eines Mysterienkultes[6].

## 4. Die Abfassungsverhältnisse

Die Abfassungsverhältnisse sind dieselben wie im Phlm. Paulus ist gefangen (4, 3. 10. 18), die Grußliste 4, 10–14 dieselbe wie Phlm 23f; in beiden Briefen werden Onesimos (Phlm 10f; Kol 4, 9) und Archippos (Phlm 2; Kol 4, 17) erwähnt, dieser mit einem besonderen Auftrag. Überbringer des Kol ist Tychikos (4, 7); er und Onesimos sollen die Gemeinde über das Ergehen des Paulus informieren (4, 8f).

Paulus fordert die Kolosser auf, diesen an sie gerichteten Brief mit dem an die Laodikener auszutauschen (4, 16). Auffälligerweise erwähnt er in dem Brief an die Gemeinde mit keinem Wort den Besuch, den er Phlm 22 in Aussicht gestellt hatte, obwohl nach dem brieflichen Rahmenwerk beide Schreiben gleichzeitig abgefaßt sind und ein Besuch des Apostels die Gemeinde nicht weniger angeht als seinen Gastfreund.

---

[5] Engel sind nicht spezifisch jüdisch, Askese ist es gar nicht, auch die Speise- und Tabugebote finden sich anderwärts, wenn sie auch jüdischen Ursprungs sein können; Neumond und Sabbat weisen dagegen auf das Judentum (2, 16), erst recht die Beschneidung (2, 11), von der aber nicht sicher ist, ob sie von den Häretikern gefordert wurde oder bei ihnen überhaupt eine Rolle spielte.

[6] Über die religionsgeschichtliche Problematik, insbesondere über hellenistische und iranische Herkunft der einzelnen Vorstellungen s. Dibelius, Isisweihe, 30ff; Bornkamm, 141ff; Foerster, 71ff; Lohse, 186ff; Schweizer, 147ff.

Als Abfassungsort werden Rom, Cäsarea oder Ephesus vorgeschlagen. Kol ließe alle drei Möglichkeiten offen, aber die im Phlm vorausgesetzte Situation – Flucht des kolossischen Sklaven Onesimos – spricht mehr für Ephesus. Aber es ist fraglich, ob der Kol von Paulus verfaßt ist.

## 5. Die Frage der Verfasserschaft

Die Eigenart des Kol hat schon im frühen 19. Jh. die Vermutung geweckt, Paulus sei nicht sein Verfasser; andererseits war sein „paulinischer" Charakter auch nicht ganz zu leugnen. Ein Dokument dieser Verlegenheit stellt der Versuch H. J. Holtzmanns (1872) dar, den kanonischen Kol als Überarbeitung eines echten Paulusbriefs durch den Autor des Eph zu erweisen und den echten Kol wiederzugewinnen, ein Versuch, der unabhängig von Holtzmann durch Ch. Masson (1952) wiederholt wurde. Aber sonst geht man dem Problem nicht mit literarkritischen Operationen zu Leibe; man hält den Kol für eine literarische Einheit und entscheidet die Echtheitsfrage auf Grund von Beobachtungen an Sprache und Stil und an der Theologie des Briefes.

### a) Sprache und Stil[7]

Man wendet gegen die paulinische Autorschaft das Vokabular des Kol ein: einerseits finden sich in ihm 34 Hapaxlegomena und viele Vokabeln, die sonst nicht in den anerkannt echten Paulusbriefen, wohl aber in Eph und Past und sonst im NT belegt sind, andererseits fehlen in ihm die Termini der paulinischen Rechtfertigungslehre. Nun ist Vokabelstatistik kein untrügliches Kriterium. Das unpaulinische Vokabular verliert an Gewicht, wenn man bedenkt, daß der Autor in seiner Polemik die Terminologie seiner Gegner verwendet und daß er außerdem liturgisches Gut (1, 12–20; 2, 10–15) zitiert bzw. fragmentarisch einflicht. Aber eine beachtliche Anzahl der fraglichen Vokabeln läßt sich nicht auf diese Weise beiseite schieben. Wichtiger sind unauffälligere Eigentümlichkeiten: der seltene Partikelgebrauch, das Fehlen von μὲν – δέ und der Anrede „(meine) Brüder"[8]. Die Vertreter der Echtheit machen die Gegenrechnung auf: die genannte Anrede fehlt auch in weiten Partien anderer Briefe (zB

---

[7] Hierzu besonders E. Percy und Lohse, 133ff.
[8] Letzteres hat Ed. Schweizer festgestellt (ZNW 47, 1956, 287; jetzt auch in: ders., Neotestamentica, 1963, 429).

Röm 1, 14–6, 23; 2Kor 1, 9–7, 16) – wo sie allerdings vorher und nachher vorkommt, während sie im Kol überhaupt fehlt –; der Kol verwendet einige Vokabeln, die im NT sonst nur bei Paulus erscheinen und gebraucht „das abundierende καί nach διὰ τοῦτο 1, 9"[9] – aber beides verwundert bei einem in der paulinischen Tradition stehenden Autor nicht. Das Fehlen der Rechtfertigungsterminologie läßt sich nur mühsam begründen; es fällt in einer Auseinandersetzung mit einer derart auf menschliche Leistungen pochenden Lehre und Praxis besonders auf.

Ferner werden die eigentlich stilistischen Seltsamkeiten des Kol als Zeichen seiner nichtpaulinischen Verfasserschaft angeführt: die Schwerfälligkeit, die Häufung sinn- sowie stammverwandter Wörter (zB 1, 9. 22 sowie 1, 11; 2, 19), die Aneinanderreihung von Genitiven (zB 1, 27; 2, 12); beides vereint zB 2, 2: πᾶν πλοῦτος τῆς πληροφορίας τῆς συνέσεως εἰς ἐπίγνωσιν. Unpaulinisch wirken das Gefüge der Sätze und ihre ungegliederte Folge. Auch bei Paulus begegnen unförmige Satzgebilde, aber sie sind trotz Parenthesen und Anakoluthen übersichtlich und zeigen rhetorisches Gefälle. Viele Sätze des Kol sind überladen durch eine Folge finaler oder konsekutiver Infinitive, durch Partizipialkonstruktionen usw und sind nur lose aneinandergereiht, nicht wirklich verknüpft. Als Altersstil sollte man den Stil des Kol nicht entschuldigen. Liest man den Phlm, mit dem der Kol bei Voraussetzung der Echtheit gleichzeitig abgefaßt wäre, dann sieht man, wie der alte Paulus schreibt und merkt den Unterschied; dieses fällt umso mehr auf, als Phlm trotz seines eher privaten Charakters glänzend stilisiert ist und nichts von stilistischer Nachlässigkeit oder gar Unfähigkeit verrät.

Sprache und Stil sind der Abfassung des Kol durch Paulus selbst nicht gerade günstig.

### b) Theologie

Theologische Unterschiede zwischen dem Kol und den paulinischen Hauptbriefen werden von niemandem geleugnet. Die Frage ist nur, ob sie eine innere Entwicklung des Apostels oder eine andere Verfasserschaft indizieren. Die Unterschiede liegen primär in der Christologie und folgerichtig dann auch in der Ekklesiologie, der Auffassung vom Apostolat und der Taufe und schließlich in der Eschatologie. Daß der Autor bei seiner Polemik gegnerische Termini und Vorstellungen verwendet, sollte man nicht mehr als Argument gegen

---

[9] Kümmel, Einleitung, 300.

die Echtheit anführen; Paulus geht ebenso vor, denn anders ist eine echte Auseinandersetzung unmöglich.

Das Auffälligste an der Christologie des Kol ist ihre kosmologische Interpretation, wie sie in dem zitierten Christuslied 1, 15–20, aber auch sonst (zB 2, 10. 15) zu Worte kommt und die das Verhältnis Christi sowohl zum Kosmos als auch zur Kirche etwas anders bestimmt als in den sicher echten Paulusbriefen. Zwar ist Christus auch 1Kor 8, 6 Schöpfungs- und Erlösungsmittler, 2Kor 4, 4 „Ebenbild Gottes" und Phil 2, 10 als Erhöhter der Herr des Kosmos; 1Kor 2, 8 wurde Christus von den Herrschern dieses Äons nicht erkannt, und Gal 4, 3. 9 werden die Stoicheia erwähnt. Aber das sind Einzelaussagen (die erste und dritte zudem Zitat[10]), allenfalls Ansätze; in der Christologie des Kol liegt ein in sich geschlossener Motivzusammenhang vor, der sich schwerlich aus einer Kombination oder Weiterentwicklung jener Aussagen erklären läßt. Paulus kennt durchaus die kosmische Bedeutung Christi, aber sie ist ein Nebenmotiv; im Kol ist sie Basis schlechthin. Das ist zwar kein Gegensatz, aber eine entscheidend andere Position. Paulus hat kein sonderliches theologisches Interesse an Engeln und dgl.

Der Kol bestimmt das Verhältnis Christi zum Kosmos und zur Kirche gleicherweise als das des „Hauptes" zum Leib. Christus ist „das Haupt jeder Macht und Gewalt", aller kosmischen Mächte (2, 10), denn sie sind durch ihn geschaffen (1, 16f) und in ihm besiegt (2, 15). So spricht Paulus nicht; zwar ist auch nach ihm Christus der Herr der Mächte (Phil 2, 10; 1Kor 15, 27), aber ihre Besiegung steht als eschatologisches Ereignis noch aus (1Kor 15, 24–26; vgl. 2Kor 4, 4) und von einer Erschaffung der „Mächte" durch Christus ist bei Paulus überhaupt nicht die Rede; denn für ihn sind sie – mit Ausnahme der „Engel Gottes" – durchweg gottfeindlich (1Kor 8, 5; 15, 24. 26. 55f) und daher kennt er ein positives Verhältnis zu den „Mächten", wie es das biomorphe Bild vom „Haupt" impliziert, nicht. Ferner spricht Paulus in seiner – ob bildlichen oder mythologischen – Rede von der Kirche als dem „Leib Christi" nie wie Kol 1, 18 von Christus als dem „Haupt"[11], obwohl er ihn sozusagen auf jeder Seite seiner Briefe als „Herrn" der Gläubigen bekennt. Diese scheinbar formale Differenz ist sachlich begründet; hinter der Rede

---

[10] S. o. S. 32f; 41f.

[11] Das „Haupt" ist vielmehr ein Glied des Leibes neben anderen, 1Kor 12, 21.

vom Leib Christi hier und dort stehen verschiedenartige Mythologumena: das σῶμα – κεφαλή Schema bei Kol, die συνάρθρωσις τοῦ λόγου bei Paulus[12]; und sie wiederum sind Ausdruck verschiedener Auffassungen von der Kirche[13]. Daß Christus als Haupt der Kirche (1, 18) das Haupt der Mächte (2, 10) sei (oder auch umgekehrt), ist ein für Paulus unvollziehbarer Gedanke.

Über Paulus hinaus geht der Kol auch mit seinen Aussagen über das Apostolat[14], insbesondere über die Leiden des Apostels: „Jetzt freue ich mich in den Leiden für euch und erfülle, was an den Trübsalen Christi noch fehlt, an meinem Fleisch für seinen Leib, dh die Kirche" (1, 24). Wie diese „ὑστερήματα der Trübsale Christi" auch zu denken sind – apokalyptisch, als sei das von Gott bestimmte Maß noch nicht erreicht; mystisch, als leide Christus in seinem Apostel weiter; geschichtlich, als genügten Christi Leiden und Sterben nicht –, in jedem Fall ist gemeint, daß das, was Christus auf Erden gelitten hat, ergänzungsbedürftig sei. Dieser Gedanke, die „Trübsal Christi" – und dh nichts anderes als seine Heilstat – seien unvollständig und müßten durch den Apostel komplettiert werden, der Gedanke vom Apostel als dem Christus prolongatus, widerspricht der Kreuzestheologie des Paulus und kann nicht von ihm stammen.

Auch in seinen Aussagen über die Taufe bzw. das Auferwecktwerden mit Christus geht der Kol weiter als Paulus. Die Getauften sind nicht nur mit Christus „begraben", sondern auch schon mit ihm „auferweckt worden" (2, 12; 3, 1; vgl. 2, 13 Aorist), während Paulus vom Auferstehungsleben der Getauften immer im Futur spricht (Röm 6, 4f. 8); Kol ersetzt die futurischen Aussagen durch präteritale, und verlegt so das eschatologische Auferstehungsleben aus der Zukunft in die Gegenwart. Diese fundamentale Verschiebung läßt sich nicht durch den Hinweis auf die „Verborgenheit" dieses Lebens (3, 3f) und auf das διὰ τῆς πίστεως (2, 12) abschwächen und als doch noch paulinisch erklären; denn gerade die aus Glauben Gerechtfertigten sind es, von deren „Leben mit Christus" als einem vorhandenen zu reden Paulus strikte vermeidet.

Weitere Ausführungen, etwa zum Thema Eschatologie, versage ich mir[15]; sie würden das gewonnene Bild nicht verändern. Die Theo-

---

[12] Vgl. E. Käsemann, Leib und Leib Christi, 1933, 71ff, 138ff, 159ff.
[13] Hierzu Ed. Schweizer, Neotestamentica, 1963, 272ff, 293ff.
[14] Das Einzelne bei Lohse, 251f.
[15] Man prüfe die gegensätzlichen Ausführungen von Lohse, 252ff und Kümmel, Einleitung, 302f.

logie des Kol steht zwar in der paulinischen Tradition, ist aber –
und zwar nicht nur wegen seiner Ketzerpolemik – anders orientiert
als die des Paulus und weicht in wichtigen Gedanken unvereinbar
von ihr ab. Man wird also vom Inhalt her schließen müssen, daß der
Kol nicht von Paulus verfaßt ist.

### 6. Literarischer und theologischer Charakter

Literarisch ist der Kol als Pseudepigraphon, aber auch als aktuelle
Kampfschrift zu bezeichnen. Der Autor geht in der Pseudepigraphie
ziemlich weit. Er schreibt nicht nur als „Paulus" einen stilgerechten
Paulusbrief, sondern erweckt auch den Anschein einer mit dem Phlm
gleichzeitigen Abfassung, indem er Personalangaben dieses Briefes
übernimmt und bereichert; damit und mit der Adressierung nach
Kolossä hat er sein Schreiben zeitlich und örtlich fixiert. Hier ergeben sich Schwierigkeiten, größere als bei den anderen Deuteropaulinen oder den Katholischen Briefen. Einerseits kann der Kol nicht
nach Kolossä gerichtet sein (weil die Personalangaben überholt waren), sondern muß andere „Adressaten" meinen; diese können wir
nicht mehr feststellen. Andererseits muß man sich fragen, ob die vom
Autor wirklich Gemeinten sich von einem an eine andere Gemeinde
gerichteten Brief betroffen fühlen konnten; wir können nur feststellen, daß der Autor offensichtlich dieser Meinung war. Die Irrlehre ist ja weder in Kolossä entstanden noch an Kolossä gebunden;
alles, was der Autor seinen von ihr angefochtenen Mitchristen zu
sagen hat (1, 9–4, 6), hat nichts spezifisch Kolossisches; die Erwähnung von Laodikeia 2, 1 innerhalb dieses Hauptteils sowie von Laodikeia und Hierapolis im brieflichen Rahmenwerk 4, 13 zeigt zur
Genüge, daß der Autor von vornherein einen größeren Kreis von
Gemeinden im Auge hatte. Abfassungszeit und -ort sind unbekannt.
Der Autor steht literarisch und theologisch in der paulinischen
Tradition. Paulus ist für ihn d e r Apostel schlechthin, aber auch
für die von ihm angeschriebenen Christen. Daher die Pseudepigraphie; der Autor schreibt, was und wie nach seiner Meinung Paulus
geschrieben hätte. Er übernimmt die Form des paulinischen
Briefes mit seiner Zweiteilung in einen lehrhaften und einen paräne-
tischen Teil. Aber er ergänzt die Paränese um die „Haustafeln" – ein
Zeichen fortgeschrittener Entwicklung[16]. Obwohl der Kol kein wirk-

---

[16] S. o. S. 52.

licher Brief ist, sondern eine Kampfschrift in brieflicher Form, führt sein Verfasser den Kampf nicht nur in Abwehr, sondern in theologischer Auseinandersetzung, auch hier ein Schüler des Paulus.

Die Auseinandersetzung mit seinem innerkirchlichen Gegner ist kompliziert. Denn der Autor teilt mit diesen christlichen Gnostikern religiöse, „weltanschauliche" Voraussetzungen (die Vorstellung von den Engelmächten) in stärkerem Maße und mit größerem theologischen Interesse, als es bei Paulus und den gnostischen Pneumatikern des 1Kor der Fall war. Er muß den entscheidenden Unterschied in dieser Gemeinsamkeit herausarbeiten. Gegen die gnostische „Dämonisierung der Welt" bezeugt er „die Alleinherrschaft Christi über der Kirche als erneuerter Schöpfung"[17]. Er tut das jedoch nicht in Fortführung der paulinischen Theologie, er entwickelt aber seine Theologie bzw. Christologie auch nicht erst in Auseinandersetzung mit den Gegnern[18]. Die Basis seiner Argumentation ist vielmehr die Christologie des Hymnus 1, 15–20 und anderer liturgischer Stücke, die aus der hellenistischen Gemeinde stammten und in paulinischen Kreisen anerkannt waren. (Der Kol dokumentiert auch eine zunehmende Mythologisierung der paulinischen „Schultradition".)

Für die Methode der Auseinandersetzung ist dreierlei charakteristisch: 1. die Einbeziehung der Paränese; im Blick auf die asketischen Forderungen der Gnostiker begnügt sich der Autor nicht mit theoretischen Darlegungen, sondern zeigt, worin in Wirklichkeit das τὰ ἄνω ζητεῖν bzw. φρονεῖν (3, 1f) und das „Töten der Glieder, die auf der Erde sind" (3, 5) besteht; 2. die Voranstellung einer theologischen Grundlegung, die keinen expliziten Bezug auf die Gegner nimmt (1, 9–2, 5), vor die direkte Debatte mit den häretischen Anschauungen (2, 6–23); 3. die Art dieser Grundlegung. Sie ist besonders aufschlußreich. Der Autor bringt zunächst einen liturgischen Text, vermutlich ein Stück der Taufliturgie (1, 12–20)[19], das den Christushymnus enthält, und dann eine Selbstdarstellung des Apostels in seiner Mittlerfunktion zwischen Christus und der Kirche (1, 24–2, 5); die Liturgie, die das Heilsgeschehen in Christus preisend bekennt, und der Apostolat bilden in ihrer Zusammengehörigkeit die fundamentale Autorität für den Autor und seine Adressaten. Das apostolische εὐαγγέλιον von diesem Heilsgeschehen ist implizit schon

---

[17] Käsemann, RGG³ III, 1727.
[18] Das betont Schenke, 401, mit Recht.
[19] S. o. S. 39.

eine Widerlegung der gegnerischen „Philosophie", sodaß die Antithesen der expliziten Polemik nur wie eine Anwendung des vorher schon Gesagten erscheinen. Man kann die Methode der Auseinandersetzung vielleicht noch präzisieren, und zwar unter der Voraussetzung, daß der Autor das Christuslied nicht nur zitiert, sondern auch glossiert hat (wovon ich überzeugt bin). Dann würde er sich nicht nur auf ein autoritatives Glaubensdokument – ich möchte in diesem Fall nicht einfach von „Bekenntnis" oder „Credo" sprechen – berufen, sondern es im Blick auf die Situation interpretieren (wie es auch Paulus und der 1Joh tun). So interpretiert er „das All", das in Christus geschaffen ist, durch den Zusatz „das Sichtbare und das Unsichtbare, seien es Throne" usw (es folgt eine Aufzählung der Engelmächte) (1, 16) und entzieht damit stillschweigend den von den Häretikern so hoch geschätzten Zwischenmächten jegliche Bedeutsamkeit. So interpretiert er das „durch ihn" (der Befriedung des Kosmos) mit dem Zusatz „durch sein Kreuzesblut" (1, 20) und bindet damit das Heilsgeschehen an das historische Ereignis des Kreuzes, um die gnostische Spiritualisierung und Individualisierung des Heils auszuschließen. So interpretiert er die Aussage, Christus sei das „Haupt des Leibes" (1, 18), womit „Herr des Alls" gemeint ist, durch den Zusatz „der Kirche" vom Kosmologischen ins Ekklesiologische um; Christus übt die ihm schon durch die Schöpfung gegebene Herrschaft über das All (1, 15f) als Herr der Kirche aus – eine implizite, aber noch radikalere Ablehnung der häretischen Auffassung von Christus. Die theologischen Entscheidungen sind – auch wenn die Hypothese von den Glossierungen nicht zutreffen sollte – in der Grundlegung gefallen; sie werden in der expliziten Auseinandersetzung an den gegnerischen Hauptthesen konkret angewendet. Es fällt auf, daß der Autor sich nur ein paar kräftige Invektiven gestattet (2, 4. 8. 18c), aber moralische Verdächtigungen seiner Gegner vermeidet. Seine Methode ist der Sachlichkeit verpflichtet.

Der Kol ist ein bedeutsames Zeugnis für den innerkirchlichen theologischen Kampf gegen die christliche Gnosis. Theologiegeschichtlich nimmt er eine Zwischenstellung ein: Mit seinem Rekurs auf die normativen Größen der Liturgie und des Apostolats greift er einerseits paulinische Motive auf und baut sie aus; andererseits bereitet er damit zwei ganz verschiedene Ausprägungen des Paulinismus vor, einmal die spekulative Ekklesiologie des Eph, der die Christologie des Kol ausbaut, und dann die auf Amt und Tradition sich gründende orthodoxe Kirchlichkeit der Past, die das spekulative Moment des Kol ausschalten. Sein Kampf gegen die Gnosis, der er doch weltanschaulich verbunden ist, präludiert den Kampf des Ignatius von Antiochien.

## § 14. Der Epheserbrief

*Kommentare:*

HNT: M. Dibelius-H. Greeven, ³1953; HThK: J. Gnilka, 1971; KNT: P. Ewald, ²1910; MeyerK: E. Haupt, ²1902; NTD: H. Conzelmann, ⁹1962; ICC: T. K. Abbott, 1897; Moffatt, NTC: E. F. Scott, 1930; CNT: Ch. Masson, 1953; H. Schlier, ⁶1968.

*Untersuchungen:*

R. Batey, The Destination of Ephesians, JBL 82, 1963, 101;
H. Braun, Qumran und das NT I, 1966, 215ff;
H. J. Cadbury, The Dilemma of Ephesians, NTS 5, 1958/59, 91ff;
H. Chadwick, Die Absicht des Epheserbriefes, ZNW 51, 1960, 145ff;
J. Coutts, The Relationship of Ephesians and Colossians, NTS 4, 1957/58, 201ff;
F. L. Cross (Hg.), Studies in Ephesians, 1956;
N. A. Dahl, Adresse und Proömium des Epheserbriefes, ThZ 7, 1951, 24ff;
–, Der Epheserbrief und der verlorene, erste Brief des Paulus an die Korinther, in: Abraham unser Vater, Festschr. O. Michel, 1963, 65ff;
P. N. Harrison, The Author of Ephesians, StEv II, TU 87, 1964, 595ff;
H. J. Holtzmann, Kritik der Epheser- und Kolosserbriefe, 1872;
E. Käsemann, RGG³ II, 1958, 517ff;
J. C. Kirby, Ephesians, Baptism and Pentecost. An Inquiry into the Structure and Purpose of the Epistle to the Ephesians, 1968;
K. G. Kuhn, Der Epheserbrief im Lichte der Qumrantexte, NTS 7, 1960/61, 334ff;
C. L. Mitton, The Epistle to the Ephesians, 1951;
F. Mussner, Beiträge aus Qumran zum Verständnis des Epheserbriefes, Nt. Aufsätze, Festschr. J. Schmid, 1963, 185ff;
E. Percy, Die Probleme der Kolosser- und Epheserbriefe, SHVL XXXIX, 1946 (dazu Käsemann, Gn 21, 1949, 342ff);
P. Pokorný, Epheserbrief und gnostische Mysterien, ZNW 53, 1962, 160ff;
M. Santer, The Text of Ephesians I, 1, NTS 15, 1968/69, 247ff;
G. Schille, Der Autor des Epheserbriefes, ThLZ 82, 1957, 325ff;
H. Schlier, Christus und die Kirche im Epheserbrief, 1930;
J. Schmid, Der Epheserbrief des Apostels Paulus, BSt 22, 3/4, 1928.

### 1. Inhalt und Aufbau

Präskript 1, 1f.
Proömium = I. Teil. Das Geheimnis des göttlichen Heilsplans: die Berufung der Heiden in die Kirche 1, 3–3, 21.

1. Lobpreis Gottes für die Verwirklichung des Heilsplans 1, 3–14.
2. Fürbitte um Erkenntnis der Hoffnung für die Heiden 1, 15–23.
3. Schilderung des Heils 2, 1–3, 13.
   a) Versetzung der Heiden aus dem Tod in das Leben 2, 1–10.
   b) Vereinigung der Heiden mit den Juden in der Kirche 2, 11–22.
   c) Der Apostel als Verwalter des göttlichen Geheimnisses 3, 1–13.
4. Fürbitte und Doxologie 3, 14–21.

Paränese = II. Teil. Der Lebenswandel gemäß der Berufung 4, 1–6, 20.
1. Die Einheit der Kirche als Basis und Norm des Wandels 4, 1–16.
   a) Mahnung zur Einheit 4, 1–6.
   b) Die verschiedenen Gaben und der Eine Christus 4, 7–16.
2. Warnung vor heidnischem Wandel 4, 17–24.
3. Einzelmahnungen 4, 25–5, 20.
4. Haustafeln 5, 21–6, 9.
5. Die göttliche Waffenrüstung 6, 10–20.

Briefschluß 6, 21–24.
1. Empfehlung des Tychikos 6, 21f.
2. Friedensgruß 6, 23f.

Der Eph gleicht in seinem formalen Aufbau dem 1Thess: die Proömiumsmotive Danksagung 1, 3ff und Fürbitte 1, 15ff kehren in 3, 1 und 14 wieder und geben somit dem ganzen ersten Teil den briefstilistischen Charakter eines Proömiums; der zweite Teil besteht aus Paränese. Der große Mittelteil, der sonst meist der Belehrung gewidmet ist, fehlt hier. Aber im Unterschied zum 1Thess ist der inhaltliche Aufbau des Eph von einem einheitlichen Thema beherrscht, und zwar ausschließlicher als im Gal und Röm. Diese Einlinigkeit und das Fehlen so gut wie aller „Korrespondenz" machen es fraglich, ob der Eph überhaupt ein wirklicher Brief ist – eines der zahlreichen Probleme dieses seltsamen Schreibens.

## 2. Die Adressaten

Nach 3, 1; 4, 1; 6, 20 schreibt Paulus den Brief während einer Gefangenschaft; er empfiehlt 6, 21f seinen Mitarbeiter Tychikos als Überbringer des Schreibens mit fast denselben Worten wie Kol 4, 7f. Danach wäre der Eph in derselben Haft und zur gleichen Zeit wie der Kol verfaßt und abgesandt worden. Die Adressaten des Eph können jedoch nicht die Christen in Ephesus sein; das geht aus dem Textbefund der Adresse sowie aus inneren Gründen hervor.

## a) Die Adresse

In den Paulusbriefen erscheint die Adresse zweimal, einmal in der von den Sammlern, nicht vom Verfasser stammenden Überschrift (Inscriptio) und dann in der Adscriptio des Präskripts. Beim Eph[1] wird die Inscriptio Πρὸς Ἐφεσίους von allen Handschriften geboten, und die meisten bringen in der Adscriptio 1, 1 die Ortsangabe ἐν Ἐφέσῳ. Aber in den ältesten und besten Handschriften fehlt in der Adscriptio diese (wie überhaupt jede) Ortsangabe, so in der ältesten Paulushandschrift, dem Papyrus 46 (Anfang des 3. Jh.s), im Vaticanus und Sinaiticus, in einer Korrekturvorlage der Minuskel 424 sowie in der Minuskel 1739, die auf einen sehr guten alten Text zurückgeht. Der älteste Zeuge für das Fehlen von „in Ephesus" im Präskript ist Markion (ca 140). Tertullian, der übrigens nachweislich im Präskript ebenfalls keine Ortsangabe las, polemisiert gegen Markion, weil dieser dem Brief die Überschrift „ad Laodicenos" gegeben hat, während die rechtgläubige Kirche ihn „ad Ephesios" bezeichnete. Diese Betitelung findet sich denn auch bei Irenäus, Clemens Alexandrinus und im Kanon Muratori.

Der Textbefund des Präskripts ist eindeutig: der Text 1, 1 ohne Ortsangabe ist der bestbezeugte, erreichbar älteste und sicher auch der ursprüngliche; denn es gibt keinen vernünftigen Grund, warum eine Ortsangabe, wenn sie vorhanden gewesen wäre, ohne Ersatz gestrichen worden sein sollte[2], wogegen es verständlich ist, daß man dem als Mangel empfundenen Fehlen einer Ortsangabe abhalf. – Schwieriger ist die Frage nach der Entstehung der konkurrierenden Inscriptiones zu beantworten. Durch „ad Laodicenos" soll das Schreiben zweifellos mit dem Kol 4, 16 erwähnten „Brief aus Laodikeia" identifiziert werden; ob Markion diese Identifikation selbst

---

[1] Vgl. die Kommentare, bes. Dibelius-Greeven, 56f.

[2] Beim Fehlen von „in Rom" 1, 7. 15 in G, das zweifellos auf eine Streichung zurückgeht, liegen die Verhältnisse anders. 1. ist das Fehlen später und textgeschichtlich spärlicher bezeugt als beim Eph (zuerst von Origenes, also etwa gleichzeitig mit dem Pap. 46, der die Ortsangabe enthält). 2. ist die Streichung kanonsgeschichtlich aus der Tendenz verständlich, dem Brief durch Beseitigung seiner lokalen Adresse ökumenische Geltung zu verschaffen und damit auch den anderen Paulusbriefen, deren Anfang er in G und den meisten anderen Sammlungen der Paulusbriefe bildete; im Canon Muratori und bei Tertullian eröffneten die Korintherbriefe, bei Markion Gal das Corpus Paulinum; der Eph stand aber nie an der Spitze einer solchen Sammlung.

vorgenommen oder schon in der Tradition vorgefunden hat, läßt sich
nicht mehr erkennen. Wie es in kirchlichen Kreisen zu der Meinung,
das Schreiben sei nach Ephesus gerichtet, und dann zu der entsprechenden Überschrift gekommen ist, wird sogleich erörtert werden. Die
Inscriptio „An die Epheser" ist textgeschichtlich das Primäre, von
ihr ist die Ortsangabe sekundär in das Präskript eingedrungen; also
der umgekehrte Vorgang wie bei allen anderen Paulusbriefen, bei
denen die Überschrift aus dem Präskript stammt.

### b) Die Angaben des Schreibens

Über die Adressaten erfährt man aus dem Schreiben bemerkenswert wenig. Sie sind nach 2, 1. 11f. 14f; 3, 1 gebürtige Heiden.
Auffällig ist, daß die Adressaten und der Autor sich nur vom Hörensagen kennen (1, 15; 3, 2). Mehr erfährt man nicht. Aber die Sätze
1, 15; 3, 2, nach denen <u>keine persönlichen Beziehungen zwischen
dem Schreiber und den Empfängern</u> existieren, zeigen, daß das
Schreiben nicht nach Ephesus gerichtet sein kann, wo Paulus doch
ungefähr drei Jahre gewirkt hat (Apg 19, 10; 20, 31). Das Fehlen
aller konkreten Angaben, einer „Briefsituation" führt zu demselben
Schluß. Die Adressaten sind anderswo zu suchen.

### c) Adressaten-Hypothesen

Unter Voraussetzung der Echtheit des Eph hat man das Rätsel
seiner Adressaten durch zwei Hypothesen zu lösen gesucht. Die
erste identifiziert ihn unter Rückgriff auf Markion mit dem „Brief
aus Laodikeia" Kol 4, 16[3]. Harnack hat vermutet, in Eph 1, 1 habe
ursprünglich die Ortsangabe ἐν Λαοδικείᾳ gestanden, sie sei aber
später wegen der scharfen Kritik an dieser Gemeinde Apk 3, 14ff
getilgt worden; er hat mit dieser Hypothese viel Anklang gefunden.
Aber textkritisch hat sie, wie gezeigt, keine Basis. Und Dibelius hat
dagegen eingewandt, daß im Urchristentum weder die Neigung zu
literarischer Ächtung noch die Instanz, die sie hätte durchführen
können, nachweisbar sind. Außerdem erhält Ephesus Apk 2, 1ff
auch keine bessere Zensur als Laodikeia. Es wäre schließlich unverständlich, warum in diesem Laodikenerbrief weder etwas von den
Schwierigkeiten dieser Gemeinde (Kol 2, 1; 4, 13) noch die Aufforderung zum Austausch der Briefe (Kol 4, 16) steht. Diese Hypothese

---

[3] So zB Harnack, Masson u. a.

löst die Schwierigkeiten des Eph nicht, sondern vergrößert sie erheblich.

Die zweite Hypothese will den Eph als ein Rundschreiben des Paulus an mehrere ihm unbekannte Gemeinden im westlichen Kleinasien verstehen, das Tychikos spediert habe (6, 21f; Kol 4, 7f)[4]. Das Fehlen einer Ortsangabe wird entweder mit dem Hinweis begründet, es handle sich eben um eine allgemeine Anrede, oder mit der zusätzlichen Vermutung erklärt, im Präskript 1, 1 sei zwischen τοῖς οὖσιν und καὶ πιστοῖς eine Leerstelle gelassen gewesen, an der bei der Verlesung und dann bei der Abschrift der Name der jeweiligen Gemeinde eingefügt worden sei. Aber gegen diese Lückentheorie spricht entscheidend, daß sie sich auf keine Analogien in der antiken Epistolographie stützen kann; außerdem wäre unerklärlich, warum kein einziger Ortsname aus den Abschriften erhalten geblieben ist. Gegen die Rundbriefhypothese als solche spricht, daß dieses Zirkularschreiben mit keinem Wort auf die inneren Schwierigkeiten der an der Route liegenden Gemeinden Laodikeia und Hierapolis (Kol 2, 1; 4, 13) eingeht; wie ein wirklicher Rundbrief des Paulus aussieht, zeigt der Gal, und wie Paulus an eine ihm unbekannte Gemeinde schreibt, der Röm. Diese Hypothese löst also das Rätsel der Adressaten auch nicht.

Die Kombination beider Hypothesen (zB durch H. Schlier: der „Brief aus Laodikeia" sei eben dieses Zirkularschreiben) partizipiert an den Schwierigkeiten der zweiten und hilft nicht weiter.

Unter Voraussetzung der Echtheit will es also nicht gelingen, das Problem der Adressaten – die Textgestalt der Adresse und den unpersönlichen Charakter des Eph – zu erklären. Die Echtheit dieses Schreibens ist auch aus anderen Gründen fraglich.

### 3. Die Echtheitsfrage

Die Frage, ob Paulus selbst den Eph verfaßt, die erstmals von Erasmus gestellt worden war[5], ist heute noch umstritten, muß aber meines Erachtens negativ beantwortet werden – trotz der gelehrten

---

[4] So zB Feine – Behm, Michaelis, J. Schmid u. a.
[5] Annotationes in NT, Basel 1519, 413: „Certe stilus tantum dissonat a ceteris Pauli epistolis, ut alterius videri possit..." (zitiert bei H. Schlier, Kommentar, 18 Anm. 3).

Verteidigung der Echtheit[6] und trotz des non liquet, bei dem es
manche Forscher bewenden lassen[7]. Wer von der nichtpaulinischen
Abfassung des Kol überzeugt ist, wird den Eph erst recht für nicht-
paulinisch halten; aber auch viele Forscher, die den Kol für einen
Brief des Paulus ansehen, sprechen den Eph einem anderen Verfasser
zu. Die Gründe für dieses Urteil sind Sprache und Stil, das Verhältnis des Eph zum Kol und theologische Besonderheiten.

### a) Sprache und Stil

Die gründlichen Untersuchungen dieses Themas haben zwar die
Phänomene genau beschrieben, aber zu keinem eindeutigen Ergebnis
in der Echtheitsfrage geführt. Die Eigentümlichkeiten des Vokabulars können keinen Ausschlag geben, also die Hapaxlegomena (zB
ἀσωτία, εὔσπλαγχνος, κλυδωνίζεσθαι), aber auch nicht die Ersetzung
geläufiger paulinischer Termini durch andere (zB von οἱ οὐρανοί
durch τὰ ἐπουράνια 1, 3. 20; 2, 6; 3, 10; 6, 12, von ὁ σατανᾶς
durch διάβολος 4, 27; 6, 11 oder von χάριν διδόναι durch χαριτοῦν
1, 6), die Umkehrung der üblichen Reihenfolge in „Blut und Fleisch"
6, 12. Stärker ins Gewicht fallen die stilistischen Seltsamkeiten. Der
Stil ist ähnlich dem des Kol, nur in sehr viel höherem Maße schwer-
fällig, überladen und schwülstig. Das liegt einerseits an der Häufung
von Synonyma und Genetivverbindungen (um nur zwei Beispiele zu
nennen: τὸ ὑπερβάλλον μέγεθος τῆς δυνάμεως αὐτοῦ... κατὰ τὴν
ἐνέργειαν τοῦ κράτους τῆς ἰσχύος αὐτοῦ 1, 19; διὰ πάσης προσευχῆς
καὶ δεήσεως... ἐν πάσῃ προσκαρτερήσει καὶ δεήσει 6, 18); und
andererseits liegt es an der reichlichen Verwendung von Präposi-
tionalkonstruktionen (vgl. 1, 3f), von indirekten Fragesätzen und
aneinandergereihten konstruktiven und finalen Infinitiven; das liegt
nicht zuletzt an den langen, unförmigen Satzgebilden (1, 3–14; 1,
15–23; 2, 1–10; 4, 11–16 sind jeweils e i n Satz). Man hat die
syntaktischen Besonderheiten als semitisch diagnostiziert und Parallelen speziell aus den Qumrantexten beigebracht[8], darüber hinaus
aber den überladenen Stil auf die Verwendung liturgischer Sprache
zurückgeführt[9]; bei letzterem handelt es sich nicht nur um Zitate
(wie 4, 5; 5, 14), sondern um glossierte Stücke und um liturgische

---

[6] Vor allem durch die katholischen Exegeten, Percy, Dahl u. a.
[7] ZB Cadbury, aber auch Katholiken, Rigaux.
[8] Kuhn.
[9] Percy.

Floskeln bzw. um eine Abundanz der Erbauungssprache[10]. Paulus schreibt auch manchmal ungelenke und überladene, aber nie so schleppend schwerfällige Sätze; auch er zitiert und glossiert häufig Traditionsstücke, aber er setzt seine Texte nicht aus solchen zusammen und verschwindet nie „hinter einer Wolke liturgischer Prosa" (Chadwick, 146).

## b) Das Verhältnis zum Kol

Der Eph steht zum Kol in einem sehr engen, aber auch derart komplizierten Verwandtschaftsverhältnis, daß die Annahme, derselbe Verfasser habe beide Briefe geschrieben, unwahrscheinlich ist. Natürlich wird diese Annahme immer wieder vertreten, zB in der Fassung, Paulus habe den Eph diktiert, als er den Kol noch frisch im Gedächtnis hatte, und die Unterschiede resultierten aus den verschiedenen Zielsetzungen beider Schreiben. Die Annahme verschiedener Autoren für Kol und Eph wurde zu komplizierten literarkritischen Bearbeitungs- oder Interpolationshypothesen ausgearbeitet, von denen sich aber keine durchgesetzt hat[11]. Aber auch ohne solche Gesamthypothesen läßt sich zeigen, daß die beiden Schriften verschiedene Verfasser haben und daß der Eph vom Kol abhängig ist. Die Berührungen zwischen beiden sind öfter in Listen zusammengestellt[12] und von M. Dibelius für die Frage des gegenseitigen Verhältnisses methodisch richtig klassifiziert worden[13]: 1. Berührungen im Schematischen (Briefstilistischen und Paränetischen), 2. Berührungen in der Terminologie bei gleichen Gedanken und ähnlichem Zusammenhang und 3. – das ist entscheidend – Berührungen in der Terminologie trotz Differenz der Gedanken. Letzteres ist bei den Begriffen σῶμα / κεφαλή und μυστήριον der Fall. Vergleicht man die beiden parallelen Texte über Haupt und Leib Kol 2, 19 und Eph 4, 15f, so sieht man, daß mit dem Leib dort der Kosmos und seine Mächte, hier die Kirche und ihre Charismen bezeichnet werden, daß mit denselben Ausdrücken eine andere Sache gemeint ist, dh an der zweiten Stelle eine bewußte Umdeutung der ersten, vom Kosmologischen ins Ekklesiologische, vorliegt. Ähnlich verhält es sich mit dem anderen Begriff; das „Geheimnis" bezeichnet in Kol 1, 26f das

---

[10] Käsemann, RGG³ II, 519, meint, in 1, 5–12a; 1, 20ff; 2, 4–10. 14–17 lägen überarbeitete hymnische Texte vor.
[11] H. J. Holtzmann, Goguel, Ochel.
[12] Goguel, Introduction IV 2, 459f; Ochel passim.
[13] Dibelius-Greeven, 83ff.

eschatologische Heil in Christus, in Eph 3, 3ff mit der gleichen Terminologie die Aufnahme der Heiden in die Kirche. Analoges läßt
sich an der Aufnahme von Kol 1, 25 in Eph 3, 2 zeigen: eine Umdeutung des Terminus οἰκονομία von der Beauftragung mit der
Predigt zum Heilsplan Gottes. Von diesen Stellen aus gewinnen auch
die beiden anderen Gruppen von Berührungen das Gewicht zusätz-
licher Argumente für die literarische Benutzung des Kol durch den
Verfasser des Eph. Daß es sich um literarische Benutzung und nicht
um Abhängigkeit von gemeinsamen Traditionen handelt, geht aus
der Notiz über Tychikos 6, 21f; Kol 4, 7f deutlich hervor. Der Verfasser des Eph hat den Kol sehr frei benutzt, auch hinsichtlich des
Aufbaus; der Zweck war hier und dort ja ganz verschieden.

## c) Theologische Unterschiede

Mit den eben aufgezeigten Differenzen zwischen den beiden Schreiben sind schon theologische Besonderheiten des Eph genannt worden,
und zwar solche, die sich weder mit dem Kol noch mit Paulus in
Einklang bringen lassen. Weitere theologische Besonderheiten, die
zur Bestreitung der Verfasserschaft des Paulus geführt haben, seien
ohne Anspruch auf Vollständigkeit angeführt. Sie liegen in der
Ekklesiologie. Es handelt sich dabei nicht nur um feine Akzentver-
schiebungen, sondern um kräftige Veränderungen. Ein deutliches
Beispiel hierfür ist die unpaulinische Auffassung des Eph von den
Aposteln und Propheten. In der vorhin erwähnten Aufnahme von
Kol 1, 26 („... das Geheimnis, verborgen vor Äonen und Genera-
tionen – jetzt aber wurde es seinen Heiligen geoffenbart") heißt es
Eph 3, 5 von dem Geheimnis: „das in anderen Generationen den
Menschenkindern nicht so kundgemacht wurde, wie es jetzt seinen
heiligen Aposteln und Propheten geoffenbart wurde im Geist". Von
den mannigfachen Divergenzen dieser Stellen[14] interessiert hier diese,
daß die Empfänger der Offenbarung dort „die Heiligen", dh die
Gläubigen überhaupt, hier dagegen ausschließlich die Apostel und
Propheten sind und diese in auszeichnender Weise als „heilig" prädiziert werden. So spricht Paulus nie von den beiden Ämtern, trotz
der hohen Bedeutung, die er ihnen, vor allem dem Apostolat und
zumal seinem eigenen, beimißt; nie grenzt er sie als Inhaber einer
besonderen Heiligkeit von der übrigen Gemeinde ab. Als abgeschlos-

---

[14] Vgl. Dibelius-Greeven, 74.

sener Kreis erscheinen die beiden Gruppen auch Eph 2, 20: die Gläubigen sind „aufgebaut auf dem Fundament der Apostel und Propheten, wobei Christus Jesus der Schlußstein ist." Nach 1Kor 3, 11 ist Christus, nicht ein Apostel oder sonstiger Amtsträger das Fundament. Aber nicht die andere Verwendung des Bildes ist entscheidend, sondern der Zeitaspekt in der Rede des Eph von der Kirche als himmlischem Bau: er „wächst" (2, 21) vom schon gelegten Fundament zum schon gesetzten Schlußstein; dh für den Eph gehört der Kreis der Apostel und Propheten wie Jesus Christus der Vergangenheit an. In dem Katalog der Ämter (4, 11 (Apostel, Propheten, Evangelisten, Hirten, Lehrer) sind zwei neue in die paulinische Trias 1Kor 12, 28 („Erstens Apostel, zweitens Propheten, drittens Lehrer") eingefügt; daß bei der Einfügung die Lehrer von ihrem ursprünglichen Platz verdrängt worden sind, die Reihenfolge der beiden ersten Glieder aber intakt geblieben ist, ist ein weiteres Zeichen dafür, daß die Apostel und Lehrer einen abgeschlossenen Kreis bilden[15]. Dieser Kreis – das zeigen 2, 20f; 3, 5; 4, 11 – existiert zur Zeit und im Umkreis des Eph nicht mehr[16]; der Verfasser ist nicht Paulus, sondern ein Späterer.

Nicht allein, aber auch in dieser veränderten kirchengeschichtlichen Situation sind die anderen theologischen Unterschiede zu Paulus begründet; so zB die Reduktion der Charismen auf die kirchlichen Ämter (4, 11ff). Andere Differenzen stammen aus dem andersgearteten mythologischen Vorstellungskreis des Eph; so zB das Haupt – Leib Schema zur Bestimmung des Verhältnisses von Christus und der Kirche. Wieder andere Unterschiede können mit beidem zusammenhängen; so zB das Zurücktreten der Eschatologie (3, 21). Statt vieler Einzelheiten sei die Darstellung zitiert, mit der H. Schlier seine Untersuchung der gnostisch-mythologischen Gedankenwelt des Eph zusammenfaßt[17]:

„Der Erlöser, der zum Himmel auffährt, überwindet auf seinem Wege die himmlischen Mächte (4, 8ff.) und durchbricht die Grenzmauer, die die Welt von dem göttlichen Reich trennt (2, 14ff.). Er kehrt dabei zu sich als dem oberen Anthropos zurück (4, 13ff.), der in den himmlischen Reichen beständig weilt. Ist er doch die κεφαλή des σῶμα. In diesem bringt er seine μέλη empor, schafft er den ‚neuen Menschen' (2, 15) und baut seinen Leib auf zu dem himmlischen Bau seiner ἐκκλησία (2, 19ff.; 4, 12ff. 16),

---

[15] Vgl. Dibelius-Greeven, 81.
[16] Käsemann, RGG³ II, 519; Exegetische Versuche II, 256.
[17] Christus und die Kirche, 74f.

an der die Weisheit Gottes offenbar wird (3, 10f.). Der Soter liebt und
pflegt, reinigt und rettet seine Kirche. Sie ist seine γυνή und er ihr ἀνήρ,
im Gehorsam und in der Liebe einer dem anderen verbunden (5, 22–32)."

Als besonders unpaulinisch gilt, daß die Ehe, die nach 1Kor 7 ein
notwendiges Übel ist, im Eph zum Abbild der himmlischen Syzygie
von Christus und der Kirche wird (5, 25ff). Und wenn die Christen
jetzt schon mit Christus auferweckt und in den Himmeln miteinge-
setzt sind (2, 5f), so entspricht das dem gnostischen Gedanken von
der schon geschehenen Auferstehung (2Tim 2, 18), widerspricht aber
der Auffassung des Paulus (Röm 6, 3ff; Phil 3, 10ff), der auf Grund
seiner Anthropologie hinsichtlich der Gegenwärtigkeit des „Lebens"
immer den „eschatologischen Vorbehalt" macht.

Der Eph ist demnach ein pseudonymes Schreiben. Wer der wirkliche Autor war, wissen wir nicht, und das Ratespiel um seinen
Namen (Tychikos und Onesimos werden gelegentlich vorgeschlagen)
ist Zeitvergeudung. Der Verfasser war ein – wohl nicht mehr persönlicher – Schüler des Paulus und jünger als der Autor des Kol, der die
Lehre des Apostels gut kannte und selbständig weiterbildete.


### 4. Literarischer Charakter, kirchlicher Zweck
### und theologiegeschichtliche Stellung

#### a) Literarischer Charakter

Mit der Feststellung, daß der Eph ein fingierter Paulusbrief ist,
hat man seinen literarischen Charakter noch nicht zureichend bestimmt; auch noch nicht mit der Präzisierung, daß der Autor mit
Hilfe der Notizen über Tychikos 6, 21f und über die Haft des Paulus
3,1 usw seinem Pseudepigraphon einen genauen Platz in der vita
Pauli anzuweisen, dh es mit dem Kol als gleichzeitig erscheinen zu
lassen sucht. Man muß zunächst fragen, wie das von dem schmalen
brieflichen Rahmen umfaßte und briefstilistisch in Proömium und
Paränese gegliederte Corpus literarisch zu beurteilen ist. Da es ein
einheitliches Thema zum Gegenstand hat – das Geheimnis der Aufnahme der Heiden in die Eine Kirche – und dieses Thema in enorm
solennem Tenor – in Form des Gebets und geistlicher Ermahnung –
behandelt, hat man es als Mysterienrede oder Weisheitsrede im Sinne
von 1Kor 2, 6ff oder als Meditation oder als Traktat oder als Predigt
gekennzeichnet. Mir scheint die Charakteristik als Traktat oder auch

– unter Berücksichtigung des reichlich verwendeten liturgischen Materials – als predigtartige Abhandlung angemessen zu sein. Aber dann muß nochmals die briefliche Rahmung, genauer die betont allgemein gehaltene Adresse 1, 1 bedacht werden. Der Eph will ein an die ganze Christenheit gerichteter Brief sein; er ist seiner Intention nach das, was man einen „katholischen Brief" nennt. Man kann ihn daher literarisch als Abhandlung in Form eines katholischen Briefes des Paulus charakterisieren. Die Fingierung paulinischer Autorschaft soll dem Schreiben apostolische Autorität und seinem Zweck allgemeine Verbindlichkeit verleihen.

### b) Kirchlicher Zweck

Das Fehlen konkreter Bezugnahmen auf lokale Verhältnisse oder aktuelle Anlässe erschwert eine präzise Bestimmung des Zweckes dieses Schreibens. Aber Anlaß und Zweck muß es gehabt haben, denn es macht nicht den Eindruck einer privaten Etüde. Der Verfasser hat eine innerkirchliche Problematik im Auge, aber keine Irrlehre – trotz der ursprünglich antihäretischen Akklamation 4, 5 fehlt jede Ketzerpolemik (überhaupt jede Polemik). Er predigt eindringlich die Einheit der Kirche, aber er wehrt nicht ein drohendes Schisma ab. Er redet die Heidenchristen an und prägt ihnen als das große Geheimnis von Gottes Heilsplan ein, daß sie in das alte Gottesvolk aufgenommen worden sind. Man muß aus diesem Zweck auf den Anlaß schließen: daß den Heidenchristen das Bewußtsein vom Ursprung der Kirche im Judentum – nicht in historischem, sondern heilsgeschichtlichem Sinn – und damit von der zeitlichen und räumlichen Universalität der Kirche abhanden gekommen war oder doch zu entschwinden drohte. Der Verfasser hielt das für ein allgemeines Phänomen, daher die „katholische" Adresse; jedenfalls bedrängte es ihn in seinem Umkreis. Ob es „eine allgemeine geistige Krise des nachpaulinischen Heidenchristentums" war[18] und worin sie genauer bestand, vermögen wir nicht mehr zu erkennen. Denn der Autor bemüht sich ausschließlich um die positive Darlegung der Einheit der Kirche aus Juden und Heiden, nicht um die Widerlegung bestimmter Irrtümer. Eine Warnung der Heidenchristen vor Hybris wie Röm 11, 11ff fehlt ebenso wie die Deklarierung des Christentums als des wahren Judentums durch die Apg. Der Verfasser verfolgt seinen

---

[18] Kümmel, 321.

Zweck auch nicht durch heilsgeschichtliche Argumentation, etwa durch Schriftbeweise wie Paulus, Lukas und Justin, sondern durch – man kann wohl sagen: ontologische – Spekulation[19].

### c) Theologiegeschichtliche Stellung

Theologiegeschichtlich gehört der Eph trotz aller Unterschiede in die paulinische Tradition. Er nimmt sogar die Rechtfertigungslehre auf (2, 1ff), wenn auch ohne die paulinische Gesetzesproblematik, die zu seiner Zeit nicht mehr kirchlich aktuell war. Aus diesem Grund fehlt dem für ihn so fundamentalen Gedanken vom Gottesvolk aus Juden und Heiden auch die paulinische Dialektik und Spannung. Er nimmt ferner die Vorstellung von Christus als dem himmlischen Anthropos auf (Röm 5, 12ff; 1Kor 15, 45ff), baut sie weiter aus und verbindet sie enger mit der Ekklesiologie. Der Eph zeigt Berührungen mit allen früheren Paulusbriefen, besonders starke mit dem Kol. Er steht zwischen dem Kol und den Past und hat Beziehungen zu den Ignatiusbriefen, freilich anders als sie ohne aktuelle Ausrichtung, ohne Ketzerbekämpfung. Mit den Past verbindet ihn die Betonung der Kirche und ihrer Ämter – wenn er letztere auch noch nicht als Organisation und als durch apostolische Sukzession sanktioniert darstellt – und durch die singuläre Stellung, die er dem Apostel Paulus, und zwar dem leidenden, zuschreibt. Mit dem Kol und den Ignatianen verbindet ihn die starke Verwendung gnostisch-mythologischer Anschauungen.

Religionsgeschichtlich ist der Eph ein synkretistisches Dokument: außer der gnostischen Mythologie verwendet er Mysterienanschauungen, Qumranterminologie und Motive der hellenistischen Popularphilosophie, in der Masse also esoterische, „mystische" Gedanken. Von dem spekulativen Charakter des Eph läßt sich unschwer eine gerade Linie zur reinen Gnosis vorstellen. Aber die Intention des Eph zielt in die entgegengesetzte Richtung. Das geht aus einer genauen Analyse seiner Terminologie und ihres Kontextes hervor, wie sie M. Dibelius geliefert hat[20]: die ursprünglich mit diesen Termini verbundenen Vorstellungen sind verkirchlicht worden, „hohe und schwere Worte" werden für das einfache Gemeindechristentum gebraucht, die Spekulation diesem integriert. Ein theologiegeschichtlich

---

[19] In diesem Sinn interpretiert Schlier den Eph.
[20] Dibelius-Greeven, 54–100 passim; bes. 84f.

bedeutsames Faktum: „der wichtige Schritt von individueller oder in exklusiven Kreisen gepflegter Mystik zu mystisch gefärbter Ekklesiastik ist ... getan".[21]

## 5. Entstehung

Der Eph ist in der Zeit zwischen dem Kol und den Ignatiusbriefen[22], dh um die Wende vom 1. zum 2. Jh. entstanden und geographisch in dem Teil des paulinischen Missionsbereichs, in dem die Autorität des Paulus unerschüttert geblieben war, also am ehesten im westlichen Kleinasien.

Die zuerst von Joh. Weiß geäußerte und später mehrfach aufgenommene Vermutung[23], das seltsame Schriftstück sei in der Absicht verfaßt worden, es als Einleitung einer Sammlung von Paulusbriefen voranzustellen, läßt sich nicht halten. Das Schreiben selbst enthält nicht die diskreteste Andeutung auf einen solchen Entstehungsgrund, und textgeschichtlich läßt sich keine einzige Handschrift nachweisen, in der dieser Brief an der Spitze der Paulusbriefe stand[24]. Dagegen scheint die Entstehung der ephesinischen Adresse im Zusammenhang mit der Sammlung der Paulusbriefe erklärbar zu sein: durch die Kombination der Notiz über Tychikos 6, 21f mit der anderen 2Tim 4, 12 („Tychikos aber sandte ich nach Ephesus") schien die fehlende Ortsangabe ergänzt werden zu können[25]; so kam auch Ephesus zu einem Brief des Paulus und die Kirche zum „Epheserbrief".

## § 15. Die Pastoralbriefe

*Kommentare:*

HNT: M. Dibelius – H. Conzelmann, [4]1966; KNT: G. Wohlenberg, [3]1923; MeyerK: B. Weiss, [7]1902; NTD: J. Jeremias, [6]1953; BNTC: J. N. D. Kelly, 1964; ICC: W. Lock, 1924; Moffatt, NTC: E. F. Scott 1936; ETB: C. Spicq, 1947; A. Schlatter, Die Kirche der Griechen im Urteil des Paulus, 1936; B. S. Easton, 1947; E. K. Simpson, 1954.

---

[21] AaO, 85.
[22] Allerdings läßt sich kein Zitat aus dem Eph nachweisen; und aus der Behauptung IgnEph 12, 2, Paulus „gedenkt" der Epheser „in jedem Brief", geht auf keinen Fall hervor, daß Ignatius unser Schreiben unter dem Titel „Eph" gekannt hat.
[23] J. Weiß, Das Urchristentum, 1917, 534; Goodspeed, 3ff; Mitton.
[24] Vgl. Kümmel, 425.
[25] So zB Dibelius, 57.

*Untersuchungen:*

H. Frhr. v. Campenhausen, Polykarp von Smyrna und die Pastoralbriefe, in: Aus der Frühzeit des Christentums, 1936, 197ff;

–, Kirchliches Amt und geistliche Vollmacht in den ersten drei Jahrhunderten, 1953, 116ff;

K. Graystone, G. Herdan, The Authorship of the Pastorals in the Light of Statistical Linguistics, NTS 6, 1959/60, 1ff;

P. N. Harrison, The Problem of the Pastoral Epistles, 1921;

H. J. Holtzmann, Die Pastoralbriefe, kritisch und exegetisch bearbeitet, 1880;

J. Jeremias, Zur Datierung der Pastoralbriefe, ZNW 52, 1961, 101ff;

B. M. Metzger, A Reconsideration of Certain Arguments Against the Pauline Authorship of the Pastoral Epistles, ExpT 70, 1958/59, 91ff;

W. Michaelis, Pastoralbriefe und Wortstatistik, ZNW 28, 1929, 69f;

–, Pastoralbriefe und Gefangenschaftsbriefe, NTF I, 6, 1930;

H. Schlier, Die Ordnung der Kirche nach den Pastoralbriefen, in:

–, Die Zeit der Kirche, 1956, 129ff;

W. Schmithals, RGG³ V, 1961, 144ff;

A. Strobel, Schreiben des Lukas? Zum sprachlichen Problem der Pastoralbriefe, NTS 15, 1968/69, 191ff;

F. Torm, Über die Sprache in den Pastoralbriefen, ZNW 18, 1917/18, 225ff.

## *Vorbemerkungen*

Die zwei Briefe an Timotheos und der an Titus werden seit dem 18. Jh. „Pastoralbriefe" = Hirtenbriefe genannt, weil sie Anweisungen zur Leitung der Gemeinde, zum „Hirtenamt", enthalten. Diese zusammenfassende Bezeichnung ist berechtigt, da die drei Briefe innerhalb des Corpus Paulinum literarisch und theologisch eine geschlossene Gruppe bilden. Sie muß gemeinsam besprochen werden.

Vorweg sei bemerkt, daß die Past heute fast allgemein als „unecht" anerkannt sind, auch von konservativen und katholischen Forschern[1]. Schon Schleiermacher[2] hat die paulinische Verfasserschaft des 1Tim bestritten und H. J. Holtzmann hat dieses Verdikt überzeugend auf alle drei Schreiben ausgedehnt. Heute wird ihre *Echtheit meist* nur in reduzierter Form vertreten: als Sekretärshypothese (ein Sekretär habe die Briefe auf Anweisung des Paulus geschrieben) oder als Fragmententheorie (ein Späterer habe die Briefe verfaßt, aber Bruchstücke echter Briefe eingefügt); doch bescheren beide Vorschläge

---

[1] ZB von J. Schmid in der Neubearbeitung von A. Wikenhausers Einleitung in das NT, 1973, 507ff.

[2] Über den ersten Brief Pauli an Timotheus, 1807.

mehr Rätsel als sie lösen. Ich will im folgenden die Past nicht unter dem einseitigen Gesichtspunkt der Echtheitsfrage, sondern positiv in ihrer Eigenart darstellen. Um die Darstellung zu entlasten, nenne ich die wichtigsten Argumente gegen die Echtheit gleich hier.

*Äußere Gründe.* Die Past sind relativ spät bezeugt, sicher zuerst durch Irenäus (ca 180), dann durch Clemens Alexandrinus und durch den Kanon Muratori (ca 200); bei letzterem folgen sie auf den Phlm, sie scheinen also einer schon vorhandenen Sammlung von Paulusbriefen angefügt zu sein. Sie fehlen im Kanon Markions (ca 140) und noch im Papyrus 46 (Anfang des 3. Jh.s); aus letzterem scheint hervorzugehen, daß sie zu dieser Zeit in Ägypten (trotz Clemens Alexandrinus) noch nicht allgemein anerkannt waren.

*Innere Gründe.* Die vorausgesetzten Briefsituationen lassen sich biographisch nicht unterbringen; Sprache und Stil sind unpaulinisch (diese beiden Punkte werden im folgenden ausführlicher besprochen). Die Art der Ketzerbekämpfung weicht von der der echten Paulusbriefe erheblich ab; die Gemeindeordnung erweist sich als nachpaulinisch, ebenso die Theologie und Religiosität der Past.

## 1. Inhalt

a) 1Tim.

Präskript 1, 1f.

I. Beauftragung mit der Ketzerbekämpfung 1, 3–20.
   1. Der Auftrag 1, 3–7.
   2. Der Maßstab: das Evangelium als Gesetz 1, 8–11.
   3. Das Vorbild des Apostels 1, 12–17.
   4. Wiederholung des Auftrags 1, 18–20.

II. Beauftragung mit der Kirchenordnung 2. 3.
   1. Gebet für alle Menschen, bes. die Obrigkeit 2, 1–7.
   2. Beten der Männer und Frauen 2, 8–15.
   3. Verhalten des Bischofs 3, 1–7.
   4. Verhalten der Diakone 3, 8–13.
   5. Persönliches Wort an Timotheos 3, 14f.
   6. Hymnischer Abschluß 3, 16.

III. Ketzerbekämpfung 4.
   1. Charakterisierung der Ketzer als Asketen 4, 1–5.
   2. Auftrag, die Gemeinde über sie aufzuklären 4, 6–11.
   3. Timotheos als Vorbild in Wandel, Gemeindeleitung und Menschenbehandlung 4, 12–16.

IV. Kirchenordnung 5, 1–6, 2.
   1. Verhalten des Gemeindeleiters zu den Altersgruppen 5, 1f.
   2. Über Witwen 5, 3–16.

3. Über Presbyter 5, 17–19.
4. Eingeschobene persönliche Mahnung an Timotheos 5, 20–25.
5. Über Sklaven 6, 1f.
V. Warnungen und Mahnungen 6, 3–21.
   1. Warnung vor Irrlehrern 6, 3–10.
   2. Mahnung an Timotheos zum guten Kampf des Glaubens 6, 11–16.
   3. Paränese an die Reichen 6, 17–19.
   4. Warnung vor der ψευδώνυμος γνῶσις. Friedensgruß 6, 20f.

b) 2Tim.

Präskript 1, 1f.
Proömium (Erinnerung an die religiöse Tradition, in der Timotheos und Paulus aufgewachsen sind) 1, 3–14.
I. Mitteilungen über die Situation des Paulus 1, 15–18.
II. Mahnungen an Timotheos 2, 1–4, 8.
   1. Weitergabe der überlieferten Lehre 2, 1f.
   2. Freudiges Leiden 2, 3–6.
   3. Gedenken an das Leiden des Apostels 2, 7–13.
   4. Persönliche Bewährung gegenüber den Ketzern 2, 14–26.
   5. Verständnis der Ketzer als einer geweissagten Erscheinung der Endzeit 3, 1–9.
   6. Weitergabe der Lehre nach dem Vorbild des Apostels 3, 10–4, 5.
   7. Abschluß: Das nahe Martyrium des Paulus 4, 6–8.
III. Persönliche Mitteilungen 4, 9–21.
   1. Die Lage des Paulus 4, 9–12.
   2. Aufträge 4, 13–15.
   3. Nachrichten über den Prozeß des Paulus 4, 16–18.
   4. Grüße 4, 19–21.
Briefschluß: Segenswunsch 4, 22.

c) Tit.

Präskript 1, 1–4.
Kirchenordnungen 1, 5–3, 11.
I. Aufgaben des Titus auf Kreta 1, 5–16.
   1. Einsetzung von Presbytern 1, 5f.
   2. Bischofsspiegel als Modell 1, 7–9.
   3. Ketzerbekämpfung 1, 10–16.
II. Ordnung der Gemeinde.
   1. Haustafelartige Pflichtenlehre 2, 1–10
      (für die alten Männer 2, die alten und jungen Frauen 3–5, die jungen Männer nach dem Vorbild des Titus 6–8, die Sklaven 9f).
   2. Begründung im Heilsgeschehen 2, 11–15.
   3. Mahnung zu anständigem bürgerlichen Leben 3, 1f.
   4. Begründung im Heilsgeschehen 3, 3–7.
   5. Ketzerbekämpfung 3, 8–11.

Briefschluß 3, 12–15.
1. Aufträge und Personalnachrichten 3, 12–14.
2. Schlußgruß 2, 15.

## 2. Die Briefsituationen

### a) Die Adressaten

Als Adressaten figurieren die beiden wichtigsten und tüchtigsten
Mitarbeiter des Paulus. T i m o t h e o s aus Lystra, Sohn eines Heiden und einer Judenchristin Apg 16, 3f, die nach 2Tim 1, 5 Eunike
hieß, war seit der sog. zweiten Missionsreise Begleiter des Paulus und
befand sich auch auf der Kollektenreise nach Jerusalem bei ihm Apg
20, 4; danach erwähnt ihn die Apg nicht mehr. Er erscheint als Mitabsender in den Präskripten des 1Thess, 2Kor, Phil und Phlm, aber
auch der deuteropaulinischen Schreiben 2Thess und Kol, als Grüs-
sender Röm 16, 21. Gelegentlich betraute ihn Paulus mit selbständigen
Aufgaben: er sandte ihn von Athen aus nach Makedonien 1Thess
3, 2ff, von Ephesus aus nach Korinth, um dem 1Kor Nachdruck zu
verleihen 1Kor 4, 17; 16, 10, später vom Ort seiner Haft nach Philippi Phil 2, 19. 23. Paulus zollte diesem seinem Jünger hohe Schätzung, deren Erinnerung sich in den Deuteropaulinen, aber auch im
Hebr (13, 23) erhalten hat.

T i t u s , dessen Existenz die Apg merkwürdigerweise verschweigt,
ist nur aus dem Gal und dem 2Kor bekannt. Er war Heidenchrist,
„Grieche" Gal 2, 3, sonst unbekannter Herkunft. Wenn Paulus ihn
zum „Apostelkonvent" mitnahm, um an ihm als einem Präzedenz-
oder besser Modellfall die Freiheit der Heidenchristen von der Beschneidung durchzusetzen Gal 2, 1ff, dann muß Titus schon damals
eine prominente Gestalt des Heidenchristentums gewesen sein. Seine
Tätigkeit in Korinth ist in § 9 geschildert worden; daß Titus von
Paulus in kritischen Situationen mit so delikaten und schwierigen
Aufgaben wie Kollekte und Befriedung (genauer: Unterwerfung) der
rebellischen Gemeinde betraut wurde und seine Aufträge mit Erfolg
und zur Zufriedenheit des Paulus durchführte, zeigt deutlich, daß er
dem Timotheos an Intelligenz, Energie und Takt nicht nachstand.

Kein Wunder, daß diese beiden Schüler des Paulus als Adressaten
pseudopaulinischer Briefe ausersehen wurden, um die Kontinuität der
Wirksamkeit des Paulus in eine spätere Zeit zu dokumentieren. Nach
den vorausgesetzten Briefsituationen ist die chronologische Reihenfolge der Past: 1Tim, Tit, 2Tim.

### b) Die Abfassungsverhältnisse des 1Tim

Paulus hat Timotheos bei der Abreise nach Makedonien in Ephesus zurückgelassen, damit er den Kampf gegen die Ketzer weiter-
führe 1, 3ff, er will aber bald wieder nach Ephesus kommen 3, 14f;
4, 13 und schreibt diese Anweisungen zur Ketzerbekämpfung und
zur Organisation der Gemeinde nur für die Eventualität, daß seine
Rückkehr sich etwas verzögert 3, 14f. – An dieser Motivation wird
die Künstlichkeit der vorausgesetzten Briefsituation besonders deutlich: als ob Timotheos das nicht alles schon längst von Paulus mündlich erfahren hätte 1, 3ff und als ob etwaige schwierige Organisa-
tionsfragen nicht bis zur Rückkehr des Paulus hätten warten können.
Hinzu kommt, daß die Briefsituation in dem uns durch Apg 9–28
und die Paulusbriefe bekannten Lebensabschnitt des Paulus nicht
unterzubringen ist. Denn als Paulus von Ephesus nach Makedonien
reiste Apg 20, 1f; 2Kor 2, 13; 7, 5ff, war Timotheos nicht in Ephesus geblieben, sondern dem Paulus nach Makedonien vorausgereist
und war dort in seiner Umgebung 2Kor 1, 1. Auch ist eine Oberauf-
sicht des Timotheos über Ephesus und die umliegenden Gemeinden,
wie sie 1Tim voraussetzt, in diesem Lebensabschnitt nicht zu belegen.

### c) Die Abfassungsverhältnisse des Tit

Paulus hat Titus auf Kreta zurückgelassen, damit er „in Ordnung
brächte, was noch nicht erledigt ist" 1, 5, dh die begonnene Organisation der Gemeinden auf der Insel und die Bekämpfung der Ketzer
fortsetze, will ihn aber bald zu sich nach Nikopolis – wohl in Epirus
– rufen, wo sie den Winter verbringen wollen, während Artemas
oder Tychikos Nachfolger des Titus auf Kreta werden soll 3, 12. –
Auch diese Situation läßt sich in der bekannten vita Pauli nicht unterbringen. Von einer Mission des Paulus auf Kreta in dieser Zeit verlautet nichts, er hat die Insel nur als Gefangener kurz berührt, wenn
die Notiz Apg 27, 7f historisch sein sollte, und den folgenden Winter
auf Malta zugebracht Apg 28, 1. 10. Ebenso merkwürdig wie beim
1Tim ist es, daß Paulus Anweisungen gibt, die für seinen Mitarbeiter
überflüssig sind.

### d) Die Abfassungsverhältnisse des 2Tim

Paulus ist in Rom gefangen 1, 8. 16f; es wird ihm der Prozeß gemacht, und er ist bereit zu sterben. Er hatte Gelegenheit zu einer
ersten Verteidigung, bei der ihn alle Freunde verließen, wurde aber

nicht zum Tode verurteilt 4, 16ff. Onesiphoros aus Ephesus hat Paulus in Rom besucht und ihm nach Kräften seine Haft erleichtert 1, 16ff. Bei der Abfassung des Briefes ist nur Lukas bei Paulus, da die andern Mitarbeiter weggezogen sind, Demas nach Thessalonike, Crescens nach Galatien oder Gallien, Titus nach Dalmatien 4, 10f, Tychikos auf Geheiß des Paulus nach Ephesus 4, 12. Timotheos befindet sich nach 4, 13. 19 noch in Ephesus. Paulus bittet ihn, möglichst rasch, vor dem Winter noch zu ihm zu kommen und Markus mitzubringen 4, 9. 11. 21 sowie den Mantel und die Bücher, die der Apostel in Troas hatte liegen lassen, mitzunehmen 4, 13. Er teilt ihm mit, Erastos sei in Korinth geblieben, und er – Paulus – habe Trophimos krank in Milet zurückgelassen 4, 20.

Es scheint sich nach diesen Angaben um die römische Gefangenschaft des Paulus von Apg 28 und bei den Stationen Korinth, Troas und Milet um die Reise des Paulus nach Jerusalem Apg 20, 2f. 5f. 15ff zu handeln. Aber diese Reise kann nicht der historische Hintergrund der Angaben von 2Tim sein. Denn auf der Reise Apg 20 befanden sich Timotheos und Trophimos unter den Begleitern des Apostels, Trophimos blieb auch keineswegs krank in Milet zurück, sondern kam mit Paulus nach Jerusalem und wurde hier Anlaß zu seiner Verhaftung Apg 21, 29; auch da brauchte Paulus den Timotheos ja nicht über Vorkommnisse der Reise brieflich zu unterrichten. Die Briefsituation des 2Tim fügt sich nicht in den biographischen Rahmen von Apg 20f ein, und daher ist auch die Identität der römischen Haft von 2Tim mit der von Apg 28 fraglich – wenn die Angaben des 2Tim historisch sein sollten.

### e) Das Problem der Spanienmission und einer zweiten römischen Gefangenschaft

Da die Briefsituationen aller drei Past nirgends in dem durch die Paulusbriefe und Apg 9–28 bekannten Lebensabschnitt des Apostels unterzubringen sind, wird immer wieder versucht, die Past in die Zeit nach Apg 28, 30f zu datieren: Paulus sei nach der zweijährigen Haft in Rom freigekommen, habe in Spanien missioniert, sich abermals in den Osten begeben, wo dann 1Tim und Tit ihren Platz fänden, sei dann in eine zweite römische Gefangenschaft geraten (2Tim) und Märtyrer geworden. – Aber dieser Versuch ruht auf schwachen Grundlagen. Im NT wird der Plan der Spanienmission nur *Röm 15, 24. 28* erwähnt, aber nirgends seine Durchführung auch nur angedeutet. Die *Petrusakten* (ActVerc 1ff) berichten die Abreise des Paulus von Rom nach Spanien, aber nichts von seiner vorhergehenden Haft und Freilassung und erst recht nichts von seiner Mission in Spanien; der Passus dient nur dazu, Paulus von Rom zu entfernen, damit Simon Magus und dann Petrus dort auftreten können. Der *Kanon Muratori* erwähnt die Spanienmission bei der Besprechung der Apg; er verteidigt ihr Fehlen sowie das Fehlen des Petrusmartyriums in der Apg mit der Behauptung, Lukas habe nur berichtet, was er selbst als Augenzeuge miterlebt habe. Der römische Autor des *1Clem* sagt anläßlich der Aufzählung der Martyrien des Petrus und des Paulus von dem letzteren: „nachdem er die ganze Welt Gerechtigkeit gelehrt, bis an die Grenze des Westens (ἐπὶ τὸ τέρμα τῆς δύσεως) gekommen und vor den Machthabern Zeugnis abgelegt, wurde er so aus der Welt genommen" (5, 7). Zweifellos meint Clemens mit der „Grenze des Westens" Spanien; jedoch ob er diese Lokalangabe stadtrömischer „Tradition" oder dem Röm verdankt, läßt sich kaum entscheiden. Bedenkt man, daß nicht einmal die *Paulusakten* ihren Helden nach Spanien kommen lassen und daß es in der ganzen altkirchlichen Literatur nicht eine einzige Legende über eine Wirksamkeit des Paulus in Spanien gibt, dann wird es fraglich, daß die drei genannten Stellen auf Tradition beruhen, und wahrscheinlich, daß sie lediglich Reflexe von Röm 15, 24. 28 sind; sie entfallen jedenfalls als sichere Stütze für die These von der Freilassung des Paulus nach den zwei Jahren von *Apg 28, 30f.* Man kann diese These aber auch nicht mit Hilfe der Apg unterbauen, im Gegenteil: daß sie nicht mit einem Bericht über das Martyrium des Paulus, sondern über seine ungehinderte Verkündigung schließt, hat apologetische Gründe[3], und in der Abschiedsrede in Milet läßt sie den Apostel deutlich genug sein Martyrium weissagen *20, 25. 38.* Aus dieser Stelle geht auch hervor, daß Paulus nach den Ereignissen von Apg 20–28 nicht mehr in den Osten des Mittelmeeres zurückgekehrt ist. Daß es sich dabei nicht nur um eine Meinung des Lukas handelt, zeigt sich darin, daß auch die östliche Kirche von einer solchen Rückkehr nichts weiß. Schließlich ist die Theorie von einer zweiten römischen Gefangenschaft des Paulus erst durch *Euseb* bezeugt (KG II 22, 2), der den 2Tim in diese Zeit datiert. Aber der 2Tim selbst deutet durch nichts an, daß Paulus schon früher einmal in römischer Gefangenschaft gewesen sei. Der Versuch, die Past in

---

[3] E. Haenchen, Die Apostelgeschichte, [5]1965, 654f.

die terra incognita nach Apg 28 zu verweisen, hat keinen Anhalt in der altkirchlichen Überlieferung und erweist sich als Postulat.

Die Briefsituationen der Past stehen nach wie vor in unausgleichbarem Widerspruch zu den Paulusbriefen und der Apg, sind also Fiktion. Sie erklären sich, wie Dibelius gezeigt hat[4], aus derselben Technik, die von den Verfassern apokrypher Apostelakten praktiziert wird: bekannte Situationen werden aufgenommen und gründlich modifiziert (sozusagen „verfremdet"). So werden in 1Tim die Situation von Apg 20, 1, in Tit die von Apg 27, 7f und in 2Tim die von Apg 28, 30f; 20, 5ff aufgenommen und verändert. Ob der Verfasser der Past die Apg literarisch benutzt oder nur auf gemeinsame Traditionen zurückgegriffen hat, sei dahingestellt.

## 3. Sprache und Stil

Sprache und Stil der Past sind so einheitlich und weichen in solchem Maße von denen der andern Paulusbriefe ab, daß auch die unverdrossensten Verfechter der paulinischen Verfasserschaft das Faktum dieser Unterschiede anerkennen. Die Unterschiede im Vokabular sind zuerst aufgefallen und als Beweis der nichtpaulinischen Herkunft der Past ins Feld geführt worden, nach einzelnen Vorgängern von H. J. Holtzmann in einer umfangreichen wortstatistischen Untersuchung (1880); dieses Verfahren wurde von P. N. Harrison scharfsinnig weitergeführt (1921). Aber auch die Vertreter der Echtheit wandten es an, wiesen Schwächen seiner bisherigen Durchführung auf und versuchten, mit Hilfe der so korrigierten Methode die Stringenz des wortstatistischen Arguments gegen die Echtheit zu entkräften (F. Torm 1917/18, W. Michaelis 1929/30). B. M. Metzger hat die Brauchbarkeit der Wortstatistik für die Echtheitsfrage der Past überhaupt bestritten, sicher zu Unrecht. Die Kontroverse auf diesem Gebiet hat zu immer differenzierteren Methoden der Wortstatistik geführt, deren bisher unübertroffenes Meisterstück der kleine Aufsatz von K. Graystone und G. Herdan ist. Dieser Aufsatz eruiert mit mathematischer Genauigkeit die Logarithmen von Wortschatz und Textlänge in den Past und in den übrigen Paulusbriefen und zeigt, daß das Verhältnis dieser Logarithmen in den Past ganz anders ist als in den übrigen Paulinen. Der Aufsatz gibt zudem einen in-

---

[4] Dibelius-Conzelmann, 13f; 94ff; 114ff.

struktiven methodologischen Überblick über die bisherigen wortstatistischen Untersuchungen. H. Conzelmann hat mit Recht eingewandt,
die Wortstatistik berücksichtige nicht, daß die Besonderheiten der
Past zT durch Aufnahme von Traditionsgut bedingt seien[5]; aber die
formgeschichtlichen Untersuchungen zu den Past (zB von Dibelius
und ihm selbst) haben gezeigt, daß „Traditionsgut" in einem unpaulinischen Maß von den Past aufgenommen ist; diese Untersuchungen schränken das Gewicht der Wortstatistik nicht ein, sondern verstärken es.

Charakteristisch für das Vokabular der Past ist zunächst, daß sie einerseits eine große Zahl von Wörtern bringen, die gegenüber den übrigen
Paulusbriefen „neu" sind, daß andererseits eine beträchtliche Zahl von
Wörtern fehlt, die in den übrigen Paulusbriefen häufig und wichtig sind.
Von beidem seien je zwei Beispiele gegeben. R. Morgenthaler hat 335
Sondergutwörter in den Past gezählt und nachgewiesen, daß diese Zahl
das Zweieinhalbfache der Anzahl von Sondergutvokabeln im Durchschnitt
der übrigen Paulinen ausmacht[6]. Zu den „neuen" Vokabeln gehören u. a.
folgende Wörter und Wortgruppen: μακάριος θεός, ἐπιφάνεια, φιλανθρωπία,
συνείδησις καθαρά bzw. ἀγαθή; εὐσεβής, εὐσέβεια, εὐσεβεῖν; σώφρων,
σωφρονίζειν, σωφροσύνη, σωφρονισμός usw. Umgekehrt fehlen in den
Past folgende bei Paulus vorkommende Wörter: σάρξ, σῶμα; δικαιοσύνη
θεοῦ, ἄδικος, ἔργα νόμου, καυχᾶσθαι, ἀκαθαρσία, ἀκροβυστία; διαθήκη,
κατεργάζεσθαι, πείθειν usw. Hier deutet sich auch der theologische Unterschied an. Besonders wichtig nicht nur für das Vokabular, sondern auch
für den Stil ist das Zurücktreten der Partikelverwendung und das Fehlen
von bei Paulus häufigen kurzen Ausdrücken in den Past wie ἄν, ἄρα, διό,
εἴτε, ἔτι, νυνί, οὔκετι, κἀγώ, πάλιν usw[7].
Denn der Gebrauch von Partikeln und solchen beiläufigen Vokabeln ist
individuell, da meist „unbewußt"[8], und daher nicht ohne weiteres imitier-
bar. Charakteristisch für das Vokabular der Past ist ferner, daß ein Teil
(36 Wörter) „aus der literarischen Oberschicht der Sprache" stammt[9], daß
viele Vokabeln nicht vor Ende des 1. Jh.s belegt sind, daß die Sprache
der Past bedeutend „moderner" ist als die der echten Paulusbriefe. Charakteristisch für ihr Vokabular ist schließlich die Ersetzung bei Paulus
gängiger Ausdrücke durch gleichbedeutende andere; das fällt besonders
in der theologischen Terminologie auf, findet sich aber sonst, etwa
δεσπόται statt κύριοι für die Herren der Sklaven; oder umgekehrt die
Verwendung derselben Vokabel für verschiedene Größen, etwa ἀρχαί,
das Paulus für Geistermächte gebraucht, für die irdischen Obrigkeiten
(Tit 3, 1).

---

[5] Bei Dibelius-Conzelmann, 3.
[6] Statistik des nt. Wortschatzes, 1958, 28. 38.
[7] Vgl. Kümmel, 329; Harrison, 37.
[8] Kümmel aaO.
[9] P. Wendland, Die urchristlichen Literaturformen, 1912, 364 Anm. 5.

Schließlich zeigt auch die Syntax der Past Besonderheiten; sie ist zumal in den Konditionalsätzen bedeutend weniger semitisch und viel stärker griechisch als in den Paulusbriefen[10].

Auf eine sprachlich-stilistische Eigentümlichkeit der Past sei besonders hingewiesen, auf die Wendung πιστὸς ὁ λόγος = „vertrauenswürdig ist das Wort", bzw. „recht hat das Wort", die fünfmal vorkommt (1Tim 1, 15; 3, 1; 4, 9; 2Tim 2, 11; Tit 3, 8) und sich immer auf ein folgendes oder vorhergehendes Zitat bezieht[11]. Es handelt sich um eine Zitationsformel, die aber kein Schriftwort, sondern Traditionsstücke verschiedenster Art (Pistisformel, Bischofs- und Diakonenspiegel, Paränese) als verbindlich einführt. Sie dokumentiert, wie stark der Autor der Past dem Traditionsdenken verhaftet ist.

Diese Unterschiede zeigen deutlich, daß die Past nicht von Paulus geschrieben sein können. Die Verfechter der Echtheit bemühen die Kategorie des Altersstils (der also noch mehr Altersstil wäre als der des Eph!) oder den Einfluß des Lateinischen während der zweiten römischen Gefangenschaft (die nicht stattgefunden hat) und was dergleichen Einfälle mehr sind. O. Roller war etwas konsequenter, er hat die Past nicht von Paulus schreiben oder diktieren lassen, sondern als selbständige Arbeit eines Sekretärs (amanuensis) erklärt, der sie nach Angaben des Apostels angefertigt habe[12]; das nimmt er auch für die andern Paulusbriefe an (erstaunlich begabte Sekretäre, denen man den Gal und Röm verdankt), aber diese Annahme läßt sich nicht halten[13]. Im Falle der Past müßte man auch die Prophetengabe des Sekretärs bewundern, der eine Kirchenordnung voraussah, die zu Lebzeiten des Paulus noch nicht existiert hat. Weder die Sekretärs- noch die andern Hypothesen können das sprachlich-stilistische Argument gegen die paulinische Autorschaft entkräften.

## 4. Die Bekämpfung der Irrlehrer

Die Bekämpfung der Irrlehrer ist der eigentliche Zweck der Past. Ihm dient nicht nur die direkte Polemik, sondern auch das Bemühen des Verfassers um Konsolidierung der Gemeinden durch eine feste

---

[10] K. Beyer, Semitische Syntax im NT I, 1, 1962, 232, 295. 298.
[11] Vgl. Dibelius-Conzelmann, 23f.
[12] Das Formular der paulinischen Briefe, 1933, 20ff.
[13] E. Bickermann, Gn 10, 1934, 55ff.

Kirchenordnung, die reine Lehre und eine sichere Ethik. Man darf annehmen, daß alle drei Past dieselbe Irrlehre bekämpfen, trotz der verschiedenen Lokalisierung (Ephesus und Kreta) und trotz der vorausgesetzten Zeitdifferenz zwischen den Briefen; denn die Zeichnung der Gegner ist ziemlich gleichartig. Merkwürdigerweise behandeln die Past die Irrlehrer bald als geweissagte zukünftige Erscheinung (1Tim 4, 1ff; 2Tim 3, 1ff), bald als gegenwärtige Realität; die sachliche Charakterisierung ist aber dieselbe. Derartige Prophezeiungen finden sich bei Paulus nicht; es handelt sich bei ihnen um einen beliebten Topos der Ketzerpolemik, der in den Johannesbriefen, im Jud und 2Petr und auch sonst Verwendung findet. Es ist nicht der einzige antihäretische Topos in den Past; das Vorhandensein solcher Topoi erschwert die Erkenntnis der wirklich bekämpften Gegner, und die Pseudonymität verlangt ja auch eine gewisse Zurückhaltung in der Deutlichkeit.

Gleichwohl läßt sich sagen, daß die Gegner zu der gnostischen Bewegung gehören. Umstritten ist, ob und in welchem Maß in dieser Gnosis jüdische bzw. judenchristliche Elemente einschlägig sind. Folgende Züge zeichnen sich aus der Polemik ab:

Wenn 1Tim 6, 20 gegen die „fälschlich so genannte Gnosis" polemisiert, dann zeigt die herabsetzende Charakterisierung, daß „Gnosis" ein Stichwort der Gegner und als „Titel" gebraucht ist. Inhaltlich kennzeichnet der Verfasser diese Gnosis als „endlose Mythen und Genealogien", als „gottlose und altweibermäßige Mythen", als „törichte Streitigkeiten und Genealogien" (1Tim 1, 4; 4, 7; Tit 3, 9; vgl. 2Tim 4, 4), dh (nach Abzug der Schmähungen) als mythologische Spekulationen über Engelmächte und Äonenreihen. Die Charakterisierung als "jüdische Mythen" könnte auf jüdischen Ursprung dieser Gnosis hinweisen, muß es aber nicht; sie kann sich ebensogut auf die jüdischen Namen von Engeln und Äonen beziehen, wie sie in nichtjüdisch-gnostischen Texten und heidnischen Zauberpapyri belegt sind. In solchen Spekulationen glauben die Gnostiker, „Gott zu kennen" (Tit, 1, 16). Der wiederkehrende Vorwurf, sie seien „aufgebläht" (1Tim 6, 3f; 2Tim 3, 4), zielt auf ihren Enthusiasmus. Und zu ihm gehört auch die gnostische Spiritualisierung der Auferstehung: „sie sagen, die Auferstehung sei schon geschehen" (2Tim 2, 18); hier zeigt sich der dualistische Charakter der bekämpften Gnosis.

Der Dualismus prägt sich auch in der Praxis aus, in einer strengen Askese: „sie verbieten die Ehe und (gebieten) Enthaltung von

Speisen" (1Tim 4, 3). Gegen das Eheverbot wenden sich auch Stellen, die den Wert der Ehe betonen (1Tim 2, 15; 5, 14; Tit 2, 4), gegen die Nahrungsaskese Stellen wie 1Tim 5, 23; Tit 1, 15. Bei diesen Forderungen scheinen die Gegner auch mit dem AT argumentiert zu haben (1Tim 1, 7ff; die „gesetzlichen Kontroversen" Tit 3, 9), während der Autor sie als „Menschengebote" abtut (Tit 1, 14). Ob man aus Tit 1, 15 den Streit um jüdische Reinheitsvorschriften herauslesen darf, ist fraglich, da der Satz, dem Reinen sei alles rein, ein traditioneller Topos ist (Röm 14, 20; Lk 11, 41)[14]. Während die geforderte Nahrungsaskese sich mit jüdischen Speisegeboten treffen könnte, ist das Eheverbot absolut unjüdisch (was natürlich nicht ausschließt, daß auch Juden ihm gehorchen konnten). Und die Art, wie die Past beide Formen der Askese zusammen behandeln und als eine Verachtung von Gottes Schöpfung und Schöpfungsordnung bekämpfen, macht deutlich genug, daß der Ursprung der Askese nicht in jüdischem Ritualismus, sondern in dualistischer Weltverneinung liegt.

Die zahlreichen moralischen Verdächtigungen gehören nicht in das Bild der Gegner, sondern gehören zum Stil antihäretischer Polemik[15]. Die Lasterkataloge[16] werden auch nicht direkt auf die Ketzer bezogen – das stieße sich ja zu sehr mit der Askese –, aber doch mit ihnen in eine lose Verbindung gebracht: 1Tim 6, 4 heißt es nach einer Schilderung des Verhaltens der Gnostiker: „daraus entsteht…" und dann folgt der Lasterkatalog; und in der Ketzerpolemik 2Tim 3, 1–9 schildert der Lasterkatalog V. 2–4 die Verderbnis der Endzeit und geht dann bruchlos in eine Schilderung der gegenwärtigen Gegner über, die mit diesen geweissagten Lasterhaften identifiziert werden sollen, auch wenn sie „den Schein der Frömmigkeit an sich haben" (V. 5). Die Past kämpfen zwar nicht aktuell, wohl aber auch und für alle Fälle gegen Libertinisten.

Das Wenige, was die Past über die bekämpfte Irrlehre sagen, ist so allgemein gehalten, daß sich ein konkretes Bild nicht rekonstruieren, die Häresie nicht genauer bestimmen läßt und so eine Datierung der Past kaum zu gewinnen ist. Auch die heute gängige Charakterisierung der Irrlehre als judenchristliche Gnosis[17] sagt

---

[14] Vgl. Dibelius-Conzelmann, 103f.
[15] 1Tim 1, 19; 4, 1. 2; 6, 5; 2Tim 2, 26; 3, 5. 13; Tit 1, 15f.
[16] 1Tim 1, 9f; 6, 4f; 2Tim 3, 2ff; Tit 1, 12.
[17] ZB durch Kümmel, Einleitung, 334f; Schmithals RGG³ V, 1961, 145; Ed. Lohse, Entstehung des NT, 1972, 63.

mehr, als man mit Sicherheit sagen kann (s. o.); die Benutzung des AT beweist jedenfalls nichts für die judenchristliche Herkunft seiner gnostischen Benutzer. Um Beziehungen zwischen den Ketzern der Past und der kolossischen Häresie sowie der angeblich „judaistischen" Gnosis IgnMagn 8–11; IgnPhld 5–9 zu konstruieren, dafür reichen die Textgrundlagen nicht aus. Das jüdische bzw. judenchristliche Element in der von den Past bekämpften Gnosis wird ausdrücklich nur Tit 1, 10. 14 erwähnt (übrigens unterbrochen durch eine Invektive gegen die Kreter) und kann nur einen geringen Einschlag gebildet haben. Der einzige feste Anhalt findet sich 1Tim 6, 20: „O Timotheos, bewahre das anvertraute Gut, fliehe die gottlosen Redensarten und Widersprüche (ἀντιθέσεις) der fälschlich so genannten Gnosis...", aber die Festigkeit dieses Anhaltspunktes wird bestritten. Ἀντιθέσεις ist der Titel von Markions Hauptwerk, und man hat in dem zitierten Satz immer wieder eine Bezugnahme auf dieses Werk gesehen[18]; dagegen wurde eingewandt, daß der Terminus in der antirhetorischen Polemik eine Rolle spiele, also traditionell sei[19]. Sollte 1Tim 6, 20 eine Anleihe bei der antirhetorischen Polemik, und sollten die Past vormarkionitisch sein, dann wäre es ein ironischer Zufall, daß der Paulusverehrer Markion sein Hauptwerk gerade mit dem Ausdruck betitelt hätte, den „Paulus" zur Kennzeichnung der Irrlehre gebraucht hat, ein „Zufall", an den zu glauben mir schwer fällt. Sollten die Past nach dem Auftreten Markions verfaßt sein, dann hätte die Erwähnung von „Antithesen" in dem pointierten Schlußsatz des 1Tim einen prägnanten Sinn und eine klare historische Bestimmung. Natürlich läßt sich weder das eine noch das andere stringent beweisen. Die üblichen Einwände gegen die Markion-Hypothese – die Schätzung des AT und das Fehlen markionitischer Specifica – übersehen, daß der pseudonyme Autor seinen Paulus schon aus chronologischen Gründen nicht allzu konkret werden lassen konnte und sich in seiner Polemik zwischen Allgemeinheit und Deutlichkeit bewegen mußte.

Die Bekämpfung der Irrlehre geschieht nicht in sachlicher Auseinandersetzung wie bei Paulus, sondern in Entgegensetzung von rechter („gesunder") Lehre und Irrlehre sowie in der Verwendung kräftiger Vokabeln – Proben sind schon gegeben und durch Lektüre der Past leicht zu vermehren. Es geht dem Verfasser um Abgrenzung

---

[18] Zuletzt v. Campenhausen, 204ff.
[19] Vgl. Dibelius-Conzelmann, 70.

nach außen und um Konsolidierung im Innern der Kirche. Die
rührige Wirksamkeit der Gnostiker hat beängstigende Erfolge erzielt.

### 5. Die Ordnung der Kirche[20]

Dieser Konsolidierung dient primär die Organisation der Kirche
durch die vom Apostel beauftragten Apostelschüler. Die entsprechenden Anordnungen finden sich in 1Tim und Tit (nicht in 2Tim), sie
betreffen vor allem, wenn auch nicht ausschließlich, kirchliche Ämter
und werden in der Form haustafelartiger Pflichtenlehren gegeben.
Die Ämter sind, abgesehen von dem Apostel und den Apostelschü-
lern, folgende: der Bischof (1Tim 3, 1–7; Tit 1, 7–9), die Presbyter
(1Tim 5, 17–19; Tit 1, 5f), deren Gesamtheit als „Presbyterium"
bezeichnet wird (1Tim 4, 14), und die nur in 1Tim erwähnten
Diakone (3, 8–13) und Witwen (5, 3–16). Es ist charakteristisch, daß
diese Bestimmungen über Ämter nicht isoliert gegeben werden, sondern im Zusammenhang einer Anordnung über gottesdienstliches
Beten und das Verhalten von Männern und Frauen (1Tim 2f), im
Rahmen einer Haustafel (1Tim 5) oder in Verbindung mit einer
Ketzerpolemik und nachfolgenden Haustafel (Tit 1f); die Ämter
erscheinen also nicht als Repräsentation einer „Kirchenverfassung"
in juristischem Sinn, sondern als – allerdings konstitutive – Teile
einer auch Gottesdienst und Ethik umfassenden Kirchenordnung.
Ein Vergleich des Bestandes der Ämter in den Past mit dem in
den Paulusbriefen zeigt: gemeinsam sind nur das Bischofs- und das
Diakonenamt (Phil 1, 1), neu sind die Presbyter und die Witwen
(als Amt), es fehlen die Propheten und die Lehrer. Ein Nachklang
der Prophetie findet sich 1Tim 1, 18; 4, 14. Die Vielfalt der Charismen ist zusammengeschrumpft zu dem einen Charisma, das als
„Amtsgnade" von Befugten durch Handauflegung übertragen wird
(1Tim 4, 14; 2Tim 1, 6).
Von den vier Gemeindeämtern der Past ist das der Witwen das
unterste. Aber das Verhältnis der drei andern ist undurchsichtig. Nie
werden alle drei zusammen genannt: entweder Bischof und Diakone
(1Tim 3) oder Presbyter allein (1Tim 5) oder die Presbyter mit
einem recht künstlich angehängten Bischofsspiegel (Tit 1). Der Autor

---

[20] Zur verfassungsgeschichtlichen Stellung der Past s. H. v. Campenhausen,
   Kirchliches Amt und geistliche Vollmacht in den ersten drei Jahrhunderten, BHTh 14, 1953, 116ff.

hat offensichtlich verschiedenartige Traditionen zusammengefügt[21]. Dieser literarische Befund verbietet es, die Angaben der Past als Ausdruck einer historisch vorhandenen einheitlichen Kirchenverfassung zu verstehen, etwa im Sinne der späteren hierarchischen Pyramide: Diakone, Presbyter und Bischof. Die Texte dokumentieren vielmehr die Entwicklung zweier Institutionen, der Kollegialverfassung der Presbyter einerseits und der Bischöfe und Diakone andererseits, die im territorialen Umkreis des Verfassers existierten und denen er gerecht werden will. Möglicherweise hatten sie sich dort einander angenähert; jedenfalls versucht der Verfasser eine Verbindung zwischen ihnen herzustellen. Problematisch bleibt das Verhältnis von Bischof und Presbyter – gleichviel ob man es unter dem Gesichtspunkt der Absicht des Verfassers oder unter dem der verfassungsgeschichtlichen Wirklichkeit betrachtet. Es ist sicher kein Zufall, daß die Past vom Bischof nur im Singular, von den Presbytern nur im Plural reden, obwohl die persönlichen Qualifikationen und die sachlichen Aufgaben beider ziemlich gleich sind. Von den vorgeschlagenen Lösungen: monarchischer Episkopat oder der Bischof als primus inter pares der Leiter der Presbyter oder „Bischof" nur Bezeichnung des einzelnen Presbyters bzw. eines der „vorstehenden Presbyter" (1Tim 5, 17) – konnte sich keine durchsetzen. Von einem „monarchischen Bischofsamt" – jedenfalls in dem Sinne, wie Ignatius es postuliert – kann nicht die Rede sein, da der Bischof der Past jeglichen sakralen Glanzes entbehrt. Aber auch die dritte Lösung überzeugt wenig, da sie nur mit Hilfe recht künstlicher exegetischer Konklusionen erzielt werden kann. Am ehesten dürfte die zweite Lösung der Absicht des Verfassers entsprechen, wenn auch nicht den Realitäten in allen Gemeinden seines Umkreises.

Zu den vier Ämtern kann nur zugelassen werden, wer bestimmte persönliche Eignungen moralischer und intellektueller Art mitbringt. Die Einsetzung der Presbyter (und wohl auch der anderen Amtsträger) erfolgt durch Handauflegung 1Tim 5, 22; auch Timotheos hat durch Handauflegung des Presbyteriums bzw. des Paulus den Amtsgeist erhalten 1Tim 4, 14; 2Tim 1, 6. Die Presbyter (und wohl auch die andern Beamten) sind besoldet (1Tim 5, 17f vgl. 5, 16). Die Aufgaben der Witwen sind karitativer Art (1Tim 5, 10 vgl. 13ff), die der Diakone lassen sich nicht erkennen. Es fällt auf, daß Bischof und Presbyter (abgesehen von der Handauflegung der letzteren 1Tim

---

[21] Vgl. Dibelius-Conzelmann, 4ff; 44ff.

4, 14) keine sakralen Funktionen haben. Der Bischof „sorgt" für die Gemeinde, er ist οἰκονόμος θεοῦ (1Tim 3, 5; Tit 1, 7); dieser verwaltenden und leitenden Funktion entspricht das „gut Vorstehen" der Presbyter (1Tim 5, 17). Neben diesen gibt es solche, die „sich in Wort und Lehre mühen" (ebd). Das ist auch die Aufgabe des Bischofs; er muß „an dem bezüglich der Lehre zuverlässigen Wort festhalten, damit er imstande ist, sowohl mit der gesunden Lehre zu mahnen, als auch die Gegner zu überführen" (Tit 1, 9). Verkündigung, Lehre und Bekämpfung der Irrlehrer sind die Hauptaufgabe dieser beiden Ämter.

In dieser Funktion sind sie, ist das „Amt", der Schutz der Kirche gegen die Häresie. Das ist nach Meinung der Past nur möglich kraft apostolischer Autorität, dh der Autorität des Paulus, der für den kirchlichen Kreis des Autors „der Apostel" schlechthin war. Um die Autorität des längst verstorbenen Apostels für seine Gegenwart zu beschwören, greift er zu der Fiktion, daß der Apostel aus der Ferne seinen unmittelbaren Schülern Anweisungen zur Ordnung der Kirche erteilt. Sie bilden die Mittler – in der Fiktion räumlich, in der Wirklichkeit zeitlich – zwischen ihm und der Kirche. Sie sind Träger der apostolischen Tradition; sie bewahren, verwalten und überliefern die empfangene παραθήκη (1Tim 6, 20; 1, 18; 2Tim 1, 12; 2, 2). Sie sind aber auch Träger der apostolischen Sukzession; Timotheos hat durch Handauflegung des Apostels und des Presbyteriums die Amtsgnade erhalten (2Tim 1, 6; 1Tim 4, 14) und überträgt sie auf dieselbe Weise (1Tim 5, 22), Titus setzt kraft apostolischen Auftrags die Presbyter ein (Tit 1, 5). Gewiß sind die Gedanken der Tradition und zumal der Sukzession nicht stark herausgearbeitet – das verbot sich ja aus Gründen der Fiktion –, aber vorhanden sind sie[22].

## 6. Theologie und Religiosität

Der Festigung und Sicherung der Gemeinde im Kampf gegen die Irrlehrer dient die apostolische παραθήκη, die die Amtsträger in „Wort und Lehre" zu vertreten haben. Die Past stehen nicht nur subjektiv in paulinischer Tradition; ihre παραθήκη enthält tatsächlich manche Relikte paulinischer Theologie. Als wichtigstes wäre die Rechtfertigung nicht aus Werken, sondern aus Gottes Erbarmen (Tit

---

[22] Die beste Darstellung der Ordnung der Kirche nach den Past gibt im Sinne ihres Verfassers H. Schlier; ein prägnantes Summarium aaO, 146.

3, 5) zu nennen, dazu eine große Anzahl theologischer Begriffe des
Paulus, die allerdings manche inhaltliche Verschiebungen aufweisen[23].
Von einer Fortbildung der paulinischen Theologie wie etwa im Eph
kann man bei den Past nicht sprechen, wenn man unter Fortbildung
ein Weiterdenken und sei es auch nur in einer einzigen Richtung
versteht, sondern eher von einer Reduktion unter gleichzeitiger Aufnahme neuer Begriffe, Vorstellungen und Traditionen.

Auch in theologischer Beziehung gibt die Vokabelstatistik gute
Aufschlüsse über die Ersetzung paulinischer Termini durch fremde
„hellenistische" und über sachliche Verschiebungen infolge der Übernahme neuer Begriffe.

Besonders interessant ist das Einströmen von Vokabular, Phraseologie
und Vorstellungen des hellenistischen Herrscherkultes in Aussagen über
Gott, Christus und das Heilsgeschehen. So begegnen μακάριος, μέγας,
μόνος, φιλανθρωπία als Gottesattribute, σωτήρ, δεσπότης und δυνάστης
als Gottesprädikationen, „Epiphanie" für das Heilsgeschehen. Um ein paar
Beispiele zu nennen: ὁ μακάριος καὶ μόνος δυνάστης (1Tim 6, 15; ἡ
φιλανθρωπία ἐπεφάνη τοῦ σωτῆρος ἡμῶν θεοῦ (Tit 3, 4); προσδεχόμενοι
τὴν μακαρίαν ἐλπίδα καὶ ἐπιφάνειαν τῆς δόξης τοῦ μεγάλου θεοῦ καὶ
σωτῆρος ἡμῶν Χριστοῦ Ἰησοῦ (Tit 2, 13).

Schließlich ist die Aufnahme zahlreicher fester „Traditionen" zu
nennen, nicht nur die schon erwähnten Haustafeln, Ämterspiegel und
Lasterkataloge, sondern die christologischen Formeln und andere
liturgische Stücke[24], die trotz ihrer verschiedenen theologischen Herkunft und Ausrichtung für die Past von größter Bedeutung sind.

Die Theologie und Religiosität der Past finden ihren prägnanten
Ausdruck in der Konzeption der „gesunden Lehre" und der „Frömmigkeit" und des Apostels als Vorbild.

Die „gesunde Lehre"[25] ist die zentrale Größe der Past, bezeichnet
„das Höchste und Heiligste, was sie kennen"[26] und besitzt etwa
denselben Stellenwert wie εὐαγγέλιον bei Paulus. Die Wahl gerade
dieses Ausdrucks, der der ganzen übrigen urchristlichen Literatur

---

[23] Man vergleiche etwa 1Tim 1, 15f, 2Tim 1, 9 mit den Parallelen in den
echten Paulusbriefen.

[24] 1Tim 2, 5f; 3, 16; 6, 11–16; 2Tim 1, 9f; 2, 8; 4, 1; Tit 2, 14; Die Texte
sind in § 2 besprochen worden.

[25] Die Terminologie variiert: ὑγιαίνουσα διδασκαλία 1Tim 1, 10; 2Tim 4,
3; Tit 1, 9; 2, 1; ὑγιαίνοντες λόγοι 1Tim 6, 3; 2Tim 1, 13; λόγος ὑγιής
Tit 2, 8; dazu die Wendung ὑγιαίνειν (ἐν) τῇ πίστει Tit 1, 13; 2, 2.
Zum folgenden vgl. Dibelius-Conzelmann, 20f.

[26] Dibelius-Conzelmann, 20.

fremd ist, macht die Prätention der Past deutlich. Mit der Qualifikation „gesund", die in der damaligen Profangräzität für „vernünftiges" Reden und Meinen gebraucht wird, beanspruchen sie für die christliche Lehre als höchste Qualität „Vernünftigkeit" – Vernünftigkeit zwar nicht im Sinne rationalistischer Aufklärung, wohl aber im Sinne des den „Verständigen" Einleuchtenden, weil Wahren; daher auch die reichliche Verwendung von σώφρων und seinen Derivaten. Dieser Anspruch richtet sich einmal gegen die „Welt", mit deren Lehren sich die christliche als durchaus konkurrenzfähig erweist, vor allem aber gegen die Irrlehrer, die „Anderslehrenden", die damit von vornherein als unvernünftig und „krank" abqualifiziert werden (1Tim 1, 3; 6, 4). Das Bewußtsein von der Paradoxie des Evangeliums – paulinisch gesprochen: von der Torheit der Kreuzespredigt 1Kor 1, 18ff – ist verschwunden und hat einem „weltförmigen" Bewußtsein von der christlichen Botschaft Platz gemacht. Inhaltlich allerdings besteht die „gesunde Lehre" aus Traditionsgut, aus vorgeformten Lehrüberlieferungen verschiedenster Art und Herkunft, nicht aus einer „vernünftigen" Systematisierung des christlichen Glaubens wie bei den Apologeten. Auch in der Argumentation greifen die Past nicht auf die Formen „vernünftigen" griechischen Denkens zurück; sie lassen sich auf keinen Dialog ein, perhorreszieren die „Diskussionen" (ζητήσεις) als typische Verhaltensweisen der Ketzer und beschränken sich darauf, das Überlieferte als die Wahrheit dem Neuen entgegenzusetzen. Die Traditionen werden zitiert, aber nicht entfaltet; immerhin versucht der Verfasser ihre Gegenwartsbedeutung klarzumachen[27].

Die Frömmigkeit ist das praktische Korrelat zur gesunden Lehre. Sie besteht in einer ethisch orientierten Religiosität und einer religiös gefärbten Ethik; εὐσέβεια nimmt die Stellung ein, die πίστις bei Paulus hat[28]. Ihren prägnanten Ausdruck findet sie 1Tim 2, 1ff:

Ich ermahne nun zuallererst, Bitten, Gebete, Fürbitten, Danksagungen darzubringen für alle Menschen, für Könige und alle, die in obrigkeitlicher Stellung sind, damit wir ein ruhiges und stilles Leben führen können in aller Frömmigkeit (εὐσεβείᾳ) und Ehrbarkeit (σεμνότητι). Dies ist gut und angenehm vor Gott, unserm Heiland ...

Diese und ähnliche Formulierungen[29] zeigen, daß die „Frömmigkeit" ein Ideal christlichen Lebens darstellt. M. Dibelius hat es zutreffend

---

[27] Vgl. Dibelius-Conzelmann, 8.
[28] Vgl. 1Tim 2, 2; 3, 16; 4, 7f; 6, 3. 5. 6. 11; 2Tim 3, 5; Tit 1, 1; ferner 1Tim 5, 4.
[29] ZB Tit 1, 13; 2, 2. 12.

als „christliche Bürgerlichkeit" charakterisiert[30]. Sie hat zwei Gründe. Einmal das Ausbleiben der Parusie, das dazu nötigte, mit dem Fortbestand der Welt zu rechnen und sich in ihr einzurichten. Und dann das Umsichgreifen der Gnosis, deren Enthusiasmus und Rigorismus eine verführerische Ähnlichkeit mit der urchristlichen Haltung hatten (2Tim 3, 5), deren dualistische Weltverneinung aber den Schöpfungsglauben und deren Individualismus jedes Gemeinschaftsleben zerstörten. Gegen diese Gefahr fordern die Past eine Lebenshaltung, die dem Schöpfungsglauben und damit dem Liebesgebot entspricht (1Tim 1, 14). Daher die traditionelle Paränese mit ihren Haustafeln, Tugend- und Lasterkatalogen, die den Wert der Ehe und Familie, die Unerläßlichkeit normaler bürgerlicher Tugenden für das Zusammenleben betont. Daher die Forderung der „guten Werke" (1Tim 2, 10; Tit 2, 14) und des guten bzw. reinen Gewissens (1Tim 1, 5; 3, 9). In dieser Frömmigkeit kommt der Familientradition und der Erziehung eine wichtige Funktion zu (1Tim 3, 4. 12; 5, 10; 2Tim 1, 5; Tit 1, 6). Das Bewußtsein der sog. öffentlichen Verantwortung der Christen äußert sich in der Aufforderung zum Gebet für alle Menschen, sonderlich für die Obrigkeit (1Tim 2, 1ff); die Christen sind noch nicht in dem Maße in öffentliche Ämter eingerückt, daß ihr Verhalten dort zu einem Thema der ethischen Unterweisung hätte werden können. Die „christliche Bürgerlichkeit" repräsentiert nur scheinbar ein selbstgenügsames Christentum; in Wirklichkeit dokumentiert sie das Bewußtsein von der Verantwortlichkeit jedes Christen für seinen Nächsten und damit für die Gemeinschaft.

Der Apostel als Vorbild. Dieses Motiv, das im 2Tim vorherrscht, bringt ein mit dem „ruhigen und stillen Leben" konkurrierendes Element in die Religiosität der Past: den Gedanken des Kämpfens und Leidens. Der gefangene und dem Tod entgegensehende Apostel schärft seinem Schüler und Mitarbeiter Timotheos die Pflicht der militia Christi ein, die Leiden und Verfolgung mit sich bringt, und stellt sich selbst als Vorbild solcher Pflichterfüllung dar. Das geschieht in sehr persönlicher Weise, gilt aber nicht dem Timotheos allein oder ihm nur als Prototyp des Gemeindeleiters, sondern jedem Christen (2Tim 3, 12). Alte urchristliche Erfahrungen und Gedanken – von der Verfolgung um Christi willen, von der Freude im Leiden verbunden mit der Vorstellung vom Kriegsdienst des Frommen – werden hier aufgenommen und exemplarisch auf Paulus übertragen.

---

[30] Dibelius-Conzelmann, 32.

Daß gerade der leidende Apostel zum Vorbild wird (noch viel stärker als im Eph), ergänzt das Apostelbild der Past – Paulus „Garant der Tradition" – um einen wesentlichen Zug.

## 7. Der literarische Charakter

Die Past sind fingierte Paulusbriefe, durch Adresse und Inhalt Fiktionen besonderer Art. Die Adressaten sind Einzelpersonen, vertraute Mitarbeiter des Apostels. Die zahlreichen persönlichen Mitteilungen und Erinnerungen sollen den persönlichen Charakter der „Briefe" erhärten, zeigen also die bewußte Pseudepigraphie. Andererseits fungieren die Adressaten nicht als Privatpersonen, sondern als apostolische Delegaten, die über ganze Kirchenprovinzen zu wachen und in ihnen die Anordnungen des Apostels durchzuführen haben; die wirklichen Adressaten sind diese Kirchenprovinzen bzw. der Absicht des Verfassers entsprechend die ganze Kirche. Die Past sind, „trotz der individuellen Adresse, ihrem Sinne nach durchaus ‚katholische' Briefe"[31].

Der literarische Charakter ist damit noch nicht genügend beschrieben, er muß nach inhaltlichen Kriterien näher bestimmt werden, denn „katholische" Briefe können sehr verschiedener Art sein (vgl. Jak, 1Petr, 1Joh). In allen drei Past spielt die Ketzerbekämpfung eine große Rolle; 1Tim und Tit enthalten darüberhinaus noch allgemeine Paränese, Haustafeln und Ämterordnungen, während 2Tim stattdessen ein gleich noch zu nennendes Sonderthema hat. M. Dibelius[32] hat nachgewiesen, daß die Regeln zur Gemeindeorganisation, zum Verhalten im Gottesdienst und zum Verhalten im gewöhnlichen Leben nicht einheitlich, sondern literarisch Sammelgut sind. Er hat ferner durch einen Vergleich zwischen den Past und der Didache zu zeigen versucht, daß beiden eine Gemeindeordnung zugrundeliege, die, mündlich oder schriftlich überliefert und je nach Bedürfnis variiert, nacheinander über Gottesdienst und Gemeindeorganisation gehandelt habe; die Past hätten diese Kirchenordnung durch Haustafeln ergänzt. Von daher rechnet Dibelius die Past nach ihrem literarischen Charakter zu den Kirchenordnungen. Aber diese Kennzeichnung ist – auch abgesehen von der Haltbarkeit der Quellentheorie – zu einseitig; sie berücksichtigt nicht genügend, daß die

---

[31] H. von Campenhausen, Kirchliches Amt, 117.
[32] Dibelius-Conzelmann, 4ff.

Haustafeln nicht der Kirchenordnung zugefügt sind, sondern deren Rahmen bilden, daß die Ketzerbekämpfung ein konstitutives Element bildet und schließlich, daß die briefliche Rahmung nicht eine unbedeutende Formalität ist. H. von Campenhausen[33] ist dem Ganzen der Past (des 1Tim und Tit) gerechter geworden, indem er zwischen ihnen und dem Philipperbrief des Polykarp von Smyrna eine auffällige Strukturverwandtschaft nachgewiesen hat: Ketzerpolemik, Haustafeln, die zu Kirchenordnungen ausgeweitet sind, und allgemeine Paränese bilden hier wie dort die Hauptstücke; hier und dort sind diese Hauptstücke in der Form des Briefes kombiniert. Diese Form ist wesentlich: sie sichert das Bekanntwerden durch Verlesung in der Gemeindeversammlung. Im Unterschied zum Polykarpbrief, der ein wirklicher Brief an eine Einzelgemeinde ist, versuchen die Past, mit Hilfe ihrer faktisch „katholischen" Adresse ihren Anordnungen allgemein-kirchliche Geltung zu verschaffen, ihnen mit Hilfe der angeblichen paulinischen Verfasserschaft apostolische Autorität zu verleihen und sie mit Hilfe des Verhältnisses Apostel-Apostelschüler mit einem persönlichen Ethos zu erfüllen – ein geglückter Versuch, wie die Kanonsgeschichte beweist.

In diesen Zusammenhang gehört auch der 2Tim mit seinem Sonderthema: dem Vermächtnis des Apostels; dies ist das eigentliche Thema, ihm ist auch die Ketzerpolemik untergeordnet. Der 2Tim gibt sich als „Testament", er rückt durch seine Motive, seinen persönlichen Ton und durch die Situation des Sprechenden in die Reihe der Testamente, die in der jüdischen und nt. Literatur eine eigene Gattung darstellen[34]; sie hat meist die Form von Abschiedsreden (zB die Testamente der zwölf Patriarchen, die Abschiedsreden Jesu Joh 13–17, die des Paulus in Milet Apg 20, 17ff); das Testament in Briefform findet sich auch 2Petr. Die typischen Motive: Rückblick, abschließende Belehrungen und Ermahnungen, Selbstcharakteristik des Sprechenden als Vorbild, Weissagung eschatologischer Ereignisse kehren im 2Tim als Worte des todgeweihten und todbereiten Apostels wieder. Zum Testamentscharakter gehört auch der Befehl zur Weitergabe des Gehörten (2, 2), der hier aber dem Prinzip der apostolischen Tradition dienstbar gemacht ist.

---

[33] Polykarp von Smyrna und die Past.
[34] Vgl. Joh. Munck, Discours d'adieu dans le NT et dans la littérature biblique, in: Aux Sources de la Tradition Chrétienne (Goguel – Festschrift), 1950, 155ff.

## 8. Zeit und Ort der Abfassung

Die Datierung hängt davon ab, ob man in 1Tim 6, 20 eine Anspielung auf die „Antithesen" Markions sieht oder nicht. In letzterem Fall – das ist das Übliche – datiert man die Past in den Anfang des 2. Jh.s. Nimmt man eine solche Bezugnahme an – m. E. spricht nichts dagegen, aber einiges dafür –, dann setzt man die Entstehung der Past nach dem Auftreten Markions in den dreissiger Jahren des 2. Jh.s an und lokalisiert sie dementsprechend in Kleinasien. Für Kleinasien spricht auch, daß die Past zuerst bei dem Kleinasiaten Irenäus begegnen – pseudonyme Schriften, zumal Briefe sind meist dort entstanden, wo sie zuerst auftauchen. Daß Timotheos, der Adressat zweier der drei Briefe, in Ephesus residiert, spricht ebenfalls für Kleinasien. Vor allem scheint mir der Nachweis von Campenhausens gelungen, daß die Past in die zeitliche, räumliche und geistige Nähe Polykarps gehören (auch wenn sein Versuch, Polykarp selbst als Autor der Past zu erweisen, m. E. nicht gelungen ist). In jener Zeit und in jenem Raum ist dieser massierte literarische Versuch kirchlicher Kreise, Paulus, den Apostel, als Kronzeugen im Kampf der Rechtgläubigkeit gegen die Ketzerei zu beschwören, historisch am ehesten verständlich[35].

## § 16. Der Hebräerbrief

*Kommentare:*

HNT: H. Windisch, [2]1931; KNT: E. Riggenbach [2/3]1922; MeyerK: O. Michel, [12]1966; NTD: H. Strathmann, [6]1953; BNTC: H. W. Montefiore, 1964; ICC: J. Moffatt, 1924; Moffatt, NTC: T. H. Robinson, 1933; CNT: J. Héring, 1954; Ét. bibl.: C. Spicq, I. II, 1952/53.

*Untersuchungen:*

G. Bornkamm, Das Bekenntnis im Hebräerbrief = Studien zu Antike und Urchristentum, [2]1963, 188ff;
M. Dibelius, Der himmlische Kultus nach dem Hebräerbrief = Botschaft und Geschichte II, 1956, 160ff;
E. Grässer, Der Glaube im Hebräerbrief, Marburger Theologische Studien 2, 1965;
–, Der Hebräerbrief 1938–1963, ThR NF 30, 1964, 138ff;
C. P. M. Jones, The Epistle to the Hebrews and the Lucan Writings, in: Studies in the Gospels. Essays in Memory of R. H. Lightfoot, 1957, 113ff;

---

[35] Vgl. W. Bauer, Rechtgläubigkeit und Ketzerei, 88.

E. Käsemann, Das wandernde Gottesvolk, FRLANT 55, 1939;
H.-M. Schenke, Erwägungen zum Rätsel des Hebr, in: Neues Testament und christliche Existenz, Festschrift für H. Braun, 1973, 421ff;
F. J. Schierse, Verheissung und Heilsvollendung, MThS 3, 1955;
J. Schneider, RGG³ III, 1959, 106ff;
G. Theissen, Untersuchungen zum Hebräerbrief, StNT 2, 1969;
W. Wrede, Das literarische Rätsel des Hebräerbriefs, FRLANT 8, 1906.

Wir behandeln den Hebr im Zusammenhang des Corpus Paulinum, obwohl er weder von Paulus verfaßt ist noch diesen Anspruch in der Weise der Deuteropaulinen (durch das Präskript) erhebt. Denn er ist nur unter der Voraussetzung paulinischer Autorschaft in den Kanon gekommen und erhalten geblieben; er gehört, wenn auch nur in einem sehr weiten Sinne und mehr nach der Absicht der Sammler als der des Verfassers, zur paulinischen Tradition. Die Sammler haben schon mit der paulinischen Form der Inscriptio, Nennung der Adressaten statt des Absenders (wie bei den katholischen Briefen), πρὸς Ἑβραίους paulinische Verfasserschaft für das Schreiben prätendiert. In welche Tradition es theologie- und religionsgeschichtlich wirklich einzureihen ist, gehört zu den Rätseln des Hebr.

## 1. Inhalt

Der Hebr befaßt sich mit einem einzigen Thema: Christus der wahre Hohepriester. Es wird 7, 1–10, 18 breit entfaltet, in 1–6 in verschiedenen Gedankengängen vorbereitet und im Schlußteil immer wieder aufgenommen. Man kann den Hebr folgendermaßen gliedern:

I. Grundlegung 1–6.
   1. Die Erhöhung des Präexistenten und Menschgewordenen zum Gottessohn 1.
   2. Mahnung zum Hören auf das Wort 2, 1–4.
   3. Die Erhöhung des Erniedrigten und Getöteten zum himmlischen Hohenpriester 2, 5–18.
   4. Mahnung zur Treue 3, 1–6.
   5. Midrasch über Ps 95: die Wanderschaft des Gottesvolkes und die Verheißung der Gottesruhe 3, 7–4, 13.
   6. Mahnung zum Bekenntnis 4, 14–16.
   7. Der Sohn als Hoherpriester 5, 1–10.
   8. Vorbereitung des Hauptstückes 5, 11–6, 20.
II. Entfaltung: Das Hohepriestertum des Sohnes 7, 1–10, 18.

A. Die Hohepriesterwürde 7.

B. Der Hohepriesterdienst 8, 1–10, 18.

## 2. Literarischer Charakter

Der Hebr hat keinen brieflichen Anfang (kein Präskript), wohl aber einen brieflichen Schluß (ähnlich den Paulusbriefen: Paränese, Nachrichten, Gruß). Diese Eigentümlichkeit, ferner die einheitliche Thematik und der Mangel an „Korrespondenz" machen das literarische Rätsel des Hebr aus. Ist er ein wirklicher Brief? Und wenn nicht, was ist er dann? ein Kunstbrief, eine Rede, eine Abhandlung?

### a) Die Frage der Brieflichkeit

Hält man den Hebr für einen Brief, dann muß man das Fehlen eines Präskripts erklären; hält man ihn nicht dafür, muß man das Vorhandensein des brieflichen Schlusses plausibel machen. Vorweg sei bemerkt, daß die Inscriptio „An die Hebräer" für dieses Problem nichts austrägt, denn sie ist sekundär, gibt nur die Meinung der Sammler wieder (Paulus der Verfasser; die Adressaten, wegen des schriftgelehrten Inhalts des Dokuments „Hebräer"), besagt aber nichts über den wahren Autor, die ursprüngliche Leserschaft und den wirklichen Charakter des Schreibens und bleibt daher unberücksichtigt.

Das Fehlen des Präskripts wird sehr verschieden erklärt[1]: Es sei zufällig weggefallen[2], aber Analogien dafür gibt es nicht. Es sei ab-

---

[1] Vgl. E. Grässer, ThR, 159f.
[2] ZB Jülicher-Fascher, Einleitung, 146.

sichtlich getilgt worden, weil der Verfasser kein Apostel oder aus andern Gründen nicht genehm war[3]; aber auch dafür gibt es keine Analogien, ganz abgesehen von der Frage, warum man den mißliebigen Namen nicht durch einen genehmen ersetzt und sich stattdessen mit der „paulinischen" Form der Inscriptio begnügt hat. Oder man hält das Fehlen des Präskripts für ursprünglich und den Hebr doch für einen wirklichen Brief. Dann wird erklärt, der Briefschreiber verwende das vorderasiatische semitische Briefformular, das kein Präskript hat[4]; aber dieses Formular hat – im Gegensatz zum Hebr – auch kein Eschatokoll. Darum spricht man anderwärts vorsichtiger von einem epistolographischen „Mischstil"[5], aber da es für diesen keine Analogie gibt, versagt auch diese Erklärung.

Fest steht, daß der Hebr nie ein Präskript gehabt hat. Denn einmal bemühen sich schon die frühesten altkirchlichen Zeugen um eine Erklärung dieses Fehlens, haben also den Hebr nicht anders gekannt als wir. Und dann „ist 1, 1ff zweifellos stilistisch ein Anfang, der kein davorstehendes Präskript duldet"[6].

Um den brieflichen Schluß zu beurteilen, muß man zuvor die Texte prüfen, die als Bezugnahme auf konkrete Verhältnisse einer Einzelgemeinde erscheinen: die Klage über den mangelhaften Glaubensstand der Leser 5, 11–6, 12, Tadel über nachlassenden Gottesdienstbesuch 10, 25, die Erinnerung an frühere Verfolgungen und den Opfermut der Angeredeten 10, 32–34 und die Bemerkung, sie hätten im Kampf gegen die Sünde noch nicht bis aufs Blut widerstanden 12, 4. M. Dibelius hat überzeugend nachgewiesen, daß an keiner dieser Stellen „Korrespondenz" vorliegt[7]: der am konkretesten wirkende Text, der Rückblick 10, 32ff spiegelt die t y p i s c h e n Erfahrungen junger Gemeinden wider wie 10, 24f und 12, 4 die t y p i s c h e n Züge von Gemeinden der 2. und 3. Generation; und der Passus 5, 11–6, 12 (20) hat die Funktion der Vorbereitung auf den Hauptteil 7, 1–10, 18, die nicht spezielle Züge einer Einzelgemeinde, sondern die allgemeine Situation der Kirche anvisiert. Kurz, der Verfasser „blickt auf das, was alle oder die meisten Gemeinden regelmäßig erleben: er blickt auf die K i r c h e "[8]. – Der briefliche

---

[3] ZB Overbeck, Zur Geschichte des Kanons, 1880, 1ff.
[4] O. Roller, Das Formular der paulinischen Briefe, 1933, 213ff.
[5] Feine-Behm, Einleitung, [9]1950, 225.
[6] Kümmel, Einleitung, 350.
[7] Botschaft und Geschichte II, 160ff.
[8] Dibelius, aaO, 162.

Schluß 13, 18–25 bildet mit seinen konkreten Angaben gegenüber dem übrigen Schreiben ein isoliertes Element und kann den Hebr nicht als Brief ausweisen. Er kann aber auch nicht die Beweislast für die These tragen, der Hebr sei eine für eine bestimmte Gemeinde verfaßte und an diese brieflich versandte Predigt; denn konkrete Bezugnahmen auf eine bestimmte Einzelgemeinde fehlen ja gerade. Man hat den brieflichen Schluß daher schon für einen Zusatz von fremder Hand erklärt[9]. Aber diese Radikallösung hat große Schwierigkeiten[10]. Mir scheint die von Dibelius vorgeschlagene Lösung die am meisten sachgemäße: der briefliche Schluß ist Fiktion des Verfassers, der seinen Darlegungen den konventionellen paulinischen Briefschluß geben wollte, „eine literarische Form, der jeder geschichtliche Hintergrund fehlt"[11]. Die scheinbar konkreten Angaben (es handelt sich nur um V. 19. 23f) sind zudem mehrdeutig und geben kein klares Bild – und das ist vermutlich Absicht.

## b) Der Hebr als „Rede"

Geht man nicht von dem brieflichen Schluß oder gar von der Inscriptio, sondern vom Gesamteindruck aus, so präsentiert sich der Hebr als thematisch einheitliche Abhandlung in Form einer Rede. Ob man ihn als eine Predigt und gar als die einzig erhaltene urchristliche Predigt ansehen darf[12], sei dahingestellt, ebenso die andere Auffassung, er sei streng nach dem Schema der antiken Kunstrede aufgebaut[13], obwohl man seine kunstvolle, durchreflektierte Komposition nicht bezweifeln kann. Der Verfasser bezeichnet seine Abhandlung als „Mahnrede" (λόγος τῆς παρακλήσεως 13, 22) und weist mehrfach auf ihren Redecharakter hin, so 2, 5; 6, 9 oder er betont die Schwierigkeit und Größe seines Gegenstandes 5, 11 oder

---

[9] Overbeck.

[10] Mit 13, 17 kann der Hebr nicht geschlossen haben; und die Annahme, daß er mit dem feierlichen V. 21 passend geschlossen habe, wird durch V. 19 empfindlich gestört; ohne ihn könnte man V. 18. 20. 21 als schönen Abschluß des Hebr und V. 22–25 als sekundäre briefliche Appendix ansehen, aber solange die Sekundarität von V. 19 an seiner jetzigen Stelle nicht nachzuweisen ist, müssen V. 18–25 als „brieflicher" Schluß gelten, und zwar von der Hand des Verfassers des Hebr.

[11] Dibelius, Geschichte der urchristlichen Literatur II, 51.

[12] Michel, 25.

[13] Deissmann, Licht vom Osten, [4]1923, 207.

er hebt „die Hauptsache bei dem Gesagten" hervor 8, 1 oder er
nennt Themen, die er später einmal behandeln will 6, 1f; 9, 5 oder
er sagt, darüber könne er aus Zeitmangel nicht im Einzelnen reden
11, 32. Diese „rhetorischen Zwischenbemerkungen" sind nicht nur
Indizien einer „Rede", sondern charakterisieren, wie Dibelius nachdrücklich betont, den Hebr „als subjektiv, rhetorisch, literarisch"; er
tritt „mit solcher Art . . . aus der im Neuen Testament üblichen Haltung völlig heraus."[14] Sogar bei Paulus findet sich nur ganz gelegentlich einmal eine solche rhetorische Zwischenbemerkung (Röm 7, 1).

Der Charakter des Hebr läßt sich noch näher bestimmen, und
zwar durch die Funktion und die Motive des Vorbereitungsabschnit-
tes 5, 11–6, 20. Er soll die Leser auf die Schwierigkeit des Haupt-
themas aufmerksam machen, ihre Unreife tadeln, die sie zum Verständnis dieses Gegenstandes unfähig mache, dann aber nach einer
positiven Erklärung („Wir sind aber im Hinblick auf euch, Geliebte,
vom Besseren und zum Heil Dienlichen überzeugt, auch wenn wir so
streng reden" 6, 9) doch zum Hauptthema überleiten, das in 7, 1–10,
18 entfaltet wird. Der Verfasser teilt die Christen nach ihrem Er-
kenntnisstand ein in „Unmündige" (νήπιοι) und „Vollkommene"
(τέλειοι 5, 13f) und unterscheidet zwei Arten von Lehren, die er
bildlich als Milch und als feste Speisen bezeichnet (ebd.). Er nennt
die Milch für die Unmündigen "die Anfangselemente der Worte
Gottes" 5, 12 bzw. „die Anfangslehre von Christus" 6, 1 und versteht darunter „Abkehr von toten Werken und Glauben an Gott,
Lehre von den Taufen und Handauflegung, Auferstehung von den
Toten und ewiges Gericht" (6, 1f), also die Topoi des Katechumenenunterrichts. Er nennt die feste Speise für die Vollkommenen
τελειότης 6, 1 und versteht darunter die Lehre vom Hohenpriestertum Christi. Die Terminologie des Abschnittes und seine Art des
Redens – Hinweis auf die Schwierigkeit des Gegenstandes und Tadel
der Unreife als Vorbereitung auf die Erteilung höherer Lehren, die
nur den Reifen zugänglich sind – gehören zum Stil der Mysterienrede; sie sind typisch für die Vorbereitung einer esoterischen Belehrung eines λόγος τέλειος, wie er in Mysterienkulten, aber auch in
der Gnosis üblich war[15]. Man kann den Hauptteil 7, 1–10, 18 literarisch als λόγος τέλειος und den Hebr als ganzen als Mysterienrede
charakterisieren. Dem entspricht ihr Gegenstand, „die Darstellung

---

[14] Dibelius, aaO, 50.
[15] E. Käsemann, 117ff.

des christlichen Heils in der Form eines großartigen, Erde und Himmel umfassenden K u l t m y s t e r i u m s.“[16]

Das Interesse des Hebr gilt einer ganz christologisch orientierten Soteriologie. Daß es sich nicht auf Theorien beschränkt, ist selbstverständlich. Aber die Behauptung, der Skopus des Hebr liege „in den paränetischen Teilen“[17], bagatellisiert in unzulässiger Weise die theologischen Anstrengungen des Verfassers, deren es in diesem Ausmaß zu paränetischen Zwecken nicht bedurft hätte[18].

### c) Die Verwendung von Traditionen

Der literarische Charakter des Hebr ist im einzelnen sehr komplex. Der Autor steht literarisch und theologisch in bestimmten Traditionen und arbeitet mit vorgegebenem Material verschiedenster Herkunft. Michel spricht sogar von „gesammelter Tradition“ und Käsemann bezeichnet sie als die Eigenart des Hebr[19]. Aber ihre Rekonstruktion bereitet in form-, traditions- und religionsgeschichtlicher Hinsicht große Schwierigkeiten und führt nur zu häufig ins Reich der Hypothesen. Doch läßt sich mit relativer Sicherheit folgendes sagen.

Der Hebr verwendet gelehrte Überlieferungen, die man mit Michel als „lehrmäßige Schultraditionen“ bezeichnen kann. Hierher gehört vor allem die Art der Schriftauslegung, in der er mit Philon, aber auch mit christlichen Schriftstellern, den Verfassern des Barn und 1Clem, Clemens Alexandrinus und Origenes verwandt ist. Methodisch, aber auch sachlich finden sich viele Berührungen mit Philon, ohne daß eine literarische Abhängigkeit vorliegt; nicht nur at. Texte, sondern auch at. Personen und Institutionen, Orte und Handlungen sind Gegenstand der Exegese – nur daß der Hebr weniger die allegorische als die typologische, gelegentlich auch die heilsgeschichtliche Exegese verwendet[20].

In den Zusammenhang dieser Traditionen gehört auch der tractus de fide Hebr 11, ein Katalog meist at. Gestalten, der illustrieren soll,

---

[16] Dibelius, Botschaft und Geschichte II, 163.
[17] Michel, 27; ebenso Käsemann, ThLZ 75, 1950, 428f; E. Grässer, ThR, 160.
[18] Gegen Michels These wendet sich auch H.-M. Schenke, aaO, 422.
[19] Michel, 548; Käsemann, ThLZ 75, 1950, 428.
[20] Vgl. R. Bultmann, Ursprung und Sinn der Typologie als Hermeneutischer Methode, in: Exegetica, 1967, 369ff.

was „Glaube" bedeutet, und der mit einer Definition des Leitthemas
V. 1 anhebt. Dieses Schema – Definition oder Angabe des Themas,
meist einer Tugend oder eines Lasters, und Illustration durch einen
Paradigmenkatalog – ist traditionell und hat seinen ‚Sitz im Leben'
im Lehrbetrieb des hellenistischen Judentums. Beispiele dafür
sind 4Makk, als Ganzes eine Exempelreihe für die Herrschaft der
„frommen Vernunft" über die Triebe, darin 16, 16–23 Exempla für
den „edlen Kampf"; ferner Weish 10 (Leitung Israels durch die gött-.
liche Weisheit), Philon, virtut 198ff (Adel); praem et poen 7–14
(Hoffnung). Vom jüdischen Lehrbetrieb ist das Schema in den urchristlichen übergegangen; es beherrscht zB 1Clem 4–39, eine Abhandlung, die mannigfache Tugenden und Laster außer mit biblischen
mit christlichen und profanen Paradigmen illustriert. Hebr 11 ist das
erste Zeugnis für die Rezeption dieses Schemas in die urchristliche
Literatur. Der Verfasser benützt hier übrigens eine jüdische Vorlage,
denn der Katalog, der mit den Märtyrern der Makkabäerzeit endet,
enthält nur at.-jüdische Beispiele; die jüdische Vorlage wurde nur
durch zwei Zusätze (die Erwähnung der Schmach Christi V. 26 und
die Schlußbemerkung V. 39f) leicht christianisiert.

Inhaltlich traditionell ist auch der Midrasch 3, 7–4, 11 über Ps 95,
das wandernde Gottesvolk, wenn auch keine literarische Vorlage
nachzuweisen ist.

Selbstverständlich verwendet der Hebr auch mancherlei christliche
Traditionen, meist liturgischer Art. Hierher gehören zunächst die
Zitate 1, 3; 7, 3ab und wohl auch 7, 25f. Nur handelt es sich um
Fragmente, deren Abgrenzung und Rekonstruktion unsicher bleiben[21]. Möglicherweise basieren Hebr 1 und 1Clem 36 auf einem
gemeinsamen liturgischen Text[22]. Sicher ist 13, 20 ein Zitat, denn
nur hier ist im Hebr von der Auferstehung Jesu die Rede.

Der Verfasser nimmt mehrfach Bezug auf das „Bekenntnis" der
Gemeinde 3, 1; 10, 19ff, zitiert es 4, 14 („Jesus der Sohn Gottes")
und gibt seine Lehre als Auslegung dieses Gemeindebekenntnisses.
Aber diese Auslegung nimmt er wiederum aus der Tradition, vermutlich einer Gemeindeliturgie, indem er ihr die Christologie und die
Vorstellung des „Hohenpriesters" entnimmt (vgl. 1Clem 36, 1; 61, 3;
64; ferner IgnPhld 9, 1). Wie weit er hier und anderwärts, etwa bei
seinen Ausführungen über Melchisedek, literarische Vorlagen oder

---

[21] Vgl. G. Theissen, 20ff.
[22] Vgl. G. Theissen, 34ff.

traditionelle Gedanken aufnimmt und verarbeitet, ist im einzelnen schwer festzustellen. Er ist durch seine rhetorische Schulung selbst zu hohem Stil und rhythmischer Gestaltung befähigt, sodaß nicht alles, was rhythmisch klingt, auch schon Zitat sein muß. Im übrigen hat er die „gesammelte Tradition" so souverän verarbeitet, daß eine ganz eigenständige theologische Konzeption entstanden ist, eine Konzeption, die den Verfasser des Hebr neben Paulus und dem Johannesevangelisten als den dritten großen Theologen des NT ausweist.

### 3. Theologische Eigenart; religions- und theologiegeschichtliche Stellung

#### a) Theologische Eigenart

Die Theologie des Hebr ist ebenso schwer „in den Griff zu bekommen" wie die des Paulus und Johannes. Sie kann hier nicht auch nur in groben Umrissen skizziert werden[23]; ich beschränke mich auf einige charakteristische und mir wesentlich erscheinende Züge.

Daß die Tendenz dieser Mysterienrede soteriologisch ist, leidet keinen Zweifel. Strittig sind dagegen zwei Fragen: 1. ob die Vorstellung vom Hohenpriestertum Christi oder die vom „wandernden Gottesvolk" die Basis des Hebr bildet und 2. welche Bedeutung seinen Gedanken zukommt.

Die 1. Frage ist m. E. dahingehend zu beantworten, daß die Vorstellung vom Hohenpriestertum Christi die Basis der Theologie des Hebr, die Vorstellung vom wandernden Gottesvolk ein Korrelat zu ihr darstellt, daß also die Christologie die Priorität vor der Ekklesiologie und Paränese besitzt. Das geht schon aus der Komposition des Hebr und der zentralen Stellung des Hauptstückes 7, 1–10, 18 hervor, das rein christologisch ist.

Der Hebr vertritt eine Präexistenzchristologie. Es fällt auf, daß in dem Schema von Katabasis und Anabasis Christi die Auferstehung keine Rolle spielt – sie wird nur 13,20 in einer Formel erwähnt – und durch die Vorstellung der Himmelfahrt vom Kreuz aus ersetzt ist, die auch Phil 2, 9 vorliegt[24]. Es fällt ferner auf, daß der Verfasser

---

[23] Vgl. die Gesamtdarstellungen durch Dibelius, Käsemann, Schierse, Gräßer und Theißen sowie Käsemann, Der Ruf der Freiheit, ⁴1968, 135ff.

[24] Zu dieser Vorstellung vgl. G. Bertram in der Festschrift für A. Deissmann, 1927, 187ff.

die Erhöhung Christi unter doppeltem Aspekt interpretiert: Einsetzung in die Weltherrschaft und Einsetzung in die Hohenpriesterwürde. Der erste Aspekt ist traditionell; er wird insofern etwas modifiziert, als „der Name", der dem Erhöhten verliehen wird, nicht „Kyrios" (Phil 2, 9–11), sondern „Sohn" ist (Hebr 1, 4ff). „Sohn" ist im Hebr also nicht Wesensbezeichnung des Präexistenten, der vielmehr als „Abglanz der Herrlichkeit und Ausprägung des Wesens" Gottes prädiziert wird (1, 3), sondern Königstitulatur des Erhöhten; es handelt sich um eine Integrierung „adoptianischer" Vorstellungen in die Präexistenzchristologie. Der zweite Aspekt ist eine Sonderleistung des Verfassers: er hat ihn aufgrund der Vorstellung von der himmlischen intercessio Christi und der liturgischen Hohenpriesterprädikation (1Clem 36; 61, 3; 64) selbständig ausgearbeitet, und auf ihm liegt sein eigentliches, sein soteriologisches Interesse. Der Aufriß[25]:

„Christus, der wahre Hohepriester, bahnt sich durch seinen Tod den Weg in das ewige Heiligtum im Himmel. Er empfängt selbst die Initiation für diesen Kult und macht die Christen fähig, ihm, dem Vorläufer (6, 20), zu folgen und selbst zu Geweihten dieses Kults zu werden. Die Segenskraft des Ganges Jesu vom Kreuz bis in das himmlische Heiligtum ist ein für allemal ausreichend; er hat sich ja nicht im Mythus der Vorzeit vollzogen, sondern im Rahmen der Geschichte, und alle Gläubigen können Christi Weg betreten und dadurch ihrerseits die Initiation für das Heiligtum empfangen, d. h. sie können ‚herzutreten' (im kultischen Sinn), können ‚sich Gott nahen'. Die Kirche besteht also aus denen, die dank dem Wegebahner Jesus Christus herzutreten dürfen zu dem himmlischen Heiligtum . . ."

Die beiden Einsetzungen geschehen gleichzeitig (5, 5–10). Der Verfasser differenziert deshalb zwischen ihnen, weil die Weltherrschaft des „Sohnes" noch unvollständig ist, die Erlösungskraft des „Hohenpriesters" Christus dagegen keiner Ergänzung bedarf und die Gläubigen sich ihr allein zuwenden sollen (2, 5–18). Es fällt schließlich auf, daß die Aussagen über Christus ziemlich stark an die über die Christen angenähert sind; Christus muß den „Söhnen", seinen Brüdern in allem gleich werden (2, 10f. 14), versucht werden wie sie 2, 18; 4, 15), Gehorsam lernen wie sie (5, 8f), um sein Erlösungswerk vollbringen zu können (2, 15ff) – eine Vorstellung, die auch im Joh (17, 18f) und ansatzweise Gal 4, 4f vorliegt[26].

Die 2. Frage, nach der Bedeutung der kultischen Gedanken, lautet präzis, warum der Verfasser das Heil in Form eines Kultmysteriums

---

[25] Dibelius, Botschaft und Geschichte II, 163f.
[26] Vgl. Dibelius, aaO, 164.

<u>darstellt.</u> Diese Frage drängt sich umso stärker auf, als der heilschaffende Kult eine rein himmlische Angelegenheit ist, der auf Erden keine kultischen Begehungen, sondern nur das Hören und die Weitergabe des Wortes entsprechen (2, 1–4; 4, 12f). Gibt es aktuelle Anlässe zu dieser kultischen Darstellung des Heils?

Man hat in ihr eine aktuelle Auseinandersetzung mit dem Jerusalemer Tempelkult gesehen, die zeigen sollte, daß er durch die in Christus errichtete neue Diatheke abgetan sei. Als Leser des Hebr nahm man dementsprechend palästinische Judenchristen, Jerusalemer Priester oder auch qumranische Priester an; man glaubte, aus 9, 9f; 13, 13f schließen zu dürfen, daß der Tempelkult noch im Gange war. Aber eine Datierung vor 70 nChr läßt sich nicht halten (s. u.). Vor allem spricht der Verfasser gar nicht vom herodianischen Tempel; er kennt ihn und seinen Kult nicht aus eigener Anschauung, wie gelegentliche Versehen zeigen (nach 7, 27 bringt der Hohepriester täglich Opfer für seine und des Volkes Sünde dar, nach 9, 3f steht der Räucheraltar im Allerheiligsten, was beides nicht stimmt). <u>Der Verfasser spricht vielmehr von der Stiftshütte des Pentateuch, und zwar ohne jeden konkreten Bezug zum Jerusalemer Tempelkult.</u> Seine Ausführungen über den Kult sind offensichtlich auch <u>keine Auseinandersetzung mit dem Judentum als einem aktuellen Gegenüber.</u> Abgesehen davon, daß das „Heiligtum" (samt allem, was dazu gehörte) – schon aus geographischen und zeitlichen Gründen – nie einen Kontroverspunkt zwischen Christen und Juden bzw. Heidenchristen und Judenchristen bildete[27] – den bildete vielmehr das Gesetz –, fehlt im Hebr der Gegensatz Juden(christen)/Heiden(christen) wie auch das entsprechende Vokabular überhaupt.

Dagegen hat <u>G. Theißen</u> einen ganz andern, einen innerchristlichen Grund für die Verwendung der kultischen Kategorien in die Debatte gebracht. Er versucht, die <u>Hypothese</u> durchzuführen, <u>der Hebr setze eine christliche Mysterienfrömmigkeit voraus (</u>sakramentale Vermittlung des Heils; Verständnis der Eucharistie als Opfer, bei deren Feier Christus jeweils als Hoherpriester fungiert; präsentische Eschatologie; Zurücktreten des Problems der Sünde und Sündenvergebung) <u>und er setze sich im Interesse des ein für allemal geschehenen und genugsamen Selbstopfers Christi von solchen Mysteriengedanken ab.</u> Gegen Ende des 1. Jh.s ist eine solche Frömmigkeit mit ihren Begleiterscheinungen in der Tat gut denkbar. Der Haupteinwand gegen

---

[27] Einzige Ausnahme: Apg 7.

Theißens Hypothese ist der unpolemische Charakter des Hebr[28]; aber die Auseinandersetzung des Eph (mit den Heidenchristen) geschieht auch ohne jede Polemik.

Glaubt man, aktuelle Anlässe für die Darstellung des Heils in Form eines Kultmysteriums negieren zu müssen, dann muß man annehmen, daß die aufwendige Argumentation mit kultischen Kategorien in der schriftstellerischen Individualität des schriftgelehrten Autors begründet, also rein „akademisch" ist.

## b) Religionsgeschichtliche Stellung[29]

Wie schon gesagt, steht der Hebr mit seinem Gebrauch des AT, seiner schriftgelehrten Exegese und der sonstigen Art seiner Argumentation in der Tradition der hellenistischen Synagoge und Philons, allgemeiner gesagt: des „jüdisch-christlichen Schulbetriebs", der seine Heimat in Alexandrien hatte, aber nicht auf diese Stadt beschränkt war. Von den urchristlichen Schriften gehören in diese Tradition auch 1Clem und Barn; aber ein Vergleich mit ihnen zeigt, daß der Hebr gedanklich sehr viel stärker als sie mit Philon verwandt ist. Diese Verwandtschaft liegt u. a. in gemeinsamen mythologischen Traditionen und Spekulationen. Und diese wiederum sind gnostischer Art. Hierher gehören der Anthroposmythos und die Hebr 2,11ff zutage tretende Vorstellung von der Präexistenz der Seelen. Die Frage, ob eine Verwandtschaft mit qumranischen Gedanken vorliegt, ist umstritten und läßt sich auch nach der Entdeckung der Fragmente über Melchisedek (11QMelch) nicht mit Sicherheit positiv beantworten[30]. Es ist auch fraglich, ob diese Fragmente es gestatten, den Hebr einer jüdischen Merkabamystik zuzuordnen[31]. Die neueren Untersuchungen zeigen jedenfalls dies, daß der Hebr religionsgeschichtlich in einem komplexen Bezugssystem steht und daß schlichte Alternativen hier nicht genügen.

## c) Theologiegeschichtliche Stellung

Trotz der mannigfachen literarischen bzw. traditionsgeschichtlichen und religionsgeschichtlichen Bezüge läßt sich der Hebr theologiegeschichtlich schwer einordnen; eine theologiegeschichtliche Genealogie

---

[28] Kümmel, 353 und Anm. 51.
[29] Vgl. Grässer, ThR, 167ff.
[30] Vgl. Theissen, 135ff.
[31] Schenke, 423ff.

läßt sich schon gar nicht aufstellen. Man muß sich damit begnügen,
Verwandtschaften und Unterschiede festzustellen. Der Verfasser gibt
sich 2, 1–4 als Glied der zweiten oder dritten christlichen Generation zu erkennen. Es liegt nahe, sein Verhältnis zu den christlichen
Autoren dieser Zeit zu bestimmen. Er ist verwandt mit dem 1Clem
in manchen Traditionen, mit dem Barn in der Art des Schriftgebrauchs, mit der Apg in Sprache und Stil, mit den Past in einigen
christologischen Vorstellungen, aber mit keiner dieser Schriften in
der Theologie, obwohl er ebenso vor dem zentralen Problem dieser
Christengenerationen steht, vor der Frage nach der Vergegenwärtigung des Heils. Er negiert, wie das ganze Schreiben zeigt, die sakramentale Heilsvermittlung, aber auch diejenige durch sakrale oder
rechtliche Institutionen (zB das göttlich begründete Bischofsamt bei
Ignatius, die gottgewollte hierarchische Ordnung 1Clem 40–43, die
apostolische Tradition und Sukzession in Lk/Apg und Past oder
durch die Heilsgeschichte Lk/Apg). Auch für den Hebr ist die Wahrheit des Evangeliums und der Zugang zum Heil an die Reinheit der
Tradition gebunden, wie der bedeutsame Abschnitt 2, 1–4 zeigt. Die
Tradition ist für den Hebr nicht apostolische παραθήκη, amtlich
gesichert, verwaltet und verfügbar wie in den Past, sondern vollzieht
sich im „Reden" und „Hören" und wird durch das „Zeugnis" Gottes
im Heiligen Geist rechtsgültig und rechtskräftig (βεβαιοῦσθαι V. 3).
Die Begründung der Verbindlichkeit der Tradition durch dieses
„Zeugnis" Gottes schließt einen Rechtsanspruch der Tradenten aus
und ist Ausdruck der Unverfügbarkeit des Wortes Gottes und damit
der σωτηρία. Die Tradenten – sie heißen ἡγούμενοι – haben ihre
hohe Autorität nicht als Träger eines Amtes, sondern als Träger
dieses Wortes (13, 7. 17). In dieser Verbindung von Wort und Heil
2, 3 prägt sich eine entschiedene Theologie des Wortes aus (vgl. 1,
1f; 4, 12f). Mit ihr steht der Hebr isoliert in seiner Zeit; er hat allenfalls im JohEv ein Analogon.

In der vorhergehenden Zeit nur in Paulus. Die Gemeinsamkeiten
(Christus Gottes Sohn, präexistenter Schöpfungsmittler; Sühnetod;
Vorstellung vom neuen Bund, von der Bedeutung des Glaubens; Verwendung gleicher at. Stellen) und die Unterschiede sind oft untersucht worden. Aber fast alle Gemeinsamkeiten sind nicht spezifisch
paulinisch, beweisen keine literarische Abhängigkeit des Hebr von
Paulus und gestatten auch nicht, seine Theologie als eine Fortbildung
der paulinischen zu bestimmen. Was beide Autoren aber tatsächlich
verbindet, ist einmal die Christologie; nicht so sehr die Präexistenz-

christologie mit ihrem fast völligen Zurücktreten der Traditionen vom irdischen Jesus (auch Hebr 5, 7f ist nicht biographisch, sondern soteriologisch gemeint), sondern das Verständnis des Sühnetodes Jesu als des Heilsereignisses: Paulus hat diese urchristliche Glaubensaussage zu seiner Rechtfertigungslehre entwickelt, der Verfasser des Hebr hat sie zu seiner Lehre vom Selbstopfer des Hohenpriesters Christus ausgearbeitet, zwei parallele Interpretationen. Das andere, was sie verbindet, ist die Theologie des Wortes, in dem das Heilsgeschehen präsent wird. Der Verfasser des Hebr ist theologiegeschichtlich kein Schüler des Paulus, wohl aber ein in der Grundkonzeption dem Paulus verwandter Theologe. Daß er im Zusammenhang mit dem Stephanos-Kreis stehe, ist eine ebenso hübsche wie unbeweisbare Vermutung. Der Hebr ist theologiegeschichtlich wie sein Melchisedek 7, 3 ἀπάτωρ, ἀμήτωρ, ἀγενεαλόγητος (Overbeck).

## 4. Verfasser; Abfassungszeit und -ort

### a) Verfasser

Der Verfasser ist unbekannt und wird unbekannt bleiben. Die älteste Annahme, es sei Paulus, wird literarisch erstmals von Clemens Alexandrinus bezeugt[32], der sich dafür aber auf eine ältere Tradition, die Aussage „des seligen Presbyters", beruft[33]. Sie wurde in der östlichen Kirche, Ägypten und Syrien, maßgebend. Die gelehrten Alexandriner allerdings haben diese Auffassung nur in modifizierter Weise anerkannt; Clemens meinte, Lukas habe den hebräisch geschriebenen Brief des Paulus ins Griechische übersetzt (denn der Hebr zeige Stilverwandtschaft mit der Apg), und Origenes hielt Clemens Romanus für den Schreiber[34]; aber beide hielten Paulus

---

[32] In den verlorenen „Hypotyposen", zitiert bei Euseb, KG VI 14, 2f.
[33] Bei Euseb, KG VI 14, 4. Eine unausrottbare, von Lehrbuch zu Lehrbuch übernommene Tradition besagt, Clemens berufe sich hierfür auf Pantainos; das ist aber nicht richtig: in den von Euseb zitierten Passagen über den Hebr erwähnt Clemens den Pantainos nicht und in den Passagen über Pantainos schweigt er über den Hebr; daß der „selige Presbyter" (Euseb KG VI 14, 4) mit Pantainos identisch sei, geht aus den Clemens-Zitaten Eusebs nicht hervor, sondern scheint eine Konklusion Th. Zahns zu sein (Forschungen zur Geschichte des Neutestamentlichen Kanons und der altkirchlichen Literatur III, 1884, 157–161, 168–176).
[34] Nach Euseb, KG VII 25, 11ff.

für den Autor. Der Hebr steht in der ältesten Paulushandschrift, dem Papyrus 46, an zweiter Stelle, nach dem Röm und vor den Kor. Die westliche Kirche verhielt sich skeptisch gegen die paulinische Autorschaft. Der Kanon Muratori erwähnt ihn überhaupt nicht; Tertullian schreibt ihn dem Barnabas zu. Der Westen hat sich erst spät und unter dem Einfluß bzw. Druck der östlichen Kirche dazu bequemt, den Hebr als paulinisch anzuerkennen und zu kanonisieren; sehr hübsch ist die Kompromißformel der Synode von Karthago 397: „Epistulae Pauli apostoli tredecim, eiusdem ad Hebraeos una"[35]. – Luther hat Apollos für den Verfasser gehalten, Harnack die Priscilla. Die Ratespiele über den Verfasser sind müßig; es ist ja auch gar nicht sicher, daß sein Name in der urchristlichen Literatur überhaupt genannt ist. Der Autor war ein Mann der 2. oder 3. christlichen Generation (2, 1–4) und besaß eine hohe Bildung – mehr können wir über ihn nicht sagen.

## b) Zeit und Ort der Abfassung

Eine Frühdatierung, vor die Zerstörung Jerusalems, läßt sich nicht durchführen, da der Hebr nicht den herodianischen Tempel, sondern die Stiftshütte im Auge hat. Meist sieht man den terminus ad quem im 1Clem, der 17, 1 und 36, 3–5 Hebr 11, 37 und 1, 3ff zu zitieren scheint; aber die literarische Abhängigkeit des 1Clem vom Hebr ist durch G. Theißen mit starken Gründen in Frage gestellt worden[36]. Die Erwähnung von Verfolgungen 10, 32ff; 12, 4 gibt chronologisch nichts her; sie kann sich, muß sich aber nicht auf die domitianische Verfolgung beziehen. Das einzig seriöse Zeugnis ist 2, 3: danach fällt die Abfassung in die 80er oder 90er Jahre.

Der Abfassungsort läßt sich weniger durch 13, 24 als durch die Gemeinsamkeit zwischen Hebr und 1Clem in den liturgischen Traditionen bestimmen. Sie weisen nach „Italien" (13, 24), genauer nach Rom als dem wahrscheinlichsten Abfassungsort.

---

[35] E. Preuschen, Analecta II, Zur Kanongeschichte, ²1910, 72.
[36] AaO, 34ff.

## 2. KAPITEL

## DIE SYNOPTISCHEN EVANGELIEN UND DIE APOSTELGESCHICHTE

### § 17. Einleitung

*Literatur:*

G. Bornkamm, RGG³ II 1958, 749ff.

G. Friedrich, ThW II 1935, 718ff.

H. Köster, Synoptische Überlieferung bei den Apostolischen Vätern, TU 65, 1957.

W. Schneemelcher, Hennecke-Schneemelcher, Neutestamentliche Apokryphen³, I, 1959, 41ff.

P. Stuhlmacher, Das paulinische Evangelium I. Vorgeschichte, FRLANT 95, 1968.

### 1. Εὐαγγέλιον *und Evangelienbuch*

Das Wort Evangelium bezeichnet im allgemeinchristlichen Sprachgebrauch zwei verschiedenne Größen, 1. die christliche Botschaft und 2. ein Evangelien b u c h , dh ein Buch, das von Jesu Leben und Wirken, Leiden, Tod und Auferstehung berichtet. Diese zweite, literarische Verwendung findet sich erstmalig im 2. Jh., nicht aber im NT. Im NT ist das Wort εὐαγγέλιον ein technischer Ausdruck der christlichen Missionssprache und bedeutet immer „Botschaft, Verkündigung", und zwar m ü n d l i c h übermittelte Verkündigung. Abgesehen von den wenigen Stellen, an denen das Wort die Botschaft Jesu meint, ist εὐαγγέλιον immer die Botschaft, die Jesus Christus und das in ihm erschienene Heil zum Inhalt hat (Röm 1, 1ff usw.). Da dieses Heil nur e i n e s ist, gibt es nur eine einzige Heilsbotschaft. Daher wird εὐαγγέλιον nie pluralisch verwendet, daher kann es auch ohne Näherbestimmungen, die seinen Ursprung (ϑεοῦ, Röm 1, 1) oder seinen Inhalt (τοῦ Χριστοῦ, 2Kor 2, 12) angeben, absolut gebraucht werden (Röm 1, 16). Heilsbedeutung maßen die ältesten Christen nur Jesu Tod und Auferweckung zu, nicht seinen Worten und Taten oder anderen Ereignissen seiner Geschichte, wie die Pistis-Formeln zeigen; und Paulus bezeichnet die Formel 1Kor 15, 3–5, die die Heilsbedeutung von Christi Tod und

Auferweckung ausspricht, als εὐαγγέλιον (V. 1). Nur diese beiden Ereignisse aus dem irdischen Leben Jesu gehören zum εὐαγγέλιον. Wie kam es dazu, daß die s c h r i f t l i c h e n Darstellungen der i r d i s c h e n Geschichte Jesu den Namen Evangelium bzw. Evangelien erhielten, daß aus dem prägnanten theologischen Begriff eine literarische Bezeichnung wurde? Dieser Literarisierungsprozeß läßt sich nicht vollständig aufhellen und ist offenbar auch nicht geradlinig verlaufen. Es ist jedenfalls nicht richtig, „daß (im NT) sowohl die Geschichte Jesu wie die des christlichen Kerygmas unter den Oberbegriff ‚Evangelium‘ gestellt wurden"[1], wie ein Blick in die Konkordanz zeigt. Nur ein einzigesmal wird im NT die Geschichte Jesu unter diesen Oberbegriff gestellt, von Markus – „Anfang des Evangeliums von Jesus Christus" (1, 1) –, der damit in der Tat die schriftliche Schilderung dieser Geschichte als Heilsverkündigung interpretiert. Man könnte vermuten, daß dieses Vorgehen Schule gemacht hätte, aber das ist nicht der Fall. Die unmittelbaren Nachfolger des Mk, nämlich Mt und Lk, sind ihm darin gerade nicht gefolgt. Es ist zwar begreiflich, daß sie den Satz Mk 1, 6 nicht übernehmen konnten, weil ihre Bücher ganz andere „Anfänge" hatten, aber es ist bezeichnend, daß sie auch die Wendung „Evangelium von Jesus Christus" überhaupt nicht, also auch nicht zur Charakteristik ihrer Jesus-Darstellung gebrauchten. Das Wort εὐαγγέλιον findet sich in den kanonischen Evangelien übrigens nur noch bei Mt (viermal)[2], bei Lk und Joh gar nicht, dagegen zweimal in der lukanischen Apg (15, 7; 20, 24), hat aber nirgends literarischen Sinn. Dieser kann sich auch nicht aus dem technischen Gebrauch des Verbs εὐαγγελίζεσθαι entwickelt haben[3].

Nicht viel weiter hilft die außerneutestamentliche urchristliche Literatur.

Bei den apostolischen Vätern hat εὐαγγέλιον meist keinen literarischen Sinn[4]. An fünf Stellen erscheint das Wort aber in Zitationsformeln. Doch meint die Formel Did 8, 2, die das Vater-Unser einführt, „wie der Herr in

---

[1] E. Käsemann, Exegetische Versuche und Besinnungen, Bd. II, 1964, 46.

[2] Mt hat von den sieben Mk-Stellen nur zwei übernommen und modifiziert: 24, 14; 26, 13 (= Mk 13, 10; 14, 9) und zwei eigene Bildungen eingebracht: 4, 23; 9, 35; an keiner Stelle ist das Wort absolut gebraucht.

[3] Das Verb fehlt in Mk, findet sich einmal in Q (Mt 11, 5/Lk 7, 22 in einem at. Zitat) und des öfteren technisch und nicht technisch in Lk und Apg (s. Konkordanzen und Bultmann, NT, 90).

[4] Barn 5, 9; 8, 3; 1Clem 47, 2; IgnPhld 5, 1; 8, 2; 9, 2; Sm 5, 1; 7, 2.

s e i n e m Evangelium befohlen hat", nicht ein Buch, sondern Jesu mündliche Predigt; ebenso könnte es Did 15, 4 stehen („wie ihr es habt im
Evangelium unseres Herrn"), wenn nicht die unmittelbar vorhergehende
Formel 15, 3 das Wort absolut gebrauchte („wie ihr es habt im Evangelium") und damit auf ein schriftliches Dokument zu deuten schiene. In
Did 11, 3 ist mit „den Geboten des Evangeliums" wohl die mündliche
Predigt gemeint. Dagegen bezieht sich die Zitationsformel 2Clem 8, 5
(„denn der Herr sagt im Evangelium"), die eine ungefähre Wiedergabe
von Mt 25, 21–23; Lk 16, 10–12 einführt, eindeutig auf ein schriftliches
Dokument, wenn auch nicht sicher ist, auf welches. Ist auch an dieser wie
an den verwandten Stellen Did 15, 3f „Evangelium" noch inhaltlich, nicht
literarisch verstanden, so fragt man sich doch, wie seine Beziehung auf
ein Buch möglich geworden ist. Da die so eingeführten Zitate nicht aus
Mk stammen, Did und 2Clem offensichtlich Mk nicht kennen[5], kann
diese Verwendung von εὐαγγέλιον nicht unmittelbar auf Mk 1, 1 zurückgehen, sondern muß anderer Herkunft sein – aber diese läßt sich nicht
näher bestimmen[6].

Um die Mitte des 2. Jh.s zeigt sich ein widersprüchliches Phänomen. Einerseits wird noch keine einheitliche Bezeichnung für die
Darstellungen der Geschichte Jesu verwandt, obwohl sie immer
zahlreicher wurden. Papias von Hierapolis, dem ihre Vielzahl zu
schaffen macht, vermeidet in den uns erhaltenen Fragmenten seines
Werkes den Ausdruck „Evangelium"; er spricht zwar von Mk und
Mt als Verfassern, benutzt aber für ihre Bücher verschiedene Umschreibungen („das vom Herrn Gesagte und Getane"; also: die
Worte und Taten des Herrn, oder einfach „die Logia des Herrn")[7].
Andererseits verwendet sein Zeit- und Gesinnungsgenosse Justin für
die im kirchlichen Gebrauch stehenden Bücher, die er gerne „Memoiren der Apostel" nennt, einmal sogar den Plural εὐαγγέλια (οἱ
ἀπόστολοι ἐν τοῖς ἀπομνημονεύμασιν, ἃ εὐαγγέλια καλεῖται, Apol
I 66, 3). „Evangelium" ist hier Name einer literarischen Gattung,
die sich in einer Mehrzahl von Werken präsentiert. Erst da, wo der
Plural „Evangelien" gebraucht wird, ist die Literarisierung des
Wortes eindeutig vollzogen. Sie ist zur gleichen Zeit in der Umgebung Justins da, aber in der des Papias nicht. Sie hat sich auch nur
allmählich in der Christenheit durchgesetzt[8]. Es dauerte noch lange,

---

[5] Vgl. Köster, Synopt. Überl. 99ff; 109f; 210f; 239ff.
[6] Zu der sonstigen Verwendung des Terminus bei den Apostolischen
Vätern s. Köster aaO passim.
[7] Euseb, KG III, 39.
[8] Theophilus von Antiochien spricht um 190 nChr von ,Evangelisten', die
er den at. Propheten an die Seite stellt und als Träger des gleichen
Geistes bezeichnet (Ad Autolycum III 12).

bis man „um 400 ruhig zB. ‚Evangelium Sancti Lucae' zitierte"[9], also vom „Evangelium des..." sprach.

Die inhaltsbezogene Verwendung des Wortes „Evangelium" für Evangelienbuch, wie sie zB 2Clem 2, 8 und vielleicht Did 15, 3f vorliegt und gelegentlich auch bei Justin vorkommt, hielt sich noch lange durch. Die wachsende Zahl von Darstellungen der Geschichte Jesu oder von Teilen dieser Geschichte machte unterscheidende Bezeichnungen (Titel) notwendig und zwar auch dort, wo nicht eine Mehrzahl, sondern nur eine einzige derartige Darstellung im Gebrauch war. Die Betitelung erfolgte in den Inscriptiones oder auch Subscriptiones durch κατά mit dem Namen des wirklichen oder fiktiven Verfassers:

εὐαγγέλιον κατὰ Ἰωάννην (P 66, ca 200), bzw. τὸ κατὰ Πέτρον oder Θωμᾶν εὐαγγέλιον, τὸ κατὰ Βασιλείδην εὐαγγέλιον usw; in den nt. Codices findet sich häufig die Kurzform κατὰ Μαθθαῖον, Μάρκον usw. Die Betitelung mit κατά war so fest, daß sie gelegentlich unübersetzt in die lateinische Bibel überging („cata Mateo")[10] oder auch bei Werken Verwendung fand, die nicht nach dem Verfasser, sondern nach dem Benutzerkreis gekennzeichnet wurden (zB τὸ κατὰ Αἰγυπτίους εὐαγγέλιον, τὸ καθ' Ἑβραίους εὐαγγέλιον)[11].

Der ursprüngliche Sinn der Betitelung κατά mit Namen war, diese Bücher nicht nur zu unterscheiden, sondern vor allem sie als inhaltlich zusammengehörig zu charakterisieren: es handelt sich um das e i n e „Evangelium nach (Darstellung des) Johannes" oder eines anderen. Als sich in der zweiten Hälfte des 2. Jh.s in kirchlichen Kreisen der Vier-Evangelien-Kanon herausbildete, wurde dieses Verständnis ausdrücklich festgelegt. Irenäus spricht vom „viergestaltigen Evangelium"[12]; in einem Verzeichnis der in der westlichen Christenheit rezipierten kirchlichen Leseschriften, dem sog. Canon Muratori (2./3. Jh.), heißt das Lukas-Evangelium „das dritte Buch des Evangeliums, nach Lukas"[13]; diesem Verständnis entspricht auch die Zitationsformel „im Evangelium" ohne nähere Angabe, in welchem. Gleichwohl läßt sich nicht verkennen, daß die κατά – Titulation

---

[9] Jülicher, Einleitung, 273.

[10] Jülicher, aaO.

[11] Vgl. zB Origenes, Griech. Fragment zu Lk 1 bei E. Klostermann, Apokrypha II(Kl Texte 8) (929) 4; Euseb, KG III 27, 4; IV 22, 8 bei Klostermann aaO, 5.

[12] Haer III 11, 8.

[13] Zeile 2: tertio euangelii librum secundo Lucan.

ihren ursprünglichen Sinn nicht behielt: wenn Kirchenschriftsteller wie zB Origenes vom Evangelium nach Thomas, nach Matthias, nach Basilides, nach den Ägyptern usw sprechen, diese Bücher aber als ketzerisch verwerfen, so verwenden jedenfalls sie diese Bezeichnung nicht mehr in ihrem ursprünglichen Sinn, sondern nur weil sie eingebürgert ist, dh als literarische Gattungsbezeichnung – auch wenn diese Titel original in dem ursprünglichen prägnanten Sinn gemeint sind; aber auch von den vier „kanonisch" gewordenen Büchern dieser Art sprechen die frühen Kirchenschriftsteller des 2./3. Jh.s unbefangen als von „den (vier) Evangelien"[14], also von „Evangelien" als einer Literaturgattung, zu der unter literarischem Gesichtspunkt auch die von ihnen abgelehnten „apokryphen" Werke gehören.

Über den Literarisierungsprozeß des Terminus εὐαγγέλιον ist zusammenfassend zu sagen: Die literarische Gattung, um die es hier geht, hat von ihrem mutmaßlichen Schöpfer Markus keinen literarischen „Namen" erhalten, und es hat ca 80 Jahre gedauert, bis sie ihre endgültige literarische Bezeichnung erhalten hat. Wie es dazu gekommen ist, läßt sich nicht mehr dokumentarisch belegen. Man muß als Voraussetzung einen sich allmählich durchsetzenden gemeinschaftlichen Sprachgebrauch vermuten, die schriftlichen Darstellungen der Geschichte Jesu als „Evangelium", als Heilsverkündigung zu verstehen und zu bezeichnen. Dieser Sprachgebrauch scheint durch Mk 1, 1 veranlaßt zu sein; aber die Zwischenglieder zwischen dieser Stelle und den nächsten entsprechenden Belegen (Did 15, 3f; 2Clem 8, 5) fehlen. Obwohl der mutmaßliche Schöpfer der Gattung auch der erste war, der sie dem Oberbegriff εὐαγγέλιον unterordnete, konnte die Gattung gepflegt und entwickelt werden, ohne daß dieser Begriff eine erhebliche (Mt) oder überhaupt eine Rolle spielte (Lk, Joh); wie Mk die Gattung nicht aus dem Begriff εὐαγγέλιον abgeleitet hat, so ist dieser auch für die Gattung „Evangelium" nicht konstitutiv.

Es ist bemerkenswert, daß die Gattungsbezeichnung bei allen frühchristlichen Richtungen in Gebrauch war, daß sie sogar von den Kirchenschriftstellern nicht nur auf die „kanonischen", sondern unbedenklich auch auf die „apokryphen", ja als häretisch verworfenen Evangelien angewendet wurde, daß also eine dogmatische Einschrän-

---

[14] ZB Irenäus, Haer III 11, 9; Clemens Alexandrinus, Strom I 136, 2; III 93, 1; Origenes aaO.

kung der literarischen Verwendung des Terminus nicht vorgenommen wurde. Von diesem frühchristlichen Sprachgebrauch her erscheinen die gelegentlichen modernen Versuche, die Gattungsbezeichnung „Evangelium" nur Mk oder allenfalls noch Joh zuzuerkennen, als ahistorische und dogmatische Willkür. Natürlich muß jedes Evangelium in seiner literarischen und theologischen Besonderheit gewürdigt werden und ist bei manchem zu fragen, ob es mit Recht zu dieser literarischen Gattung zählt. Aber das frühe Christentum, das diese Gattungsbezeichnung geschaffen hat, kannte kein normatives Evangelienbuch, an dem sich dieses Recht zu erweisen gehabt hätte; und die Erkenntnis der kritischen Wissenschaft von der epochalen Bedeutung des Mk (von der das frühe Christentum übrigens nichts wußte) berechtigt nicht dazu, Mk zum normativen „Evangelium" zu erklären (das es nie war) und einen neuen Gattungsbegriff „Evangelium" zu kreieren, den der einzelne Forscher nach Belieben als Wertprädikat zu- oder aberkennen könnte; wir werden darauf noch zu sprechen kommen.

Zum Schluß müssen in diesem Zusammenhang noch einige Sonderfälle erwähnt werden.

Unter den bei Nag Hammadi entdeckten koptischen Handschriften finden sich vier Werke, die die Selbstbezeichnung „Evangelium" tragen: „Das Evangelium nach Thomas", „Das Evangelium nach Philippos", „Das ägyptische Evangelium" und „Das Evangelium der Wahrheit", und zwar steht sie bei den beiden ersten am Schluß, als Subscription, beim dritten über einem andern Titel und beim vierten am Anfang, im ersten Satz.

Paläographische und andere Beobachtungen (die Konkurrenz verschiedener Titel bei dem gleichen Werk) haben zu der Vermutung geführt, daß „Evangelium" – außer beim „Evangelium der Wahrheit" – nicht zum ursprünglichen Text gehört, sondern später als Titel von den Schreibern zugefügt ist[15]. Wie dem auch sei, bei allen vier Werken handelt es sich nicht um Evangelienbücher im literarischen Sinn; das Thomasevangelium ist eine Sammlung von Jesussprüchen, das Philippusevangelium eine ganz anders geartete Spruchsammlung, die allerdings einige Jesusworte enthält, das Ägypterevangelium ist eine Offenbarungsschrift mit liturgischen Einlagen, und das Evangelium der Wahrheit wird gern als Homilie gekennzeichnet. Man sieht in der Betitelung dieser Werke mit „Evangelium", auch da, wo sie ursprünglich ist, häufig die apologetische bzw. polemische

[15] Vgl. J. M. Robinson in: H. Köster und J. M. Robinson, Entwicklungslinien, 1971, 71ff (hier weitere Literatur). Ziemlich sicher scheint mir die Sekundarität des Titels „Evangelium" beim Ägypter- und beim Philoposevangelium erwiesen zu sein; für letzteres vgl. insbesondere H. G. Gaffron, Studien zum koptischen Philipposevangelium, Diss. ev. theol. Bonn, 1969, 10ff.

Absicht der gnostischen Benutzer, diese Schriften den üblichen Evangelienbüchern an die Seite oder entgegenzustellen[16]. Aber eine andere Erklärung liegt näher: es handelt sich um die Wiederaufnahme des ursprünglichen, noch nicht literarisierten Gebrauchs von εὐαγγέλιον = Heilsbotschaft. Beim Thomasevangelium zeigt sich dieser Sinn, wenn man die Subscriptio: „Das Evangelium nach Thomas" mit dem Anfang vergleicht: „Das sind die geheimen Worte, die der lebendige Jesus sagte und die Didymos Judas Thomas aufschrieb. Und er sagte: Wer die Erklärung dieser Worte findet, wird den Tod nicht kosten." Bei den drei andern Schriften ist dieser Sinn von „Evangelium" ohnehin evident. – Diese Beispiele verdeutlichen zweierlei: 1. die Literarisierung des Terminus „Evangelium" hat sich nicht so total durchgesetzt, daß sie seinen ursprünglichen Sinn verdrängt hätte; dieser ursprüngliche Sinn kann gelegentlich in die literarische Verwendung (Titel) bewußt einbezogen werden; 2. in dieser theologischliterarischen Verwendung kann „Evangelium" – allerdings, soviel wir sehen, nur in gnostischen Kreisen – Titel auch von Werken werden, die literarisch keine Evangelien sind und deren Gattung erst bestimmt werden muß.

## 2. Die synoptischen Evangelien

Die drei ersten Evangelien des nt. Kanons, Mt, Mk und Lk, gehören nach Inhalt, Aufbau und Darstellungsweise eng miteinander zusammen und unterscheiden sich in dieser Hinsicht vom Joh. Man nennt sie im Anschluß an J. J. Griesbach, der in seiner „Synopse" (1776) die parallelen Texte zum Zweck vergleichenden „Zusammenschau" nebeneinander gedruckt hat, Synoptiker bzw. synoptische Evangelien. Sie müssen wegen ihrer Verwandtschaft zusammen behandelt werden.

## § 18. Die altkirchliche Tradition über die drei ersten Evangelisten

Texte bei K. Aland, Synopsis Quattuor Evangeliorum, 1964, 531ff und bei Huck-Lietzmann, Synopse der drei ersten Evangelien, ⁹1936, VIIff.

---

[16] Man beruft sich dafür gern auf die grimmige Kritik des Irenäus am „Evangelium der Wahrheit": diese Bezeichnung sei eine Frechheit, denn das Buch enthalte weder die Wahrheit, noch stimme es mit den „Evangelien der Apostel" überein (Haer III 11, 9); letzteres bezieht man nicht nur auf den Inhalt, sondern mit Recht auch auf die Gattung.

*Literatur:*
W. Bauer, Rechtgläubigkeit und Ketzerei im ältesten Christentum, ²1964;
J. Regul, Die antimarcionitischen Evangelienprologe (Vetus Latina. Aus der Geschichte der lateinischen Bibel 6), 1969.

Die ältesten Nachrichten über die Verfasser des Mk und Mt stammen von Papias von Hierapolis und sind als Zitate in Eusebs Kirchengeschichte (III 39, 14–16) erhalten; die ältesten Nachrichten über den Verfasser des Lk und der Apg bringt Irenäus. Papias versucht in seinem Werk „Auslegung der Herrenworte", aus der reich wuchernden schriftlichen und mündlichen Jesusüberlieferung das Echte, dh bis in den Kreis der unmittelbaren Jünger Jesu Zurückreichende zu sichten, zu sammeln und gegen „häretischen" Mißbrauch zu sichern. Aus diesem Zusammenhang sind seine Notizen über Mk und Mt zu verstehen.

## 1. Markus

Papias beruft sich für Markus auf die Angabe eines anonymen πρεσβύτερος, dh eines Traditionsträgers aus älterer Zeit: „Und das behauptet der Presbyteros:

‚Markus schrieb als Dolmetscher des Petrus sorgfältig alles auf, was er im Gedächtnis behalten hatte, jedoch nicht der Reihe nach, die Worte und Taten des Herrn (οὐ μέντοι τάξει τὰ ὑπὸ τοῦ κυρίου ἢ λεχθέντα ἢ πραχθέντα). Denn er hatte den Herrn weder gehört noch begleitet, später aber, wie gesagt, den Petrus, der seine Lehrvorträge nach den Bedürfnissen einrichtete, aber keine zusammenhängende Darstellung der Herrenworte liefern wollte (σύνταξιν τῶν κυριακῶν ποιούμενος λογίων). Daher trifft den Markus keine Schuld (οὐδὲν ἥμαρτεν), wenn er einiges niederschrieb, wie er es im Gedächtnis hatte. Denn seine einzige Sorge war die, nichts von dem, was er gehört hatte, fortzulassen oder etwas dabei falsch wiederzugeben." (Euseb KG III 39, 14f)

Aus diesem vieldiskutierten Abschnitt[1] ist für unsern Zusammenhang folgendes wichtig. Papias verteidigt Markus wegen zweier Mängel: wegen des Mangels an τάξις und wegen seiner Abfassung durch einen Autor, der Jesus nicht persönlich gekannt hatte. Die Meinung, Papias messe Mk an einem andern Evangelium, das ihm normativ sei, an Joh (so Jülicher) oder an Mt (so Kümmel), dürfte fehlgehen. Daß das Erste nicht zutrifft, hat W. Bauer gezeigt[2], daß

---

[1] Zur Analyse vor allem W. Bauer, aaO, 187ff.
[2] AaO, 188ff.

das Zweite nicht zutrifft, geht daraus hervor, daß Papias sich über
Mt viel distanzierter als über Mk äußert. Die Kritik an Mk stammt
nicht von Papias, sondern von dritter Seite. Er kann diese Einwände,
von denen der zweite – Mk kein Augenzeugenbericht eines Jüngers
– für seine Auffassung besonders peinlich ist, nicht bestreiten, sucht
sie aber umso energischer durch die Behauptung zu entkräften, das
Buch enthalte nichts anderes als die genau und vollständig wiederge-
gebenen Lehrvorträge des Petrus. Das MkEv unter die unangreifbare
Autorität Petri zu stellen, das ist die Absicht des Papias und seiner
Tradition[3] und natürlich erst recht der späteren Vertreter dieser
Theorie[4].

Die apologetische Tendenz dieser Theorie ist deutlich. Trotzdem
muß man fragen, ob die Papiasnotiz einen historischen Kern oder
wenigstens ältere Überlieferung enthält.

Die Tatsache, daß dieses Evangelium nicht direkt, sondern nur indirekt
auf Petrus zurückgeführt wird, beweist, daß es schon längst einem Verfasser zugeschrieben war, der nicht zum Kreis der Jesusjünger oder Apostel
gehörte; der Name des Markus als des Autors ist also feste Tradition. Wie
kam es aber dazu, daß dieser Autor zu Petrus in Beziehung gesetzt wurde?
Das Buch selbst bot dazu keinen Anlaß; denn Petrus spielt in ihm eine
bedeutend weniger prominente Rolle als bei Mt und Lk; ohne die Papiasnotiz käme niemand auf die Idee, im MkEv persönliche Erinnerungen des
Petrus zu suchen und zu finden. Es muß ein anderer Grund gewesen sein.
Nun war schon geraume Zeit vor der Papiasnotiz ein Markus zu Petrus
in Beziehung gesetzt worden, 1Petr 5, 13 („Es grüßt euch Markus, mein
Sohn"); damit ist der zeitweilige Begleiter des Paulus gemeint (Phlm 24),
der als Johannes Markus auch in der Apg (12, 12. 25; 13, 5. 13; 15, 37ff)
erwähnt wird und nun als „Sohn", dh Schüler des Petrus erscheint; diese
Stelle ist der erste Beleg für die Verbindung Petrus-Markus. Da 1Petr in
Kleinasien bekannt war und nach Eusebs Zeugnis von Papias benutzt
wurde, liegt die Vermutung nahe, daß diese Stelle den Anlaß bot, Markus
auch als Verfasser des MkEv zum Schüler des Petrus zu machen, daß also
1Petr 5, 13 das Bindeglied zwischen der vorpapianischen Tradition über
den Namen des Mk-Autors und der Papiasnotiz über Petrus als Patron

---

[3] Daß eine Tradition vorliegt, dürfte weniger durch die Berufung des
Papias auf einen Presbyteros als durch Justin wahrscheinlich gemacht
sein, der Mk 3, 17 „in seinen (scil. des Petrus) Memoiren" lokalisiert
(Dial. 106, 3).

[4] Irenäus läßt Mk nach dem Tode Petri, Clemens Alex. dagegen schon
bei seinen Lebzeiten und Origenes auf Diktat des Petrus abgefaßt sein,
und nach Euseb hat der Apostelfürst das Buch für den kirchlichen Gebrauch approbiert: je später die Nachrichten, desto patriarchalischer das
Evangelium. Sie gehen alle auf die Papiasnotiz zurück und sind historisch wertlos.

des MkEv darstellt. Die historische Zuverlässigkeit von 1Petr 5, 13 ist allerdings mehr als fraglich (s. u. S. 587f). Aber auch davon abgesehen, ist die Papiasnotiz schon wegen ihrer unzutreffenden Vorstellungen über die Entstehung eines Evangeliums historisch wertlos. Ob die vorpapianische Tradition über den Verfassernamen den Johannes Markus oder einen andern Markus meint, läßt sich ebensowenig sagen, wie ob der Autor wirklich Markus hieß: das Buch selbst gibt keinen Hinweis.

## 2. Matthäus

Nach der altkirchlichen Tradition ist der in allen Zwölferkatalogen erwähnte Matthäus der Verfasser des ersten Evangeliums. Anders als bei Mk ist bei Mt die Herkunft des Autorennamens unschwer zu erklären; man hat offenbar die Tatsache, daß der berufene Zöllner Mt 9, 9; 10, 3 Matthäus und nicht wie Mk 2, 14; Lk 5, 27 Levi heißt, als autobiographischen Hinweis des Verfassers verstanden. Alles, was in der altkirchlichen Tradition über den Verfassernamen hinausgeht, geht auf eine kurze Notiz des Papias zurück: „Matthäus zwar verfaßte τὰ λόγια in hebräischer Sprache, jeder aber übersetzte sie, wie er dazu fähig war" (bei Euseb, aaO, 16). Daß mit den Logia das ganze MtEv gemeint ist, sollte man nicht mehr bestreiten. Die These von einem „hebräischen", dh aramäischen Mt und seinen zahlreichen Übersetzungen ist historisch unzutreffend, denn Mt ist keine Übersetzung. Was Papias mit dieser These beabsichtigte, ist schwer zu sagen, da wir ihren Kontext nicht kennen; schwerlich wollte er das mangelhafte Griechisch (das ja besser ist als das des Mk) mit einem philologischen Argument entschuldigen. Man wird nicht fehlgehen, wenn man diese These im Zusammenhang der Gesamttendenz seines Werkes zu verstehen sucht, also der Gewinnung und Interpretation der zuverlässigen Jesusüberlieferung. Papias hatte bei der Erwähnung der vielen unzulänglichen „Übersetzungen" wohl die Tatsache im Auge, daß Mt bei Gnostikern und Judenchristen hoch geschätzt war[5] und daß letztere eigene Evangelien besaßen, die Bearbeitungen des Mt oder sonstwie mit ihm verwandt waren (s. u. S. 762ff), und wollte das MtEv gegen diesen Gebrauch abschirmen: was Ketzer ihm entnehmen, wird durch den Apostel Matthäus nicht gedeckt, ihr MtEv kann nicht das richtige sein; daher die These vom aramäischen Original und den griechischen Übersetzungen. Mit ihr konnte er Mt für die „rechtgläubige" Kirche retten und zugleich

---

[5] Vgl. W. Bauer, 207f.

seinen Gebrauch bei den „Ketzern" diskreditieren. Nicht daß er beansprucht hätte, das Original zu besitzen – das hätte Euseb wohl
erwähnt –, aber sein griechisches MtEv war natürlich zuverlässig,
und außerdem machte er sich ja anheischig, durch „Auslegung" das
Richtige festzustellen. Diese Papiasnotiz ist für den Ursprung des
Mt historisch wertlos; sie ist aber das älteste Zeugnis für den Verfassernamen, der für Papias schon selbstverständlich ist, und ein
Beleg für die Kontroversen über dieses Buch.

### 3. Lukas

Euseb berichtet keine Aussage des Papias über Lk und Joh. Dieses
Schweigen Eusebs bedeutet, wie W. Bauer richtig gezeigt hat[6], daß
Papias entweder überhaupt nichts oder so Unerfreuliches über diese
Evangelien gesagt hat, daß Euseb es lieber der Nachwelt nicht über-
lieferte. Der Grund für die Haltung des Papias kann nicht zweifelhaft
sein: die beiden Evangelien standen bei den Häretikern in hohem
Ansehen. Lk war das Evangelium des Erzketzers Markion.

Die altkirchliche Tradition schreibt Lk und Apg einhellig dem
Paulusbegleiter und Arzt Lukas zu (Phlm 24; Kol 4, 14; 2Tim 4, 11).
Der erste, der diese These vertritt, ist Irenäus: „Lukas, der Begleiter
des Paulus, hat das von jenem verkündigte Evangelium in einem
Buch niedergelegt" (Haer III 1, 1). Das Problem ist, woher Irenäus
den Namen Lukas weiß. Der Name k a n n Tradition, er k a n n
aber auch erschlossen sein; denn Irenäus argumentiert, Lukas mache
seine Anwesentheit auf den Paulusreisen selber deutlich „non glo-
rians" (dh ohne seinen Namen zu nennen), wohl aber durch die „Wir"-
Stücke in der Apg, und Paulus gebe den Namen („Lukas ist allein
bei mir" 2Tim 4, 11) (III 14, 1). Wie dem auch sei, Irenäus teilt
über „Lukas" nichts anderes mit, als was aus den lukanischen Schriften und den Paulusbriefen kombiniert werden konnte. Aufschlußreich ist, daß Irenäus dieses Evangelium, das unter keinem apostolischen Namen umlief, unter die Autorität des Apostels Paulus zu
stellen bemüht ist.

Der Patronat des Paulus genügte freilich nicht, da Paulus ebensowenig Augenzeuge des Lebens Jesu war wie Lukas. Die weitere altkirchliche Tradition sucht diesen Mangel zu beheben. Schon der
Canon Muratori scheint ihn, „der den Herrn nicht im Fleisch ge-

---

[6] AaO, 187–191.

sehen hat", zeitlich näher an die Ereignisse zu rücken und zu einem Glied der Urgemeinde machen zu wollen (Zeile 2–8). Der „antimarkionitische" Lukas-Prolog[7] bringt neue Details aus dem Leben des Evangelisten (er sei ein Syrer aus Antiochia gewesen, sei unverheiratet und kinderlos 84jährig in Böotien gestorben, nachdem er das Evangelium in Achaia und danach die Apg verfaßt habe). Besonders wichtig sind drei Motive: einmal die unmittelbare Beziehung des Lukas zu den Uraposteln („er ist Schüler der Apostel geworden und hat später den Paulus bis zu dessen Martyrium begleitet"); dann seine Inspiration (die zweimal erwähnt wird; er hat sein Evangelium „veranlaßt durch den Heiligen Geist geschrieben"); und schließlich die antijüdische und antihäretische Ausrichtung seines Buches. Damit, daß Lukas Apostelschüler und inspiriert war, konnten die Bedenken gegen sein Buch beschwichtigt werden. Die biographischen Details des Lukas-Prologs dürften kaum alte Tradition darstellen[8]. Was die altkirchliche Überlieferung an a l t e n Nachrichten über den Verfasser des dritten Evangeliums bringt, sind die Notizen des Irenäus, die keine über das NT hinausgehenden Daten enthalten.


§ 19. D a s   s y n o p t i s c h e   P r o b l e m   u n d   d i e   ä l t e r e n L ö s u n g s v e r s u c h e

*Literatur:*

H. J. Holtzmann, Die synoptischen Evangelien, 1863;
–, Lehrbuch der historisch-kritischen Einleitung in das Neue Testament, [2]1886, 347–371;
H. Weisweiler, Schleiermachers Arbeiten zum Neuen Testament, Diss. Ev.-theol. Bonn, 1972.


## 1. Das synoptische Problem

Das synoptische Problem besteht in dem eigentümlichen Nebeneinander von enger Verwandtschaft und starker Verschiedenheit der drei ersten Evangelien.

Die V e r w a n d t s c h a f t zeigt sich zunächst in der Anordnung des G a n z e n : Jesus beginnt seine öffentliche Wirksamkeit nach der

---

[7] Huck-Lietzmann, Synopse, [9]1936, VIII; Aland, Synopsis Quattuor Evangeliorum, 1964, 533.
[8] Vgl. J. Regul.

Verhaftung Johannes des Täufers, übt sie vor allem in Galiläa aus
und beendet sie mit einem (einzigen) Zug nach Jerusalem. Die letzten
Tage in Jerusalem und die Leidensgeschichte werden mit großer
Übereinstimmung erzählt. Auch in der Darstellung des Wirkens in
Galiläa ist die Reihenfolge der Ereignisse im großen Ganzen dieselbe; bei allen drei Evangelisten bildet das Petrusbekenntnis eine
Zäsur. Sie sind ferner darin miteinander verwandt, daß sie die Geschichte Jesu nicht in genetischem Zusammenhang, sondern in epi-
sodenhaften Einzelgeschichten darstellen, die in sich abgerundet und
selbständig sind, meist ohne Voraussetzungen im Vorhergehenden
und ohne Wirkung im Folgenden, oft ohne Angaben über Ort und
Zeit; m. a. W., die synoptischen Evangelien machen den Eindruck,
mosaikartig aus vorgeformtem Material zusammengesetzt zu sein.
Diesen Eindruck machen auch die „Reden" Jesu, keine zusammenhängenden, argumentierenden Darlegungen, sondern Einzelsprüche
und Spruchgruppen.

Auch in E i n z e l h e i t e n bestehen oft frappante Übereinstimmungen. Manche Episoden werden von allen drei Evangelisten fast
wörtlich gleich erzählt; man verweist hierfür gerne auf die Vollmachtsfrage Mk 11, 27ff parr und die Heilung des Aussätzigen Mk
1, 40ff parr. Manche Redeabschnitte sind bei allen drei, häufiger
noch bei zwei Synoptikern fast buchstäblich und bis in sprachliche
und stilistische Seltsamkeiten gleich – eine im griechischen Text besonders auffällige Tatsache, da Jesus ja aramäisch gesprochen hat.

Die Verwandtschaften der drei Berichte sind so auffällig, daß sie
problematisch werden; sie können nicht im dargestellten Geschehen
liegen: „So übereinstimmend wie hier würden auch zwei oder drei
Augenzeugen über dieselbe Begebenheit nie referieren" (Jülicher,
Einl. 323).

Aber daneben bestehen V e r s c h i e d e n h e i t e n , von der einfachsten Variation des sprachlichen Ausdrucks bis zum sich aus-
schließenden Gegensatz. – Zunächst fällt die Verschiedenheit im
Stoffquantum zwischen Mk einerseits und Mt und Lk andererseits
auf, die ungleich mehr Redestoff als jener bringen; neben dem allen
dreien oder nur zweien gemeinsamen Stoff hat jedes Evangelium nur
ihm eigene Stücke, das sog. Sondergut. Die Unterschiedlichkeit des
Quantums bildet natürlich noch kein Problem. Problematisch wird
das Verhältnis erst dann, wenn die gemeinsamen Stücke zeitlich und
örtlich verschieden in der Geschichte Jesu untergebracht sind. So
stimmen zB Mk 1, 29 – 3, 19, Lk 5, 12 – 6, 19 in Stoff und Reihen-

folge überein; dieselben Episoden finden sich bei Mt über Kap. 8, 9
und 12 verstreut. Die Verwerfung Jesu in Nazareth erfolgt nach Mk
6, 1ff und Mt 13, 55ff in der Mitte von Jesu Wirksamkeit, nach Lk
4, 16ff gleich zu Anfang. Auch der Mt und Lk gemeinsame Redestoff ist häufig bei jedem in verschiedenen Situationen der Geschichte
Jesu untergebracht (vgl. Bergpredigt Mt 5–7 und Feldrede Lk 6,
20–49 oder die Gleichnisse von Senfkorn und Sauerteig, die von
beiden in der gleichen Reihenfolge, aber bei verschiedenen Gelegen-
heiten referiert werden, Mt 13, 31–33; Lk 13, 18–21). Auch das
Sondergut gehört zum „synoptischen Problem", dann nämlich, wenn
es in Widerspruch zu Aussagen anderer Evangelien steht; so die Erscheinungen des Auferstandenen vor den Jüngern in Galiläa (Mt 28)
und bei und in Jerusalem (Lk 24), so die sog. Vorgeschichten Mt 1f
und Lk 1f, obwohl sie beide von Jesu wunderbarer Geburt und
gleichem Geburtsort berichten; aber der Wohnort der Eltern Jesu ist
nach Mt Bethlehem, nach Lk Nazareth. Die beiden Stammbäume
Jesu (Mt 1, 1ff; Lk 3, 23ff) schließen einander aus. Besonders kompliziert sind die Fälle, in denen bei derselben Geschichte der eine
Referent bald mit dem andern, bald mit dem dritten übereinstimmt;
zB ist das Gleichnis vom Senfkorn von Mk (4, 30–32) und von Lk
(13, 20f) verschieden erzählt, bei Mt (13, 31f) finden sich die Eigentümlichkeiten beider Fassungen vereint; bei der Heilung der verdorrten Hand Mk 3, 1–6 parr weicht Mt am Anfang und mit dem Wort
Jesu erheblich von der hier übereinstimmenden Fassung bei Mk und
Lk ab, stimmt am Schluß aber mit Mk überein, während Lk sich
hier von Mk – wenn auch nicht stark – unterscheidet.

Das synoptische Problem ist, wie an den Beispielen deutlich geworden sein dürfte, nicht durch die Frage, was wirklich geschehen
ist oder welcher Bericht die höhere Wahrscheinlichkeit für sich hat,
zu lösen; das würde der Willkür Tür und Tor öffnen. Vor allen
Fragen nach der Historie muß das literarische Verhältnis der Synoptiker zueinander geklärt werden.

## 2. Die älteren Lösungsversuche

Diese methodische Notwendigkeit wurde bald erkannt, nachdem
sich das historische Interesse im Zeitalter der Aufklärung auch der
Gestalt des historischen Jesus zugewandt hatte. Innerhalb von 60
Jahren wurden vier Hypothesen zur Klärung der synoptischen Frage
aufgestellt – jede mit einem illustren Namen verbunden – und ent-

wickelt, die die Grundmöglichkeiten durchspielten. Es sind dies in historischer Reihenfolge die Urevangeliums-, Traditions-, Fragmenten- und Benutzungstheorie.

a) Die U r e v a n g e l i u m s t h e o r i e , die auf G. E. Lessing zurückgeht[1], erklärt die Verwandtschaft der Synoptiker durch ihre Herkunft von einem verlorenen aramäischen Evangelium – Lessing dachte an das von Hieronymus erwähnte Nazarenerevangelium – und ihre Unterschiede daher, daß unsere kanonischen Evangelien verschiedene Übersetzungen des Urevangeliums seien. J. G. Eichhorn[2] hat diese These durch die Annahme weiterentwickelt, unsere Evangelien gingen nicht direkt auf das Urevangelium zurück, sondern teils auf von diesem stammende Evangelien, teils auf Quellen anderer Herkunft. – Diese Theorie konnte sich nicht durchsetzen, weil sie am vorhandenen Text nicht zu verifizieren war.

b) Im Gegensatz dazu erklärt die T r a d i t i o n s t h e o r i e – aufgestellt von J. G. Herder[3] und ausgebaut von J. C. L. Gieseler[4] – den Befund daher, daß die Evangelien unabhängig voneinander auf mündliche Tradition zurückgehen. Diese Tradition wurde als festgeformt vorgestellt: sie hat in der mündlichen Unterweisung durch die ständige Wiederholung derselben Worte und Geschichten feste Gestalt gewonnen und wurde aus dem Aramäischen ins Griechische übersetzt, und zwar in einer juden- und einer heidenchristlichen Fassung, auf denen unsere Synoptiker basieren. – Freilich bot auch diese Theorie keine befriedigende Erklärung des synoptischen Befundes, aber sie hat bedeutsame Gesichtspunkte in die Debatte gebracht, die später in der formgeschichtlichen Forschung wieder zur Geltung kamen: daß der schriftlichen Fixierung der Evangelien eine längere Periode mündlicher Weitergabe vorausgehe und daß in ihr der Stoff durch die Bedürfnisse und Zwecke der Gemeinde feste Form gewonnen habe.

c) Die sog. D i e g e s e n - oder F r a g m e n t e n t h e o r i e gilt herkömmlicherweise als Schleiermachers Lösungsversuch der synop-

---

[1] Thesen aus der Kirchengeschichte, 1776; Neue Hypothesen über die Evangelisten als bloß menschliche Geschichtsschreiber betrachtet, 1778.

[2] Über die drei ersten Evangelien, 1794; Einleitung in das NT I, 1804.

[3] Von Gottes Sohn, der Welt Heiland. Nach Johannes Evangelium. Regel der Zusammenstimmung unserer Evangelien aus ihrer Entstehung und Ordnung, 1797; doch siehe die Einschränkung bei Weisweiler, 65.

[4] Historisch-kritischer Versuch über die Entstehung und die frühesten Schicksale der schriftlichen Evangelien, 1818.

tischen Frage, aber zu Unrecht, wie H.Weisweiler nachgewiesen hat[5].
Fr. D. E. Schleiermacher hat in dem Buch (das angeblich die Diegesentheorie entfaltet) „Über die Schriften des Lukas, ein kritischer Versuch.
Erster Theil" (1817) die Auffassung vertreten, dieser Evangelist habe
weder ein Urevangelium noch andere, sich über das ganze Leben
Jesu erstreckende Darstellungen benutzt, sondern eine große Anzahl
schriftlicher „Aufsätze", die ihrerseits Einzelstücke enthielten und
nicht aus biographischem Interesse, sondern aus sachlichen Bedürfnissen heraus zusammengestellt und aufgezeichnet worden seien;
Lukas sei „von Anfang bis zu Ende nur Sammler und Ordner schon
vorhandener Schriften" (S. 301); die Ganzheit stehe am Ende, nicht
am Anfang.

Zweierlei muß hier betont werden. 1. Schleiermacher bezeichnet nie die
Aufsätze oder die Einzelstücke als διηγήσεις – ebensowenig wie sein
Vorgänger H. E. G. Paulus, der die von ihm für Mt und Lk vorausgesetzten „Aufsätze" vielmehr ἀπομνημονεύματα nannte. Denn διήγησις
Lk 1, 1 meint ja eine Gesamtdarstellung. Die später aufgekommene Etikettierung als Diegesentheorie ist also verfehlt[6] und die noch spätere als
Fragmententheorie, die jene interpretieren sollte, nicht gerade glücklich. 2.
Schleiermacher versucht in dem genannten Werk keine Lösung des synoptischen Problems, sondern nur eine Analyse des Lk, der eine analoge der
Apg folgen sollte; er verbittet sich ausdrücklich, von seinen Aufstellungen
Schlüsse auf seine Meinung über Mt und Mk zu ziehen (S. XII). Auch
später hat er seine Lk-Hypothese nie zu einer allgemeinen Theorie über
die Entstehung und das gegenseitige Verhältnis der Synoptiker systematisiert, wenn er auch in seiner posthum erschienenen Vorlesung über „Einleitung in das NT" die Synoptiker in cumulo ähnlich wie Lk entstanden
denkt und als „aggregierende Evangelien" dem einheitlich entstandenen
„biographischen" Joh entgegenstellt[7]. – Als Lösungsversuch des synoptischen Problems hat Schleiermachers Theorie keine Wirkung gehabt und
allenfalls in dem Werk von W. L. Knox „The Sources of the Synoptic
Gospels" I. II. (1953, 1957) einen unbewußten Nachfolger gefunden. Sie
vermag das synoptische Problem nicht zu lösen, zeigt aber einige richtige
Aspekte: den Sammelcharakter dieser Bücher und die redigierende Tätigkeit der Evangelisten.

d) Die Benutzungstheorie – eigentlich die älteste, da schon von
Augustin vertreten – hat ihre wissenschaftliche Fassung später als die
bisher genannten Hypothesen erhalten. Ihre Vertreter erklären den
synoptischen Befund daher, daß jeder Evangelist das frühere Evan-

---

[5] Weisweiler, 66–96.
[6] Über die dunkle Herkunft der Bezeichnung vgl. Weisweiler, 67.
[7] Sämmtliche Werke I, 3, 1945, hg. v. G. Wolde, 217–233; die beiden antithetischen Begriffe 219f.

gelium literarisch, dh als Quelle benutzt habe. Sie differieren aber
in der vorausgesetzten zeitlichen Reihenfolge der Evangelien und
dementsprechend in der Motivation der Abweichungen. Von den
zahlreichen Spielarten seien nur zwei genannt, die Griesbach'sche
und die Lachmann'sche. J. J. Griesbachs[8] These, Mk sei ein Exzerpt
aus Mt und Lk, die zeitliche Reihenfolge also Mt–Lk–Mk, fand bei
F. C. Baur und der Tübinger Schule großen Anklang, weil sie in
Baurs Geschichtskonstruktion paßte, wurde aber auch von de Wette
und andern akzeptiert. C. Lachmann[9] konnte mit guten Gründen
die Priorität des Mk wahrscheinlich machen (Mt und Lk stimmen in
der Reihenfolge der Erzählungen nur dann miteinander überein,
wenn sie mit der des Mk übereinstimmen, sodaß man Mk als Quelle
des Mt und Lk annehmen muß). Bald darauf (1838) haben unabhängig voneinander Chr. G. Wilke[10] und Chr. H. Weisse[11] dieselbe
These mit neuen Argumenten unterstützt. Wie Lachmann schon für
Mt, so vermutete Weisse für Mt und Lk die Benutzung einer Sammlung von Reden Jesu. Damit war die sog. Zwei-Quellen-Theorie in
ihren Grundzügen aufgestellt, die sich allmählich durchgesetzt hat
und heute fast allgemein anerkannt ist.

## § 20. Die Zwei-Quellen-Theorie

*Literatur:*

M. Black, An Aramaic Approach to the Gospels and Acts, [3]1967;
W. Bussman, Synoptische Studien I–III, 1925–31;
J. C. Hawkins, Horae Synopticae, [2]1906;
H. J. Holtzmann, Die synoptischen Evangelien, 1863;
J. Schmid, Neue Synoptiker–Literatur, ThRv 52, 1956, Sp. 49–62;
J. Schniewind, Zur Synoptiker–Exegese, ThR NF 2, 1930, 134ff;
B. de Solages, Synopse Grèque des Evangiles, 1959;
B. H. Streeter, The Four Gospels, 1924, [9]1956;
J. Wellhausen, Einleitung in die drei ersten Evangelien, [2]1911;
P. Wernle, Die synoptische Frage, 1899;
W. Wrede, Das Messiasgeheimnis in den Evangelien, 1901.

---

[8] Commentatio qua Marci evangelium totum e Matthaei et Lucae com-
mentariis decerptum esse demonstratur, 1789.
[9] De ordine narrationum in evangeliis synopticis, ThStKr 8, 1835, 570ff.
[10] Der Urevangelist oder eine exegetisch-kritische Untersuchung des Ver-
wandtschaftsverhältnisses der drei ersten Evangelien.
[11] Die evangelische Geschichte, kritisch und philosophisch betrachtet.

## 1. Die Grundzüge

Die Zwei–Quellen–Theorie setzte sich seit der zweiten Hälfte des 19. Jh.s allmählich durch – vertreten vor allem von H. J. Holtzmann, C. Weizsäcker und B. Weiss, gewissermaßen klassisch dargestellt von P. Wernle – und ist heute weitgehend anerkannt. Es gibt keine nennenswerten Alternativen zu ihr, wenn es auch nicht an Gegentheorien fehlt. Einige von ihnen sollen erwähnt werden. Ihnen gegenüber hat die Zwei–Quellen–Theorie den Vorzug, das gegenseitige Verhältnis der Synoptiker mit dem geringsten Aufwand an Hypothesen, am einfachsten und plausibelsten zu erklären. Sie besagt:

a) Mk ist das älteste Evangelium und ist von Mt und Lk als Quelle benutzt worden;

b) Mt und Lk haben außerdem eine zweite Quelle benutzt, die verloren gegangen, aber noch zu erschließen ist und die hauptsächlich Sprüche und Reden Jesu enthalten hat, die sog. Spruchquelle (abgekürzt Q = Quelle).

a) Für die e r s t e These sprechen folgende Beobachtungen. Einmal der Vergleich des Stoffquantums. Nur ganz wenige Stücke des Mk fehlen sowohl bei Mt als auch bei Lk – man nennt sie daher das Sondergut des Mk –, alle übrigen finden sich entweder bei beiden oder bei einem von ihnen. Bei Lk fehlt ein ziemlich großer Passus des Mk (Mk 6, 45–8, 26); aber bei Mt finden sich 90 % des Mk-Stoffes. – Die Tatsache, daß Mk fast in ganzem Umfang in Mt und / oder Lk enthalten ist, beweist zwar seine Priorität noch nicht, macht sie aber doch sehr wahrscheinlich. Denn bei der Hypothese, Mk sei sekundär und ein Exzerpt aus Mt und Lk (Griesbach, Tübinger Schule), wäre das Auswahlprinzip des Mk unverständlich: warum sollte er den reichen Redestoff und die vielen Erzählungen ausgelassen haben? Demgegenüber ist die Annahme, Mk sei eine Quelle des Mt und Lk, sehr viel wahrscheinlicher.

Gewichtiger ist die Beobachtung der *Reihenfolge* der Erzählungen. Die Reihenfolge des Mk erweist sich als primär und als für die des Mt und Lk konstitutiv. Das fällt nicht ohne weiteres auf, da Mt und Lk sehr viel mehr Stoff bringen als Mk, und Mt 3–13 mit der Reihenfolge der entsprechenden Mk–Perikopen recht wenig übereinstimmt. Vergleicht man aber die allen drei Synoptikern gemeinsamen Erzählungen hinsichtlich ihrer Reihenfolge, dann muß man feststellen, daß Mt und Lk nie gemeinsam, an der gleichen Stelle, von der Mk–Akoluthie abweichen, sondern jeweils nur einer, während der andere mit Mk geht. – Dieser Tatbestand kann theoretisch auch so gedeutet werden, daß Mk, falls er jünger als die beiden andern sein sollte, bald Mt, bald Lk folgt. Aber dabei verwickelt man sich in unlösbare Schwierigkeiten: es wäre zu erklären, warum er sich jeweils so und nicht anders entscheidet; warum er von 1, 16–6, 6 nicht Mt, sondern Lk (4, 16–8, 56) und diesem auch nicht genau, sondern mit Abweichungen und Auslassungen folgt; und schließlich erhöbe sich mit erneuter Dringlichkeit die Frage der Auslassungen – alles Fragen, auf die es keine einleuchtende Antwort gibt. Dagegen legt der genannte Tatbestand als einfachste Deutung die Annahme nahe, daß die Mk–Reihenfolge der allen drei Synoptikern gemeinsamen Erzählungen die ursprüngliche ist und daß die Abweichungen jeweils auf Konto des Mt bzw. Lk gehen. Diese Folgerung wird dadurch bestätigt, daß sich die Motive zu den Umstellungen bei Mt und Lk unschwer feststellen lassen (s. u. §§ 24 und 25). Der ordo narrationum evangelicarum genügt nach Jülichers Meinung schon allein zum Beweis, daß Mk als Aufriß dem Mt und Lk zugrundeliegt.

Schließlich erweisen viele sprachliche und stilistische Einzelbeobachtungen die Priorität des Mk. So wird einerseits sein Text von Mt und / oder Lk geglättet. Das einschlägige Material ist in den Listen bei Wernle aufgeführt (11ff; 18ff; 131f; 146ff); das beliebteste Beispiel – die Ersetzung des volkstümlichen κράβατος Mk 2, 1–12 durch κλίνη bei Mt und κλινίδιον bei Lk – sei hier auch angeführt. Andererseits zeigt sich eine erstaunliche Konstanz des Vokabulars: B. de Solages hat wortstatistisch festgestellt, daß von den 10650 Vokabeln des Mk in den gemeinsamen Stücken bei Lk 7040, bei Mt 7678, insgesamt 8189 vorkommen – ein „mathematischer" Beweis für die Priorität des Mk.

b) Für die z w e i t e These der Zwei-Quellen-Theorie, die Existenz von Q, sind folgende Beobachtungen maßgebend. Mt und Lk haben über den Mk-Stoff hinaus zahlreiche gemeinsame nichtmarkinische Stücke, meist Redestücke, die in Wortlaut und Reihenfolge so viele Übereinstimmungen zeigen, daß ein enger Zusammenhang zwischen ihnen bestehen muß. Die Versuche, diesen Zusammenhang als Abhängigkeit des Mt von Lk oder des Lk von Mt verständlich zu machen, sind gescheitert (wenn auch der letztere immer wieder einmal unternommen wird); denn diese gemeinsamen Stücke finden sich jeweils an ganz verschiedenen Stellen und ihre Differenzen in der Formulierung lassen sich schlechterdings nicht als matthäische Bearbeitung der lukanischen Fassung oder umgekehrt erklären. Dagegen wird die Annahme, daß Mt und Lk unabhängig voneinander eine gemeinsame Quelle benutzt haben, dem Sachverhalt am besten gerecht. Diese Annahme wird durch die Beobachtung gestützt, daß Mt und Lk gelegentlich denselben Spruch zweimal bringen, einmal als Bestandteil eines übernommenen Mk-Kontextes und dann in ganz andern Zusammenhängen[1]; solche Dubletten beweisen, daß Mt und Lk außer Mk noch eine andere Quelle benutzt haben. Man nennt sie wegen ihres Inhalts – Sprüche und Gleichnisse Jesu, dazu einige Worte des Täufers – Reden-, Logien- oder Spruchquelle und bezeichnet sie seit dem Ende des 19. Jh.s mit dem Siglum Q.

Soweit wir erkennen können, hat Q mit der Verkündigung des Täufers begonnen und mit eschatologischen Gleichnissen Jesu geschlossen. Zwei inhaltliche Besonderheiten fallen auf, das Fehlen eines jeden Hinweises auf Jesu Tod und das Fehlen von ‚richtigen‘ Erzählungen. Nur zwei Q-Stücke machen den Eindruck von Erzählungen, die Versuchung Jesu (Mt 4, 1–11; Lk 4, 1–13) und die Geschichte vom Hauptmann von Kapernaum (Mt 8, 5–13; Lk 7, 1–10). Aber der synoptische Vergleich zeigt, daß in beiden Stücken die Jesusworte fast wörtlich übereinstimmen, die erzählenden Rahmungen dagegen differieren, dh auf die redigierenden Evangelisten zurückgehen: in Q waren nur die Dialoge und ganz knappe Andeutungen über Ort und Anlaß überliefert. Ähnlich verhält es sich mit den szenischen Angaben bei der Anfrage des Täufers (Mt 11, 1ff; Lk 7, 18ff) und bei der Beelzebulperikope (Mt 12, 22ff; Lk 11, 14ff: Heilung eines tauben Besessenen). Die Stücke sind also in Q nicht als Erzählungen von Jesus, sondern als Jesus-Worte überliefert worden; Q war eine Spruchsammlung. Die zB von Em. Hirsch apodiktisch aufgestellte Behauptung, eine Redequelle ohne Erzählungen und Leidensgeschichte habe nie existiert, scheitert am Quellenbefund und wird außerdem durch das koptische Thomasevangelium desavouiert; diese Spruchsammlung, die weder Erzählungen noch eine Leidensgeschichte, wohl aber Worte und Gleichnisse Jesu enthält, zuweilen mit Situationsangaben und dialogisiert, stellt ein frappantes Analogiephänomen zur Spruchquelle dar.

Der Stoff von Q war ursprünglich in aramäischer Sprache überliefert – Jesus hat ja aramäisch gesprochen – und wurde wohl

---

[1] Vgl. Mk 4, 25/Mt 13, 12; Lk 8, 18 mit Mt 25, 29; Lk 19, 26; ferner Mk 8, 38/Mt 16, 27; Lk 9, 26 mit Mt 10, 32f; Lk 12, 8f; oder Mk 8, 34f/Mt 16, 24f; Lk 9, 23f mit Mt 10, 38f; Lk 14, 27; 17, 33 usw.

schon ziemlich früh ins Griechische übersetzt; viele sprachliche
Eigentümlichkeiten lassen die Übersetzung aus einem semitischen
Idiom noch erkennen[2]. Es ist ganz ausgeschlossen, daß die Evangelisten Matthäus und Lukas jeder für sich, unabhängig voneinander,
das Q-Material übersetzt haben; dazu sind die wörtlichen Übereinstimmungen im griechischen Text viel zu weitgehend; beide
hatten Q schon griechisch vor sich. Andererseits gibt es auch ebenfalls weitgehende Differenzen im Wortlaut, die nicht ausschließlich
auf redaktionelle Eingriffe der Evangelisten oder auf den Einfluß der
mündlichen Tradition zurückgehen können. Man nimmt daher –
und vermutlich mit Recht – an, daß Q in verschiedenen griechischen
Rezensionen existiert hat.

### c) Das Sondergut

Was nach Abzug des Mk- und Q-Stoffes von Mt und Lk übrig-
bleibt, ist das sog. S o n d e r g u t des Mt bzw. Lk, dh Stücke, die
sich jeweils nur bei e i n e m Evangelisten finden und die einen
erheblichen Teil der beiden Evangelien ausmachen. Die Frage nach
seiner Herkunft ist umstritten. Ein Teil der Sondergut-Sprüche
stammt möglicherweise aus Q; diesen Schluß kann man ziehen,
wenn die betreffenden Sprüche in einem Q-Komplex begegnen und
ihr Fehlen bei dem Seitenreferenten sich plausibel als Auslassung
motivieren läßt; doch bleiben solche Zuweisungen hypothetisch. Ob
Mt und Lk ihr Sondergut aus mündlicher Tradition oder aus schriftlichen Quellen übernommen haben, läßt sich nicht zwingend erweisen. Die angelsächsische Forschung ist zur Annahme schriftlicher
Quellen geneigt; B. H. Streeter nimmt für das Sondergut des Mt
eine Quelle M an und hat mit dieser Vier-Quellen-Theorie im englischen Sprachgebiet viele Anhänger gefunden. Die kontinentale,
insbesondere die deutsche Forschung rechnet sehr viel stärker mit
der mündlichen Überlieferung, die ja reich geflossen ist, wie die
außerkanonische Tradition bei den Apostolischen Vätern, die Agrapha und die apokryphen Evangelien zeigen. Manches Sondergut-
Stück mag auch von dem betreffenden Evangelisten gebildet sein.
Über die Herkunft des Sonderguts des Mt und Lk läßt sich kein
pauschales Urteil fällen; die Frage ist bei jedem einzelnen Stück
gesondert zu untersuchen.

---

[2] Vgl. Black, passim, insbes. 186ff.

## 2. Einzelfragen

Wie die Existenz des Sondergutes zeigt, löst die Zwei-Quellen-Theorie nicht alle synoptischen Fragen. Aber auch innerhalb ihres engeren Bereichs, des Stoffes aus Mk und Q, ist manches unsicher.

a) Es fragt sich, ob Mk in seiner heutigen Gestalt oder in einer älteren, als sog. „U r m a r k u s " von Mt und Lk benutzt worden ist. Für die Urmarkus-Hypothese werden drei Argumente geltend gemacht: das Sondergut des Mk, die sog. „lukanische Lücke" (dh das Fehlen von Mk 6, 45–8, 26 zwischen Lk 9, 17 und 18) und die Übereinstimmungen von Mt und Lk gegen Mk innerhalb des Mk-Stoffes.

Um das Fehlen mancher Mk-Stücke sowohl bei Mt als auch bei Lk sachgemäß zu beurteilen, muß man sich darüber klar sein, daß Mt und Lk ja nicht verpflichtet waren, den ganzen Mk-Stoff zu reproduzieren, daß das Fehlen solchen Stoffes keineswegs beweist, daß sie ihn nicht kannten. Bei einer ganzen Anzahl markinischer Sondergutstücke läßt sich eine bewußte Auslassung wahrscheinlich machen. Die Notiz, die Verwandten Jesu hätten ihn für wahnsinnig gehalten (Mk 3, 20f), war anstößig; dasselbe gilt wohl auch von der Angabe über die Austreibung einer besonderen Dämonenart (Mk 9, 29), der Spruch vom Sabbat (Mk 2, 27) galt wohl als zu liberal, der vom ‚mit Feuer salzen' (9, 49) war unverständlich (Kümmel, Einl. 30), und die Bemerkung über den nackten Jüngling (14, 51f) wurde nicht mehr als Hinweis auf einen Augenzeugen der Gethsemaneszene verstanden. Die zwei Heilungsgeschichten Mk 7, 31–37; 8, 22–26, die in die lukanische Lücke gehören, hat Mt zweifellos gelesen; er ersetzt die erste an der Stelle, wo sie bei Mk steht, durch einen Sammelbericht (Mt 15, 29–31) und die zweite durch einen knappen Bericht über die Heilung zweier Blinder an einer früheren Stelle (Mt 9, 27–31), den er nach Mk 10, 46ff stilisiert und der jetzt als matthäisches „Sondergut" erscheint; offenbar war dem Mt-Evangelisten die profane Wundertopik der beiden Heilungen zu massiv. Das Fehlen des Gleichnisses von der selbstwachsenden Saat (Mk 4, 26–29) läßt sich dagegen nicht als Auslassung motivieren; Mt und Lk scheinen es tatsächlich nicht in ihrem Mk gelesen zu haben; es ist möglicherweise ein nachmarkinischer Zuwachs. Warum Mk 9, 48; 15, 44f fehlen, läßt sich kaum vermuten. Das Mk-Sondergut, das ernsthaft als Indiz für eine Mk-Gestalt, die der uns erhaltenen gegenüber ursprünglicher ist, in Frage kommt, reduziert sich also auf diese drei letztgenannten Texte.

Die lukanische Lücke, dh das Fehlen des ganzen Komplexes vom Seewandel (nach der Speisung der Fünftausend) bis zur Blindenheilung vor dem Petrusbekenntnis (Mk 6, 45–8, 26), ist noch nicht einleuchtend erklärt worden. Wenn man für dieses Fehlen einen Urmarkus verantwortlich macht, muß man zwei solche Urmarci annehmen: den, der Lk vorgelegen hat, und einen erweiterten, den Mt benutzt hat (so Bussmann); daß ein solches Wachstum des Mk Schwierigkeiten bietet, zumal Mt und Lk etwa gleichzeitig abgefaßt worden sind, liegt auf der Hand. Man hat deshalb angenommen, das von Lk benutzte Mk-Exemplar sei defekt gewesen (so Holtzmann und Streeter). Aber Schürmann hat Indizien dafür nachgewiesen, daß Lk den bei ihm fehlenden Mk-Komplex gelesen haben muß[3]; dh Lk hat ihn absichtlich ausgelassen; die Motive freilich sind nicht eindeutig. Wie dem auch sei, die lukanische Lücke ist kein Beweis für einen Urmarkus.

Über die Übereinstimmungen von Mt und Lk gegen Mk kann hier nicht im einzelnen gehandelt werden; allein die Darbietung des Materials würde zuviel Raum einnehmen[4]. Diese Übereinstimmungen bestehen zum großen Teil in sprachlichen und stilistischen Details, zB im Gebrauch eines Vergangenheitstempus an Stelle des markinischen praesens historicum, in Partizipial- und anderen Konstruktionen an Stelle der mit „und" verbundenen verba finita bei Mk, im Fehlen einzelner Vokabeln des Mk-Textes. Solche Phänomene würde man natürlicherweise als Glättungen des Mk-Textes durch einen der Seitenreferenten erklären, wenn sie nicht bei beiden an derselben Stelle begegneten. Aber es ist ja auch nichts Unnatürliches, daß zwei Redaktoren bei der verbessernden und straffenden Wiedergabe desselben Textes unabhängig voneinander auf dieselben Einfälle kommen. Andere Übereinstimmungen erklären sich aus dem Einfluß von Q oder aus der Einwirkung mündlicher Überlieferung (damit rechnet Kümmel, 36, bei dem Zusatz: „Wer ist es, der dich schlug" Mt 26, 68; Lk 22, 64 zu Mk 14, 65). Wieder andere Übereinstimmungen gehen auf Angleichungen der Synoptikertexte in der handschriftlichen Überlieferung zurück. Die ‚minor agreements' machen einen Urmarkus nicht wahrscheinlich.

---

[3] Sprachliche Reminiszenzen usw: Traditionsgeschichtliche Untersuchungen zu den synoptischen Evangelien, 1968, 111ff, bes. 113f.
[4] Vgl. die Listen bei J. Schmid, Mt und Lk, 38f. 41f. 66f.

Was für die Annahme spricht, daß Mt und Lk einen andern als den heutigen Mk-Text vor sich hatten, ist allein das Fehlen des Gleichnisses von der selbstwachsenden Saat und einiger Einzelsprüche. Wenn man einen Mk ohne diese Stücke als ‚Urmarkus‘ kennzeichnen will, so bleibt das unbenommen; ein wesentlicher Unterschied zwischen unserm Mk und der Mk-Vorlage des Mt und Lk besteht nicht.

b) Zwei Bemerkungen zur S p r u c h q u e l l e . Auch bei ihr hat man sich um die Gewinnung von V o r s t u f e n – wie bei Mk um den Urmarkus – bemüht, aber mit noch geringerem Erfolg. Es gelang nicht, auf dem Wege quellenkritischer Vergleichung die vermuteten R e z e n s i o n e n zu rekonstruieren oder ältere und jüngere S c h i c h t e n zu scheiden. Solche Versuche, wie sie vor allem W. Bussmann unternommen hat, sind heute aufgegeben; doch sei bemerkt, daß ein Forscher wie M. Black die Resultate Bussmanns sehr positiv beurteilt (aaO, 186ff). Es lassen sich zwar unter traditions- und religionsgeschichtlichen Gesichtspunkten ältere und jüngere Stoffe in Q unterscheiden; aber zur Erfassung der l i t e r a r i s c h e n Schichten reichen die Möglichkeiten des synoptischen Vergleichs nicht aus und fehlen sichere Kriterien.

Damit ist auch die andere Frage berührt, die hier zu nennen ist, ob Q überhaupt als Quellen s c h r i f t oder nur als m ü n d l i c h überlieferte Größe existiert hat. Die Schriftlichkeit von Q war ursprünglich als selbstverständlich vorausgesetzt und wurde später auch eigens begründet, wird aber seit einiger Zeit gelegentlich in Zweifel gezogen. Aber m. E. zu Unrecht; die in diese Richtung gehenden Versuche[5] sind mit ungenügenden Mitteln durchgeführt, und es gibt kaum zu widerlegende Indizien für die Schriftlichkeit von Q. Das Problem wird in dem der Spruchquelle gewidmeten Paragraphen behandelt. Es mußte aber hier als eine der Einzelfragen der Zwei-Quellen-Theorie und zwar zusammen mit meiner Meinung darüber genannt werden, um deutlich zu machen, daß bewußt und begründet von Q als einer schriftlichen Größe gesprochen wird.

c) Nicht sicher lösen läßt sich die Frage des gegenseitigen V e r - h ä l t n i s s e s v o n M k u n d Q. Diese Frage stellt sich aufgrund

---

[5] ZB von Joach. Jeremias, Zur Hypothese einer schriftlichen Logienquelle, ZNW 29, 1930, 147ff = Abba, 1966, 90ff; H. Th. Wrege, Die Überlieferungsgeschichte der Bergpredigt, WUNT 9, 1968; S. Petrie, 'Q' is only what you make it, NovT 3, 1959, 28ff.

der Tatsache, daß Mk einige Texte mit Q gemeinsam hat, dh Texte,
die sich durch Übereinstimmung von Mt und Lk gegen Mk im
Wortlaut oder im Umfang als auch in Q vorhanden erweisen: die
Verkündigung des Täufers Mk 1, 7f; die Versuchung Jesu 1, 12f;
das Beelzebulgespräch 3, 22–30; das Senfkorngleichnis 4, 30–32; die
Aussendungsrede 6, 7–11; die Sprüche gegen die Schriftgelehrten 12,
38–40 und eine Anzahl anderer Worte (4, 21–25; 8, 38; 9, 42–50).
Handelt es sich bei diesen Überschneidungen um literarische Abhängigkeit, und wenn ja, des Mk von Q oder umgekehrt? Oder
greifen Mk und Q unabhängig voneinander auf die gleiche mündliche Überlieferung zurück? Alle Möglichkeiten sind durchgespielt
worden, ohne daß eine Antwort sich als stringent erwiesen hätte
und erweisen könnte. Doch ist die Hypothese vom unabhängigen
Rückgriff auf gemeinsame mündliche Überlieferung, weil am be-
quemsten, die beliebteste.

Unbeschadet der möglichen Richtigkeit dieser Hypothese muß
betont werden, daß es zwei Indizien dafür gibt, daß – was unbestritten ist – die Sammlung von Jesusworten älter ist als die Abfassung des Mk. Die Paulusbriefe bezeugen, daß spätestens Anfang
der 50er Jahre eine von Paulus benutzte (schriftliche oder mündliche) Sammlung von „Herrenworten" existierte (1Thess 4, 15ff;
1Kor 7, 10f; 9, 14; 11, 23ff; vgl. 7, 12. 25). Ferner schöpft Mk aus
einer reichen Tradition, die er die „Lehre" Jesu nennt, aus der er
nur auswahlsweise und gewissermaßen exemplarische Mitteilungen
macht[6]; zu ihr gehören mindestens die zwei „Q"-Parallelen, die er
mit der Zitationsformel „er sagte in seiner Lehre" einleitet (4, 2.
30ff; 12, 38ff). Es ist daher gut möglich, daß Mk auch seine andern
„Q"-Parallelen jener Tradition entnommen hat, die er Jesu „Lehre"
nennt, daß diese „Lehre" also mit Q oder einer Vorstufe davon
identisch ist. Über die Schriftlichkeit der „Lehre" ist damit noch
nichts gesagt. Dh Q ist älter als Mk; daß Mk Q benutzt hat, vielleicht schon in schriftlicher Fassung, ist nicht auszuschließen.

## 3. Modifikationen und Antithesen

Es hat nicht an Versuchen gefehlt, die Zwei-Quellen-Theorie zu
modifizieren oder zu verdrängen. Einen kritischen Überblick über

---

[6] Vgl. Dibelius, Die Formgeschichte des Evangeliums, ²1933, 236f.

diese Bemühungen bis in die Mitte der 30er Jahre gibt K. Grobel[7]. Die zahlreichen Fortsetzungen, die in den Jahrzehnten seither unternommen wurden, können hier nicht aufgezählt oder gar kritisch gewürdigt werden. Daher seien anhangsweise wenigstens einige Typen synoptischer Quellenanalyse genannt.

Ein erster Typ ist die Erweiterung der Zwei–Quellen–Theorie zu Mehr-Quellen-Theorien. Den eindrucksvollsten Versuch dieser Art repräsentiert B. H. Streeters Vier-Quellen-Hypothese, von der schon die Rede war (die vier Quellen: Mk, Q und das jeweilige Sondergut M und L) und die ihr Specificum in einer Proto-Lukas-Theorie besitzt, von der noch die Rede sein wird; Streeters Werk hat in der angelsächsischen Theologie stark nachgewirkt und verschiedene Modifikationen erfahren. Zu diesem ersten Typ gehören die Versuche, Mk und Q in eine Vielzahl von Quellen aufzuspalten und das Sondergut zu einer Vielzahl von Quellen zusammenzufügen[8], Versuche, die die Zwei-Quellen-Theorie faktisch auflösen.

Ein zweiter Typ wird durch die Reduktion der Zwei-Quellen-Theorie auf ihre Hälfte, die These von der Mk-Priorität unter Bestreitung der Existenz von Q, gekennzeichnet; das Q-Material figuriert als „der Mt und Lk gemeinsame Redestoff" und wird in toto der mündlichen Tradition zugewiesen (zB Joach. Jeremias, S. Petrie, H. Th. Wrege)[9].

Ein dritter Typ wird durch die These von der Mt-Priorität (Bestreitung der Mk-Priorität und der Existenz von Q) gekennzeichnet. Ansatzpunkte sind die „minor agreements", dh Übereinstimmungen von Mt und Lk gegen Mk im Mk-Stoff und der angebliche Fehlschluß Lachmanns hinsichtlich des „ordo narrationum". Dieser Typ präsentiert sich in zwei Varianten. Einmal in einer erneuerten Urevangeliumshypothese, derzufolge ein aramäisches – auf den Apostel Matthäus zurückgeführtes – Evangelium den drei Synoptikern zugrunde liegt; das Wie wird verschieden beschrieben, und gelegentlich wird noch eine besondere Quelle angenommen (die aber nicht

---

[7] Formgeschichte und synoptische Quellenanalyse, FRLANT 53, 1937, 24–121.
[8] ZB E. Hirsch, Frühgeschichte des Evangeliums I. II., 1941 (dazu E. Haenchen, ThLZ 67, 1942, 129ff); H. Hembold, Vorsynoptische Evangelien, 1953 (dazu P. Vielhauer, Gn 26, 1954, 460ff); W. L. Knox, The Sources of the Synoptic Gospels I, 1953; II, 1957 (dazu H. Greeven, ThLZ 81, 1956, 439ff; R. Bultmann, Gn 30, 1958, 274ff).
[9] S. o. Anm. 5.

mit Q identisch ist), sodaß es auch hier zu einer Art Zwei-Quellen-Theorie kommt. Diese vor allem von katholischen, aber auch von anderen Theologen[10] favorisierte Variante arbeitet mit so vielen hypothetischen und völlig unkontrollierbaren Größen, daß die so errichteten komplizierten Hypothesengebäude zwar sehr eindrucksvoll, aber weniger überzeugend sind. Die andere Variante verzichtet auf den aramäischen und begnügt sich mit dem griechischen Mt als der Vorlage für die beiden anderen Synoptiker. Nachdem B. C. Butler[11] einen weithin beachteten, wenn auch nicht als geglückt anerkannten Versuch, die Priorität des Mt vor Mk zu erhärten, unternommen hat, vertritt das letzte größere Werk über das synoptische Problem, W. R. Farmers The Synoptic Problem (1964), – vor allem mit Temperament – die literarische Reihenfolge Mt-Lk-Mk, dh die These von Mk als einem Exzerpt aus Mt und Lk: nach der Urevangeliumstheorie feiert auch die alte Griesbachsche Hypothese als neuester Lösungsversuch fröhliche Urständ. Der synoptischen Quellenkritik fällt offenbar nichts Neues mehr ein.

All diese Versuche können die Zwei-Quellen-Theorie nicht erschüttern, sondern nur dem Bewußtsein einschärfen, daß es sich bei ihr um eine Theorie handelt. Daß diese Theorie auch strenger Nachprüfung standhält, auch bei den vielberufenen „minor agreements" und bei dem als Lachmannscher Trugschluß bezeichneten „ordo narrationum", hat B. de Solages mit seiner „mathematischen" Untersuchungsmethode evident gemacht[12].

#### 4. Ansätze zur formgeschichtlichen Methode

Mit der Zwei-Quellen-Theorie hat die literarkritische Arbeit an den Synoptikern tatsächlich ihr Ende erreicht. Die Versuche, immer mehr Quellenschriften aufzuspüren, erweisen sich als steril und sind durch die formgeschichtliche Methode und ihre Ergebnisse überholt. Das Interesse freilich, das diese quellenkritischen Versuche leitet, ist

---

[10] ZB L. Vaganay, Le problème synoptique, 1954 (dazu P. Vielhauer, ThLZ 80, 1955, 647ff); X. Léon-Dufour in A. Robert, A. Feuillet, Einleitung in die Heilige Schrift, II, Neues Testament, 1964, 233ff (dazu Vielhauer, ThR NF 31, 1966, 266ff); P. Parker, The Gospel Before Mark, 1953.
[11] The Originality of St Matthew, 1951.
[12] Zu seiner Synopse Grècque des Evangiles, 1959, vgl. J. Schmid, BZ NF 5, 1961, 136ff und P. Vielhauer, ZKG 1968, 88f.

dasselbe, das hinter allen Bemühungen um die literarische Klärung des synoptischen Verhältnisses, gerade auch hinter der Zwei-Quellen-Theorie steht: die historische und theologische Absicht, dem historischen Jesus, seinem Leben und seiner Lehre näher zu kommen; denn – so die Voraussetzung – je näher ein Dokument den Ereignissen steht, desto zuverlässiger ist es. Aber schon auf dem Boden der Zwei-Quellen-Theorie wurde diese Voraussetzung durch W. Wrede[13] und J. Wellhausen[14] erschüttert.

Ihre Kritik an der herrschenden Auffassung, daß man in Mk als dem ältesten Evangelium ein (relativ) getreues Bild vom äußeren Ablauf der Wirksamkeit und von der inneren Entwicklung Jesu und in Q eine (relativ) zuverlässige Wiedergabe seiner Verkündigung besitze, hat zugleich wesentliche Voraussetzungen der formgeschichtlichen Methode geschaffen[15]. W r e d e zeigte, daß diese Auffassung des Mk ein Irrtum ist, daß das älteste Evangelium überhaupt nicht biographisch, sondern theologisch orientiert ist, nämlich bestimmt von einer aus der Gemeindetheologie stammenden dogmatischen Christologie (der Theorie vom „Messiasgeheimnis"). Der Evangelist hat diese Christologie seiner Jesusdarstellung aufgeprägt, indem er in ihrem Interesse die Traditionsstoffe, aus denen er sein Evangelium schuf, gruppiert, bearbeitet und leitmotivisch durchgestaltet hat. W e l l h a u s e n kam zu dem gleichen Resultat: „Markus schreibt nicht de vita et moribus Jesu, er hat nicht die Absicht, seine Person anschaulich oder gar begreiflich zu machen. Sie ist ihm aufgegangen in ihrem göttlichen Beruf; er will dartun, daß Jesus der Christus sei."[16] Er hat ferner Wredes literarische Einsichten dahingehend weitergeführt und präzisiert, daß man in allen drei Synoptikern einerseits zwischen Traditionsgut (und zwar älterem und jüngerem) und andererseits der redaktionellen Arbeit der Evangelisten unterscheiden müsse: „jenes besteht wesentlich aus Einzelstücken; diese hat nicht nur im einzelnen vieles geändert, sondern auch den Zusammenhang des Ganzen, der den Schein einer geschichtlichen Entwick-

---

[13] Das Messiasgeheimnis in den Evangelien, 1901.
[14] Das Evangelium Marci, 1903; Das Evangelium Matthaei, 1904; Das Evangelium Lucae, 1904; Einleitung in die drei ersten Evangelien, 1905, ²1911.
[15] Zum folgenden Bultmann, Trad., 1ff; ders., Die Erforschung der synoptischen Evangelien, 1925, wieder abgedruckt in: Glauben und Verstehen IV, 1965, 1ff.
[16] Einleitung, ²1911, 44.

lung vortäuscht, erst geschaffen."[17] Wellhausen hat schließlich über
Wrede hinaus gezeigt, daß auch Q sekundäre Stoffe enthält und von
der Gemeindetheologie bestimmt ist.

Die Forschung verdankt der Arbeit Wredes und Wellhausens zwei
wesentliche Einsichten: 1. daß die Evangelien und ihre Quellen von
dem Glauben und von der Theologie der Gemeinde geprägt sind
und 2. daß sie primär aus einzelnen Traditionsstücken bestehen und
der Zusammenhang des jeweiligen Ganzen durch die redaktionelle
Tätigkeit der Evangelisten hergestellt ist. Aus dieser Sachlage re-
sultiert die doppelte Aufgabe, 1. nicht durch neue Quellenscheidungen, sondern durch Scheidung von Redaktion und Tradition die
überlieferten Einzelstücke (Erzählung, Gleichnis, Spruch) herauszulösen und 2. durch Untersuchung des Lebens und Glaubens der
Gemeinde die Bedingungen zu erfassen, unter denen die Überlieferung von Jesus geformt, tradiert und redigiert wurde – das sind
die wesentlichen Programmpunkte der formgeschichtlichen Methode.

## § 21. Die formgeschichtliche Methode

*Forschungsberichte:*

M. Dibelius, Zur Formgeschichte der Evangelien, ThR NF 1, 1929, 185ff;
G. Iber, Zur Formgeschichte der Evangelien, ThR NF 24, 1957/58, 283ff.

*Untersuchungen:*

R. Bultmann, Die Geschichte der synoptischen Tradition, [1]1921, [2]1931;
M. Dibelius, Die Formgeschichte des Evangeliums, [1]1919, [2]1933;
K. L. Schmidt, Der Rahmen der Geschichte Jesu, [1]1919, [2]1964;
–, Die Stellung der Evangelien in der allgemeinen Literaturgeschichte,
　EYXAPIΣTHPION II, FRLANT 36, 1923, 50–134.
K. Grobel, Formgeschichte und synoptische Quellenanalyse, FRLANT 53,
　1937;
E. Güttgemanns, Offene Fragen zur Formgeschichte des Evangeliums, 1970
　(dazu die vernichtende Kritik von H. Thyen, EvTh 31, 1971, 472ff.);
K. Koch, Was ist Formgeschichte?, [1]1964, [2]1967.

Die formgeschichtliche Erforschung der synoptischen Evangelien
knüpft methodisch an die gattungsgeschichtliche Betrachtungsweise
an, die Hermann Gunkel auf dem Gebiet der at. Literatur eingeführt

---

[17] Bultmann, Glauben und Verstehen IV, 7f.

und genial durchgeführt hat[1]. Ihren Namen hat sie durch die Programmschrift von Martin Dibelius, „Die Formgeschichte des Evangeliums" (1919) erhalten, der damit einen Terminus Franz Overbecks und Eduard Nordens („ F o r m e ngeschichte") leicht modifiziert aufnahm[2]. Die Hauptwerke sind in rascher Folge erschienen: 1919 das Werk Karl Ludwig Schmidts, 1921 das Rudolf Bultmanns und eine kleinere Arbeit von Martin Albertz „Die synoptischen Streitgespräche", 1922 Georg Bertram, „Die Leidensgeschichte und der Christuskult", 1923 K. L. Schmidts großer Aufsatz über die Stellung der Evangelien in der allgemeinen Literaturgeschichte. Die formgeschichtliche Erforschung der Synoptiker ‚lag in der Luft', dh sie war eine forschungsgeschichtliche Notwendigkeit; und zwar nicht nur aus der Situation der Synoptikerkritik der beiden ersten Jahrzehnte des 20. Jh.s; Gunkels Programm einer biblischen Literaturgeschichte griff ja viel weiter, und Paul Wendland hatte schon 1912 den Entwurf einer urchristlichen Literaturgeschichte skizziert („Die urchristlichen Literaturformen"). Die Erkenntnis der Notwendigkeit formgeschichtlicher Literaturbetrachtung war schon vor Gunkel erreicht und grundsätzlich ausgesprochen worden: von Franz Overbeck, auf den Dibelius, und von Jacob Burckhardt, auf den Bultmann, von J. G. Herder, auf den beide verweisen. Scharfsichtig hat Oscar Cullmann schon 1925 den grundsätzlichen Charakter dieser Methode und ihre Bedeutung über die Synoptiker hinaus für das ganze NT erkannt[3].

Die Aufgabe der formgeschichtlichen Erforschung der Evangelien besteht nach Bultmanns umfassender Definition darin:

„1. den literarischen Charakter der E. als ganzer zu beschreiben und ihre Stellung in der allgemeinen Literaturgeschichte zu bestimmen;

---

[1] Vor allem in seinen Kommentaren zur Genesis (1886, [3]1917) und zu den Psalmen (1926), in seiner Einleitung in die Psalmen (1927/33); ferner: Die israelitische Literatur (1906); Reden und Aufsätze (1913); Das Märchen im Alten Testament (1917). Vgl. die bedeutsame Monographie von W. Klatt, Hermann Gunkel, FRLANT 100, 1969.

[2] Doch hatte Dibelius schon früher die formgeschichtliche Methode in einigen Publikationen präsentiert: Die urchristliche Überlieferung von Johannes dem Täufer, FRLANT 15, 1911 (das erste formgeschichtliche Werk der nt. Wissenschaft); Herodes und Pilatus, ZNW 16, 1915, 113ff; Die alttestamentlichen Motive in der Leidensgeschichte des Petrus- und des Johannesevangeliums BZAW 33, 1918, 125ff; jetzt in: Botschaft und Geschichte I, 1953, 221ff.

[3] In einem Aufsatz in der RHPhR 5, 1925, der jetzt in deutscher Übersetzung zugänglich ist: O. Cullmann, Vorträge und Aufsätze, 1966, 41ff.

2. die Geschichte des in den E. verarbeiteten Traditionsstoffes von seinen vorliterarischen Ursprüngen bis zu seiner literarischen Fixierung in den verschiedenen E. zu beschreiben in der Erkenntnis, daß der Traditionsstoff ursprünglich aus Einzelstücken bestand, deren Entstehung und Geschichte durch die Untersuchung ihrer Form zu erhellen ist" (RGG² II, 418).

Die erste Aufgabe, dh die Frage nach dem literarischen Charakter der Evangelien und nach ihrer Stellung in der allgemeinen Literaturgeschichte ist vorläufig so zu beantworten, daß die Evangelien keine Form der zeitgenössischen at.-jüdischen oder griechischen Literatur aufnehmen und in dieser überhaupt ein literarisches Unicum ohne Vorgänger und Nachfolger darstellen. Sie gehören nach ihrer schriftstellerischen Art nicht der ‚großen' Literatur, sondern der sog. ‚Kleinliteratur' an, jener „Unterschicht, die an den Kunstmitteln und Richtungen des literarisch-künstlerischen Schrifttums nicht teil und mit seinem Publikum nichts zu schaffen hat; ihre Leser finden die Erzeugnisse der Klein-Literatur vielmehr gerade in Kreisen, die von der großen Literatur nicht erreicht werden" (Dibelius, Formgeschichte, 1). K. L. Schmidt, der die Stellung der Evangelien in der allgemeinen Literaturgeschichte in einer weitgespannten phänomenologischen Untersuchung behandelt hat, charakterisiert sie als ‚volkstümliche Kultbücher' bzw. als ‚kultische Volksbücher'. Als vorläufige Kennzeichnung mag dies genügen. Doch ist die Frage nach dem literarischen (und theologischen) Charakter bei jedem einzelnen Evangelium gesondert zu stellen.

Die zweite von Bultmann genannte Aufgabe umschreibt das komplexe Programm der im engeren Sinne formgeschichtlichen Forschung. Die Programmpunkte sind in der ungefähren Reihenfolge des modus procedendi: Scheidung von Tradition und Redaktion; Formanalyse der vorliterarischen Einzelstücke (Gattungsbestimmung); Untersuchung der Entstehung der einzelnen Gattungen; Darstellung der Geschichte des Traditionsstoffes von seinen Ursprüngen bis zu seiner Fixierung in den einzelnen Evangelienbüchern. Die methodische Durchführung dieser Aufgaben soll nun – in enger Anlehnung an Bultmann, Dibelius und Schmidt – kurz umrissen werden.

Die Scheidung von Tradition und Redaktion – von Wellhausen begonnen und von K. L. Schmidt systematisch durchgeführt – hat zwei Ergebnisse zur Evidenz gebracht. Der ‚Rahmen' der Geschichte Jesu, dh der chronologische und geographische Zusammenhang, in den die Wirksamkeit Jesu gestellt ist, erweist sich als Arbeit der Evangelisten. Der Traditionsstoff, den sie aufgenommen haben, be-

steht nicht aus formlosem Material, sondern aus geformtem, formal
in sich abgeschlossenen und selbständigen Einzelstücken, die Schmidt
„Perikopen" nennt: „Die älteste Jesusüberlieferung ist ‚Perikopen'-
Überlieferung, also Überlieferung einzelner Szenen und einzelner
Aussprüche, die zum größten Teil ohne feste chronologische und
topographische Markierung innerhalb der Gemeinde überliefert worden sind" (Rahmen, V). Üblicherweise nennt man diese ‚Perikopen'
mit einem Ausdruck Gunkels lieber ‚kleine Einheiten'. Die Scheidung
von Tradition und Redaktion zeigt 1. „die Bedeutungslosigkeit des
Rahmens für den Bestand der Tradition"[4] und führt 2. zur Erkenntnis, daß die Evangelien ‚Sammelgut' enthalten.

Die Evangelien sind demnach nicht Werke individueller Schriftstellerpersönlichkeiten. Die Evangelisten sind ganz anders als die antiken Biographen an ihren Stoff, und zwar an vorgeformten Stoff
gebunden. Ihr individueller Anteil an der literarischen und theologischen Formung ihrer Werke besteht in redaktioneller Arbeit, im Aus-
wählen und Sammeln, Anordnen, Verknüpfen und Rahmen, sowie
in mancherlei Bearbeitungen des überlieferten Textes. Daß sie bei
solcher redaktionellen Tätigkeit Erstaunliches geleistet haben, wird
heute, wenn auch nicht erst heute, mit Recht betont; das ändert aber
nichts an der Tatsache, die die Formgeschichte ebenso mit Recht
herausgestellt hat, daß sie im Unterschied zu den antiken Biographen
primär Sammler, Tradenten, Redaktoren sind[5].

Welcher Art sind nun diese ‚kleinen Einheiten'? Diese Frage wird
– wieder im Gefolge Gunkels – durch die Formanalyse dieser Einheiten und durch die Untersuchung ihrer Entstehungsbedingungen,
beides in Zusammenhang miteinander, zu beantworten gesucht. Bei
der Formanalyse stellen sich einige wenige Gattungen heraus, in die
sich die meisten kleinen Einheiten einreihen lassen. Dies Vorhandensein von Gattungen zeigt, daß der anonym überlieferte Traditionsstoff noch viel weniger als die Evangelienbücher von individuellen
Schriftstellerpersönlichkeiten gestaltet worden ist; er gehört erst recht
zur Kleinliteratur, seine Gestaltung erfolgte in relativ wenigen und
ziemlich festen Formen (Gattungen) und dh nach überindividuellen
Gesetzen, nach Gesetzen, wie sie die volkstümliche Überlieferung

---

[4] Dibelius, ThR NF 1, 1929, 209.
[5] Die heutigen Versuche, die Evangelisten als „Schriftstellerpersönlichkeiten" herauszustellen, beruhen auf Ignorierung oder Unkenntnis der
antiken biographischen Literatur, Xenophons, Plutarchs oder Suetons.

regieren[6]. Konstitutiv für eine Gattung ist ihr Stil; unter ‚Stil‘ ist in diesem Zusammenhang nicht Wortwahl und Satzkonstruktion, sondern „die gesamte Vortragsart" zu verstehen: „Der Stil, den es hier zu beobachten gilt, ist ‚eine soziologische Tatsache‘"[7]. Die Gattungsbestimmung ist kein ästhetisches Unternehmen – gegen dieses grobe Mißverständnis haben sich Bultmann, Dibelius und K. L. Schmidt immer wieder verwahrt –, sondern steht in engem Konnex mit der Feststellung des Ursprungs der Gattungen. Aus den Gattungen läßt sich, wie Gunkel am AT gezeigt hat, der Rückschluß auf ihren ‚Sitz im Leben‘ ziehen, dh „auf die ursprüngliche Bestimmung und praktische Verwendung" der kleinen Einheiten, „auf die geschichtlich-soziale Lage, in der gerade derartige literarische Formen ausgebildet werden"[8]. Der Begriff ‚Sitz im Leben‘ – bei Gunkel ursprünglich: Sitz im Volksleben – bezeichnet nicht ein einzelnes historisches Ereignis, sondern „eine typische Situation oder Verhaltungsweise im Leben einer Gemeinschaft"[9], im Falle der Synoptiker also der urchristlichen Gemeinden. Der Rückschluß von der Gattung auf den Sitz im Leben muß aber ergänzt werden durch anderweitige Untersuchungen eben dieses Lebens, wenn man zu einer begründeten Erkenntnis der Entstehungsbedingungen der Gattungen gelangen will. „Formgeschichte kann also nur von der Voraussetzung aus getrieben werden, daß die Form jener Einheiten etwas über ihre Herkunft verrate und daß die Geschichte der vorliterarischen Überlieferung sich nach gewissen immanenten, nicht lediglich von schriftstellernden Personen abhängenden Gesetzen vollziehe. Die formgeschichtliche Betrachtung ist also bewußt antiindividualistisch und soziologisch"[10]. K. L. Schmidt nennt die formgeschichtliche Arbeit mit einem Ausdruck Overbecks eine

---

[6] Es ist etwas ganz anderes, wenn zu gewissen Zeiten bestimmte literarische Gattungen bewußt gepflegt werden, etwa das Sonett, das Epigramm, die Fabel – das sind Modeerscheinungen –, oder wenn volkstümliche oder gar Kirmes-Gattungen, Bänkelsang und Moritat, als ästhetische Mittel verwandt werden wie bei B. Brecht – das ist artistische Raffinesse.

[7] Dibelius, Formgeschichte, 7; das Zitat im Zitat stammt von K. L. Schmidt, RGG² II, 639.

[8] Dibelius, aaO, 5. 7.

[9] Bultmann, Trad., 4.

[10] Dibelius, ThR 1, 1929, 188. – Ebenso Bultmann, aaO, 4: „. . . so ist auch die literarische ‚Gattung‘, bzw. die ‚Form‘, durch die ein Einzelstück einer Gattung zugeordnet wird, ein soziologischer Begriff, nicht ein ästhetischer".

„Paläontologie' der Evangelien"[11]. Zwischen den beiden Arbeits-
gängen (Rückschluß von der Gattung auf den Sitz im Leben; Erforschung des urchristlichen Lebens) besteht eine Wechselbeziehung,
ein „Zirkel" wie „bei aller historischen Arbeit ... Aus den Formen
der literarischen Überlieferung soll auf die Motive des Gemeinschafts-
lebens zurückgeschlossen werden, und aus dem Gemeinschaftsleben
heraus sollen die Formen verständlich gemacht werden"[12].

Darin sind sich Bultmann und Dibelius einig. Ein Unterschied besteht in ihrem methodischen Vorgehen, genauer darin, mit welchem
der beiden Arbeitsgänge sie beginnen. Bultmann geht von der Analyse der Einzelstücke, Dibelius von einer Konstruktion der Anschauungen und Bedürfnisse der Gemeinde aus. Beide sind darin einig,
daß die analytische und die konstruktive Methode einander nicht
widersprechen, sondern ergänzen und korrigieren, ferner darin, daß
Dibelius zu seiner Konstruktion nicht ohne vorhergehende Form-
beobachtungen gekommen ist und daß Bultmann bei seiner Analyse
durch „ein freilich noch vorläufiges Bild von der urchristlichen Gemeinde" geleitet ist, „das seine Bestimmtheit und Gliederung eben
durch die Untersuchung gewinnen soll"[13]. Der Einsatzpunkt scheint
demnach eine Frage der Zweckmäßigkeit zu sein, ist es aber nicht.
Wenn Dibelius meint, der Beginn müsse auf dem Weg der Konstruktion gemacht werden, Bultmann aber sehr zurückhaltend auf „ein
freilich noch vorläufiges Bild" der Gemeinde hinweist, so wird etwas
von der Problematik des Einsatzpunktes formgeschichtlicher Arbeit
sichtbar. Eine knappe Charakterisierung der beiden Methoden muß
das verdeutlichen.

Bultmann analysiert die Einzelstücke der verschiedenen Gattungen,
um ihre ursprüngliche Gestalt zu gewinnen und dann ihren Ursprung
zu erschließen. Er untersucht, ob eine Gesetzmäßigkeit und, wenn ja,
welche in der Abwandlung einer kleinen Einheit von der Mk- bzw.
der (zu erschließenden) Q-Fassung zu Mt und Lk, oft auch zu den
‚apokryphen' Fassungen waltet. Er glaubt, wenn eine solche Gesetzmäßigkeit sicher festzustellen sei, dürfe „man annehmen, daß sie an
dem Traditionsstoff schon vor seiner Fixierung ... wirksam war";

---

[11] RGG² II, 638, im Anschluß an Fr. Overbeck, Über die Anfänge der patristischen Literatur, 36.
[12] Bultmann, aaO, 5; ebenso Dibelius, Formgeschichte, 7f und ThR 1,
1929, 210ff.
[13] Bultmann, aaO, 6.

man könne „so auf ein früheres Stadium der Tradition zurück-
schließen". Dabei sei „es zunächst gleichgültig ..., ob die Tradition
mündlich oder schriftlich erfolgte, da bei dem unliterarischen Charakter des Überlieferungsstoffes ein prinzipieller Unterschied zwischen
beiden nicht vorhanden ist."[14] Ferner zieht er Analogien sowohl zur
Form der Tradition als auch zum Tradierungsprozeß heran, vor
allem aus der vergleichbaren at., jüdischen und griechischen Literatur, gelegentlich auch aus Märchen, Volkslied und dergleichen. Über
seine Zuweisung der Gattungen zu bestimmten ‚Sitzen im Leben'
wird später zu sprechen sein. Hier ist nur das dafür wichtigste Element zu erwähnen, die Unterscheidung von palästinischem und (vor-
und nebenpaulinischem) hellenistischem Christentum, sowie eine
Differenzierung innerhalb des palästinischen Christentums, von dem
eine Schicht von vornherein eine engere Verwandtschaft mit der hellenistischen Frömmigkeit hatte (Bultmann stellte schon früh synkretistische Strömungen innerhalb des palästinischen Judentums und
ihren Einfluß auf das palästinische Judenchristentum in Rechnung).
Der religionsgeschichtliche Aspekt spielt bei Bultmanns analytischer
Methode, speziell bei der Frage nach dem Sitz im Leben, eine bedeutsame Rolle.

Nach Dibelius genügt die analytische Methode nicht, die Entstehung und Geschichte der vorliterarischen Überlieferung aufzu-
hellen. Denn zwischen Jesu Wirksamkeit und ihrer schriftlichen Darstellung im ältesten Evangelium (Mk) liegt ein Menschenalter; und
die Evangelien deuten durch nichts an, daß sie auf Augenzeugenberichte zurückgehen. Dazu kommen zwei Momente des urchristlichen
Lebens, die das Verständnis der Entstehungsgeschichte des Evangelienstoffes erschweren: die soziale und kulturelle Lage der ältesten
Christen und ihre eschatologische Naherwartung. Die Jünger und

---

[14] Trad., 7. – E. Güttgemanns (69–166) protestiert gegen die „Bagatellisierung" dieses Unterschiedes, allerdings ohne auf die Argumente Bultmanns (zB in Glauben und Verstehen IV, 13ff) einzugehen; stattdessen
versucht er mit umständlichem geistes- und forschungsgeschichtlichem
Aufwand, den Unterschied von Mündlichkeit und Schriftlichkeit möglichst aufzubauschen und den Übergang als Bruch zu erweisen. Aber in
der einschlägigen Forschung herrscht keine Einigkeit. Gegen P. Bogaty-
rev und R. Jakobson zB, auf die Güttgemanns sich in diesem Zusammenhang beruft, wenden sich R. Wellek und A. Warren ausdrücklich:
„es besteht eine Kontinuität zwischen mündlicher und schriftlicher Dichtung, die niemals unterbrochen wurde" (Theorien der Literatur, 1968,
40; vgl. 250 Anm. 6).

die ältesten Christen, die Jesus noch gekannt hatten, waren unliterarische Menschen, die mit Schriftstellerei nichts zu tun hatten und
deren Bildungsstand nicht dazu angetan war, ihre Erinnerungen an
Jesus in einer zusammenhängenden Biographie niederzulegen. Sie
erwarteten außerdem, noch in ihrer Generation die Parusie Jesu und
das Weltende zu erleben; in solcher Situation legte es sich ebenfalls
nicht nahe, Erinnerungen an Jüngstvergangenes in Buchform für eine
Nachwelt, die es nicht gab, zu fixieren[15]. Beide Momente konvergieren, und sie radikalisieren das Problem der Entstehung der evangelischen Überlieferung: „Es handelt sich nicht nur um die Frage,
welche Überlieferungen damals entstehen konnten, sondern um die
viel einschneidendere, ob sich überhaupt in jener Zeit und unter
diesen Menschen eine Tradition bilden konnte."[16] Die Antwort, die
Dibelius mit Hilfe der konstruktiven Methode gibt, ist seine berühmte ‚Predigttheorie': „Ich glaubte als einzige wesentliche Funktion
jener endgläubigen Gemeinden die Predigt zu erkennen; damit mußte
also der ‚Sitz im Leben' für die ersten Überlieferungsstücke gefunden
sein."[17] Beleg hierfür ist das Lukasproömium (Lk 1, 1–4): die Überlieferung, aus der die Verfasser der Evangelienbücher schöpften, ist
von denen geschaffen, die „von Anfang an Augenzeugen und Diener
des Wortes" waren (V. 2); „Diener des Wortes" heißt: „Sie waren
die Missionare, Prediger und Lehrer, die die Botschaft von Jesus
Christus hinaustrugen, um die Welt zu gewinnen." „Die Mission bot
den Anlaß, die Predigt das Mittel zur Verbreitung dessen, was die
Schüler Jesu als Erinnerung bewahrten."[18] Dibelius rekonstruiert zunächst die Predigt und dann aus ihr den ‚Sitz im Leben verschiedener
Gattungen. Die Rekonstruktion der Predigt basiert einerseits auf den
Reden der Apg (2; 3; 10; 13), die stereotype Elemente enthalten
(Kerygma – Nennung von Jesu Tod und Auferstehung und einiger
Ereignisse aus seinem Leben –; Schriftbeweis, Bußmahnung) und
andererseits auf der Paradosis 1Kor 15, 1ff, die Tod und Auferweckung als Heilstatsachen aufzählt. Dibelius glaubt, daß das feste
Schema der Acta-Reden sehr alt sei und in die früheste Zeit zurückreiche. Der Inhalt sei für die verschiedendsten Funktionen christlicher

---

[15] Es ist ein Mißverständnis, wenn E. Güttgemanns behauptet, Dibelius
begründe mit der Naherwartung den unliterarischen Charakter der
‚Kleinliteratur' (aaO, 95–103).
[16] Formgeschichte, 9.
[17] ThR 1, 1929, 191.
[18] Formgeschichte, 11. 12.

Predigt konstitutiv: für die Mission, für den Gemeindegottesdienst und für die Unterweisung Neubekehrter. Der Begriff ‚Predigt' in Dibelius' Sinn darf also nicht zu eng gefaßt werden; er umfaßt Missionsverkündigung, Kultpredigt und Katechese. Dibelius stellt dann die Frage, welche Elemente der synoptischen Verkündigung in enger Verbindung mit der so verstandenen Predigt stehen, und findet deren drei: die Passions- und Ostergeschichte; ferner kurze, in einem Wort Jesu von allgemeiner Bedeutung („Predigtspruch") gipfelnde Erzählungen, die das in Apg 2, 22; 10, 38 erwähnte Handeln Jesu beispielhaft illustrieren sollen und denen er deshalb die Gattungsbezeichnung ‚Paradigma' (Predigtbeispiel) gibt; schließlich Worte Jesu ‚halakhischen' Inhalts (Paränese). Bei den andern Typen des synoptischen Stoffes sucht er analytisch die Frage zu beantworten, „ob und in welchem Maße die Überlieferung an der Predigt orientiert ist"[19].

Diese Predigttheorie hat viel Anerkennung, aber auch manche Kritik erfahren. Wenig gewichtig sind die Einwände, der Begriff der Predigt sei zu unscharf oder er sei idealtypologisch; oder bis zum Ende des 2. Jh.s sei die Verwendung von Jesusgeschichten in der Predigt nicht belegt – denn Predigten aus dieser Zeit sind auch nicht belegt. Gewichtiger ist die grundsätzliche Bestreitung der Predigttheorie durch U. Wilckens[20]. Er zeigt, daß es unmöglich ist, aus den genannten Acta-Reden und 1Kor 15, 3ff einen einheitlichen und allgemeinen Predigttypus zu rekonstruieren, der überlieferungsgeschichtlich auf die Urgemeinde zurückgeht; denn einerseits erweisen sich jene Reden als „ganz und gar lukanische Komposition" und andererseits stimmen sie in der Auffassung von Jesu Tod nicht mit der Formel überein. Er meint ferner, daß das ‚Kerygma' der Acta-Reden, die summarische Charakterisierung der vita Jesu, nicht der Ursprung der synoptischen Jesustradition sei, sondern diese vielmehr voraussetze, und zwar in ihrer Evangelienform[21].

Diese Einwände sind beachtlich. Sie treffen die Predigttheorie – allerdings nur in der konkreten Ausprägung, die Dibelius ihr durch die Gründung auf die Acta-Reden und durch die direkte Ableitung bestimmter Gattungen gegeben hat. Sie treffen aber – das muß nachdrücklich betont werden – die Predigttheorie nicht in ihrem Prinzip;

---

[19] Ebd., 34.
[20] ThLZ 86, 1961, 272ff; das folgende Zitat: 274.
[21] Die Missionsreden der Apostelgeschichte, WMANT 5, 1961, ²1963.

dh sie widerlegen nicht die grundsätzliche Erkenntnis, daß die „Predigt", die Verkündigung in ihren von Dibelius genannten verschiedenartigen Funktionen, die entscheidende Rolle bei der Bildung, Formung und Weitergabe der Jesustradition gespielt hat. Dafür zeugt das Lukasproömium, das über Anlaß und Gesetz dieser Überlieferung historisch zuverlässige Auskunft gibt[22]. Dafür zeugen auch manche synoptische Gattungen (s. § 22). Nur wird man stärker differenzieren müssen und mit Bultmann auch Apologetik und Polemik, Gemeindebildung und Disziplin sowie schriftgelehrte Arbeit in Rechnung stellen[23]. Für die Methodenfrage ergibt sich aus dem Gesagten, daß die analytische Methode, wie Bultmann sie anwendet, die sachgemäßere ist, jedenfalls beim heutigen Stand unserer Kenntnis des Urchristentums. In der Formanalyse stimmen aber beide Forscher erstaunlich weitgehend überein; die Differenzen bestehen in der Benennung derselben Gattungen und manchmal auch in der Bestimmung ihrer Funktion, ihres Sitzes im Leben. – Über die Gattungen, die Bultmann und Dibelius durch die Formanalyse der kleinen Einheiten herausgearbeitet haben, wird im nächsten Paragraphen gehandelt.

Die letzte Aufgabe der Formgeschichte – die Geschichte des Traditionsstoffes „bis zu seiner literarischen Fixierung in den verschiedenen Evangelien zu beschreiben" – umfaßt nicht nur die Einzelstoffe, sondern die Evangelienbücher als ganze, also auch den bzw. die

---

[22] Wenn Güttgemanns im Anschluß an G. Klein, Lukas 1, 1–4 als theologisches Programm (Zeit und Geschichte, Bultmann-Festschrift, 1964, 193–216 = G. Klein, Rekonstruktion und Interpretation, 1969, 237–261) sagt: „Der lukanische Prolog ist keine historische Quelle, sondern ganz dogmatisches Programm" (Offene Fragen, 192), so ist diese Ausspielung von „dogmatisch" gegen „historisch" ein logischer Kurzschluß, den Klein übrigens nicht vollzieht. Selbst wenn Lukas „die Augenzeugen", die „Diener des Wortes geworden sind", tatsächlich mit den „zwölf Aposteln" identifizierte (darüber s. u. S. 402 f), so wäre das nur die „dogmatische" Interpretation und Verengung eines historischen Tatbestandes, nicht aber dessen Widerlegung. Sonst müßte Güttgemanns mit derselben Logik auch die „historische" Existenz von Aposteln bestreiten, weil das „dogmatische Programm" des Lukas nur „die zwölf Apostel" als Apostel gelten läßt. – Für die „historische" Zuverlässigkeit des Lkproömiums: H. Schürmann, Traditionsgeschichtliche Untersuchungen zu den synoptischen Evangelien, 1968, 257–271; ders., Das Lukasevangelium. Erster Teil, 1969, 1–17, insbes. 8f (hier auch eine Auseinandersetzung mit G. Klein); Fr. Mußner, BZ NF 15, 1971, 270f, der Güttgemanns bewußte Ignorierung des erstgenannten Aufsatzes von Schürmann vorwirft.

[23] Tradition, 64.

,Rahmen', und besteht in der Untersuchung der literarischen Mittel und theologischen Motive der Redaktion sowie in der Bestimmung des ,Sitzes im Leben' der einzelnen Evangelien. Dieser Aufgabe hat Bultmann den dritten Teil seines Werkes gewidmet (347–400); Dibelius hat die je verschiedene Prägung der Passionsgeschichten des Mk, Mt und Lk und die theologische Gesamtkonzeption des Mk herausgearbeitet. – Seit dem 2. Weltkrieg hat sich die formgeschichtliche Methode vor allem der Redaktionsarbeit der Evangelisten und der Theologie der einzelnen Evangelien zugewendet. Der ,Rahmen', der wegen seiner historisch-biographischen Bedeutungslosigkeit nicht dieselbe Beachtung wie der Traditionsstoff gefunden hatte, gewann nun Bedeutung als Dokument der Theologie des betreffenden Evangelisten bzw. der hinter ihm stehenden Gemeinde. Dieses Verständnis war durch E. Lohmeyers Studie „Galiläa und Jerusalem" (FRLANT 52, 1936) angebahnt worden, der die theologische Relevanz der geographischen Räume für die einzelnen Evangelien aufwies – für Mk sei Galiläa die Stätte der Offenbarung, Jerusalem der Sitz der Gegner Jesu; für Lk dagegen sei Jerusalem die heilige Stätte –, und der hinter dieser grundsätzlichen Wertung zwei verschiedene Urgemeinden, eine galiläische und eine jerusalemische, mit andersartigen Christologien, einer Menschensohn- und einer Messiaschristologie, nachzuweisen suchte; insbesondere seine These von der theologischen Bedeutsamkeit des geographischen Rahmens hat in der genannten Forschung weitergewirkt (H. Conzelmann[24]; W. Marxsen[25]). Man nennt diese Forschung, die durch Untersuchung der Redaktionsarbeit der Evangelisten die literarische und theologische Eigenart der einzelnen Evangelien, möglichst auch ihren theologiegeschichtlichen Ort und eventuell sogar ihre spezielle Funktion (Sitz im Leben) herauszustellen sucht, mit einem Ausdruck W. Marxsens „redaktionsgeschichtliche" Forschung – im Unterschied zur formgeschichtlichen, die sich primär, wenn auch keineswegs ausschließlich, mit dem Traditionsstoff befaßt hat. Marxsen selbst will mit dieser Benennung freilich eine Diskontinuität, wenn nicht gar eine Antithese zur Arbeit von Dibelius und Bultmann markieren, weil es ihm auf die literarische und theologische Leistung der Evangelisten als individueller „Schriftstellerpersönlichkeit" ankommt; aber forschungsgeschichtlich zu Unrecht: es handelt sich bei der Redaktionsgeschichte, die ohne

---

[24] Die Mitte der Zeit, BHTh 17, 1954, [5]1964.
[25] Der Evangelist Markus, FRLANT 67, 1956.

die vorhergehende formgeschichtliche Analyse ja gar nicht möglich wäre, keineswegs um einen völlig neuen Ansatz, sondern um die konsequente Durchführung des formgeschichtlichen Gesamtprogramms.

Die formgeschichtliche Methode hat sich trotz der vielfältigen Kritik, die in den Forschungsberichten von M. Dibelius und G. Iber eingehend behandelt worden ist, weitestgehend durchgesetzt. Wesentliche neue Gesichtspunkte, die in diesem Zusammenhang zu besprechen wären, sind seither nicht aufgetaucht. Einzelne kritische Einwände werden an dem ihnen jeweils zukommenden Ort berücksichtigt werden.

## § 22. Die Formen des synoptischen Traditionsstoffes

*Literatur* s. § 21

D. Esser, Formgeschichtliche Studien zur hellenistischen und zur frühchristlichen Literatur unter besonderer Berücksichtigung der vita Apollonii des Philostrat und der Evangelien, Diss. ev. theol. Bonn, 1969.
G. Theißen, Urchristliche Wundergeschichten, StNT 8, 1974.

Die Formen der mündlichen Jesusüberlieferung sind von Dibelius und Bultmann vollständig und, wie schon gesagt, in weitgehender Übereinstimmung herausgearbeitet worden. Doch nötigen die Unterschiede, die ja nicht nur in der Nomenklatur bestehen, zu einer Vergleichung der Formen und gelegentlich auch zu einer Entscheidung oder Modifikation. Der Traditionsstoff wird zweckmäßiger- und heute üblicherweise in Wort- und Erzählungsüberlieferung eingeteilt, wie Bultmann auch im Aufbau seines Buches tut. Es wäre das einfachste, diesen Aufriß zu übernehmen. Es erscheint mir aber richtiger, die Formen, die auf der Grenze zwischen Wort- und Erzählungsüberlieferung stehen und die von Bultmann als Apophthegmata bezeichnet und an erster Stelle dargestellt werden, erst nach den eigentlichen Herrenworten zu behandeln. Im übrigen schließt sich das folgende dem Bultmann'schen Aufriß an.

### 1. Formen des Redestoffes (Herrenworte)

Es geht bei den „Herrenworten" um kleine Einheiten, „die selbständige Traditionsstücke gewesen sind oder doch hätten sein können" (Tradition, 73).

1) Logien (Bultmann), Weisheitsworte (Dibelius)

Bultmann verwendet den Ausdruck Logien nicht in dem weiten Sinn für ‚Worte, Sprüche‘, sondern in engerem Sinn nur für Weisheitssprüche (Dibelius: Sentenz, Gnome), wie sie sich auch in der jüdischen Weisheitsliteratur und ganz allgemein im Bereich der Sprichworte und Spruchweisheit[1] finden. Jesus hat von dieser traditionellen Redeform reichlich Gebrauch gemacht, so daß er in einem Teil seiner Verkündigung als ‚Weisheitslehrer‘ erscheint. Bultmann gliedert die Logien nach formalen Merkmalen in drei Gruppen:

a) Grundsätze (sachlich oder persönlich formulierte Aussagesätze), zB: Jeder Tag hat genug an seiner eigenen Plage (Mt 6, 34); Wo das Aas ist, versammeln sich die Adler (Mt 24, 28); Der Arbeiter ist seines Lohnes wert (Lk 10, 7).

b) Mahnworte (imperativisch), zB: Arzt, heile dich selbst (Lk 4, 23); Laß die Toten ihre Toten begraben (Mt 8, 22par).

c) Fragen, zB: Kann etwa ein Blinder einen Blinden führen? Werden nicht beide in die Grube fallen? (Lk 6, 39par).

Häufig finden sich solche Logien zu größeren Kompositionen zusammengestellt (Mt 5, 39b–42par; 5, 44–48par). Wie die Redeform traditionell ist, so ist es auch häufig ihr Inhalt, daher die zahlreichen Parallelen zu den Jesuslogien; die Frage der ‚Echtheit‘ läßt sich deshalb oft schwer beantworten.

2) Prophetische und apokalyptische Worte (Bultmann), Prophetischer Ruf (Dibelius)

a) Heilspredigt. Zu ihr gehören vor allem die Seligpreisungen (Makarismen)[2], zB Mt 11, 6par; Lk 6, 20–23par.

b) Drohworte, zB die Weherufe Lk 6, 24ff.

c) Mahnrede, zB Mk 13, 33–37. Bultmann rechnet auch eine Anzahl von Gleichnissen hierher, was Dibelius (247 Anm. 1) kritisiert.

d) Apokalyptische Weissagungen, zB Mk 13, 2; 14, 58par; Lk 17, 20f. 23f. Auch hier finden sich größere Kompositionen. Die Verwendung dieser Redeformen charakterisiert Jesus als Propheten und Apokalyptiker. Doch zeigt die Analyse des hierher gehörenden Traditionsstoffes, daß vieles nicht auf Jesus selbst, sondern auf jüdische und auf christliche Traditionen zurückgeht; so ist in Mk 13, 5–27 eine christlich bearbeitete, ursprünglich jüdische Apokalypse Jesus in den Mund gelegt.

---

[1] Vgl. A. Jolles, Einfache Formen, 1958, 150ff; H. Bausinger, Formen der „Volkspoesie", 1968, 95ff.

[2] Hierzu vgl. K. Koch, Was ist Formgeschichte? 6ff; 21ff; 36f u. ö.

3) Gesetzesworte und Gemeinderegeln

a) Zu den Gesetzesworten rechnet Bultmann auch „Logien", die zum Gesetz oder zur jüdischen Frömmigkeit Stellung nehmen (zB Mk 3, 4; 7, 15), vor allem aber zwei andere Arten: Worte, die, im Gesetzesstil formuliert, im Vordersatz eine Bedingung und im Nachsatz einen Imperativ oder eine Aussage enthalten, die den Sinn einer gesetzlichen Bestimmung hat (Bultmann, 139), zB Mk 10, 11f; 11, 25 oder die Antithesen Mt 5, 21f. 27f usw; ferner „Worte, die mittels eines Schriftwortes oder doch unter Berufung auf die Schrift die neue Anschauung gegenüber der alten rechtfertigen oder begründen" (144), zB Mk 7, 6–8; 10, 3–9; 12, 29–33.

b) Gemeinderegeln, Vorschriften für die christliche Gemeinschaft, zB Mt 16, 18f; 18, 17f; 23, 8–10; Mk 6, 8–11. In diesem Komplex erscheint Jesus als Rabbi, der die Forderung des Gesetzes, des Willens Gottes für den Einzelnen und für die Gemeinschaft interpretiert. Herrenworte dieser Art wurden im Interesse der Paränese und der Gemeindedisziplin gesammelt, weitergebildet und vermehrt; als typisches Beispiel für solche Sammlungen sieht Bultmann Mk 9, 33–50; Mt 18, 1–35 an und vermutet, daß schon die Vorlage dieses markinischen Stückes „eine Art Gemeindekatechismus" war (160).

4) Ich-Worte

Hier spricht Jesus in erster Person von seinem Kommen (zB Mk 2, 17; 10, 45; Mt 11, 18f; Lk 12, 49f) oder von seiner Person (zB Lk 14, 26. 27par; Mt 11, 25–30par; Worte des Auferstandenen wie Mt 28, 18–20; Lk 24, 49). Bultmann hält die Mehrzahl der Ich-Worte für Bildungen der hellenistischen Gemeinde, doch führt er auch einige auf die palästinische Urgemeinde und einige auf den historischen Jesus selbst zurück (Lk 11, 20par; Mt 11, 25f par).

Im übrigen betont er nachdrücklich, daß der Hauptbestand der ‚Herrenworte' „nicht auf hellenistischem, sondern auf aramäischem Boden entstanden ist" (179).

5) Gleichnisse und Verwandtes[3]

---

[3] Zur Literatur: A. Jülicher, Die Gleichnisreden Jesu I, 1888, II, 1899; C. H. Dodd, The Parables of the Kingdom, 1935, [14]1956; J. Jeremias, Die Gleichnisse Jesu, [6]1962; E. Fuchs, Bemerkungen zur Gleichnisauslegung: Aufsätze II, 1960, 136ff; E. Linnemann, Gleichnisse Jesu, 1961; E. Jüngel, Paulus und Jesus, HUTh 2, 1962 (hier 87–139 die brillanteste und scharfsinnigste Analyse der Gleichnisforschung seit Jülicher); A. N. Wilder, The Language of the Gospel, 1964, 79ff; D. O. Via Jr., The Parables, 1967.

Wie die ‚Logien‘ so sind auch die ‚Gleichnisse‘ bzw. bildliche Sprechweisen im weitesten Sinn ein allgemeines sprachliches Phänomen[4]; auch sie haben in Israel und im Judentum, wo sie zu den ‚Meschalim‘ zählten, eine besondere Pflege erhalten. Jesus hat die Gleichnisse zur wesentlichsten Redeform seiner Verkündigung gemacht – sie sind für sie so charakteristisch, daß der Ausdruck ‚Gleichnisse‘ fast synonym mit ‚Gleichnisse Jesu‘ geworden ist. Bildliche Redeweise soll verdeutlichen. Aber ist sie einmal mündlich oder schriftlich fixiert, dann verlockt sie zu Ausdeutungen, die ‚etwas anderes sagen‘ als ursprünglich gemeint (Allegorien) und das ursprünglich klare Bild in sein Gegenteil, zu einer ‚Rätselrede‘ voll dunklen Tiefsinns pervertieren. Das war das Schicksal der Gleichnisse Jesu, schon im Urchristentum und NT und erst recht in der Geschichte der Auslegung. Erst das epochemachende Werk A. Jülichers „Die Gleichnisreden Jesu“ hat einen Wandel geschaffen und sie vom allegorischen Mißverständnis befreit. Was ein Gleichnis ist, läßt sich nicht aus dem Terminus ableiten – das griechische Wort παραβολή hat im NT sieben verschiedene Bedeutungen, sein hebräisches und aramäisches Äquivalent mašal / mathla nicht weniger als sechzehn – man muß es aus der Form des Gebildes selbst schließen. Jülicher hat drei Grundtypen von Gleichnissen aufgewiesen: das „Gleichnis“ im engeren Sinn, die „Parabel“ oder „Gleichniserzählung“ und die „Beispielerzählung“. Bultmann (wie auch Dibelius) hat die Klassifikation übernommen, aber auch stärker die kleinen Formen bildlicher Rede, also gewissermaßen die Vorformen der Gleichnisse (Bildwort, Metapher, Vergleich) herausgearbeitet.

a) ‚Bildworte‘ sind Worte, in denen „Bild und Sache ohne Vergleichspartikel nebeneinander gestellt werden“ (181, zB: Wo kein Augapfel ist, fehlt das Licht, und wo kein Verstand ist, fehlt die Weisheit. – Sir 3, 25). Die Bildhälfte kann aber auch allein überliefert werden und läuft dann als volkstümliches Sprichwort um (zB: Eine Stadt, die auf dem Berge liegt, kann nicht verborgen bleiben. – Mt 5, 14). Dem Bildwort kann eine ‚stilgemäße Anwendung‘ angefügt werden – asyndetisch, mit „und“, „also“, „aber“ (zB: Nicht die Gesunden bedürfen des Arztes, sondern die Kranken. Ich bin nicht gekommen, Gerechte zu rufen, sondern Sünder. – Mk 2, 17).

---

[4] Vgl. B. Snell, „Gleichnis, Vergleich, Metapher, Analogie“ in: Die Entdeckung des Geistes, [3]1955.

b) ‚Metaphern' sind ebenfalls abgekürzte Vergleiche ohne Vergleichspartikel, bei denen das Bild für die Sache steht (zB: die enge Pforte und der schmale Weg – Mt 7, 13f; die Hand am Pflug – Lk 9, 62; König, eine häufige Metapher für Gott).

c) ‚Vergleiche' liegen dort vor, wo Bild- und Sachhälfte in korrekter Form durch eine Vergleichspartikel „wie – so" verbunden sind (zB: Wie der Blitz hervorbricht..., so wird die Ankunft des Menschensohns sein. – Mt 24, 27). Das „so" kann auch fehlen (zB: Siehe, ich sende euch wie Schafe mitten unter Wölfe. – Mt 10, 16). Die Form des korrekten Vergleichs findet sich nicht sehr häufig.

d) ‚Gleichnisse' im eigentlichen Sinne nennt Bultmann „zunächst solche Bildungen, die sich von einem Vergleich oder Bildwort nur durch die Ausführlichkeit, mit der das Bild gestaltet ist, unterscheiden" (184). Er differenziert sie dementsprechend danach, ob sie aus einem Bildwort oder aus einem Vergleich entwickelt sind[5]. Für die Gleichnisse ist charakteristisch, daß sie in der Bildhälfte Typisches bzw. Regelmäßiges nennen (zB solche Vorgänge, wie sie in den Gleichnissen vom verlorenen Schaf und Groschen – Lk 15, 4ff, vom Turmbau und Kriegführen – Lk 14, 28ff oder vom Senfkorn und Sauerteig – Lk 13, 18ff par dargestellt werden).

e) Als ‚Parabel' oder ‚Gleichniserzählung' bezeichnet man eine solche Bildgeschichte, „die nicht zwei Sachverhalte nebeneinander stellt, sondern den als Gleichnis dienenden Sachverhalt in Erzählung umsetzt, bzw. als Bild nicht einen typischen Zustand oder typischen bzw. regelmäßigen Vorgang, sondern einen interessierenden Einzelfall bringt" (188). Dieser Fall ist meist singulär und auffällig, manchmal sogar anstößig (zB der verlorene Sohn – Lk 15, 11ff, der gottlose Richter – Lk 18, 1ff oder der ungerechte Haushalter – Lk 16, 1ff).

Bei beiden Formen (Gleichnissen und Parabeln) ist das Entscheidende die Erkenntnis des Beziehungspunktes, des ‚tertium comparationis', zwischen Bild- und Sachhälfte.

f) Die ‚Beispielerzählung' unterscheidet sich von Gleichnis und Parabel dadurch, daß ihr „jedes Element des Bildlichen fehlt", obwohl sie mit der Parabel „starke formale Verwandtschaft" hat (192). Sie stellt also nicht eine Entsprechung zwischen Bild und Sache her, sondern spielt sich auf nur einer Ebene, der Sachebene, ab und bietet auf ihr „Beispiele = Vorbilder für das rechte Verhalten" (192

---

[5] Weiterbildungen von Bildworten: zB Lk 17, 7–10; 12, 39f. 42–46; von Vergleichen: Mt 11, 16–19; 13, 44. 45f. 47–50; Mk 13, 28f. 33–37.

Anm. 1) bzw. einen „Musterfall" (E. Linnemann, 14). Hierher rechnet man mit Jülicher nur vier synoptische „Gleichnisse": vom barmherzigen Samariter (Lk 10, 29ff), vom törichten Reichen (Lk 12, 16ff), vom reichen Mann und armen Lazarus (Lk 16, 19ff), vom Pharisäer und Zöllner (Lk 18, 9ff); Bultmann nimmt noch die Rangordnung beim Gastmahl hinzu (Lk 14, 7ff).

g) Die ‚Allegorie' hat sich aus der Metapher entwickelt (wie das Gleichnis aus Bildwort oder Vergleich), sie besteht sozusagen aus Metaphern, ist eine metaphora continua, dh „eine Darstellung, die in allen Einzelzügen bildlichen Sinn hat"[6]. Im NT ist sie spärlich vertreten. Sie findet sich in den synoptischen ‚Gleichnissen' – von allegorisierenden Zügen abgesehen – nur in den sekundären Deutungen der Parabeln vom Säemann Mk 4, 13–20 und vom Unkraut unter dem Weizen Mt 13, 36–43 sowie in der Matthäusfassung der Parabel vom Gastmahl (22, 2ff), in der die allegorischen Züge ebenfalls deutlich sekundär sind, wie der Vergleich mit der Parallele bei Lk (14, 16ff) zeigt; ferner im Gleichnis von den bösen Winzern Mk 12, 1ff, das von Haus aus allegorisch konzipiert ist, und – was allerdings gelegentlich bestritten wird – in dem von den zehn Jungfrauen Mt 25, 1ff.

Diese Klassifizierung wird heute gelegentlich angefochten – indem man unter Hinweis auf das Vorhandensein von Metaphern den Unterschied zwischen Parabel und Allegorie einebnet oder indem man zwar die exzeptionelle Stellung der Allegorie behauptet, aber sonstige Differenzierungen zugunsten eines weitmaschigen Gleichnisbegriffs aufgibt – aber zu Unrecht. Die genannte Klassifizierung hat sich weitestgehend durchgesetzt, weil sie sachgemäß ist. Andere Einteilungsvorschläge (Wachstumsgleichnisse; Kontrastgleichnisse und Krisisgleichnisse; tragische und komische Gleichnisse) vermögen sie nicht zu ersetzen, lassen sich aber innerhalb ihrer gelegentlich verwenden. –

Auf die einzelnen Stilelemente der Gleichnisse und die Technik ihrer Erzählung kann hier nicht in der angemessenen Ausführlichkeit eingegangen werden. Nur das Wichtigste sei genannt. Wie die rabbinischen Gleichnisse können die synoptischen mit einer Einleitung versehen sein, zB mit einer Frage (Was dünkt euch? – Mt 18, 12; 21, 28 oder: Womit sollen wir die Gottesherrschaft vergleichen? – Lk 13, 20 oder mit der entsprechenden Doppelfrage – Mk 4, 30; Lk

---

[6] L. Goppelt, RGG³ I, 239.

13, 18, vgl. auch Lk 7, 31). In solchen Fragen kommt „der argumentative Charakter des Gleichnisses... stark zum Ausdruck" (194). Der Beginn der Gleichnisse besteht häufig in einer Vergleichungsformel, ὡς oder ὥσπερ, ὅμοιός ἐστιν bzw. ὁμοία ἐστίν oder – so allerdings nur bei Mt – ὁμοιωθήσεται bzw. ὡμοιώθη. Diese Wendungen entsprechen dem in rabbinischen Gleichnissen üblichen ‚leʿ, dem manchmal ‚mašal' oder eine Frage vorangeht; das Schema lautet nach J. Jeremias: „Ich will dir ein Gleichnis erzählen. Womit läßt sich die Sache vergleichen? Es verhält sich mit ihr wie mit..." und abgekürzt einfach: „Ein Gleichnis. Einem..., der...." (99f). Jeremias spricht daher auch bei den synoptischen Gleichnissen vom „Dativanfang", vom ausgeführten, wenn eine Frage vorangeht, oder von seiner Kurzform, wenn eine Frage fehlt. Der Dativanfang besagt – und das ist für das Verständnis der Gleichnisse entscheidend wichtig – nicht: ‚Die Sache ist gleich einem...', sondern: ‚Es verhält sich mit der Sache wie mit einem...' Bei Gleichnissen, die ohne Einleitungsformel, einfach mit der Erzählung beginnen, spricht Jeremias von „Nominativanfang" (99).

Am Schluß der Gleichnisse kann eine Anwendung fehlen (zB Mk 4, 3–9. 26–29) oder eine Anwendung stehen: in Form einer Frage oder eines οὕτως – Satzes mit Indikativ oder Imperativ. Von den sekundär angefügten (allegorisierenden) Deutungen war schon die Rede.

In der Geschichte ihrer Überlieferung haben die Gleichnisse auch sonst manche Änderungen erfahren durch sekundäre Zufügung von Einleitungen und Anwendungen, durch Einfügung in bestimmte Zusammenhänge – dasselbe Gleichnis kann in den verschiedenen Evangelien sich in ganz verschiedenen Kontexten und Situationen finden –, durch interpretierende und korrigierende Erweiterungen, durch Kombination zweier oder mehrerer Gleichnisse. Mit der Änderung der Situation und mit dem Wechsel der Hörerschaft (der ursprünglichen Adressaten, Jünger, Volk oder Gegner) hat sich oft auch der ursprüngliche Skopus verschoben. Jeremias hat diese Zusammenhänge systematisch verfolgt und aufgehellt (19–114). Literarkritisch, form- und traditionsgeschichtlich (zB auch durch Heranziehung der Parallelen aus dem ThEv), aber auch durch Beachtung der Bedürfnisse der Urkirche läßt sich in vielen Fällen das Ursprüngliche wiederherstellen; aber nur zu oft bleibt der ursprüngliche Sinn eines Gleichnisses dunkel oder mehrdeutig, weil man nicht mehr erkennen kann, in welcher Situation und zu welchen Adressaten es gesprochen worden ist.

J. Jeremias hat im Anschluß an T. A. Cadoux und C. H. Dodd mit viel Scharfsinn und Energie das Programm durchzuführen versucht, die Gleichnisse in ihren ursprünglichen Ort im Leben Jesu hineinzustellen (17f). Viele Forscher sind ihm darin gefolgt. Daß aber ein solches Unternehmen, bei dem ja unausweichlich viel produktive Phantasie mit ins Spiel kommt, zu Ergebnissen von bestenfalls hypothetischem Charakter führt, liegt auf der Hand. Es ist zwar richtig, daß Jesu Gleichnisse nicht, wie Jülicher meinte, allgemeine sittliche Wahrheiten aussprechen, sondern in und aus dem Zusammenhang der eschatologischen Verkündigung Jesu verstanden werden müssen; diese Einsicht verhilft aber nicht in jedem Einzelfall zu einer gesicherten Wiedergewinnung der historischen Situation.

### 2. Zwischenformen: Apophthegmata (Bultmann) / Paradigmata (Dibelius)

Diese Gattung wird von Dibelius dem Erzählungsstoff zugerechnet, von Bultmann der Wortüberlieferung, obwohl beide in der formalen Charakterisierung weitgehend übereinstimmen: Diese Traditionsstücke sind gekennzeichnet durch Kürze, Abrundung, Knappheit der Schilderung, Fehlen des Portraits, erbaulichen Stil und vor allem dadurch, daß sie ihre Pointe in einem Wort Jesu von allgemeiner Bedeutung haben. Dibelius hat diese Gattung entdeckt und sie der Predigt zugeordnet (Paradigma = beispielhafte Geschichte mit Predigtspruch). Bultmann konzediert, daß „man versucht sein könnte, (diese Traditionsstücke) zu den Geschichten zu zählen" (8). Der Hauptgrund für ihre andere Einordnung ist der, daß bei einigen Stücken der Rahmen sich als sekundär erweisen läßt, daß sie also „auf Herrenworte reduziert werden" können (9). Tatsächlich stehen diese Traditionsstücke auf der Grenze zwischen Wort- und Erzähltradition. Bei manchen gelingt die Reduktion auf Herrenworte, bei anderen bleibt sie hypothetisch, bei wieder anderen scheint sie nicht möglich – da sind Szene und Handlung ursprünglich mit dem Jesuswort verbunden gewesen und die betreffenden Traditionsstücke von vornherein als ‚Geschichten' überliefert worden. Dies ist zB auch nach Bultmann (25) beim Gespräch über den Zinsgroschen (Mk 12, 13ff) der Fall. Das erstgenannte liegt offensichtlich bei der Verwerfungsszene (Mk 6, 1ff) vor: Diese Szene dürfte aus dem apokryph überlieferten Logion:

„Nicht ist ein Prophet genehm in seinem Dorfe.
Nicht heilt ein Arzt die, welche ihn kennen."
(ThEv 31; vgl. Pap. Ox. I, 6).

entwickelt sein, denn ihm gegenüber ist Mk 6, 4f sekundär:

„Und Jesus sprach zu ihnen: ‚Nirgends ist ein Prophet verachtet außer
in seiner Vaterstadt und bei seinen Verwandten und in seinem Haus.'
Und er konnte dort keine einzige Machttat tun, außer daß er einige
wenige durch Handauflegung heilte."[7]

Man kann hier übrigens die traditionsgeschichtlich instruktive Weiterbildung beobachten: die Umgestaltung des Paradigma / Apophthegma Mk 6, 1ff in die Legende der Antrittspredigt Jesu in Nazareth Lk 4, 16ff[8]. – Dh die als Paradigmata / Apophthegmata bezeichneten Gebilde haben keinen einheitlichen Ursprung; die traditionsgeschichtliche Entwicklung: isoliertes Herrenwort, gerahmtes Herrenwort, szenisch gestaltetes Apophthegma trifft zwar in manchen Fällen zu, ist aber schwerlich die Genealogie dieser Gattung. Es ist also problematisch, sie der Wortüberlieferung einzuordnen. Die urchristlichen Sammler jedenfalls haben sie als ‚Geschichten' angesehen; denn in Q, der großen Sammlung der Jesusworte, findet sich kein einziges der Dibelius'schen Paradigmata, und von den viel zahlreicheren Stücken, die Bultmann zu den Apophthegmata zählt, finden sich dort nur drei (Mt 11, 2–19 / Lk 7, 18–35; Mt 12, 22–37 / Lk 11, 14–23; Lk 9, 57–62 / Mt 8, 19–22). Gleichwohl kann man diese Gruppe nicht insgesamt der Erzähltradition zuordnen, da – abgesehen von den oben angedeuteten Gründen – in dem von Bultmann zu ihr gerechneten Material viele Stücke vorhanden sind, die nicht als Geschichten gelten können, aber mit Recht als Apophthegmata bezeichnet werden. Eine Aufspaltung dieser Gruppe unter traditionsgeschichtlichen Gesichtspunkten scheint sich nahezulegen, ist aber nicht angezeigt, da alle fraglichen Traditionsstücke ihre Pointe in einem Jesuswort haben und formal eine gleiche Grundstruktur aufweisen.

Die Benennungen ‚Paradigma' und ‚Apophthegma' sind als ungeeignet kritisiert worden, weil sie durch die griechische Rhetorik und Literaturgeschichte vorbelastet seien[9]; aber da Dibelius und Bultmann nicht die betreffenden griechischen Schemata übernehmen, ist die Nomenklatur eine Frage der Vereinbarung. Gegenvorschläge wie zB V. Taylors „Pronounce-

---

[7] Vgl. Bultmann, 30f; anders freilich Dibelius, 106f.
[8] Vgl. Dibelius, 107f.
[9] Vgl. Iber, ThR NF 24, 1957/58, 287ff.

ment stories" sind keineswegs erhellender. Die Termini ‚Paradigma' und ‚Apophthegma' scheinen, da sie weitgehend die gleiche Gruppe bezeichnen, austauschbar. Doch bestehen nicht unwesentliche Unterschiede: Dibelius verbindet mit ‚Paradigma' seine Predigttheorie, während Bultmann ‚Apophthegma' ausdrücklich „neutral" verwendet (8). Außerdem hat er einen Teil der Apophthegmata als „Streitgespräche" diagnostiziert, deren Existenz Dibelius – zu Unrecht – bestreitet (64f). Angesichts dieser Sachlage wird man dem von Bultmann eingeführten Terminus den Vorzug geben müssen.

Bultmann untergliedert die Apophthegmata in „Streitgespräche", „Schulgespräche" und „biographische Apophthegmata".

### a) Streitgespräche

Streitgespräche sind Auseinandersetzungen Jesu mit Gegnern. Den Anlaß bildet eine Handlung Jesu (zB eine Heilung) oder auch ein Verhalten seiner Jünger (zB Ährenausraufen am Sabbat). Darauf erfolgt vonseiten der Gegner das, was man einen Angriff nennen kann, in Form eines Vorwurfs oder einer Frage. Den Schluß bildet die Antwort Jesu, häufig als Gegenfrage, manchmal als Bildwort formuliert, gelegentlich auch als Schriftzitat. Ein Streitgespräch besteht gewöhnlich nur aus einem Gesprächsgang. Der Vorwurf bzw. die Frage der Gegner kann auch wie zB in Mk 3, 1ff unausgesprochen bleiben, so daß nur der eine Partner des Dialogs gehört wird. *Beispiele:* Lk 14, 1–6; Mk 3, 22–30; Mk 2, 15–17. 18–20.

### b) Schulgespräche

Bei den Schulgesprächen sind Jünger Jesu oder Wißbegierige die Gesprächspartner. Der Aufbau ist dem der Streitgespräche ähnlich: Frage und Jesu Antwort, die ebenfalls in einer Gegenfrage bestehen kann. *Beispiele:* Mk 9, 38–40; 10, 35–45; 12, 28–34; Lk 12, 13f; 13, 1–5.

### c) Biographische Apophthegmata

Biographische Apophthegmata sind ebenfalls Gespräche, deren Pointe das Wort Jesu ist; es handelt sich aber nicht um Debatten über Gesetzes- und Gemeindefragen wie bei den Streit- und Schulgesprächen, sondern um Szenen „biographischen Charakters", in denen es um die Person Jesu und das Verhalten ihr gegenüber (Nachfolge oder Verwerfung) geht. Diese Stücke sind nicht im eigentlichen Sinn biographisch interessiert, sondern wollen „in einer bildhaften Szene eine Wahrheit zum Ausdruck bringen, die über die Situation übergreift, so daß diese symbolischen Charakter erhält" (59).

*Beispiele:* Mk 1, 16–20; 2, 14; 3, 20f. 31–35; Lk 9, 57–62 / Mt 8, 19–22; Lk 11, 27f; Mk 6, 1–6.

Bultmann bezeichnet den erzählenden Rahmen dieser Apophthegmata als „ideale Szene" und versteht darunter eine solche, „die ihren Ursprung nicht in einer geschichtlichen Begebenheit, sondern in einer Idee hat, die sie bildhaft veranschaulichen soll" (48 Anm. 3). Da es sich bei den Streitgesprächen um ideale Szenen handelt, „die einen Grundsatz, den die Gemeinde auf Jesus zurückführt, in einem konkreten Fall veranschaulichen" (40f, das Zitat 41), nimmt Bultmann als <u>Sitz im Leben Apologetik und Polemik der Gemeinde, und zwar der palästinischen,</u> an; auch Form und Stil verweisen wegen ihrer Verwandtschaft mit rabbinischen Streit- und Schulgesprächen auf palästinischen Ursprung.

### 3. Formen des Erzählstoffes

Dibelius unterscheidet hier außer dem Paradigma noch drei weitere Gattungen: Novelle, Legende und Mythus, Bultmann teilt den Stoff ein in „Wundergeschichten" und „Geschichtserzählungen und Legenden". Formal klar abgrenzbar ist aber nur die Gattung, die von Dibelius als Novelle, von Bultmann als Wundergeschichte bezeichnet wird.

#### a) Wundergeschichten / Novellen

Stofflich handelt es sich bei den synoptischen Novellen um Wundergeschichten, aber <u>nicht jede Erzählung, in der ein Wunder vorkommt, ist eine Wundergeschichte;</u> darin sind sich Dibelius und Bultmann einig. Eine Wundergeschichte liegt nur dann vor, wenn der Vorgang des Wunders beschrieben wird und den Inhalt der Erzählung bildet, nicht jedoch, wenn eine Heilung Jesu etwa den Anlaß zu einem Streitgespräch liefert. Man kann sich den Unterschied durch einen Vergleich von Mk 3, 1–5 und 7, 32–35 verdeutlichen.

Mk 3, 1–5: Er ging wieder einmal in eine Synagoge, da war ein Mann mit einer gelähmten Hand. Und sie paßten ihm auf, ob er ihn am Sabbat heilen würde, denn sie wollten eine Anklage gegen ihn haben. Da sprach er zu dem Mann mit der gelähmten Hand: „Steh auf und tritt vor." Und er fragte sie: „Soll man am Sabbat Gutes tun oder Böses tun, soll man

Leben retten oder töten?" Sie aber blieben stumm. Da blickte er sie zornig an, denn es schmerzte ihn die Verstockung ihrer Herzen. Und er sprach zu dem Mann: „Strecke deine Hand aus." Da streckte er die Hand aus, und sie ward wieder gesund. (Übers. von Dibelius).

Mk 7, 32–35: Sie brachten einen Taubstummen zu ihm und baten ihn, seine Hand ihm aufzulegen. Da nahm er ihn mit sich abseits vom Volk und legte ihm seine Finger in die Ohren und bestrich seine Zunge mit Speichel und blickte gen Himmel und holte tief Atem und sprach zu ihm: „Ephatha", das heißt: „Tue dich auf!" Da wurden ihm die Ohren aufgetan, und die Fessel seiner Zunge ward gelöst, und er konnte richtig reden. (Übers. von Dibelius.)

Beide Geschichten berichten von einem Wunder, aber in ganz verschiedener Weise und mit andersgeartetem Interesse: dort interessiert Jesu Stellung zum Sabbatgebot, hier der Vollzug der Heilung, dort ist das richtunggebende Wort Jesu V. 3f, hier der Erweis seiner Wundermacht der Skopus der Erzählung. – Bultmann reserviert den Ausdruck „Wundergeschichten" für Erzählungen der zweiten Art (Mk 7, 32ff), Dibelius bezeichnet sie als „Novellen", um schon terminologisch eine inhaltsbezogene Benennung und durch sie verursachte Mißverständnisse zu vermeiden und um den stilistischen Charakter dieser Erzählungen zu kennzeichnen.

Man kann diese Erzählungen mit Bultmann in Heilungswunder und Naturwunder einteilen. Diese sind sehr viel weniger zahlreich als jene. Alle zeichnen sich durch Ausführlichkeit der Schilderung, durch „weltlichen", nicht erbaulichen Stil und durch das Zurücktreten der Worte Jesu von allgemeiner Bedeutung aus; es herrscht hier eine andere Atmosphäre als in den Apophthegmata. Die Heilungswunder zeigen große Verwandtschaft in Aufbau und Motivik:

1. In einer Exposition wird Jesus um Hilfe für den Kranken gebeten und wird die Krankheit geschildert. Das Krankheitsbild kann einen breiten Raum einnehmen (Mk 5, 3–5), manchmal wird die Schwere (Mk 9, 18) oder die lange Dauer des Leidens (Mk 5, 25f; Lk 13, 11) betont, die Unfähigkeit der Ärzte (Mk 5, 26) oder der Jünger (Mk 9, 18. 28) erwähnt; auch spöttische Skepsis gegen die Macht des Wundertäters kann laut werden (Mk 5, 40) – alles Motive, die die Schwierigkeit der Heilung hervorheben sollen.

2. Dann wird der Vollzug der Wunderheilung geschildert. Oft spielen dabei seltsame Handlungen Jesu eine Rolle, zB körperliche Kontakte wie Handauflegen, Handergreifen, Berühren des kranken Gliedes oder magische Manipulationen mit Speichel (Mk 7, 33; 8, 23), dann aber auch das wunderwirkende Wort, das zweimal nicht

in der griechischen Sprache der Erzählung, sondern auf Arämäisch wiedergegeben wird: „talitha kum" (Mk 5, 41) und „Ephatha" (Mk 7, 34) – für die griechischen Leser also in einer fremden Sprache und mit folgender Übersetzung. Die Heilung kann in der Öffentlichkeit geschehen, aber manchmal auch unter ihrem Ausschluß (Mk 7, 33; 8, 23; nur in begrenztem Kreis 5, 37). Bei Dämonenaustreibungen (Heilungen „Besessener") zeigt die Schilderung besondere Züge: der Dämon erkennt den ihm Überlegenen und sträubt sich, verlegt sich manchmal aufs Disputieren; die Heilung erfolgt immer durch einen drohenden Befehl auszufahren, nie durch Berührung; dann fährt der Dämon unter Demonstrationen seiner Macht aus dem Kranken aus (vgl. Mk 5, 1–20; 1, 23–28; auch 9, 14–27).

3. Im Schlußabschnitt wird der Erfolg der Heilung konstatiert, entweder so, daß die Anwesenden den Erfolg bezeugen, oft in einer „chorischen Akklamation des Wundertäters" (Mk 1, 27; Lk 5, 26; 7, 16 usw), oder so, daß durch den Geheilten selbst die Realität der Heilung demonstriert wird (Mk 1, 31; 2, 12; 5, 42). – Bei den Naturwundern läßt sich kein ähnlich festes Schema nachweisen. Allenfalls die Sturmstillung Mk 4, 37ff und die beiden Speisungen Mk 6, 34ff; 8, 1ff zeigen das Schema: Exposition, Hilfe, Konstatierung des Wunders (Speisungen) und sein Eindruck (Sturmstillung).

Der Aufbau und vor allem die Motive, die sog. „Wundertopik", haben zahlreiche Parallelen in antiken Wunderberichten, weniger in at.-jüdischen als in griechischen und hellenistischen. Da hier keine Beispiele gegeben werden können, sei auf die Zusammenstellung bei Bultmann verwiesen[10].

Bei der Schilderung des Heilungsvorgangs und insbesondere der magischen Manipulationen sind die synoptischen Berichte ungleich zurückhaltender als die griechisch-hellenistischen. Aber die feste Stilisierung rückt die evangelischen Wundergeschichten in die Tradition der letzteren. Die Mehrzahl der „Novellen" wird daher auf griechischem Sprachboden ihre Formung erhalten haben, wenn auch einige in der palästinischen Urgemeinde entstanden sein dürften[11]. Doch ist diese Gattung in der Jesusüberlieferung jünger als die auf die palästinische Urgemeinde zurückgehenden Apophthegmata, die ja auch gelegentlich Wunder erwähnen. Jedenfalls ist das Interesse am Wunder in beiden Gattungen grundverschieden, wie

---

[10] Tradition 233–260. – Ferner Dibelius, Formgeschichte, 142ff; 164ff; O. Weinreich, Antike Heilungswunder, 1909, ²1969; R. Herzog, Die Wunderheilungen von Epidauros, Philologus suppl. 22, 3, 1931.

[11] Etwa die Heilung des Aussätzigen Mk 1, 40ff, die Sturmstillung Mk 4, 35ff und die Speisungen Mk 6, 34ff; 8, 1ff; vgl. Bultmann aaO, 255f.

schon beim Vergleich von Mk 3, 1ff und 7, 32ff gezeigt wurde. In den betreffenden Apophthegmata bildet es nur den Anlaß zu einem Streitgespräch, in den Wundergeschichten das eigentliche Thema. Und zwar liegt hier der Akzent nicht auf der Rettung, die Jesus den Kranken oder sonstwie Gefährdeten bringt, – über deren weiteres Schicksal verlautet meistens nichts –, sondern – wie insbesondere die chorischen Akklamationen zeigen – auf dem Erweis der göttlichen Macht Jesu: die Wundergeschichten sind Epiphaniegeschichten. Hinter der Thematisierung des Wunders steht eine bestimmte Christologie: Jesus als Wundertäter, als θεῖος ἀνήρ, in dessen Tat die göttliche Macht epiphan wird. Wie stark dieses christologische Interesse war, geht daraus hervor, daß schon vor Mk fremde Wunderstoffe auf Jesus übertragen worden waren (Mk 5, 1ff), und daß sich traditionsgeschichtlich eine wachsende Tendenz zur Steigerung der Wunder von Mk zu Mt und Lk, zu Joh und den apokryphen Evangelien beobachten läßt.

Indem schon die frühen Gemeinden die Gattung Wundergeschichten aufnahmen und entwickelten, dh Jesus immer stärker als θεῖος ἀνήρ schilderten, stellten sie ihn in Konkurrenz zu anderen „göttlichen Menschen", „Gottessöhnen" und Heilgöttern jener Zeit. Damit wird der „Sitz im Leben" dieser Gattung deutlich: die missionarische Propaganda, die sich den religiösen Vorstellungen ihrer Umwelt anpaßt. Damit dürfte ein weiteres Motiv zusammenhängen: christlichen Wundertätern Anleitung zu geben (vgl. Mk 9, 29). Doch darf man auch die Lust zu fabulieren nicht unterschätzen, die hier zweifellos gewaltet hat[12].

Ob es schon vor Mk kleinere Sammlungen von Wundergeschichten gegeben hat, ist umstritten und nicht mit Sicherheit zu entscheiden. So kann der Wunderzyklus Mk 4, 35–5, 43 mit gleich guten Gründen als (erstmalige) markinische Komposition wie als vormarkinische Sammlung verstanden werden. Aber die Tatsache, daß der Johannes–Evangelist eine Sammlung von Wundergeschichten, die sog. „Zeichen-" oder „Semeia-Quelle", benutzt hat, sollte davor warnen, die Existenz solcher Sammlungen vor Mk einfach zu bestreiten. Die Voraussetzungen dafür, die θεῖος-ἀνήρ-Christologie und die missionarische Propaganda, waren jedenfalls schon vor Mk vorhanden. –

Es ist selbstverständlich, daß es auch bei den Wundergeschichten wie bei den Apophthegmata Mischformen und nicht ganz stilgemäße Stücke gibt. Zu diesen gehört zB die Heilung des Bartimäus Mk 10, 46ff, nach Dibelius ein Paradigma „minder reinen Typs", nach Bultmann eine nicht stilgemäße Wundergeschichte; eine Mischform liegt bei der Heilung des Gelähmten vor (Mk 2, 1–12): der Wundergeschichte ist ein Streitgespräch (V. 5b–10) eingefügt.

---

[12] Vgl. Dibelius, aaO, 100.

### b) Geschichtserzählung und Legende

Bultmann faßt unter dieser Charakterisierung den gesamten synoptischen Erzählstoff außer den Wundergeschichten zusammen. Diese Gattungen decken sich mit Dibelius' Legende und Mythus bei weitem nicht in dem Maße wie die bisher genannten. Der Mythus (als Gattung) hat bei Bultmann, die Geschichtserzählung bei Dibelius keine Entsprechung. Größere Übereinstimmung besteht nur hinsichtlich der Legende.

Geschichtserzählung und Legende versteht Bultmann als Gegensätze. Er will sie begrifflich unterscheiden, hält aber eine Trennung der beiden für die Darstellung des synoptischen Tatbestandes nicht für möglich, „da zwar manche Stücke rein legendarischen Charakters sind, aber die Geschichtserzählung so sehr unter der Herrschaft der Legende steht, daß sie nur mit dieser zugleich behandelt werden kann" (261). In seinem Begriff der Legende ist das Moment der Ungeschichtlichkeit einschlägig (obwohl er natürlich nicht leugnet, daß ein geschichtlicher Kern vorhanden sein kann). Er bezeichnet als Legenden „die erzählenden Stücke der Tradition, die nicht eigentlich Wundergeschichten sind, aber doch auch keinen geschichtlichen, sondern religiös-erbaulichen Charakter haben" (260). Sie enthalten meistens, aber nicht immer und nicht notwendig, Wunderbares und „unterscheiden sich von den Wundergeschichten vor allem dadurch, daß sie nicht in dem Sinne wie jene eine Einheit bilden, sondern ihre Pointe erst durch die Beziehung auf einen Zusammenhang erhalten", nämlich mit dem Leben des religiösen Heros (biographische Legende) oder mit dem Glauben und Kult der Gemeinde (Glaubens- oder Kultuslegende) (260). Die Grenze zur Wundergeschichte, aber auch zum biographischen Apophthegma sei nicht immer scharf zu ziehen; entscheidend sei die Bestimmung der in der religiösen Erzählung wirksamen Motive.

Dibelius verwendet „Legende" nicht in dem weiten und geschichtskritischen Sinn wie Bultmann[13], sondern in dem engeren und ursprünglichen Sinn des Wortes („die am Festtag eines Heiligen zu lesende Geschichte von vita et obitus confessorum", Formgeschichte, 101). Danach bezeichnet Legende „eine Gattung von Erzählungen, die sich in den Evangelien wie in der volkstümlichen Literatur der Umwelt findet und deren Vortragsart doch durchaus nicht profan,

---

[13] „Nicht im Begriff der Legende gesetzt ist aber das Maß von Geschichtlichkeit oder Ungeschichtlichkeit" (Dibelius, ThR 1, 1929, 204).

sondern ausgesprochenermaßen erbaulich ist. Es handelt sich also
um ‚fromme' Geschichten" (101). Sie sind geleitet von biographischem oder ätiologischem Interesse und können danach in Personal-
und ätiologische Kultlegenden unterschieden werden. Stimmt Dibelius hier mit Bultmann überein, so arbeitet er doch schärfer den
Unterschied zur Wundergeschichte bzw. Novelle heraus: der Stil,
die ‚fromme' Diktion, die erbauliche Vortragsart unterscheidet die
Legende grundsätzlich von der ‚profanen', weltlichen Vortragsweise
der Novelle. – Dieser Stilunterschied ist umso mehr zu beachten,
als die Legende keine „Formgattung" ist, die an Aufbau und anderen
äußeren Merkmalen erkennbar wäre, sondern eine „Interesse-" bzw.
„Motiv-Gattung"[14]. Für die formgeschichtliche Verwendung der
Gattungsbezeichnung Legende empfiehlt sich der Dibelius'sche Gebrauch (Ausschaltung des geschichtskritischen Moments; Vortragsart
als Kriterium) als angemessen.

Als Beispiele für die ätiologische Kultlegende seien genannt: die
Einsetzung des Abendmahls und die Leidensgeschichte; als Beispiele
für die Personallegende: die „Kindheitsgeschichten" Lk 1. 2, die
Berufung des Petrus Lk 5, 1ff, die Findung des Reittiers Mk 11, 1ff,
die Findung des Saales Mk 14, 12ff.

Der „Mythus" ist ebenfalls keine Form-, sondern eine Interesse-
Gattung. Das leitende Interesse dieser Erzählungen besteht darin,
von Jesus als einem göttlichen Wesen zu sprechen. Eine solche christologische Vorstellung liegt rein in dem Christus-Mythus Phil 2,
6ff vor, verbunden mit dem Leben-Jesu-Stoff im Joh und in verschiedenen apokryphen Traditionen. Als „Mythus" bezeichnet Dibelius solche Erzählungen, „die wirklich einen mythischen Vorgang
darstellen, ein beziehungsreiches Handeln zwischen ‚mythischen',
nicht menschlichen Personen" (Formgeschichte, 270). In der synoptischen Tradition findet er deren allerdings nur drei: die Taufe Jesu
(aber nur nach Mk!), die Versuchung und die Verklärung. Dazu
kommen entsprechende Worte: das Offenbarungswort Mt 11, 25–30,
der Missionsbefehl Mt 28, 18ff und etwa Mt 18, 20 und einige andere Sprüche, in denen Jesus als „mythische" Person redet[15]. Bult-

---

[14] K. Grobel spricht von Interesse-Gattung, G. Iber von Motiv-Gattung.
[15] Auch hier will Dibelius mit dem Ausdruck „Mythus" kein Urteil über
    die Geschichtlichkeit gefällt wissen: „Wenn Mythus eine Erzählung ist,
    die ein beziehungsvolles Handeln von Göttern berichtet, so kann man
    natürlich auch von einem als Gott verehrten Menschen in mythischer

mann charakterisiert Taufe und Verklärung als Glaubenslegende, die Versuchung (nach Q) als schriftgelehrte Haggada, den Missionsbefehl als Kultuslegende, ohne allerdings das von Dibelius herausgestellte christologische Interesse dieser Stücke zu bestreiten. Im Blick auf das geringe Vorkommen des „Mythus" in der synoptischen Tradition könnte man auf diese Gattung vielleicht verzichten und die Besonderheiten der betreffenden Stücke anderweitig kennzeichnen; aber im Blick auf die „apokryphe" Tradition empfiehlt sich doch wohl die Beibehaltung.

## c) Die Leidensgeschichte[16]

Die Leidensgeschichte – von Bultmann im Zusammenhang der Geschichtserzählungen und Legenden (282ff), von Dibelius in einem Sonderkapitel (178ff) behandelt – gehört nicht zu den bisher besprochenen Erzählungen, die sich als kleine Einheiten präsentieren. Sie enthält zwar eine große Anzahl solcher ursprünglich selbständiger Einheiten, ist aber nicht gänzlich aus solchen zusammengesetzt (wie etwa die Zyklen der Streitgespräche Mk 2, 1–3, 5 und der Wundergeschichten 4, 35–5, 43). Die Analyse der ältesten synoptischen Passionserzählung, der markinischen, zeigt, daß Mk einen zusammenhängenden Passionsbericht zur Verfügung hatte. Dieser vormarkinische Passionsbericht ist hier mit der „Leidensgeschichte" gemeint. Sie tritt darin zutage, daß der markinische Passionsbericht Stücke enthält, die nicht als selbständige Einheiten existiert haben konnten, aber auch nicht als redaktionelle Bildungen des Mk verstanden werden können, die vielmehr von vornherein auf Fortsetzung angelegt sind und nur in einem größeren Zusammenhang sinn-

---

Form erzählen, ohne daß dadurch die Geschichtlichkeit dieser Person verneint ist; sogar der Vorgang selbst, der mythisch ausgeschmückt wird, braucht nicht völlig ungeschichtlich zu sein (man denke an den Taufbericht im Ebioniten-Evangelium!). Zuzugeben ist, daß die Handlung, je mehr sie in mythischer Sphäre spielt, sich desto mehr vom Menschlichen entfernt." Aber er hält daran fest, „daß Mythus zunächst die Gattung bezeichnet". (ThR 1, 1929, 205 Anm. 1).
[16] Vgl. G. Bertram, Die Leidensgeschichte Jesu und der Christuskult, FRLANT NF 15, 1922; J. Finegan, Die Überlieferung der Leidens- und Auferstehungsgeschichte Jesu, BZNW 15, 1934; Ed. Lohse, Die Geschichte des Leidens und Sterbens Jesu Christi, 1964; Ed. Schweizer, Das Evangelium nach Markus (NTD 1), 1967, 163ff; weitere Literatur bei Bultmann, Tradition, Ergänzungsheft 101f.

voll sind, zB der Todesbeschluß 14, 1f und der Verrat des Judas 14,
10f; diese Stücke bereiten nicht nur einzelne Szenen und Motive
(Bezeichnung des Verräters beim letzten Mahl; die Heimlichkeit der
Verhaftung Jesu und die Reue des Judas) vor, sondern leiten den
alten Passionsbericht überhaupt ein. Die Verwendung eines solchen
älteren Berichts zeigt sich auch in der verschiedenen Datierung des
Todes Jesu; nach 14, 2 erfolgt er „nicht am Fest", nach dem Passus
der markinischen Darstellung, insbesondere 14, 12–16, war Jesu
letztes Mahl ein Passamahl, erfolgten Verhaftung und Hinrichtung
doch „am Fest". Dieser Passus stammt also von Mk, ebenso die
Salbungsgeschichte 14, 3–9, die den Zusammenhang zerreißt. Der
Umfang der vormarkinischen Leidensgeschichte ist umstritten. Es ist
zB fraglich, ob der Einsetzungsbericht 14, 22–25 und die Synedriums-
verhandlungen 14, 55ff dazugehört haben; die Gethsemaneszene 14,
32ff und der Kreuzigungsbericht 15, 20ff scheinen überarbeitet zu
sein. Bultmann nimmt als ältesten Bestand einen kurzen Bericht an,
der Verhaftung, Verurteilung durch die jüdische und die römische
Behörde, Abführung zur Kreuzigung, Kreuzigung und Tod erzählte,
einen Bericht, der dem Mk aber schon um Einzelgeschichten vermehrt vorlag. Dibelius rekonstruiert anders[17]. Es kann hier nicht
die Aufgabe sein, eine Synopse der Rekonstruktionsversuche zu geben oder gar das Gemeinsame als sicheren Bestand der vormarkinischen Leidensgeschichte zu deklarieren. Wichtiger als die konkreten Rekonstruktionsversuche ist für den Zweck dieses Buches die
Erkenntnis, daß überhaupt schon vor Mk die Leidensgeschichte zu-
sammenhängend dargestellt worden ist[18]. Danach bestand offensichtlich ein Bedürfnis. Auch der Johannesevangelist hat eine Passionsgeschichte benutzt und bearbeitet, deren wichtigste Perikopen in
derselben Reihenfolge wie bei Mk erscheinen. Die Leidensweissagungen Mk 8, 31; 9, 31; 10, 33f, die zwar nicht den Keim der vormarkinischen Leidensgeschichte bilden, beweisen als Summarien das
genannte Bedürfnis der Gemeinden. „Die Leidensgeschichte darf also
als das einzige evangelische Überlieferungsstück gelten, das schon in
früher Zeit Begebenheiten in größerem Zusammenhang darstellte."[19]

---

[17] Mk 14, 1. 2. 10. 11. 17–31. 43–54. 66–72; 15, 1–15. 21–39.
[18] Diese Erkenntnis dürfte durch die an sich sehr erwägenswerten Argumente J. Schreibers, Die Markuspassion, 1969, und E. Linnemanns, Studien zur Passionsgeschichte, FRLANT 102, 1970, nicht widerlegt sein.
[19] Dibelius, Formgeschichte, 180.

## 4. *Bemerkungen zur Terminologie*

Ich habe mich bei der Beschreibung der Gattungen bewußt auf die von Bultmann und Dibelius eingeführten Terminologien beschränkt, muß aber anhangsweise auf einige neuerdings vorgeschlagene Gattungsbezeichnungen eingehen.

G. Schille hat, von der Apg her, auch in den synoptischen Evangelien die Gattung „M i s s i o n s l e g e n d e ", Unterabteilung „G e m e i n d e g r ü n d u n g s l e g e n d e " zu erweisen versucht[20]: Erzählungen, vor allem Wundergeschichten, mit Ortsnamen seien ätiologische Berichte, die die Gründung der Gemeinden in dem betreffenden Ort bzw. Gebiet auf Jesus zurückführen wollten. Aber diese These läßt sich nicht halten: die Ortsangaben gehen zum großen Teil auf den redigierenden Evangelisten zurück, die Erzählungen selbst verraten durch nichts ätiologische Absichten und gehören im übrigen bekannten Gattungen an.

G. Bornkamm hat zwei neue Gattungen in die Diskusion gebracht, Christus-Worte und Christus-Geschichten. Er versteht unter C h r i - s t u s - W o r t e n „die Worte Jesu, die von seiner Sendung und Hoheit und von seinem Schicksal sprechen"[21]. Es handelt sich also um die Gruppe, die Bultmann als Ich-Worte bezeichnet. Es fragt sich, ob die neue Bezeichnung angemessen ist. Das scheint mir nicht der Fall zu sein. Denn da keines der Christus-Worte das Wort „Christus" verwendet, die Bezeichnung also Unzutreffendes suggeriert, verdient die formale Bezeichnung „Ich-Worte" als die neutralere den Vorzug. – Die „Christus-Geschichten" werden von Bornkamm nicht definiert, sondern durch den Gegensatz zu den „Jesus-Geschichten", Wundererzählungen, charakterisiert: beide Gruppen sollten zwar Glauben und Erkenntnis wecken, die Christus-Geschichten seien aber im Unterschied zu den Jesus-Geschichten „von vornherein und im ganzen von diesem Glauben geprägt"[22]. Diese nicht sehr glückliche Unterscheidung versagt ihren Dienst. Vom Glauben geprägt sind auch die Wundergeschichten und die Passionsgeschichte[23]. Und die Stücke, die Bornkamm zu den Christusgeschichten zählt (Taufe, Versuchung, Petrusbekenntnis, Verklärung, Einzug, Abendmahl, Vorgeschichten, Ostergeschichten) sind literarisch ver-

---

[20] Anfänge der Kirche, 1966, 64ff.
[21] RGG³ II, 1001, vgl. 752.
[22] AaO, 1001.
[23] So auch H. Zimmermann, Neutestamentliche Methodenlehre, 1967, 152.

schiedener Art, theologisch bzw. christologisch nicht einheitlich und religionsgeschichtlich verschiedener Herkunft. Es empfiehlt sich daher, auf die Bezeichnung „Christus-Geschichten" zu verzichten und bei den präziseren formgeschichtlichen Benennungen zu bleiben. – In der formgeschichtlichen Forschung sind keine Gesichtspunkte aufgetaucht, unter denen neue Gattungen erkannt wurden oder eine Umbenennung der schon erkannten Gattungen notwendig geworden wäre. Man sollte aus Gründen der Arbeitsökonomie und der Klarheit auf die Einführung neuer Bezeichnungen verzichten und mit den von Bultmann und Dibelius eingeführten auszukommen versuchen. Da Bultmann die Wortüberlieferung, Dibelius die Erzähltradition differenzierter analysiert hat, wäre es sachgemäß, für die letztere die Terminologie von Dibelius und für die erste die Bultmanns zu verwenden. Nur das „Paradigma" allerdings wird man, wegen seiner Bedeutung „Predigtbeispiel", zugunsten des „Apophthegma" und seiner Ausprägungen aufgeben.

Im Anschluß an R. Reitzenstein[24] werden gelegentlich die einzelnen Wundergeschichten und Sammlungen von solchen als „Aretalogien" bezeichnet. In der Tat kann ἀρετή das Wunder, die Demonstration göttlicher Macht eines θεῖος ἀνήρ oder eines Gottes bedeuten. Die Zusammenstellung solcher Taten diente dem Preis des Wundertäters und oft auch der Propaganda seines Kultes. Insofern besteht eine Verwandtschaft der griechischen und römischen Aretalogien mit den urchristlichen Wunderberichten und -sammlungen. Und doch ist die Verwendung dieses Ausdrucks für diese urchristlichen Phänomene problematisch[25]. Denn „Aretalogie" ist keine Literaturgattung. Was in der klassischen Philologie als Aretalogie bezeichnet wird, umfaßt ganz verschiedene literarische Gattungen: Hymnen, Weihinschriften, Briefe, Satiren, Romane[26]. „Aretalogie" bezeichnet nicht die Form, sondern den Inhalt und den Zweck sehr verschiedener literarischer Gattungen. Es empfiehlt sich daher, dem weiteren Gebrauch gegenüber, den Reitzenstein dem Terminus gegeben hat, Zurückhaltung zu üben und lieber nur von aretalogischen Elementen und Motiven zu sprechen[27].

---

[24] Hellenistische Wundererzählungen, 1906, Neudruck 1963.
[25] Vgl. D. Eßer, aaO, 98ff.
[26] Vgl. A. Kiefer, Aretalogische Studien, Diss. phil. Freiburg, 1929, 1–40, insbes. die Zusammenstellung, 37ff.
[27] Zum Ganzen s. M. Smith, Prolegomena to a Discussion of Aretalogies, Divine Men, the Gospels on Jesus, JBL 90, 1971, 174ff.

## § 23. Die Spruchquelle

*Literatur* s. zu § 20; außerdem:

M. Dibelius, Botschaft und Geschichte I, 1953, 79ff; 293ff;

A. Harnack, Sprüche und Reden Jesu. Die zweite Quelle des Matthäus und Lukas: Beiträge zur Einleitung in das NT, Bd. 2, 1907;

P. Hoffmann, Studien zur Theologie der Logienquelle, NTA NF 8, 1972;

H. Köster und J. M. Robinson, Entwicklungslinien durch die Welt des frühen Christentums, 1971;

D. Lührmann, Die Redaktion der Logienquelle, WMANT 33, 1969;

T. W. Manson, The Sayings of Jesus, 1949, [6]1964;

S. Petrie, ‚Q' Is Only What You Make It, NovT 3, 1959, 28ff;

A. P. Polag, Zu den Stufen der Christologie in Q: StEv IV (TU 102) 1968, 72ff;

S. Schulz, Q. Die Spruchquelle der Evangelisten, 1972;

–, Griechisch-deutsche Synopse der Q-Überlieferung, 1972;

H. Schürmann, Traditionsgeschichtliche Untersuchungen zu den synoptischen Evangelien, 1968, 39–156;

V. Taylor, The Order of Q: JTS NS 4, 1953, 27ff;

–, The Original Order of Q: NT Essays. Studies in Memory of T. W. Manson, 1957, 246ff;

H. E. Tödt, Der Menschensohn in der synoptischen Überlieferung, 1957;

U. Wilckens, Jesusüberlieferung und Christuskerygma – zwei Wege urchristlicher Überlieferungsgeschichte: ThV 1965/66, 310ff.

### 1. Die Frage der Schriftlichkeit von Q

In den Anfängen und beim Sieg der Zwei-Quellen-Theorie galt die Spruchquelle ganz selbstverständlich als schriftliches Dokument (das eventuell in verschiedenen Rezensionen den Verfassern des Mt und Lk vorlag). Seit die Bedeutung der mündlichen Überlieferung erkannt wurde, wird die Schriftlichkeit von Q nicht mehr so selbstverständlich vorausgesetzt. In der deutschsprachigen Forschung verstärkt sich die Neigung, Q überhaupt nur als mündlich tradierte Größe anzusehen[1]. Doch handelt es sich dabei mehr um einen allgemeinen Trend als um eine wissenschaftlich begründete These. Zwar hat Joach. Jeremias 1930 eine solche zu liefern versucht: aus der Tatsache, daß die Sprüche und Spruchkomplexe bei Mt und Lk häufig durch Stichwortverknüpfung verbunden sind, also ein typisches Merkmal mündlicher Überlieferung aufweisen, folgert er, daß Mt und Lk den nur ihnen gemeinsamen Redestoff aus der münd-

---

[1] Symptomatisch zB G. Bornkamm, RGG³ II, 756.

lichen Tradition geschöpft haben[2]; sein Schüler H. Th. Wrege hat
diese These – allerdings unzureichend – zu verstärken gesucht[3]. Aber
diese Argumentation überzeugt nicht; denn die Spuren der Mnemo-
technik beweisen lediglich, daß das Spruchmaterial ursprünglich
mündlich überliefert worden, nicht aber, daß es in diesem Aggregatzustand auf Mt und Lk gekommen ist. Die Skepsis gegen die Schriftlichkeit von Q gründet sich denn auch nicht auf diese These von
Jeremias, sondern einerseits auf die Schwierigkeit, Q literarkritisch
zu rekonstruieren, andererseits auf die immer wieder zitierte Äußerung von M. Dibelius, die Erforschung von Q berechtige „uns eher
von einer Schicht als von einer Schrift zu reden".[4] Aber dieser –
leider zum Schlagwort degradierte – Satz bezieht sich auf das allmähliche Wachstum von Q und auf die Schwierigkeit, Q nach Umfang,
Ordnung und Gattung zu bestimmen, bestreitet aber keineswegs die
Schriftlichkeit; Dibelius setzt sie vielmehr voraus und spricht kurz
vorher vom Griechischen als „der Sprache, in der diese Quelle geschrieben war" und von Mt und Lk benutzt wurde[5].

Trotzdem muß die Frage der Schriftlichkeit von Q gestellt werden.
Denn die dafür beigebrachten Argumente – die Übereinstimmungen
im Wortlaut, die weitgehende Parallelität in der Reihenfolge und
nicht zuletzt die Dubletten vermitteln nur eine hohe Wahrscheinlichkeit, nicht aber Sicherheit. Sicherheit wäre nur durch den Nachweis
zu gewinnen, daß Differenzen in der griechischen Wiedergabe desselben Q-Spruches bei Mt und Lk auf einen optischen Fehler, dh auf
ein Verlesen derselben aramäischen Vokabel zurückgehen müssen
und somit eine schriftliche Vorlage beweisen. Das ist in der Tat der
Fall.

J. Wellhausen hat schon 1911 drei solche Beispiele angeführt (Mt 10, 12
/Lk 10, 5; Mt 23, 25 /Lk 11, 39; Mt 23, 26 /Lk 11, 41), von denen das dritte
besonders evident ist. Er bemerkt zu den Varianten καθάρισον (Mt 23, 26)
und δότε ἐλεημοσύνην (Lk 11, 41): „Gebt Almosen für reinigt
ist natürlich schierer Unsinn. Im Aramäischen nun reduziert sich die im
Griechischen ganz unbegreifliche Variante auf dakkau (reinigt) und
zakkau (gebt Almosen). Die beiden Verba sind graphisch wenig verschieden und ursprünglich sogar identisch. Lukas hat sich also versehen und
zwar verlesen. Hier ist es zweifellos, daß das Versehen von einer schriftlichen Vorlage ausgeht, und von da aus wird das auch für andere Fälle

---

[2] ZNW 29, 1930, 147ff = Abba, 1966, 90ff.
[3] Die Überlieferungsgeschichte der Bergpredigt, WUNT 9, 1968.
[4] Formgeschichte[1], 67, [2]236.
[5] Formgeschichte[2], 234.

wahrscheinlich".[6] Daß Wellhausen die Verlesung dem Lukas anlastet, ist in diesem Zusammenhang ohne Belang. Entscheidend ist, d a ß eine Verlesung (von *d* und *z*) vorliegt. M. Black bestätigt Wellhausens Konklusion ausdrücklich als zutreffend[7]. Auch eine andere Variante ist so zu erklären: die Lesart πήγανον (Raute) (Lk 11, 42) statt ἄνηθον (Dill) (Mt 23, 23) geht auf die Lesung shabbara statt des richtigen shebata, also auf eine Verlesung der graphisch ähnlichen Buchstaben *t* und γ) zurück; so Black im Anschluß an Eb. Nestle[8]. M. Black hat eine ganze Reihe synoptischer Varianten als Übersetzungsvarianten und Fehlübersetzungen aus dem Aramäischen erklärt, von denen eine Anzahl nur aufgrund einer schriftlichen Vorlage verständlich ist[9]. Es erübrigt sich, sie im einzelnen vorzuführen. Die beiden genannten mögen, da besonders evident, genügen. Sie beweisen 1., daß Jesusworte schon auf aramäischem Sprachboden schriftlich fixiert worden waren, und 2., daß es verschiedene griechische Übersetzungen dieser Worte gegeben hat.

Damit soll natürlich nicht behauptet werden, daß die ganze Spruchquelle schon aramäisch in schriftlicher Form vorlag. Welchen Umfang diese aramäische Schrift hatte, vermögen wir nicht festzustellen. Es ist von vornherein wahrscheinlich, daß sie bei der Übersetzung ins Griechische in zweisprachigen Gemeinden durch Stoffe aus der mündlichen Tradition erweitert wurde. Es ist ferner wahrscheinlich, daß dies kein einmaliger, sondern ein allmählicher Vorgang war.

Für den hier interessierenden Zusammenhang ist die Feststellung wichtig, daß die Argumente für die Schriftlichkeit von Q durch die Beobachtungen Wellhausens und Blacks entscheidend gestützt worden sind: Da es eine schriftliche Sammlung von Herrenworten, also eine Vorform von Q, in aramäischer Sprache gegeben hat, ist die Frage nach der Schriftlichkeit der griechischen Fassung(en) von Q positiv zu beantworten. Daß die mündliche Überlieferung von Herrenworten weiter bestand, ist sicher, und daß sie bei der Aufnahme von Q in die Evangelien des Mt und Lk berücksichtigt wurde, mehr als wahrscheinlich; Sammlungen von Herrenworten lassen sich bei den Apostolischen Vätern und bei „Häretikern" nachweisen[10].

---

[6] Einleitung in die drei ersten Evangelien, ²1911, 27; vgl. 26ff.

[7] Approach, ³1967, 2; doch liest er dakko statt dakkau. Ähnlich T. W. Manson, Sayings, 269. Leider geht Jeremias nirgends auf diese Varianten und auf die von Wellhausen und Bleek gezogenen Folgerungen ein.

[8] Approach, 194.

[9] AaO, 186ff.

[10] Vgl. H. Köster, Synoptische Überlieferung bei den Apostolischen Vätern, 1957; die Benutzung von Herrenworten bei den Häretikern wird durch die Polemik Polykarps bezeugt (Polyk 7, 1).

## 2. Umfang und Aufbau

Die Spruchquelle ist eine nur erschlossene Größe, und die Rekonstruktionsversuche bleiben hypothetisch. Immerhin hat sich bei den Vertretern der Zwei-Quellen-Theorie ein gewisser methodischer Konsensus herausgebildet, der auch zu einem gewissen sachlichen Konsensus geführt hat, so daß man einiges Wahrscheinliche über Q sagen kann. Hinsichtlich der Bestimmung des Umfangs hat sich der strenge Maßstab durchgesetzt, nur den Mt und Lk über Mk hinaus gemeinsamen Redestoff zu Q zu rechnen und mit der Zuweisung von Sondergut möglichst zurückhaltend zu sein. Ferner hat die Beobachtung, wie Mt und Lk den Mk-Stoff behandeln, die alte Vermutung bestätigt, daß Lk die Reihenfolge seiner Quellen sehr viel weniger ändert als Mt, daß also die lukanische Reihenfolge des Q-Stoffes der ursprünglichen näher kommt als die matthäische. V. Taylor hat gezeigt, daß trotz der andern Anordnung des Q-Stoffes – bei Mt in den großen Redekompositionen, bei Lk in den beiden „Einschaltungen" 6, 20–8, 3; 9, 51–18, 14 – sich innerhalb der Q-Parallelen bei Mt und Lk eine große Anzahl von „Sequenzen", Abschnitten mit gleicher Reihenfolge der Sprüche, feststellen läßt. Man kann also ungefähr die Reihenfolge des Materials in Q und damit ungefähr den Aufbau von Q erkennen. Auf die schwierigere Frage nach dem ursprünglichen Wortlaut gibt es keine generelle Antwort; bald findet er sich bei Mt, bald bei Lk, bald ist er nur aus beiden zu erschließen, bald läßt er sich überhaupt nicht feststellen; dh man muß bei jedem Einzelstück die Frage nach dem Wortlaut neu stellen.

Auf die verschiedenen Rekonstruktionsversuche – von Wernle, Harnack, Streeter, Bussmann und Manson – braucht nicht im einzelnen eingegangen zu werden. Alle differieren. Aber sie differieren hinsichtlich des Umfangs nur in Randfragen; T. W. Manson hat durch eine Zusammenstellung des Materials, das von Harnack, Streeter und Bussmann übereinstimmend Q zugewiesen wird, den Konsensus eindrucksvoll gezeigt[11]. Seine eigene Bestimmung des Umfangs differiert hiervon nicht erheblich und soll, als besonders beachtlich, hier wiedergegeben werden: Manson führt die Texte nach Lk auf, ohne die Parallelen zu nennen, und macht durch Klammern deutlich, welche Texte er mit Vorbehalt zu Q rechnet: Lk 3, 7–9. 16. 17; 4, 1–13; 6, 20–49; 7, (1–6a) 6b–9 (10). 18–35; 9, 57–62; 10, 2. 3.

---

[11] Sayings, 16.

8–16. 21–24; 11, 9–26 (27. 28). 29–36 (37–41). 42–52; 12, (1) 2–12. 22–34 (35–38). 39–46 (47–50). 51–59; 13, 18–30. 34. 35; 14, 15–24. 26. 27 (34. 35); 16, 13. 16–18; 17, 1–6. 22–37[12]. Natürlich werden andere Forscher im einzelnen anders abgrenzen – etwa am Anfang die Weherufe Q absprechen und am Schluß das Talentengleichnis Lk 19, 11–28 Q zuschreiben –; aber im ganzen dürfte Mansons Rekonstruktion des Umfangs repräsentativ sein.

Die Reihenfolge des Q-Stoffes läßt Stichwortverknüpfungen und thematische Gruppierungen erkennen und zeigt, daß Q keine formlose Spruchsammlung war. Der Aufbau ist freilich nur in großen Umrissen erkennbar. Nach der eschatologischen Verkündigung des Täufers und der Versuchungsgeschichte wird in einer größeren Komposition eine Zusammenfassung der eschatologischen und ethischen Verkündigung Jesu gegeben (Feldrede) und in dem Dialog des Hauptmanns von Kapernaum mit Jesus der exemplarische Glaube an Jesu Macht gekennzeichnet. Es folgt ein längerer Täufertext – die Frage des Johannes an Jesus, ob er „der Kommende" sei, und Jesu indirekte Antwort und dann sein Zeugnis über den Täufer, das – in sich sehr komplex – in der Aussage gipfelt, daß weder Johannes noch Jesus bei ihren Zeitgenossen Glauben fanden. Die nächsten Abschnitte – Nachfolgesprüche und Aussendungsrede, Weheruf und Jubelruf, das Vaterunser und die Worte vom Beten – haben offenbar die Jüngerschaft zum Thema, während das Thema der folgenden Texte – Jesu Selbstverteidigung gegen den Vorwurf des Teufelsbündnisses und seine Polemik gegen die Wundersucht, sein Angriff auf die Pharisäer, seine Aufforderung, sich zu ihm zu bekennen, und seine Warnung vor Selbstsicherung – die Gegnerschaft gegen Jesus und die Gefährdung seiner Jünger ist. Die restlichen Texte – von der Mahnung zu Wachsamkeit bis zur „Rede" über die Parusie des Menschensohnes und zum Gleichnis von den anvertrauten Geldern – handeln von der eschatologischen Erwartung. Man kann die drei letzten Teile mit Manson als „Jesus und seine Jünger, Jesus und seine Gegner, die Zukunft" thematisieren. Aber das Vorhergehende läßt sich nicht unter ein einheitliches Thema bringen; die Anfangs- und Schlußperikopen zeigen ein hohes Interesse am Täufer, doch wird man diesen Teil schwerlich mit Manson unter die Überschrift „Johannes der Täufer und Jesus" stellen können, da die „Feldrede" schon ihrem Umfang nach ein größeres Gewicht hat; dieser erste

---

[12] Ebd.

Teil der Spruchquelle dürfte von christologischem Interesse geleitet
sein, dh unter verschiedenen Aspekten zeigen wollen, wer Jesus für
die Leser bzw. Hörer ist.

## 3. Gattung und Sitz im Leben

Da die Spruchquelle weder eine Passionsgeschichte noch Erzählungen enthält, gehört sie nicht zu der Gattung, die später ‚Evangelium'
genannt wurde. Gattungsgeschichtlich ist sie auch kein „Halbevange-
lium"[13] oder eine „Vorstufe" zu den Evangelien[14], wenn sie auch
literarisch eine Quelle für Mt und Lk war. Nach der urchristlichen
Unterscheidung zwischen dem, „was Jesus tat und lehrte" (Apg 1, 1),
der die des Papias τὰ ὑπὸ κυρίου ἢ λεχθέντα ἢ πραχθέντα entspricht,
wäre Q als Sammlung von Jesusworten, ohne Bericht über seine
Taten, als Zusammenfassung der ‚Lehre' Jesu zu verstehen. Bultmann und andere haben auf das Buch Jesus Sirach als literarische
Analogie hingewiesen[15]. J. M. Robinson hat die Spruchsammlung als
literarische Gattung im Judentum und frühen Christentum nachgewiesen, ihr aufgrund interner Hinweise den Namen λόγοι σοφῶν
gegeben und die Geschichte der Gattung, in die auch Q gehört, bis
zum Thomasevangelium und anderen koptisch-gnostischen Schriften
skizziert, wobei er eine Vorliebe der Gnostiker für diese Gattung
feststellt[16].

Die christlichen Spruchsammlungen unterscheiden sich von den
jüdischen dadurch, daß sie nicht Worte beliebiger „Weiser", sondern
Worte einer einzigen Gestalt von letzter Autorität (‚Herrenworte')
enthalten. Hier mag zum Verständnis von Q ein Blick auf eine
scheinbar fernliegende Analogie von Nutzen sein. Diese Analogie ist
Epikurs Sentenzensammlung, genannt κύριαι δόξαι (nach Cicero:
ratae sententiae), dh „Hauptlehrsätze" bzw. „gültige, verbürgte
Sätze", die Epikurs Lehre zusammenfassen[17].

---

[13] Jülicher, Einleitung, 347.
[14] Harnack, Sprüche und Reden Jesu, 159.
[15] Bultmann, Tradition, 93. 104; K. Koch, aaO, 64.
[16] Λόγοι σοφῶν: Zeit und Geschichte (Festschrift für R. Bultmann), 1964,
77ff; jetzt erweitert in: Entwicklungslinien, 1971, 67ff; vgl. ebd. 40ff.
[17] Vgl. H. Dörrie, Der kleine Pauly II, 1967, 314ff und vor allem den
großartigen Epikur-Artikel von Wolfgang Schmid in RAC V, 1961,
681–819, bes. 695ff.

Die Sammlung ist in zwei Fassungen überliefert – die eine bei Diogenes
Laertios (X 139–154), die andere im Gnomologium Vaticanum –, die miteinander verwandt, aber nicht identisch sind, auch Dubletten aufweisen
und außer authentischen Worten auch solche von Schülern enthalten. Diese
Sentenzensammlung hatte nach H. Dörrie eine doppelte Funktion: einmal
Anfängern das wesentliche von Epikurs Lehre in knappem Überblick dar-
zubieten und ferner für das philosophische Gespräch schon fixierte und
formulierte Ergebnisse zu liefern, die der Diskussion nicht mehr unter-
lagen[18]. W. Schmid nennt die χύριαι δόξαι „eine Sammlung von ‚Herrenworten' nach Art eines ‚Breviers' oder ‚Katechismus'" und weist darauf
hin, daß sie – was mit der Gattung zusammenhänge – durch Memorieren
angeeignet werden mußten[19]. Allerdings basiert die Sentenzensammlung
nicht (nur) auf der mündlichen Lehre, sondern auf den schriftlichen Werken des Meisters, und es wird damit gerechnet, daß sie, wenn sie nicht
auf ihn selbst zurückgeht, so doch auf seine Anregung und unter seiner
Aufsicht zusammengestellt wurde. Diese schriftliche Fixierung steht am
Anfang, nicht am Ende. Das unterscheidet ihre Entstehung von der von
Q. Aber sonst sind die formalen Analogien deutlich: Memorieren und
mündliche Weitergabe, lockerer Aufbau, Erweiterungen durch Schüler,
verschiedene Rezensionen, Dubletten; ferner autoritative Bedeutung als
Zusammenfassung der Lehre; gelegentliche Auseinandersetzungen mit gegnerischen Positionen. – Mit der Herausstellung dieser formalen Analogien
soll selbstverständlich kein gattungsgeschichtlicher Zusammenhang der
χύριαι δόξαι Epikurs mit den ‚Herrenworten' von Q behauptet werden.
Aber beide Phänomene zeigen, daß in der Gemeinschaft des Kepos wie in
der der urchristlichen Gemeinden das Bedürfnis bestand, die Lehre des
Meisters in Form einer Sammlung seiner eigenen Worte zusammenzufassen, zu erhalten und weiterzugeben.

Welche Funktion hatte die Spruchquelle als ganze? Welchen Zwek-
ken diente eine Sammlung, die nur das enthielt, „was Jesus lehrte",
nicht aber das, „was er tat" (Apg 1, 1)? Diese Frage nach dem Sitz
im Leben läßt sich nicht aufgrund der Analogien jüdischer Spruchsammlungen oder der Sentenzensammlung Epikurs beantworten,
sondern nur aus Q selbst, sofern sich leitende Interessen der Sammlung feststellen lassen. Offensichtlich war Q zu innergemeindlichem
Gebrauch bestimmt und wandte sich an Christen, nicht an solche,
die es erst werden sollten; das zeigt gerade die Aussendungsrede,
eine Instruktion an christliche Missionare. Das lehrhafte Interesse ist
unverkennbar. P. Wernle hielt Q für einen Katechismus für neu ein-
getretene Gemeindeglieder (aaO, 253. 228); M. Dibelius verstand Q
primär als Dokument der Paränese, des katechetischen Gemeinde-

---

[18] AaO, 316.
[19] AaO, 695 und 743ff.

gottesdienstes; doch sah er, daß manche Stoffe wie eschatologische und Ich-Worte sich der paränetischen Tendenz nicht einordnen lassen, daß christologische Interessen vorhanden sind[20]; er hat daher später Q aus dem Bedürfnis der christlichen Gemeinden nach einer „Zusammenfassung der Lehre des Herrn" abgeleitet, „um ein Gesetz für ihre Lebensführung zu haben"[21]. Bultmann nahm für die Entstehung von Q von vornherein verschiedene Motive an – Erbauung, Paränese, Gemeindedisziplin, die Lebendigkeit prophetischen Geistes –, die zunächst zu verschiedenen Spezialsammlungen geführt hätten, die dann zu Q vereinigt worden wären. Auch T. W. Manson stellte verschiedene Motive in Rechnung, als wichtigstes „the pastoral care of the churches" (aaO, 10f). Aber was war das leitende Interesse, das zur Zusammenstellung der kleineren Sammlungen zu dieser großen geführt hat? Daß es die ethische Unterweisung allein nicht gewesen sein konnte, haben die genannten Forscher nachdrücklich betont, wenn auch Charakterisierungen wie „Gesetz für ihre Lebensführung" (Dibelius) oder „standard and norm of Christian behaviour" (Manson, 9) das ethische Moment noch zu sehr in den Vordergrund rücken. Der Inhalt von Q ist ja viel umfassender; außer Paränese enthält Q viel Lehrhaftes, insbesondere in den eschatologischen, apologetischen und christologischen Stücken, und die Aussendungsrede gehört eher zur Eschatologie als zur Paränese.

Die Spruchquelle ist eine „Zusammenfassung" – man kann unter Berücksichtigung ihres autoritativen Charakters auch sagen: eine Kodifikation der gesamten ‚Lehre' Jesu. Sie dient der Unterweisung von Christen. Als ihren ‚Sitz im Leben' möchte man einen internen Lehrbetrieb der Gemeinde postulieren, der für Lehre und Leben, Mission und Auseinandersetzung mit der Umwelt zuständig war. Der Erzählstoff hatte einen andern Sitz im Leben.

Aufgrund des Fehlens aller Hinweise auf Jesu Leiden und Auferstehung hat H. E. Tödt die These vertreten, Q sei das Dokument einer theologisch ganz eigenständigen Urgemeinde, die sich ausschließlich die Weiterverkündigung der Botschaft des irdischen Jesus zur Aufgabe gemacht hat und die sich von der andern Urgemeinde, für die das „Passionskerygma" Inhalt der Verkündigung gewesen sei, grundsätzlich unterschieden habe[22]. Diese These hat viel Anklang

---

[20] Formgeschichte, 259.
[21] Botschaft und Geschichte I, 97.
[22] AaO, 212–245.

gefunden, zB bei G. Bornkamm[23]; auf sie einzugehen, ist erst möglich, wenn wir die theologischen Anschauungen von Q untersucht haben.

## 4. Theologische Motive

Es wäre verwegen, die Theologie von Q darstellen zu wollen, ohne ausführliche literarkritische, form- und traditionsgeschichtliche Begründungen mitzuliefern. Da solche hier nicht möglich sind, beschränke ich mich auf den Aufweis ,theologischer Motive', soweit sie aus dem Stoff, seiner Auswahl und Anordnung erkennbar sind. Auf eine grundsätzliche Unterscheidung zwischen authentischen Jesusworten und Bildungen der Gemeinde verzichte ich, da es in diesem Zusammenhang auf das Verständnis der Benutzer von Q ankommt. Das Fehlen von Passions- und Ostergeschichten bedeutet auf keinen Fall, daß diese Ereignisse für die Sammler von Q unwesentlich gewesen wären. Die Identität des Irdischen mit dem Erhöhten ist in Q überall vorausgesetzt. Das geht daraus hervor, daß der irdische Jesus denselben Hoheitstitel erhält wie der wiederkommende: Menschensohn[24]. Die Auferweckung und dh die Erhöhung des Gekreuzigten durch Gott ist also vorausgesetzt, auch wenn diese Ereignisse nicht erwähnt werden. Die Überlieferungen von Jesus wurden ja nur deshalb gesammelt und weitergegeben, weil sie Überlieferung von dem waren, der von der Gemeinde als der Erhöhte geglaubt und als der Wiederkommende erwartet wurde. Von dieser Identität her erhielten die Worte des Irdischen – aber auch die des Erhöhten, die der Gemeinde durch den Mund urchristlicher Propheten zuteil wurden – ihre letzte Verbindlichkeit.

Das Interesse bei der Zusammenstellung des Q-Stoffes liegt eindeutig auf dem eschatologischen Element der Lehre Jesu; das zeigt die Stoffanordnung. Q beginnt mit der Verkündigung des Täufers, die das baldige Kommen des eschatologischen Richters und Gerichts ankündigt (Lk 3, 7–9. 16f par) und endet mit der Parusierede Jesu und dem Gleichnis von den anvertrauten Geldern (Lk 17, 22–37; 19, 11–27par). Analog ist die große programmatische Rede Jesu, der Q-Bestand der Feldrede, wie übrigens auch die Bergpredigt, gerahmt:

---

[23] RGG³ II, 758ff.
[24] Vgl. Lk 7, 34 / Mt 11, 19; Lk 9, 58 / Mt 8, 20 mit Lk 17, 24. 26 / Mt 24, 27. 37.

sie beginnt mit den eschatologischen Makarismen und endet mit einem eschatologischen Gleichnis (Lk 6, 20–23par; 6, 47–49par). Durch die Voranstellung der Täuferbotschaft wird Jesu Verkündigung in ihrer Gesamtheit – auch paränetische und weisheitliche Lehre – als Verkündigung des von Johannes geweissagten eschatologischen Richters gekennzeichnet. Der Akzent liegt dabei auf dem Gerichtsgedanken[25]; von ihm sind nur die Makarismen und die beiden Reich-Gottes-Gleichnisse (Lk 13, 18–21par) frei, während andere Worte vom Reich Gottes ihn durch den Kontext erhalten (zB Lk 11, 20par; Mt 11, 12par). Sonst ist Jesu Reich-Gottes-Predigt und Menschensohn-Ankündigung primär Gerichtspredigt, Warnung vor Selbstsicherheit und Drohung mit der Plötzlichkeit und Unausweichlichkeit des Endes (Lk 17, 29–37par). Der Gerichtsgedanke ist in Q nicht durchgängig mit der Naherwartung verbunden; in Q finden sich Spuren der Parusieverzögerung (zB Lk 12, 39f par; 17, 22f par)[26].

Jesu Verkündigung ist, und zwar nicht nur in den eigentlich eschatologischen Partien, Ruf zur Entscheidung: „Wer nicht mit mir ist, der ist wider mich, und wer nicht mit mir sammelt, der zerstreut" (Lk 11, 23par). Ihr Effekt ist daher die Scheidung: es gibt nur Nachfolge oder Ungehorsam, Jüngerschaft oder Gegnerschaft. Die Schlußgleichnisse der Feldrede veranschaulichen den eschatologischen Entscheidungscharakter ‚dieser seiner Worte' (Mt 7, 24–27par).

Das Motiv der ‚Gegnerschaft' durchzieht (vom vierten Makarismus Lk 6, 22f an) die ganze Spruchquelle, wird aber in drei Passagen zum Thema. Die Gegner im ‚Beelzebulstreit' (Lk 11, 14–23par) verdächtigen Jesus des Teufelsbündnisses, die Gegner, die die ‚Zeichenforderung' an ihn stellen (Lk 11, 29–32par), verlangen ein legitimierendes Mirakel und begründen damit ihre Ablehnung von Jesu Botschaft und Anspruch. In der Rede gegen die Pharisäer und Gesetzeslehrer (Lk 11, 39–52par) kommen keine direkten Feindseligkeiten gegen Jesus zur Sprache, wohl aber die Haltung, aus der sie erwachsen: Selbstgerechtigkeit, Selbsttäuschung und der Selbstwiderspruch dieser exemplarischen Vertreter der jüdischen Frömmigkeit; die Rede gipfelt in dem Vorwurf, damit setzten sie die Tradition ihrer ‚Väter' fort, die Gottes Propheten und Gesandte abgelehnt, verfolgt und getötet hätten. Die Pharisäer und Gesetzeskundigen gelten wie die im ursprünglichen Q-Text anonymen Gegner als

---

[25] So mit Recht Lührmann.
[26] So zuletzt Lührmann, aaO, 69ff.

Vertreter „dieses Geschlechts" (Lk 11, 29–32. 50par). Dieser Ausdruck, der häufig in Q auftritt, bezeichnet das ungläubige Israel als
ganzes, das Jesu Lehren und Wirken abgelehnt hat[27]. Zwei Züge
sind in diesem Zusammenhang hervorzuheben. Q parallelisiert ausdrücklich die Verwerfung Jesu und die des Täufers durch „dieses
Geschlecht"[28] und damit beider Geschick dem Geschick der at.
Propheten. Q stellt ferner mehrfach dem ungläubigen Israel die gläubigen Heiden entgegen[29] und verheißt ihnen den Eingang in die
Gottesherrschaft (Lk 13, 28f par), ist also ausgesprochen heidenfreundlich. – Die Texte über die Gegnerschaft haben aktuellen
Zweck; die Gegner Jesu sind auch die seiner Jünger.

Damit ist das Hauptmotiv des Themas „Jüngerschaft' berührt, die
Parallelität des Schicksals und der Aufgabe Jesu und der seiner
Nachfolger. Die Nachfolgesprüche (Lk 9, 57–60par) fordern radikal
die Übernahme dieser Gemeinschaft mit Jesus. Die Aussendungsrede
macht den Nachfolgern ein missionarisches Wirken analog dem ihres
Meisters zur Pflicht und formuliert ihre Aufgabe nach dem Modell
von Jesu Wirken: „Heilt die Kranken ... und sagt zu ihnen: Genaht
ist euch die Herrschaft Gottes" (Lk 10, 9par). Durch die Predigt
vom nahen Gottesreich und durch Heilungen als Zeichen seiner
Macht sollen die Nachfolger Jesu Wirken fortsetzen. Mehr sagt die
Aussendungsrede über den Inhalt des missionarischen Wirkens nicht,
obwohl sie ausführliche Instruktionen über das Verhalten der
Missionare gibt[30]. In der Mission wird auch die Schicksalsgemein-

---

[27] Vgl. Lk 10, 13–15par; 13, 24fpar.
[28] Lk 7, 31–35par.
[29] Als Zeitgenossen Jesu den Hauptmann von Kapernaum (Lk 7, 9par),
typologisch die Königin des Südens und die Niniviten (Lk 11, 30–32par)
und hypothetisch Tyros und Sidon (Lk 10, 13–15par).
[30] Sie sagt auch nichts über das Missionsgebiet, es sei denn, daß das Wort
von der Beschränkung auf Israel, unter Ausschluß der Samaritaner und
und Heiden, (Mt 10, 5f; vgl. 10, 23) ursprünglich zu Q gehört und von
Lk getilgt worden ist. In diesem Fall reflektierte sich in diesen beiden
Sprüchen die partikularistische Ablehnung der Heidenmission durch
palästinische Judenchristen sogar in Q. Aber schon das sicher zum
Q-Bestand der Aussendungsrede gehörende Wort von der großen
Ernte und den wenigen Arbeitern (Lk 10, 2par) paßt nicht zu einer
solchen Begrenzung der Mission. Gewiß hat es solche partikularistischen
Tendenzen im palästinischen Urchristentum gegeben, aber für die
Spruchquelle ist dieser beschränkte Horizont längst obsolet geworden
und kein Bestand ihres Programms. Sie ist heidenfreundlich, wie die
oben angeführten Stellen zeigen, und setzt die Heidenmission voraus.
Vgl. Lührmann, aaO, 59ff; 86ff.

schaft mit Jesus besonders aktuell („Gehet! Siehe, ich sende euch wie Lämmer mitten unter die Wölfe", Lk 10, 3par), aber sie aktualisiert sich überhaupt als Haß und Verfolgung. Verfolgung der Nachfolger Jesu gehört so sehr zur Nachfolge, daß der Makarismus Lk 6, 22f par diese Tatsache an den Anfang der programmatischen Rede stellt und die Verfolgung „um des Menschensohnes willen" dem Schicksal der Propheten parallelisiert. Von der unbeirrbaren Treue zu Jesus hängt das Heil ab; das sagt das Wort vom Bekennen und Verleugnen (Lk 12, 8f par). Doch erhalten die Nachfolger auch tröstliche Verheißungen (Lk 12, 4–7par). Und wie Jesus Gott seinen Vater nennt, so sollen es die Jünger auch tun, Gott in der Gewißheit der Erhörung wie Kinder anrufen (Lk 11, 2–4; 9–13par) und darum frei von Sorge sein (Lk 12, 22–34par).

Im Wort vom Bekennen und Verleugnen wird ein letzter Grundzug von Q besonders deutlich: Jesu Verkündigung ist keine von ihm ablösbare Lehre, ihre Weitergabe und Annahme schließt eine Anerkennung seiner Person als des Heilbringers ein, dh sie impliziert eine Christologie. Gewiß ist der unermüdlich wiederholte Satz, Q sei mehr soteriologisch als christologisch orientiert, richtig und ein Fortschritt gegenüber dem älteren Satz, Q enthalte lediglich die Ethik Jesu; aber er führt nicht weiter und verdeckt nur die Vielfalt der christologischen Anschauungen in Q, die nicht weniger vielschichtig sind als die des Mk, wenn auch schwerer faßbar, da das bequeme Leitseil der Titel hier mangels Masse nicht anwendbar ist[31].

Die vorhin erwähnte Identität des Irdischen mit dem Erhöhten ist eine allgemeine Anschauung des frühen Urchristentums – so verschieden sie auch akzentuiert wurde –, aber kein Specificum von Q. Ebensowenig ist es die Identifikation des ‚kommenden' Menschensohnes mit dem auf Erden weilenden Menschensohn; sie war schon vor Q vollzogen worden, wie von Q völlig unabhängige Stellen bei Mk zeigen (2, 10. 27)[32]. Wie der Irdische zum Erhöhten geworden

---

[31] „Menschensohn" kommt relativ häufig vor, „Sohn Gottes" zweimal (Mt 4, 3. 6par), „der Sohn" (absolut) ebenfalls zweimal (Mt 11, 27par – 2x –).

[32] Ich halte Bultmanns Einteilung der Menschensohnworte in drei Gruppen (1. vom kommenden, 2. vom leidenden, sterbenden und auferstehenden und 3. vom auf Erden wirkenden Menschensohn) für traditionsgeschichtlich sachgemäß und sehe die 1. Gruppe für die älteste an. Auf die Echtheitsfrage und die damit zusammenhängenden Probleme, zumal auf das, ob in Worten der 3. Gruppe Menschensohn generisch = Mensch zu verstehen ist (so neuestens wieder C. Colpe, ThW VIII, 405

ist, sagt Q nirgends; außer der Passions- und Ostergeschichte fehlen ja auch hier die Worte, die von Leiden, Sterben und Auferstehen des Menschensohnes reden, bei Mk eine so große Rolle spielen und die quasi die Verbindung herstellen könnten. Es entspricht der eschatologischen Ausrichtung, daß Q diesen aus der Apokalyptik stammenden Titel bevorzugt. Mit ihm kennzeichnet Q Jesus als den eschatologischen Richter (Lk 12, 8f. 40; 17, 24. 26. 30par). Mit den Worten vom auf Erden wirkenden Menschensohn wird in beachtlichem Unterschied zu Mk, wo sie seine Vollmacht hervorheben, Jesu Niedrigkeit betont: er ist der Unbehauste (Lk 9, 58par) und der von ‚diesem Geschlecht' Geschmähte und Verschmähte (Lk 7, 34par; wohl auch Lk 12, 10par). Doch läßt sich die Menschensohn-Christologie nicht als die eigentliche oder gar die einzige christologische Anschauung von Q deklarieren.

Daneben gilt Jesus in Q auch als der ‚Messias', obwohl dieser Titel nie vorkommt. Denn die Deutung des Täufers mit Hilfe des jüdischen Theologumenons vom Elias redivivus als des in Mal 3, 1. 24 geweissagten eschatologischen Wegbereiters (Mt 11, 10par) soll den Täufer als den Vorläufer des Messias, und zwar als des Messias Jesus, und damit Jesus selbst als Messias erweisen[33]. Diese Argumentation stammt aus den Debatten der Christen mit Juden und Täuferanhängern über die Messianität Jesu[34], sie dient aber im Zusammenhang der Täuferrede Mt 11, 7–19par nicht mehr ihrem ursprünglichen Zweck – Jesu Messianität ist vielmehr vorausgesetzt –, sondern der Parallelisierung Jesu und des Täufers hinsichtlich ihrer Verwerfung durch ‚dieses Geschlecht'. Q weist dem Täufer eine – wenn auch schwer zu bestimmende – eschatologische Funktion zu (Lk 16, 16; Mt 11, 12f), die ihn mit Jesus verbindet. Dabei handelt es sich offenbar um eine sehr weit verbreitete urchristliche Anschauung; denn

---

bis 408), einzugehen, erübrigt sich in diesem Zusammenhang. Denn wie man auch diese Fragen beantworten mag, für Q ist ‚Menschensohn' immer Titel und meint immer Jesus.

[33] Vgl. P. Volz, Die Eschatologie der jüdischen Gemeinde, ²1934 und J. Jeremias, ThW II, 930ff.

[34] Die Täuferrede, in sich komplex, reflektiert verschiedene Haltungen gegenüber dem Täufer: vorbehaltlose Anerkennung Mt 11, 7–9. 11a par, ebensolche Ablehnung 11b par und die vermittelnde Deutung V. 10, die sich sowohl für Täuferjünger wie für Juden eignete; vgl. auch Mk 1, 2; 9, 1–13par. Zur Analyse von Mt 11, 7–19par s. M. Dibelius, Die urchristliche Überlieferung von Johannes dem Täufer, 1911, 6ff und Bultmann, Tradition, 177f.

nicht nur in Q, auch in den Evangelien des Mk und Joh steht der Täufer am Anfang.

Neben dem apokalyptischen und ungleich stärker als das messianologische hat das weisheitliche Element auf die christologischen Anschauungen von Q eingewirkt – nicht durch die Weisheitsworte, sondern durch den Mythos von der personifizierten göttlichen Weisheit, der für die urchristliche Christologie überhaupt von großer Bedeutung war[35]. Jesus und der Täufer stehen in Verbindung mit der göttlichen σοφία, (Lk 7, 35par), offenbar als ihre Vertreter oder Gesandten. Die Geschichtsreflexion in der Pharisäerrede wird von Jesus als Wort der σοφία, wohl aus einer jüdischen Weisheitsschrift, zitiert: „Deshalb hat die Weisheit Gottes gesagt: Ich werde zu euch senden Propheten . . ." (Lk 11, 49); Mt hat die Zitationsformel gestrichen und aus dem Wort der göttlichen Sophia ein Ich-Wort Jesu gemacht: „Deshalb siehe, sende ich zu euch Propheten und Weise und Schriftgelehrte" (Mt 23, 34), ohne Jesus allerdings mit der Sophia identifizieren zu wollen. Vermutlich gehört auch die andere Geschichtsreflexion (Lk 13, 34f par) hierher[36]. Weisheitlicher Herkunft ist auch der erste Teil des ,Jubelrufs' (Mt 11, 25f), sicher auch der ,Heilandsruf' (Mt 11, 28–30), dessen Zugehörigkeit zu Q jedoch fraglich ist[37]. Aber der zweite Teil des ,Jubelrufs' – „Alles ist mir übergeben von meinem Vater, und niemand erkennt den Sohn als nur der Vater, und niemand erkennt den Vater als nur der Sohn, und wem der Sohn ihn offenbaren will" (Mt 11, 27par) – scheint anderer Herkunft und Art als seine ,weisheitliche' Umgebung zu sein. Jedenfalls figuriert Jesus hier nicht als Vertreter der Sophia, sondern als bevollmächtigter Stellvertreter Gottes und als „der Sohn", der zu „dem Vater" im Verhältnis gegenseitigen „Erkennens" steht und der daher der Offenbarer in exklusiver Singularität ist. Dieser Spruch, nach Stil und Inhalt den johanneischen Offenbarungsworten verwandt, erscheint in der synoptischen Tradition als erratisches Stück. Man kann ihn nur auf sehr künstlichen Umwegen mit den genannten weisheitlichen Texten von Q in innere Beziehung bringen. Aber er zeigt, daß Q einen wesentlichen Gedanken der johanneischen Christo-

---

[35] R. Bultmann hat ihn rekonstruiert: Der religionsgeschichtliche Hintergrund des Johannesprologs, jetzt neugedruckt in Exegetica, 1967, 10ff. Zum folgenden Bultmann, Tradition, 119ff.

[36] Bultmann, aaO, 120.

[37] Vgl. Bultmann, aaO, 171f; dazu Ergänzungsheft[4] (1971), bearbeitet von G. Theißen, 63f; Dibelius, Formgeschichte[2], 279ff.

logie aufgenommen hat. Die weisheitlichen Texte bringen Jesus (und den Täufer) in einen nahen Bezug zur göttlichen Sophia; sie reichen aber nicht aus, der Spruchquelle eine ‚Sophia-Christologie' zuzuschreiben[38]. Es scheint mir auch fraglich, daß sie die Ansätze zu bestimmten christologischen Vorstellungen bilden, die man auf den Sophia-Mythos zurückführen muß und daher als Sophia-Christologie bezeichnen kann (Präexistenz; Schöpfungsmittlertum); diese Vorstellungen und jene Geschichtsreflexionen sind offensichtlich unabhängig voneinander mit Jesus in Verbindung gebracht worden.

Schließlich spielt Jesus als Wundertäter in den christologischen Vorstellungen von Q eine erhebliche und angesichts des Fehlens von Erzählungen bemerkenswerte Rolle: Jesu Wundertätigkeit wird durch die Versuchungsperikope geradezu als erstes Thema seiner ‚Lehre' abgehandelt (Mt 4, 2–11par); sie ist später Thema des Beelzebulstreites (Lk 11, 14–23par) und wird auch sonst an pointierten Stellen ausdrücklich hervorgehoben (Lk 7, 22f par; 10, 13 bis 15par; 11, 29par) oder auch einfach vorausgesetzt (Mt 8, 5ff par). Aus diesen Texten geht zweierlei hervor. Q kennt und akzeptiert eine reiche – übrigens durch die Synoptiker nicht vollständig verifizierbare – Tradition von Jesuswundern samt der dazugehörigen θεῖος-ἀνήρ-Christologie[39]. Ferner grenzt Q die Wunder Jesu gegen zwei Mißdeutungen ab: gegen die Behauptung der Gegner, Jesus habe seine Macht zu Exorzismen von Beelzebul, dem Obersten der Dämonen (Lk 11, 14ff par), aber auch – und hier liegt das eigentliche Interesse – gegen ein christliches Mißverständnis von Jesu Wundern. Wenn Jesus das Ansinnen des Teufels, er solle Steine in Brot verwandeln und er solle sich von der Zinne des Tempels stürzen, als dem Willen Gottes widersprechend ablehnt, so nicht deshalb, weil das zwei besonders exorbitante Mirakel wären – an „Größe" könnten die in Q erwähnten Wunder mit ihnen durchaus konkurrieren, zB die Fernheilung beim Hauptmann von Kapernaum Mt 8, 5ff par und die Heilung des Kranken, der stumm, taub und besessen war, Lk 11, 14par –, sondern weil es sich dabei um ein Selbsthilfe- und um ein Schauwunder handelte. Beide Arten gehören zum Repertoire des professionellen θεῖος ἀνήρ, finden sich auch in der späteren apokryphen Jesus- und Jüngerüberlieferung, fehlen aber in der alten Tradition der Jesuswunder. Beide widersprechen Jesu

---

[38] Gegen U. Wilckens, ThW VII, 1964, 465ff.
[39] Das technische Stichwort dafür, „Sohn Gottes", fällt schon Mt 4, 3. 6par.

eigenem Verständnis seiner Machttaten als Zeichen der nahen
Gottesherrschaft („Wenn aber ich mit dem Finger Gottes die Dämonen vertreibe, dann ist ja die Herrschaft Gottes schon zu euch gelangt" Lk 11, 20par; vgl. auch Lk 7, 22f par). Er lehnt auch sonst
die „Zeichenforderung", dh die Forderung, sich durch ein Schauwunder zu legitimieren, strikte ab (Lk 11, 29ff par), und zwar nicht
nur nach Q, sondern auch nach den Synoptikern und Joh. Diese
Abgrenzung gegen die zeitgenössische θεῖος-ἀνήρ-Auffassung ist
gewiß historisch. Wenn Q diese Abgrenzung aufnimmt und an den
Anfang von Jesu Verkündigung stellt, so deshalb, weil diese Auffassung auch unter den Christen verbreitet war, ihren Niederschlag
in den verselbständigten Wundergeschichten („Novellen"), ihren
Sammlungen (etwa der – späteren? – Semeiaquelle), einer massiven
θεῖος-ἀνήρ-Christologie und einer entsprechenden Missionspraxis
gefunden hatte. Die Spruchquelle negiert die θεῖος-ἀνήρ-Christologie keineswegs, sondern nimmt sie kritisch auf – wie nach ihr die
Evangelisten je in ihrer Weise –, indem sie sie in unlösliche Verbindung mit Jesu Verkündigung bringt, dh den ursprünglichen Zusammenhang von Wunder und Gottesherrschaft in der Verkündigung Jesu und der seiner Nachfolger wiederherstellt. –

In der Spruchquelle findet sich also eine Mehrzahl christologischer
Vorstellungen – von einer auschließlichen oder dominierenden Menschensohn-Christologie kann keine Rede sein –, und das entspricht
der Verschiedenartigkeit und Vielschichtigkeit ihres Stoffes. Dieser
Stoff selbst läßt sich keinem einheitlichen Thema unterordnen, sondern spiegelt die Vielfalt der Themen der ‚Lehre Jesu‘, deren die
christliche Gemeinde zu ihrer Belehrung bedurfte.

## 5. Zur geschichtlichen Situation

Abschließend ist auf die vorhin erwähnte These H. E. Tödts einzugehen, Q sei das Dokument einer Gemeinde, die nur „die Weitergabe der Botschaft Jesu als ihren zentralen Auftrag betrachtete"
(226), der aber das ‚Passionskerygma‘ fremd geblieben sei. Mir
scheint die Begründung der Antithese ‚Weitergabe der Botschaft Jesu
– Passionskerygma‘ ebensowenig stichhaltig zu sein wie ihre Durchführung im Blick auf den evangelischen Traditionsstoff.

Tödt bestreitet das sachliche und sogar das zeitliche Prae des ‚Passionskerygmas‘, dh der „Verkündigung von Tod und Auferstehung des Herrn",

gegenüber der Weitergabe der Botschaft des irdischen Jesus[40]. Aber zumindest chronologisch läßt sich diese Behauptung nicht halten; denn die Formel: „Gott hat ihn (scil. Jesus) von den Toten erweckt" (Röm 10, 9), wohl die älteste Formulierung des ‚Passionskerygmas', ist so alt wie die Ostererfahrungen selbst. Und was Tödt als sachliche Bedeutung der Geschehnisse von Passion und Ostern herausstellt: die Gemeinde habe die Auferstehungserscheinungen „im Sinne einer erneuten Zuwendung des Herrn zu den Seinen, als eine Wiederaufnahme der Gemeinschaft mit ihnen" (228f) und diese Gemeinschaft als „das eigentliche Heilsgut" verstanden (229) und deshalb nicht Tod und Auferstehung, sondern Jesu Predigt zum Inhalt der ihrigen gemacht, – diese Auskuft läßt sich aus Q überhaupt nicht belegen und aus den herangezogenen Texten (Joh 20, 1–18; 21, 1–23; Lk 24, 13–53; ebd.) nur mit einiger Mühe konstruieren, ganz abgesehen davon, daß diese späten und legendären Texte als Quellen für frühe historische Verhältnisse wenig ergiebig sind. Auch die Durchführung der Antithese, dh der Trennungsstrich, den Tödt mit Hilfe des ‚Passionskerygmas' zwischen dem Traditionsstoff von Q und dem Erzählungsstoff zieht, überzeugt nicht. Versteht man den Ausdruck ‚Passionskerygma' im engeren Sinn, als Bezeichnung der (Pistis-)Formeln, die Jesu Tod und Auferweckung als Heilsereignis und Inhalt des Glaubens nennen und speziell die Heilsbedeutung seines Todes (Sühne) hervorheben, dann sieht man sich der bekannten Tatsache konfrontiert, daß dieses Passionskerygma für die – pauschal gesprochen – nt. Briefliteratur das Fundament der Theologie (ohne alle anderen Bezüge auf Jesu Leben) bildet, für die Evangelien dagegen wenig mehr als ein Nebenmotiv ist: bei Mk zB findet es sich nur im Spruch vom Lösegeld (10, 45) und im Becherwort des Abendmahlsberichts (14, 24), fehlt aber auffälligerweise in der Passionsgeschichte und in den Leidensweissagungen. Das Passionskerygma in diesem engeren Sinne ist also zur charakteristischen Scheidung von Q-Stoff und anderm evangelischen Stoff ungeeignet. Versteht man es aber in weiterem Sinn, dh als Passionstradition jeder Art, so muß man die Tatsache konstatieren, daß abgesehen von der Passionsgeschichte selbst, dem Abendmahlsbericht und eventuell der Salbungserzählung der gesamte synoptische Erzählstoff ebensowenig wie das Q-Material vom Passionskerygma geprägt ist; er ist ja erst durch die redaktionelle Arbeit der Evangelisten mit der Passion verbunden worden. Man müßte ihn konsequenterweise analog dem Q-Material beurteilen, dh eine Urgemeinde postulieren, die aus noch zu ersinnenden Gründen nur an der Weitergabe der Taten Jesu interessiert war, und schließlich noch eine weitere Gemeinde, die sich nur der Pflege der Passionstraditionen, wenn auch in anderm Sinne als Paulus und seine Nachfolger, widmete. Auch in der weiteren Fassung versagt das ‚Passionskerygma': eben durch seine Absenz bei beiden gehören Q-Stoff und Erzählstoff zusammen. M. a. W. das Nichtvorhandensein des Passionske-

---

[40] Er bestreitet nicht nur, daß „das Passionskerygma, dh die Verkündigung von Tod und Auferstehung des Herrn, als früheste Basis für den Traditionsstoff der Logienquelle in Frage (kommt)" (223), sondern auch, „daß einzig das Passionskerygma der älteste und zentrale Gegenstand der Verkündigung gewesen ist" (226) (Hervorhebungen von mir).

rygmas ist als Basis zu schwach, um Tödts Konstruktion der Entstehung von Q aus einer besonderen Urgemeinde zu tragen.

Mit dieser Abwehr soll selbstverständlich keiner Harmonisierung, weder zwischen ‚Briefliteratur' und Evangelien, noch innerhalb des synoptischen Überlieferungsstoffes, das Wort geredet werden und wird auch die alte formgeschichtliche Erkenntnis, daß Redestoff und Erzählungsstoff unterschiedlichen Traditionsgesetzen unterliegen, nicht bestritten. Es sollen nur historisch unrichtige Grenzziehungen vermieden werden. Der Redestoff von Q ist ebenso vielschichtig wie der Erzählungsstoff; verschiedene Christologien in beiden Bereichen verweisen auf verschiedene Interessen und verschiedene Herkunft. Und doch bestehen zwischen Q und der Erzähltradition, wie gezeigt, mannigfache Berührungen (Wunder), und man hat in den mehrfachen Erwähnungen des gewaltsamen Endes von Propheten wohl nicht zu Unrecht eine deutende Bezugnahme auf Jesu Tod gesehen[41]. Es ist daher nicht berechtigt, die Spruchquelle, stofflich und als Sammlung, vom synoptischen Erzählungsstoff zu isolieren und einer andern Urgemeinde zuzuweisen. Die Annahme eines besonderen ‚Sitzes im Leben', des internen Lehrbetriebs der Gemeinden, erklärt die literarische und theologische Eigenart der Spruchquelle sowie ihr Verhältnis zum übrigen synoptischen Traditionsstoff genügend. Wenn Q eine Zusammenfassung der ‚Lehre' Jesu und nicht eine Darstellung seines Lebens und Sterbens sein sollte, dann bestand kein Anlaß, Leidensweissagungen aufzunehmen; deren Fehlen ist weniger verwunderlich als das Fehlen von Sabbatworten[42].

Die Spruchquelle ist, soweit wir erkennen können, durch die Zusammenstellung kleinerer Spruchsammlungen, also allmählich entstanden. Die einzelnen Stadien dieses Entstehungsprozesses hinsichtlich Umfang, Zeit und Ort lassen sich nicht mehr kontrollieren. Sicher ist nur, daß die Spruchquelle in die frühe palästinische Gemeinde zurückgeht, teilweise in aramäischer Sprache schon schriftlich fixiert war und dem Mt und Lk in griechischen Übersetzungen vorlag; alles andere ist Vermutung. Auch das feste Datum, das man aus der Erwähnung des gewaltsamen Todes eines Sacharja (Mt 23, 35; Lk 11, 50f) erschließen wollte, hat sich als nicht haltbar erwiesen;

---

[41] O. H. Steck, Israel und das gewaltsame Geschick der Propheten, WMANT 23, 1967, 286ff.

[42] Man sollte aus methodischen Gründen das argumentum e silentio nicht überstrapazieren; die Annahme, urchristliche Autoren müßten bei jeder Gelegenheit über alles sprechen, was sie denken, wäre unbillig.

denn die Identifikation des „Sacharja, Sohnes des Berechja" (Mt 23, 35) mit dem im Jahre 67 oder 68 ermordeten „Sacharja, Sohn des Bariskaios" (Josephus, Bell IV, 335) ist mehr als fraglich[43]. Die Anfänge der aramäischen Sammlung werden in die 30er Jahre fallen, der redaktionelle Abschluß der griechischen Spruchquelle – in der Fassung, die aus Mt und Lk erschließbar ist – wird, weil sie Spuren der Parusieverzögerung zeigt, nicht zu früh angesetzt werden dürfen. Die ‚Kodifikation der Lehre Jesu', dh die Zusammenstellung der kleineren Sammlungen zu dem Ganzen, das wir Spruchquelle nennen, dürfte noch auf aramäischem Sprachboden erfolgt sein. Das Ansehen, das Q genoß, war groß; sonst wären Matthäus und Lukas nicht unabhängig voneinander auf die Idee gekommen, Q mit Mk zu einer Einheit zu verbinden. Diese Aufnahme bedeutete das Ende der Spruchquelle – oder doch beinahe ihr Ende –; sie hat eine Nachgeschichte gehabt, die ebenso dunkel ist wie ihre Vorgeschichte: schwache Spuren von Q finden sich bei den Apostolischen Vätern, stärkere Spuren im Thomasevangelium[44], und als Gattung hat Q bei christlichen Gnostikern nachgewirkt[45].

## § 24. Das Markusevangelium

Kommentare:

HNT: E. Klostermann, [4]1950; KNT: G. Wohlenberg, [3]1930;
MeyerK: E. Lohmeyer, [10]1937; NTD: E. Schweizer, [11]1967; ThHK: W. Grundmann, [5]1971; BNTC: S. E. Johnson, 1960; ICC: E. P. Gould, [2]1969; Moffatt, NTC: B. H. Branscomb, 1937; ÉtB: M.–J. Lagrange, [4]1929; E. Haenchen, Der Weg Jesu, 1966; A. Loisy, Les Évangiles synoptiques I. II, 1907/8;

---

[43] Diese Identifizierung und Datierung hat J. Wellhausen vorgenommen: Einleitung, [2]1911, 118ff. Dagegen T. W. Manson, Sayings, 103ff, Kümmel, Einleitung, 44 und O. H. Steck, aaO, 33ff. Steck argumentiert meines Erachtens richtig: die Bezeichnung „Sohn Berechjas" ist von Mt zugesetzt, nicht von Lk ausgelassen worden; in Q war mit Sacharja der Prophet gemeint, der nach 2Chr 24, 20ff im Tempel ermordet worden war; mit der Wendung „vom Blut Abels bis zum Blut Sacharjas..." wollte Q den ersten und den letzten Ermordeten, von dem der hebräische Kanon berichtete, nennen.

[44] H. Köster, Synoptische Überlieferung bei den Apostolischen Vätern, 1957; ders., Entwicklungslinien, 126ff; 155ff; 168ff.

[45] J. M. Robinson, Entwicklungslinien, 67ff.

C. G. Montefiore, The Synoptic Gospels I, ²1927;
A. Schlatter, Markus, der Evangelist für die Griechen, 1935;
V. Taylor, 1952; J. Wellhausen, ²1909.

*Untersuchungen:*

K. Aland, Der Schluß des Markusevangeliums, Bibbl. EphLov 24, 1974, 435 ff;
R. S. Barbour, Recent Study of the Gospel According to St. Mark. Exp 79, 1967/8, 324ff;
T. A. Burkill, Mysterious Revelation. An Examination of the Philosophy of St. Mark's Gospel, 1963;
–, New Light on the Earliest Gospel, 1972;
H.-W. Kuhn, Ältere Sammlungen im Mk, StUNT 8, 1971;
E. Linnemann, Studien zur Passionsgeschichte, FRLANT 102, 1970;
U. Luz, Das Geheimnismotiv und die markinische Christologie, ZNW 56, 1965, 9ff;
W. Marxsen, Der Evangelist Markus, FRLANT 67, 1956;
C. Maurer, Das Messiasgeheimnis des Mk, NTS 14, 1967/8, 515ff;
N. Perrin, The Literary Gattung „Gospel" – Some Observations, Exp 82, 1970/71, 4ff;
H. Riesenfeld, Tradition und Redaktion im Mk, BZNW 21, 1954, 157ff;
J. M. Robinson, Das Geschichtsverständnis des Markus-Evangeliums, AThANT 30, 1956;
–, On the Gattung of Mark (and John), in: Jesus and Man's hope. A Perspective Book I, 1970, 99ff;
J. Roloff, Das Mk als Geschichtsdarstellung, EvTh 27, 1969, 73ff;
J. Schreiber, Die Christologie des Mk, ZThK 58, 1961, 154ff;
–, Theologie des Vertrauens. Eine redaktionsgeschichtliche Untersuchung des Mk, 1967;
–, Die Markuspassion, 1969;
S. Schulz, Die Bedeutung des Mk für die Theologiegeschichte des Urchristentums, TU 87, 1964, 135ff;
–, Die Stunde der Botschaft, 1967, 9ff;
E. Schweizer, Anmerkungen zur Theologie des Mk, in: ders., Neotestamentica, 1963, 93ff;
É. Trocmé, La formation de l'Évangile selon Marc, EHPR 57, 1963;
Ph. Vielhauer, Erwägungen zur Christologie des Mk, in: ders., Aufsätze zum NT, ThB 31, 1965, 199ff;
H. Weinacht, Die Menschwerdung des Sohnes Gottes im Markusevangelium, HUTh 13, 1972.

Das Buch des Markus gibt eine zusammenhängende Darstellung des Wirkens Jesu von seiner Taufe durch Johannes bis zu seinem Tod und der Geschichte vom leeren Grab, die erste derartige Darstellung, die wir kennen. Markus hat literarische Nachahmer gefunden und ist damit – ungewollt – Schöpfer einer literarischen Gattung geworden, die seit der Mitte des 2. Jh.s als „Evangelium" bezeichnet wird. Ein seltsames Unterfangen, ein Stück des Erdenlebens dessen zu erzählen, der als Gottessohn im Himmel der Herr der Gemeinde ist, an den sie glaubt und dessen Parusie sie erwartet. Was hat das Erdenwirken und -leben Jesu mit seiner himmlischen Existenz zu tun, welche Bedeutung hat es für den Glauben an den Erhöhten? Was veranlaßte oder nötigte gar den Markus, dieses Erdenwirken zu erzählen? Wir versuchen im folgenden, uns den Antworten auf diese Fragen zu nähern.

## 1. Aufbau

Überblickt man das Buch, so drängt sich zunächst eine quantitativ recht unproportionierte Zweiteilung auf. Als geographisch und chronologisch geschlossener Komplex hebt sich die Darstellung der Jerusalemer Tage (11–16) von der der vorhergehenden Zeit ab. Unter geographischem Gesichtspunkt lassen sich K. 1–10 in drei oder vier Teile gliedern; die Übergänge sind fließend, wie es bei Wanderungen üblich ist – und die Geschichte Jesu 1–10 ist eine Wanderung. Fragt man aber nicht, wo er wandert, sondern was auf dieser Wanderung geschieht, so zeigt sich, daß das Petrusbekenntnis 8, 27ff einen tiefen Einschnitt bedeutet; von da ab erfolgt die Belehrung der Jünger über die bevorstehende Passion Jesu und ihre eigene Leidensnachfolge, eine völlig neue Thematik; die Wunder und die öffentliche Belehrung des Volkes, die für 1–8, 26 konstitutiv sind, treten zurück. Eine Dreiteilung der Darstellung scheint den Absichten des Verfassers zu entsprechen.

A. Erster Teil: Jesu Wirken innerhalb und außerhalb Galiläas 1, 1–8, 26

    I. Der „Anfang des Evangeliums" 1, 1–13
   II. Der Beginn der Wirksamkeit 1, 14–45
  III. Konfliktszenen 2, 1–3, 6
  IV. Jesus, die Jünger und das Volk 3, 7–4, 34
   V. Vier Wundergeschichten 4, 35–5, 43
  VI. Jesus auf Wanderungen 6, 1–8, 26

B. Zweiter Teil: Jesu Weg zur Passion und die Leidensnachfolge 8, 27–10, 52

    I. Petrusbekenntnis, erste Leidensweissagung, Leidensnachfolge, eschatologische Worte 8, 27–9, 1
   II. Verklärung, Heilung des epileptischen Knaben, zweite Leidensweissagung, Belehrung über die Jüngerschaft 9, 2–50
  III. Jesu Worte über die Ehe, Segnung der Kinder, der Reiche, dritte Leidensweissagung, Frage der Zebedaiden, Heilung des Blinden bei Jericho 10

C. Dritter Teil: Jesus in Jerusalem 11–16
  I. Einzug in Jerusalem, Tempelreinigung 11, 1–25
  II. Streit- und Lehrgespräche 11, 27–12, 44
  III. Rede von den letzten Dingen 13
  IV. Die Passion 14. 15
  V. Das leere Grab 16, 1–8
  VI. Sekundärer Schluß, 16, 9–20.

## 2. Das Material

Bei seinem Unterfangen, Jesu Wirken, einschließlich Tod und Auferstehung, im Zusammenhang darzustellen, stand dem Verfasser des Mk eine reiche und vielfältige, aber für seinen Zweck etwas unhandliche Überlieferung zu Gebote. Unhandlich insofern, als sie nicht aus größeren oder gar durchlaufenden Quellenschriften bestand, die den Ablauf der Ereignisse berichteten und technisch nur zu kombinieren gewesen wären, sondern im wesentlichen, wenn auch nicht ausschließlich, aus ‚kleinen Einheiten‘, dh in sich abgeschlossenen und selbständigen Einzelstücken. Der Redestoff existierte zwar schon vor Mk in kleineren und größeren Sammlungen, war aber ‚biographisch‘ unergiebig, da er kaum Situationsangaben enthielt, aus denen zu ersehen gewesen wäre, wann, wo und zu wem Jesus dies oder jenes gesagt hatte. Nicht sehr viel besser stand es aber auch mit den erzählenden Traditionsstücken; sie waren nicht auf Fortsetzung angelegt und enthielten keine Rückverweise auf Voraussetzungen, meist fehlte auch eine Ortsangabe, so daß auch hier die Frage nach dem Wann und Wo meist offen blieb. Diese Eigenart der Tradition nötigte den, der aus den Stücken ein Ganzes machen wollte, den Zusammenhang auf eigene Verantwortung herzustellen. Bevor wir auf die literarischen und theologischen Mittel eingehen, mit deren Hilfe Markus diese Aufgabe bewältigt hat, noch ein Blick auf sein Material.

Der Erzählungsstoff enthielt wenigstens einen Komplex, der schon vor Mk im Zusammenhang erzählt worden war, die Leidensgeschichte; wenn auch über die Abgrenzung dieses vormarkinischen Passionsberichtes Unsicherheiten bestehen, so kann doch seine Existenz nicht widerlegt werden. Es war das feste große Schlußstück, auf das hin die übrigen Stücke der Jesustradition geordnet werden mußten. Hier ist kurz auf die vielerörterte Frage einzugehen, ob es außerdem noch vormarkinische Sammlungen (nicht Quellenschriften!) gegeben hat, Sammlungen von Einzelstücken, die etwa unter thematischen

Gesichtspunkten zusammengestellt waren und innerhalb derer die Einzelstücke ihre ursprüngliche Gestalt und Pointe behalten hatten. Über Möglichkeiten kommt man hier nicht hinaus. Es gilt als ziemlich sicher, daß die Heilung der blutflüssigen Frau (Mk 5, 25–34) schon vor Mk als retardierendes Moment in die Jairus-Geschichte (5, 22–43) eingeschoben war. Der ganze Wunderzyklus Mk 4, 35–5, 42 könnte vormarkinisch sein. Die im großen Ganzen parallele Folge der Ereignisse Mk 6, 34–56 und 8, 1–30, der die in Joh 6 entspricht, hat einen festen vormarkinischen Traditionszusammenhang – Speisungswunder, Überfahrt über den See, Petrusbekenntnis – vermuten lassen, der in zwei Varianten von Markus vorgefunden und zweimal gebracht worden sei[1]. Häufig hält man auch die Konfliktszenen Mk 2, 1–3, 5 für eine vormarkinische Sammlung; aber die unverkennbare Steigerung der Konflikte und die abschließende Notiz über den Vernichtungsplan der Pharisäer und Herodianer 3, 6 zeigen, daß die Szenenfolge die Passionsgeschichte vorbereiten soll und ihre Komposition daher höchstwahrscheinlich auf Mk zurückgeht.

Der Redestoff, den er verwendet, war offenbar weniger disparat als das Erzählungsgut; er stammt, wie schon gesagt (§ 20), zum Teil aus einer Größe, die Markus die „Lehre" Jesu nennt und aus der er auswählt (4, 1; 12, 38; vgl. 12, 1), aus einer Tradition also, die gesammelte Worte und Gleichnisse Jesu enthielt. Er mußte den Redestoff, jedenfalls einen Teil davon, nicht erst mühsam selber sammeln. Natürlich läßt sich die „Lehre" nach Umfang und Inhalt nicht näher bestimmen. Es bestehen Berührungen zwischen dem markinischen Redestoff und Q, über die schon gesprochen wurde, aber diese gestatten nicht, die „Lehre" einfach mit Q zu identifizieren. Ein großer Teil des Spruchgutes bei Mk hat offensichtlich nichts mit Q zu tun. Zu den schon im Zusammenhang überkommenen Stücken gehören zB die Gleichnisse vom Säemann samt Deutung (Mk 4, 3–9; 14–20) und vom Senfkorn (4, 30–32), vielleicht auch von der selbstwachsenden Saat (4, 26–29). Es läßt sich auch zeigen, daß die Sprüche Mk 9 schon vor Mk kombiniert waren. Ein Traditionsstück muß in diesem Zusammenhang besonders erwähnt werden, das sich nach Umfang und Eigenart von den andern Stücken der Wortüberlieferung unterscheidet, das als ganzes übernommen wurde

---

[1] So A. Meyer, Der Aufbau des Markusevangeliums, in: Festgabe für A. Jülicher, 1927, 38; J. Jeremias, Die Abendmahlsworte Jesu, ³1960 und Ed. Schweizer, Das Evangelium nach Markus (NTD 1), ¹¹1967, 76f.

und nun den Hauptteil der ‚Rede' Mk 13 bildet[2]. Dieses Traditionsstück reicht von V. 5–27 und ist vom Evangelisten mit einer Einleitung (V. 3f), einem ermahnenden Anhang (V. 28–37) und einigen
kleinen, aber einschneidenden Interpolationen versehen worden (V. 7
Ende, V. 8 Ende, V. 10). Seiner Gattung nach gehört das Traditionsstück zu den Apokalypsen. Es handelt sich um ein religions- und
traditionsgeschichtlich uneinheitliches Gebilde, in dem jüdische und
christliche Elemente verbunden sind und in mannigfachen Spannungen zueinander stehen[3], um eine, wie die Analyse gezeigt hat, ursprünglich jüdische Apokalypse – manche Forscher meinen: ein apokalyptisches Flugblatt aus der Zeit Caligulas – in christlicher Bearbeitung. Dieser Vorgang ist literargeschichtlich typisch und wiederholt
sich: christliche Apokalypsen werden nicht nur mit jüdischem Material, sondern auch durch Überarbeitung jüdischer literarischer Vorlagen hergestellt. – Für unsern Zusammenhang ist wichtig, daß der
Evangelist unter dem Redestoff der Jesusüberlieferung eine größere
Komposition vorgefunden und aufgenommen hat, die trotz der erwähnten Uneinheitlichkeiten – aber wann wäre je eine Apokalypse
einheitlich gewesen? – ein zusammenhängendes geschlossenes Ganzes
bildete, ähnlich wie im Erzählungsstoff die Leidensgeschichte.

Das Material der Jesusüberlieferung war, als Markus sein Buch
schrieb, aus dem aramäischen Sprachbereich in den griechischen übergegangen. Dh es war übersetzt, zT aber auch erst in griechischer
Sprache geformt worden. Die aramäische Grundlage läßt sich häufig,
insbesondere bei den Jesusworten, noch erkennen. Aber Mk ist nicht
aramäisch abgefaßt und dann übersetzt worden; sein Verfasser hat,
wie heute allgemein angenommen wird, das Material auch nicht
selbst übersetzt, sondern schon griechisch vorgefunden.

Ob ausschließlich in mündlichem oder auch – dh teilweise – in
schriftlichem Aggregatzustand? Diese Frage drängt sich angesichts
der Übersetzung auf. Da sich in Mk durchlaufende Quellen, ja auch
nennenswerte Sammlungen von Geschichten nicht mit Sicherheit fest-

---

[2] Die Literatur zur Analyse ist uferlos. Vgl. Bultmann, Trad., 129f und
Theißens Referat im Ergänzungsheft, 48f. Als für unsern Zusammenhang
besonders wichtige Beiträge seien genannt: G. Hölscher, ThBl 12, 1933,
193ff; W. G. Kümmel, Verheißung und Erfüllung, [2]1953, 88ff; W. Marxsen, Der Evangelist Markus, 1956, 101ff; H. Conzelmann, ZNW 50,
1959, 210ff.
[3] Jüdische Elemente: V. 7f. 12. 14–20. 24–27; christliche Stücke, die die
Situation der christlichen Gemeinde widerspiegeln: V. 5f. 9. 11. 13. 21–23.

stellen lassen, wird man geneigt sein, für den vormarkinischen Erzählungsstoff mündliche Tradition anzunehmen, obwohl früher aufgrund der vorhin erwähnten festen Traditionszusammenhänge schriftliche Vorlagen als wahrscheinlich galten. Am ehesten könnte der vormarkinische Passionsbericht schriftlich vorgelegen haben; dafür spricht die Art, wie die markinischen Einfügungen den Zusammenhang sprengen. Beim Redestoff läßt sich nur in einem Einzelfall über bloße Vermutungen hinauskommen. Die jüdisch-christliche Apokalypse Mk 13, 5–27 hat dem Evangelisten schriftlich vorgelegen. Sie verrät sich selbst als schriftliches Dokument, da sie überraschenderweise den Leser anspricht: „Der Leser möge überlegen!" (13, 14), obwohl sie nach V. 3–5a eine Rede Jesu sein soll, ein eindeutiges Indiz dafür, daß das Traditionsstück ursprünglich schriftlich abgefaßt und nicht als ,Rede', sondern als ,Schrift' konzipiert war[4]. – Die Berührungen mancher Redestoffe mit Q lassen vermuten, daß Mk ihn daraus oder aus einer Vor- oder Nebenform von Q bezogen hat, und lassen es als nicht ausgeschlossen erscheinen, daß dieser Stoff schon schriftlich fixiert war. Jedenfalls gehören die Worte gegen die Pharisäer Mk 12, 38–40 mit der Pharisäerrede in Q zusammen (Lk 11, 39–52par), die sichere Indizien für eine schriftliche Fixierung schon in aramäischer Sprache aufweist[5]. Zusammenfassend kann man sagen, daß <u>Markus in seinem Traditionsstoff sicher die kleine Apokalypse Mk 13, 5–27 schriftlich vorgefunden hat; andere Texte (etwa 12, 35ff oder die vormarkinische Passionsgeschichte) waren möglicher- oder wahrscheinlicherweise ebenfalls schon vor ihm schriftlich fixiert; doch stringent beweisen läßt sich das nicht.</u> Aber – und das muß betont werden – damit ist noch nicht bewiesen, daß diese oder andere Traditionsstücke vor Mk nur mündlich überliefert waren; Unbewiesenheit ist noch keine Widerlegung und schon gar nicht der Beweis des Gegenteils. Man sollte auch hinsichtlich der vormarkinischen Tradition (wie hinsichtlich Q) einseitige Optionen für die Mündlichkeit vermeiden und sich davor hüten, auf der Basis einer solchen Option historische Konstruktionen zu errichten[6].

---

[4] Matthäus hat aus dieser schriftlichen Mahnung an die Leser zum Aufmerken eine mündliche Mahnung Jesu an seine Hörer zum aufmerksamen Lesen des Propheten Daniel gemacht (Mt 24, 15). Er hat die Mißlichkeit, daß Jesus seine Hörer als Leser anredet, bemerkt und elegant beseitigt.

[5] S. o. S. 312f.

[6] Eine solche Einseitigkeit bildet die Basis einer der Hauptthesen E. Güttgemanns'. Seine Behauptung, die ,Verschriftlichung' der Tradition und

Die in das MkEv aufgenommene Jesustradition enthielt alle Gattungen des synoptischen Traditionsstoffes. Im Redestoff erscheint eine Gruppe von Ich-Worten, die in Q fehlen, die Leidensweissagungen, die vom Leiden, Sterben und Auferstehen des Menschensohnes sprechen (Mk 8, 31; 9, 31; 10, 33f; 9, 9. 12b; 14, 21. 41par). Der Erzählungsstoff besteht hauptsächlich aus Streit- und Schulgesprächen, biographischen Apophthegmata und Wundergeschichten – das sind die wichtigsten Bausteine der markinischen Erzählung; auch Legenden (im engeren Sinne) finden sich, wenn auch nur einige. Es braucht nicht mehr eigens ausgeführt zu werden, daß die einzelnen Gattungen, ihrem Sitz im Leben und ihrer Herkunft entsprechend, verschieden orientiert sind und recht unterschiedliche christologische Anschauungen repräsentieren, die sich nicht auf einen Nenner bringen lassen (drei verschiedene, den drei Gruppen entsprechende, Menschensohn-Anschauungen; θεῖος-ἀνήρ-Christologie; verschiedene Auffassungen der Gottessohnschaft Jesu – um nur einiges zu nennen). Freilich war der heterogene und in mancher Hinsicht divergierende Stoff zusammengehalten durch seine Beziehung auf die Person Jesu, durch die Überzeugung von der Identität des Irdischen mit dem Erhöhten. Doch neigte die θεῖος-ἀνήρ-Christologie, wie die Entwicklung bis zu den apokryphen Evangelien (und Apostelakten) zeigt, immer mehr zur Produktion neuer und massiverer Wundergeschichten und zu einer Verselbständigung, die einer Paganisierung gleichkam. Noch deutlicher als Q zeigt Mk das Bestreben, diese Entwicklung zu inhibieren und den Wundern ihren theologisch richtigen Stellenwert in der Gesamtheit von Jesu Wirken zu geben. Jedenfalls stellte der Plan, aus diesem Traditionsstoff ein zusammenhängendes und sinnvolles Ganze zu formen, den Markus nicht nur vor eine literarisch-technische, sondern vor allem vor eine theologische Aufgabe.

## 3. Literarische Redaktion und theologischer Charakter

Markus formt das Gesamtbild von Jesu Wirken im wesentlichen aus den Erzählungen seiner Taten, dh vor allem aus Wundergeschichten und Apophthegmen, und nur auswahlweise und beispielhaft aus Stücken seiner Lehre. Diese literarische Auswahl ist schon ein theo-

---

die Evangelienbildung fielen zusammen, ist bloße Hypothese und scheitert an der Tatsache, daß Teile von Q und die Apokalypse Mk 13, 5–27 schon vor Mk schriftlich fixiert waren.

logischer Akt, wie denn auch sonst die literarische und die theologische Redaktion des Überlieferungsstoffes nicht zu trennen sind und deshalb zusammen dargestellt werden müssen. Besteht die erste Aufgabe des Evangelisten in der Verbindung der überkommenen Einzeltraditionen, so kann schon das, was er verbindet, und die Art, wie er es tut, theologisch orientiert sein, und vollends sind Gruppierung des Einzelnen und Komposition des Ganzen theologisch bestimmt. Über die theologische Absicht des Markus geben am deutlichsten, wenn auch nicht vollständig, seine redaktionellen Bemerkungen Aufschluß und bilden somit eine interpretierende und korrigierende Ergänzung zu dem, was aus der Komposition des Buches als theologische Zielsetzung erkennbar scheint. Aber diese Zielsetzung ist nicht so eindeutig, daß über sie Einhelligkeit bestünde, obwohl wesentliche Erkenntnisse sich durchgesetzt haben; denn Markus hat die Tradition relativ schonend behandelt, und diese hat ihr Eigengewicht behalten. Über seine rein technischen Mittel der Redaktion besteht jedoch keine Uneinigkeit; sie sind oft untersucht worden[7] und sollen kurz skizziert werden.

Die Verbindung der Einzelstücke geschieht häufig sehr einfach durch Aneinanderreihung mit καί, καί εὐθύς (41 mal!) oder πάλιν. Engere Verbindungen werden durch örtliche oder zeitliche Verknüpfungen hergestellt: Jesus kommt „von dort", dem Schauplatz der eben erwähnten zu dem der jetzt zu erzählenden Geschichte, so daß der Eindruck von Zusammenhang und Bewegung entsteht. Denselben Effekt erzielen Wendungen wie „an jenem Tage", „in jenen Tagen", die die zeitliche Folge betonen. Markus vermehrt die nicht sehr zahlreichen Ortsangaben der Traditionsstücke durch redaktionelle, um dem Wirken Jesu einen geographischen Rahmen zu geben; einen bestimmten chronologischen Rahmen, dh die Einordnung in eine bestimmte Zeit durch Nennung geschichtlicher Ereignisse – wie später Lukas –, strebt er dagegen nicht an. Doch liegt ihm sehr viel am Zusammenhang, am Ineinandergreifen und der Wirkung der Ereignisse; anders könnte ja aus den Einzelbildern kein Gesamtbild entstehen.

Um ein solches zu schaffen, verwendet er zwei literarische Mittel, pragmatische Bemerkungen, die künftige Ereignisse oder Situationen

---

[7] Am eingehendsten durch Bultmann, Trad., 362ff; vgl. ferner im Ergänzungsheft, 116ff Theißens Referat über die neueren Arbeiten zu diesem Aspekt der markinischen Redaktion.

vorbereiten, und Summarien, die einzeln Erzähltes verallgemeinern. Ein besonders deutliches Beispiel für das Erstgenannte: das Boot, das Jesus 4, 1 betritt, um von ihm aus die Gleichnisse zu erzählen, wird auf sein Geheiß schon geraume Zeit vorher 3, 9 bereitgehalten; es gehört aber ursprünglich gar nicht zur Gleichnisrede, sondern zur Geschichte von der Sturmstillung; indem Markus es von hier in die Szenerie der Gleichnisse einbrachte und schon 3, 9 erwähnte, stellte er einen übergreifenden Zusammenhang über einen größeren Zeitraum her (bis in den Wunderzyklus 5, 21). In kleinerem zeitlichen Rahmen wird die Szene 3, 31–35 durch die Notiz 3, 21 vorbereitet[8]. Wichtiger sind die Hinweise auf die Passion, deren erster schon früh erfolgt (3, 6) und die sich im Mittelteil des Buches häufen.

Betonen die pragmatischen Notizen den Zusammenhang der zeitlich sich folgenden Ereignisse, so geben die Summarien oder Sammelberichte querschnittartige zuständliche Schilderungen. Sie sollen zeigen, daß die berichteten einzelnen Taten Jesu nur Beispiele seiner viel umfassenderen Tätigkeit sind (1, 32–34; 3, 10–12; 6, 54–56), daß Jesu Ruf sich verbreitete und Hilfesuchende aus vielen Gebieten anzog (1, 28; 3, 7f); sie sollen die Breitenwirkung vor allem von Jesu Wundertätigkeit schildern. Zu den Summarien kann man auch Bemerkungen rechnen, die Jesu Lehrtätigkeit als Gewohnheit erwähnen, ohne jedoch konkrete Beispiele zu geben (1, 22. 39; 2, 13; 10,

---

[8] Bultmann, Trad., 365 spricht hier von einer „Verschachtelung einzelner Geschichten". Eine solche findet sich mehrfach: Jairus-Geschichte und Heilung der blutflüssigen Frau 5, 22–43 (vormarkinisch), Verfluchung des Feigenbaums und Tempelreinigung 11, 12–20; Petri Verleugnung und Synedriumsverhandlung 14, 53–72. Handelt es sich hier jeweils um die Verschachtelung zweier Traditionsstücke, die den engen Zusammenhang zweier Handlungen herausstellen soll, so liegen die Dinge anders, wenn Markus zwischen die Aussendung der Zwölf 6, 12f und ihre Rückkehr 6, 30 die Geschichte von der Enthauptung des Täufers einschiebt; diese liegt zeitlich früher als die Situation von 6, 12f, ist also eine Rückblende; Aussendung und Rückkehr der Zwölf sind keine selbständigen Traditionsstücke, sondern redaktionelle Bildungen des Markus. Was er mit der Einschaltung der Rückblende bezweckte, kann nicht zweifelhaft sein; er wollte den Eindruck erwecken, die Mission der Zwölf habe längere Zeit beansprucht, und schob deshalb, da er keine Einzelheiten aus ihr zur Verfügung hatte, die lange Erzählung vom Tod des Johannes ein, die zwar für die Dauer der Mission nichts hergab, aber die Leser lange Zeit unterhielt, so daß sie bei der Wiederaufnahme des Fadens 6, 30 den Eindruck haben mußten, die Zwölf seien ziemlich lange weggewesen.

1b usw.)⁹. Mit einem Summarium von Jesu Verkündigung beginnt 1, 14f die Schilderung seiner öffentlichen Wirksamkeit. An der verallgemeinernden Zustandsschilderung liegt dem Evangelisten offenbar ebensoviel wie am Aufweis der Kohärenz der Ereignisfolge.

Trotzdem – es wurde schon angedeutet –, ein wirkliches chronologisches Interesse fehlt ihm. Nur die Woche in Jerusalem ist zeitlich gegliedert; die übrigen Zeitangaben in 1–10 sind so spärlich und so unbestimmt, daß man weder den zeitlichen Abstand zwischen einzelnen Ereignissen noch die Dauer von Jesu öffentlicher Wirksamkeit erschließen kann, vielmehr folgern muß, daß diese Fragen für Markus gleichgültig waren¹⁰. Auch bei den Orts- und geographischen Angaben, auf die er großen Wert legt, strebt er keine Vollständigkeit und Präzision an; manche Lokalangaben haben keine konkrete, sondern typische Bedeutung (zB der Berg als Ort geheimer Offenbarungen 9, 2; 13, 3; das Haus als Ort geheimer Jüngerbelehrung)¹¹; manche geographische Angaben sind so unrealistisch¹², daß man folgern muß, Markus sei mit der Geographie Palästinas nicht sonderlich vertraut gewesen¹³. Er faßt die Größe „Galiläa" geographisch sehr weit, sie ist für ihn, wie auch „Jerusalem", mehr ein theologischer als ein geographischer Begriff, wie E. Lohmeyer erkannt hat¹⁴. Mit der geographischen und chronologischen kreuzt sich oft eine sachliche Ordnung: die Konfliktszenen 2, 1–3, 6, der Wunderzyklus 4, 35–5, 42, die Streitgespräche 11, 27–12, 40 sind primär unter sachlichen Gesichtspunkten zusammengestellt; ebenso der Redestoff in den Komplexen 3, 20–30; 7, 1–23; 10, 2–45. Man sollte deshalb besser nicht von einer Chronologisierung und Geographisierung des Traditionsstoffes durch Markus sprechen¹⁵; was er mit der Rahmung der

---

⁹ Vgl. Bultmann, aaO, 365f.

¹⁰ Der Komplex 3, 1–6, 13 zB enthält zwei Zeitangaben: „an jenem Tage, als es Abend geworden war" 4, 35 und „als es Sabbat geworden war" 6, 2; man versuche, damit chronologisch etwas anzufangen.

¹¹ Vgl. Bultmann. aaO, 366f und Ergänzungsheft, 117.

¹² „Das Land der Gerasener" 5, 1, die Routen 7, 31 und 10, 1, die Reihenfolge Bethphage, Bethanien, Jerusalem 11, 1.

¹³ So zuletzt Ed. Schweizer, Das Evangelium nach Markus, 4 u. ö.

¹⁴ Galiläa und Jerusalem, 1936. W. Marxsen, Der Evangelist Markus, hat die These modifiziert und ausgebaut; wichtig ist sein Nachweis, daß Galiläa – abgesehen von 6, 21 – nur in redaktionellen Stücken des Mk erwähnt wird. Weitere Literatur im Ergänzungsheft zu Bultmanns Trad., 119.

¹⁵ Gegen S. Schulz, TU 87, 1964, 135ff.

Tradition intendiert, ist einmal der Zusammenhang und rasche
Ablauf der Ereignisse und dann der theologische Gegensatz Galiläa
– Jerusalem.

Damit sind schon theologische Gesichtspunkte berührt, die die
literarische Komposition bestimmen. Es mag historisch zutreffen, daß
Jesus hauptsächlich in Galiläa und daß er sogar – entgegen Joh
und Q[16] – nur einmal, beim Todespassa, in Jerusalem gewirkt hat;
Markus hat diese Schauplätze theologisch interpretiert: Galiläa ist
die Stätte der Offenbarung; hier entfaltet Jesus seine Verkündigung,
gewinnt er Anhänger, vollbringt er seine Wunder – in Jerusalem
vollbringt er nur eines, die Verfluchung des Feigenbaums, Symbol
für die Verwerfung Israels –, in Galiläa wird sich der Auferstandene
offenbaren (14, 28; 16, 7), und von dort nimmt die Heidenmission
ihren Ausgang (7, 24ff); Jerusalem, die Stadt des Tempels und des
Hohenrates, die heilige Stadt des erwählten Volkes, an die sich seit
alters große eschatologische Hoffnungen knüpfen, ist die Stätte der
Feindschaft gegen Jesus; von Jerusalem aus kommen seine Gegner
nach Galiläa (3, 22; 7, 1); in Jerusalem wird Jesu Hinrichtung geplant und durchgeführt (11, 18; 12, 12f; 14, 1f; 15, 1). Wenn Mk
das verachtete Galiläa zur Stätte der eschatologischen Offenbarung,
das heilige Jerusalem dagegen zum Ort erbitterter Ablehnung der
Offenbarung macht, dann hat diese Umkehrung jüdischer Vorstellungen auch aktuellen Sinn; sie spricht „den theologischen Gedanken
des Übergangs des Heils von den ungläubigen Juden zu den gläubigen Heiden"[17] aus.

Mit kompositorischen Mitteln hebt Mk auch die theologische
Bedeutung der Passion hervor. Von seinem Buch gilt M. Kählers
Charakterisierung der Evangelien als „Passionsgeschichten mit ausführlicher Einleitung" uneingeschränkt und nicht nur in quantitati-
vem Sinn. Indem er die Tage in Jerusalem, und nur sie, durch-
gehend zeitlich gliedert, kennzeichnet er sie als geschlossene Einheit;
dadurch erweitert er aber die Leidensgeschichte über ihren eigentlichen Umfang hinaus und vergrößert er das Gewicht, das sie ohnehin schon hatte. Vor allem sind die schon erwähnten Hinweise auf
die Passion zu nennen: die Todesbeschlüsse der Gegner 3, 6; 11, 18;
12, 12f und die drei Leidensankündigungen Jesu 8, 31; 9, 31; 10,
32ff – „das dreimalige Anschlagen der Passionsglocke" (Wellhausen)

---

[16] Lk 13, 34f; Mt 23, 37ff.
[17] Kümmel, Einl., 61.

–, die den Mittelteil des Mk (8, 27–10, 52) thematisch zusammenhalten und durch 9, 9. 12; 10, 45 verstärkt werden; die ähnliche Weissagung 14, 21 und die Vorhersagen des Verrats des Judas 14, 18, des allgemeinen Ärgernisses 14, 27 und der Verleugnung Petri 14, 30. Diese Hinweise dienen nicht nur der Vorbereitung. Durch sie wird einmal die Passion als das wichtigste Stück der Geschichte Jesu gekennzeichnet, auf das die Ereignisse von Anfang an in raschem Gefälle zielen. Durch die feierlichen Leidensankündigungen wird ferner Jesu Geschick gedeutet. Es sind Passionssummarien, die Mk durch redaktionelle Rahmung stark hervorhebt, ausdrücklich als „Lehren" Jesu kennzeichnet (8, 31; 9, 31) und die man als ‚Passionsdidache' zu verstehen hat[18]. Sie ‚lehren' nicht nur, daß Jesus sein Schicksal vorherweiß, sondern daß Leiden, Tod und Auferstehen des Menschensohnes göttliche „Notwendigkeit" (δεῖ 8, 31), dh von Gottes Heilsplan bestimmt sind. Dieser Gedanke der Passionsdidache hat seine Entsprechung in der Passionserzählung, die – schon vor Mk – das Geschehen mit Worten at. Leidenspsalmen berichtete, so daß auch die verbrecherischen und schmählichen Ereignisse als „schriftgemäß", als Erfüllung alter Prophetien und somit die Passion und Auferstehung als eschatologisches Heilsgeschehen verstanden wurden[19].

Durch redaktionelle Mittel hat Mk der Darstellung einen der wichtigsten theologischen Gedanken aufgeprägt, den des sog. „Messiasgeheimnisses" oder neutraler gesagt: die Geheimnistheorie. Es geht dabei um den Textbefund, daß Jesus seine Würde und Macht (seine „Messianität"), obwohl er sie offenbart, zu seinen Lebzeiten geheimhalten will und ihre Kundmachung erst für die Zeit nach seiner Auferstehung befiehlt (9, 9), – ein Phänomen, das W. Wrede erstmalig als dogmatische, die Christologie des Mk bestimmende Theorie erkannt und herausgearbeitet hat und das seither immer wieder auf seinen Sinn und seine Herkunft untersucht worden ist[20]. An seiner

---

[18] Nicht als „Passionskerygma". Diese richtige Unterscheidung stammt von Ed. Schweizer, Neotestamentica, 1963, 96, vgl. 93–97.

[19] Dibelius, Formg., 184ff.

[20] Ein Überblick über die Arbeiten bis in die 30er Jahre findet sich bei H. J. Ebeling, Das Messiasgeheimnis und die Botschaft des Marcus-Evangelisten, BZNW 19, 1939, ein Überblick bis Ende der 60er Jahre im Ergänzungsheft zu Bultmanns Trad., 118. Die bedeutendste Monographie zum Thema seit Wrede ist das Buch von J. A. T. Burkill, Mysterious Revelation.

Bedeutung für das MkEv herrscht kein Zweifel; daß „Markus als ein Buch der geheimen Epiphanien geschrieben" wurde, wie M. Dibelius (Formg., 232) formuliert hat, ist allgemein anerkannt. Es ist indes zu beachten, daß der Terminus „Messias" im Komplex der Geheimnistheorie nur einmal (8, 29) vorkommt, daß er von Wrede ausdrücklich nicht im prägnanten jüdischen Sinn, sondern als Chiffre für Jesu übernatürliches Wesen gebraucht wurde und nur in diesem übertragenen Sinne berechtigt ist; beachtet man dies nicht, so kommt man wegen der religionsgeschichtlichen Implikationen des Terminus zu mancherlei historischen und theologischen Mißdeutungen.

Die Geheimnistheorie kommt in den Schweigegeboten an die Besessenen (1, 25. 34; 3, 12), andere Geheilte (1, 44; 5, 43; 7, 36; 8, 26) und an die Jünger (8, 30; 9, 9) zum Ausdruck, ferner in der These, die Gleichnisse dienten der Verstockung (4, 10ff. 34), und schließlich in dem Unverständnis der Jünger (7, 13f; 8, 17f; 9, 30f; 10, 10). Zwar ist das Schweigegebot zweimal im Traditionsstück verankert; der Aussätzige soll schweigen, bis die Gesundheitsbehörde seine Heilung amtlich festgestellt hat (1, 44), und das Schweigegebot an den Dämon (1, 25) gehört zum Stil dieser Bannungsgeschichten; aber Mk hat sie im Sinn der Geheimnistheorie verstanden (1, 34; 3, 12). Daß es sich um eine Theorie, nicht um eine Reproduktion der Wirklichkeit handelt, geht schon daraus hervor, daß die Geheimhaltung der Heilung des Blinden (7, 36) und gar der Totenauferweckung (5, 43) unmöglich ist; ferner daraus, daß der Zweck des Gebrauchs von Gleichnissen Verdeutlichung, nicht die Verhüllung des Gemeinten, das Einverständnis der Hörer, nicht ihre Verstockung ist. Der Gedanke des Geheimnisses ist dem Stoff künstlich aufgeprägt. Aber er wird nicht strikte durchgeführt – dem geheilten Besessenen 5, 1ff und der Syrophönikierin 7, 25ff wird kein Schweigen auferlegt –, so daß Unstimmigkeiten entstehen, die schwer auszugleichen sind. Über den Sinn der Geheimnistheorie gehen denn auch die Meinungen auseinander. Wredes Erklärung, Mk habe zwischen dem „unmessianischen" Stoff der Jesustradition und dem nachösterlichen „Messias"-glauben der Christen einen Ausgleich schaffen wollen, scheitert an der formgeschichtlichen Erkenntnis, daß der Traditionsstoff nur aufgrund des Osterglaubens an die Identität des Erhöhten mit dem Irdischen tradiert und weitgehend von ihm geformt, dh von bestimmten christologischen Vorstellungen geprägt war. Die Auskunft von M. Dibelius, Mk wolle begründen, warum Jesus, obwohl er der Messias war, nicht als solcher erkannt, sondern verworfen und gekreuzigt wurde, ist zu eng und berücksichtigt das Jüngerunverständnis nicht. Die Schweigegebote an die Geheilten haben, wie aus den Summarien 1, 34; 3, 11f deutlich wird, eine polemische Spitze gegen den direkten Rückschluß aus Jesu Wundern auf das Wesen seiner Person, also Polemik gegen das Offenbarungsverständnis der θεῖος-ἀνήρ-Christologie. Das Unverständnis der Jünger gegenüber Jesu Lehre und Jesu notwendigem Leiden sowie ihre „richtige" Erkenntnis Jesu (8, 29; 9, 2ff), die sie erst nach seiner Auferstehung aussprechen dürfen, zeigen, daß erst nach bzw. aufgrund der Auferstehung wahre Erkenntnis Jesu möglich ist. Die Geheimnistheorie bemüht sich weder um historische noch um apologetische Erklärung der Vergangenheit; sie soll das Wirken Jesu nicht „historisierend" von der Gegenwart absetzen, sondern es für die Gegenwart der Leser, der Kirche aktualisieren. M. E. hat H. Conzelmann durchaus recht:

„Es handelt sich um die echte Dialektik des Rückblickes. In ihm begreift der Glaube, daß er selbst nur durch Offenbarung, welche den Ostersachverhalt einschließt, möglich ist, zugleich aber auch, daß nicht zu glauben immer Schuld war und aus Verstockung erwuchs. Ist also die Anschauung leitend, daß das Verstehen von Jesus zu Lebzeiten angebahnt und daß es durch die Auferstehung endgültig erschlossen ist, dann ist das Geheimnis die marcinische Darstellung der *Kontinuität* zwischen den beiden Epochen, entworfen aus einem Gesamtverständnis von Offenbarung: von Jesus her war sie immer schon ‚Offenbarung', und eben dieses Prae wird uns durch Ostern einsichtig. Jetziges Verstehen kommt also bei Markus zu sich selbst im Rückblick auf Jesus, aber − anders als bei Lukas − so, daß es die historische Distanz sofort als von *dort* her überbrückt begreift."[21]

Und praktisch bedeutet dies, daß wahre Erkenntnis nur in der Kreuzesnachfolge möglich ist[22].

Auch hier erhebt sich die Frage, welche Bedeutung der gesammelten Jesustradition für diesen Gedanken, bzw. dem Wirken Jesu in Tat und Wort zukommt. Einen sehr wichtigen Aspekt hat J. M. Robinson nachgewiesen: den Kampf Jesu gegen den Satan, der in der Versuchungsgeschichte beginnt, sich in den Dämonenaustreibungen, aber auch in den anderen Heilungen − sogar auch in den Streitgesprächen − fortsetzt und am Kreuze endet; das irdische Wirken Jesu hat kosmische Dimensionen und eschatologische Bedeutung.

M. E. kann man die Bedeutung, die Mk der irdischen ‚Geschichte' Jesu beimaß, noch genauer bestimmen. Ich habe an anderm Ort die

---

[21] ZThK 54, 1957, 295.
[22] Ed. Schweizer, ZNW 56, 1965, 1ff.

Hypothese aufgestellt und zu begründen versucht, Mk deute die Geschichte Jesu von der Taufe bis zur Kreuzigung als Inthronisationsvorgang, als Einsetzung zum „Sohne Gottes", zum eschatologischen König im Himmel. Dreimal: bei der Taufe, der Verklärung und der Kreuzigung wird Jesus feierlich als Sohn Gottes prädiziert, und zwar zweimal von Gott selbst, das drittemal vom Centurio unter dem Kreuz. Diese dreimalige Prädizierung unterscheidet sich von den entsprechenden Aussagen der Dämonen hinsichtlich ihres Gewichtes und ihrer Funktion absolut. Bei der Taufe wird Jesus zum „Sohn Gottes" adoptiert, dh zum König der eschatologischen Heilszeit eingesetzt (Mk 1, 9–11)[23]. Diesen Sinn hat die Tauferzählung als isoliertes Einzelstück und könnte sie auch im Zusammenhang des Mk haben; dann wäre Jesus seit der Taufe ‚Sohn Gottes' und würde als solcher bei der Verklärung den vertrautesten Jüngern geoffenbart und bei der Kreuzigung von einem Heiden erkannt. Aber dieses Verständnis würde weder dem inneren Zusammenhang noch der deutlich beabsichtigten Steigerung der drei Stellen noch der formalen Struktur der drei prädizierten Sätze gerecht werden:

1,11    Du bist mein geliebter Sohn, an dir habe ich Wohlgefallen.
9,7     Dies ist mein geliebter Sohn, höret auf ihn.
15,39   Wahrhaftig, dieser Mensch war Gottes Sohn.

Der erste Satz ist eine Adoptionsformel, der zweite eine Proklamation, der dritte eine Akklamation. Die Abfolge der drei Szenen und die Form der drei Sätze entsprechen den drei Akten eines altägyptischen Inthronisationsrituals, das als literarisches Schema in der Umwelt des Urchristentums lebendig war und auch im NT Spuren hinterlassen hat[24]: Apotheose, Präsentation und eigentliche Inthronisation. Von diesem Schema her wird die Zusammengehörigkeit der drei Szenen am Anfang, in der Mitte und am Ende von Jesu irdischem Wirken einsichtig: Jesus wird bei der Taufe zum Sohn Gottes

---

[23] Das Zerreißen des Himmels, die Herabkunft des Geistes und das Ertönen der Himmelsstimme sind Zeichen der Endzeit; der Satz V. 11 ist eine Adoptionsformel („Du bist" = du sollst es sein), ‚Sohn Gottes' altorientalische Königstitulatur. – Im gleichen Sinne wird Jesus nach Röm 1, 3f zum Sohn Gottes „eingesetzt", aber bei seiner Auferstehung; das ist die älteste Auffassung. Später wurde diese Einsetzung in das Leben Jesu, auf die Taufe, datiert.

[24] Ed. Norden, Die Geburt des Kindes, 1924, 116ff. Der Beleg in der Profanliteratur ist Vergils IV. Ekloge. Im NT: 1Tim 3, 16; Hebr 1, 5–13; Apk 5.

adoptiert; er wird bei der Verklärung himmlischen und irdischen Wesen in seiner Würde präsentiert und proklamiert; dem Gekreuzigten wird die Weltherrschaft übertragen, wie die kosmischen Wunder bei der Kreuzigung und die Akklamation des Heiden als des Vertreters der Welt bezeugen. „Sohn Gottes' im Vollsinn – ἐν δυνάμει heißt es Röm 1, 4 – wird Jesus nicht schon bei der Taufe, sondern erst bei der Kreuzigung; dh sein ganzes Erdenwirken ist dazu nötig. Indem Mk die überkommene Jesustradition mit Hilfe des Inthronisationsschemas umfaßt und gliedert und so die Geschichte Jesu von der Taufe bis zur Kreuzigung als Inthronisation zum eschatologischen König deutet, macht er die Relevanz dieser Geschichte als Heilsgeschehen deutlich – „deutlich" freilich ebenfalls unter dem Schleier des Geheimnisses und in dem vorhin genannten Sinne der Geheimnistheorie.

Da Mk die Geschichte Jesu als Heilsgeschehen versteht, versteht er ihre Darstellung nicht als historischen oder gar historisierenden Bericht, sondern als Heilsverkündigung; ausdrücklich sagt er dies 1, 1: ἀρχὴ τοῦ εὐαγγελίου Ἰησοῦ Χριστοῦ. Er will das „Evangelium von Jesus Christus" mit seiner ,Erzählung' nicht illustrieren, sondern darbieten. Inhalt des „Evangeliums von Jesus Christus" ist nicht nur wie vor ihm Tod und Auferstehung, sondern die ,Geschichte' Jesu; sie hat als ganze wie ihre einzelnen Teile (Geschichten, Worte) als Teile dieses Ganzen Anredecharakter. Das „Buch der geheimen Epiphanien" ist εὐαγγέλιον.

## 4. Die theologiegeschichtliche Stellung

Man hat die theologiegeschichtliche Stellung des Mk dahingehend gekennzeichnet, er vereinige das hellenistische Kerygma von Christus (repräsentiert zB durch den Christusmythos Phil 2, 6ff; Röm 3, 24) mit der Tradition über die Geschichte Jesu[25]. Diese Auffassung wird gelegentlich ganz hellenistisch akzentuiert, Mk als Entfaltung des Christusmythos[26] oder Umsetzung der Botschaft der Hymnen in Erzählung[27] erklärt. – Es steht außer Zweifel, daß Mk sein Buch für hellenistisch-heidenchristliche Leser verfaßt hat; er erklärt ja jüdische Sitten und Gebräuche und übersetzt aramäische Vokabeln[28]. Aber es

---

[25] ZB Bultmann, Trad., 372f; Joh. Schreiber, ZThK 58, 1961, 166ff.
[26] G. Schille, NTS 4, 1957/58, 1ff.
[27] E. Käsemann, Der Ruf der Freiheit, ³1968, 72ff.
[28] ZB 7, 2ff; 5, 41; 7, 34.

ist fraglich, ob man ihn deshalb in so große Nähe zur hellenistischen Theologie bringen darf. Jedenfalls findet sich in Mk keine Spur der Präexistenzvorstellung. Und daß die Geheimnistheorie durch den Mythos vom verborgenen Erlöser bestimmt sei, läßt sich durch 1Kor 2, 8 und ähnliche Stellen nicht beweisen; im Gegenteil: hier ist der Erlöser den dämonischen Mächten verborgen, bei Mk ist Jesu wahres Wesen gerade den Dämonen offenbar. Schließlich ist die Inthronisationsvorstellung kein genuiner Ausdruck und deshalb auch kein Indiz des Erlösermythos, sondern kann, wie Ed. Norden gezeigt hat, in ganz verschiedenen Bereichen rezipiert werden[29]. Außerdem sollte man den starken jüdisch-judenchristlichen Einschlag gerade in der Christologie des Mk nicht übersehen, vor allem dies, daß er ein wichtiges Element der jüdischen Messianologie, die Vorstellung vom Elias redivivus als dem Vorläufer des Messias aus der urchristlichen Tradition übernommen und auf den Täufer bezogen hat[30]; hier, aber auch an manchen anderen Stellen (zB 14, 61f) tritt klar seine Intention zutage, seine Christologie mit der jüdischen Messianologie und Eschatologie zu verknüpfen; diese Intention ist umso sorgfältiger zu respektieren, als die betreffenden jüdischen Erwartungen ja radikal umgedeutet waren. Es will m. E. nicht gelingen, das MkEv theologiegeschichtlich im Umkreis der Hymnen und des Christusmythos anzusiedeln. Dagegen zeigt es einige wenige Berührungen mit dem Sühnegedanken der Pistisformeln (Mk 10, 45; 14, 24), also mit der Kerygmatradition. Es gehört nach Inhalt und Zielsetzung aber ganz in den Bereich der Jesustradition und repräsentiert diese in einem hellenisierten, genauer: hellenistisch-judenchristlichen, aber ganz auf die Heidenchristen ausgerichteten Stadium.

## 5. Verfasser, Abfassungsort und -zeit

Wer der Verfasser des MkEv war, wissen wir nicht. Die Papiasnotiz, über die schon gesprochen worden ist, und die kirchliche Tradition sehen in ihm Johannes Markus, den Neffen des Barnabas. Aber die unrichtigen geographischen Anschauungen, die sich mehrfach feststellen lassen, schließen einen Palästiner, also auch Johannes

---

[29] Gegen Schreiber, Theologie des Vertrauens, 1967, 223f.
[30] Mk 1, 2–8; 9, 11–13. Dieses Theologumenon findet sich auch in Q (Mt 11, 10. 14 par).

Markus, aus. Gleichwohl haftet der Name Markus in der mündlichen Tradition an diesem Buch; andernfalls hätte man, als es galt, das Buch unter apostolische Autorität zu stellen, wohl einen prominenteren Mann zum Verfasser erkoren.

Auch über den Ort der Abfassung läßt sich nichts Sicheres sagen. Seit Clemens von Alexandrien wird immer wieder, auch heute noch, Rom genannt; doch steht, dh fällt diese Lokalisierung mit der Papiasnotiz über Markus als Dolmetscher des Petrus und kann durch die Latinismen in Mk nicht gestützt werden. Viel wahrscheinlicher ist die Annahme, das Buch sei in einer Stadt oder Gegend geschrieben worden, wo die palästinische Jesusüberlieferung lebendig war; das griechische Syrien bot diese Voraussetzungen in ungleich größerem Maße als Rom.

Die Abfassungszeit läßt sich nicht auf das Jahr festlegen, und strittig ist nur, ob sie vor oder nach der Zerstörung Jerusalems 70 nChr anzusetzen ist. Die Frühdatierung wird mit dem Hinweis auf das Fehlen eindeutiger Anspielungen auf den Fall Jerusalems begründet[31]. Aber mindestens zwei Stellen setzen die Zerstörung Jerusalems voraus: die Legende von der Zerreißung des Tempelvorhangs 15, 28 ist schwerlich in Jerusalem zu einer Zeit gebildet worden, „wo der Tempel noch unerschüttert stand und man sich damit einer gefährlichen Kritik ausgeliefert hätte"[32], und dann das Gleichnis von den bösen Winzern 12, 1–12, das in V. 9 die Katastrophe des Jahres 70 apostrophiert. Man wird daher die Abfassungszeit des Mk nach 70 anzusetzen haben.

## 6. Integrität

In den besten Handschriften findet sich als Markusschluß der Satz: „Und sie sagten niemandem etwas; denn sie fürchteten sich" (16, 8); so im Vaticanus, Sinaiticus und Sinaisyrer. In der übrigen hand-

---

[31] Häufig wird argumentiert, der Evangelist, hätte in K. 13 die Zerstörung Jerusalems und des Tempels nicht unerwähnt lassen können, und dabei auf die zeitgeschichtliche Umarbeitung von Mk 13, 14–20 in Lk 21, 20–24 verwiesen. Aber dabei wird zweierlei ignoriert: einmal die spezifisch lukanische Historisierungstendenz, die für Mk nicht vorausgesetzt werden kann, und ferner die Tatsache, daß auch Mt Anspielungen auf den Fall Jerusalems in seiner Wiedergabe der synoptischen Apokalypse gerade vermeidet (Mt 24, 15–22) und sie anderweitig angebracht hat (22, 7 im Gleichnis vom Gastmahl).

[32] Jülicher, Einl., 304.

schriftlichen Überlieferung finden sich zwei Schlüsse: ein längerer (16, 9–20) (C Koine D W usw) und eine kürzerer (Ψ 099 0112), gelegentlich finden sich beide hintereinander (L 579). Textkritisch ist die Lage eindeutig; der längere und der kürzere Schluß sind sekundär, sie wurden angefügt, weil der zitierte Satz als Schluß des Buches als ungenügend empfunden wurde.

Weniger eindeutig läßt sich die Frage beantworten, ob der Verfasser sein Buch tatsächlich mit 16, 8 abgeschlossen oder ob er noch einen Bericht über die 16, 7 und 14, 28 angekündigten Erscheinungen des Auferstandenen in Galiläa gebracht hat, der aus irgendeinem Grund verlorengegangen ist.

Die Meinungen gehen auseinander. Das stilistische Argument, ἐφοβοῦντο γάρ sei als Buchschluß nicht möglich, ist nicht zwingend; W. Bauer hat eine große Anzahl von Kurzsätzen aus Verb + γάρ nachgewiesen, darunter einen Briefschluß[33], so daß man auch einen analogen Buchschluß nicht ausschließen kann. Die Erklärungen, warum 16, 8 der ursprüngliche Buchschluß sei, er sei von Mk so beabsichtigt (Wellhausen) oder der Evangelist habe einen andern Schluß geplant, aber nicht mehr geschrieben (Zahn), sind hypothetisch, und die andere Erklärung, 16, 7 beziehe sich auf die Parusie, die naturgemäß nicht erzählt werden konnte (Lohmeyer, Marxsen) ist falsch. Hypothetisch sind auch die entgegengesetzten Erklärungen, der ursprüngliche Schluß, der die Erscheinungen des Auferstandenen berichtete, sei aus Zufall verlorengegangen[34] oder er sei absichtlich unterdrückt worden, weil er zu sehr von den später bevorzugten Formen der Erzählungen österlicher Christophanien abwich. Für letzteres könnte sprechen, daß die in 1Kor 15, 3–7 aufgezählten Erscheinungen in den Evangelien und in der Apg auch nicht erzählt wurden, sondern durch andere Berichte ersetzt sind[35].

Aus inhaltlichen Gründen – 16, 7f verlangen eine Fortsetzung – kann das Buch m. E. nicht mit 16, 8 geschlossen haben; und beim Wegfall des ursprünglichen Schlusses scheint mir Absicht wahrscheinlicher als Zufall.

## 7. Die Form des „Evangeliums"

Da Mk die älteste und vermutlich auch die erste Erscheinung dessen ist, was seit der Mitte des 2. Jh.s im literarischen Sinn als

---

[33] Wb, 274.

[34] W. Bauer gibt dafür ebenfalls ein Beispiel: Wb 1565 und Rechtgläubigkeit und Ketzerei, 161.

[35] Ein scharfsinniger Versuch, den verlorenen Mk-Schluß zu rekonstruieren, hat sofort Widerspruch erfahren: E. Linnemann, ZThK 66, 1969, 255ff, dagegen K. Aland, ZThK 67, 1970, 3ff.

„Evangelium" bezeichnet wird, ist hier eine Überlegung über die literarische Form des „Evangeliums" und ihre Entstehung angebracht. Allgemein anerkannt ist, daß Mk nicht aus dem Aramäischen übersetzt, sondern original griechisch konzipiert, also in der hellenistischen Gemeinde entstanden ist und sich an Heidenchristen wendet; ferner, daß Mk palästinische, aber auch hellenistische Jesustradition aufgenommen hat. Schließlich ist anerkannt, daß die Sammlung und schriftliche Fixierung dieser Tradition mit der Zeit notwendig wurde; man mußte sie, da die Augenzeugen ausstarben und die Parusie ausblieb, sichern.

„Und daß man die Tradition, in deren Mittelpunkt eine geschichtliche Person stand, in der Form einer zusammenhängenden, geschichtlichen, biographischen Erzählung faßte, erscheint nur natürlich."[36]

Über die formgebenden Kräfte, die zu der speziellen Form des Mk bzw. der synoptischen Evangelien geführt haben, gehen die Meinungen freilich auseinander, G. Theißen hat in seinem Überblick vier heute diskutierte Entstehungstheorien unterschieden: das Evangelium sei eine Analogiebildung zu den hellenistischen Viten oder die Ausgestaltung eines vorgegeben Rahmens oder Resultat einer dem synoptischen Stoff immanenten Entwicklung oder eine schriftstellerische Neuschöpfung[37].

Die Entwicklungstheorie scheint sich aufzudrängen. Aber soweit wir erkennen können, hat die immanente Entwicklung des Stoffes immer nur zu einzelnen Sammlungen (von Worten, Streitgesprächen, Wundern, Legenden) geführt, die wir noch erschließen oder – in späterer Zeit – als selbständige Bücher (Thomasevangelium, Kindheitsevangelien) feststellen können, nie aber zu einer das Ganze des Wirkens Jesu umfassenden Darstellung. Soweit wir an Mk erkennen können, ist der literarische Zusammenhalt des Ganzen nicht stoffimmanent gegeben, sondern redaktionell-technisch hergestellt.

Die Rahmentheorien gehen auf die Predigttheorie von M. Dibelius und die verwandte These Bultmanns von der Bedeutung des Kerygmas (dh der Formeln und der biographischen Summarien der Acta-Reden) für die Evangelienbildung zurück, die schon besprochen wurden, und kombinieren sie mit der These C. H. Dodds[38], jene Summarien und die des Mk bildeten das „framework" der Evangelien,

---

[36] Bultmann, Tradition 395.
[37] ErgH. 124f.
[38] The Apostolic Preaching and its Developments, [4]1950.

das mit den Einzelstoffen als den Belegen für die Themen der Summarien gefüllt wurde. In allen Fassungen der Rahmentheorie dienen die Einzelstücke der Ergänzung, Veranschaulichung und Konkretisierung. Aber die literarische und traditionsgeschichtliche Priorität der Summarien ist mehr als problematisch. Auch die These Bultmanns, die freilich nicht eigentlich als Rahmentheorie anzusprechen ist, daß sich an die Verkündigung von Jesu Tod und Auferstehung gleichsam nach rückwärts die Einzelstoffe angegliedert hätten (NT, 88f), läßt sich als literarischer Prozeß nicht verifizieren; jedoch ist zweifellos richtig, 1. daß das Kerygma von Jesu Tod und Auferstehung den „Keimpunkt" für die Evangelienbildung darstellt und 2. daß schriftgelehrte, kultische, apologetische, paränetische und dogmatische Bedürfnisse der Gemeinden die Aufnahme bestimmter Stoffe in das „Evangelium" veranlaßten und seine Formung maßgebend beeinflußt haben.

Mit der Vitentheorie erneuert S. Schulz den alten Versuch, die antike Biographie, jetzt allerdings die hellenistische θεῖος-ἀνήρ-Biographie, als Modell der Evangelien zu erweisen:

„Die Nötigung (!) des Markus zur Aufnahme von palästinischen und hellenistischen Erzählungstraditionen und vor allem zur Konzeption einer fortlaufenden, zusammenhängenden *historia* Jesu stammt im Unterschied zu Lukas aber nicht aus der hellenistisch-römischen Historiographie, sondern aus der volkstümlichen (!) Tradition der θεῖος-ἀνήρ-Viten, wie zum Beispiel Apollonius von Tyana, Alexander von Abonuteichos und Peregrinus Proteus."[39]

Leider begründet Schulz diese These nicht. Gewiß bestehen stoffliche Verwandtschaften zwischen diesen Werken, aber es geht ja um die Form des Ganzen. Und hinsichtlich der Form können die genannten Viten schon aus chronologischen Gründen[40] nicht Modell und „Nötigung" für Mk gewesen sein:

Die Apollonios-Biographie Philostrats ist etwa 150 Jahre nach Mk entstanden, und über die Form ihrer Quellen, etwa der Damis-Papiere, wissen wir nichts; Lukian ist ca 120 nChr geboren, und wenn er in seinen Spätwerken über Peregrinus und Alexander entsprechende Biographien parodiert und somit voraussetzt, so ist deren literarische Form uns doch völlig unbekannt. Auch aus literarischen Gründen sollte man im Zusammenhang der Entstehung der Evangelienform Philostrat und schon gar

---

[39] TU 87, 1964, 143f.
[40] Zu Philostrat und Lukian: A. Lesky, Geschichte der griechischen Literatur, ³1971, 936ff.

Lukian besser nicht nennen; das literarische Niveau ist ein völlig anderes. Ich zitiere zur Verdeutlichung aus Lukians Schrift „Wie man Geschichte schreiben soll" einen kleinen Passus, der auch den Vertretern der Schriftstellertheorie zur angelegentlichen Reflexion empfohlen sei:

„Den eigentlichen Kern des Geschichtswerkes bildet ganz einfach die ausführliche Erzählung; sie zeichne sich denn auch durch alle Vorzüge einer Prosaerzählung aus, fließe leicht und gleichmäßig dahin, wie aus einem Guß, sodaß sie weder ein Zuviel noch Lücken aufweist. Dann wird auch die Klarheit wirksam zur Geltung kommen, die, wie ich schon sagte, durch das Sprachliche (λέξει), aber auch durch die Anordnung des Stoffes (τῇ συμπεριπλοκῇ τῶν πραγμάτων) bewirkt wird. Der Autor wird zunächst alles Einzelne getrennt und in sich abgerundet ausarbeiten; hat er dann den ersten Teil abgeschlossen, so fügt er den zweiten daran; dieser soll sich so anschließen und anpassen wie ein Kettenglied an das andere, sodaß das Ganze *nicht abgehackt in viele nebeneinanderstehende Einzelerzählungen zerfällt* – nein, *der vorangehende Teil soll stets dem nächstfolgenden* nicht nur benachbart sein, sondern auch *zu ihm gehören und sich ihm lückenlos anfügen*."[41]

Es ist klar, daß weder Mk noch die andern Synoptiker solchen Forderungen genügen, weder hinsichtlich des „Sprachlichen" noch hinsichtlich der Technik der Komposition. Die Gesamtproblematik ist in K. L. Schmidts Aufsatz über „Die Stellung der Evangelien in der allgemeinen Literaturgeschichte" (1923) so weit aufgearbeitet, daß man nicht hinter seine Ergebnisse zurückgehen sollte.

Die Schriftstellertheorie in ihrer neueren Fassung ist zusammen mit der sog. „redaktionsgeschichtlichen" Methode entstanden, die die selbständige Redaktionstätigkeit der einzelnen Evangelisten als Leistungen theologischer „Schriftsteller" wertet; so vor allem W. Marxsen. Nach ihm ist freilich die Schaffung des ältesten Evangeliums an vorgegebene Größen, vor allem die Passionsgeschichte und bestimmte Sammlungen, gebunden. Eine solche Bindung leugnet E. Güttgemanns und treibt die Schriftstellertheorie ins Extrem: Die Form des Evangeliums (Mk) sei

„*eine autosemantische Sprachform,* d. h. eine Sprachform, die in ihrem ,Sinn' nur durch und aus sich selbst erklärt werden kann, weil sie ihren sprachlichen ,Sinn' durch und in sich selbst hat und nicht synsemantisch ,ableitet' oder entlehnt" (Offene Fragen, 197).

Diese These, die schlicht besagt, Markus habe sein Evangelium freischöpferisch verfertigt, erklärt also gar nichts und wird auch durch

---

[41] Hist. conscr. 55 = H. Homeyer, Lukian. Wie man Geschichte schreiben soll, 1965, 158f.

die Einführung einer etwas mysteriösen „Gestalttheorie", die das
organisierende Prinzip benennen soll, nicht gerade erhellt und ein-
leuchtender[42]. Sie beruht zudem auf zT unbewiesenen, zT leicht
widerlegbaren Behauptungen; vor allem eine seiner Hauptthesen, die
Schaffung der Evangelienform und die Verschriftlichung der Jesustradition fielen zeitlich zusammen, ist nachweislich falsch.

Die Form des Evangeliums, wie sie in Mk vorliegt, ist sicher nicht
aus der Addition von Traditionsstoffen, aber auch nicht aus dem
freischöpferischen Akt eines Schriftstellers zu erklären. Denn dem
ältesten Evangelisten war nicht nur der Traditionsstoff, sondern auch
dessen Begrenzung nach rückwärts und vorwärts vorgegeben. Nach
vorwärts durch den Endpunkt, Jesu Tod und Auferstehung. G.
Theißen sagt mit Recht: „Sobald eine noch so fragmentarische Erzählung vom Tod Jesu im Evangelium seinen Platz haben sollte, ist
ein festes chronologisches Moment gegeben: der Tod ist nun einmal
das Ende des Lebens und gehört auch literarisch ans Ende" (125).
Gewiß kann in vielen antiken Biographien ein anderes, sehr viel
kunstvolleres als das chronologische Ordnungsprinzip herrschen[43];
aber das chronologische ist das einfachste und nächstliegende. Bei der
Jesustradition kommt hinzu, daß Tod und Auferstehung als das
eigentliche, wenn auch verschieden interpretierte Heilsereignis verstanden wurden, das die Tradierung des Leben-Jesu-Stoffes überhaupt veranlaßt und bestimmt hat und auf das hin er bei einer
Gesamtdarstellung geordnet werden mußte. Aber auch der Anfang
war vorgegeben. Nicht nur Mk, sondern auch Q und später Joh

---

[42] Dazu Theissen, 13f; 125.

[43] F. Leo, Die griechisch-römische Biographie, 1901, hat gezeigt, daß es
zwei Typen der antiken Biographie gab: einen chronologisch verfahren-
den (Hauptvertreter Plutarch) und einen nach sachlichen Kategorien
disponierenden (Hauptvertreter Sueton). Leos Interpretation dieses Tatbestandes — der erstgenannte Typ gehe auf den Peripatos, der zweite
auf die alexandrinischen Grammatiker zurück, der erstgenannte befasse
sich mit Persönlichkeiten des öffentlichen, der zweite ursprünglich mit
Persönlichkeiten des literarischen Lebens, sei aber von Sueton auf die
Caesaren übertragen worden, der erstgenannte sei kunstlos, der zweite
kunstvoll usw. — hat einschneidende Kritik erfahren, die uns aber hier
nicht zu beschäftigen braucht, obwohl J. Weiß die Evangelien mit der
„peripatetischen" Biographie in Verbindung gebracht hat (Das älteste
Evangelium, 1903, 11ff). Die Kritik an Leo ändert nichts am Vorhandensein der beiden biographischen Typen. Vgl. A. Dihle, Studien zur
griechischen Biographie, AAG III, 37, 1958, 8ff und D. Esser, Formgeschichtliche Studien 108ff, 168f.

beginnen ihre Jesusdarstellung mit der Tradition über Johannes den
Täufer, und zwar nicht aufgrund der – zutreffenden -- historischen
Erinnerung, daß die Jesusbewegung von der Johannesbewegung
ausgegangen war, sondern aufgrund einer bestimmten theologischen
Deutung des Täufers; nach weitverbreiteter urchristlicher Auffassung
hat die „Geschichte" Jesu mit dem Täufer und der Taufe ihren
„Anfang" genommen. Das bestätigen auch die Vorgeschichten bei
Mt und Lk, die nur von Jesu Geburt und Kindheit berichten; die
Zeit bis zum öffentlichen Auftreten war für die ältere Tradition ohne
Interesse. Die Täufer- und die Passionsüberlieferung bilden die mit
der Jesustradition selbst gegebenen Begrenzungen; die beiden Hauptstücke des „Rahmens" für eine zusammenfassende Darstellung des
Wirkens Jesu lagen also traditionsgeschichtlich fest. Über die möglichen und wahrscheinlichen vormarkinischen Komplexe zwischen
diesen beiden Fixpunkten ist schon gesprochen worden (s. Abschnitt
2); sicher waren Gleichnis- und Spruchkompositionen, ein „Traditionszusammenhang" von der Speisung bis zum Petrusbekenntnis
und (schriftlich) der Grundbestand der synoptischen Apokalypse,
vermutlich auch Sammlungen von Streitgesprächen und Wundern
vorgegeben. Wieweit das auch von dem geographischen und chronologischen Aufriß (Galiläa-Jerusalem; nur ein Passa), von der Geheimnistheorie und dem vermuteten Inthronisationsschema gilt, läßt
sich kaum sagen. Überhaupt kann man die Frage nach dem individuellen Anteil des Mk-Evangelisten an der Gestaltung seines Werkes
mangels exakter Kriterien nicht mit Sicherheit beantworten; dieser
Anteil, der über das Technisch-Redaktionelle hinausgeht, scheint
mir beträchtlich (s. Abschnitt 3), aber er ist nicht das Ganze.

Hier ist noch einmal auf die Bedeutung von Jesu Tod und Auferstehung für die Entstehung der Evangelienform einzugehen. Die einzelnen Gattungen des Leben-Jesu-Stoffes sind von verschiedenartigen
und nicht auf einen Nenner zu bringenden christologischen Anschauungen geprägt, die auf verschiedene Gemeinden oder Gruppen
zurückgehen. Der Pluralismus von zT konkurrierenden Christologien
hatte zentrifugale Tendenzen und hätte theoretisch zur völligen
Aufspaltung und Deformation der Jesustradition führen können;
Ansätze dazu gibt es genug. Daß es nicht dazu kam, liegt nicht an
Mk; vielmehr ist das MkEv entstanden, weil die zentripetalen Kräfte
stärker als die zentrifugalen waren. Das heißt: das ursprünglich
hinter der Formung und Tradierung jedes Einzelstückes der Jesusüberlieferung stehende Bewußtsein von der Identität des irdischen

und des erhöhten Jesus und damit von der Bedeutung seines Todes
und seiner Auferstehung hat sich durchgehalten bzw. durchgesetzt.
Diesen „Kontext", in dem ursprünglich jedes Einzelstück implizit
sein Dasein hatte, hat der Evangelist explizit gemacht, indem er den
Leben-Jesu-Stoff auf das Heilsereignis von Tod und Auferstehung
hin anordnete oder, was dasselbe besagt, seine Gesamtdarstellung
von diesem Ereignis her „strukturierte". Von daher ergibt sich
zweierlei: 1. daß die Komposition der Evangelien „nicht etwas prinzipiell Neues bringt, sondern nur vollendet, was mit der ersten
mündlichen Tradition schon beginnt"[44]; 2. daß das Evangelium formal und inhaltlich eine Passionsgeschichte „mit ausführlicher Einleitung" ist (M. Kähler)[45]. Die strukturierende Kraft der Tradition von
Jesu Tod und Auferstehung ist das „geistige Band", das den dispa-
raten Leben-Jesu-Stoff zusammenhält, dh die Form des Evangeliums
konstituiert (oder ihre von Güttgemanns so genannte „Übersum-
mativität" ausmacht).

Es braucht nicht weiter ausgeführt zu werden, daß Mk trotz des
„biographischen" Rahmens keine wirkliche Biographie ist. Dazu fehlt
ihm das Interesse am eigentlich Biographischen, an Jesu Herkunft,
Bildung und innerer Entwicklung, an einem literarischen Portrait,
kurz, an seiner „Persönlichkeit". Dieser Mangel beruht nicht nur auf
der Lückenhaftigkeit der vorhandenen Tradition, sondern ist in dem
Verkündigungscharakter des Evangeliums begründet.

Von daher erklärt sich die Tatsache, daß die Einzelstücke der
Jesustradition zwar in zeitgenössischen Gattungen geformt und überliefert wurden, daß aber die Gesamtdarstellung des Wirkens Jesu
literaturgeschichtlich ohne Vorgänger ist.

M. Dibelius[46]:
„Als Gattung sind die Evangelien etwas Neues und Selbständiges in der
Literaturgeschichte; nur ihr Material hat Parallelen in der religiösen Tra-

---

[44] Bultmann, Tradition 347; ähnlich Dibelius, Geschichte der urchristlichen
Literatur I, 41.
[45] In seinem Vortrag „Der sogenannte historische Jesus und der geschichtliche, biblische Christus" von 1892: ThB2, 1953, 59f Anm. 1. Ganz ähnlich
nennt Fr. Overbeck das JohEv „eine verbreiterte Leidensgeschichte" (Das
Johannesevangelium, hg. v. C. A. Bernoulli, 1911, 340); ob Overbeck
diese Feststellung unabhängig von Kähler getroffen hat, kann ich ohne
Einblick in den handschriftlichen Overbeck – Nachlass in der UB Basel
nicht sagen.
[46] Geschichte der urchristlichen Literatur I, 41; vgl. auch Bultmann, Tradition 399f.

dition verschiedenster Zeiten und verschiedener Orte, wo immer man
Worte und Taten heiliger Männer im Kreis ihrer Anhänger bewahrt und
gesammelt hat."

## § 25. Das Matthäusevangelium

*Kommentare:*

HNT: E. Klostermann, ²1927; KNT: Th. Zahn, ⁴1922; MeyerK: B. Weiss,
¹⁰1910; E. Lohmeyer, 1956 (hg. v. W. Schmauch; unvollständig); NTD: J.
Schniewind, 1937; BNTC: F. V. Filson, 1960; ICC: W. C. Allen, ³1912;
Moffatt, NTC: T. H. Robinson, 1928; ÉtB: M.-J. Lagrange, ⁴1927;
A. Loisy, Les Évangiles synoptiques I. II, 1907, 1908;
J. Wellhausen, Das Evangelium Matthaei, ²1914;
C. G. Montefiore, The Synoptic Gospels II, ²1927;
A. Schlatter, Der Evangelist Matthäus, 1929.

*Untersuchungen:*

G. Bornkamm, G. Barth, H. J. Held, Überlieferung und Auslegung im
    Matthäusevangelium, WMANT 1, 1960;
E. von Dobschütz, Matthäus als Rabbi und Katechet, ZNW 27, 1928,
    338ff;
R. Hummel, Die Auseinandersetzung zwischen Kirche und Judentum im
    Matthäusevangelium, BEvTh 33, ²1966;
G. D. Kilpatrick, The Origins of the Gospel According to St. Matthew,
    ²1950;
T. W. Manson, Studies in the Gospels and Epistles, 1962, 68ff;
G. Schille, Bemerkungen zur Formgeschichte des Evangeliums II. Das
    Evangelium des Matthäus als Katechismus, NTS 4, 1957/58, 101ff;
K. Stendahl, The School of St. Matthew, ASNU XX, 1954;
G. Strecker, Der Weg der Gerechtigkeit. Untersuchung zur Theologie des
    Matthäus, FRLANT 82, ²1966;
S. Schulz, Die Stunde der Botschaft, 1967, 157ff;
W. Trilling, Das wahre Israel. Studien zur Theologie des Matthäusevan-
    geliums, ³1964;
A. Vögtle, Das Evangelium und die Evangelien, 1971;
–, Messias und Gottessohn, 1971;
R. Walker, Die Heilsgeschichte im ersten Evangelium, FRLANT 91, 1967.

Matthäus ist – wie unabhängig von ihm Lukas – auf den Gedanken gekommen, die in den Gemeinden existierenden Dokumente Mk
und Q zu einer Einheit zu verbinden, und zwar so, daß er den
Q-Stoff in das Mk-Evangelium einfügte. Er hat dabei aus andern
Traditionen den Erzählungs- und den Redestoff vermehrt und den
Mk-Aufriß erweitert, am Anfang durch die „Vorgeschichte", am Ende
durch Erzählungen von Erscheinungen des Auferstandenen.

## 1. Aufbau

## 2. Quellenbenutzung und Bearbeitung der Tradition

Daß Matthäus den Mk-Aufriß benutzt hat, ist von 14, 1 ab ganz deutlich, denn hier ist die Reihenfolge der ihnen beiden gemeinsamen Stücke dieselbe. In Mt 3–13 finden sich Abweichungen von der Mk-Reihenfolge, aber sie lassen sich einleuchtend begründen. Mt hat vier Wundergeschichten des Mk (Mk 1, 40–45; 4, 35–41; 5, 1–20. 21–43) aus ihrem Zusammenhang herausgenommen und zusammen mit anderen Erzählungen zu einem Zyklus von großen Taten Jesu vereinigt (Mt 8; 9), also eine systematische Ordnung durchgeführt. Er hat ferner zwei Perikopen des Mk, die die zwölf Jünger betreffen: die Apostelwahl Mk 3, 13–19 und die Missionsinstruktion 6, 7–11, miteinander verbunden und durch Hinzufügung anderer Herrenworte zur Aussendungsrede Mt 10 ausgestaltet. Schließlich hat er die Notiz Mk 1, 22 = Mt 7, 28f. (Staunen des Volkes über Jesu Lehre) an den Schluß der Bergpredigt gesetzt, sie aber in derselben Funktion wie bei Mk verwendet: sie steht an beiden Stellen nach der ersten Predigt Jesu. Es zeigt sich also, daß auch in Mt 3–13 der Mk-Aufriß zugrunde liegt.

Einige Mk-Perikopen hat Mt ausgelassen: die Heilung des Besessenen in der Synagoge Mk 1, 23ff, des Taubstummen Mk 7, 32ff und des Blinden von Bethsaida 8, 22ff, den fremden Exorzisten 9, 38ff und das Scherflein der Witwe 12, 41ff.

Der Redestoff wurde von Mt systematisch geordnet und an passender Stelle in den Mk-Aufriß eingefügt. Mt hat den Redestoff aus Q und Sondergut zu fünf großen „Reden" komponiert. Er kennzeichnet diese Redekompositionen selbst durch eine stereotype Schlußformel: „Und es geschah, als Jesus diese Reden vollendet hatte..." (7, 28; 11, 1; 13, 53; 19, 1; 26, 1). Auch sonst findet sich noch viel Redestoff aus Mk, Q und Sondergut in Kompositionen, die wir auch als Reden bezeichnen würden (zB die Rede über den Täufer 11, über Ehescheidung 19, 1ff, Reinheit 15, 1ff; die Streitgespräche 21; 22). Aber Mt kennzeichnet nicht diese Stücke, sondern nur jene fünf als Logoi.

Vier von ihnen hat er in Situationen untergebracht, die ihm schon von Mk vorgegeben waren: so ist die Gleichnisrede 13 eine Erweiterung von Mk 4; die Pharisäerrede und die eschatologische Rede, die bei Mt zu einem großen Logos zusammengehören, hat er in den Situationen von Mk 12, 38ff und 13, 1ff belassen; die Aussendungsrede 10 hat er in die Situation der Apostelwahl Mk 3, 13ff verlegt und die Jüngerrede 18 im Anschluß an den Rangstreit der Jünger Mk 9, 33ff gebracht. Etwas anders steht es mit der Bergpredigt 5–7; Mt hat sie an die Stelle gesetzt, an der Mk die erste Synagogenpredigt Jesu erwähnt, zwischen Mk 1, 21 und 22, also eine passende Situation bei Mk umgeändert.

Das Sondergut bestand abgesehen von Worten und Gleichnissen vor allem aus legendären Stoffen. Es ist häufig betont worden[1], daß Mt diese im wesentlichen vor und hinter dem Corpus des Mk untergebracht hat, innerhalb dagegen nur zwei derartige Stücke, die Geschichte vom sinkenden Petrus 14, 28–31 und vom Stater im Fischmaul 17, 24–27. Auch in die Passionsgeschichte hat er nur drei solche legendären Züge eingetragen: die Notizen über das Weib des Pilatus 27, 19, das Händewaschen des Pilatus 27, 24f und vor allem die Geschichte vom Ende des Judas 27, 3–10. Dagegen häufen sich die legendären Stoffe in der Vorgeschichte und in den Ostergeschichten, also in Partien, die durch Mk noch nicht geprägt waren.

Die literarische Technik in der Verarbeitung des Traditionsstoffes ist Mk gegenüber fortgeschritten, wie die geschickteren zeitlichen und örtlichen Verknüpfungen zeigen. Bei dem Bestreben, den Zusam-

---

[1] ZB Bultmann, Trad., 379.

menhang des Erzählten möglichst eng zu machen, ist dem Evangelisten gelegentlich auch ein Fehler unterlaufen. Er bringt die Geschichte von der Enthauptung des Täufers am gleichen Ort wie Mk und wie dieser als Rückblende, verknüpft aber das Ende dieser Erzählung mit dem unterbrochenen Bericht über Jesus: „Als Jesus das aber hörte, zog er sich von dort zurück" (14, 13), so daß die Enthauptung des Täufers als Motiv für den Rückzug Jesu erscheint; Mt hat also den Rückblende-Charakter dieser Erzählung vergessen.

Sehr charakteristisch ist die literarische Bearbeitung der Wundergeschichten des Mk. Mt hat sie energisch gekürzt, häufig mit Worten Jesu versehen und sie zu Lehrgesprächen umstilisiert, dh den novellistischen Charakter dieser Erzählungen reduziert und sie in Richtung auf die Form der Apophthegmen umgeändert[2]. Diese Modifikation entsprang nicht einer skeptischen Haltung gegenüber den Wunderberichten; Mt hat sie zahlenmäßig vermehrt und gelegentlich, einem Gesetz volkstümlicher Erzählweise folgend, Verdoppelungen vorgenommen (aus dem einen Besessenen von Mk 5, 1ff und dem einen Blinden von Mk 10, 46ff hat er je zwei gemacht Mt 8, 28ff; 20, 29ff; offenbar hat er auch die beiden letzteren 9, 27ff verwendet)[3]; aber indem er das Lehrhafte, insbesondere die Verbindung von Glauben und Wunder hervorhob, hat er die Gegenwartsbedeutung der Wundergeschichten für die Leser und Hörer seines Buches klargemacht. Den gleichen Zweck erreicht Mt auch gelegentlich durch kompositorische Umstellungen; so hat er die Sturmstillungsgeschichte durch ihren Kontext zu einem Typos der Nachfolge umgestaltet[4].

Noch charakteristischer als diese Behandlung der einzelnen Wundergeschichten ist für Mt die kompositorische Anordnung des Stoffes. Hatte sie schon bei Mk das Prinzip der Sachordnung gezeigt, so hat Mt dieses Prinzip gegenüber dem geographischen und chronologischen in K. 5–13 durchgesetzt – ein Zeichen dafür, wie wenig verbindlich der geographische und zeitliche Rahmen seiner Vorlage für ihn war. Noch weniger als bei Mk lassen sich die zeitlichen Abstände der einzelnen Ereignisse bei Mt feststellen. Besonders instruktiv zeigt sich das Bestreben nach systematischer Bewältigung des Stoffes in K.

---

[2] Vgl. Bultmann, aaO, 378; H. J. Held, Matthäus als Interpret der Wundergeschichten, in: G. Bornkamm, G. Barth, H. J. Held, Überlieferung und Auslegung, 155ff.
[3] Dazu Bultmann, aaO, 343ff.
[4] Vgl. Bornkamm, aaO, 48ff.

5–9. Daß hier, in der Bergpredigt und in dem Tatenzyklus, zwei große Kompositionen vorliegen, wurde schon gesagt. Aber Mt hat durch zwei fast gleichlautende Summarien 4, 23 und 9, 35 die beiden Komplexe eng miteinander verklammert, so daß deutlich wird, daß er sie als paradigmatisch für Jesu Wirken, nämlich das Lehren und das Heilen, charakterisieren will. Jesus gilt ihm nach einem Wort Schniewinds als der Messias des Wortes und der Messias der Tat. Eine durchgängige systematische Anordnung hat Mt mit Rücksicht auf den übernommenen literarischen Rahmen nicht angestrebt; es genügte, sie am Anfang zur Geltung gebracht zu haben. Er erreichte dadurch, daß die weite Masse des Stoffes übersichtlich gegliedert und behältlich geformt wird; durch die systematische Ordnung des ersten Teils erhält das Werk des Mt den Charakter eines Lehrbuchs. Diese Eigenschaft unterscheidet es von Mk, hat aber die Form des Evangeliums nicht gesprengt.

## 3. Theologischer Charakter

Zur Erfassung des theologischen Charakters des Mt ist die redaktionskritische Unterscheidung von Tradition und Redaktion notwendig. Aber auch bei ihrer Durchführung ergibt sich kein eindeutiges Bild. Denn der übernommene Traditionsstoff besitzt sein eigenes Gewicht, so daß die Meinungen der Forscher über die Prävalenz des judenchristlichen oder des heidenchristlichen Materials auseinandergehen. Einige theologische Grundzüge lassen sich aber durch einen Vergleich mit den Vorlagen, Q und Mk, herausarbeiten. Da der Verfasser nicht, was durchaus möglich gewesen wäre, Q zur Grundlage gemacht und durch biographische Angaben aus Mk aufgefüllt hat, sondern das Material aus Q im Rahmen des Mk, also gewissermaßen im Leben Jesu untergebracht hat, ist primär die Vergleichung mit Mk zur Erhebung der theologischen Eigenart des Mt durchzuführen. Besondere Aufmerksamkeit erfordert hier, was Mt an theologischen Gedanken aus Mk übernommen oder ausgelassen und was er durch den Vorbau der Vorgeschichte und den Anhang der Ostergeschichten erreicht.

Er hat die theologische Wertung Galiläas als des Landes des Heils aus Mk übernommen und verstärkt. Das Auftreten Jesu in Galiläa kennzeichnet er durch eine ausführliche Einleitung 4, 12–16 und durch ein at. Zitat V. 15f, das das Auftreten Jesu in Galiläa als

Erfüllung der Prophetie Jesajas (8, 23; 9, 1) deutet. Diesem Introitus
entspricht die letzte Szene des Buches, die auf einem Berg Galiläas
stattfindet und in der der Auferstandene seine letzten Worte an die
Jünger richtet (28, 16–20). Mit dieser Galiläa-Szene führt Mt die
Galiläa-Verheißung Mk 14, 28; 16, 7 aus. Er hat dagegen das
Inthronisationsschema des Mk nicht übernommen; denn Jesus ist
bei ihm ja durch seine wunderbare Erzeugung schon von vornherein
Gottes Sohn. Er hat die Geheimnistheorie stark reduziert, vor allem
das Unverständnis der Jünger abgemildert. Die Jünger gelten ihm als
Repräsentanten der Gemeinde, die Jesus erkannt hat. Schon früh
erkennen sie Jesus als Sohn Gottes (14, 33), so daß das Petrusbekenntnis 16, 16ff nicht die epochemachende Bedeutung wie bei Mk hat[5],
obwohl diese Szene theologisch sehr viel stärker ausgearbeitet ist
als in der Vorlage. Wie Mk betont auch Mt das Nebeneinander von
Lehren und Heilen, aber mit einer bedeutsamen Akzentverschiebung;
ist für Mk die Tätigkeit des Lehrens entscheidend, von der er nur
relativ wenig konkrete Beispiele bringt, so ist es für Mt der Inhalt
der Lehre[6].

Aus den Vor- und Ostergeschichten sei folgendes hervorgehoben.
Man hat mit Recht in dem Schluß des Evangeliums den Schlüssel
zu seinem Verständnis gesehen, und zwar für seine Christologie,
Ekklesiologie und Eschatologie. Es ist bedeutsam, daß das Buch nicht
mit einer referierenden Bemerkung des Autors, sondern mit einem
Offenbarungswort des Auferstandenen sein Ende findet:

> Mir ist alle Gewalt gegeben im Himmel und auf Erden. Darum gehet
> hin und machet alle Völker zu Jüngern und taufet sie auf den Namen des
> Vaters und des Sohnes und des heiligen Geistes, und lehret sie alles
> halten, was ich euch befohlen habe. Und siehe, ich bin bei euch alle Tage
> bis an das Ende der Welt (Mt 28, 18–20).

Der Auferstandene ist der Pantokrator, aber bis zum Weltende übt
er seine Herrschaft dadurch aus, daß seine Jünger die Menschen zu
Jüngern machen, indem sie sie lehren und taufen, also durch die
universale Weltmission; bis zum Weltende verheißt er seiner Gemeinde seine ständige Gegenwart. Diese drei Motive, Vollmacht
des Erhöhten, universaler Missionsauftrag und die praesentia Christi
müssen als Leitgedanken zum Verständnis des Mt beachtet werden,
auch wenn sie nicht als Leitfaden durch das ganze Buch zu verfolgen
sind.

---

[5] Bultmann, aaO, 379.
[6] Vgl. Ed. Schweizer, Beiträge zur Theologie des NT, 1970, 25f.

Für die Christologie des Mt ist die Vorgeschichte Mt 1 und 2 von besonderer Bedeutung. In diesen Kapiteln verschlingen sich jüdische und hellenistische bzw. hellenistisch-jüdische Vorstellungen, die der Verfasser in seiner Tradition vorgefunden und bearbeitet hat. Jesus ist der „Messias", der „Sohn Davids" mit legitimem, bis auf Abraham zurückgeführtem Stammbaum (1, 1–17) und darum der legitime „König der Juden" (2, 2). Aber er ist auch der „Sohn Gottes", und zwar nicht erst durch Adoption, sondern schon durch seine wunderbare Erzeugung und Geburt (1, 18–25). Hier ist die Gottessohnschaft physisch verstanden wie häufig in der hellenistischen Umwelt. Beliebte Motive der θεῖος-ἀνήρ-Vorstellung wie eben wunderbare Erzeugung, Hinweise auf die künftige Bedeutung des noch Ungeborenen und des Neugeborenen, Bedrohung und Rettung des Neugeborenen sind hier aufgenommen[7]. Wenn die heidnischen Magier das Jesuskind als „König der Juden" anbeten, so ist das ein Vorspiel zu dem Offenbarungswort des Auferstandenen; der Messias des Gottesvolkes ist der Heiland der Welt, die Magier repräsentieren „alle Völker", die die Jünger des Pantokrator werden.

Der Vorgeschichte entsprechend hebt Mt in der Darstellung des Wirkens Jesu seine hoheitlichen Züge stark hervor. Das tut er insbesondere dort, wo die „Niedrigkeit" Jesu am offenkundigsten ist, in der Passion. Wenn Mt das Referat des Mk 14, 1 (Nach zwei Tagen aber war das Fest des Passa und der ungesäuerten Brote. Und die Hohenpriester und Schriftgelehrten trachteten danach, wie sie ihn mit List festnehmen und töten könnten) in ein Herrenwort umformt: Ihr wißt, daß nach zwei Tagen das Passafest ist; und der Menschensohn wird dahingegeben, damit er gekreuzigt werde (26, 2), so macht er mit diesem Beginn der Passionsgeschichte unüberhörbar klar, daß Jesus es ist, der die Initiative ergreift. Durchgängig zeigt er, daß Jesus Herr seines Schicksals ist. Er gestaltet durch redaktionelle Eingriffe die ganze Passion zu einer christologischen Offenbarung aus[8]. Ein anderes Beispiel für die Hervorhebung der hoheitlichen Züge ist dies, daß die Jünger Jesus nie mit Rabbi, sondern mit κύριε anreden, daß Jesus schon vor dem Petrusbekenntnis als Davidssohn (9, 27; 15, 22) und als Gottessohn (14, 33) anerkannt und bekannt wird und daß ihm häufig die Proskynese erwiesen wird (προσκυνεῖν zehnmal bei Mt gegenüber einmal bei Mk).

---

[7] Zu den einzelnen Motiven: L. Bieler, ΘΕΙΟΣ ΑΝΗΡ, 1967, I 22ff; 134ff.
[8] Hierzu vor allem: Dibelius, Formg., 197ff.

Eng mit der Christologie ist der Gebrauch des AT bei Mt verbunden. Mt übernimmt und vermehrt die at. Zitate aus Mk, er verbindet Jesu Gestalt und Geschichte mit den at. Verheißungen durch den Erfüllungsgedanken. Allerdings ist die Erfüllung at. Prophetie nicht wie bei Mk Zeichen der angebrochenen Endzeit; die Parusieverzögerung hat auch den Erfüllungsgedanken modifiziert: vielerlei – man muß so sagen – ist in Jesus und in der Kirche erfüllt, aber die letzte Erfüllung steht noch aus. Eine Sonderstellung nehmen die sog. Reflexionszitate ein[9]. Sie sind durch zweierlei gekennzeichnet. Einmal durch die reflektorische Zitationsformel: „Dies (alles) geschah, damit erfüllt werde…". Dann durch den Texttypus: es ist nicht der LXX-Text, aber auch nicht die genaue griechische Wiedergabe des massoretischen Textes, steht diesem aber näher als dem der LXX. Die Zitationsformel hat nach Stendahl ihre Analogie in der Pešer-Interpretation des Habakuk-Kommentars von Qumran (pišro al… = seine, scil. des Textes, Deutung bezieht sich auf…) und ist nach Strecker vom Evangelisten geschaffen. Die Reflexionszitate selbst stammen nach Strecker aus einer schriftlichen Quelle, nach Stendahl dagegen aus der „Schule des Matthäus"; jedenfalls waren sie dem Evangelisten in ihrem Texttypus vorgegeben. Wichtiger als die Frage der Herkunft ist die Art, wie Mt diese Zitate verwendet hat. Es geht ihm nicht darum, daß die Schrift in Jesus überhaupt erfüllt worden ist, sondern um die Erfüllung einzelner Worte in Einzelheiten des Lebens Jesu. Mit solcher Verwendung des AT, speziell mit dem Gedanken einzelner Erfüllungen, konstruiert Mt das Bild einer Heilsgeschichte, die Israel, Jesus und die Zeit der Kirche umspannt.

Die Ekklesiologie tritt im Unterschied zu Q und Mk bei Mt thematisch hervor. Der Gedanke der Jüngerschaft und der Nachfolge, insbesondere auch der Leidensnachfolge, ist in ihr aufgenommen und weitergeführt. Innerhalb der Synoptiker findet sich nur bei Mt das Wort ἐκκλησία (16, 18; 18, 17). Eine Art Kirchenordnung stellt K. 18 dar. Die Kirche hat die Aufgabe zu erfüllen, die Mt 28, 19f formuliert ist; innerhalb dieser Aufgabe kommt ihr auch die Binde- und Lösegewalt zu (16, 18f; 18, 18). In schwachen Umrissen werden auch Gemeindeämter sichtbar (Schriftgelehrte, Propheten, Weise). Die Kirche ist eine Größe zwischen Jesus und der Gottesherrschaft,

---

[9] Vgl. K. Stendahl, The School of St. Matthew, 1954, 39ff und G. Strecker, Der Weg der Gerechtigkeit, ²1966, 49ff.

die noch aussteht. Die Jünger gehören nicht schon zur Gottesherrschaft, sondern zur Kirche. Zwischen beiden Größen unterscheidet
Mt streng, wie vor allem die Deutungen der Gleichnisse vom
Säemann und vom Unkraut unter dem Weizen sowie das Gleichnis
vom Fischnetz zeigen (13, 18–23.24–30.47–50). Die Kirche ist das
„Reich des Menschensohns", ein corpus mixtum; die Scheidung tritt
erst bei der Parusie ein und darf nicht vorweggenommen werden –
eine Folge der Parusieverzögerung. Trotzdem ist die Kirche auf das
Ende bezogen; das zeigt sich besonders deutlich in der Aussendungsrede (10). Die Naherwartung kommt nur in drei traditionellen
Sprüchen zu Wort (10, 23; 16, 28; 24, 34). Dagegen wird deutlich
über das Problem der Parusieverzögerung reflektiert (25, 1ff). Mt
versteht, ganz in der Tradition der Urgemeinde, die Kirche als das
wahre Israel, er vermag aber ihr Verhältnis zum empirischen Israel
nicht heilsgeschichtlich zu überbrücken; die Verwerfung des Messias
Jesus und die Selbstverfluchung Israels (27, 25) haben die Kontinuität
zerbrochen; die Verfolgungen, unter denen die Kirche des Mt zu
leiden hat, sind Verfolgungen durch die Juden, das empirische Israel.
Gleichwohl läßt sich nicht verkennen, daß Mt für seine Kirche die
Verbindung mit diesem Israel aufrecht zu erhalten sucht, und zwar,
wie mir scheint, ganz konkret in seiner historischen Situation und
nicht nur theoretisch durch Übernahme des AT und des Gesetzes.
Diese Übernahme ist freilich für die Theologie des Mt konstitutiv.
Das at. Gesetz gilt unverbrüchlich (5, 17–20). Die Ausführungen des
Mt über das Gesetz und seine Verbindlichkeit klingen so jüdisch,
daß oft von einem judenchristlichen Nomismus des Mt gesprochen
worden ist. Und sein theologischer Zentralbegriff δικαιοσύνη verbindet ihn in der Tat mehr mit der jüdischen Gesetzlichkeit als mit
der Verkündigung Jesu. Aber wenn Mt mehrfach – und zwar an
redaktionellen Stellen – ausdrücklich sagt, im Liebesgebot sei das
ganze Gesetz erfüllt, in ihm hänge das ganze Gesetz und die Propheten, und wenn er Jesus als den Bringer dieses Gebotes in den
Vordergrund rückt, dann wird deutlich, daß von einer judenchristlichen Gesetzlichkeit bei ihm nicht die Rede sein kann[10]. Indes läßt
sich auch nicht verkennen, daß er Jesu radikale Forderung nicht in
ihrer Strenge übernimmt, sondern kasuistisch abschwächt (zB 5, 32;
19, 9), oder anderweitig abmildert (zB macht er aus der ersten
Antithese 5, 21f, die die eschatologische Existenz fordert, durch

---

[10] Ed. Schweizer, Neotestamentica, 1963, 399ff.

Anfügung zweier anderer Worte eine Mahnung zur Verträglichkeit). Auch sonst zeigt sich sein Bestreben, die eschatologische Botschaft und Forderung Jesu zu ethisieren und in eine an die weiterbestehende Welt angepaßte Ethik umzuformen. Bei diesem Bestreben ist ihm, wie anderen nach ihm, das at. Gesetz ein unentbehrliches Hilfsmittel. –

Abschließend ist noch eine Präzisierung anzubringen. Die Vorstellung der Heilsgeschichte ist von Mt nicht in derselben Weise ausgearbeitet worden wie von Lk. Die Zeit Jesu ist keine abgegrenzte Epoche, sondern geht, wie das Schlußwort des Auferstandenen 28, 18ff zeigt, in die Zeit der Kirche über. Wenn man in Mt den Historisierungsprozeß der Evangelientradition vollendet sehen und nur der Forderung Jesu, dem „Weg der Gerechtigkeit", Gegenwartsbedeutung zubilligen will, wie es Strecker tut, so ist das eine Einseitigkeit, die dem komplexen Phänomen und der Intention der Theologie des Mt nicht gerecht wird. Die Forderung ist nur ein Teil der matthäischen Gesamtdeutung des Lebens Jesu. Die Reflexionszitate zielen in der Tat „auf die historisch-biographische Faktizität"[11], aber gerade nicht im Sinne einer Historisierung und dh Relativierung, sondern im Sinne einer Vergewisserung und dh einer Herausstellung der Gültigkeit. Die ganze dargestellte Geschichte Jesu hat Gegenwartsbedeutung für die Kirche „bis zum Ende der Welt". Die ethische Forderung ist ein Implikat der Christologie, nicht umgekehrt. Der Christus praesens ist das letzte Wort des Matthäusevangeliums.

## 4. Sitz im Leben

Die Frage nach dem Sitz im Leben ist in letzter Zeit öfters gestellt und verschieden beantwortet worden. Kilpatrick sucht die Eigenart des Mt vom liturgischen Gebrauch her zu erklären und sieht in ihm ein gottesdienstliches Perikopenbuch, Stendahl deutet es als „Handbuch und Materialsammlung für Lehre, Predigt und Kirchenleitung"[12]. Strecker zeigt dagegen mit Recht, daß beides nur Aspekte sind, daß vom Verständnis des γραμματεύς im Mt aus das liturgische und das katechetische Element zusammengehören: „Das Evangelium konnte überall dort Verwendung finden, wo der ‚Gottesdienst‘ im

---

[11] Strecker, aaO, 85.
[12] AaO, 126.

weitesten Sinn dies erforderte, sowohl in der kultischen Versamm-
lung als auch im Unterricht, für Lehrer (5, 19; 23, 8–12) und für
Katechumenen (zB 8, 18ff). Sein Ziel ist nichts anderes als die
Erfüllung der kerygmatischen Aufgabe des christlichen Lehrers."[13]
Das entspricht ganz der Tatsache, daß Matthäus Mk und Q kom-
biniert.

## 5. Zur geschichtlichen Situation

Die Gemeinde, aus der und in der das MtEv entstanden ist, macht
den Eindruck einer gemischten Gemeinde, in der der judenchristliche
Teil sich noch nicht völlig von der Synagoge getrennt hat und sich
in heftiger Auseinandersetzung mit dem Judentum befindet. Es
scheint in der Tat so, wie Kilpatrick nachzuweisen gesucht hat, daß
dieses Judentum nicht mehr das vielschichtige Judentum ist, das
uns im Mk begegnet, sondern das sich konsolidierende Judentum
der Mischna. Manche Anzeichen sprechen dafür, daß ein Teil dieser
Gemeinde, vielleicht der heidenchristliche, hinsichtlich der Verbindlichkeit des Gesetzes liberaler als der andere dachte. Aber von einem
Antinomismus kann angesichts Mt 5, 17–20; 7, 15ff; 24, 10ff
schwerlich gesprochen werden.

Der Verfasser ist unbekannt, aber sein Buch erweist ihn als
christlichen γραμματεύς, dh als Lehrer. Ob er seiner Herkunft nach
ein Judenchrist war, wie meist angenommen wird, oder ein Heidenchrist, wie Strecker mit gewichtigen Gründen nachzuweisen sucht, ist
kaum zu entscheiden und im Grunde belanglos. Der Ort der Abfassung läßt sich nicht feststellen. Da Mt 17, 24ff der Wert eines
Stater mit zwei Didrachmen angegeben wird, der Stater diesen Wert
aber nur in Antiochien und Damaskus gehabt haben soll, kann man
an eine dieser Städte als Abfassungsort denken[14]; aber die Herkunft
des Traditionsstückes Mt 17, 24–27 besagt nichts über den Entstehungsort des Buches. Auch über seine Entstehungszeit kann man
nur ungefähre Angaben machen. Die Zerstörung Jerusalems ist
vorausgesetzt (22, 7; 23, 38), aber ein terminus ad quem nicht
faßbar. Man kann mit Strecker[15] die Zeit zwischen 90 und 95 oder
weniger präzise die beiden letzten Jahrzehnte des 1. Jh.s annehmen.

---

[13] AaO, 41.
[14] Vgl. B. H. Streeter, The Four Gospels, ⁹1956, 504 und Strecker, aaO, 37.
[15] AaO, 35f.

## § 26. Das lukanische Doppelwerk

### 1. Buch: Das Lukasevangelium

*Kommentare:*

HNT: E. Klostermann, ²1929; HThK: H. Schürmann I (Kap. 1–9), 1969; KNT: Th. Zahn, ³/⁴1920; MeyerK: B. Weiss, ⁹1901; NTD: K. H. Rengstorf, ⁹1962; ThHK: W. Grundmann, ²1961; BNTC: A. R. C. Leaney, 1958; ICC: A. Plummer, ⁵1922; Moffatt, NTC: W. Manson, 1930; ÉtB: M.-J. Lagrange, ⁴1927;

A. Loisy, Les Évangiles synoptiques I. II, 1907/8;
C. G. Montefiore, The Synoptic Gospels II, ²1927;
A. Schlatter, Das Evangelium des Lukas, 1931;
J. Wellhausen, 1904.

*Untersuchungen:*

C. K. Barrett, Luke the Historian in Recent Study, 1961;
H. J. Cadbury, The Making of Luke-Acts, 1927;
H. Conzelmann, Die Mitte der Zeit. Studien zur Theologie des Lukas. BHTh 17, ³1960;
H. Flender, Heil und Geschichte in der Theologie des Lk, BEvTh 41, 1965;
S. M. Gilmour, A. Critical Re-examination of Proto-Luke, JBL 67, 1948, 143ff;
E. Grässer, Das Problem der Parusieverzögerung in den synopt. Evv. und in der Apg, BZNW 22, ²1960 (mit Nachtrag), 178ff. 204ff;
A. Harnack, Lukas der Arzt, Beiträge zur Einl. in das NT I, 1907;
L. E. Keck – J. L. Martyn (Hg.), Studies in Luke–Acts, Festschr. für P. Schubert, 1966;
W. G. Kümmel, Luc en accusation dans la théologie contemporaine, EThL 46, 1970, 250ff;
E. Lohse, Lukas als Theologe der Heilsgeschichte, EvTh 14, 1954, 256ff;
U. Luck, Kerygma, Tradition und Geschichte Jesu bei Lukas, ZThK 57, 1960, 51ff;
R. Morgenthaler, Die lukanische Geschichtsschreibung als Zeugnis I. II, AThANT 14. 15, 1948;
F. Rehkopf, Die lukanische Sonderquelle, WUNT 5, 1959;
M. Rese, At. Motive in der Christologie des Lk, StNT 1, 1969;
W. C. Robinson, Der Weg des Herrn. Studie zur Geschichte und Eschatologie im Lk, ThF 36, 1964;
H. Schürmann, Traditionsgeschichtliche Untersuchungen zu den synoptischen Evangelien, 1968, 159–309;
S. Schulz, Gottes Vorsehung bei Lk, ZNW 54, 1963, 104ff;
–, Die Stunde der Botschaft, 1967, 235ff;
E. Schweizer, Eine hebraisierende Sonderquelle des Lukas ThZ 6, 1950, 161ff;
H. F. D. Sparks, St. Luke's Transpositions, NTS 3, 1956/7, 219ff;
A. Strobel, Lukas der Antiochener, ZNW 49, 1958, 131ff;
V. Taylor, Behind the Third Gospel, 1926;

A. Vögtle, „Hochverehrter Theophilos", Tätigkeit im rechten Sinne, Fest-
schr. H. Rombach, 1967, 29ff;
–, Das Evangelium und die Evangelien, 1971, 31–56;
P. Winter, The Treatment of His Sources by the Third Evangelist in Luke
XXI–XXIV, StTh 8, 1955, 138ff;
–, The Proto-Source of Luke 1, NovTest 1, 1956, 184ff;
–, On Luke and Lucan Sources, ZNW 47, 1956, 217ff.

Mit dem Lukasevangelium treten wir, wenn wir von Mk und Mt
herkommen, in eine andere Welt, literarisch und theologisch. Sie
wird signalisiert durch das glanzvoll stilisierte, kühl sachliche und
distanziert freundliche, durch und durch literarische Proömium[1]. Sie
wird manifestiert in der Tatsache, daß das LkEv eine Fortsetzung in
der sog. Apg erhält, daß das „Evangelium" das „erste Buch" (der
πρῶτος λόγος Apg 1, 1) eines Doppelwerkes ist. Diese Tatsache ist
nicht nur ein Novum in der vorangehenden Evangelientradition,
sondern bleibt auch in der folgenden urchristlichen Literatur singulär. Das Proömium, das der literarischen Konvention der hellenisti-
Doppelwerk, zumindest aber – und das ist entscheidend – das Evangelium unter ein bestimmtes Vorzeichen:

„Da nun schon viele es versucht haben, eine Erzählung der Ereignisse
abzufassen, die sich unter uns zugetragen haben, wie sie uns diejenigen
überliefert haben, die von Anfang an Augenzeugen gewesen und Diener
des Wortes geworden sind, beschloß auch ich, nachdem ich allem von
Anfang an genau nachgegangen bin, es der Reihe nach für dich aufzu-
zeichnen, hochangesehener Theophilos, damit du die Zuverlässigkeit der
Dinge erkennst, über die du unterrichtet worden bist" (1, 1–4).

Daß ein Evangelist sich über den Zweck seines Buches äußert, hat
seine Parallele in Joh 20, 31; aber diese Stelle macht auch den
grundsätzlichen Unterschied deutlich:

„Diese (Zeichen) aber sind aufgeschrieben worden, damit ihr glaubt,
daß Jesus der Messias, der Sohn Gottes ist, und damit ihr glaubend Leben
habt in seinem Namen."

Hier ist die Weckung des Glaubens, dort der Nachweis der historischen Zuverlässigkeit der erklärte Zweck des Buches. Daß ein Evangelist jedoch über seine Quellen, ihren Wert und sein eigenes Ver-

---

[1] Hierzu H. J. Cadbury in: Beginnings I 2, 489ff (Lit.); G. Klein, Rekonstruktion und Interpretation, 237ff (Lit.); H. Schürmann, Das Lukasevangelium, 1969, 1ff; zu den antiken Proömien (Lit.); G. Avenarius, Lukians
Schrift zur Geschichtsschreibung, 1956, 113ff.

fahren bei der folgenden Darstellung Auskunft gibt, ist singulär, macht aber offenbar, daß Lk sich als Historiker versteht und verstanden wissen will, daß er beansprucht, seinen Gegenstand historiographisch einwandfrei zu behandeln und eine zuverlässige Geschichtsdarstellung zu geben. Gleichviel, ob ihm das nach den Maßstäben seiner zeitgenössischen Historiographen geglückt ist, es kommt darauf an, daß er diese Intention verfolgt. Er will das Leben, die Geschichte Jesu historisch, dh als historisches Phänomen beschreiben.

Die Widmung an den hochgestellten Theophilos, der kaum nur Symbol des „Gottesfreundes" sein dürfte, sondern ein konkreter Mensch war – auch wenn er die gedachten Leser repräsentiert –, macht deutlich, daß Lk sein Werk für eine größere Öffentlichkeit bestimmt hat; ob für die kirchliche oder die literarische, wird noch zu fragen sein.

### 1. Aufbau

A. Vorgeschichte des Vorläufers und des Messias 1. 2
B. Der Anfang 3, 1–4, 13
   I. Das Wirken des Vorläufers 3
   II. Die Vorbereitung des Messias 4, 1–13
C. Jesu Wirken in Galiläa 4, 14–9, 50
D. Jesu Reise nach Jerusalem 9, 51–19, 27
E. Jesu Wirksamkeit in Jerusalem 19, 28–21, 38
F. Passion und Ostergeschichten 22–24.

### 2. Quellenbenutzung

Als Historiker bekundet Lk im Proömium die Seriösität seiner Kenntnis der Ereignisse, die er darstellen will. Er kann das nicht wie Josephus zu Beginn seines Jüdischen Kriegs durch Berufung auf eigene Augenzeugenschaft tun. Er beruft sich deshalb auf die Zuverlässigkeit seiner Quellen. Diese sind, wie er eingesteht, allerdings auch keine Augenzeugenberichte, gehen aber auf solche zurück. Die Zuverlässigkeit der Augenzeugen betont er durch die Bemerkung, sie seien „Diener des Wortes" gewesen. Was er als seine eigene Absicht hervorhebt: Vollständigkeit, Genauigkeit und richtige Reihenfolge der Darstellung, bezeichnet gleichzeitig einen Mangel in den Werken seiner Vorgänger. Indem er V. 3 seine eigene Forschertätigkeit hervorhebt, beansprucht er, ein selbsterarbeitetes und richtiges Bild

der Geschehnisse zu entwerfen und damit die Werke seiner Vorgänger zu ersetzen[2].

Seine Aussage, daß es „viele" waren, ist ein konventioneller Topos
und braucht nicht allzu wörtlich genommen zu werden. Zwei seiner
Quellen sind uns bekannt, Mk und Q. Dazu kommt das Sondergut,
das fast die Hälfte des Buches ausmacht. Es ist zu heterogen, als
daß es in einer einzigen Quellenschrift gestanden haben könnte;
jedenfalls ist die Vorgeschichte Johannes des Täufers täuferischer,
nicht christlicher Herkunft; die Marienverkündigung 1, 26ff und die
Geburtsgeschichte 2, 1ff gehören ursprünglich nicht zusammen. Ob
er das Sondergut nur aus mündlicher Tradition oder auch, wenigstens teilweise, schriftlich fixiert überkommen hat, läßt sich kaum
feststellen; doch dürfte, da Lk von vielen διηγήσεις spricht, doch
einiges auch schriftlich vorgelegen haben. Häufig nimmt man eine Sonderquelle für die lukanische Passionsgeschichte an, die Ähnlichkeiten
mit der Johannespassion besitzt; aber die Besonderheiten lassen sich
auch ohne Annahme einer solchen Quellenschrift erklären.

Lk hat seine Quellen ganz anders benutzt als Mt; während Mt
seine Quellen ineinandergearbeitet hat, hat Lk sie nebeneinandergestellt. Diese Quellenbenutzung hat zwei verschiedene Erklärungen
gefunden. Die eine, die sich besonders in der angelsächsischen Welt
großer Beliebtheit erfreut, ist die Proto-Lukas-Hypothese. Sie hat
verschiedene Ausformungen erhalten. Die klassische ist die von B.
H. Streeter[3]: Der Evangelist hat ohne Kenntnis des Mk aus Q und
seinem Sondergut (L) ein Evangelium zusammengestellt, den Proto-
Lukas, Lk 3–24 (ohne den Mk-Stoff); die Zeitangabe 3, 1ff ist nach
Streeter ein deutlicher Buchanfang. Der Autor hat den Proto-Lukas
zunächst nicht veröffentlicht; als er das MkEv kennenlernte, hat er
dessen Stoff in zwei Blöcken in den Proto-Lukas eingeschoben. Als
er die Apg verfaßte, stellte er auch die Vorgeschichte Lk 1. 2 seinem
Evangelium voran. Diese Hypothese ist m. E. nicht haltbar, wie vor
allem K. Grobel gezeigt hat[4]. Sie setzt die Annahme voraus, daß der
Autor seine Quellen mechanisch und gedankenlos nebeneinander-
stellt hat, und verkennt die schriftstellerische Fähigkeit und Tätigkeit
des Verfassers. Es läßt sich vielmehr exegetisch zeigen, daß er seine
Quellen sehr überlegt und planmäßig benutzt und bearbeitet hat.

[2] Vgl. Klein.
[3] The Four Gospels.
[4] Formgeschichte und synoptische Quellenanalyse, 1937, 84ff.

Die andere Erklärung entspricht der Zwei-Quellen-Theorie: Lk hat Mk als Aufriß übernommen, das Sondergut der Vorgeschichten und Osterberichte vor und hinter dem Mk-Stoff angebracht und das Material aus Q und seinem Sondergut in zwei Einschaltungen in den Mk-Aufriß eingefügt: in der „kleinen Einschaltung" 6, 20–8, 3 und der „großen Einschaltung", dem sog. Reisebericht 9, 51–18, 14; allerdings findet sich auch nach der Wiederaufnahme des Mk-Fadens Q-Material und Sondergut 19, 1–28. Lk bringt den Mk-Stoff ziemlich vollständig; doch fehlt zwischen Lk 9, 17 und 18 der ganze Passus Mk 6, 45–8, 26 (die sog. lukanische Lücke). Er hat ferner einige wenige Umstellungen des Mk-Stoffes vorgenommen, und zwar aus historiographischem und theologischem Interesse. So hat er die große Novelle vom Ende des Täufers Mk 6, 14ff gestrichen und durch eine summarische Notiz 3, 19f am Anfang seiner Darstellung ersetzt. Mit dieser Umstellung erreicht er einerseits, daß das Ende des Täufers an historisch „richtigem" Ort erwähnt wird, andererseits aber – und hier wirkt ein theologisches Interesse –, daß die Wirksamkeit des Täufers gegenüber derjenigen Jesu sehr stark abgesetzt wird: die Taufe Jesu wird erst nach dem Tode des Täufers berichtet und so die Beziehung Jesu zu Johannes, die bei Mk und Mt stark betont war, erheblich gelockert. Lk hat ferner Jesu Verwerfung in seiner Heimatstadt Mk 6, 1ff ebenfalls vorverlegt und zu einer großen programmatischen Szene ausgearbeitet (Antrittspredigt in Nazareth Lk 4, 16–30). Er hat die Berufung der Jünger durch eine Berufung des Petrus ersetzt und sie nicht vor, sondern nach den Ereignissen von Mk 1, 21ff berichtet (Lk 5, 1ff); da Jesus schon als Wundertäter bekannt ist, ist die Nachfolge des Petrus psychologisch einsichtiger als bei Mk. Durch eine andere Umstellung, nämlich durch die Versetzung des Summariums Mk 3, 7–12 hinter die Apostelwahl Mk 3, 13–19, erreicht er in Lk 6, 17–19, daß eine große Hörerschaft vor Jesu Feldrede (Lk 6, 20ff) vorhanden ist. Schließlich hat Lk die Geschichte von den Verwandten Jesu, die bei Mk vor der Gleichnisrede steht (Mk 3, 31–35), hinter das Gleichnis vom Säemann und die folgenden Sprüche gestellt, um eine Illustration für die „Hörer des Wortes" im Leben Jesu zu geben (Lk 8, 4–18. 19–21). Dadurch, daß Lk seine Quellen nicht wie Mt ineinander arbeitet, sondern nebeneinander stellt, gibt er ein anderes Bild vom Ablauf des Lebens Jesu, als es bei Mk und Mt erscheint, obwohl er den Aufriß des Mk übernimmt. Manches berichtet er, seiner jeweiligen Quelle folgend, zweimal, zB die Aussendungsrede und die Pharisäerrede. Vor allem aber erweckt die große Einschaltung, der sog. Reisebericht 9, 51–18, 14, den Eindruck, hier werde ein in den anderen Synoptikern fehlender Abschnitt des Lebens Jesu erzählt. Aber die Analyse dieses Komplexes zeigt, daß die Reisesituation nur in einem Überlieferungsstück, nämlich 9, 51–56 konstitutiv ist und der Tradition angehört, sonst aber immer in redaktionellen Bemerkungen erscheint (9, 57; 10, 1. 38; 14, 25; 17, 11). Dh die Reise ist nur der redaktionelle Rahmen, in den er Material aus Q und Sondergut einfügt, also literarisch und historisch eine Fiktion. Aber diese Fiktion hat im Ganzen des Buches eine bestimmte theologische Bedeutung, auf die noch einzugehen ist.

## 3. Schriftstellerischer Charakter und theologische Tendenzen

Lk will als Historiker aus der Jesustradition und aus den Traditionen über die Urkirche eine διήγησις, eine *Geschichtserzählung* machen, eine Geschichtserzählung, wie der technische Ausdruck πράγματα V. 1 zeigt, nicht nur eine Biographie im engeren Sinn. Er mußte zu diesem Zweck die Einzeltraditionen seiner Quellen in einen sinnvollen Zusammenhang bringen und außerdem einen Bezug dieser Geschichte zur Weltgeschichte aufweisen. „Denn diese Dinge sind ja nicht in einem Winkel geschehen" (Apg 26, 26). Freilich bot ihm sein Stoff für letzteres wenig Gelegenheit; umso stärker sind die gelegentlichen Bezugnahmen, vor allem im ersten Buch, zu bewerten. Er datiert 3, 1ff das Auftreten des Täufers mit Hilfe eines sechsfachen Synchronismus und stellt 2, 1ff durch die Erwähnung des Census des Quirinius eine Beziehung zwischen der Weihnachtsgeschichte und der Geschichte des Kaisers Augustus her. Gleichviel, ob die Daten stimmen[5], die Absicht des Lk ist deutlich; er will die Geschichte Jesu historisch einordnen.

In der Herstellung sinnvoller Zusammenhänge innerhalb der Jesusüberlieferung zeigt er eine Mk und Mt gegenüber fortgeschrittene *Technik*[6]. Hierher gehören z. T. die vorhin erwähnten Umstellungen, dann aber auch die „historisierenden" Situationsangaben, die verdeutlichen, motivieren und konkretisieren sollen. Um nur

---

[5] Dazu H. U. Instinsky, Das Jahr der Geburt Christi, 1957; H. Braunert, Historia VI, 1957, 192ff und Schürmann zu den Stellen.
[6] Vgl. Bultmann, Trad., 384ff.

zwei Beispiele aus Mk und Q zu nennen: Mk hatte die sog. messiani-
sche Verkündigung des Täufers Mk 1, 7f dem Kontext nach als ein
Summarium, dh als immer wiederholte Verkündigung verstanden.
Lk versieht dieses Wort des Täufers mit einer Einleitung („Als aber
das Volk erwartete und alle in ihren Herzen über Johannes erwogen, ob er etwa der Messias sei, antwortete Johannes und sagte zu
allen..." 3, 15f) und charakterisiert es so als einmalige Antwort
in einer bestimmten Situation. Ähnlich verfährt er mit dem in Q
überlieferten Traditionsstück über Jesu Antwort auf die Anfrage
des Täufers, ob er der Kommende sei (Lk 7, 20–23; Mt 11, 2–6).
Er versieht es mit einer ausführlichen Einleitung V. 18–20 und
schiebt vor allem zwischen Frage und Antwort eine referierende Notiz ein, Jesus habe in jener Stunde viele Kranke geheilt V. 21, und
verleiht so der Antwort Jesu einen konkreten, situationsgebundenen
Hintergrund. In diesen und anderen Historisierungen wird das biographische Interesse des Lk deutlich.

Freilich waren der *Biographisierung des Stoffes,* der schon in
festem Zusammenhang vorlag, also des Stoffes von der Verkündigung des Täufers bis zum Tod Jesu, gewisse Grenzen gesetzt. Aber
dort, wo Lk frei gestalten konnte, wird er ganz Biograph, nämlich
in den Vorgeschichten[7]. Ihre Komposition ist sein Werk. Er bildet
aus den überlieferten Erzählungen von der Ankündigung und der
Geburt des Täufers und Jesu einen kunstvoll verschlungenen Zusammenhang, in dem sich die einzelnen parallelen Ereignisse wohl-
proportioniert entsprechen, in der Begegnung der Mütter sich die
beiden Linien schneiden und in dessen Duktus die Überlegenheit
Jesu, des Messias, über Johannes, seinen Vorläufer, hervortritt. Man
hat schon in dieser Kompositionstechnik die Anwendung zeitgenössischer literarischer Stilmittel der Vitae Parallelae und des Prinzips
der „enkomiastischen Synkrisis" nachweisen wollen[8].

Die Historisierung und Biographisierung der Jesustradition ist nun
aber von einer kirchlich-theologischen Tradition bestimmt, von einer
Sicht der historia Jesu als einer Periode der universalen Heilsgeschichte[9]. Die Gesamtauffassung kann erst im Anschluß an die Apg
besprochen werden. Aber das Motiv zu diesem heilsgeschichtlichen

---

[7] M. Dibelius, Jungfrauensohn und Krippenkind (Botschaft und Geschichte
I, 1ff); ders., Formg., 119ff.

[8] G. Erdmann, Die Vorgeschichten des Lukas- und Matthäusevangeliums,
FRLANT 48, 1932, 9ff; Fr. Dornseiff, ZNW 35, 1936, 129ff.

[9] Diese Sicht hat H. Conzelmann (Die Mitte der Zeit) herausgearbeitet.

Entwurf kann schon jetzt genannt werden: das Ausbleiben der Parusie, die Zerdehnung der Zeit. Die Geschichte Jesu rückt als abgeschlossenes Ganzes in immer weitere Ferne und setzt sich immer stärker von der Gegenwart der Kirche ab. Das Verhältnis der Kirche zur Zeit Jesu wird immer mehr zum Problem. Lk versucht es mit seiner *Konzeption der Heilsgeschichte* zu lösen.

Diese Konzeption zeigt sich zunächst an seiner *Bearbeitung der Täufertradition* aus Mk und Q. Galt hier der Täufer als eschatologische Gestalt, mit deren Auftreten die Endzeit beginnt, als der Elias redivivus und Vorläufer des Messias, so hat Lk diese Auffassung energisch modifiziert. Er trennt, wie erwähnt, durch die Notiz 3, 19f schon rein kompositorisch die Wirksamkeit des Täufers von der Jesu und streicht den Elia-Passus Mk 9, 9–13 und das Maleachi-Zitat in Q (Mt 11, 10. 14)[10]. Zwar ist Johannes der Vorläufer und Jesus der Messias, aber beide sind nicht mehr eschatologische, sondern heilsgeschichtliche Gestalten. Beide gehören verschiedenen Perioden an – „das Gesetz und die Propheten bis Johannes; von da an wird die Herrschaft Gottes verkündigt, und jeder dringt in sie ein" (Lk 16, 16) –, Johannes der Zeit des Gesetzes und der Propheten, dh der Zeit Israels, Jesus einer neuen Zeit, die mit ihm beginnt. Die Bemerkung Lk 16, 16 scheint eine Zweiteilung der Heilsgeschichte nahezulegen. Aber die Jesuszeit wird so stark von der folgenden Zeit abgehoben, daß sie als eigene Periode innerhalb der Zeit (als „Mitte der Zeit") erscheint und also eine Dreiteilung der Heilsgeschichte von Lk vorgenommen wird. Die Jesuszeit erhält nach Lk ihre besondere Charakterisierung dadurch, daß der Satan keine Macht hat: der Satan verläßt Jesus nach der Versuchung „bis zu einem bestimmten Zeitpunkt" (4, 13) und tritt erst wieder in Aktion, indem er in den Verräter Judas eingeht (22, 3); dazwischen liegt die eigentliche Jesuszeit, die nicht einfach identisch ist mit dem Leben Jesu. Die Passionsgeschichte gehört schon nicht mehr zu ihr, sondern zur Zeit der Kirche. Das „Leben Jesu" greift also über die „Mitte der Zeit" nach vorwärts und rückwärts hinaus.

---

[10] Ich bin allerdings im Unterschied zu Conzelmann der Meinung, daß Lk mit diesen Streichungen nicht die Vorläufervorstellung eliminieren, sondern die mit dem Theologumenon vom Elias redivivus traditionell verbundene Erwartung der eschatologischen „Wiederherstellung" vom Täufer aus historischen und theologischen Gründen trennen wollte; er hat das Motiv der „Wiederherstellung aller Dinge" (Mk 9, 12) auf den wiederkehrenden Messias Jesus übertragen (Apg 3, 21).

Daß die heilsgeschichtliche Konzeption durch die Parusieverzögerung bestimmt ist, zeigt sich ferner an der lukanischen Bearbeitung
der synoptischen Apokalypse. Lk ersetzt den eschatologisch verstandenen „Greuel der Verwüstung" Mk 13, 14 historisierend durch die
Belagerung Jerusalems Lk 21, 20, fügt zwischen die Weissagung von
Kriegen und Seuchen einerseits und der Verfolgung der Christen
andererseits die Bemerkung „vor diesem allen aber..." 21, 12 ein,
kehrt also die markinische Reihenfolge um und erreicht auf diese
Weise, daß die politischen Wirren der Gegenwart von seinen Lesern
nicht als Vorzeichen des Endes verstanden werden können. Zu der
markinischen Warnung vor Verführern, die im Namen Jesu kommen
und sagen „Ich bin es" (Mk 13, 6), fügt Lk hinzu: „Die Zeit ist
nahe" (21, 8) und verketzert damit die Naherwartung der Parusie
als Irrlehre. Lk schiebt das Ende weit hinaus. Er schreibt für eine
Christenheit, die sich in der weiterbestehenden Welt einzurichten hat.
So wird die ursprünglich eschatologisch verstandene Jesuszeit zur
‚Mitte der Zeit'. Und die Mitte der Zeit wird zu einem Paradigma
des Reiches Gottes. Wie sie aber nach rückwärts mit der Geschichte
Israels und nach vorwärts mit der der Kirche verklammert ist, so
will Lk durch seine historische Arbeit die Kontinuität seiner kirchlichen Gegenwart und der Jesuszeit herstellen, indem er seine Leser
jener Ereignisse „vergewissert" (1, 4).

Die Geschichte Jesu ist durch die große Einschaltung (9, 51–18,
14) in die *geographischen Räume* Galiläa, Reise und Jerusalem drei-
geteilt. Jerusalem hat bei Lk eine ganz andere Bedeutung als bei Mk
und Mt; es ist die heilige Stadt des Gottesvolkes. In und bei ihr
ereignen sich die Erscheinungen des Auferstandenen; Galiläa wird
als Ort dieser Erscheinungen durch geschickte literarische Eingriffe
in den Mk-Text eliminiert (vgl. Mk 16, 7 mit Lk 24, 6). Wie Jerusalem, genauer: der Jerusalemer Tempel schon in den Vorgeschichten
eine bedeutungsvolle Rolle spielt (1, 5–23; 2, 22–38. 41–51), so ist
Jesu Einzug in Jerusalem als Einzug in den Tempel dargestellt (19,
37–46). Der Jerusalemer Tempel ist späterhin Sammelpunkt der
ältesten Gemeinde (Lk 24, 53; Apg 2, 46; 3, 1. 11; 5, 20f) und der
Ort, an dem Paulus den Befehl zur Heidenmission erhält (Apg 22,
17–21); er ist der Ausgangspunkt des neuen Israel, der Kirche. –
Den drei geographischen Räumen scheinen tatsächlich, wie H. Conzelmann zu zeigen versucht hat, drei christologische Stufen zu entsprechen: Messiasbewußtsein, Leidensbewußtsein und Ausübung des
Kultkönigtums über Israel im Tempel. W. C. Robinson hat diese

Auffassung dahin präzisiert, „daß die besondere Bedeutung der lukanischen Geographie nicht in dem fixierten Sinn von begrenzten Örtlichkeiten liegt, vielmehr in der lokalen Folgeordnung als einem Mittel, das Wachstum ‚des Wortes' anzuzeigen, nämlich das Vordringen der christlichen Botschaft in der Welt... Lukas sah die Bedeutung des Geographischen darin, Raum und Zeit zu verbinden, um den Weg der Ausbreitung des Christentums – ‚den Weg des Herrn' – als eine Reise darzustellen" (8). Diese Präzisierung macht den inneren Zusammenhang des Lk mit der Apg evident (Apg 1, 8).

Doch soll über dem umfassenden heilsgeschichtlichen Rahmen, der in der lukanischen Darstellung ja nicht so stark in Erscheinung tritt, das *Jesusbild* nicht übersehen werden, das Lk seinen Lesern vor Augen stellt. Es unterscheidet sich charakteristisch von dem des Mk und Mt. Zwar ist Jesus der vom AT geweissagte Messias – darauf legt Lk mindestens ebensoviel Wert wie Mt. Er ist der Gottessohn, wunderbar erzeugt wie bei Mt, ein gesteigerter θεῖος ἀνήρ, dazu Geistträger (1, 35; 3, 22; 4, 1. 14. 18; 10, 21). Seine Wunder sind gesteigert (7, 11–17). Diesen hoheitlichen Zügen entspricht, daß Jesus nicht nur mit κύριε angeredet wird, sondern auch in der Erzählung den Titel ὁ κύριος erhält. Trotzdem – und darin unterscheidet sich das Jesusbild des Lk von dem des Mk und Mt – hebt Lk die menschlichen und weichen Züge Jesu besonders hervor. Er schildert ihn als den barmherzigen Heiland, der mit Geist und Kraft begabt „umherzog, Wohltaten erweisend (εὐεργετῶν) und heilend alle, die vom Teufel tyrannisiert waren" (Apg 10, 38). Er betont Jesu Liebe zu den Sündern, den Armen, den Kranken, den Verachteten, zu denen auch die Frauen gehören. Diese Züge mögen der sog. Armenfrömmigkeit entsprechen, die ihre Spuren auch im Jak hinterlassen hat, und schon mit dem Traditionsmaterial gegeben gewesen sein[11]. Aber daß Lk gerade dieses Material aufnimmt, zeigt, daß er auch diese Anschauungen teilt. Sicher gehen auf ihn die Züge zurück, die Jesus als Frommen schildern. Wie schon die Frömmigkeit seiner Eltern hervorgehoben wird (Lk 2, 22ff. 41ff), so wird von Lk häufig das Beten Jesu betont, und zwar immer in redaktionellen Zufügungen (3, 21f; 9, 18. 28f). Lk schildert Jesus als Heiligen. Dem entspricht dann auch die Bearbeitung der Leidensgeschichte[12]. Die Passion ist

---

[11] Bultmann, Trad., 392. Zur Armenfrömmigkeit: M. Dibelius-H. Greeven, Der Brief des Jakobus, [11]1964, 58ff.
[12] Hierzu vor allem Dibelius, Formg., 200ff; das folgende Zitat ebd. 202.

bei ihm nicht wie bei Mk als Heilsgeschehen oder wie bei Mt als christologische Offenbarung, sondern als Martyrium geschildert. „Der leidende Heiland ist für Lukas der Mann Gottes, der von bösen Gewalten bekämpft im Dulden und Vergeben ein Vorbild unschuldigen Leidens wird." In dieser Vorbildlichkeit liegt die praktische Bedeutung des Jesusbildes für die Christen in der Zeit des Lk. Lk schildert die Geschichte Jesu – unbeschadet ihres heilsgeschichtlichen Rahmens – als Leben eines Heiligen, das vom Martyrium gekrönt wird; ein Motiv, das mannigfach variiert in der Apg wiederkehrt[13].

## 4. Abschließende Bemerkungen

Obwohl über die Gesamtkonzeption und die Person des Verfassers, über Zeit und Ort der Abfassung erst im Anschluß an die Apg gesprochen werden kann, sind einige abschließende Bemerkungen im Rückblick auf das „erste Buch", und zwar über das Verhältnis von Proömium und Buch, von Programm und Durchführung am Platze. Es geht nicht um die Frage, ob dem Verfasser die Durchführung des Programms nach den Kriterien antiker oder gar moderner Geschichtsschreibung geglückt ist. Verglichen mit den Biographien Plutarchs oder Suetons oder mit einem der Geschichtswerke des Josephus und gemessen an den Maßstäben, die Lukian für die Geschichtsschreibung formuliert hat[14], wäre die Frage negativ zu beantworten. Unter modernen historisch-kritischen Gesichtspunkten wäre zu urteilen, daß die Tendenz zur Historisierung und Biographisierung der Jesustradition zwar überall spürbar, aber nicht konsequent durchgeführt ist; es wäre ferner zu sagen, daß Lk zwar laut Proömium zu den Ereignissen selbst vordringen und sie καθεξῆς, in der richtigen, dh historischen Reihenfolge berichten will, daß er aber faktisch, wie der synoptische Vergleich lehrt, die Reihenfolge seiner Quellen, mit denen er abwechselt, übernimmt; nur wäre zu ergänzen, daß Lk eben diese Reihenfolge als die historische angesehen wissen will.

Aber nicht auf diese Konstatierungen kommt es hier an, sondern darauf, wie sich – abgesehen vom Vergleich mit den Seitenreferenten

---

[13] Vgl. das Stephanusmartyrium mit der Passion Jesu, die Aussage Apg 14, 22 mit Lk 24, 26; ferner die Aussagen der Apg über die Freude im Leide.

[14] Lukian, hist. conscr. 9; 39; 49–56.

und vom Vergleich mit antiken Werken – _das Verhältnis von Proömium und erstem Buch,_ gewissermaßen „werkimmanent", darstellt.
Und hier ist ein absoluter Bruch zu konstatieren, der sich schon in
dem Bruch zwischen dem „weltlichen" Stil von 1, 1–4 und dem
„frommen" Stil von 1, 5ff kundtut. Das Proömium gibt vor, neutral
und objektiv die Ereignisse vollständig, genau und in richtiger Reihenfolge in einer zuverlässigen Geschichtserzählung darzustellen. Was
aber folgt, ist eine Biographie Jesu in heilsgeschichtlichem Rahmen.
Der Leser findet in dem Buch etwas anderes, als was er aufgrund der
Einleitung erwartet und erwarten muß. Das durch und durch „profan" gehaltene Proömium verrät nichts von der heilsgeschichtlichen
Konzeption. Im Sinne des Lk verträgt sich aber offenbar der heilsgeschichtliche Entwurf mit dem Vorzeichen profaner Historiographie.
Man hat zwar versucht, den Worten des Proömiums einen geheimen
Hintersinn zu geben – in dem πληροφορεῖσϑαι den Erfüllungsgedanken, in den Augenzeugen und Dienern des Wortes den lukanisch
exklusiven Kreis der zwölf Apostel und in den Angaben über das
Verfahren einen Reflex des lukanischen Traditionsproblems zu
sehen – und so im Proömium „geradezu die lukanische Theologie in
nuce repräsentiert" zu finden[15]. Es ist mir aber fraglich, ob Lk tatsächlich seine ganze Theologie in das Proömium hineingeheimnißt
hat. Jedenfalls kann sie nur aufgrund mühsamer, sich auf das ganze
Doppelwerk erstreckender exegetischer Kombinationen und Konklusionen in ihm entdeckt werden, und ob Lk solche Bemühungen bei
seinen Lesern voraussetzt, ist ebenfalls zweifelhaft. Er hat m. E. das
Proömium bewußt „profan" gehalten und hat es schwerlich anders
verstanden wissen wollen. Diese „Profanität" ist eben ein Bestandteil
seiner Theologie, nicht deren Verhüllung.

## § 27. Das lukanische Doppelwerk

### 2. Buch: Die Apostelgeschichte

_Kommentare:_

HNT: H. Conzelmann, [2]1972; KNT: Th. Zahn I. II, [3/4]1922/27; MeyerK:
E. Haenchen, [14]1965; NTD: G. Stählin, 1962; ThHK: O. Bauernfeind, 1939;
BNTC: C. S. C. Williams, 1957; Moffatt, NTC, F. J. Foakes-Jackson, 1932;

---

[15] G. Klein (das Zitat S. 258) und H. Schürmann.

ÉtB: E. Jacquier, 1926;
W. M. de Wette – F. Overbeck, 1870; A. Loisy, 1920;
F. J. F. Jackson – K. Lake, The Beginnings of Christianity I, Vol. 1–5, 1920–1933.


*Forschungsberichte:*

W. G. Kümmel, ThR, NF 14, 1942, 162ff; 18, 1950, 16ff; 22, 1954, 194ff;
E. Grässer, ThR, NF 26, 1960, 93ff;
A. J. and M. B. Mattill, A Classified Bibliography of Literature on the Acts of the Apostles, NTTS 7, 1966;
I. H. Marshall, Recent Study of the Acts of the Apostles, Exp 80, 1968/9, 292ff.


*Untersuchungen:*

R. Bultmann, Zur Frage nach den Quellen der Apg, in: Exegetica, 1967, 412ff;
Ch. Burchard, Der dreizehnte Zeuge. Traditions- und kompositionsgeschichtliche Untersuchungen zu Lukas' Darstellung der Frühzeit des Paulus, FRLANT 103, 1970;
H. J. Cadbury, The Making of Luke-Acts, 1927;
–, The Book of Acts in History, 1955;
–, „We" and „I" Passages in Luke-Acts, NTS 3, 1956/7, 128ff;
M. Dibelius, Aufsätze zur Apg, FRLANT 60, 1951 (vgl. dazu A. D. Nock, Gn 25, 1953, 497ff);
J. Dupont, Études sur les Actes des Apôtres, Lectio Divina 45, 1967;
W. Eltester, Lukas und Paulus, Eranion, Festschr. H. Hommel, 1961, 1ff;
E. Haenchen, RGG[3] I, 1957, 501ff;
–, Gott und Mensch, 1965, 157–264;
–, Die Bibel und Wir, 1968, 156–181; 312–374;
–, und P. Weigandt, The Original Text of Acts?, NTS 14, 1967/8, 469ff;
A. Harnack, Die Apg, Beiträge zur Einl. in das NT III, 1908;
E. Käsemann, Der Ruf der Freiheit, [4]1968, 155ff;
L. E. Keck – J. L. Martyn (Hg.), Studies in Luke-Acts, Festschr. für P. Schubert, 1966;
G. Klein, Die Zwölf Apostel, FRLANT 77, 1961, 115ff;
I. H. Marshall, Luke: Historian and Theologian, 1970;
J. C. O'Neill, The Theology of Acts in its Historical Settings, [2]1970;
G. Schille, Die Fragwürdigkeit eines Itinerars der Paulusreisen, ThLZ 84, 1959, 165ff;
P. Schubert, The Final Cycle of Speeches in the Book of Acts, JBL 87, 1968, 1ff;
G. Strecker, Die sogenannte zweite Jerusalemreise des Paulus, ZNW 53, 1962, 67ff;
E. Trocmé, Le „Livre des Actes" et l'histoire, EHPR 45, 1957;
W. C. van Unnik, The „Book of Acts" the Confirmation of the Gospel, NovTest 4, 1960, 26ff;
U. Wilckens, Die Missionsreden der Apg. Form- und traditionsgeschichtliche Untersuchungen, WMANT 5, 1961.

Die sog. Apostelgeschichte ist nicht nur als Fortsetzung eines Evangeliums, sondern auch als literarisches Phänomen singulär. Seltsam, daß diese Fortsetzung, die mit dem Bericht über die Himmelfahrt beginnt, mit einer Notiz über den in Rom gefangenen Paulus schließt. Die Entstehung des Buches stellt hinsichtlich des Stoffes und seiner Komposition vor ganz andere Fragen als die Synoptiker. Zudem ist sein Text uneinheitlicher als bei jedem andern nt. Buch überliefert. Wir gehen nach einem Überblick über den Aufbau des Werkes von dem Textproblem aus, um uns dann den uns besonders interessierenden literargeschichtlichen und theologischen Fragen zuzuwenden.

Auf die *Geschichte der Acta-Forschung* gehe ich nur am Rande ein, teils aus Raumgründen, teils weil sie nicht dieselbe und für das Verständnis des Werkes notwendige Bedeutung hat wie die Geschichte der synoptischen Frage für die drei ersten Evangelien. Eine ausführliche und glänzende Darstellung dieser Geschichte findet sich leicht zugänglich in E. Haenchens Kommentar[1]. Es seien nur die wichtigsten Etappen genannt. Unter dem Gesichtspunkt der Tübinger Tendenzkritik wurde die Apg wegen ihrer „konziliatorischen Tendenz" als spätes Dokument der Versöhnung zwischen Judenchristentum und Heidenchristentum verstanden. Dann beherrschte die schon vorher begonnene Literarkritik das Feld mit dem Ziel, alte und – wie man meinte: deshalb – historisch zuverlässige Quellenschriften herauszupräparieren, ein Unternehmen, das heute noch gelegentlich betrieben wird, obwohl schon 1907 J. Wellhausen die Sterilität dieses Verfahrens nachgewiesen hat. Einen Wendepunkt brachte 1923 M. Dibelius, der mit seinem Beitrag zur Gunkel-Festschrift erstmals die formgeschichtliche Methode in die Acta-Forschung eingeführt und später in zahlreichen Aufsätzen die Ergiebigkeit dieser Methode für das Verständnis auch dieses Werkes erwiesen hat. Auf seiner Arbeit basieren die neuesten wissenschaftlichen Kommentare sowie die zahlreichen Untersuchungen E. Haenchens und H. Conzelmanns zur Apg. Neben ihnen ist das von F. J. F. Jackson und K. Lake herausgegebene fünfbändige Standardwerk „The Beginnings of Christianity" (1920–1933) zu nennen, das durch seinen Reichtum an philologischem und archäologischem Material und durch seine monographischen Beiträge für die wissenschaftliche Arbeit an der Apg unentbehrlich ist.

---

[1] S. 13ff; vgl. ferner die im Literaturverzeichnis erwähnten Forschungsberichte Kümmels und Grässers.

## 1. Aufbau

**Erster Hauptteil. Die Zeit der Urkirche 1–12.**

A. Die Urgemeinde 1–5.
1. Die Zeit bis Pfingsten 1.
   (Proömium, Himmelfahrt, die erste Gemeinde, Zuwahl des Matthias).
2. Pfingsten 2.
3. Die Heilung des Lahmen und ihre Folgen 3. 4.
   (Heilung. Predigt des Petrus. Erste Verhaftung und Freilassung. Gemeindegebet).
4. Ananias und Sapphira 5, 1–11.
5. Erfolge und Widerstände 5, 12–42.
   (Ausbreitung. Zweite Verhaftung. Gamaliel. Freilassung).

B. Die vorpaulinische Mission 6–12.
1. Die Hellenisten, Stephanus und Verfolgung 6, 1 – 8, 3.
2. Die Mission des Philippus 8, 4–40.
3. Die Bekehrung des Verfolgers Saulus 9, 1–31.
4. Die Mission des Petrus 9, 32 – 11, 18.
   a) Heilung des Äneas in Lydda 9, 32–35.
   b) Auferweckung der Tabitha in Joppe 9, 36–43.
   c) Bekehrung des Cornelius in Cäsarea 10, 1 – 11, 18.
5. Die Gemeinde in Antiochien 11, 19–30.
6. Verfolgung der Urgemeinde durch Agrippa 12.

**Zweiter Hauptteil. Die Mission des Paulus 13–28.**

A. Die erste Missionsreise 13. 14.
1. Aussendung des Barnabas und Saulus 13, 1–3.
2. Kypern (Elymas) 13, 4–12.
3. Antiochien in Pisidien (Rede) 13, 13–52.
4. Ikonion 14, 1–5.
5. Lykaonien, Lystra und Derbe 14, 6–20.
   (Heilung und Rede in Lystra V. 8–18).
6. Rückkehr 14, 21–28.

B. Der Apostelkonvent 15, 1–35.

C. Die zweite Missionsreise 15, 36 – 18, 22.
1. Trennung von Barnabas 15, 36–39.
2. Reise mit Silas und Timotheos bis Troas 15, 40 – 16, 10.
3. Philippi 16, 11–40.
4. Thessalonike 17, 1–9.
5. Beröa und Reise nach Athen 17, 10–15.
6. Paulus in Athen 17, 16–34 (Areopagrede 17, 22–31).
7. Korinth 18, 1–17.
8. Rückkehr 18, 18–22.

D. Die dritte Missionsreise 18, 23 – 21, 16.
1. Galatien und Phrygien 18, 23.
2. Apollos in Ephesus 18, 24–28.

## 2. Der Text

Der Text der Apg ist in zwei verschiedenen Fassungen überliefert,
1. in der der „ägyptischen" Zeugen, repräsentiert durch die Codices
Vaticanus, Sinaiticus, Alexandrinus, Ephraemi rescriptus, die Papyri
45 und 74 und durch die Zitate bei den alexandrinischen Kirchenvätern, einer Fassung, mit der die Koine-Zeugen im wesentlichen
übereinstimmen, und 2. in der des sog. „westlichen" Textes, repräsentiert durch den Codex Cantabrigiensis, die Papyri 38 und 48,
Altlateiner, die Marginalien der Syra Charclensis und lateinische
Kirchenväter. Der Text der westlichen Fassung ist länger, hat eigentümliche Lesarten und zeigt manchmal altertümlichen Charakter.
Rein textgeschichtlich läßt sich das Verhältnis der beiden Fassungen
nicht klären; handschriftlich bezeugt sind sie durch die Papyri 38,
45 und 48 bereits für das 3. Jh. Man hat beide auf Lukas selbst zurückgeführt, den westlichen Text auf sein Konzept, den ägyptischen
auf die Reinschrift der Apg, oder beide als sekundäre Entwicklungen
aus einem Archetyp zu erklären versucht – wobei man gelegentlich
diesen in der Urform des westlichen Textes gesehen hat, die man

aus den unter sich uneinheitlichen westlichen Zeugen rekonstruieren
wollte –; oder man hat den westlichen Text für sekundär gegenüber
dem ägyptischen erklärt.

Diese letztere Auffassung dürfte zutreffen. Allerdings – das hat
W. G. Kümmel mit Recht betont[2] – geht der sekundäre Charakter
nicht auf eine Verwilderung zurück, sondern er zeigt in sehr vielen
Fällen eine planmäßige und sinnvolle Korrektur des ägyptischen
Textes. Der westliche Text beseitigt Widersprüche[3] und andere Spannungen[4], verknüpft Unverbundenes[5], korrigiert Lokalangaben[6], verstärkt das erbauliche Moment[7]. Auch eine wichtige theologische Korrektur geht auf ihn zurück: die Verwandlung des rituell verstandenen Aposteldekrets (15, 29) in moralische Vorschriften. Wenn es auch
nicht unmöglich ist, daß der westliche Text manchmal ursprüngliche
Lesarten bewahrt hat, so erweisen sich doch seine Besonderheiten
fast durchweg als sekundär.

Die starken Differenzen in der Textüberlieferung der Apg gehen,
wie Dibelius einleuchtend gezeigt hat, auf das kanongeschichtliche
Schicksal dieses Buches zurück[8]. Die Apg war lange keine kirchliche
Leseschrift – anders als Lk –, wurde später kanonisiert als dieses,
und deshalb war ihr Wortlaut ungleich weniger geschützt. Aber auch
der ägyptische Text weist an manchen Stellen der Apg Verderbnisse
auf, wie Dibelius und andere vor und nach ihm festgestellt haben,
und muß deshalb gelegentlich durch Konjekturen, ein in der nt.
Wissenschaft sonst verpöntes Mittel, wiederhergestellt werden[9].

---

[2] Einleitung, 154f; ferner M. Dibelius, Aufs. zur Apg, 76ff.
[3] Der Widerspruch zwischen dem Bericht 15, 32f, Judas und Silas seien
    von Antiochien nach Jerusalem zurückgekehrt, und dem Bericht 15, 40,
    Paulus habe Silas von Antiochien aus als Begleiter auf die neue Missions-
    reise mitgenommen, wird durch den westlichen Text 15, 34 beseitigt:
    Silas sei in Antiochien geblieben.
[4] Die Erzählung 14, 8ff spielt in Lystra, obwohl die Missionare 14, 6f
    Lystra verlassen hatten und in Derbe und Umgebung wirkten; der
    westliche Text glättet durch Einfügung einiger Worte zwischen V. 7
    und 8.
[5] 16, 35: die Freilassung der Missionare und die vorhergehende Gefäng-
    nisszene durch die Bemerkung, die Behörden hätten ob des Erdbebens
    Angst bekommen.
[6] 3, 11.
[7] ZB durch den Zusatz am Ende von 14, 25.
[8] Aufs., 79ff.
[9] Beispiele bei Dibelius, Aufs., 81ff.

### 3. Der Zusammenhang von Lk und Apg

Die Apg beginnt mit einem *Proömium,* das eine enge Beziehung zum Lk durch die Dedikation an denselben Theophilos, durch die Nennung des „ersten Buches" und durch die summarische Angabe seines Inhalts herstellt (1, 1f), geht dann zur Erzählung über und berichtet nochmals Jesu Abschied und Himmelfahrt (1, 3–14). Dieser Text erweckt aus formalen und inhaltlichen Gründen Bedenken. Das Proömium ist unvollständig: nach dem τὸν μὲν πρῶτον λόγον ἐποιησάμην mit der Rekapitulation erwartet man ein ὁ δὲ δεύτερος λόγος mit einem Programm des neuen Buches; aber nichts dergleichen folgt. Ferner bestehen sachliche Widersprüche: Die Himmelfahrt findet nach Lk 24, 50f am Ostersonntag und von Bethanien aus statt, nach Apg 1, 3.12 vierzig Tage später und vom Ölberg aus. Beide Anstöße sucht man durch Interpolationshypothesen zu beseitigen. Der formale Anstoß freilich braucht nicht allzu schwer ins Gewicht zu fallen, da es in der antiken Literatur Beispiele für das Fehlen der zweiten Proömiumshälfte gibt[10]. Aber der sachliche Widerspruch bleibt. Nach einer Hypothese[11] bildeten Lk und Apg ein einziges Buch, in dem Apg 1, 6ff unmittelbar an Lk 24, 49 anschloß; das Buch sei bei der Aufnahme in den Kanon zweigeteilt worden, der erste Teil habe Lk 24, 50–53 als Schluß, der zweite Apg 1, 1–5 als Anfang erhalten. Aber diese Hypothese erklärt gar nichts. Sie läßt im Dunkeln, warum ein und derselbe Interpolator beide widersprechende Zeitangaben erst in den Text hineingebracht hat; sie beseitigt auch nicht den Widerspruch der Ortsangaben: die Szene Lk 24, 33–49 spielt in einem Hause zu Jerusalem, die Szene Apg 1, 6–12 auf dem Ölberg; also kann diese nicht die ursprüngliche Fortsetzung jener gewesen sein. Die Hypothese beruht im übrigen auf der unrichtigen Voraussetzung der gleichzeitigen Kanonisierung von Lk und Apg. Nach einer andern Hypothese[12] ist Apg 1, 3–14 ganz oder teilweise interpoliert worden, um die Vierzig-Tage-Frist einzubringen, also das Himmelfahrtsdatum von Lk 24 zu korrigieren. Aber auch dagegen erheben sich Bedenken, vor allem dieses, daß 1, 3ff in Sprache und Stil lukanische Eigentümlichkeiten aufweist[13]. Hinzukommt,

---

[10] Josephus, Ant. VIII 1f; XIII 1; vgl. Conzelmann, Apg, 25f.
[11] Vertreten durch R. Lake, Beginnings V, 1ff; Trocmé, 30ff.
[12] Vertreten durch Ed. Norden, Agnostos Theos, 311ff.
[13] Nachweis bei Haenchen und bei Conzelmann zSt.

daß der Verfasser nach Apg 13, 31 ein Interesse an einem längeren Umgang des Auferstandenen mit seinen Jüngern hat. Beide Beobachtungen lassen nur den Schluß zu, daß der Text von Apg 1 und damit die widersprüchliche Datierung und Lokalisierung der Himmelfahrt auf den Verfasser des Doppelwerks selbst zurückgehen. Der Widerspruch läßt sich freilich nicht mit der These erklären, der Himmelfahrtsbericht solle Lk 24 den Abschluß des Lebens Jesu, Apg 1 dagegen den Anfang der Kirche schildern[14]. Es liegt vielmehr eine der auch sonst festzustellenden schriftstellerischen Nachlässigkeiten des Verfassers vor. Bei der Bekehrung des Paulus zB haben seine Begleiter nach Apg 9, 7 die himmlische Stimme gehört, das Licht aber nicht gesehen, nach Apg 22, 9 war es umgekehrt; das Wort des Täufers von der Wasser- und Geistestaufe Lk 3, 16 ist nach Apg 11, 16 ein „Wort des Herrn"; nach Lk 23, 50ff hat Joseph von Arimathia Jesus begraben, nach Apg 13, 29 haben es die Juden getan, die seine Hinrichtung durchgesetzt hatten. Angesichts solcher Ungenauigkeiten, die der Autor seinen Lesern zumutet, ist man befugt, ihm auch die Widersprüche in dem Himmelfahrtsbericht zuzutrauen, und braucht man keinen Interpolator zu bemühen. Möglicherweise hat der Verfasser diesen Widerspruch gar nicht empfunden, sondern die Himmelfahrt Lk 24 als nur vorläufige und die von Apg 1 als endgültige verstanden oder verstanden wissen wollen.

Der Verfasser gibt Apg 1, 1ff seine nun folgende Darstellung als Fortsetzung des πρῶτος λόγος aus. Für sie konnte er sich nicht wie Lk 1, 1 auf „viele" Vorgänger beziehen, weder hinsichtlich des Inhalts und Umfangs noch erst recht hinsichtlich der Funktion des Buches als Fortsetzung dessen, was man wenig später als „Evangelium" bezeichnete. Der Endpunkt des Evangeliums, Ostern und die Erscheinungen des Auferstandenen, lag fest; die Erscheinungen konnten vermehrt werden, das Evangelium selbst wurde dadurch nicht in einer anderen Geschichte fortgesetzt. Auf den Gedanken einer solchen Fortsetzung war noch niemand gekommen. Der Verfasser der Apg ist sich der Ungewöhnlichkeit seines Unternehmens offenbar bewußt. Denn er sucht die beiden so ungleichartigen Bücher möglichst eng miteinander zu verbinden. Einige dieser Klammern (Widmung,

---

[14] So Haenchen, Apg, 114f und Kümmel, Einleitung, 126f. Die These an sich ist natürlich richtig. Aber daß ein und dasselbe Ereignis unter zwei Aspekten geschildert wird, ist doch kein zureichender Grund, dieses Ereignis verschieden zu datieren und zu lokalisieren.

Rekapitulation des Lk, Neuerzählung der Himmelfahrt) sind schon erwähnt worden. Er hat aber bereits den Schluß des Lk auf Fortsetzung hin angelegt; wenn er berichtet, der Auferstandene habe in seiner letzten Instruktion (Lk 24, 44–49) den Jüngern den Geist verheißen, der sie zum Zeugen- und Verkündigungsdienst unter allen Völkern befähigen werde, und ihnen geboten, bis zu seinem Empfang in Jerusalem zu bleiben (V. 49; vgl. V. 47), und wenn er weiter berichtet, die Jünger hätten diesem Befehl gehorcht (V. 53), dann muß der Leser eine Fortsetzung erwarten, in der das auch erzählt wird. Der Passus Apg 1, 4–8, eine Parallele zu dieser Jüngerinstruktion, wiederholt aus ihr die Motive des Bleibens in Jerusalem, der Geistverheißung und der Zeugenschaft (V. 4. 8), und weist mit diesem Rückgriff zugleich auf das folgende voraus. Dabei gibt V. 8: „Ihr werdet empfangen die Macht des auf euch kommenden heiligen Geistes, und ihr werdet meine Zeugen sein in Jerusalem und ganz Judäa und Samaria und bis an das Ende der Erde" – beim ersten Lesen unmerklich – den ungefähren Inhalt und Aufbau des Buches an. An dieser Stelle ist die Verknüpfung am engsten gelungen: der Verfasser formuliert die Inhaltsangabe des Fortsetzungswerkes nicht als eigene Aussage – etwa als zweiten Teil des Proömiums –, sondern er legt sie dem Auferstandenen in den Mund und legitimiert damit sein ungewöhnliches Vorhaben ebenso beiläufig wie wirksam.

Die Herstellung des Zusammenhangs zwischen Lk und Apg ist dem Verfasser in einem angesichts der Schwierigkeiten beträchtlichen Maße geglückt. Dieses Maß wird durch die formalen Mängel und sachlichen Unausgeglichenheiten in Apg 1 nicht vermindert. Denn bedenkt man die absolute Neuheit und die tiefe Problematik des Unternehmens, der Geschichte Jesu eine Geschichte der Mission und Ausbreitung des Christentums als Fortsetzung anzufügen, dann kann man nur konstatieren, daß der Verfasser seine μετάβασις εἰς ἄλλο γένος mit bemerkenswerter Geschicklichkeit als etwas ganz Selbstverständliches erscheinen läßt.


## 4. Die Quellenfrage

Der Verfasser hat den Inhalt der Apg nicht frei erfunden, sondern das Buch großenteils aus überlieferten Stoffen gestaltet. Nach diesen Stoffen fragen wir, wenn wir nach seinen „Quellen" fragen. Daß solche in der Apg verarbeitet sind, wird allgemein anerkannt; umstritten ist aber die Art der Quellen (mehr oder weniger durchgehende Quellenschriften, schriftliche Einzelstücke, feste mündliche Traditionen) und die methodische Möglichkeit ihrer Rekonstruktion. Die *Rekonstruktion* ist hier schwieriger als bei Lk, da keine Parallelversionen vorhanden sind. Man ist auf interne Indizien – Stilunterschiede, Wechsel der Terminologie, Widersprüche, Dubletten u. ä. – angewiesen. Aber da man weiß, wie der Verfasser in Lk seine Quellen bearbeitet, ist man solchen Kriterien gegenüber skeptisch. Kein Wunder, daß die aufgrund solcher Kriterien unternommenen Quellenscheidungen unvereinbar differieren. Die Quellenkritik alten Stils hat bald eine, bald zwei, bald drei mehr oder weniger durchlaufende Quellenschriften eruiert, manchmal auch deren Anschluß an Lk 24 oder Mk 16 entdeckt oder sie gar als Übersetzung eines aramäischen Originals erkannt. Diese Quellenkritik, die historisch möglichst zuverlässige Berichte aus der Apg herausschälen wollte, hat ihre Möglichkeiten erschöpft und kommt auch in ihren neuesten Varianten nicht über die Variation alter Hypothesen hinaus. Dagegen hat die von M. Dibelius auf die Apg angewandte formgeschichtliche Methode das in diesem Buch verarbeitete Material sehr viel deutlicher heraustreten und seinen literarischen Charakter wie historischen Wert besser erkennen lassen.

Das Quellenproblem ist in den beiden Teilen der Apg verschieden gelagert. *Im ersten Teil (Apg 1–12)* kann man als vorgegebene Traditionen nur Einzelerzählungen, allenfalls Erzählungszyklen, aber keine längeren Quellenschriften nachweisen[15]. Das hat Dibelius m. E. zur Evidenz gebracht. Zu den aufgenommenen Traditionen gehören zweifellos auch die Namenlisten (1, 13; 6, 5; 13, 1f). Ob die Einzeltraditionen dem Verfasser mündlich oder schriftlich vorlagen, ist schwer zu entscheiden. Sehr wahrscheinlich ist das Stephanusmartyrium (6, 8ff; 7, 54ff) schon schriftlich fixiert gewesen. Denn die

---

[15] Erinnerungswert besitzt Harnacks Drei-Quellen-Theorie, da von ihr immer wieder einmal ein Teil neu belebt wird. Er unterscheidet: A = eine cäsareensisch-jerusalemische Quelle 3, 1–5, 16; 8, 5–40; 9, 31–11, 18; 12, 1–23; B = eine minderwertige Quelle unbekannter Herkunft 2; 5, 17–42; C = eine antiochenisch-jerusalemische Quelle 6, 1–8, 4; 11, 19–30; 12, 24–15, 35; J. Jeremias, ZNW 36, 1937, 205ff = Abba, 1966, 238ff hat die Unhaltbarkeit dieser Theorie schlagend nachgewiesen, aber selber eine ebenso unhaltbare Theorie einer antiochenischen Quellenschrift aufgestellt: 6, 1–8, 4; 9, 1–30; 11, 19–30; 12, 25–14, 28; 15, 35ff bis zum Ende des Buches; vgl. die Kritik Kümmels ThR 1942, 168ff.

zweimalige Erwähnung der Steinigung 7, 58. 59a erklärt sich nur so, daß in einem schon schriftlich fixierten Text eine nachträgliche Einfügung – die des Saulus – vorgenommen worden ist; hebt man die Saulusnotizen (7, 58b. 59a; 8, 1. 3) heraus, dann ehält man einen glatten Text, den Schluß des Martyriums[16].

Im *Paulusteil der Apg* ist die Quellenlage bedeutend komplizierter. Man hat sie von zwei Ausgangspunkten zu lösen versucht. Der erste ist das Vorhandensein der sog. *„Wir-Berichte"*, dh der Passagen, die nicht wie die übrigen in der 3., sondern in der 1. Person Plural erzählt sind: 16, 10–17 (Reise von Troas nach Philippi); 20, 5–15 (von Philippi nach Milet); 21, 1–18 (von Milet nach Jerusalem); 27, 1–28, 16 (von Cäsarea nach Rom); dazu kommt noch das „Wir" im westlichen Text von 11, 28: Man nimmt häufig an, der Verfasser wolle mit dem „Wir" dezent seine persönliche Anwesenheit bei diesen Ereignissen andeuten. Aufgrund dieser „Wir"-Stücke hat sich seit der alten Kirche die Meinung gebildet, der Verfasser der Apg sei ein Reisegefährte des Paulus gewesen und zwar, was uns hier noch nicht zu beschäftigen braucht, Lukas der Arzt (Kol 4, 14; Phlm 24)[17]. Als die historische Kritik diese Meinung in Frage stellte, wurde gelegentlich versucht, die „Wir"-Stücke als Teile einer Quelle („Wir"-Quelle) zu verstehen, die von einem Paulusbegleiter stammten und von dem Verfasser der Apg seinem Buch einverleibt worden seien. Aber die Auslösung der „Wir"-Quelle aus dem Kontext ist unmöglich. Das „Wir" erscheint und verschwindet unvermittelt, bringt keine Zäsur, der Text geht einfach weiter. Und wie Harnacks lexikalische Untersuchungen eindeutig gezeigt haben[18], unterscheiden sich die „Wir"-Stücke im Sprachgebrauch von ihrer Umgebung und ähnlichen Abschnitten nicht. Demnach können sie auch vom Verfasser der Apg stammen. Da zahlreiche Forscher trotz dieses Nachweises und unter Berufung auf die Quellenbenutzung in Lk an der Existenz einer Wir-Quelle festhalten möchten, rivalisieren heute drei Erklärungen des Wir miteinander: 1. der Verfasser hat einen Augenzeugenbericht (Wir-Quelle) in sein Buch eingearbeitet; 2. er war zeitweilig selbst

---

[16] Conzelmann glaubt, daß außerdem noch die Geschichten von Ananias und Sapphira 5, 1–11, von der Befreiung des Petrus 12, 3ff und die Listen 6, 5; 13, 1–3 schriftlich auf den Verfasser gekommen seien.

[17] Auf ihn kam man, weil der Wir-Bericht bis Rom reicht (Apg 28, 14–16) und der in Rom gefangene Paulus 2Tim 4, 11 schreibt; „Lukas allein ist bei mir."

[18] Lukas der Arzt, 1906, 19f; Dibelius, Aufs., 12; 14 Anm. 2 u. ö.

bei Paulus, und 3. er hat seine zeitweilige Anwesenheit fingiert. Für die erste These müßten allerdings ganz neue Argumente beigebracht werden – bis jetzt fehlen sie –; denn Harnack hat unumstößlich bewiesen, daß das Wir allein weder zur Auslösung einer Quellenschrift taugt noch überhaupt ein Indiz für eine Quelle ist. Dibelius resümiert:

> „Will man sich für die Quelle der Missionsreisen auf die Wir-Stücke beschränken, so ergibt sich die kümmerliche Ausbeute von 37 Versen. Soll aber andererseits das hinter dem ‚Wir' stehende ‚Ich' der Verfasser auch noch anderer oder überhaupt aller Reisenachrichten oder des ganzen Buches sein, so hat das ‚Wir' seinen Wert für die Erschließung der Quelle verloren" (Aufs., 167).

Antike Analogien, in denen Referat in 3. Pers. und Eigenbericht in 1. Pers. Sing. oder Plur. wechseln, helfen nicht weiter. Dibelius hat sie untersucht mit dem Ergebnis, daß „ein ‚Ich' oder ‚Wir' . . . ebensogut auf eine alte Quelle wie auf eine neue literarische Arbeit deuten (kann)"[19]. Die Bedeutung des Wir in der Apg kann nur aufgrund interner Kriterien erschlossen werden.

Dibelius selbst ging von einem andern Ausgangspunkt aus, von einem bemerkenswerten Stilunterschied innerhalb der erzählenden Partien des 2. Teils – „Stil" verstanden als Vortragsart –: von den farbigen und erbaulichen Geschichten heben sich nüchterne Notizen ab über Reisestationen, Gastfreunde, Missionserfolg und dergleichen. „Diese Nachrichten sind, mit ihrer Kürze und ihrer neutralen Haltung, über den Verdacht erhaben, erbauliche oder unterhaltende Dichtung zu sein. Andererseits sind sie nicht farbig genug, als daß sie etwa für lokale Traditionen einzelner Gemeinden angesehen werden könnten."[20] Dibelius hat diese Nachrichten einer Quellenschrift zugeordnet, einer „Aufzeichnung, die man als *Itinerar* bezeichnen kann"[21]. Nicht zu diesem Itinerar rechnet Dibelius den Seefahrtsbericht K. 27, für den er im Anschluß an Ed. Norden eine literarische Vorlage annimmt, in die der Verfasser der Apg einige leicht auszuhebende Notizen über Paulus eingefügt hat. Das Itinerar liegt der Schilderung der Paulusreisen 13, 4–21, 16 (ohne 15, 1–34) zugrunde. Nicht zu ihm rechnet er ferner die vier Paulusreden[22] und

---

[19] Aufs., 172.
[20] Dibelius, Aufs., 64.
[21] Ebd. – Dibelius hat diese Hypothese in mehreren Aufsätzen von 1923 bis 1947 entwickelt.
[22] Apg 13, 16–41 (Antiochia), 14, 15–17 (Lystra), 17, 22–31 (Areopag), 20, 18–35 (Abschiedsrede in Milet).

fünf Einzelerzählungen dieses Teils[23]. Als Beweis für das Vorhandensein solcher Aufzeichnungen sieht Dibelius zweierlei an; einmal die Nennung von Stationen, an denen nichts geschieht und die für den Zweck des Buches gleichgültig sind wie Attalia 14, 25, Samothrake und Neapolis 16, 11, Amphipolis und Apollonia 17, 1, Cäsarea und Jerusalem 18, 22, die Notiz über den Fußmarsch des Paulus von Troas nach Assos 20, 13f und die Erwähnung des „alten Jüngers" Mnason 21, 16; ferner Spannungen im Text, die auf Einfügungen in einen vorgegebenen Zusammenhang hinweisen: das ist besonders deutlich bei der Lystrageschichte 14, 8–18, die erst erzählt wird, nachdem die Missionare schon „nach Lystra und Derbe und Umgegend" gelangt waren und dort „predigten" 14, 6f, eine Spannung, die der „westliche Text" beseitigt; ähnlich zeigt die Nichterwähnung des Erdbebens 16, 35, daß die Erzählung 16, 25–34 eingefügt ist; auch die Reden erweisen sich als Einschübe, daher die zweimalige Erwähnung des Schlusses des Synagogengottesdienstes 13, 42. 43 und die nachträgliche Notiz über Bekehrungen 17, 34, nachdem Paulus schon „aus ihrer Mitte gegangen ist" 17, 33.

Läßt sich das Itinerar auch verfolgen, so läßt es sich doch nicht genau abgrenzen. Der Verfasser der Apg hat es gelegentlich gekürzt (16, 6–8; 20, 1–4; Landschafts- statt Städtenamen) oder seine Angaben ergänzt (etwa durch die Charakterisierung Philippis 16, 12a). Wie die Kürzungen zeigen, darf man nicht annehmen, der Verfasser der Apg habe das Itinerar en bloc seinem Werk eingefügt. Er hat offenbar nur das übernommen, was ihm für die Darstellung der Paulusreisen brauchbar erschien.

Die Itinerarhypothese hat sich weitgehend durchgesetzt, ist aber auch bestritten worden, so von G. Schille, E. Haenchen und H. Conzelmann, allerdings ohne überzeugende Argumente[24]. Grundsätzliche Bedenken, die Schille erhoben hat, sind gegenstandslos; seine Behauptung, ein Itinerar habe es als Gattung zur Zeit des Paulus nicht gegeben, ist von Nock widerlegt (499ff), und die andere Behauptung, Paulus habe wegen der Naherwartung solche Aufzeichnungen nicht machen lassen, bedarf keiner Widerlegung. Und Con-

---

[23] Apg 13, 8–12 (Elymas), 14, 8–18 (Heilung des Gelähmten in Lystra), 16, 25–34 (Bekehrung des Kerkermeisters in Philippi), 19, 14–16 (Skeuas-Söhne), 20, 7–12 (Eutychos).

[24] Vgl. Grässer, ThR 1960, 124–127; Kümmel, Einleitung, 144f; Vielhauer, GGA 221, 1969, 4ff.

zelmanns Argument, in einem Itinerar hätten Notizen über Erlebnisse des Paulus (wie 2Kor 11, 26ff) und über seine Korrespondenz mit Gemeinden stehen müssen, da aber derartiges in der Apg fehlt, habe ein Itinerar nicht existiert, ist eine petitio principii. Diesen Eindruck macht auch die Argumentation bezüglich der Einzeltexte, die von Dibelius zum Itinerar gerechnet wurden; da hat der Verfasser die Gemeinden bereist und befragt, Landkarten studiert, Routen aus einzelnen Angaben kombiniert oder sie sich auch selber denken können usw. usf., nur ein Itinerar hat er nicht benutzt. Aber der stilistische Charakter der betreffenden Stellen, der Dibelius zu seiner Hypothese veranlaßt hat, bleibt unerklärt. Die Kritik überzeugt umso weniger, als Conzelmann für Apg 18, 18ff selber eine schriftliche Vorlage konzediert.

Der Verfasser hat demnach doch Aufzeichnungen über die Paulusreisen benutzt. Ob diese von einem einzigen oder verschiedenen Begleitern stammen, ob es sich um ein einziges oder mehrere Dokumente handelt, ist demgegenüber gleichgültig.

Darf man also ein „Itinerar" als schriftliche Quelle für Apg 13–21 voraussetzen, dann stellt sich erneut die *Frage, wie das „Wir" zu beurteilen ist*. Von den Stellen, die für Dibelius ein solches Dokument indizieren, verteilt sich die eine Hälfte auf „Wir"-Stücke (16, 11; 20, 13f; 21, 16), die andere (14, 25; 17, 1; 18, 22) auf Passagen, die in der 3. Person erzählt sind: dh das „Wir" findet sich in einem Teil des Itinerars, ist aber für dieses nicht charakteristisch. Es läßt sich also auch unter dem Gesichtspunkt des Itinerars nicht als Indiz für eine Quelle reklamieren, so wenig wie unter lexikalischem und stilistischem Aspekt. Eine Wir-Quelle hat also nie existiert. Dann aber kann das Wir nur so verstanden werden, daß der Verfasser der Apg es in die Berichte eingefügt hat und damit seine zeitweilige Teilnahme an den Paulusreisen – zu Recht oder zu Unrecht – andeuten wollte. Das in dem „Wir" steckende „Ich" ist nicht das des Schreibers des Itinerars, sondern das Ich des Verfassers der Apg.

Dagegen spricht auch nicht, daß das Wir „für den Leser unerklärt (bleibt)"[25]. Denn es brauchte nicht erklärt zu werden. Jeder unbefangene Leser – und mit solchen rechnet der Verfasser – mußte es so verstehen, daß der Erzähler jetzt dabei war, und hat es kaum als störend empfunden, daß er nicht erfuhr, unter welchen Umständen der Erzähler sich etwa zwischen 16, 9 und 10 in Troas Paulus an-

---

[25] Kümmel, Einleitung, 146.

geschlossen hatte und warum er nach 16, 17 wieder aus seiner Umgebung verschwunden war. Andererseits empfahl es sich auch für den Erzähler nicht, das Auftreten durch solche Berichte zu erklären; durch sie hätte er den Wir-Stücken ein solches Gewicht als Augenzeugenberichten verliehen, daß die Authentizität der anderen Partien darunter gelitten hätte – und daran konnte er kein Interesse haben.

Es fragt sich nun ,ob der Verfasser der Apg ein *Paulusbegleiter* gewesen ist – also etwa, wie die Tradition will, Lukas, der Arzt (Kol 4, 14; Phlm 24) –, wie viele Forscher, sogar M. Dibelius und A. D. Nock, annehmen. Aber das ist ausgeschlossen, wie vor allem Kümmel nachgewiesen hat[26]. Der Verfasser befindet sich in so kompakten historischen Irrtümern über das Leben des Paulus, wie sie keinem Begleiter unterlaufen konnten; dazu gehören: die Behauptung einer zweiten Jerusalemreise vor dem Apostelkonvent 11, 29f; 12, 25, die in Widerspruch zu Gal 1, 17–2, 1 steht; die Darstellung des Apostelkonvents, nach der Petrus und Jakobus die gesetzesfreie Heidenmission verteidigen 15, 7–21, während nach Gal 2, 1ff Paulus sie verteidigt und ihre Anerkennung durch die ,Säulen' erreicht; schließlich das „Aposteldekret" 15, 23–29, das im Widerspruch zu Gal 2, 6–9 steht. Dazu kommen theologische Differenzen; von allen andern abgesehen: ein Mann, der Titel und Würde eines Apostels ausschließlich den Zwölfen reserviert und dem Paulus konsequent verweigert, obwohl Paulus den Apostolat für sich beansprucht und verteidigt hat, kann kein Begleiter des Paulus gewesen sein[27].

Der Verfasser der Apg hat demnach das literarische Mittel des Eigenberichts verwendet, um Augenzeugenschaft für einige Abschnitte des Lebens des Paulus zu fingieren. Dann scheint sich die Frage aufzudrängen, warum er das nicht öfter getan bzw. warum er dieses Ziel nicht bei wichtigeren Ereignissen angestrebt hat. Aber die antiken Analogien zeigen, daß die Einführung der 1. Person nicht mit der Schilderung von Höhepunkten zusammenzufallen pflegt, – so daß die genannte Frage gegenstandslos ist –. Für die Schilderung der Verhaftung, der Gefangenschaft und des Prozesses des Paulus Apg 21, 27–26, 32 lassen sich keine Quellen oder Vorlagen feststellen.

Zusammenfassend ist zum Quellenproblem zu sagen:

---

[26] Einleitung, 146–153.

[27] Wenn 14, 14 Barnabas, der kein Apostel war, und Paulus als Apostel bezeichnet werden, so dürfte diese Titulatur zu der übernommenen Lystrageschichte (14, 8–18) gehören und aus ihr auch in 14, 4 eingedrungen sein.

1. als Quellenschrift läßt sich nur das Itinerar einigermaßen nachweisen; es ist nicht als ganzes dem Buch eingelegt, sondern gibt den
‚roten Faden‘ für 13, 4–21, 18 ab.

2. eine Quelle nichtchristlicher Herkunft, die mit Paulus ursprünglich nichts zu tun hat, liegt dem Reisebericht 27, 1–28, 2 zugrunde.

3. das andere Quellenmaterial besteht aus ursprünglich selbständigen Einzelerzählungen, von denen die eine oder andere schriftlich
fixiert gewesen sein kann; dazu kommen Namenlisten und anderweitige, aber als Vorlage nicht mehr genau zu bestimmende Traditionen. Auffälligerweise hat der Verfasser die Paulusbriefe nicht
benutzt.

Welcher Art die *überlieferten Einzelstoffe*, die kleinen Einheiten,
sind, hat Dibelius in seinem Beitrag zur Gunkel-Festschrift herausgearbeitet. Dabei zeigte sich ein grundsätzlicher Unterschied zur
Jesusüberlieferung, insofern eine bestimmte Gattung ganz fehlt, die
„Paradigmen" bzw. „Apophthegmen", dagegen eine andere, die Legende, ungleich stärker hervortritt. Auch die „Novelle" findet sich.
Ein Großteil der Erzählungen besteht aus Wundergeschichten, Hei-
lungs-, Befreiungs- und Strafwundern; aber gerade in der Apg läßt
sich feststellen, daß die Wunder in verschiedenen Gattungen auftreten können. Eine reine Wundergeschichte (Novelle) liegt 3, 1–10 (Heilung des Lahmen) vor. Andere Wunder – die Erweckung der Tabitha
9, 36–42, die Heilung in Lystra 14, 8–18, die Befreiung des Petrus
12, 3–17 und die des Paulus und Silas 16, 25–34, aber auch die
Bestrafung von Ananias und Sapphira 5, 1–11 – gehören durch ihren
erbaulichen Stil und ihr Interesse an frommen Personen zur Gattung
der Legende. Wieder andere, denen novellistische und legendäre
Züge fehlen und die profane Prägung zeigen, sind als „Anekdoten"
anzusprechen: die Malta-Episode 28, 1–6, die Züchtigung der Skeuas-
Söhne 19, 14–16 und die Erweckung des Eutychos 20, 7–12. Manche
Erzählungen sind vom Verfasser der Apg so stark bearbeitet, daß
ihre ursprüngliche Gestalt nicht zu rekonstruieren und ihre Gattung
nicht mehr zu bestimmen ist, so die beiden Magiergeschichten von
Simon 8, 9–24 und Elymas 13, 8–12 (Novellen oder Legenden?), die
Pfingstgeschichte 2, 1ff und die Heilung des Äneas 9, 32–35. Eine
Sonderstellung nimmt das Stephanus-Martyrium 6f ein. Die Legende,
und zwar die Personallegende, zu der auch die Bekehrung des Eunuchen 8, 26–39 und des Cornelius 10f sowie die des Saulus (allerdings
stark überarbeitet) 9, 1–19 gehören, ist die in der Apg am stärksten
vertretene Gattung.

Das Überwiegen der Personallegende und das Interesse am Wunderhaften charakterisieren die Überlieferung, in der die ältesten Gemeinden die Erinnerungen an die Frühzeit des Christentums aufbewahrten. Diese Erinnerungen bezogen sich nicht auf geschichtliche Zusammenhänge, sondern konzentrierten sich auf einzelne bedeutende Personen, ihre Taten und Schicksale, die für die Christen wichtig waren. Derartige Erzählungen hatten – anders als die Überlieferung von Worten und Taten Jesu – keinen Bezug zu Lehre, Kult und Verkündigung. Manche mögen lokale Haftpunkte gehabt haben und in irgendeiner Weise die Gründung der betreffenden Gemeinde widerspiegeln (Samaria 8, 5ff; Lystra 14, 8ff). Aber in ihrer Mehrzahl dienten sie „dem Zweck der erbaulichen Unterhaltung".[28] Daher auch die Bevorzugung des Wunderhaften. Die Überlieferung stellt die großen Gestalten der Frühzeit als θεῖοι ἄνδρες dar. Diese Züge sind, wie Dibelius gezeigt hat, nicht Anzeichen später Wucherung, sondern Zeichen hohen Alters. Aber sie konnten, da ihnen der schützende Bezug zur ‚Verkündigung' (im weitesten Sinne) fehlte, ins Phantastische und Romanhafte ausarten, wie es dann in den apokryphen Apostelakten geschehen ist. –

Die Suche nach „Quellen", nach überlieferten Stoffen in der Apg, hat zu keinem besonders reichen Ertrag geführt, weder quantitativ noch (abgesehen vom Itinerar) qualitativ. Umso eindrucksvoller ist es, daß und wie der Verfasser aus diesem Material ein Buch von etwa der gleichen Länge wie das Lk-Ev und – was mehr wiegt – von einheitlichem Ton und gewisser Geschlossenheit hergestellt hat.

## 5. Schriftstellerische Methode und literarischer Charakter

### a) Die Methode

Der Gedanke, eine Geschichte der Mission und Ausbreitung des Christentums (Apg 1, 8) im Zusammenhang darzustellen, war – auch wenn diese Geschichte nicht als Fortsetzung des Evangeliums gedacht gewesen wäre – neu und ungewöhnlich; er konnte in einer

---

[28] Dibelius, Geschichte der urchristlichen Literatur II, 93. „Ihr erbaulicher Charakter liegt weder in ihrem religiös-lehrhaften Inhalt noch in einer Beziehung zum Schicksal des Gottessohnes, sondern in der Darstellung dessen, was besonders fromme und heilige Männer an göttlichen Kräften betätigt und dank göttlicher Fügung erlebt haben" (ebd 95f).

Christenheit, die das nahe Weltende erwartete oder auch vom hellenistischen Enthusiasmus bestimmt war, gar nicht aufkommen; er
legte sich aber auch nach dem Abklingen der Naherwartung nicht
ohne weiteres nahe – das geht schon daraus hervor, daß die Geschichtsdarstellung der Apg ohne Nachahmung geblieben ist. Die
junge Christenheit zeigte kein Bedürfnis nach einer Darstellung ihrer
eigenen Geschichte. Aus welchem Grunde und zu welchem Zweck
schrieb der Verfasser der Apg eine solche Darstellung? Warum
schloß er sie mit der Gefangenschaft des Paulus in Rom ab, warum
nicht früher oder später? Diese Fragen müssen einstweilen zurück-
gestellt werden. Zunächst ist das Faktum einer solchen Darstellung
hinzunehmen und sie danach zu befragen, wie der Verfasser seine
selbstgestellte Aufgabe gemeistert hat.

Die *Spärlichkeit der Überlieferung* und das Fehlen eines Musters
erschwerten die Durchführung der Aufgabe ungemein; aber andererseits boten sie dem Verfasser auch die Möglichkeit freier Entfaltung
seiner schriftstellerischen Fähigkeiten, und er hat diese Möglichkeit
genutzt. Die neue Aufgabe war in beiderlei Hinsicht anders als beim
„ersten Buch". Er mußte natürlich auch für das zweite, und für
dieses erst recht und mit größerer Mühe, Material sammeln. Er
mußte aber aus den gesammelten Einzeltraditionen und anderen
Nachrichten, die er in Erfahrung gebracht hatte, ein sinnvolles Ganzes machen, dh Zusammenhänge herstellen und vor allem – sonst
wäre nur ein Konglomerat entstanden – „den Richtungssinn der
Ereignisse sichtbar... machen"[29]. Unter diesen beiden Gesichtspunkten soll das schriftstellerische Verfahren charakterisiert werden[30].

Die *Herstellung des Zusammenhangs* war für den ersten Teil bedeutend schwieriger als für den Paulus-Teil, dessen Zusammenhang
im großen durch das Itinerar schon vorgegeben war. Für Apg 1–12
stand wenig mehr als ein Dutzend Einzelgeschichten zur Verfügung.
Es genügte nicht – wie bei der Evangelientradition –, sie mit Wendungen wie „und", „damals", „sofort", „von dort" usw. zu verknüpfen, da wäre das Material nach ein paar Seiten verbraucht
gewesen und gerade kein Eindruck von größeren Zeiträumen und
von wachsender Ausbreitung des Christentums erzielt worden. Um
einen solchen Eindruck hervorzurufen, verwendet der Verfasser das
Mittel der Summarien (wie schon in Lk, im Gefolge des Mk). Diese

---

[29] Dibelius, Aufs., 110.
[30] Vgl. hierzu Dibelius, Aufs., 108ff.

Sammelberichte verallgemeinern, was die Einzelberichte erzählen. So wird zB die konkrete Einzelnotiz 4, 36f, Barnabas habe sein Landgut verkauft und den Erlös den Aposteln zur Verfügung gestellt, durch das Summarium 4, 32–35 zu der These von der freiwilligen Gütergemeinschaft („Liebeskommunismus") der Jerusalemer Urgemeinde verallgemeinert, sodaß das Verhalten des Barnabas nur als Beispiel eines Gesamtverhaltens erscheint. Durch drei große Summarien, 2, 42–47; 5, 12–16 und das eben erwähnte gibt der Verfasser in gemessenen Abständen breite Zustandsschilderungen aus der Jerusalemer Gemeinde, ihrem religiösen Leben, ihrer inneren Einigkeit und äußeren Gütergemeinschaft, ihrem Ansehen im Volk aufgrund apostolischer Wunder und ihrem Wachsen unter der Leitung durch „die Apostel". Andere Summarien schildern das Wachstum und die Ausbreitung der Gemeinde (6, 8; 9, 31; 12, 24) und erwecken so den Eindruck größerer Zeiträume zwischen den erzählten Einzelereignissen. In Form eines Summariums geht der Verfasser über die Gründung der Gemeinde in Antiochien hinweg (11, 19–21) und schildert er die Wirksamkeit des Paulus in Ephesus (19, 8–12. 17–20).

Er stellt Zusammenhänge ferner durch kompositorische Verknüpfungen her. So bereitet er Späteres vor: durch Einfügung zweier Sätze über Saulus in das Stephanus-Martyrium die Bekehrung des Verfolgers und den ganzen Paulus-Teil oder durch die redaktionelle Bemerkung 8, 4 die Mission des Philippus 8, 5ff und der Hellenisten 11, 19ff; oder er greift auf Früheres zurück: auf Stephanus in 22, 20, auf die Bekehrung des Cornelius in 15, 7 oder auf das Apostel-dekret in 21, 25. Mit den einfachsten Mitteln also erreicht er nicht nur literarisch eine Verknüpfung des spröden Stoffes, sondern gelegentlich auch den Eindruck eines sachlichen, „historischen" Zusammenhangs der Ereignisse.

Aber wichtiger für das Gelingen seiner Aufgabe war der Auf - weis des „Richtungssinnes", dh die Deutung des Geschehens. Dazu verwendet der Verfasser verschiedenartige Mittel. Das eine ist die schriftstellerische Ausgestaltung einzelner überlieferter Episoden, die ihm dafür geeignet erschienen, zu großen Kompositionen. Das Programm 1, 8 gibt den Richtungssinn des Geschehens an: die Bezeugung des Evangeliums von Jerusalem „bis an das Ende der Erde", geht aber damit über das Buch hinaus, das in Rom endet und überhaupt nur den Lauf des Christentums nach Westen schildert, den nach dem Norden, dem Süden (Ägypten!) und Osten der

Oikumene dagegen ignoriert. Mag dies im Mangel an Material oder in der schriftstellerischen Ökonomie begründet sein, die Weltmission bedeutete dem Verfasser weniger ein geographisches Problem, die Ausbreitung des Christentums von Jerusalem nach den vier Himmelsrichtungen, als ein historisches und theologisches, dh heilsgeschichtliches Problem: das des Übergangs des Heils von den Juden zu den Heiden. Beide Fragen hat er mit dem genannten kompositorischen Mittel behandelt. Er hat die Pfingstgeschichte zu einer großen Erzählung ausgebaut, sie mit einer langen Rede des Petrus ausgestattet, die die Ausgießung des Geistes als die Erfüllung der Joel-Prophetie interpretiert, und er hat vor allem den Völkerkatalog 2, 9–11 eingelegt: so wird die Geschichte zum Typos der universalen Mission der universalen Kirche. Und er hat die Cornelius-Geschichte, ursprünglich eine schlichte Erzählung von der Bekehrung eines Heiden, durch die vorangestellte Vision (10, 9ff) und die angefügte Rechtfertigung des Petrus vor den Jerusalemer Autoritäten (11, 1–18) zu grundsätzlicher Bedeutung erhoben: sie ist gültiges Paradigma dafür, daß Heidenmission ohne Auflage des jüdischen Gesetzes Gottes Wille ist. Schließlich hat er denselben Gedanken in der großen Komposition des Apostelkonvents 15, 1–29, die die Mitte des Buches bildet, durch den Apostel Petrus und den Herrenbruder Jakobus vertreten und von der Jerusalemer Gemeinde anerkannt werden lassen. – Diesen Richtungssinn bringt er noch durch ein anderes Mittel zur Geltung: durch die dreimalige solenne Absage des Paulus an die Juden im pisidischen Antiochien 13, 46, in Korinth 18, 6 und in Rom 28, 25–28; das Evangelium, die Erfüllung der göttlichen Verheißung, geht an den verstockten Juden vorbei zu den Heiden[31].

Auch die Kürzung des Itinerars hat den Zweck, den Richtungssinn der Ereignisse aufzuzeigen; so in 16, 6–12, wo der Sinn der Kürzung durch die Erwähnung des dreimaligen Eingreifens der göttlichen Macht deutlich wird: Paulus wird an seinem Plan, in Kleinasien zu missionieren, verhindert und geradezu nach Europa zur Evangeliumsverkündigung abgedrängt; und die Kürzung 20, 1–3 ist von dem Gedanken bestimmt, daß Paulus seinem Leiden entgegeneilt.

Neben dem erstgenannten kompositorischen Mittel ist dies vierte das bedeutsamste, die *Einlage von Reden,* genauer: einer bestimmten

---

[31] Zum redaktionellen Charakter dieser Texte s. Dibelius, Aufs., 129; 168 Anm. 5; Haenchen und Conzelmann zSt.

Gruppe von Reden[32]. Es sind diejenigen, „deren Vorhandensein nicht ohne weiteres durch die Situation gegeben ist"[33], die für den Ablauf des Geschehens keine Bedeutung haben, wohl aber im Ganzen des Buches höchst bedeutungsvoll sind, dh die sich weniger an die Hörer in der dargestellten Situation als an die Leser des Buches wenden. Es handelt sich: um die schon erwähnte Rede des Petrus vor den Jerusalemer Judenchristen zur Verteidigung der Bekehrung des heidnischen Centurio Cornelius (11, 5–17); um die Areopagrede (17, 22–31), die der Verfasser mitteilt, obwohl von Athen nur ein geringer Missionserfolg zu verzeichnen war, während er von den Stätten des großen Erfolges, Korinth oder Philippi, keine Paulusrede überliefert; um die Abschiedsrede des Paulus an die ephesinischen Ältesten in Milet (20, 18–35), die einem Rechenschaftsbericht und Testament des Paulus gleichkommt; um die Rede des gefangenen Paulus auf der Treppe zur Burg Antonia an das empörte Volk (22, 1–21), eine Rede, die in jener Situation ziemlich unmöglich ist, die keine Bezugnahme auf die Ursache des Volksauflaufs (21, 27–40) enthält, wohl aber einen biographischen Bericht über seine Bekehrung und über seine im Tempel erfolgte Berufung zum Heidenmissionar. Auch die Stephanusrede (7, 2–53) gehört teilweise hierher. Dibelius hat gezeigt, daß all diese Reden vom Verfasser an großen Wendepunkten der dargestellten Geschichte eingelegt sind und die Funktion haben, das Geschehen zu deuten:

> „Sie helfen an ihrem Teil mit, die Abkehr des Christentums vom Judentum verständlich zu machen (Stephanus) und verteidigen das Recht der Heidenmission (Rede des Paulus vor dem Volk), sie zeigen, wie Gott selbst die Heidenbekehrung herbeiführt (Cornelius), wo die christliche Predigt Gedanken des griechischen Geistes aufgreift (Areopagrede), und deuten die vergangenen wie die künftigen Schicksale der Gemeinden an (Milet)" (Aufs., 151).

Dibelius hat vor allem nachgewiesen, daß der Verfasser der Apg mit der Einschaltung solcher Reden an bedeutsamen Stellen zur Deutung des Geschehens eine Technik der antiken Geschichtsschreibung übernimmt, daß er nirgends stärker in der Tradition der Historiographie steht und das Geschäft des Historikers betreibt als in diesen Reden.

---

[32] Hierzu vor allem Dibelius, Aufs., 120–168; ferner 28–75.
[33] Dibelius, aaO, 131.

Als Historiker mit beachtlichem schriftstellerischem Geschick bildet
der Verfasser aus relativ wenigem und recht sprödem Traditionsstoff
und aus eigenen Zutaten eine zusammenhängende, sinnvolle und
zielstrebige Geschichtsdarstellung vom Weg des Evangeliums von
Jerusalem in die Welthauptstadt. Aber in der historischen Darstellung
erschöpft sich der Zweck des Buches nicht. Der Verfasser will mit
ihm auch missionarisch wirken, dh in diesem Falle: auf literarischem
Wege für den Christenglauben werben. Er bedient sich zu diesem
Zweck einer indirekten Methode. Er predigt nicht selbst, sondern
läßt andere predigen, Petrus (Apg 2; 3; 5; 10) und Paulus (13). Auch
diese Reden (Missionspredigten), die eine strukturell und inhaltlich
zusammengehörige Gruppe bilden, sind Kompositionen des Verfassers. Sie variieren alle dasselbe, schon früher erwähnte Schema:
Kerygma in Form einer kurzen vita Jesu, Schriftbeweis und Bußmahnung[34]. Ihre Aufgabe besteht darin, durch Wiederholung bestimmte Gedanken dem Leser einzuprägen. Reden mit dieser Funktion sind der antiken Geschichtsschreibung fremd. Es ist aber unwahrscheinlich, daß das Schema dieser Missionsreden aus urgemeind-
licher Tradition, unsicher, ob es aus der Kirche der Gegenwart des
Verfassers stammt, fraglich, ob es das Muster für die Missionspredigt der Zeit der Apg abgeben soll – in diesem Falle wäre zu
fragen, warum der Verfasser nicht die ‚reine‘ Heidenmissionspredigt,
wie er sie mit den Reden in Lystra und auf dem Areopag schildert,
und die ja auch dem Lehrzweck des Buches dienen, nicht stärker in
den Vordergrund gerückt hat. Aber derart konkrete und aktuelle
Zwecke verfolgt der Verfasser offenbar nicht. Er will mit der Lystra-
und Areopagrede zeigen, daß der christliche Glaube gut mit der
Philosophie konkurrieren und ihre Probleme besser lösen kann als
sie selbst und daß er die natürliche Gotteserkenntnis aufzunehmen,
zu läutern und bruchlos zur intendierten, aber nicht erreichten
Wahrheit weiterzuführen vermag. Und er will mit jenen anderen
Missionspredigten, die von Petrus und Paulus gehalten werden und
sich nicht nur an Juden, sondern auch an Heiden (Cornelius) wenden, dem Leser die gemeinchristliche Verkündigung in ihrer Einheit
und universalen Gültigkeit vor Augen stellen und ihre Grundge-
danken – Jesu Wirken, Sterben und Auferstehen; die Voraussetzung
dieses Geschehens in Gottes Plan; als Folgerung aus beidem die
Buße – möglichst tief einprägen. – Natürlich soll auch die Geschichts-

---

[34] Vgl. Dibelius, Aufs., 142ff.

darstellung selbst, aus der man so klar den Willen Gottes ablesen kann, für das Christentum werben.

## b) Der literarische Charakter

Nicht nur ihrem Inhalt, sondern auch ihrer literarischen Form nach ist die Apg ohne Gegenstück in der urchristlichen Literatur. Die Inscriptio πράξεις oder πράξεις (τῶν) ἀποστόλων weist sie zwar der antiken Praxeis-Literatur zu, aber sie stammt nicht vom Verfasser. Denn am Ende des 2. Jh.s trug das Buch noch keinen einheitlichen Titel. Das älteste Zeugnis für seine heutige Überschrift findet sich im Canon Muratori: „acta autē omniū apostolorum sub uno libro scripta sunt" (Z. 34f). Irenäus dagegen nennt das Buch: „Lucae de apostolis testificatio"; und Tertullian: „Commentarius Lucae". Diese Divergenzen lassen vermuten, daß das Werk von seinem Verfasser überhaupt nicht mit einem Titel ausgestattet worden war. Mit vergleichbaren Gattungen der antiken Literatur zeigt die Apg immer nur in einzelnen Zügen, nicht als Ganzes *Verwandtschaft.* Das gilt zunächst von der Praxeisliteratur[35], an die der Titel ja als erste denken läßt und die nicht das Leben und den Charakter des jeweiligen ‚Helden' schildert, sondern seine ‚Taten' als Belege für seine göttliche Sendung erzählt – allerdings nur jeweils von einem, nicht von mehreren Helden wie die Apg. Auch mit der Aretalogie bzw. Missionsaretalogie, die die Taten bzw. den Siegeszug eines Gottes verherrlichen, hat man die Apg in Verbindung gebracht; aber in dieser Weise schildert sie ja Jesus nicht – ganz abgesehen davon, daß „Aretalogie kein fester Gattungsbegriff ist"[36] und man besser von aretalogischen Elementen spricht. Überhaupt dominieren die Wunder, so zahlreich sie auch sind, in der Apg nicht. Auch die περίοδοι und die ὑπομνήματα sind keine echten Parallelen, da die Apg weder Reiseabenteuer um ihrer selbst willen berichtet noch aus „Denkwürdigkeiten" oder „Aufzeichnungen" besteht. Zu den Reiseromanen und den Praxeis gehören die apokryphen Apostelgeschichten[37].

Der Verfasser der kanonischen Apg will Historiker sein, Geschichte schreiben und verfügt über manches technische und lite-

---

[35] U. von Wilamowitz-Moellendorff, in: Die griechische und lateinische Literatur 1912, 262f.
[36] Zur Aretalogie vgl. D. Esser, Formg. Studien, 98ff.
[37] Auf sie verweist Ed. Norden, aaO, 313ff.

rarische Mittel der Historiographie. Er versteht Zusammenhänge
aufzuzeigen, den Sinn des Geschehens zu deuten (Reden), mit breiter
Schilderung und raffendem Überblick zu wechseln, zu akzentuieren
und mit wenig Strichen einprägsame Bilder zu zeichnen (vgl. die
Schilderung Athens 17, 16ff). Als Geschichtsdarstellung muß sein
Buch in seinem Sinn unbedingt verstanden werden; auch wenn er
eine religiöse Geschichte darstellt. Biographische Einlagen – in Form
von Reden und ohne Streben nach Vollständigkeit (22; 26) – passen
gut in ein historisches Werk. Was die Apg aber von antiken Ge-
schichtsdarstellungen, auch von der „historischen Monographie", der
sie Conzelmann zuteilen will (S. 6f), trennt, ist das Fehlen chronologischen Interesses und der Lehrzweck des Buches.

Die Apg gehört keiner antiken Literaturgattung an, sowenig wie
die Evangelien, und hat auch keine christliche begründet. Sie ist
singulär, repräsentiert also keine Gattung. Aber eine solche Sonderstellung ist auch wieder nicht allzu verwunderlich: über den
literarischen Charakter zB der Vita Apollonii – ob Biographie,
Reiseroman, Tendenzroman, Aretalogie – sind sich die Altphilologen
aus ähnlichen Gründen nicht einig[38].

## 6. Kirchlich-theologische Tendenz

Im folgenden geht es zunächst um theologische Gedanken der Apg,
die mit Conzelmann[39] als „Geschichtsbild" bezeichnet werden
können, und dann speziell um die Konzeption, die zur Schaffung
des lukanischen Doppelwerkes geführt hat.

### a) Geschichtsbild

Indem der Verfasser die ihm bekannten Einzelereignisse von der
Himmelfahrt und Pfingsten an bis zum Wirken des Paulus in Rom
zu einer Einheit zusammengefaßt hat, hat er diese Zeit als geschlossenes Ganzes gekennzeichnet; und indem er sie unter den Gesichtspunkt von 1, 8 – Weg des Evangeliums von Jerusalem bis an das
Ende der Erde – gestellt hat, hat er diese Geschichte als eine besondere *Epoche der Heilsgeschichte* gedeutet. Immer wieder verbin-

---

[38] Vgl. G. Petzke, Die Traditionen über Apollonius von Tyana, 50ff und
Esser, aaO, 58ff; 98ff.
[39] Apg, 9.

det er sie in den Reden mit den beiden andern Epochen, der Zeit
Jesu und der Zeit Israels, immer wieder zeigt er, daß in der Geschichte Jesu und in der der Kirche die Verheißungen sich erfüllt
haben und erfüllen, daß Gott seinen Heilsplan durchführt. Immer
wieder verbindet er diese heilsgeschichtliche Epoche mit der Weltgeschichte; nicht nur, daß er Personen des damaligen politischen
Lebens erwähnt, er charakterisiert das Christentum auch als eine
geschichtliche Größe, die in der damaligen Welt von sich reden
macht[40]. Die Epoche der Kirche beginnt – nach der Vorbereitungs-
zeit Apg 1 – mit der Ausgießung des heiligen Geistes und endet mit
der Parusie (1, 11; 3, 21 u. ö.). Hat nun innerhalb dieser Epoche
der in der Apg geschilderte Zeitabschnitt eine besondere heilsgeschichtliche Bedeutung, so daß das Ende des Paulus einen Einschnitt
markierte, oder hat er gegenüber den folgenden Zeiten nur den
Rang der Anciennität, so daß die Darstellung auch zu einem andern
Zeitpunkt hätte enden können?[41]

Es ist deutlich, daß es dem Verfasser auf die *Kontinuität der
Heilsgeschichte* ankommt, aber ebenso, daß er in ihrem irdischen
Verlauf Zäsuren aufweisen will, daß er Dauerndes und Vergangenes
zu unterscheiden sucht. Wie die Jesuszeit, so hat er auch die in der
Apg dargestellte Zeit gegliedert. Durch die Zweiteilung der Apg
zeichnet er zwei Perioden[42]: die der Urgemeinde und die der Weltmission. Die erste ist von der zweiten durch unwiederholbare, geschichtlich einmalige und daher vergangene Charakteristika ausgezeichnet: durch die Augenzeugen von Jesu Wirken und Auferstehung,
durch den Zwölferapostolat, durch die Bindung an das Gesetz und

---

[40] „Denn dies ist nicht im Winkel geschehen" (Apg 26, 26); das Christentum ist „eine Sekte, von der nur bekannt ist, daß ihr überall widersprochen wird" (Apg 28, 22; vgl. auch 17, 6).

[41] Literarisch ist die Apg natürlich vollständig; es liegt kein Grund zu der
Vermutung vor, der Verfasser habe noch ein drittes Buch (über die
Spanienmission und das Martyrium des Paulus) geplant. Daß die Apg
das Martyrium des Paulus nicht berichtet, hat nichts Befremdliches,
sondern ist in der schriftstellerischen Ökonomie des Buches begründet;
der Verfasser wollte mit dem „triumphalen" Satz sein Werk schließen,
Paulus habe das Evangelium „in aller Öffentlichkeit ungehindert" verkündigt. Er hatte zu diesem Zweck das Martyrium den Lesern schon
20, 22ff in passendem ‚Kontext' angekündigt und brauchte es daher nicht
mehr zu erzählen. „We do not feel that our Iliad is incomplete because
it does not describe the death of Achilles" (Nock, aaO, 499).

[42] Zum Folgenden vgl. Conzelmann, 7ff; 10ff.

durch die Gütergemeinschaft. Diese Periode ist abgelöst durch die zweite, die durch die Weltmission und durch die Freiheit der Heidenchristen von dem Gesetz gekennzeichnet ist. Und doch sind beide Perioden unlösbar miteinander verknüpft, gehen sozusagen bruchlos ineinander über; in beiden waltet der Geist, die zweite wird durch die erste nicht nur vorbereitet – Mission in Samarien, paradigmatische Heidenbekehrung (Cornelius), Heidenmission (11, 19ff) – sondern durch Beschluß der Urgemeinde – Apostelkonvent und Aposteldekret – erst eigentlich legitimiert[43]. Nicht schon die Reise des Paulus Apg 13f, mit der die Weltmission beginnt, sondern erst der Apostelkonvent ist das Ereignis, das durch seine Hauptakteure, Petrus und Jakobus, die Repräsentanten der Urgemeinde, die erste Periode abschließt und zugleich die zweite inauguriert. „So ist sowohl die heilsgeschichtliche Kontinuität zwischen der Kirche und Israel samt der Verheißung gewahrt wie die innerkirchliche Kontinuität als geschichtlicher Vorgang gezeigt."[44]

*Träger dieser Kontinuität ist Paulus.* Aber er ist es als Tradent der gemeinchristlichen Verkündigung (13, 16–41; 17, 3; 20, 21 u. ö.), dessen also, was 2, 42 „die Lehre der Apostel" heißt, und er ist es als Delegat der Urgemeinde. Er ist nach der Apg nicht selbst Apostel – der Apostolat ist den Zwölfen reserviert –, sondern den Aposteln untergeordnet: er muß von ihnen akzeptiert werden (9, 26–30) und kann, dh darf seine erste Heidenmission nur als Abgesandter der unter Jerusalemer Botmäßigkeit stehenden antiochenischen Gemeinde und als Begleiter des Jerusalemer Vertrauensmannes Barnabas unternehmen (13, 1–3; vgl. 11, 22–24). Auch auf der zweiten Missionsreise fungiert er als Delegat der Urgemeinde; er promulgiert das Aposteldekret (16, 4). Man sollte nicht bestreiten, daß in der Apg der Gedanke der successio apostolica vorliegt[45]. Er ist gewiß nicht so massiv ausgearbeitet wie in den Pastoralen – der Verfasser schreibt ja keine Kirchenordnung, sondern eine Missionsgeschichte –, aber er bestimmt das Verhältnis des Paulus einerseits zu den „Aposteln", andererseits zu den Ältesten. Die Einsetzung von Ältesten wird zwar nur einmal erzählt (Apg 14, 23), ist aber offenbar stillschweigend auch sonst vorausgesetzt, da Paulus „die Ältesten der Gemeinde"

---

[43] Vgl. Haenchen und Conzelmann zSt.
[44] Conzelmann, Apg., 8.
[45] Gegen Conzelmann, Apg., 11; vgl. G. Klein, Die zwölf Apostel. Ursprung und Gehalt einer Idee, FRLANT 77, 1961; E. Käsemann, Der Ruf der Freiheit, ⁴1968, 163.

von Ephesus nach Milet beruft (Apg 20, 17). Seine große Abschieds-
rede in Milet (20, 18–35) ist sein Vermächtnis, in dem er die Älte-
sten zu seinen Stellvertretern und Nachfolgern in Verkündigung,
Seelsorge und Kirchenleitung einsetzt, so wie er Stellvertreter und
Nachfolger der vom Herrn selbst eingesetzten Apostel geworden war.
Die Zeit der Weltmission tritt gleichwertig an die Stelle der Zeit der
Urgemeinde[46].

Der Verfasser sieht allerdings die Kontinuität nicht so sehr durch
die Institution von Ämtern als durch die *Tradition der apostolischen
Lehre* gewährleistet; er „kennt keine Entwicklung der Lehre"[47].
Sein eigentliches theologisches Interesse liegt in dem Nachweis, daß
diese Tradition unverfälscht von Jesus über die Apostel, den Weltmissionar Paulus und die Ältesten der Gemeinde in die Gegenwart
gelangt ist, daß via traditionis die feste Verbindung der gegenwärtigen Kirche mit Jesus besteht. Daher kennt er nicht die Vorstellung
von einem Niedergang der Kirche, sondern nur von ihrer Bedrohung
durch von außen kommende Irrlehrer, gegen die sich die Kirche
durch das Festhalten an der apostolischen Lehre sichern muß.

Man könnte im Blick auf die Abgeschlossenheit der Zeit der
Urkirche eine Korrespondenz zwischen dieser Periode und der Epoche
Israels und dementsprechend eine Korrespondenz zwischen der mit
dem Apostelkonvent begonnenen Periode der Weltmission und der
Zeit von der Schöpfung bis Israel, in der sich Gott auch nicht unbe-
zeugt gelassen hat (14, 14–18; 17, 23ff), konstruieren. Aber wichtiger als diese Erwägung ist die Feststellung, daß Paulus die Brücke
zur Gegenwart schlägt[48], daß also die Periode nach dem Apostelkonvent ohne heilsgeschichtliche Zäsur in die kirchliche Gegenwart
mündet.

### b) Lk und Apg als Einheit

Von daher wird einsichtig, worin die Einheit des lukanischen
Doppelwerkes besteht. Man hat das Verhältnis der beiden Bücher
oft so zu bestimmen versucht, daß in Lk die Geschichte des irdischen
und in der Apg die Geschichte des erhöhten Jesus geschildert werde.
Aber dieses Schema entspricht kaum dem Befund der Apg. Von einer
Vorstellung des Christus praesens, wie sie etwa am Ende des Mt
angedeutet ist oder wie sie gar in der Theologie des Paulus vorliegt,

---

[46] Conzelmann, 8f.
[47] Conzelmann, 11.
[48] Conzelmann, 8f.

findet sich in der Apg keine Spur. Die wenigen Eingriffe des Erhöhten durch Träume oder andere supranaturale Erscheinungen (9, 4ff; 16, 7; 18, 9f; 22, 18ff; 23, 11) rechtfertigen nicht die genannte Charakterisierung der Apg. Eher könnte man der These H. von Baers[49] zustimmen, Lk erzähle die Geschichte Jesu und die Apg die Geschichte des Geistes. Denn der Geist ist in der Apg tatsächlich als die beherrschende Macht gekennzeichnet. Aber bei dieser Deutung wird der Unterschied zwischen den beiden Werken insofern eingeebnet, als auch Jesus Empfänger und Träger des Geistes ist wie seine Jünger an Pfingsten, der Weltmissionar Paulus und die Bekehrten (8, 15ff; 10, 44ff; 19, 2ff), so daß die intendierte Verhältnisbestimmung nicht gelingt.

Aber gerade dies dürfte signifikant sein. Im Hinblick auf die große Zahl urchristlicher Evangelien und Apostelakten, die in keinem einzigen Fall zu einem Fortsetzungswerk miteinander verbunden worden sind, wird deutlich, welche ungeheuerliche Relativierung in der Gleichstellung des „Evangeliums" als des πρῶτος λόγος mit einer Missionsgeschichte als dem δεύτερος λόγος vorliegt. Niemand hat diese Relativierung schärfer zum Ausdruck gebracht als Fr. *Overbeck:* „Nichts ist bezeichnender für die Auffassung des Lukas von der evangelischen Geschichte, sofern er darin ein Objekt der Geschichtsschreibung sieht, als sein Gedanke, dem Evangelium eine Apostelgeschichte als Fortsetzung zu geben. Es ist das eine Taktlosigkeit von welthistorischen Dimensionen, der größte Exzeß der falschen Stellung, die sich Lukas zum Gegenstand gibt."[50] Diese Koordinierung beider Werke ist nur auf dem Hintergrund der heilsgeschichtlichen Konzeption des Verfassers verständlich und zeigt, daß das zweite Werk nicht die untergeordnete Funktion hat, das erste zu verdeutlichen. E. *Käsemann* zieht daraus die richtige Folgerung, daß die lukanische Verkündigung „nicht einmal exklusiv das Evangelium von Jesus" ist.[51] Käsemann scheint mir überhaupt das Wesen der lukanischen Konzeption präzise herausgestellt zu haben:

„(Jesus wird) als der Beginn der Heilsgeschichte in ihrer letzten Phase betrachtet, ihr so zugleich aber eingeordnet ... Die Kirche hat ihren Herrn vereinnahmt. Er bleibt ihr Herr, ist ihr aber derart integriert, daß er nicht mehr ihr ständiger Richter wird. Als Erhöhter thront er zur Rechten des

---

[49] Der Heilige Geist in den Lukasschriften, 1926.
[50] Christentum und Kultur, 1919, 78.
[51] AaO, 167.

Vaters und wartet auf die Vollendung der Seinen. Auf Erden wird er jedoch durch die Kirche kraft des ihr verliehenen Geistes und seiner Gaben repräsentiert."[52]

Theologiegeschichtlich wird man hier tatsächlich eine Analogie zum Epheserbrief sehen müssen[53], zu einer Vorstellung, die später zu der Theorie vom Christus prolongatus ausgebaut worden ist. Das Unternehmen des Lukas ist ein Versuch, in einer analogen kirchen- und theologiegeschichtlichen Situation das Problem des Verhältnisses des eine geschichtliche Größe gewordenen Christentums zu seinem ihm immer ferner rückenden Anfang zu bewältigen.

### c) Zweck des Doppelwerks

Mit dem Gesagten sind Grund und Zweck der Abfassung im wesentlichen schon umrissen. Doch zeigt das Doppelwerk, daß sein Verfasser zwei verschiedene Zwecke, einen innerkirchlichen und einen *außerkirchlichen Zweck*, verfolgt. Er will einmal, wie die beiden Proömien zeigen, für die Sache des Christentums werben, er wendet sich also an Außenstehende, aber nicht an völlig Kenntnislose – denn ohne ein gewisses Vorverständnis von Judentum und Christentum wären seine Bücher unverständlich –, sondern an Sympathisanten und interessierte Nichtchristen. Ihnen soll seine Geschichtsdarstellung, die den Ansprüchen des literarisch Gebildeten genügt, die Wahrheit des Christentums beweisen. In diesen Zusammenhang gehört auch die oft beobachtete politische Apologetik in Lk und Apg. Bei der Darstellung des Prozesses Jesu und des Prozesses des Paulus (Apg 22ff) werden die Römer entlastet und die Juden belastet; in der Apg hebt er das meist korrekte Verhalten der römischen Behörden hervor und betont die politische Harmlosigkeit sowie die staatliche Loyalität der Christen.

Der *kirchliche Zweck* besteht darin, der Kirche seiner Zeit ein klares und stabiles Verständnis ihrer selbst zu verleihen. Sie soll sich dessen bewußt sein, daß sie im Rahmen der von Gott gelenkten Heilsgeschichte das wahre Gottesvolk, dh die legitime Erbin des Judentums ist; sie ist mit ihm verbunden durch die Auferstehungshoffnung, die als der eigentliche Kern des christlichen Glaubens gilt, von ihm aber getrennt durch die Erkenntnis des wahren Messias; sie besitzt das AT als das Buch der göttlichen Verheißungen, dessen

---

[52] Ebd., 168; die Gesamtdarstellung 155–173.
[53] Käsemann, aaO, 168.

christologisches und heilsgeschichtliches Verständnis ihr der Auferstandene selbst eröffnet hat (Lk 24, 25ff. 44ff.). Sie soll erkennen, daß sie die Aufgabe hat, das Zeugnis von Jesus „bis an das Ende der Erde" zu tragen (Apg 1, 8), dabei die im Vermächtnis des Paulus (Apg 20, 18ff) geweissagten inneren und äußeren Gefahren zu bestehen und sich der heilsgeschichtlichen Bestimmung gewiß zu sein, daß sie als kämpfende und leidende Kirche die triumphierende sein wird. Sie soll schließlich wissen, daß sie kraft apostolischer Tradition und Sukzession die Vertreterin ihres himmlischen Herrn auf Erden ist. – M. a. W.: Das Doppelwerk gibt der Kirche in Form einer Historie ihrer Vergangenheit den Mythos ihrer Autorität.

Die Kirche hat den Entwurf des Lk nur teilweise akzeptiert. Sie hat zunächst das LkEv von der Apg getrennt und es zuerst kanonisiert. Als sie später auch die Apg kanonisierte, hat sie diese nie wieder mit dem πρῶτος λόγος vereint, sondern sie in der handschriftlichen Überlieferung fast immer mit dem Apostolos verbunden, und zwar meistens mit den katholischen Briefen. Dieser kanons- und textgeschichtliche Befund macht deutlich, daß die Kirche die lukanische Koordinierung von Geschichte Jesu und Missionsgeschichte negiert und den qualitativen Unterschied beider wieder hergestellt hat. Die Kanonisierung der Apg zeigt aber auch, daß die hier entwickelte Vorstellung vom Apostolat für das Selbstverständnis, das Geschichtsbewußtsein und die Selbstbehauptung der Kirche eine unentbehrliche Stütze war.


## 7. Verfasser. Zeit und Ort der Abfassung

Daß der Verfasser der Apg und des Lk kein Reisegefährte des Paulus gewesen sein kann, haben wir gesehen (s. o. S. 391). Es kann also auch nicht Lukas, der Arzt (Kol 4, 14), gewesen sein. M. Dibelius hat mehrfach die Meinung geäußert, „daß ein Buch, das einen bestimmten Widmungsnamen trug, nicht ohne Verfassernamen in die Welt getreten sein kann, daß also die Tradition über Lukas als Verfasser ernst zu nehmen ist"[54]. Aber dieses zunächst bestechende Argument hält nicht stand; denn A. D. Nock und E. Haenchen haben gezeigt, daß eine Buchwidmung nur bedeutete, daß der so Geehrte um die Publikation des Werkes gebeten wird, und daß es außerdem

---

[54] Aufs., 85 Anm. 2; ferner ebd. 60 Anm. 6; 79ff; 118f; 126ff u. ö.; Geschichte der urchristlichen Literatur I, 47; II, 101.

in der Antike Bücher gegeben hat, die zwar eine Widmung, aber keinen Verfassernamen trugen[55]. Der Verfasser des Lk und der Apg kann also auch von den Gepflogenheiten des antiken Buchwesens her nicht identifiziert werden; er bleibt anonym.

Die Abfassungszeit der Apg läßt sich nur ungefähr bestimmen. Terminus a quo ist Lk (nach 70), Terminus ad quem die erste äußere Bezeugung des Buches in der nicht sicher datierbaren Epistula Apostolorum (etwa 1. Hälfte des 2. Jh.s). Man hat den Terminus a quo durch den Nachweis, Apg 5, 36f sei von Josephus Antiqu. XX § 97ff abhängig, auf 95 nach Christus präzisieren wollen, aber eine Abhängigkeit liegt nicht vor[56]. Aus der Nichtbenutzung der Paulusbriefe hat man entgegengesetzte Schlüsse gezogen: entweder eine Sammlung von Paulusbriefen habe noch nicht existiert, also sei die Apg vor Ende des 1. Jh.s geschrieben worden; oder der Verfasser habe die Briefe bewußt ignoriert, wodurch eine Spätdatierung, zwischen 115 und 130, möglich wird. Aber die zweite Auffassung setzt die Tendenz voraus, durch Verherrlichung des Paulus dessen Briefe zu diskreditieren, – ein ebenso aussichtsloses wie unwahrscheinliches Unternehmen. Die erste Auffassung liegt näher. Setzt man Lk auf ca. 80 an, dann kann man die Apg auf ca. 90 datieren; über Mutmaßungen kommt man aber nicht hinaus.

Ebensowenig in der Frage nach dem Abfassungsort. Für keine der vorgeschlagenen Antworten – Rom oder eine paulinische Gründung in Kleinasien, Makedonien oder Griechenland – lassen sich plausible Gründe beibringen. Gegen Rom wird geltend gemacht, daß der Verfasser nichts von Petrus in Rom weiß. Auch der syrisch-palästinische Raum scheint ausgeschlossen, da der Verfasser unrichtige Vorstellungen von der Geographie Palästinas hat. – Man sollte die Unlösbarkeit dieser im übrigen unerheblichen Frage nach dem Abfassungsort ruhig eingestehen.

## Abschluß des 2. Kapitels

Abschließend einige Bemerkungen zur Geschichte der Evangelienform. Das über die literarischen und theologischen Besonderheiten der einzelnen Synoptiker Gesagte braucht nicht wiederholt zu wer-

---

[55] So der Diognetbrief und die vier Bücher ad Herennium über die Rhetorik.
[56] Dibelius, Aufs., 159f.

den; es genügt, folgendes hervorzuheben. Die Aufnahme von Q und
Sondergut in den Mk-Rahmen bei Mt und Lk hat diesen Rahmen
nicht gesprengt. Ebensowenig hat es die Vermehrung der Ostergeschichte getan; sie hat vielmehr einem Bedürfnis Rechnung getragen,
das durch Mk 16, 1–8 geweckt worden war. Nicht einmal der Vorbau der Kindheitsgeschichten bei Mt und Lk hat den Rahmen gesprengt bzw. den durch Mk repräsentierten Typ grundlegend geändert. Insofern könnte man in Mt und Lk lediglich leichte Abwandlungen der in Mk erstmalig erscheinenden literarischen Form
des „Evangeliums" erblicken.

Aber Lk ist, wie gezeigt, anders zu beurteilen. Dieses Buch stellt
als πρῶτος λόγος eines geschichtlichen Doppelwerkes etwas völlig
anderes dar. Sein Verfasser hat das Mk, jedenfalls tendenziell, zu
einer Biographie Jesu umgeformt. Dabei sind es nicht so sehr die
einzelnen biographisierenden und historisierenden Eingriffe in die
Vorlagen, die diese Veränderung bewirken; denn Ansätze dazu
waren ja bereits bei Mk vorhanden. Die Veränderung geht vielmehr
auf drei Faktoren zurück: auf das Proömium, das die folgende Darstellung mit einem historiographischen Vorzeichen versieht, auf die
Einarbeitung von Fortsetzungshinweisen (Lk 24!) und auf die Anfügung dieser Fortsetzung. Dadurch wurde das „Evangelium" seiner
Selbständigkeit beraubt und der von Mk repräsentierte Evangelien-
typ aufgegeben.

Mit dieser Feststellung soll der heute mancherorts propagierten
Reduzierung der Evangelien (auf Mk und Joh oder auf Mk allein)
oder gar der Auflösung des Begriffes „Synoptiker" allerdings nicht
das Wort geredet werden. Denn auch Lk gehört in Stoff, Aufbau
und Form mit Mk und Mt zusammen und könnte, wenn die genannten drei Faktoren nicht wären, dh wenn es nicht im „Kontext"
vor Proömium und Apg stünde, durchaus als Evangelienbuch angesehen werden. Die theologischen Unterschiede zwischen den einzelnen Werken sollen selbstverständlich nicht bagatellisiert oder
harmonisiert werden. Sie dürfen aber auch nicht zu den entscheidenden Kriterien in Fragen der literarischen Form erhoben werden. Denn
sie vermögen zwei Tatsachen nicht aufzuheben: 1. daß die drei Werke
weitgehend aus dem gleichen Material bestehen und 2. daß Mt und
Lk dieses Material dem Mk-Rahmen eingefügt, dh aber die in Mk
vorliegende Form übernommen haben. Angesichts dieser Tatsachen
berechtigen Abweichungen von spezifisch markinischen Theologumena nicht dazu, den betreffenden Werken die Zugehörigkeit zu

derselben literarischen Form abzusprechen. Schließlich hat nicht die moderne Forschung, sondern die Alte Kirche den literarischen Gattungsbegriff „Evangelium" geschaffen und sich dabei nachweislich nicht an Mk orientiert (vgl. § 17).

Diese Selbstverständlichkeiten müssen im Blick auf die outrierten Thesen von W. Marxsen, S. Schulz, E. Güttgemanns und anderen betont werden. Güttgemanns formuliert diese Position folgendermaßen:

> „Da der theologische Aussagegehalt der drei Synoptiker trotz ihrer Verwandtschaft in Material und Komposition (!) stark voneinander abweicht, entsteht unter diesen Umständen sogar die Frage, ob sich die Annahme einer den Synoptikern gemeinsamen Form des Evangeliums eigentlich halten läßt ... In letzter Konsequenz würde das bedeuten, daß die drei Synoptiker wegen ihrer großen theologischen Unterschiede wohl teilweise in bezug auf ihr gemeinsames Material, aber nicht in bezug auf ihre gemeinsame Form vergleichbar sind, weil es eine gemeinsame Form gar nicht gibt. Das Mark wäre unter diesen Umständen das einzige Exemplar der Form des Evangeliums. Die ‚Synoptiker' geben nur Auskunft über die Traditionsgeschichte des ‚synoptischen' Materials, aber nicht über die Traditionsgeschichte der Evangelien-Form" (Offene Fragen, 179).

Nun, mit derselben Logik könnte man behaupten, die Elektra des Sophokles und die des Euripides seien, weil ihr „Aussagegehalt" von dem der Choephoren des Aischylos „abweicht", 1. keine Tragödien und 2. keine Elektratragödien; beides treffe „unter diesen Umständen" nur auf die Choephoren zu.

Die Evangelienform hat literargeschichtlich von Mk zu Mt keine sonderliche Entwicklung erfahren. Erst im Johannesevangelium findet sie eine wirkliche Neugestaltung.

# 3. KAPITEL

## DER JOHANNEISCHE KREIS

### § 28. Das Johannesevangelium

*Kommentare:*

HNT: W. Bauer, [3]1933; HThK: R. Schnackenburg I. II (Kap. 1–12), 1965/71; KNT: Th. Zahn, [5/6]1921; MeyerK: R. Bultmann, [11]1950; NTD: S. Schulz, 1972; EtB: M.-J. Lagrange, [5]1936; E. C. Hoskyns, 1947; A. Loisy, [2]1921; H. Odeberg, 1929; A. Schlatter, Der Evangelist Johannes, 1930; J. Wellhausen, 1908.

*Forschungsberichte:*

W. Bauer, ThR NF 1, 1929, 135ff; E. Haenchen, ebd 23, 1955, 295ff; R. Schnackenburg, Nt. Theologie. Der Stand der Forschung, Biblische Handbibliothek I, 1963, 107ff; E. Malatesta, St. John's Gospel 1920–1965, AnBibl 32, 1965; H.-O. Metzger, Neuere Johannes-Forschung, VF 12, 1967, 2, 12ff.

*Untersuchungen:*

H. Becker, Die Reden des Joh und der Stil der gnostischen Offenbarungsrede, hg. v. R. Bultmann, FRLANT 68, 1956;

J. Becker, Aufbau, Schichtung und theologiegeschichtliche Stellung des Gebetes in Joh 17, ZNW 60, 1969, 56ff;

–, Wunder und Christologie. Zum literarkritischen und christologischen Problem der Wunder im Joh, NTS 16, 1969/70, 130ff;

–, Die Abschiedsreden Jesu im Joh, ZNW 61, 1970, 215ff;

R. Bultmann, RGG[3] III, 1959, 840ff (Lit.);

–, Exegetica, 1967, 10ff. 55ff. 124ff. 230ff;

O. Cullmann, Urchristentum und Gottesdienst, AThANT 3, [2]1950;

–, Vorträge und Aufsätze, 1966, 169–191. 232ff. 260ff;

C. H. Dodd, The Interpretation of the Fourth Gospel, 1953;

–, Historical Tradition in the Fourth Gospel, 1963;

R. Fortna, The Gospel of Signs: a Reconstruction of the Narrative Source Underlying the Fourth Gospel, SNTSMS 11, 1970;

E. Grässer, die antijüdische Polemik im Joh, NTS 11, 1964/5, 74ff;

R. Gyllenberg, Die Anfänge der joh. Tradition, BZNW 21, 1954, 144ff;

E. Käsemann, Exegetische Versuche und Besinnungen II, 1964, 131ff. 155ff;

–, Jesu letzter Wille nach Joh 17, [3]1971;

K. G. Kuhn, Joh und Qumrantexte, Suppl. NovTest 6, 1962, 111ff;

B. Noack, Zur joh. Tradition, Publications de la Société des Sciences et des Lettres d'Aarhus, Série de Théologie 3, 1954;

E. Percy, Untersuchungen über den Ursprung der joh. Theologie, 1939;

J. M. Robinson, Die johanneische Entwicklungslinie, in: H. Köster – J. M.
Robinson, Entwicklungslinien durch die Welt des frühen Christentums, 1971, 216ff;

E. Ruckstuhl, Die literarische Einheit des Joh, Studia Friburgensia, NF 1,
1951;

L. Schottroff, Der Glaubende und die feindliche Welt. Beobachtungen zum
gnostischen Dualismus und seiner Bedeutung für Paulus und das Joh,
WMANT 37, 1970;

S. Schulz, Untersuchungen zur Menschensohn-Christologie im Joh, 1957;
–, Komposition und Herkunft der joh. Reden, BWANT, 5. Folge 1, 1960;
–, Die Stunde der Botschaft, 1967, 297ff;

E. Schweizer, Ego eimi . . ., FRLANT, NF 38, 1939;

H. M. Teeple, Qumran and the Origin of the Fourth Gospel, NovTest 4,
1960, 6ff;

W. Wilkens, Die Entstehungsgeschichte des vierten Evangeliums 1958;

P. Winter, Historical Tradition in the Fourth Gospel, 1963.

## 1. Aus der Geschichte der Forschung

„Das vierte Evangelium stellt sich offensichtlich dar als Schlußstein
eines Gewölbes, das gegenwärtig nicht zusammenzuhalten vermag.
Wenn wir es verstehen können, verstehen, wie es zustande kam und
was es will, dann werden wir wissen, was Urchristentum wirklich
war, und erst dann, wenn wir einigermaßen das Neue Testament als
ganzes erfassen, werden wir in der Lage sein, das johanneische Rätsel
zu lösen." Diese mehr resignierte als zuversichtliche Feststellung C.
H. Dodds aus dem Jahre 1936[1] faßt das Ergebnis einer mehr als
hundertjährigen Forschungsarbeit zusammen; das Johannesevangelium hat sich je länger desto mehr als d a s Rätsel des Urchristentums
erwiesen. Die Erforschung des Joh hat nicht wie die der Synoptiker
zu Resultaten wenigstens in der Form bewährter und weithin aner-
kannter Arbeitshypothesen geführt; sie braucht daher, so interessant
sie auch unter methodologischem Gesichtspunkt ist, nicht dargestellt
zu werden. Nur die wichtigsten Themen, die auch heute noch eine
Rolle spielen, sollen kurz charakterisiert werden.

Das älteste ist die fälschlich so genannte *„Echtheits"-Frage,* dh
die Frage, ob der Verfasser der Zebedaide Johannes ist oder nicht;
diese Frage galt ungebührlich lange Zeit im 19. und 20. Jh. als *„die
johanneische Frage",* reicht aber ins 2. Jh. zurück. Joh ist in den
Kanon aufgenommen worden unter der Voraussetzung, daß es ein
Werk des Zebedaiden Johannes, also eines „Apostels" sei. Das Buch

---

[1] The Present Task, 1936, 29.

selbst erhebt mit keiner Zeile und auch nicht zwischen den Zeilen diesen Anspruch. Wann und von wem die Behauptung apostolischer Verfasserschaft erstmalig aufgestellt wurde, ist unbekannt. Sie begegnet zuerst bei Irenäus (ca. 180), der sie schon voraussetzt und heftig verteidigt. Denn sie wurde zu seiner Zeit und später noch am Anfang des 3. Jh.s von kirchlichen Kreisen bestritten. Diese Bestreitung war durch den Gebrauch, den die Montanisten und manche gnostischen Kreise von dem von ihnen hochgeschätzten Evangelium machten, veranlaßt, war aber auch nur möglich aufgrund der Tatsache, daß die These von der „apostolischen" Abfassung des Joh dubios und jungen Datums war. Trotzdem setzte sich diese These durch und wurde von der Mitte des 3. bis zur Wende vom 18. zum 19. Jh. nicht mehr angefochten. Die Besonderheit des Joh gegenüber den drei andern Evangelien blieb zwar bewußt, wurde aber positiv gewertet; Joh war ihnen überlegen als das „pneumatische Evangelium" (Origenes) oder als das „einige und rechte Hauptevangelium" (Luther). Als die historische Forschung im 18./19. Jh. die Evangelien als Quellen zur Rekonstruktion des Lebens Jesu kritisch auszuwerten begann, stellte der Unterschied zwischen Joh und den Synoptikern vor die Frage, wer von ihnen den größeren Quellenwert besitze. Diese Frage wurde zunächst als das Verfasserproblem diskutiert. War der Verfasser des Joh der Zebedaide und „Apostel", dann war sein Buch Augenzeugenbericht, zuverlässig und „echt". Doch half ein solches Vorgehen nicht weiter, denn nach kirchlicher Tradition war auch Mt der Bericht eines Augenzeugen, zuverlässig und „echt". Aber die Faszination, die von Joh ausging, sicherte ihm eine Präponderanz über Mt und die numerische Überlegenheit der Synoptiker, bei Schleiermacher ebenso wie bei den konservativen Theologen beider Konfessionen, und macht die Leidenschaft verständlich, mit der man die Autorschaft des Zebedaiden verteidigte, als sie bestritten wurde. Das geschah – nach einigem Vorgeplänkel – 1820 durch K. G. Bretschneider[2] erstmalig mit starken Gründen: mit der Unvereinbarkeit der johanneischen und der synoptischen Darstellung der Lehre Jesu, mit dem Fehlen jüdischer Elemente im Joh und mit seiner späten äußeren Bezeugung[3]; dann 1844 und 1847 durch F. C. Baur[4], der

---

[2] Probabilia de evangelii et epistolarum Joannis, apostoli, indole et origine.
[3] Vgl. Kümmel, Einleitung, 163; ders., Das NT, 101f.
[4] Über die Komposition und den Charakter des johanneischen Evangeliums, 1844; Kritische Untersuchungen über die kanonischen Evangelien, ihr Verhältniß zu einander, ihren Charakter und Ursprung, 1847.

diese Kritik radikal weitergeführt, aber auch auf eine höhere Ebene
gehoben hat, indem er nach der Tendenz des Joh und nach seiner
Einordnung in die Geschichte des Urchristentums fragte; er kam zu
dem Ergebnis, daß Joh „kein streng geschichtliches Evangelium seyn
will, sondern seinen geschichtlichen Inhalt einer über das Ganze
gestellten Idee unterordnet"[5] und daß es historisch in die Endphase
des Ausgleichs zwischen Judenchristentum und Heidenchristentum
(2. Hälfte des 2. Jh.s) gehöre. Mit dieser Fragestellung – nicht mit
seinen Antworten – hat Baur eine positive Alternative zu der „Echtheitsfrage" geliefert und eine historische Erforschung auch des
4. Evangeliums in die Wege geleitet. Diese konnte sich aber Dezennien hindurch nicht frei entfalten, weil sie sich durch die unentweg-
ten Verteidiger der Tradition in die höchst überflüssige, hinsichtlich
der bedruckten Papiermassen ebenso produktive wie sachlich sterile
„Echtheitsdebatte" hineinziehen ließ. Erst der Sieg der Zwei-Quellen-
Theorie, vor allem der Erkenntnis der Mk-Priorität, ermöglichte eine
historische Joh-Forschung, wie Baur sie gefordert hatte; wer heute,
aus welchen Gründen auch immer, die Autorschaft des Zebedaiden
für Joh retten zu müssen meint, tut das ohne das ehemalige Pathos
und in der wesentlich zurückhaltenderen Form, Joh hätte einige zuverlässigere Erinnerungen bewahrt als die Synoptiker (zu welcher
Erkenntnis es allerdings nicht des Zebedaiden, sondern nur einer
sauberen historischen Methode bedarf).

Das zweite Thema der johanneischen Forschung ist die *Literarkritik*. Sie ist zwar im Zusammenhang mit der Echtheitsfrage entstanden, hat sich aber immer mehr von ihr gelöst und verselbständigt. Man versuchte, innerhalb des Evangeliums Authentisches und
Nichtauthentisches durch Quellenkritik zu scheiden[6]; so wurden dem
Zebedaiden bald die Reden[7], bald die Erzählungen[8] zugeschrieben;
ein Schema, das sich mit Modifikationen bis in den Anfang des
20. Jh.s durchgehalten hat[9]. Oder man ging von den Anstößen und
Widersprüchen in der Komposition des Joh aus und versuchte, eine
„Grundschrift" von ihren redaktionellen Überarbeitungen freizu-
machen und so zwar nicht Authentisches (= Apostolisches) von
Nichtauthentischem, wohl aber das ursprüngliche Evangelium von

---

[5] Kritische Untersuchungen, 108; zitiert bei Kümmel, Das NT, 170.
[6] Vgl. J. Jeremias, ThBl 20, 1941, 33ff.
[7] Chr. H. Weiße, Die evangelische Geschichte I, 1838, 96ff.
[8] E. Renan, Das Leben Jesu, [4]1880, 29ff.
[9] Vgl. Jeremias aaO, 34.

späteren Zusätzen zu scheiden[10]. Oder man versuchte, durch Umstellungen im Text das ursprüngliche Evangelium wiederzugewinnen.
Eine verfeinerte Methode, zugleich ein Korrektiv zu der vorwiegend
mit inhaltlichen und logischen Kriterien arbeitenden Quellenscheidung, stellten die stilkritischen Untersuchungen dar, die mittels wort-
statistischer Vergleichung des Joh mit den andern Schriften des NT
die johanneischen Stileigentümlichkeiten feststellen und dann deren
Streuung im Joh verfolgen: wo im Joh solche Stileigentümlichkeiten
fehlen, liegt übernommenes, nicht vom Evangelisten formuliertes
Material, ein Stück Quellenschrift oder feste Tradition vor; freilich
ist auch die Stilkritik zu keinen entheitlich anerkannten Ergebnissen
gekommen[11]. Und gelegentlich wird die literarkritische Arbeit am
Joh als zwecklos abgelehnt und seine durchgehende Einheitlichkeit
behauptet.

Das dritte Thema ist die Frage nach der *religionsgeschichtlichen
Herkunft und Einordnung des Joh.* Diese Frage stellte sich aufgrund
des Unterschieds des Joh von den Synoptikern, seiner Redeweise,
Begrifflichkeit und Vorstellungswelt. Für die Verfechter der Autorschaft des Zebedaiden ist sie freilich kein Problem. Sie betonen die
semitisierende Sprache und versuchen, die genannten Besonderheiten
aus dem AT und dem Judentum – zunächst aus dem rabbinischen,
dann aus dem apokalyptischen, schließlich aus dem qumranischen –
zu erklären[12]. In eine andere Richtung schien der Logos-Begriff zu
weisen, auf Philo und das hellenistische Judentum. Nähere Berührungen fanden andere in dem orientalisch-hellenistischen Synkretismus – wobei zunächst das hellenistische, dann das orientalische Moment stärker betont wurde; als die Kenntnis dieses Phänomens in
den 20er Jahren durch die Erschließung mandäischer und manichäi-
scher Originalquellen erweitert wurde, richtete sich das Interesse vorwiegend auf den orientalischen Synkretismus[13]. Die Gnosis, wie sie
sich in den mandäischen Schriften aussprach, wies die engsten Paral-
len zu den johanneischen Vorstellungen, Begriffen und Redeweisen

---

[10] J. Wellhausen, Erweiterungen und Änderungen im 4. Evangelium, 1907;
ders., Das Evangelium Johannis, 1908; Ed. Schwartz, Aporien im 4.
Evangelium, NGG 1907, 342–372; 1908, 496–560.
[11] Ed. Schweizer, EGO EIMI, 1939; R. Bultmann, Joh; gegen Bultmann:
E. Ruckstuhl.
[12] A. Schlatter; E. Stauffer; K. G. Kuhn.
[13] R. Bultmann; W. Bauer, Das Johannesevangelium; M. Dibelius, RGG[2]
III, 357ff; Ed. Schweizer, aaO.

auf. Aber die Einordnung des Joh in dieses gnostische (speziell das „mandäische") Milieu machte historisch und literarisch größere Schwierigkeiten als ursprünglich angenommen. Doch wird die Existenz einer vorchristlichen Gnosis nur noch von Unbelehrbaren bestritten; sogar das komplizierte Verhältnis des Joh zu den mandäischen Texten hat bei den Fachleuten eine ziemlich einhellige, gegenüber früher sehr viel differenziertere Beurteilung erfahren, die allerdings außerhalb der Fachkreise weitgehend abgelehnt wird.

Das vierte Thema, die Frage nach der Theologie bzw. der Botschaft des Joh, ist in den letzten Jahren immer mehr in den Vordergrund gerückt; die Antworten gehen aber weit auseinander. Natürlicherweise; denn mit einer Strukturanalyse des Evangeliums ist es nicht getan; je nach der Beurteilung, welches Material der Evangelist verarbeitet hat (Quellenfrage), in welchem Milieu er zuhause ist (religionsgeschichtliche Frage), wird auch die Frage, mit wem er sich auseinandersetzt, wie er seinen Stoff bearbeitet, also die Frage nach der theologischen Absicht und damit auch nach der theologiegeschichtlichen Stellung des Joh verschieden beantwortet.

## 2. Aufbau

Prolog 1, 1–18.
I. Hauptteil: Die O»enbarung Jesu vor der Welt 1, 19 – 12, 50.
K. 1. Das Zeugnis des Täufers 19–34.
    Die ersten Jünger 35–51.
–, 2. Die Hochzeit zu Kana 1–12.
    Die Tempelreinigung 13–25.
–, 3. Jesus und Nikodemus 1–21.
    Jesus und der Täufer 22–30.
    Das Zeugnis des Offenbarers 31–36.
–, 4. Jesus und die Samariterin 1–42.
    Die Heilung des Sohnes des „Königischen" 43–54.
–, 5. Heilung am Teich 1–18.
    Rede Jesu über den Offenbarer als Richter 19–47.
–, 6. Speisung der 5000 und Seewandel 1–21.
    Zeichenforderung 22–31.
    Rede Jesu über das Brot des Lebens 32–65.
    Petrusbekenntnis 66–71.
–, 7. Jesus auf dem Laubhüttenfest.
    (Jesus und die Ehebrecherin 7, 53–8, 11)
–, 8. Jesu Auseinandersetzungen mit den Juden.
–, 9. Heilung des Blindgeborenen.
–, 10. Jesu Rede vom guten Hirten 1–30.
    Steinigungsversuch und Flucht Jesu 31–42.

### 3. Das Verhältnis zu den Synoptikern

Schon dieser knappe Überblick zeigt, daß Joh sich erheblich von den Synoptikern unterscheidet, und der nähere Vergleich macht deutlich, daß der Verschiedenheit im Einzelnen und im Ganzen eine absolute Verschiedenheit in der Atmosphäre entspricht. Zwar berichtet Joh wie die Synoptiker die Geschichte Jesu vom Wirken des Täufers bis zu Tod und Auferstehung und bringt einige Erzählungen und Jesusworte, die Parallelen bei den Synoptikern haben. Aber der Unterschied ist doch derart, daß er die Frage provoziert, ob Joh die

Synoptiker gekannt und benutzt hat oder nicht; wenn ja, wäre zu fragen, was Joh mit der radikalen Umbildung des bei den Synoptikern vorliegenden Typs des „Evangeliums" bezweckte (Ergänzung, Überbietung, Korrektur, Verdrängung); wenn nein, wäre zu konstatieren, daß Joh unabhängig einen analogen Typ des „Evangeliums" gebildet hätte.

Zunächst fällt der Unterschied im geographischen und chronologischen *Rahmen des Lebens Jesu* auf. Jesus wirkt nach den Synoptikern hauptsächlich in Galiläa und nördlich und östlich davon, nur einmal in Jerusalem, nach Joh bald in Galiläa, bald in Jerusalem und Judäa (drei Jerusalemreisen: 2, 13; 5, 1; 7, 10). Während die Synoptiker nur ein Passa – das, an dem Jesus starb – erwähnen, erwähnt Joh außer diesem (11, 55; 12, 1; 18, 28) noch zwei andere Passafeste (2, 13; 6, 4). Die zeitliche Dauer von Jesu Wirken umfaßt nach den Synoptikern allenfalls ein Jahr, nach Joh einiges mehr als zwei Jahre, der letzte Aufenthalt in Judäa und Jerusalem bei den Synoptikern eine Woche, bei Joh die Zeit vom Laubhüttenfest (7, 2. 10) bis zum Passa (11, 55 usw), also ungefähr ein halbes Jahr. Dazu kommt eine andere Datierung des Todestages Jesu; nach den Synoptikern wird Jesus am ersten Tag des Passafestes, am 15. Nisan, nach Joh tags zuvor, am 14. Nisan gekreuzigt.

Wie der Rahmen, so ist auch das Bild des Wirkens Jesu anders. Der größte Unterschied zeigt sich in den *„Reden" Jesu*. Diese bestehen bei den Synoptikern aus aneinandergereihten Sprüchen und Spruchgruppen, bei Joh aus weit ausholenden thematisch gebundenen ‚Meditationen'; manchmal sind sie dialogisiert, aber die Form des synoptischen Schul- und Streitgesprächs fehlt ebenso wie dessen Thematik. Analoges gilt von den Gleichnissen; statt ihrer finden sich ganz anders geartete ‚Bildreden'; man vergleiche etwa das Gleichnis vom verlorenen Schaf (Mt 18, 12–14 /Lk 15, 4–7) mit der Rede vom guten Hirten (Joh 10) oder das Winzergleichnis (Mk 12, 1–12 par) mit der Bildrede vom Weinstock und den Reben (Joh 15, 1ff). Ist die zentrale Thematik des synoptischen Redestoffes die Gottesherrschaft und die Forderung Gottes (Gesetz und Liebe), so die der johanneischen Reden die Person Jesu. Die Darstellung seiner Taten besteht meist nicht in der Aneinanderreihung in sich abgeschlossener meist kurzer Erzählungen – solche gibt es freilich auch –, sondern häufig in größeren Szenen mit Dialogen und Reden. Die *Wunder* sind auf sieben reduziert, ihre Größe aber, abgesehen von der Speisung der 5000 und dem Seewandel, gesteigert: so das Kanawunder

2, 1ff und die Fernheilung 4, 46ff; der Kranke von 5, 1ff war schon 38 Jahre leidend, der Blinde von 9, 1ff seit seiner Geburt blind, und Lazarus lag schon vier Tage im Grab 11, 39; verfolgt man die Steigerung des Wunderhaften in der Erzählung von Jairi Töchterlein von Mk zu Mt und Lk und von dieser Geschichte zu der vom Jüngling von Nain Lk 7, dann wird deutlich, daß die johanneischen Wundererzählungen ein fortgeschrittenes Stadium der Tradition darstellen. Auffälligerweise fehlen bei Joh die bei den Synoptikern so wichtigen Dämonenaustreibungen völlig. So erscheint Jesus auch bei Joh als lehrend und heilend, aber ohne die synoptischen Charakteristika des Rabbi, Weisheitslehrers, Propheten und Exorzisten. Was beide Darstellungen verbindet, ist die Zeichnung Jesu als mächtigen Wundertäters.

In manchen Partien zeigt Joh *Verwandtschaft mit synoptischen Stoffen*. Etwas unbestimmt ist sie in dem Passus über den Täufer 1, 19–34, stärker dagegen in sechs Erzählungen, die synoptische Parallelen haben; es sind die Tempelreinigung 2, 13–22 (Mk 11, 15–18par), die Fernheilung 4, 46–53 (Mt 8, 5–12 /Lk 7, 1–10), die Speisung 6, 1–13 (Mk 6, 32–44par), der Seewandel 6, 16–21 (Mk 6, 45–53par), die Salbung 12, 1–8 (Mk 14, 3–9par) und der Einzug in Jerusalem 12, 12–15 (Mk 11, 1–10par). Dazu kommen Motive in Joh 6, die auf einen mit Mk gemeinsamen Traditionszusammenhang hinweisen: die Zeichenforderung 6, 30 (Mk 8, 11) und das Petrusbekenntnis 6, 68f (Mk 8, 29). Gelegentlich finden sich wörtliche Übereinstimmungen zwischen Joh und Mk, die allerdings nie mehr als drei einander folgende Vokabeln umfassen. Eindeutige Berührungen mit Mt (Sondergut oder speziellen Formulierungen) lassen sich nicht feststellen. Dagegen zeigt sich eine engere Verwandtschaft mit manchen Spezifika des Lk: die Notiz, der Satan sei in Judas Iskarioth eingegangen (Joh 13, 2; Lk 22, 3), das Fehlen der nächtlichen Synedriumsverhandlung, des Betäubungstrankes und der Spötter bei der Kreuzigung, die dreimalige Unschuldserklärung des Pilatus (Joh 18, 38; 19, 4. 6; Lk 23, 4. 14f. 22), die Lokalisierung der Ostererscheinungen in Jerusalem, der wunderbare Fischzug (Joh 21, 1ff; Lk 5, 1ff); die Namen der Schwestern Martha und Maria (Joh 11, 1; 12, 2f; Lk 10, 38ff) und Züge der Salbungsgeschichte (Joh 12, 3; Lk 7, 38).

Man hat aus diesem Bestand gefolgert, Joh habe Mk und Lk gekannt und benutzt. Aber eine solche Benutzung wäre ein viel komplizierterer Vorgang als die von Q und Mk durch Mt und Lk.

Die Salbungsgeschichte soll das verdeutlichen. Joh 12, 1–8 spielt am gleichen Ort, Bethanien, und zur gleichen Zeit wie die Parallele bei Mk 14, 3–9; Mt 26, 6–13; Lk läßt diese Geschichte aus, erzählt dafür eine Salbung Jesu durch die ‚große Sünderin‘, irgendwo in Galiläa, im Haus eines Pharisäers Simon (7, 36–50). Bei Annahme literarischer Benutzung des Mk und Lk durch Joh hätte dieser als Grundlage Mk 14, 3–8 benutzt, aber die Szenenangabe „im Hause Simons des Aussätzigen" (14, 3) gestrichen, die anonyme salbende Frau mit Maria identifiziert, die beiden Schwestern aus Lk in die Erzählung gebracht, obwohl sie bei Lk (10, 38–42) gar nichts mit Bethanien und der Salbung zu tun haben; er hätte die Salbung des Hauptes (Mk 14, 3) durch das Salben und Abtrocknen der Füße Jesu, einem Zug aus Lk 7, ersetzt (Lk 7, 38. 46; Joh 12, 3; 11, 2), hätte von sich aus den Protest gegen die Verschwendung dem Verräter Judas in den Mund gelegt, den Lazarus erwähnt, der bei Mk und Lk fehlt, und dann doch durch das wörtliche Zitat νάρδου πιστικῆς (Joh 12, 3; Mk 14, 3) seine literarische Abhängigkeit von Mk dokumentiert. Ein solches Vorgehen ist möglich, aber nicht sehr wahrscheinlich. Denn es würde nicht erklären, aus welchen Motiven Joh die Schwestern nach Bethanien umgesiedelt und die Salbung der Füße aus Lk übernommen hat. Auch spricht einiges dafür, daß nicht Mk 14, 3ff die Vorlage für Joh war, sondern eine Variante davon, in der die beiden Schwestern schon in Bethanien ansässig waren (vgl. 11, 1 im Gegensatz zu Lk 10, 38ff) und Maria die Salbung vorgenommen hatte; denn hätte Joh die Mk-Erzählung ganz frei umgestaltet, dann hätte er wohl wie in K. 11 der Martha die Hauptrolle zugeteilt und das Gastmahl im Hause des Lazarus lokalisiert, während Lazarus als einer der Gäste bezeichnet wird (2b). Es ist wahrscheinlicher, wenn auch nicht zwingend beweisbar, daß Joh eine solche traditionsgeschichtlich weitergebildete Fassung der Salbungsgeschichte vor sich hatte, als daß er selbst Mk 14, 3–8 in der geschilderten Weise umgeformt hat[14]; auch die drei gleichlautenden Vokabeln Joh 12, 3; Mk 14, 3 erklären sich traditionsgeschichtlich und fordern kein literarisches Verhältnis. Sieht man das Verhältnis der beiden Fassungen traditionsgeschichtlich, dann ist man der Peinlichkeit enthoben, sich einen auf der Suche nach passenden Motiven sein Lk-Exemplar durchblätternden Evangelisten vorstellen zu müssen.

Daß Lk 7, 1–10 und 5, 1–11 die literarischen Vorlagen von Joh 4, 46–54 und 21, 1–14 seien, wird niemand behaupten[15]. Joh erzählt seine „synoptischen" Geschichten immer etwas oder ganz anders und – abgesehen von Speisung und Seewandel – auch in anderm Zusammenhang als die Synoptiker. Man hat daher die „literarische" Abhängigkeit gelegentlich zur gedächtnismäßigen Reproduktion ge-

---

[14] So Bultmann, 316f, bes. 316 Anm. 8, der außerdem die beiden Notizen über Lazarus V. 1b und 2b als Zusätze des Evangelisten ansieht.

[15] Für die erste Parallele vgl. Haenchen, Gott und Mensch, 82ff, für die zweite Bultmann, Joh, 545ff.

hörter oder früher einmal gelesener Synoptiker ermäßigt, muß dann
aber annehmen, daß die Reproduktion sehr produktiv gewesen ist.
In keinem Falle läßt sich eine literarische Abhängigkeit des Joh von
den Synoptikern nachweisen. Die „synoptischen" Perikopen im Joh
sind offenbar traditionsgeschichtlich vermittelt, wenn sie nicht – wie
es für die Fernheilung 4, 46ff aufgrund von V. 54 sicher ist – durch
eine nichtsynoptische Quellenschrift auf Joh gekommen sind.

Joh bringt eine Anzahl Jesusworte, die mit synoptischen mehr
oder weniger verwandt sind. Wirkliche Parallelen stellen aber nur
2, 19; 4, 44; 12, 25f; 13, 16. 20; 15, 20 dar. Aber auch bei ihnen
läßt sich keine direkte Übernahme aus einem der Synoptiker nachweisen, sondern lassen sich nur traditionsgeschichtliche Zusammenhänge feststellen[16].

Natürlich ist damit, daß sich die literarische Abhängigkeit nicht
beweisen läßt, die literarische Unabhängigkeit noch nicht bewiesen;
es handelt sich um Grade der Wahrscheinlichkeit. Man tut gut daran,
weder aus dem einen noch aus dem andern allzu sichere Schlüsse zu
ziehen. So kann man die Frage, ob Joh ebenfalls die Form des
„Evangeliums" geschaffen hat wie vermutlich Mk, nicht mit Sicherheit bejahen; nur das kann man sagen, daß Joh literaturgeschichtlich nicht eine Weiterentwicklung des synoptischen Typs darstellt.
Die andere Frage, was der Verfasser mit seinem Werk im Blick auf
die Synoptiker bezweckte, wenn er sie gekannt oder von ihnen gewußt hätte, läßt sich so beantworten: dasselbe wie mit seinen
Quellen.

Wenn Joh keinen der Synoptiker gekannt und benutzt hat, so
heißt das nicht, daß er von der Existenz solcher Bücher nichts wußte;
ein solches Nichtwissen ist, da seine Erzählungen ein traditionsgeschichtlich jüngeres Stadium als die synoptischen darstellen, also aus
zeitlichen Gründen, unwahrscheinlich.

### 4. Literarkritische Fragen

#### a) Integrität

Das Joh hat zwei Schlüsse: 20, 30f und 21, 24f. Der zweite bezeichnet den ‚Lieblingsjünger' als den, „der dies geschrieben hat",
dh als Verfasser des vorhergehenden Buches. Diese Notiz (und da-

---

[16] Vgl. M. Dibelius, Botschaft und Geschichte I.

mit K. 21) stammt also nicht vom Evangelisten, sondern von einem Redaktor, und zwar vom H e r a u s g e b e r des Evangeliums (denn dieses ist in der Textgeschichte nie ohne K. 21 überliefert, dh zusammen mit ihm publiziert worden). Es fragt sich, ob seine Tätigkeit auf den Nachtrag beschränkt blieb. Das ist offenbar nicht der Fall; jedenfalls legt sich bei manchen Stellen aus stilistischen und sachlichen Gründen die Annahme redaktioneller Zutaten nahe (zB 5, 28f; 6, 51c–58).

Dagegen hat man den oder die redigierenden Herausgeber zu Unrecht für die offensichtliche *Unordnung in manchen Textpartien* verantwortlich gemacht und durch literarkritische Beseitigung der ‚Erweiterungen und Änderungen' die ‚Grundschrift' wieder herauszustellen versucht; denn es ist ja gar nicht einzusehen, warum ein Redaktor einen geordneten Text in Unordnung bringen sollte; viel wahrscheinlicher ist es, daß er einen ungeordneten Text in Ordnung zu bringen sucht, aber damit nicht fertig wird; das könnte beim Joh der Fall gewesen sein, aber ebenso gut möglich ist, daß der Redaktor das Buch so herausgegeben hat, wie er es vorfand. Doch kann das bei der Besprechung der genannten Unordnungen außer acht bleiben.

Die wichtigsten und am meisten diskutierten Anstöße sind folgende. Wenn Jesus *14, 31* sagt: „Stehet auf. Lasset uns von hier weggehen", er und die Jünger aber erst 18, 1 weggehen, dann ist 18, 1 die Fortsetzung von 14, 31, und K. 15–17 sprengen den Zusammenhang. Eine Interpolation von fremder Hand können sie aus sprachlichen und sachlichen Gründen nicht sein; sie stehen am falschen Platz.

Die Situationsangabe *6, 1,* Jesus sei „fort auf das andere Ufer des galiläischen Meeres" gegangen, paßt nicht zum vorher Berichteten, wonach Jesus sich in Jerusalem befand. Stellt man (wie schon Tatian in seinem Diatessaron) die beiden Kapitel um, ist die Geographie in Ordnung; auch die Chronologie böte dann keine Probleme: das „Fest der Juden" 5, 1 wäre das 6, 4 als „nahe" erwähnte „Passa, das Fest der Juden".

In der Rede *7, 15–24,* die Jesus nach 7, 10. 14 in Jerusalem während des Laubhüttenfestes hält, erwähnt er die Absicht der Juden, ihn wegen eines Sabbatdeliktes zu töten. Damit kann er sich nur auf die Szene 5, 1–18 beziehen, die aber um die Passazeit, also ein halbes Jahr früher spielt. Das Stück gehört sachlich zu K. 5 und bildete offenbar ursprünglich die Fortsetzung der Rede 5, 19–47. Stellt man 7, 15–24 hinter 5, 47, so erhält die Komposition K. 5 einen guten

Abschluß und schließt 7, 25ff sinnvoll an 7, 14 an. Man darf also als ursprüngliche Reihenfolge 4; 6; 5; 7, 15–24; 7, 1–14. 25ff vermuten.

Die Bildrede vom Hirten *10, 1ff* wird durch zwei erzählende Bemerkungen unterbrochen: durch die Notiz über ein „Schisma" unter den Juden, in dessen Verlauf Bezug auf die Blindenheilung (K. 9) genommen wird (V. 19–21), und durch eine neue Situationsangabe, die die folgende Szene auf das Tempelweihfest, also einige Monate später datiert (V. 22–24). Was aber folgt, ist eine Fortsetzung der Hirtenrede (V. 25–30). Es dürfte klar sein, daß 10, 19–21 der Abschluß der Blindenheilung ist und hinter 9, 41 gehört, 10, 22ff aber die Einleitung zur Hirtenrede und V. 25ff deren Anfang, nicht die einige Monate später nachgetragene Fortsetzung von 10, 1–18 ist. Wohin gehört dieser Text? Da 10, 30 zweifellos die Pointe und den Schluß der Bildrede darstellt und besser an V. 18 als an V. 29 anschließt, dürfte 10, 1–18 ursprünglich zwischen 10, 29 und 30 gehört haben[17]. Die vermutlich ursprüngliche Ordnung dürfte also 9, 1–41; 10, 19–21; 10, 22–29. 1–18. 30 sein.

Auch *3, 31–36* paßt thematisch und stilistisch besser in die Jesusrede 3, 1ff, hinter 3, 21, als zu den Worten des Täufers 3, 27–30, auch wenn hier nicht so massive Anstöße wie in den vier vorher genannten Fällen auf Textstörung schließen und eine Umstellung geraten sein lassen.

An diesen vier bzw. fünf Stellen ist der Text in Unordnung und durch Umstellungen relativ leicht wieder in Ordnung zu bringen.

Am leichtesten erklärt sich diese Unordnung durch die alte Annahme von Blattvertauschungen[18], gleichgültig, wie diese zustandegekommen sind. Es handelte sich, wie mehrfach ausgerechnet wurde, um Blätter mit etwa 750 Buchstaben. Solche Blattvertauschungen sind in der Antike nichts Singuläres. So gehört der Septuaginta-Text Sir 33, 16b – 36, 10a ursprünglich zwischen Sir 30, 24 und 25, wo er im hebräischen Text und in anderen Übersetzungen steht. Durch Blattvertauschung ist auch die „Zehn-Wochen-Apokalypse" des äthHen in Unordnung gekommen: der Passus über die 8.–10. Woche steht am Anfang (91, 12–17), der über die 1.–7. am Schluß (93) und

---

[17] Bultmann aaO, 272ff rekonstruiert anders: 10, 22–26. 11–13. 1–10. 14–18. 27–30. 31–39.

[18] Ihre Vertreter sind aufgezählt bei S. Schulz, Untersuchungen zur Menschensohn-Christologie, 41ff.

dazwischen noch ein anderer Text (92). Derartiges scheint auch im
Joh vorzuliegen. Gegen diese Hypothese sind technisch-paläographi-
sche Einwände erhoben worden. Ein Mittelwert der Buchstabenzahl
auf einer Seite sei nicht feststellbar; es sei seltsam, daß die vertausch-
ten Blätter bzw. das erste und letzte von ihnen immer mit einem
vollständigen Satz begonnen und geendet hätten u. dgl. Aber diese
Einwände, mit denen sich jede Blattvertauschung bestreiten ließe,
wiegen leicht, da eine solche in Sir und äthHen exakt nachweisbar
ist[19].

Das Nebeneinander solcher Textunordnungen und glänzend dispo-
nierter Passagen läßt vermuten, daß der Verfasser selbst nicht mehr
letzte Hand an sein Werk legen konnte und daß der Herausgeber
es ohne Umstellungen publiziert hat.

### b) Quellen

Die heutige Diskussion der Quellenfrage ist von *R. Bultmanns
Drei-Quellen-Theorie* bestimmt. Nach dieser These hat der Evangelist 1. eine Sammlung von Wundergeschichten („Zeichen" = σημεῖον),
eine σημεῖα -Quelle, benutzt, 2. eine Sammlung von „Offenbarungsreden", die ursprünglich aramäisch oder syrisch abgefaßt waren, und
3. eine zusammenhängende Erzählung der Passions- und Ostergeschichten. Aus diesen Quellen hat der Evangelist sein Buch kunstvoll
gestaltet; es wurde von einem Redaktor überarbeitet − durch Zufügung von K. 21 und durch Zufügung einiger Stoffe, die die traditionelle futurische Eschatologie und kirchliche Sakramentslehre enthielten − und herausgegeben. Diese Quellen-Theorie hat sich zwar
nicht als ganze durchgesetzt, aber die andern Hypothesen − Grundschrift einerseits, Gedächtnis und Wissen des Verfassers andererseits

---

[19] Deshalb, aber auch im Hinblick auf moderne Analogien, würde es sich
empfehlen, sich über die These von Textunordnung und Blattvertauschungen besser nicht zu mokieren. Auch in der modernen Literatur
scheinen solche Umstellungen vorgekommen zu sein; zB in F. Kafkas
„Prozeß" (vgl. H. Uyttersprot, Tijdschrift vor levende Talen XX, 1954,
1ff). Wie schwierig es auch im Zeitalter der Schreibmaschinen und
Leitzordner ist, den Nachlaß eines Schriftstellers zur Fortsetzung seines
Romans in der vom Autor geplanten Ordnung herauszugeben, zeigt
die Geschichte der Editionen des 3. Bandes von R. Musil, Der Mann
ohne Eigenschaften. Vgl. die Nachworte von A. Frisé zu seinen Editionen des Romans und vor allem W. Bausinger, Studien zu einer
historisch-kritischen Ausgabe von R. Musils Roman „Der Mann ohne
Eigenschaften", 1964.

– völlig in den Hintergrund gedrängt. Am meisten Skepsis begegnet
der Quelle der Offenbarungsreden; sie ist der neuralgische Punkt in
Bultmanns Theorie sowohl hinsichtlich ihrer Existenz als auch hinsichtlich ihrer Abgrenzung. Dagegen finden die beiden andern Quellen immer mehr Anerkennung.

An der Existenz einer *Sammlung von Wundergeschichten* ist nicht
zu zweifeln. Beweisend ist einmal die Numerierung des Kana-Wun-
ders als des ersten Zeichens 2, 11 und der Fernheilung als des
zweiten 4, 54; diese Zählung steht im Widerspruch zu der Erwähnung mehrerer „Zeichen", die Jesus getan hat 2, 23; 4, 45, kann also
nicht vom Evangelisten stammen, sondern muß den beiden Wundergeschichten verhaftet gewesen und vom Evangelisten übernommen
worden sein. Zwei weitere Indizien dieser Quelle sind die auf Jesu
Wirken rückblickende Bemerkung 12, 37 („Obwohl Jesus so große
Zeichen vor ihnen getan hatte, glaubten sie nicht an ihn"), die wie
ein Zitat klingt, denn der Evangelist selbst ordnet die Zeichen dem
Wort Jesu unter, und die Schlußbemerkung 20, 30 („Noch viele andere Zeichen tat Jesus vor den Jüngern, die nicht in diesem Buch
aufgeschrieben sind"), die wie der Schluß einer Sammlung von
Wundergeschichten klingt. Zu diesen äußeren Indizien treten Stilkriterien. Es zeigt sich, daß die beiden Kana-Geschichten, die „synoptischen" Perikopen und einige andere von Bultmann der σημεῖα –
Quelle zugeschriebene Stücke teils ganz, teils fast ganz frei sind von
typisch johanneischen Stileigentümlichkeiten, dh vom Evangelisten
wenig oder gar nicht überarbeitet, jedenfalls nicht selbständig und
frei geformt, sondern übernommen worden sind. Daß es sich um
eine Quellenschrift handelt, geht aus der Numerierung und Stellen
wie 20, 30 hervor, aber auch aus der Art, wie der Evangelist eigene
Zutaten einfügt (vgl. 4, 48 und die Nahtstellen V. 47b und 49a).

Ist auch die Existenz der Quelle nachweisbar, so läßt sich ihr Umfang naturgemäß sehr viel weniger sicher feststellen. Bultmann verzichtet auf die Rekonstruktion des Umfangs (und gar des Wortlauts),
rechnet aber außer den sieben eigentlichen Zeichen noch folgende
Stücke dazu: 1, 35–50; 4, 5–42; 7, 1–13; 12, 37f; 20, 30f, die zT
stark überarbeitet und erweitert sind. Andere grenzen anders ab.
Und wieder andere äußern ‚erhebliche', ‚schwerwiegende', ‚grundsätzliche' und anders geartete ‚Bedenken' gegen die jeweiligen Abgrenzungen; nur widerlegen sie damit nicht die Existenz der Quelle,
sondern tragen – hoffentlich – zur Verfeinerung des kritischen In-
strumentariums bei, das vielleicht doch noch den Umfang mit mög-

lichster Wahrscheinlichkeit bestimmen läßt. J. M. Robinson hat durch methodologische Erwägungen und einige konkrete Analysen einen kräftigen Vorstoß in diese Richtung gemacht[20].

Der Charakter der Quelle kann aufgrund von 2, 11; 4, 54; 12, 37f; 20, 30f mit einiger Wahrscheinlichkeit erkannt werden als eine „Sammlung von Wundergeschichten, deren Stil mit dem der synoptischen verwandt, jedoch weiterentwickelt ist"[21]. Haenchen meint, sie könne das Evangelium der Gemeinde des Evangelisten gewesen sein, und spricht von „einer Art vergröberten Markusevangeliums, ein Evangelium, das Jesu Herrlichkeit nicht mehr in geheimen Epiphanien zeigte, sondern möglichst sichtbar und greifbar"[22]. Ob man das Buch als „Evangelium" bezeichnen sollte, da es offenbar keine Passions- und Ostergeschichten enthielt, ist fraglich; aber die andere Charakteristik dürfte zutreffen.

Daß den *Passions- und Ostergeschichten* Joh 18–20 eine nichtsynoptische Quellenschrift zugrundeliegt, ist ziemlich allgemein anerkannt[23]. Als Indizien dafür nennt Bultmann[24], der damit einen Consensus formuliert, zwei Befunde: einmal berichtet der Evangelist „Einzelheiten . . ., die er nicht im Sinne seiner theologischen Gedanken auswertet (zB die Verleugnung des Petrus, die Verlosung des Mantels Jesu, die Ortsangabe 19, 13, das Begräbnis)"; ferner zeigen sich Spannungen im Text, die sich durch Einfügung redaktioneller Zusätze in eine Vorlage erklären (so ist der Wettlauf der beiden Jünger zum Grab 20, 2–10 als Einfügung erkennbar[25]; in 18, 13f. 24 geht die Unklarheit darauf zurück, daß Kaiphas an Stelle von Hannas eingefügt wurde).

Problematischer verhält es sich mit den *Offenbarungsreden*. Bultmann hatte eine solche Quelle zuerst im 1Joh herauszuarbeiten und dann auch im Joh nachzuweisen versucht und dabei folgende Formmerkmale konstatiert. Die Reden sind nicht in Prosa, sondern in poetischer Gebundenheit abgefaßt. Ihre Hauptmerkmale sind einmal der apodiktische Stil und dann der Parallelismus membrorum. Häufig

---

[20] Entwicklungslinien, 219–235.
[21] Bultmann, RGG[3] III, 842.
[22] ThR 1955, 303.
[23] Sogar M. Dibelius, der sonst so zurückhaltend in der johanneischen Quellenfrage ist, anerkennt eine „Tradition", die „wahrscheinlich schriftlich" gewesen sei: RGG[2] III, 353.
[24] RGG[3] III, 843.
[25] Für die Einzelheiten: Bultmann, Joh, 528f.

handelt es sich um einen antithetischen Parallelismus, wobei „die Antithese nicht in einem einfachen Gegensatz zur These besteht, sondern deren Umkehrung ist"[26], zB 3, 18

ὁ πιστεύων εἰς αὐτὸν οὐ κρίνεται ·
ὁ μὴ πιστεύων ἤδη κέκριται

(vgl. 3, 36; 8, 23). Der Aufbau der Reden läßt, wie Bultmanns Schüler H. Becker ausgeführt hat, ein bestimmtes Schema mit drei wesentlichen Elementen erkennen: 1. Selbstprädikation des Offenbarers in Form eines ἐγώ–εἰμι-Satzes, 2. Invitation, Ruf zur Entscheidung und 3. „Krisenspruch", dh Verheißung, gelegentlich mit Drohung verbunden. Die literarischen Parallelen finden sich in den Oden Salomos, den mandäischen und anderen gnostischen Schriften, aber auch in der jüdischen Weisheitsliteratur. Die Quelle „Offenbarungsreden" begann nach Bultmann mit dem Prolog; Becker suchte sie zu rekonstruieren.

Der Evangelist hat Stücke aus ihr den größeren Reden Jesu, aber auch Dialogen zugrundegelegt und dabei den übernommenen Text kommentiert, auch korrigiert, verändert und erweitert.

Bultmanns These von der Quelle „Offenbarungsreden" hat wenig Anklang gefunden, weder hinsichtlich ihrer stilistischen Charakterisierung noch hinsichtlich ihrer religionsgeschichtlichen Herleitung aus der Gnosis. Die Stilkritik ist in der Tat der neuralgische Punkt dieser Theorie. Da keine Parallelversionen der johanneischen Reden vorhanden sind, man also (anders als bei Mt und Lk hinsichtlich Q) auf interne Befunde des Joh angewiesen ist, bewegt man sich in einem hermeneutischen Zirkel, und zwar stärker als bei der Semeia-Quelle, da die Streuung der Stilkriterien bei den Reden weniger eindeutig ist als dort. Bultmanns Annahme, an manchen Stellen hätten sich der Text der Quelle und der des Evangelisten durchdrungen, ist zwar von seinen Voraussetzungen aus notwendig, belastet aber seine Theorie und macht es den Kritikern leicht, von einer petitio principii zu sprechen. Die Diskussion über diese Quelle hat zu dem Ergebnis geführt, daß Bultmanns Kriterien zur Erfassung einer solchen Quelle nicht ausreichen, hat aber ihrerseits keine plausible Erklärung der Textphänomene gebracht, die Bultmann zu seiner Quellenscheidung veranlaßt haben – ein recht zweideutiges Resultat. Häufig wird daher die Unmöglichkeit betont, stilkritisch eine solche Quelle nachzu-

---

[26] RGG³ III, 842.

weisen, dh zwischen Vorlage und ihrer Bearbeitung und Kommentierung durch den Evangelisten zu unterscheiden, und auf weitere Versuche verzichtet. Noch häufiger wird daraus gefolgert, eine solche Quelle habe überhaupt nicht existiert. Aber mit einer einfachen Ablehnung dieser These ist nichts gewonnen. Einerseits hat Beckers Untersuchung das Schema der Offenbarungsreden als vorgegeben nachgewiesen. Andererseits ist es oft genug deutlich, daß der Evangelist vorher Gesagtes uminterpretiert und damit den Gedankengang stört; warum sagt er es nicht gleich richtig? Selbstkorrekturen sind bei diktierten Briefen wie denen des Paulus etwas Natürliches, nicht aber bei großangelegten Redekompositionen. Man hat die Quelle Offenbarungsreden m. E. zu Unrecht ad acta gelegt.

## 5. Schriftstellerischer und theologischer Charakter

Die Tendenz, die bei den Synoptikern bemerkbar war, die Identität des irdischen und des erhöhten Jesus zu zeigen, ist im Joh radikal zuende geführt. Sie bestimmt seine literarische und seine theologische Eigenart. Beide Eigenarten sollen, wenn auch nach Möglichkeit unterschieden, zusammen behandelt werden.

### a) Schriftstellerische Eigenart

Einige Züge der literarischen Eigenart des Joh sind schon erwähnt: im Vergleich mit den Synoptikern der andere geographische und chronologische Aufriß und die andersgeartete, nicht mosaikartige, sondern auf größere Zusammenhänge gerichtete Darstellung, die Andersartigkeit des Redens Jesu; im Aufbau des Evangeliums selbst gewisse Unstimmigkeiten und Spannungen. Diese Züge sind zu verdeutlichen und zu ergänzen.

Der Evangelist beginnt sein Buch mit einem feierlichen Prolog (1, 1–18) und schließt mit einer Bemerkung über seinen Zweck (20, 30f). Mit solcher *Rahmung* folgt er literarischem Brauch und zeigt damit schriftstellerische Reflexion und Absicht. Aber in völlig anderer Weise als Lukas; er will nicht wie dieser mit den Literaturwerken seiner Zeit konkurrieren, sondern Jesus verkündigen und Glauben wecken: „Viele andere Zeichen tat Jesus vor seinen Jüngern, die nicht in diesem Buch geschrieben stehen; diese aber sind geschrieben, damit ihr glaubt, daß Jesus ist der Messias, der Sohn Gottes, und damit ihr glaubend ewiges Leben habt in seinem Namen" (20, 30f). Anders als Lukas betont er den *Auswahlcharakter* seines Buches; es kommt ihm nicht auf Masse und Vollständigkeit an. Die Auswahl genügt für seinen Zweck. Und dieser ist derselbe wie bei Mk und Mt, der Zweck des „Evangeliums". Der Prolog, inhaltlich völlig anders als das lukanische Proömium, beginnt in der Ewigkeit und endet in der Gegenwart der Gemeinde, um von vornherein sicherzustellen, daß in Jesus, dem Fleisch gewordenen Logos, Gott selbst begegnet. Das *Thema* des Buches, der Gesichtspunkt, unter dem die Geschichte Jesu geschildert werden soll, wird 1, 14 formuliert: „Wir sahen seine Herrlichkeit." Es ist durchaus sachgemäß, die beiden Teile des Evangeliums, die als Buch der Zeichen (2–12) und als Buch der Passion (13–20) bezeichnet wurden (von Dodd), thematisch als Offenbarung der Herrlichkeit vor der Welt und als Offenbarung der Herrlichkeit vor der Gemeinde zu charakterisieren (Bultmann). Das 4. Evangelium enthält wie die Synoptiker vom Glauben gedeutete Geschichte; nur hat sein Verfasser die Deutung radikaler durchgeführt, indem er den Traditionsstoff ungleich stärker bearbeitet hat, als jene es versucht oder vermocht hatten. Leider können wir das ganze Ausmaß dieser Bearbeitung nicht mehr feststellen, da die Vorlagen des Evangelisten, zumal bei den Reden, nicht sicher faßbar sind; aber am Erzählungsstoff läßt sich noch einigermaßen erkennen, wie souverän er mit der Überlieferung umgeht.

Einige Einzelheiten, die aber die Struktur des ganzen Evangeliums betreffen, seien hier hervorgehoben. Auch wenn der Evangelist das Mk nicht kannte, so bedeutet doch der Bericht über die Tempelreinigung, die Vollmachtsfrage und die Antwort Jesu am Anfang eine bewußte *Korrektur der Überlieferung,* denn all das gehörte zum Auftakt der Passion; eine absichtliche Vorverlegung aus programmatischen Gründen. Daß die Stiftung der Eucharistie beim letzten Mahl ignoriert bzw. durch die Fußwaschung und durch die Abschiedsreden ersetzt wird, kann nur als bewußte Veränderung der Tradition gewertet werden.

Das schriftstellerische Bemühen des Evangelisten zeigt sich in den verschiedenen Maßnahmen, das Einzelne zu einem zusammenhängenden Ganzen zu verbinden. Man kann sagen, „daß Johannes das Perikopensystem der Synoptiker bewußt und erfolgreich überwunden hat"[27], auch wenn er keinen der Synoptiker vor sich hatte; denn

---

[27] H. Windisch, Der johanneische Erzählungsstil, EYXAPIΣTHPION II, 210.

auch sein Erzählungsmaterial bestand zT aus ‚Perikopen', kleinen Einheiten; jedenfalls ist die Technik der Verbindung und Bearbeitung weiter fortgeschritten. Das zeigt sich einmal an den zahlreichen Rückverweisen, zB 4, 46 auf das Kanawunder, 11, 37 auf die Blindenheilung, 12, 17 auf die Erweckung des Lazarus, 12, 42 auf den Exkommunikationsbeschluß, 18, 14 auf den Rat des Kaiaphas; aber auch im Redenstoff finden sich Verweise auf früher Gesagtes (vgl. 13, 33 mit 7, 33f; 8, 21f und 15, 20 mit 13, 16; oder die Selbstzitate des Täufers 1, 15. 30). Das zeigt sich ferner an der durchgeführten chronologischen Gliederung gleichsam nach dem Festkalender (2, 13; 5, 1; 6, 4; 7, 2; 10, 22; 11, 55) und an den zahlreichen anderen Angaben über Tage, Dauer, Stunde usw[28]. Das zeigt sich ferner daran, daß kaum eine Erzählung ohne Angabe darüber, wo sie spielt, berichtet wird. Wie es auch um Herkunft und Zuverlässigkeit dieser Angaben stehen mag[29], der Verfasser verwendet sie, um das Wirken Jesu als ein zusammenhängendes, geographisch und chronologisch gegliedertes und klar überschaubares Geschehen darzustellen. Auch das Mittel des Summariums findet gelegentlich, wenn auch bei weitem nicht so oft wie bei den Synoptikern, Verwendung (2, 23ff; 7, 31; 10, 40f).

Die *Einzelerzählungen,* die der Evangelist in der Semeia-Quelle oder in sonstiger Tradition vorfand, waren zum großen Teil abgeschlossene kleine Einheiten der Gattung „Novelle". Einige hat er ohne größere Eingriffe übernommen (2, 1–11; 4, 46–53; 5, 1–9), andere aber stark bearbeitet (4, 1–43, 9; 11, 1–44). So hat die Erzählung 4, 1ff offenbar, wie sich aus verschiedenen Spannungen im heutigen Text schließen läßt, nur berichtet, daß die Samariterin durch Jesu übernatürliches Wissen über ihr Schicksal überrascht wurde und ihn als „Messias" erkannt hat[30]; der Evangelist hat diese Szene zu einem großen Dialog mit mehreren Gesprächsgängen und Themen ausgearbeitet und ihr zwei Szenen (Gespräch mit den Jüngern V. 31–38; Erscheinen der Samaritaner V. 39–42) angefügt, dh die Erzählung zu einer Szenenfolge komponiert, in der die Einheit des Ortes (bis auf V. 28f und V. 40b–42) gewahrt ist und in der sachlich der große Mis-

---

[28] ZB 1, 29. 35. 43; 2, 1–12; 4, 35. 40. 43; 7, 14. 37 usw.
[29] Die Festreisen werden häufig als literarisches Mittel angesehen; doch dem 14. Nisan statt des 15. als Jesu Todestag wird historischer Wert zuerkannt.
[30] Vgl. E. Haenchen, Gott und Mensch, 1965.

sionserfolg Jesu auch auf samaritanischem Gebiet gezeigt wird. Der Heilung des Blindgeborenen, die mit 9,7 abgeschlossen ist, folgt eine Reihe von Szenen auf wechselnden Schauplätzen, in der es vordergründig um die Faktizität des Wunders geht, um ein Motiv also, das in den novellistischen Wundergeschichten eine Rolle spielt, aber in Joh 9 zu ganz anderen Zwecken verwertet wird: die wachsende Feindschaft „der Pharisäer" (13. 16. 40), „der Juden" (22) gegen Jesus und gegen den Geheilten bis zum Beschluß des Synagogenbannes gegen die „Bekenner" Jesu einerseits und andererseits die wachsende Verehrung des Geheilten für seinen Wohltäter bis hin zu Jesu Selbstoffenbarung und zum Bekenntnis des Sehendgewordenen. Daß in dieser Szenenfolge eine dramatische Steigerung beabsichtigt ist, ist ebenso klar, wie daß hier ein Paradigma gegeben werden soll für den Konflikt, in den die Bekenner Jesu mit der ungläubigen Umwelt geraten werden. Das größte Wunder, die Auferweckung des Lazarus, ist seiner Bedeutung gemäß zu einer ausgedehnten Komposition ausgestaltet, der man als solcher, aber erst recht im Ganzen des Buches eine starke Dramatik zuerkennen muß. Die Erzählung ist reich an Szenenwechseln und retardierenden Momenten, sowohl in der breiten Einleitung, die in Peräa und auf der Reise nach Bethanien spielt (11, 1–16), als auch am Ort der Handlung selbst (11, 17–44): drei Szenen (Gespräch mit Martha V. 20–27; Martha ruft Maria V. 28–31; Jesus, Maria und die Trauergäste V. 32–37), bis endlich am Grabe das Wunder erfolgt (V. 38–44). Der Abschluß (V. 45–53) schildert den gegensätzlichen Eindruck des Wunders auf die Augenzeugen und berichtet dann den offiziellen Todesbeschluß des Synedriums als Reaktion auf die Totenerweckung (V. 47–53). Der Evangelist kennzeichnet den Höhepunkt von Jesu Wirken als die Peripetie seines Geschicks.

Nach dem bisher Gesagten könnte es scheinen, als habe der Evangelist die Absicht verfolgt, den Stoff der Geschichte Jesu dramatisierend und historisierend zu bearbeiten. Aber diesem Anschein stehen andere Beobachtungen entgegen. Es ist schon immer aufgefallen, daß *manche Erzählungen ohne szenischen Abschluß* und ohne Hinweis auf Folgen enden. So die Nikodemusperikope (3, 1ff), die nach einer erzählenden Exposition in einen Dialog und dann in einen Monolog Jesu übergeht, so die Szene mit den Griechen, die Jesus sehen wollen (12, 20ff). Auch der Bericht von der Tempelreinigung (2, 13–22), der so dramatisch beginnt, hört ohne erzählenden Abschluß auf; er endet mit Jesu Wort vom Abbrechen und

Wiedererrichten des Tempels (V. 20), dem Kommentar des Evangelisten dazu (V. 21) und seiner Bemerkung, dieses Verständnis sei den Jüngern erst nach Jesu Auferweckung von den Toten aufgegangen (V. 22); dem Evangelisten kommt es auf die Deutung, nicht auf den Ablauf des Geschehens an. Mit einer Rede Jesu und ohne erzählenden Abschluß endet die Geschichte von der Heilung am Teich (5, 1ff), trotz der gefährlichen Wendung, die der anschließende Konflikt mit der Verfolgung und Tötungsabsicht nimmt (V. 16. 18) – ob man den Schluß nun in 5, 47 oder in 7, 15–24 sieht. Vollends bei der Komposition der Auftritte Jesu am Laubhüttenfest und danach (7 und 8) scheint sich der Evangelist nicht allzusehr um den Fortgang der Ereignisse gemüht zu haben (wenn nicht die Textordnung gestört ist), trotz der überlegten Einleitung (7, 1–13), der Zeitangaben (7, 14. 39) und anderer gliedernder Bemerkungen (7, 30. 44; 8, 20. 30); daß die Szenen 7, 31–36. 45–52 keinen erzählenden Abschluß haben, verwundert nicht; auffälliger ist aber, daß die Häscher, die ausgesandt werden, um Jesus zu verhaften (7, 32), erst drei oder vier Tage später zurückkommen (7, 45), und K. 8 ist überhaupt nur eine „Fragmentensammlung" (Bultmann), die durch Situationsangaben und teilweise Dialogisierung nicht zum Leben einer Handlung erweckt wird. Kompositorisch läßt sich im Joh kein stärkerer Gegensatz feststellen als der zwischen K. 8 und 9.

Der Evangelist hat den Erzählungsstoff verschieden bearbeitet und seine eigenen Kompositionen ungleichmäßig ausgeführt. Mancher Mangel der Darstellung mag darauf zurückgehen, daß der Evangelist dem Werk nicht die endgültige Form geben konnte. Aber die unabgeschlossene Szene gehört zu seinem Erzählungsstil wie die abgeschlossene und mit dem Gang des Ganzen verknüpfte dramatische Szenenfolge. Daraus wird klar, daß eine historisch zusammenhängende und folgerichtige Darstellung nicht das eigentliche Ziel der schriftstellerischen Bemühungen des Evangelisten war. In dieselbe Richtung weist das gegenüber den Synoptikern verfremdete und *schematisierte* Bild, das er von Jesu jüdischer Umwelt und zumal *von seinen Gegnern* zeichnet. Die konkrete Vielfalt des jüdischen Volkes, die sich in den Synoptikern spiegelt, ist verschwunden und durch das pauschale „die Juden" ersetzt. Der Verfasser schreibt von ihnen so distanziert, als seien Jesus und seine Jünger keine Juden gewesen. Er spricht vom Passa als dem „Passa der Juden" (2, 13; 11, 55) bzw. dem „Passa, dem Fest der Juden" (6, 4; vgl. 5, 1) und vom Laubhüttenfest ebenfalls als „dem Fest der Juden" (7, 2). Er

läßt Jesus das Gesetz der Juden als „euer Gesetz" bezeichnen (8, 17;
10, 34), die Jünger ihren Meister vor „den Juden" warnen (11, 8),
die Eltern des Blindgeborenen „sich vor den Juden fürchten" (9, 22)
und schreibt nicht nur den Jüngern (20, 19) und Joseph von Ari-
mathaia (19, 38), sondern sogar „den Massen" der jüdischen Fest-
teilnehmer (7, 13) „Furcht vor den Juden" zu. Das ist offensichtlich
die Perspektive einer späteren Zeit, für die sich das Bild des Judentums infolge der Verwerfung Jesu und der Verfolgung der Christen
so simplifiziert hat, daß nur noch die Feindschaft gegen Jesus davon
übriggeblieben ist; der Verfasser trägt dieses Bild in die Geschichte
Jesu ein, gibt ihm aber grundsätzliche Bedeutung: „die Juden" sind
bei ihm Symbol für die Ungläubigen überhaupt, Repräsentanten der
ungläubigen Welt[31]. Die Pharisäer, traditionellerweise die Gegner
Jesu, rücken in eine offiziellere Position, als sie sie geschichtlich
innehatten; sie werden zu einer Behörde (7, 32. 45. 47f; 11, 47. 57).
Der Verfasser bemüht sich nicht um historische Differenzierung.

Charakteristisch für seine Kompositionsweise ist die Anfügung
großer *Reden* an die Erzählungen; häufig beginnt der Redeteil mit
einem Dialog und geht dann in die Rede Jesu über. Das allgemeine
Schema, das natürlich abgewandelt wird, verläuft so: Handlung,
Dialog, Monolog. Die „Handlung" hat mitunter nur die Funktion
einer Einleitung; so beginnt die Nikodemusgeschichte 3, 1ff mit
einer motivreichen Exposition, es folgt ein Zwiegespräch in drei
Gängen, von V. 10 ab spricht nur noch Jesus; Nikodemus wird
nicht mehr erwähnt, er hat als Partner keine konstitutive Bedeutung
für den Dialog, liefert nicht einmal dessen Thema und steuert zum
Gespräch nur mißverstehende und nichts verstehende Fragen bei
(V. 4. 9), die auch ein anderer hätte beitragen können. Auch die
Heilung am Teich (5, 1–9a) ist für die folgende Rede nicht konstitutiv; Anlaß ist vielmehr der nachgetragene Sabbatkonflikt (5,
9bff): Jesu Sabbatbruch ist ein Zeichen für seine gottgleiche Vollmacht – und diese ist das Thema der Rede 5, 17ff. Thematisch enger
ist der Zusammenhang von Wunder und Rede in K. 6 und 11. Die
Speisung der 5000 bietet den Anlaß zur Rede über das Brot des
Lebens (6, 27–59), die Auferweckung des Lazarus Anlaß zur Rede
über die Auferstehung und das Leben – in K. 11 ist die übliche
Reihenfolge umgekehrt: das Wunder wird erst nach der Rede berichtet. Die Reden haben nicht die Funktion, die Wunder zu deuten,

---

[31] Vgl. Bultmann, Joh, 59f u. ö.; Bauer, Joh, 28f.

sie gehen über sie hinaus und fehlen bei manchen; machen die Wunder die göttliche Macht Jesu offenbar, so offenbaren die Reden, daß Jesus das Brot des Lebens, die Auferstehung und das Leben nicht nur schenkt, sondern selber ist; die Wunder werden so zu „Symbolen", zu „Zeichen", die von sich weg und auf Jesus hinzeigen, um seine Bedeutung klarzumachen.

Das ist auch die Aufgabe der Reden; sie handeln, wie schon gesagt, nur von ihm, sie sind Selbstoffenbarungen im Ich-Stil. Die Reden können nicht oder weniger stark dialogisiert sein, wie in Joh 6; 14; 16 und in 4, 7–26 ist die Rede ganz in einen Dialog umgesetzt. An Stelle der Wunder treten andere Symbole, Bilder, an denen Jesus seine Bedeutung erläutert: das lebendige Wasser (4, 10ff; 7, 37ff), das Licht der Welt (8, 12; 9, 5), der gute Hirte, die Tür (10), der Weg (14, 6), der wahre Weinstock (15, 1ff), aber auch Begriffe wie Wahrheit und Leben (14, 6) finden in dieser Funktion Verwendung. Über die Strukturelemente des Redetypus, zu dem die johanneischen Reden gehören, ist bei der Behandlung der Quellenfrage schon gesprochen worden. Ein Element bedarf noch der näheren Charakterisierung: die ἐγώ-εἰμι-Sätze, die häufig den Höhepunkt der Reden bilden. Der Gebrauch der Wendung „Ich bin . . ." in der religiösen und sakralen Sprache ist oft untersucht worden, vor allem von Ed. Norden[32], Ed. Schweizer[33] und R. Bultmann[34].

Letzterer hat vier Grundformen des Gebrauchs herausgestellt und gezeigt, daß alle vier im profanen wie im religiösen Gebrauch Verwendung finden: 1. die Präsentationsformel, die auf die Frage ‚Wer bist du?' antwortet; 2. die Qualifikationsformel, die Antwort auf die Frage ‚Was bist du?' gibt; 3. die Identifikationsformel, mit der sich der Redende mit einer andern Person identifiziert und 4. die Rekognitionsformel, die auf die Frage antwortet: ‚Wer ist der Erwartete, Erfragte, Besprochene?' in den drei ersten Formeln ist das Ich Subjekt, in der vierten dagegen Prädikat.

Im Joh dominiert die *Rekognitionsformel*. Wie sie zu verstehen ist, kann man sich an 6, 33–35 klarmachen. Wenn die Hörer auf Jesu Worte über „das Brot aus dem Himmel", „das Brot Gottes" ihn bitten: „Herr, gib uns immerdar dieses Brot" und wenn Jesus antwortet: „Ich bin das Brot des Lebens", dann ist deutlich, daß das ‚Ich' betont ist: Das Brot des Lebens bin i c h. ‚Das Brot des

---

[32] Agnostos Theos 1913, 177ff.
[33] EGO EIMI.
[34] Joh, insbes. 167 Anm. 2.

Lebens', die besprochene Größe, ist das Subjekt; das ,Ich' ist Prädikatsnomen. Ebenso steht es in den Fällen, in denen der Begriff durch einen andern im Genitiv oder ein Adjektiv als ,eigentlich' charakterisiert wird: der wahre Weinstock (15, 1), der rechte Hirte (10), das Licht der Welt (8, 12). Denn hier geht es – da all die mit ,Ich bin' verbundenen Bilder Symbole für das Heil sind – um die Frage, was das eigentliche Heil, wer der eigentliche Offenbarer ist. Daher implizieren die johanneischen Rekognitionsformeln einen Exklusivitätsanspruch und zeigen eine polemische Spitze gegen die Ansprüche anderer Heilbringer und Offenbarer; das wird aber auch explizit deutlich in der Antithese des rechten Hirten gegen den Dieb und den Räuber (10, 1ff). Die ,Ich-bin'-Worte statuieren, daß alles, was der Mensch an eigentlichem Leben ersehnt und immer wieder verfehlt, in Jesus und ausschließlich in ihm da ist, daß nur er es ist. Daher der Ruf zur Entscheidung (für ihn und gegen das falsche Verständnis von Heil) und die Verheißung bzw. Drohung.

Ich bin das Licht der Welt.
Wer mir folgt, wird nicht mehr in der Finsternis wandeln,
sondern wird das Licht des Lebens haben. (8, 12)

Ich bin der wahre Weinstock,
und mein Vater ist der Winzer.
Jede Ranke an mir, die keine Frucht bringt, tut er ab,
und jede, die Frucht bringt, reinigt er. (15, 1f)

Ich bin die Auferstehung und das Leben.
Wer an mich glaubt, wird leben, auch wenn er stirbt,
und jeder, der lebt und an mich glaubt, wird nimmermehr sterben.
(11, 25f)

Eng mit diesem Verständnis von Heil und Offenbarung hängt ein anderes Charakteristikum der johanneischen Reden zusammen: die *Verwendung doppeldeutiger Begriffe und der Technik des Mißverständnisses.* Wie die Wunder – und andere Geschehnisse –, so haben auch die Worte oft einen verborgenen, hintergründigen Sinn, der nicht sofort verstanden wird. So das Tempelwort 2, 19ff, das ἄνωθεν γεννηθῆναι von 3, 3 (von neuem – von oben geboren werden), so das „lebendige Wasser" 4, 11ff (Quellwasser – magisches Lebenswasser – Sinnbild für das wahre Leben), ähnlich das „Lebensbrot" 6, 27ff, das „weggehen" 7, 34; 8, 21; so vor allem das „Erhöhtwerden": Jesus sagt: „Und ich, wenn ich erhöht bin von der Erde, werde ich alle zu mir ziehen"; und der Evangelist kommentiert: „Dies aber sagte er, um anzudeuten, welchen Todes er sterben werde" (12, 32f); Erhöhtwerden bedeutet in eins Erhöhung in die Herrlichkeit und Erhöhung ans Kreuz; daher ist auch Jesu letztes Wort doppelsinnig: „Es ist vollbracht" (19, 30). Häufig wird der hintergründige Sinn der Worte mittels des Mißverständnisses in den Vordergrund gerückt, dem die Hörer Jesu erliegen. Man spricht von der Technik des Mißverständnisses, dh von einem literarischen Mittel, den Dialog voranzutreiben und den eigentlichen Sinn der Worte Jesu herauszustellen. Aber die Mißverständnisse sind mehr als eine schriftstellerische Technik; sie sind Ausdruck des johanneischen Offenbarungsverständnisses: der natürliche Mensch muß Jesus mißverstehen; ihn verstehen kann nur der, der den Geist empfangen hat, vom Geist belehrt ist (2, 22; 7, 39; 14, 26).

Aber auch die *Worte der Gegner Jesu* haben gelegentlich einen hintergründigen Sinn, der ihnen selbst freilich verborgen bleibt. So sprechen die Worte der Kreuzesinschrift 19, 19 und die über die Haltung der Hohenpriester und Pharisäer 7, 48 tatsächlich die Wahrheit aus, nur in einem ganz anderen Sinn, als von den Urhebern gemeint. An der Peripetie der Geschichte Jesu hat der Evangelist ein solches Wort angebracht, das Argument des Kaiaphas, mit dem er im Synedrium den Todesbeschluß gegen Jesus durchsetzt: „... daß es für euch besser ist, wenn e i n Mensch für das Volk stirbt, als wenn das ganze Volk zugrunde geht". Und der Evangelist kommentiert: „Das sagte er aber nicht von sich aus, sondern da er Hoherpriester jenes Jahres war, weissagte er, daß Jesus für das Volk sterben solle, und nicht nur für das Volk, sondern auch um die zerstreuten Kinder Gottes zu sammeln" (11, 50–52). Er läßt den höchsten Repräsentanten der Juden den Tod Jesu aus Gründen der Staatsräson fordern und gerade so seine Heilsbedeutung aussprechen[35]; er macht den Exponenten der Feindschaft gegen Jesus zum unfreiwilligen Zeugen für die christliche Wahrheit. Derartige Aussagen und Voraussagen, zumal verbunden mit ‚tragischer Ironie', sind als literarische Kunstmittel nichts Ungewöhnliches[36]; zeigen sie zB im Griechentum, aber auch sonst das Preisgegebensein menschlichen Wollens an die Macht des Schicksals, so bringt Johannes diesen Gedanken in christlicher Modifikation: daß alles Tun und Geschehen in Gottes Plan eingeordnet ist und ihm dienen muß.

---

[35] Kaiaphas „erscheint so im Lichte tragischer Ironie als Prophet wider Wissen und Willen" (Bultmann, Joh, 314).

[36] Vgl. Bauer zSt und Bultmann, Joh, 314 Anm. 4.

### b) Theologische Eigenart

Aus den genannten schriftstellerischen Mitteln – Symbolik der
‚Zeichen' und Bildworte, Doppeldeutigkeit der Begriffe, Technik der
Mißverständnisse, Offenbarungsreden mit Interpretamenten des Evangelisten – geht hervor, daß der Evangelist die Jesustradition nicht
einfach weitergeben, sondern *deuten* will. Das wollten auch die
Synoptiker, aber Joh hat es radikaler und konsequenter getan. Aus
welchem Selbstverständnis heraus, läßt sich noch zeigen. Er betont
mehrfach ausdrücklich, daß auch die Jünger Worte und Taten Jesu
damals nicht verstanden hätten, und er läßt einmal Jesus selbst aussprechen: „Was ich tue, verstehst du jetzt nicht, du wirst es aber
hernach erkennen" (13, 7). Dieses „Erkennen" ist nach 2, 22; 12, 10
erst nach Jesu Tod und Auferstehung möglich und heißt an beiden
Stellen bezeichnenderweise „sich erinnern". Dieses „sich erinnern"
ist die vom Geist gewirkte richtige Erkenntnis; nicht etwa nur der
Einzelheiten wie Tempelwort, Einzug und Fußwaschung, sondern des
Ganzen des Wirkens Jesu:

Das habe ich zu euch geredet, während ich bei euch weilte. Der Paraklet
aber, der heilige Geist, den der Vater in meinem Namen senden wird, der
wird euch alles lehren und euch an alles erinnern, was ich euch gesagt
habe. (14, 25f)

Aus diesen und anderen Stellen (zB 7, 39) wird deutlich, daß der
Verfasser ein geistgewirktes Buch schreiben, dh die Geschichte Jesu
so schildern will, wie sie sich *nach* Jesu Erhöhung in die Herrlichkeit
und nach dem Geistempfang der Jünger dem erschlossenen Auge des
Glaubens darstellt; nur so kann es die wahre „Erkenntnis" Jesu vermitteln und verbindliches „Zeugnis" sein.

Auch die Synoptiker stellten Jesu Wirken vom Osterglauben aus
dar, dh sie setzten die Identität des Irdischen und des Erhöhten voraus und brachten sie – jeder auf seine Weise – zur Geltung. Aber
Joh zeichnet die Züge des Erhöhten so stark in das Bild des Irdischen ein, daß dieses einigermaßen unirdisch bzw. unhistorisch wird.
Zwei Tendenzen sind dabei wirksam: einmal die Zeit Jesu und die
eigene Gegenwart – ungleich stärker als die Synoptiker – in eins zu
sehen und dann – ganz anders als die Synoptiker – die θεῖος-ἀνήρ
– Christologie und die Präexistenzchristologie zu kombinieren.

Die erstgenannte Tendenz führt zu den immer schon beachteten
*Anachronismen,* die gelegentlich auf des Evangelisten „Unzulänglichkeit im Bunde mit der Gleichgültigkeit" zurückgeführt wurden[37]. So

---

[37] W. Bauer, Joh, 243.

besteht zwischen den Abschiedsreden (13, 31 – 17, 26) und dem vorhergehenden Teil (1–12) eine seltsame zeitliche Spannung. Der Synagogenausschluß der Jünger wird 16, 2 als zukünftig vorausgesagt, 9, 22; 12, 42 als gegenwärtig vorausgesetzt. Weniger auffällig ist die analoge Tatsache, daß nach den Abschiedsreden (und dem Interpretament des Evangelisten 7, 39) der Geist erst nach der Erhöhung Jesu gesandt wird, daß aber nach 6, 63 die Worte Jesu schon vorher „Geist und Leben" sind (vgl. 3, 5). Im ersten Fall ist ein Faktum der kirchlichen Gegenwart des Evangelisten, im zweiten das erst nach dem τετέλεσται (19, 30) Mögliche in das Leben Jesu eingetragen. Die Abschiedsreden berücksichtigen – stilgemäß – die geschichtliche Situation: hier spricht der Todgeweihte, im Rückblick sich rechtfertigend, im Vorblick die Seinen mahnend, warnend und ihnen den Beistand verheißend; K. 1–12 sind anders orientiert: hier spricht der Erhöhte. Aber auch innerhalb des ersten Teils zeigen sich ähnliche Spannungen, so zwischen der Aussage, alle liefen Jesus zu (3, 26), und der anderen, niemand nehme sein Zeugnis an (3, 32), von denen man die erste auf die Zeit des Evangelisten, die zweite auf die Zeit Jesu beziehen kann[38]; so auch in der Formel „die Stunde kommt und ist schon da" (4, 23; 5, 25; aber auch 16, 32), deren beide Teile man analog verteilen kann[39]. Aber es handelt sich in beiden Fällen nicht um zwei Perspektiven in dem Sinne, daß die Perspektive der Zeit Jesu durch die der Zeit des Evangelisten (der Kirche) abgelöst wäre, sondern um die Perspektiven einer Sachdialektik: beides gilt gleichzeitig, wie es nach Jesu Weggang Gläubige und Ungläubige gibt, so ist auch die „Stunde" (des Heils) nie abgeschlossen; der Evangelist will mit dem ‚Kommen' herausstellen, daß die Stunde, die ‚da ist', die eschatologische Stunde ist[40].

Die *Kombination der Leben-Jesu-Tradition*, speziell der θεῖος-ἀνήρ-Christologie, *mit der Präexistenzchristologie* ist, soweit wir sehen, erstmalig von Joh vollzogen worden. Die immer wiederholte Behauptung, sie liege schon bei Mk vor, entspricht nicht dem Textbefund. Die θεῖος-ἀνήρ-Christologie kommt zunächst in den eigentlichen Wundergeschichten zum Ausdruck; die ‚Zeichen' sind Manifestationen seiner göttlichen Macht (in ihnen „offenbarte er seine Herrlichkeit" 2, 11; 11, 40); aber auch Jesu wunderbares Wissen (1, 42. 47; 2, 24f; 4, 17f. 29; 11, 4. 11ff; 18, 4 usw.) und seine

---

[38] M. Dibelius, RGG² III, 351.
[39] Dibelius, ebd.
[40] Bultmann, Joh, 139 Anm. 7.

Ungreifbarkeit für seine Verfolger (5, 16. 18; 7, 30. 34. 44f; 8, 20)
gehören hierher, Züge, die zT schon in den Vorlagen des Joh gegeben
waren, zT aber auch vom Evangelisten hinzugefügt worden sind (2,
23ff und die zuletzt genannten Stellen). Daß Jesus selbst seine Passion
inauguriert (13, 27; 18, 5) und als Herr seines Schicksals erscheint,
ist ebenfalls ein θεῖος-ἀνήρ-Zug. Der Erweis Jesu als θεῖος ἀνήρ
durch wunderhafte ‚Zeichen' war zweifellos der Zweck der Semeia-
Quelle, wie es der Zweck auch der einzelnen Wundergeschichte war.
Die „Zeichen" im Joh unterscheiden sich in dieser Hinsicht von den
synoptischen überhaupt nicht und hinsichtlich der Massivität nur
graduell. Aber es ist charakteristisch, daß Joh gerade diese „Zeichen"
auswählt und daß er die Hoheit Jesu gerade in der Passion noch
mehr steigert als Mt, der die Leidensgeschichte ebenfalls als christologische Offenbarung darstellt.

Zeigt sich in den Erzählungen eine Steigerung des „aretalogischen"
Elements, so kommt durch die in den Reden sich dokumentierende
Präexistenzchristologie ein neues und fremdes Element hinzu. Jesus
ist ein präexistentes Gottwesen (1, 1; 8, 58; 17, 5. 24), vom Vater in
die Welt gesandt (3, 17; 5, 36; 17, 3. 8. 21. 25 u. ö.) und in sie gekommen (1, 10; 3, 19; 9, 39; 12, 46; 16, 28 u. ö.), er ist Fleisch geworden (1, 14); er kehrt dahin zurück, woher er gekommen ist (3,
13; 6, 62; 7, 35; 8, 14. 21; 13, 3. 33; 16, 5–7. 28; 20, 17); die Wendung „woher ich komme und wohin ich gehe" umschreibt geradezu
das Wesen Jesu.

Dieses *Schema* vom Abstieg in die Welt und Aufstieg in den Himmel ist aus der Briefliteratur bekannt und hat seinen klarsten Ausdruck in Phil 2, 6–11 gefunden. Der Abstieg bedeutet in all diesen
Texten der Briefliteratur reale Menschwerdung des präexistenten
Gottwesens bis in ihre letzte Konsequenz („... bis zum Tode" Phil
2, 8; vgl. Hebr 2, 14. 17); Inkarnation bedeutet Selbstentäußerung
seines göttlichen Wesens und seiner göttlichen Macht. Die pure
Menschlichkeit Jesu ist Voraussetzung seines Heilswerkes (Röm 8,
3f; 2Kor 8, 9; Gal 4, 4f; Hebr 2, 14–18 usw). In dieser Präexistenzchristologie haben göttliche Machterweise, Wunder des irdischen
Jesus keinen Raum; das ganze Interesse liegt auf Tod und Auferweckung; daher kann sie sich bruchlos mit den Pistisformeln verbinden (Paulus, Hebr, 1Petr), nicht aber mit dem Leben-Jesu-Stoff,
zumal nicht mit dem von der θεῖος-ἀνήρ-Anschauung geprägten.
An einem speziellen Motiv wird das besonders sinnfällig: der Inkar-
nierte ist so sehr Mensch, daß nicht einmal die dämonischen „Herr-

scher dieses Äons" ihn erkannt haben (1Kor 2, 8); in den Synoptikern dagegen erkennen gerade die Dämonen, wer Jesus ist (zB Mk 1, 23ff. 34; 3, 11; 5, 7). Die ϑεῖος-ἀνήρ-Anschauung eines bestimmten Teils der Leben-Jesu-Tradition und die Präexistenz- (Inkarnations-)- Christologie in der Briefliteratur sind also von entgegengesetzten Auffassungen vom Leben des irdischen Jesus beherrscht.

Die Vereinigung des Unvereinbaren durch den vierten Evangelisten führt naturgemäß zu unauflöslichen *inneren Spannungen.* Die hoffnungslose Divergenz der Joh-Interpretationen zeugt davon. Die Spannungen lassen sich auf die eine reduzieren, die sich in dem Nebeneinander der beiden Sätze „Das Wort ward Fleisch" und „Wir sahen seine Herrlichkeit" (1, 14) präsentiert und die Frage provoziert, ob der Evangelist die Fleischwerdung ernst gemeint oder nicht ganz ernst gemeint hat. Wenn E. Käsemann nach einer Schilderung der johanneischen „Herrlichkeit" Jesu die Frage stellt: „Wie paßt das alles zu einer realistischen Auffassung der Fleischwerdung?"[41], so stellt sich die Gegenfrage, worin wir eigentlich den normativen Maßstab für das „Realistische" einer solchen mythologischen Vorstellung besitzen. In einem bestimmten – von wem aber zu bestimmenden? – Minimum oder Maximum an Historizität? im „Modell des galiläischen Lehrers"? Offensichtlich in nichts. Es geht vielmehr um die Frage, was der Evangelist mit seiner Kombination bezweckte: eine Steigerung der ϑεῖος-ἀνήρ-Vorstellungen mit Hilfe der Präexistenzvorstellung zu einer kompakten Herrlichkeitschristologie oder eine Unterordnung der ϑεῖος-ἀνήρ-Vorstellungen unter den Gedanken der Inkarnation.

Wenn Käsemann das Erstgenannte verficht und dem Joh Doketismus (wenn auch einen „naiven Doketismus") bescheinigt[42], so hat er die altkirchlichen Joh-Gegner – die Aloger und den römischen Presbyter Gaius – für sich; wenn Bultmann das Zweite verficht, so kann er sich nicht in der gleichen Weise auf die altkirchlichen Joh-Verteidiger – Irenäus, Clemens Alexandrinus und Tertullian – berufen[43]. Man kann für beide Auffassungen mühelos Belege häufen und jeweils die eine als die eigentliche Meinung des Evangelisten, die andere als lediglich aus der Tradi-

---

[41] Jesu letzter Wille, ³1971, 27f.
[42] AaO, 61f. – Diese Auffassung hat ihre Tradition im 19. und 20. Jh. Den von Käsemann Genannten wäre noch Bultmann hinzuzufügen, der 1925 die johanneische „Christologie bedenklich an den gnostischen Doketismus streifen" sah (ZNW 24, 1925, 101 = Exegetica, 56).
[43] Schon diese Tatsache spricht für die Richtigkeit von Bultmanns Joh-Interpretation.

tion übernommen qualifizieren. Aber es fragt sich, ob mit solchen subjektiven Akzentuierungen die Meinung des Evangelisten getroffen werden kann. Eine auch nur skizzenhafte Auseinandersetzung ist hier nicht möglich; ich gehe nur auf einen, allerdings wichtigen Punkt ein. Es ist m. E. völlig abwegig, die θεῖος-ἀνήρ-Vorstellungen und die Passion gegeneinander auszuspielen. Wenn Käsemann gegen Bornkamm einwendet: „Ein Evangelium kann selbstverständlich nicht am Tode Jesu vorübergehen" und es sei nicht zu fragen, „wie oft auf ihn . . . verwiesen", sondern „wie er interpretiert wird"[44], so gilt das genauso für die θεῖος-ἀνήρ -Vorstellungen. Wenn Jesu Tod als Erhöhung und Verherrlichung interpretiert wird, so heißt das doch nicht, daß er nicht ernstgenommen und nur als Schein-Tod aufgefaßt würde. Nichts im Joh deutet auf eine Bagatellisierung des Todes Jesu hin: die Selbstaussagen – Brot des Lebens, Licht der Welt, die Auferstehung und das Leben usw. – sind Aussagen des Postexistenten und setzen das „Es ist vollbracht" am Kreuz voraus; und als θεῖος ἀνήρ ist Jesus bei Joh ebensowenig unsterblich wie bei Mk. Dagegen finden sich in keinem Evangelium so viele Hinweise auf Jesu Tod wie bei Joh[45]; sie zeigen – ob traditionell oder genuin johanneisch, ist dabei vollkommen gleichgültig –, daß der Evangelist ein theologisches Interesse daran hat, den Tod Jesu von Anfang an (Täuferzeugnis 1, 29. 36) und seine verschiedenen traditionellen Deutungen integrierend in den Blick zu rücken. Es liegt kein Grund zu der Annahme vor, Joh habe den Tod Jesu weniger real verstanden als der Hymnus Phil 2, zumal bei beiden der Tod als Voraussetzung der Erhöhung verstanden wird, wenn auch unter verschiedenem Aspekt: im Hymnus als letzte Konsequenz der Inkarnation, bei Joh als Anfang der Postexistenz. – Die θεῖος-ἀνήρ -Vorstellungen hat der Evangelist ebenfalls ernstgenommen; daß er an die Historizität der Wunder geglaubt hat, leidet m. E. keinen Zweifel, auch wenn er ihnen nur die Funktion von Symbolen zuwies. Zu Symbolen eignen sich ja gerade die massiven Mirakel. Darum hat er gerade sie ausgewählt und diese Züge am Jesusbild noch verstärkt. Aber es fragt sich, ob er die Mirakel und die Allwissenheit Jesu meint, wenn er sagt: „Wir sahen seine Herrlichkeit."[46] Das ist zweifellos die Meinung der Semeia-Quelle und anderer „aretalogischer" Sammlungen. Es ist aber unverkennbar und wird auch nicht bestritten, daß Joh die Wundertradition und damit die Vorstellung von Jesus als θεῖος ἀνήρ nur kritisch übernommen hat; über Ausmaß und Tragweite der Kritik gehen

---

[44] AaO, 22f Anm. 7.

[45] Käsemann spricht merkwürdigerweise „von wenigen vorausweisenden Bemerkungen" (aaO, 22); Fr. Overbeck betont mit allem Nachdruck, „daß das ganze johanneische Evangelium nichts anderes ist als eine verbreiterte Leidensgeschichte, daß es die ganze Wirksamkeit Jesu in dieses Licht stellt" (Das Johannesevangelium, 1911, 340). „Er (sc. der Evangelist) gibt daher der ganzen evangelischen Geschichte die Farbe der Leidensgeschichte" (Ebd).

[46] Käsemann (aaO, 54) bezieht sogar 1, 16 („aus seiner Fülle haben wir genommen Gnade um Gnade") auf die Wunder.

die Ansichten jedoch auseinander. Die Aussagen des Evangelisten geben auch hier die Möglichkeit, beliebig zu akzentuieren (vgl. nur 4, 48 mit 10, 38), auch nach den Schlußsätzen des Evangeliums: als Inhalt des Buches werden die „Zeichen", als Zweck ihrer Aufzeichnung die Weckung des Glaubens genannt (20, 30), als letztes Wort Jesu aber „Selig sind, die nicht sehen und doch glauben" – gewiß mit Bedacht – überliefert. Natürlich ist mit dem Glauben 20, 30f nicht der Wunderglaube, der Glaube an Jesus als ϑεῖος ἀνήρ, gemeint vgl. auch 2, 23ff), der allenfalls eine Vorstufe zum rechten Glauben sein kann. Joh weiß so gut wie Mk und Q, daß Wunder doppelsinnig sind und deshalb nichts „beweisen" können. Wenn er Jesus „Zeichen" als Mittel der Legitimation strikte ablehnen läßt, dann hat er die naive Wunderauffassung – Wunder als direkte Offenbarung der δόξα – aufgegeben. Als Symbole weisen sie über sich hinaus; sie müssen „transparent" werden. „Im Grunde ist nicht eigentlich die Menschheit das Transparent, sondern gerade die Göttlichkeit des johanneischen Jesus; denn das an ihm sichtbare Göttliche, das ist es ja offenbar nicht, was eigentlich offenbart werden soll", sagt Bultmann mit Recht[47]. Die Wunder symbolisieren die Bedeutung Jesu, die Reden sprechen sie aus. Aber Jesu Selbstaussagen in den Reden gehen absolut über das hinaus, was in jenen sichtbar wurde oder in dem größten Mirakel sichtbar werden könnte; sie steigern nicht die Herrlichkeit eines ϑεῖος ἀνήρ, sondern machen den Anspruch des Offenbarers hörbar; erst sie offenbaren Jesu δόξα. Die Wunder sind zwar nicht „bloß Illustrationen zu den Reden Jesu"[48], aber doch ihnen deutlich untergeordnet oder – was auf dasselbe hinausläuft – als ‚verba visibilia' ihnen zugeordnet[49]. Sie bilden funktional kein selbständiges Element des Evangeliums; sonst hätte der Evangelist eine größere Zahl von ihnen berichtet – die Möglichkeit dazu hatte er ja (20, 30f) – und vermutlich auch von der gleichen Qualität.

Die ϑεῖος-ἀνήρ-Vorstellung hat also im Joh keine selbständige Bedeutung, sondern ist jener andern christologischen Konzeption dienstbar gemacht, die in den Reden zur Sprache kommt[50].

Der *Grundzug dieser christologischen Konzeption* besteht aus drei zusammengehörigen Motiven: „Jesus ist von Gott gesandt, steht in

---

[47] ZNW 1925, 102 = Exegetica, 57.

[48] Käsemann, aaO, 53.

[49] Der Wortcharakter der Wunder kommt auch terminologisch darin zum Ausdruck, daß „Worte" und „Werke" synonym gebraucht werden; vgl. 14, 10f.

[50] Die neuerdings wieder aufgestellte Behauptung, Johannes habe „aus dem galiläischen Lehrer den über die Erde schreitenden Gott werden" lassen (Käsemann aaO, 65f unter Verweis auf J. Grill und W. Heitmüller), ist nicht richtig. Denn 1. ist das längst vor Johannes in der Wunderüberlieferung, geschehen; und 2. trifft die einprägsame Formel von Jesus als dem über die Erde schreitenden Gott (die übrigens besser zu Mk paßte) gerade nicht die Intention des Joh.

der Einheit mit dem Vater und bringt als solcher die Offenbarung."[51]
Daß *Jesus von Gott gesandt* ist, sagt Joh 37mal; es ist einer seiner
Hauptgedanken, der zwar durch die Tradition gegeben war, aber
von ihm am stärksten ausgearbeitet worden ist. Der Satz bedeutet
zweierlei: daß Jesus, präexistentes Gottwesen (1, 1; 17, 5), aus der
jenseitigen Sphäre in die Welt gesandt wurde, „Fleisch ward" (1, 14),
und daß Jesus, der irdische Mensch, der beauftragte und bevollmäch-
tigte Stellvertreter Gottes ist. Die Wendung „der Vater, der mich
gesandt hat" oder einfach „der mich gesandt hat" ist geradezu
Gottesprädikation; Jesus als der präexistente und Mensch gewordene
Gesandte Gottes heißt „der Sohn Gottes" oder absolut „der Sohn".

Das zweite Motiv erhält seinen stärksten Ausdruck 10, 30: „Ich
und der Vater sind eins" (vgl. 17, 22 Ende). Dazu gehören ferner
die Aussagen Jesu, er sei nicht allein, der Vater sei mit ihm (8, 16.
29; 16, 32). Diese *Einheit* äußert sich darin, daß Jesu Worte nicht
seine, sondern des Vaters Worte (3, 34; 7, 16; 8, 26. 38. 40; 14, 10.
24; 17, 8. 14), seine Werke nicht seine, sondern des Vaters Werke
sind (5, 17. 19ff. 30. 36; 8, 28; 14, 10; 17, 4), daß er nicht den
eigenen, sondern den Willen des Vaters tut (4, 34; 5, 30; 6, 38; 10,
25. 37) und daß der Vater ihm gottgleiche Vollmacht gegeben hat
(5, 27; 17, 2). Diese Einheit wird durch Reziprozitätsformeln ausgesprochen: „Ich bin im Vater, und der Vater ist in mir" (14, 10;
vgl. 17, 21). Ihr Sinn ist, daß Gott von Jesus – und dh nur von
Jesus – repräsentiert wird: „Wer mich sieht, sieht den, der mich
gesandt hat" (12, 45; vgl. 14, 9!).

*Aufgabe des Gottgesandten* ist es, die Offenbarung zu bringen,
dh die rettende „Erkenntnis" zu erschließen (17, 3). Denn niemand
hat Gott je gesehen außer dem Sohn (1, 18; 5, 37; 6, 46). Und die

---

[51] Bultmann, ZNW 1925, 103 = Exegetica, 58. – Ich zitiere diesen Satz,
weil er offenbar in der Auseinandersetzung mit Bultmanns Joh-Interpretation vergessen worden ist: so wenn Haenchen gegen Bultmanns
Verwendung des Begriffs „Offenbarer" einwendet, Joh spreche von Gesandten Gottes („der Vater, der mich gesandt hat"), und so wenn
Käsemann gegen Haenchen einwendet, diese Formel sei weder die einzige noch die kennzeichnendste christologische Formel, sie wechsle „unab-
lässig mit der andern vom Einssein mit dem Vater, welche ihr erst
ihren spezifisch christologischen Sinn gibt", und sich dafür auch noch
auf die neueren Erkenntnisse von J. Blank, Krisis, 1964, 113 berufen zu
müssen meint (aaO, 29ff; das Zitat S 31). Diese εὑρήματα
kommen um einige Dezennien zu spät (wie die Kritik an Bultmanns
Joh-Interpretation, soweit ich diese Kritik überblicke, m. E. noch ein
saeculum zu früh kommt).

Menschenwelt befindet sich in prinzipiellem Gegensatz zu Gott. Sie sucht ihn, aber sie verfehlt ihn ständig, weil sie Nichtgöttliches für Gott hält; sie „bleibt", wo sie ist, in der selbstverschuldeten Verschlossenheit, die sie nicht zu transzendieren vermag. Diesen *Dualismus Gott / Welt* charakterisiert Joh durch die Gegensatzpaare Licht / Finsternis, Wahrheit / Lüge, Leben / Tod. Aber er versteht ihn nicht metaphysisch, wie es die Gnosis tut; die Welt ist nicht des Teufels, sondern ist und bleibt Gottes Schöpfung (1, 3. 10. 11). Die Überwindung des Gegensatzes ist nur von Gott her möglich, durch „Offenbarung". Sie geschieht in der Sendung des Sohnes. Jesu Offenbarerfunktion wird durch die Prädikationen Logos und Licht bezeichnet (1, 1. 4f. 9; 8, 12) und vollzieht sich primär in seinen Reden (Offenbarungsreden). Fragt man nach dem *Inhalt der Offenbarung,* dann muß man ein seltsames Phänomen konstatieren. Jesus sagt mehrfach, er rede, was er beim Vater gesehen und gehört habe (3, 11; 8, 26. 28; 12, 49; 14, 24), und nach 1, 18 erwartet man das auch; aber tatsächlich enthüllt er nie derartige Geheimnisse oder Lehren; er spricht vielmehr immer nur von sich selbst, und zwar, daß in ihm Gott begegne. Das ist der Sinn seines Redens von seiner Sendung und der seiner ἐγώ-εἰμι-Worte. Die Auffassung des Joh ist die „daß Jesus als der Offenbarer Gottes nichts offenbart, als daß er der Offenbarer ist"[52], und das heißt, daß nur er es ist. Einen Beweis für diese Behauptung gibt es nicht; auch die Wunder legitimieren sie nicht, sie symbolisieren sie nur. Die Offenbarung ist daher Ruf zum Glauben an Jesus als den Offenbarer („daß du mich gesandt hast" 17, 8. 21. 23), denn nur so ist Glaube an Gott und damit das eigentliche, „das ewige Leben" möglich (17, 3). Sie bringt die „Scheidung" (σχίσμα) unter den Menschen, weil sie sich dem fordernden Ruf gegenüber entscheiden müssen. In der Welt der Finsternis, der Lüge und des Todes erscheint der Offenbarer als Fremder, den sie mißversteht, mißverstehen muß und dem sie mit „Haß" begegnet; den „Seinen", die ihn „erkennen", weil sie der Vater „zieht", verleiht er das Licht, die Wahrheit, das Leben. Die Offenbarung ist nicht Wissensmitteilung, sondern Heilsgeschehen. „Jesus redet von seinem Gekommensein, das das Gericht für die Welt bedeutet, da es das Kommen des Lichtes ist, und von seinem Gehen, durch das er den Seinen den Weg bereitet, während es für die ‚Welt' den Untergang bedeutet."[53]

[52] Bultmann, NT, 418.
[53] Bultmann, RGG³ III, 845.

Das Eigentümliche dieser Christologie ist dies, daß sie die ganze
*Eschatologie* in sich aufgenommen hat und diese keine selbständige
Bedeutung mehr hat. Joh stimmt mit Paulus darin überein, daß die
Sendung des Sohnes d a s eschatologische Heilsereignis ist (Gal 4,
4f), auch wenn Paulus aus diesem Geschehen sonst Tod und Auferstehung oder auch das Kreuz allein namhaft macht. Für beide ist
das entscheidende eschatologische Ereignis geschehen. Aber für Paulus (wie für den allergrößten Teil der Urchristenheit) steht noch
einiges aus: die Wiederkunft Christi, die Auferstehung der Toten,
das Endgericht und ewiges Leben. Für Joh sind diese eschatologischen Ereignisse nicht zukünftig, sondern sie vollziehen sich gegenwärtig in der Reaktion auf den Ruf Jesu (das Gericht 3, 17f. 36;
die Auferstehung und das ewige Leben 5, 24–27; 11, 25f; die Parusie
14, 18–24)[54]. Diese radikal vergegenwärtigte Eschatologie hat befremdet, schon sehr früh wurde durch den Redaktor die futurische
Eschatologie wieder eingeführt, um die präsentische zu korrigieren
(5, 28f und die Verschlüsse 6, 39. 40. 44). Aber selbst wenn diese
Texte auf den Evangelisten zurückgehen sollten, so verträten sie die
traditionelle, vorgegebene Auffassung und würden durch die andern
korrigiert (vgl. das Verhältnis von 11, 23f zu 11, 25f). Jene repräsentieren jedenfalls die Auffassung des Evangelisten. Zudem wären
damit immer noch nicht Parusie und Weltgericht gerettet[55]. Die
wohlwollenden Interpretationen, die diesen Unterschied zwischen
johanneischer und traditioneller Eschatologie ausgleichen wollen, sind
mehr rührend als überzeugend und rauben dem 4. Evangelium seinen eigentlichen Skopus. Der präsentischen Eschatologie entspricht
die Tatsache, daß Jesu eigentliche Bedeutung nicht mit den traditionellen eschatologischen Titeln bzw. nicht mit ihnen in ihrem traditionellen Sinn ausgesprochen wird[56], sondern mit den ἐγώ-εἰμι-
Worten. Das eschatologische Heil, das keiner künftigen Ergänzung
oder Vollendung bedarf, sondern im Glauben an Jesus total gegenwärtig ist, kann mit den Reziprozitätsformeln umschrieben werden,
nach denen die Glaubenden in derselben Einheit mit dem Offenbarer
und Gott stehen, in der diese stehen: „Ich in meinem Vater und ihr
in mir und ich in euch" (14, 20; vgl. 10, 14f; 17, 21. 23).

---

[54] Vgl. zu diesem Thema vor allem Dodd, Interpretation, 390ff.
[55] Vgl. Käsemann, aaO, 36f.
[56] Vgl. Bultmann, NT, 387ff.

## 6. Religionsgeschichtliche Stellung

Die Eigenart des Joh – seine Art zu reden, seine Begriffe und Bilder, seine Auffassung von der Erlösung –, die es von den Synoptikern trennt, ist nicht im individuellen Geschmack des Verfassers, sondern in seiner Umwelt begründet; denn der Autor führt seine Vorstellung nicht erklärend ein, sondern setzt sie als bekannt voraus. Die religiöse Umwelt, aus der und zu der der Evangelist spricht, ist dort zu suchen, wo die beiden signifikanten Züge seinen Denkens – der Dualismus und die göttliche Erlösergestalt – ebenfalls vorhanden sind. Dieser methodische Grundsatz ist an sich selbstverständlich, wird aber nicht allgemein befolgt. Befolgt man ihn, so ist die Erkenntnis unausweichlich, daß die beiden genannten Züge sich in dieser Verbindung nur in der Gnosis finden, und das heißt, daß Joh sich mit einem gnostischen Erlösungsverständnis auseinandersetzt und seine *Verkündigung in gnostischer Sprache und Vorstellungsweise* zum Ausdruck bringt. Daß dabei die „Gnosis" entscheidend verändert wird, ist selbstverständlich. Aber zunächst muß – um das Joh geschichtlich zu verstehen – nach den Gemeinsamkeiten gefragt werden, und dh auch danach, was Joh „im Grunde" mit der Gnosis verbindet; denn seine Sprache ist nicht nur ein modus loquendi, eine missionarische Anpassung, sondern sachlich mit der Gnosis verbunden.

Gewisse Parallelen in der Logosspekulation Philos und im Corpus Hermeticum, aber auch in der christlichen Gnosis (Briefe des Ignatius von Antiochia und Oden Salomos) waren immer schon aufgefallen. Aber erst, als die mandäischen Texte durch M. Lidzbarski erschlossen worden waren und manichäische Originaltexte zugänglich wurden, rückten jene Parallelen in einen größeren Zusammenhang. Ihm ging R. Reitzenstein in seinen kühnen Untersuchungen nach[57]. Dieser Zusammenhang wurde speziell für Joh durch W. Bauer in der 2. Auflage seines Joh-Kommentars und vor allem durch R. Bultmann in zwei heute noch unüberholten Aufsätzen („Der religionsgeschichtliche Hintergrund des Prologs zum Johannesevangelium" in der Gunkel-Festschrift 1923 und „Die Bedeutung der neuerschlossenen mandäischen und manichäischen Quellen für das Verständnis des Johannesevangeliums" in der ZNW 1925) aufgehellt;

---

[57] Das mandäische Buch des Herrn der Größe und die Evangelienüberlieferung (SAH), 1919; Das iranische Erlösungsmysterium, 1921.

später hat Ed. Schweizer, EGO EIMI, die Verwandtschaft der johanneischen Bildreden mit mandäischen Texten nachgewiesen.

Bultmann hat in dem Aufsatz in der ZNW gezeigt, daß hinter dem Grundschema der johanneischen Christologie: „Jesus ist von Gott gesandt, steht in der Einheit mit dem Vater und bringt als solcher die Offenbarung" ein gewaltiger Mythos steht, der Erlösermythos der Gnosis, der in den mandäischen Texten am deutlichsten sichtbar wird. Es ist der Mythos vom Herabsteigen und Wiederaufsteigen eines erlösenden Offenbarers, von seiner Verbundenheit mit den „Seinen" und seinem Gegensatz zur „Welt", ein Mythos, in dem die dualistische Terminologie Licht / Finsternis, Wahrheit / Lüge, Leben / Tod zu Hause ist. Bultmann belegt die Parallelität des Schemas an 28 Motiven. Das wichtigste Belegmaterial stammt aus den mandäischen Texten, aber auch aus manichäischen und christlich-gnostischen (Oden Salomos, apokryphe Apostelakten). Von besonderer Wichtigkeit ist Bultmanns Nachweis, daß der Logosspekulation des Joh-Prologs die jüdische Spekulation über die personifizierte göttliche „Weisheit" (Chokma, σοφία) in manchen Partien der jüdischen Weisheitsliteratur zugrunde liegt und daß diese Sophiaspekulation eine Variante des Erlösermythos ist. Dasselbe gilt auch von manchen Logosspekulationen Philos, bei dem Logos und Sophia wechseln können und bei dem die mythologischen Vorstellungen von Logos und Sophia sich sehr deutlich von der stoischen Umdeutung abheben.

Damit war der Erlösermythos als vorchristlich und als verbindendes Glied zwischen den sonst voneinander unabhängigen Texten (den mandäischen und manichäischen, hermetischen und christlich-gnostischen, philonischen und jüdischen Weisheitsschriften) erwiesen und in die räumliche und zeitliche Nähe auch des palästinischen Judentums und Urchristentums gerückt. Aber die besonderen Parallelen zwischen Joh und den mandäischen Schriften verlangten eine genauere Erklärung.

Das Schrifttum der Mandäer, einer noch heute existierenden Taufsekte im südlichen Mesopotamien, ist erst in islamischer Zeit kodifiziert worden, aber sein Stoff ist natürlich viel älter. Die wichtigsten, durch M. Lidzbarski zugänglich gemachten Werke sind „Die mandäischen Liturgien", „Das Johannesbuch" und „Ginza".

Die Tatsache, daß Johannes der Täufer eine große Rolle spielt, daß jedes Taufwasser „Jordan" heißt und daß die Juden und Jerusalem gehaßt werden, hat – abgesehen von den schon erwähnten Parallelen – zu der

Auffassung geführt, daß die Mandäer ursprünglich aus dem Jordangebiet stammen und nichts anderes sind als die Täufersekte der „Jünger des Johannes" – so zB Lidzbarski und Bultmann; andere gingen noch weiter, zur Annahme literarischer Abhängigkeit bestimmter johanneischer und sogar synoptischer Texte von mandäischen – so Reitzenstein. Die „Mandäerfrage", dh die Frage nach Alter und Heimat der Mandäer und nach ihrem Verhältnis zum Judentum und Urchristentum (hier insbesondere zum Joh), wurde lebhaft diskutiert, aber durch H. Lietzmanns Versuch, die Abhängigkeit des mandäischen vom nestorianischen Taufritual und die Sekundarität Johannes des Täufers in den mandäischen Texten nachzuweisen[58], verlor diese Diskussion weitgehend das Interesse der theologischen Öffentlichkeit; die Mandäerthese schien erledigt und wird auch heute noch gelegentlich als erledigt ausgegeben[59]. Aber die Forschung ging weiter. Sie wurde enorm bereichert durch Lady E. S. Drower, die unbeeindruckt von Lietzmann die Kenntnis der Mandäer durch Darstellung, Texteditionen und Untersuchungen förderte[60], und sie wurde weitergeführt von Gelehrten, die beeindruckt von Lietzmann mit disziplinierten und differenzierten Methoden – sprachgeschichtlichen und traditionsgeschichtlichen – die mandäischen Texte analysierten[61] und die sehr bewegte Geschichte der Mandäer zu rekonstruieren suchten. Das heutige Standardwerk stammt von Kurt Rudolph („Die Mandäer" I–III, 1960–1965). Die für unsere Frage wichtigsten Ergebnisse: Die alte These Lidzbarskis vom westlichen Ursprung und hohen Alter der Mandäer ist bestätigt und präzisiert worden. Rudolph hat nachgewiesen, „daß die urmandäische oder nasoräische Sekte einem häretisch-gnostischen Judentum, das sich in Form von Taufsekten im Ostjordanland konstituiert hatte, entsprungen ist"[62]. Sie gehört in die palästinisch-syrische Taufbewegung, die von 150 vChr an nachzuweisen ist.

Aber eine Verbindung dieser Mandäer mit den „Jüngern des Johannes" (des Täufers) oder gar ihre ursprüngliche Identität läßt sich nicht erweisen. Der gnostische Erlösermythos der Mandäer ist vorchristlichen Ursprungs[63]. Eine literarische Abhängigkeit des Joh von

---

[58] Ein Beitrag zur Mandäerfrage (SBA 1930).

[59] So zB von C. H. Barrett, The Gospel according to St. John, 32 oder R. E. Brown, The Gospel according to St. John I.

[60] The Mandaeans of Iraq and Iran, 1939. Seither noch weitere Publikationen.

[61] Vgl. den Forschungsbericht von H. Schlier, ThR NF 5, 1933, 1ff., 69ff. ferner: V. S. Pedersen, Bidrag til en analyse at de mandaeiske skrifter, 1940; G. Widengren, The Great Vohu Manah and the Apostle of God, 1945; ders., Mesopotamian Elements in Manichaeism (King and Saviour II). Studies in Manichaean, Mandaean and Syriac-Gnostic Religion, 1946. W. Baumgartner, Zur Mandäerfrage HUCA XXIII, Part I, 1950/51, 41ff; ders., Der heutige Stand der Mandäerfrage, ThZ 6, 1950, 401ff; K. Rudolph, Die Mandäer I, 1960.

[62] Stand und Aufgaben in der Erforschung des Gnostizismus, Sonderhefte der WZ Jena 1963, 93. Vgl. schon Bultmann, ZNW 1925, 142f = Exegetica, 100f.

(uns erhaltenen) mandäischen Texten (oder umgekehrt) besteht nicht. Die frappante Verwandtschaft, deren deutlichste Exempel die Bildreden und Ich-bin-Worte sind, aber auch Stileigentümlichkeiten und Terminologie, beruht auf einer dritten Größe: einer gemeinsamen „religiösen Kunstsprache", in der sich bestimmte gemeinsame Anschauungen aussprechen; diese religiöse Kunstsprache hat G. Widengren als dem Manichäismus, Mandäismus und der syrischen Gnosis gemeinsam nachgewiesen.

Für die Beurteilung der religionsgeschichtlichen Stellung des Joh ist die Erkenntnis bedeutsam, daß das 4. Evangelium nicht nur den allgemein-gnostischen Erlösermythos rezipiert hat, der sich auch sonst im NT findet, sondern daß es spezielle Vorstellungen und Sprachformen mit den Urmandäern teilt. Es gehört seiner Herkunft nach in das Milieu dieser synkretistisch-jüdischen Gnosis.

In diese Richtung weisen auch die Berührungen des Joh mit Qumrantexten. Es finden sich auffällige terminologische Parallelen: zu πνεῦμα τῆς ἀληθείας (Joh 14, 17; 15, 26; 16, 13) in 1QS 4, 21 und zu φῶς τῆς ζωῆς (Joh 8, 12) in 1QS 3, 7. Die engste Verwandtschaft besteht in dem beiderseitigen Dualismus, der auch terminologisch ähnlich ausgedrückt wird durch das Gegensatzpaar Licht / Finsternis und das andere Wahrheit /Verkehrtheit (das dem johanneischen Wahrheit / Lüge zu parallelisieren ist). Merkwürdigerweise findet sich das für Joh so wichtige Gegensatzpaar Leben /Tod in den Qumrantexten nicht. Der Dualismus ist hier wie dort nicht absolut aufgefaßt, sondern vom Schöpfungsglauben begrenzt. Man hat in Qumran „den Mutterboden" des Joh erkennen wollen. Aber davon kann keine Rede sein. Das hat die kritische Prüfung der Texte und Hypothesen durch H. Braun zur Evidenz gebracht[64]. Einerseits findet sich in Joh nichts von der Gesetzesfrömmigkeit, dem Ritualismus und der eschatologischen Naherwartung, die für Qumran charakteristisch ist, und andererseits fehlt in Qumran die Gestalt des himmlischen Erlösers, um die in Joh alles kreist. Die Verwandtschaft beschränkt sich auf Einzelheiten und den Dualismus, der aber von Joh nicht aus Qumran übernommen sein kann[65]. Aber die Qumrantexte repräsentieren ebenfalls Dokumente eines synkretistischen gnostisie-

---

[63] Rudolph, aaO, 97.
[64] Qumran und das NT I, 1966, 96ff; II, 1966, 118ff.
[65] Das schließt Schnackenburg, Joh, 113, aus dem Fehlen des Gegensatzpaares Leben/Tod in Qumran.

renden Judentums und gehören mit in die palästinisch-syrische Taufbewegung. Einen Gegensatz zwischen diesem Judentum und der
Gnosis zu konstruieren, ist antiquiert.

Es scheint, daß einige der Nag-Hammadi-Texte dieses synkretistische Judentum noch deutlicher zu machen vermögen[66].

Wie dem auch sei, die alte These R. Bultmanns[67] und O. Cullmanns[68] hat sich bewahrheitet, daß es um die Zeitenwende in Palästina neben dem offiziellen Judentum ein synkretistisches, dh vom
orientalisch-hellenistischen Synkretismus beeinflußtes Judentum gab;
und ebenso, daß es im palästinischen Urchristentum zwei entsprechende Schichten gab, grob gesagt, die „synoptische" und die
„johanneische", denn der Weisheitsmythos findet sich ja auch in
Q. Bultmann meint sogar: „man muß damit rechnen, daß das johanneische Christentum einen älteren Typus darstellt als das synoptische"[69] – natürlich nicht das Joh als Buch – und daß dieses
„johanneische" Christentum, seiner Herkunft aus dem jüdischen
Synkretismus entsprechend, von vornherein stärker zum Hellenismus
neigte. –

Johannes hat den gnostischen Mythos nicht unverändert übernommen, sowenig wie andere urchristliche Autoren. Er hat ihn an
die geschichtliche Gestalt Jesu gebunden. Die Mandäer kennen zahlreiche Gesandtengestalten, die jüdische Weisheitsspekulation und
manche gnostische Richtungen zahlreiche, einander folgende Erscheinungen derselben göttlichen Gestalt (Gestaltwandel des Erlösers). Und es ist sehr fraglich, ob das irdische Erscheinen der göttlichen Figur als Menschwerdung im Sinne von Gal 4, 4f; Phil 2, 6ff;
Hebr 2, 14ff und Joh 1, 14 gedacht ist. Bei Joh ist jedenfalls Jesus
als einmalige geschichtliche Gestalt der „Gesandte", der Erlöser in
exklusiver Singularität. Nicht übernommen hat Joh ferner den absoluten Dualismus, dh die Vorstellung, das Wesen der „Welt" und
die Situation des Menschen sei durch eine kosmische Urkatastrophe
(Fall des Erlösers zB) bedingt; ebenso die Vorstellung von der
Präexistenz der Seelen, dh des menschlichen Selbst, und von seiner

[66] J. M. Robinson, Entwicklungslinien 246ff, nennt die Apokalypse des
Adam, die Paraphrase des Sêem und die Drei Stelen des Seth.
[67] ZNW 1925, 142ff = Exegetica, 100ff.
[68] Le problème litéraire et historique du roman pseudo-clémentin, 1930;
ders., Wandlungen in der neueren Forschungsgeschichte des Urchristentums: Discordia Concors (Festgabe Edgar Bonjour), 1968, 49ff, bes. 58ff.
[69] AaO, 144 = Exegetica, 102.

Wesensidentität mit dem Erlöser; beide Vorstellungen werden durch
die Christologie des Joh, in die der Schöpfungsglaube integriert ist
(1, 1–14), ausgeschlossen; der Erlöser ist identisch mit dem Schöpfer.
Der Evangelist verwendet den gnostischen Mythos – in dieser
Korrektur – zur Entfaltung seiner Christologie und Soteriologie; er
konnte mit ihm besser als mit apokalyptischen Kategorien die Jen-
seitigkeit der Offenbarung und besser als mit sakramentalen Kategorien die Gegenwärtigkeit des totalen Heils zum Ausdruck bringen.
Aber es handelte sich bei der Übernahme des Mythos nicht um
zweckbedingte Anpassung; sie war vielmehr bedingt durch eine
sachliche Übereinstimmung in bestimmten Grunderkenntnissen. Diese
sind, wie Bultmann überzeugend nachgewiesen hat[70], die Erkenntnis
von der „Unweltlichkeit des menschlichen Selbst" und seiner „Welt-
verflochtenheit" und „Weltverfallenheit" und damit verbunden die
Erkenntnis von der „Unweltlichkeit Gottes" und von der Notwendigkeit der Erlösung und Offenbarung. Der Grund zur Übernahme
besteht darin, „daß im gnostischen Mythos ein bestimmtes Verständnis von Welt und Mensch seinen Ausdruck findet, an das der Evangelist anknüpfen konnte – eine Frage, auf die das Evangelium die
Antwort war."[71]

### 7. Abfassungsverhältnisse

### Theologiegeschichtliche Situation

Stammt das Johannesevangelium aus einer derartigen Umwelt,
dann werden einige Züge, vor allem die polemischen, verständlicher.
Joh ist sowenig wie Mk oder Mt eine Missionsschrift, weder für
Juden noch für Heiden, sondern ist für die Gemeinde, seine Gemeinde bestimmt, damit sie in der Wahrheit „bleibe". Diesem Ziel
dient auch die Polemik.

Sie wendet sich vor allem gegen „die Juden". Sie hat, wie oben
erwähnt, ihre konkreten Hintergründe in der Geschichte Jesu und
dieser Gemeinde, wendet sich aber gegen „die Juden" als Repräsentanten der „Welt", als Symbol des Unglaubens aus Religiosität.
Unverkennbar aktuell ist aber die antitäuferische Polemik (1, 6ff.
15. 20–27; 3, 23–30; 5, 33–36; 10, 41). Sie reflektiert wie die
entsprechenden synoptischen und Acta-Texte die Rivalität mit den

---

[70] Kommentar passim; die folgenden Formulierungen nach RGG³ III, 847f.
[71] AaO, 847.

„Jüngern des (Täufers) Johannes" und verwendet ähnliche Mittel.
Der Täufer wird Jesus energisch subordiniert und für ihn beansprucht, teils durch Wiedergabe von Selbstzeugnissen (1, 15.
20–27; 3, 27–30), teils durch Deutung seitens Jesu (5, 33–36) oder
des Evangelisten (1, 6ff). Deutlicher als bei den Synoptikern wird
bei Joh der Grund der Polemik: die Verehrung des Täufers als des
eschatologischen Heilbringers. Die unvermittelte Polemik des Prologs:
„Nicht er war das Licht" (1, 8) hat nur Sinn, wenn die Johannes-
jünger ihren Meister für „das Licht", dh den Offenbarer halten;
dafür spricht auch das Bild vod dem brennenden Leuchter 5, 35
und die Astralsymbolik 3, 30 und außerjohanneische Belege. Die
Annahme, daß das dem Prolog zugrundeliegende und vom Evangelisten mit Zusätzen versehene Lied täuferischer Herkunft sei und
den Täufer als präexistenten und Fleisch gewordenen Logos feiere,
hat alle vernünftigen Gründe für sich und keinen durchschlagenden
gegen sich. Der 4. Evangelist kennzeichnet den Täufer nicht wie die
Synoptiker als eschatologischen Vorläufer des Messias, sondern
als „Zeugen" für den Präexistenten und Fleischgewordenen (1, 7f.
15. 30. 32f), in dieser Eigenschaft sogar als Gottgesandten (1, 6).
Die Rivalität mit den Täuferjüngern ist im 4. Evangelium besonders
stark spürbar. Die ersten Jünger Jesu waren nach 1, 35ff Jünger
des Täufers und der Evangelist möglicherweise auch. Die Auseinandersetzung mit den Täuferjüngern war für die Gemeinde des
4. Evangelisten, jedenfalls für einen Teil, zugleich eine Auseinandersetzung mit der eigenen Vergangenheit. Theologisch geht es
bei dieser Auseinandersetzung nicht um die Antithese Glaube / Un-
glaube (wie bei der Polemik gegen „die Juden"), sondern um die
Antithese Glaube / Falschglaube.

Die durchgängige und grundsätzliche Polemik richtet sich aber
gegen die Gnosis, in deren Begrifflichkeit Joh spricht und deren
Offenbarergestalten und Offenbarungsanspruch er bekämpft. Ein
spezieller gnostischer Gegner wird nicht sichtbar[72]. Es geht dem
Evangelisten vielmehr um die prinzipielle Klarstellung, daß die Tod-
verfallenheit des Menschen, die die Gnosis so klar erkannt hat,
ausschließlich durch die Offenbarung in Jesus gelöst wird. Dieses
„Zeugnis" ist ebenso prinzipiell wie aktuell. Da es nicht in den
leeren Raum gesprochen wird, nimmt es notwendig die Form der
Polemik an; denn nur durch klare Scheidung kann sich verwirklichen,
was der Evangelist 20, 31 als Zweck seines Buches angibt.

---

[72] Irenaeus nennt Kerinth (Haer III 11, 7).

Offenbar nimmt Joh auch eine kritische Auseinandersetzung mit dem Kirchentum seiner Zeit vor, und zwar weniger explizit als stillschweigend[73]. Denn sein Stillschweigen über die Einsetzung des Herrenmahls und seine von der synoptischen abweichende Darstellung der Jünger deuten auf eine erhebliche Reserviertheit gegenüber den gängigen Vorstellungen seiner Zeit vom Sakrament, vom apostolischen Amt und dh von der Kirche als Institution[74], wie sie in verschiedener Weise von den Deuteropaulinen und den Lukasschriften, von 1 Clem und den Ignatiusbriefen vertreten werden. Eine ähnliche Reserviertheit zeigt sich auch im Hebr, ebenso die gleiche Schätzung des „Wortes"; aber für diesen ist das Gottesvolk, die übergreifende Gemeinschaft der Gläubigen in der Geschichte der Horizont, in dem christliche Existenz möglich ist; für Joh ist das „Bleiben" des Einzelnen in Jesus (15, 1ff) und die Liebe des Einzelnen zu den Brüdern der Modus der glaubenden Existenz, das Wesen der Kirche. Charakteristisch ist, daß die Jünger von Jesus zu seinen „Freunden" ernannt werden (15, 14f); und es entspricht diesem Selbstverständnis, daß „Freunde" die Selbstbezeichnung der Glieder des johanneischen Kreises ist (3 Joh 15)[75]. Dieser kritische Nonkonformismus verbindet sich mit dem Anspruch des Verfassers, in seinem Buch die geistgewirkte und also verbindliche Darstellung der Geschichte Jesu zu geben. Läßt sich der Nonkonformismus wie auch die johanneische Vergegenwärtigung der Eschatologie mit dem Pneumatismus der „Enthusiasten" in Verbindung bringen, so doch nicht in eine geschichtliche Entwicklung; denn jener Enthusiasmus war einmal an ein bestimmtes Verständnis der Sakramente gebunden und hatte außerdem nichts mit der Leben-Jesu-Tradition zu schaffen. So steht Joh recht isoliert in seiner Zeit, und es lassen sich auch nach rückwärts keine durchgehenden Entwicklungslinien aufweisen trotz vorhandener Motive und Theologumena[76]. Ob das nur an der Trümmerhaftigkeit unserer Überlieferung liegt oder an der schöpferischen Selbständigkeit des Verfassers, den man Johannes nennt?

---

[73] Vgl. Käsemann, aaO, 65ff.

[74] H. Köster hat das scharfsichtig durch einen Vergleich mit Ignatius herausgearbeitet: Geschichte und Kultus im Johannesevangelium und bei Ignatius von Antiochien, ZThK 54, 1957, 56ff.

[75] Vgl. Käsemann, aaO, 71f; ferner: Joach. Wach, Meister und Jünger, 1925.

[76] Wenn Franz Mußner, ZΩH, 1952, 186 die alte Tübinger Konstruktion erneuert: „Joh ist die legitime Weiterführung und Vollendung der

## 8. Verfasserfrage, Abfassungszeit und -ort

### a) Die Verfasserfrage

Wer das 4. Evangelium verfaßt hat, wissen wir nicht. Trotzdem soll über die Verfasserfrage, die seit dem Anfang des 19. Jh.s so leidenschaftlich verhandelt wurde, kurz orientiert werden. Die Diskussion ging nicht um die Frage, w e r der Autor ist, sondern ob es der Zebedaide Johannes ist, wie die kirchliche Tradition behauptete. Da das Buch nur als Werk des Zebedaiden in den Kanon aufgenommen worden war, schien seine Kanonizität, aber auch seine „Echtheit" im Sinne historischer Glaubwürdigkeit von der „apostolischen" Verfasserschaft abzuhängen. Darum wurden das Selbstzeugnis des Buches und die sog. „äußeren" Zeugnisse immer neu analysiert, kombiniert und strapaziert.

*Die inneren Zeugnisse:* Am Schluß des Nachtragkapitels heißt es vom vorher erwähnten Lieblingsjünger[77]: „Das ist der Jünger, der für diese Dinge Zeugnis ablegt und dies geschrieben hat" (21, 24). Aus V. 20–23 geht hervor, daß der Lieblingsjünger zwar lange gelebt hat, aber zur Zeit der Abfassung von V. 20–25 und damit von Joh 21 überhaupt schon tot war. Die Notiz 21, 24 kann sich also nur auf K. 1–20 beziehen. Der Redaktor gibt als Verfasser des Evangeliums den „Jünger, den Jesus liebte" an, nennt aber seinen Namen nicht und deutet auch nicht an, welchen der in der Szene Anwesenden – zwei sind anonym – er meint.

In Joh 1–20 dagegen finden sich keine Hinweise des Verfassers auf seine Person. Er berichtet mehrfach vom Lieblingsjünger (13, 23 bis 25; 19, 26f; 20, 2–8; höchstwahrscheinlich auch 19, 35; vielleicht 18, 15f), deutet aber mit keiner Silbe an, er sei mit ihm identisch. Nur einmal wird der Lieblingsjünger als Gewährsmann genannt, und zwar 19, 35 für die Ereignisse bei der Kreuzigung, bzw. für den Lanzenstich, bei dem Blut und Wasser aus Jesu Seite kam: „Und der es gesehen hat, hat es bezeugt, und sein Zeugnis ist wahr." Ohne den analogen Satz 21, 24 käme niemand auf den Gedanken, hier wolle der Verfasser sich selbst kundtun und mit dem Lieblingsjünger identifizieren. Möglicherweise ist 19, 35 eine Glosse des Redaktors,

---

jüdisch-synoptisch-paulinischen Tradition", so fragt sich, ob die juridische Kategorie des „Legitimen" die fehlenden historischen Zwischenglieder ersetzen soll.

[77] Vgl. A. Kragerud, Der Lieblingsjünger im Johannesevangelium, 1959 und den Überblick bei Kümmel, Einleitung, 203f.

der mit ihr 21, 24 vorbereiten will (Bultmann und Jeremias), und fällt dann als Selbstzeugnis des Evangelisten weg. Hält man den Satz für ursprünglich, dann muß man ihn für sich ohne Bezug auf den Nachtrag K. 21 verstehen; und dann spricht er nur vom Gewährsmann für die Ereignisse bei der Kreuzigung. Dh erst das Nachtragskapitel macht den Lieblingsjünger zum Autor des 4. Evangeliums; dieses selbst gibt keine Veranlassung dazu.

Wer ist aber mit dem Lieblingsjünger gemeint? Die traditionelle Antwort: der Zebedaide Johannes wird folgendermaßen begründet: 1. der Jünger, den Jesus liebte, müsse einer der in den Synoptikern bekannten drei Vertrauten sein; Petrus scheide wegen Joh 13, 23ff; 20, 3ff; 21, 20ff aus, ebenso Jakobus wegen seines frühen Todes (Apg 12, 2), bleibe also nur Johannnes; 2. sei aus der Bemerkung 1, 41, Andreas habe zuerst seinen Bruder Simon (= Petrus) gefunden und zu Jesus gebracht, zu schließen, daß der zweite, anonym bleibende Jünger (1, 40) dasselbe mit seinem Bruder getan habe, auch wenn das nicht berichtet wird; ein zweites Bruderpaar unter den Jüngern seien aber nur die Zebedaiden, und die beiden Brüderpaare seien wie bei den Synoptikern gleich zu Anfang Jünger Jesu geworden (Mk 1, 16ff). Aber dieses harmonisierende Konklusionsverfahren ist methodisch fragwürdig. Das 4. Evangelium entwirft ein recht anderes Bild als die Synoptiker von den Jüngern; die drei Vertrauten gibt es in ihm nicht, ebenso werden die Zebedaiden in Joh 1–20 überhaupt nie und erst im Nachtragskapitel 21, 2 erwähnt; dazu kommen Angaben über die Heimat des Petrus (1, 44) und über Jünger (Nathanael, Lazarus), die in den Synoptikern keine Entsprechungen haben. Auch aus K. 21 geht nicht hervor, daß der Lieblingsjünger der Zebedaide Johannes sei; denn neben den Zebedaiden und den namentlich genannten werden „zwei andere" – anonyme – „aus den Jüngern" erwähnt (21, 2). Dh die Identifizierung des Lieblingsjüngers mit dem Zebedaiden hat im Evangelium keinen Anhalt und im Nachtrag keine Stütze.

Läßt er sich aber sonst näher bestimmen? Er tritt erstmalig beim letzten Mahl auf (13, 23–25), gehört offenbar nach Jerusalem, wird jedenfalls vorher nicht erwähnt. Man hat ihn auch in 18, 15f finden wollen, wo „ein anderer Jünger" genannt wird, der mit dem Hohenpriester „bekannt", dh verwandt war und Petrus Einlaß in den hohenpriesterlichen Palast verschaffte; aber diese Gleichsetzung bleibt unsicher, da der Lieblingsjünger sonst als „der andere Jünger" (mit bestimmtem Artikel) und nur nach vorheriger Erwähnung so bezeichnet wird (vgl. 20, 3. 8 mit 20, 2). Als „der Jünger, den Jesus liebte", hat er eine Vorrangstellung; er hat beim letzten Mahl den Ehrenplatz an Jesu Brust und übermittelt Petri Frage an den Meister. Er steht in einem unverkennbaren Konkurrenzverhältnis zu Petrus: am Ostermorgen überholt er Petrus beim Wettlauf zum Grabe; doch steigt dieser zuerst hinein – so daß ein Ausgleich geschaffen ist; im Nachtragskapitel wird Petrus zwar mit der Leitung der Kirche betraut (21, 15. 16. 17), aber auch dreimal gefragt, ob er Jesus liebe, und dann wird er erneut dem Lieblingsjünger konfrontiert: dessen Stellung wird von dem Primat des Petrus gar nicht berührt, sie ist ihm inkommensurabel (21, 20–23), und der Gekreuzigte vertraut seine Mutter dem Lieblingsjünger an (19, 26f).

Aus der Geschichte des Urchristentums ist keine Gestalt bekannt, auf die diese kurz skizzierten Züge, insbesondere das eigentümliche Verhältnis zu Petrus, zuträfen· Man kann sich auch des Eindrucks nicht erwehren, daß sowohl der Evangelist als auch der Redaktor sie absichtlich im Halbdunkel gelassen und bewußt die literarische Anonymität durchgeführt haben. Die Versuche, eine solche Gestalt zu finden – etwa den Lazarus, „den Jesus liebte" (11, 5. 3) – sind fehlgeschlagen. Aber auch die entgegengesetzten Versuche, die rätselhafte Figur als eine vom Evangelisten erdachte Idealgestalt zu erweisen, überzeugen noch nicht recht, obwohl die Charakterisierung in diese Richtung weisen könnte[78]. Denn „Liebe" meint ja im Joh nicht den persönlichen Affekt, sondern Wesensgemeinschaft. „Der Jünger, den Jesus liebte", ist der, dem Jesus sein Wesen zugeteilt hat, der mit Jesus eins ist, also der „ideale" Jünger. Vielleicht lassen sich das individuelle und das ideale Moment auch kombinieren. Der Evangelist hätte eine individuelle Gestalt im Auge gehabt, sie aber zum Typ des echten Jüngers idealisiert und zum „Träger idealer Szenen" gemacht. Der Redaktor seinerseits hätte den Lieblingsjünger zum Verfasser des Buches gemacht, um die Vorzugsstellung dieser Gestalt auf den Evangelisten und somit auf das Evangelium zu übertragen. In beiden Fällen ist eine gewisse Antithese gegen Petrus leitend; seine Autorität wird zwar nicht bestritten, aber durch die des Lieblingsjüngers relativiert. Daß sich hier theologische und kirchliche Rivalitäten spiegeln, ist deutlich.

---

[78] Die symbolischen Deutungen gehen weit auseinander: Symbol des reinen Jüngertums, des Heidenchristentums, des Trägers des apostolischen Zeugnisses.

Im Rückblick auf die „inneren Zeugnisse" muß man feststellen: der Lieblingsjünger und der Evangelist sind nicht identisch; weder der eine noch der andere ist der Zebedaide Johannes; beide bleiben anonym. Wenn der Redaktor es wagen konnte, den Evangelisten mit dem Lieblingsjünger zu identifizieren, dann muß der Evangelist eine hochangesehene Persönlichkeit gewesen sein, jedenfalls in dem Kreis, zu dem der Redaktor gehört und in dessen Namen er sagt: „Wir wissen, daß sein Zeugnis wahr ist" (21, 24).

*Die äußeren Zeugnisse:* Die frühen altkirchlichen Zeugnisse über das Joh sind, wie schon erwähnt, zwiespältig. Die Auffassung, die sich siegreich durchgesetzt hat, der Zebedaide Johannes sei der Autor, begegnet erstmals bei Irenäus (ca. 180). Er schreibt: „Darauf (scil. nach Mt, Mk, Lk) gab Johannes, der Jünger des Herrn, der auch an seiner Brust gelegen hatte, selbst das Evangelium heraus, als er in Ephesus in der Asia weilte" (Adversus haereses III 11; Euseb KG V 8, 4). Daß er mit dem „Jünger des Herrn" den Zebedaiden meint, geht daraus hervor, daß er Joh 1, 14 mit der Formel „der Apostel hat gesagt" zitiert (Haer I 1, 19) und daß er die von der Kirche von Ephesus bezeugte „Tradition der Apostel" auf Paulus und Johannes zurückführt (Haer III 3, 4; Eus. KG III 23, 4). Nach Irenäus ist also das Joh als letztes der vier Evangelien verfaßt worden, von dem „Herrenjünger" und Apostel Johannes, und zwar in Ephesus, wo er bis in die Tage Trajans gelebt hat (Haer II 22, 5; III 3, 4). Bischof Polykrates von Ephesus (ca. 190) bezeugt ebenfalls die Existenz eines Johannes in Ephesus und identifiziert ihn mit dem Lieblingsjünger: „Ferner aber auch Johannes, der an der Brust des Herrn gelegen hatte, der Priester, Träger des Stirnbandes, Zeuge und Lehrer ist, der ist in Ephesus gestorben" (bei Eus. KG III 31, 3). Die Charakterisierung als Priester hängt wohl mit Joh 18, 15 zusammen. An der Notiz fällt zweierlei auf: einmal, daß Polykrates den Johannes nicht als „Apostel" bezeichnet, während er unmittelbar vorher „Philippus von den zwölf Aposteln" genannt hat – als ob er Johannes nicht zu diesen zählte, und dann, daß er ihn nicht als Verfasser des Evangeliums charakterisiert, obwohl er gleich anschließend für die „Passafeier" am 14. Nisan „gemäß dem Evangelium" eintritt – als hätte dieses nichts mit dem Johannes von Ephesus zu tun. Wie dem auch sei, Polykrates kann nach den überlieferten Texten nicht als vollgültiger Zeuge der Tradition vom Zebedaiden = ‚Apostel' Johannes als dem Autor des 4. Evangeliums angesehen werden.

Irenäus beruft sich für sie allerdings auf zwei Traditionen, auf Polykarp und auf die kleinasiatischen ‚Alten' (πρεσβύτεροι). Irenäus will als Kind den Polykarp gehört haben, wie er von seinem „Verkehr mit Johannes und den übrigen, die den Herrn gesehen haben, erzählte" (Brief an Florinus = Eus. KG V 20, 4). Aber aus dieser Notiz geht nicht hervor, ob Polykarp diesen Johannes in Kleinasien gesehen und ob er ihn für den Autor des 4. Evangeliums gehalten hat. Im Brief und im Martyrium des Polykarp fehlt jede Bezugnahme auf einen Johannes und auf dieses Evangelium. Ebenso unergiebig ist die Berufung auf die ‚Alten' (Haer II 33, 3); wenn er „alle die πρεσβύτεροι" erwähnt, „die in der Asia mit Johannes, dem Herrenjünger, zusammengekommen waren" und von denen „einige nicht nur Johannes, sondern auch andere Apostel gesehen hatten", so besagt dies nur, daß diese ‚Alten' von einem ‚Herrenjünger' namens Johannes, aber nichts über den Autor des 4. Evangeliums hatten verlauten lassen. Und wenn Irenäus gleich darauf „auch Papias, den Hörer des Johannes und Gefährten Polykarps" erwähnt, so steht das im Widerspruch zu Papias' eigenen Aussagen.

Dieser nennt im Proömium zu seiner ‚Auslegung der Herrenworte' Autoritäten, nach deren Aussagen über Jesus er sich bei den ‚Alten' erkundigt hat, darunter zwei Männer namens Johannes: „... was Andreas oder was Petrus gesagt haben (εἶπον) oder was Philippus oder was Thomas oder Jakobus oder was Johannes oder Matthäus oder irgendein anderer der Jünger des Herrn und was Aristion und ὁ πρεσβύτερος Ἰωάννης, die Jünger des Herrn, sagen (λέγουσιν)."[79] Der eine Johannes gehört, wie die umgebenden Namen zeigen, zum Zwölferkreis, ist also der Zebedaide, der πρεσβύτερος Ἰωάννης, der nach Aristion genannt wird, gehört nicht zu den Zwölfen, ist aber auch ‚Herrenjünger'. Papias hat beide Johannesse nicht gesehen, sondern nur durch Dritte (die ‚Alten') ihre Ansichten erfragt, obwohl ‚der Alte Johannes' im Unterschied zum Zebedaiden zur Zeit der papianischen Nachforschungen noch lebte (λέγουσιν – εἶπον); er war also kein „Hörer des Johannes". Daß ‚der Alte Johannes' eine kleinasiatische Größe, dh mit dem Johannes von Ephesus identisch ist, läßt sich durch Papias nicht belegen, ist aber gut möglich. Und davon, daß einer der beiden ein Evangelium geschrieben habe, sagt Papias auch nichts.

Höchst bezeichnend ist, daß er auch sonst das Joh mit Schweigen übergeht, obwohl er zustimmend den 1Joh zitiert. Dieses Schweigen kann wie das über Lk nur den Grund haben, daß er das Joh wegen seiner Beliebtheit und Verwendung bei den Gnostikern als häretisch ansieht[80]. Papias scheidet also ebenfalls als Zeuge für den Zebedaiden

---

[79] Zitiert bei Euseb, KG III 39, 4.
[80] W. Bauer, Rechtgläubigkeit, 188ff.

(und den ‚Alten Johannes') als Autor des 4. Evangeliums aus. Die Traditionen, auf die sich Irenäus beruft, wissen von einem Johannes, der stereotyp „Jünger des Herrn" genannt wird, aber nie den Aposteltitel erhält, also nicht mit dem Zebedaiden identifiziert wird; ob dieser Herrenjünger schon in der vorirenäischen Tradition nach Kleinasien gehört, ist umstritten, dh möglich, aber nicht sicher. Daß er ein Evangelium verfaßt habe, wird in keinem der von Irenäus angeführten „Presbyter"-Zitate behauptet.

Zwei Zeugnisse aus der Zeit bald nach Irenäus zeigen ebenfalls kein einheitliches Bild. Von Polykrates von Ephesus war bereits die Rede. Der Kanon Muratori (ca. 200) gibt eine phantastische Schilderung von der Entstehung des 4. Evangeliums: Johannes sei von seinen „Mitjüngern und Bischöfen" zur Abfassung eines Evangeliums aufgefordert worden, habe das aber nur als Teamwork, zu dem jeder sein Teil beisteure, machen wollen und zunächst ein dreitägiges Fasten angeordnet; dem Andreas aber sei in der ersten Nacht geoffenbart worden, „daß Johannes in seinem Namen alles aufschreiben sollte, indem alle es überprüfen sollten". Daß Johannes, doch offensichtlich ein Glied des Zwölferkreises, auch hier nur als einer „aus den Jüngern", nicht aber wie gleich darauf Andreas als ‚Apostel' bezeichnet wird, ist auffällig. Bemerkenswerterweise wird er nicht mit Ephesus bzw. Kleinasien in Verbindung gebracht. Am auffälligsten aber ist die Tendenz, dem 4. Evangelium apostolische Autorisation und Augenzeugenschaft zu attestieren (Zeile 15–34) – beides war also bestritten.

Man hat allen Anlaß, die zwei Größen, die Irenäus in eins setzt, im Blick auf die genannten Nachrichten genau zu unterscheiden: 1. den ephesinischen Johannes, der auch von Polykrates bezeugt wird und der möglicherweise mit dem „Herrenjünger" und „Alten Johannes" des Papias und der Presbyter-Tradition identisch ist, und 2. den Verfasser des 4. Evangeliums, den auch der Kanon Muratori „Johannes" nennt. Da der ephesinische Johannes nach Aussage des Irenäus eine apokalyptische Persönlichkeit war, wird er eher der Verfasser der JohApk als des JohEv sein. Seit wann dieses einem Johannes zugeschrieben wird, wissen wir nicht; Irenäus scheint nicht der erste gewesen zu sein, der dies getan hat – denn er sucht ja die Apostolizität dieses Johannes zu beweisen –, aber wir können die These der Autorschaft eines Johannes nicht weiter zurückverfolgen.

Die Bemühung des Irenäus um die Apostolizität des Joh hatte ihren Grund in der A b l e h n u n g dieses Evangeliums in k i r c h -

l i c h e n Kreisen, und diese Ablehnung hatte ihren Grund in dem
Gebrauch, den die Montanisten von diesem Evangelium machten,
indem sie die Verheißung des Parakleten als in der Gegenwart erfüllt
behaupteten (Haer III 11, 9). Auch sonst wurde die Echtheit der Joh-
Schriften (Joh und Apk) bestritten, teils aus antimontanistischen, teils
aus anderen antihäretischen Gründen, von Christen, die im Anschluß
an Epiphanius als „Aloger"[81] bezeichnet werden (= Logosbestreiter
und Unvernünftige), und von dem römischen Presbyter Gaius. Das
Zentrum des Widerstandes gegen das Joh scheint das „rechtgläubige"
Rom gewesen zu sein, offenbar weil das Buch von Gnostikern dorthin gebracht worden ist[82]. Der Widerstand war aber nicht nur darin
begründet, sondern auch in der Erkenntnis, daß das Joh selbst gnostischen Charakter hatte. Wenn Gaius und die Aloger das Joh als
Werk des Gnostikers und Doketen Kerinthos ausgeben konnten, ohne
daß ihre kirchliche Rechtgläubigkeit bezweifelt werden konnte, so
beweist diese Tatsache, daß die These von der apostolischen Abfassung des 4. Evangeliums um die Wende vom 2. zum 3. Jh. in kirchlichen Kreisen noch keineswegs gefestigt war, also keine alte Tradition war. Die „äußeren" Zeugnisse sprechen ebensowenig wie die
inneren für den Zebedaiden als Autor.

Schließlich gibt es Anzeichen dafür, daß der Zebedaide Johannes
schon früh Märtyrer geworden ist und deshalb weder das 4. Evangelium verfaßt haben noch mit dem langlebenden ‚Alten Johannes' von
Ephesus identisch sein kann. Der älteste Beleg ist das Orakel Mk 10,
35–40, in dem Jesus den beiden Zebedaiden Jakobus und Johannes
den Märtyrertod weissagt. Daß Apg 12, 2 nur den Tod des Jakobus
erwähnt, ist Korrektur; denn Lukas streicht Mk 10, 35ff überhaupt.
Daß es sich in dieser Perikope um ein vaticinium ex eventu handelt
und daß dieses den gleichzeitigen Tod der beiden Brüder meint, sollte
nach dem unwiderleglichen Beweis von Ed. Schwartz[83] eigentlich
nicht mehr bestritten werden, auch wenn man den späteren Martyro-
logien, die den gemeinsamen Tod der Zebedaiden bezeugen, keinen
großen Zeugniswert beilegen will. Das Martyrium fand unter Herodes Agrippa (44 nChr) statt. –

Man versucht gerne, der altkirchlichen Tradition doch etwas ab-
zugewinnen, indem man das Joh zwar nicht dem Zebedaiden und

---

[81] Vgl. W. Bauer, RGG³ I, 245; A. Grillmeier, LThK² I, 363f.
[82] W. Bauer, Rechtgläubigkeit, 209ff.
[83] Über den Tod der Söhne Zebedaei (1904), Ges. Schriften V, 1963, 48ff.

Apostel zuschreibt, aber es mit dem ‚Alten' Johannes von Ephesus, dem nicht der Titel eines Apostels, sondern nur der eines „Herren- jüngers" zusteht, in mehr oder weniger direkte Verbindung zu brin- gen. Aber das sind müßige Spekulationen. Da dieser ephesinische Johannes nach dem Zeugnis des Irenäus eine apokalyptisch geson- nene Gestalt war, wird man in ihm eher den Verfasser der Apk zu sehen haben; denn der Johannes der Apk tritt mit einer derartigen Autorität auf, wie sie dem ‚Alten' zugeschrieben wird, und zwei greise Männer namens Johannes dürfte es zur gleichen Zeit in der Asia nicht gegeben haben.

### b) Abfassungsort und -zeit

Die traditionelle Anschauung lokalisiert die Entstehung des Joh in Ephesus oder sonstwo im westlichen Kleinasien. Legt man auf die Berührungen mit den mandäischen Schriften, den Briefen des Ignatius von Antiochien und mit den Oden Salomos, auf den Gegensatz zu „den Juden" und die Polemik gegen die Anhänger Johannes des Täufers mehr Gewicht als auf die Ephesus-Tradition, dann ist man geneigt, die Abfassung des Joh in Syrien anzunehmen. Manchmal wird auch beides verbunden: Entstehung in Syrien, Redaktion in Kleinasien.

Die Abfassungszeit läßt sich genauer bestimmen: der Terminus ad quem ist das erste Viertel des 2. Jh.s. Denn der Papyrus 52, der älteste nt. Papyrus, den wir besitzen, ein Fragment, das einige Zeilen aus Joh 18 enthält, wird nach paläographischen Kriterien in diese Zeit datiert. Wenn damals das Joh schon in Ägypten bekannt war, wird man als seine Entstehungszeit die Wende vom 1. zum 2. Jh. an- nehmen.

### § 29. Der erste Johannesbrief

*Kommentare:*

Kommentare (zum 1.–3. Joh):
HNT: H. Windisch-H. Preisker, [3]1951; HThK: R. Schnackenburg, [3]1965; MeyerK: R. Bultmann, 1967; NTD: J. Schneider, [9]1961; ThHK: F. Büchsel, 1933; ICC: A. E. Brooke, 1912; Moffatt, NTC: C. H. Dodd, 1946; EtB: J. Chaine, 1939.

*Untersuchungen:*

Forschungsberichte: E. Haenchen, ThR NF 26, 1960, 1ff (= Die Bibel und wir, 1968, 235ff);

M. Dibelius, RGG² III, 346ff;

R. Bultmann, RGG³ III, 836ff;

H. Braun, Literar-Analyse und theologische Schichtung im ersten Johannesbrief, ZThK 48, 1951, 262ff (= Gesammelte Studien zum NT und seiner
Umwelt, 1962, 210ff);

R. Bultmann, Analyse des ersten Johannesbriefes, Festgabe für A. Jülicher,
1927, 138ff (= Exegetica, 1967, 105ff);

–, Die kirchliche Redaktion des ersten Johannesbriefes, In Memoriam E.
Lohmeyer, 1951, 189ff (= Exegetica, 381ff);

H. Conzelmann, „Was von Anfang war": Nt. Studien für R. Bultmann,
BZNW 21, 1954, 194ff;

C. H. Dodd, The First Epistle of John and the Fourth Gospel, BJRL 21,
1937, 129ff;

W. F. Howard, The Common Authorship of the Johannine Gospel and
Epistles, JThS 48, 1947, 12ff;

G. Klein, „Das wahre Licht scheint schon". Beobachtungen zur Zeit- und
Geschichtserfahrung einer urchristlichen Schule, ZThK 68, 1971, 261ff;

E. Lohmeyer, Über Gliederung und Aufbau des ersten Johannesbriefes,
ZNW 27, 1928, 225ff;

W. Nauck, Die Tradition und der Charakter des ersten Johannesbriefes,
WUNT 3, 1957;

J. A. T. Robinson, The Destination and Purpose of the Johannine Epistles,
NTS 7, 1960/61, 56ff.

## 1. Inhalt und Aufbau

Der Inhalt dieses Schreibens dient zwei Zwecken: der Bekämpfung
christlicher Irrlehrer (2, 18–27; 4, 1–6) und der Festigung der angeredeten Christen im rechten Glauben und Wandel angesichts der
Bedrohung durch die Häresie. Doch sind auch die dem zweiten
Zweck gewidmeten Partien von der Ketzerpolemik durchzogen. Das
Schreiben folgt keinem strengen Gedankengang, sondern reiht in
lockerer Folge ermahnende, belehrende und polemische Ausführungen aneinander, schiebt sie oft aber auch ineinander. Dabei fehlt es
auch nicht an Wiederholungen – von 2, 28 ab –, so daß von einem
klaren Aufbau nicht zu sprechen ist. Der Versuch E. Lohmeyers, ein
Siebener-Schema als gestaltendes Prinzip nachzuweisen, ist nicht gelungen[1]. Man kann den Text folgendermaßen gliedern:

1. Eingang: Das Zeugnis vom „Wort des Lebens" als Grundlage der
   Gemeinschaft der Christen untereinander und mit Gott 1, 1–4.
2. Gottesgemeinschaft und Lichtwandel 1, 5–2, 2.
3. Gotteserkenntnis und Halten der Gebote 2, 3–11.
4. Mahnung zur Weltüberwindung 2, 12–17.

---

[1] ZNW 27, 1928, 225ff.

5. Warnung vor Irrlehrern 2, 18–27.
6. Gotteskindschaft und Bruderliebe 2, 28–3, 24.
7. Warnung vor Irrlehrern 4, 1–6.
8. Bruderliebe als Folge und Kennzeichen der Gotteskindschaft 4, 7–5, 4.
9. Der Glaube an Jesus, den Sohn Gottes 5, 5–13.
10. Abschluß 5, 14–21: Zuversicht in der Gebetserhörung (V. 14f), Fürbitte
    für die Sünder (ausgenommen die Todsünder) (V. 16f), Freiheit von
    Sünde und Welt durch die Gemeinschaft mit Gott (V. 18–21).

## 2. Literarischer Charakter

Seit der ersten Erwähnung dieses Schriftstückes in der Alten Kirche
wird es als „Brief" bezeichnet. Aber ihm fehlt der briefliche Rahmen
(Präskript, Grüße und Segenswunsch), auch wenn man in 1, 4 eine
salutatio und in 5, 13 einen Schlußgruß verarbeitet sehen möchte. Der
Verfasser sagt zwar des öfteren „das schreibe ich euch", redet die Leser
als „Kinder" (2, 1. 12. 14. 18. 28; 3, 1. 18; 4, 4; 5, 21) und „Geliebte" (2, 7; 3, 2. 21; 4, 1. 7. 11) an und sucht sie gegenüber der
Irrlehre im rechten Glauben zu bewahren. Aber dem Schreiben fehlt
der ,Korrespondenzcharakter', nirgends werden konkrete Beziehungen zwischen dem Verfasser und den Lesern sichtbar, die Gefährdung durch die Häresie erscheint nicht als das spezielle Problem einer
Einzelgemeinde oder eines Verbandes von Einzelgemeinden, so daß
der 1Joh sich weder als Gemeindebrief (wie etwa 1Kor) noch als
Rundschreiben (wie etwa Gal) präsentiert. Und da der Verfasser auf
die Nennung seines Namens und der ,Adressaten' sowie auf Grüße
verzichtet, will er offensichtlich auch nicht den Eindruck erwecken,
sein ,Schreiben' sei ein Brief[2].

Man kann das Schreiben seinem Inhalt nach wie Jud und 2Petr als
„Traktat mit bestimmter Abzweckung" (Dibelius)[3] oder, weil es alle
Christen ohne lokale Begrenzung anredet, als „ein an die ganze Christenheit gerichtetes Manifest" (Jülicher-Fascher)[4] bezeichnen. Natürlich hat der Verfasser es nicht wie eine päpstliche Enzyklika oder ein
kaiserliches Edikt in der ganzen Welt publiziert – dazu fehlten ihm
die technischen und organisatorischen Möglichkeiten –, sondern nur
in einem bestimmten Umkreis. Doch hat er es so formuliert, daß es

---

[2] Man sollte deshalb auch nicht mit O. Roller das „vorderasiatische Formular" bemühen (Das Formular der paulinischen Briefe, 1933, 237); vgl.
   Schnackenburg, Komm., 2.
[3] Dibelius, Gesch. der urchristlichen Literatur II, 61f.
[4] Einleitung, 226; Bultmann, RGG[3] III, 836.

für die ganze Christenheit Geltung besitzt; denn die bekämpfte Irrlehre erschien ihm als weltweite Gefahr. Aber man muß konstatieren,
daß die Form des 1Joh „ohne Analogie" ist[5].

### 3. Stil, Vorlage und Redaktion

Der 1Joh macht stilistisch einen uneinheitlichen Eindruck. Straffe,
pointierte Antithesen und Antithesenreihen wechseln mit locker gefügten, breit ausholenden Partien. Dazu kommt die Tatsache, daß
öfter ein Begriff aus den Antithesen aufgenommen und expliziert,
gelegentlich auch uminterpretiert wird[6]. Solche *Stil- und Sachdifferen-
zen* haben zu der Vermutung geführt, der 1Joh sei auch literarisch
nicht einheitlich. Diese Vermutung wurde erstmals an einem Einzel-
abschnitt (2, 28–3, 12) durch E. von Dobschütz[7] und dann an dem
ganzen Schreiben durch R. Bultmann erprobt. Bultmann hat mit
Hilfe stilistischer und inhaltlicher Kriterien nachzuweisen gesucht,
daß der Verfasser des 1Joh eine *Vorlage* benutzt und bearbeitet hat,
die im wesentlichen in 1, 5–10; 2, 4. 5. 9–11; 3, 4–15 noch greifbar
sei. Ihre Merkmale sind kurze, apodiktische, im Parallelismus membrorum formulierte Sentenzen, eingeleitet durch ἐάν oder durch (πᾶς)
ὁ mit Partizip. Der Stil des Verfassers des 1Joh ist gekennzeichnet
durch „locker gebaute homiletisch-paränetische Sätze" (Exegetica,
107), durch Anreden an die Leser, durch explizierende Wendungen
verschiedener Art, durch Wiederaufnahme von Gesagtem, durch
Rückverweise. Natürlich läßt sich die Scheidung zwischen der
vermuteten Vorlage und der Bearbeitung nicht überall glatt durchführen; Bultmann nimmt an, daß der Verfasser den Text seiner
Vorlage gelegentlich verändert und manchmal ihren Stil nachgeahmt
hat, versucht, das Ursprüngliche zu konjizieren, und vermerkt die
Unsicherheiten bei der Rekonstruktion der Vorlage[8]. Er rechnet die

---

[5] Bultmann, RGG³ III, 836.
[6] Für die Explikation vgl. zB 3, 4a mit 4b; für die Umdeutung vgl. 1, 6–10
mit 2, 1.
[7] Er rekonstruiert aus diesem Text vier antithetisch gebaute Zweizeiler.
[8] Nach dem Aufsatz von 1927 umfaßt die Vorlage mit Abstrichen: 1,
5b–10; 2, 4. 5. 9–11. 29; 3, 4. 6. 7–10. 14. 15. 24; 4, 7. 8. 12. 16; 5, 1.
4; 4, 5. 6 (?); 2, 23; 5, 10. 12 (2Joh 9). In seinem Kommentar von 1967
hat Bultmann den Umfang modifiziert: er rechnet 1, 9; 4, 12. 16; 5, 6. 10
nicht mehr, 1, 5b nicht mehr sicher zur Vorlage, dagegen nimmt er 2, 23
hinzu.

Vorlage formgeschichtlich zu den „Offenbarungsreden", verwandt denen, die der Verfasser des JohEv verwendet hat, und hält sie wie diese religionsgeschichtlich für gnostischen Ursprungs. Wie für das JohEv nimmt Bultmann auch für 1Joh eine kirchliche R e d a k t i o n an, auf die außer den Aussagen über die Sühnekraft des Blutes Christi (1, 7b; 2, 2; 4, 10b) und über die traditionelle Eschatologie (2, 28; 3, 2; 4, 17) vor allem der Schlußabschnitt 5, 14–21 zurückzuführen sei, letzterer wegen seiner Unverbundenheit mit dem Vorhergehenden und zumal wegen seiner Unterscheidung zwischen Todsünden und anderen Sünden (5, 16f), die den sonstigen Ausführungen des 1Joh über Sünde und Sündlosigkeit widerspricht.

Bultmanns *Scheidung von Vorlage und Bearbeitung* hat trotz des sofort laut werdenden Widerspruchs[9] viel Anklang und manche Weiterführungen gefunden[10]. Diese brauchen hier nicht besprochen zu werden, da sie meist nur Modifikationen der Bultmannschen Literaranalyse bringen. Dagegen sind zwei Thesen über die Herkunft der beiden Größen zu erwähnen: H. Braun hält die Vorlage für genuin christlich, die Bearbeitung für frühkatholisch; W. Nauck führt beide auf denselben Verfasser zurück – eine These, die allerdings m. W. niemanden zu überzeugen vermochte.

Die *Kritik an der Quellenscheidung* Bultmanns und anderer innerhalb des 1Joh richtet sich auf vier Punkte: 1. gegen die Methode; es würden nicht nur stilistische, sondern auch inhaltliche Kriterien verwandt. Diesen Einwand, der die sinnlose Trennung von Form und Inhalt voraussetzt, sollte man endlich fallen lassen. 2. auf die Stellen, bei denen wegen der Stilmischung die Stilkritik keine Scheidung zulasse und Bultmann zu Konjekturen greift. Aber diese Stellen sind nicht gerade häufig, kein Anlaß zur Resignation und schon gar nicht ein Beweis gegen die Existenz einer Vorlage. 3. auf die Divergenz der verschiedenen Rekonstruktionen. Aber sie sind nicht erheblich und ebenfalls keine Gegeninstanz gegen die Vorlage. 4. gegen die vermutete Vorlage selbst, die „ein sehr eigenartiges Gebilde" wäre und deshalb nicht existiert haben könnte; denn diese Anhäufung von antithetischen Zwei- (bzw. Drei-) Zeilern wäre „ermüdend"[11] und

---

[9] ZB von E. Lohmeyer, ZNW 27, 1928, 225ff und von Fr. Büchsel, ZNW 28, 1929, 235ff.

[10] ZB bei H. W. Beyer, ThLZ 54, 1929, 606ff, von H. Windisch im HNT und von H. Preisker im Anhang dazu.

[11] Schnackenburg, Komm., 12.

„unerträglich"[12]. Aber das ist ein Geschmacksurteil; mich persönlich haben weder die anderthalb Seiten der von Bultmann rekonstruierten Vorlage noch die 1663 Zwei- und Vierzeiler des Cherubinischen Wandersmanns je gelangweilt. Und was die Kritiker positiv zur Erklärung des auch von ihnen nicht geleugneten Stilwechsels anbieten, reicht nicht aus[13]. Wenn Kümmel ihn „auf die Verwendung traditionellen Stoffes und den wechselnden Inhalt des Gesagten zurückführen" will[14], so ist das Problem nur anders benannt. Eben um die Erfassung des „traditionellen Stoffes" geht es bei dieser Literarkritik.

Ein so häufiger und starker Stilwechsel, dazu noch auf so engem Raum, hat in der urchristlichen Literatur keine Analogien. Es ist zwar gewiß richtig, daß, wie Haenchen betont, verschiedener Stil noch nicht verschiedene Autoren indiziert, sondern auf die schriftstellerische Absicht ein und desselben Verfassers zurückgehen könne.[15] Aber das gilt nur im Bereich der ‚großen' Literatur. Denn die Handhabung verschiedener Stile – zumal im gleichen Werk – setzt ein artistisches Können von hoher Erudition voraus – eine Fähigkeit also, die sogar bei professionellen Schriftstellern, jedenfalls der Moderne, nicht allzu häufig begegnet[16] und die dem Verfasser des 1Joh nicht eigen ist. Seinen Stilwechsel auf ein „sehr gesundes Stilgefühl" zurückzuführen und als Beispiel die antike Tragödie mit ihrem Wechsel von „geschliffene(m) Dialog" und „anders stilisierten Stücken" heranzuziehen (Haenchen aaO, 246), läßt unerklärt, warum der Verfasser den Stil gerade an diesen Stellen wechselt und an anderen nicht, und heißt außerdem doch literarisch etwas zu hoch greifen[17]. Der 1Joh ist, wie seine Form, seine Disposition und seine Sprache

---

[12] Haenchen, 246.
[13] Der Verfasser redet je nach Zweck bald als Prophet, bald als Homilet, bald als Nomothet (Lohmeyer aaO) oder bald lehrhaft-polemisch, bald homiletisch-paränetisch (Schnackenburg aaO) und wechselt für jede Rolle den Stil. Ein erstaunlicher Rhetor!
[14] Einleitung, 387.
[15] AaO, 242ff; 250ff.
[16] W. Jens konstatiert sogar an einem so gekonnten Erzählwerk wie den ‚Hundejahren' von G. Grass das Fehlen von Stilnuancen (Die Zeit, 3. 9. 1963).
[17] Das wäre auch der Fall bei Heranziehung solcher antiker Werke, in denen der Stilwechsel nicht wie in der Tragödie und Komödie durch traditionelle Gesetze der Dramaturgie, sondern durch individuelle, aber durchaus einsichtige Gestaltungsabsicht der Schriftsteller bestimmt ist, etwa des ‚Satyrikon' des Petronius und des ‚Trostes der Philosophie' des Boethius.

zeigen, literarisch völlig anspruchslos, anspruchsloser als die Paulinen, der Hebr und die übrigen katholischen Briefe. Was sich bei diesen bewährt hat, gilt auch für 1Joh: Stilbruch, Rhythmuswechsel, Umdeutung von vorher Gesagtem sind Zeichen für das Vorliegen von Zitaten. Daß der Verfasser eine Vorlage benutzt, leidet m. E. keinen Zweifel. Allerdings dürfte sie nach ihrer Thematik – Gottesgemeinschaft und Bruderliebe, Sünde und Sündlosigkeit – christlicher Herkunft sein.

Daß *1Joh 5, 14–21 ein Anhang von fremder Hand* ist, hat Bultmann m. E. überzeugend begründet. Fraglich scheint mir dagegen die Zuweisung der Sätze über die Sühnekraft des Blutes Christi (1, 7b; 2, 2; 4, 10b) und über die futurische Eschatologie (2, 28; 3, 2; 4, 17) an einen Redaktor; sie wäre nur stringent, wenn der 1Joh dieselbe Christologie und Eschatologie verträte wie das JohEv. Aber er zeigt hier Differenzen, so daß man ihm die genannten Stellen besser nicht abspricht.

Bevor wir auf das Verhältnis der beiden Schriften eingehen, sei anhangsweise ein textgeschichtlich nachweisbarer Zusatz zum 1Joh erwähnt, das sog. *Comma Johanneum:* in 5, 7f findet sich in lateinischen Handschriften seit dem 5. Jh. und in drei griechischen Minuskeln des 14.–16. Jh.s ein Text, der über die offizielle Vulgataversion (1590 und 1592) und die dritte Auflage des griechischen NT von Erasmus lange Zeit allgemeine Anerkennung gefunden hat, aber heute aufgrund des textgeschichtlichen Befundes allgemein als eine relativ alte Interpolation in den lateinischen Text des NT erkannt ist[18].

## 4. Verhältnis des 1Joh zum JohEv

Die Zusammengehörigkeit der beiden Schriften steht aufgrund der Verwandtschaft in Sprache, Stil und Gedanken außer Frage. Aber es bestehen auch erhebliche Differenzen, so daß es vielen Forschern fraglich erscheint, ob die traditionelle Gleichsetzung des Verfassers des 1Joh mit dem Evangelisten berechtigt ist. Die bisherigen Untersuchungen der Sprache – des Vorkommens und Nichtvorkommens von Vokabeln, des Gebrauchs von Präpositionen und Partikeln – sowie der Gedanken – des Vorhandenseins und Fehlens bestimmter

---

[18] Schnackenburg, Komm., 44ff (Lit.).

Vorstellungen und Motive – haben zwar die *Besonderheiten des 1Joh* klar herausgestellt, aber in deren Beurteilung hinsichtlich der Verfasserfrage keinen Konsens herbeigeführt. Während die Besonderheiten einerseits hoch veranschlagt werden, werden sie andererseits bagatellisiert, gegen auffällige Gemeinsamkeiten mit dem JohEv aufgerechnet oder aus der Situation des 1Joh erklärt. Doch hat die Diskussion einige methodologische Einsichten gezeitigt. 1. Die Wortstatistik reicht zur Entscheidung in der Verfasserfrage nicht aus; und zwar nicht nur wegen des ganz verschiedenen Umfangs der beiden Schriften, den man ja proportional aufgeschlüsselt hat, sondern vor allem deshalb, weil die Streuung der fraglichen Vokabeln sich nach den behandelten Themen, nicht nach den beschriebenen Seiten richtet. 2. Die Verschiedenheit der literarischen genera – ein Evangelium und ein Schreiben, das zu aktuellen Fragen der Gemeinde Stellung nimmt – bringt naturgemäß andere Themen und eine andere Ausdrucksweise mit sich, die man also nicht ohne weiteres gegen die Identität des Verfassers des 1Joh mit dem Evangelisten auswerten darf. 3. Dieselbe Konsequenz ergibt sich aus der grundverschiedenen Frontstellung der beiden Schriften: das JohEv kämpft gegen „die Juden", die den Unglauben der „Welt" repräsentieren, 1Joh aber gegen Christen, die einem falschen Glauben an Christus huldigen; die Argumentationsweise gegen den Unglauben der Nichtchristen ist notwendigerweise eine andere als die gegen den Irrglauben von Christen. Der 1Joh setzt eine andere und spätere Situation voraus als das JohEv, aber daraus folgt noch nicht, wie Haenchen und Bultmann meinen, daß verschiedene Autoren anzunehmen wären. Die faktischen Befunde werden durch diese methodologischen Einsichten relativiert. Heißt das, daß man bei einem non liquet resignieren muß?

Es gibt aber eine Möglichkeit weiterzukommen. G. Klein hat im Anschluß an H. Conzelmann diesen Weg eingeschlagen, den aber M. Dibelius schon vor Jahrzehnten gewiesen hat: Einsatzpunkt nicht bei den offenkundigen Unterschieden, sondern bei den *Gemeinsamkeiten der Terminologie zwischen Joh und 1Joh,* um zu untersuchen, ob sie hier und dort dasselbe besagen oder etwas anderes meinen.

Dabei zeigt sich eine Modifikation „johanneischer" Gedanken, die eben nicht mehr „bei demselben Schriftsteller bei einem gewissen zeitlichen Abstand begreiflich ist"[19], sondern einen andern Verfasser,

---

[19] Kümmel, Einleitung, 391.

einen erheblichen Zeitabstand vom JohEv und eine durch ihn bestimmte Reflexion voraussetzt. Man kann diese Modifikation mit
Dibelius als „Verkirchlichung" bezeichnen: „Die Verbindung mit
Gott erscheint nicht wie dort als letztes Ziel der Christusgemein-
schaft, sondern als selbstverständliches Gut aller Christlichkeit"[20].
Er exemplifiziert diese Veränderung an der Umdeutung (gewissermaßen ‚Umfunktionierung') zweier Stellen des JohEv im 1Joh. Der
Satz „Keiner hat Gott je gesehen" stellt dort die Exklusivität der Chri-
stusoffenbarung sicher (Joh 1, 18), hat aber 1Joh 4, 20 diesen Sinn
verloren und dient hier der Mahnung, den Bruder zu lieben, den
man sieht (4, 12–21, bes. V. 20). Die Aussage, der Glaubende sei
schon „aus dem Tode ins Leben hinübergeschritten" (Joh 5, 24), wird
1Joh 3, 14 ebenfalls mit der Bruderliebe in Verbindung gebracht:
„Wir wissen, daß wir aus dem Tod ins Leben hinübergeschritten
sind, denn wir lieben die Brüder"; die Gegenwärtigkeit des Lebens
ist hier etwas Selbstverständliches („Wir wissen...") und – ein für
das JohEv unvollziehbarer Gedanke – am Vorhandensein der Bruderliebe kontrollierbar. Die Richtung solcher Modifikationen auf eine
*„Verkirchlichung" johanneischer Gedanken* wird deutlich an den Verschiebungen des ἀρχή -Begriffes, die H. Conzelmann, und des Verständnisses von „Licht" und „Finsternis", der „Stunde" sowie „alt"
und „neu", die G. Klein aufgewiesen hat.

Die Wendung ἀπ' ἀρχῆς bezeichnet im 1Joh einigemale den Uranfang
(1, 1; 2, 13. 14; 3, 8) und nimmt damit den ἀρχή -Begriff des Joh-Prologs
auf (Joh 1, 1f), an den andern Stellen dagegen den Anfang der Kirche
(1Joh 2, 7. 24; 3, 11; auch 2Joh 5f), der mit dem Auftreten Jesu identisch
ist. Dieser „kirchengeschichtliche" Gebrauch knüpft an Joh 6, 64; 15, 27;
16, 4 an, wo sie schlichte Zeitangabe für den Anfang der Jüngerschaft ist,
prägt ihn aber durch Integration des normativen Traditionsgedankens um;
was „von Anfang" war, ist das Liebesgebot (2, 7; 3, 11; 2Joh 5f) und das
christologische Kerygma, ist die ἀγγελία (1, 5), die 1, 1–4 charakterisiert
wird. „Die Kirche orientiert sich an ihrem Ursprung und versteht diesen
als ein absolutes Datum, neben dem kein anderes (heils- oder weltge-
schichtliches) überhaupt von Interesse ist. Das eschatologische Selbstbewußtsein ist in Besinnung auf das geschichtliche Wesen der christlichen
Sozietät transponiert"[21]. Diese Besinnung hat vor allem den Dualismus
Licht – Finsternis modifiziert[22]. War er im JohEv als chronologisch nicht
verrechenbares „Strukturprinzip aller Geschichte" verstanden, so ist er in
1Joh (vgl. 2, 8: „Die Finsternis vergeht, und das wahre Licht leuchtet

---

[20] Dibelius, RGG[2] III, 347.
[21] Conzelmann, aaO, 200.
[22] Vgl. Klein, 269–291.

schon") historisiert und „zu einem Gliederungsprinzip welthistorischer
Perioden geworden"[23].

Auf weitere Beispiele, die bei Conzelmann und Klein zu lesen sind,
sei verzichtet; sie zeigen alle, daß nicht der Evangelist, sondern einer
seiner Anhänger aus größerem zeitlichen Abstand und unter dem
Eindruck der Erfahrungen dieses Zeitraumes den 1 Joh verfaßt und
dabei das JohEv als autoritativen Text benutzt und neu interpretiert
hat.

Von hier aus gewinnt der vorhin erwähnte Befund sprachlicher
und sachlicher Besonderheiten neues Gewicht als Indiz nicht nur für
die Verfasserfrage[24], sondern vor allem für die innere Entwicklung
des johanneischen Kreises, der in dem „Wir" von Joh 21, 24 zu
Worte kommt. Er hat das „johanneische" Erbe zu wahren gesucht,
aber es doch an gemeinchristliche Vorstellungen angeglichen: durch
Aufnahme des Sühnegedankens in die Christologie (1, 7. 9; 2, 2; 4,
10), der im JohEv nur ansatzweise vorhanden ist; vor allem aber –
was bei der Historisierung des Dualismus Licht–Finsternis unausweichlich ist – durch Aufnahme der futurischen Auffassung der
Parusie (2, 28; 3, 2) und des Gerichts (4, 17) in die Eschatologie, dh
aber durch Aufgabe der präsentischen Eschatologie des JohEv, nach
dem die Parusie in der Sendung des Geistes erfolgt (14, 18–21) und
das Gericht sich in der Annahme oder Ablehnung des Glaubens
vollzieht (3, 18ff. 26). Dementsprechend hat auch die Gotteskindschaft der Glaubenden, die im Evangelium die Existenz im Heil total
und endgültig charakterisiert (1, 12f), an Totalität und Endgültigkeit
einiges eingebüßt und wird sie erst bei der Parusie gewinnen (1 Joh
2, 28–3, 3)[25]. – Das Verhältnis des 1 Joh zum JohEv ist durch eine
Desintegration „johanneischer" Hauptgedanken und die Aufnahme
allgemeinchristlicher Theologumena gekennzeichnet; diese Verkirchlichung (man könnte auch sagen: Demokratisierung) der „Ansprüche
einer mystisch-aristokratischen Frömmigkeit"[26] hat ihren Grund nicht

---

[23] Klein, 284. – Vor Christus nur Finsternis; mit Christus beginnt eine
neue Epoche, „die für die Finsternis den Charakter einer auslaufenden
Periode hat, für das Licht hingegen die chronologisch erste Phase darstellt und dadurch ihr eigenes Gepräge empfängt" (262).

[24] Die naheliegende Identifikation des Verfassers des 1 Joh mit dem von
Joh 21 „ist nicht verwehrt, aber auch nicht geboten" (Dibelius, Geschichte der urchristlichen Literatur II, 63), hat jedoch nach Klein einiges
gegen sich (303f).

[25] Vgl. Haenchen, 279f.

[26] Dibelius, RGG² III, 347.

allein in einem natürlichen Verschleißprozeß, sondern auch in der Auseinandersetzung des johanneischen Kreises mit Irrlehrern, die ihn zur Reflexion auf das eigene Glaubensgut und zu dessen Neuinterpretation gezwungen hat. Nach Analogie der Entwicklung auf dem paulinischen Sektor hat Conzelmann den 1 Joh nicht unzutreffend als „johanneischen Pastoralbrief" bezeichnet (201).

## 5. Die Bekämpfung der Irrlehre

Das Auftreten von Irrlehrern hat den Autor zur Abfassung seines Schreibens veranlaßt. Daß er den Kampf literarisch führt und seiner Schrift keine begrenzende Adresse gibt, macht deutlich, daß es sich bei dieser Häresie um mehr als eine lokale Angelegenheit gehandelt hat und daß der Verfasser sie für höchst gefährlich hält. Leider können wir die Irrlehre nur teilweise erkennen, da wir sie aus der Gegenschrift rekonstruieren müssen. Was läßt sich über die Häresie ermitteln? Und mit welchen Mitteln führt der Verfasser den Kampf?

### a) Die Irrlehre

Der Verfasser nennt die Irrlehrer „Antichristen" (2, 18. 22; 4, 3, vgl. 2 Joh 7) und „Pseudopropheten" (4, 1). Aber sie sind nicht, wie der erstgenannte Ausdruck nahelegt, Nichtchristen, sondern Christen, die sich auch für solche halten: „Von uns sind sie ausgegangen", gesteht der Verfasser, „aber", fügt er hinzu, „sie gehörten nicht zu uns; denn hätten sie zu uns gehört, so wären sie bei uns geblieben" (2, 19). Er beklagt ihre große Zahl (2, 18; 4, 1) und ihre rührige und erfolgreiche Propaganda, durch die sie die Gläubigen „in die Irre führen" (2, 26). Sie sind „in die Welt ausgegangen", und „die Welt hört sie", während die Welt „uns nicht hört" (4, 1. 5f). Daß sie aus der Gemeinde exkommuniziert wurden oder sich freiwillig von ihr getrennt und sich selbständig organisiert hätten, geht aus 2, 19; 4, 1 nicht hervor[27] und wird auch sonst mit keiner Silbe angedeutet. Ihre Gefährlichkeit besteht gerade darin, daß man sie als Irrlehrer erst diagnostizieren muß, und zwar durch „Prüfung" ihrer Lehre (4, 1ff; 2, 20ff), nicht durch Feststellung ihrer organisierten Nichtzugehörigkeit zur Gemeinde. Die Gefährlichkeit dieser Leute scheint durch ihr Pneumatikertum (4, 1–3) noch gesteigert.

---

[27] Bultmann, Johbr., 41f.

Worin besteht die Irrlehre? Der Verfasser bekämpft in den antihäretischen Partien (2, 18–27; 4, 1–6; auch 5, 5–13) eine falsche
Christologie. Aber aus der Thematik der andern Partien mit ihren
polemischen Abgrenzungen lassen sich noch zwei andere Züge erschließen: ein Nichternstnehmen der Sünde und ein Mangel an
Bruderliebe.

Am deutlichsten wird die *christologische Häresie* 4, 2f gezeichnet.
Die Irrlehrer leugnen, „daß Jesus Christus im Fleisch gekommen ist"
(vgl. 2Joh 7), und damit „lösen sie Jesus auf" (V. 3)[28]. Von der
Leugnung der Fleischwerdung aus erhalten die andern Vorwürfe
ihren Sinn: die Häretiker leugnen, daß Jesus „der Christus" (2,22),
„der Sohn Gottes" (2, 23) ist; die Prädikationen „der Christus" und
„der Sohn Gottes" sind austauschbar (vgl. 5, 1. 5) und gleichsinnig
und werden von den Irrlehrern „Jesus", dh dem Menschen Jesus abgesprochen; die Häretiker unterscheiden zwischen dem irdischen
Menschen Jesus und dem himmlischen, präexistenten Gottessohn und
Christus. Wenn der Verfasser sagt: „Dieser ist es, der durch Wasser
und Blut gekommen ist, Jesus Christus, – nicht im Wasser allein,
sondern im Wasser und Blut" (5, 6), so ist aus dieser Polemik zu
erschließen, daß die Häretiker zwar behaupten, der Gottessohn habe
sich in der Taufe mit dem Menschen Jesus verbunden, daß sie aber
bestreiten, er – der Gottessohn – sei auch gestorben. Die Auffassung
ist offenbar die, Christus, der Gottessohn, habe sich von Jesus vor
dessen Kreuzigung wieder getrennt. Sie teilen mit dem Verfasser die
Anschauung von der Präexistenz Christi, weichen aber fundamental
darin von ihm ab, daß sie die Realität seiner Fleischwerdung bestreiten, dh das wahre Menschsein des Gottessohnes – „Jesu Christi",
sagt der Verfasser mit Bedacht – leugnen. Sie repräsentieren also eine
Spielart des gnostischen Doketismus.

*Die anderen erkennbaren Züge* entsprechen dieser Christologie.
Sie leugnen die Bindung des Heils an den historischen Menschen
Jesus; sie sind unmittelbar zu Gott, da sie im Besitz des Pneuma sind
(4, 1ff). Alles, dessen sie sich rühmen und für das sie werben: Gotteserkenntnis (2, 4; 4, 8), Schau Gottes (4, 12), Liebe zu Gott (4, 20),
aus Gott Gezeugtsein (5, 1; 4, 7) und vor allem ihre Sündlosigkeit
(1, 8–10), all dies existiert für sie „unmittelbar". Sie verstehen all
das ferner ganz individualistisch, ohne Bezug zum Nächsten; darauf

---

[28] Das ist die wahrscheinlichere Lesart: Schnackenburg, 222, Bultmann,
Johbr., 67 Anm. 9.

zielt der unentwegt erhobene Vorwurf, sie mißachteten das Gebot
der Bruderliebe (2, 9–11; 3, 10. 14f; 4, 8. 20; 5, 2). Daß sie als
Pneumatiker wie über die Sünde, so auch über die „Gebote" erhaben sind (2, 3f; 5, 2f), verwundert nicht. Allerdings bleibt der
Verfasser gerade in dieser Hinsicht sehr allgemein; außer mangelnder Bruderliebe kann er seinen Gegnern keine konkreten Gebots-
übertretungen vorwerfen. Um Libertinisten handelt es sich bei diesen
doketischen Gnostikern also nicht.

Man hat schon häufig versucht, die Irrlehrer des 1Joh mit einer
der sonst bekannten Erscheinungen der urchristlichen Gnosis in Verbindung zu bringen – mit den Doketen, die Ignatius in Tralles und
Smyrna bekämpft, und vor allem mit Kerinth –, aber die Versuche
haben keine überzeugenden Ergebnisse gezeitigt[29]; bedauerlicherweise, denn der Nachweis einer solchen Zusammengehörigkeit hätte
eine geographische Lokalisierung des 1Joh und des johanneischen
Kreises ermöglicht. Die Irrlehrer sind nach 2, 19 *ein innerjohannei-
sches Phänomen* und zwar – wie aus der Gemeinsamkeit der Terminologie und dem Streit um deren Verständnis ersichtlich – inner-
johanneisch auch in dem Sinne, daß die Irrlehre aus der Überspitzung
einzelner johanneischer Gedanken entstanden ist. Man könnte an
eine enthusiastische Interpretation der Aussagen über den Parakleten,
den Geist, denken (Joh 14, 26; 15, 26; 16, 7. 13 vgl. 14, 12), derzufolge sie den historischen Menschen Jesus vergleichgültigten. Vielleicht darf man in der Wendung: „jeder, der ‚weitergeht' und nicht
in der Lehre Christi bleibt" (2Joh 9) einen Hinweis auf die Überspitzung johanneischer Gedanken durch die Häretiker sehen[30]. Sie
dürften in der Tat in der johanneischen Theologie jenen „naiven
Doketismus", den Käsemann dem Evangelisten zuschreibt, gewittert
und ihn ein bißchen radikalisiert haben. Sie sind Ultra-Johanneer.
Ob durch ihre Aktivität die Diskreditierung des JohEv in der Alten
Kirche provoziert wurde?

### b) Die Art der Bekämpfung

Der 1Joh nimmt in der „antihäretischen" Literatur des Urchristentums, was das Niveau der Auseinandersetzung und den Stil der

---

[29] Vgl. IgnTrall 9f; Sm 2; 4, 2; 5, 2; auch 6, 2 (Vernachlässigung der
Bruderliebe). Über Kerinth: Irenäus Adv. haer. I 26, 1 und Ed. Schwartz,
Johannes und Kerinthos, Gesammelte Schriften 5, 1963, 70ff.

[30] Haenchen, 273: „Sie sind von der bloßen πίστις zur γνῶσις ‚fortgeschritten'."

Polemik angeht, eine hohe Stellung ein. Sein Autor hatte es nicht leicht. Teilte er doch mit den Irrlehrern weitgehend Terminologie, Vorstellungen una Gedanken. Er mußte also den entscheidenden Unterschied zwischen den beiden Parteien aufzeigen und hat ihn aufgezeigt: die kontradiktorische Auffassung des Menschen Jesus (und ihre Implikationen). Das K r i t e r i u m des rechten Glaubens sieht er in der Übereinstimmung mit dem „Anfang"; daher der schon besprochene ständige Rekurs auf die Tradition. Basis der Auseinandersetzung bildet das Taufbekenntnis, „daß Jesus der Sohn Gottes (bzw. der Christus) ist" (2, 22ff; 4, 15; 5, 1. 5), das den Menschen Jesus mit dem „Gottessohn" identifiziert und durch das sich der Bekennende der Macht des erhöhten Jesus unterstellt[31]. An dieser Identität, dh an der eschatologischen Offenbarung in dieser historischen Person hängt das Heil, nach allgemein urchristlichem Glauben, nicht nur nach der privaten Meinung des Autors des 1Joh. Deshalb insistiert der Autor so unnachgiebig auf dieser Identität. Bezeichnend und urchristlicher Theologie angemessen ist es, daß er das Bekenntnis nicht einfach wiederholt, sondern dessen Skopus durch Präzisierung gegen die häretische Vergleichgültigung Jesu aktuell auslegt („. . . der Jesus Christus als ins Fleisch gekommen bekennt" 4, 2 vgl. 5, 5f). Das so präzisierte Bekenntnis fungiert als Kriterium (4, 2f). Der Verfasser arbeitet scharf seine Heilsnotwendigkeit heraus (2, 22–25; vgl. 4, 15; 5, 1): „Einen von der historischen Offenbarung getrennten Gottesglauben gibt es für den Verfasser nicht. Die Leugnung, daß Jesus der Christus ist, ist also geradezu Gottesleugnung"[32].

Theologisch argumentiert der Verfasser auch gegen die häretische These von der Sündlosigkeit (1, 8–10; 3, 6. 8). Auch hier verwendet er die Tradition, diesmal in Form der Quelle, die er durch interpretierende und weiterführende Zusätze auf die aktuelle Situation anwendet. Wenn die Vorlage auch nicht die fundamentale und normative Bedeutung hatte wie das Taufbekenntnis, so stellte sie doch einen im johanneischen Kreis autoritativen Text und somit eine Verständigungsbasis mit den noch nicht Abgefallenen dar. Der Verfasser führt aus, daß Sündlosigkeit nur als Sündenbekenntnis und Sündenvergebung existiere. Und er schärft ein, daß die hybride Selbsteinschätzung der Gegner – ebenso wie ihre Christologie und ihr Individualismus – ihre hohen Ansprüche widerlege und Zeichen dafür sei,

---

[31] Vgl. oben § 2, Abschnitt 2b, S.
[32] Bultmann, Johbr., 43.

daß sie nicht „aus Gott geboren", daß sie nicht „Kinder Gottes",
sondern „Kinder des Teufels" sind (3, 6–10).

Mit dieser Argumentationsweise prägt er seinen Lesern implizit
und explizit ein, daß sie die Heilsgüter, die die Häretiker fälschlich
beanspruchen, in Wahrheit besitzen und sich deshalb durch die häretische Propaganda nicht imponieren lassen dürften. Das gehört zur
T a k t i k solcher Auseinandersetzungen. Zu ihr gehört auch die
Verwendung gegnerischer Schlagworte, die dadurch ihre Schlagkraft
verlieren[33]. Zu dieser Taktik gehört nicht zuletzt die Versicherung,
die Leser hätten solche Belehrung eigentlich nicht nötig, da sie ja
selbst „die Wahrheit kennen" (2, 20f. 26f); also Appell an ihre
Kenntnis dessen, was „von Anfang an" gilt, an ihre Geisterfahrung
(2, 20. 26) und ihre Urteilskraft. Zu dieser Taktik gehört schließlich
das Lob der Leser ob ihres siegreichen Widerstandes und die Stärkung ihrer Siegesgewißheit (2, 12–17; 4, 4ff; 5, 4f). Alles Motive, die
schon bei Paulus begegnen.

Der S t i l   d e r   P o l e m i k verdient Beachtung. Wenn der Verfasser die Irrlehrer als „Pseudopropheten" bezeichnet (4, 1), so nimmt
er einen jüdisch-urchristlichen Topos auf, durch den diese Leute als
für die Endzeit geweissagt charakterisiert werden. Der Autor ver-
schärft dieses Motiv dadurch, daß er sie mit dem geweissagten Antichristen, dem großen Gegenspieler Gottes und Christi in der Endzeit,
identifiziert (2, 18. 22; 4, 3; vgl. 2Joh 7)[34]. Er beabsichtigt damit
keine rhetorische Steigerung der Polemik. Vielmehr: indem er die
apokalyptische und mythische Gestalt in den gegenwärtigen Irrlehrern
erschienen sieht (sie „historisiert"), deutet er diese – die „vielen Antichristen" – als eindeutiges Zeichen der „letzten Stunde", als eschatologisches Phänomen (2, 18; 4, 3) und als Feinde Christi, weil ihre
falsche Christologie objektiv eine „Verleugnung" Christi ist (2, 22–25;
4, 2f). In diesem objektiven Sinn gebraucht er auch die Termini Lüge
und Lügner. Seine Polemik ist scharf und unerbittlich. Aber für ihren

---

[33] Solche Termini dürften χρῖσμα (2, 20. 27) und σπέρμα Gottes (3, 9)
sein: Schnackenburg, 152f, 190f; Bultmann, Johbr. zSt – Zu χρῖσμα vor
allem: H.-G. Gaffron, Studien zum koptischen Philippusevangelium unter
besonderer Berücksichtigung der Sakramente, Diss. ev. theol. Bonn 1969,
140–171.

[34] Der Ausdruck Antichrist findet sich nur an diesen Stellen im NT, die
Gestalt aber auch sonst: Mk 13, 14par; 2Thess 2, 1–12; Apk 13; 17. Lit.
s. W. Bauer, WB, 151. Vgl. Schnackenburg 143–149, ferner oben § 5,
Abschnitt 1.

Stil charakteristisch ist auch das, was sie als Kampfmittel verschmäht, was in einem großen Teil der antihäretischen Literatur des Urchristentums und der Alten Kirche eine so penetrante Rolle spielt. Der Verfasser verzichtet auf den Topos, die Irrlehrer seien „von außen eingedrungen", und auf den noch üblicheren Topos, sie moralisch zu diffamieren. Er verschmäht jede Art von Verbalinjurien (zB den beliebten Vergleich der Gegnern mit notorischen Bösewichtern der Vergangenheit)[35], in denen die Verfasser des Jud und 2Petr schwelgen. – Daß in der ganzen Polemik von disziplinären Maßnahmen keine Rede ist, muß nicht in der Noblesse des Autors, sondern kann in den Machtverhältnissen begründet sein, die ihm die Anwendung solcher Mittel unmöglich machten. Aber im Grunde wäre eine solche Waffe auch unwirksam; wer der Irrlehre anheimfällt, macht eben dadurch offenbar, daß er „nicht von uns stammte" (2, 19), nicht „aus Gott", sondern „aus der Welt" (4, 3. 5), ein Kind des Teufels ist (3, 10). Der Autor hat die Irrlehrer aufgegeben und bemüht sich einzig darum, die noch nicht Verführten von der Wahrheit zu überzeugen und zum „Bleiben" zu veranlassen.

## § 30. Der zweite und der dritte Johannesbrief

Kommentare s. § 29

*Untersuchungen:*

Forschungsbericht: E. Haenchen, ThR NF 26, 1960, 267ff (= Die Bibel und wir, 1968, 282ff);

W. Bauer, Rechtgläubigkeit und Ketzerei im ältesten Christentum, ²1964;

R. Bergmeier, Zum Verfasserproblem des II. und III. Johannesbriefes, ZNW 57, 1966, 93ff;

A. Harnack, Über den dritten Johannesbrief, TU 15, 3b, 1897;

E. Käsemann, Ketzer und Zeuge, ZThK 48, 1951, 292ff (= Exegetische Versuche und Besinnungen I, 1960, 168ff).

## 1. Vorbemerkung

Die beiden kleinen Briefe haben im Unterschied zu 1Joh die Form wirklicher Briefe, haben Präskript und Postskript und sind sich darin

---

[35] Nur der Brudermörder Kain wird einmal erwähnt 3, 12; aber man vergleiche damit Jud 11ff, um den Unterschied zu erkennen.

so ähnlich, daß man die beiden Schriften zweckmäßigerweise gemeinsam behandelt. Der Absender nennt sich in den Präskripten einfach ὁ πρεσβύτερος, ohne Namen und nähere Kennzeichnung, so daß unklar bleibt, ob damit ein Amtstitel (der Presbyter) oder eine Altersbezeichnung oder ein Ehrenname („der Alte" = Traditionsträger, wie bei Papias und Irenäus) gemeint ist und wer sich hinter dem anonymen πρεσβύτερος verbirgt. Die Briefschlüsse ähneln sich und zeigen nur ganz geringfügige Unterschiede: der Absender will im Augenblick nicht noch mehr schreiben, sondern stellt seinen baldigen Besuch in Aussicht, bei dem er alles weitere mündlich besprechen will; er bestellt Grüße aus seiner Umgebung an die Adressaten. Die Adressaten und die Zwecke der Briefe sind allerdings verschieden.

## 2. Der zweite Johannesbrief

Der 2Joh ist adressiert an „eine ἐκλεκτὴ κυρία und ihre Kinder" (1), dh an eine Gemeinde, an ihre Gesamtheit und ihre einzelnen Glieder (vgl. 13); κυρία ist nicht der Name einer Frau, sondern Polisbezeichnung, die auf die Einzelgemeinde übertragen ist. Auffälligerweise fehlt eine Ortsangabe oder sonstige Kennzeichnung, so daß die Adressaten ebenso unbestimmt bleiben wie der Absender. Jedenfalls handelt es sich um einen *Gemeindebrief.* Die Adressatengemeinde steht in enger Verbindung nicht nur mit dem Presbyteros und dessen Heimatgemeinde (13), sondern auch „mit allen, die die Wahrheit erkannt haben" (1b) – dieser Satz ist keine erbauliche Floskel, sondern bezeichnet einen größeren Kreis gleichgesinnter Christen.

Der Brief hat zwei *Themen:* das *Liebesgebot* (4–6), das allerdings als einleitende captatio benevolentiae zum eigentlichen Thema fungiert: *Ketzerbekämpfung* (7–11). Die Irrlehrer werden wie die des 1Joh charakterisiert, als Leugner der Menschwerdung Christi (Doketen), als Verführer und Antichristen, nur daß V. 9 das Stichwort „weitergehen, fortschreiten" weg von „der Lehre Christi" (und dh zu einer höheren Erkenntnis) fällt. Neu ist aber die Anordnung, die der Presbyteros trifft: er verbietet den Adressaten, die Irrlehrer (in ihr Haus) aufzunehmen, ja sogar sie zu grüßen – denn schon der Gruß macht mitschuldig –, er untersagt also jeglichen Verkehr. Es erstaunt, daß der Presbyteros mit seinem Brief und dem angekündigten Besuch derart in eine fremde Gemeinde hineinregieren kann, –

ein Phänomen, das sich im 3Joh wiederholt, aber auch eine entsprechende Reaktion dokumentiert[1].

### 3. Der dritte Johannesbrief

Bei diesem Schreiben handelt es sich um einen *Privatbrief* – den einzigen wirklichen im NT – des Presbyteros an einen sonst unbekannten Gaius, der mit ihm eng verbunden ist. Am Ort des Adressaten gibt es gemeinsame „Freunde", die von „Freunden" am Ort des Absenders gegrüßt werden (15). Der Brief ist sehr persönlich gehalten, aber sein Inhalt geht weit über die private Sphäre hinaus und gewährt einen interessanten Einblick in die Spannungen rivalisierender christlicher Gruppen.

Das Schreiben ist ein *Empfehlungsbrief*. Der Presbyteros empfiehlt zuerst (5–8) einige Brüder, wandernde Heidenmissionare, die in seinem Auftrag umherziehen und die Gaius schon einmal, obwohl sie ihm damals „fremd" waren, gastlich aufgenommen und tatkräftig unterstützt hat – das haben sie dem Presbyteros und seiner Gemeinde rühmend berichtet. Jetzt kommen sie wieder, und Gaius soll sie „einer Gottes würdigen Weise weitergeleiten" (6), dh ihnen die für die Mission nötigen materiellen Mittel zur Verfügung stellen. Der Presbyteros empfielt außerdem (11f) mit Namensnennung einen Demetrios, dem er hohes Lob zollt und der wohl der prominenteste der Missionare und vermutlich der Überbringer des Briefes ist.

Zwischen diesen beiden Empfehlungen steht der Passus, der den 3Joh erst interessant macht:

(9) Ich habe einen kurzen Brief an die Gemeinde geschrieben; aber Diotrephes, der unter ihnen den ersten Rang einnehmen möchte, anerkennt uns nicht. (10) Darum werde ich, wenn ich komme, seine Werke zur Sprache bringen, die er dadurch begeht, daß er mit bösen Worten gegen uns schwätzt und damit nicht zufrieden sowohl selbst die Brüder nicht aufnimmt als auch die dazu Willigen hindert und aus der Gemeinde ausstößt.

Der erwähnte Brief kann nicht 2Joh sein, da er dem Kontext nach die Mission und die Missionare des Presbyteros betroffen haben muß. Diotrephes, nach der Charakteristik V.9 der Bischof der

---

[1] Bultmann, Johbr., hält 2Joh für eine Fiktion; aber die Argumente überzeugen nicht.

angeschriebenen Gemeinde, versucht, die Einflußnahme des Presbyteros auf diese zu unterbinden. Er hat es aber in ihr mit einer so
erheblichen Anhängerschaft seines Gegners zu tun, daß er es nicht
bei verbalen Attacken gegen diesen beläßt, sondern zu den schärfsten
Maßnahmen greift, die Aufnahme der Missionare strikte verbietet
und bei Zuwiderhandlung sogar vor Exkommunikation nicht zu-
rückschreckt. Merkwürdig flau ist die Reaktion des Presbyteros; er
beklagt sich, daß Diotrephes seine Autorität nicht anerkennt[2], und
will – als einzige Gegenmaßnahme – dessen Gemeinde besuchen und
sein Verhalten „in Erinnerung", dh zur Sprache bringen.

Aus diesem Passus geht nicht hervor, in welchem amtlichen oder
rechtlichen Verhältnis die beiden Kontrahenten stehen, worum sachlich der Streit zwischen ihnen eigentlich geht, der den Diotrephes
sogar zu Exkommunikationen veranlaßt hat, und ob Gaius zur
Gemeinde des Diotrephes gehört (diese Annahme legt sich zwar
durch den Kontext von V. 5–12 nahe; aber dann fragt man sich,
warum der Presbyteros den Gaius über das Verhalten des Diotrephes
unterrichtet, das dieser doch aus eigener Anschauung besser kennen
mußte als der Briefschreiber).

## 4. Die Briefsituationen

Da 2Joh nicht der in 3Joh erwähnte Brief sein kann und ein
anderes Ziel verfolgt als 3Joh, ist es methodisch geboten, bei der
Rekonstruktion der Briefsituation die Angaben der beiden Briefe
nicht vorschnell zu kombinieren. Es handelt sich um *zwei verschiedene Gemeinden,* die Adressatin des 2Joh und die Gemeinde des
Diotrephes (vielleicht noch um eine dritte, die des Gaius). Was die
beiden Briefe (und das verlorene Schreiben 3Joh 9) verbindet, ist
nur dies, daß der Presbyteros die Autorität beansprucht, durch
Briefe, Sendlinge und persönliches Erscheinen Einfluß auf fremde Gemeinden zu nehmen, und daß er dort Anhänger und Vertrauensleute
hat.

Im *2Joh* trifft er konkrete Anordnungen zur Bekämpfung gnostischer Doketen; er kann sich des Gehorsams der Gemeinde offenbar
sicher sein.

---

[2] Zu dieser Bedeutung von ἐπιδέχεται V. 9 s. Schnackenburg, 327 und
Bultmann, Johbr., 99 Anm. 3.

Im *3Joh* erscheint er nicht als Ketzerbekämpfer, sondern als Leiter einer Missionsorganisation. Daß er seine Missionare mit Empfehlungsbriefen ausstattete, entsprach einem alten urchristlichen Brauch und hatte an sich nichts Provokatorisches[3]. Daß er dabei auf den heftigen Widerstand des Diotrephes stößt, muß also noch spezielle Gründe gehabt haben. Man sieht sie entweder in einem kirchenrechtlichen oder in einem dogmatischen Dissensus zwischen dem Presbyteros und Diotrephes.

Harnack, der die kirchenrechtliche bzw. verfassungsgeschichtliche Deutung des Konflikts begründet hat, sieht in ihm den Kampf zwischen der „alten patriarchalischen und provinzialen Missionsorganisation" und den Einzelgemeinden, „die zum Zweck ihrer Konsolidierung und strengen Abschließung nach außen den monarchischen Episcopat aus ihrer Mitte hervorgetrieben" haben (aaO, 21). Diotrephes sei der erste namentlich bekannte monarchische Bischof. In dieser Fassung läßt sich die kirchenrechtliche Deutung jedoch nicht halten. Der Rahmen („provinziale Missionsorganisation") scheint zu weit gesteckt. Man hat ihn daher lokal verengert und den Streit auf einen organisatorischen Konflikt zwischen autonomer Einzelgemeinde und (charismatischen) Wandermissionaren reduziert. Aber auch diese Fassung erklärt nicht, warum Diotrephes die Sympathisanten des Presbyteros in seiner Gemeinde exkommuniziert hat.

Darum wurde der Konflikt „dogmatisch", dh aus dem antignostischen Kampf erklärt. W. Bauer kombiniert die Klagen von 3Joh 9f mit der Ketzerpolemik 2Joh 7–11 und versteht Diotrephes als „Ketzerhaupt", das gegen den „Versuch kirchlicher Führer . . ., auf andere Gemeinden Einfluß zu gewinnen", mit allen Mitteln vorgeht. Nur: der Presbyteros wirft seinem Gegner keine Ketzerei, sondern brutales Vorgehen vor und ist trotz allem gewillt, sich mit ihm zu arrangieren. Käsemann hat Bauers These auf den Kopf gestellt. Der Presbyteros sei ein christlicher Gnostiker. „Diotrephes hat ihn als solchen diagnostiziert und daraus die von seinen Voraussetzungen notwendigen und begreiflichen Konsequenzen gezogen"[4]. Diese überraschende These, daß der Ketzerbekämpfer von 2Joh 8ff selber als Ketzer bekämpft wird, dürfte im Kern richtig sein[5]. Nur sie erklärt

---

[3] Vgl. 2Kor 3, 1; Apg 18, 27 und als Beispiele 2Kor 8f; Röm 16, 1.
[4] Exegetische Versuche I, 178.
[5] Freilich nur im Kern, nicht in ihrer dramatischen Ausgestaltung. Käsemann hat seine Meinung, der Presbyteros habe auch das 4. Evangelium verfaßt, selbst revoziert. Daß der Verfasser des 3Joh ursprünglich Pres-

die drastischen Kirchenzuchtmaßnahmen des Diotrephes und das hilflose Verhalten des Presbyteros, der sich für rechtgläubig hält, die Rechtgläubigkeit seines Gegners nicht in Frage stellen kann und mit ihm Kontakt sucht. Seine „Häresie" besteht eben in seiner johanneischen Theologie, die dem Diotrephes (wie so manchem späteren Theologen) als gnostisch suspekt ist. Daß das Thema der Rechtgläubigkeit in 3Joh nicht expressis verbis zur Sprache kommt, sondern allenfalls mit dem Hinweis auf dessen „böse Worte" (10) angedeutet wird, verwundert in einem Empfehlungsbrief, der praktische Anweisungen an einen Vertrauten enthält, in keiner Weise.

Diese „dogmatische" Deutung widerspricht der „kirchenrechtlichen" nicht, sondern macht die Schärfe des „kirchenrechtlichen" Konflikts erst deutlich, indem sie seinen Hintergrund erhellt[6]. Nur weil er den Presbyteros für einen gefährlichen Häretiker hält, widersetzt sich Diotrephes seiner Mission und der organisierten Expansion seines Einflusses auf fremde Gemeinden in seinem – des Diotrephes – Machtbereich mit allen disziplinären Mitteln.

Zieht man den 2Joh noch heran, so reflektieren die Briefsituationen einen Zweifrontenkrieg des Presbyteros und seiner Anhängerschaft: offensiv gegen gnostische Doketen in dem Gemeindebrief und defensiv gegen das Verketzertwerden seitens der kirchlichen Orthodoxie in dem Empfehlungsbrief für die Missionare. Über das Ausmaß sowohl der Mission und des Einflußbereiches des Presbyteros als auch seines Zweifrontenkrieges wissen wir nicht. Ebensowenig darüber, wo der Presbyteros gewirkt hat. Wenn auch der Einordnung der kleinen JohBr in und ihrer Auswertung für die Geschichte des Urchristentums sehr enge, allzu enge Grenzen gesetzt sind, so behalten sie wenigstens als Dokumente des joh. Kreises und seiner Geschichte, die dann erst wieder in der Kanonsgeschichte sichtbar wird, ihren Wert.

## 5. Der Verfasser

Die beiden Briefe waren ohne den Eigennamen des Absenders abgefaßt – daß der Name getilgt worden sei, ist ebenso unbeweisbar

---

byter in der Gemeinde des Diotrephes gewesen und von diesem exkommuniziert worden sei, den Titel aber zum Trotz beibehalten und ebenfalls Andersdenkende exkommuniziert habe (2Joh 10), läßt sich nicht belegen.

[6] So auch Bultmann, Johbr., 99f.

wie unwahrscheinlich. Die Selbstbezeichnung ὁ πρεσβύτερος genügte für die Empfänger vollauf; der Verfasser war unter ihr bekannt. Wer dieser Anonymus war, können wir nicht mehr feststellen. Wir fragen nur nach dem Sinn der Selbstbezeichnung[7]. Die nächstliegende Deutung als Amtstitel „der Presbyter" hat gegen sich, daß eine Näherbestimmung („.. der Gemeinde in..") fehlt[8], – auch wenn der Verfasser faktisch ein Gemeindeamt bekleidet hat[9]. Die andere Möglichkeit, ὁ πρεσβύτερος als Traditionsträger im Sinne des Papias, Irenäus und Clemens Alexandrinus zu verstehen, ist auch wenn man nicht mit Harnack den πρεσβύτερος Ἰωάννης als Autor dingfest machen will, einigermaßen problematisch; einmal präsentiert sich der Verfasser nirgends als Bindeglied zur Urgemeinde oder gar zu Jesus, ferner wissen die genannten Kirchenschriftsteller von einer Vielzahl solcher ‚Alten‘, und schließlich ist πρεσβύτερος in diesem traditionalistischen Sinne als Selbstbezeichnung nirgends bezeugt. Aber auch als bloße Altersbezeichnung wäre das Wort nur dem jungen Freunde Gaius, nicht aber der Gemeinde gegenüber sinnvoll (2Joh 1). Und doch dürfte es sich um eine Altersbezeichnung, wenn auch nicht in ausschließlich physischem Sinne, handeln: der Autor war tatsächlich ein alter Mann, hatte als langjähriger Leiter des johanneischen Kreises von seinen Anhängern den Würdenamen „der Alte" erhalten und ihn als Selbstbezeichnung übernommen. – Die Frage, ob der Presbyteros der Verfasser auch des 1Joh ist, dürfte durch R. Bergmeiers Nachweis der Verschiebung des ἀλήθεια-Begriffs in 2. 3Joh gegenüber dem 1Joh (und dem JohEv) negativ zu beantworten sein.

## Rückblick auf das 3. Kapitel

Als „johanneischen Kreis" bezeichneten wir einmal die vier behandelten Schriften und dann die christliche Gruppe, aus der diese Schriften hervorgegangen sind. Literarisch handelt es sich bei diesen um verschiedene Gattungen, ein Evangelium, einen Traktat und zwei Briefe – ein interessantes Phänomen, daß Schriften, die wie 1–3Joh

---

[7] Vgl. G. Bornkamm, ThW VI, 670ff.

[8] Bultmann, Johbr., 95.

[9] Das ist sehr wahrscheinlich, geht aber nicht aus der Selbstbezeichnung hervor. Haenchen, der die Schwierigkeit dieser Deutung wohl sieht, hilft sich mit der Präzision „praeses presbyterii" und verweist auf das Präskript des Polykarp-Briefs; aber das ist keine Parallele („Polykarp und der Presbyter mit ihm"); zu Käsemanns Interpretation s. o. Anm. 5.

kaum Bezug auf die Geschichte Jesu nehmen, und ein Evangelium aus derselben Gemeinschaft entstehen konnten. Es hat sich gezeigt, daß man höchstwahrscheinlich mit drei verschiedenen, zeitlich sich folgenden Autoren (dem Evangelisten, dem Verfasser des 1Joh und dem Presbyteros), dazu mit Redaktoren (bei Joh und 1Joh) rechnen muß und daß die Gemeinschaft noch andere Dokumente besaß und literarisch benutzte (die „Quellen" des Joh und die „Vorlage" des 1Joh), aus denen ein Großteil der johanneischen Begriffe und Vorstellungen stammt. Der johanneische Schriftenkreis repräsentiert ein eigenständiges, gnostisierendes Christentum, dessen Ursprünge noch nicht aufgehellt sind und dessen Geschichte nicht einmal in Umrissen, sondern nur in einzelnen Punkten zu erkennen ist.

So lassen sich die Schriften nicht genau datieren und lokalisieren. Joh muß am Ende des 1., die Briefe werden am Anfang des 2. Jh.s entstanden sein. Da die *Heimat des* JohEv wahrscheinlich das griechische Syrien ist, dürften auch die drei anderen Schriften dort entstanden sein, obwohl man der kirchlichen Tradition von dem ephesinischen Johannes zuliebe häufig Kleinasien annimmt. Daß 1Joh ähnliche Doketen bekämpft wie Ignatius in seinen Briefen nach Tralles und Smyrna und daß er von Papias benutzt wurde (Euseb, KG III 39, 17), besagt natürlich nichts über seinen Entstehungsort.

Etwas deutlicher, wenn auch nicht deutlich genug, sehen wir die *Entwicklung der theologischen Gedanken,* die sich vom Evangelium zu den Briefen vollzogen hat, jene „Verkirchlichung" durch Modifikation genuin johanneischer und Aufnahme (teilweise auch redaktionelle Eintragung) gemeinchristlicher Gedanken, die durch den antignostischen Kampf bestimmt ist. Allerdings: der antignostische Kampf ist nicht erst eine Angelegenheit der Briefe, er wird schon im JohEv geführt, aber, und das muß hervorgehoben werden, er ist mit den gnostischen Grundlagen der johanneischen Theologie selbst gegeben, dh als Aufgabe mitgegeben, weil die Gefahr einer totalen Gnostisierung latent von Anfang an vorhanden war; eine kleine Akzentverschiebung genügte. Das sah schon der Redaktor des JohEv. Natürlich sieht der Kampf gegen den Unglauben (die nichtchristlichen gnostischen Offenbarungsansprüche) im Ev anders aus als der gegen den Falschglauben (christlich gnostische Christologie) in 1. 2Joh. Es ist nicht verwunderlich, daß der antignostische Kampf des 1Joh primär eine innerjohanneische Krise war (2, 19), in deren Verlauf allmählich auch eine äußere Trennung durchgeführt wurde

(2Joh 10f)[1]. So rückt der johanneische Kreis theologisch immer näher an die sich bildende kirchliche Orthodoxie heran. Doch hat er bei ihr laut 3Joh 9f keine sonderliche Gegenliebe gefunden. Über die *Organisation und äußere Entwicklung des Kreises* geben seine Schriften wenig Auskunft. Man hat aus der Tatsache, daß er keinen expliziten Kirchenbegriff entwickelt hat und im 1Joh die Abschließung von der „Welt" fordert, ihn als Konventikel mit sektenhafter Struktur verstehen wollen. Aber diesem Rückschluß steht das Selbstverständnis dieser Gruppe entgegen. Das JohEv erhebt einen Geltungsanspruch, exklusiv gegenüber aller nichtchristlichen Religion und nahezu exklusiv gegenüber anderen Formen des Christentums (und symbolisiert ihn in der Gestalt des Lieblingsjüngers). Diesem Selbstverständnis entspricht die Selbstverständlichkeit, mit der der Verfasser des 1Joh sein „Manifest" an die ganze Christenheit richtet, und die Tatsache, daß der Presbyteros nicht nur Ketzerbekämpfung, sondern auch Heidenmission treibt. Spätestens im 2. 3Joh wird die Aktivität des Kreises nach außen sichtbar. Sie ist zentral organisiert und richtet sich auch auf fremde christliche Gemeinden, in denen der Presbyteros Anhänger wirbt. Ob er einen Verband von Gemeinden leitet, ist nicht ersichtlich, ebensowenig die Größe des johanneischen Kreises und seines Einflußbereiches. Aber allzu klein darf man ihn sich nicht vorstellen; wenn die Aussagen des 1Joh zutreffen, „viele" Häretiker seien „von uns" ausgegangen und „in die Welt" gezogen (2, 18f; 4, 1), dann kann der Kreis nicht klein gewesen sein, wenn er auch durch die allmähliche Trennung von den Häretikern reduziert wurde. Seiner äußeren Entwicklung war die in ihm aufgebrochene Häresie auch deshalb ungünstig, weil die kirchliche Orthodoxie nicht zwischen ihm und den Häretikern unterschied und durch die missionarische Einflußnahme des Presbyteros zusätzlich provoziert wurde. Die Briefsituation des 2. 3Joh dürfte für die damalige geschichtliche Situation des johanneischen Kreises überhaupt symptomatisch sein: der Versuch der Selbstbehauptung zwischen Gnosis und Rechtgläubigkeit.

Die Geschichte des ältesten Christentums und des Kanons bestätigt dieses Bild: hohe Schätzung des JohEv, auch außerhalb seiner Gemeinde, bei Häretikern wie den Valentinianern und Montanisten, strikte Ablehnung eben deshalb in weiten Kreisen der kirchlichen

---

[1] Der Doketismus ist natürlich keine speziell johanneische Erscheinung, sondern ein Grundzug christlicher Gnosis.

Rechtgläubigkeit[2]. Aber in denselben kirchlichen Kreisen wurde der
1 Joh wegen seiner antidoketischen Tendenz geschätzt und benutzt[3],
dh er wurde hier zunächst gar nicht mit dem Evangelium in Zusammenhang gebracht. In der Zeit zwischen 2. 3Joh und dem Kampf
des Irenäus für das JohEv hat sich der johanneische Kreis als Gemeinschaft offenbar aufgelöst. Der eine Teil ging in der Gnosis auf
und mit ihr unter – literarische Spuren dürfte er in manchen Apokryphen hinterlassen haben –, der andere Teil ging in der früh-
katholischen Kirche auf. Als beides so weit war, konnte auch das
JohEv kanonisiert werden.

[2] W. Bauer, Rechtgläubigkeit und Ketzerei, 188ff.
[3] W. Bauer, aaO, 189.

# 4. KAPITEL

## APOKALYPSEN

## § 31. Apokalypsen und „Apokalyptik" des Judentums

*Texte in Übersetzung:*

E. Kautzsch, Die Apokryphen und Pseudepigraphen des AT II, 1900;
P. Rießler, Altjüdisches Schrifttum außerhalb der Bibel, 1928;
R. H. Charles, The Apocrypha and Pseudepigrapha of the Old Testament in English II, 1913.

*Forschungsberichte:*

J. M. Schmidt, Die jüdische Apokalyptik. Die Geschichte ihrer Erforschung von den Anfängen bis zu den Textfunden von Qumran, 1969.

*Untersuchungen:*

W. Bousset – H. Gressmann, Die Religion des Judentums im späthellenistischen Zeitalter, HNT 21, ³1926;
W. Harnisch, Verhängnis und Verheißung der Geschichte, FRLANT 97, 1969;
M. Hengel, Judentum und Hellenismus, WUNT 10, ²1973;
W. Kamlah, Utopie, Eschatologie und Geschichtsteleologie, 1969;
E. Lohse, Apokalyptik und Christologie, in: Die Einheit des NT, 1973, 125ff;
A. Nissen, Tora und Geschichte im Spätjudentum, NovTest 9, 1967, 241ff;
O. Plöger, Theokratie und Eschatologie, WMANT 2, 1959;
G. von Rad, Theologie des AT II, ²1965, 315ff; 437ff;
H. Ringgren – R. Schütz, RGG³ I, 1957, 463ff (Lit.);
D. Rössler, Gesetz und Geschichte, Untersuchungen zur Theologie der jüdischen Apokalyptik und der pharisäischen Orthodoxie, WMANT 3, 1960;
P. Vielhauer in: Hennecke-Schneemelcher, NT Apokryphen II, ³1964, 407ff (Lit.);
P. Volz, Die Eschatologie der jüdischen Gemeinde im neutestamentlichen Zeitalter, 1934.

Die christlichen Apokalypsen repräsentieren eine Literaturgattung, die nicht christlichen, sondern jüdischen Ursprungs ist. Das Urchristentum hat seinen eschatologischen Glauben weitgehend in den

Kategorien und Formen der jüdischen Apokalyptik zum Ausdruck
gebracht, und diese sind zum großen Teil in den ‚locus de novissi-
mis' der christlichen Dogmatik eingegangen. Bei solcher Sachlage ist
es angebracht, der Besprechung der ältesten und wichtigsten christlichen Apokalypsen eine Charakterisierung der jüdischen „Apokalyptik" voranzustellen, damit Verwandtschaft und Verschiedenheit deutlich werden[1].

## 1. Name und Begriff

Mit dem Ausdruck „Apokalyptik", einem späten, von F. Lücke
(1791–1855) geschaffenen Kunstwort, pflegt man zweierlei zu bezeichnen: 1. die Literaturgattung der Apokalypsen, dh Offenbarungsschriften, die zukünftige und jenseitige Geheimnisse enthüllen, und
2. die Vorstellungswelt, aus der diese Literatur stammt.

Die Benennung dieser Literaturgattung als „Apokalypsen" dagegen
reicht ins kirchliche Altertum zurück. Sie ist offenbar dem Incipit der
nt. Offenbarung des Johannes entnommen („Ἀποκάλυψις Ἰησοῦ
Χριστοῦ die ihm Gott gegeben hat, zu zeigen seinen Knechten, was
in Kürze geschen muß", 1, 1), bzw. der Inscriptio Ἀποκάλυψις
Ἰωάννου, in der „Apokalypse" zum ersten Mal als Buchtitel erscheint. Auf Grund der Bedeutung dieses Buches wurde „Apokalypse"
Bezeichnung und Selbstbezeichnung verwandter christlicher Schriften
und wurde dann auch auf jüdische Werke dieser Art übertragen.
Jedenfalls ist „Offenbarung" als Buchtitel oder Gattungsbezeichnung
in vorchristlicher Zeit nicht nachweisbar[2]. Die als „Apokalypsen"
charakterisierten Werke haben von Haus aus keine einheitliche und
manchmal gar keine Selbstbezeichnung. Ihre nachträgliche Benennung
nach dem Titel der christlichen Johannesapokalypse ist gleichwohl
berechtigt, weil diese und jene zur gleichen Gattung gehören.

Läßt sich darüber, welche Schriften (der jüdischen und christlichen
Literatur) als Apokalypsen zu bezeichnen sind, relative Einigkeit erzielen, so besteht gar keine darüber, wie „Apokalyptik" inhaltlich zu
definieren ist; fast jeder Theologe hat seinen eignen Begriff von
„Apokalyptik". Entgegen der sehr weiten Verwendung dieses Kunst-
wortes wird im Folgenden ein eng am literarischen Phänomen der
Apokalypsen orientierter Gebrauch angestrebt und zwar durch den

---

[1] Für das Folgende s. Vielhauer, 407ff.
[2] Die Überschriften der syrischen und der griechischen Baruch-Apokalypsen
sind sekundär; vgl. Vielhauer, 408.

Aufweis verwandter formaler und inhaltlicher Merkmale. Nur dies kann jetzt schon gesagt werden, daß „Apokalyptik" inhaltlich eine Sonderform der jüdischen Eschatologie (neben der später offiziell gewordenen rabbinischen) ist.

## 2. Überblick

Die wichtigsten jüdischen Apokalypsen sind in der vermuteten zeitlichen Reihenfolge[3]: Daniel (Makkabäerzeit), Assumptio Mosis (Zeitenwende), 4. Esra (nach der Zerstörung Jerusalems 70 nChr) und der syrische Baruch (vor dem Bar-Kochba-Aufstand 132 nChr); dazu der literarisch vielschichtige äthiopische Henoch, dessen älteste Partien noch älter als Daniel zu sein scheinen, dessen jüngste dem 1. Jh. vChr angehören – aber die Datierung ist umstritten[4]. In zweiter Linie sind zu nennen der slavische Henoch und der griechische Baruch. Die Testamente der zwölf Patriarchen gehören einer andern Gattung an, der der „Testamente" bzw. Abschiedsreden, enthalten aber kleine Apokalypsen (in TestLev und TestJud). Diese Literaturwerke sind im Laufe von mehr als 300 Jahren entstanden; sie müßten viel differenzierter behandelt werden, als es üblicherweise geschieht[5] und auch hier aus Raumgründen geschehen muß. Dies sei vorausgeschickt, damit die folgenden Charakterisierungen nicht als Wesensdeutung „ d e r Apokalyptik" mißverstanden werden.

## 3. Literarische Merkmale

Auch wenn „sich kein für alle Apokalypsen gültiges Formgesetz nachweisen (läßt)"[6], so kehren doch bei den meisten jüdischen Apokalypsen bestimmte formale Eigentümlichkeiten wieder, die man als *Stilelemente* dieser Literaturgattung ansehen muß.

---

[3] Vgl. H. Ringgren, RGG³ I, 464.

[4] Vgl. L. Rost, Einleitung in die at. Apokryphen u. Pseudepigraphen, 1971, 101ff.

[5] Mustergültige Analysen liegen aber schon vor: für Daniel M. Noth, Gesammelte Studien zum AT I, 1957, 248ff; 274ff; O. Plöger, Das Buch Daniel, KAT 18, 1965; für die späten Apokalypsen, 4Esr und syrBar, W. Harnisch; zu den als Apokalypsen angesprochenen at. Stücken (Jes 24–27; Ez 37–48; Sach 9–14; Joel) vgl. Plöger, Theokratie, 69ff.

[6] Kümmel, Einleitung, 400.

Pseudonymität. Der Apokalyptiker schreibt nicht unter seinem
eigenen Namen, sondern unter dem Namen eines Großen der Vergangenheit (Daniel, Mose, Esra, Henoch, Adam usw), weil er nicht
selbst genügend Autorität hat. Mit der Pseudonymität ist die fiktive
Vorzeitigkeit als Stilelement gegeben. Um zu erklären, warum das
Buch erst jetzt und nicht schon längst bekannt geworden ist, wird
oft berichtet, daß das Buch versiegelt bzw. bis auf das Ende der Tage
geheim gehalten werden mußte (Dan 12, 9; 4Esr 12, 35–38 usw).

Visionsbericht. Der Modus, in dem der Apokalyptiker seine Offenbarungen empfängt, ist meist die Vision, seltener die Audition. Die
Apokalypsen geben sich daher als Visionsberichte. Die Vision kann
in Ekstase oder im Traum geschehen. Häufig wird der Seher dabei
in die Himmelswelt entrückt. Den Bericht über seine Vision gibt er
gelegentlich kurz vor seinem Tod; dann ist die Apokalypse in die
Form einer Abschiedsrede gekleidet und hat zusätzlich deren Merkmale (zB slHen; TestLev 18).

Bildersprache. Das Geschaute selbst ist Bild: entweder Bild, das die
Ereignisse selbst direkt darstellt, oder Bild, das die Ereignisse indirekt,
in Form von Symbolen und Allegorien schildert. Die Bilder stammen
aus dem Bereich der Natur (Tiere und Pflanzen; Wolken und Ge-
witter) oder auch aus der Kunst (die Statue in Dan 2). Sie sind von
der Sache, die sie versinnbildlichen, her oft sehr künstlich konstruiert,
dh Allegorien, zu deren Deutung es einer besonderen Belehrung bedarf. Zudem sind sie oft traditionell. Aber der traditionelle Sinn des
Bildes und die Intention des Apokalyptikers kommen nicht immer
zur Deckung, so daß ein unlösbarer Rest bleibt.

Entschlüsselung. Die Apokalypsen enthalten oft Reflexionen über
die Bedeutung der Bilder. Selten wird das Verstehen dem Seher selbst
überlassen (Tiervision des äthHen 85, 1ff), meist wird es ihm durch
einen Offenbarungsmittler, häufig durch einen oder mehrere Deute-
engel (angelus interpres) oder durch Gott selbst eröffnet.

Systematisierung. Ein eigentümlicher Zug der Apokalypsen besteht
darin, daß sie die Vielfalt der Phänomene durch Ordnungsschemata,
insbesondere Zahlen, übersichtlich zu machen versuchen. Mit der
Einsicht in die geheime Ordnung der Welt demonstrieren sie ihre
von Gott gegebene Weisheit.

Die Apokalypsen kombinieren eine *Reihe von kleineren Formen,*
deren wichtigste im folgenden charakterisiert werden sollen.

Geschichtsüberblicke in Futurform. Das Interesse des Apokalyptikers richtet sich primär auf die nahen eschatologischen Ereignisse, die

Schrecknisse der Endzeit und die Herrlichkeit der neuen Welt. Dies
Interesse hat aber nicht nur zur Weissagung der zukünftigen Ereignisse geführt, sondern – aufgrund der fiktiven Vorzeitlichkeit – Geschichtsüberblicke in Futurform hervorgebracht. Die leitende Absicht
ist dabei, beim Leser ein Vertrauen in die eigentlichen eschatologischen Weissagungen zu schaffen: Wenn der fiktive Autor die vom
Standpunkt der Leser aus kontrollierbare Geschichte so präzise geweissagt hat, dann wird auch die Zukunft so eintreffen, wie er sie
prophezeit; und diese Zukunft ist immer das nahe Ende. Diese
Gewißheit, daß die Weltgeschichte an ihr Ende gekommen ist, wird
durch ihre Periodisierung gestärkt. Die Zahl der Perioden schwankt.
Aber immer wird dem Leser deutlich gemacht, daß seine Gegenwart
der letzten Periode angehört. (Die verschlüsselte Darstellung der
letzten periode ermöglicht daher oft eine Datierung der Apokalypsen).

_Jenseitsschilderungen._ Ein weiteres Interesse besteht darin, dem
Leser Einblick in die jenseitige Welt zu geben. Dem dienen Schilderungen visionärer Entrückungen. Der Seher erlebt in seiner Ekstase
Ortsveränderungen und wandert durch fremde, geheimnisvolle Gegenden auf der Erde und im Himmel (vgl. schon Ez 8, 3ff und dann
vor allem äthHen 70f). Diese Schilderungen bilden innerhalb der
Apokalypsen eine eigene Form, werden später aber auch zur eigenen
Gattung verselbständigt (slHen, ApkPauli). Sie bieten Gelegenheit,
sonst nicht zugängliches Wissen über die Topographie des Himmels
und der Hölle, über Engelhierarchien, Astronomie usw zu vermitteln.

_Thronsaalvisionen._ Höhepunkt solcher Reisen, ihr Ziel, aber auch
manchmal ihr Ausgang, ist die Vision des göttlichen Thronsaals.
Ihre Schilderung dient dazu, die Unnahbarkeit Gottes deutlich zu
machen und gleichzeitig die unmittelbar auf Gott zurückgehende
Kompetenz des Sehers zu dokumentieren, der in solchen Audienzen
einen besonderen Auftrag oder einen besonderen Status verliehen
bekommt (äthHen 14f; 70f; slHen 21ff). Die Thronsaalvisionen bilden ein Zwischenglied zwischen den Berufungsvisionen der Propheten
(Jes 6; Ez 1ff) und der späteren jüdischen Merkaba-Mystik.

Die Schilderungen der künftigen und jenseitigen Geheimnisse sind
nicht von einem rein spekulativen Interesse geleitet, sondern wollen
die Leser auf die nahe Zukunft ausrichten, dh zugleich ihr gegen-
wärtiges Leben durch die Bindung an Gott und seinen Willen bestimmen. Dem dienen zwei Gattungen, die nicht von Hause aus apokalyptisch sind, aber einen festen Bestandteil der Apokalypsen bilden,
_Paränese und Gebet._

Paränese. Große Teile des äthiopischen und slavischen Henoch bestehen aus Paränese (im formgeschichtlichen Sinne), aber auch aus Bußmahnungen, verbunden mit den eschatologischen Weherufen und Makarismen. Kompositorisch liegt die Stellung der Paränese nicht fest; sie kann am Anfang und Ende (äthHen) oder nur am Ende (slHen) oder innerhalb der Weissagungen (4Esr; syrBar) gefunden werden.

Gebete. Die Beziehung der Apokalypsen zu den existentiellen Problemen des Lebens wird noch deutlicher in den zahlreichen Gebeten, die sich in all diesen Werken finden. Das Gebet hat manchmal die einfache Funktion, die Deutung des Gesehenen zu erbitten, mehr aber noch die Aufgabe, die Fragen, von denen der Seher im Blick auf das Verhältnis von göttlicher Verheißung und geschichtlicher Wirklichkeit bedrängt ist, zu entfalten, worauf Vision und Deutung die Antwort geben. So wird im ersten Teil des 4Esr die Frage der Theodizee in leidenschaftlichen Klagen entfaltet[7]. Neben Bitte und Klage finden sich auch Dank- und Preisgebete, Doxologien und Hymnen (zB äthHen 84, 2f).

## 4. Vorstellungswelt

Unter „Vorstellungswelt" sollen hier nicht die einzelnen Inhalte der Apokalyptik dargestellt werden, sondern Grundzüge des Verständnisses von Gott, Welt und Mensch, die in den verschiedenen Inhalten wiederkehren. Das kann hier nur annäherungsweise und schematisch geschehen.

Dualismus der zwei Äonen. Der wesentliche Grundzug der Apokalyptik ist der Dualismus, der am deutlichsten in ihrer Fassung der Zwei-Äonen-Lehre zum Ausdruck kommt, die sich von der rabbinischen Fassung dieser Lehre durch Radikalität unterscheidet. Die Terminologie (dieser Äon – jener Äon) ist zwar erst in späteren Apokalypsen belegt, wird aber für die Zeit Jesu schon durch die Evangelien und Paulus belegt. Die Sache findet sich aber schon eindeutig in der ältesten Apokalypse, bei Daniel. Dan 2 zeigt den Gegensatz der zwei „Äonen" als den Gegensatz der Reiche dieser Welt und des kommenden Gottesreiches: Die Statue aus den vier Metallen, Symbol der vier Weltreiche, wird von dem wunderbar losgelösten Fels, dem

---

[7] Eine ausgezeichnete formgeschichtliche Analyse des „Volksklageliedes" im 4Esr findet sich bei Harnisch, 20ff.

Symbol des Gottesreiches, zertrümmert. Die alte Welt muß erst vergehen, bevor die neue Welt Gottes in Erscheinung treten kann. Es gibt zwischen beiden keine Kontinuität; das ist der grundsätzliche Unterschied, der die apokalyptische Eschatologie von der national gestimmten rabbinischen, aber auch der der Qumrangemeinde trennt[8]. Trotzdem ist dieser Dualismus kein absoluter. Denn über allem steht Gott, der von dem Frommen Gehorsam gegen das Gesetz fordert und ihm dadurch Anteil am neuen Äon zusagt[9].

Universalismus und Individualismus. Die Tendenz der apokalyptischen Betrachtungsweise ist unverkennbar universal: Daniel kann die ganze Weltgeschichte in einer Statue aus vier Metallen (einer Abwandlung der Vier-Weltalter-Lehre, die aus Hesiod und dem Parsismus bekannt ist) oder in vier Tieren symbolisieren, ohne Israel auch nur zu nennen; in anderen Geschichtsüberblicken wird zwar Israels Geschichte nacherzählt, aber dann ist die Betrachtungsweise insofern universal, als die ganze Weltgeschichte von der Schöpfung bis zum Ende umfaßt wird. Dieser universalen Tendenz entspricht, daß der Mensch sich als Einzelner durch Gehorsam gegen Gottes Gesetz bewähren muß und nicht schon durch seine Zugehörigkeit zum jüdischen Heilsvolk eine soteriologische Prärogative besitzt. Der schon bei Ezechiel bemerkbare Individualismus ist hier weiter ausgebildet.

Pessimismus und Jenseitshoffnung. Dieser Äon gilt als der böse Äon. Er ist trotz der Oberherrschaft Gottes vom Satan und seinen bösen Mächten beherrscht und von einer zunehmenden physischen und moralischen Degeneration gezeichnet (vgl. die Abfolge von Gold, Silber, Erz und Eisen Dan 2 oder Stellen wie 4Esr 14, 10; syrBar 85, 10). Wenn auch manche Apokalypsen in der Schilderung der Geschichte Israels Aufwärtsbewegungen und Höhepunkte registrieren, ändert das nichts an der Grundauffassung, daß in diesem Äon und aus diesem Äon das Heil nicht zu erwarten ist. Die letzte Zeit ist erfüllt von Greueln und einem Kampf aller gegen alle und gegen Gott. Die Schilderung der bösen letzten Zeit mit ihren politischen und kosmischen Katastrophen nimmt einen breiten Raum ein. Die Hoffnung richtet sich um so stärker auf den aus dem Jenseits einbrechenden neuen Äon. Diese Jenseitshoffnung soll dem Leser die Distanz zu und die Freiheit von „diesem Äon" verleihen, sodaß auch der Pessimismus kein absoluter ist. Ein gewisses „Vergnügen in

---

[8] Vgl. Plöger, Theokratie.
[9] „Der Höchste hat nicht einen Äon geschaffen, sondern zwei" (4Esr 1, 50).

Gott" finden diese Frommen in der Ausmalung der über die Gottlosen hereinbrechenden Strafen, Qualen und Vernichtung.

Determinismus und Naherwartung. Die Gewißheit der Oberherrschaft Gottes über alles drückt sich im Gedanken des Determinismus
aus. Die ganze Weltgeschichte verläuft nach Gottes festgelegtem Plan
(vgl. die Periodisierung), in den der Seher Einblick gewinnt (4Esr 4,
36ff; 6, 1ff). Änderungen von Gottes Willen wie bei den Propheten
sind nicht vorgesehen. Lediglich der Gedanke, daß Gott die letzten
Katastrophen um seiner Erwählten willen „verkürzt" (Mk 13, 20),
findet sich gelegentlich. Der Seher kann zwar nicht den genauen
Termin des Endes nennen; aber er hat die Gewißheit, daß das Ende
bald kommt[10]. Er weist auf die Zeichen der Zeit und fordert damit
seine Leser zur Bereitschaft auf das Ende, aber nicht zur Berechnung
des Endes auf.

Die Vorstellungswelt der Apokalyptik ist nur in ihrer Grundstruktur einheitlich. Im einzelnen findet sich eine große Vielfalt, etwa
bei der Auffassung der Heilspersonen: Das Heil kann durch Gott
und seine Engel, es kann aber auch durch verschiedene Heilbringer
(den Messias oder den Menschensohn) vermittelt werden.

## 5. Herkunft

Die Frage nach der Herkunft der Apokalyptik ist ungelöst. Umstritten ist, ob sie eine Fortbildung des Prophetismus oder ein
Sonderfall der „Weisheit" ist[11]. Die religionsgeschichtliche Frage nach
der *Herkunft ihrer Strukturelemente und Motive* führt in alle Bereiche des Vorderen Orients: Der Dualismus der zwei Äonen, der
Gegensatz von Gott und Satan, die Engel- und Dämonenlehre sowie
der Auferstehungsglaube führen nach Iran; die Vier-Reiche-Lehre
über Hesiod zu Zarathustra und nach Indien; Geschichtsüberblicke
in Futurform finden sich in Iran und in Ägypten; die Schilderung der
Unterwelt erinnert an die griechische und hellenistische Orphik,
Astrologie und Zahlenspekulation sind aus Babylon importiert und
das Sonnenjahr aus Ägypten. Kein Wunder, denn die Apokalyptik

---

[10] Vgl. die ausführliche Schilderung der Termin-Problematik bei Harnisch,
268ff.
[11] Vgl. P. von der Osten-Sacken, Die Apokalyptik in ihrem Verhältnis zu
Prophetie und Weisheit, ThEx 157, 1969.

ist ein Erzeugnis der hellenistischen Zeit, in der mannigfache Kultur-
einflüsse in Palästina sich kreuzen[12].

Die Apokalyptik ist aber auch in einem anderen Sinne ein Produkt
des Hellenismus: Sie ist eine *jüdische Reaktion auf die vordringende
hellenistische Kultur* und will durch Rückgriff auf höhere Weisheit
und Offenbarung das Selbstbewußtsein des Judentums stärken. Obwohl selbst ein synkretistisches Phänomen ist sie ein Akt jüdischer
Selbstbehauptung, der sich gegen die synkretistische Auflösung des
Judentums wendet, wie sie sich am Anfang des 2. Jh.s vChr in
einigen Kreisen des Judentums anbahnte. Für das Verständnis der
Apokalyptik ist daher weniger die Erkenntnis wichtig, woher religionsgeschichtlich ihre einzelnen Gedanken stammen, als vielmehr
die Einsicht in die selbständige Adaption des fremden Gutes.

Diese Art des Widerstands war nur eine unter mehreren im Judentum der beiden vorchristlichen Jahrhunderte. Sie war offenbar beheimatet in Gruppen, die eschatologisch bewegt waren und sich in
Opposition gegen die sich konsolidierende eschatologielose Theokratie befanden und von dieser immer stärker in die Rolle des Sek-
tentums gedrängt wurden[13]. Die literarische Manifestation dieser
Kreise sind die Apokalypsen. Diese stellen also Konventikelliteratur
dar, die nicht zur Belehrung einer interessierten Öffentlichkeit in
Wissenschaft und Lebensklugheit wie die sich auch mit dem Hellenismus auseinandersetzende Weisheitsliteratur geschrieben worden sind,
sondern zur Stärkung und Tröstung der eigenen Gemeinschaft in
aktuellen Nöten.

## 6. Anhang: Die Sibyllistik

Zur gleichen Zeit wie die Apokalyptik entstand im Diasporajudentum eine andere, sich ebenfalls esoterisch gebende eschatologische
Literatur, die sog. *jüdischen Sibyllien.* Es handelt sich dabei um
Weissagungen in griechischen Hexametern. Die Diasporajuden nahmen damit eine alte griechische Literaturform auf, die bis ins 7. vorchristliche Jahrhundert zurückreicht und in hellenistischer Zeit als
Mittel religiös-politischer Propaganda gegen die jeweils Herrschenden zu neuer Blüte gelangt war. In der *Sammlung der sibyllinischen*

---

[12] Hierzu vor allem Hengel, 199ff; 319ff; 381ff.
[13] Vgl. Plöger, Theokratie, 37ff; 129ff.

*Bücher*[14] finden sich die jüdischen Teile vor allem im dritten und vierten Buch. Sie dienen ebenfalls der Propaganda, vor allem für den Monotheismus, die Ethik und die eschatologische Erwartung, aber auch dem „geistigen Widerstand gegen Rom" (so H. Fuchs in seiner gleichnamigen Schrift, ²1964). Gemeinsam mit den Apokalypsen sind Pseudonymität, Vorzeitigkeit und Geschichtsüberblicke im Futur. Ein *grundsätzlicher Unterschied* besteht aber in der Funktion der beiden Gattungen; während die Apokalypsen der Stärkung der eigenen Gemeinschaft dienen, sind die jüdischen Sibyllinen Propagandaschriften, die sich von vornherein an Außenstehende wenden, und zwar an griechisch Gebildete; daher auch die Benutzung einer literarischen Kunstform. Die Sibyllistik hat ihren „Sitz im Leben" in der Propaganda des Diasporajudentums[15].

In der zweiten Hälfte des 2. Jh.s nChr übernahmen die Christen vom hellenistischen Diasporajudentum diese Literaturgattung, die in Form, Thematik und Stimmung sehr geeignet zum Kampf um die Selbstbehauptung nach außen schien[16].

## § 32. Die Johannes-Apokalypse

*Kommentare:*

HNT: E. Lohmeyer, 1926; ²1953; KNT: Th. Zahn I. II, 1924/26; MeyerK: W. Bousset, ⁶1906; NTD: E. Lohse, ¹⁰1971; ThHK: W. Hadorn, 1928; BNTC: G. B. Caird, 1966; ICC: R. H. Charles I. II, 1920; Moffatt, NTC: M. Kiddle – M. K. Ross, 1940; EtB: E.-B. Allo, ³1933.

*Forschungsberichte:*

E. Lohmeyer, ThR NF 6, 1934, 269ff; 7, 1935, 28ff;
A. Feuillet, L'Apocalypse. État de la question, Studia Neotestamentica, Subsidia 3, 1963;
J. M. Schmidt, s. zu § 31.

*Untersuchungen:*

J. Becker, Pseudonymität der Johannesapokalypse und Verfasserfrage, BZ, NF 13, 1969, 101f;

---

[14] A. Kurfess, Sibyllinische Weissagungen (Tusculum-Bücher), 1951 (Urtext und Übersetzung).
[15] Sie ist „Propagandaliteratur in einem trivialen Sinn": A. Dihle, Griechische Literaturgeschichte, 1967, 414.
[16] Genaueres bei A. Kurfess in Hennecke-Schneemelcher II, 498ff.

M.-E. Boismard, „L'apocalypse" ou „les apocalypses" de S. Jean, RB 56, 1949, 507ff;

G. Bornkamm, Die Komposition der apokalyptischen Visionen in der Offenbarung Johannis, ZNW 36, 1937, 132ff = ders., Studien zu Antike und Urchristentum, 1959, 204ff;

G. Delling, Zum gottesdienstlichen Stil der Johannes-Apokalypse, NovTest 3, 1959, 107ff;

St. Giet, L'Apocalypse et l'histoire, 1957;

T. Holtz, Die Christologie der Apokalypse des Johannes, TU 85, 1962;

K.-P. Jörns, Das hymnische Evangelium, StNT 5, 1971;

E. Lohse, Die at. Sprache des Sehers Johannes, ZNW 52, 1961, 122ff;

B. Newman, The Fallacy of the Domitian Hypothesis, NTS 10, 1963/64, 133ff;

O. A. Piper, RGG³ III, 1959, 822ff;

P. Prigent, Apocalypse et liturgie, Cahiers théologiques 52, 1964;

A. Strobel, Abfassung und Geschichtstheologie der Apokalypse nach Kap. 17, 9–12, NTS 10, 1963/64, 433ff.

Von den zahlreichen christlichen Apokalypsen wurde nur die Offenbarung des Johannes als selbständiges Buch in den Kanon aufgenommen, während andere apokalyptische Texte nur im Rahmen anderer Gattungen begegnen (2Thess 2; Mk 13). Und in der Tat stellt sie unter den christlichen Apokalypsen ein Unikum dar. Von den bisher erwähnten jüdischen Apokalypsen aber unterscheidet sie sich trotz aller Verwandschaft in Form und Stoff durch die christliche Umgestaltung der übernommenen Traditionen.

## 1. Inhalt

Incipit 1, 1–3.

Briefeingang 1, 4–8.

Erster Teil: Berufungsvision 1, 9–20 (Thema 1, 19: was ist und was da-nach sein wird).

Zweiter Teil: Die sieben Sendschreiben 2. 3.

Ephesus 2, 1ff; Smyrna 2, 8ff; Pergamon 2, 12ff; Thyatira 2, 18ff; Sardes 3, 1ff; Philadelphia 3, 7ff; Laodikeia 3, 14ff.

Dritter Teil: Die Offenbarung der Zukunft.

Einleitung: Theophanie 4; das Lamm und das Buch mit den 7 Siegeln 5.

I. Die 7-Siegel-Vision 6, 1–8, 1.

1.–4. Siegel: die apokalyptischen Reiter 6, 1–8.

5. Siegel: Klage der Märtyrer 6, 9–11.

6. Siegel: Erdbeben und Sonnenfinsternis 6, 12–17.

Doppelvision: Versiegelung der 144 000; Lobgesang der Vollendeten 7.

7. Siegel: die 7-Posaunen-Vision 8, 1.

II. Die 7-Posaunen-Vision 8, 2–11, 19.

Vorbereitung: Der Engel mit dem Räucherwerk 8, 2–6.

1–4. Posaune: Schäden in der Natur und an den Menschen 8, 7–12.

## 2. Form[1]

Die Apk gibt sich durch einen schmalen *brieflichen Rahmen* (Präskript 1, 4f vgl. V. 11; Schlußgruß 22, 21) als Sendschreiben „an die

---

[1] Zu diesem und den folgenden Abschnitten vgl. meine Ausführungen bei
Hennecke-Schneemelcher II, 437ff.

sieben Gemeinden in der Asia", wird jedoch in der dem Präskript
vorangestellten Einleitung zutreffend als Visionsbericht charakterisiert
(1, 2). Den Aufriß des Buches gibt 1, 19 an: „Schreibe, was du gesehen hast und was ist und was danach geschehen wird"; also Berufungsvision (1, 9–20), die sieben Sendschreiben an die Gemeinden
über ihren gegenwärtigen Zustand (2f) und die Offenbarung des
künftigen Geschehens (4, 1–22, 5).

Der erste Teil, die *Berufungsvision,* verleiht dem ganzen Schreiben
göttliche Autorisation. Der Seher Johannes erhält an einem Herrentag auf der Insel Patmos den Befehl, seine Vision aufzuschreiben und
an die sieben Gemeinden zu senden. Es fehlen die sonst üblichen
Merkmale Pseudonymität und Vorzeitlichkeit. Der Verfasser schreibt
nicht in der Maske und geborgten Autorität eines Heros der Vergangenheit, sondern unter eigenem Namen. Denn er ist echter Prophet. Sein Selbstbewußtsein gründet darin, daß er sich von Christus
zum Propheten berufen weiß, und äußert sich darin, daß er seine
Schrift als λόγοι τῆς προφητείας bezeichnet (1, 3; 22, 7. 10. 18f) und
für sie absolute Integrität beansprucht (22, 18f). Es fehlen daher
auch die traditionellen apokalyptischen Züge, die mit der Pseudonymität und Vorzeitlichkeit zusammenhängen: die periodisierten Geschichtsüberblicke in Futurform und die Versiegelung der Offenbarung samt Geheimhaltungspflicht (22, 10; vgl. dagegen Dan 8, 26;
12, 4). Nachdrücklich betont der Verfasser die Gleichzeitigkeit mit
seinen Lesern. Er gibt an Stelle von Geschichtsrückblicken eine Darstellung und Kritik des gegenwärtigen Gemeindelebens (2f) und sorgt
dafür, daß seine Schrift nicht als Geheimbuch, sondern als ökumeni-
scher Brief verstanden wird (1, 4. 11. 19; 22, 16. 21).

*Offenbarungsmodus* ist nie der Traum, sondern die mehrfach vom
Verfasser betonte (1, 10; 4, 2; 17, 3; 20, 11) visionäre Ekstase – ein
Zeichen fortgeschrittener Entwicklung der Apokalyptik. Charakteristisch ist die enge Verbindung des Offenbarungsempfangs mit dem
schriftlichen Medium: Einerseits erhält der Verfasser den Auftrag,
die Visionen in einem Buch niederzuschreiben – die sieben Sendschreiben schreibt er sogar auf Diktat des Erhöhten – andererseits
ist ein βιβλίον zentraler Inhalt seiner Vision, und die Visionen 6, 1ff
sind nichts anderes als der Inhalt dieses „Buches". Während der
ganzen Zeit sieht es so aus, als sei der Verfasser mit der Niederschrift des Geschauten beschäftigt, die am Ende der Vision abgeschlossen zu sein scheint (22, 10); derartiges gehört jedoch zum

apokalyptischen Stil (Dan 12, 6) und ist daher kaum wörtlich zu nehmen.

Nach dem in 1, 19 skizzierten Aufriß folgen der Berufungsvision die *sieben Sendschreiben an die Gemeinden*. Das prophetische Selbstbewußtsein des Verfassers tritt auch hier hervor: Denn diese Sendschreiben sind im Ich-Stil abgefaßte Stilisierungen von Prophetensprüchen, die in Form von Himmelsbriefen an die Gemeinden adressiert werden. Das „Präskript" dieser Himmelsbriefe ist eine Botenformel zB: „So spricht der Erste und der Letzte ..." (2, 8), darauf folgt eine Stellungnahme zum Zustand der Gemeinden, die häufig in Lob und Tadel zweigegliedert ist. Am Schluß steht ein Aufruf zum Hören und eine eschatologische Verheißung. Paränese in Briefform findet sich innerhalb der Apokalyptik sonst noch im syrBar 78–86; Wie sich Baruch hier an die ganze jüdische Diaspora wendet, so wendet sich der Verfasser mit seinen Himmelsbriefen an die ganze Kirche. Denn die sieben Gemeinden samt ihren Symbolen (Leuchtern und Sternen), stellen in ihrer Siebenzahl die Gesamtheit der Kirche dar.

Der eigentlich apokalyptische und längste Teil beginnt mit einer breit ausgemalten *Thronsaalvision*[2]. In ihrem Mittelpunkt steht das versiegelte „Buch". Im göttlichen Thronrat wird gefragt, wer würdig sei, die Siegel zu lösen (5, 2). Vergleichbar ist die Frage nach einem Boten in den Thronsaalvisionen der alten Propheten (1Kön 22, 20; Jes 6, 8), nur daß in der Apk nicht der Prophet, sondern das Lamm den Auftrag zur Vermittlung der Offenbarung erhält: Christus wird so zum entscheidenden Offenbarungsmittler. Er ersetzt weitgehend den angelus interpres (vgl. jedoch 17, 1ff; 21, 9).

Die Thronsaalvision ist Einleitung für die *Vision der endzeitlichen Ereignisse und Schrecken*. Drei Siebener-Visionen heben sich heraus: Siegelvisionen (5, 1–8, 1), Posaunenvisionen (8, 2–9, 21; 11, 15–19) und Schalenvisionen (15f). Auch in K. 14 kann man sieben Visionen zählen. Daneben kommen noch andere Zahlen zur Geltung: drei, vier und zwölf. Aber die Siebenzahl ist die wichtigste. Entscheidend für die Aufhellung der *Komposition* der Apk ist jedoch nicht die Siebenzahl, sondern das Verständnis des *„Buches mit den sieben Siegeln"* (5, 1) und die *Parallelität* gewisser Partien in K. 6–20.

---

[2] Vgl. G. Bornkamm, Das Vorspiel im Himmel, in: ders.. Gesammelte Aufsätze IV, 1971, 225ff.

Nach Bornkamms[3] überzeugenden Ausführungen ist das „außen und innen beschriebene, mit sieben Siegeln versiegelte βιβλίον" (5, 1) „eine zweiteilige Urkunde, die in doppelter Ausfertigung geschrieben, einen rechtsgültigen, versiegelten Text und einen unversiegelten, jedermann zur Einsicht dargebotenen, entsprechenden zweiten Text enthielt" (205); das „außen" bezeichnet den unversiegelten, das „innen" den versiegelten Teil der Urkunde. Die Phänomene, die das Öffnen der sieben Siegel begleiten (6, 1–8, 1), bilden demnach nicht den Inhalt des Dokumentes. Der Inhalt ist erst nach Lösung des letzten Siegels zugänglich und umfaßt die Gesichte 8, 2–22, 5.

Die Parallelität der Siebenervisionen sowie der den Posaunen- und Schalenvisionen folgenden Texte (K. 12–14 und 17–19), die Bornkamm in einer sorgfältigen Analyse nachgewiesen hat, erlauben den Schluß, daß in 8, 2–14, 20 und 15, 1–20, 5 dieselben Endereignisse zunächst vorläufig, dann endgültig dargestellt werden, und in knappen Umrissen auch in den Siegelvisionen. Die Kapitel 12–14 und 17–19 bringen nicht die chronologische Fortsetzung der in den Posaunen- und Schalenvisionen geweissagten Geschehnisse, sondern nachträgliche, konkrete Ergänzungen zu dem in den Siebenerreihen schematisch Gezeichneten.

Dreimal wird also dieselbe eschatologische Zeit geweissagt: summarisch in den sieben Siegelvisionen 6, 1–8, 1, andeutend und fragmentarisch in 8, 2–14, 20, endgültig und vollständig in 15, 1–22, 5. Dabei ist die summarische Schilderung 6, 1–8, 1 als die auf der Außenseite der Doppelurkunde sichtbare Inhaltsangabe des versiegelten Textes auf ihrer Innenseite zu verstehen, der nach der Lösung des siebten Siegels in 8, 2–22, 5 geboten wird. Die Siebenzahl der drei Visionsreihen bedeutet jeweils das Ganze der Zeit und Ereignisse. Daß nicht alles in das Heptadenschema eingearbeitet wird (K. 12–14 und 17–19) liegt zT daran, daß das verarbeitete Material sich gegen solche Verarbeitung sperrte. Auch die mannigfaltigen Spannungen im apokalyptischen Gesamtbild liegen weitgehend an dem traditionellen Material, das der Seher benutzt hat, sowie an den zeitgeschichtlichen Akzenten, die er setzt. Aber als Ganzes ist die Apk – im Gegensatz zu den meisten jüdischen Apokalypsen – ein Werk von strenger Komposition und großartiger Geschlossenheit.

Am *Schluß der Apk* wird noch einmal zum Inhalt Stellung genommen: Die Worte des Buches sind zuverlässig und werden bald

---

[3] Die Komposition, 204ff.

in Erfüllung gehen (22, 6). Sie sollen nicht versiegelt werden. Selig
ist, wer sie festhält, verflucht aber, wer sie ändert. Einige Formeln –
so die Ausschlußformel 22, 15, die Anspielung auf das Herrenmahl
22, 17 und der Ruf „Komm Herr!" (22, 20) – könnten Hinweise auf
einen gottesdienstlichen „Sitz im Leben" der Apk sein: Sie soll wohl
im Gottesdienst vorgelesen werden (1, 3)[4]. Die vielen Doxologien
und Hymnen wären so ebenso verständlich wie der briefliche Rahmen: Die Vorlesung von Briefen in der Gemeinde war üblich. Eine
als Brief aufgemachte Apokalypse konnte daher eher den Anspruch
erheben, verlesen zu werden.

### 3. Quellen

Die Wiederholungen, Dubletten und Widersprüche haben immer
wieder die Annahme von Quellenbenutzung und ´die Versuche der
Quellenrekonstruktion hervorgerufen[5]. Die Quellenhypothesen präsentieren sich in drei Formen: 1. in der Annahme einer (jüdischen)
Grundschrift und ihrer (christlichen) Überarbeitung; 2. in der Vermutung, Quellen seien zusammengearbeitet worden, besonders gerne
in der seltsamen Variante, es handle sich um zwei Quellen, die von
demselben Verfasser stammten, nur aus verschiedener Zeit; 3. in der
Fragmententheorie, wonach der Apokalyptiker an vielen Stellen nicht
aus freier Hand geschaffen, sondern ältere schriftliche Fragmente
und/oder feste Traditionen verarbeitet hat.

M. E. dürfte die Fragmententheorie W. Boussets[6] – bei Modifikationen im einzelnen – am ehesten dem Tatbestand sprachlich-sti-
listischer Einheitlichkeit und angestrebter kompositorischer Geschlossenheit einerseits und mancherlei sachlicher Spannungen andrerseits gerecht werden. Solche übernommenen Fragmente sind
7, 1–8; 11, 1–13; 12 oder finden sich in 13f; 17f; 21f. Nach Art
und Herkunft sind sie sehr verschieden: während 11, 1f ein jüdisches
Flugblatt aus der Zeit der Belagerung Jerusalems sein dürfte,
entstammt die Vision von der Himmelskönigin, dem Kind und dem
Drachen altorientalischer Mythologie (12)[7], und in K. 17 scheinen
eine ältere und eine jüngere Version der Sage vom Nero redivivus

---

[4] Vgl. die Arbeiten von P. Prigent und K.-P. Jörns.
[5] Ausführliche Darstellung bei Feuillet.
[6] Kommentar, 129.
[7] Die große Entdeckung H. Gunkels, Schöpfung und Chaos, ²1921, 171ff.

verschmolzen zu sein. Der Apokalyptiker hat diese Fragmente teils gar nicht, teils in verschiedener Stärke überarbeitet. Es ist nicht immer klar, ob die Fragmente in schriftlicher oder in mündlicher Fixierung vorlagen.

Als „Quelle" hat dem Seher das AT gedient; die Apk wimmelt von alttestamentlichen Bildern und Anspielungen; konstitutiv sind die Wagenvision Ez 1 und das Menschensohn-Kapitel Dan 7 geworden. Ferner finden sich zahlreiche Parallelen zu jüdischen Apokalypsen, aber keine direkten Zitate, aus denen man auf literarische Abhängigkeit schließen könnte; es handelt sich um gemeinsame Abhängigkeit von derselben apokalyptischen Vorstellungswelt.

## 4. Verfasser, Abfassungsverhältnisse

Deutlicher als alle andern Apokalypsen läßt die des Johannes ihre Entstehung aus den konkreten Verhältnissen der Gemeinschaft, für die sie geschrieben ist, erkennen. Der *Verfasser* nennt sich mit seinem wirklichen Namen (1, 1. 4. 9; 22, 8) und kennzeichnet sich als Glaubens- und Leidensgenossen seiner Leser (1, 9). Er kennt die Gemeindeverhältnisse genau, und aus der Art, wie er die Gemeinden anschreibt, geht hervor, daß er eine bei ihnen bekannte und angesehene Persönlichkeit war. Welche Stellung, Funktion oder Würde er besessen hat, bleibt unklar. Wie gesagt, charakterisiert er sich als Propheten (vgl. 22, 7. 10. 18f mit 1, 9–20). Aus der Wendung, er sei auf Patmos gewesen „um des Wortes Gottes und des Zeugnisses für Jesus willen" 1, 9b, hat man oft herausgelesen, er sei dorthin verbannt worden; aber die verwandte Ausdrucksweise 1, 2 läßt auch bzw. eher den Schluß zu, Johannes habe sich zur Mission oder zur Leitung der Gemeinde auf Patmos aufgehalten.

In der Alten Kirche wurde der Apokalyptiker Johannes schon früh mit dem „Apostel", also dem Zebedaiden, identifiziert, so von Justin, Clemens Alexandrinus und Melito von Sardes. Ferner wurde er – als der Zebedaide – auch mit dem Verfasser des Evangeliums des Johannes identifiziert, zB von Irenäus, nicht aber von Justin. Die Hochschätzung, die die Montanisten, die Valentinianer und andere Gnostiker dem JohEv und der Apk entgegenbrachten, hat dann zu einer scharfen Reaktion seitens kirchlicher Kreise, der sog. Aloger, geführt: sie schrieben beide Werke dem Erzketzer Kerinth zu, um den Apostel und Zebedaiden Johannes vor solch kompromittierender Verehrung zu schützen; diese etwas massive Apologetik zeigt immerhin, daß die Zuschreibung der beiden Werke an den Apostel Johannes keine altehrwürdige Tradition für sich hatte. Besonnener und leidenschaftsloser urteilte Bischof Dionysios von Alexandrien (Mitte des 3. Jh.s), die Apokalypse und das JohEv könnten aus sprachlichen und stilistischen, aber auch theologischen Gründen nicht von demselben Johannes verfaßt sein; das JohEv stamme von dem Apostel Johannes, die Apk von einem andern inspirierten Manne des gleichen Namens. In der Folgezeit blieb die apostolische Verfasserschaft der Apk umstritten, wie ihr kanongeschichtliches Schicksal zeigt.

Nach ihrem Selbstzeugnis gehört ihr Autor nicht zu den Aposteln. Diese sind für ihn die Zwölf und gehören der Vergangenheit an (21, 14 vgl. 2, 2). Er ist wohl der Johannes von Ephesus und hat mit dem „johanneischen Kreis" nichts zu tun[8].

Der Apokalyptiker Johannes schreibt von Patmos aus an sieben kleinasiatische Gemeinden; an der Historizität dieser geographischen Angaben ist nicht zu zweifeln. Allerdings hat die Siebenzahl auch symbolische Bedeutung. Sie bezeichnet die gesamte Kirche. Denn nach 1, 1 sind die *Adressaten des Buches* die „Knechte" Gottes schlechthin. Und der Canon Muratori bezeugt ausdrücklich, daß die Siebenzahl die Gesamtheit der Kirche meint (Z. 55ff). Zu fragen ist allerdings, warum Johannes gerade diese sieben kleinasiatischen Gemeinden nennt und andere wie Kolossä übergeht. Die wahrscheinlichste Antwort ist die, daß er, an die Siebenzahl gebunden, diejenigen Gemeinden aufzählt, die am ehesten seinem Einfluß offen standen[9].

Zwei Probleme haben ihn zu seinem Werk veranlaßt, einmal der innere Zustand der Gemeinden und dann ihre äußere Bedrohung durch den Staat („Das, was ist, und das, was danach geschehen wird" 1, 19). Die *innere Situation der Gemeinden* ist gekennzeichnet durch das Nachlassen der „ersten Liebe", durch Lauheit und Gleichgültigkeit. In den Gemeinden von Pergamon, Thyatira, Sardes und Laodikeia regen sich Ketzer, Bileamiten und Nikolaiten (2, 14f), wirkten die Prophetin Isebel und Leute, die die „Tiefen des Satans" erkennen (2, 20. 24), die die Knechte Gottes verführen und ein ausschweifendes Leben führen (2, 20). Offensichtlich handelt es sich

---

[8] S. o. § 28, 8a.
[9] Vgl. W. Bauer, Rechtgläubigkeit und Ketzerei, 81ff.

um Vertreter der Gnosis. Der Seher will die Gemeinden zum festen Glauben zurückrufen, damit sie die von außen drohende Gefahr bestehen können (3, 10). Diese Gefahr von außen wird in K. 13 und 17 konkretisiert; es handelt sich um den Konflikt zwischen Christengemeinden und römischem Staat, bei dem der Kaiserkult offensichtlich eine besondere Bedeutung hatte – ob als Anlaß der Verfolgung oder als Teil der in der Verfolgung durchgeführten Gerichtsverfahren, muß offen bleiben. Eine sachliche Verbindung zwischen den Problemen der Gemeinden im Innern und in ihrem Verhältnis zur Außenwelt könnte darin gesehen werden, daß die bekämpften Ketzer, die immerhin Gemeindeglieder sind, die Widerstandskraft der Gemeinde gegenüber den Ansprüchen des Staates schwächen: wer wie sie zB Götzenopferfleisch ißt (2, 14. 20), wird sich eher mit heidnischen Forderungen arrangieren als andere. Märtyrerblut ist schon geflossen (2, 13; 6, 9; 17, 6).

Die *Verfolgung*, die hier vorausgesagt und zT schon vorausgesetzt wird, ist die unter Domitian. Eine genauere Datierung dieser Verfolgung und damit auch der Apk ist sehr schwierig, da die zeitgeschichtlichen Anspielungen bewußt dunkel gehalten sind. Die Zahl des Tieres 666 oder 616 (13, 18) läßt viele Aufschlüsselungen zu, ergibt also keinen festen Anhaltspunkt, welcher römische Kaiser gemeint ist. Auch die Aufzählung der „Könige" (13, 1; 17, 9f) läßt keinen eindeutigen Schluß zu, da man nicht weiß, ob man mit Augustus oder mit Cäsar beginnen soll und ob die drei Kaiser des Jahres 68/69 mitzuzählen sind[10]. Aber für Domitian spricht, daß mit ihm am stärksten die Verehrung des noch lebenden Kaisers verbunden ist und daß auf ihn die Sage vom Nero redivivus am ehesten zutrifft. Wenn die Notiz über Öl und Wein (6, 6) sich tatsächlich auf ein Edikt Domitians bezieht, von dem Sueton (Domitian 7) berichtet, so wäre die Abfassung der Apokalypse auf das Jahr 92/3 zu datieren. Dazu paßt auch die altkirchliche Nachricht, Johannes habe die Apokalypse gegen Ende der Regierungszeit Domitians verfaßt (Iren. Haer. V 30, 3).

## 5. Absicht

Die Apk, die wahrscheinlich zu Beginn der sog. domitianischen Verfolgung (ca 93–95 nChr) in Kleinasien entstanden ist, hat den

---

[10] Vgl. die Kommentare.

Zweck, die Christen in dieser Not zu treuem Ausharren und bekennendem Zeugnis zu stärken. Ihr Inhalt geht aber über diesen aktuellen Zweck hinaus. Der Verfasser will nicht nur trösten und stärken, sondern für die apokalyptischen Anschauungen werben, die er in seiner Schrift kodifiziert und in gewisser Weise systematisiert hat und als deren Heimat judenchristliche, eschatologisch bewegte Kreise Kleinasiens anzunehmen sind. Daher nehmen die apokalyptischen Stoffe (4–22) gegenüber den paränetischen einen ungleich größeren Teil ein. Von diesen Anschauungen seien einige dem Verfasser besonders wichtige wenigstens kurz skizziert.

Naherwartung. Wie alle Apokalyptiker ist der Verfasser nicht an der Vergangenheit, sondern nur an der Zeit von der Gegenwart bis zum Ende interessiert. Und diese Zeit ist kurz. Die Naherwartung, von der die ganze Apk bestimmt ist (1, 1. 3; 3, 11; 16, 15; 22, 7. 10. 17. 20), ist intensiver als in der synoptischen Apk (Mk 13 par). Da Spuren der Parusieverzögerung vorhanden sind (zB 3, 3), darf man schließen, daß die Naherwartung neu erwacht ist bzw. dort, wo sie nicht mehr vorhanden ist, neu erweckt werden soll. Zu diesem Zweck verwendet der Verfasser kühne, aber für damalige christliche Leser ziemlich durchsichtige Deutungen von Größen und Gestalten seiner Gegenwart und jüngsten Vergangenheit. So in dem vaticinium ex eventu 17, 3–11, das in V. 10 die kurze Regierungszeit des 7. Königs (m. E. des Titus) voraussagt, dh voraussetzt, und in V. 11 Domitian als 8. König und Nero redivivus charakterisiert (er soll einer von den sieben früheren sein). Domitian ist auch mit dem Tier aus dem Abgrund (11, 7; 17, 8) bzw. aus dem Meer (13, 1–10. 18) gemeint. Dieses die Christen verfolgende Tier tritt zur Zeit der 6. Posaune (11, 7 vgl. 9, 13; 11, 15) und der 6. Schale (16, 12ff) auf. Das Ende steht also nahe bevor. Trotz dieses Siebenerschemas fehlt eine Berechnung des Endes; denn die dreieinhalb Jahre, 42 Monate oder 1260 Tage (11, 2f; 12, 6. 14; 13, 5) sind eine stereotype apokalyptische Zahl und chronologisch unbrauchbar.

Determinismus. Das apokalyptische δεῖ findet sich in der Apk ebenso wie in Mk 13 und 2Thess 2. Der Determinismus tritt sogar noch deutlicher hervor. Denn der Geschichtsplan Gottes ist in dem „Buch mit den sieben Siegeln" unabänderlich festgelegt und rollt nach ihrer Öffnung unaufhaltsam ab. Neu ist jedoch und ohne Parallele in anderen apokalyptischen Texten des NT, daß Christus als Lamm, das allein die Siegel zu lösen vermag, das Endgeschehen inauguriert. Dieser Zug hat allenfalls eine gewisse Parallele bei

Paulus (1Kor 15, 24f). Sonst tritt Christus erst ganz am Ende der eschatologischen Ereignisse in Aktion.

Dualismus. Auch der apokalyptische Dualismus ist in der Apk stärker als in der sonstigen nt. Apokalyptik ausgeprägt. Er äußert sich in der Vorstellung, daß Himmel und Erde, Raum und Zeit vergehen müssen, um dem neuen Himmel und der neuen Erde Platz zu machen (20, 11; 10, 6f; 21, 1; vgl. 2Petr 3, 12f). Er hat kosmische Dimensionen. Das zeigt sich etwa darin, daß in den Posaunen- und Schalenvisionen häufig Geschichtskatastrophen als Naturkatastrophen geschildert und die Akteure gelegentlich als dämonische Wesen gezeichnet werden. Dieser Dualismus hat jedoch deutlich auch eine „existentielle" Dimension. Der Seher schildert im apokalyptischen Teil seines Buches nicht nur die Endereignisse, die die ganze Welt betreffen und die er mittels des Schematismus der Siebenervisionen als ein unaufhaltsames Geschehen darstellt. Er schildert – in den Nachträgen (12f; 17f) – eine Entscheidungssituation der Gemeinde, nämlich eine Entscheidung zwischen Christus und Satan, christlicher Gemeinde und heidnischer Weltmacht. Beide Themenkreise – kosmische Ereignisse und Ereignisse, die speziell die Gemeinde angehen – verbindet er so, daß er Motive des zweiten in die Siebenerreihen einschaltet (11, 3–14; 16, 13–16; vgl. auch 6, 9–11) und daß er im letzten Akt beide Themen verschmilzt (Weltuntergang und Besiegung der satanischen Mächte, 16, 17–21; 19, 11–20, 15); dabei verlagert sich der Akzent immer mehr auf das zweite Thema. Auf ihm liegt das eigentliche Interesse des Verfassers; deshalb arbeitet er es nicht in die Siebenervisionen ein, sondern in den Nachträgen aus.

Der Antagonismus von christlicher Gemeinde und heidnischer Weltmacht ist Vordergrund des eigentlichen Gegensatzes von Christus und Satan. Der Satan, der in Mk 13 gar nicht und in 2Thess 2, 9 nur kurz erwähnt wird, erscheint als der eigentliche Gegenspieler Christi und seiner Gemeinde (12–20). Neben ihm steht der Antichrist, der Mk 13, 14 in verhüllenden Worten erwähnt und 2Thess 2 prägnant geschildert wird. In der Apk wird er als Spiegelbild Satans und Gegenbild des gestorbenen und auferstandenen Christus sowie als Repräsentant des römischen Weltreiches charakterisiert und erstmalig mit einer Gestalt der Gegenwart, mit dem als Nero redivivus verstandenen Kaiser Domitian (12, 18–13, 10; 17, 3–11) identifiziert. Die falschen Propheten, nach Mk 13, 22ff Zeichen der Endzeit, erscheinen Apk 13, 11–17 in einer einzelnen Gestalt, dem zweiten Tier und Pseudopropheten (16, 13). Ob der Seher dabei an eine konkrete zeitgenössische Person denkt oder eine Personifikation vornimmt, ist nicht zu entscheiden. Jedenfalls schließt er den Teufel, den Antichristen und den Pseudopropheten höchst eindrucksvoll zu einer „satanischen Trinität" zusammen (12f; 16, 13)[11]. Er motiviert die Verfolgung der Gemeinde (vgl. Mk 13, 9ff; vielleicht angedeutet 2Thess 2, 5) mit dem Kaiserkult (13, 4ff. 12–17), kennzeichnet sie als Satanswerk (12, 13–17) und läßt sie übergehen in den großen Ansturm der gottesfeindlichen Mächte (16, 13–16; 17, 12–14). Die Parusie Christi wird entsprechend als Messiasschlacht und Sieg über die gottfeindlichen Mächte, und zwar gleich zweimal (14, 14–20; 19, 11–20, 3), geschildert; auch 2Thess 2, 8 ist sie als Besiegung des Antichristen und damit des Satans gekennzeichnet. Mk 13, 26 ist der Gedanke des Sieges angedeutet.

Chiliasmus. Während die Personen des Satan, Antichrist und Pseudopropheten auch in anderen apokalyptischen Texten des NT belegt sind, finden wir im Zusammenhang mit der Parusie zwei im NT singuläre Gedanken: Einmal die Vorstellung vom tausendjährigen Reich, einem messianischen Friedensreich auf dieser Erde zwischen Parusie und Weltuntergang. Während seiner Dauer ist der Teufel gebunden; dann wird er wieder losgelassen und führt die Weltmächte (Gog und Magog) zum allerletzten Kampf gegen die heilige Stadt, wird besiegt und auf ewig in den Pfuhl von Feuer und Schwefel geworfen (20, 1–20). Dann erfolgen Weltuntergang, Gericht und Erscheinung der neuen Welt. Diese Vorstellung eines messianischen Zwischenreiches stammt aus der jüdischen Apokalyptik (zB 4Esr 7, 28ff; syrBar 29, 3ff) und ist eine Kombination der nationalen und transzendenten Eschatologie. Mit dem Gedanken des tausendjährigen Reichs ist die zweite singuläre Vorstellung der Apk eng verbunden: der Gedanke einer zweifachen Auferstehung, einer vor und einer nach dem messianischen Zwischenreich (20, 4–6. 12–15); das ist eine Kombination zweier jüdischer Anschauungen, einer älteren von der Auferstehung nur der Gerechten und einer jüngeren von der allgemeinen Totenauferstehung. Singulär im NT ist auch die farbenprächtige Schilderung der neuen Welt (21, 1–8) und des neuen Jerusalems (21, 9–22, 5). Auf eine entsprechende Ausmalung der Hölle hat Johannes verzichtet; dies wurde von späteren Apokalyptikern nachgeholt.

---

[11] Vgl. H. Schlier, Vom Antichrist, in: Die Zeit der Kirche, 1956, 16ff.

Als der aktuelle Anlaß ihrer Entstehung vergangen war, wurde auch die Absicht der Apk nicht mehr verstanden. Aus der konkreten zeitgeschichtlichen Bezogenheit gelöst, wurde sie selbst zu einem „Buch mit sieben Siegeln", das für die einen suspekt und verwerflich war, für die andern aber zu einem unerschöpflichen Arsenal apokalyptischer Spekulationen wurde.

## § 33. Die Petrus-Apokalypse

*Texte und Übersetzungen*

*Akhmimtext:*

U. Bouriant, Mémoires publiées par les membres de la mission archéologique française au Caire, Tome IX, 1892 (Editio princeps);
E. Preuschen, Antilegomena, [2]1905, 84ff;
E. Klostermann, Apocrypha I (KlT 3), [2]1908.

*Äthiopischer Text:*

S. Grébaut, Revue de l' Orient Chrétien, 1907, 139ff; 1910, 198ff; 307ff; 425ff;
Beide Texte in deutscher Übersetzung synoptisch gedruckt:
Ch. Mauer in: Hennecke-Schneemelcher, NT Apokryphen II, [3]1964, 468ff (Lit.);
H. Weinel in: Hennecke, NT Apokryphen, [2]1925, 314ff.

*Untersuchungen:*

A. Harnack, Bruchstücke des Evangeliums und der Apokalypse des Petrus, TU 9, [2]1893;
O. Bardenhewer, Geschichte der altkirchlichen Literatur I, [2]1913, 610ff;
A. Dieterich, Nekyia, 1893, [2]1913.

### 1. Überlieferung

Von der Apokalypse des Petrus wußte man bis zum Ende des 19. Jh.s nur durch Erwähnungen und einige Zitate bei Clemens Alexandrinus und andern Kirchenschriftstellern sowie aus der Kanonsgeschichte; dh man wußte, daß sie im kirchlichen Osten und Westen weit verbreitet war und in manchen Gegenden noch im 4. und 5. Jh. kirchliches Ansehen genoß, aber ihren Text kannte man nicht. Durch den Fund von Akhmim (Oberägypten) 1892 wurde ein griechisches Fragment von ihr bekannt; es fand sich zusammen mit

Bruchstücken des Petrusevangeliums und des griechischen Henochbuches in einem Pergamentcodex (8./9. Jh.), der einem christlichen
Mönch als Beigabe ins Grab mitgegeben war. Seit 1910 ist der ganze
(bzw. vermutlich der ganze) Text der Petrusapokalypse bekannt,
und zwar in äthiopischer Übersetzung; er fand sich neben andern
Texten in einer äthiopischen Sammelhandschrift und wurde 1913
von H. Duensing ins Deutsche übersetzt. (Man pflegt das griechische
Akhmimfragment nach Harnacks Einteilung in 34 Verse, den äthiopischen Text nach Weinels Einteilung in 17 Kapitel zu zitieren.)
Außerdem gibt es noch zwei kleinere griechische Fragmente der
PetrApk in der Bodleiana in Oxford und in der Sammlung Erzher-
zog Rainer in Wien.

Das älteste Zeugnis für die PetrApk stammt von Clemens Alexandrinus. Man nimmt daher an, daß sie in der ersten Hälfte des 2. Jh.s
entstanden ist; wenn die Deutung des Feigenbaumgleichnisses (Äth
2) auf die Christenverfolgung durch Bar Kochba zutreffen sollte
(was allerdings nicht zu kontrollieren ist), so wäre der Terminus a
quo 135 nChr[1]. Den Entstehungsort kann man aufgrund der Überlieferung nicht feststellen; man nimmt häufig Ägypten an. –

Es sind noch zwei weitere Petrusapokalypsen überliefert, eine
arabische und eine koptisch-gnostische (aus Nag Hammadi). Beide
sind mit der unsern nicht identisch und haben zu ihr keine Beziehung.

## 2. Die beiden Fassungen

Den wesentlichen Inhalt, auf den es der PetrApk ankommt, haben
beide Fassungen gemeinsam: Schilderung der Hölle und der Strafen
der Sünder, Schilderung des Paradieses und der Seligen und die
Erscheinung zweier Himmelsbewohner. Beiden Fassungen ist auch
dies gemeinsam, daß Petrus im Ich- und im Wir-Stil redet. Aber sie
differieren auch: einmal im Umfang – Äth ist etwa dreimal so lang
wie Akhm –, dann in der Reihenfolge der gemeinsamen Stücke und
schließlich in der Form der Höllenschilderung – in Äth eine Weissagung Jesu, in Akhm ein Erlebnisbericht des Petrus.

Die Apokalypse ist in *Äth* von einer Rahmenhandlung umgeben:
Jesus sitzt auf dem Ölberg und wird von den Jüngern nach dem
Zeichen der Parusie und des Weltendes gefragt; hier ist die Situation
von Mk 13, 3ff übernommen. Nach den Weissagungen über die

---

[1] So Weinel, 317.

Endereignisse und Höllenstrafen findet ein Szenenwechsel statt: Jesus und die Jünger gehen „auf den heiligen Berg", begegnen hier zwei Männern von himmlischer Schönheit, die als Mose und Elia identifiziert werden; es ist der Verklärungsberg von Mk 9, 2ff. Nachdem sie von hier aus den Paradiesesgarten mit den „Scharen der Väter" gesehen haben, will Petrus die drei Hütten bauen; da ertönt die Himmelsstimme, die Wolke erscheint und führt Jesus (samt Mose und Elia) zum Himmel, worauf die Jünger wieder vom Berg herabsteigen, wie in der Himmelfahrtsszene Apg 1, 9. 12. Der Schluß zeigt, daß die Rahmenhandlung, die mit einer bekannten Szene aus dem Leben Jesu beginnt, tatsächlich nach Ostern spielen soll. Die Szenerie von Mk 13 gibt ja auch sonst den Rahmen von Apokalypsen ab, zB im Apokryphon des Johannes. Nur wird dann vorher das Erscheinen Christi berichtet. Möglicherweise war das auch ursprünglich in Äth der Fall; jedenfalls kann die PetrApk so, wie sie da beginnt, ursprünglich nicht begonnen haben.

Beim *Akhm* fehlt eine Rahmenhandlung, aber auch in ihm findet ein Szenenwechsel statt, der Gang auf den Berg (V. 4). Vorhergegangen muß eine ähnliche Szene sein wie Äth 1, denn Akhm 1–3 enthält ähnliche Endweissagungen und Warnungen. Aber alles andere spielt sich auf dem Berge ab. Die Jünger bitten Jesus, ihnen einen der abgeschiedenen Seligen zu zeigen (V. 5); sie sehen dann zwei Männer, deren Schönheit ebenso geschildert wird wie im äthiopischen Text, die aber anonym bleiben (V. 6–13), sie sehen das Paradies und seine Bewohner (V. 14–20), und dann sieht Petrus diesem Ort gegenüber den „Ort der Strafe", seine Insassen und ihre Qualen (V. 21–34). Hier bricht das Stück ebenso unvermittelt ab, wie es begonnen hat.

Die äthiopische Fassung gilt, obwohl sie durch die Übersetzung gelitten hat, i. a. als ursprünglicher und Akhm als sekundäre Bearbeitung. Aber ganz so einfach ist die Sachlage nicht. Auch Äth enthält sekundäre Züge.

Einig ist man darüber, daß dem Umfang nach Äth der ursprünglichen Fassung näher steht[2]; denn einige Stücke des Äth, die in Akhm fehlen, werden durch Väterzitate und die Fragmente als ursprüngliche Bestandteile des griechischen Buches erwiesen[3].

---

[2] Nach der Stichometrie des Nikophoros enthielt die PetrApk 300, nach dem Codex Claramontanus 270 Stichoi und war etwa so lang wie der Galaterbrief.

[3] Die Zusammenstellungen bei Maurer, 474 Anm. 4. 5; 476 Anm. 2; 477 Anm. 1; 479 Anm. 1. 2; 480 Anm. 3.

Fast einig ist man sich auch darüber, daß die Reihenfolge Hölle –
Himmel (Äth) den Vorzug vor der umgekehrten verdient. Als Hauptargument wird ein Abschnitt aus dem 2. Buch der Sibylle (Sib II
238–338) angeführt, der die PetrApk verwendet und die gleiche
Reihenfolge wie Äth hat. Aber zwingend ist der Beweis nicht, da
Sib II einen durchaus selbständigen Aufbau besitzt, Verwandtschaft
mit verschiedenen apokalyptischen Schriften aufweist und sich mit
der PetrApk nur in der Höllenschilderung (genauer nur mit Äth 6–12.
14), nicht aber mit der Paradiesesdarstellung berührt. Gegen die Ursprünglichkeit der Reihenfolge in Äth könnte folgendes sprechen:
die Korrespondenz der beiden Schilderungen wird durch den Gang
auf den Berg gestört, während sie in Akhm erhalten ist (wo sie auf
dem Berg lokalisiert sind, während das Kommen der falschen Propheten, also die irdischen Endereignisse, an einem andern Ort geweissagt worden sind); vor allem aber heißt es nach der Höllenschilderung in Äth 14: „Ich habe es, Petrus, zu dir geredet und dir kund-
getan. Gehe hinaus also und wandere in die Stadt des Westens . . .“
usw.: das ist ein eindeutiger Abschluß, nach dem eigentlich keine
weitere Offenbarung mehr, sondern nur noch das Verschwinden Jesu
folgen kann[4].

Ein weiteres Problem, vor das der Vergleich der beiden Fassungen
stellt: ob die beiden Seligen urspünglich anomym oder von vornherein
Mose und Elia waren, ob also die Paradiesesschilderung oder die
Verklärungsgeschichte ursprünglich ist, muß im ersten Sinn beantwortet werden. Denn einmal gehört es zu den Gesetzen volkstümlicher Überlieferung, daß anonyme Gestalten namentlich identifiziert,
nicht aber daß namentlich genannte ihres Namens beraubt werden;
und was unsern Text betrifft: kein Christ hätte gewagt, Mose und
Elia aus der Erzählung zu streichen, wenn sie in ihr vorgekommen
wären[5]. Und ferner paßt die in Äth und Akhm übereinstimmende

---

[4] Weinel, 316.

[5] Unverständlich ist die Theorie Maurers, daß der Verfasser des Akhmim-
textes „wegen des Fehlens von 16b (scil. des Äth) nicht erkennen konnte,
daß es sich hier um die Verklärungsgeschichte handelte“ (470). Denn
schon in Äth 16a werden Mose und Elia genannt, die in der ganzen
urchristlichen Literatur gemeinsam nur in der Verklärungsgeschichte auftreten; es hätte also nicht erst der Absicht des Petrus, Hütten zu bauen
(16b) bedurft, um die Verklärungsgeschichte zu erkennen. Die Darstellungen Äth 15–16a und Akhm 6–20 sind derart parallel – bis auf die
Namen –, daß der Schluß unausweichlich ist, daß die Namen, deren
Streichung nicht erklärt werden kann, sekundär hinzugefügt worden
sind.

Schilderung der beiden Gestalten (strahlend schön, rosige Haut, lockiges Haar, Narden als Kranz usw.) nicht gerade auf die beiden at. Gottesmänner; ihre Erwähnung in diesem Zusammenhang ist religionsgeschichtlich und ästhetisch ein Stilbruch. Hier ist die Akhm-Fassung traditionsgeschichtlich primär. Der Verfasser von Äth hat die Verklärungsszene (in der ja Jesus gar nicht verklärt wird!) hereingebracht, um das Auftreten der beiden Paradiesesgestalten zu erklären und einen Bezug zur Geschichte Jesu herzustellen[6].

Die wichtigste Frage ist aber die, „ob wir in der Petrus-Apokalypse ursprünglich eine Jesus in den Mund gelegte Weissagung zu erkennen haben oder aber eine der Himmels- und Höllenwanderungen, wie sie in der apokalyptischen Literatur üblich waren"[7]. Die Zitate und die Fragmente verwenden die Futurform und sprechen somit für das erstgenannte. Hier hat Äth mit der Weissagungsform das Ursprüngliche erhalten.

Beide Fassungen der PetrApk enthalten sekundäre Züge. Die ursprüngliche Gestalt ist aber nicht mit Sicherheit zu rekonstruieren. Auch hier können nicht Hypothesen und Kombinationen weiterführen, sondern nur neue Funde. Das gilt auch für die früher oft verhandelte Frage, ob die PetrApk ein Bestandteil des PetrEv gewesen sei.

Auch wenn man die Urform der PetrApk nicht wiederherstellen kann und manche Fragen offenbleiben, so ist doch der Vergleich für das Verständnis jeder der beiden Fassungen lehrreich. Er zeigt in Äth eine Apokalypse nach dem Modell von Mk 13, vermehrt – wie häufig in den Apokryphen – um einige bekannte Situationen aus der Geschichte der Hauptperson, die aber in dieser Kombination in der bekannten Geschichte nicht vorkommen; eine apokalyptische Rede Jesu, aber des auferstandenen Jesus vor seiner Himmelfahrt; das Ganze als Erzählung eines Augen- und Ohrenzeugen, des Petrus; das erste Beispiel dafür, daß eine christliche Apokalypse mit einem christlichen Pseudonym versehen wird. Der Vergleich zeigt in Akhm eine Verstärkung dieses pseudepigraphischen Charakters (Eigenbericht des Petrus) und damit zugleich – jedenfalls in den erhaltenen Partien – eine Annäherung an den Visionsstil der jüdischen und der späteren christlichen Apokalypsen.

---

[6] So mit Recht Dibelius, Geschichte der urchristlichen Literatur I, 96.
[7] So Dibelius, aaO, 96.

## 3. Interesse und Bedeutung

Das Interesse der PetrApk liegt ganz auf der Schilderung des Jenseits, der Hölle und des Himmels. Die Frage der Jünger am Anfang nach den Zeichen der Parusie und des Weltendes läßt zwar anderes erwarten. Aber diese Frage ist schnell abgetan, und nach eineinhalb Seiten ist der Verfasser bei seinem eigentlichen Thema. Es ist eine andere Welt als die der synoptischen oder der Johannesapokalypse, aber auch eine andere als die der Himmelfahrt Jesajas. Nicht auf das eschatologische Geschehen der Zukunft (Mk 13, Apk) oder der Vergangenheit (AscJes), sondern auf den jenseitigen Zustand konzentriert sich die PetrApk; und zwar nicht aus Neugier, sondern aus seelsorgerlichem Interesse für den Einzelnen. Die Jenseitsschilderung motiviert den Moralismus; die Schilderung der Hölle und der Strafen der Bösen soll warnen, die Schilderung des Paradieses und der Belohnung der Guten soll locken.

Daß die Darstellung der Hölle und ihrer Qualen ausführlicher gerät als die des Paradieses und seiner Wonnen, liegt in der Natur der Sache; über das Böse weiß man mehr und läßt sich mehr sagen als über das Gute. Der Verfasser gibt eine detaillierte Klassifikation von Sünden und der entsprechenden Strafen, die an Grauslichkeit nichts zu wünschen übrig lassen und an denen sich die „Auserwählten und Gerechten" ergötzen (Äth 13). Eine analoge Klassifikation der Tugenden fehlt, und ausdrücklich wird betont, daß die Seligkeit der Guten unterschiedslos ein und dieselbe ist. Nach der Schilderung der beiden Seligen (Äth 15; Akhm 6–11) heißt es:

„Und der Herr zeigte mir einen weit ausgedehnten Ort außerhalb dieser Welt, ganz schimmernd im Lichte, und die Luft dort durchleuchtet von Sonnenstrahlen, und die Erde selbst sprossend von unverwelklichen Blumen und voll von Gewürzkräutern und von Pflanzen, welche prächtig blühen und nicht verwelken und gesegnete Früchte tragen. So stark war der Blumenduft, daß er von dorther sogar bis zu uns herübergetragen wurde. Die Bewohner jenes Ortes waren bekleidet mit einem leuchtenden Engelsgewand, und ihr Kleid paßte zu ihrem Aufenthaltsort. Engel aber wandelten dort unter ihnen. Alle dortigen Bewohner hatten den gleichen Glanz, und mit einer Stimme priesen sie Gott den Herrn, sich freuend an jenem Ort" (Akhm 15–19 Maurer, aaO, 482).

Würde nicht am Ende das einstimmige Gotteslob erwähnt – wenn auch nur, um die Einheit der Seligen zu kennzeichnen –, so fehlte diesem Bild des Paradieses jeder „religiöse" Zug – er wird auch so noch von lauter Schönheit zugedeckt; kein Wunder, daß das Stichwort „Elysium" fällt (Äth 14). Und doch wird gerade im Zusammenhang mit ihm ein religiöser, seelsorgerlicher Gedanke laut: die Vorstellung, daß die „Erwählten und Gerechten" Verdammte aus ihren Höllenqualen durch Fürbitte befreien können[8].

All diese Vorstellungen sind uns aus unserer christlichen Tradition vertraut. Aber sie sind weder christlichen noch jüdischen Ursprungs. Religionsgeschichtlich haben sie ihre nächsten Parallelen in orphisch-pythagoräischem Gedankengut[9]; dieses aber ist orientalischer Herkunft und in mannigfachen Modifikationen verbreitet. Die Bedeutung der PetrApk besteht darin, daß sie diese Vorstellungen mit der christlich-jüdischen Eschatologie verbunden und dem Christentum übermittelt hat bzw. ein Dokument dieser Verbindung und Übermittlung darstellt. Obwohl nicht kanonisiert, hat die PetrApk die Volksfrömmigkeit stark beeinflußt und literarisch auf die Paulus-Apokalypse und von dieser auf Dantes Divina Commedia eingewirkt.

Die Entstehung der PetrApk hat ihren Grund im Nachlassen der Naherwartung; die Ersetzung der Zukunftserwartung durch die Jenseitshoffnung ist – wie im Hebräerbrief, wenn auch auf bescheidenerem Niveau – ein Versuch, mit dem Ausbleiben der Parusie fertig zu werden.

## § 34. Der Hirt des Hermas

*Textausgaben:*
O. von Gebhardt – A. Harnack, Hermae Pastor graece, 1877;
M. Whittaker, Der Hirt des Hermas, GCS 48, ²1967;
K. Lake, The Apostolic Fathers II, ⁷1950, 1ff (Loeb) (mit englischer Übersetzung);
R. Joly, Hermas. Le Pasteur, SCh 53, 1958 (mit franz. Übersetzung, Einleitung und Kommentar) (Lit.).

*Kommentare:*
M. Dibelius, Der Hirt des Hermas, HNT ErgBd, 1923, 415ff (Lit.).

*Untersuchungen:*
B. Altaner – A. Stuiber, Patrologie, ⁷1966, 55ff;
J. P. Audet, Affinités littéraires et doctrinales du Manuel de Discipline, RB 1953, 41ff;

---

[8] Äth 14; deutlicher das Rainer-Fragment (bei Maurer 480 Anm. 3); ähnlich Sib II 330ff. Vgl. E. Peterson, Die „Taufe" im Acherusischen See (= Frühkirche, Judentum und Gnosis, 1959, 316ff).
[9] Das hat A. Dieterich überzeugend nachgewiesen.

M. Dibelius, Der Offenbarungsträger im „Hirten" des Hermas, in: Bot-
  schaft und Geschichte II, 1956, 80ff;
St. Giet, Hermes et les Pasteurs, 1963;
St. Joly, Hermas et le Pasteur, VigChr 21, 1967, 201ff;
E. Peterson, Frühkirche, Judentum und Gnosis, 1959;
K. Rahner, Die Busslehre im Hirten des Hermas, ZKTh 1955, 385ff;
W. Schmid, Eine frühchristliche Arcadien-Vorstellung, Convivium, 1954,
  121ff;
P. Vielhauer, Der Hirt des Hermas, in: Hennecke-Schneemelcher II, 444ff;
E. Molland, RGG³, III, 242.

Das Buch hat seine Bezeichnung „Hirt des Hermas" von der zweiten Offenbarergestalt erhalten, die im Laufe des Geschehens auftritt
und dem Hermas, einem römischen Christen, die göttliche Botschaft
übermittelt: Diese Offenbarergestalt erscheint als Hirt und die von
ihm vermittelte Botschaft nimmt den größten Teil des Buches ein.
Das Buch hat hohes Ansehen genossen, gelegentlich fast kanonische
Geltung erlangt. Der Canon Muratori (2./3. Jh.) spricht ihm diese
zwar ab, konzediert aber seine private Lesung (Z 77ff); trotzdem ist
das Buch, wie auch der Barnabasbrief, in eine Bibelhandschrift, den
Codex Sinaiticus, aufgenommen worden.

## 1. Überlieferung

Der griechische Urtext ist nicht vollständig erhalten. Er findet sich
in drei größeren Handschriften, in dem schon erwähnten Codex
Sinaiticus, in einem Athos-Codex und in einem Michigan-Papyrus.
Dazu kommt eine Anzahl kleinerer Papyrusfragmente. Vollständig
erhalten ist das Buch in zwei lateinischen Übersetzungen, die aber
noch nicht kritisch ediert sind. Schließlich existieren eine äthiopische
Übersetzung und Teile einer koptischen und mittelpersischen Übersetzung. In den Handschriften ist das Werk verschieden unterteilt.
Traditionellerweise wird es in 5 Visionen, 12 Mandata und 10 Similitudines (Gleichnisse) eingeteilt und danach zitiert.

## 2. Inhalt

Vis I enthält zunächst die Vorgeschichte: Hermas sieht seine
frühere Herrin im Tiber baden und wünscht sich, eine so schöne
Frau als Gattin zu besitzen. Dann folgt der Bericht über die eigent-

liche Vision: einige Tage später wird Hermas auf dem Weg nach
Cumae vom Geist in eine fremde Gegend entrückt und sieht seine
frühere Herrin als himmlische Erscheinung, die ihn darüber belehrt,
sein Wunsch sei eine Gedankensünde gewesen. Darauf erscheint ihm
eine Greisin in strahlendem Gewande mit einem Buch in der Hand,
läßt sich auf einem großen, weißen Sessel nieder, predigt dem Hermas und seinem Hause Buße und liest ihm einen Lobpreis Gottes
vor (2. 3); danach tragen Engel den Sessel und dann die Greisin hinweg (4).

Vis II spielt ein Jahr später an demselben Ort; die Greisin über-
gibt Hermas einen Himmelsbrief, den er, ohne ihn zu verstehen,
kopiert und der dann geheimnisvoll verschwindet (1). Erst vierzehn
Tage später nach Beten und Fasten kann Hermas den Brief lesen; er
enthält die göttliche Botschaft, die gegenwärtige Christenheit habe
noch die Möglichkeit einer einmaligen Buße, und den Auftrag an
Hermas, diese Botschaft den Vorstehern der Gemeinde mitzuteilen
(2 u. 3). Es folgen zwei Nachtragsvisionen: Hermas erhält im Schlaf
die Offenbarung, die Greisin sei nicht die Sibylle, wie er meine, sondern die Kirche; dann erscheint die Greisin in seinem Hause und
gibt ihm Anweisungen über die Verbreitung des Himmelsbriefes (4).

Vis III, die Turmbauvision. Hermas wird nach langem Beten und
Fasten von der Greisin auf seinen Acker beordert, findet dort eine
elfenbeinerne Bank vor, auf der sich die Greisin niederläßt und ihm
den Platz zu ihrer Linken anweist. Sie zeigt ihm, wie sechs Jünglinge
einen gewaltigen, über dem Wasser errichteten Turm aus weißen
Steinen bauen, die von Tausenden von Männern herbeigetragen
werden (1 u. 2), und deutet den Turmbau allegorisch auf die Kirche
(3–7). Sie läßt ihn ferner sieben Jungfrauen rings um den Turm
sehen und deutet sie auf die Tugenden (8, 1–7), und vermittelt ihm
Mahnungen an die Gemeinde (8, 11–9, 10). In einem langen Nachtrag, der noch von zwei Visionen berichtet, erfährt man, daß die
Greisin bei den drei bisherigen Begegnungen in jeweils verjüngter
Gestalt aufgetreten war; Hermas erhält eine allegorische Deutung
dieser drei Gestalten (10–13).

Vis IV, die Tiervision. Hermas begegnet zwanzig Tage später auf
dem Weg zu seinem Acker einem riesigen Meerungeheuer (1) und
der zur Jungfrau verwandelten Greisin, die ihm das Untier auf die
kommende Drangsal deutet (2, 1–3, 6), und dann auf geheimnisvolle
Weise für immer verschwindet.

Vis V, Einleitungsvision zu den Mandata und Similitudines. Der neue Offenbarungsträger, der Hirt, erscheint dem Hermas in seinem Hause und gibt sich ihm als den zu erkennen, dem er „übergeben worden" sei, und Hermas erkennt ihn als „den Engel der Buße". Der Hirt befiehlt dem Hermas, seine Gebote und Gleichnisse niederzuschreiben.

Mand     I: Glaube, Furcht, Enthaltsamkeit.
Mand    II: Lauterkeit.
Mand   III: Wahrheit.
Mand    IV: Keuschheit, Ehescheidung und zweite Ehe (darin 2, 1–3, 7 Christenbuße).
Mand     V: Geduld und Jähzorn.
Mand    VI: Die doppelte Art des Glaubens.
Mand   VII: Die doppelte Art der Furcht.
Mand  VIII: Die doppelte Art der Enthaltsamkeit.
Mand    IX: Zweifel.
Mand     X: Traurigkeit.
Mand    XI: Der falsche Prophet; wahre und falsche Prophetie.
Mand   XII: 1, 1–3, 1: Zwiefache Art der Begierde.
               3, 2–6, 5: Epilog zu den Mandata.

Sim      I: Die fremde und die Heimatstadt.
Sim     II: Ulme und Weinstock.
Sim    III: Der winterliche Wald.
Sim     IV: Der sommerliche Wald.
Sim      V: Der treue Sklave (1. 2); Deutung auf die Werke (3), auf Christus (4–6) und die Bewahrung des Fleisches (7).
Sim     VI: Der Engel der Schwelgerei und der Strafengel.
Sim    VII: Wirkung des Strafengels auf Hermas.
Sim   VIII: Weidenbaum; allegorische Deutung.
Sim     IX: Die zwölf Berge in Arkadien (1); Wiederholung der Turmbauvision (2–4); Prüfung und Reinigung des Turmes (5–11); Deutung des Turmbaus (12–16) und der Berge (17, 1–31, 3); Schlußmahnung (31, 4–33, 3).
Sim      X.: Erscheinung Christi vor Hermas und dem Hirten; Schlußmahnung und Verheißung.

### 3. Die Frage der literarischen Einheitlichkeit

Zwischen der IV. und der V. Vision liegt eine kompositorische Zäsur; während in den ersten vier Visionen die Greisin die zentrale Rolle spielt, von da ab aber verschwindet, ist von der V. Vision ab der Hirt Offenbarungsmittler. Die V. Vision gehört als Einleitung zu den Mandata und Similitudines. Es läßt sich weiter zeigen, daß der

Verfasser die Mandata und Similitudines als Einheit aufgefaßt hat; denn in Vis V 5f werden die beiden Begriffe ἐντολαί und παραβολαί durch das nur einmal gesetzte Personalpronomen bzw. durch den nur einmal gesetzten Artikel verbunden, also als engstens zusammengehörig verstanden (ebenso Sim IX 1, 1)[1]. Zudem sind die ersten Similitudines mit den Mandata eng verwandt, und Sim VII 7 wird von den παραβολαί als ἐντολαί gesprochen. Der Unterschied zwischen ihnen ist so fließend, daß er nicht auf eine Buchdisposition hinweisen kann. Dibelius vermutet wohl mit Recht, daß die Einteilung in Mandata und Similitudines erst durch den Doppelausdruck angeregt worden ist[2]. Das Buch besteht also aus zwei Teilen von sehr ungleichem Umfang, aus den Visionen (Vis I–IV) einerseits und den Geboten und Gleichnissen andererseits.

Der zweite Teil weist aber auch literarische Brüche auf. Sim IX 1, 1 setzt ganz neu ein („Als ich die Gebote und Gleichnisse des Hirten, des Engels der Buße, niedergeschrieben hatte, kam er zu mir ...") und bringt dann Sim IX 1, 4–33, 3 eine ausufernde und allegorisierende Wiederholung der Turmbauvision aus dem ersten Teil (Vis III), die in Sim IX 1, 3 als Präzisierung der schon gegebenen Deutung charakterisiert wird. Diese Wiederholung ist also deutlich ein Nachtrag; ebenso Sim X, die mit der Erscheinung Christi ein Pendant zur Erscheinung des Hirten Vis V liefern soll[3].

Von diesen Beobachtungen aus ist die Hypothese wahrscheinlich, daß 1. das Visionenbuch (Vis I–IV) und das Buch der Gebote und Gleichnisse (Vis V – Sim VIII) unabhängig voneinander entstanden und existierten, daß 2. das Visionenbuch das ältere der beiden ist und daß 3. bei der Vereinigung beider Bücher Sim IX und X angefügt wurden. Diese Hypothese ist wahrscheinlicher als die Drei-Quellen-Theorie von St. Giet, der auch drei verschiedene Autoren annimmt[4]. Beide Bücher sowie ihre Verbindung stammen wohl von dem gleichen Verfasser. Die vielen Unstimmigkeiten lassen sich besser traditionsgeschichtlich als literarkritisch lösen. Nur der Epilog Mand XII 3, 2–6, 5 dürfte eine Interpolation sein.

---

[1] Vgl. Dibelius, Kommentar, 493f, 546.
[2] AaO, 493.
[3] AaO, 421, 493, 601f.
[4] Nach ihm gehen nur Vis I–IV auf Hermas zurück; Sim IX stammt von einem anderen Verfasser; Mand I–XII u. Sim I–VIII. X gehen auf einen judenchristlichen dritten Autor zurück. Dagegen R. Joly, VigChr 21 (1967), 201ff.

## 4. Die literarische Form

Das Buch bringt keine Enthüllungen der eschatologischen Zukunft oder der jenseitigen Welt, ist aber in Form und Stil als Apokalypse gehalten. Zur apokalyptischen Form gehören der Ich-Stil, das Erlebnis von Visionen und Entrückungen, das Auftreten von angeli interpretes, der Himmelsbrief, die Allegoresen und natürlich auch die Paränese. Dennoch weist es auch formal Besonderheiten gegenüber anderen Apokalypsen auf.

Die Offenbarungsträger[5]. Die beiden Offenbarungsträger gehen nicht wie sonst in der Apokalyptik in ihrer Interpretenfunktion auf. Sie sind höchst komplexe Gestalten, in denen sich heidnische und christliche Elemente verbinden.

Die Greisin wird gelegentlich mit der Kirche identifiziert (Vis II 4, 1; III 3, 3), ein durchaus sekundärer Zug, denn er stößt sich mit der Tatsache, daß die Kirche die Empfängerin der Bußbotschaft der Greisin ist und daß ihr Zustand in Vis III von der Greisin behandelt wird. Bestimmte Züge zeigen, daß für die Greisin die Sibylle Modell gestanden hat (hohes Alter, Weg der Hermas nach Cumae, dem Sitz der prominentesten Sibylle; schriftliche Mitteilung der Offenbarung, Sessel, möglicherweise auch das Schema der drei rückläufigen Altersstufen).

Der Hirte wird einerseits als Engel der Buße bezeichnet; andererseits ist er auch der, dem Hermas „übergeben wurde" und der „bei ihm die künftigen Tage seines Lebens wohnen" soll, also ein Schutzengel. Mit dieser Funktion hängt das Hirtenkostüm zusammen, und dieses weist auf nichtjüdischen Ursprung der Gestalt, auf den Gott Hermes, für den auch die Erwähnung Arkadiens spricht (Sim IX 1, 4)[6]. Die Erscheinung des Hirten Vis V zeigt die typischen Züge der Epiphanie einer Gottheit; interessante Parallelen finden sich in der hermetischen Literatur, besonders im Poimandres, aber auch in der Eingangsszene von Boethius' „Trost der Philosophie". Beide Gestalten sind offenbar heidnischer Herkunft, eine Sibylle und ein Schutzgott; sie haben aber die Funktion des angelus interpres und sind schließlich Allegorien christlicher Größen, der Kirche und des Bußengels.

---

[5] Hierzu vor allem M. Dibelius, Botschaft u. Geschichte II, 80ff.
[6] Weiteres bei Dibelius, Kommentar, 495f. Ferner Wolfgang Schmid, Eine frühchristliche Arcadien-Vorstellung, Convivium, 1954, 121ff.

Endzeitliche Ereignisse. Der Hirt des Hermas bringt keine Schilderung eschatologischer Ereignisse. Nur einmal, in der Begegnung des
Hermas mit dem Meerungeheuer, (Vis IV) finden sich gehäuft Bilder,
die in der Apokalyptik der Schilderung der Endereignisse dienen wie
Heuschrecken und Farbensymbolik[7]. Das Meerungeheuer ist der
mythische Unhold, der seit der Schöpfung gefesselt ist und am Weltende freigelassen wird, die Heuschrecken sind eschatologische Plagen,
die vier Farben, ursprünglich kosmische Farben sind Kennzeichen
apokalyptischer Gestalten (Apk 6, 1ff). All das sind Bilder für die
eschatologische Bedrohung der ganzen Menschheit. In Vis IV dienen
sie aber keiner apokalyptischen Schilderung; sie werden enteschato-
logisiert und umgedeutet. Hermas erlebt die kosmischen Endereignisse in einer Vision als ganz persönliche Bedrohung in der Gegenwart, er individualisiert die apokalyptischen Schrecken: „Diese Individualisierung entspricht der für jene Zeit bezeichnenden Umwand-
lung der christlichen Hoffnung: nicht das Schicksal der Menschen am
Ende der Tage, sondern das Schicksal des Einzelnen am Ende seines
Lebens zieht das Interesse auf sich".[8]

Allegorien. Allegorien dienen in der Apokalyptik weitgehend dazu,
geschichtliche und endgeschichtliche Ereignisse und Abläufe ver-
schlüsselt darzustellen. Im Hirt des Hermas haben sie paränetischen
Skopos. In den mit stark allegorisierenden Zügen ausgestatteten
„Gleichnissen" (Sim I–V) finden sich kaum eschatologische Gedanken
– ganz nebenbei und unbetont wird Sim V 5, 3 die Parusie erwähnt.
Sim VI–IX sind Allegorien in visionärer Form über den Erfolg der
Buße. Auch die visionär erlebten „apokalyptischen" Gestalten werden
hier zu moralischen Symbolen: Der elegante Hirt ist der Engel der
Schwelgerei, der wilde Hirt der Strafengel (Sim VI). Außerdem ver-
wendet der Verfasser die Allegorese zur Verarbeitung von hetero-
genem und divergierendem Bild- und Vorstellungsmaterial seiner
Traditionen (wie schon an der Gestalt des Greisen und des Hirten
gezeigt wurde).

Paränese. So wenig wie die Allegorie ist die Paränese eschatologisch bestimmt. Nur gelegentlich verheißt der Hirt den Gerechten,
die seine Gebote befolgen, ewiges Leben (Sim V 6f). Die Mandata
enthalten Paränese, traditionelles ethisches Spruchgut; aber der Verfasser hat es thematisch geordnet, interpretiert und ausgeführt und

---

[7] Dazu Dibelius aaO, 482ff; Peterson, 285ff.
[8] Dibelius aaO, 486.

teilweise dialogisiert. ZB werden die drei Themen von Mand I,
Glaube, Furcht und Enthaltsamkeit, in Mand VI–VIII neu aufge-
griffen und ausführlich entfaltet. Eigene aktuelle Zuspitzung der Paränese zeigt sich in der Warnung vor falschen Propheten (Mand XI).

## 5. Die Absicht

Die Tendenz des Buches ist durchweg paränetisch und auf die
Buße gerichtet[9]. Das geht nicht nur aus den Mandata und aus Sim
I–IV hervor, die überhaupt nur Paränese enthalten, sondern auch aus
den übrigen Teilen; denn auch sie haben die Buße zum Ziel, sei es,
daß sie sie selbst (Sim V) oder ihren Erfolg (Sim VI–VIII) oder ihre
Bedeutung für die Kirche (Vis III, Sim IX) veranschaulichen. Vis II
proklamiert diese Buße durch einen Himmelsbrief und Vis I führt
das Hauptthema ein.

Alle Apokalypsen enthalten Paränese und mahnen zur Umkehr;
brechen die Endereignisse herein, so ist kein Raum mehr für Buße
(äthHen 50). Bei Hermas dagegen ist die Bußmahnung der einzige
und eigentliche Zweck seines Buches. Das Neue, das er zu diesem
Thema zu sagen hat, hebt sich von älteren christlichen Auffassungen
über die Buße bei Bekehrung und Taufe und der Sündlosigkeit des
Getauften ab, Auffassungen, nach denen weitere Bußen nach der
Taufe unmöglich waren (Hebr 6, 4ff; 10, 26–31; 12, 16f; 1Joh 3, 6).
Bei der von Hermas propagierten Buße handelt es sich dagegen um
die von Gott eröffnete Möglichkeit, daß getaufte Christen noch ein
letztes Mal Buße tun dürfen. Hermas erfährt von dieser Möglichkeit
durch einen Himmelsbrief und wird durch ihn beauftragt, der Gemeinde diese einmalige Christenbuße zu verkündigen (Vis II 2, 4f),
die nach einem bestimmten Termin („Tag") nicht mehr möglich sei.
Es handelt sich hierbei um einen Kompromiß zwischen dem durch
die Naherwartung bestimmten Rigorismus und der kirchlichen Wirklichkeit. Hermas versteht die Möglichkeit der Christenbuße als eine
von Gott autorisierte Konzession an die Unzulänglichkeit der
Christen, will aber andererseits an der rigorosen Strenge der ethischen Forderungen festhalten (Mand IV 3). Man wird in der Ein-
maligkeit und Befristung der Christenbuße einen Nachklang der
eschatologischen Naherwartung zu sehen haben. Hermas begründet

---

[9] Aus der breiten Literatur über die Bußtheorie des Hermas seien bes. genannt: K. Rahner u. R. Joly, 22ff.

die Dehnung der Zeit Mand IV 3, 5 mit der Barmherzigkeit Gottes, wie der ungefähr gleichzeitige 2Petr (3, 9) mit seiner Langmut. Aber das Eschatologische ist ins Ethische umgedeutet; der ursprünglich das Ende bezeichnende „Tag" zB ist nach Vis II 2, 4f der Bußtermin der Botschaft des Hermas. Die Dehnung der Zeit erscheint in der Weise, daß Hermas die Frist verlängert: So wird die Veröffentlichung des Himmelsbriefes verzögert (Vis II 4, 2f) und ausdrücklich von einer ‚Pause' im Turmbau der Kirche gesprochen (Sim IX 5, 1; 14, 2): „Um euretwillen ist der Bau unterbrochen worden. Wenn ihr nicht eilig Gutes tut, so wird der Turm vollendet, und ihr werdet ausgeschlossen werden" (Sim X 4, 4). An einer Stelle kann Hermas sogar die Bußforderung gegen die Naherwartung ausspielen. Hier wird die Frage nach dem Ende als Torheit abgewiesen und der Frager auf die ‚Erinnerung' und die ‚Erneuerung des Geistes', die Buße, hingewiesen:

„Ich fragte sie auch wegen des Zeitpunktes, ob das Ende schon da sei. Da rief sie mit lauter Stimme: ‚Du törichter Mensch, siehst du nicht, daß ein Turm noch gebaut wird? Erst wenn der Turmbau vollendet sein wird, ist das Ende da. Aber bald wird er fertig werden. Frage mich nichts mehr. Dir und den Heiligen sei es genug mit dieser Erinnerung und der Erneuerung eures Geistes ..." (Vis III 8, 9)

Hier und im Kontext dieser Stelle wird die Situation des Hermas sehr deutlich: das traditionelle Motiv der Naherwartung und das aktuelle Problem des Lebens der Christen in der weiterbestehenden Welt sowie der Kirche als corpus permixtum stoßen aufeinander; er rettet sich aus dieser Kollision mit seiner Theorie und Botschaft von der einmaligen, befristeten Christenbuße. Das Problem, das ihn beschäftigt, ist nicht das ausgebliebene Weltende, sondern das Verhältnis von idealer und empirischer Kirche; die letztere muß gereinigt und auf diese Weise vollendet werden – die Deutung des Gleichnisses vom Unkraut unter dem Weizen (Mt 13, 36ff) hat in der Allegorie vom Turmbau (Vis III; Sim IX) eine breite kasuistische Weiterführung gefunden (vgl. auch Sim VIII). Erst wenn ideale und empirische Kirche sich decken, „erst wenn der Turmbau vollendet sein wird, ist das Ende da" (Vis III 8, 9).

### 6. Das Verhältnis von Form und Absicht

Warum greift Hermas zur Form der Apokalypse, wenn er keine eschatologischen Ereignisse, sondern die Möglichkeit der Christenbuße verkündigen will? Die Antwort ergibt sich aus Situation und Programm des Hermas, dessen Gegensatz zu den früheren rigorosen Auffassungen ihm bewußt war. „Eine Durchbrechung der radikalen Forderung ist ... überhaupt nur möglich, wenn Gott selbst den Anstoß dazu gibt"[10]. Daher die Offenbarungsmodi des Himmelsbriefes und des „Engels der Buße". Daher vor allem die Apokalypsenform des Buches. Sie soll ihm Offenbarungscharakter, dh den in ihm erhobenen Forderungen göttliche Autorität verleihen, eine Autorität, die der Verfasser von sich aus nicht beanspruchen und für die er keine Tradition geltend machen kann.

Die literarische Form der Apokalypse ist hier zwar der adäquate Ausdruck für den Anspruch ihres Verfassers, nicht aber für ihre Aussage. Zwar erscheint der Hauptinhalt des Hermas als ein Einzelmotiv in den traditionellen Apokalypsen; deren gattungsspezifische Themen fehlen jedoch im Hermas. Man wird den Hirt des Hermas daher als „Pseudoapokalypse" bezeichnen müssen.

## 7. Verfasser; Ort und Zeit der Abfassung

Das Buch enthält viele Aussagen über Hermas und seine Familie. Doch ist umstritten, ob und wieweit man diesen autobiographischen Notizen trauen kann[11]. Nach Abzug dessen, was an ihnen typologisch gemeint sein kann, scheint Hermas ein kleiner Geschäftsmann in Rom gewesen zu sein. Der Canon Muratori behauptet, er sei der Bruder des damaligen römischen Bischofs Pius gewesen (Z. 73ff); ebenso der Catalogus Liberianus und der Liber Pontificalis. Man hat diese Angaben in Zweifel gezogen, weil der Canon Muratori die Kanonizität des „Hirten" mit einer offensichtlich tendenziösen Spätdatierung bestreitet: Hermas habe das Buch „ganz vor kurzem in unseren Tagen ... verfaßt, als auf dem Thron der Kirche der Stadt Rom der Bischof Pius, sein Bruder saß". Aber diese spezielle Datierung des Buches in die Amtszeit des Pius schließt die Verwandtschaft des Autors mit dem römischen Bischof – richtiger wohl Presbyter – nicht aus. Man wird also dieser Behauptung trauen dürfen.

---

[10] Dibelius aaO, 511.
[11] Vgl. Dibelius aaO, u. Joly, 17ff.

Als Abfassungszeit wird deshalb und aus anderen Gründen das dritte, höchstens das vierte Jahrzehnt des 2. Jh.s angenommen und als Abfassungsort Rom. Der Versuch[12], das Buch von Rom zu trennen und es einer palästinischen judenchristlichen Sekte zuzuschreiben, hat sich nicht durchgesetzt.

## § 35. Die Himmelfahrt Jesaias

*Text und Übersetzung:*

A. Dillmann, Ascensio Iesaiae Aethiopice et Latine, 1877;
E. Tisserant, L'Ascension d'Isaie. Traduction de la version éthiopienne avec les principales variantes des versions grecque, latine et slave avec introduction et notes, 1909;
J. Flemming, H. Duensing, Die Himmelfahrt des Jesaja (E. Hennecke, W. Schneemelcher, NT Apokryphen II, ³1964, 454ff) (Lit.).

*Untersuchungen:*

R. Meyer, RGG³ III, 1959, 336f.

Die sog. „Himmelfahrt Jesaias" ist das älteste Beispiel dafür, daß eine christliche Apokalypse einem vorchristlichen Frommen zugeschrieben wird; sie ist ein weiteres Beispiel dafür, daß und wie ein jüdischer Text durch literarische Erweiterungen – nicht einfach durch kleinere Zusätze und Interpolationen – christianisiert wurde. Das Büchlein liegt vollständig nur in einer äthiopischen Übersetzung (aus dem Griechischen) vor; Teile sind griechisch, koptisch, lateinisch und altslawisch erhalten[1]. Die altkirchlichen Bezeichnungen für das Werk bzw. seine Teile sind uneinheitlich; durchgesetzt hat sich der von Hieronymus verwendete Titel Ascensio Jesaiae. Zwischen den verschiedenen Versionen bestehen im Umfang und in vielen Einzelheiten ziemlich starke Differenzen. Doch brauchen wir auf sie und auf den Überlieferungsprozeß, der zu der Endgestalt der AscJes geführt hat, nicht näher einzugehen[2], da an der Endgestalt sich die christlichen Erweiterungen noch gut erkennen lassen.

Der *jüdische Text* ist eine aus dem 2. oder 1. Jh. stammende Legende vom Martyrium Jesaias: der König Manasse hat den Pro-

---

[12] Peterson, 281ff.
[1] Vgl. G. Beer bei Kantzsch, AP II, 1900, 119f; Duensing 454f.
[2] S. den Überblick bei Beer, 121ff und die hier genannte Literatur; ferner Duensing, 454f.

pheten verfolgen und mit einer Baumsäge zersägen lassen[3] (ein
Motiv, das auch Hebr 11, 37 anklingt). Diese jüdische Märtyrer-
legende wurde von Christen *zu einer christlichen Apokalypse umgeformt,* indem sie dem Propheten Enthüllungen über die jenseitige
Welt, das Kommen Christi und das Weltende in den Mund legten.

Das geschah einmal durch die Anfügung eines umfangreichen
Textes, des Berichtes über die „Himmelfahrt", der den zweiten Teil
(6–11) umfaßt und dem das Buch seinen Namen verdankt. Die
*Rahmenhandlung* spielt mehrere Jahre vor dem Martyrium. Jesaja
spricht vor Hiskia in Anwesenheit seines Sohnes, des Hofstaates
und von 40 Propheten, fällt plötzlich in Ekstase und berichtet anschließend, was er in ihr erlebt hat: ein Engel führt ihn zum Fir-
mament und durch die verschiedenen Himmel bis zum siebten,
wo er Gott, Christus und den „Engel des heiligen Geistes" sowie
die seligen Gerechten sieht; er schaut den Abstieg Christi durch die
verschiedenen Himmel zur Erde – unerkannt, da er die Gestalt der
Engel des jeweiligen Himmels annimmt – und dann seinen Aufstieg zum siebten Himmel – in sichtbarer Herrlichkeit. – In diesen
Text ist die Passage 11, 2–22 sekundär eingefügt, in der Jesaja von
Jesu jungfräulicher Geburt, seinen Wundern, seiner Kreuzigung und
Auferstehung, Jüngeraussendung und Himmelfahrt berichtet[4]; dann
folgt die Schilderung des Aufstiegs (11, 23ff). Man vermißte das
„Leben Jesu" und setzte es ein. – Die Verknüpfung mit dem Marty-
rium geschieht denkbar einfach: die Vision Jesajas ist der Grund,
weshalb Manasse ihn töten läßt (11, 41).

Mit derselben Motivierung ist noch ein anderer christlicher Text
hinzugefügt und zwar in die Martyriumslegende eingesetzt worden
(3, 15–5, 1), ebenfalls eine Vision, die Jesaja dem König Hiskia
und seinem eignen Sohn berichtet. Der Inhalt ist ähnlich wie in 6–11,
die Akzentuierung aber anders. Menschwerdung, Leiden und Tod
werden stichwortartig fast als Topoi aufgezählt, nur die Auferstehung wird etwas ausführlicher behandelt[5]; das Interesse liegt auf

---

[3] Die jüdische Legende umfaßt: 1, 1–2a. 6b–13a; 2, 1–3, 12; 5, 1b–14 (so
R. Meyer und zuletzt L. Rost). Möglicherweise stammt die Legende aus
essenischen Kreisen: Rost, 114 (Lit.).

[4] Dieses Stück fehlte in der lateinischen und in den drei altslawischen
Übersetzungen.

[5] Grabeswache wie bei Mt. Christus wird vom „Engel des heiligen Geistes
und Michael, dem Obersten der heiligen Engel" auf den Schultern aus
dem Grabe getragen (3, 14–17); im PetrEv wird der Auferstandene von
zwei Engeln gestützt.

eigentlich „apokalyptischen" Themen: der Spaltung der Kirche (3, 21–31), dem Antichristen, seiner Macht und seiner Vernichtung, der Parusie und dem Weltgericht (4, 1–18). Abschließend gibt Jesaja denen, die noch mehr wissen wollen, Hinweise auf sein eigenes Buch, auf die Psalmen, Sprüche und Propheten (4, 19–22). Literarische Verweise sind in der Apokalyptik nicht unüblich; aber ihr summarischer Charakter hier zeigt ebenso wie der der Aufzählung am Anfang, daß der Verfasser nur scheinbar ein Gesamttableau geben will. Sein eigentliches *Interesse* ist höchst aktuell: die Warnung vor den Spaltungen in der Kirche, die Wirkungen des Antichristen sind.

Die AscJes zeigt viele *Stilelemente der Apokalyptik.* Zunächst die Pseudonymität. Daß die Wahl unter dem reichen Angebot alttestamentlicher Frommer gerade auf Jesaja als Träger der Offenbarung fiel, lag gewiß nicht an der Geeignetheit der Martyriumslegende, sondern an Joh 12, 41 („Dies sagte Jesaja, denn er sah seine Herrlichkeit, und er sprach von ihm")[6]. Ferner Ekstase (6, 10ff), Visionsbericht im Ich-Stil (7, 2ff; 4, 1ff), Entrückung, Unterabteilung Himmelfahrt der Seele (7, 4ff), angelus interpres (7, 2–11, 35), Schau künftiger Ereignisse (10, 8–11, 35; 3, 13–4, 18). Auch das Motiv der Geheimhaltung fehlt nicht, es ist ja traditionell: „Und Jesaja ließ ihn (scil. Hiskia) schwören, daß er dies dem Volke Israel nicht erzählen würde, noch irgendeinem Menschen gestatten würde, diese Worte niederzuschreiben" (11, 39); leider erfahren wir nicht, wie diese Worte trotz des Schwurs niedergeschrieben auf uns gelangten – in andern Apokalypsen, die hohes Alter fingieren, werden die Offenbarungen wenigstens niedergeschrieben und dann versiegelt und versteckt, so daß ihr rechtzeitiges Auftauchen nicht allzu sehr erstaunt.

Auch in einem andern Stilelement der Apokalyptik versagen die Kompilatoren der AscJes, in der Dezenz der Fiktionalität; während andere Apokalypsen durch Allegorie und andere Verschlüsselung die Mitte halten zwischen Deutlichkeit und Rücksichtnahme, ist letztere in der AscJes ganz der ersteren aufgeopfert und werden ungeniert die Namen genannt („Jesus Christus, der Gekreuzigte" 4, 13, „mein Herr Christus, der Jesus genannt werden soll" 10, 7, Maria und Joseph 11, 2, Bethlehem ebd., Nazareth 11, 15). Literarisch ist diese Apokalypse nicht besonders eindrucksvoll und reicht auch nicht an

---

[6] Vgl. M. Dibelius, Geschichte der urchristlichen Literatur I, 92.

die schlichte Martyriumslegende heran, die ihr zugrundeliegt.

Aber *religionsgeschichtlich* ist der Passus 7, 2–11, 2. 23–35 eine einzigartige Quelle für die Vorstellungen von den Himmeln und Engeln, von der Herabkunft und vom Aufstieg des Erlösers, von der Täuschung der Archonten, kurz: für den Mythos, der Phil 2, 6–11 und 1Kor 2, 8ff zugrundeliegt.

*Alter:* Vermutlich ist die Vision 3, 13–15, 1 jünger als die Himmelfahrt 6–11 und ist der Einschub 11, 2–22 das jüngste Stück. Man wird die christlichen Bearbeitungen ins 2. Jh. datieren dürfen; denn die kanonischen Evangelien und die Apg sind vorausgesetzt. Die Terminologie läßt vermuten, daß die christlichen Bearbeitungen aus den gleichen Kreisen stammen.

## Ausblick

Die Gattung der Apokalypsen war bei den Christen sehr beliebt; ihre Produktion reicht vom Ende des 1. Jh.s bis ins Mittelalter – trotz der Zurückhaltung der offiziellen Kirche gegenüber den Apokalypsen, auch der des Johannes. Die Christen haben die jüdischen Apokalypsen vor der Vernichtung bewahrt, sie offenbar als ihre eigene Literatur angesehen und gelegentlich christlich bearbeitet (so zB die Test XII und die koptische Eliasapokalypse). Einen Teil der späteren christlichen Apokalypsen hat C. von Tischendorf ediert (Apocalypses Apocryphae, 1866, Neudruck 1966); Übersetzungen der wichtigsten Werke dieser Art (5. 6Esr, Paulus- und Thomasapokalypse) findet man bei Hennecke-Schneemelcher, NT Apokryphen II, 484ff; 533ff); H. Weinel hat in der Gunkelfestschrift (EYXAPIΣTHPION II, 14ff) einen instruktiven Überblick über „Die spätere christliche Apokalyptik" gegeben.

Unter den koptisch-gnostischen Texten von *Nag Hammadi* finden sich ebenfalls Apokalypsen bzw. Werke, die sich so betiteln. Da noch nicht alle Texte ediert sind, ist ein Urteil über diese Schriften nicht möglich. Nur eine Bemerkung zu den vier von A. Böhlig herausgegebenen Apokalypsen soll hier eingefügt werden (A. Böhlig, P. Labib, Koptisch-Gnostische Apokalypsen aus Codex V von Nag Hammadi, WZ Halle – Wittenberg, Sonderdruck 1963). Es sind, in dieser Reihenfolge, die Apokalypsen des Paulus, zwei des Jakobus und eine des Adam. Die letztere ist nichtchristlichen Ursprungs und Inhalts und muß hier unberücksichtigt bleiben. Die beiden

Jakobusschriften gehören ihrer Gattung nach nicht zu den Apokalypsen, obwohl sie sich so bezeichnen. Die erste enthält zwei Zwiegespräche Jesu mit Jakobus, eines vor und eines nach dem Tode Jesu. Die zweite bringt im Rahmen seines Martyriums eine Rede des Jakobus, in der er eine Rede Jesu an ihn selbst zitiert. Beide tragen ihren Titel, weil sie soteriologische und christologische Geheimnisse und Gnosis „offenbaren", weil sie Offenbarungsreden sind; Jakobus ist nicht Apokalyptiker (Seher), sondern Offenbarungsträger: „Ich bin es, dem Offenbarung gegeben wurde vom Pleroma und der Unvergänglichkeit" (46, 6ff). Die Paulusapokalypse dagegen kann literarisch zur Apokalyptik gezählt werden, da sie traditionelle Elemente dieser Gattung enthält; sie berichtet, angeregt durch 2Kor 12, 1ff, die Entrückung des Paulus vom dritten in den siebten und zehnten Himmel und schildert einige dieser jenseitigen Orte; aber das Interesse liegt nicht an den Jenseitsschilderungen, sondern am Schicksal der Seele. Diese Paulusapokalypse ist nicht identisch mit der altbekannten gleichen Namens. Sie macht die jüdische Gattung gnostischen Interessen dienstbar. Aber im allgemeinen scheinen die Gnostiker diese Gattung nicht als adäquaten Ausdruck ihres auf Soteriologie und Anthropologie gerichteten Interesses empfunden zu haben, es sei denn, dieses Interesse nehme die Gestalt einer Kosmogonie und Anthropogonie an wie in der Apokalypse des Adam – dann liegt aber keine Eschatologie wie in den auf die Zukunft der Welt und die zukünftige Welt ausgerichteten jüdischen und christlichen Apokalypsen vor, sondern eine „Protologie", die den Zustand der Welt und der Menschen erklärt. Die als „Apokalypsen" betitelten gnostischen Schriften sind Offenbarungsreden, die gelegentlich bei der jüdischen Gattung Stilelemente entleihen, nicht aber nach ihrem Modell geschaffen sind.

Dieses Modell blieb für die späteren christlichen Apokalypsen maßgebend, doch macht sich auch in ihnen eine Verlagerung und Verengung des Interesses bemerkbar. Die Geschichtsüberblicke verschwinden schon sehr früh; sie wandern aus der Apokalyptik in die Apologetik hinüber (zB zu Lukas und zu Theophilos von Antiochien) und vertauschen ihre eschatologische mit der heilsgeschichtlichen Funktion. In den Zukunftsbildern werden frühere Nebenmotive – Schilderungen des Jenseits und des Antichristen – zu Hauptthemen. Beide Themen ließen der Phantasie viel Spielraum zur Entfaltung. Im Mittelalter wurde die Antichristthematik theologisch-politisch aktualisiert in dem Mysterienspiel „Ludus de Antichristo" (1160) und wurden die Jenseitsschilderungen der Paulusapokalypse von Dante in der Göttlichen Komödie mit hoher künstlerischer Kraft ausgestaltet (13. Jh.). Im übrigen scheinen die späteren christlichen Apokalypsen – in grundsätzlichem Unterschied zu den jüdischen und den frühen christlichen – nicht mehr aus aktuellen Anlässen entstanden (keine Résistance-Literatur mehr) zu sein, sondern nur die Erwartungen mehr oder weniger spekulativer Gruppen wiederzuspiegeln.

Trotzt der vielen christlichen Apokalypsen hat die *Gattung im Urchristentum* nicht denselben Stellenwert gehabt wie im Judentum. Das eigentliche Heilsereignis, das Kommen Christi (des Messias, des Menschensohns) war schon geschehen, die Äonenwende war nicht mehr rein zukünftig, sie hatte schon begonnen. Der „Rückblick" darauf konnte in der Gattung der Apokalypse keinen angemessenen Ausdruck finden; und was an Zukunftserwartungen in ihr Ausdruck finden konnte und fand, drohte durch Verselbständigung das schon geschehene Heilsereignis zu überdecken. Es ist daher kaum ein Zufall, daß nur eine einzige Apokalypse Aufnahme in den Kanon des NT gefunden hat.

# 5. KAPITEL

# DIE SPÄTEREN BRIEFE

## § 36. Der erste Clemensbrief

*Textausgaben:*

K. Bihlmeyer-W. Schneemelcher, Die Apostolischen Väter I ²1956 (Lit.!).

J. A. Fischer, Die Apostolischen Väter I 1956 (mit Übersetzung, Einleitung und Kommentar);

O. v. Gebhardt, Ad. Harnack, Th. Zahn, Patrum apostolicorum opera I, 1, ²1876;

Übersetzung und Kommentar von R. Knopf bei Lietzmann, Handbuch zum NT, Erg.-Bd. 1, 1920, 41–184;

K. Lake, The Apostolic Fathers with an English Translation I;

J. B. Lightfoot, The Apostolic Fathers I 1890;

*Untersuchungen:*

B. Altaner-A. Stuiber, Patrologie, ⁷1966, 45ff;

O. Bardenhewer, Geschichte der altchristlichen Literatur I ²1913, 119–130;

W. Bauer, Rechtgläubigkeit und Ketzerei im ältesten Christentum ²1964, 99–109;

H. Frh. von Campenhausen, Kirchliches Amt und geistliche Vollmacht 1953, 91–103;

A. Harnack, Geschichte der altchristlichen Literatur bis Eusebius: Überlieferung I, 1, 1893, 39–47; Chronologie II, 1, 1897, 251–255;

A. v. Harnack, Einführung in die alte Kirchengeschichte 1929;

O. Knoch, Die eschatologische Konzeption des 1. Clemensbriefes, Diss. kath. Theol. Tübingen 1959;

–, Die Ausführungen des 1. Clemensbriefes über die kirchliche Verfassung, ThQ 141, 1961, 385–407;

H. Köster, Synoptische Überlieferung bei den Apostolischen Vätern, TU 65, 1957, 4–23;

E. Molland, RGG³ I 1836–38;

P. Meinhold, Geschichte und Deutung im ersten Klemensbrief, ZKG 58, 1939, 82–129;

E. Peterson, Das Praescriptum des 1. Clemens-Briefes: Frühkirche, Judentum und Gnosis, 1959, 129–136;

L. Sanders, L'Hellénisme de Saint Clément de Rome et le Paulinisme, 1943;

A. Stuiber, RAC III 188–197;

A. W. Ziegler, Neue Studien zum ersten Klemensbrief 1958.

## 1. Überlieferung

Der 1Clem, ein Sendschreiben der Gemeinde in Rom an die in Korinth, mit dem sie in die inneren Angelegenheiten dieser Gemeinde eingriff, ist ein kirchenpolitisches Dokument von weitreichender kirchengeschichtlicher Bedeutung. Seine Hochschätzung in der Alten Kirche spiegelt sich am deutlichsten in der Tatsache, daß 1Clem in der ägyptischen und syrischen Kirche zeitweilig Bestandteil des neutestamentlichen Kanons war. Drei von den sechs Handschriften, in denen er auf uns gekommen ist, sind Bibelhandschriften: der Codex Alexandrinus (A 5. Jh.), der ihn zusammen mit 2Clem nach der Apk bringt; ein koptischer Papyrus-Codex (5./8. Jh.) der Straßburger Universitätsbibliothek, der außer ihm noch Fragmente des Jak und Joh enthielt, und ein syrisches NT (1170 in Edessa geschrieben), das ihn ebenfalls mit 2Clem zwischen den katholischen und den Paulusbriefen stehen hat. Er ist ferner überliefert durch einen jetzt in Jerusalem befindlichen Codex (H = Hierosolymitanus, geschrieben im 11. Jh.), der auch die Didache enthält und der von dem Metropoliten Ph. Bryennios entdeckt und 1875 herausgegeben wurde; dann durch einen Berliner koptischen Codex (4./5. Jh.) und durch eine lateinische Handschrift (4. Jh.). Vollständig ist der griechische Text nur in H überliefert, in A fehlt 57, 7–63, 4. Die Textvergleichung läßt eine komplizierte Textgeschichte erkennen, die wie die Übersetzung in drei Sprachen die weite Verbreitung und hohe Schätzung des 1Clem bezeugt.

## 2. Inhalt und Aufbau

Anlaß und Absicht des Briefes sind klar. In Korinth war es, wie der Brief sich ausdrückt, zu einem „schmutzigen und unheiligen Aufruhr" gekommen, „den einige vorschnelle und freche Personen entfacht haben" (1, 1); konkret: es waren einige Presbyter „abgesetzt" und durch jüngere Männer ersetzt worden (3, 3; 44, 6; 46, 9; 47, 6). Das römische Schreiben verfolgt den Zweck, die korinthische Gemeinde zur Wiederherstellung der alten Ordnung (Wiedereinsetzung der Abgesetzten) und die „Anführer des Aufruhrs und der Spaltung" zur freiwilligen „Auswanderung" zu veranlassen (51; 54). Aber der Brief geht – abgesehen von 1, 1; 3, 3 – erst in 40–51 auf die konkreten korinthischen Verhältnisse ein; davor stehen aus-

gedehnte Belehrungen und Mahnungen (4–39), danach ein (großes)
langes Gebet (59–61), bis dann der Briefschluß (63–65) wieder zum
eigentlichen Gegenstand zurückkehrt.

## Inhalt

Schluß
1. Das allgemeine Kirchengebet 59–61
2. Zusammenfassung des Briefinhalts 62
3. Empfehlung der Überbringer (mit Gebet) 63, 1–65, 1
4. Schlußgruß 65, 2.

### 3. Literarischer Charakter

Umfang und Art des Schreibens drängen die Frage nach seiner literarischen Form auf. Knopf nennt es „ein literarisches Kunstprodukt..., das die Form des echten Briefes sprengt und in breiten predigtartigen Gedankengängen und Ausführungen das Ideal rechten christlichen Lebenswandels zeichnet"[1]; ähnlich sieht Dibelius in 1Clem eine „Verbindung von Gelegenheitsschreiben und Kunstbrief"[2] und reiht ihn mit Eph und 1Petr in die Rubrik „Abhandlungen in brieflicher Form" ein; nach Stuiber hat er „die Form eines katholischen Briefes"[3]. Aber 1Clem unterscheidet sich von diesen Nachbarn grundsätzlich dadurch, daß er an eine ganz bestimmte Einzeladresse, nicht an eine Allgemeinheit gerichtet ist, daß er einen einmaligen, konkreten Anlaß und einen ebensolchen – alles bestimmenden – Zweck hat und daß er mehr „Korrespondenz" enthält als der Eph und die nt. kathol. Briefe: er hat also die konstitutiven Merkmale des echten Briefes. Die Länge des Schreibens, die Menge der Abschweifungen, die bewußt kunstvolle, rhetorische Gestaltung ändern nichts an der Tatsache, daß 1Clem ein wirklicher und kein fingierter Brief ist.

---

[1] Kommentar, 43.
[2] Geschichte der urchristlichen Literatur II, 48.
[3] RAC 3, 192. Es ist nicht richtig, daß er „über die Einzeladresse hinaus an alle Gemeinden gerichtet ist" (192); die Belegstellen – 7, 1 und der feierliche Schlußgruß 65, 2 – lassen eine solche Folgerung nicht zu. Deshalb ist es auch nicht richtig, daß 1Clem nicht nur den nt., sondern auch den von Euseb so genannten „katholischen Briefen" des Bischofs Dionysius von Korinth „vergleichbar" sei, wie Stuiber im Anschluß an E. Peterson behauptet. Denn die nt. kath. Briefe haben umfassende Adressen, 1Clem aber nicht. Zu den Dionysiusbriefen bemerkt A. v. Harnack: „Daß Eusebius die Briefe als ‚katholische' bezeichnet hat, ist zwar des Kontrastes wegen wahrscheinlich, läßt sich aber nicht sicher behaupten, da das Wort in den lateinischen und syrischen Übersetzungen fehlt. Wenn es Eusebius gebraucht hat, so sollten die Briefe damit geehrt werden; denn sie haben sämtlich partikulare Adressen. Möglich, aber eben nur möglich ist, daß Eusebius die Briefe k a t h o l i s c h e genannt

Er weist indessen eine Fülle von Eigentümlichkeiten auf. Die erste meldet sich schon im Präskript: „Die Kirche Gottes, die zu Rom in der Fremde wohnt, an die Kirche Gottes, die zu Korinth in der Fremde wohnt, . . .". Absender ist nicht eine Einzelperson, sondern die römische Gemeinde als ganze. Eine Gesamtgemeinde als Absenderin begegnet in den Briefen des NT nicht, wohl aber in dem sog. Martyrium Polykarps und in dem Schreiben der Christen in Lyon (Euseb KG V 1, 3). Clemens, den die Tradition als Verfasser nennt, wird im ganzen Brief nicht erwähnt; immer spricht die römische Gemeinde, und zwar im Wir-Stil.

Sie spricht enorm feierlich. Das Schreiben verwendet die Mittel zeitgenössischer Rhetorik – „maßvoll" (Stuiber) nur im Vergleich mit der Literatur jener Zeit, in sehr hohem Maße dagegen im Blick auf das urchristliche Schrifttum. Viel stärker als Paulus und Hebr und mit größerer Gewandtheit handhabt 1Clem die Redefiguren der Kunstprosa und der Diatribe, rhetorische Fragen und Imperative, Antithesen, Klangmalereien, Anaphoren und dergleichen; als Musterbeispiel sei der Preis der Liebe (49f) genannt, der offenbar mit 1Kor 13 konkurrieren soll. Charakteristisch ist vor allem die häufig verwendete Paradigmenreihe, mit der 1Clem seine Belehrungen und Mahnungen veranschaulicht oder auch begründet, ein Stilelement, das in der synagogalen Homilie seine Heimat hat. Paradigmenreihen illustrieren z. B. die tödlichen Folgen von Eifersucht und Neid (4–8), die guten Wirkungen von Glaube und Gastfreundschaft (9–12), die Mahnung zu Demut und Friedfertigkeit (16–18), die Bußmahnung (51–53), das Verbannungsgebot (55). Die Beispiele stammen häufig aus dem AT (teilweise mit ausgiebigen Zitaten), aus der Jesusüberlieferung, aber auch aus der christlichen Vergangenheit (5; 6, mit der Notiz über das Martyrium des Petrus und Paulus 5, 2–7), aus der heidnischen Geschichte (6, 4; 55, 1) und sogar Mythologie (6,

---

hat, weil Dionysius an 7 Gemeinden geschrieben hat . . ." (Die Briefsammlung des Apostels Paulus und die anderen vorkonstantinischen Briefsammlungen, 1926, 79 Anm. 2). Auf die weitgreifenden Konstruktionen E. Petersons, Das Praescriptum des 1. Clemens-Briefes (Frühkirche, Judentum und Gnosis, 1959, 129–136) braucht nicht eingegangen zu werden; nur das sei bemerkt: wenn der 1Clem in der Inscriptio der syrischen Übersetzung als „katholischer Brief" bezeichnet wird („katholischer Brief des Clemens, des Schülers des Apostels Petrus, an die Gemeinde der Korinther"), so erklärt sich dies nicht aus seinem literarischen Charakter, sondern aus seiner Stellung zwischen den katholischen und den paulinischen Briefen.

2; 25). Wie 1Clem 5–7 das Agonmotiv aus der Diatribe übernimmt[4], Petrus, Paulus und die christlichen Märtyrer als „Athleten" (5, 1) kennzeichnet und sie so dem Ideal des stoischen Weisen annähert, so bekämpft er die Zweifel an der Auferstehung mit Analogiebeweisen aus der Natur (24) und mit dem Mythos vom Vogel Phönix (25), um schließlich auch noch die Bibel zu zitieren (26f)[5].

Diese rhetorisch-stilistischen Elemente sind in größere literarische Zusammenhänge eingefügt, in h o m i l e t i s c h e und p a r ä n e -t i s c h e Ausführungen. Das Schwergewicht liegt aber auf der Mahnung, der auch die lehrhaften Partien dienen. So findet sich denn auch die traditionelle katalogische Paränese[6].

Auffällig stark ist das l i t u r g i s c h e Element vertreten, wie Doxologien[7], trinitarische Formeln[8]; aber auch andere Stücke, so das Lob der Harmonie des Kosmos (20) und verwandte Passagen (33, 2–6; 34, 5f), vor allem aber das allgemeine Kirchengebet (59, 2–61) dürften liturgischer Herkunft sein und aus der römischen Liturgie stammen[9].

Der 1. Teil (4–39) macht den Eindruck einer ermahnenden Predigt, aber auch der Korrespondenzteil ist in feierlich erbaulichem Predigtton gehalten, nur daß seine Themen nicht mehr allgemeiner, sondern spezieller und konkreter Natur sind. Und wenn das Schreiben, das mit at. Zitaten wie mit Bezugnahmen auf Christus und Paulus durchsetzt ist, mit einem großen Gebet schließt, so erweckt der Brief als ganzer den Eindruck eines gottesdienstlichen Textes. Dibelius erklärt den literarischen Charakter des Schreibens mit Recht daraus, daß es „von vornherein auf gottesdienstliche Lektion berechnet" war[10]. Nun wurden alle wirklichen Briefe des NT und des Urchristentums im Gottesdienst verlesen – 1Kor 16, 21ff zeigt sogar noch den Übergang zur Eucharistie –, ohne daß sie so stark liturgisch gestaltet sind wie 1Clem; dessen liturgische Stilisierung ist also nicht nur durch den für alle urchristlichen Gemeindebriefe

---

[4] Vgl. auch 2, 4; 19, 2; 35, 4; 63, 1. Ferner A. W. Ziegler, Neue Studien zum ersten Klemensbrief, 1958, 24–37.
[5] Über das Verhältnis des 1Clem zum Hellenismus s. vor allem L. Sanders, L'Hellénisme de Saint Clément de Rome et le Paulinisme, 1943.
[6] Haustafeln: 1, 3; 21, 6. 8; Tugendkataloge: 62, 2; 64; Lasterkataloge: 30, 1; 35, 5ff.
[7] 20, 12; 43, 6; 45, 7f; 58, 2; 61, 3; 64 Ende.
[8] 46, 6; 58, 2.
[9] Vgl. Knopf und Fischer zSt.
[10] AaO, 49.

glcichcn Ort der Verlesung bedingt, sondern muß noch einen anderen Grund haben. Man kommt ihm näher, wenn man das Verhältnis der beiden Briefteile zueinander untersucht. Der 1. Teil (4–39) soll eine Darstellung dessen sein, „was sich für unsere Religion geziemt und was denen, die fromm und gerecht wandeln wollen, zu einem tugendhaften Leben in erster Linie nützlich ist" (62, 1), und die Forderungen des Korrespondenzteiles (40–58) sollen als Folgerungen aus dem 1. Teil verstanden werden (63, 1f). Dieser Zusammenhang ist nicht ohne weiteres evident, aber doch mit den durchgängigen Motiven der „Ordnung", des „Friedens" und der „Einsicht" wenigstens formal gegeben[11]. Der Autor möchte – offenbar in der Nachfolge des Paulus – die Concreta, um die es ihm geht, in größere theologische Zusammenhänge einordnen. Wenn ihm dieser Versuch auch mehr ins Breite als ins Tiefe gerät, so ist seine Absicht, die konkreten Fragen prinzipiell zu lösen, doch eindeutig, und sie verklammert die beiden Teile eng miteinander. Um seinen Forderungen und ihrer Begründung Nachdruck und Autorität zu verleihen, stilisiert er den Brief zur Predigt.

## 4. Veranlassung und Tendenz

Den Anlaß zu diesem Eingreifen der römischen Gemeinde gab, wie schon gesagt, die Ablösung von Presbytern durch jüngere Kräfte in Korinth (1, 1; 3, 3; 44, 3f), die offenbar eine gewisse Unruhe gestiftet hatte. Und doch waren es nur „einige" Presbyter, die „abgesetzt" worden waren (44, 6). Die Majorität der Gemeinde war mit diesem Wechsel einverstanden, die unterlegene Minorität war dadurch „in Mutlosigkeit gestürzt", während wieder andere nicht wußten, welche Stellung sie beziehen sollten (46, 9; 47, 6). Der 1Clem bezeichnet diese Vorgänge als „schmutzigen und frevelhaften Aufruhr" (1, 1) und als Spaltung (51, 1; 57, 1), als Auflehnung der „Unbeachteten gegen die Geachteten, der Ruhmlosen gegen die Ruhmvollen, der Unverständigen gegen die Verständigen, der Jungen gegen die Alten" (3, 3); als eine viel größere Sünde als die „Parteiungen" zur Zeit „des seligen Apostels Paulus" (47, 1ff); als eine Schande, die das Renommé der „so gefestigten und altehr-

---

[11] Vgl. die Selbstcharakteristik: τὴν ἔντευξιν, ἣν ἐποιησάμεθα περὶ εἰρήνης καὶ ὁμονοίας ἐν τῇδε τῇ ἐπιστολῇ (63, 2).

würdigen Kirche der Korinther" ernsthaft in Frage stellt usw. (47, 6f). Er betont, der Aufruhr gehe auf „wenige unbesonnene und freche Personen" zurück (1, 1; in 47, 6 sind es sogar nur „ein oder zwei Personen"), legt ihn aber dann doch der ganzen Gemeinde zur Last („euer Aufruhr" 46, 9). Als Motive nennt er Eifersucht, Neid und Streitsucht, Mangel an Liebe, Demut und Einsicht. Die tatsächlichen Hintergründe des korinthischen Konflikts nennt er aber nicht, ebensowenig wie die eigentlichen Motive für die – übrigens unerbetene (47, 6f) – Einmischung Roms in die inneren Angelegenheiten der korinthischen Gemeinde. Beides hängt zweifellos engstens zusammen, beides ist aber kaum mehr zu erkennen. Die von 1Clem Bekämpften haben keine Zeugnisse hinterlassen; ihre Anschauungen sind auch nicht aus dem Schreiben zu rekonstruieren, da dieses sich nicht mit ihren Argumenten auseinandersetzt, sondern sie einfach moralisch verurteilt.

Man ist daher hinsichtlich der korinthischen Verhältnisse wie der römischen Motive – zieht man es nicht vor zu resignieren – auf Hypothesen angewiesen.

Die Vorgänge in Korinth hat A. v. Harnack als relativ harmlos beurteilt: „Um persönliche Cliquenwirtschaft hat es sich gehandelt, ohne jeden prinzipiellen Hintergrund"[12]. Nach H. Lietzmann war das Motiv für die Auseinandersetzungen der Wunsch der jüngeren Generation „nach einer neuen Verteilung der Machtverhältnisse" und die formelle Begründung der Hinweis auf das damalige Vereinswesen, in dem die Vorsteher von Kultorganisationen nur auf Zeit gewählt und nach Ablauf ihrer Amtsperiode, falls nicht wiedergewählt, durch neue Personen ersetzt wurden[13]. (Rom sah das Amt bedroht und hat „im vollen Bewußtsein der Einheit der Kirche sich zum Liebesdienst verpflichtet gefühlt und eingegriffen."[14]) W. Bauer dagegen sieht in dem Konflikt einen Spezialfall der großen Auseinandersetzung zwischen Rechtgläubigkeit und Ketzerei und in 1Clem den frühesten Versuch des kirchlichen Rom, seine Einfluß- und Machtsphäre auszuweiten[15]. Diese überraschende Hypothese – überraschend, weil in dem Brief scheinbar keine dogmatischen Fragen behandelt werden – sucht er durch einen Überblick über die

---

[12] Einführung in die alte Kirchengeschichte, 1929, 92.
[13] Geschichte der Alten Kirche 1, 1932, 201.
[14] Ebd. 202.
[15] Rechtgläubigkeit und Ketzerei, 99–109.

korinthische Kirchengeschichte vor und nach Clemens zu stützen[16]. Danach hat sich die schon zu Zeiten des Paulus in Korinth vorhandene gnostische Richtung immer mehr verstärkt – wie auch im übrigen kirchlichen Osten – und haben sich in der Abwehr gegen sie die Fortsetzer der Paulus- und Kephas-Parteien miteinander ausgesöhnt und zur „Rechtgläubigkeit" vereinigt, so daß sich eine gnostische und eine „orthodoxe" Gruppe entgegenstanden. Die „orthodoxe" hatte als Verkörperung der apostolischen Vergangenheit anfänglich die Gemeindeleitung in der Hand, geriet aber immer mehr in die Minderheit. „So erscheint es nur als eine naturgemäße Folge der veränderten Sachlage, wenn der ‚Jugend‘ eines Tages die Minderheitsregierung der ‚Alten‘ untragbar vorkam, so daß sie, angeregt und geleitet durch einige besonders zielbewußte und ehrgeizige Leute (1Clem 47, 6), grundlegenden Wandel schuf und eine einheitliche Besetzung der Ämter im Sinne ihrer Richtung durchführte"[17]. Bauer wertet auch die Berufung auf das Fundament der Tradition: Gott, Christus, die Apostel, die Kirchenleiter (1Clem 42) und die ebenso ausführliche wie im Kontext auffällige Polemik gegen Zweifel an der Auferstehung (23–27) als Zeichen der Auseinandersetzung mit einer gnostischen Gruppe[18]. Gestützt wird diese Auffassung durch die Tatsache, daß der 1Clem im 2. Jh. als antihäretisches Dokument verstanden und verwendet wird[19]. Es handelt sich nur um eine Hypothese, aber um eine solche, der nichts im 1Clem widerspricht und die gegenüber den bisherigen Versuchen den Vorzug hat, das römische Eingreifen plausibel zu erklären.

Daß die Motive dazu in der sittlichen Entrüstung über die Pietätlosigkeit der Jugend oder in der Sorge um das „Amt" zu suchen seien, mag man mit Bauer füglich bezweifeln[20]: Nicht das Amt ist in Gefahr, sondern die Rom erwünschten Amtsträger sind es offenbar, und deshalb tritt Rom für die Unabsetzbarkeit des Kirchenbeamten ein. Man kann sich ja in solcher Lage nicht eben gut für Personen einsetzen; viel besser und überzeugender jedenfalls für Prinzipien"[21]. Die römische Gemeinde will verhindern, daß Korinth durch den Wechsel in der Gemeindeleitung ganz der Gnosis

---

[16] AaO, 103ff.
[17] 105.
[18] 103. 104.
[19] 106ff.
[20] 102.
[21] Ebd.

anheimfällt, die sich in Achaia, Makedonien, Kleinasien und Syrien immer mehr verbreitete[22].

Die alte Frage, ob 1Clem ein Zeichen des römischen Primatsanspruches sei, wird heute nicht nur von protestantischen, sondern auch von katholischen[23] Forschern verneint. Und zwar mit Recht, sofern für den römischen Primat das monarchische Bischofsamt und die Jurisdiktion konstitutiv sind. Vom monarchischen Episkopat ist in 1Clem nirgends die Rede. Und die römische Gemeinde besaß damals tatsächlich weder Rechtsstellung noch die Machtmittel zu einer juristischen Intervention; sie mußte zur Erreichung ihrer Ziele die Majorität der Korinther durch Überzeugung erst noch gewinnen und ihren Brief in einer entsprechenden Tonart halten. Aber ist er darum wirklich nur eine „brüderliche Zurechtweisung"[24] (correctio fraterna) oder gar ein „Liebesdienst"[25]?

Wenn man 1Clem sachgemäß beurteilen will, darf man ihn nicht an dem späteren Dekretalstil messen, sondern muß man ihn in seiner kirchengeschichtlichen Situation sehen. Und in ihr ist die Selbstverständlichkeit, mit der das kirchliche Rom unaufgefordert sich in Korinth einmischt, hier nicht nur beide Parteien zum Frieden mahnt, sondern selber Partei ergreift, ganz konkrete Disziplinarmaßnahmen verlangt und Kirchenrecht zu setzen versucht, doch einigermaßen erstaunlich; ebenso die Unbefangenheit, mit der es seinen Brief als Äußerung des heiligen Geistes ausgibt (56, 1; 59, 1; 63, 2). Man wird ein solches Selbstbewußtsein und Machtstreben sachgemäß nur als primatial bezeichnen können[26].

Der Brief hat Erfolg gehabt[27]; jedenfalls war Korinth gewonnen und ein treuer Bundesgenosse Roms in den antihäretischen Kämpfen des 2. Jh.s[28]. Von der hohen Schätzung und weiten Verbreitung des 1Clem war schon die Rede; es sei hinzugefügt, daß er in Korinth

---

[22] Vgl. Bauer 65–98. 108–114.
[23] ZB Peterson, aaO, 129ff; Stuiber, aaO, 191f.
[24] Stuiber, 192.
[25] Lietzmann, 202.
[26] So B. Altaner, Patrologie, ⁵1958; 81; J. A. Fischer, 11f. A. W. Ziegler (102–122) spricht von einem „von prophetischer Autorität getragenen, rein religiösen Vorrang Roms, der in die Geschichte des römischen Primats gehört" (122).
[27] Wieweit und womit die drei Überbringer Claudius Ephebus, Valerius Biton und Fortunatus (63, 3f; 65, 1) dazu beigetragen haben, ist unklar; vgl. Bauer, aaO, 115f.
[28] Vgl. die Belege bei Bauer, 106f.

regelmäßig im Gottesdienst verlesen wurde, wie aus einem Schreiben des Bischofs Dionysius von Korinth an Soter von Rom hervorgeht[29].

Die kirchengeschichtliche Bedeutung des 1Clem geht über seinen nicht zu unterschätzenden kirchenpolitischen Erfolg weit hinaus und besteht darin, daß er mit seiner Lehre vom göttlichen Ursprung des Amtes (40–50) den Grund des römischen Kirchenrechts gelegt hat[30]. Aber auch der Moralismus, die vielfältige Thematik und die allen erschwingliche theologische Mittellage sicherten dem Brief seine Wirkung, nicht auf die Dauer, wohl aber in die Breite.

## 5. Verfasser

Obwohl der 1Clem sich als Schreiben der römischen Gemeinde gibt und keinen Hinweis auf eine Einzelperson als Autor enthält, muß er, wie die Einheitlichkeit von Stil und Inhalt beweist, von einem Einzelnen, „einem nicht unbedeutenden Verfasser" (Dibelius) geschrieben sein. Daß sein Name Clemens war, wie die inscriptiones der Handschriften angeben, ist einhellige Meinung der altkirchlichen Überlieferung. Das älteste Zeugnis findet sich in dem obengenannten Brief des Dionysius von Korinth an Soter von Rom (... τὴν προτέραν ἡμῖν διὰ Κλήμεντος γραφεῖσαν: Euseb, KG IV 23, 11), das nächste bei Hegesipp („Brief des Clemens an die Korinther": Euseb, KG IV 22, 1); Irenäus weiß, daß die römische Gemeinde „während seiner (sc. des Clemens) Amtszeit" ein Schreiben nach Korinth gesandt hat (Haer. III 3, 3), und nach Euseb hat Clemens den Brief „im Auftrag" (ἐκ προσώπου) der römischen Gemeinde verfaßt. Da Hermas – ohne ausdrückliche Bezugnahme auf 1Clem – einen Clemens erwähnt, der die auswärtige Korrespondenz der römischen Gemeinde zu führen hatte (vis II 4, 3), wird man in diesem den Autor unseres Briefes sehen dürfen.

Clemens Romanus muß demnach eine führende Persönlichkeit in der römischen Gemeinde, einer ihrer Episkopen oder Presbyter gewesen sein. Näheres über ihn wissen wir nicht. Er gilt schon bei Irenäus als monarchischer Bischof Roms, als dritter Nachfolger Petri (Haer III 3, 3) – später als erster –, und Euseb datiert seine Amtszeit

---

[29] Euseb, KG IV 23, 11.
[30] Über die Kirchenrechts- und verfassungsgeschichtliche Stellung des 1Clem s. v. Campenhausen, 91–103.

auf 92–101 (KG III 15; 34). Origenes identifiziert ihn mit dem Paulusbegleiter gleichen Namens Phil 4, 3.

Wie sein Brief, so hat auch die Gestalt des Clemens die christliche Nachwelt beschäftigt. Es wurden ihm anonyme Literaturwerke (der sog. 2Clem, Hebr und die beiden Briefe de virginitate) sowie Kirchenordnungen (z. B. die Apostolischen Konstitutionen) zugeschrieben[31]. Die Legende hat sich seiner bemächtigt, ihn zum Helden und Ich-Erzähler eines vielschichtigen Romans (der Pseudoclementinen) gemacht[32] und ihn schließlich durch ein Martyrium verherrlicht[33].

## 6. Abfassungszeit

Fast allgemein wird die Abfassungszeit auf das Ende der Regierungszeit Domitians (81–96) oder den Anfang der Regierung Nervas (96–98) datiert. Denn man bezieht „die plötzlichen und Schlag auf Schlag über uns gekommenen Heimsuchungen und Drangsale", mit denen die römische Gemeinde die Verzögerung ihrer Stellungnahme zu den korinthischen Streitigkeiten begründet (1, 1), auf die domitianische Verfolgung (93–97). Und nach Euseb fielen die korinthischen Unruhen in die Regierungszeit Domitians (KG III 16)[34].

## § 37. Die Briefe des Ignatius von Antiochien

*Textausgaben:*

Bihlmeyer-Schneemelcher (s. § 36);
P. Th. Camelot, Ignace d'Antioche: Sources Chrétiennes 10, ²1951 (mit französischer Übersetzung, Einleitung und Kommentar);
J. A. Fischer, Die Apostolischen Väter I;
v. Gebhardt-Harnack-Zahn;
K. Lake I;
Lightfoot;
Übersetzung und Kommentar von W. Bauer in: Lietzmann, HNT Erg.-Bd. Die Apostolischen Väter II, 1920, 185–281;

---

[31] Und noch viel mehr; s. den Index bei A. Harnack, Geschichte der altchristlichen Litteratur I, 1893, 942f.
[32] B. Rehm, RAC 3, 197–206; J. Irmscher bei Hennecke-Schneemelcher, NT-Apokryphen II, 1964, 373–398.
[33] Martyrium Clementis, 4. Jh.
[34] Doch siehe Stuiber, 191.

*Untersuchungen:*

B. Altaner-A. Stuiber, (s. § 36) 47ff;

O. Bardenhewer I 131–159;

H. W. Bartsch, Gnostisches Gut und Gemeindetraditon bei Ignatius von Antiochien, BFchrTh 44, 1940;

–, RGG³ III 665–667;

W. Bauer, Rechtgläubigkeit und Ketzerei, ²1964, 65–98;

R. Bultmann, Ignatius und Paulus: Studia Paulina, Festschrift für J. de Zwaan, 1963, 37–50;

H. Frhr. v. Campenhausen, Kirchliches Amt und geistliche Vollmacht, 1953;

Virginia Corwin, St. Ignatius and the Christianity in Antioch, Yale Publications in Religion 1, 1960;

A. Harnack, Überlieferung I, 1 75–86; Chronologie II, 1 381–406;

–, Die Briefsammlung des Apostels Paulus, 1929;

H. Köster, Synoptische Überlieferung bei den Apostolischen Vätern, TU 65, 1957, 24–61;

–, Geschichte und Kultus im Johannesevangelium und bei Ignatius von Antiochien: ZThK 54, 1957, 56–69;

Chr. Mauer, Ignatius von Antiochien und das Johannesevangelium, AthANT 18, 1949;

O. Perler, Das IV. Makkabäerbuch, Ignatius von Antiochien und die ältesten Märtyrerberichte: Rivista di Archeologia Christiana 25, 1949, 47–72;

H. Schlier, Religionsgeschichtliche Untersuchungen zu den Ignatiusbriefen, BZNW 8, 1929.

## 1. Überlieferung

Euseb berichtet, daß Bischof Ignatius von Antiochien zur Zeit Trajans bei einer Christenverfolgung zum Tode verurteilt und zum Tierkampf nach Rom geschickt wurde und daß er auf dem Transport dorthin sieben Briefe geschrieben habe: Von Smyrna aus an die Gemeinden von Ephesus, Magnesia, Tralles und Rom, von Troas aus an die von Philadelphia und Smyrna sowie an Polykarp (KG III 36, 2–11). Polykarp von Smyrna schreibt an die Philipper (13, 2): „Die Briefe des Ignatius, die uns von ihm gesandt worden sind, und andere, soviel wir ihrer bei uns haben, schicken wir euch, wie ihr es verlangtet; sie sind diesem Briefe beigefügt." Kurz nach ihrer Abfassung wurden die Ignatiusbriefe schon gesammelt, vervielfältigt und verbreitet. Die Kollektion des Polykarp umfaßte aber, wie die Formulierung zeigt, nicht alle Briefe, von denen er wußte. Die Überlieferungsgeschichte der Ignatianen ist trotz dieses klar erkennbaren Anfangs recht kompliziert verlaufen und erst gegen Ende des 19.

Jahrhunderts aufgehellt worden: schon im 4. Jahrhundert wurden die sieben echten Briefe interpoliert und überarbeitet und außerdem um eine Anzahl gefälschter Briefe vermehrt. Glücklicherweise waren die echten schon so weit verbreitet, daß sie durch die interpolierte und überarbeitete Fassung (die sog. „längere Rezension") nicht völlig verdrängt werden konnten; immerhin sind auch sie nur zusammen mit Pseudo-Ignatianen in der handschriftlichen Überlieferung vorhanden. Außerdem existiert eine Sammlung von drei Ignatiusbriefen (Eph, Röm, Pol) in syrischer Sprache, die sog. „kürzere Rezension", die aber als Exzerpt erwiesen wurde.

Die Diskussion der „ignatianischen Frage" hat zu dem heute allgemein anerkannten Ergebnis geführt[1], daß Ignatius nur die sieben von Euseb erwähnten Briefe verfaßt hat und daß deren Text in seinem ursprünglichen Umfang von folgenden Zeugen repräsentiert wird: Der griechische Text der sechs kleinasiatischen Schreiben von einem Florentiner Codex (Mediceo-Laurentianus Plut. LVII 7, wohl 11. Jh.), der des Röm von dem Pariser Codex Colbertinus (wohl 10. Jh.) – hier einem Martyrium des Ignatius einverleibt. Er wird gestützt durch eine sehr genaue lateinische Übersetzung, die von Robert Grosseter ca. 1250 hergestellt worden sein soll, und durch eine auf eine syrische Vorlage (des 5. Jh.?) zurückgehende armenische Übersetzung. Der Röm, der eine eigene Überlieferungsgeschichte hat, ist griechisch noch in drei weiteren Handschriften erhalten[2]. Was sonst noch erhalten ist, sind syrische und koptische Fragmente und Zitate bei den Kirchenschriftstellern[3].

---

[1] Bardenhewer I, 131–137 und zuletzt J. A. Fischer, 111ff. Nach Harnack ist es Tatsache, „dass jene sieben oben verzeichneten Briefe ursprünglich und echt sind, dass die syrisch erhaltenen, drei Briefe an Polykarp, die Epheser und Römer ein Excerpt sind und dass die sog. längere griechische Recension, welche ausserdem fünf neue Briefe (an Maria, die Tarser, Antiochener, Hero und die Philipper) enthält, eine erweiternde Bearbeitung der ursprünglichen Briefe ist, verfertigt von derselben Hand, die in der Mitte des 4. oder des 5. Jahrh.... altchristliche Schriften in die grosse Sammlung Apostolischer Constitutionen umarbeitete... In dieser Sammlung ist auch ein gefälschter Brief der Maria an Ignatius erhalten" (Überlieferung I, 1, 76).

[2] Im Codex Hierosolymitanus S. Sabae 18 (10. Jh.), im Codex Sinaiticus 519 (10. Jh.) und im Codex Taurinensis Gr. A 17 (13. Jh.); vgl. Funk-Bihlmeyer-Schneemelcher XXXVf.

[3] Näheres in den Ausgaben der Ignatianen und bei Harnack, Überlieferung I, 1, 75ff.

## 2. Verfasser und Abfassungsverhältnisse

Alles Zuverlässige, was man über das Leben des Ignatius weiß, geht ausschließlich auf seine Briefe und auf Polykarps Schreiben an die Philipper zurück. Auch der Bericht Eusebs hat keine anderen Quellen. Nur die bei ihm und anderen zu findenden Bemerkungen über den Episkopat des Ignatius – zweiter Nachfolger Petri in Antiochien; Dauer vom 1. Jahre Vespasians bis zum 10. Jahre Trajans – stammen aus alten Bischofslisten von fraglichem Wert; immerhin scheint es sicher zu sein, daß Ignatius unter Trajan starb. Spätere Legenden über seine Jugend sind anerkanntermaßen historisch ebenso wertlos wie die fünf Ignatiusmartyrien. Die ältesten Nachrichten über sein Martyrium[4] gehen nicht über das hinaus, was er selbst als auf sich zukommend schildert, und verraten keine andere Kenntnis als die der Briefe.

Man hat lange Zeit in Ignatius vor allem den Märtyrer, den Ketzerbestreiter und den Verfechter des monarchischen Bischofsamtes gesehen. Doch hat die religionsgeschichtliche Analyse seiner Briefe durch W. Bauer, H. Schlier und H. W. Bartsch noch andere, nicht minder interessante Aspekte eröffnet: die Briefe zeigen „ein in Syrien lokalisiertes, der dortigen Gnosis in Begriffen und Vorstellungen nahe verwandtes Christentum"[5]. Von dieser Gnosis her – insbesondere dem Mythos vom erlösten Erlöser, der sich in der ignatianischen Christologie, Ekklesiologie und Märtyreranschauung reflektiert – wurden die theologischen Gedanken, aber auch die ekstatische Frömmigkeit des antiochenischen Bischofs in ihrem inneren Zusammenhang verständlich. Auch die eigentliche Differenz zur Gnosis und die Schwierigkeiten seines antignostischen Kampfes wurden so erst deutlich. Das eigentümliche Selbstverständnis des Ignatius ist freilich religionsgeschichtlich kaum ableitbar. Er beansprucht eine Autorität, die über den vergleichbaren Anspruch des Paulus erheblich hinausgeht, und versichert unentwegt, er könne sich den Aposteln nicht gleichstellen. Er propagiert den monarchischen Episkopat, nennt sich selbst aber nur Röm 2, 2 Bischof und beruft sich nie auf sein bischöfliches Amt (allerdings vermutlich deshalb, weil die Grenzen der bischöflichen Macht mit denen der jeweiligen Einzelgemeinde zusammenfallen). Aber er nennt sich in jedem Präskript „Theopho-

---

[4] Irenäus, adv. haer. V 28, 4; Origenes, Hom. VI in Lucam p. 37 Rauer; Euseb, KG III 36, 3.

[5] Schlier, Religionsgeschichtliche Untersuchungen, 175.

ros" = „Gottesträger" und bringt damit seinen eigentlichen Anspruch
zur Geltung: Er ist Pneumatiker in einem Sinn, den es nur in der
Gnosis gibt, und gleichzeitig Vertreter eines streng hierarchischen
Kirchen- und Amtsbegriffs.

*Entstehungsgeschichte:* Die sieben Ignatiusbriefe sind innerhalb
eines relativ kurzen Zeitraums und unter den gleichen Bedingungen
abgefaßt. Als Ignatius zur Vollstreckung des Todesurteils nach Rom
transportiert wurde, war die Verfolgung der antiochenischen Gemeinde
noch in vollem Gange. Solche Sendungen Verurteilter aus der Provinz für die Tierkämpfe der hauptstädtischen Zirkusspiele waren
nicht unüblich und sogar gesetzlich geregelt[6]. Auch Ignatius wurde
nicht als Einzelner, sondern mit anderen Christen nach Rom ge-
schafft (Pol Phil 1, 1; 9, 1; 13, 2). Der Transport erfolgte unter
militärischer Bewachung und auf einer Route, deren Umwege mit
anderweitigen Aufgaben der Wachmannschaft zusammenhängen dürften. Eine antiochenische Delegation war direkt nach Rom gereist,
um die dortige Gemeinde über Ignatius zu informieren (Röm 10, 2).
Der Gefangene schreibt über seine Reise: „Von Syrien bis Rom
kämpfe ich mit wilden Tieren, zu Wasser und zu Land, bei Nacht
und bei Tag, gefesselt an zehn Leoparden – eine Soldatenabteilung
nämlich –, die sogar durch erzeigte Wohltaten nur schlimmer werden. Unter ihren Mißhandlungen aber werde ich immer mehr zum
Jünger . . ." (Röm 5, 1). Immerhin gewährte ihm die Fesselung an
die zehn Leoparden so viel Freiheit, daß er in einigen Städten, durch
die er kam, Kontakte mit den Christengemeinden aufnehmen konnte.
Im lydischen Philadelphia, der ersten Station, von der er berichtet,
hat er in der Gemeindeversammlung gesprochen, freilich nicht zum
Wohlgefallen aller Glieder (Phld 6, 3–8, 2). Auf der nächsten Station,
in Smyrna, wurde er von Bischof Polykarp und der Gemeinde gast-
freundlich aufgenommen; während eines längeren Aufenthaltes empfing er hier Delegationen dreier kleinasiatischer Gemeinden: aus
Ephesus den Bischof Onesimus, den Diakon Burrhus und drei andere
namentlich Genannte, aus Magnesia am Mäander den jugendlichen
Bischof Damas, die Presbyter Bassus und Apollonius und den Diakon
Zotion und aus Tralles den Bischof Polybius. Von Smyrna aus
schreibt er Dankes- und Mahnbriefe an diese drei Gemeinden sowie
nach Rom[7]. Dieses Schreiben, das von einigen Gliedern der ephesini-

---

[6] Camelot, 9 Anm. 1.
[7] Eph 21, 1; Magn 15; Trall 12, 1; Röm 10, 1.

schen Delegation überbracht wird, ist auch datiert: 24. August (Röm 10, 3), leider ohne Jahreszahl. Ignatius erbittet und erhält von den Ephesern Burrhus als Begleiter[8].

In Troas, wo wieder für einige Zeit Station gemacht wird, erreicht ihn die Nachricht, „daß die Kirche zu Antiochien in Syrien ... Frieden genießt" (Phld 10, 1; Sm 11, 1; Pol 7, 1). Diese Meldung brachten der kilikische Diakon Philo und ein syrischer Christ Rheos Agathopus, die ihm über Philadelphia und Smyrna nachgereist waren. Ignatius dankt von Troas aus diesen beiden Gemeinden und Polykarp für die Gastfreundschaft, die sie ihm und jenen gewährt hatten, und ordnet an, jede Gemeinde solle einen Diakon nach Antiochien senden und die dortigen Christen zu dem gewonnenen Frieden beglückwünschen (Phld 10; Sm 11, 2f; Pol 7, 2). Er hatte die Absicht, dies „allen Kirchen" zu schreiben, mußte aber auf eine plötzliche Anordnung hin nach Neapolis in Makedonien weiterreisen (Pol 8, 1). Er hat diese Briefe Burrhus diktiert (Phld 11, 2; Sm 12, 1). Offenbar konnte er in Troas auch eine Predigttätigkeit entfalten (Phld 11, 1).

Durch Polykarp erfahren wir, daß Ignatius und die anderen von diesem nicht erwähnten Gefangenen des Transportes von der Gemeinde in Philippi freundlich aufgenommen wurden (Phil 1, 1; 9, 1; 13, 1). Dann verliert sich die Spur dieser Märtyrer; sie wird die via Egnatiana gezogen sein.

Da die altkirchlichen Datierungen des Martyriums auseinandergehen, läßt sich als *Abfassungszeit* der Briefe des Ignatius kein sicheres, sondern nur das ungefähre Datum 107–110 angeben.

### 3. Thematik, Anlaß und Zweck

Die Briefe des Ignatius sind, da innerhalb kurzer Zeit, aus der gleichen Situation und – mit Ausnahme des Röm – an Adressaten mit ganz ähnlichen Verhältnissen geschrieben, thematisch einheitlicher als die des Paulus. Die sechs Schreiben an die kleinasiatischen Adressaten sind von *zwei Themen beherrscht – Unterordnung unter den monarchischen Bischof und Kampf gegen Häretiker –*, und das heißt, von dem einen Hauptthema, der *Einheit der Kirche*. Sie ist durch die Häretiker gefährdet, und diese Gefahr kann nach Meinung

---

[8] Phld 11, 2; Sm 12, 1.

des Ignatius nur durch straffe hierarchische Organisation der Einzelgemeinde, den monarchischen Bischof, die Presbyter und die Diakone (Trall 6f; Phld 2–4; 7; Sm 4–8 usw.) gebannt werden. Das ist Anlaß und Zweck seiner Briefe.

Ignatius hat die *Häretiker* die er als „Häuserverderber" und „Schmutzfinken" (Eph 16, 1. 2), als „tollwütige Hunde, die tückisch beißen" (Eph 7, 1), als „Bestien in Menschengestalt" (Sm 4, 1) und mit ähnlichen Injurien beschimpft, in Philadelphia und Smyrna teils persönlich, teils durch Berichte der Gesandtschaften aus Ephesus, Magnesia und Tralles kennengelernt. Sie sind in allen diesen Gemeinden vorhanden, und zwar als innerkirchliche Richtung, die für ihre Anschauungen erfolgreich Propaganda macht, dadurch den Unwillen der Gemeindeepiskopen erregt, eigene Kultfeiern abhält und so die einzelnen Gemeinden zu spalten beginnt. Es handelt sich um Gnostiker, die eine doketische Christologie vertreten[9], daher auch die (eigene) leibliche Auferstehung leugnen[10], sich als Pneumatiker bezeichnen[11] und die Eucharistie meiden oder spiritualistisch deuten[12]. In den Briefen nach Magnesia (8–11) und Philadelphia (6–8) polemisiert Ignatius gegen „Judaismus", d. h. Judenchristen; das einzig Konkrete, das außer einer wortreichen Polemik zu ersehen ist, ist dies, daß diese Leute das AT schätzen (Magn 8, 2; 9, 2; Phld 8, 2) und den Sabbat statt des Sonntags feiern (Magn 9, 1); von Beschneidungsforderung oder Nomismus verlautet nichts. Es handelt sich also nicht um Judaisten, sondern entweder um rechtgläubige Judenchristen, die Ignatius wegen der Sabbatfeier als Häretiker ansieht (W. Bauer), oder – wenn er diesen Zug richtig als Leugnung der Auferstehung interpretiert (Magn 9, 1) – um doketische Gnostiker judenchristlicher Herkunft. In irgend ein ausgebildetes gnostisches System des späteren 2. Jahrhunderts lassen sich die Häretiker der Ignatiusbriefe nicht einordnen. Ignatius führt keine Auseinandersetzung mit den Gnostikern, sondern wiederholt nur den eigenen Standpunkt und fordert die Gläubigen auf, die Ketzer nicht anzuhören, sondern sich zum Bischof zu halten.

Sehr viel deutlicher als das Bild der Ketzer wird seine *Auffassung von der Hierarchie.* Er versteht den monarchischen Episkopat nicht als taktisches Mittel, die Einheit der Kirche zu gewährleisten, son-

---

[9]  Trall 10, 1; Sm 1–5, bes. 2; 4, 2; Magn 9, 1b.
[10]  Trall 9, 2; Sm 7, 1.
[11]  Das geht aus der Invektive Sm 2 hervor.
[12]  Sm 7, 1; Phld 4.

dern als wesensnotwendigen Ausdruck dieser Einheit. Die Einheit der Kirche entspricht der Einzigkeit Gottes, sie ist „Abbild... der Unvergänglichkeit" (Magn 6, 2). Ignatius begründet seine hierarchische Theorie nicht wie 1Clem mit einer Geschichtskonstruktion, derzufolge die Amtsträger in der Sukzession der Apostel stehen (44ff), sondern durch das Schema: himmlisches Urbild – irdisches Abbild. Der Bischof entspricht Jesus Christus (Eph 6, 1; Trall 2, 1), ja er steht „an Gottes Stelle" (Magn 6, 1), ist „Abbild des Vaters" (Trall 3, 1) und kann daher nur einer, nur Monarch sein, der alles zu bestimmen hat. Der Abstand zwischen ihm und dem Presbyterium entspricht dem Abstand zwischen Gott und den Aposteln (Magn 6, 1f; Trall 3, 1). Nur wo der monarchische Bischof ist, ist Kirche:

„Folgt alle dem Bischof wie Jesus Christus dem Vater und dem Presbyterium wie den Aposteln; die Diakonen aber achtet wie Gottes Gebot... Wo der Bischof sich zeigt, dort soll auch die Gemeinde sein, wie da, wo Jesus Christus ist, die katholische Kirche ist. Ohne den Bischof darf man weder taufen noch Liebesmahl halten, sondern nur das, was er geprüft hat, ist auch Gott wohlgefällig; dann wird alles, was ihr tut, sicher und zuverlässig sein" (Sm 8).

Man hat allgemein die Ignatiusbriefe als Beweise dafür gewertet, daß am Anfang des 2. Jahrhunderts in Syrien und im westlichen Kleinasien der monarchische Episkopat eine feste und gültige Tatsache war. Dieser opinio communis hat W. Bauer lebhaft und überzeugend widersprochen:[13]

„Daß Ignatius weniger Tatsächliches schildert, als Wunschbilder malt, wird doch schon durch den Umstand nahegelegt, daß sich ihm das meiste in die Form der Mahnung kleidet, statt in die der Beschreibung" (65). Er zeigt, daß Ignatius nur dem Anspruch nach monarchischer Bischof Antiochias oder gar Syriens war, tatsächlich aber nur der Führer einer Gruppe, die in schwerem Daseinskampf gegen fast übermächtige gnostische Gegner stand (67–71)[14]. Ein ganz ähnliches Bild ergibt sich für die angeschriebenen kleinasiatischen Gemeinden aufgrund der durchgehenden Selbstwidersprüche in den Briefen, in denen Ignatius den Empfängern bescheinigt, sie lehnten die Häresie ab und schlössen sich ihren Bischöfen an, und sie dann eindringlich beschwört, eben dies zu tun. Bauer meint, in Ephesus, Magnesia, Tralles und Philadelphia seien die „Bischöfe" die Führer von größeren oder geringeren Mehrheiten der „kirchlich" Gesinnten gewesen, während Polykarp sich in Smyrna in einer prekäreren Lage

---

[13] Rechtgläubigkeit und Ketzerei, 65ff.
[14] Die Einwände H.-W. Bartschs, Gnostisches Gut, 11ff, widerlegen Bauers Argumente nicht.

befunden habe, da er es mit einem einflußreichen Gegner in hoher kirchlicher Stellung (6, 1; 9, 1), gewissermaßen einem gnostischen Gegenbischof zu tun gehabt habe (71–74). Der Bischof von Philadelphia war aber offensichtlich keineswegs mächtiger (Phld 3; 7f; 11, 1). Die Briefe lassen in Philadelphia und Smyrna den Bischof schwächer und die Häresie stärker erscheinen als in den drei anderen Städten. Ob dies der Wirklichkeit entspricht oder daran liegt, daß Ignatius die Verhältnisse jener Gemeinden aus eigener Anschauung, die Verhältnisse der anderen aber nur durch Berichte ihrer Delegationen kennt?

Jedenfalls kann man – darin hat W. Bauer recht – aus den Ignatianen nicht auf einen fest und gültig etablierten monarchischen Episkopat in den fünf kleinasiatischen Gemeinden und schon gar nicht im ganzen westlichen Kleinasien schließen. Er ist Postulat, nicht – noch nicht – Wirklichkeit. Bauer wird auch die Lage im westlichen Kleinasien richtig beurteilen, wenn er aus einem Vergleich der Ignatianen mit den Sendschreiben der ApkJoh und mit 1Petr folgert, seit der Apokalypse habe die vordringende „Häresie" den Geltungsbereich der „Rechtgläubigkeit" immer stärker eingeengt, so daß Ignatius nur in den fünf von ihm angeschriebenen Gemeinden auf Resonanz bei Gleichgesinnten hoffen konnte (81–97).

Der *Röm* hat ein anderes Thema: Das bevorstehende *Martyrium* des Ignatius. Es wird auch in anderen Briefen erwähnt, aber nur als Nebenmotiv. Ignatius vermutet oder hat erfahren, die römische Gemeinde betreibe die Aufhebung seiner Verurteilung. Er richtet nun an die römischen Christen die inständige Bitte, doch ja nicht seinen Zeugentod zu verhindern:

„Ich schreibe allen Kirchen und schärfe allen ein, daß ich gerne für Gott sterbe, wenn anders ihr es nicht verhindert. Ich ermahne euch, mir kein unzeitiges Wohlwollen zu erzeigen! Laßt mich ein Fraß der Bestien sein, durch die es möglich ist, zu Gott zu gelangen. Weizen Gottes bin ich, und durch die Zähne von Bestien werde ich gemahlen, damit ich als reines Brot Christi erfunden werde ... Ich freue mich auf die Bestien, die für mich bereitgehalten sind, und hoffe, sie werden bei mir schnell zupacken, locken will ich sie, mich zu packen und zu verschlingen – nicht so, wie es bei manchen geschah, die sie aus Feigheit nicht berührten. Wollen sie aber freiwillig nicht, so werde ich Gewalt anwenden ... Lieber durch den Tod zu Jesus Christus eingehen, als König sein über die Enden der Erde. Ihn suche ich, der für uns gestorben ist, ihn will ich, der uns zugute auferstanden ist. Wehen stehen mir bevor: seid nachsichtig mit mir, meine Brüder; hindert mich nicht zu ‚leben', und wünscht nicht, daß ich ‚sterbe'; gönnt den, der zu Gott will, nicht der Welt; verführt ihn nicht mit der Materie! Laßt mich, das reine Licht zu empfangen; dort angelangt werde ich ‚Mensch' sein. Erlaubt mir, ein Nachahmer der Leiden meines Gottes zu sein. Wer ihn in sich trägt, muß verstehen, was ich begehre, und mit mir fühlen, da er weiß, was mich bedrückt" (4, 1; 5, 2; 6).

Deutlicher als in den anderen Briefen kommt hier die enthusiastische Frömmigkeit des Ignatius zu Wort, für die das Martyrium als realer Nachvollzug der Passion des Gottes Christus die Vollendung der Jüngerschaft und damit das erstrebenswerteste Ziel ist; daher die ekstatische Lust am Tode. Der Märtyrer hat aber auch für die anderen Christen Bedeutung; er ist für sie „Lösegeld" (ἀντίψυχον Eph 21, 1; Sm 10, 2; Pol 2, 3; 6, 1); und darin gründet auch die Autorität, die Ignatius für sich über fremde Gemeinden beansprucht.

## 4. Schriftstellerische Eigenart

Es handelt sich um wirkliche Briefe mit allen Zeichen einer unverwechselbaren Persönlichkeit, keine von langer Hand vorbereiteten Elaborate wie 1Clem, sondern Erzeugnisse des Augenblicks. Die Formalien des antiken Briefes sind beachtet, Ignatius wendet besondere Sorgfalt auf die Formulierung der Präskripte, die oft seine Stellung zu den betreffenden Adressaten kennzeichnen oder wesentliche Themen des Briefes ansprechen. Die Schlußabschnitte mit persönlichen Mitteilungen und Grußbestellungen heben sich deutlich vom übrigen Briefkorpus ab. Am wenigsten persönliches Gepräge trägt der Brief an Polykarp: was der antiochenische Bischof seinem smyrnäischen Kollegen mitzuteilen hat, ist von 1, 2 bis 6, 2 Paränese, in der zwar auch die Themen „Bischof" und „Häresie" eine Rolle spielen, aber neben anderen Pflichten des Bischofs und neben Haustafeln und anderen sittlichen Ermahnungen. Obwohl die übrigen Briefe thematisch enger begrenzt sind, ist ihre Disposition alles andere als straff und klar; Ignatius legt seine Gedanken nicht in fortschreitender logischer Entwicklung, sondern in einer Vielfalt von Aspekten dar, bei denen es gleichgültig ist, mit welchem man beginnt oder aufhört. Daher auch die Wiederholungen, die er nicht zu vermeiden sucht, sondern offenbar sogar anstrebt, um eindringlich zu wirken.

Die Briefe sind diktiert worden und machen den Eindruck der unmittelbar gesprochenen Rede. Ignatius verfügt über ein reichhaltiges Vokabular und beherrscht in noch höherem Maße als der Verfasser des 1Clem die Stilmittel seiner Zeit, die der kynisch-stoischen Diatribe und der asianischen Rhetorik; seine Briefe berühren sich darin auffällig mit 4Makk[15]. Parallelismen[16] und Antithesen[17], Anaphoren[18] und Gleichklänge[19], Bilder[20] und Sentenzen[21] begegnen auf Schritt und Tritt und geben den Briefen – am stärksten dem Röm – ein ausgesprochen rhetorisches Gepräge. Und doch sind sie keine epideiktischen Reden. Dafür enthalten sie zu viel Nachlässigkeiten im Grammatischen und Stilistischen (z. B. Anakoluthe), zuviel Sorglosigkeiten in der Bildersprache[22]. Trotzdem kann man nicht von Stilbruch sprechen; der Stil ist einheitlich – durch das vehemente Pathos des ignatianischen Redens, das die Formfehler vergessen läßt, und durch den „geistlichen" Tenor (Dibelius), der allen Aussagen eine gewisse Feierlichkeit verleiht. Ed. Norden hat diese kunstvolle Formlosigkeit bewundernd charakterisiert: „Eine bedeutende, mit wunderbarer Schärfe ausgeprägte Persönlichkeit atmet aus jedem Wort; es läßt sich nichts Individuelleres denken. Dementsprechend ist der Stil: von höchster Leidenschaft und Formlosigkeit. Es gibt wohl kein Schriftstück jener Zeit, welches in annähernd so souveräner Weise die Sprache vergewaltigte. Wortgebrauch (Vulgarismen, lateinische Worte), eigene Wortbildungen und Konstruktionen sind von unerhörter Kühnheit, große Perioden werden begonnen und rücksichtslos zerbrochen; und doch hat man nicht den Eindruck, als ob sich dies aus dem Unvermögen des Syrers erklärte, in griechischer Sprache sich klar und gesetzmäßig auszudrücken . . .; (es) ist . . . vielmehr die innere Glut und Leidenschaft, die sich von den Fesseln des Ausdrucks befreit" (Antike Kunstprosa II 510f).

Der originale Stil überdeckt auch den *traditionellen Stoff*, den Ignatius in seiner Argumentation verwendet. Am deutlichsten heben sich die drei alttestamentlichen Zitate ab, von denen er zwei mit γέγραπται, also als heilige Schrift zitiert[23]; aber er verwendet diese Stellen nur nebenbei, in paränetischen Zusammenhängen. Das AT

---

[15] O. Perler, Das vierte Makkabäerbuch, Ignatius von Antiochien und die ältesten Märtyrerberichte: Riv. Arch. Cr. 25, 1949, 47–72; Fischer aaO, 120ff.

[16] Eph 9, 1; 11, 1; Röm 3, 2; Phld 3, 3; usw.

[17] Eph 7, 2; Röm 4, 3; usw.

[18] Eph 10, 2f; 18, 1; Trall 9, 1f; Phld 4; Sm 6, 2; Pol 6, 1.

[19] Eph 5, 3; Sm 9, 1; Phld 9, 2; Pol 1, 3.

[20] Aus der Agonistik Pol 1, 3; Eph 3, 1; 4, 1; Musik Eph 4, 1; Medizin Eph 20, 2; Trall 6, 2; Pol 2, 1.

[21] Röm 3, 3; Phld 2, 1; Sm 6, 1; 8, 2; 11, 3; Pol 1, 3 Ende.

[22] Phld 2, 2; Eph 9, 1f; Pol 3, 1.

[23] Eph 5, 3; Magn 12; ohne Zitationsformel Trall 8, 2.

hat im Unterschied zu 1Clem für seine Gedankenwelt und seine
Argumentation keine konstitutive Bedeutung; was er sonst über das
AT sagt, geht über ein Höflichkeitsverhältnis kaum hinaus[24]. Die
Briefe enthalten sehr viele Ankläge an die synoptische und an die
johanneische Überlieferung, aber nirgends ein eindeutiges und als
solches gekennzeichnetes Zitat. Es läßt sich nicht mit Sicherheit nachweisen, daß Ignatius eines unserer Evangelienbücher gekannt hat;
möglicherweise schöpft er nur aus der mündlichen Tradition[25]. Aber
man muß mit solchen Folgerungen aus diesem Befund vorsichtig
sein. Es verhält sich mit der evangelischen Überlieferung bei Ignatius
wie mit den Paulusbriefen: Auch aus diesen bringt er keine richtigen
Zitate, sondern Anspielungen, Anklänge, Wendungen, und doch hat
er sicher Röm, 1Kor und Gal gekannt. Jener Befund beweist nicht,
daß er kein Evangelienbuch gekannt hat, sondern daß er keines als
heilige Schrift gekannt hat. Er läßt sich überhaupt durch „Urkunden"
nicht imponieren, und setzt sich notfalls souverän über sie hinweg
(Phld 8, 2!). Er zitiert das Material aus Evangelien und Paulus aus
dem Gedächtnis und formuliert es in seinem eigenen Stil und nach
seinem eigenen theologischen Interesse. Analog verfährt er mit der
Gemeindetradition, mit Formelgut und hymnischen Texten, die er
auf diese Weise im Interesse seiner Argumentation – meist anti-
doketischer Polemik – aktualisiert und verändert. Und zwar so sehr,
daß es oft schwer ist, Tradition und Bearbeitung zu scheiden. Als
instruktives Beispiel sei Sm 7, 1 genannt, wo Ignatius die alte zweigliedrige Pistisformel nicht auf die Person, sondern auf das Fleisch
Jesu bezieht: „... das Fleisch unseres Heilandes Jesus Christus, das
(!) für unsere Sünden gelitten, das der Vater in seiner Güte auferweckt hat". Oder er deutet die traditionelle Sühneaussage „Jesus
Christus, der um unsretwillen gestorben ist", durch einen Zusatz zu
einer Aussage über die Unsterblichkeit um: „damit ihr im Glauben
an seinen Tod dem Sterben entrinnt" (Trall 2, 1). Mehrfach begegnet
die schon von Paulus Röm 1, 3f zitierte Formel von Jesus Christus,
dem Davidssohn und Gottessohn, aber vorignatianisch erweitert
durch Fakten aus dem Leben Jesu (z. B. Jungfrauengeburt und Daten,
die in den Kerygmata der Acta-Reden zusammengestellt sind) und
offensichtlich von Ignatius antidoketisch glossiert[26]. Vermutlich geht

---

[24] Magn 8, 2; 9, 2; Phld 5, 2; Sm 7, 2.
[25] Vgl. H. Köster, Synoptische Überlieferung, 24–61.
[26] Eph 18, 2; Trall 9, 1f; Sm 1, 1f; vgl. Eph 20, 2; Röm 7, 3.

auch die eine oder andere Nennung jener Fakten auf ihn zurück. Der Vergleich dieser Texte gestattet, bestimmte Elemente mit Sicherheit als ignatianische Zusätze auszuscheiden; aber die ignatianische Bearbeitung ist so stark, daß weder der Umfang noch der Wortlaut der Formel rekonstruiert werden können. Ein hymnischer Text, der in Antithesen die zwei Naturen Christi preist, scheint dagegen intakt zu sein (Eph 7, 2, ohne „einer nur ist Arzt" und mit „Jesus Christus, unser Herr" am Anfang), ebenso die Passage über das Erscheinen des Sterns (Eph 19, 2), die doch wohl als Hymnus zu bezeichnen ist[27]. Vermutlich liegt Pol 3, 2 ein Hymnus zugrunde; aber er ist von Ignatius deformiert. Wieweit die εἰς – Formeln (Magn 7, 1f; Phld 4) angereicherte Zitate oder Schöpfungen des Ignatius sind, ist schwer zu sagen. Jedenfalls verfügt er über die Möglichkeiten der liturgischen Sprache ebenso wie über die Mittel der Rhetorik, so daß er nicht nur vorgegebene Texte bis zur Unkenntlichkeit umstilisieren, sondern auch eigene Gedanken so formulieren kann, daß sie den Eindruck vorgegebener Texte hervorrufen.

## § 38. Der Brief des Polykarp von Smyrna

*Textausgaben* des Briefes und des Martyriums bei:

Bihlmeyer-Schneemelcher (s. § 36);

P. Th. Camelot, Ignace d'Antioche, Polycarpe de Smyrne ²1951 (mit franz. Übersetzung, Einleitung und Kommentar);

J. A. Fischer, Die Apostolischen Väter I (s. § 36);

v. Gebhardt-Harnack-Zahn (s. § 36);

P. J. A. Kleist, The Didache, The Epistle of Barnabas, The Epistles and the Martyrdom of St. Polycarp, The fragments of Papias, The Epistle to Diognetus (Ancient Christian Writers 6), Westminster (Maryland) 1948;

K. Lake I. II (s. § 36);

Lightfoot (s. § 36);

Übersetzung und Erklärung des Briefes von W. Bauer in: Lietzmann, HNT Erg.-Bd. Die Apostolischen Väter II, 1920, 282–298.

*Untersuchungen:*

B. Altaner - A. Stuiber (s. § 36), 50ff;

O. Bardenhewer I 160–168;

W. Bauer, Rechtgläubigkeit und Ketzerei², 73–78;

H. Frhr. v. Campenhausen, Polykarp von Smyrna und die Pastoralbriefe, SHA 1951: Aus der Frühzeit des Christentums, 1963, 197–252;

---

[27] Anders J. Kroll, Hennecke², 597.

–, Bearbeitungen und Interpolationen des Polykarpmartyriums, SHA 1957:
   Frühzeit, 253–301;
–, RGG³ V 448f;
H. Grégoire – P. Orgels, La véritable date du martyre de S. Polycarpe (23
   fevrier 177) et le Corpus Polycarpianum: Analecta Bolandiana 69, 1951,
   1–38;
Harnack, Überlieferung I, 1, 69–73; Chronologie II, 1, 381–406;
P. N. Harrison, Polycarp's two Epistles to the Philippians, 1936;
H. Köster, Synoptische Überlieferung bei den Apostolischen Vätern, TU 65,
   1957, 112–123;
H.-I. Marrou, La date du martyre de S. Polycarp: Analecta Bolandiana 71,
   1953, 5–20;
P. Meinhold, Pauly-Wissowa RE 21, 2 (1952), 1662–1693.

## 1. Biographisches

Über Polykarp von Smyrna[1] sind wir ungleich besser unterrichtet
als über Ignatius, obwohl sich von seiner literarischen Produktion –
wenn die Pastoralbriefe nicht von ihm stammen – nur ein kurzer
Brief an die Gemeinde von Philippi (= Polyk) erhalten hat. Aber
zeitgenössische Berichte lassen seine Gestalt recht deutlich hervor-
treten. Die ältesten Zeugnisse sind IgnSm und Pol. Als nächstes
folgt das „Martyrium Polycarpi" (= MartPol), d. h. ein Brief, in
dem die Gemeinde von Smyrna auf Bitte der Gemeinde in Philome-
lion an diese und andere Gemeinden über Verhaftung, Prozeß und
Feuertod Polykarps berichtet; das MartPol ist in seiner heutigen
Gestalt stark überarbeitet, interpoliert und mit mehreren Anhängen
versehen, geht aber in seinem ursprünglichen Bestand, den H. v. Campenhausen in einer scharfsinnigen Analyse wiedergewonnen hat[2],
auf Augenzeugen zurück und ist bald nach dem Tode des Bischofs
abgefaßt. Als dritte zeitgenössische Quelle sind Mitteilungen des
Irenäus zu nennen, der in seiner Jugend den greisen Polykarp noch
gekannt hat, vor allem sein Bericht über Smyrna[3], seine Briefe an
Florinus[4] und an Bischof Victor von Rom[5]. Euseb, dem die Erhaltung der meisten Irenäus-Notizen zu danken ist und der ein ge-

---

[1] Vgl. die schöne Skizze bei H. v. Campenhausen, Polykarp von Smyrna:
   Aus der Frühzeit des Christentums, 212–218.
[2] Bearbeitungen und Interpolationen des Polykarpmartyriums: Frühzeit,
   253–301.
[3] Adv. haer. III 3, 4 = Euseb, KG IV 14, 3–8.
[4] Bei Euseb, KG V 20, 5–8.
[5] Bei Euseb, KG V 24, 15–17.

naues Referat über das ihm vorliegende Polykarpmartyrium bringt[6], überliefert auch zwei Notizen über das Todesdatum[7]. Die Nachrichten des Hieronymus bringen darüberhinaus nichts Zuverlässiges[8]. Und die Vita Polycarpi des Pseudo-Pionius, der das MartPol inkorporiert ist, ist legendär.

Der chronologische Rahmen des Lebens Polykarps ist trotz der scheinbar genauen Angaben der Quellen nicht mit Sicherheit zu fixieren[9]. Zunächst läßt sich bei der zweifellos historischen Aussage des Märtyrers vor seinem Richter, er „diene 86 Jahre" seinem Herrn (MartPol 9, 3), nicht entscheiden, ob sie sich auf das ganze Leben (so Harnack) oder auf die Zeit seit seiner Bekehrung (so Zahn) bezieht. Ferner ist das Todesdatum umstritten. Man hat es lange Zeit aufgrund von MartPol 21, 1 („am 2. Tag des Monats Xanthikos, am 7. Tag vor den Kalenden des März, an einem großen Sabbat") auf Samstag, 23. Februar 155 (Waddington, Lightfoot, Harnack u. a.) oder auf Samstag, 22. Februar 156 (Ed. Schwartz, Bihlmeyer, u. a.) berechnet.

Doch hat H. Grégoire diese Datierung wegen des legendären Charakters von MartPol 21 in Frage gestellt und eine andere, auf Eusebs Angaben basierende vorgeschlagen, nach denen Polykarp unter Mark Aurel (161 bis 180: KG IV 15, 1), und zwar in dessen 7. Regierungsjahr (Chronik, GCS 20, 222) das Martyrium erlitten habe. Aber Grégoire nimmt einen Schreibfehler an – ursprünglich hätte nicht das 7., sondern das 17. Jahr dagestanden – und datiert Polykarps Tod auf 177. H. I. Marrou hat mit Recht gegen diese Schreibfehlerhypothese Stellung genommen, aber auch den Rekurs auf Euseb verteidigt. Man wird bei der Frage nach dem Datum des Todes Polykarps methodisch von Euseb ausgehen müssen. MartPol 21 kann „schlechterdings nicht als ursprünglich gelten, sondern ist ein nachträglicher hagiographisch-kalendarischer Anhang, dessen Alter nicht zu bestimmen ist"[10]; auch „der große Sabbat" (MartPol 8, 1; 21, 1) hat nach den Untersuchungen Grégoires, Marrous und v. Campenhausens seine Schlüsselstellung für die Chronologie – in welchen Jahren fiel der 2. Xanthikos auf einen Samstag? – verloren, da er als eine Angleichung an Joh 19, 31 erkannt ist. Der 2. Xanthikos ist lediglich der Festtag, an dem die smyrnäische Gemeinde jährlich das Andenken ihres Märtyrerbischofs feierte[11].

---

[6] KG IV 15, 3–14.
[7] KG IV 15, 1; Chronik: GCS 20, 222.
[8] Vir. inl. 17.
[9] Vgl. die Diskussion der Frage bei Camelot, 225–229; J. A. Fischer, 230 –233; Meinhold, 1662ff; v. Campenhausen, 253ff.
[10] v. Campenhausen, 283.
[11] v. Campenhausen, 283, im Anschluß an Ed. Schwartz.

Euscbs Angaben über Polykarps Tod führen auf 167 oder – mit
v. Campenhausen vorsichtiger formuliert – „auf den Zeitraum von
161–168/9, und eher wohl auf das Ende als in den Beginn dieser
Jahre"[12]. Angesichts dieser Unsicherheiten kann man weder das Ge-
burts- noch das Todesjahr Polykarps genau bestimmen.

Die altkirchlichen Zeugnisse kennzeichnen ihn einhellig als hervorragenden Kirchenmann und Ketzerbekämpfer. Als Ignatius auf
seiner Todesfahrt in Smyrna weilte, war Polykarp schon Bischof
dieser Stadt und wurde von Ignatius als Bundesgenosse in Sachen
der „Rechtgläubigkeit" hoch geschätzt. Allerdings war weder seine
hierarchische noch seine theologische Position unangefochten. Er
hatte, wie aus IgnSm und Pol hervorgeht, in seiner eigenen Gemeinde
mit gnostischen Gegnern zu kämpfen, die eine doketische Christologie
(Sm 2f; 7, 1) und eine rigoristische Askese vertraten (Pol 5, 2), Kritik
am AT und am „Evangelium" übten (Sm 5, 1) und die Liebespflich-
ten gegenüber Witwen, Waisen und Bedrängten versäumten (Sm 6,
2). Sie befinden sich noch im Gemeindeverband, halten aber ihre
eigenen gottesdienstlichen Feiern ab (Sm 7, 1; 8, 2; 9, 1); ein Vertreter dieser Richtung nimmt in der Gemeinde einen hohen Rang
(τόπος) ein (Sm 6, 1); da dieser Ausdruck IgnPol 1, 2 Polykarps
Stellung als Bischof bezeichnet, vermutet, W. Bauer „etwas wie einen
gnostischen Gegenbischof in Smyrna – natürlich kommt gar nichts
auf den Titel an, sondern alles auf die Sache selbst"[13]. Ignatius hat
trotz oder wegen dieser Schwierigkeiten die Qualitäten Polykarps
schätzen gelernt (vgl. Eph 21, 1; Magn 15), ihn – anders als den
Bischof von Philadelphia, dessen Namen er nicht einmal nennt,
obwohl er doch seine Gastfreundschaft genossen hat – durch ein
eigenes Schreiben ausgezeichnet und ihn mit der Organisation der
Glückwunschadressen für Syrien betraut (IgnPol 8, 1). Dieser
Auftrag setzt voraus, daß Polykarp über Smyrna hinaus in den in
Frage kommenden kleinasiatischen Gemeinden bzw. in deren „rechtgläubigen" Kreisen eine gewisse Autorität genoß.

Diese Autoritätsstellung war auch der Grund dafür, daß er in
hohem Alter nach Rom reiste, um mit dem dortigen Bischof Aniket
(154/55–165/66) in Verhandlungen über verschiedene strittige Fragen, insbesondere den Ostertermin, den Standpunkt der kleinasiatischen Gemeinden zu vertreten. Wenn man sich auch nicht einigen

---

[12] aaO, 254.
[13] Rechtgläubigkeit und Ketzerei, 73.

konnte, so schied Polykarp doch von seinem römischen Kollegen hochgeehrt[14]. Die Romreise mußte bei der Frühdatierung des Martyriums auf 155 oder 156 angesetzt werden; bei der eusebianischen Datierung des Todes bleibt für Polykarps Romfahrt der ganze Pontifikat Anicets als Zeitraum offen.

Polykarp war ein energischer Vorkämpfer im Kampf der „Rechtgläubigkeit" gegen die „Ketzerei", d. h. ein entschiedener Vertreter der Tradition. Er verkündigte und verteidigte nach seinen eigenen Worten τὸν ἐξ ἀρχῆς ἡμῖν παραδοθέντα λόγον (Polyk 7, 2) und hat nach Irenäus „stets das gelehrt, was er von den Aposteln erlernt hatte, was auch die Kirche verkündigt, und was auch allein wahr ist" (adv. haer. III 3, 4). Schon seinen jüngeren Zeitgenossen galt er als Bindeglied zur apostolischen Generation, und zwar in doppelter Hinsicht: Er ist Träger und Wahrer echter apostolischer Tradition, d. h. dessen, was er von den Aposteln und anderen Augenzeugen des Lebens Jesu selbst noch gehört hat[15]; er steht ferner als Bischof in der apostolischen Sukzession: Er wurde laut Irenäus „von Aposteln" (artikelloser Plural!) zum Bischof von Smyrna – allerdings gleich „für die Asia"! – eingesetzt[16], nach späterer Überlieferung von Johannes[17]. Über Polykarps Ketzerbekämpfung, mit der er Zeit seines Lebens beschäftigt war, berichtet Irenäus einiges Anekdotische, zB daß er bei einer persönlichen Begegnung Markion als „Erstgeborenen des Satan" tituliert und daß er in Rom „viele der Häretiker zur Kirche Gottes" bekehrt habe[18]. Aber sein Kampf gegen die Ketzer scheint nach allem, was man von der Kirchengeschichte des 2. Jh. weiß, nicht gerade von Erfolg gekrönt gewesen zu sein[19] – in Anbetracht der Methoden, deren Polykarp sich dabei bediente, kein Wunder.

Trotzdem hat er für die Konsolidierung der „rechtgläubigen" Kreise der Asia nicht nur gegenüber der Häresie, sondern auch gegenüber dem Heidentum viel bedeutet[20]. Er hat eine offenbar

---

[14] Irenäus, Brief an Victor von Rom: Euseb, KG V 24, 14–17.
[15] Brief an Florinus: Euseb KG V 20, 6f.
[16] Adv. haer. III 3, 4.
[17] Tertullian, Praescr. haer. 32, 2.
[18] Adv. haer. III 3, 4.
[19] W. Bauer, Rechtgläubigkeit und Ketzerei, 73ff.
[20] Ein Reflex dieser Tatsache ist der Ruf der Menge, die Polykarps Hinrichtung fordert: „Dies ist der Lehrer der Asia, der Vater der Christen, der Zerstörer unserer Götter, der viele lehrt, nicht zu opfern und nicht anzubeten" (MartPol 12, 2).

ausgedehnte Korrespondenz mit benachbarten Gemeinden und mit einzelnen Christen gepflegt[21]. Erhalten haben sich nur die wenigen Seiten, die er nach Philippi geschrieben hat. Irenäus charakterisiert sie so: „Es existiert noch ein hochbedeutsamer Brief Polykarps, der an die Philipper gerichtet ist, und aus dem alle, die es wünschen und die sich um ihr Heil kümmern, sowohl das Wesen seines Glaubens als auch die Verkündigung der Wahrheit kennenlernen können" (Adv. haer. III 3, 4); und nach Hieronymus soll der Poly-karpbrief noch im 4. Jh. in kleinasiatischen Gemeinden als kirchliche Leseschrift gebraucht worden sein (Vir. inl. 17).

## 2. Die handschriftliche Überlieferung

des Briefes ist mangelhaft. Sein vollständiger Text ist überhaupt nur in einer lateinischen Übersetzung erhalten, die in einem guten Dutzend Handschriften vorliegt. Den griechischen Text bieten 8 (bzw. 9) Handschriften, die alle auf dieselbe Vorlage zurückgehen; sie bringen ihn alle nur bis 9, 2 καὶ δι' ἡμᾶς ὑπὸ τοῦ θεοῦ (ohne ἀναστάντα) und fahren mit Barn 5, 7 τὸν λαὸν τὸν καινόν κτλ. und dem übrigen Barn fort. In 4 der Handschriften ist dieser Text (Polyk 1, 1–9, 2 + Barn 5, 7–21, 9) mit der längeren Rezension der Ignatiusbriefe verbunden. Der Codex Vaticanus Graec. 1859 (11. Jh.) wird als Ersatz für den verlorenen Archetyp gewertet. Euseb hat (KG III 36, 13–15) zwei Passagen zitiert (Polyk 9 und 13 – dieses Kapitel ohne den letzten Satz), so daß man wenigstens ein griechi-sches Fragment des sonst nur lateinisch erhaltenen Teils besitzt. Die lateinische Übersetzung erweist sich, wo sie am griechischen Text kontrolliert werden kann, als ungenau und fehlerhaft.

## 3. Inhalt und Aufbau

Präskript

Proömium: Lob der Philipper wegen der Aufnahme der Märtyrer und wegen ihres Glaubens 1

Mahnung zum Glauben und christlichen Leben 2

Begründung des Schreibens und Bezugnahme auf Paulus 3

---

[21] Irenäus bei Euseb, KG V 20, 8.

## 4. Einheitlichkeit

Schon immer ist eine Spannung in dem Brief aufgefallen, die auf eine literarische Störung des Textes schließen läßt. Wenn Polyk 9, 1f mahnt, „alle Geduld zu üben, die ihr ja vor Augen hattet, nicht nur an den seligen Ignatius, Zosimus und Rufus, sondern auch an den anderen aus eurer Mitte...; seid ihr doch überzeugt, daß sie an dem ihnen gebührenden Ort beim Herrn sind, mit dem sie auch gelitten haben", dann ist der Märtyrertod des Ignatius und seiner Begleiter vorausgesetzt. Wenn es dagegen in dem nur lateinisch erhaltenen Schlußsatz von 13, 2 heißt: „Et de ipso Ignatio et de his, qui cum eo s u n t, quod certius agnoveritis, significate", dann ist vorausgesetzt, daß Ignatius und seine Begleiter noch am Leben sind; zumindest ist die Todesnachricht noch nicht nach Smyrna gelangt. Nachdem man den Widerspruch durch Annahme von Interpolation, Übersetzungsfehler u. ä. zu beseitigen versucht hatte, hat P. H. Harrison in einer minutiösen Untersuchung eine Teilungshypothese durchgeführt, c. 13 und 14 seien ein früheres Schreiben Polykarps, kurz nach dem Abtransport der Märtyrer aus Philippi dorthin gesandt, c. 1–12 sei ein sehr viel später verfaßtes Schreiben, wie die ganz verschiedenen Motivationen zur Abfassung 3, 1 und 13, 1 zeigen. Die Hypothese fand weithin Zustimmung.

Unabhängig voneinander haben J. A. Fischer und J. A. Kleist die Hypothese Harrisons dahingehend modifiziert, daß nur c. 13 zu dem ersten Brief gehöre, c. 14 dagegen zu dem zweiten. Da 14, 1 („Ich habe euch dies geschrieben durch Crescens, den ich euch jüngst empfahl und jetzt empfehle") auf ein früheres Schreiben Bezug nimmt, wird man in c. 14 tatsächlich den Schluß des zweiten Briefes sehen müssen. Polyk 13: Brief A (fragmentarisch); 1–12. 14: Brief B.

## 5. Abfassungsverhältnisse

### Brief A = Polyk 13

Als Ignatius mit den anderen Märtyrern durch Philippi kam, hatte er auch die dortige Gemeinde aufgefordert, an die Gemeinde des syrischen Antiochia einen Glückwunschbrief zum wiedererlangten Frieden zu senden[22], und ihr mitgeteilt, daß Polykarp diese Sendungen organisierte[23]. Die Philipper kamen diesem Wunsche nach, sandten nach dem Abtransport der Märtyrer ihre Glückwunschadresse an Polykarp und baten ihn schriftlich, sie zu expedieren und ihnen außerdem die Briefe des Ignatius zu senden (Polyk 13, 1. 2). Das ist die Veranlassung des Briefes A. Polykarp entsprach den beiden Bitten und fügte den Ignatianen ein kurzes Begleitschreiben bei, in dem er auch um allfällige Nachrichten über das Schicksal des Ignatius und seiner Begleiter bat. Dieses Schreiben dürfte bis auf das Präskript und den Schlußgruß in c. 13 vollständig erhalten sein. Als Abfassungszeit ist der Herbst des Todesjahres des Ignatius anzunehmen[24].

Zwischen den Briefen A und B scheint Polykarp persönlich in Philippi gewesen zu sein. Das ist aufgrund von 11, 3 und vielleicht auch 14 zu vermuten, aber, da diese Texte nicht mehr griechisch vorliegen, nicht mit Sicherheit zu beweisen[25]. Wie dem auch sei, Polykarp betont, daß er nicht aus eigenem Antrieb, sondern auf Wunsch der Adressaten diesen Brief schreibe (3, 1) – ein bemerkens-

---

[22] Vgl. IgnPhld 10; Sm 11; Pol 7.

[23] Vgl. IgnPol 8, 1.

[24] Die Datierung in den September, die Harrison vorschlägt, dürfte etwas zu früh sein; denn zwischen der Abfassung des IgnRöm am 24. August (10, 3) und dem Eintreffen der Bitte der Philipper bei Polykarp hat sich ziemlich viel ereignet, das schwerlich in den Zeitraum von 4–5 Wochen paßt.

[25] Vgl. W. Bauer, Die Briefe des Ignatius von Antiochien und der Polykarpbrief, 1920, 294f, 298.

werter Unterschied zum Verfasser des 1Clem und zu Ignatius, die sich ungebeten in fremden Gemeinden zum Wort meldeten. Welche Fragen die Philipper (mündlich oder schriftlich) an Polykarp gerichtet hatten, geht aus seiner Stellungnahme zu konkreten Geschehnissen in Philippi hervor: Es handelt sich um die Wirksamkeit von Häretikern (c. 7) und um den Fall des Presbyters Valens (c. 11f).

Valens hatte, zusammen mit seiner Frau – unter Ausnutzung seiner Stellung – Gelder unterschlagen, die Gemeinde dadurch „in große Betrübnis versetzt" – und war seines Presbyteramtes enthoben worden. Man hat Polykarp offenbar gefragt, ob man noch strengere Maßnahmen gegen das Ehepaar ergreifen solle; dieser rät zu Milde und Vergebungsbereitschaft (11, 4–12, 2). Aus diesem Urteil geht hervor, daß Valens nichts mit den Häretikern zu tun hatte[26], denn diesen gegenüber ließ Polykarp keine Milde walten (7, 1). Doch hat ihn der kompromittierende moralische Skandal so beeindruckt, daß er dessen Behandlung ungleich mehr Raum gönnt als der Ketzerbekämpfung und an den Anfang der paränetischen Haustafeln (!) den Satz stellt: „Der Anfang aber aller Übel ist die Geldgier..." (4, 1).

Aus der Ketzerpolemik läßt sich weder die Frage der Philipper rekonstruieren noch Genaueres über die Häresie erkennen: „Ein jeder, der nicht bekennt, daß Jesus Christus im Fleisch gekommen ist, ist ein Antichrist. Und wer das Zeugnis des Kreuzes nicht bekennt, der ist aus dem Teufel. Und wer die Worte des Herrn verdreht auf seine eigenen Begierden hin und sagt, es gäbe weder Auferstehung noch Gericht, der ist Erstgeborener des Satans" (7, 1). Sieht man von den traditionellen Wendungen[27] und von den Beschimpfungen ab, so kennzeichnen die beiden ersten Sätze eine doketische Christologie; die Leugnung der Auferstehung und des Gerichts kann – im Zusammenhang mit dem Doketismus – sich nur auf die gnostische Spiritualisierung dieser Vorstellungen be-

---

[26] Gegen Meinhold, der vermutet, Valens sei einem finanziellen Anerbieten Markions zum Opfer gefallen (1686). Wenn er behauptet, die mehrfache Warnung vor Habgier „muß die Erinnerung an den wohlhabenden Schiffsreeder Markion wecken, der ja nachmals (!) der römischen Gemeinde ein reiches Geldgeschenk gemacht hat..." (1686), so ignoriert er daß 4 der 6 Belege (2, 2; 4, 3; 5, 2; 6, 1) in Lasterkatalogen stehen und für die konkrete Situation nichts besagen und daß sie ebenso wenig wie die beiden anderen in irgendeiner Verbindung mit der Ketzerpolemik stehen.

[27] Vgl. Bauer, HNT, 290ff.

ziehen; der Vorwurf einer Verdrehung der Worte des Herrn ist so allgemein, daß er auf jede Häresie paßt[28]. Es handelt sich um gnostische Doketen; mehr kann man nicht sagen. Daß Markion hier attackiert wird, ist möglich, aber nicht zu beweisen[29]. So gewiß Polykarp auch den Markionitismus bekämpft hat, so ungewiß ist es, ob er es hier tut. Es lag ihm ja gar nichts an einer genauen Charakterisierung der von ihm bekämpften Ketzer. Aufschlußreicher sind zwei Bemerkungen, auf deren Bedeutung W. Bauer hingewiesen hat:

2, 1: „Verlaßt das leere eitle Geschwätz und den Irrtum der Vielen" (τὴν τῶν πολλῶν πλάνην)

7, 2: „Verlassen wir darum die Eitelkeit der Vielen (τὴν ματαιότητα τῶν πολλῶν) und die falschen Lehren."

Die beiden Sätze enthalten „das Eingeständnis, dem wir doch gewiß trauen dürfen, daß die Majorität den Kirchenglauben ablehnt"[30].

Mit diesen Mehrheitsverhältnissen bringt W. Bauer auch die immer schon bemerkte Tatsache in Beziehung, daß Polykarp, obwohl selbst Bischof, in seinem Philipperbrief keine Bischöfe erwähnt, weder im Präskript, noch in den Haustafeln, während Paulus Phil 1, 1 Episkopen nennt, und daß er im Unterschied zu Ignatius die bischöfliche Monarchie nicht propagiert. H. v. Campenhausen erklärt zwar diesen Befund damit, „daß das Bischofsamt in Philippi mehrheitlich verwaltet wurde und daß Polykarp, für den dieser Titel schon monarchischen Sinn hatte, die Bischöfe darum einfach in der älteren Weise in den Kreis der Presbyter einbegriffen sein läßt"[31]. Aber diese Deutung scheint mir die kirchliche Situation Philippis, wie sie aus Polyk 7; 2, 1; 9, 2 sich darstellt, doch ein wenig zu verharmlosen. W. Bauers Frage: „Könnte seine (= Polykarps) eigentümliche

---

[28] Vgl. 1Joh 4, 2f; 5, 6. 8; IgnMagn 11; Trall 9ff; Sm 1–7; 2Tim 4, 3; 1Clem 3, 4.

[29] Der „Erstgeborene des Satans" ist kein Beweis für diese Identifikation. Harrisons Versuch, eine frühmarkionitische Theologie als Gegenfront zu erweisen, scheitert an dem formelhaften Charakter der Polemik Polykarps. Meinholds Versuch, die von Harrison übersehenen „durchschlagenden Momente" (1684) nachzuliefern (1685–1689), scheint fehlgeschlagen zu sein; seine Argumente sind von der gleichen Überzeugungskraft wie die schon erwähnte Warnung vor Geldgier als Indiz für Markionitismus.

[30] Rechtgläubigkeit und Ketzerei, 76f.

[31] Kirchliches Amt, 130 Anm. 1.

Haltung nicht darin ihren Grund haben, daß es in Philippi tatsächlich einen ‚Bischof‘ gab, der aber entsprechend dem Mehrheitsver-
hältnis in der Gemeinde eben ein Ketzer gewesen ist?[32]", scheint
mir bejaht werden zu müssen. „Polykarp kann sich bei seiner
Abneigung gegen die Häresie für die Wahrung der eigenen Interessen, die mit denen der Rechtgläubigkeit zusammenfallen, nicht
an ihn wenden und muß sich darauf beschränken, mit denjenigen
Presbytern und Diakonen (5, 3), die er für seine Gesinnungsgenossen
hält, Fühlung zu nehmen, um durch sie an den Hauptkörper der
Christenheit heranzukommen. Ihm stellt er 6, 1 die Aufgabe, ‚das
Verirrte zurückzubringen‘"[33].

### *Brief B = Polyk 1–12. 14*

Über Polykarps Situation bei der Abfassung des Briefes B ist
wenig zu eruieren. Doch scheint die kirchliche Lage in Smyrna
ähnlich zu sein wie in Philippi. Die kirchlichen Schwierigkeiten, in
denen der Bischof von Smyrna infolge der Zahl und des Einflusses
der Häretiker stand (IgnSm 2ff; 7f), scheinen sich im Präskript
seines Philipperbriefes zu spiegeln: Πολύκαρπος καὶ οἱ σὺν αὐτῷ
πρεσβύτεροι. H. v. Campenhausen deutet auch diesen Satz auf dem
Goldgrund älterer Verhältnisse und übersetzt „Polykarp und die
Presbyter, die es mit ihm sind"; Polykarp bezeichne sich bescheiden
als συμπρεσβύτερος[34]. Aber wenn Polykarp das hätte sagen wollen,
dann hätte er es auch gesagt; sprachlich scheint mir diese Übersetzung nicht möglich. W. Bauer übersetzt: „Polykarp und die bei
ihm befindlichen, d. h. auf seiner Seite stehenden Presbyter" und
weist mit Recht auf entsprechende einschränkende Formulierungen
hin[35].

Der Schreiber und Überbringer des Briefes ist ein gewisser
Crescens, den Polykarp samt seiner Schwester „empfiehlt", da beide
offenbar nach Philippi übersiedeln (14).

Die Abfassungszeit von B wird von Harrison auf 20 Jahre später
als die von A, auf ca. 135, angesetzt. Diese Spätdatierung hängt von
der Richtigkeit der antimarkionitischen Interpretation des Briefes

---

[32] Rechtgläubigkeit und Ketzerei, 77.
[33] Bauer, aaO. 77f.
[34] Polykarp von Smyrna, 233f: Kirchliches Amt, 130 Anm. 1.
[35] Rechtgläubigkeit und Ketzerei, 74 mit Anm. 2; Röm 16, 14; vgl. 16, 15;
     Gal 1, 2; Phil 4, 21; MartPol 12, 3.

ab, dh in der Luft. H. Köster hat diese Ansetzung mit dem Hinweis unterstützt, daß sich in Polyk B die Benutzung der Evangelien des Mt und Lk nachweisen läßt, die bei Ignatius noch nicht, wohl aber in 2Clem (Mitte des 2. Jh.) feststellbar ist: Das spreche für Harrisons These[36]. Aber man muß fragen, ob tatsächlich in der gleichen Zeit auch die gleiche Zitierweise als selbstverständlich vorausgesetzt werden darf, ob nicht vielmehr die persönliche Individualität in Rechnung zu stellen ist, m. a. W., ob man aus dem Vergleich mit einem so originellen Schriftsteller wie Ignatius und einem so zitierfreudigen, unselbständigen Geist wie Polykarp chronologische Schlüsse ziehen darf. Gegen die Spätdatierung hat man eigenwandt, die Bezugnahme auf die Märtyrer Polyk 1, 1; 9, 1 sei 20 Jahre nach deren Anwesenheit in Philippi unverständlich. Aber dieses Ereignis hat ja die Beziehungen zwischen den „rechtgläubigen" Teilen von Smyrna und Philippi konstituiert und gilt als gemeinsamer Bezugspunkt, auf den man sich berufen kann wie auf Paulus (3, 2; 9, 1; 11, 2), so daß von daher kein durchschlagendes Argument für eine Frühdatierung zu gewinnen ist – zumal wenn durch einen Besuch Polykarps in Philippi (11, 3; 14?) die Erinnerung an die Märtyrer aufgefrischt worden war. So muß die Frage der Abfassungszeit m. E. noch offenbleiben.

## 6. Literarischer und theologischer Charakter

Die beiden Schreiben sind wirkliche Briefe, aus bestimmten Anlässen für bestimmte Situationen verfaßt. Dies gilt nicht nur für das kurze Begleitschreiben A, sondern auch für Brief B, obwohl dieser – von der „Korrespondenz" in c. 11 und 14 abgesehen – nur traditionelle Elemente enthält; doch machen sich die aktuellen Anlässe immer wieder bemerkbar; so kündigt sich die Valens-Episode schon in 4, 1 und die Ketzerpolemik schon in 2, 1; 6, 1. 3 an. Auf die Strukturverwandtschaft des Polyk mit den Pastoralbriefen hat H. v. Campenhausen mit Recht das Augenmerk gelenkt: Haustafeln, die zu einer Kirchenordnung ausgeweitet sind, und Ketzerpolemik, beides im Rahmen eines Briefes. Der Polyk ist formal und inhaltlich ein völlig unselbständiges Schreiben. Es ist charakteristisch, daß Polykarp seine Korrespondenz – über doch sehr aktuelle Themen –

---

[36] Synopt. Überlieferung, 112–123, bes. 121ff.

mit Hilfe traditioneller Schemata durchführt: Sogar seine Stellungnahme zu dem brennenden Problem der Häresie erfolgt in der
Repetition schematischer Floskeln und traditioneller Schimpfwörter,
und was er der Gemeinde sonst noch zu sagen hat, sagt er im
Schema der Paränese und der Haustafeln.

Er hat keinen einzigen selbständigen Gedanken und findet kaum
einmal eine selbständige Formulierung. Er schreibt eine christliche
Erbauungssprache, die hauptsächlich aus Zitaten aus der christlichen
Literatur oder auch mündlicher Überlieferung besteht. Polykarp lebt
so völlig in dieser Sprache, daß ihm der Zitatcharakter vieler seiner
Sätze gar nicht bewußt zu sein scheint, obwohl er gerne und häufig
(mit Zitationsformeln) zitiert. Gelegentlich führt er das AT an, das
für ihn „heilige Schrift" ist. Mehrfach begegnen synoptische Herrenworte, allerdings nur zwei Mal als solche gekennzeichnet (2, 3;
7, 2); an diesen beiden Stellen und 12, 3 wird deutlich, daß Polykarp
Mt gekannt hat. Joh wird nie zitiert, wohl aber 1Joh (7, 1) – sehr
auffällig, da die kirchliche Überlieferung seit Irenäus Polykarp in
enge Verbindung mit „Johannes" zu bringen bestrebt ist; aber auch
von der ApkJoh findet sich keine Spur. Sehr ausgiebig benutzt er die
Paulusbriefe, besonders den Phil; die Anklänge an die Pastoralbriefe
dagegen beweisen keine literarische Abhängigkeit von diesen, sondern bezeugen eine ihnen und Polyk gemeinsame Tradition[37]. Auch
1Petr und 1Clem finden reichlich Verwendung. Schließlich nimmt
Polykarp gibt als Thema seines Briefes περὶ τῆς δικαιοσύνης an
Trotz alledem macht das Schreiben nicht den Eindruck eines Kon-
glomerates aus heterogenen Stoffen; der Brief stellt stilistisch und
inhaltlich eine Einheit dar.

Analoges ist vom theologischen Charakter des Schreibens zu sagen.
Polykarp gibt als Thema seines Briefes περὶ τῆς δικαιοσύνης an
(3, 1) und versteht darunter Rechtschaffenheit (4–6; 11f) und Rechtgläubigkeit (7) als Einheit. In beiderlei Hinsicht versteht er sich als
Vertreter und Wahrer der alten, echten Überlieferung: „Darum
wollen wir die Torheit der Vielen und die falschen Lehren verlassen
und zu *der von Anfang an uns überlieferten Lehre* zurückkehren,
nüchtern zum Gebet und beharrlich zum Fasten, mit Bitten den alles
sehenden Gott anflehend, uns nicht in Versuchung zu führen, demgemäß daß der Herr gesagt hat: ‚Der Geist zwar ist willig, aber das
Fleisch schwach'" (7, 2; vgl. 1, 2). Diese „Lehre" ist für Polykarp

---

[37] Vgl. den Nachweis bei v. Campenhausen, Frühzeit, 224ff.

eine so eindeutige Größe, daß er sie nie definiert oder gar expliziert; nur aus der Negation der häretischen Thesen und aus den eingestreuten Pistisformeln wird der Inhalt „der uns von Anfang an überlieferten Lehre" deutlich. Er betont aber nachdrücklich, daß sie von den Aposteln, namentlich von Paulus, überliefert wurde (3, 2; 6, 3; 11, 2; vgl. 1, 2); daran liegt ihm, nicht an ihrer gedanklichen Entfaltung. Für die von Irenäus berichtete Berufung Polykarps auf die Augenzeugen des Lebens Jesu bietet der Brief allerdings keinen Beleg. So wenig Polykarp für die „Lehre" eine Traditionskette aufstellt, so wenig eine Sukzessionskette für das „Amt" – anders als 1Clem vor ihm und die Pastoralbriefe nach ihm. Auch hinsichtlich des Amtes entwickelt er keine spekulative Doktrin, sondern verficht er eine praktische Disziplin – aber im moralischen, nicht im hierarchischen Sinne; nur einmal begegnet bei ihm die Forderung, „sich den Presbytern und Diakonen wie Gott und Christus unterzuordnen" (5, 3), aber ohne den metaphysischen Hintergrund, auf dem Ignatius diese Forderung erhob. Vor allem propagiert er nicht wie dieser den monarchischen Episkopat, und zwar nicht aus Pietät gegenüber einer altmodischeren Kollegialverfassung, sondern aus der Einsicht heraus, daß die bischöfliche Monarchie nur dann erstrebenswert sei, wenn die Orthodoxie des Bischofs garantiert ist. Auch in der Ketzerbekämpfung kommt er mit einem Minimum an Theologie aus, wie c. 7 zeigt: Verdammung einiger häretischer Thesen (7, 1), von denen die dritte und vierte aber gröbliche Entstellungen der wirklichen Gegner-Ansichten sind; Mahnung an die Leser, zur altüberlieferten Lehre zurückzukehren und sich durch Beten und Fasten gegen Versuchungen zu feien (7, 2); also keine sachliche Auseinandersetzung mit den Häretikern, um diese oder wenigstens die angefochtenen Rechtgläubigen zu überzeugen; das ist umso erstaunlicher, als die Häretiker noch zum Gemeindeverband gehören. Aber Irenäus bestätigt, daß diese Art Ketzerbekämpfung für Polykarp typisch war und fügt hinzu, dieser habe sich häretische Meinungen erst gar nicht angehört: „jener selige und apostolische Presbyter" habe, wenn er derartiges vernommen, sich die Ohren zugehalten, unter lautem Protest das Lokal verlassen und den Seufzer ausgestoßen: „Lieber Gott, was für Zeiten hast du mich erleben lassen, daß ich solches aushalten muß!"[38]. Daß solche Demonstrationen des Bischofs allenfalls seine Anhänger, keinesfalls aber seine Gegner beeindruckten, liegt auf der

---

[38] Bei Euseb, KG V 20, 7.

Hand. Es kam ihm aber offenbar weniger darauf an, die häretischen Teile der Gemeinde wieder zu gewinnen, als die Rechtgläubigen zusammenzuhalten[39]. Dazu waren seine drastische Praxis, sein handfester Moralismus und seine sozusagen „gußeiserne" Theologie besser geeignet als die tiefsinnigen und hochfliegenden Ideen seines Freundes Ignatius.

Man hat die Diskrepanz zwischen der literarischen und theologischen Dürftigkeit von Polykarps Brief und der Größe seines kirchlichen Ansehens stark empfunden. Dibelius meint im Blick auf Polykarp und Ignatius: „Der Gegensatz zwischen Geschichte und Literaturgeschichte könnte gar nicht besser verdeutlicht werden"[40]. Singulär ist dieses Phänomen keineswegs; es begegnet auch auf dem Gebiet der politischen Geschichte in dem Mißverhältnis zwischen der faktischen Bedeutung eines Staatsmannes und der Kümmerlichkeit seiner literarischen „Erinnerungen". Mag Polykarp auch kein großer Geist gewesen sein, so war er doch eine starke Persönlichkeit, die durch ihre schlichte Klarheit, kompromißlose Festigkeit und souveräne Würde die Umwelt beeindruckte und trotz der jahrzehntelangen Wirksamkeit das Glück hatte, sich nicht selbst zu überleben.

Die Bedeutung Polykarps für die Zukunft lag in zweierlei: Er hat die Sammlung und Erhaltung der Ignatiusbriefe veranlaßt, und er hat vor allem Paulus als Autorität der Kirche proklamiert in einer Zeit, in der der Apostel auch in rechtgläubigen Kreisen suspekt war, und hat so dazu beigetragen, ihn der Kirche zu erhalten.

---

[39] Anders v. Campenhausen, Frühzeit, 216f.
[40] Geschichte der urchristlichen Literatur II, 40.

## 6. KAPITEL

## FINGIERTE BRIEFE

### § 39. Der Jakobusbrief

*Kommentare:*

HNT: H. Windisch-H. Preisker, [3]1951; HThK: F. Mussner, [2]1967; KNT: F. Hauck, 1926; MeyerK: M. Dibelius-H. Greeven, [11]1964; NTD: W. Schrage, 1973; A. Schlatter, 1932; ICC: J. H. Ropes, 1916; Moffatt, NTC: J. Moffatt, 1928.

*Untersuchungen:*

K. Aland, RGG[3] III, 1959, 526ff;

–, Der Herrenbruder Jakobus und der Jakobusbrief, ThLZ 69, 1944, 97ff;

R. R. Halson, The Epistle of James: „Christian Wisdom"? TU 102, 1968, 308ff;

G. Kittel, Der geschichtliche Ort des Jakobusbriefes, ZNW 41, 1942, 71ff;

–, Der Jakobusbrief und die Apostolischen Väter, ZNW 43, 1950/51, 54ff;

M. Lackmann, Sola fide?, BFChTh II, 50, 1949;

E. Lohse, Glaube und Werke – zur Theologie des Jakobusbriefes, in: ders., Die Einheit des NT, 1973, 285ff;

U. Luck, Der Jakobusbrief und die Theologie des Paulus, Theologie und Glaube 61, 1971, 161ff;

A. Meyer, Das Rätsel des Jacobusbriefes, BZNW 10, 1930;

H. Schammberger, Die Einheitlichkeit des Jacobusbriefes im antignostischen Kampf, 1936;

J. B. Souček, Zu den Problemen des Jakobusbriefes, EvTh 18, 1958, 460ff.

### 1. Aufbau

Die Disposition des Jak ist durch keinen einsehbaren Gedankengang bestimmt. Die Themen wechseln ohn' Unterlaß; der Zusammenhang ist oft nur sehr äußerlich durch Stichworte gegeben und besteht oft auch gar nicht. Die folgende Disposition schließt sich der Analyse des Jak durch M. Dibelius an.

Präskript 1, 1

1. Zwei Spruchreihen 1, 2–27
   a) Von Versuchungen 1, 2–18
   b) Vom Hören und Tun 1, 19–27

2. Drei Abhandlungen 2, 1–3, 12
　　a) Vom Ansehen der Person 2, 1–13
　　b) Von Glauben und Werken 2, 14–26
　　c) Von der Zunge 3, 1–12
3. Spruchgruppen 3, 13–5, 6
　　a) Wider Streitsucht 3, 13–4, 12
　　b) Wider weltlich gesinnte Kaufleute und Reiche 4, 13–5, 6
4. Spruchreihe mit wechselndem Thema 5, 7–20.

## 2. Literarischer Charakter

a) Widersprüchliche Eindrücke

Der Jak beginnt wie ein Brief mit einem Präskript (und zwar dem einteiligen griechischen), endet aber ohne brieflichen Schluß ziemlich abrupt (also umgekehrt wie beim Hebr). Noch auffälliger ist die gedankliche Zusammenhangslosigkeit des Schreibens, die in merkwürdigem Widerspruch zu dem guten Griechisch steht, in dem es abgefaßt ist.

Sprache und Stil[1] des Jak haben fast literarisches Niveau, sind besser als die des Diasporajuden Paulus und im NT nur mit denen des Hebr zu vergleichen (zu dem der Jak aber hinsichtlich gedanklicher Straffheit den stärksten Gegensatz bildet). Er verwendet ein reiches Vokabular, das man der gehobenen Koine zuordnet, darunter 34 Hapaxlegomena, von denen allerdings 15 auch in den LXX vorkommen. Er zeigt eine gewandte Syntax, wenn auch ohne längere Perioden. Aber er enthält auch Elemente, die man als Semitismen bezeichnen kann (Parallelismus membrorum; Parataxe statt Hypotaxe; Genitiv statt Adjektiv: 1, 25; 3, 6. 13), dazu Wendungen, die aus den LXX stammen, wie denn Jak das AT immer in der LXX-Form zitiert. Gleichwohl dominiert das semitische Element nicht; der sprachlich-stilistische Gesamteindruck ist hellenistisch, und zwar hellenistisch-rhetorisch. Er wird durch zweierlei hervorgerufen. Einmal durch die Verwendung der Mittel der kynisch-stoischen Diatribe; hierher gehört vor allem das dialogische Element: rhetorische Anreden; Aufnahme und Widerlegung von Einwänden fingierter Gegner (1, 13; 2, 8. 14. 18), rhetorische Fragen (2, 6f. 14. 16; 3, 1ff usw), Imperative (4, 7f!), ferner Scheltworte (2, 20; 4, 4. 8), die Anführung von Paradigmen aus der Natur und der Technik, aber

---

[1] Ausführliche Darstellungen bei Dibelius-Greeven, 33ff und Mussner, 26ff.

auch aus der Geschichte, allerdings aus der biblischen (2, 20ff. 25f; 5, 10f) – und hier zeigt sich das jüdische bzw. christliche Element; dann die Dichterzitate (wenn 1, 17; 4, 5b Hexameter sein sollen). Der genannte Eindruck wird ferner hervorgerufen durch kleinere rhetorische Mittel: bewußte Rhythmisierung (zB 1, 2–4), Alliterationen (1, 2; 3, 5. 8), Assonanzen und Homoioteleuta, Paronomasien und andere Wortspiele. Diese sprachlich-stilistischen Kunstmittel zeigen, daß die Muttersprache des Autors Griechisch war.

Der literarische Charakter des Jak wird noch von einer anderen Seite her problematisch. Der Name Jesu Christi kommt nur 1, 1 und 2, 1 vor und steht an der zweiten Stelle so sperrig – τὴν πίστιν τοῦ κυρίου ἡμῶν Ἰησοῦ Χριστοῦ τῆς δόξης –, daß schon in der handschriftlichen Überlieferung durch Umstellungen und dann von modernen Exegeten durch Streichung des Namens als einer Interpolation versucht wurde, einen glatten Text herzustellen[2]; auch 1, 1 läßt sich der Name leicht eliminieren. Da auch sonst alle Bezugnahmen auf Christus fehlen und alle Kyriosstellen auf Gott bezogen werden können, macht der Jak einen jüdischen Eindruck. Andererseits finden sich Ausdrücke, die nicht jüdischen Ursprungs sein können: so „der schöne Name, der über euch genannt ist" 2, 7, womit der bei der Taufe genannte Name Christi gemeint ist; so „das eingepflanzte Wort, das eure Seelen retten kann" 1, 21 und „das vollkommene Gesetz der Freiheit" 1, 25; cf. 2, 12, was beides als jüdische Bezeichnung der Tora unmöglich ist; so der merkwürdige Satz 1, 18, der zweifellos auf die Taufe Bezug nimmt, wenn auch in ganz ungewöhnlicher Terminologie. So vor allem der antipaulinische Abschnitt 2, 14–26. Der Jak macht auch religiös einen widersprüchlichen Eindruck: jüdisch und christlich, aber weder das eine noch das andere in Reinkultur; und als judenchristlich kann man ihn erst recht nicht bezeichnen, da ihm die judenchristlichen Specifica, Nomismus und Ritualismus, fehlen.

### b) Lösungsversuche

Die nächstliegende Annahme, das Schreiben sei ein wirklicher Brief, hat nur im Präskript einen Anhalt; aber einen sehr schwachen Anhalt. Die Adressierung „an die zwölf Stämme in der Diaspora" 1, 1 läßt offen, wer damit gemeint ist: Juden oder Judenchristen oder

---

[2] ZB Meyer, 118ff; Windisch zSt; dagegen J. Brinktrine, Biblica 33, 1954, 40ff; Dibelius-Greeven und Mussner zSt.

Christen[3]. Man muß die Adressaten nach dem Inhalt des Schreibens zu bestimmen suchen. Juden können es nicht sein, denn der christliche Verfasser fordert nicht zur Bekehrung vom Judentum zum Christentum auf. Auch Judenchristen können nicht gemeint sein, da der Jak nichts für sie Spezifisches enthält und der Ausdruck „zwölf Stämme" (bzw. seine Äquivalente) in der Beschränkung auf Judenchristen nirgends belegt ist. Er soll wahrscheinlich die Christenheit als das wahre Gottesvolk bezeichnen, das in der Welt nicht beheimatet („in der Diaspora") ist. Jedenfalls charakterisiert die umfassende Adresse den Jak als „ k a t h o l i s c h e n " B r i e f. Er ist also kein wirklicher Brief; daher auch die trotz der häufigen Anrede „Brüder" ganz unpersönliche Art und das Fehlen von „Korrespondenz". Aber was ist er wirklich? Die traditionelle Etikettierung „katholischer Brief" kennzeichnet ja nur die Allgemeinheit der Adresse, nicht aber die Gattung des betreffenden Dokuments (man vergleiche 1Joh, 1Petr und Jud).

Nun hat H. Schammberger in Aufnahme von Hypothesen der Tübinger Schule einen Anlaß zur Abfassung des Jak finden und ihn als a n t i g n o s t i s c h e  K a m p f s c h r i f t erweisen zu können geglaubt: das Schreiben richte sich „gegen einen radikalen gnostischen Paulinismus", der die Werke verwerfe, gegen eine „Übersteigerung der paulinischen Erlösungsgedanken ins Gnostisch-Dualistische auf dem Hintergrund eines Gottesglaubens, der dem Monotheismus des allein guten Gottes verderblich werden mußte" (89); bei solcher Auffassung werde auch die Einheitlichkeit des Jak deutlich. Aber die Beweisführung ist nicht geglückt, da sie nicht vom Kontext ausgeht, sondern von einzelnen Stellen, die sie als aktuell interpretiert, und die andern, die nicht ins Konzept passen, als überlieferten Stoff unterbewertet. Als Hauptquelle zur Rekonstruktion des radikalen gnostischen Paulinismus dienen zudem die dezidiert antipaulinischen Pseudoclementinen. Wie antihäretische Kampfschriften aussehen, kann man, wenn man nicht auf Paulus zurückgreifen will, zB an 1Joh, Jud und 2 Petr studieren.

Von einer ganz andern Seite, von der Namensallegorese (O n o m a s t i k) her hat Arnold Meyer das Rätsel des Jak zu lössen gesucht und damit der alten Hypothese von jüdischer Grundschrift und christlicher Überarbeitung eine höchst originelle und geistvolle Wendung gegeben. Nach ihm liegt dem christlichen Brief des Jakobus an die

---

[3] Vgl. Kümmel, Einleitung, 359.

zwölf Stämme eine jüdisch-hellenistische Jakobsschrift zugrunde, ein Brief des Patriarchen Jakob an seine zwölf Söhne; jeder von ihnen bekommt seine Mahnung, und zwar in Form einer Allegorisierung seines Namens. Meyer glaubt, die Namen Isaaks, Rebekkas, Jakobs und dann der Söhne in den Abschnitten 1, 2–2, 13; 3, 17–5, 20 als Dispositionsschema nachweisen zu können, sodaß hier anstelle der bisher festgestellten gedanklichen Zusammenhangslosigkeit ein gewisses Ordnungsprinzip wahrzunehmen wäre. Die Unordnung käme auf Konto der christlichen Bearbeitung. Die Grundschrift des Jak wird so literaturgeschichtlich in die verbreitete Jakobsliteratur und literarisch in die beliebte Onomastik gerückt. Die These, die mit ebensoviel Material wie Geist durchgeführt worden ist, besticht zunächst und hat viel Anerkennung gefunden. Aber bei näherer Prüfung wird sie fraglich: die vermutete Überarbeitung hätte die Namensallegorese zur völligen Unkenntlichkeit entstellt; ein Beispiel für eine überarbeitete Namensallegorese ohne Namen oder Hinweis auf Namen gibt es nicht. Es läßt sich auch nicht erkennen, was mit der christlichen Überarbeitung einer solchen Schrift bezweckt sein sollte. Es läßt sich keine onomastische Substruktur erkennen: die literarische Art des Jak wird durch Meyers Hypothese nicht erhellt.

Dieser Art scheint mir die These von M. Dibelius, der den Jak der P a r ä n e s e zurechnet, in jeder Hinsicht gerecht zu werden. Sie behandelt den Text am schonendsten und erklärt am plausibelsten die eigentümlichen Verwandtschaften mit Herrenworten einerseits und mit urchristlichen Schriften wie 1Petr und den Mandata des Hirten des Hermas andererseits.

### c) Paränese[4]

Der Jak gehört formgeschichtlich zur Paränese; dh er ist ein Text, der Mahnungen allgemein sittlichen Inhalts aneinanderreiht. So erklärt sich das Fehlen eines gedanklichen Zusammenhangs, der sprunghafte Themenwechsel, aber auch das Bestreben, wenigstens in einzelnen Teilen eine gewisse Kohärenz der Mahnungen zu erzielen. Einige der besprochenen Formmerkmale der Paränese (§ 2 Abschnitt 6) finden sich im Jak. In *1, 2–27* und *5, 7–20* liegen kurze oder erweiterte Sprüche vor, die ganz locker (manchmal durch Stichworte) aneinandergereiht sind; es handelt sich um S p r u c h r e i h e n. In

---

[4] Vgl. Dibelius-Greeven, 13ff; Dibelius, Geschichte der urchristlichen Literatur II, 65ff.

3, 13–5, 6 dominiert die Form der S p r u c h g r u p p e ; man kann je zwei thematisch einigermaßen verwandte Gruppen unterscheiden, die jeweils in sich einheitlich sind (3, 13–17; 4, 1–6; 4, 13–16; 5, 1–6), aber durch zwei Einzelsprüche (3, 18; 4, 17) und einen Katalog von Imperativen (4, 7–12) ergänzt sind. Das große Mittelstück 2, 1–3, 12 enthält drei Stücke ausgeführter Paränese anderer Art, paränetische A b h a n d l u n g e n ; in ihnen treten die Formelemente der Diatribe (Anrede, Diskussion, Lehrhaftigkeit) besonders stark hervor.

Der usuelle Charakter der Paränese macht einiges verständlich, was unverständlich bleiben muß, wenn man nach der aktuellen Veranlassung dieser Mahnungen in einer bestimmten Situation fragt. Wenn man zB fragt, ob die Reichen, gegen die der Jak polemisiert, sich innerhalb der Gemeinde (1, 9ff) oder außerhalb (2, 6ff; 5, 1ff) oder am Rande (2, 1ff) befinden, so gewinnt man kein klares Bild, denn die Fragestellung ist dieser literarischen Art unangemessen. Es gehört zum Wesen der Paränese, bald diese, bald jene Menschengruppe anzureden – so sind die 2, 1ff Angeredeten sicher nicht die 4, 13ff angeredeten Kaufleute oder die 5, 1ff angeredeten unsozialen Reichen –; sie will Ratschläge für möglichst viele Menschen und Lebenslagen geben und wechselt daher ihre Adressaten[5].

Der traditionelle Charakter der Paränese rückt die vielbeachtete Verwandtschaft des Jak mit jüdischen, jüdisch-hellenistischen und hellenistischen, mit andern urchristlichen Schriftstellern und mit den Herrenworten in das historisch richtige Licht[6]. Nach den Untersuchungen von Dibelius[7] und Aland scheidet die Annahme einer literarischen Abhängigkeit (des Jak von 1Petr und dem Hirten des Hermas oder umgekehrt) aus; auch die 26 teils nahen Berührungen, teils fernen Anklänge, die den Jak mit Jesusworten verbinden, sind keine direkten Zitate oder Bezugnahmen. All diese Berührungen lassen sich als Zeugnisse einer zugrundeliegenden gemeinsamen Tradition erweisen. Die Herrenworte, die im Jak Parallelen haben, gehören zum größten Teil Q an, andere dem matthäischen und einige dem lukanischen Sondergut, die Hälfte etwa findet sich in der Bergpredigt; aber es ist bezeichnend, daß „Jakobus, der Knecht des Herrn Jesu Christi" (1, 1) sie nicht als „Worte des Herrn" zitiert, sondern

---

[5] Vgl. Dibelius-Greeven, 23.
[6] Mussner gibt übersichtliche Synopsen der Parallelen des Jak mit 1Petr, 1Clem, Hermas (33–38) und den Herrenworten (47–52).
[7] Bei Dibelius-Greeven, 43ff.

wie alle andern Worte als seine eigenen bringt, im Unterschied zu
Paulus, der sich ausdrücklich auf Herrenworte als entscheidende
Autorität beruft, aber auch im Unterschied zur Didache, die zwar
auch eine Anzahl solcher Worte ohne Angabe ihres Urhebers bringt,
jedoch andere durch solche Angaben (der Herr; das Evangelium)
als anerkannte Autoritäten charakterisiert; es muß daher fraglich
sein, ob es dem Verfasser des Jak bewußt war, daß die fraglichen
Sprüche auch in der Jesusüberlieferung vorhanden waren. Die Parallelen mit dem 1Petr erscheinen im allgemeinen in der gleichen
Reihenfolge[8]; wenn sie nicht in beiden Schriften so weit ausein-
anderlägen, könnte man ein vorgegebenes Schema vermuten. Am
interessantesten sind die Parallelen mit Hermas, aber auch am
komplexesten: während manche dieser Parallelen bei Hermas sich
„wie ein Kommentar" zu den entsprechenden Jak-Passagen aus-
nehmen, sie also literarisch vorauszusetzen scheinen, erweisen sich
andere als urtümlicher, „weniger verchristlicht" als die Jak-Parallele[9]
und zeigen damit, daß Jak von Hermas nicht benutzt sein kann, und
darüber hinaus, daß auch traditionsgeschichtlich keine Abhängigkeit
der einen Schrift von der anderen besteht; es besteht vielmehr eine
Abhängigkeit beider Schriften von derselben Überlieferung.

Diese Verwandtschaften tragen für die Datierung, Lokalisierung
und Verfasserfrage des Jak nichts aus, sind aber, da für die Geschichte der Paränese erhellend, für sein Verständnis von großer
Bedeutung.

Als Dokument der Paränese kann man den Jak als „paränetische
Didache"[10], als „eine Art Handbüchlein" oder „Katechismus christlicher Ethik" oder als „ein kleines Enchiridion für die Fragen des
christlichen Alltags"[11] bezeichnen.

### 3. Religiosität und Ethos

Eine Schrift wie der Jak, die nur Paränese enthält, ist in der urchristlichen Literatur singulär. Die Paränese ist von Anfang an mit
der christlichen Verkündigung verbunden gewesen und daher in den
übrigen urchristlichen Schriften auch immer im Zusammenhang mit

---

[8] Vgl. Mussner, 34; Schrage, 8f.
[9] Dibelius-Greeven, 49. 50.
[10] Mussner, 24 (im Anschluß an Windisch).
[11] Diese drei Formulierungen von Lohse, 301, 304, 306.

aktuellen und speziellen Darlegungen christlicher Verkündigung oder Lehre überliefert, dh literarisch: innerhalb eines Briefes, eines Traktates oder einer Kirchenordnung. Da die Paränese des Jak sich ohne solchen literarischen und theologischen Kontext präsentiert, bleiben Anlaß und Ziel seiner Abfassung im Dunkel, dh im denkbar Allgemeinsten (daß moralische Ermahnungen nie unnötig sind). Aus der Paränese selbst zu erschließen, was dem Verfasser besonders am Herzen lag, wird durch ihren traditionsgebundenen Charakter und das Fehlen gedanklichen Zusammenhangs erschwert. Trotzdem läßt es sich mit einiger Sicherheit bestimmen, wie M. Dibelius gezeigt hat: das religiöse und ethische Interesse des Verfassers liegt auf jenen Gedanken, die er an verschiedenen Stellen seines Schreibens wiederholt, und tritt in den Passagen zutage, in denen er relativ selbständig formuliert, also in den „Abhandlungen". Unter diesen Gesichtspunkten heben sich drei Themenkreise heraus: Werke und Glaube, Arm und Reich, Gemeinde und Welt.

### a) Werke und Glaube[12]

Der Jak fordert eine tätige Frömmigkeit. Es kommt nicht auf das Hören, sondern auf das Tun an. Diesen traditionellen Gedanken konkretisiert er wiederholt (vgl. 1, 13ff. 22ff. 26); ihm widmet er die berühmte Abhandlung über Glaube und Werke 2, 14–26, die das Kernstück des Jak und gewissermaßen die „theoretische" Begründung seines religiösen Ethos bildet.

Der Verfasser verficht mit Nachdruck die These, der Glaube ohne Werke könne nicht retten V. 14, sei tot V. 17 und zwar so wie der Leib ohne Geist tot sei V. 26 (wobei im Bilde der Leib dem Glauben, der Geist den Werken entsprechen). Er verdeutlicht seine These mit einem Bild aus dem Alltag V. 15f und mit einem aus der Abraham-Geschichte geführten Schriftbeweis V. 21ff, aus dem er die Folgerung zieht, „daß aus Werken der Mensch gerechtfertigt wird und nicht aus Glauben allein" V. 24.

Diese Folgerung klingt wie eine polemische Umkehrung von Röm 3, 28; die ganze Argumentation ist, wie Terminologie und Schriftbeweis zeigen, antipaulinisch ausgerichtet. Denn beides – die Antithese Werke/Glaube und die Verwendung der Abrahamsgeschichte als Schriftbeweis für diese Antithese – gibt es vor Paulus nicht[13].

---

[12] Hierzu vor allem Lohse, 285ff (Lit.).
[13] Vgl. Lohse, 289f.

Aber die Frage drängt sich auf, ob „Jakobus" die Rechtfertigungs-
botschaft des Paulus kennt, gegen die er polemisiert, und diese Frage
muß verneint werden, denn wenn er sie gekannt hätte – durch
Paulus selbst oder den Gal und Röm –, dann hätte sich seine Attacke
erübrigt oder müßte, wenn sie gegen mißverstehende Paulusanhänger
gerichtet wäre, anders aussehen; denn weder ist der Glaubensbegriff,
den er voraussetzt, der paulinische, noch hat die Vorstellung, es gäbe
einen Glauben ohne „Werke", bei Paulus irgendeinen Anhalt. Vor
allem ist der theologische Zusammenhang, in dem die paulinische
Antithese auftritt, die Frage nach der Heilsbedeutung des Gesetzes,
dem Jak unbekannt; bezeichnenderweise fehlt bei ihm, wo immer
er von den ἔργα spricht, die entscheidende Qualifikation νόμου (vgl.
V. 18. 20. 24, die am deutlichsten auf paulinische Formulierungen
Bezug nehmen), wie denn überhaupt in 2, 14–26 der Terminus νόμος
ganz fehlt. Die Gesetzesproblematik ist also dem Jak nicht nur als
der paulinische Kontext der Antithese Glaube/Gesetzeswerke unbekannt, sondern spielt auch in der Gegenwart des Verfassers keine
Rolle mehr; der Kampf um die Bedeutung des Gesetzes gehört
längst der Vergangenheit an. Es sind, wie allgemein anerkannt, miß-
verstandene paulinische Losungen, die der Jak bekämpft – mißverstanden von ihm selbst und von denen, die sie vertreten (falls diese
Leute nicht wie der fingierte Gesprächspartner V. 18ff auch nur
Fiktion sind[14]). Die Polemik des Jak trifft, wie ebenfalls allgemein
anerkannt, den Paulus überhaupt nicht.

Trotzdem ist ein Vergleich mit Paulus zur Erfassung dessen, was
Jak will, heuristisch sinnvoll. Für Paulus ist πίστις Glaube an Christus, eine Verbindung mit Christus in Vertrauen und Gehorsam,
a u s der die „Werke", das rechte Verhalten des Menschen mit Notwendigkeit hervorgehen. Was immer auch Jak unter dem „Glauben
an unseren Herrn der Herrlichkeit Jesus Christus" 2, 1 verstehen
mag – es wird nirgends deutlich –, in dem antipaulinischen Passus
ist πίστις eindeutig: das Glauben, „daß ein einziger Gott ist", ein
Glaube, den auch die Dämonen teilen V. 19. Ein solcher Glaube, der
„tot ist an sich selber" V. 17, kann natürlich nicht „retten" V. 14
und keine gottgefälligen Werke aus sich hervorbringen. Die „Werke"
müssen z u dem Glauben hinzutreten. Glaube plus Werke = Rechtfertigung V. 14; dieses additive Verhältnis ist auch mit dem „Zu-

---

[14] Der Diatribenstil, in dem 2, 14ff gehalten ist, muß gegen Rückschlüsse
auf konkrete Verhältnisse vorsichtig machen; vgl. Lohse, 287ff. 291.

sammenwirken" von Glaube und Werken V. 22 gemeint. „Gerechtigkeit" ist bei Paulus die eschatologische Geltung vor Gott, bei Jak
„das rechte sittliche Verhalten"[15]. In der Überzeugung, daß dieses
Verhalten sich in praktischer Nächstenliebe zu konkretisieren hat,
sind beide einig (Jak 2, 5–8. 15f; Röm 13, 8ff). Was Jak zeigen will,
ist dies, daß das Christentum sich im Tun als echt erweist und daß
nichts verhängnisvoller ist, als wenn sich der Christ von dieser
Forderung mit religiösen Vorwänden dispensieren will.

Der Jak repräsentiert faktisch nicht den prinzipiellen Gegensatz
zu Paulus, auch wenn sein Verfasser es nach Ausweis seiner Terminologie möchte. Beider Konzeptionen sind inkommensurabel und
unvereinbar. Wie man es mit Recht aufgegeben hat, die eine gegen
die andere auszuspielen, sollte man auch auf die heute beliebten
Versuche, den Jak doch noch mit Paulus zu harmonisieren, verzichten. Sie sind doch nur Mohrenwäsche.

### b) Arm und Reich[16]

Dieser Gegensatz kehrt mehrfach wieder (1, 9–11; 2, 2–4. 5–12.
15f; 5, 1–6) und verleiht dem Jak sein besonderes Kolorit. An diesen
Stellen ergreift der Verfasser Partei für die Armen und gegen die
Reichen mit einer Vehemenz sondergleichen; er sagt am Anfang und
gegen Ende des Briefes den Reichen schlechthin ihren eschatologischen Untergang voraus 1, 9ff; 5, 1–3, charakterisiert sie als Unterdrücker der angeredeten Christen 2, 6ff und als Ausbeuter der
Arbeiter 5, 4ff und warnt die Gemeinde davor, die Reichen vor den
Armen zu bevorzugen 2, 2ff. 15f. Doch fehlt dieser Feindschaft gegen
die Reichen jedes sozialrevolutionäre Pathos und Programm, das auf
eine gerechte Verteilung der Güter zielt. Sie kann auch nicht, jedenfalls nicht nur in Erfahrungen und Beobachtungen, wie sie 2, 6ff; 5,
4ff zur Sprache kommen, begründet sein; dafür ist sie zu allgemein
und prinzipiell 1, 9ff; 5, 1ff. Außerdem ist sie religiös geprägt.

M. Dibelius hat gezeigt, daß Jak mit seiner Auffassung von Arm
und Reich in eine ganz bestimmte jüdische Tradition gehört, in die
Tradition der „Armenfrömmigkeit" (des „Pauperismus"), nach der
„arm" und fromm, „reich" und gottlos Wechselbegriffe sind. Diese
Anschauung findet sich in manchen Psalmen, in der Weisheitslitera-

---

[15] Lohse, 289 Anm. 17.
[16] Vgl. Dibelius-Greeven, 58ff.

tur und in einigen Apokalypsen, hat ihre Ausprägung in den Erfahrungen der Makkabäerzeit erhalten und ihren Niederschlag in der Verkündigung Jesu gefunden, hier in enger Verbindung mit seiner eschatologischen Reichspredigt[17]. Die Armenfrömmigkeit hat durchaus soziale und politische Hintergründe und in entsprechenden Kreisen ihre Heimat, ist aber ein vorwiegend religiöses Phänomen; sie erwartet die große Wende nicht von menschlicher Macht, sondern von Gott.

Jak sieht im Reichtum die gefährlichste und am meisten versucherische Erscheinung der Welt; wenn er immer wieder gegen die Reichen polemisiert, so kämpft er gegen die zunehmende Verweltlichung der Christen, gegen das Eindringen der Welt in die Gemeinde. Er will, daß die Christen „Arme" seien und blieben wie bisher, Fromme, die mit der Welt nichts zu tun haben.

## c) Gemeinde und Welt

Jak sucht die Gemeinde von der Welt abzuschließen. Soweit sich seine Paränese an Außenstehende zu wenden scheint, zB an die Kaufleute 4, 13ff oder an die Reichen 5, 1ff, enthält sie nur Tadel und Drohung und ist eigentlich nur an die christlichen Leser adressiert wie die übrigen Mahnungen auch. Die Frömmigkeit, die Jak fordert, kann sich nur in der Gemeinde verwirklichen, die Aktivität, die er verlangt, richtet sich ausschließlich auf die christliche Gemeinschaft. Das Schicksal der nichtchristlichen Welt scheint ihn nicht zu kümmern; der Gedanke der Mission fehlt gänzlich. Man hat diese Haltung nicht zu Unrecht als „Konventikel-Ethik" bezeichnet, wie sie „unzählige kleinbürgerliche und weltscheue Menschen in den urchristlichen Gemeinden verbunden und zusammengehalten hat"[18].

Jak vertritt in seiner Religiosität und seinem Ethos keinen Nomismus, sondern einen rigorosen Moralismus, der trotz seiner Enge imponiert. Er ist trotz seiner Beziehungen zu paränetischen Traditionen, zu Herrenworten und zu paulinischen Losungen in der urchristlichen Literatur ein Fremdling. Mit theologischen Fragestellungen kann man ihm nicht gerecht werden, ob man nun Luthers abfällige Urteile, Kierkegaards Bewunderung oder moderne Harmo-

---

[17] Vgl. zB die Makarismen und Weherufe Lk 6, 20ff.
[18] Dibelius-Greeven, 71. 73.

nisierungsversuche teilt. Aber geschichtlich ‚als urchristliches Dokument jener religiösen Unterströmung der Armenfrömmigkeit, ist der Jak von unschätzbarem Wert.

## 4. Verfasserfrage. Abfassungszeit und -ort

### a) Verfasserfrage

Da der Jak zur paränetischen Literatur gehört und weitestgehend traditionelles Material enthält, ist die Verfasserfrage relativ belanglos. Es geht bei ihr um zwei Fragen: kann man feststellen, wer mit der Selbstbezeichnung Ἰάκωβος gemeint sein will? und kann er der Autor sein? Im NT werden fünf Männer dieses Namens genannt:

1. der Herrenbruder Jakobus 1Kor 15, 7; Gal 1, 19; 2, 9. 12; Mk 6, 3 par; Apg 12, 17; 15, 13; 21, 18;
2. Jakobus, der Sohn des Zebedäus Mk 1, 19 par; Apg 1, 13; 12, 2;
3. Jakobus, der Sohn des Alphäus Mk 3, 18 par; Mt 10, 3; Apg 1, 13;
4. Jakobus ὁ μικρός, Sohn einer Maria Mk 15, 40 par; 16, 1;
5. Jakobus, der Vater des Apostels Judas Lk 6, 16; Apg 1, 13.

Wenn Jak 1, 1 einen dieser fünf meint, dann kann es nur der Herrenbruder sein; denn der Zebedaide ist schon 44 nChr Märtyrer geworden und von den drei anderen ist nichts anderes als der Name bekannt; nur der Herrenbruder ist so bekannt und angesehen, daß er mit so selbstverständlicher Autorität an „die zwölf Stämme in der Diaspora" 1, 1 schreiben könnte[19].

Kann der Herrenbruder der Autor sein? Wer die Frage bejaht, macht außer der eben genannten autoritativen Haltung folgende Gründe geltend. Einmal die Verwandtschaft mancher Texte des Jak mit Herrenworten; aber sie beweist die Gemeinsamkeit paränetischer

---

[19] Jakobus war kein Anhänger Jesu zu dessen Lebzeiten, muß aber bald nach dessen Tod gewonnen worden sein, gehörte zZ des Apostelkonvents zu den drei „Säulen" und war dann bis zu seinem Tod Führer der Jerusalemer Urgemeinde. Die überragende Bedeutung dieses Mannes spiegelt sich in dem schon legendär gefärbten Bericht Hegesipps (Euseb, KG II 23, 4ff), im HerbEv und Thomasevangelium (Spr. 12) sowie in den Jakobusschriften der Texte von Nag Hammadi (s. Anm. 24). Zur Tradition über den Herrenbruder: A. Meyer-W. Bauer in: Hennecke-Schneemelcher I, 312ff; Dibelius-Greeven, 23ff; Mussner, 9ff (Lit.).

Tradition, nicht die persönliche Verwandtschaft des Autors mit Jesus. Ferner die Selbstbezeichnung „Knecht (Gottes)" 1, 1, die den Verfasser von den Aposteln unterscheidet und möglicherweise auf den Ehrennamen Bezug nimmt, den der Herrenbruder nach Hegesipp von den Juden erhalten hat[20]; aber der Titel „Knecht" (Gottes oder Christi) findet sich auch Tit 1, 1; Röm 1, 1 und ist kein Indiz für den Herrenbruder.

Gegen ihn als Verfasser sprechen gewichtige innere Gründe, aber auch solche der äußeren Bezeugung. Daß persönliche Erinnerungen an Jesus fehlen, hat allerdings kein Gewicht; denn solche sind in einer Paränese auch nicht zu erwarten[21]. Entscheidend ist folgendes. Zunächst die Sprache; ihre Beherrschung zeigt, daß Griechisch die Muttersprache des Autors ist. Dann der nachpaulinische Charakter von 2, 14–26; der Herrenbruder Jakobus wurde 62 nChr hingerichtet. Schließlich die Stellung zum Gesetz; nach den neutestamentlichen und altkirchlichen Zeugnissen war Jakobus strenger Nomist; von einem solchen kann das Schreiben nicht stammen, denn für seinen Verfasser existieren die schwierigen Probleme des Zeremonial- und Ritualgesetzes nicht mehr. – Die Alte Kirche hat den Jak lange nicht als kanonisch anerkannt. Euseb[22] berichtet als erster, viele hielten den Herrenbruder für seinen Autor, aber das Schreiben gehört noch zu seiner Zeit zu den Antilegomena, obwohl schon Origenes den „sogenannten Jakobusbrief" öfter als „Schrift" zitiert[23]. Die älteren kirchlichen Zeugen (zB Hegesipp) wissen nichts davon, daß der Herrenbruder einen Brief verfaßt hat[24]. Die inneren und äußeren Indizien sprechen einheitlich gegen die Autorschaft des Herrenbruders.

Sollte der wirkliche Verfasser tatsächlich diese Autorschaft fingiert haben wollen, so hat er jedenfalls nichts getan, um sie besonders wahrscheinlich zu machen; es handelte sich dann um eine im NT

---

[20] So Mussner, 3ff. Nach Hegesipp (bei Euseb KG II 23, 1) hieß Jakobus ὁ δίκαιος καὶ ΩΒΛΙΑΣ; letzteres ist eine Verschreibung von ΩΒΔΙΑΣ = Obadja = „Knecht Jahwes": K. Baltzer-H. Köster, ZNW 46, 1955, 141f.

[21] Vgl. Dibelius-Greeven, 30.

[22] KG II 23, 24f; III 25, 3.

[23] Die Belege bei Mussner, 38f.

[24] In den Nag Hammadi-Codices ist dagegen ein „Brief des Jakobus" überliefert (NHC I 1ff; Übersetzung von H. M. Schenke, OLZ 66, 1971, 117ff; darüber s. u. § 54.
In NHC V 17ff; 24ff finden sich zwei als „Apokalypsen des Jakobus" betitelte Schriften.

ungewöhnlich zurückhaltende Pseudepigraphie. Er hat nach 3, 1 zu
den „Lehrern" gehört.

## b) Abfassungszeit und -ort

Aus dem Jak selbst ergibt sich nur, daß er erhebliche Zeit nach
der Wirksamkeit des Paulus abgefaßt sein kann. Da die Berührungen
mit 1Petr, 1Clem und Hermas nicht auf literarischer Abhängigkeit
beruhen und das erste sichere Zitat in der pseudoclementinischen
Schrift De virginitate (3. Jh.) begegnet, bleibt ein großer Spielraum
für die zeitliche Ansetzung. Dibelius datiert den Jak zwischen 80
und 130, Kümmel auf das Ende des 1. Jh.s.

Noch unsicherer bleibt die Lokalisierung; auf Vermutungen sei
daher verzichtet.

## § 40. Der erste Petrusbrief

*Kommentare:*

HNT: H. Windisch-H. Preisker, [3]1951; HThK: K. H. Schelkle, [2]1964; KNT:
  G. Wohlenberg, [2]1923; MeyerK: R. Knopf, [7]1912; NTD: W. Schrage,
  1973; BNTC: J. N. D. Kelly, 1969; ICC: Ch. Bigg, [2]1969; Moffatt, NTC:
  J. Moffatt, 1928;
A. Schlatter, Petrus und Paulus nach dem ersten Petrusbrief, 1937;
C. G. Selwyn, [3]1949.

*Untersuchungen:*

W. Bauer, Rechtgläubigkeit und Ketzerei im ältesten Christentum, BHTh
  10, [2]1964;
M.-E. Boismard, Une liturgie baptismale dans la Prima Petri, RB 63, 1956,
  182ff; 64, 1957, 161ff;
R. E. Brown, K. P. Donfried, J. Reumann, Peter in the NT, 1973, 149ff;
F. L. Cross, I. Peter. A Paschal Liturgy, 1954;
O. Cullmann, Petrus, [2]1960;
E. Fascher, RGG[3] V, 1961, 257ff (Lit);
C.-H. Hunzinger, Babylon als Deckname für Rom und die Datierung des
  1Petr, Gottes Wort und Gottes Land, Festschr. f. H.-W. Hertzberg, 1965,
  67ff;
J. Knox, Pliny and I. Peter, JBL 72, 1953, 187ff;
E. Lohse, Paränese und Kerygma im 1Petr, in: ders., Die Einheit des NT,
  1973, 307ff;
W. Nauck, Freude im Leiden, ZNW 46, 1955, 68ff;
R. Perdelwitz, Die Mysterienreligion und das Problem des 1Petr, RVV 11,
  3, 1911;
T. C. G. Thornton, I Peter, a Paschal Liturgy?, JThS NS 12, 1961, 14ff.

## 1. Inhalt

## 2. Die Adressaten

Als „katholischen" Brief läßt sich der 1Petr nur mit Einschränkung bezeichnen; nach seiner Adscriptio „an die auserwählten Beisassen der Diaspora von Pontus, Galatien, Kappadokien, Asien und Bithynien" ist er ein Rundschreiben an Christen nur in bestimmten Teilen Kleinasiens. Versteht man die Namen als Provinznamen, so erweitert sich die Adresse auf Kleinasien mit Ausnahme von Lykien und Kilikien. Versteht man sie als Landschaftsnamen, so verengt sich die Adresse auf das nördliche und westliche Kleinasien. Dafür spricht, daß „Galatia" nie terminus technicus für eine Provinz war, daß Pontus seit 64 vChr zur Provinz Bithynien gehörte, daß beide aber 1, 1 getrennt am Anfang und am Ende der Aufzählung genannt werden. Die Adresse wird also wirklich nur die Christen im Norden und Westen Kleinasiens meinen[1]. Die Näherbestimmung „auserwählte Beisassen der Diaspora" scheint auf Judenchristen zu deuten,

---

[1] Die Reihenfolge ist seltsam, läßt aber den Schluß auf geographische Unkenntnis des Verfassers (so Schrage, 62) nicht zu; vgl. W. Bauer, 85f.

wozu auch der Absender, der Apostel Petrus, paßt. Aber das Schreiben selbst weist die Adressaten eindeutig als Heidenchristen aus (1, 14. 18; 2, 9f; 4, 3f). Die Näherbestimmung ist somit bildlich gemeint (die Christen als das Gottesvolk, das in der Welt nicht in seiner Heimat ist, vgl. 2, 11; Jak 1, 1).

Über die angeredeten Heidenchristen und ihre Situation läßt sich dem Schreiben sehr wenig entnehmen. Zunächst dies, daß sie häufig als Neugetaufte angesprochen werden (vor allem 2, 2, aber auch 1, 3. 12. 23; 2, 10. 25; 3, 21) – als wären die Gebiete der Adresse eben erst missioniert worden. Das ist im Hinblick zumindest auf die paulinischen Missionsgebiete, Galatien und die Asia, befremdlich, zumal weder Paulus noch sonst jemand genannt wird, dem die Adressaten das Evangelium verdanken. Das zweite Charakteristikum ihrer Situation ist das „Leiden", dh die Verfolgung. Aber hier bleibt einiges unklar. Im ersten Teil des Briefs steht das Leiden bevor (1, 6; 2, 20; 3, 14. 17), im zweiten ist es Gegenwart (4, 12. 14. 19; 5, 6. 8). Man kann diese Spannung nicht durch die Auskunft beseitigen, auch im ersten Teil werde die Leidenserfahrung vorausgesetzt (1, 6; 2, 10; 3, 16; 4, 4); denn diese Stellen betonen nur die Notwendigkeit des bevorstehenden Leidens. Unklar ist auch, von wem das Leiden, die Verfolgung ausgeht; nach 2, 12. 15; 3, 14ff; 4, 3f. 14f handelt es sich um verleumderische Anklagen gegen die Christen von Seiten ihrer heidnischen Mitbürger, nach 4, 16 um Leiden ὡς Χριστιανός, dh um Verfolgung wegen des christlichen Glaubens, wie sie laut 5, 9 auch sonst in der Welt über die Christenheit ergeht. Beides schließt sich natürlich nicht aus; aber der Akzent liegt zweifellos auf den privaten Schikanen, und daß eine staatliche Christenverfolgung – wie der Autor sie bereits kennt – schon über die Adressaten hereingebrochen ist, geht aus dem Wortlaut von 4, 16; 5, 9 nicht hervor. Ein klares Bild der Leidenssituation ergibt sich aus dem Schreiben nicht. – Schließlich fällt auf, daß man über das Verhältnis zwischen Absender und Empfängern gar nichts erfährt, obwohl der Brief in herzlichem Ton gehalten ist.

Der völlige Mangel an Korrespondenz kann nicht nur in der Tatsache begründet sein, daß 1Petr ein Rundschreiben ist – man denke an den Gal! Sogar der 1Joh, der keine bestimmte Adresse hat, läßt mehr von der konkreten Situation erkennen, zu der er Stellung nimmt. Damit stellt sich die Frage, ob die briefliche Form des 1 Petr – trotz des noch zu besprechenden Briefschlusses 5, 12ff – Fiktion ist.

### 3. Literarischer Charakter

Mit den Worten „ich habe euch... geschrieben, um euch zu
ermahnen und zu bezeugen, daß dies die wahre Gnade Gottes ist,
in der ihr steht" 5, 12 charakterisiert der Autor seinen Brief als
Trost- und Mahnschreiben. Damit ist die Tendenz, aber nicht die
Gattung bestimmt. Wir besprechen zunächst einzelne Elemente des
1Petr und gehen dann auf die Frage nach der Gattung des Ganzen ein.

#### a) Traditionelle Elemente[2]

Die form- und traditionsgeschichtlichen Untersuchungen zum 1Petr
haben gezeigt, daß sein Verfasser mit einem reichen traditionellen
Material arbeitet. Man kann es mit Schelkle in liturgisch-kultische
und katechetisch-paränetische Überlieferungen einteilen.

Die Paränese verwendet wie Kol, Eph und die Past Haustafeln.
In diese sind erstmalig auch die Pflichten gegen die Obrigkeit einbezogen 2, 13–17, die Röm 13, 1ff noch selbständig abgehandelt
wurden. Die Haustafeln des 1Petr zeigen im Vergleich mit den
andern des NT ein fortgeschrittenes Stadium der Verchristlichung.
Die Pflichten aller angesprochenen Gruppen werden christlich motiviert; die Mahnung an die Knechte 2, 18ff erhält sogar eine ausführliche christologische Begründung 2, 21b–25, die allerdings nicht
als Begründung ad hoc geschaffen ist, sondern ursprünglich ein
selbständiger Text war.

Zur katechetisch-paränetischen Tradition gehören ferner die tra-
genden Gedanken von der „Freude im Leiden"[3]: die Leiden, insbesondere die Verfolgungen der Frommen sind eine eschatologische
Notwendigkeit, Anzeichen des nahen Endes und darum Grund zur
Freude. Diese urchristliche, auf jüdische Wurzeln zurückgehende
Vorstellung wird im 1Petr entfaltet, christologisch begründet – und
zwar wieder mit einem Traditionsstück 3, 18–22 – und als Teilhabe
an den Leiden Christi interpretiert 4, 13; dieser letzte Gedanke hat
in seiner spezifischen Ausprägung Parallelen bei Paulus.

In urchristlicher schriftgelehrter Tradition steht der 1Petr mit
seinem Schriftbeweis 2, 6–10; denn hier erscheinen dieselben at.
Zitate (Jes 28, 16; 8, 14; Hos 2, 23) kombiniert und mit denselben

---

[2] Hierzu vor allem Selwyn, 17ff; 365–466; Lohse, 312ff.
[3] Vgl. Nauck.

Abänderungen wie Röm 9, 33. 25, Texte, die auch sonst im christlichen Schriftbeweis eine Rolle spielen[4].

Als liturgisch-kultische Texte sind die beiden erwähnten Traditionsstücke 2, 21b–25 und 3, 18–22 anzusprechen, wohl auch 1, 20: zitierte und für den Kontext überarbeitete christologische Lieder, über deren Rekonstruktion in § 2 gehandelt wurde.

Über diese Abhängigkeit von allgemein urchristlichen Traditionen hinaus ist immer schon die theologische Verwandtschaft des 1Petr mit Paulus aufgefallen und in den Kommentaren verzeichnet[5]. K. H. Schelkle hält es aufgrund einer langen Liste von Berührungen für nicht ausgeschlossen, daß der Autor den Röm gekannt hat[6]. Wenn auch manche dieser Berührungen als Abhängigkeit beider Autoren von gemeinsamen urchristlichen Traditionen erklärt werden können, so enthält 1Petr doch einige spezifisch paulinische Gedanken, die seinen Verfasser theologiegeschichtlich als in paulinischer Tradition stehend ausweisen: das Verständnis des Todes Christi als Heilsereignis innerhalb der Präexistenz- und Inkarnationsvorstellung 1, 18ff; die schon erwähnte Teilhabe an den Christusleiden 4, 13; das „in Christus" 3, 16; 5, 10. 14; das Verständnis der Freiheit 2, 16, des Charisma 4, 10 und schließlich die Begründung des Imperativ im Indikativ (passim). Die Rechtfertigungslehre ist jedenfalls explizit nicht vorhanden (ein Nachklang vielleicht 4, 1), die Gesetzesproblematik spielt keine Rolle mehr. Traditionsgeschichtlich handelt es sich hier um einen späten Paulinismus.

### b) Der Charakter des Ganzen

Der 1Petr macht sprachlich und theologisch einen einheitlichen Eindruck, nicht aber kompositorisch: 4, 7–11 klingt wie ein feierlicher Schluß mit Doxologie und Amen, aber 4, 12ff geht es mit dem gleichen Thema weiter. Dazu kommt die Verschiedenheit der vorausgesetzten Situation vor und nach dieser Zäsur und die Tatsache, daß die Anreden an Neugetaufte sich nur im ersten Teil finden. All dies charakterisiert den Komplex 1, 3–4, 11 als ein zusammengehöriges Ganzes. R. Perdelwitz hat die Hypothese aufgestellt, dieser Text sei eine Taufpredigt; ihr Verfasser habe sie um das Mahnschreiben 4, 12–5, 14 vermehrt, das zum Ausharren in der gerade ausgebrochenen Verfolgung ermutigt, und als Brief versandt (1, 1f).

---

[4] E. E. Ellis, Paul's Use of the Old Testament, 1957, 87. 89f. 162f. 164f.
[5] Die neueste sorgfältige Behandlung findet sich bei Schrage, 59ff.
[6] AaO, 5ff.

Diese Hypothese hat viel Anklang gefunden und ist mannigfach weitergeführt worden. Nach H. Preisker[7] stellt 1, 3–4, 11 keine Ansprache, sondern die Aufzeichnung eines reich gegliederten römischen Taufgottesdienstes dar, bei dem der Taufakt zwischen 1, 21 und 1, 22 stattgefunden hat, 4, 12–5, 11 dagegen den anschließenden Gottesdienst der Gesamtgemeinde.

F. L. Cross hat Preiskers Hypothese weiter spezialisiert: es handle sich um das Formular für die Bischofstaufe in der Passazeit, genauer in der Ostervigil. M. E. Boismard dagegen findet Stücke einer allgemein geübten Taufliturgie (in anderer Rekonstruktion als Preisker), die durch aktuelle Mahnungen 3, 13–4, 6; 4, 12–5, 4 und den brieflichen Rahmen vermehrt worden seien. Aber all diese Weiterführungen lassen sich nicht halten und komplizieren die literarischen Probleme des 1Petr in unnötiger Weise[8].

M. E. wird die Hypothese von Perdelwitz dem Befund am ehesten gerecht. Daß in 1, 3–4, 11 und nur hier die Angeredeten als Neugetaufte apostrophiert werden und sich hier die direkten und indirekten Anspielungen auf die Taufe häufen, legt den Schluß nahe, daß dieser seinen „Sitz im Leben" in einer Tauffeier hat und eine Ansprache bei ihr darstellt, die feierlich mit Doxologie und Amen schließt. Die reiche Verwendung liturgischen und paränetischen Materials wird bei dieser Annahme ebenso verständlich wie die Tatsache, daß der Ton auf der Mahnung liegt. Bei dieser Annahme löst sich auch die Spannung zwischen den vorausgesetzten Situationen: eine größere Christenverfolgung ist schon ausgebrochen, aber die Neugetauften werden erst jetzt, durch ihren Beitritt zur Gemeinde, gefährdet, während die früheren Gemeindeglieder schon unter ihr zu leiden hatten, 4, 12ff. Auch die nachträgliche Ergänzung der Haustafeln 5, 1ff erklärt sich leicht: die Presbyter und die Jüngeren (unter den Gemeindegliedern) gehören nicht zu den Neugetauften.

Kurz: derselbe Verfasser hat seine Ansprache an Neugetaufte durch ein Mahnschreiben an schon Getaufte ergänzt, also verallgemeinert und im Blick auf die Verfolgung aktualisiert 4, 12–5, 11; er hat das Ganze so zu einer Abhandlung über den Christen im Leiden geformt und es schließlich durch 1, 1f; 5, 12–14 als Brief firmiert.

---

[7] Bei Windisch-Preisker, 156ff.

[8] Zu Preisker vgl. E. Käsemann, VF, 1949/50, 192; zu Cross vgl. T. G. Thornton, 14ff; zu Boismard vgl. Schelkle, 5.

## 4. Verfasser. Abfassungszeit und -ort

### a) Verfasserfrage

Es ist nicht sehr viel, aber ganz interessant, was der Autor über sich verlauten läßt. Er bezeichnet sich 1, 1 als „Petrus, Apostel Jesu Christi" und 5, 1 als „Mitpresbyter und Zeuge der Christusleiden, der auch Teilhaber ist an der sich bald offenbarenden Herrlichkeit"; er sagt 5, 12: „Durch Silvanus, den, wie ich meine, treuen Bruder, habe ich euch in Kürze geschrieben" und bestellt 5, 13 Grüße der „miterwählten (Gemeinde) in Babylon" und seines „Sohnes Markus". In seiner Umgebung befinden sich also zwei Paulusbegleiter[9].

Für die Autorschaft Petri könnte die Selbstcharakteristik 5, 1 sprechen; aber die Aufeinanderfolge von Christusleiden und künftiger Herrlichkeit zeigt, daß mit dem ersten Ausdruck nicht die Augenzeugenschaft der Passion Jesu, sondern das Nacherleben seiner Leiden gemeint ist. Sonst enthält das Schreiben keine Stelle, die auf eine persönliche Bekanntschaft des Verfassers mit dem historischen Jesus hinweist; nicht einmal ein Wort Jesu über Jüngerschaft und Leidensnachfolge wird zitiert.

Gegen die Autorschaft Petri sprechen folgende Gründe: 1. Das gute Griechisch und die Verwendung zahlreicher rhetorischer Kunstmittel[10] sind bei einem einfachen Fischer aus Galiläa nicht wahrscheinlich. 2. Die Benutzung der LXX bei at. Zitaten und Anspielungen deutet ebenfalls nicht auf einen Palästiner. 3. Die Theologie des Schreibens ist paulinisch, aber wie schon erwähnt, spätpaulinisch. Das Problem des Gesetzes, des Verhältnisses von Juden- und Heidenchristen spielt keine Rolle mehr; die Zulassung der Heiden zum Heil ist auch nicht das große Geheimnis wie noch im Eph, sondern eine Selbstverständlichkeit. Damit aber gehört der 1Petr in eine Zeit lange nach dem Tode des Paulus und Petrus. 4. In dieselbe Zeit weist die vorausgesetzte Situation; denn eine größere Christenverfolgung 5, 9 gab es erstmalig unter Domitian.

Häufig wird aufgrund von 5, 12 auf Silvanus als Verfasser geschlossen, meist in Form von Sekretärshypothesen: Silvanus habe

---

[9] Silvanus (1Thess 1, 1; 2Thess 1,1; 2Kor 1, 19) ist identisch mit Silas, einem Glied der Jerusalemer Urgemeinde und Mitarbeiter des Paulus (Apg 15, 22–27. 32; 15, 40–18, 5); Markus begleitete Paulus zeitweilig auf der sog. ersten Missionsreise (Apg 12, 12. 25; 13, 5. 13; 15, 37ff) und war später wieder bei ihm (Phlm 24; Kol 4, 10).

[10] Dazu vgl. Schelkle, 13.

auf Diktat oder – was den paulinischen Charakter erkläre – selbständig auf Anweisung des Petrus den Brief geschrieben. Aber in dieser
Form ist die Annahme aus zeitlichen Gründen unmöglich (3. und 4.
Argument gegen die Verfasserschaft des Petrus). Und die These, daß
Silvanus in höherem Greisenalter in der Maske des Petrus geschrieben habe, rettet die Autorschaft des Petrus nicht und ist in sich
denkbar unwahrscheinlich[11].

Der 1Petr ist also ein Pseudepigraphon. Nun ist von Beziehungen
des Petrus zu den angeschriebenen Landschaften, darunter zwei paulinischen Missionsgebieten, in der urchristlichen Überlieferung ebensowenig bekannt wie von seiner Verbindung mit den Paulusbegleitern
Silvanus und Markus. Läßt sich bei solcher Sachlage die Wahl des
Pseudonyms erklären?

## b) Abfassungsort und -zeit

Als Abfassungsort nennt 5, 13 „Babylon"; damit ist nicht die
mesopotamische Metropole und noch weniger die Militärkolonie
im Nildelta gemeint, sondern Rom. „Babylon" ist ein apokalyptischer Deckname für die Welthauptstadt, der offenbar nach der Zerstörung Jerusalems 70 nChr aufgekommen ist[12] und sich auch in der
Apk findet (14, 8; 16, 19; 17, 5; 18, 2. 10. 21). Die Ortsangabe kann
wie der briefliche Rahmen fingiert sein, sie kann aber auch zutreffen;
denn Rom ist der gegebene Entstehungsort für ein petrinisches
Pseudepigraphon. So sieht W. Bauer in dem Schreiben ein Manifest
der römischen Gemeinde an die Christen der fünf kleinasiatischen
Landschaften zum Zweck der Einflußnahme[13].

Aber die äußere Bezeugung des 1Petr in der Alten Kirche ist
seiner römischen Abfassung recht ungünstig. 1. Der 1Clem, der 5,
4f Petrus und Paulus als die großen Märtyrerapostel der römischen

---

[11] Daß Silvanus sich mit Paulus überworfen habe und zu Petrus übergegangen sei, wird nirgends bezeugt oder angedeutet. Und warum Silvanus in einem auch an paulinische Missionsgebiete gerichteten Schreiben den Namen des Paulus konsequent verschweigt, bleibt unverständlich – umso mehr, als er an der Missionierung Galatiens teilgenommen
hat (Apg 15, 40–16, 6). Außerdem mag man fragen, ob er als Jerusalemer
die griechische Sprache und ihre rhetorischen Mittel so beherrscht hat
wie der Autor des 1Petr.

[12] Das hat Hunzinger wahrscheinlich gemacht. Wenn sein Nachweis geglückt ist, woran ich nicht zweifle, würde die Nennung „Babylons"
allein schon genügen, die Autorschaft Petri zu widerlegen.

[13] AaO, 110; 220f.

Gemeinde in engen Zusammenhang miteinander stellt und sich durch viele Zitate aus dem 1Kor immer wieder auf die Autorität des Paulus beruft, kann sich auf Petrus nicht in der gleichen Weise berufen; er weiß nichts von einem Brief des Petrus[14]. 2. Der 1Petr wird im Kanon Muratori weder als rezipierte noch als angelehnte Schrift erwähnt, ist also in Rom sogar noch um 200 unbekannt. Daß ein von Rom ausgegangenes, doch recht autoritatives Schreiben dort so total vergessen worden sein sollte, ist recht unwahrscheinlich. 3. Dagegen ist der 1Petr im 2. Jh. in Kleinasien bekannt. Polykarp bringt Worte aus ihm, allerdings ohne Angabe der Fundstelle, aber in einer Form, die auf wirkliche Zitierungen, nicht nur auf gemeinsame Traditionen schließen läßt[15]. Auch Papias benutzt ihn (Euseb, KG III 39, 17). Der Erste, der unser Schreiben nicht nur zitiert, sondern auch als Brief des Petrus bezeichnet, ist Irenäus (zB Haer IV 9, 2).

Da pseudonyme Schriften des NT meist dort entstanden sind, wo sie zuerst auftauchen, bzw bei Briefen: wohin sie adressiert sind, wird man als Abfassungsort nicht Rom, sondern eine der 1, 1 genannten Gegenden Kleinasiens annehmen dürfen.

Über die Abfassungszeit lassen sich nur ungefähre Angaben machen. Terminus ad quem ist, wenn man von dem nicht genau datierbaren 2Petr absieht, der Polykarbrief ca 135, terminus a quo die domitianische Verfolgung ca 96. Die temperierte Art, in der der 1Petr von der Verfolgung spricht, gestattet sicherlich chronologische Präzisierungen; der pseudonyme Autor durfte ja nicht allzu deutlich werden. Genauer als auf die Wende vom 1./2. Jh. wird man den 1Petr nicht datieren können.

### 5. Tendenz der pseudepigraphischen Rahmung

Zum Schluß sei noch auf die Probleme des brieflichen Rahmenwerks 1, 1f; 5, 12–14 eingegangen. Läßt sich eine Tendenz darin erkennen, daß der Verfasser – obwohl er theologisch in paulinischer Tradition steht und obwohl er sich an Gebiete wendet, von denen keines etwas mit Petrus zu tun hat, von denen aber zwei von Paulus

---

[14] Die Berührungen zwischen 1Clem und 1Petr gehen nicht auf Abhängigkeit des einen vom andern, sondern auf die Benutzung gemeinsamer Traditionen zurück: Lohse, 322ff; sie beweisen freilich nicht den gleichen Entstehungsort der beiden Schriften.

[15] Polyk 1, 3; 8, 1; 10, 2.

missioniert worden waren – sein Schreiben nicht wie die Verfasser der Deuteropaulinen unter der Autorität des Paulus, sondern unter der des Petrus publiziert? Vermutlich, ja. Soviel ist sicher, daß Petrus ihm als die höhere apostolische Autorität gilt – das zeigt die Wahl gerade dieses Pseudonyms. Aber nicht wegen seiner theologischen Bedeutung, sondern als kirchliche Größe: Petrus als Repräsentant des kirchlichen Rom – daher die fingierte Lokalisierung in „Babylon". Der Verfasser verfolgt mit der pseudepigraphischen Rahmung offensichtlich einen doppelten Zweck. Er will einerseits die Zusammengehörigkeit der angeschriebenen kleinasiatischen Gebiete und der „miterwählten" römischen Gemeinde dokumentieren; nur handelt es sich – so dürfte W. Bauers These zu modifizieren sein – nicht um einen dem 1Clem analogen Versuch der römischen Gemeinde, kirchenpolitischen Einfluß auf jene Gebiete zu gewinnen, sondern um den Versuch eines kleinasiatischen Kirchenmannes, seinen Adressaten ihre Verbundenheit mit Rom im gleichen Glauben, in „der wahren Gnade Gottes" 5, 12, und im gleichen Kampf 5, 9 zum Bewußtsein zu bringen. Andererseits will er „Paulus" einbeziehen, daher die Nennung des Silvanus und Markus; wenn er den Völkerapostel überhaupt nicht erwähnt, wohl aber dessen Missionsgefährten, von denen Silvanus immerhin bei der Missionierung des angeschriebenen Galatiens beteiligt war, nachdrücklich dem Petrus unterordnet, so ist die Tendenz eindeutig: die Aufrichtung der Autorität Petri auch über die paulinischen Missionsgebiete. Aber – das sei betont – diese Tendenz des brieflichen Rahmens ist nicht die Haupttendenz des ganzen Schreibens.

## § 41. Der Judasbrief

*Kommentare:*

HNT: H. Windisch-H. Preisker, [3]1951; HThK: K. H. Schelkle, [2]1964; KNT: G. Wohlenberg, [3]1923; NTD: W. Schrage, 1973; BNTC: J. N. D. Kelly, 1969; ICC: Ch. Bigg, [2]1910; Moffatt, NTC: J. Moffatt, 1928; ÉtB J. Chaine, 1939.

*Untersuchung:*

E. Fascher, RGG[3] III, 1959, 966f.

### 1. Inhalt

Präskript 1f
Bekämpfung von Irrlehrern 3–23

## 2. Literarischer Charakter

Der Jud beginnt mit einem Präskript, endet aber nicht mit dem üblichen Briefschluß, sondern wie der 2Clem mit einer Doxologie. Die Adscriptio ist sehr allgemein gehalten – „an die Berufenen, die in Gott, dem Vater, geliebt und für Jesus Christus bewahrt sind" (1) – und weist damit den Jud als „katholischen" Brief aus, der sich an die gesamte Christenheit wendet. Aber seine Abfassung ist durch das Auftreten bestimmter Irrlehrer veranlaßt, setzt also konkrete Verhältnisse einzelner Gemeinden voraus, und das widerspricht der katholischen Adresse. Der Verfasser will jedoch mit ihr seinem Kampf gegen die Irrlehrer ökumenische Bedeutung verschaffen; das hängt einerseits mit seiner Auffassung der Häresie als einer tatsächlichen Bedrohung der ganzen Christenheit, andererseits aber und vor allem mit dem Stil seiner Ketzerbekämpfung zusammen (s. u. Abschnitt 3b).

Seinem literarischen Charakter nach ist der Jud kein wirklicher Brief wie der Gal – die persönlichen Beziehungen zwischen Absender und Adressaten fehlen –, aber auch trotz der einheitlichen Thematik keine Abhandlung wie der Hebr – dazu fehlt das lehrhaft argumentierende Element. Man kann ihn als Traktat für eine bestimmte Situation[1] oder als antihäretisches Flugblatt[2] in Form eines katholischen Briefes bezeichnen.

## 3. Die Bekämpfung der Irrlehrer

### a) Die Irrlehrer

Das Bild der Gegner wird nur in Umrissen deutlich, da der Verfasser sie zwar eindrucksvoll beschimpft, sich aber nicht mit ihren Anschauungen auseinandersetzt. Aber soviel ist klar, daß es sich um christliche Gnostiker der libertinistischen Richtung handelt. Möglicherweise sind sie von außen, als Wanderprediger, in die Ge-

---

[1] Dibelius, Geschichte der urchristlichen Literatur II, 58.
[2] Schelkle, 137.

meinden „eingeschlichen" (4), jedenfalls treten sie als Christen auf, nehmen an den Agapen teil (12), entfalten eine den Verfasser beängstigende, erfolgreiche Tätigkeit, rufen Spaltungen hervor (19) und werden in der Gemeinde geduldet (22f).

Der *gnostische Charakter* geht vor allem aus ihrer dualistischen Scheidung der Menschen in Pneumatiker und Psychiker hervor (19); sie rechnen sich zu den Pneumatikern. Mit ihrem Pneumatikertum hängen zwei eng verbundene weitere Eigentümlichkeiten zusammen: ihr Enthusiasmus und ihr hochgesteigertes Selbstbewußtsein. Der Enthusiasmus äußert sich in ekstatischen Visionen, in denen sie besondere Offenbarungen empfangen; Jud nennt die Irrlehrer darum „Träumer" (ἐνυπνιαζόμενοι, 8). Das Selbstbewußtsein äußert sich darin, daß „ihr Mund hochfahrende Dinge redet" (16) und daß sie sogar die Engelmächte verachten und schmähen (8. 10); dh sie wissen sich sogar den überirdischen Mächten überlegen und negieren sie offenbar als einen Teil der schlechten Schöpfung. Auch die Charakterisierung der Ketzer als „mit dem Schicksal hadernder Murrköpfe" (γογγυσταὶ μεμψίμοιροι, 16) weist in die Richtung einer dualistisch-pessimistischen Weltverneinung. Schließlich ist der Libertinismus eine Erscheinungsform des gnostischen Überlegenheitsbewußtseins (das sich allerdings auch entgegengesetzt als Askese äußern kann), eine Demonstration der Freiheit von den Moralgesetzen des Schöpfergottes und dient als Beweis der Unverletzlichkeit des pneumatischen Ich durch die Materie. Im Falle der von Jud bekämpften Gegner scheint es sich um homosexuelle Ausschweifungen zu handeln, bei denen die Irrlehrer ihre ekstatischen Offenbarungen erhalten und ihr weltüberlegenes Bewußtsein dokumentieren:

„Auf gleiche Weise nun (sc. wie Sodom und Gomorrha 7) beflecken auch diese Träumer ihr Fleisch, verwerfen die Herrschermacht, lästern die Herrlichkeit(sengel)" (8).

Die Angaben sind zu knapp und allgemein, als daß man die Irrlehrer einem der bekannten gnostischen Systeme zuordnen könnte.

## b) Der Stil der Bekämpfung

Der Verfasser will die Christen vor dem Irrglauben schützen und immun machen, er fordert sie auf, „für den den Heiligen ein für allemal überlieferten Glauben zu kämpfen" (3), sich auf ihrem „allerheiligsten Glauben zu erbauen" (20), aber er zeigt ihnen nicht,

worin dieser Glaube besteht und warum die Irrlehrer einen falschen
Glauben haben. Der ein für allemal überlieferte Glaube ist wie die
παραθήκη der Past eine feste Größe, die als Maßstab dient, aber
nicht entfaltet wird (ganz anders 1Joh!). Jede Abweichung von ihm
gilt, gleichviel wie begründet, als Gottlosigkeit und Verleugnung
Jesu Christi (4). Zu einer theologischen Auseinandersetzung sieht
sich der Autor daher nicht veranlaßt. Er greift stattdessen in das
Repertoire gängiger polemischer Topoi.

So rückt er den Libertinismus, den er als schiere Unmoral versteht, kräftig in den Vordergrund (4. 7. 8. 10. 13. 16. 23); die Gegner
als moralisch minderwertig zu erweisen, ist der beliebteste, weil
schlagkräftigste Topos der Polemik. Dazu gehören ferner die Vorwürfe der Schmeichelei und der Gewinnsucht (16), die zutreffen
können, aber auch traditionell sind.

Ein weiterer Topos, von dem der Verfasser ausgiebig Gebrauch
macht, ist der Vergleich der Gegner mit Beispielen aus Natur (12f)
und Geschichte (5–7. 9–11). Die wortstarken Naturbeispiele könnten
auch in einem profanen Dokument stehen. Die Geschichtsexempel
nimmt der christliche Verfasser aus dem AT und jüdischen Apokryphen (Himmelfahrt des Moses; äthHen). Die Beispiele dienen
dazu, die Gegner herabzusetzen, ihre Hybris und Unmoral zu geisseln
und ihr sicheres Verderben in Aussicht zu stellen. Nachdem die
Ketzer mit den ungetreuen Israeliten, den gefallenen Engeln und
den Leuten von Sodom und Gomorrha verglichen worden sind,
heißt es:

„Wehe ihnen! denn auf dem Weg Kains sind sie gewandelt und von
Bileams Trug haben sie sich bestechen lassen und mit Korahs Auflehnung
haben sie sich ins Verderben gebracht" (11).

Jud steht mit solcher Verwendung at. Exempel in einer festen Stil-
tradition der Ketzerpolemik[3].

Eine Variante dieses Topos ist die ebenso verbreitete These, die
Ketzer und andere Bösewichter seien schon längst im AT vorausgesagt. Jud macht von ihr Gebrauch, indem er 14f eine Weissagung
Henochs zitiert – die aber nicht im AT, sondern, wenn auch nicht
wörtlich, in äthHen 1, 9 steht. Noch auffälliger ist, daß er sich in
gleichem Sinn auf Weissagungen der Apostel beruft:

---

[3] Vgl. W. Bauer, Rechtgläubigkeit und Ketzerei, 202f; „wo besonders
   schwere Sünder im Alten Testament vorkommen, da sah man Typen
   der neuen Gottlosigkeit und erquickte sich an der Betrachtung des
   Schicksals, das jene getroffen" (203).

„Ihr aber, Geliebte, seid eingedenk der Worte, die vorausgesagt wurden von den Aposteln unseres Herrn Jesus Christus, denn sie sagten euch: Am Ende der Zeit werden Spötter sein, die nach ihren eigenen gottlosen Begierden wandeln werden" (17f).

Hier stehen „die Apostel" auf derselben Stufe wie at. Propheten, deren Worte man als Weissagung zitieren kann.

Daß am Ende der Zeit Irrlehrer auftreten werden, ist ein der jüdischen wie der urchristlichen Eschatologie gemeinsamer Gedanke. Wenn urchristliche Autoren Irrlehrer ihrer Zeit und Umgebung als Erscheinungen der Endzeit charakterisieren, dann müssen sie dieses spezielle Phänomen verallgemeinern; so wendet sich der 1Joh an die ganze Christenheit und so versieht der Verfasser des Jud seinen Traktat mit einer ökumenischen Adresse.

## 4. Verfasser. Abfassungszeit und -ort

Der Verfasser nennt sich „Judas, Jesu Christi Knecht, Bruder aber des Jakobus" (1). Ein Brüderpaar mit diesem Namen wird Mk 6, 3 par genannt, und zwar als Brüder Jesu. Der Autor will sich also indirekt als Bruder Jesu kundtun, indem er sich als Bruder des Jakobus bezeichnet. Dieser Judas ist sonst unbekannt, nur von seinen Enkeln weiß man, daß sie von Domitian verhört und freigelassen wurden und dann „Leiter der Gemeinden" bis in die Zeit Trajans gewesen sind[4]. Aber daß der Herrenbruder Judas den Traktat verfaßt hat, ist denkbar unwahrscheinlich. Ein Bruder Jesu kann nicht von „den Aposteln Jesu Christi" als einer geschlossenen Größe reden und so, als gehörten sie der Vergangenheit an wie die at. Zeugen (17). Ein Bruder Jesu kann auch nicht von dem „den Heiligen ein für allemal überlieferten Glauben" (3) reden. Beides sind Anschauungen der „nachapostolischen" Zeit, wie sie zB in den Past begegnen.

Der Name Judas ist ein Pseudonym. Doch hat der Verfasser die Pseudonymität, mit der er die Autorität eines Herrenbruders beanspruchte, nur schüchtern zur Geltung gebracht (Indirektheit 1; Berufung auf die Apostel 17). Die Wahl gerade dieses Namens hängt vielleicht mit dem Ansehen zusammen, das dieser Herrenbruder in manchen Kreisen genoß (er wird mit Thomas, dem Zwil-

---

[4] Hegesipp bei Euseb, KG II 20, 1ff.

ling – nämlich Jesu – identifiziert). Da der Autor jüdische Apokryphen benutzt, wird er ein Judenchrist gewesen sein.

Die Abfassungszeit läßt sich nicht genau bestimmen; terminus
ad quem ist der 2Petr, der den Jud benutzt, aber auch nicht sicher
datierbar ist. Man nimmt gerne die Wende vom 1. zum 2. Jh. an,
ohne begründen zu können, warum.

Auf den Abfassungsort weist in Jud nichts hin. Der äußeren
Bezeugung nach war er um 200 in Rom (Kanon Muratori), Karthago
(Tertullian) und Ägypten (Clemens Alexandrinus) bekannt und so-
gar kanonisch. Doch lassen sich daraus keine Schlüsse für den
Abfassungsort ziehen.

## § 42. Der zweite Petrusbrief

*Kommentare:*

HNT: H. Windisch-H. Preisker, [3]1951; HThK: K. H. Schelkle, [2]1964; KNT:
G. Wohlenberg, [3]1923; MeyerK: R. Knopf, [7]1912; NTD: W. Schrage,
1973; BNTC: J. N. D. Kelly, 1969; ICC: Ch. Bigg, [2]1910; Moffatt, NTC:
J. Moffatt, 1928; ÉtB: J. Chaine, 1939.

*Untersuchungen:*

G. H. Boobyer, The Indebtedness of 2 Peter to 1 Peter, NT Essays in
Memory of T. W. Manson, 1959, 34ff;
R. E. Brown, K. P. Donfried, J. Reumann (Hg.), Peter in the NT, 1973,
154ff;
E. Fascher, RGG[3] V, 1961, 259f;
E. Käsemann, Eine Apologie der urchristlichen Eschatologie, in: ders.,
Exegetische Versuche und Besinnungen I, 1960, 135ff;
C. H. Talbert, II Peter and the Delay of the Parousia, VigChr 20, 1966,
137ff.

### 1. Inhalt

Präskript 1, 1f
Verteidigung der christlichen Eschatologie 1, 3–3, 13
    1. Erinnerung an die göttlichen Gaben und Mahnung zu entsprechen-
       dem Lebenswandel 1, 3–11
    2. Die Garanten der christlichen Hoffnung 1, 12–21
    3. Warnung vor libertinistischen Irrlehrern 2
    4. Verteidigung der Parusieerwartung gegen ihre Bestreiter 3, 1–13
Schlußmahnungen 3, 14–18.

## 2. *Literarischer Charakter und Zweck*

Der 2Petr ist das jüngste Buch des nt. Kanons, nach seinem Zweck eine aktuelle antihäretische Kampfschrift und literarisch ein Pseudepigraphon recht komplexer Art. Diese Art und jener Zweck hängen eng miteinander zusammen.

### a) Petrinische Pseudepigraphie

Der unbekannte Autor will die Abfassung seines Schreibens durch Petrus nicht nur wie der des 1Petr durch die Nennung des Namens im Präskript kundtun, sondern durch verschiedene literarische Mittel suggerieren. So verwendet er in der Superscriptio 1, 1 die semitisierende Namensform „Symeon" Petrus, Knecht und Apostel Jesu Christi". So bezieht er sich 3, 1 auf den 1Petr, indem er sein Schreiben als „zweiten Brief" bezeichnet. So flicht er, wie von einem persönlichen Jünger Jesu erwartet, auch persönliche Erinnerungen an den Meister ein, indem er sich 1, 16–18 als Augenzeugen der Verklärung ausgibt (Mk 9, 2ff) und 1, 14 behauptet, Jesus habe ihm seinen Märtyrertod geweissagt (Joh 21, 18f). Schließlich gibt er sich mit der Wendung „unser geliebter Bruder Paulus" als Zeit- und Amtsgenossen des Völkerapostels kund, nicht ohne durch den etwas gönnerhaften Ton die eigene Überlegenheit diskret hervorzuheben (3, 15f).

Durch die Angabe über die Abfassungssituation macht der Verfasser deutlich, als was sein Pseudepigraphon verstanden werden soll. Petrus sagt in feierlichen Worten, er schreibe den Brief kurz vor seinem Tod, damit die Leser auch danach die „vorhandene Wahrheit" im Gedächtnis behielten 1, 12ff, als Vermächtnis. Der 2Petr soll als Testament des scheidenden Apostels verstanden werden, rückt damit in die Reihe der Testamentsliteratur, und zwar – wie der 2Tim – der Testamente in Form eines Briefes, nur allerdings eines „katholischen" Briefes. Die Adressierung „an die, die einen dem unsern gleichwertigen Glauben empfangen haben" 1, 1 kennzeichnet den Brief als Testament für die rechtgläubigen Christen und zeigt seine antihäretische Ausrichtung an – wie denn Warnungen vor (endzeitlichen) Verführern zum festen Bestand der Testamentsliteratur gehören. Im Dienste dieser Ausrichtung treibt der Verfasser seine literarische Pseudepigraphie aber noch weiter, wie das Verhältnis des 2Petr zu Jud zeigt.

## b) Das Verhältnis zum Judasbrief

2Petr 2 stimmt inhaltlich und weitgehend auch im Wortlaut mit Jud 4–13. 16 überein, aber auch vorher und nachher finden sich Parallelen (1, 5. 12 = Jud 3. 5; 3, 2f. 14. 18 = Jud 17f. 24. 25). Daß der Jud vom 2Petr benutzt wurde und nicht umgekehrt, ist offensichtlich[1]. Das Motiv, aus dem der Verfasser die Ketzerpolemik des Jud seinem Schreiben inkorporiert hat, wird klar, wenn man Jud 17f und 2Petr 3, 2ff vergleicht.

Jud hatte dort daran erinnert, daß „die Apostel" das Auftreten von „Spöttern" in der Endzeit vorausgesagt hätten, und wollte damit klar machen, daß diese Weissagung in den von ihm bekämpften Irrlehrern eingetroffen sei. Wenn 2 Petr diesen Text aufnimmt („... Am Ende der Tage werden Spötter mit Spott kommen, die ihr Leben nach ihren eigenen Begierden führen" 3, 3) und ihn ergänzt („und die sagen: Wo ist die Verheißung seiner Parusie? ..." 3, 3f), so wird zweierlei deutlich: 1. will er zu der Weissagung, die Jud allerdings im Sinne einer allgemeinen apostolischen Tradition verstanden hatte, „den literarischen Beleg liefern, dh den Brief, in dem Petrus ... tatsächlich diese ‚Spötter' prophezeit"[2]; 2. will er darüberhinaus durch die Ergänzung spezielle Ketzer treffen und auf sie die in Jud erhobenen Vorwürfe übertragen, obwohl dieser gar keine Parusieleugner im Auge hatte. Zu diesem Zweck hat der Verfasser des 2Petr seine Vorlage bearbeitet. Er hat mit Rücksicht auf seine Petrusrolle die präsentischen Aussagen des Jud über die Irrlehrer in Futurform umgesetzt, allerdings nicht ganz konsequent (zB er verwendet 2, 10. 12 das Präsens, 2, 15. 22 sogar den Aorist). Er hat im Hinblick auf seine wirklichen Gegner manches geändert (zB die selbstverständliche Teilnahme der Ketzer an den Agapen Jud 12 vgl. 2, 13). Als Hüter der Orthodoxie hat er das Henochzitat Jud 14f und andere Bezugnahmen auf apokryphe Schriften, die Jud noch ganz unbefangen brachte, getilgt oder unkenntlich gemacht – die Grenzen des at. Kanons waren zu seiner Zeit schon enger gezogen. Andere Eingriffe sind nur schriftstellerischer Art (Reduzierung der at. Exempel des Jud und Anordnung in chronologisch richtiger Reihenfolge).

## c) Sprache[3]

Der Autor möchte gern literarisch schreiben. Er gebraucht Vokabeln der gehobenen Sprache: λήθην λαβεῖν 1, 9, ἐπόπται 1, 16, ταρταροῦν 2, 4, ἄθεσμοι 2, 7; 3, 17, βλέμμα 2, 8, καυσοῦσθαι 3, 10. 12 usw. Aber mit der Syntax hat er Schwierigkeiten. Seine Satzgebilde sind oft wortreich, überfüllt und undurchsichtig und machen

[1] Vgl. zuletzt Kümmel, Einleitung, 379f und Schrage, 120f.
[2] Dibelius, Geschichte der urchristlichen Literatur II, 61.
[3] Hierzu ausführlich Bigg, 224ff.

den Widerspruch zwischen stilistischem Anspruch und Vermögen des
Verfassers sichtbar. Jülicher bescheinigt diesem Stil „eine gezierte
Schwülstigkeit" und Dibelius findet ihn „barocker" als den des Jud.
Mit dem des 1Petr hat er keine Berührungen; der 2Petr kann nicht
vom gleichen Autor verfaßt sein.

## d) Zweck

Der Zweck ist die Bekämpfung von Irrlehrern mit literarischen
Mitteln. Welche Ketzer wirklich gemeint sind, geht aus den von Jud
unabhängigen Passagen hervor, insbesondere aus 3, 4ff, denn hier
zielt der Autor auf Gegner seiner eigenen Gegenwart, auf Parusieleugner. Ob diese mit den Libertinisten des Jud tatsächlich identisch
sind, scheint mir unsicher. Denn ihr Bild ist in 2Petr 2 undeutlicher
und daß sie sich erst in der Zwischenzeit zu Parusieleugnern entwickelt hätten, ist bei Gnostikern unwahrscheinlich. Mir scheint die
Einfügung des Jud in den 2Petr neben dem schon genannten Zweck
auch den zu verfolgen, die gnostische Gefahr allgemein zu kennzeichnen, damit die spezielle Zielrichtung nicht allzu verräterisch
gegenwartsnahe wirkt. Wie dem auch sei, das aktuelle Problem sind
die Spötter, die sagen:

„Wo ist die Verheißung seiner Parusie? Denn seit die Väter entschlafen
sind, bleibt alles wie von Anfang der Schöpfung an." (3, 4)

Der Zweifel an der Parusie ist in dieser Formulierung, wie Schrage
(121f) richtig gezeigt hat, nicht spezifisch gnostisch[4] – denn für die
gnostische Auffassung von der Gegenwart des Heils stellt sich das
Problem der Parusieverzögerung gar nicht –, aber er kann eben durch
diese Auffassung in den Gemeinden motiviert sein. Die Parusieleugner (in und außerhalb der Gemeinde) berufen sich auf eine Sammlung von Paulusbriefen und auf „die übrigen Schriften" (wohl auf
solche des AT, vgl. 1, 20f), die sie in ihrem Sinn auslegen 3, 16.
Paulus genoß bei den Gnostikern des 2. Jh.s ein hohes Ansehen,
auch die Exegese des AT war bei manchen ihrer Richtungen im
Schwange, beides Verbindungsstücke zwischen „Rechtgläubigkeit"

---

[4] Eine ähnliche Aussage findet sich 1Clem 23, 3 („Unglückselig sind die
Zweifler, die geteilten Herzens sind, die sagen: Dies hörten wir auch
zur Zeit unserer Väter, und siehe, wir sind alt geworden und nichts
davon ist uns widerfahren...") und unabhängig davon 2Clem 11, 2,
beidemale als Zitat aus einer (uns unbekannten) Schrift.

und „Ketzerei". Beides konnte der Autor nicht gut desavouieren. So
wehrt er die Konsequenzen aus der häretischen Exegese als falsch
ab: in den Briefen „unseres lieben Bruders Paulus" sei „vieles schwer
verständlich, was die Unkundigen und Ungefestigten zu ihrem eigenen
Verderben verdrehen wie auch die übrigen Schriften" 3, 15f; und
schon 1, 20f verwahrt er sich gegen jede „eigenmächtige Auslegung"
der Schrift. So bringt er als Gegengewicht gegen die Berufung auf
das AT und Paulus die Autorität des Petrus ins Spiel; diese Berufung mag der Grund dafür sein, daß der unbekannte Verfasser
ausgerechnet die Maske des Apostelfürsten für seine Rolle als Verteidiger der Rechtgläubigkeit gewählt hat.

## 3. Theologische Anschauungen[5]

Der 2Petr behandelt das Problem der Parusieverzögerung thematisch, das sich sonst in der urchristlichen Literatur meist zwischen
den Zeilen und nur gelegentlich expressis verbis (1Clem 23, 3f;
2Clem 11, 2) bemerkbar macht. Er verficht die traditionelle apokalyptische Eschatologie und legt besonderen Wert auf den plötzlichen und spektakulären Weltuntergang. Er verteidigt die Naherwartung mit drei logisch nicht ganz stimmigen Argumenten: einmal
seien Zeitbegriffe in bezug auf Gottes Handeln unzulänglich 3, 8;
ferner handle es sich nicht um Verzögerung sondern um Langmut
3, 9; schließlich könnten und sollten die Gläubigen das Kommen der
Parusie durch einen heiligen Wandel beschleunigen 3, 11f.

Wichtiger als diese Apologie ist die Anschauung von der apostolischen Tradition als dem Bollwerk gegen die Irrlehre. Die Auffassung von dem „den Heiligen ein für allemal überlieferten Glauben"
Jud 3 findet sich auch in 2Petr als „die vorhandene Wahrheit" 1, 12,
als „das überlieferte heilige Gebot" 2, 21 und als ἡ τῶν ἀποστόλων
ὑμῶν ἐντολὴ τοῦ κυρίου καὶ σωτῆρος 3, 2. Wie an dieser letzten
Stelle „die Apostel" so erscheint im ganzen Schreiben der Apostelfürst als Garant der Tradition[6]. In 1, 20f; 3, 16 kündet sich das
kirchliche Lehramt mit seinem Anspruch an.

In der Soteriologie schließlich findet sich die Vorstellung vom Heil
als physischer Vergottung: „damit ihr ... teilhaftig werdet der gött-

---

[5] Eine umfassende Darstellung bei Käsemann, 135ff.
[6] Vgl. Käsemann, 139ff.

lichen Natur (θείας κοινωνοὶ φύσεως), nachdem ihr der durch die Begierden in der Welt herrschenden Vergänglichkeit entflohen seid" 1, 4. Auch die Ketzer verkündigen Freiheit von der Vergänglichkeit. Es ist bemerkenswert, daß die hellenistische Substanzmetaphysik von der Rechtgläubigkeit rezipiert worden ist.

### 4. Abfassungszeit und -ort

Terminus a quo ist der (nicht sicher datierbare) Jud, terminus ad quem das erste Auftauchen des 2Petr im 3. Jh. (bei Origenes). Das Parusieproblem bietet keinen chronologischen Hinweis. Einen solchen könnte man eher der Tatsache entnehmen, daß eine Sammlung von Paulusbriefen in Händen der Gemeinde und der Ketzer ist; da die Orthodoxie dem Paulus lange wegen seiner Schätzung bei den Gnostikern skeptisch gegenüberstand, könnte der 2Petr erst entstanden sein, als die Großkirche den Apostel wieder für sich beanspruchte, also in der Zeit nach Markion. Aber in dieser Hinsicht gab es territoriale Unterschiede. Den Abfassungsort des 2 Petr jedoch kennen wir nicht. Als Abfassungszeit wird man die Mitte oder zweite Hälfte des 2. Jh.s annehmen können.

## § 43. Der Barnabasbrief

*Textausgaben:*

Bihlmeyer-Schneemelcher (s. § 36);
von Gebhardt – Harnack – Zahn (s. § 36);
Übersetzung und Kommentar von H. Windisch bei Lietzmann, HNT Erg.-
  Bd. III, 1920.

*Untersuchungen:*

B. Altaner-A. Stuiber, Patrologie, [7]1966, 53ff;
C. F. Andry, Introduction to the Epistle of Barnabas, Diss. Harvard University 1950;
O. Bardenhewer I 103–115;
A. Harnack, Überlieferung I, 1 58–62; Chronologie II, 1 410–428;
H. Köster, Synoptische Überlieferung bei den Apostolischen Vätern, TU 65, 1957;
R. A. Kraft, Barnabas' Isaiah Text and the ‚Testimony Book' Hypothesis, JBL 79, 1960, 336–350;
P. Meinhold, Geschichte und Exegese im Barnabasbrief: ZKG 59, 1940, 255–303;

J. Muilenburg, The Literary Relations of the Epistle of Barnabas and the Teaching of the Twelve Apostles, Diss. Yale University 1926, Marburg 1929;

P. Prigent, Les Testimonia dans le Christianisme primitif: L'Épître de Barnabé I–XVI et ses sources, 1961; hierzu: H. Stegemann, ZKG 73, 1962, 142–153;

J. A. Robinson, Barnabas, Hermas, and the Didache, 1920;

–, The Epistle of Barnabas and the Didache, JThS XXXV, 1934, 113–146;

G. Schille, Zur urchristlichen Tauflehre. Stilistische Beobachtungen am Barnabasbrief: ZNW 49, 1958, 31–52;

J. Schmid, RAC I, 1950, 1212–1217;

H. Thyen, Der Stil der Jüdisch-Hellenistischen Homilie (FRLANT 65), 1955, 22f;

Kl. Wengst, Tradition und Theologie des Barnabasbriefes, AKG 42, 1971.

## 1. Überlieferung

Vollständig erhalten ist der griechische Text des Barn nur im Codex Sinaiticus, den Tischendorf 1859 entdeckte, und in dem von Ph. Bryennios 1875 entdeckten Jerusalemer Codex aus dem Jahre 1056. Vor 1859 war der griechische Text nur fragmentarisch bekannt durch 8 (9) Handschriften, die auf einen gemeinsamen Archetyp zurückgehen und Barn von 5, 7 ab (τὸν λαὸν τὸν καινόν) im Anschluß an Polyk 1, 1–9, 2 brachten. Barn 1–17 ist auch in lateinischer Übersetzung (vielleicht aus dem 3. Jh.) durch eine Handschrift (11. Jh.) überliefert. Als erste zitieren Clemens Alexandrinus und Origenes den Barn mit Namen; Berührungen, die vielleicht als Zitate gewertet werden können, finden sich schon bei Justin[1]. In der handschriftlichen Überlieferung, bei Clemens Alexandrinus und Origenes gilt das Schreiben als Werk des „Apostels" und Paulusbegleiters Barnabas; Origenes charakterisiert es als „katholischen Brief". Es gelangte unter diesem Verfassernamen zeitweilig in den Kanon, genoß aber nicht dasselbe kanonische Ansehen wie die Paulusbriefe und wurde von Euseb zu den Antilegomena gerechnet (KG III 25, 4; VI 13, 6).

## 2. Inhalt

Gruß 1, 1.
Proömium 1, 2–8.
I. Teil: „Die vollkommene Gnosis": Das AT als Zeugnis des christlichen Heils 2–17.

---

[1] Weiteres bei Windisch, 301f.

1. Der wahre Sinn der Opfer- und Fastengebote 2. 3.
2. Der wahre Sinn des Bundesschlusses 4.
   a) Rettung in der Endzeit 4, 1–6a.
   b) Der wahre Sinn des Bundesschlusses 4, 6b–8.
   c) Fortsetzung des Endzeitthemas 4, 9–14.
3. Christi Tod als Begründung der erschatologischen Heilsordnung 5–8.
   a) Zeugnisse für den Sinn von Christi Menschwerdung und Tod 5, 1–6, 7.
   b) Zeugnisse für den neuen Menschen 6, 8–19.
   c) Typologien für Christi Tod (die Böcke und die rote Kuh) 7. 8.
4. Typologien für Glauben und Leben der Christen 9–12.
   a) Der wahre Sinn der Beschneidung 9.
   b) und der Speisegebote 10.
   c) Typen der Taufe und des Kreuzes 11, 1–12, 7.
   d) Jesus nicht Davidssohn, sondern Gottessohn 12, 8–11.
5. Zeugnisse für die wahren Erben des Bundes 13–16.
   a) Die Bevorzugung des Jüngeren vor dem Älteren 13.
   b) Christus und die Christen als Erben des Bundes 14.
   c) Der Sinn des Sabbats 15.
   d) und des Tempels 16.
6. Schluß des I. Teils 17.

II. Teil: „Die andere Gnosis und Lehre": Die Zwei Wege 18–20.
1. Kurze Charakteristik des Weges des Lichtes und des Weges der Finsternis 18.
2. Der Weg des Lichtes 19.
3. Der „Weg des Schwarzen" 20.
4. Schluß des II. Teils 21, 1–6.

Schlußgruß 21, 7–9.

### 3. Literarischer und theologischer Charakter

Der Barn ist kein wirklicher Brief. Sein Verfasser versucht nicht einmal ernsthaft, die Fiktion eines Briefes zu schaffen, sondern begnügt sich mit einer recht dürftigen brieflichen Rahmung seines Schreibens: er läßt im Präskript die Superscriptio und Adscriptio, also die Nennung seiner selbst als Absender und die der Adressaten weg und bringt nur eine Salutatio, die von der sonst in urchristlichen Briefen üblichen abweicht, und gibt auch dem Schluß (21, 7–9) kein briefliches Gepräge. Nur die gelegentlichen Bemerkungen, er „schreibe" den Angeredeten (4, 9; 6, 5; 17, 2; 21, 9) und er „sende" ihnen das Schreiben (1, 5), zeigen, daß er es als Brief aufgefaßt haben möchte. Dieser Absicht dienen auch die Laudatio der Angeredeten, die Behauptung, er sei schon einmal als Redner bei ihnen aufgetreten (1, 3–5) und die Bescheidenheitsfloskeln, er wolle ihnen

nicht als „Lehrer", sondern wie einer ihresgleichen einiges aus dem
Schatz seiner Erkenntnis mitteilen (1, 8; 4, 6. 9; 21, 9). Aber sonst
fehlt jeder konkrete Hinweis auf seine oder ihre Situation, auf die
Beziehungen zwischen Schreiber und Lesern; es fehlt die „Korrespondenz"; und der Verfasser bemüht sich auch nicht, sie zu fingieren[2]. Er schreibt vielmehr eine Abhandlung ohne aktuellen Anlaß
und ohne Begrenzung auf ein bestimmtes Publikum. Die Angeredeten sind die Christen überhaupt. Was der Verfasser ihnen bieten
will, sagt er 1, 5: „ich habe mich bemüht, euch ein kurzes (Schreiben)
zu senden, damit ihr neben eurem Glauben auch noch vollkommene
Erkenntnis gewinnt (ἵνα μετὰ τῆς πίστεως ὑμῶν τελείαν ἔχητε
τὴν γνῶσιν)". Er schreibt eine A b h a n d l u n g  ü b e r  „d i e
v o l l k o m m e n e  G n o s i s", die neben und über dem gewöhnlichen Glauben steht.

Mit dieser Überordnung der vollkommenen Gnosis über die Pistis
erweist sich Barn als naher Verwandter des Hebr, für den ja die
Überordnung der „vollkommenen Lehre" (τελειότης 6, 1) über die
„Anfangselemente" der Lehre, dh die 6, 1f aufgezählten Gegenstände
des Katechumenenunterrichts, ebenfalls konstitutiv ist[3]. Gegenstand
der vollkommenen Gnosis im Barn ist der tiefere Sinn des AT (17),
den der Verfasser durch Zitierung und Auslegung zahlloser „Testimonien" in breiter Ausführlichkeit enthüllt (2–17). Daneben gebraucht er das Wort noch in einem weniger prägnanten Sinn[4], wenn
er mit dem Satz „Gehen wir aber noch zu einer anderen Gnosis und
Lehre über" (18, 1) den zweiten Hauptteil, die Zwei-Wege-Lehre,
einleitet (18–20); denn die Sittenlehre der Zwei Wege gehört nach
Did 7, 1 zum Katechumenenunterricht, wie denn auch nach Hebr 6,
1 „die Buße von den toten Werken" als erste der „Anfangselemente"
genannt wird. Daß der Verfasser nach der Entfaltung der vollkommenen Gnosis zu Elementarlehren übergeht, hat nichts Verwunder-
liches, da er hier nur dem literarischen Schema „Lehre-Paränese"
folgt, das den Aufbau eines Großteils der neutestamentlichen Briefe
bestimmt; auch der Hebr läßt auf die Darstellung der τελειότης (7,
1–10, 18) noch Mahnungen und traditionelle Paränese folgen (10,
19–13, 17). Aber mit seiner Variation dieses Schemas, dh mit der

---

[2] Vgl. Windisch, 411f.
[3] Nichts weist darauf hin, daß der Verfasser „an eben Getaufte" schreibt,
wie Schille aaO, 31. 51 behauptet.
[4] Vgl. Windisch, 307ff.

Kombination von Testimonienstoff und Zwei-Wege-Lehre, steht Barn „in der ganzen altchristlichen Literatur einzig da" (Windisch 410).

Das eigentliche Interesse des Verfassers liegt auf der Entfaltung der „vollkommenen Gnosis". Windisch charakterisiert sie sachgemäß folgendermaßen:

> Ihrem Wesen nach ist diese γνῶσις an das AT gebunden; sie ist die Kunst, aus Pentateuch, Prophetie und Psalmen die ethischen und soteriologischen Lehren der christlichen Kirche, die Forderungen des wahren Gottesdienstes, die Lehre von Christus und seinem Werk und unsere Heilserwartung nachzuweisen und zusammenzusetzen ... Eine exegetische Methode, die einen tieferen Sinn im AT offenbar macht, ist das Mittel, womit diese Gnosis arbeitet. Hat man das AT und hat man diesen ‚Schlüssel‘, dann hat man auch die Gnosis" (308).

Er betont mit Recht ihren „Mysteriencharakter"; wie sie nicht allen Christen, sondern nur den „Würdigen" (9, 9) zugänglich ist, so fungiert der, der sie mitteilt, als Hierophant (6, 10; 9, 9). Dementsprechend gibt sich der ganze erste Teil (2–17) als Mysterienrede an Eingeweihte, als λόγος τέλειος – auch hierin dem Hebr verwandt[5], freilich mit einem beträchtlichen Unterschied des literarischen und geistigen Niveaus.

Der Verfasser bemüht sich, seinem hohen Gegenstand auch formal gerecht zu werden, und hat literarische und gelehrte Ambitionen; aber sie stehen in peinlichem Gegensatz zu ihrem Ergebnis. Wortschatz und stilistisch-rhetorische Mittel (Anreden, rhetorische Fragen) sind beschränkt. Die exegetischen Methoden des Barn, die aus dem hellenistischen Judentum stammen, aber auch Berührungen mit rabbinischen und qumranischen Gepflogenheiten aufweisen, sind Allegorie und Typologie, gelegentlich auch Gematrie[6]. Damit, aber auch sachlich steht Barn in einer weitläufigen exegetischen Tradition; es ist oft schwer zu entscheiden, was überkommenes Gut und was eigener Einfall des Verfassers ist. Zur Illustration seiner Auslegungskunst sei die – nach Windischs Urteil – „geistreiche" Erklärung der Abrahamsbeschneidung zitiert:

> „Nehmt also, Kinder der Liebe, über alles reichlich Belehrung entgegen, daß (nämlich) Abraham, der zuerst (die) Beschneidung vollzog, beschnitt, weil er im Geist vorausschaute auf Jesus, indem er die Weisungen von drei Buchstaben hinnahm. Es heißt nämlich: ‚Und Abraham beschnitt achtzehn und dreihundert Männer von seinem Hause‘. Welches war also

---

[5] Vgl. E. Käsemann, Das wandernde Gottesvolk, 1939, 122f.
[6] Windisch, 308f und passim, Muilenburg, 50–72; 85–91.

die ihm verliehene Erkenntnis? Achtet darauf, daß er zuerst die achtzehn
nennt und dann nach einem Zwischenraum dreihundert sagt. Die 18 sind
(sc. in den Zahlzeichen des griechischen Alphabets ausgedrückt) Jota = 10
und Eta = 8: da hast du Jesus! Weil aber das Kreuz, mit Tau (T) bezeichnet, die Gnade einschließen sollte, darum nennt er die 300 (T Zahlzeichen für 300). Er bezeichnet also Jesus mit den zwei Buchstaben und
mit dem einen das Kreuz. Er, der die eingepflanzte Gabe seiner Lehre in
uns gelegt hat, weiß es: niemand hat je eine erlesenere Lehre von mir zu
hören bekommen. Aber ich weiß, daß ihr dessen würdig seid" (9, 7–9).

Die Allegorien und Typologien des Barn gehen – auch verglichen
mit analogen Texten der Zeit – oft ins Abstruse und Abgeschmackte[7].
Das Ganze ist recht inkohärent. Der Verfasser erliegt der Masse
seines Stoffes und vermag nicht, ihn zu durchdringen und in eine
logische Ordnung zu bringen[8]. Er behandelt zwar 2–17 ein einheitliches Thema, aber ohne Gedankenfortschritt, in immer neuen Ansätzen und mit ermüdenden Wiederholungen; man atmet auf, wenn
man die Belehrungen über die vollkommmene Gnosis hinter sich hat
und auf den Gefilden der Zwei Wege angelangt ist.

Die t h e o l o g i s c h e  A b s i c h t des Verfassers ist mit dem
bisher Gesagten schon angedeutet. Er will zeigen, daß „die Schrift",
das AT, ausschließlich den Christen gilt. Von allem urchristlichen Gebrauch des AT unterscheidet sich Barn grundsätzlich dadurch, daß er
jede positive Beziehung der Juden zum AT und zur Kirche radikal
bestreitet. Von Markion und allen gnostischen Systemen aber unterscheidet er sich dadurch, daß er das AT nicht verwirft, sondern als
die einzige Offenbarungsurkunde versteht. Am klarsten spricht er
seine Auffassung 4, 6b–8 aus, in einem Passus, den er in Kapitel 14
wiederholt:

„Ferner bitte ich euch . . ., auf euch selbst zu achten und gewissen
(Lehrern) nicht zu gleichen, indem ihr eure Sünden weiter vermehrend
sprecht: Der Bund (umfaßt) jene (sc. die Juden) und uns. Uns wohl! Aber
jene haben ihn auf folgende Weise für immer verloren, obwohl Mose ihn
schon empfangen hatte. Die Schrift sagt nämlich: ‚Und Mose fastete auf
dem Berge vierzig Tage und vierzig Nächte und empfing den Bund vom
Herrn, steinerne Tafeln, beschrieben mit dem Finger der Hand des Herrn'.
Aber da sie sich zu den Götzen hinwandten, verloren sie ihn. Denn so
spricht der Herr: ‚Mose, Mose, steige eilends hinab, denn gesündigt hat
dein Volk, das du aus Ägyptenland herausgeführt hast'. Und Mose ver-

---

[7] ZB in der Deutung der Speisegebote 10, 6ff.
[8] Schille, 33ff will nachweisen, daß Barn einem „katechetischen Schema"
folge und daß sein „Gedankenfortschritt . . . folgerichtig" sei; beides ist
aber m. E. nicht gelungen.

stand (die Worte) und warf die zwei Tafeln aus der Hand; und so zerbrach ihr Bund, auf daß der Bund des Geliebten, Jesu, in unser Herz eingesiegelt würde in der Hoffnung des Glaubens an ihn."

Bemerkenswert ist nicht nur diese Interpretation, sondern auch der Anspruch, mit dem sie auftritt: die Behauptung, daß die Auffassung, der Mosebund gelte Israel, Sünde ist. Die Auffassung, die mit diesem Verdikt belegt wird, ist aber die bei aller Vielfalt ihrer Variationen allgemein urchristliche. In der Konzeption des Barn von Bund und AT hat weder die Vorstellung eines heilsgeschichtlichen Zusammenhangs Israels mit der Kirche – sei er nun urgemeindlich oder lukanisch, paulinisch oder matthäisch gefaßt – noch eine typologische Verhältnisbestimmung beider Größen, die wie im Hebr kultischen und geschichtlichen Gegebenheiten Israels wenigstens die Bedeutung schattenhafter Vorausdarstellung des christlichen Heilsgeschehens beläßt, irgendeinen Raum. Barn spricht nie vom Alten und vom Neuen Bund, sondern nur von *einem* Bund, und statuiert, daß Israel nie in einem Bund mit Gott gestanden und daß es deshalb alles, was Gott durch Mose, die Propheten und Psalmen gesprochen hat, notwendigerweise mißverstanden, dh auf Einflüsterung eines „bösen Engels" wörtlich aufgefaßt hat (9, 4). Er erhebt den wahren christlichen Sinn des AT in Antithese zum jüdischen Mißverständnis, sei es, daß er von den rituellen und kultischen Geboten des AT, sei es, daß er von neutestamentlichen Gegebenheiten ausgeht. Die ethischen Weisungen sowie die christologischen und soteriologischen Gedanken, die er entwickelt, sind nicht originell; auch ein großer Teil der Schriftbeweise ist traditionell, und zwar in viel höherem Maße, als sich durch den Nachweis von Parallelen ausmachen läßt (s. u.). Aber die grundsätzliche und radikale antijüdische Tendenz des Ganzen geht auf den Verfasser zurück.

Die Frage, was der Anlaß zur Abfassung seines Traktates war, ist schwer zu beantworten. Es ist heute wohl allgemein anerkannt, daß es keine aktuelle Gefährdung der christlichen Gemeinde durch die Juden war; nichts im Barn weist auf politische Machenschaften der Juden oder auf jüdische oder judaistische Propaganda, also auf eine äußere oder innere Gefährdung der Gemeinde durch die Juden hin[9]. Auch daß Barn ihnen das AT entwinden wollte[10], kann nicht der

---

[9] Vgl. den Nachweis bei Windisch, 322f.
[10] So J. Schmid: „Indem B. seinen Kampf gegen das Judentum ausschließlich mit dem AT führt, entreißt er den Gegnern ihre stärkste Waffe, um sie gegen sie selbst zu gebrauchen" (RAC I, 1215).

Anlaß zur Abfassung gewesen sein; denn das Schreiben ist ja kein dialogus cum Judaeis, denen es übrigens kaum Eindruck gemacht haben dürfte; und die Christen, an die es sich wendet, halten das AT ohnehin für ihr heiliges Buch. Im Hinblick auf die Juden gilt das Urteil von M. Dibelius: „Die Erörterung über das Judentum ist völlig akademisch."[11]

Dagegen scheint eine innerchristliche Kontroverse der Anlaß gewesen zu sein, und zwar eine Diskussion über die Bedeutung des „Bundes". Der Satz Barn 4, 6 „Der Bund umfaßt jene und uns", der bei der Wiederaufnahme des Themas leicht modifiziert wiederkehrt (13, 1; 14, 1) und ausführlich bekämpft wird, ist keine jüdische, sondern eine christliche These. Es handelt sich, wie die Beispiele vom verworfenen Älteren und erwählten Jüngeren (c. 13) zeigen, um die alte christliche Anschauung, nach der die Christen zum Neuen, die Juden zum Alten Bund, somit aber in die Vorgeschichte des Heils gehören. Der Bekämpfung dieser Bundestheologie dienen nicht nur die ausdrücklich dem Thema „Bund" gewidmeten Abschnitte 4, 6b–8; 13; 14, sondern auch die Ausführungen über Christi Menschwerdung und Leiden (5f samt Forsetzung 7f) und über die Beschneidung (9), in denen an entscheidenden Stellen das Bundesmotiv anklingt (6, 19; 9, 6. 9?), sowie die Passagen über Sabbat und Tempel (15f), die unter der Frage von Kapitel 13f stehen, wer die Erben des Bundes sind. Das heißt aber: Der ganze erste Hauptteil des Barn (4–16) ist der Bekämpfung der traditionellen Bundestheologie gewidmet[12]. Gewiß ist diese Zielsetzung alles andere als klar und systematisch herausgearbeitet. Aber das ist bei einem so unselbständigen Autor, der in der Masse gelehrten Materials, das er möglichst vollständig an den Mann bringen will, versinkt, auch nicht verwunderlich. Indes zeigt seine Auslegung des AT, jedenfalls in den christologisch und eschatologisch orientierten Partien, daß seine Judenpolemik nicht in einer vulgären Judenfeindschaft begründet ist, sondern in einem exklusiv christologischen und eschatologischen Verständnis des „Bundes". Der Bund ist für ihn die eschatologische Heilsordnung, und die ist von Gott in Christus konstituiert. Der Verfasser sieht die Exklusivität und die Heilsbedeutung des Christus-

---

[11] Geschichte der urchristlichen Literatur II, 54.

[12] Muilenburg sieht ebenfalls im „Bund" das eigentliche Thema von Barn 2–16, läßt den Autor aber immer vom „Neuen Bund" sprechen, – was dieser ja gerade und bewußt n i c h t tut; vgl. bes. die Disposition S. 59.

geschehens bedroht, wenn es neben diesem „Bund" noch einen anderen geben sollte. Deshalb schreibt er seinen Traktat, um durch „richtige" Auslegung zu beweisen, daß zwischen „der Schrift" und Israel kein einziger positiver Bezug besteht. Ob er mit seinem Angriff auf das Theologumenon vom Alten und Neuen Bund historisch ebenso allein gestanden hat wie er es literarisch geblieben ist, oder ob er Sprecher einer Gruppe war, wissen wir nicht. Gleichviel, das Schreiben wurde nicht durch äußere Bedrohung oder innere Gefährdung der Gemeinde, sondern durch ein innerchristliches theologisches Problem veranlaßt.

## 4. Literarkritische Probleme

Die literarkritischen Probleme können wegen ihrer Kompliziertheit hier nur angedeutet werden. Unebenheiten, Spannungen und Widersprüche in der heutigen Textgestalt des Barn sowie die Verwandtschaft des Zwei-Wege-Abschnittes 18–20 mit Did 1–6 haben häufig zu literarkritischen Operationen, zu Teilungs- und Interpolationshypothesen geführt, ohne daß sich eine dieser Theorien hätte durchsetzen können[13]. Doch wird die ursprüngliche Zugehörigkeit von Kapitel 18–20 zum Barn heute kaum noch bestritten. Das literarkritische Problem stellt sich als Frage nach den vom Verfasser verarbeiteten „Quellen", hat aber auch unter diesem Gesichtspunkt noch keine befriedigende Lösung gefunden. Seit den zwanziger Jahren wird auch die Quellenfrage überhaupt negiert und die Einheitlichkeit des Barn behauptet (z. B. von Robinson und Muilenburg). Jedoch können diese Theorien den Befund des Barn überhaupt nicht erklären. Mir scheint – bessere Einsicht vorbehalten – der von Windisch eingeschlagene Weg der Quellenscheidung im Prinzip richtig zu sein (409ff). zumal Kösters subtile Untersuchung (124–158) ihn in wesentlichen Punkten bestätigt hat. Nach Windisch hat der Verfasser zwei schriftliche Vorlagen, von denen die eine „Testimonienstoff" und die andere „Didachestoff" enthielt, miteinander verbunden und zweimal überarbeitet. Wir lassen die Frage der zweimaligen Überarbeitung beiseite und wenden uns der Frage der „Vorlagen" zu, „die freilich nur fragmentarisch und hypothetisch zu rekonstruieren sind" (Windisch 410).

---

[13] Siehe die Skizze bei Windisch, 408f.

Unter dem „ T e s t i m o n i e n s t o f f ", der Barn 2–16 zugrundeliegt, versteht Windisch „eine Sammlung von alttest. Beweisstellen . . ., die sachlich geordnet und wohl schon mit kurzen, das Thema
angebenden Einleitungen und Überschriften, aber kaum schon mit
‚Auslegung' versehen waren".[14]

Windisch sieht die Arbeit des Barn-Autors „vor allem in den exegetischen Komplexen, in den paränetischen und exegetischen Zwischenbemerkungen" (ebd.). Er stellt sich die Vorlage demnach als eine Art
Testimonienbuch vor, wie es seit mehr als hundert Jahren immer wieder
einmal schon für das vorpaulinische Christentum vermutet, aber nie
wirklich bewiesen und daher auch von vielen Forschern bezweifelt worden
war[15]. In der Diskussion der Testimonienbuch-Hypothese kam und kommt
dem Barn eine große Bedeutung zu. Ungünstig für diese Hypothese wirkte
sich die Tatsache aus, daß ein solches Dokument vor Cyprians „Testi-
moniorum libri III" (249/50) nicht nachzuweisen war. Aber seit sich unter
den Qumranfunden auch Fragmente zweier Sammlungen von Beweistexten
herausgestellt haben (4QTest und 4QFlor) und somit die (z. B. von O.
Michel bestrittene)[16] Existenz solcher Sammlungen im vorchristlichen Judentum bewiesen ist, steht es um die Testimonienbuch-Hypothese besser;
sie hat, jedenfalls was die Möglichkeit einer solchen Gattung im Urchristentum betrifft, an Wahrscheinlichkeit gewonnen. Für die Frage nach der
Gestalt des als Quelle vermuteten „Testimonienstoffes" ist ein Hinweis
auf die literarische Form der beiden Qumranfragmente nicht ohne Bedeutung. Das „Testimonia" genannte Fragment (4QTest) enthält eine
Anzahl Zitate aus verschiedenen Büchern des AT, ohne Kommentar aneinandergereiht; auch das letzte Stück, das nicht aus dem AT stammt,
dürfte Zitat sein, allerdings aus einer apokryphen Josuaschrift[17]. Es handelt sich um eine Sammlung von Beweisstellen („Zeugnisse") zum Thema
„Endzeitgestalten". Das andere Fragment dagegen, das zur formalen Unterscheidung von 4QTest die nicht gerade sinnvolle Etikettierung „Flori-
legium" (4QFlor) erhielt, bringt zwar ebenfalls eine Reihe alttestamentlicher Zitate verschiedener Herkunft, aber jedes ist mit einer

---

[14] 410. Er verweist auf 2, 4f. 7. 10a; 3; 4, 4f; 5, 2. 4a. 12–14; 6, 1–7; 9,
     1–3. 5; 11, 2–7; 12, 1. 4. 10b. 11; 14, 7–9; 15, 1–3. 8; 16, 2b. 3. 5b. 6b.
[15] Die neueste Darstellung der Geschichte der Testimonienbuch-Hypothese
     findet sich bei M. Rese, Alttestamentliche Motive in der Christologie
     des Lukas, Diss. Ev. Theol. Bonn 1965, 326–336.
[16] Paulus und seine Bibel, 1929, 52.
[17] So J. M. Allegro in der Edition (JBL 75, 1956, 186f), während E. Lohse,
     Die Texte aus Qumran, 1964, 249, annimmt, das letzte Textstück von
     4QTest sei „Zitat aus Jos. 6, 26" und werde „abschließend erläutert
     und . . . auf zeitgeschichtliche Ereignisse bezogen". Diese Charakteristik
     ist sicher zutreffend; doch bleibt fraglich, ob erst die Qumrangemeinde
     die vorliegende Ausdeutung von Jos 6, 26 vorgenommen hat oder ob
     nicht vielmehr dieses ganze Textstück für sie bereits literarisches Tradi-
     tionsgut war.

kurzen Erklärung versehen, die gelegentlich noch ein anderes alttestamentliches Wort heranzieht; sachlich ist diese Kollektion kurzer Midraschim eschatologischen Vorstellungen gewidmet.

Freilich ist es nicht sicher bewiesen, aber doch wahrscheinlich, daß der „Testimonienstoff" dem Verfasser des Barn als schriftliche Quelle, nicht als feste mündliche Tradition vorlag. Die Art der Spannungen erklärt sich bei der Schriftlichkeit der Vorlage besser. Die Form der von Windisch vermuteten Quelle – thematische Aneinanderreihung von Zitaten ohne Auslegung – käme der Form von 4QTest einigermaßen nahe. Aber es scheint mir fraglich, ob man mit Windisch die exegetischen Komplexe ganz dem Verfasser des Barn zuschreiben darf. Einmal begegnen manche Zitate mit verwandten Interpretationen auch in neutestamentlichen Schriften; da sich eine literarische Abhängigkeit des Barn von diesen Schriften nicht nachweisen läßt, muß man zumindest eine gemeinsame exegetische Tradition annehmen. Ferner finden sich gelegentlich in den exegetischen Partien des Barn Widersprüche, so daß der Eindruck entsteht, als stieße sich eine Exegese des Verfassers mit einer ihm vorgegebenen Auslegung des betreffenden Zitates; in solchen Fällen läßt sich vermuten, daß schon die Vorlage des Barn Zitate mit Auslegung enthielt, also dem Typ 4QFlor ähnelte. Aber Barn kann ja mehrere Vorlagen verschiedener Art benutzt haben. Die alte TestimonienbuchHypothese dürfte vielleicht so zu modifizieren sein, daß man für Barn nicht mehr ein vollständiges „Testimonienbuch" mit mehreren „Kapiteln" als Vorlage annimmt, sondern eine Reihe verschiedener, ursprünglich selbständiger und erst im Barn miteinander vereinigter kleiner „Testimoniensammlungen", die zT bereits vor ihrer Verarbeitung im Barn mit Auslegungen versehen waren. Eine Analyse, die die Tradition und die eigene Leistung des Barn-Autors scheidet und die Tradition nach Form, Folge und Umfang näher bestimmt, steht noch aus[18]. Die Klärung dieser Frage ist nicht nur für das Verständnis des Barn, sondern auch für das Problem des „Testimonienbuches" und somit für die Kenntnis der Geschichte des urchristlichen Schriftgebrauchs von entscheidender Bedeutung.

Die quellenkritische Frage des Z w e i - W e g e - A b s c h n i t t s 18–20 (21) wird in der Forschung als Frage nach dem literarischen

---

[18] Prigents Untersuchung hilft hier nicht weiter; vgl. H. Stegemanns Rezension und seine ausgezeichneten methodologischen Bemerkungen: ZKG 73, 1962, 142–153.

Verhältnis dieser Kapitel zu Did 1–6 behandelt[19]. Die früher gelegentlich vertretene These, der Barn-Autor habe die Did benutzt (F. X. Funk), ist aufgegeben. Denn es wäre unerklärlich, warum dann im Barn die gute Ordnung und die christlichen Elemente von Did 1–6 fehlten und woher die „lichtspendenden Engel Gottes" und die „Engel des Satan" (18, 1) kämen. Daher hat man angenommen, der Didachist habe Barn 18–20, eine Schöpfung des Barn-Autors, benutzt, geordnet und christianisiert (Robinson, Muilenburg, J. Schmid u. a.). Aber auch diese Annahme läßt sich nicht halten; das Verhältnis ist bedeutend komplizierter[20]. Heute setzt sich immer mehr die ebenfalls schon alte Auffassung durch, daß Barn 18–20 und Did 1–6 auf eine gemeinsame, nur zu erschließende Quelle zurückgehen. Als diese Quelle wird entweder das verlorene griechische Original der lateinischen Rezension der Zwei Wege, dh der „Doctrina apostolorum", einer in zwei Codices vorliegenden Parallele zu Did 1–6, 1 (s. § 58,1) angesehen oder ein urchristlicher „Katechismus" der Sittenlehre, der der eben genannten Rezension nahesteht und wohl auf einen jüdischen „Proselytenkatechismus" zurückgeht (Windisch, Dibelius, Altaner u. a.), der aber möglicherweise auch in nur mündlicher Überlieferung existiert hat (Köster). Jedenfalls sind Schema und Inhalt von Barn 18–20 nicht originale Schöpfung des Barn-Autors, sondern ihm überkommenes Traditionsgut.

## 5. Verfasser, Ort und Zeit der Abfassung

Der Verfasser ist unbekannt; er nennt seinen Namen nicht und deutet auch mit keiner Silbe an, daß er als der Paulusgefährte Barnabas gelten möchte. Warum man bei dem Bestreben, das Schreiben unter die Autorität eines Mannes aus der apostolischen Generation zu stellen, gerade auf diesen Namen verfiel, wissen wir nicht. – Die umstrittene Frage, ob der Autor Juden- oder Heidenchrist war, läßt sich weder aufgrund der exegetischen Methode, noch der von den Septuaginta abweichenden und sich dem hebräischen Text nähernden Zitate, noch des Tenors seiner Judenpolemik beantworten; aber Aussagen über die Bekehrung, in denen er sich mit den Angeredeten

---

[19] Ausführlich handeln hierüber Windisch, 404–406 und Muilenburg, 140–158.

[20] Windisch aaO; zuletzt H. Köster, 131–136; J.-P. Audet, La Didaché, 1958, 122–163.

durch ein Wir zusammenschließt, haben eine Bekehrung vom Heidentum im Auge (14, 5; 16, 7); der Autor dürfte also wie sein Publikum Heidenchrist gewesen sein. Er gehört zum Stande der „Lehrer" (1, 8; 4, 9), scheint aber seine Tätigkeit nicht nur ortsgebunden ausgeübt zu haben.

Aus einer so stark mit traditionellem Stoff arbeitenden und ganz auf ihr Thema fixierten Schrift, die ihre geschichtliche Umgebung fast völlig ignoriert, lassen sich nur vage Hinweise auf ihre *Abfassungszeit* gewinnen. Die Verwendung von Herrenworten läßt keinen Schluß auf die Benutzung eines kanonischen Evangeliums zu[21]; aber das liegt an dem traditionellen Material, mit dem der Verfasser arbeitet, und gestattet keine Frühdatierung des Barn in eine Zeit, in der es noch kein schriftliches Evangelium gab. Die Erwähnung der „Könige" 4, 4f, die man gerne als zeitgeschichtliche Anspielung verstehen möchte, ist chronologisch unergiebig, da man nicht weiß, ob von Caesar oder von Augustus an zu zählen ist und wie die Kaiser des Drei-Kaiser-Jahres zu verrechnen sind[22]. Der einzige einigermaßen brauchbare Hinweis auf ein Datum findet sich 16, 3f: „Ferner sagt er wiederum: ‚Siehe, die diesen Tempel zerstört haben, sie werden ihn (wieder) bauen'. Das geschieht (jetzt). Denn infolge ihres Krieges wurde er von den Feinden zerstört; jetzt werden ihn auch die Diener der Feinde selber wieder aufbauen." Da es ganz unwahrscheinlich ist, daß der Verfasser an den Bau des „geistlichen Tempels", der Kirche, denkt, muß eine zeitgeschichtliche Anspielung auf den Wiederaufbau des Jerusalemer Tempels durch die Römer, dh auf den Bau des Jupitertempels unter Hadrian, vorliegen[23]. Dann ist Barn nach 130 abgefaßt. Wenn er tatsächlich schon von Justin – allerdings ohne Angabe der Fundstelle – zitiert wird, ergäbe sich 140 als terminus ad quem[24]. Diese Datierung, 130–140, wird heute fast allgemein angenommen.

Noch weniger Sicheres kann man über den A b f a s s u n g s o r t sagen. Häufig wird Alexandria vorgeschlagen wegen der an Philo erinnernden exegetischen Methode; aber diese Methode wurde auch anderwärts geübt, wie zB Hebr zeigt, und ist deshalb kein sicheres Lokalindiz. Doch könnte die Behauptung 9, 6, „jeder Syrer und

---

[21] Vgl. H. Köster, 124–158.
[22] Vgl. im übrigen H. Stegemann, ZKG 73, 1962, 148f.
[23] Vgl. Windisch, 388ff.
[24] Vgl. Windisch, 301; 328 u. ö.; H. Stegemann, aaO, 149f.

Araber und alle Priester der Götzen" sowie die Ägypter seien beschnitten, auf Ägypten als die Heimat des Barn deuten[25], da die
ägyptischen Priester tatsächlich beschnitten waren, die Behauptung
aber, alle heidnischen Priester seien es gewesen, unrichtig ist und
einen ägyptischen Brauch als allgemein geübten hinstellt. Ein solcher
Irrtum scheint nur möglich zu sein, wenn der Verfasser nur ägyptische Priester kennt. Hinzu kommt, daß die Beschneidung bei Syrern
und Arabern keineswegs allgemein üblich war[26], was gegen Syrien
als Abfassungsort sprechen würde. Der neueste Versuch, den Barn
doch dort zu lokalisieren, ist mit ungenügenden Mitteln unternommen worden[27]. Windisch begnügt sich mit „der östlichen Reichs-
hälfte" (413); auf eine genauere Ortsbestimmung wird man verzichten müssen.

## 6. Schlußbemerkung

Der Barn ist wohl das seltsamste Dokument der urchristlichen
Literatur, ein zeit- und theologiegeschichtlich schwer einzuordnender
Einzelgänger, unergiebig für kirchen- und verfassungsgeschichtliche
Fragen, dürftig in seiner eigenen Leistung und durch die Verbindung
von Banalität und Prätention weder literarisch noch theologisch
attraktiv. Doch könnte er gerade in seiner Unselbständigkeit zu Bedeutung kommen. Wenn es gelingt, die in ihm aufgenommenen –
schriftlichen und mündlichen – schriftgelehrten Traditionen zurück-
zugewinnen und historisch einzuordnen, könnte er sich als theologiegeschichtliche Quelle ersten Ranges erweisen[28].

---

[25] So Weinel bei Knopf-Lietzmann-Weinel, Einführung in das NT, ⁵1949,
110.
[26] Vgl. Windisch, 354f.
[27] Von Prigent, 142–145; dagegen H. Stegemann, aaO, 148. 150. 152.
[28] Vgl. Wengst, Tradition und Theologie des Barn, 1971.

# 7. KAPITEL

## APOKRYPHE EVANGELIEN

### § 44. Vorbemerkung

*Literatur:*

W. Schneemelcher in: Hennecke-Schneemelcher, NT Apokryphen I, 1959, 1–51.

Mit den Werken des Markus, Matthäus, Lukas und Johannes war die Evangelienproduktion keineswegs abgeschlossen, sie hatte mit ihnen vielmehr erst begonnen und eine fast unübersehbare Literatur geschaffen. Man nennt diese Literatur apokryphe Evangelien – „apokryph" im Gegensatz zu jenen vier, die am Ende des 2. Jh.s von der Kirche „kanonisiert" wurden und deshalb „kanonisch" heißen. Der Ausdruck „apokryph" hat zwar in dieser Gegenüberstellung den disqualifizierenden Sinn von „unecht" oder gar „häretisch"; er soll aber in unserem Zusammenhang natürlich wertneutral gebraucht werden, er wird nur faute de mieux beibehalten. Bevor die Kirche jene vier Evangelien als allein zulässige gottesdienstliche Leseschriften und allein gültige Zeugnisse für den „Herrn" aussonderte, waren alle Evangelien insofern gleichberechtigt, als jede Gemeinde das oder die von ihr benutzten Bücher über Jesus für das richtige Evangelium halten konnte und hielt. Die Kanonisierung der vier Evangelien hatte für die anderen schwerwiegende Folgen. Zunächst wurde im Bereich der Kirche (der „rechtgläubigen" Großkirche) die Evangelienproduktion unterbunden und die nun apokryphe Evangelienliteratur nicht nur aus dem Gottesdienst, sondern immer mehr auch aus dem privaten Gebrauch verdrängt. In „häretischen" und kirchlich nicht ganz konformen christlichen Kreisen hat sich beides länger gehalten, aber mit dem Sieg der Großkirche über diese Sekten fiel auch deren Literatur der – fast völligen – Vernichtung anheim.

Das ist der Grund, weshalb von der reichen Fülle apokrypher Evangelien nur kümmerliche Reste auf uns gekommen sind[1]. Diese Re-

---

[1] Die Kirchenschriftsteller haben eine Unmenge von Titeln überliefert, die zeigt, wie üppig die apokryphe Evangelienliteratur gewuchert hat; aber

ste präsentieren sich einerseits als Zitate oder meist recht kurze Exzerpte bei Kirchenschriftstellern, andererseits als Originaldokumente, die in dem konservierenden Wüstensand Ägyptens gefunden wurden. Aber auch diese befinden sich meist in einem recht fragmentarischen Erhaltungszustand und gestatten oft nicht, sie einem bestimmten, dem Titel nach bekannten Evangelium zuzuweisen. Abgesehen von den sog. Kindheitsevangelien und der Epistula Apostolorum, die im Rahmen der Evangelienüberlieferung eine Sonderstellung einnehmen, ist das koptische ThEv das einzige apokryphe Evangelium, das vollständig erhalten ist. Es gibt zwar unter den Texten von Nag Hammadi mehrere, die den Titel „Evangelium" tragen, – zB „Evangelium nach Philippos", „Evangelium der Wahrheit" –, aber sie gehören nicht zum literarischen Genos „Evangelium" oder seinen Untergattungen; „Evangelium" bedeutet hier inhaltlich die Heilsbotschaft. In den Zusammenhang der apokryphen Evangelien gehören nur Texte, die aus Jesus-Traditionen, sei es Wort- oder Erzählstoff bestehen, gleichviel ob sie expressis verbis den Titel Evangelium aufweisen oder nicht.

Der bruchstückhafte Charakter der Überlieferung stellt der literaturgeschichtlichen Betrachtung zwei große Hemmnisse entgegen. Einmal ist es schwierig, von einem einzelnen Fragment oder auch von mehreren zusammengehörigen Fragmenten auf die Struktur und den literarischen Charakter des ganzen Werkes zu schließen. Daher läßt sich zB in den meisten Fällen nicht mehr feststellen, ob und wieweit ein apokryphes Evangelium als ganzes mit einem oder mehreren der vorhergehenden Evangelien verwandt ist, ob es einen vorgegebenen Typus modifiziert oder ein eigenständiges Gebilde darstellt – formale und sachliche Berührungen in Einzelheiten besagen da wenig. Aus diesem ersten Hemmnis ergibt sich das zweite: die Schwierigkeit einer literaturgeschichtlich sachgemäßen Gruppierung des Materials[2]. Eine chronologische Anordnung ist ohnehin nicht möglich, aber auch der traditionsgeschichtliche Gesichtspunkt versagt hier. Man muß auf das Nachzeichnen von literaturgeschichtlichen Entwicklungslinien in diesem Material einstweilen verzichten. Die folgende Stoffanordnung ist von äußerlichen Gesichtspunkten

---

da sie fast ganz untergegangen ist, können wir mit den meisten Titeln nichts anfangen. Vgl. H.-Ch. Puech bei Hennecke-Schneemelcher I, 158ff.

[2] Vgl. die Erwägungen Schneemelchers, aaO, 48ff; ferner M. Dibelius, Geschichte der urchristlichen Literatur I, 1926, 54f.

bestimmt. Sie stellt die Wortüberlieferung (Agrapha, Thomasevangelium) an den Anfang und bringt dann den Erzählstoff, zuerst den der anonymen, dann den der betitelten Fragmente. Den Abschluß bilden die sog. Kindheitsevangelien und die Gespräche des Auferstandenen mit seinen Jüngern[3]; Anfang und Ende der Vita Jesu waren schon früh Haftpunkte für eine Legendenbildung, die diese vita ergänzen sollte (Vorgeschichten bei Mt und Lk; nachösterliche Christophanien bei Mt, Lk/Apg und Joh); aber diese ursprünglichen Ergänzungen stellen sich in den genannten apokryphen „Parallelen" als so umfangreiche und vor allem selbständige Gebilde dar, daß man fragen muß, ob sie jene Ergänzungen fortsetzen wollen und ob sie als eine Erweiterung oder nicht vielmehr als eine Auflösung der Evangelienform zu verstehen sind; deshalb stehen sie am Schluß dieses Kapitels[4].

## § 45. Agrapha

*Textausgaben:*

G. Klostermann, Apocrypha II (KlT 8), [3]1929;
–, Apocrypha III KlT 11), [2]1911;
A. Resch, Agrapha, 1889, [2]1906, Neudruck 1967;

*Untersuchungen:*

W. Bauer, Das Leben Jesu im Zeitalter der ntl. Apocryphen, 1909, 377ff;
Joach. Jeremias, RGG [3]I, 1957, 177f (Lit.);

---

[3] H. Köster hat die Existenz einer Gattung „Wechselgespräche" mit starken Argumenten bestritten (in: H. Köster – J. M. Robinson, Entwicklungslinien durch die Welt des frühen Christentums, 1971, 179ff; 187f); warum ich doch an ihrer Existenz festhalten möchte, wird unten aus § 54 ersichtlich werden.

[4] Die ausgedehnte und vielschichtige Pilatus-Literatur gehört schon aus chronologischen Gründen nicht mehr in dieses Buch. Sie hat auch gewissermaßen eine ergänzende Funktion: die Unschuld Jesu und die Realität seiner Auferstehung zu beweisen; sie tut das aber in Form einer objektiven Dokumentation durch Prozeßakten, einen Brief des Pilatus an Kaiser Claudius (der älteste Bestandteil, auf den schon Justin, Apologie I 35; 48 Bezug nimmt), durch genaue Angaben von Daten und Namen und dgl.; also nicht mit Hilfe evangelischer Formen oder Situationen, sondern „von außen" mit Mitteln „weltlicher" apologetischer Publizistik. Die eigentlichen Pilatusakten sind übrigens die christliche Antwort auf heidnische christenfeindliche Pilatusakten, die unter Kaiser Maximinus Daza (311/312) hergestellt wurden und Pflichtlektüre in den Schulen waren (Euseb, KG IX 5, 1; 7, 1). Vgl. F. Scheidweiler in: Hennecke-Schneemelcher I, 330ff.

–, in: Hennecke-Schneemelcher, NT Apokryphen I, 1959, 52ff (Lit.);
–, Unbekannte Jesusworte, ³1963 (Lit.);
J. H. Ropes, Die Sprüche Jesu, die in den kanonischen Evangelien nicht
    überliefert sind (TU 14, 2) 1896;
L. Vaganay, Dictionnaire de la Bible, Supplément I, 1928, 159ff.

Jesusworte, die nicht in den vier kanonischen Evangelien stehen,
gibt es in großer Zahl. Sie finden sich im NT selbst, in apokryphen
Evangelien und Apostelakten, als Sammlungen auf Papyri, als Einzelzitate bei Kirchenschriftstellern, in Liturgien und Kirchenordnungen, in gnostischen Texten, im Talmud, Koran und bei islamischen
Autoren. Man pflegt diese Herrenworte unter den Sammelnamen
„Agrapha" zusammenzufassen; als Agraphon bezeichnet man „ein
Wort Jesu, das nur außerhalb der vier kanonischen Evangelien überliefert worden ist" (Jeremias[1]). Es ist eine Verlegenheitsbezeichnung,
denn „ungeschrieben" sind diese Worte ja nicht auf uns gekommen,
sondern sie stehen eben nur in den kanonischen Evangelien „nicht
geschrieben"; aber die traditionelle Bezeichnung ist wegen ihrer
Kürze passabel. Nach der üblichen Definition umfassen die Agrapha
auch die Jesusworte, die Bestandteile apokrypher Evangelien sind.
Dagegen ist grundsätzlich nichts einzuwenden. Doch dürfte die engere Definition L. Vaganays – ein Agraphon ist „jedes isolierte Wort,
das Jesus von der Überlieferung zugeschrieben wird, aber in den
kanonischen Evangelien fehlt"[2] – vorzuziehen sein; sie entspricht der
Tatsache, daß die überwiegende Masse der Agrapha isoliert oder als
Sammlung ursprünglich isolierter Worte, ohne Einbettung in einen
Erzählzusammenhang, überliefert worden ist, und sie berücksichtigt
den literarischen und theologischen Charakter der apokryphen Evangelien, zu deren integrierenden Bestand ihre Jesusworte gehören
(auch wenn ein solches apokryphes Evangelienwort anderweitig isoliert auftaucht, wie es gelegentlich geschieht).

Das Problem, das die Agraphaforschung beherrscht, ist die „Sichtung des Materials" unter dem Gesichtspunkt der Echtheitsfrage,
durch deren Beantwortung man sich neue Erkenntnisse über den
historischen Jesus erhofft. Die methodischen Grundsätze hierfür hat
Joach. Jeremias dargelegt und durchgeführt[3]. Dagegen ist die Sichtung des Materials unter literaturgeschichtlichem Gesichtspunkt noch
nicht in Angriff genommen worden. Doch ein Ergebnis der bisherigen

---

[1] RGG³ I, 177.
[2] AaO, 162.
[3] Unbekannte Jesusworte, passim, vor allem 32ff.

Forschung ist auch für sie Voraussetzung: Aus der Zahl der Agrapha sind alle Worte auszuscheiden, die nachweislich Variationen kanonischer Worte Jesu[4] oder irrtümlicherweise auf ihn übertragene biblische oder außerbiblische Zitate[5] darstellen. Für die literaturgeschichtliche Betrachtung ist die Echtheitsfrage von untergeordneter Bedeutung. Wichtiger ist für sie die Tatsache, daß Herrenworte außerhalb der kanonischen Evangelien weitergegeben und, jeweiligen Bedürfnissen entsprechend, neu gebildet wurden, sowie die Frage, wie und aus welchen Motiven das geschah. Zu dieser formgeschichtlichen Aufgabe hat Jeremias mit den erwähnten Grundsätzen einen hervorragenden Beitrag geliefert; nur muß man sie sozusagen in der entgegengesetzten Richtung anwenden. Doch erforderte diese Aufgabe eine umfangreiche Monographie.

Einen Überblick über die Fülle der Agrapha zu geben, ist hier unmöglich; die wichtigsten sind bei Klostermann (Apocrypha III, 3–17) zugänglich und diejenigen, die als „historisch wertvoll" („echt") in Frage kommen, hat Joach. Jeremias zusammengestellt. Hier seien nur einige Beispiele genannt. Zunächst solche, die als Sonderlesarten von einzelnen Evangelienhandschriften überliefert sind: die Perikope vom Sabbatarbeiter, die sich nach Lk 6, 5 im Codex D findet, ein stilreines Apophthegma, und das Wechselgespräch zwischen dem Auferstandenen und seinen Jüngern, das der Codex W innerhalb des unechten Mk-Schlusses zwischen Mk 16, 14 u. 15 bringt. Ferner das im NT, aber außerhalb der Evangelien überlieferte, von Paulus 1Thess 4, 16f zitierte „Herrenwort", ein apokalyptisches Wort, das eine Miniaturapokalypse darstellt. Schließlich seien aus der außerkanonischen Literatur – unter Ausschluß der zum Thomasevangelium gehörigen Oxyrhynchos-Papyri 1, 654, 655 (s. S. 620) – folgende Sprüche genannt:

Ein prophetisches Wort: „Es wird Spaltungen geben und Parteihader" (Justin, Dial. 35, 3).
Eine apokalyptische Weissagung: „Es werden Tage kommen, da wachsen Weinstöcke mit 10.000 Ranken, und jede Ranke hat 10.000 Zweige und jeder Zweig 10.000 Triebe, und jeder Trieb 10.000 Trauben, und jede

---

[4] ZB Apk 16, 15; vgl. Lk 12, 39f parr.
[5] ZB wurden 1Kor 2, 9; Eph 5, 14; 1Petr 4, 8 gelegentlich als Jesusworte zitiert. – Das angebliche Jesuswort Apg 20, 35 („Geben ist seliger als Nehmen") ist ein bei griechischen und römischen Schriftstellern belegtes Sprichwort (vgl. E. Haenchen, Die Apostelgesch. [5]1965, 526 Anm. 5 u. H. Conzelmann, Die Apostelgesch., 1963, 119).

Traube 10.000 Beeren, und jede Beere gibt ausgepreßt 25 Maß Wein. Und wenn einer von den Heiligen nach einer Traube greifen wird, so wird eine andere rufen: Ich bin besser, nimm mich, preise durch mich den Herrn." (Papias bei Irenäus, Haer. V 33, 3).

Ein Spruch über die Leidensnachfolge der Jünger: „Die mich sehen und mein Reich erlangen wollen, müssen mich durch Trübsal und Leiden gewinnen." (Barn 7, 11).

Ein Ich-Wort: „Wer mir nahe ist, ist dem Feuer nahe; wer mir fern ist, ist dem Reiche fern." (Origenes, in Jerem. hom. 20, 3; auch ThEv 82).

Ein Weisheitswort: „Jesus, über den Friede sei, hat gesagt: Die Welt ist eine Brücke. Geht über sie hinüber, aber laßt euch nicht auf ihr nieder." (Arabische Inschrift an einem Portal der Moschee von Fathpur-Sikri, Indien).

## § 46. Das Thomasevangelium

*Ausgaben und Übersetzungen:*

Evangelium nach Thomas, Koptischer Text herausgegeben und übersetzt von A. Guillaumont, H.-Ch. Puech, G. Quispel, W. Till und Yassah ʻAbd al Masīh, 1959 (Editio princeps).

K. Aland, Synopsis Quattuor Evangeliorum 1964, 517ff;

E. Haenchen, Die Botschaft des Thomas-Evangeliums, 1961;

J. Leipoldt, H.-M. Schenke, Koptisch-gnostische Schriften aus den Papyrus-Codices von Nag Hammâdi, 1960, 7ff;

H. Quecke S. J. in: W. C. van Unnik, Evangelien aus dem Nilsand, 1960, 161ff.

*Forschungsberichte:*

O. Cullmann, RGG³ VI, 1962, 865f (Lit.);

E. Haenchen, ThRNF 27, 1961, 147ff; 306ff (Lit.).

*Untersuchungen:*

B. Aland, Kann das Thomasevangelium aus Edessa stammen?, Nov Test 12, 1970, 284ff;

R. E. Brown, The Gospels of Thomas and St. John's Gospel, NTS 9, 1962/3, 153ff;

O. Cullmann, Das Thomasevangelium und die Frage nach dem Alter der in ihm erhaltenen Tradition, ThLZ 85, 1960, 321ff (in: ders., Vorträge und Aufsätze, 1966, 566ff);

J. Doresse, Les Livres secrets des gnostiques d' Égypte II. L'Évangile selon Thomas, 1959;

R. M. Grant, D. N. Freedman, Geheime Worte Jesu, 1960;

A. Guillaumont, Sémitismes dans les logia de Jésus retrouvés à Nag-Hamâdi, Journal Asiatique, 246, 1958, 113ff;

R. Kasser, L'Évangile selon Thomas, 1961;

H. Köster, J. M. Robinson, Entwicklungslinien durch die Welt des frühen Christentums, 1971;

K. H. Kuhn, Some observations on the Coptic Gospel according to Thomas, Le Muséon 73, 1960, 317ff;

H. Montefiore, A Comparison of the Parables of the Gospel according to Thomas and of the Synoptic Gospels, NTS 7, 1960/1, 220ff;

–, u. H. E. W. Turner, Thomas and the Evangelists (SBT 35), 1962;

H.-Ch. Puech, Das Thomas-Evangelium in: Hennecke-Schneemelcher, NT Apokryphen I, 1959, 199ff;

G. Quispel, Der Heliand und das Thomasevangelium, VigChr 16, 1962, 121ff;

–, The Syrian Thomas and the Syrian Makarius, ebd. 18, 1964, 116ff;

–, ‚The Gospel of Thomas‘ and the ‚Gospel of the Hebrews‘, NTS 12, 1965/6, 371ff;

W. Schrage, Das Verhältnis des Thomas-Evangeliums zur synoptischen Tradition und zu den koptischen Evangelienübersetzungen (BZNW 29), 1964; (Lit.);

–, Evangelienzitate in Oxyrhynchus-Papyri und im koptischen Thomasevangelium, in: Apophoreta, Festschrift E. Haenchen, (BZNW 30), 1964, 251ff;

R. McL. Wilson, Gnosis und NT (Urban Taschenbücher 118), 1971.

## 1. *Entdeckung und Überlieferung*

Unter den 13 koptischen Papyruscodices, die 1945 oder 1946 in der Nähe des oberägyptischen Städtchens Nag Hammadi von Fellachen entdeckt wurden und die jetzt im Koptischen Museum zu Alt-Kairo liegen, fand sich in einem Codex – NHC II nach neuester Zählung –, der wie die anderen eine Sammelhandschrift ist, an zweiter Stelle, zwischen dem Apokryphon des Johannes und dem Philippusevangelium, ein kleiner, 20 Seiten umfassender Text, der durch seine Subscriptio als „Das Evangelium nach Thomas" ausgewiesen wird. Er wurde erstmals 1956 zusammen mit anderen Teilen des Fundes vom Direktor des Koptischen Museums, Pahor Labib und seinem Mitarbeiter Yassah ʿAbd al Masīh in einer photographischen Ausgabe veröffentlicht und 1959 von einer internationalen Forschergruppe in der Editio princeps mit englischer, bzw. französischer, niederländischer und deutscher Übersetzung allgemein zugänglich gemacht.

Das große Interesse, das sich von vornherein dem Thomasevangelium (= ThEv) vor den anderen Stücken des Nag Hammadi-Fundes zuwandte, ist durchaus begreiflich: ein neues „Evangelium", und zwar ein vollständiges – denn es ist mit einer regelrechten Einleitung

und mit einer Subscriptio versehen –, das keine Erzählung über
Jesus, sondern nur Worte Jesu enthält, und zwar zum großen Teil
unbekannte und fremdartige, mußte faszinieren. Die Sekundärlitera-
tur über das ThEv ist fast unübersehbar geworden; doch steht die
große kritische Ausgabe mit ausführlicher Einleitung, die den philologischen, historischen und exegetischen Fragen gewidmet sein soll
(Editio princeps S. VI), noch aus.

Die Handschrift wird auf ca 400 datiert; doch weisen paläographische Besonderheiten darauf hin, daß sie die Abschrift einer bedeutend älteren koptischen Vorlage ist. Der Text des ThEv ist in
sahidischem Dialekt mit akhmimischen und subakhmimischen Ein-
schlägen abgefaßt. Die Jesusworte werden mit den Wendungen
„Jesus sagte" oder „Er sagte", gelegentlich auch „Die Jünger sagten",
bzw. „fragten" eingeführt; die Herausgeber haben den Text nach
diesen Einleitungsformeln in 114 „Logien" eingeteilt, und diese
Numerierung hat sich durchgesetzt.

Schon in den frühesten wissenschaftlichen Berichten – insbesondere
denen von H.-Ch. Puech[1] – wurde folgendes über die Überlieferung
des ThEv klargestellt und ist seither weiter erhärtet worden:

1. Man besaß schon, ohne es zu wissen, Teile des ThEv in den
Pap. Ox. 1, 654, 655. Pap. Ox. 654 entspricht ThEv 1–6 (7?), Pap.
Ox. 1 entspricht ThEv 26–30; 77, 31–33 und Pap. Ox. 655 ent-
spricht ThEv 36–40. Die drei Oxyrhynchospapyri stammen nicht aus
derselben Handschrift[2], sind also ihrerseits Kopien; da der älteste der
Papyri auf ca 200 datiert wird, muß das griechische ThEv schon im
2. Jh. existiert haben. Die Frage, ob die griechische oder die koptische
Version die ältere ist, wurde zugunsten der griechischen entschieden.
Doch kann die erhaltene griechische Fassung nicht die unmittelbare
Vorlage für die koptische Übersetzung gewesen sein; denn einmal
differieren sie in der Reihenfolge der Sprüche (s. o. Pap. Ox. 1) und
dann gelegentlich auch im Text (zB fehlt in ThEv 5 die Zeile aus
Pap. Ox. 654: „... und nichts Begrabenes, das nicht auferstehen
wird")[3]. Zwischen der griechischen und der koptischen Version hat
das ThEv eine Entwicklung durchgemacht.

---

[1] Ihr Ertrag findet sich bei Hennecke-Schneemelcher I, 199–223.
[2] Pap. Ox. 1 stammt aus einem Codex, 655 aus einer Rolle und 654 ist
ein langes Blatt, auf dessen Vorderseite eine Grundstücksliste steht;
Haenchen, ThR (1961) 155.
[3] Ausführlich darüber: E. Haenchen, ThR 1961, 154ff.

2. Das ThEv ist identisch mit dem, das von Origenes (in Luc. hom. 1), von Hippolyt (Ref. V. 7, 20) und von Euseb (KG III, 25, 6) erwähnt wird, das nach Aussagen von altkirchlichen Häresiologen bei Gnostikern und Manichäern gebraucht wurde und das gelegentlich zusammen mit dem Philippusevangelium genannt wird (mit dem es ja auch in dem koptischen Codex zusammensteht); Puech hat Zitate, Berührungen und Spuren in gnostischen und manichäischen Schriften nachgewiesen. Das ThEv war demnach weit verbreitet und lange in Gebrauch.

3. Es gehört in den großen Strom der Thomas-Überlieferung, der in Ostsyrien seinen Ursprung hat[4]. Denn nur hier heißt der Apostel Thomas „Judas Thomas"; in den hier entstandenen Thomasakten findet sich auch die auffällige Namensform Ἰούδας Θωμᾶς ὁ καὶ Δίδυμος, die der des Incipit des ThEv entspricht „Didymos Judas Thomas". Dagegen heißt er im NT meist nur Thomas, bei Joh dreimal (11, 16; 20, 24; 21, 2) Θωμᾶς ὁ λεγόμενος Δίδυμος (= „Zwilling", eine Übersetzung des aramäischen Äquivalents von Thomas). In Ostsyrien ist „Thomas" offensichtlich nicht als Name, sondern als Beiname aufgefaßt worden, und zwar des Judas; daher die abundante Namensform. Judas gilt hier als der Zwillingsbruder Jesu, (wie er denn in den Thomasakten als Jesu Doppelgänger erscheinen kann) und als der Apostel, dem Ostsyrien das Evangelium verdankt. So ist er im ThEv der Vertraute, dem Jesus die Geheimnisse anvertraut (Spr. 13).

Aufgrund dieser Daten der Überlieferung nimmt man an, daß das ThEv um die Mitte des 2. Jh.s im östlichen Syrien entstanden ist; daß es im gleichen Jh. noch nach Ägypten gekommen und im 3. Jh. dort übersetzt worden ist; daß es sich seit dem 3. Jh. großer Beliebtheit und weiter Verbreitung erfreut hat.

## 2. Literarischer Charakter

Über die Gattung besteht kein Zweifel. Das ThEv ist eine Spruchsammlung und beweist schlagend, daß es solche Sammlungen von Jesusworten im Urchristentum nicht nur als zufällige Niederschriften zu privaten Zwecken, sondern auch als literarische Gattung mit

---

[4] Hierzu H.-Ch. Puech, 205f; H. Köster, Entwicklungslinien, 118ff. Dagegen B. Aland, aaO.

offiziellem Zweck gegeben hat, und beweist damit ferner, daß die postulierte Spruchquelle Q kein „Produkt der Phantasie"[5] ist, sondern eine Realität war. Doch muß der literarische Charakter des ThEv noch näher bestimmt werden.

Das ThEv selbst gibt zwei Hinweise, wie es verstanden sein will. Zunächst gleich am Eingang: „Das sind die geheimen Worte, die der lebendige Jesus sagte und die Didymos Judas Thomas aufschrieb. Und er sagte: Wer die Erklärung dieser Worte findet, wird den Tod nicht kosten", und dann in der Subscripto: „Das Evangelium nach Thomas". Es charakterisiert sich selbst als Spruchsammlung, die als „Evangelium" verstanden werden soll. Möglicherweise ist die Subscriptio nicht so alt wie das Incipit, keinesfalls stammt sie von Außenstehenden; jedenfalls ist „Evangelium" nicht literarisch, sondern inhaltlich gemeint: Heilsbotschaft; und diese Bedeutung stimmt genau zu Incipit und Spruch 1. Man kann – in diesem inhaltlichen Sinn – diese Schrift mit Köster als „Spruchevangelium" bezeichnen.

Aus dem zitierten Anfang des ThEv geht hervor, daß es sich um esoterische Belehrung handelt und daß Thomas als Träger und Gewährsmann dieser geheimen Überlieferung fungiert. Umstritten ist, ob mit dem „lebendigen Jesus" der Auferstandene oder der Irdische gemeint ist. Im ersten Fall würde das ThEv in die Reihe der gnostischen Offenbarungsschriften rücken, die in Form von Wechselgesprächen zwischen Jesus und einem bzw. mehreren Jüngern geheime Lehren entwickeln (zB „das Buch von Thomas dem Athleten"[6] und das Apokryphon des Johannes[7]). In diese Kategorie wird das ThEv häufig eingeordnet; als Beleg dient oft „das erste Buch des Jeû", in dem immer wieder von „Jesus, dem Lebendigen" gesprochen wird[8]. Aber die Prädikation „der Lebendige" wird auch dem „Vater" beigelegt (Spr. 3; 37) und bedeutet: das Leben besitzend und schenkend. Außerdem deutet nichts im ThEv auf eine nachösterliche Situation, sondern alle vorhandenen Situationsangaben beziehen sich auf das Erdenleben Jesu[9]. Ferner fehlen die konstitutiven Stilmerkmale jener Offenbarungsschriften, vor allem die Strukturierung durch Frage und Antwort; es gibt zwar eine nicht unbeträchtliche Zahl von Dialogen, aber sie bestimmen nicht die Komposition des ThEv, sondern sind

---

[5] Joach. Jeremias, Unbekannte Jesusworte, ³1963, 10 Anm. 3.
[6] Puech, 223ff.
[7] W. Till, in: van Unnik, 185ff.
[8] W. Till, in: Koptisch-gnostische Schriften, I. Band, ³1962, 257ff.
[9] E. Haenchen, aaO, 155f; 317f.

im Stil der synoptischen Apophthegmata gehalten und dienen der Rahmung eines Ausspruches Jesu. Schließlich sind die Sprüche des ThEv formal und inhaltlich anders geartet als die geheimen Offenbarungen in jenen „Wechselgesprächen"; es handelt sich im ThEv nicht um geheime Belehrungen, die explizit – gewissermaßen im Klartext – gegeben werden; seine Sprüche sind vielmehr „verborgene Worte" im Sinn von verschlüsselten Worten, die dem Wortlaut nach gar keine Geheimnisse offenbaren, sondern deren verborgener Sinn vom Leser oder Hörer erst gefunden werden muß (Spr. 1); daher die Häufigkeit der „Weckformel": "Wer Ohren hat, der höre!"[10] Die Gattung des ThEv hat also gar nichts mit jenen gnostischen Offenbarungsschriften zu tun; es tradiert Worte, die Jesus während seines irdischen Lebens gesprochen hat oder haben soll und ist insofern ein Seitenstück zu Q. Nur fehlt jede Bezugnahme auf Jesu sonstiges Wirken, die in Q einschlägig ist (Wundertaten), und vollends auf Tod und Auferstehung (es sei denn, daß Spr. 60 sich auf Jesu Sterben bezieht). Aber während Q – wenn auch nicht als Ganzes, so doch teilweise – eine ergänzende und kritische Stellung zur Jesus-Tradition einnimmt und eschatologisch ausgerichtet ist, hat das ThEv keinen supplementären Charakter; es ist losgelöst von der Geschichte Jesu und repräsentiert in autarker Weise das „Evangelium", indem es „die verborgenen Worte" des "Lebendigen", immer gegenwärtigen Jesus überliefert[11].

Ein Kompositionsprinzip, das die Einzelsprüche nach sachlichen Gesichtspunkten anordnet, läßt sich nicht feststellen. Nur Stichwortverknüpfungen verbinden manche Sprüche zu kleineren Gruppen; so entstehen gelegentlich auch thematische Gruppierungen (zB Spr. 58 bis 61 um den Begriff „Leben"; ferner die Gleichnisse vom „Reich", Spr. 96–99). Aber meist sind die Stichwortassoziationen ganz äußerlich („Auge" Spr. 26; „Augapfel" Spr. 25), und an zwei Stellen scheint lediglich der lautliche Gleichklang bei völlig verschiedener Bedeutung der koptischen Vokabel, also Homonymie, die Verbindung herzustellen (Spr. 33 u. 77)[12]. Die Stichwortverknüpfungen zeigen, daß kleinere Gruppen von Sprüchen ursprünglich mündlich überliefert worden waren. Größere Kompositionen hat der Autor oder Redaktor nicht geschaffen, seine redaktionelle Arbeit scheint sich aufs

---

[10] Spr. 8, 21, 24, 63, 65, 96.
[11] Vgl. H. Köster, 156.
[12] Spr. 33 u. 77; vgl. E. Haenchen, ThR 1961, 161f.

Sammeln und Kompilieren geeigneten Materials und eventuell auf Eingriffe in Einzelstücke beschränkt zu haben.

Im Vergleich mit der Spruchquelle Q, die zwar auch Stichwortverknüpfungen, aber doch größere Kompositionen und eine gewisse thematische Anordnung des Ganzen aufweist, macht das ThEv mit seiner Aneinanderreihung von Einzelsprüchen einen archaischeren Eindruck. Andererseits ist die Nennung des tradierenden Gewährsmannes, dem zudem der höchste Rang unter den Jüngern zugesprochen wird (Spr. 13), ein traditionsgeschichtlich junger Zug.

## 3. Die Quellenfrage

Die Quellenfrage, dh die Frage, woher das koptische ThEv seine Stoffe hat, ist noch immer kontrovers trotz der Mühe und des Scharfsinns, die an dieses Problem gewendet worden sind. Im folgenden skizziere ich die Problematik und die wichtigsten Lösungsversuche.

Das ThEv enthält Sammelgut, und zwar sehr verschiedener Herkunft. Etwa die Hälfte der Sprüche hat mehr oder weniger enge Parallelen bei den Synoptikern[13], die andere besteht teils aus schon früher bekannten „Agrapha"[14], teils aus bisher völlig unbekannten Jesusworten. In den beiden letzten Gruppen finden sich Worte ‚synoptischen Typs‘, dh solche, die nach Form und Inhalt in den Synoptikern stehen könnten, und solche nicht-synoptischen Typs, die inhaltlich ausgesprochen gnostisch sind. Die Einzelstoffe sind also heterogen. Diese Sachlage wird aber dadurch kompliziert, daß es Übergänge gibt, dh ‚synoptische‘ Worte, die zwar Parallelen in den Synoptikern haben, aber mehr oder weniger stark in gnostischem Sinn bearbeitet sind, so daß man nicht einfach zwischen ‚synoptischen‘ und gnostischen Sprüchen scheiden kann. Dazu kommt noch das Vorhandensein von Dubletten[15]; diese bestätigen – was unter anderen Gesichtspunkten schon der Vergleich mit den drei Oxyrhyn-

---

[13] Es finden sich auch Anklänge an Joh, zB in Spr. 19, 38, 92 u. ö. vgl. die Materialsammlung und ihre Diskussion bei R. E. Brown, NTS 9, 1962/3, 155ff.

[14] Eine Zusammenstellung der Thomas-Sprüche und ihrer Agraphaparallelen bei H.-Ch. Puech, 212–219, der hier allerdings auch Texte aufführt, die bisher nicht als Agrapha galten, die vielmehr erst jetzt – aufgrund des kopt. ThEv – als Zitate oder Nachklänge von Thomas-Sprüchen angesehen werden müssen.

[15] ZB Spr. 5/6c; 21 Mitte/103; 22/106; 39/102; 41/70; 51/113; 56/80; 81/110; 87/112.

chos-Papyri gezeigt hatte –, daß das koptische ThEv auch literarisch nicht einheitlich ist, und lassen vermuten, daß in ihm frühere Spruchsammlungen benutzt sind[16]. Dieser komplexe Sachverhalt erschwert die Beantwortung der Frage nach den Quellen des ThEv, insbesondere nach dem Verhältnis zu den Synoptikern (abhängig oder unabhängig).

O. Cullmann hat in seinem methodologisch höchst bedeutsamen Aufsatz den Vorschlag gemacht, die Frage nach etwaigen früheren Sammlungen und die nach der Herkunft der Einzelsprüche getrennt zu behandeln und mit der erstgenannten zu beginnen. In der Tat läßt sich die zweite Frage methodisch sicherer beantworten, wenn es gelingt, über die literarische Schichtung des ThEv in seiner jetzigen Gestalt einige Gewißheit zu gewinnen.

Der Weg dazu ist eine Art Tendenzkritik: läßt sich zwischen den Dubletten, vielleicht auch zwischen der griechischen und der koptischen Fassung eine bestimmte, gleiche Tendenz beobachten, die zu der jetzigen Gestalt des ThEv führt? Und dh, da es ja zweifellos gnostisch ist, eine gnostisierende Tendenz.

Cullmann sieht sie zwischen den beiden Fassungen wirksam (in der Auslassung des Satzes von Pap. Ox. 654, 5) und weist sie zwischen verschiedenen Dubletten nach (zwischen Spr. 48 und 106; zwischen Spr. 113 und 57 und 3; zwischen Spr. 80 und 110 und 56). Er macht wahrscheinlich, daß die Dubletten aus verschiedenen, aber verwandten Sammlungen stammen, einer weniger und einer stärker gnostischen, und kommt zu dem Ergebnis, daß die zweite aus der ersten entstanden ist und daß der Redaktor beide benutzt hat; die ältere sei judenchristlich-gnostisch, wie aus der Konkurrenz von Spr. 12 (Primat des Jakobus) und Spr. 13 (Primat des Thomas) hervorgehe. Cullmann hält es für wahrscheinlich, wenn auch nicht für beweisbar, daß der älteren Sammlung eine noch ältere, nichtgnostische zugrundeliege, die möglicherweise eine der der Spruchquelle Q vorausgehende schriftliche Teilsammlung darstelle.

Leider lassen sich nur Indizien der dem ThEv zugrundeliegenden Sammlungen feststellen, nicht aber diese Sammlungen selbst rekonstruieren – vorläufig wenigstens –; aber das ist kein Beweis gegen ihre Existenz.

Das Vorgehen Cullmanns hat Beachtung, aber kaum eine Fortführung gefunden. Die Forschung setzt mit der Quellenfrage meist bei den *Einzelsprüchen* ein, und zwar bei denjenigen, die *synoptische Parallelen* haben, um festzustellen, ob der Einzelspruch von den

[16] O. Cullmann, Vorträge, 575ff.

Synoptikern (literarisch) abhängig ist, oder eine von ihnen unabhängige Tradition darstellt (ob älter oder jünger, ist dann eine weitere Frage). Um die schon angedeutete Problematik zu verdeutlichen: Die Sprüche des ThEv haben Berührungen mit allen drei Synoptikern, insbesondere mit Q, ganz wenige mit dem Sondergut des Mt (zB Spr. 93//Mt 7, 6), dagegen auffällig viele mit dem des Lk. Sie zeigen, wenn sie zwei oder mehrere synoptische Sprüche zu einem einzigen kombinieren, fast regelmäßig eine andere Reihenfolge als ihre kanonischen Gegenstücke[17]. Und der einzelne Thomas-Spruch berührt sich selten mit nur einem Synoptiker, sondern weist auch Züge des Seitenreferenten auf, oder aber er weicht in eigentümlicher Weise von den kanonischen Parallelen ab. Wie erklärt sich dieser komplexe Befund?

Die nächstliegende und am häufigsten vertretene Antwort ist die, daß die „synoptischen" Sprüche des ThEv von den Synoptikern abhängig sind. Sie bietet sich schon aus chronologischen Gründen an und hat den Vorteil, die gnostischen Tendenzen anhand der literarischen Eingriffe evident zu machen. Aber sie impliziert auch erhebliche Schwierigkeiten. Man muß voraussetzen, daß der bzw. die Verfasser des ThEv 1. eine Schrift à la Q erstellen wollte(n), und 2. zu diesem Zweck die erzählenden Evangelien nach geeigneten Sprüchen durchmustert und diese aus ihrem Zusammenhang herausgenommen, und 3. daß er bzw. sie diese Spüche durch Umstellungen, Konflationen, Eintragungen und Auslassungen bewußt verfremdet hätte(n), um sie dem gnostischen Zweck der Anthologie dienstbar zu machen. Und man muß diese Verfremdungen bis in phraseologische Einzelheiten plausibel erklären. Den weitest reichenden Vorstoß in dieser Richtung hat R. M. Grant unternommen[18]; er hat diese Verfremdungstechnik im Schriftgebrauch der Naassener nachgewiesen und im ThEv, das ja von Hippolyt mit den Naassenern in Verbindung gebracht wird, nachzuweisen gesucht. Aber in vielen Fällen versagt diese Erklärung und wird damit überhaupt fraglich; denn träfen ihre Voraussetzungen zu, so müßten sie auch konsequent und total durchgeführt sein. Eine stärker empirische Beweisführung für die Abhängigkeit des ThEv von den Synoptikern hat W. Schrage[19] unternommen, indem er eine

---

[17] ZB Spr. 21, 22, 45, 47, 48, 76, 90, 92–95.
[18] The secret sayings of Jesus according to the Gospel of Thomas, 1960.
[19] Das Verhältnis des Thomas-Evangeliums zur synoptischen Tradition und zu den koptischen Evangelienübersetzungen, 1964.

große Vertrautheit der betreffenden Sprüche mit koptischen Evangelienübersetzungen – vor allem der sahidischen, aber auch der bohai-
rischen – nachwies. Man kann sich seiner Argumentation schwer
entziehen, aber es bleiben Bedenken. Einmal wird die allmähliche
Entstehung der sahidischen Übersetzung ins 3. Jh., die der bohairi-
schen ins 4./5. Jh. datiert; diese Datierungen beruhen allerdings auf
Mutmaßungen und könnten aufgrund des ThEv früher angesetzt
werden, wenn dessen Befund das nahelegte; aber beim heutigen
Stand der Textforschung können die unbestreitbar nachgewiesenen
Übereinstimmungen nicht mit Sicherheit als Abhängigkeit des ThEv
von den koptischen Evangelienversionen erklärt werden – allerdings
auch nicht umgekehrt[20]. Zu diesem grundsätzlichen Bedenken tritt
das praktische angesichts der Komplexität einzelner Sprüche: wie
soll man erklären, daß sie nicht nur synoptische Elemente, sondern
auch textlich verschiedene koptische Versionen mischen? W. Schrage
hat in einer späteren Veröffentlichung[21] seine These vorsichtiger formuliert: er meint, „daß der Übersetzer sich, wo er konnte, an eine
schon bekannte koptische Evangelienversion anlehnte ... Ob diese
Vertrautheit des Übersetzers mit einer koptischen Evangelienversion
auf eine bereits schriftlich fixierte Form einer solchen zurückgeht, ist
schwer zu sagen; wegen der Kürze der Zitate ist es wahrscheinlicher,
daß der Übersetzer diese koptische Übersetzung im Ohr bzw. im
Gedächtnis statt in seinen Händen hatte." Das Verhältnis des griechischen ThEv zu den Synoptikern bleibt aber auch so eine offene
Frage.

Da der komplexe Befund der synoptischen Thomas-Sprüche
schwerlich durch Annahme einer literarischen Bearbeitung der Synoptiker erklärt werden kann, gewinnt die *Unabhängigkeitshypothese* an
Wahrscheinlichkeit. Sie wird in zwei Fassungen vertreten. Die erste
ist von G. Quispel begründet worden: der synoptische Stoff des
ThEv stamme aus dem Hebräerevangelium, alles andere aus dem
Ägypterevangelium[22]. Diese mit viel Phantasie durchgeführte Konstruktion darf durch E. Haenchens überzeugende Kritik als erledigt
gelten[23]. Die andere Fassung rechnet mit einer oder mehreren Spruchsammlungen als Quelle, die unabhängig sowohl von den synoptischen

---

[20] Diese Umkehrung scheint H. Köster, 122 Anm. 45 nahezuliegen.
[21] Apophoreta, Festschrift E. Haenchen, 251ff; das Zitat 267f.
[22] VigChr 11, 1957, 189ff.
[23] ThR 1961, 162–169.

Evangelien, als auch von der aus Mt und Lk rekonstruierbaren Spruchquelle ist, die aber so etwas wie Vorformen und Parallelerscheinungen von Q darstellen. (Es handelt sich nicht um die beiden Sammlungen, die Cullmann als Vorstufen des ThEv annimmt; man kann sie aber gut mit der nichtgnostischen Sammlung in Verbindung bringen, die Cullmann als Vorlage der älteren Vorstufe vermutet). So, mit Unterschieden im Einzelnen, R. McL. Wilson[24] und H. Köster[25]. Wenn man mit letzterem annimmt, daß Thomas kleine Spruchsammlungen wiedergibt, die zT von Q aufgenommen wurden, zum anderen Teil aber Lukas und Markus direkt zugänglich waren", dann würden sich die Berührungen zwischen ThEv und den Synoptikern wohl leichter erklären als mittels der Abhängigkeitstheorie. Positiv spricht für die Unabhängigkeitshypothese, daß manche Sprüche des ThEv einen ursprünglicheren Eindruck machen als ihre kanonischen Parallelen und jener Gestalt nahe kommen, die von der literarkritischen und formgeschichtlichen Forschung als ursprünglich postuliert wurde[26]. Ob und wieweit Semitismen, sofern sie im koptischen Text erkennbar sind, zur Verifizierung des alten Stoffs und seiner ursprünglichen Gestalt beitragen können, muß sich noch erweisen[27]. – Mißlich ist, daß auch die Unabhängigkeitstheorie mit großen Unbekannten – hier den kleinen Sammlungen – operieren muß, wie die Abhängigkeitstheorie mit anderen – exegetischen Methoden und literarischen Manipulationen. Aber als Arbeitshypothese scheint sie dem komplexen Befund der einzelnen Sprüche am ehesten gerecht zu werden.

Über die *Herkunft des übrigen Stoffes* lassen sich nur Vermutungen anstellen. Das Vorkommen von Spr. 2 im Hebräerevangelium, von Spr. 17 in 1Kor 2, 9, von Spr. 22 und 37 im Ägypterevangelium, von Spr. 99 im Ebionäer- und von Spr. 104 im Nazaräerevangelium

---

[24] Studies in the Gospel of Thomas, 1960.

[25] AaO, 118–134; 155–173; das folgende Zitat: 126f.

[26] Das gilt vor allem von Spr. 31 (Jesus sagte: Kein Prophet ist annehmbar in seinem Dorfe. Kein Arzt heilt die, die ihn kennen) = Pap. Ox. 1, 6 gegenüber Mk 6, 4f par und für Spr. 64 (Gleichnis vom großen Mahl) gegenüber Mt 22, 1–10 / Lk 14, 16–24. Ob Spr. 65 (Gleichnis von den bösen Winzern) und Spr. 76 (Gleichnis von der Perle) das Ursprüngliche bewahrt haben, scheint mir fraglich.

[27] Man vergleiche die im Lit. Verz. genanten Arbeiten von A. Guillaumont und K. H. Kuhn. Methodisch wichtig ist O. Cullmanns Hinweis auf die Notwendigkeit der Unterscheidung zwischen richtigen Aramaismen und Einflüssen aus dem Syrischen (aaO, 585f).

besagt natürlich nicht, daß das ThEv sie von dort bezogen hat, sondern nur dies, daß gleiche Traditionen vorliegen („Wandergut"). Möglich, daß die Sprüche „synoptischen" Typs der 2. und 3. Gruppe (der oben vorgenommenen Einteilung), den kleinen Sammlungen, oder aber direkter mündlicher Überlieferung zuzurechnen sind. Der nicht-synoptische Stoff dieser beiden Gruppen läßt sich nicht literarisch, sondern nur ganz vage „geistesgeschichtlich" ableiten: aus gnostisch-asketischen („enkratitischen") Kreisen.

## 4. Gattungen im ThEv

Alle Gattungen des Redestoffs, die im ThEv begegnen, finden sich auch in der synoptischen Tradition, aber nicht alle, die sich in ihr finden, begegnen in jenem. Dieses Fehlen ist aufschlußreich. Wir nehmen Bultmanns Gattungseinteilung als Leitfaden.

Die *Apophthegmata* scheinen vertreten zu sein, da es zahlreiche Sprüche in Dialogform gibt. Die Initiative geht meistens von „den Jüngern" aus[28], manchmal von namentlich genannten[29], einmal von ungenannten Außenstehenden[30], dreimal von Jesus selbst[31]. Aber nie bietet das Verhalten Jesu oder der Jünger den Anlaß zu diesen Dialogen, selten findet sich eine Situationsangabe (Spr. 13; 22; 60; 100), nirgends eine „ideale Szene", „Streitgespräche" fehlen völlig, „biographische Apophthegmata" fast völlig[32], dagegen sind „Schulgespräche" häufig vertreten. In den anderen dialogisierten Sprüchen dient das Wort der Jünger nur dazu, Jesus ein Gleichnis erzählen zu lassen. Es fragt sich daher, ob man überhaupt von Apophthegmata im ThEv sprechen kann und sich nicht lieber mit der Bezeichnung *„Dialog"* begnügen sollte. Debatten mit der Außenwelt finden kaum statt, die „Schulgespräche" behandeln zum geringsten Teil Gemeinderegeln und Disziplin, sondern sind meist – wie auch die dialogisch eingeleiteten Gleichnisse und Ich-Worte – geheime Jüngerbelehrun-

---

[28] Spr. 6, 12, 18, 20, 24, 37, 51, 113, 43, 53, 60, 99, vermutlich auch 91, 100, 104.

[29] Maria, 21; Simon Petrus, 114; (Salome, 61b).

[30] Spr. 72 (79).

[31] Spr. 13, 22; Spr. 61 gehört nur bedingt hierher, da das Wort Jesu 61a nichts mit den folgenden Worten der Salome zu tun hat.

[32] Spr. 99. Dagegen liegen in Spr. 43, 61, 91 Ich-Worte, in Spr. 79 ein Makarismus vor.

gen. Die Dialoge haben ihren Sitz im Leben in der internen Belehrung.

Von den eigentlichen „Herrenworten" sind die *„Weisheitsworte"* (Logien im engeren Sinn) recht häufig vertreten – es handelt sich bei ihnen ja um die für Spruchsammlungen konstitutive Gattung. Viele haben synoptische Parallelen[33]. Ein Formvergleich würde zu weit führen; er würde aber die gleichen Differenzierungen dieser Gattung im ThEv wie in den Synoptikern ergeben. Stattdessen ein Beispiel aus bisher unbekannten gnostischen Weisheitsworten: „Jesus sagte: Wer die Welt erkannt hat, hat einen Leichnam gefunden. Und wer einen Leichnam gefunden hat, dessen ist die Welt nicht würdig." (Spr. 56; vgl. 80).

Bei der Kategorie *„prophetische und apokalyptische Worte"* ist gegenüber der synoptischen Tradition im ThEv eine bemerkenswerte Reduktion festzustellen. Es fehlen die eigentlich apokalyptischen Weissagungen, und selbst da, wo eine solche vorzuliegen scheint (Spr. 111), ist das apokalyptische Element neutralisiert. Es fehlen ferner alle Worte über den kommenden Menschensohn[34]. Dagegen finden sich viele prophetische Worte, die in den Synoptikern ihre Parallele haben[35]. Interessant sind die Makarismen[36] und Weherufe[37]. Einen Teil könnte man auch zu den Weisheitsworten zählen, da sie nicht so streng wie bei Jesus auf die kommende Gottesherrschaft bezogen sind – auch wo sie vom „Reich" sprechen – und des öfteren in der weisheitlichen Tradition des Judentums zu stehen scheinen; aber da sie alle soteriologisch gemeint sind, wird man sie besser zu den prophetischen Worten rechnen. Man vergleiche die beiden Makarismen:

„Jesus sagte: Selig sind die Einsamen und Auserwählten, denn ihr werdet das Reich finden, weil ihr daraus seid (und) wieder dorthin gehen werdet." (Spr. 49).
„Die Jünger sagten zu Jesus: Sage uns, wie unser Ende sein wird. Jesus sagte: Habt ihr denn schon den Anfang entdeckt, daß ihr nach dem Ende fragt? Denn dort, wo der Anfang ist, dort wird auch das Ende sein.

---

[33] Spr. 26; 31–35; 39; 41; 45; 47; 67; 92–94.
[34] Vgl. H. Köster, 157ff; der „Menschensohn" erscheint nur in Spr. 86, einer Variante des Wortes Mt 8, 20/Lk 9, 58.
[35] ZB Spr. 5, 6, 16b, 21b, 103, 21c, 41, 46, 52, 111, 54, 61a, 68, 69, 79, 91.
[36] Spr. 7, 18, 19, 49, 54, 58, 68, 69 (bis) 79, 103.
[37] Spr. 87, 102, 112.

Selig ist, wer am Anfang stehen wird, und er wird das Ende erkennen und den Tod nicht kosten." (Spr. 18; vgl. auch 19).

Man erkennt unschwer die Umdeutung des „Reiches". Übrigens sieht man an dem Wechsel von 3. und 2. Person in Spr. 49 (wie auch sonst gelegentlich), daß die Makarismen nicht stilrein gebaut sind. Als Beispiel für die Weherufe[38]:

„Jesus sagte: Wehe dem Fleisch, das von der Seele abhängt; wehe der Seele, die vom Fleisch abhängt." (Spr. 112; vgl. 87).

Nicht sehr zahlreich sind die *„Gesetzesworte und Gemeinde-regeln"*. Sie finden sich in zwei kleineren Sammlungen zu je drei Sprüchen (Spr. 14 und 99–101), sonst über das ganze Buch ver-streut[39]. Zitiert sei Spruch 14:

„Es sagte Jesus zu ihnen: Wenn ihr fastet, werdet ihr euch eine Sünde schaffen; und wenn ihr betet, werdet ihr verurteilt werden; und wenn ihr Almosen gebt, werdet ihr euren Geistern etwas Schlechtes tun; und wenn ihr in irgendein Land geht und in den Gebieten wandelt, wenn man euch aufnimmt, eßt, was man euch vorsetzt, heilt die Kranken unter ihnen. Denn was hinein geht in euren Mund, wird euch nicht verunreinigen. Aber was aus eurem Munde herauskommt, das ist es, was euch verun-reinigen wird."

Zum Thema der jüdischen Riten vgl. Spr. 27 und 56, zur Reinheits-frage Spr. 89, zur Missionsinstruktion die Sprüche über die Jünger-schaft: 55, 99 und 101. Gewissermaßen eine Gesamtcharakteristik des Verhaltens in und zu der Welt gibt der Befehl: „Jesus sagte: Werdet Vorübergehende!" (Spr. 42).

Unter den *Ich-Worten* des ThEv fehlen die Leidensweissagungen und Menschensohnworte der Synoptiker. Synoptische Parallelen fin-den sich nur in Spr. 10, 16 und 90; man kann natürlich auch die genannten Jüngersprüche hinzunehmen. Die übrigen sind neu und klingen „johanneisch" – zB Spr. 28:

„Es sagte Jesus: Ich stand mitten in der Welt und erschien ihnen in Fleisch. Ich fand sie alle trunken, ich fand keinen Durstigen unter ihnen,

---

[38] Der Weheruf gegen die Pharisäer Spr. 102 (vgl. Spr. 39; hier ohne „Wehe") nimmt das Jesuswort Mt 23, 13 / Lk 11, 52 auf, versieht es aber mit einer anderen Begründung: „Jesus sagte: Wehe ihnen, den Pharisäern, denn sie gleichen einem Hunde, der auf der Futterkrippe von Rindern liegt; denn weder frißt er, noch läßt er die Rinder fressen." Das Bildwort vom Hund auf der Futterkrippe stammt aus einer Fabel Äsops.

[39] ZB Spr. 25, 27, 42, 53, 55, 89, 95.

und meine Seele empfand Schmerz über die Söhne der Menschen, weil sie blind in ihrem Herzen sind und nicht sehen, daß sie leer in die Welt gekommen sind (und) auch wieder leer aus der Welt zu kommen suchen. Jetzt sind sie zwar trunken. Wenn sie ihren Wein abgeschüttelt haben, dann werden sie sich bekehren."

Zwei Ich-bin-Worte (Spr. 61 und 77) erinnern an die des Joh, repräsentieren aber nicht die johanneische Rekognitionsformel, sondern die Identifikationsformel:

„Es sagte Jesus: Ich bin das Licht, das über ihnen allen ist. Ich bin das All. Es ist das All aus mir hervorgegangen und das All ist zu mir gelangt. Spaltet ein (Stück) Holz, ich bin da. Hebt den Stein auf und ihr werdet mich da finden." (Spr. 77).

Jesus charakterisiert sich in den Ich-Worten des ThEv als Offenbarer, der die Erlösung vom Wahn der Welt bringt (Spr. 28), den Menschen zum Einzelnen macht (Spr. 23) und – was dasselbe ist – ihn das „Reich", die „Ruhe", sich selbst finden läßt (Spr. 3, 113).

Die *Gleichnisse* sind reichlich vertreten. Neben solchen, die aus den Synoptikern bekannt sind[40], bringt es einige bisher unbekannte, die aber auch synoptischen Charakter tragen[41]; dazu eine große Zahl Bildworte[42]. Beide Gruppen der eigentlichen Gleichnisse sind gleicherweise interessant. Die erste, weil einige in ihr einen altertümlicheren Eindruck machen als ihre synoptischen Gegenstücke, so daß häufig die Meinung laut geworden ist, die betreffenden Thomas-Gleichnisse stellten die ursprünglichen Fassungen dar oder ermöglichten, sie zu erschließen[43]; aber Sicherheit läßt sich nicht gewinnen. Die bisher unbekannten Gleichnisse könnten ebensogut von Jesus stammen wie die mit den synoptischen Parallelen, unterliegen aber wie diese hinsichtlich der Ursprünglichkeit ihrer Fassung denselben Bedenken. Von den Formen der synoptischen Gleichnisse fehlt die Beispielerzählung, dagegen sind Gleichnis im engeren Sinn und Gleichniserzählung vertreten, die sich aber nicht durch Nominativ- und Dativanfang unterscheiden lassen. Gelegentlich sind die Gleichnisse zu kleinen Sammlungen zusammengestellt (Spr. 63–65; 96–98). Eine für

---

[40] Spr. 9, 20, 21b, 103, 57, 63, 64, 65, 76, 109; offensichtliche Umbildungen: Spr. 8, 96, 107.

[41] Spr. 40, 97, 98.

[42] ZB Spr. 32–35; 45; 73–75; usw.

[43] So zB bei Spr. 76 (Perle) und – weil die allegorisierenden Züge, bzw. Anhänge fehlen – bei Spr. 9 (Säemann), 57 (Unkraut), 64 (großes Abendmahl) und 65 (böse Winzer).

das ThEv besonders wichtige Gruppe bilden die Gleichnisse vom „Reich" (Spr. 20, 57, 76, 96–98, 107–109). Das eigenartigste sei angeführt, das Gleichnis vom „Attentäter":

"Jesus sagte: Das Reich des Vaters gleicht einem Menschen, der einen mächtigen Mann töten will. Er zog das Schwert in seinem Hause (und) stieß es in die Wand, um zu erkennen, ob seine Hand stark (genug) wäre. Dann tötete er den Mächtigen." (Spr. 98).

Die Pointe ist dieselbe wie bei den Gleichnissen vom Turmbau und Kriegführen (Lk 14, 28–32), die Selbstprüfung; daß als Modell eine moralisch fragwürdige Gestalt figuriert, hat seine Analogie im ungerechten Haushalter und ungerechten Richter (Lk 16, 1ff; 18, 1ff); unter beiden Aspekten könnte das Gleichnis zumindest bei Lukas stehen oder gar „echt" sein.

## 5. Theologische Motive und theologiegeschichtliche Stellung

Das ThEv ist literarisch mehrschichtig und traditionsgeschichtlich vielschichtig, sperrt sich daher gegen eine theologische Charakterisierung und stellt diese vor schwierige methodische Aufgaben: soll man von der gnostischen Endredaktion und den eindeutig gnostischen Sprüchen ausgehen, oder von den Bearbeitungen der einzelnen synoptischen Sprüche? Abgesehen davon, daß das zweite Vorgehen mit der Unsicherheit der Quellenfrage belastet ist, läuft man auf beiden Wegen Gefahr, das ThEv allzusehr zu vereinheitlichen (wie man ihm umgekehrt ebenso Unrecht tut, wenn man es nur nach ipsissima verba Jesu durchkämmt). Eine Charakterisierung „der" Theologie „des" ThEv scheint mir, wenn überhaupt möglich, jetzt noch verfrüht. Es sollen deshalb – mit allem Vorbehalt – nur einige theologische Motive behandelt werden, die sich von der Verkündigung des historischen Jesus – soweit wir erkennen können – charakteristisch abheben.

Zunächst fällt das Zurücktreten der Zukunftserwartung auf. Es macht sich nicht nur in dem Fehlen apokalyptischer Schilderungen und der Menschensohnworte bemerkbar, die ohnehin Gemeindebildungen sein dürften, sondern auch am Zentralbegriff der Verkündigung Jesu, der Gottesherrschaft, der häufig im ThEv als „das Reich" oder „das Reich des Vaters", bzw. „des Himmels" begegnet. Während in Jesu Verkündigung die Gottesherrschaft primär zukünftig und nur in einzelnen Zeichen und im Gehorsam des Ein-

zelnen gegenwärtig ist, spielt im ThEv der Zukunftsaspekt des Reiches
nur eine untergeordnete, wenn überhaupt eine Rolle. Der Zukunfts-
aussage, daß der Jünger in das Reich „eingeht", es „findet", korrespondiert die Vergangenheitsaussage, daß er „aus ihm ist" (Spr. 49).
Der Akzent liegt auf der Gegenwärtigkeit des Reiches:

> „Es sagten zu ihm seine Jünger: Das Reich, wann wird es kommen?
> (Jesus sagte:) Es wird nicht in Erwartung kommen. Man wird nicht
> sagen: Siehe, hier! oder: Siehe, dort!, sondern das Reich des Vaters ist
> über der Erde ausgebreitet und die Menschen sehen es nicht." (Spr. 113;
> vgl. 3 und 51).

Das ThEv hat den Gegenwartsaspekt von Jesu Reichsbegriff so
stark radikalisiert, daß er ans Spiritualistische grenzt; und manchmal
scheint es so, daß die Rückkehr in das „Reich" nicht nur die gnostische Vorstellung von der Prä-Existenz der Seelen voraussetzt, sondern daß das „Reich" Wechselbegriff mit dem göttlichen Selbst des
Jüngers (= des Gnostikers) ist[44].

Sehr eigenartig versteht das ThEv die Jüngerschaft. Es bezeichnet
den Jünger mehrfach als „Einsamen" (Spr. 16, 49, 75) oder als „Einzigen" (Spr. 4, 22, 23). Die Begründung ist zunächst äußerlich, daß
Jesu Kommen Feindschaft unter den Menschen hervorruft (Spr. 16;
vgl. 10) und daß die Jüngerschaft Loslösung aus familiären Bindun-
gen bedeutet; aber diese Vereinzelung ist im Wesen des Wortes Jesu
und im Verständnis des Heils begründet (Spr. 4, 22, 23); „einsam"
und „auserwählt" sind Wechselbegriffe (Spr. 49, 75). Kein Zweifel,
daß das ThEv hier wesentliche Elemente von Jesu Verständnis der
Jüngerschaft aufgenommen hat. Aber eine Verschiebung ist doch
wahrnehmbar: Jesu Freiheit von der Welt ist zur asketischen Negation der Welt geworden, und trotz des Gebotes der Nächstenliebe
(Spr. 25) und des Befehls zur Mission (Spr. 14) lassen sich im ThEv
kaum Spuren einer Gemeinschaftsbildung bemerken, die Jüngerschaft
scheint aus „Einsamen" zu bestehen.

Eine explizite Christologie findet sich nicht, auch wenn deutliche
Spuren der Präexistenz- und Ubiquitätsvorstellung vorhanden sind[45].
Freilich, die Heilsbedeutung Jesu ist unverkennbar – analog der
Verkündigung des historischen Jesus. Aber Jesus ist nicht die ge-

---

[44] Vgl. Spr. 27, 49, 11; „das Reich finden" = „den Vater erkennen" = „sich
selbst finden"; vgl. E. Haenchen, Die Botschaft des Thomasevangeliums,
42ff.

[45] Spr. 28, 30, 77.

schichtliche Person, sondern der zeitlose Offenbarer. Das Heil liegt in seinen „geheimen Worten" (Incipit) beschlossen; aber es muß durch die rechte Auslegung gefunden werden (Spr. 1). Trotz dieser Entgeschichtlichung ist der Entscheidungscharakter von Jesu Anspruch erkannt und festgehalten: „Jesus sagte: Wer mir nahe ist, ist dem Feuer nahe; wer fern ist von mir, ist fern vom Reich" (Spr. 82).

Theologiegeschichtlich laufen viele Linien im ThEv zusammen und von ihm zu anderen Schriften, ohne daß es sich einer bestimmten Gruppe zuordnen läßt. Die Wurzeln reichen weit zurück in die Verkündigung Jesu, in judenchristlich-gnostische Kreise (vielleicht Transjordaniens); es gehört in die stark gnostisierende Thomasverehrung Ostsyriens hinein, in der wohl auch die asketischen (enkratitischen) Tendenzen des ThEv beheimatet sind. Irgendwelche Verbindungen bestehen auch zu valentinianischen Vorstellungen (zB die des „Brautgemachs", Spr. 75). Aber in der Bibliothek von Nag Hammadi scheint das ThEv ein Fremdling zu sein; einstweilen kennen wir seine „wahren Verwandten" noch nicht.

## § 47. Fragmente unbekannter Evangelien

*Textausgaben und Übersetzungen:*

K. Aland, Synopsis, s. Index, 584f;
H. I. Bell – T. C. Skeat, Fragments of an Unknown Gospel, 1935; dazu: M. Dibelius, DLZ 57, 1936, 3ff; K. F. W. Schmidt – Joach. Jeremias, ThBl 15, 1936, 34ff; H. I. Bell – T. C. Skeat ebd 72ff;
B. P. Grenfell – A. S. Hunt, Fragment of an Uncanonical Gospel from Oxyrhynchus, 1908;
Joach. Jeremias – W. Schneemelcher in: Hennecke-Schneemelcher, NT Apokryphen I, 1959, 56ff (Lit.);
E. Klostermann, Apocrypha II, KlT 8, ³1929;
H. B. Swete, Zwei neue Evangelienfragmente, KlT 31, ²1924.

*Untersuchungen:*

C. H. Dodd, A New Gospel, in: ders., NT Studies, 1953, 12ff;
Joach. Jeremias, Unbekannte Jesusworte, ³1963;
G. Mayeda, Das Leben-Jesu-Fragment Papyrus Egerton 2, 1946 (Lit.).

Während mit dem Thomasevangelium wenigstens eine der Sammlungen von Jesussprüchen vollständig auf uns gekommen ist, sind uns von den „apokryphen" Evangelien nur Bruchstücke erhalten geblieben, teils als Zitate bei Kirchenschriftstellern, teils als Originaltexte auf Papyrus- oder Pergamentblättern, die seit dem Ende des letzten Jh.s in Ägypten durch Ausgrabungen oder sonstige Entdeckungen zutage gekommen sind. Ihr oft arg lädierter Zustand macht es schwer, ihren Text wiederherzustellen, und unmöglich, den Umfang des Werkes zu bestimmen, aus dem die Fragmente stammen. Bei den hier zu besprechenden Fragmenten ist es auch nicht möglich, sie bestimmten, durch Titel oder andere Bruchstücke bekannten Evangelien zuzuweisen. Gleichwohl sind diese „Fragmente unbekannter Evangelien" literaturgeschichtlich aufschlußreich.

Manche Papyrusfragmente, die als Evangelienreste angesehen wurden, sind anderweitig identifiziert oder aus anderen Gründen als nicht hierher gehörig erkannt worden[1]. Bei dem sog. Faijumfragment ist es fraglich, ob es einem Evangelienbuch oder einer Spruchsammlung angehört hat. Es reproduziert Mk 14, 27. 29–31 nicht erzählend, sondern in einer Verkürzung, die ganz auf die Vorhersage der Verleugnung abzielt; M. Dibelius wollte den Text wegen seiner „chrienartigen Verkürzung" einer Sammlung von Worten Jesu zuschreiben[2].

## 1. Der Papyrus Egerton 2

Wir beginnen mit der ältesten Handschrift dieser Kategorie, dem Papyrus Egerton 2, der 1935 erstmals publiziert worden ist. Er besteht aus 2 1/2 beidseitig beschriebenen Blättern, stammt nach paläographischem Befund aus der Mitte des 2. Jh., ist also nur wenig jünger als die älteste nt. Handschrift, die wir bisher besitzen, der aus dem Anfang des 2. Jh. stammende Papyrus 52, der einige Zeilen aus Joh 18 enthält. Fast ebenso wie das hohe Alter überraschte die Tatsache, daß die Blätter aus einem Codex, nicht aus einer Rolle stammten; diese Tatsache beweist den frühen Gebrauch des Codex, also der Buchform bei den Christen. Das Fragment enthält 4 oder 5 lokker verbundene Geschichten; das Buch bestand, wenn man von dem Bruchstück auf das Ganze schließen darf, aus „Perikopen"-Überlieferung wie die kanonischen Evangelien.

Der Inhalt: A. Dialog Jesu mit „Gesetzeskundigen" und „Obersten des Volkes" über eine von ihm begangene Gesetzesübertretung (mit Worten aus Joh 5, 39. 45–9, 29). – B. Vergeblicher Versuch, Jesus zu verhaften und zu steinigen (wahrscheinlich der Abschluß der vor-

---

[1] Vgl. Schneemelcher, 56f.
[2] Die Formgeschichte des Evangeliums, ²1933, 160f.

hergehenden Perikope). – C. Heilung eines Aussätzigen (ähnlich Mk 1, 40–44 par). – D. Zinsgroschenfrage (ähnlich Mk 12, 13–17 par). – E. Eine völlig unbekannte Perikope, die leider besonders stark beschädigt ist und nur erkennen läßt, daß Jesus die Jünger durch eine „befremdliche Frage" in „Verlegenheit gebracht" und daß er am Jordan ein Wunder, offenbar zur Verdeutlichung seines Wortes, getan hat[3]:

(Z. 60–75): „Das Weizenkorn) ... (60) ... Ort eingeschlossen ... es wurde daruntergelegt und unsichtbar ... seine Fülle unwägbar? Als aber jene in Verlegenheit waren im Hinblick auf seine befremdliche Frage, (65) trat Jesus unterwegs (an das) Ufer des (Flus)ses Jordan, reckte (sein)e rechte Hand aus, (füll)te sie mit ... und säte ... auf den (70) ... Und sodann ... Wasser ... Und ... vor (ihren Augen), brachte Frucht ... viel ... zur Freu(75)(de?) ...“

Was dieses Fragment kennzeichnet, ist die Verbindung johanneischer, synoptischer und „apokrypher" Elemente. Nicht nur, daß einzelne Geschichten solcher Herkunft aneinandergereiht sind; auch Wortgebrauch und Stil sind gemischt. Die johanneischen Stücke enthalten Vokabeln, die nicht bei Joh, wohl aber bei den Synoptikern vorkommen[4]; in die synoptische Perikope vom Zinsgroschen sind joh Wendungen eingetragen[5]. Das Fragment zeigt Berührungen mit allen vier kanonischen Evangelien.

Traditionsgeschichtlich zeigen die beiden synoptischen Perikopen ein fortgeschrittenes Stadium[6]. In der Heilungsgeschichte fehlen zwar Kniefall, Berührung des Kranken und Schweigegebot, aber die Krankheitsgeschichte ist um einen novellistischen Zug erweitert (der Kranke hat sich – nach der wahrscheinlichsten Lesung – in der Herberge an anderen Aussätzigen infiziert). Das Zinsgroschengespräch ist um ein Scheltwort (aus Lk 6, 46) und um das LXX-Zitat Jes 29, 13 (aus Mk 7, 6f par) angereichert und vor allem im Interesse der Paränese verallgemeinert („den Königen" statt „dem Kaiser"). Auf ein späteres Stadium verweist auch die Anrede „Meister Jesus"; die Bezeichnung Jesu als „der Herr" in Erzählungen findet sich schon bei Lk und Joh und dann im PetrEv.

---

[3] Übersetzung von Joach. Jeremias in: Hennecke-Schneemelcher I, 60.
[4] Einzelnachweise bei Jeremias, ThBl 40. 43f.
[5] „Wir wissen, daß du von Gott gekommen bist (Joh 3, 2); denn was du tust, gibt (dir) Zeugnis ab ... (Joh 5, 3c bzw. 10, 25) ...“
[6] Das hat insbesondere Dibelius, 4f hervorgehoben.

Die Verwandtschaften und Verschiedenheiten des Fragments mit den kanonischen Evangelien lassen sich nicht aus direkter literarischer Benutzung dieser Bücher erklären, obwohl die Möglichkeit einer solchen Benutzung bestanden hätte; denn Joh war seit Anfang des 2. Jh. in Ägypten bekannt, wie Pap. 52 zeigt, und die Synoptiker müssen es gewesen sein, wie die wörtlichen Anklänge beweisen. Aber gerade die Art der wörtlichen Übereinstimmungen, vor allem das Hinübergleiten von einer solchen Wendung zu einer anderen, an einem entfernten Ort oder in einem anderen Evangelium stehenden Wendung schließt eine literarische Benutzung aus. Da dieses Hinübergleiten meist durch Stichworte veranlaßt ist, zieht Joach. Jeremias[7] den Schluß, daß der Verfasser alle vier „kanonischen" Evangelien gekannt hat, aber aus dem Gedächtnis reproduziert. Das Fragment bestätigt die alte Erkenntnis, „daß auch die schriftliche Tradition überwiegend ‚mündlich' tradiert wurde, nämlich durch Vorlesen im Gottesdienst, im Unterricht, in Gemeindeversammlungen – und dann selbstverständlich durch Weitererzählen des Gehörten. Auf diese Weise ging mündliche und schriftliche Überlieferung nebeneinander her, und es fand eine ständige Beeinflussung und Bereicherung der – weiter existierenden! – mündlichen Überlieferung durch die schriftliche statt"[8]. Aber auch umgekehrt: nicht nur durch sie, also durch Reminiszenzen, sondern auch durch erzählerische und Gemeindebedürfnisse wurde die schon schriftlich fixierte, aber aus dem Gedächtnis reproduzierte Überlieferung in der mündlichen Weitergabe verändert (vgl. die erwähnten traditionsgeschichtlichen Veränderungen). Der Pap. Egerton ist ein deutlicher Beleg für die gegenseitige Beeinflussung von mündlicher und schriftlicher Tradition.

Er zeigt, wie wenig die Verschriftlichung des Leben-Jesu-Stoffes durch Mk, seine Nachfolger und Joh die mündliche Jesus-Überlieferung zum Stillstand gebracht hat. Da wir Umfang und Aufbau dieses unbekannten Evangeliums nicht kennen, können wir sein Verhältnis zu den anderen nicht genauer bestimmen. Aber dies läßt sich doch erkennen, daß der chronologische und geographische Aufriß weder des Mk noch sonst eines bekannten Evangeliums normativ war[9]. Wie in der Gestaltung der einzelnen Perikope, so hatte auch in der

---

[7] AaO, 41ff.
[8] Jeremias, 44.
[9] Vgl. die Folge Aussätzigenheilung (Mk 1, 40ff parr), Zinsgroschenfrage (Mk 12, 13ff parr), Jordanszene; dazu Dibelius, 9f.

Komposition des Ganzen die schon verschriftlichte Tradition keine bindende Geltung.

Das lassen auch die *Fragmente des Pap. Ox. 1224* erkennen[10]. Es handelt sich ebenfalls um einen Codex, aber mit Paginierung. Auf S. 175 findet sich eine ungefähre Wiedergabe von Mk 2, 16f, auf S. 176 zwei Sprüche aus Q, von denen der erste Mt 5, 44, der zweite Lk 9, 50 näher steht als der jeweiligen Parallele, und ein „Agraphon": „Wer heute fern ist, wird euch morgen nahe sein." Auch hier eine relative Freiheit gegenüber dem Wortlaut und eine völlige Freiheit gegenüber der Akoluthie der zZ der Niederschrift des Papyrus (Anfang des 4. Jh.) schon längst kanonisierten Evangelien.

Die Frage, ob der Pap. Egerton 2 ältere und womöglich zuverlässigere Tradition als die „kanonischen" Evangelien enthält, ist von kritischer wie konservativer Seite verneint worden. Bedauerlicherweise können wir über den literarischen Charakter des ganzen Evangeliums nichts Sicheres sagen. Es mag ein „Evangelium mit johanneischem Einschlag" gewesen sein (Jeremias), aber nach dem Fragment zu urteilen, waren diese Einschläge recht bedeutend – stärker als in den erhaltenen Teilen des PetrEv –, so daß sie vielleicht ein konstitutives Element bildeten. Aber auch die „apokryphen", legendären Elemente wären zur Bestimmung des literarischen Charakters nicht unerheblich, sowohl ihr Umfang als auch ihre Art; aber selbst über diese verbietet sich ein Urteil, da die Jordanszene an der spannendsten Stelle abbricht.

## 2. Der Oxyrhynchos-Papyrus 840

Der Pap. Ox. 840 ist kein Papyrus, sondern ein Pergamentblatt aus einem Codex in Kleinformat (8, 5 × 7 cm)[11], um 400 hergestellt

---

[10] Text bei Klostermann, Apocrypha II, 26; Übersetzung u. Näheres über den Papyrus bei Schneemelcher in: Hennecke-Schneemelcher I, 72f.

[11] Dieses Kleinformat ist nicht singulär, zumal nicht unter den Oxyrhynchosfunden. Das bis jetzt kleinste Format hat der Kölner Mani-Codex (P. Colon. inv. nr. 4780): 4, 5×3, 5 cm. Die Gründe für kleinformatige Bücher sind verschieden: Bibliophilie, Bequemlichkeit der Handhabung, Leichtigkeit des Versteckens (bei verbotenen Werken; die meisten dieser Miniaturbücher sind Bibeln oder Teile von ihr), aber auch der Gebrauch als Amulette und Grabbeigaben. Vgl. A. Henrichs – L. Koenen, Ein griechischer Mani-Codex, Zs. f. Papyrologie u. Epigraphik 5, 1970, 105ff (Lit.). Man nimmt seit E. Preuschens Untersuchung (ZNW, 1908,

und auf beiden Seiten beschrieben (im Ganzen 45 Zeilen), dem Inhalt
nach ein Blatt aus einem Evangeliumbuch. Wie alt der Text selbst
ist, läßt sich nicht feststellen. Er enthält zwei Perikopen in synoptischem Stil (beide spielen in Jerusalem). Die erste bildet den Schluß
einer „Rede" Jesu, in dem er die Jünger vor unrechtem Tun warnt,
sonst würde sie wie die „Übeltäter" auch ewige Strafe treffen.

Die zweite Perikope schildert den Zusammenstoß Jesu mit dem
pharisäischen Oberpriester (Levi?) im „Hagneuterion" (wahrscheinlich dem Israelitenvorhof) des Tempels. Es handelt sich formal um
ein Streitgespräch in zwei Gängen. Der Oberpriester stellt Jesus zur
Rede, warum er mit seinen Jüngern im Hagneuterion umhergehe
und die heiligen Geräte betrachte, ohne die rituellen Reinheitsvorschriften befolgt zu haben. Jesus antwortet mit der Gegenfrage, ob
denn er, der Oberpriester, rein sei. Dieser bejaht die Frage, er habe
im Davidsteich gebadet und weiße reine Gewänder angelegt und sei
erst dann hierhergekommen. „Da sagte der Heiland zu ihm:

> Wehe euch Blinden, die ihr nicht seht! Du hast dich in ausgegossenem
> Wasser gebadet, in dem Hunde und Schweine bei Tag und Nacht liegen,
> und hast dich gewaschen und die äußere Haut abgerieben, die auch die
> Dirnen und Flötenspielerinnen salben, baden, abreiben und schminken,
> um die Begierde der Männer zu erregen, inwendig aber sind sie voll von
> Skorpionen und von (Schlechtig)keit (aller Art). Ich aber und (meine Jün
> ger), von denen du sagst, wir hätten uns nicht unter(getaucht, wir sind
> unter)getaucht in dem leben(digen...) Wasser, das herabkommt von
> (...A)ber wehe denen..."[12]

Die Thematik der wahren Reinheit erinnert an Mk 7 u. Mt 23
und es scheint, daß auch formal eine ähnliche Komposition (ein zu
einer „Rede" ausgeweitetes Streitgespräch) vorliegt. Die „Echtheit"
der Szene und Rede, für die Jeremias sich mit Verve stark macht[13],
mag dahingestellt bleiben. Literaturgeschichtlich wichtiger ist die Tatsache, daß der Pap. Ox. 840 nach Form und Inhalt eine durchaus
selbständige, wenn auch plattere Variante entsprechender synoptischer Texte darstellt. Wenn man von dem Bruchstück auf das Ganze
schließen darf, kann man von einem „unbekannten Evangelium

---

1ff) an, Pap. Ox. 840 habe als Amulett gedient, mit Recht: für Bibliophilie und Bequemlichkeit waren Format und Schrift zu klein, und um
400 waren die christlichen heiligen Bücher nicht mehr gefährdet und gefährlich.

[12] Übersetzung von Joach. Jeremias in: Hennecke-Schneemelcher I, 58.

[13] Coniectanea Neotestamentica XI, 1947, 97ff; Unbekannte Jesusworte,
50ff.

synoptischen Stils" (Jeremias) sprechen; aber was sonst noch in ihm gestanden und wie es ausgesehen hat, ist unbekannt.

Soweit wir bei der Trümmerhaftigkeit der Überlieferung sehen können, läßt sich folgendes feststellen: 1. formal hat sich die markinische Art, kleine Einheiten lose aneinander zu reihen, durchgehalten; 2. es zeigt sich die Tendenz, bekannte und schon schriftlich fixierte Stoffe neu miteinander zu verbinden[14] und durch Neues aus der mündlichen Tradition zu bereichern (Pap. Egerton 2, Pap. Ox. 840 und PetrEv), ohne allerdings literarisch eine „Evangelienharmonie" anzustreben.

## § 48. Das Petrusevangelium

*Textausgaben:*

K. Aland, Synopsis, s. Index, 585;

U. Bouriant, Mémoires publiées par les membres de la mission archéologique française en Cairo, Tom IX, 1892 (editio princeps);

E. Klostermann, Apocrypha I (KlT 3), Neudruck 1933.

*Untersuchungen:*

O. Cullmann, RGG ³V, 1961, 260 (Lit.);

M. Dibelius, Die at. Motive in der Leidensgeschichte des Johannes- und Petrusevangeliums, Botschaft und Geschichte I, 1953, 221ff;

A. Harnack, Bruchstücke des Evangeliums und der Apokalypse des Petrus (TU IX), ²1893;

Chr. Maurer, Petrusevangelium, in: E. Hennecke – W. Schneemelcher, NT Apokryphen I, 1959, 118ff;

J. A. Robinson – M. R. James, The Gospel according to Peter and the Revelation of Peter, 1892;

K. L. Schmidt, Kanonische und apokryphe Evangelien und Apostelgeschichten (AThANT 5), 1944, 37ff;

L. Vaganay, L'Évangile de Pierre, 1930 (Lit.).

### 1. Entdeckung und Überlieferung

Das PetrEv wurde 1886/87 zusammen mit griechischen Fragmenten der Petrusapokalypse und des Henochbuches in Akhmim (Ober-

---

[14] Das scheint auch bei dem Pap. Cairensis 10735 der Fall zu sein, der Stücke aus den Kindheitsgeschichten Mt 1 und Lk 1 kombiniert (Klostermann, Apocrypha II, 24; Hennecke-Schneemelcher I, 73f) – wenn der Papyrus tatsächlich aus einem Evangelienbuch stammt.

ägypten) im Grab eines christlichen Mönchs entdeckt und bald mehrfach publiziert. Es wurde gleichzeitig (1892) von A. Harnack in 60 Verse und von J. A. Robinson in 14 Kapitel eingeteilt; ich verwende bei Zitaten und Verweisen die Harnack'sche Zählung. Die Handschrift stammt nach paläographischen Indizien aus dem 8./9. Jh. Es handelt sich bei ihr um ein Fragment: Sie enthält die Leidens- und Auferstehungsgeschichte, beginnt aber mitten in einer Szene und schließt mit einem unvollständigen Satz; die Ornamente davor und dahinter machen deutlich, daß auch dem Abschreiber kein größerer Text mehr zur Verfügung stand. Über Umfang und Aufbau des Evangeliums wissen wir nichts. Aber es will von Petrus verfaßt sein; am Schluß heißt es:

„Ich aber, Simon Petrus, und Andreas, mein Bruder, nahmen unsere Netze und gingen zum Meer, und es war mit uns Levi, der Sohn des Alphäus, den der Herr . . ." (60; vgl. 26f.; 59).

Die Entdeckung war sensationell. Denn bis dahin wußte man von der Existenz eines PetrEv aus der altkirchlichen Überlieferung nur durch Bemerkungen des Origenes[1] und des Euseb[2], die aber kein Zitat aus ihm brachten, und die den Verdacht erweckten, daß sie es selbst nicht gelesen hatten. Das einzig Konkrete, was man von ihm wußte, war Eusebs Bericht (KG VI, 12) über den Bischof Serapion von Antiochien (ca 200), der die kirchliche Verlesung des PetrEv in der Gemeinde von Rhossos auf Anfrage von Gemeindegliedern zunächst gestattet, nach eigener Lektüre aber verboten hatte, und zwar mit der Begründung, „daß zwar das meiste in dem Evangelium der rechten Lehre des Heilands angehöre, einiges aber von Geboten hinzugefügt sei", daß es von Heterodoxen gebraucht werde und speziell die Anschauung der Doketen fördere. Serapion hat seine Kritik in einer Schrift niedergelegt, aus der Euseb zitiert. Seitdem gehört das PetrEv zu den Antilegomena.

Es gilt als ausgemacht, daß es sich bei diesem und bei dem Fragment von Akhmim um dasselbe PetrEv handelt. Das ist zwar nicht zu beweisen, aber auch nicht zu widerlegen. Die Identität des Titels besagt jedenfalls nichts. Bei der Kombination des Fragments mit den Nachrichten Eusebs ist vorsichtige Zurückhaltung, insbesondere hinsichtlich des „Doketismus" geboten. Gehört das Fragment zu dem von Serapion indizierten PetrEv, dann wäre zu konstatieren, daß es

---

[1] Comm. in Mt 10, 17.
[2] KG III 3; 25.

am Ende des 2. Jh.s in Syrien und noch im 8./9. Jh. in Ägypten gebraucht wurde, daß aber „zwischen Eusebius und der Zeit unserer Handschrift ... uns jede selbständige Kunde von der Existenz des Evangeliums (fehlt)."[3]

## 2. Inhalt

Das Fragment beginnt mit dem Ende einer Szene: Als keiner der Juden, weder „der König Herodes" noch einer „seiner Richter", die Hände waschen wollte, habe Pilatus die Sitzung aufgehoben und Herodes habe den Befehl zur Hinrichtung Jesu gegeben (1f).

Dieser Bericht setzt voraus, daß vorher von einem Verhör Jesu, bei dem Herodes eine entscheidende Funktion hatte, und vom Händewaschen des Pilatus erzählt worden war. In der zweiten Szene bittet Joseph, „der Freund des Pilatus und des Herrn", den Statthalter vorsorglich um den Leichnam Jesu zur Bestattung, Pilatus leitet die Bitte an Herodes weiter, der sie mit dem Hinweis auf Dtn 21, 22f bejaht (3–5). Nach der kurz geschilderten Szene der Mißhandlung Jesu (6–9) folgt die große Kreuzigungsszene (10–20). Diese stimmt in den Grundzügen mit den Berichten der kanonischen Evangelien überein, enthält aber zwei wichtige Besonderheiten. Einmal das Schweigen Jesu während des ganzen Geschehens: „Er aber schwieg, wie wenn er keine Schmerzen empfände" (10). Und dann den Wortlaut des Rufes Jesu bei seinem Tod: „Meine Kraft, (meine) Kraft, du hast mich verlassen" (19). Aus der nächsten Szene, Kreuzabnahme und Begräbnis (21–24) ist hervorzuheben, daß, als Jesu Leichnam auf die Erde gelegt wurde, ein furchterregendes Erdbeben eintrat, aber auch die dreistündige Finsternis über Judäa wieder aufhörte. Das nächste Stück (25–27) berichtet die Reaktion auf die Kreuzigung: Selbsterkenntnis und Unheilsahnung bei den „Juden, Ältesten und Priestern" und Furcht bei den Jüngern, die sich verbergen, weil man sie wegen ihrer angeblichen Absicht, den Tempel in Brand zu setzen, verhaften will, und die nun bis zum Sabbat fasten, trauern und weinen.

Die drei folgenden Erzählungen verraten durch ihre Ausführlichkeit das besondere Interesse des Verfassers an der Auferstehung Jesu. Zunächst wird berichtet, daß die Schriftgelehrten, Pharisäer und Ältesten den Pilatus um militärische Bewachung des Grabes für die

---

[3] Harnack, 5.

Zeit von drei Tagen bitten und er dieser Bitte nachkommt, daß die Soldaten das Grab mit einem großen Stein verschließen und siebenfach versiegeln (28–33). Dann folgt die Schilderung der Auferstehung (34–49). In der Nacht vom Sabbat zum Herrentag

> „erscholl eine laute Stimme am Himmel 36. und sie sahen die Himmel geöffnet und zwei Männer in einem großen Lichtglanz von dort herniedersteigen und sich dem Grabe nähern. 37. Jener Stein, der vor den Eingang des Grabes gelegt war, geriet von selbst ins Rollen und wich zur Seite, und das Grab öffnete sich, und beide Jünglinge traten ein. 38. Als nun jene Soldaten dies sahen, weckten sie den Hauptmann und die Ältesten – auch diese waren nämlich bei der Wache zugegen – 39. Und während sie erzählten, was sie gesehen hatten, sehen sie wiederum drei Männer aus dem Grabe herauskommen und die zwei den einen stützen und ein Kreuz ihnen folgen 40. und das Haupt der zwei bis zum Himmel reichen, dasjenige des von ihnen an der Hand geführten aber die Himmel überragen. 41. Und sie hörten eine Stimme aus den Himmel rufen: „Du hast den Entschlafenen gepredigt", 42. und es wurde vom Kreuze her die Antwort laut: „Ja". 43. Jene erwogen nun miteinander, hinzugehen und dies dem Pilatus zu melden. 44. Und während sie noch beratschlagten, sieht man wieder, wie die Himmel sich öffnen und ein Mensch heruntersteigt und ins Grab hineingeht."

Die Soldaten erstatten dem Pilatus Meldung, und der befiehlt ihnen auf Bitten der Ältesten, über das Geschehene zu schweigen. Die dritte Erzählung berichtet die Szene vom leeren Grab am Morgen des Herrentags (50–57). Maria Magdalena und ihre Freundinnen finden das Grab offen und in ihm einen Jüngling sitzen, der ihnen die Auferstehung Jesu kundtut, worauf sie voller Entsetzen fliehen. Von einer Benachrichtigung der Jünger verlautet nichts. Statt dessen wird erzählt, daß nach dem Fest der ungesäuerten Brote die Jünger – „wir, die zwölf Jünger des Herrn" – nach Hause, dh nach Galiläa gegangen seien (58f). Der nächste Satz, in dem Petrus in erster Person spricht, sollte offenbar den Bericht über eine Erscheinung des Auferstandenen am „Meer" (See Genezareth) einleiten, bricht aber unvollendet ab.

### 3. Literarischer und theologischer Charakter

Der literarisch auffälligste Zug dieses Fragments ist das Auftauchen des Ichs des angeblichen Verfassers in der Erzählung, und daß er in der Rolle des Petrus schreibt (26f; 59f). Derartiges findet sich in den früheren Evangelien noch nicht. (Auch nicht Joh 19, 35); die

Übertragung der überkommenen Traditionen in den Ich-Stil zeigt, daß hier „literarische" Gepflogenheiten aufgenommen worden sind und daß das PetrEv ein relativ spätes Produkt ist[4]. Seine Zuschreibung an Petrus soll es unter die Autorität des Apostelfürsten stellen und damit zugleich einem offenbar stark empfundenen Mangel, dem Fehlen von Berichten des prominentesten Jüngers Jesu über den Meister, abhelfen, einem Mangel, den Papias durch seine Theorie von Markus als dem Sekretär des Petrus zu beheben suchte.

Auch sonst erweist sich das PetrEv als junges Werk[5]. Es setzt die vier „kanonischen" Evangelien (noch nicht den Kanon der vier Evangelien) voraus und benutzt sie.

Als Basis der erhaltenen Erzählung dient der Mt-Bericht; denn das Händewaschen des Pilatus (1), die Bewachung und Versiegelung des Grabes (29ff), die Tatsache, daß (nicht, wie!) der Auferstehungsvorgang geschildert wird (44), die Vereinbarung, die Auferstehung zu verschweigen (47ff), haben nur im Sondergut des Mt ihre Parallelen. Im lukanischen Sondergut haben zwei wichtige Züge ihre Analogien: das Auftreten des Herodes Antipas im Prozeß Jesu und seine Freundschaft mit Pilatus (1–5) und das Wort des einen Verbrechers (13f). Markinisch dürften die Flucht und das Schweigen der Frauen sein (57); der Zug der Jünger nach Galiläa (58f) entspricht Mk und Mt. Berührungen mit Joh finden sich in der Datierung des Todestages (5), in der Erwähnung des Zerbrechens der Schenkel (14), der Nagelung der Hände (21), in der Wendung: „Er ist dorthin gegangen, woher er gesandt worden ist" (56), und in der distanzierten Art, wie Ps.-Petrus von „den Juden" redet (passim).

Aber manche Episoden der kanonischen Berichte, auch des Mt, fehlen, der Autor hat ausgewählt und wollte keine Evangelienharmonie kompilieren, sondern einen selbständigen Bericht darbieten (das war er seiner Rolle als Petrus schuldig); quellenkritisch läßt sich seine Darstellung nicht restlos aufteilen.

Sie erweist sich auch traditionsgeschichtlich als sekundär. Hier ist zB die Weiterführung einzelner übernommener Motive zu nennen: die Anrede „Bruder Pilatus" (4), der Name des Centurio von der Grabeswache: Petronius (31), die siebenfache Versiegelung des Grabes (33), das Selbstgespräch der Frauen beim Gang zum Grabe (52ff) usw. Vor allem aber gilt das vom Auferstehungsbericht, der den Vorgang selbst und zwar als mythisches Geschehen schildert: Ertönen der Himmelsstimme, Sichöffnen des Himmels, Herabkunft

---

[4] Vgl. M. Dibelius, Geschichte der urchristl. Literatur I, 1926, 58.
[5] Hierzu ausführlich: Vaganay, 43–82.

zweier Engel[6], ihr Wiedererscheinen mit einer dritten Gestalt, Jesus, die riesenhafte Größe der Drei, die Verselbständigung des Kreuzes, das Motiv der Predigt im Totenreich – das ist keine Weiterführung der in der Frage des Wie so zurückhaltenden früheren Osterberichte, sondern ihnen gegenüber etwas Neues. Es zeigt nicht nur eine gesteigerte Freude am Phantastisch-Mirakulösen, sondern vor allem eine Verlagerung des theologischen Interesses vom Kreuz auf die Auferstehung.

Und doch enthält das Fragment auch archaische Elemente, wie M. Dibelius nachgewiesen hat. Es sind das Bezugnahmen auf das AT, nicht in der Form von mit Einleitungsformeln eingeführten Zitaten, sondern in der Form, daß bestimmte Vorgänge der Passion mit Bibelworten erzählt werden.

Die wichtigsten Beispiele: In der Schilderung der Mißhandlung Jesu heißt es: „... sie setzten ihn auf einen Richterstuhl und sprachen: Richte gerecht, du König Israels" (7); dieser sonst nicht vorkommende Zug nimmt Jes 58, 2 auf („sie fordern nun von mir gerechtes Gericht"); in der Schilderung der Finsternis während der Kreuzigung heißt es: „Viele aber gingen mit Lichtern umher, da sie meinten, es sei Nacht" (18); damit nimmt der Erzähler Bezug auf Jes 59, 9f.

Diese Art der Darstellung des Leidens Jesu mit Hilfe at. Worte ohne Zitationsformeln ist traditionsgeschichtlich älter als der explizite Schriftbeweis, sie repräsentiert die älteste Form, wie die Passion geschildert wurde, soll aber ebenfalls die Erfüllung at. Prophetien in der Passion und ihren Einzelheiten dartun. Man wird diese archaischen Elemente mit Dibelius auf Einwirkung der mündlichen Predigttradition zurückzuführen haben. Das Fragment enthält Altes und Junges, es ist literarisch und theologisch komplex.

Bei der Frage nach dem theologischen Charakter des PetrEv ist zunächst auf die Frage nach seinem „Doketismus" einzugehen. Die Züge, die für ihn reklamiert werden, sind zweideutig, sie können, aber müssen nicht doketisch verstanden werden:

1. „Er aber schwieg, wie wenn er keinen Schmerz empfände" (10) kann als Zeichen der Leidensunfähigkeit, aber auch als Zeichen der Standhaftigkeit aufgefaßt werden. 2. Der Todesruf: „Meine Kraft, (meine) Kraft, du hast mich verlassen!" (19) kann die doketische Trennung des ἄνω Χριστός vom irdischen Jesus meinen, aber auch eine Korrektur von Mk 15, 34

---

[6] Die Vermutung, es handle sich um Mose und Elia, überzeugt nicht, denn diese wurden nicht als „Jünglinge" vorgestellt (37); es sind Engel, wie „der schöne Jüngling" im Grab (55).

sein, weil man an der Gottverlassenheit Jesu Anstoß nahm. 3. Der Ausdruck ἀνελήμφϑη (15) kann als Himmelfahrt vom Kreuz gedeutet werden, aber auch einfach Sterben bedeuten[7]. Andere Züge – das Erdbeben, als Jesu Leichnam auf die Erde gelegt wird (21); das wandernde und sprechende Kreuz (39. 42) – sind zwar mythologischer Natur, aber nicht spezifisch doketisch[8].

Eine eindeutige Bestimmung, ob das PetrEv doketisch ist oder nicht, ist natürlich prekär, da wir nur ein Fragment besitzen. Aber es umfaßt immerhin Passion und Auferstehung, also die Passagen, in denen der Doketismus am ehesten zum Vorschein kommen muß. Gewiß konnten die erwähnten Züge von Doketen in ihrem Sinn gedeutet werden – aber welches der vier kanonischen Evangelien wurde von Doketen und anderen Gnostikern nicht in ihrem Sinn gedeutet? Mir scheint das PetrEv keine doketische Tendenz zu verfolgen. Denn sonst wäre es unverständlich, warum der Autor bestrebt ist, mit so großem Aufwand die Realität der Auferstehung zu beweisen.

Doch scheint nach 56 („er ist dorthin gegangen, woher er gesendet worden war") eine Präexistenzchristologie vorzuliegen, und das PetrEv mit der Verbindung von Präexistenz und Leben-Jesu-Stoff die „johanneische" Tradition fortzusetzen, eine Verbindung, die aber auch sonst, zB am Anfang des 2. Jh. und bei Ignatius v. Antiochien, wenn auch nicht in Form eines Evangelienbuches, nachzuweisen ist. Es fällt auf, daß unser Fragment nie den Jesusnamen nennt und in der Erzählung konsequent den Titel „der Herr" verwendet (13mal). Die anderen im Fragment vorkommenden christologischen Prädikationen werden ausschließlich von nichtchristlicher Seite gebraucht: die Kreuzesinschrift: „der König Israels" (11), auch als höhnischer Gruß (7), ebenso „Sohn Gottes" als Hohn (6. 9); aber diese Prädikation erscheint auch im Bekenntnis der Grabeswächter, das die Akklamation des Centurio unter dem Kreuz (Mk 15, 39 Par) ersetzt: „Wahrhaftig, er war Gottes Sohn" (45), und wird von Pilatus aufgenommen (46). Der Schächer bezeichnet Jesus als „Heiland der Menschen" (13). Die Gottessohn-Prädikation muß in dem verlorenen Teil des PetrEv schon eine Rolle gespielt haben, sonst könnte sie nicht zum Hohn verwendet werden, und hat wohl präexistenzchristologischen Sinn.

---

[7] Wie ἀνάλημψις PsSal 4, 18; vgl. auch Lk 9, 51.
[8] Vgl. Vaganay, 139f; 259f; 299; 302f.

Der theologische Charakter des PetrEv läßt sich aus dem erhaltenen Fragment nur teilweise erschließen. Dieses zeigt ein starkes Interesse am Mirakulösen und Mythologischen und vor allem eine polemische Tendenz gegen „die Juden". Auf diese Tendenz gehen viele eigentümliche Züge zurück: daß Herodes das Urteil spricht und den Befehl zur Hinrichtung Jesu gibt und daß andererseits Pilatus möglichst entlastet wird (46) und fast auf der Seite der Christen stehend erscheint (3: „Joseph, der Freund des Pilatus und des Herrn"). Ob dahinter politische Motive stecken, läßt sich aufgrund dieses erhaltenen Textes nicht sicher entscheiden. Dieser legt das Gewicht ganz auf die Schuld der Juden und das „große Übel, das sie sich selbst zugefügt haben" (25); vgl. das seltsame Wort 48. Hiermit steht das PetrEv in einer schon alten Tradition christlicher Judenpolemik, deren ältestes literarisches Zeugnis sich 1 Thess 2, 15 findet.

Bedauerlich, daß vom PetrEv nur dieses Fragment erhalten ist. Es wäre reizvoll zu wissen, welchen Umfang dieses Evangelium gehabt hat, wie komplex sein Charakter war – ob etwa der joh. Einschlag so stark war wie beim Pap. Egerton 2 – und wie weit die autobiographische Fiktion durch den Ich- und Wir-Stil – etwa in der Verleugnungsszene – ging. Über die Nachwirkung des PetrEv läßt sich wenig sagen. Aber offenbar sind einige Motive aus ihm – die Entlastung des Pilatus zuungunsten der Juden, die Rolle Josephs und die der Hadespredigt Jesu – in das Nikodemusevangelium übernommen worden.

## § 49. Das Nazaräerevangelium

*Textausgaben:*

K. Aland, Synopsis, s. Index, 585;
E. Klostermann, Apocrypha II (KlT 8), ³1929.

*Untersuchungen:*

B. Bischoff, Wendepunkte in der Geschichte der lateinischen Exegese im Frühmittelalter, Sacris Erudiri 6, 1954, 189ff;
Ed. Lohse, RGG IV, ³1960, 1385f (Lit.);
P. Vielhauer in: Hennecke-Schneemelcher, NT Apokryphen I, 1959, 75ff (Lit.).

## 1. Überlieferung und Sprache

Epiphanius und Hieronymus erwähnen ein in „hebräischer" (dh aramäischer oder syrischer) Sprache abgefaßtes Evangelium, das bei den Nazaräern, den syrischen Judenchristen im cölesyrischen Beröa (Aleppo) in Gebrauch war. Hieronymus, der viele Zitate aus ihm bringt, identifiziert es mit dem Hebräerevangelium. Aber zu Unrecht. Denn Euseb und Hegesipp unterscheiden genau zwischen dem Hebräer- und dem „syrischen" Evangelium[1]. Aus diesem und anderen Gründen muß man die beiden Bücher auseinanderhalten[2]. Das Nazaräerevangelium (= NE) wird auch durch eine Anzahl mittelalterlicher Evangelienhandschriften als τὸ Ἰουδαϊκόν bezeugt; einige von ihnen bringen am Rande Zitate aus ihm als Parallelen zu den Mt-Stellen. Weitere Zitate finden sich in exegetischen Werken des Mittelalters; ob das Evangelium damals noch direkt zugänglich war oder ob die Zitate aus Catenen und Kommentaren stammen, läßt sich nicht mehr ausmachen. Die Zuweisung der einzelnen Fragmente ist mitunter unsicher[3].

Das NE hatte offenbar keinen eigenen Titel. Es wird durch Umschreibungen („das Evangelium, das die Nazaräer gebrauchen", u. ä.) oder auch durch Bezeichnung seiner Sprache („das syrische", „das jüdische") charakterisiert; erst in mittelalterlichen Texten findet sich der Titel „das Evangelium der Nazaräer". All diese Bezeichnungen stammen von Außenstehenden. Die Nazaräer selbst bedurften keiner solchen unterscheidenden Benennung; es war das einzige Evangelium, das sie benutzten.

In welchem semitischen Idiom (Aramäisch oder Syrisch) es abgefaßt war, läßt sich nicht mehr mit Sicherheit sagen. Es ist auch umstritten, ob es von Haus aus in dieser semitischen Sprache konzipiert war oder aus dem Griechischen übersetzt ist; mir scheint das Letztere der Fall zu sein[4]. Das NE zeigt eine enge Verwandtschaft mit Mt (die auch schon in der Alten Kirche aufgefallen war und gelegentlich zu der Behauptung geführt hatte, es sei die „hebräische"

---

[1] Euseb sagt von Hegesipp: „Er zitiert sowohl aus dem Evangelium nach den Hebräern, als auch aus dem syrischen (Evangelium)." KG IV 22, 8, und spricht an anderer Stelle von „dem Evangelium, das unter den Juden in hebräischer Sprache (verbreitet) ist." (Theophanie IV, 12).

[2] Hennecke-Schneemelcher I, 75ff.

[3] Zu den Kriterien s. bei Hennecke-Schneemelcher I, 86f.

[4] Vgl. bei Hennecke-Schneemelcher I, 90ff.

Urfassung des Mt); aber das Problem dieser Verwandtschaft sollte
aus methodischen Gründen streng von der Frage nach der Ursprache
des NE unterschieden werden.

## 2. Umfang und literarischer Charakter

Daß das NE nach Umfang und Inhalt dem Mt glich, zeigen vor
allem die Lesarten des Judaikon, die von der Versuchung bis zur
Passion reichen, aber auch die erhaltenen Fragmente, die sich über
den gleichen Zeitraum verteilen. Daß ein Zitat aus den Ostergeschichten fehlt, mag Zufall sein. Das Vorhandensein der „Vorgeschichte" darf vorausgesetzt werden, auch wenn man die Zugehörigkeit der gleich zu besprechenden Magierszene zum NE bezweifelt[5];
denn eine Bemerkung des Hieronymus und vor allem die Tatsache,
daß gegen das NE nie der Vorwurf der Verkürzung erhoben wird
(wie gegen das Ebionäerevangelium), zeigen doch wohl zur Genüge,
daß es eine (die matthäische) Vorgeschichte enthielt.

Es gehört zu den Evangelien synoptischen Typs. Sein literarischer
Charakter läßt sich durch einen Vergleich mit Mt näher bestimmen.
Im parallelen Erzählungsstoff erweist sich das NE meist als sekundär.
Es bringt beispielsweise einen Dialog Jesu mit seiner Mutter und
seinen Brüdern, die ihn auffordern, sich mit ihnen der Bußtaufe des
Johannes zu unterziehen; Jesus verweist auf seine Sündenlosigkeit.
Diese Neubildung ist inhaltlich eine Variante zu dem Dialog Jesu
mit dem Täufer (Mt 3, 13–15), nur daß in ihr Jesus selbst es ist, der
seine Sündenlosigkeit betont und dadurch diesem dogmatischen Gedanken die höchste Autorität verleiht. Literarisch handelt es sich
kaum um eine Ersetzung des Dialogs mit dem Täufer, sondern um
eine Verdoppelung. Eine Verdoppelung findet sich auch in der Parallele zur Geschichte vom reichen Jüngling (Mt 19, 16–24): Aus dem
einen Reichen sind zwei geworden[6] und jeder hat mit Jesus gesprochen; leider ist nur der Dialog mit dem zweiten erhalten. Hier
findet sich ein novellistischer Zug: auf Jesu Befehl, alles zu ver-

---

[5] Lateinischer Text (von Sedulius Scottus in seinem Matthäus-Kommentar
überliefert) bei B. Bischoff, 203f; Übersetzung bei Hennecke-Schneemelcher I, 98f.

[6] Auch Mt verdoppelt gelegentlich einzelne Gestalten (vgl. 20, 29ff mit
Mk 10, 46ff).

kaufen und ihm nachzufolgen, „da begann der Reiche, sich am Kopf zu kratzen". Dazu kommt in Jesu Antwort ein soziales Motiv:

> „Wie kannst du sagen, Gesetz und Propheten habe ich erfüllt? Steht doch im Gesetz geschrieben: Liebe deinen Nächsten wie dich selbst; und siehe, viele deiner Brüder, Söhne Abrahams, starren vor Schmutz und sterben vor Hunger – und dein Haus ist voll von vielen Gütern, und gar nichts kommt aus ihm heraus zu ihnen!"

Beides begegnet noch einmal; die Geschichte von der Heilung der verdorrten Hand (Mt 12, 9ff) wird durch eine Bitte des Kranken novellistisch erweitert und pointiert:

> „Ich war Maurer und verdiente mit (meinen) Händen den Lebensunterhalt; ich bitte dich, Jesus, mir die Gesundheit wiederherzustellen, damit ich nicht schimpflich um Essen betteln muß."

Daß bei der Kreuzigung nicht der Tempelvorhang zerreißt (Mt 27, 51), sondern die Tempeloberschwelle zusammenstürzt, dürfte ebenfalls eine novellistische Weiterbildung sein[7]. Die Magierepisode Mt 2, 9–12 ist um eine Szene bereichert worden, in der zwei dort noch fehlende Nebenpersonen, Joseph und ein Simon, auftreten und der erste die Schar der Herannahenden beschreibt: ihr Verhalten kennzeichne sie als Wahrsager, ihr Aussehen und ihre Kleidung als Fremde. Es ist interessant, daß diese Schilderung (reiche und weiche Gewänder; Mützen und Hosen) die Magier als Perser in parthischer Tracht charakterisiert, so wie sie auch auf bildlichen Darstellungen der altchristlichen Kunst erscheinen[8]. Ein weiterer Zug – die Geburtsstätte Jesu ist eine Höhle – verbindet diese Szene mit anderen apokryphen Traditionen[9]; er bildet aber zusammen mit dem Stern und der Huldigung der Magier einen festen Motivzusammenhang in der Mithraslegende[10]. Diese hat nicht nur auf Mt 2, sondern auch auf die Bildung dieser neuen Szene eingewirkt. Die „Vorgeschichten"

---

[7] Sie geht vielleicht auf eine jüdische Tradition über Vorzeichen der Tempelzerstörung zurück, von der Josephus berichtet (Bell. VI 293–300).

[8] Vgl. A. Dieterich, ZNW 3, 1902, 4f und G. Widengren, Iranisch-semitische Kulturbegegnung in parthischer Zeit, 1960, 69ff; hier auch bildliche Dokumentation, insbes. S. 147 Fig. 33 u. 34.

[9] Bei Justin, Dial. 78 und Protevangelium Jacobi 18f; 21, 3. Dazu W. Bauer, Das Leben Jesu im Zeitalter der nt. Apokryphen, 1909, 61ff; M. Dibelius, Botschaft und Geschichte I, 1953, 75ff.

[10] Zu diesem religionsgeschichtlichen Hintergrund vor allem Widengren, 62ff.

waren überhaupt ein fruchtbarer Boden für Wachstum und Wucherung der Legenden.

Auch der Redestoff des NE erweist sich häufig Mt gegenüber als
sekundär; nur für wenige Sprüche haben sich Verteidiger der Ursprünglichkeit gefunden. Zwei Worte zeigen „johanneische" Färbung:
„Ich wähle mir die Würdigsten aus; die Würdigsten sind die, die
mir mein Vater im Himmel gegeben hat" und die Variante zum
Spruch „Herr, Herr-Sagen", die auch 2Clem 4, 5 belegt ist: „Wenn
ihr an meiner Brust versammelt seid und meine Gebote nicht tut,
so werde ich euch wegstoßen . . .". Der johanneische Einschlag scheint
im NE etwas stärker gewesen zu sein als in Mt (11, 25ff Par. = Q).

Das NE macht im Ganzen dem Mt gegenüber einen traditionsgeschichtlich sekundären Eindruck. Es ist kaum anzunehmen, daß es
sich bei ihm um eine selbständige Weiterbildung älterer aramäischer
Überlieferungen handelt; diese Annahme wird schon durch die enge
Verwandtschaft mit Mt verboten. Andererseits läßt sich das aramäische (syrische) NE auch nicht als Rückübersetzung des griechischen
Mt erklären; das verbieten die novellistischen Erweiterungen, Neubildungen, Kürzungen und Korrekturen. Literarisch dürfte das NE
am ehesten als targumartige Wiedergabe des kanonischen Mt charakterisiert werden.

## 3. Entstehung

Als Entstehungszeit, die durch die Abfassung des Mt und durch
die älteste Bezeugung (Hegesipp ca 180) eingegrenzt ist, wird man
den Anfang des 2. Jh. annehmen dürfen. Der Entstehungsort ist unbekannt, aber vermutlich dort zu suchen, wo das NE noch zur Zeit
des Epiphanius und Hieronymus in Gebrauch war bei aramäisch
oder syrisch redenden Judenchristen, also in der Gegend des cölesyrischen Beröa.

Dieser judenchristlichen Gruppe wird von den Kirchenvätern kein
Vorwurf der Häresie gemacht; sie war offenbar ebenso großkirchlich orthodox wie diese. Auch aus den erhaltenen Fragmenten läßt
sich keine theologische Sondermeinung herauslesen. Daß diese
Gruppe so lange ein Sonderdasein geführt hat, ist vermutlich in
ihrer sprachlichen Abgeschlossenheit begründet.

## § 50. Das Ebionäerevangelium

*Texte und Literatur:* wie bei § 49.

O. Cullmann, RGG II, ³1958, 297f (Lit.).

### 1. Überlieferung und Bestand

Epiphanius[1] berichtet, daß die judenchristliche Sekte der Ebionäer ein Evangelium gebraucht hätte, das eine verkürzte und verstümmelte Ausgabe des Mt gewesen sei. Er unterscheidet es genau von dem bei den Nazaräern benutzten, das ein vollständiger „hebräischer" Ur-Mt gewesen sei. Er behauptet aber, es hätte den Titel „Hebräisches Evangelium" bzw. „Evangelium nach den Hebräern" getragen, identifiziert es also mit dem Hebräerevangelium; das ist jedoch ein Irrtum, der wohl darauf beruht, daß er eine Nachricht Eusebs, eine Sonderrichtung der Ebionäer habe nur das Hebräerevangelium benutzt[2], auf die Ebionäer überhaupt übertragen hat. Jedenfalls sind die Fragmente, die Epiphanius vom Ebionäerevangelium (= EE) überliefert, anders geartet als die des Hebräerevangeliums. Ob das EE identisch ist mit dem „Evangelium nach den Zwölf (bzw. den zwölf Aposteln)", das von Origenes und Hieronymus erwähnt wird[3], wissen wir nicht; da aus ihm kein Zitat überliefert ist, ist dieses Nichtwissen kein Verlust.

Epiphanius hat sieben Zitate aus dem EE mitgeteilt. Diesen geringen Bestand suchen manche Gelehrte etwas anzureichern, indem sie unkanonische oder nicht ganz der kanonischen Form entsprechende Evangelienzitate aus den Pseudoklementinen dem EE zusprechen. Aber seit G. Strecker[4] nachgewiesen hat, daß in ihnen kein judenchristliches Evangelium zitiert wird, sind solche willkürlichen Arrondierungen wissenschaftlich nicht mehr vertretbar. Was wir mit Sicherheit vom EE besitzen, sind nur die Fragmente, die Epiphanius zitiert.

---

[1] Panarion 30, 13ff.
[2] KG III 27, 4.
[3] Belege bei Klostermann, 4f.
[4] Das Judenchristentum in den Pseudoklementinen (TU 70), 1958, 117ff.

## 2. Literarischer und theologischer Charakter

Trotz ihrer geringen Zahl gestatten sie einige literarische und theologische Rückschlüsse. Worin die von Epiphanius behauptete spezielle Verwandtschaft mit Mt bestand – ob im Aufbau oder in einer besonderen Funktion des Matthäus – läßt sich nicht mehr feststellen. Die Fragmente zeigen Vertrautheit mit allen drei Synoptikern, aber keine Bevorzugung eines einzelnen; sie lassen eher eine Tendenz auf einen Mischtext synoptischen Typs vermuten als die Bearbeitung eines einzelnen Evangeliums, wie es beim Nazaräerevangelium der Fall war, erkennen. Das EE begann mit der Schilderung des Täufers, hatte also keine Vorgeschichte, und schloß mit Passion und Ostern, denn es enthielt einen Passus vom letzten Mahl. Diese Abhängigkeit von den Synoptikern würde allein schon beweisen, daß das EE griechisch abgefaßt war; aber das läßt sich auch noch an einer Einzelheit zeigen: wenn die Schilderung der Nahrung des Täufers die Heuschrecken ausläßt und statt dessen den wilden Honig (Mk 1, 6; Mt 3, 4) mit einer Wendung aus Num 11, 8 charakterisiert („dessen Geschmack wie Manna war, wie Kuchen in Öl"), so kann diese Eintragung nur durch die Ähnlichkeit der griechischen Vokabeln ἀκρίς (Heuschrecke) und ἐγκρίς (Kuchen) veranlaßt sein[5].

Literarisch interessant ist der Bericht über die Berufung der zwölf Apostel:

„Es trat ein gewisser Mann auf, mit Namen Jesus, ungefähr dreißig Jahre alt, der erwählte uns. Und als er nach Kapernaum kam, trat er in das Haus Simons, der den Beinamen Petrus hatte, öffnete seinen Mund und sprach: Als ich am See Tiberias entlang ging, erwählte ich Johannes und Jakobus, die Söhne des Zebedäus, und Simon und Andreas und Thaddäus und Simon, den Zeloten, und Judas, den Iskarioten, und dich, Matthäus, der du am Zoll saßest, berief ich, und du folgtest mir. Von euch nun will ich, daß ihr zwölf Apostel seid, zum Zeugnis für Israel."

Der Text weist zwei stilistische Besonderheiten auf: Jesus selbst erzählt die Jüngerberufung; und diese Erzählung ist von einem Bericht der Apostel im Wir-Stil eingerahmt. Wie stark der Wir-Stil die Form des EE bestimmt hat und ob noch mehr solcher Geschichten von Jesus selbst erzählt worden sind, läßt sich nicht mehr feststellen. Der Wir-Stil begegnet auch im Petrusevangelium, die Hervorhebung des Matthäus zB auch im „Buch von Thomas dem Athleten" u. ö.

---

[5] M. Dibelius, Geschichte der urchristlichen Literatur I, 60.

Zweifellos soll durch den Wir-Bericht das EE unter die Autorität der
zwölf Apostel gestellt, und vermutlich soll Matthäus als Schreiber
des Buches gekennzeichnet werden. Die letzte Wendung des Zitates
zeigt den judenchristlichen Charakter des Werkes an.

Manche Änderungen der synoptischen Vorlagen gehen auf die
Theologie der Ebionäer zurück. Die Streichung der Vorgeschichte
erfolgte aus dogmatischer Tendenz: die Ebionäer leugneten die jungfräuliche Geburt und hatten einen anderen Begriff von der Gottessohnschaft Jesu. Diese beruht nicht auf göttlicher Erzeugung, aber
auch nicht auf Adoption, sondern auf der Vereinigung des heiligen
Geistes mit Jesus bei der Taufe: Der Geist „ging in ihn hinein",
und das bedeutet die Vereinigung eines himmlischen Wesens mit
dem Menschen Jesus zum Gottessohn; dreimal ertönt die Himmelsstimme, in der Form Mk 1, 11, darauf in der „westlichen" Fassung
von Lk 3, 22 („ich habe dich heute gezeugt") – die Wichtigkeit des
„heute" wird durch eine Lichterscheinung unterstrichen[6] – und
schließlich in der Version von Mt 3, 17; man wird in dieser Vereinigung einen gnostischen Zug der Christologie der Ebionäer zu sehen
haben[7]. Ein Ich-Wort spricht von der Aufgabe Jesu: „Ich bin gekommen, die Opfer abzuschaffen, und wenn ihr nicht ablaßt zu
opfern, wird der Zorn von euch nicht ablassen." In dieser Um-
formung von Mt 5, 17f dokumentiert sich ein anderer signifikanter
Zug der ebionäischen Theologie, ihre Feindschaft gegen den Tempelkult. Ein dritter Zug dokumentiert sich, wenn das Herrenwort Lk
22, 15 („ich habe begehrt, dieses Passahmahl mit euch zu essen") in
sein genaues Gegenteil verkehrt wird: „Habe ich etwa begehrt,
Fleisch an diesem Passah mit euch zu essen?" Es handelt sich um
einen prinzipiellen Vegetarianismus (dem wohl auch die Heuschrecken des Täufers zum Opfer gefallen sind).

Diese theologischen Charakteristika – gnostisierende Christologie,
Vegetarianismus, Kultfeindschaft – bilden gewiß nicht das Ganze der
ebionäischen Anschauungen, aber sie machen zweierlei deutlich:
1. daß die Ebionäer bedeutend weniger „großkirchlich" waren als
die andere judenchristliche Sekte der Nazaräer, daß also das EE
streng vom Nazaräerevangelium zu unterscheiden ist; 2. daß und wie

---

[6] Zu den Lichterscheinungen bei der Taufe s. W. Bauer, Das Leben Jesu
   im Zeitalter der nt. Apokryphen, 1909, 134ff.

[7] So Dibelius, 61.

stark dogmatische Tendenzen den schon festgelegten Evangelienstoff umgestalten können.

## 3. Entstehung

Entstehungszeit: Schon Irenäus (ca 180) weiß von der Existenz des EE; da es alle drei Synoptiker benutzt, muß es am Anfang oder in der ersten Hälfte des zweiten Jhs. entstanden sein. Als Entstehungsort wird gerne das Ostjordanland, nach den Kirchenvätern der Hauptsitz der Ebionäer, angenommen; aber diese Lokalisierung bleibt unsicher.

## § 51. Das Hebräerevangelium

*Texte und Literatur* wie bei § 49, ferner:

G. Bardy, Saint Jérôme et l'évangile selon des Hébreux, in: Mélanges de science religieuse III, 1946, 5ff;

W. Bauer, Rechtgläubigkeit und Ketzerei im ältesten Christentum, 1934, 54ff;

W. Surkau, RGG III, [3]1959, 109.

## 1. Überlieferung und Bestand

Das „Evangelium nach den Hebräern" ist das einzige „judenchristliche" Evangelium, das laut altkirchlicher Überlieferung einen festen Titel hatte. Es wird erstmalig von den Alexandrinern Clemens und Origenes erwähnt, die auch Zitate aus ihm bringen, war aber nach Eusebs Zeugnis schon von Hegesipp (ca 180) benutzt worden – wie bereits gesagt, neben einem anderen judenchristlichen Evangelium, das seiner Sprache wegen „das syrische" genannt wird (KG IV, 22, 8). Auch Euseb kennt und unterscheidet die beiden Evangelien. Das Hebräerevangelium (= HE) war zu seiner Zeit noch bei Judenchristen in Gebrauch, während es in anderen kirchlichen Kreisen entweder zu den „umstrittenen" oder zu den „unechten" Schriften gerechnet wurde (KG III, 25, 5). Hieronymus setzt es mit dem Nazaräer- und gelegentlich auch noch mit dem Ebionäerevangelium gleich und hat damit eine nicht geringe Konfusion angerichtet, die bis heute nachwirkt. Jedoch hat G. Bardy 1946 die Aussagen des Kirchenvaters auf das Maß ihrer Glaubwürdigkeit – ein sehr geringes Maß – reduziert und dadurch die Basis für eine umfassende kritische Analyse der altkirchlichen Zeugnisse über die judenchristlichen Evangelien geschaffen, die es ermöglicht, die These von drei solchen Büchern zu erhärten[1].

Freilich ist damit das Problem der Zuweisung einzelner Fragmente zu den Evangelien nicht gelöst. Besonders schwierig ist sie bei den von Hieronymus zitierten Fragmenten; aber trotz seiner unseriösen Zitationsformeln kann man vier seiner Zitate mit einiger Sicherheit für das HE in Anspruch nehmen. Dazu kommen mit Sicherheit zwei von Clemens und Origenes überlieferte Bruchstücke und mit Wahrscheinlichkeit ein weiteres, das sich in der koptischen Übersetzung einer Rede Kyrills von Jerusalem findet[2]. Ein karger Restbestand des ursprünglich recht großen HE – Nikephoros gibt seinen Umfang mit 2200 Stichen an, das sind nur 300 weniger, als nach seiner Zählung das MtEv umfaßt. Aber man sollte diesen Bestand nicht nach Gutdünken aus anderen Quellen anreichern. Die erhaltenen Fragmente sind auch so noch interessant genug.

## 2. Inhalt

Zwei der Bruchstücke lassen einiges weniges von dem verlorenen Inhalt des HE erschließen. Wenn das Kyrill-Fragment zum HE gehört hat, informiert es über den Anfang des Buches:

„Als Christus auf die Erde zu den Menschen kommen wollte, erwählte der Vatergott eine gewaltige Kraft im Himmel, die Michael hieß, und vertraute Christus ihrer Fürsorge an. Und die Kraft kam in die Welt, und sie wurde Maria genannt, und Christus war sieben Monate in ihrem Leibe."

Diese Passage über die Herabkunft Christi läßt erkennen, daß zuvor über seine Präexistenz und anschließend über seine Geburt berichtet worden ist. Das andere Stück berichtet eine Erscheinung des Auferstandenen vor seinem Bruder Jakobus:

„Als aber der Herr das Leintuch dem Knecht des Priesters gegeben hatte, ging er zu Jakobus und erschien ihm. Jakobus hatte nämlich geschworen, er werde kein Brot mehr essen von jener Stunde an, in der er den Kelch des Herrn getrunken hatte, bis er ihn von den Entschlafenen auferstanden sähe. Und kurz darauf sagte der Herr: bringet einen Tisch und Brot! Und sogleich wird hinzugefügt: er nahm das Brot, segnete es und brach es und

---

[1] Hennecke-Schneemelcher I, 75ff.
[2] Vgl. Hennecke-Schneemelcher I, 86f; 88; 104.

gab es Jakobus dem Gerechten und sprach zu ihm: Mein Bruder, iß dein Brot, denn der Menschensohn ist von den Entschlafenen auferstanden."

Diese Perikope setzt voraus: 1. eine Erzählung über das Abendmahl, an dem Jakobus teilgenommen, Jesus seinen Tod und seine Auferstehung geweissagt und Jakobus ein bis zu Jesu Auferstehung geltendes Enthaltungsgelübde geleistet hat; 2. eine Ostererzählung, nach der sich der Auferstehungsvorgang vor den Augen der Grabeswächter abgespielt hat (ähnlich dem PetrEv), und damit 3. einen Bericht über Grablegung und Grabeswache. Die Christophanie vor Jakobus war die erste; das HE hat vermutlich noch weitere erzählt; aber wieviele ist ebenso ungewiß wie mit welchem Ereignis es geschlossen hat. Erhalten sind ein seltsamer Taufbericht, das noch seltsamere Fragment einer Versuchungsgeschichte und drei Sprüche Jesu, von denen einer auch im ThEv (Spr. 2; Pap. Ox. 654) vorkommt.

### 3. Literarischer und theologischer Charakter

Das HE läßt sich weder dem synoptischen noch dem johanneischen Typ, noch einem Mischtyp subsumieren. Obwohl es durch seinen Beginn mit Joh (Präexistenzaussagen) sowie mit Mt und Lk (Geburtsgeschichte) Berührungen zeigt und obwohl es durch die Geschichten von der Grabeswache und Jesu sichtbarer Auferstehung Berührungen mit Mt und dem PetrEv aufweist, kann es doch aus inhaltlichen Gründen nicht als Fortbildung der „kanonischen" Evangelien verstanden werden.

Formgeschichtlich zeigt es eine Legendarisierung der Jesustradition, und zwar an einer der Stellen, wo auch schon in den „kanonischen" Evangelien die Legende sich mit Vorliebe angesiedelt hat, bei der Auferstehung (ob auch bei der Geburts- und Kindheitsgeschichte, vermögen wir nicht mehr zu sagen). Aber eine wesentliche Verschiebung gegenüber den Christophanien der „kanonischen" Evangelien und wohl auch des PetrEv ist zu konstatieren: die Jakobus-Perikope ist eine selbständige Personallegende, denn ihr Skopus ist die Lösung des Herrenbruders von seinem Entsagungsgelübde, nicht die Realität der Auferstehung. Diesen Skopus haben die zu erschließenden apologetischen Legenden von der Grabeswache und von Jesu sichtbarer Auferstehung, sowie der ebenfalls legendäre Zug, daß „der Herr das Leintuch dem Knecht des Hohenpriesters gegeben hat". Offenbar ist auch der Abendmahlsbericht, ursprünglich eine ätiologische Kultlegende, in eine Personallegende zur Verherrlichung des Jakobus umgewandelt worden. Die Tauf- und die Versuchungsgeschichte gehören gattungsmäßig zum „Mythus" (im Sinne von Dibelius). Es ist auffällig, daß Jesus die Versuchung selbst erzählt („Sogleich ergriff mich meine Mutter, der heilige Geist, an einem meiner Haare und trug mich weg auf den großen Berg Thabor"), eine Erzählungsform, die den kanonischen Evangelien noch fremd ist, die aber auch im Ebionäerevangelium begegnet; im HE soll dieses Stilmittel offenbar verständlich machen, daß die Jünger Kenntnis von der Versuchung hatten[3]. Unter den drei Sprüchen fällt der vorhin erwähnte aus den Formen der evangelischen Wortüberlieferung heraus, er gehört zur Form der rhetorischen „Kette", die im NT bei Paulus und im Jak sich findet[4]; der Kettenspruch des HE schildert den Heilsweg, dessen höchstes Ziel die eschatologische „Ruhe" ist (suchen-finden-staunen-herrschen-ruhen).

Daß das HE in judenchristlichen Kreisen entstanden ist, sagt schon sein Titel. Aber es ist ein Judenchristentum sehr eigenartiger theologischer Prägung, das sich hier dokumentiert. Am vertrautesten ist noch die Rolle des Herrenbruders; die Jakobuslegende hat sich um einen historischen Kern – die Christophanie 1Kor 15, 7 und die überragende Rolle in der Urgemeinde – gesponnen; aber sie macht ihn zum ersten und wichtigsten Zeugen der Auferstehung und datiert, um seine fundamentale Bedeutung zu sichern, seine Jüngerschaft in das Leben Jesu zurück; für die Gruppe, aus der das HE stammt, ist Jakobus die höchste Autorität aus der Umgebung Jesu. Die gleiche überragende Stellung billigt ihm ein Spruch des ThEv zu, nur wird sie hier nicht historisierend, sondern mythologisch begründet[5]. Wieweit, bzw. ob überhaupt der Nomismus des historischen Herrenbruders im HE nachgewirkt hat, bleibt unklar.

Klar dagegen sind die synkretistischen Einschläge in dieses Judenchristentum zu erkennen. Sie treten in der Soteriologie des Kettenspruchs und in der Christologie der Versuchungsgeschichte hervor, aber auch im Kyrillfragment und Taufbericht. Daß Jesus den heiligen Geist als seine Mutter bezeichnet und von ihm entrückt wird, ist ein massiv mythologischer Zug; zwar findet sich das Motiv der

---

[3] M. Dibelius, Geschichte der urchristlichen Literatur I, 62.

[4] Zu dieser Form hat M. Dibelius eine instruktive Untersuchung geliefert: M. Dibelius-H. Greeven, Der Brief des Jakobus, [11]1964, 125ff.

[5] „... Jakobus, der Gerechte, um dessentwillen der Himmel und die Erde geworden sind"; Spr. 12.

Entrückung durch den heiligen Geist auch sonst, und in dem koptischen Jakobusbrief von Nag Hammadi nennt sich Jesus Sohn des
heiligen Geistes[6]; aber beides zusammen setzt eine mythologische
Spekulation über das Verhältnis Christi zum Geist voraus. Zieht
man das Kyrillfragment heran, so wäre der Geist die „gewaltige
Kraft im Himmel, die Michael hieß", die sich in Maria inkarniert
hat und den präexistenten Christus gebar. Deutlicher wird das Verhältnis Christus-Geist in der Tauferzählung, die in aufschlußreicher
Weise von den synoptischen Gegenstücken abweicht:

„Es geschah aber, als der Herr aus dem Wasser heraufgestiegen war, stieg
die ganze Quelle des heiligen Geistes auf ihn herab und ruhte auf ihm
und sprach zu ihm: Mein Sohn, in allen Propheten erwartete ich dich,
daß du kämest, und ich in dir ruhte. Denn du bist meine Ruhe; du bist
mein erstgeborener Sohn, der du herrschest in Ewigkeit."

Nicht die Stimme (Gottes) aus dem geöffneten Himmel, sondern
der in seiner Totalität auf Jesus herabgestiegene und auf ihm „ru-
hende" heilige Geist spricht zu ihm. Der Inhalt des Satzes zeigt, daß
es sich bei der Taufe weder um Adoption, noch um Präsentation,
noch um schlichte Inspiration handelt, sondern um die endgültige
und totale Vereinigung des Geistes mit seinem Sohn, in dem er
„Ruhe" findet[7]. Hinter dieser Auffassung vom Geist steht der jüdische Mythos von der hypostasierten göttlichen „Weisheit", die in
allen Völkern und Generationen nach ihrer endgültigen „Ruhe"
sucht und nur je und je in einzelne heilige Menschen und Propheten
eingeht, auf Zeit (vgl. zB Sap 7, 27; Sir 24, 7). Eine Parallele zu
dieser christologischen Vorstellung des HE bieten die judenchristlich-
gnostischen Kerygmata Petrou mit dem Mythos vom Gestaltwandel
des Erlösers: bei der Inkarnation in Jesus findet der Erlöser seine
„Ruhe", für immer[8]. Dh der Taufbericht des HE verrät eine judenchristliche Gnosis als Komponente, wenn nicht als Basis der Theologie dieser Gruppe. In dieselbe Richtung weist der Kettenspruch,

---

[6] Epistula Jacobi Apocrypha, ed. R. Kasser, M. Malinine, H.-Ch. Puech,
G. Quispel, W. Till, 1968, Pl. 6, Z. 20.

[7] Zu diesem Text und der gnostischen Vorstellung von der „Ruhe" s.
meine Ausführungen bei Hennecke-Schneemelcher, 105f und in: Aufsätze
zum NT, TB 31, 1965, 215ff (an beiden Stellen weitere Literatur).

[8] „Von Weltanfang an durchläuft er, zugleich mit dem Namen die Gestalten wechselnd, die Weltalter, bis er zu seiner Zeit, für seine Mühe
durch Gottes Barmherzigkeit gesalbt, für immer seine Ruhe finden wird."
(Ps. Clem. Homilien III 20, 2; vgl. Recogn. II 22, 4).

nach dem die „Ruhe" das eschatologische Heil ist; der Spruch hat
nach Form und Inhalt zahlreiche Parallelen in der heidnischen,
judenchristlichen und kirchlichen Gnosis[9]. Theologisch gehört das
HE zu einem stark mythologisch-gnostischen Judenchristentum.

## 4. Titel und Heimat

Der Titel „Evangelium nach den Hebräern" kennzeichnet das
Buch nach seinen Benutzern, nicht nach seiner Sprache. „‚Hebräer'
heißen auch griechisch sprechende Juden, wenn es darauf ankommt,
ihre Volksmäßigkeit zu kennzeichnen"[10]. Nichts in den erhaltenen
Fragmenten deutet auf eine Übersetzung aus dem „Hebräischen"
(Aramäischen oder Syrischen); der Kettenspruch scheint eine solche
geradezu auszuschließen[11]. Der Titel charakterisiert das Buch als das
Evangelium griechisch sprechender judenchristlicher Kreise – und
zwar im Gegensatz zu dem Evangelium anderer – in der Nähe exi-
stierender – heidenchristlicher Gruppen; denn eine Unterscheidung
von den Evangelien „nach Matthäus" oder „nach Johannes" kann
mit einer solchen Betitelung (nach den Benutzern) nicht beabsichtigt
sein. Analog verhält es sich mit dem „Evangelium nach den Ägyptern". Das sind die beiden einzigen Fälle einer Betitelung nach den
Benutzern, und beide müssen miteinander zu tun haben: W. Bauer
hat wahrscheinlich gemacht, daß die beiden Bezeichnungen geschaffen
wurden, um die Evangelien zweier im gleichen Raum lebender Gemeinden zu unterscheiden; das ÄgEv sei das Evangelium der ägyptischen Heidenchristen, das HE das der ägyptischen Judenchristen[12].
Wurde das HE in Ägypten so genannt, dann dürfte es dort nicht
nur benutzt worden, sondern auch entstanden sein. Dafür spricht
auch, daß seine Hauptzeugen die beiden Alexandriner Clemens und
Origenes sind; dafür spricht ferner der religionsgeschichtliche Charakter des koptischen Kyrillfragments und der Vorstellung von Jesus
als dem Sohn des heiligen Geistes. Als Entstehungszeit – terminus
ad quem ist Hegesipp – läßt sich nur ungefähr die erste Hälfte des
2. Jh. s angeben.

---

[9] S. M. Dibelius in dem genannten Passus seines Jak-Kommentars und in:
Die Formgeschichte des Evangeliums, ²1938, 279ff.
[10] W. Bauer, Rechtgläubigkeit und Ketzerei, 56.
[11] M. Dibelius, Geschichte der urchristlichen Literatur I, 62.
[12] AaO, 54ff.

## § 52. Das Ägypterevangelium

*Textausgaben:*
K. Aland, Synopsis, s. Index, 585.
E. Klostermann, Apocrypha II, KlT 8, ³1929, 15f.

*Untersuchungen:*
Altaner-Stuiber, Patrologie, ⁷1966;
W. Bauer, Rechtgläubigkeit und Ketzerei im ältesten Christentum, ²1964, 54ff;
O. Cullmann, RGG, ³I, 1957, 126f (Lit.);
W. Schneemelcher in: Hennecke-Schneemelcher, NT Apokryphen I, 1959, 107ff.

Vom Ägypterevangelium (= ÄgEv), das wie das Hebräerevangelium nach seinem Benutzerkreis betitelt ist, wissen wir herzlich wenig. Seine Existenz ist zwar gut bezeugt durch Clemens Alexandrinus und Origenes, Hippolyt und Epiphanius, aber von seinem Inhalt sind nur ein paar Zitate durch Clemens überliefert. Man hat immer wieder versucht, diesen geringen Bestand durch Zuweisung von unkanonischen oder auch nur mehr oder weniger kanonischen Herrenworten zum ÄgEv zu vermehren; so erging es den Jesusworten des zweiten Clemensbriefes und zwar nur aus dem Grund, weil in 2Clem 12, 2 ein Spruch zitiert wird, der nach Clemens Alexandrinus aus dem ÄgEv stammt; und da derselbe Spruch sich auch im ThEv findet (in zwei Varianten: Spr. 22; 37), will G. Quispel sogar den ganzen nichtsynoptischen Stoff dieses Buches dem ÄgEv zuschreiben. Aber dieses Vorgehen hält in seiner Methode und in seinen Ergebnissen einer kritischen Prüfung nicht stand[1]. Nicht neue Hypothesen, sondern nur neue Funde können unsere Kenntnis des ÄgEv erweitern. Bis dahin muß man sich damit abfinden, „daß außer den Clemensfragmenten, die ausdrücklich als Teile des ÄgEv deklariert werden, fast nichts mit Sicherheit für apokryphe Evangelium in Anspruch genommen werden kann"[2].

Die Clemensfragmente lassen auf Umfang und Aufbau des Werkes keine Rückschlüsse zu, dagegen einige auf literarische Charakteristika und die theologische Tendenz. Alle überlieferten Zitate stammen aus Dialogen, genauer: sie haben die Form von Frage und Antwort, die Form der sog. „Erotapokriseis"[3]. Die Gesprächspartner sind die

---

[1] Vgl. W. Schneemelcher, 113ff.
[2] Schneemelcher, 117.
[3] Zu dieser Form: H. Dörrie und H. Dörries, RAC 6, 1966, 342–370.

Jüngerin Salome, die fragt, und Jesus, der antwortet; die Gesprächs-
gegenstände esoterische Fragen, die sich auf Eschatologisches und
Anthropologisches beziehen. Das sind aber Stilelemente, die für die
gnostischen Gespräche des Auferstandenen mit seinen Jüngern charakteristisch sind[4]. Allerdings wissen wir nicht, wieweit diese literarischen Charakteristika für das ÄgEv – ob für das ganze oder nur
für Teile – bestimmend waren; wir wissen auch abgesehen von
dieser Frage nicht, ob die erhaltenen Gesprächsfragmente vor oder
nach Jesu Auferstehung anzusetzen sind. Aber bedeutsam ist, daß sie
sich in einer spezifisch gnostischen Form präsentieren.

Inhaltlich weisen sie ebenfalls ein gnostisches Element auf: die
radikale Negierung der Geschlechtlichkeit und die rigorose Forderung sexueller Askese:

„Als Salome fragte: ‚Wie lange wird der Tod Macht haben?', sagte der
Herr . . .: ‚Solange ihr Weiber gebärt.'"[5]
„Als Salome fragte, wann man das, was sie erfragt hatte, erkennen werde,
sprach der Herr: ‚Wenn ihr das Gewand der Scham mit Füßen treten
werdet und wenn die zwei eins werden und das Männliche mit dem Weiblichen und weder männlich noch weiblich (sein wird).'"[6]

Dieses Wort begegnet in verschiedenen Fassungen, wie gesagt, in
2Clem 12, 2, ThEv 22; 37 (Pap Ox. 655), aber auch in apokryphen
Apostelgeschichten[7]; es ist, wie seine Variationen zeigen, ein Wander-
spruch oder zu einem solchen geworden: Jedenfalls formuliert es
prägnant das Ideal und das Gebot einer geschlechtslosen Existenz
als des Heilszustandes. Der Auffassung, daß Zeugung und Geburt
die Macht des Todes begründen, entspricht das Verständnis vom
Heilswerk des Erlösers, das in einem Ich-Wort Jesu an Salome formuliert ist:

„Ich bin gekommen, des Weibes Werke aufzulösen."[8]

---

[4] ZB für die Pistis Sophia, das Apokryphon des Johannes, das Buch von
Thomas dem Athleten, usw., aber auch für die Rechtgläubigkeit beanspruchende Epistula Apostolorum; s. u. S. 683ff.
[5] Bei Clemens, Strom. III 45, 3.
[6] Strom. III 92, 2.
[7] Actus Petri cum Simone 38 = Martyrium Petri 9; Acta Philippi 140:
„Denn der Herr hat zu mir gesagt: ‚Wenn ihr nicht euer Unteres zum
Oberen macht und das Linke zum Rechten, werdet ihr nicht in mein
Reich eingehen.'"; ein Nachklang Acta Thomae 147.
[8] Strom. III 63, 2.

Wenn Clemens interpretiert: „des Weibes, dh der Begierde; die Werke, dh Werden und Vergehen", so trifft er vielleicht das Gemeinte, vielleicht versteht er es aber auch moralisierend. Möglicherweise ist mit ἡ θήλεια metaphysisch das negative, böse Prinzip überhaupt gemeint, wie häufig in der Gnosis[9]. Aber das erhaltene Material erlaubt hier kein sicheres Urteil. Gleichviel, die Clemensfragmente zeigen zur Genüge, daß das ÄgEv mit seiner asketischen („enkratitischen") Tendenz, dem dahinter stehenden dualistischen Welt- und Menschenverständnis und der entsprechenden Soteriologie nichts mehr mit der Verkündigung Jesu, auch nichts mehr mit der des ganzen NT zu tun hat, sondern – was es auch sonst noch enthalten haben mag – in den Bereich der Gnosis gehört. Dem entspricht, daß es bei Valentinianern (Exc. ex Theod. 67) und Naassenern (Hippolyt, Ref. V 7, 8f) in hohem Ansehen stand.

Der Kreis, aus dem das ÄgEv stammt, läßt sich theologisch nicht näher charakterisieren, wohl aber geographisch in Ägypten lokalisieren und als ägyptische Heidenchristen bestimmen; das hat W. Bauer überzeugend nachgewiesen aufgrund der Betitelung εὐαγγέλιον κατ' Αἰγυπτίους im Unterschied zu εὐαγγέλιον καθ' Ἑβραίους, dem Evangelium der ebenfalls gnostischen ägyptischen Judenchristen[10]. Seine Datierung der Entstehung des ÄgEv in das erste Drittel des 2. Jh.s dürfte zutreffen[11]. Aber seine These, die Bezeichnung ÄgEv weise „auf eine Zeit zurück, in der sich d i e Christen Ägyptens dieses Evangeliums, und zwar nur seiner, als ihres Lebens Jesu bedient haben"[12], ist in dieser Ausschließlichkeit insofern zu korrigieren, als der Papyrus 52 (der erst ein Jahr nach W. Bauers Werk publiziert wurde) den Gebrauch des JohEv schon am Anfang des 2. Jh.s in Ägypten beweist. Ob das JohEv allerdings in „rechtgläubigen" Kreisen Ägyptens gebraucht wurde und sein Vorhandensein also Bauers These von den „häretischen" Anfängen des dortigen Christentums widerlegt, ist eine völlig offene Frage[13]. Ihre Bejahung würde aber

---

[9] Hierzu vor allem G. Strecker, Das Judenchristentum in den Pseudoclementinen, TU 70, 1958, 154ff.

[10] Rechtgläubigkeit, 54ff.

[11] RGG[2] I, 114; ebenso Schneemelcher, 117.

[12] Rechtgläubigkeit, 54.

[13] Sie wird auch nicht entschieden durch die nt. Papyri 66, 72 und 75 oder durch den Papyrus Egerton 2, da sie sämtlich jünger als das ÄgEv sind; gegen E. Haenchen, ThR NF 21, 1961, 169 und M. Hornschuh, Studien zur Epistula Apostolorum, PTS 5, 1965, 113f.

lediglich bedeuten, daß häretisches und orthodoxes Christentum in Ägypten gleich alt sind und daß das ÄgEv das Evangelium nicht aller, sondern nur eines Teils der dortigen Heidenchristen war.

Abschließend eine Bemerkung zu dem koptischen „*Ägypterevangelium*" *von Nag Hammadi*. Diese Schrift ist in zwei verschiedenen Fassungen in den Codices III und IV überliefert, trägt aber nur in der ersten, und zwar als sekundären Schluß, den Titel „Evangelium der Ägypter". Der eigentliche Titel heißt: „Das Buch des großen, unsichtbaren Geistes" (Incipit). Die Schrift hat mit dem oben behandelten ÄgEv formal und inhaltlich nichts zu tun, ist literarisch kein Evangelium und gehört sachlich zu der gnostischen Seth-Literatur; sie handelt in ihren kosmogonischen und soteriologischen Spekulationen hauptsächlich von Seth, von dem sie auch geschrieben sein will, und nur am Rande von Jesus[14]. Sie muß daher hier außer acht bleiben.

## § 53. Kindheitsevangelien

*Textausgaben und Übersetzungen:*

K. Aland, Synopsis, s. Index, 585;
P. Peeters, Les Évangiles apocryphes II: L'Évangile de l'enfance, 1914;
M. Testuz, Papyrus Bodmer V, Nativité de Marie, 1958;
C. Tischendorf, Evangelia Apocrypha, ²1876.

*Untersuchungen:*

H.-W. Bartsch, RGG III, ³1959, 1294f;
O. Cullmann, Kindheitsevangelien, in: Hennecke-Schneemelcher, NT-Apokryphen I, ³1959, 272ff (Lit.);
G. de Strycker, La Forme la plus ancienne du Protévangile de Jacques (Subsidia Hagiographica, 33), 1961.

## 1. Entstehung von Kindheitsevangelien

Ein besonders starkes Interesse richtete sich – je länger, desto mehr – auf Jesu Geburt und Kindheit, aber auch auf seine Eltern und deren Schicksal, auf Ereignisse und Gestalten also, die in der

---

[14] Weiteres bei A. Böhlig, Christentum und Gnosis im Ägypterevangelium von Nag Hammadi, in: W. Eltester, Christentum und Gnosis, BZNW 37, 1969, 1ff.

älteren Evangelienüberlieferung eine relativ geringe oder gar keine Rolle gespielt hatten. Dieses Interesse ist freilich alt, schon Matthäus und Lukas haben ihm Rechnung getragen, indem sie bereits vorhandene Erzählungen über Jesu Geburt und deren nähere und weitere Umstände aufnahmen und zu zwei – unter sich stark differierenden – Erzählungszyklen, den sog. „Vorgeschichten" Mt 1. 2 und Lk 1. 2 formten. Aber diese Berichte genügten der frommen und weltlichen Neugier nicht, man wollte aus verschiedenen Gründen mehr und Genaueres wissen. Die produktive Phantasie hat sich dieses Bedürfnisses angenommen und eine ganze Literatur zu seiner Befriedigung geschaffen: die sog. Kindheitsevangelien; so nennt man die zu eigenen Büchern verselbständigten Sammlungen von Kindheitsgeschichten, die sich also von den „Vorgeschichten" des Mt und Lk grundsätzlich dadurch unterscheiden, daß sie von der übrigen Geschichte Jesu gelöst sind und keinen Teil eines Evangelienbuches bilden. Ihre traditionelle Bezeichnung als „Evangelium" ist literarisch und sachlich verfehlt, aber sie ist in den älteren Kindheitsgeschichten auch keine Selbstbezeichnung.

Die Produktion dieser Literatur ging in zwei Hauptrichtungen: auf Maria und ihr Leben und auf die Kindheit Jesu[1]. Die beiden wichtigsten Vertreter sind das Protevangelium des Jakobus und die Kindheitserzählungen des Thomas. An diesen Hauptrichtungen zeigen sich als Triebfedern mariologische und christologische Interessen. Aber es wirkten noch andere produktive Interessen mit, nicht zuletzt die Lust zu fabulieren.

Gemeinsam ist dieser Literatur das Bestreben, die Vorgeschichten des Mt und Lk zu ergänzen, die „Leerstellen" in den beiden Richtungen aufzufüllen; ferner ihre Widersprüche auszugleichen und schließlich die eigene Erzählung mehr oder weniger geschickt mit dem Bericht der älteren Evangelien zu verknüpfen.

Daß sich um Maria immer mehr Legenden und schließlich eine ganze Literatur wob, verwundert nicht; die jungfräuliche Mutter des Gottessohnes fand früh Verehrung. Dazu kam ein apologetisches Motiv: man mußte ihre Virginität gegen jüdische Verleumdungen schützen. Dabei kam auch Joseph zu Recht und Ehren und sogar zu einer eigenen Biographie (Die Geschichte von Joseph, dem Zimmermann).

---

[1] Vgl. A. Meyer in: Hennecke, NT-Apokryphen, [2]1924, 81f.

Die Kindheitsgeschichten sollen schon den Jesusknaben als den künftigen mächtigen Wundertäter und großen Lehrer, ja als göttliches Wesen erweisen. Solches Bestreben läßt nicht nur fromme Legenden, sondern auch Motive der θεῖος ἀνήρ-Biographie und mythische Elemente in die Darstellungen einströmen. Es fällt auf, daß die Erzählungen zeitlich nie weiter gehen als bis zum Zwölfjährigen, die Jünglings- und frühen Mannesjahre aussparen; der Gedanke der Entwicklung hat in der Darstellung eines Gottwesens keinen Raum.

## 2. Das sog. Protevangelium des Jakobus

Zu den „Evangelien", die von Jesu Kindheit erzählen, gehört das Protevangelium des Jakobus nur bedingt; denn es enthält zu zwei Dritteln Marienlegenden und berichtet erst im letzten Drittel von Jesu Geburt und ihren näheren Umständen. Gleichwohl zählt man es mit einigem Recht zu den „Kindheitsevangelien"; denn es ist nur natürlich, daß das fromme Interesse an dem wunderbar geborenen Kinde sich auch auf seine Mutter ausdehnt und daß die Legendenbildung auch die Geschichte Marias in die Vorgeschichte Jesu einbezieht; ein verselbständigtes „Marienleben" liegt hier noch nicht vor. Zudem hat das Buch einen nicht leicht zu überschätzenden Einfluß auf die weitere legendäre Ausgestaltung der Kindheit Jesu und des Marienlebens ausgeübt, vor allem in den östlichen Kirchen; indirekt aber auch im Abendland, obwohl es hier offiziell durch das Decretum Gelasianum (6. Jh.) verworfen wurde und vom 6. bis zum 16. Jh. unbekannt war. Hier wurde es erst wieder bekannt, nachdem der französische Humanist Guillaume Postel ein griechisches Exemplar von einer Orientreise (1549/50) mitgebracht und ins Lateinische übersetzt hatte; es war infolge des Verdikts des Decretum Gelasianum im kirchlichen Westen völlig in Vergessenheit geraten. Dagegen war es in den östlichen Kirchen ungemein beliebt und verbreitet; es ist in einer großen Zahl griechischer Handschriften – deren älteste, der Papyrus Bodmer V (3./4. Jh.) erst 1958 veröffentlicht wurde – mehr oder weniger vollständig erhalten und in syrischen, armenischen, georgischen, äthiopischen und koptischen Übersetzungen auf uns gekommen. Diese gute Überlieferung erklärt

sich daraus, daß das Buch in den orientalischen Kirchen der gottesdienstlichen Losung an bestimmten Feiertagen diente[2].

Das Buch will von einem Jakobus verfaßt sein, der am Schluß im
Ich-Stil spricht (Kap. 25) und der vermutlich als der Herrenbruder
gelten will; in der Alten Kirche wird der *Verfasser* allerdings auch
mit dem „jüngeren Jakobus" (Mk 15, 40) oder ganz unbestimmt mit
„einem gewissen Jakobus" identifiziert. Der wirkliche Autor, bzw.
Redaktor ist unbekannt.

Der *Titel* „Protevangelium (= erstes Evangelium) Jacobi" ist nicht
ursprünglich, sondern eine gelehrte Bezeichnung, die sich durch
Postel eingebürgert hat; ob er sie selbst erfunden oder aus dem
Orient mitgebracht hat, ob sie die Wertschätzung dieses Buches oder
seinen Inhalt (als den in Mt und Lk geschilderten Ereignissen voraus-
gehend) kennzeichnen soll, bleibt unklar. Unsicher bleibt auch der
ursprüngliche Titel (wenn das Werk überhaupt einen solchen getragen hat), denn die Betitelung variiert in der handschriftlichen Überlieferung sehr stark[3]. Im Papyrus Bodmer V findet sich am Anfang
und Ende der Doppeltitel Γένεσις Μαρίας; Ἀποκάλυψις Ἰακώβ; die
zweite Hälfte („Offenbarung des Jakobus") ist allerdings der ersten
gegenüber sekundär[4]; diese („Geburt der Maria") kennzeichnet den
Inhalt a poteriori zutreffend und repräsentiert den ältesten Titel,
während „das Buch des Jakobus", von dem Origenes spricht, kein
Titel ist. Das Buch ist in der Mitte oder in der zweiten Hälfte des
zweiten Jh.s entstanden, und zwar vermutlich in Ägypten[5].

Der *Inhalt* sei kurz skizziert.

Der erste Teil (K. 1–16) dient dem Nachweis, daß Maria jenen
Grad der Heiligkeit besessen hat, der der Mutter des Heilands angemessen
ist. Maria wird einem ebenso reichen wie frommen alten Ehepaar, Joachim
und Anna, das unter seiner langen Kinderlosigkeit leidet, nach göttlicher
Ankündigung und durch göttliche Ermöglichung geboren. Die Eltern
weihen das Kind dem Herrn, halten alle unreine und profane Speise von
ihm fern und bringen die Dreijährige in den Tempel, wo sie aufgezogen
und von einem Engel ernährt wird. Als sie zwölf Jahre alt ist, ruft der
Hohepriester Zacharias auf Befehl eines Engels die „Witwer des Volkes"
zusammen, um Maria dem zur Frau, wenn auch zunächst nur in Obhut,
zu geben, der durch ein Wunderzeichen kenntlich gemacht wird. Dieses
bestimmt den Zimmermann Joseph. Er nimmt sie in sein Haus, verläßt

---

[2] de Strycker, 4.
[3] Vgl. O. Cullmann, 278.
[4] de Strycker, 208ff.
[5] Vgl. de Strycker, 412ff.

sie aber alsbald, um für längere Zeit auswärts Bauarbeiten zu machen. Währenddessen webt Maria mit anderen „unbefleckten Jungfrauen vom Stamme Davids" einen Vorhang für den Tempel; sie empfängt die Ankündigung der Geburt Jesu und besucht Elisabeth. Als Joseph nach sechs Monaten zurückkehrt, entdeckt er Marias Schwangerschaft; sein Schrecken und Verdacht werden durch einen Engel beseitigt. Joseph und Maria werden von dem Schriftgelehrten Annas vor dem Hohenpriester der Unzucht beschuldigt, aber dann durch ein Gottesurteil (die Prozedur mit dem Prüfungswasser, Num 5, 11ff) als völlig unschuldig erwiesen. – Nun mündet die Erzählung mehr oder weniger in die evangelischen Erzählungen von der Geburt Jesu ein (17–21). Auf dem Weg nach Bethlehem zur Registrierung wird Maria von den Wehen befallen; Joseph läßt sie in einer Höhle unter dem Schutz seiner Söhne zurück, um eine hebräische Hebamme zu suchen. Hier reißt der Faden der Erzählung ab. Joseph berichtet im Ich-Stil über den Stillstand der Natur und dann über das Zusammentreffen mit der Hebamme (18, 2–19, 1). Darauf geht die Erzählung wieder in dritter Person weiter, berichtet die von wunderbaren Phänomenen begleitete jungfräuliche Geburt, die Konstatierung der auch nach der Niederkunft bestehenden Virginität Marias durch Salome und die Anbetung des Kindes durch die Magier. Das Buch schließt mit einem ausführlichen Bericht über die im Zusammenhang mit dem bethlehemitischen Kindermord und der wunderbaren Rettung des Johannesknaben erfolgte Ermordung Zacharias (22–24).

Dieser überraschende Abschluß, der das Interesse von der heiligen Familie plötzlich auf Zacharias lenkt, wirkt angehängt und hat immer wieder den Verdacht erweckt, Zusatz eines späteren Redaktors zu sein: Auch sonst findet man *Anzeichen literarischer Uneinheitlichkeit:* sachliche Unstimmigkeiten, das plötzliche Auftauchen und Verschwinden der Ich-Erzählung Josephs und das Erscheinen der Salome, die entbehrlich und eine Konkurrenzgestalt zu der Hebamme zu sein scheint. Wir brauchen aber auf die Literarkritik des Protevangeliums nicht näher einzugehen[6] und können uns auf einige Bemerkungen beschränken. Die *handschriftliche Überlieferung* präsentiert das Werk nie in einem Stadium, in dem die verdächtigen Stücke fehlen – mit einer Ausnahme: im Papyrus Bodmer V fehlt die Ich-Erzählung Josephs; aber dieses Fehlen scheint nicht ursprünglich, sondern Folge einer Streichung durch den Abschreiber zu sein, wie denn der Papyrus Bodmer V überhaupt „das Resultat einer frühen und unintelligenten Kürzung" ist[7]. Umsomehr fällt ins Gewicht, daß

---

[6] Hierzu: de Strycker, 6ff; 377ff.

[7] de Strycker, 377ff; das Zitat 391; de Strycker hält die „Vision Josephs" für ein Fremdstück, das aber der Autor des Protevangeliums selber seinem Buch eingefügt habe.

er das Zachariasmartyrium bringt; dieses findet sich auch in der „Genna Marias", einer gnostischen Schrift, die ihrem Titel nach ebenfalls von Marias Geburt und Jugend handelte[8], so daß man auf einen gewissen Traditionszusammenhang zwischen Marienlegende und Zachariasmartyrium schließen muß. Der Umfang des Protevangeliums muß also ausweislich der ältesten Handschrift ungefähr dem seines „Normaltextes" entsprochen haben. Damit soll nicht die literarische Einheitlichkeit behauptet werden. Nur: die Uneinheitlichkeit kann ebenso auf redaktionelle Erweiterungen einer Grundschrift zurückgehen[9] wie auf den Autor selbst, der dann verschiedenartige, schon feste Traditionen zusammengefügt hätte. Wie dem auch sei, für die theologische und literarische Beurteilung muß die überlieferte Gestalt des Protevangeliums den Ausgang bilden, in der es gewirkt hat.

Das *Hauptinteresse der Schrift gilt der Maria;* es ist – auch in der Geburtsgeschichte Jesu – mariologisch und kommt literarisch in der Form der Legende zum Ausdruck. Maria wird als Heilige dargestellt, deren Schicksal unter besonderer göttlicher Leitung steht. Sie ist von Geburt an eine Gott Geweihte; daher wird ihre Vor- und Kindheitsgeschichte mit Motiven aus den Geschichten anderer Geweihter, Samuels und Simsons, geschildert. Unter dem Geschichtspunkt der Heiligkeit steht vor allem die Jungfrauengeburt. Ein asketisch-antisexuelles Interesse beherrscht den Nachweis, daß Marias Schwangerschaft wunderbaren, dh nicht menschlichen Ursprungs ist (Engelsbotschaft an Joseph; Gottesurteil). Sachlich über das in Mt und Lk Berichtete geht das Theologumenon (bzw. Mariologumenon) von der permanenten Virginität Mariens hinaus; es schafft sich vor allem darin Ausdruck, daß Salome die auch nach Jesu Geburt fortbestehende Virginität Marias konstatiert, aber auch darin, daß die vom NT bezeugten Geschwister Jesu zu Kindern des Witwers Joseph aus seiner früheren Ehe deklariert werden (die These, sie seien Vettern und Basen Jesu, ist späteren Datums). Unverkennbar will das Buch Angriffe von nichtchristlicher Seite auf die Jungfrauengeburt abweisen; aber diese Apologetik kommt nur indirekt zum Ausdruck und ist nicht die Hauptsache. Hauptsache ist die Glorifizierung der Mutter Jesu.

---

[8] Epiphanius, Pan. 26, 12, 1–4; H.-Ch. Puech in: Hennecke-Schneemelcher I, 255f.
[9] So Cullmann, 278f.

Eine Eigentümlichkeit des Protevangeliums, auf die M. Dibelius besonders hingewiesen hat, muß hervorgehoben werden, „die Veränderung, die mit der sozialen Umwelt des Heilandes vorgenommen wird"[10]. Die Großeltern Jesu, Joachim und Anna, werden als reiche und angesehene Leute geschildert, die zur Zerstreuung der Maria „unbefleckte Töchter der Hebräer" zusätzlich engagieren, große Festmähler veranstalten und dazu die Honoratioren, Priester, Älteste und Schriftgelehrte, laden. Auch Joseph soll als wohlhabend gelten, als Bauunternehmer mit langfristigen auswärtigen Verpflichtungen. Die schwierigen Verhältnisse bei Marias Niederkunft sind nicht in ihrer Armut begründet, sondern nur in der Reise nach Bethlehem wegen des Census.

Die Geburt Jesu in einer Höhle, eine Vorstellung, die auch bei Justin und anderwärts belegt ist, dürfte mythologischen Ursprungs sein; die Verbindung von Geburt in der Höhle und Erscheinen des Sternes findet sich auch im Mithrasmythos[11]; ein mythisches Element ist auch der Stillstand der Natur, den Joseph selbst schildert:

„Ich aber, Joseph, ging umher und ging (doch) nicht umher, und ich blickte hinauf in die Luft und sah die Luft erstarrt. Und ich blickte hinauf zum Himmelsgewölbe, und ich sah es stillstehen und die Vögel des Himmels unbeweglich bleiben. Und ich blickte auf die Erde, und ich sah eine Schüssel stehen und Arbeiter (darum) gelagert, und ihre Hände in der Schüssel. Aber die Kauenden kauten nicht, und die etwas aufhoben, hoben nichts auf, und die etwas zum Munde führten, führten nichts (zum Munde), sondern alle hatten das Angesicht nach oben gerichtet. Und siehe, Schafe wurden umhergetrieben und kamen (doch) nicht vorwärts, sondern standen still; und der Hirte erhob die Hand, sie mit dem Stecken zu schlagen, aber seine Hand blieb oben stehen. Und ich blickte auf den Lauf des Flusses, und ich sah die Mäuler der Böcke darüberliegen und nicht trinken. Dann aber ging alles auf einmal (wieder) seinen Gang." (18, 2).

Wir kennen das Motiv aus dem Märchen vom Dornröschen. Aber es ist mythischer Art und steht als Zeichen für die Geburt des Erlöserkindes hier wie in der Buddhalegende[12] in seinem sachgemäßen Kontext.

---

[10] Geschichte der urchristlichen Literatur I, 68.

[11] Vgl. G. Widengren, Iranisch-semitische Kulturbegegnung in parthischer Zeit, 1960, 62ff; ferner G. Theissen im Ergänzungsheft zu Bultmann, Geschichte der synoptischen Tradition, 1971, 109f (Lit.).

[12] G. van den Bergh van Eysinga, Indische Einflüsse auf evangelische Erzählungen (FRLANT 4), ²1909, 76ff.

Gattungsmäßig gehört das Protevangelium des Jakobus nicht zu den Evangelien; es erhebt diesen Anspruch auch selber nicht. Es wird nur traditionellerweise im Zusammenhang mit den Evangelien besprochen, weil es Personen und Ereignisse der nt. Vorgeschichten zum Gegenstand hat. Der Gattung nach handelt es sich um eine Sammlung von *Personallegenden,* um einen Legendenkranz. Maria, im NT eine Nebengestalt, wird hier zur Hauptgestalt. Ihr zur Seite treten andere Nebenfiguren, Joseph und ihre Eltern, Joachim und Anna, die ebenfalls durch Legenden verherrlicht werden. Der Verfasser ist bestrebt, seine Erzählung in die evangelischen Berichte einmünden zu lassen, Widersprüche auszugleichen und Einzelheiten zu kombinieren; aber sonst läßt er der Legendenbildung freien Raum. Er fügt seiner Sammlung Gebete und Lieder ein; Vorbild dafür mögen der Lobgesang der Hanna, das Magnificat und das Benedictus gewesen sein; vielleicht hat aber auch der Zweck gottesdienstlicher Verlesung solche Einlagen veranlaßt. – Trotz des frommen Legendentons ist das Eindringen der „Welt" unverkennbar: „An jener Veränderung der sozialen Atmosphäre, an dem gelegentlich eingeführten (dann wieder aufgegebenen) Ich-Stil und an der Aufnahme mythischer, offenbar außerchristlicher Motive merkt man sehr stark die Beziehung des Buches zur profanen (wenn auch populären) Literatur."[13]

Entstanden sind die Legenden aus der Marienverehrung, und zum Zweck dieser Verehrung in dem Buch zusammengefaßt worden. Ob dieses Buch seinen Sitz im Leben in der gottesdienstlichen Verlesung bei bestimmten Festen hatte (wie später in den morgenländischen Kirchen), läßt sich nicht mit Sicherheit sagen; es ist aber zumindest möglich, da zu seiner Entstehungszeit (Mitte des 2. Jh.s) die Zahl der kirchlichen Leseschriften noch nicht durch die Kanonsbildung abgegrenzt war. Jedenfalls wäre der Einfluß des Protevangeliums auf die Mariologie schwer verständlich, wenn es nur auf dem Büchermarkt und in der privaten Lektüre existiert hätte.

### 3. Die Kindheitserzählung des Thomas

Ganz anderer Art ist die Kindheitserzählung des Thomas, die übrigens nichts mit dem koptischen ThEv zu tun hat, und die unter

---

[13] M. Dibelius, 69.

*verschiedenen Titeln* überliefert ist: „Des israelitischen Philosophen Thomas' Bericht über die Kindheit des Herrn", „Schrift des heiligen Apostels Thomas über den Wandel des Herrn in seiner Kindheit", oder „Kindheit des Herrn". Auch sie war weit verbreitet: es existieren griechische, lateinische und syrische, äthiopische, georgische und altslawische Versionen; dazu kommen eine arabische und eine armenische Kindheitsgeschichte, die je von einer der beiden syrischen Fassungen abhängig sind. Die Verbreitung zeigt die große Beliebtheit des Werkes. Freilich weichen die Versionen stark voneinander ab, und innerhalb der einzelnen Versionen gibt es erhebliche Unterschiede: die griechische zB existiert in einer längeren (A) und einer kürzeren Fassung (B), ebenso die syrische. Die Überlieferungs- und Abhängigkeitsverhältnisse sind noch nicht aufgehellt, doch wird allgemein angenommen, daß das Werk ursprünglich griechisch abgefaßt ist, obwohl seine griechischen Handschriften jung sind (15./16. Jh.). Es muß im zweiten Jh. enstanden sein; denn Irenäus berichtet, die Markosier hätten ein erdichtetes Evangelium benutzt, in dem die Geschichte von Jesu Disput mit dem Lehrer über Alpha und Beta (Kap. 6) erzählt worden sei (Haer. I, 20, 1); die handschriftliche Überlieferung zeigt, daß der Stoff bald erweitert, bald gekürzt und auch sachlich verändert worden ist[14]. Wir stützen uns im Folgenden hauptsächlich auf die längere griechische Rezension A, die zur Charakterisierung des Buches genügt.

Das Buch erzählt eine Anzahl Wunder, die Jesus im Alter von fünf bis zwölf Jahren getan hat, und schließt mit der Geschichte vom zwölfjährigen Jesus im Tempel (Lk 2, 41ff), mündet also eben-

---

[14] Als Beispiel sei das Farbenmirakel genannt, das im arabischen und – erweitert – im armenischen Kindheitsevangelium überliefert ist: Der Jesusknabe wirft boshafterweise Tücher in einen Kessel mit Indigo und zieht sie auf die lauten Klagen des Färbers jeweils in der von den Besitzern gewünschten Farbe heraus (Hennecke-Schneemelcher I, 299). Die Geschichte findet sich fragmentarisch in der griechischen Pariser Handschrift der Thomaserzählungen nach Kap. 7 (Bibl. nat. gr. 239) und in einem sahidischen Papyrus (W. E. Crum, Catalogue of the Coptic Manuscripts in the Collection of the John Rylands Library Manchester, 1909, 44, Nr. 88). Es handelt sich um eine Wandergeschichte; sie findet sich als Gleichnishandlung Jesu im PhEv 54, wo allerdings das Mirakel darin besteht, daß Jesus 72 verschiedenfarbige Tücher weiß färbt und sagt: „So kam der Sohn des Menschen (als) Färber." Zur Traditionsgeschichte vor allem: H.-G. Gaffron, Studien zum koptischen Philippusevangelium, Diss. Ev.-theol. Bonn, 1969, 137ff; 324ff.

falls in den kanonischen Bericht ein. Es will – jedenfalls in seiner
heutigen Gestalt – diesen ergänzen durch Anekdoten, die schon im
Kinde den künftigen großen Wundermann und weisen Lehrer ahnen
lassen sollen. Die Zeit zwischen dem Tempelbesuch des Zwölfjährigen und dem öffentlichen Auftreten des Dreißigjährigen findet kein
Interesse.

Der *Inhalt* besteht aus Sammelgut, das literarisch nur notdürftig
zusammengehalten wird, zB durch die Altersangaben (fünf, sechs,
acht und zwölf Jahre; c. 2; 11; 12; 19) und dadurch, daß der
Wunderknabe das Unheil, das er angerichtet hat, später wieder rück-
gängig macht. Eine innere Entwicklung Jesu aufzuzeigen, liegt der
Darstellung ganz fern trotz der Bemerkung, Jesus habe „an Alter,
Weisheit und Anmut" zugenommen (19, 5), einem Zitat aus Lk 2,
51. Der Achtjährige ist genauso bösartig wie der Fünfjährige (vgl. 14
mit 3; 5) und der Fünfjährige genauso klug wie der Zwölfjährige
(vgl. 6 mit 19).

Die im Vergleich zum Protevangelium des Jakobus andere Art der
Thomaserzählungen liegt im Literarischen und Religiösen. Mit Ausnahme der Geschichte vom Zwölfjährigen, die eine typische Personallegende ist, gehören alle Wunder, aber auch die drei Lehrerepisoden
(6f; 14; 15) formgeschichtlich zu den *„Novellen"*. Aber auch sie
unterscheiden sich recht kräftig von den Novellen der kanonischen
Evangelien. Die beiden Totenerweckungen – eines Kindes und eines
Bauarbeiters (17; 18) – scheinen allerdings nach nt. Modellen (Jairus-
Tochter; Jüngling von Nain) gestaltet zu sein. Und die dritte Lehrer-
geschichte, in der der Knabe im Lehrhaus, statt das Alphabet zu
lernen, ein Buch vom Lesepult ergreift, um daraus vorzulesen, und
die staunende Menge über das Gesetz belehrt, hat ihr Vorbild zweifellos in Jesu Antrittspredigt (Lk 4, 16ff). – Die anderen Geschichten
jedoch könnte man sich kaum im NT vorstellen – mit Ausnahme
allenfalls der Heilung des Jakobus von einem Schlangenbiß (16) und
des jungen Holzhackers, der sich mit der Axt den Fuß gespalten
hatte (10)[15]. Das gilt schon von jenen, in denen der Jesusknabe
seinem Vater wunderbar beim Säen (12) oder in der Werkstatt hilft
(13), aber auch von der an sich hübschen Story, wie der Fünfjährige
am Sabbat aus Lehm zwölf Vögel bildet und wie er auf den Tadel
seines Vaters reagiert:

---

[15] Vgl. Apg. 28, 1ff; 20, 7ff.

„Jesus aber klatschte in die Hände und schrie den Sperlingen zu: „Fort mit euch!" Die Sperlinge öffneten ihre Flügel und flogen mit Geschrei davon." (2, 4).

Dem NT aber völlig fremd sind die Geschichten, auf die es dem Verfasser vor allem anzukommen scheint: die Schulgeschichten, in denen der kleine Jesus seinen Lehrern seine überlegene Klugheit drastisch zu spüren gibt, und ferner die Selbsthilfe- und die Rachewunder, die in der älteren Tradition keine Analogien haben. Das wird sehr deutlich, wenn der Jesusknabe zu seinem Lehrer, der ihm das Alphabet (und zwar das griechische) beibringen will, sagt:

„Wenn du selbst nicht einmal das A seinem Wesen nach kennst, wie willst du andere das B lehren? Heuchler, lehre zuerst, wenn du weißt, das A, und dann wollen wir dir auch wegen des B glauben" (4, 3),

dann sich über die drei Linien, die das A bilden, verbreitet und der Lehrer darauf in eine lange Klage ausbricht, weil er, ein alter Mann, durch so viel Weisheit eines Kindes beschämt worden sei; oder wenn Jesus seinem zweiten Lehrer, der ihm wegen einer frechen Antwort eine Ohrfeige gibt, verflucht, in Ohnmacht fallen und auf sein Gesicht stürzen läßt (14); oder wenn er noch gefährlicher reagiert:

„Hernach ging er abermals durch das Dorf; da stieß ein heranlaufender Knabe an seine Schulter. Jesus wurde erbittert und sprach zu ihm: ,Du sollst auf deinem Weg nicht weitergehen!' Sogleich fiel der Knabe hin und starb. Einige aber, die sahen, was geschah, sagten: ,Woher stammt dieser Knabe, daß jedes Wort von ihm gerade fertige Tag ist?'" (4, 1);

und wer sich über ihn bei seinem Vater beschwert, wird blind (5, 1).

Das Jesusbild, das der „israelitische Philosoph Thomas" mit solchem Material und in unbeschreiblich einfältigem Darstellungsstil entwirft, trägt wenig idyllische, umso mehr aber erschreckende Züge: der Wunderknabe jähzornig, schimpfend und bösartig, der Schüler altklug, unerzogen und arrogant, ein höchst gefährliches kleines Wesen, das von seiner Umgebung gefürchtet wird und seinen Eltern unheimlich ist. Natürlich will der Verfasser den Jesusknaben nicht als rabiaten, unausstehlichen Bengel zeichnen, sondern als ein Wesen, das durch das Unheimliche, Befremdliche seines Verhaltens seine Umgebung außer Fassung bringt, so daß sie fragt: „Woher stammt dieser Knabe, daß jedes Wort von ihm gleich fertige Tat ist?" (4, 1; vgl. 5, 2) oder sagt: „Dieser ist irgendetwas Großes, ein Gott oder Engel, oder was weiß ich, was ich sagen soll." (7, 4; vgl. 17, 2). „Ein Gott oder ein Engel" – diese Aussage des Schriftgelehrten Zachäus verrät den nichtjüdischen, den heidnischen Ursprung dieser Geschichten und kennzeichnet Jesus als heidnisches Götterkind. Seine krausen Ausführungen über den Buchstaben A[16], im heutigen Kontext ein unverständliches Kuriosum, verweisen auf gnostische Buchstabenspekulationen und erweisen Jesus als jungen Gnostiker. Alle diese Thomasgeschichten sollen – wie die evangelischen „Novellen" – als Epiphanien verstanden werden, aber als Epiphanien des göttlichen Erlösers der Gnosis. In Anlehnung an den johanneischen Offenbarungsstil sagt der Fünfjährige:

„Ich bin von oben her da, damit ich sie verfluche und nach oben rufe, wie mir der aufgetragen hat, der mich um euretwillen gesandt hat. (8, 1)[17].

Freilich sind die gnostischen Elemente nicht zahlreich – sie beschränken sich auf das eben zitierte Wort (8, 1), die Buchstabenspekulation (6; vgl. 14) und eventuell auf das Wort vom Suchen und Nichtfinden (5, 3) –, aber sie sind vorhanden. Die vorhin erwähnte Notiz des Irenäus über das von den Markosiern „erdichtete", dh geschaffene Buch legt die Annahme nahe, daß es ursprünglich mehr gnostische Elemente enthielt, und stärkt die Vermutung, daß seine heutige Gestalt Ergebnis einer großkirchlich purgierenden Überarbeitung ist[18]. Wenn auch die kompliziertere Annahme, daß das Buch ursprünglich nichtgnostischen Ursprungs war, dann gnostisch überarbeitet und schließlich antignostisch gesäubert wurde, sich nicht ausschließen läßt, so ist doch deutlich, daß das erhaltene Material nicht der christlichen, sondern heidnischer Tradition entstammt. Man hat auf die Kindheitsgeschichten der θεῖοι ἄνδρες verwiesen; aber Pythagoras und Apollonios betragen sich gesitteter. Auch im Märchen finden sich Analogien[19]. Die sachlich nächsten Parallelen finden sich aber in den Kindheitsgeschichten von Göttern, insbesondere von Rama und

---

[16] „Höre, Lehrer, die Anordnung des ersten Schriftzeichens und achte hier darauf, wie es Geraden hat und einen Mittelstrich, der durch die zusammengehörenden Geraden, die du siehst, hindurchgeht, (wie diese Linien) zusammenlaufen, sich erheben, im Reigen schlingen, drei Zeichen gleicher Art, sich unterordnend und tragend, gleichen Maßes; da hast du die Linien des Alpha." (6, 4).

[17] Noch gnostischer in der Variante des syrischen ThEv's, Hennecke-Schneemelcher I, 298f.

[18] So A. Meyer bei Hennecke, ²1924, 95; W. Bauer, Das Leben Jesu im Zeitalter der nt. Apokryphen, 1909, 88. 94f.

[19] ZB Brüder Grimm, KHM, Nr. 90.

Krischna, aber auch in der Buddha-Legende[20]. Religionsgeschichtlich handelt es sich bei dem Material dieser Thomaserzählungen um Stoffe und Motive aus den Geschichten von Götterkindern, nicht von angehenden Philosophen. Hierher gehört auch das „Lachen" des Jesusknaben (8, 1; 15, 4)[21]. Wir haben es mit der Übertragung heidnischer, mythischer Motive auf das Jesuskind zu tun. Daß diese Übertragung – speziell der indischen Parallelen – eine literarische war, läßt sich jedenfalls mit chronologischen Gründen nicht ausschließen; aber wahrscheinlicher liegt hier, ebenfalls aus chronologischen Gründen, wieder das Gesetz der biographischen Analogie vor. Dafür spricht auch der soziologische Aspekt dieser Thomaserzählungen. Sie spielen nicht wie jene Sagen und Legenden und wie das Protevangelium Jacobi in königlichen bzw. reichen Kreisen, sondern in der dörflichen Welt der Bauern und Handwerker. Trotz dieser Transposition in dörfliche Verhältnisse repräsentieren die Thomaserzählungen das Einströmen fremder, „weltlicher" Motive in die Jesusüberlieferung denkbar krass. Literaturgeschichtlich handelt es sich nicht um eine Weiterbildung der Evangelienform, sondern um die Verselbständigung eines von Mt und Lk hinterlassenen „Leerraumes", der durch Novellen mythischer Art und Herkunft aufgefüllt worden ist. Von einem Kindheitsevangelium[22] sollte man daher nicht sprechen, sondern allenfalls von einer „Bereicherung des Evangelienstoffes", wenn man diese nicht qualitativ, sondern nur quantitativ auffaßt. Über die Funktion des Buches bei den Gnostikern können wir nichts sagen, da wir seine gnostische Gestalt nicht kennen. In seiner jetzigen (großkirchlichen) Gestalt lassen sich keine Hinweise auf kultische, katechetische oder paränetische Verwendung entdecken; es hatte seinen Sitz im Leben offenbar in der privaten Unterhaltung. Inhaltlich und funktional indizieren diese Thomaserzählungen die Auflösung der Evangelienform.

---

[20] A. Meyer, 94f; G. A. van den Bergh van Eysinga, Indische Einflüsse auf Evangelische Erzählungen, 1909, 81ff; eine Legende von Buddhas Schulbesuch ist leicht zugänglich bei G. Mensching, Leben und Legende der Religionsstifter, o. J., 214ff; in diesen indischen Erzählungen verhalten sich die Lehrer allerdings freundlicher und die Götterknaben manierlicher.

[21] Dazu Ed. Norden, Die Geburt des Kindes, 1924, 59ff. Zum Lachen Krischnas, auf das A. Meyer, 95, verweist, s. die Texte und Interpretationen bei H. Zimmer, Maya, Der indische Mythos, 1936, 332ff.

[22] Dibelius, 67.

## 4. Weiterbildungen

Es entspricht dem Wesen solcher Literatur, daß sie starken Veränderungen unterliegt. Da die einzelnen Werke Sammlungen von Einzelgeschichten sind, können sie leicht vermehrt oder verkürzt werden, wie die handschriftliche Überlieferung der beiden besprochenen Bücher zeigt. Daher überrascht es auch nicht, daß Übernahmen aus dem einen in das andere stattfinden und daß Kombinationen ganzer Partien aus beiden zu neuen Büchern vorgenommen werden – ein Vorgang, der sich von der alten Kirche bis ins hohe Mittelalter beobachten läßt.

Wie es scheint, hatten die *Gnostiker* ein besonderes Interesse an Kindheitsgeschichten Jesu und seiner Mutter; die Thomaserzählungen und die Genna Marias, das Pendant zum Protevangelium, lassen es als möglich erscheinen, daß sie es waren, die diese Gattung geschaffen haben. Aber aus späterer Zeit sind selbständige gnostische „Kindheitsevangelien" nicht mehr bekannt. Stattdessen finden sich einzelne Kindheitslegenden in Werken anderer Gattungen; so bei dem Gnostiker Justin[23] und in der Pistis Sophia[24].

*Auf kirchlichem Gebiet* dagegen wuchert diese Literatur üppig weiter. Im Osten sind ihre bedeutendsten Repräsentanten das arabische[25] und das armenische[26] Kindheitsevangelium, die beide wohl Übersetzungen aus dem Syrischen sind.

Das arabische Werk, das auf Mohammed und den Islam eingewirkt hat und eine Verbreitung bis nach Indien gefunden haben soll, bringt außer der Geburtsgeschichte eine Menge Legenden über Jesus in Ägypten und dann den größten Teil der Thomaserzählungen. Die ägyptischen Legenden berichten u. a., daß bei der Ankunft der heiligen Familie ein Götze verkündigt hat: „Hierher gekommen ist der unbekannte Gott, der in Wahrheit Gott ist . . ."; daß Jesu Windeln einen kranken Knaben geheilt, sein Waschwasser ein Mädchen vom Aussatz gereinigt und sein Schweiß Balsam hervorgebracht haben; daß er zwei Räubern begegnet sei und geweissagt habe, er würde nach dreißig Jahren zwischen ihnen gekreuzigt werden und daß er – dies aber wieder in Palästina – den Knaben Judas Ischarioth, seinen späteren Verräter, getroffen habe. Das armenische Kindheitsevangelium versucht durch Kombination des Protevangeliums und der anderen Kindheitserzählungen ein Gesamtbild zu geben.

---

[23] Hippolyt, Philos. V, 26; übersetzt bei Hennecke-Schneemelcher I, 300f.
[24] Kap. 7, S. 8f; 8, S. 9f; 61, S. 89f; zitiert bei Hennecke-Schneemelcher I, 301f.
[25] In lateinischer Übersetzung bei Tischendorf, 187ff.
[26] In französischer Übersetzung bei Peeters, II, 69ff.

Im kirchlichen Abendland regte sich gegen einen Teil dieser Kind-
heitsliteratur energischer *Widerstand* bei Theologen, inbesondere
bei Hieronymus. Die Indizierung durch das Decretum Gelasianum
(6. Jh.) konnte zwar das Protevangelium aus dem Gebrauch verdrängen, aber nicht den Stoff aus der Erinnerung tilgen. Er blieb
lebendig und fand zusammen mit anderem Erzählungsgut im 8./9. Jh.
seine für das Abendland folgenreichste literarische Form in dem
„Liber de ortu beatae Mariae et infantia Salvatoris" des *Pseudo-
Matthäus*[27], der ähnlich wie das armenische Kindheitsevangelium
eine Gesamtdarstellung der Geschichte des Kindes und seiner Mutter
bietet. Man hat dieses Buch nicht nur unter die Autorität des Matthäus, sondern auch unter die des Hieronymus gestellt: in einem dem
Buch vorangestellten fingierten Briefwechsel zwischen ihm und den
Bischöfen Chromatius und Heliodor identifizierte man es mit dem
hebräischen Urmatthäus, den der Kirchenvater ins Lateinische übersetzt haben wollte, – eine diesem Anspruch angemessene Ehrung.
Der Pseudo-Matthäus enthält ungefähr den Stoff des Protevangeliums
(einschließlich der dem Hieronymus so anstößigen früheren Ehe
Josephs) und den der Thomaserzählungen, aber auch eine Schilderung der Flucht nach Ägypten. Er dient vor allem der Marienverehrung. Dank der doppelten Autorität – des Matthäus und des Hieronymus – genoß er höchstes Ansehen. Er hat tief auf die Volksfrömmigkeit gewirkt, ging größtenteils in die Legenda Aurea ein und
hat die Malerei und bildende Kunst des Mittelalters und der Re-
naissance immer neu angeregt[28].

Die *Wirkung der apokryphen Kindheitsgeschichten* überhaupt,
nicht nur des abendländischen Pseudo-Matthäus, auf Frömmigkeit
und Kunst, auf Liturgie (Officia) und Dogma (Mariologie) läßt sich
kaum überschätzen. Aber damit ist das Gebiet der urchristlichen
Literaturgeschichte überschritten. Nur dies sei noch hinzugefügt, daß
der zwiespältige Charakter dieser Kindheitserzählungen seine Wirkung auch im 20. Jh. ausgeübt hat: einerseits in heute fast
vergessenen Geschichtsklitterungen wie dem „Benanbrief"[29] und anderer moderner Apokryphen, andererseits in heute noch lesbaren,
den echten Legendenton treffenden Umdichtungen von Selma Lager-
löf und Felix Timmermans.

---

[27] Der Text bei Tischendorf, 51ff.
[28] Weiteres über die mittelalterliche Apokryphenproduktion bei Cullmann,
275f; 303f.
[29] Vgl. J. Müller-Berdorf, RGG³ I, 1957, 1028.

## § 54. Gespräche des Auferstandenen mit seinen Jüngern

*Textausgaben und Übersetzungen:*

H. Duensing, Epistula Apostolorum, KlT 152, 1925;
  –, in: Hennecke-Schneemelcher, NT Apokryphen I, 126ff;
C. Schmidt, Gespräche Jesu mit seinen Jüngern nach der Auferstehung,
  TU 43, 1919;
Zu den gnostischen Texten s. Anm. 2–4.

*Untersuchungen:*

Altaner-Stuiber, Patrologie, [7]1966, 124f;
M. Hornschuh, Studien zur Epistula Apostolorum, PTS 5, 1965;
K. Rudolph, Der gnostische „Dialog" als literarisches Genus, in:
  Probleme der koptischen Literatur, hg. v. Peter Nagel, Wiss. Beiträge
  der Martin-Luther-Universität Halle Wittenberg, 1968/1, 85ff.

### 1. Überblick

Wie die Geburts- und Kindheitsgeschichten so hat auch das andere
Ende des evangelischen Berichts, die Ostergeschichte, den Ansatz-
punkt für eine ganze Literatur geboten, für die Gespräche des Auferstandenen mit seinen Jüngern. Die zahlreichen Werke, die hierher
gehören, sind meist gnostischer Herkunft, ihre Themen haben recht
wenig mit den Themen der Verkündigung Jesu zu tun. Das leitende
Interesse ist klar: Man wollte die gnostischen Geheimlehren auf
Jesus zurückführen, konnte sie aber nicht in seinem Leben unterbringen, da dieses schon durch die Evangelien okkupiert war, und
wählte daher nachösterliche Situationen, die unbegrenzte Möglichkeiten boten, da auch hier der Auferstandene seinen Jüngern Lehren
und Aufträge übermittelte[1]. Der auferstandene bzw. erhöhte Christus
offenbart einem einzelnen bzw. mehreren auserwählten Jüngern oder
Jüngerinnen kosmologische und eschatologische, christologische und
soteriologische Geheimnisse; hier dokumentiert sich das Bestreben
der Gnostiker, einerseits ihre „Gnosis" als alte und echte Tradition
auf Christus selbst zurückzuführen und andererseits zu erklären,
warum sie anderen Christen unbekannt geblieben war.

Die gnostischen Werke, die solche Gespräche enthalten, sind zT
schon länger bekannt, die Pistis Sophia und die beiden Bücher des

---

[1] Vor allem Joh 20, 19ff; 21; Lk 24; Apg 1.

Jeû[2], zT erst durch die Publikation des koptischen Papyrus Berolinensis 8502[3] und die Herausgabe der Nag Hammadi-Texte[4] bekannt geworden: das Evangelium nach Maria, das Apokryphon des Johannes, die Sophia Jesu Christi, die erste Jakobusapokalypse, der apokryphe Jakobusbrief und das Buch von Thomas dem Athleten; hinzuzunehmen ist auch die koptische Paulusapokalypse. Aber auch auf großkirchlicher Seite gibt es einen Vertreter dieses Typs, die Epistula Apostolorum. Die Vielfalt der Titel (meist Selbstbezeichnungen) darf nicht darüber hinwegtäuschen, daß diese Bücher literarisch derselben Art sind.

Handelt es sich bei dieser Literatur um eine Weiterbildung der Evangelienform durch freie Ausgestaltung von Szenen und Motiven der österlichen Christophanien oder um eine Gattungsmischung („Evangelien-Offenbarungen"[5]) oder um eine selbständige Gattung, deren Verbindung mit dem Evangelienbericht nur formal ist? Im Blick auf die gnostischen Werke scheint das letztere, im Blick auf die Epistula Apostolorum das zweite der Fall zu sein. Für das erste könnte die Tatsache sprechen, daß ein solches Gespräch sich auch in der Evangelienhandschrift W findet, und zwar innerhalb des unechten Mk-Schlusses, zwischen Mk 16, 14 und 15. Es ist das berühmte Freer-Logion[6]:

„Hernach erschien er den Elfen, während sie zu Tische lagen, und warf ihnen ihren Unglauben und ihre Herzenshärtigkeit vor, daß sie denen, die ihn auferweckt geschaut hatten, nicht geglaubt hatten. (Mk 16, 14). Und jene entschuldigten sich mit den Worten: Dieser Äon (Zeitalter) der Gesetzlosigkeit und des Unglaubens ist unter dem Satan, der durch die unreinen Geister die echte Kraft Gottes nicht erfassen läßt. Deshalb offenbare deine Gerechtigkeit schon (jetzt!), sagten jene zu Christus. Und

---

[2] C. Schmidt = W. Till, Koptisch-gnostische Schriften I, [3]1962.

[3] W. Till, Die gnostischen Schriften des koptischen Papyrus Berolinensis 8502, TU 60, 1955.

[4] M. Krause-P. Labib, Die drei Versionen des Apokryphon des Johannes im Koptischen Museum zu Alt-Kairo, ADAIK, Kopt. Reihe 1, 1962; A. Böhlig, Koptisch-gnostische Apokalypsen aus dem Codex V von Nag Hammadi, WZ Halle-Wittenberg, 1963; Epistula Iacobi Apocrypha, hg.v. M. Malinine, H.-Ch. Puech usw., 1968; ich zitiere aber nach der Übersetzung von H.-M. Schenke, OLZ 66, 1971, 117ff; für das Buch des Athleten Thomas stütze ich mich auf die Übersetzung von M. Krause in: Die Gnosis II, hg.v. W. Foerster, 1971, 136ff.

[5] So M. Dibelius, Geschichte der urchristlichen Literatur I, 64.

[6] Übersetzung von J. Jeremias bei Hennecke-Schneemelcher I, 125f; hier auch ein Kommentar.

Christus entgegnete ihnen: Erfüllt ist das Maß der Jahre der Macht Satans. Aber andere schreckliche Dinge nahen, auch (über die), für welche ich, da sie gesündigt hatten, in den Tod gegeben wurde, damit sie zur Wahrheit umkehren und nicht mehr sündigen, auf daß sie die im Himmel (aufbewahrte) geistliche und unvergängliche Herrlichkeit der Gerechtigkeit ererben."

Gegen die naheliegende Vermutung, daß das Freer-Logion die traditionsgeschichtlich älteste Gestalt dieser Literatur repräsentiere, die Epistula Apostolorum die zweite und daß sich schließlich in den gnostischen Schriften die Endphase zeige, nämlich eine gegenüber den Evangelien verselbständigte Gattung, – dagegen sprechen folgende Gründe: Die ältesten der genannten gnostischen Werke und die EpAp sind sehr wahrscheinlich in der 2. Hälfte des 2. Jh.s entstanden[7], der Codex W hingegen, in dem das Freer-Logion steht, ist bedeutend jünger (5. Jh.); ferner die Tatsache, daß ein solches Gespräch nicht unbedingt an eine österliche Situation gebunden ist; in der koptischen Paulusapokalypse findet das Gespräch bei der Himmelsreise des Paulus (2Kor 12, 2ff) statt; danach ist jedenfalls mit der Möglichkeit zu rechnen, daß es sich bei den Gesprächen mit dem Auferstandenen um eine selbständige Gattung handelt. Wir kommen auf die Frage der Gattung zurück, nachdem wir einige Texte besprochen haben werden.

Die Grundstruktur dieser Texte ist schon mehrfach untersucht worden[8]. Immer ist eine Rahmenhandlung vorhanden, in allen Fällen am Anfang, allerdings nicht immer am Schluß. Zeitlich spielt sie nach Ostern; nur in der ersten Jakobusapokalypse findet das eine Gespräch vor der Passion, das andere aber ebenfalls nach der Auferstehung statt. Der Ort ist häufig ein Berg (zB Ölberg, Berg in Galiläa usw), aber auch das Ufer des Ozeans oder ein Weg; ein Ortswechsel findet sich selten (nur im apokryphen Jakobusbrief, der Pistis Sophia). Die Ausgangssituation kann sehr knapp, aber auch sehr breit und lebendig geschildert sein. Häufig erscheint Jesus dem Gesprächsteilnehmer in einer Gestalt, in der er von diesem nicht unmittelbar erkannt wird (als Lichtphänomen, als Engel, als Knabe, Greis usw), gelegentlich vom Himmel her; in solchen Fällen stellt er sich durch Selbstprädikationen vor. Das Gespräch verläuft nach dem Schema von Frage und Antwort; es stellt aber keinen echten Dialog dar: Jesus

---

[7] K. Rudolph, 103.
[8] Von K. Rudolph, 85ff; und von H. Köster, Entwicklungslinien durch die Welt des frühen Christentums, 179ff; 253f.

ist durchweg der Führende, seine Gesprächspartner sind nur die Belehrten, die durch Fragen und Mißverständnisse neue Ausführungen Jesu zu ermöglichen haben. Der formale Aufbau des Gesprächs ist sehr locker, die Thematik vielfältig. Am Schluß findet sich gelegentlich die Mahnung zur Geheimhaltung, manchmal verbunden mit einer Fluchformel. In einigen Fällen wird der Name dessen genannt, der das Gespräch aufgezeichnet haben soll.

## 2. Die Epistula Apostolorum

Die Epistula Apostolorum (= EpAp) gehört in diesen Traditionszusammenhang und ist gleichzeitig nach Form und Inhalt eine der seltsamsten urchristlichen Schriften. Sie war bis zu ihrer Entdeckung durch Carl Schmidt 1895, bzw. bis zu ihren Veröffentlichungen 1913 und 1919 völlig unbekannt, da sie in der altkirchlichen Literatur nie zitiert oder auch nur erwähnt wird. Das griechische Original ist verschollen. Erhalten ist das Werk in koptischer Übersetzung auf einem Papyrus des 4./5. Jh.s und in äthiopischer Übersetzung in einigen Handschriften des 18. Jh.s; dazu kommen kleine lateinische Bruchstücke auf einem Palimpsest, das ursprünglich dem Kloster Bobbio gehört hat. Wie die Übersetzungen zeigen, hat das verschollene Werk in der koptischen, äthiopischen und lateinischen Kirche längere Zeit – in Äthiopien sogar bis in die Neuzeit – ein gewisses Ansehen genossen. Vollständig erhalten liegt die EpAp nur im äthiopischen Text vor, der aber eine Afterversion aus dem Arabischen ist[9]. Der koptische Text, der direkt auf das griechische Original zurückgeht, ist arg lädiert: 15 Blätter der ursprünglichen Handschrift, darunter Anfang und Schluß des Werkes, fehlen. So bleiben hinsichtlich des Wortlautes und des Umfangs manche Unsicherheiten; immerhin wird die Richtigkeit des Anfangs im äthiopischen Text durch die lateinischen Fragmente bestätigt. Mit ihrer Hilfe kann auch der

---

[9] In der äthiopischen Überlieferung ist die EpAp immer mit einer vorausgestellten apokalyptischen Rede Jesu, die in Galiläa lokalisiert ist, verbunden. L. Guerrier hat in seiner Ausgabe (1913) beide Texte in Kapitel eingeteilt und durchnumeriert (apokalyptische Rede: Kap. 1–11; EpAp: Kap. 12–62). C. Schmidt hat diese Einteilung übernommen, aber bei der EpAp zusätzlich mit einer neuen Zählung eingesetzt: Kap. 1–51. Gewöhnlich zitiert man die EpAp nach dieser doppelten Zählung: 1 (11) – 51 (62). Ich zitiere die EpAp der Einfachheit halber nur nach ihrer durch Schmidt eingeführten eigenen Numerierung.

Titel der Schrift, der äthiopisch und koptisch nicht überliefert ist, erschlossen werden; die Randüberschrift „epistula..." zeigt, daß die Wendung aus Kap. 1: „Brief des Kollegiums der Apostel" als Titel aufzufassen, von den Lateinern jedenfalls so verstanden worden ist. Man nimmt an, daß das Werk etwa um die Mitte des 2. Jh.s, und zwar wahrscheinlich in Ägypten entstanden ist[10].

*Inhalt:* Das kleine Buch gibt sich als einen an die ganze Christenheit gerichteten Brief der Apostel, der die Offenbarungen des Auferstandenen allen Christen mitteilen will, aus, um sie gegen die Irrlehren der Pseudoapostel Simon und Kerinth zu immunisieren und im rechten Glauben zu festigen (1f). Bevor diese Offenbarungen erfolgen, bringt ein Einleitungsabschnitt eine Charakteristik des rechten Glaubens (3–8) und eine Situationsangabe für die folgenden Enthüllungen (9–12). Der rechte Glaube wird mit Hilfe bekenntnisartiger und hymnischer Formulierungen geschildert als Glaube an den Schöpfergott und an Jesus Christus als das Fleisch gewordene Wort, dessen Göttlichkeit durch eine Aufzählung kanonischer und außerkanonischer Wunder betont wird[11]. Dieser Passus liest sich wie eine kurze Vita Jesu. Die Situation der Offenbarung wird als Erscheinung des Auferstandenen vor den Jüngern am Ostertag – unter Verwendung von Lk 24, 36ff; Joh 20, 24ff und anderer kanonischer sowie außerkanonischer Motive – geschildert. Die Darstellung – Bekämpfung des Zweifels der Jünger durch handgreifliche Beweise – verrät deutlich die Absicht, die Realität der leiblichen Auferstehung Jesu hervorzuheben. Die nun folgenden Offenbarungen (13–50) zeichnen sich nicht gerade durch einen klaren Aufbau aus. Sie beginnen mit einem christologischen Thema, der Katabasis des Präexistenten durch die Himmelssphären samt Gestaltwandel – analog der Ascensio Jesaiae – und seinem Eingehen in die Jungfrau Maria in der Gestalt Gabriels (13f). Es folgt die Vorhersage der Verhaftung eines Jüngers (des Petrus; Apg 12) an einem Passah (15). Dann wird ein eschatologisches Thema abgehandelt, Weissagung der Parusie und ihres Termins (16f). Es folgen, eingeleitet durch Rückblick auf die Einheit des Präexistenten mit dem Vater und durch den Vorblick auf die

---

[10] Hornschuh, 99ff.

[11] So nimmt Kapitel 4 auf die Geschichte von der Deutung des Alphabets durch Jesus Bezug, die in der Kindheitsgeschichte des Thomas 6, 3; 14, 2 berichtet wird.

Himmelfahrt des Auferstandenen, das Liebesgebot und der Missionsbefehl (18–20), eine lange Abhandlung über die Auferstehung der Gläubigen nach Fleisch, Seele und Geist (21–26), dann wieder ein christologischer Rückblick auf den Descensus in die Unterwelt (27) und ein eschatologischer Vorblick auf das Gericht (28ff). In dem nächsten, ekklesiologischen Abschnitt wird wiederum die Mission zur Pflicht gemacht und dabei zur Ermutigung in einer Prophetie die Wirksamkeit des Paulus angekündigt (30–33). Dann kommt wieder die Eschatologie zu Wort: Vorzeichen der Parusie, nämlich Auftreten von Bösewichtern und Irrlehrern, Verfolgung der Rechtgläubigen durch diese, schließlich Ausblick auf ein gerechtes Gericht (34–40). Praktische Konsequenzen aus dieser Erkenntnis bilden Gemeinde- und Disziplinregeln (41f; 46–50), die durch eine allegorische Auslegung des Gleichnisses von den zehn Jungfrauen (43–45) formal unterbrochen, aber sachlich unterstrichen werden. Ein Bericht über die Himmelfahrt – recht ähnlich dem der Petrusapokalypse – bildet den erzählenden Abschluß des Werkes.

Komplex wie der Inhalt ist auch der *literarische Charakter* der EpAp. Sie beginnt als Brief, fährt fort und schließt als quasi-evangelischer Bericht; der von diesem umschlossene Hauptteil besteht aus Offenbarungen, die Jesus in einem Zwiegespräch dem „Kollegium der Apostel" erteilt. Es handelt sich um eine Mischform aus Brief, Evangelium und Offenbarungsrede; und zweifellos hat der Verfasser bewußt bei diesen Genera Anleihen gemacht. Aber es fragt sich, welches Genus hier tatsächlich konstitutiv ist. Der „Brief" kann es nicht sein, denn aus ihm konnte das Ganze ja nicht erwachsen; der Verfasser freilich wollte das Ganze als Brief, und zwar als „Himmelsbrief" und als „katholischen Brief" in einem (1f), verstanden wissen, auch wenn er die Briefform nicht durchgeführt hat[12]. Sie ist nur die allerdings sehr bedeutsame Etikettierung. Es bleibt also bei der schon oben angesprochenen Frage, ob hier eine Erweiterung des „Evangeliums" durch eine ergänzende Offenbarungsrede oder nur die Rahmung einer Offenbarungsrede durch evangelische Berichte vorliegt. Die Breite des evangelischen Berichts der EpAp scheint für das erste zu sprechen. Bei näherem Hinsehen zeigt sich aber, daß er nicht ein Evangelium in Kurzform repräsentieren soll, sondern daß sein Material unter ganz bestimmten theologischen Gesichtspunkten – vor allem unter denen der Realität der Göttlichkeit Jesu und der

---

[12] Vgl. Hornschuh, 4ff.

Realität seiner leiblichen Auferstehung – zusammengestellt ist, und zwar um die wichtigsten Inhalte der Offenbarungsrede im Sinne des kirchlichen Bekenntnisses zu sichern. Das heißt aber nichts anderes, als daß hier der evangelische Bericht nur die Funktion eines Rahmens für die Offenbarungsrede erfüllt.

Diese Offenbarungsrede hat keine Analogie in den Synoptikern, wenn sie auch im Einzelnen Formen der synoptischen Tradition (Makarismen, Weherufe etc) verwendet, wohl aber in den johanneischen Abschiedsreden, und zwar formal (Frage – Antwort) und thematisch (trotz erheblicher Unterschiede in der theologischen Interpretation). Auch sie stellt eine Abschiedsrede dar. Aber sie ist viel stärker dialogisiert als die johanneischen Abschiedsreden und vollends als die anderen Reden des Joh; Jesus beginnt und schließt das Zwiegespräch, 56mal ergreift er, 55 mal die Jünger das Wort (zu Beiträgen von sehr unterschiedlichem Umfang). Auch stilistisch unterscheidet sich die Offenbarungsrede der EpAp von allen johanneischen Reden, kann also nicht demselben Typ der „Offenbarungsreden" zugerechnet werden.

Der *Zweck der EpAp* ist, wie schon gesagt, die Bekämpfung von gnostischen Lehren, insbesondere der doketischen Christologie und der dualistischen Anthropologie. Die Häresiarchen Simon und Kerinth (1; 7) sind für die EpAp wohl nicht nur Symbolfiguren; aber eine genauere Bestimmung der gegnerischen Front läßt sich nicht geben. Aber die Gegensätze sind äußerst scharf und haben eine kritische Situation heraufgeführt, da die gnostische Propaganda großen Erfolg hatte (vgl. 37; 50). Das theologische Material der Bekämpfung besteht aus dem kirchlichen Bekenntnis, den vier (noch nicht kanonisch gewordenen) Evangelien, der Apg und Reminiszenzen an Paulus. Die hinter der Schrift stehende christliche Gruppe will rechtgläubig sein; – nun, das will jede. Aber sie hat auch manche gnostischen Vorstellungen mit ihren Gegnern gemein[13] (wie ja auch andere urchristliche Schriften). Bemerkenswert ist in diesem Zusammenhang der theologische Stil der Ketzerbekämpfung. Sie besteht nicht nur aus entrüsteter Polemik und moralischer Diffamierung, wie zB in Jud und 2Petr, wenn sie auch den Topos, die Häretiker seien längst geweissagt, gern verwendet. Sie rekurriert auch nicht auf das vorge-

---

[13] ZB die Vorstellung von der „Ruhe" als höchstem Heilsgut; Weiteres s. bei Hornschuh, 92ff.

gebene und auf beiden Seiten anerkannte Bekenntnis, um es aktualisierend zu interpretieren wie der 1Joh. Sie kann auch noch nicht auf einen Kanon heiliger Schriften zurückgreifen, obwohl sie alt- und neutestamentliche Zitate bringt. Das Besondere ihrer Argumentation ist vielmehr der Rekurs auf Spezialoffenbarungen des Auferstandenen. Das ist im kirchlichen Raum singulär und ist offensichtlich bewußte Aufnahme einer der typischsten gnostischen Formen, autoritative Tradition zu begründen; es handelt sich also um den Versuch, den gnostischen Gegner mit seinen eigenen Waffen zu bekämpfen. Die „Rechtgläubigkeit" macht aber einige Modifikationen dieser Form nötig: Die Empfänger sind nicht einzelne Auserwählte, sondern die Gesamtheit der Apostel; die Spezialoffenbarungen sind keine Geheimlehren; das Geoffenbarte soll allen bekannt werden – daher der wiederholte Befehl zur Mission und die Firmierung der ganzen Schrift als katholischer Brief:

„Was Jesus Christus seinen Jüngern als einen Brief offenbart hat und wie Jesus Christus offenbart hat den Brief des Kollegiums der Apostel, der Jünger Jesu Christi, den Katholischen, der wegen der Pseudoapostel Simon und Kerinth geschrieben worden ist ... Wie wir (es) gehört, behalten und für alle Welt aufgeschrieben haben, so vertrauen wir (es) euch, ihr unsere Söhne und Töchter, in Freude an im Namen Gottes des Vaters, des Herrschers der Welt, und in Jesus Christus. Die Gnade mehre sich über euch!" (1.)

„(Wir) Johannes und Thomas und Petrus und Andreas und Jakobus und Philippus und Bartholomäus und Matthäus und Nathanael und Judas Zelotes und Kephas, wir haben geschrieben (= schreiben) an die Kirchen des Ostens und des Westens, gen Norden und Süden ..." (2.)

Fast sieht es so aus, als ob die Antithetik noch speziellere Ziele hätte.

## 3. Epistula Jacobi Apocrypha und das Buch des Athleten Thomas

Unter den Nag Hammadi-Texten findet sich eine interessante formale Parallele zu der EpAp, der *apokryphe Jakobusbrief*. Er ist m. W. das einzige Beispiel dafür, daß ein Gespräch des Auferstandenen im Rahmen eines Briefes dargeboten wird. In dieser Schrift ist die Briefform durchgehalten. Das Präskript nennt als Absender Jakobus und als Empfänger einen Bruder, dessen Name bis auf die letzte Silbe „thos" verstümmelt ist, der aber nach Schenkes ein leuchtender Konjektur „Kerinthos" gelautet hat[14]. Jakobus will dem Adressaten die „Geheimlehre" (ἀπόκρυφον) übermitteln, die ihm und Petrus vom Herrn geoffenbart worden ist.

Nach der Rahmenerzählung erscheint der Herr 550 Tage nach seiner Auferstehung vor allen 12 Jüngern, die damit beschäftigt waren, das in Büchern niederzulegen, „was der Erlöser jedem einzelnen von ihnen, sei es geheim, sei es offen, gesagt hatte." (2, 8ff). Die Erscheinung erfolgt ohne besondere Begleitumstände. Nach einem kurzen Gespräch nimmt Jesus den Jakobus und den Petrus beiseite, um ihnen eine esoterische, den anderen Jüngern verborgene Lehre mitzuteilen. Nach Beendigung der Offenbarungsrede fährt Jesus gen Himmel, Petrus und Jakobus folgen ihm, offenbar visionär, bis in den Himmel. Die Himmelfahrt wird ähnlich wie in der Petrusapokalypse und in der EpAp beschrieben. Die zehn anderen Jünger werden nur sehr unvollständig und summarisch über den Inhalt der Offenbarung informiert; Jakobus übermittelt ihn in extenso nur dem Adressaten, als dem eigentlichen Treuhänder dieser Offenbarung.

Über den Inhalt im Einzelnen braucht hier nicht gesprochen zu werden. Nur das sei hervorgehoben, daß Jakobus dem Petrus immer wieder vorgezogen und übergeordnet wird[15] und daß ihm als besondere Auszeichnung das Martyrium geweissagt wird (eine Analogie zu der Weissagung von der Verhaftung des Petrus in der EpAp). Die Thematik ist christologisch und soteriologisch. Kennzeichnend für die gnostische Esoterik ist hier die Differenzierung zwischen offener und geheimer Lehre Jesu, die Differenzierung innerhalb des Zwölferkreises nach Würdigkeit, die Auszeichnung des Petrus und Jakobus und die dominante Stellung eines einzigen, hier des Jakobus. Kennzeichnend für diese Esoterik ist schließlich der Geheimhaltungsauftrag an den Adressaten:

„... so übermittele ich sie dir schriftlich in hebräischer Schrift. Ich übersende sie dir – und zwar allein dir. Doch, da du ein Diener an der Erlösung der Heiligen bist, sorge dafür und trachte danach, diese Schrift nicht der großen Menge auszuliefern, dh diese Lehre, die der Erlöser nicht einmal allen von uns, seinen zwölf Jüngern mitteilen wollte." (1, 15ff).

Es ist nicht auszuschließen, daß zwischen der EpAp und der Epistula Jacobi apocrypha ein mehr als formaler Zusammenhang besteht, wenn auch dieser Zusammenhang historisch hier nicht verifi-

---

[14] OLZ 66, 1971, 118f.

[15] Das erinnert an die Konkurrenz von Petrus und dem Lieblingsjünger (Joh 20f), auch an Jakobus und Thomas (ThEv 12f), nur daß in dem apokryphen Jakobusbrief der Empfänger (Kerinth?) dem Jakobus noch übergeordnet ist.

ziert werden kann. Jedenfalls scheinen eine Reihe von Einzelheiten, u. a. die Firmierung als Brief, die betonte Exoterik einerseits und die betonte Esoterik andererseits und, wenn Schenkes Konjektur stimmen sollte, die Nennung Kerinths diese Vermutung nahezulegen.

Auf die anderen gnostischen Texte soll hier nicht näher eingegangen werden. Es wäre zwar reizvoll, exemplarisch die Besonderheiten dieser Offenbarungsliteratur anhand einer Analyse der verschiedenen Versionen des Apokryphon des Johannes zu verdeutlichen[16]; das ist aber schon aus Raumgründen nicht möglich. Stellvertretend soll hier das weniger bekannte, in seiner Form einfachste Werk dieser Art, das „*Buch des Thomas des Athleten*" zu Worte kommen[17]:

„Die geheimen Worte, die der Heiland dem Judas Thomas gesagt hat, die ich selbst aufgeschrieben habe, ich Mathaias (= Matthäus). Als ich wandelte, hörte ich sie, wie sie miteinander sprachen. Der Heiland sagte: Bruder Thomas, solange du Zeit hast in der Welt, höre mich an, und ich offenbare dir das, worüber du nachgedacht hast in deinem Herzen. Da man aber gesagt hat, daß du mein Zwillingsbruder und mein wahrer Freund bist, erforsche dich und erkenne, wer du bist und wie du warst oder wie du werden wirst. Da man dich ja meinen Bruder nennt, ziemt es sich für dich nicht, daß du über dich selbst unwissend bist. Und ich weiß, daß du zur Erkenntnis gelangt bist, denn du hast mich schon erkannt, daß ich die Erkenntnis der Wahrheit bin, während du nun mit mir wandelst, selbst wenn du es nicht weißt. Du hast schon erkannt, und man wird dich den ‚Sich-selbst-Erkenner' nennen, denn wer nämlich sich nicht erkannt hat, hat nichts erkannt. Wer aber sich selbst erkannt hat, hat schon Erkenntnis über die Tiefe des Alls erlangt. Deswegen nun hast du, mein Bruder Thomas, das vor den Menschen Verborgene gesehen, das ist das, woran sie Anstoß nehmen, weil sie es nicht erkennen."

Gleich zu Anfang wird das gnostische Grundthema („erkenne, wer du bist und wie du warst oder wie du werden wirst")[18] genannt, und es ist dann auch der Gegenstand, den der Dialog in anthropologischen und soteriologischen Ausführungen behandelt. Jesus schließt das Gespräch mit der Verheißung des gnostischen Heilsgutes, der „Ruhe", in Worten, die an den bekannten Spruch ThEv 2 und Parallelen erinnert:

---

[16] Dazu vgl. W. Till, Die gnostischen Schriften des Papyrus Berolinensis 8502, 33ff; M. Krause in: M. Krause und P. Labib, Die drei Versionen des Apokryphon des Johannes, 37ff; S. Giversen, Apokryphon Johannis, AThD V, 1963.

[17] NHC II, 138, 1ff; = ADAIK, kopt. Reihe 2, 1971, 88–106.

[18] In klassischer Form: Exc. ex Theod. 78, 2; auch PhilEv 57.

„Denn wenn ihr aus den Mühen und den Leidenschaften des Körpers herauskommt, werdet ihr die Ruhe erlangen durch den Guten und herrschen mit dem König, indem ihr mit ihm einig seid und er mit euch einig ist von jetzt an bis in alle Ewigkeit. Amen." (145, 12ff).

Dann folgt ohne erzählenden Abschluß das Explicit: „Das Buch des Thomas des Athleten, welcher an die Vollkommenen schreibt." (145, 17). Die Rahmenerzählung ist sehr knapp; sie beginnt ähnlich wie das Proömium des ThEv, nennt den Mathaias als Ohrenzeugen und den Schreiber dieser esoterischen Belehrung – während nach dem Explicit Thomas selbst der Schreiber ist – und gibt als Situation eine Wanderung an. Die Zeitangabe – vor der Himmelfahrt – folgt etwas später (138, 23). Alles dramatische Beiwerk fehlt, das ganze Interesse liegt auf dem Zwiegespräch. Aber Thomas, dem Offenbarungsempfänger, wird wie in ThEv 13 der höchste Rang angewiesen[19]: er ist Zwillingsbruder des Erlösers und fungiert im Gespräch als Repräsentant seiner Mitjünger, dh der Gnostiker; er nimmt eine Mittlerstellung ein. Allerdings nur für die zur Vollkommenheit Bestimmten; die Weitergabe der geheimen Worte an die „blinden Menschen" wird ihm ausdrücklich verboten (141, 19ff; 142, 27ff).

Dieses Thomasbuch stellt nicht nur die einfachste, sondern m. E. auch reinste (ursprünglichste) Form des literarischen Typus „Gespräche des Auferstandenen mit seinen Jüngern" dar, der gegenüber das Freer-Logion als eine Reduktion und das Johannesapokryphon, um nur dieses zu nennen, als eine Amplifikation erscheinen, von den Mischformen der EpAp und des apokryphen Jakobusbriefes zu schweigen.

## 4. Die Gattung

Es darf als sicher gelten, daß die Gespräche des Auferstandenen mit seinen Jüngern in gnostischen Kreisen ihre ursprüngliche Heimat haben. Zu welcher Literaturgattung gehören sie, bzw. aus welcher stammen sie? H. Köster will sie aus der Gattung der Apokalypsen ableiten[20]. Tatsächlich zeigen sich manche Verwandtschaften im Formalen und noch mehr im Inhaltlichen (Offenbarungen zukünftiger und jenseitiger, vorzeitlicher und kosmologischer Geheimnisse). Aber es bestehen auch wesentliche strukturelle Unterschiede. Der für die

---

[19] Aber die in ThEv 13 erwähnten drei Worte Jesu an Thomas sind nicht der Inhalt dieses Thomasbuches; Krause, 136.
[20] AaO, 182ff.

Apokalyptik konstitutive Visionsbericht kommt in den „Gesprächen"
recht selten vor, daher fehlt in ihnen auch das Deuten des Geschauten. Vor allem aber ist für die Apokalyptik die Gesprächsform nicht
konstitutiv; natürlich finden auch hier Gespräche statt: der Seher
fragt, der angelus interpres deutet (manchmal erfolgt die Deutung
auch durch den Seher selbst, ohne Gesprächspartner, oder bleibt
ganz dem Leser überlassen). Die „Gespräche" dagegen erfolgen
durchweg im Schema von Frage und Antwort; der Auferstandene
hat dabei nicht die Hilfsfunktion des apokalyptischen angelus interpres, sondern spielt die Hauptrolle als Offenbarer der erlösenden
Erkenntnis. Aus der Apokalyptik sind die „Gespräche" also schwerlich abzuleiten.

K. Rudolph[21] hat ihre Verbindung zu zwei antiken Literaturformen
m. E. überzeugend nachgewiesen, zu der des *Dialogs* und zu der der
*Erotapokriseis* (Frage-Antwort-Schema). Der philosophische *Dialog*,
ein wirkliches oder fiktives Gespräch zwischen zwei oder mehreren
Partnern, ist ursprünglich ein Mittel, gemeinsam die Wahrheit zu
finden. Er kann aber auch – so schon im platonischen Spätwerk und
dann in der Spätantike – den Charakter des gemeinsamen Suchens
verlieren und zur Abhandlung werden, in der ein Einziger die Probleme stellt und löst, während die Gesprächsteilnehmer nur mit un-
wesentlichen Bemerkungen zu Worte kommen und erst am Schluß
(in der Rahmenerzählung) wieder in Erscheinung treten. Dieses Zurücktreten der Gesprächspartner gegenüber dem Gesprächsführer ist
auch für die gnostischen „Gespräche" charakteristisch, nur ist es hier
durch den gnostischen Offenbarungsglauben bedingt: „Die Wahrheit
ist durch göttliche Kundgebung vorgegeben und autoritativ." – „Der
Dialog dient in erster Linie der Heilsvermittlung, nicht mehr dem
Ringen um die Wahrheit", so daß „die Wahrheitssuche zur Offen-
barungs-Katechese führt."[22] Dazu kommt der Einfluß der *Erotapo-*
*kriseis*. Diese Literaturform wird weniger im Bereich der Philosophie
als dem der antiken Wissenschaft (Philologie und Jurisprudenz) verwendet, insbesondere zur Einführung von Anfängern und Schülern
(εἰσαγωγή) und zur Lösung von Problemen, Streitfragen und Aporien. Es handelt sich nicht um ein echtes Frage-Antwort-Spiel, son-

---

[21] AaO, 85ff; Rudolph hat das große Verdienst, die Artikel „*Dialog*" von
A. Hermann und G. Bardy (RAC 3, 928ff) und „*Erotapokriseis*" von
H. Dörrie und H. Dörries (RAC 6, 342ff) im Bereich der gnostischen
Literatur weiter geführt und fruchtbar gemacht zu haben.

[22] Rudolph, 86. 87.

dern um ein Mittel zur systematischen Durchdringung eines Wissensgebietes. Die Erotapokriseis-Form hat ebenfalls in die Offenbarungsliteratur, vor allem in die *hermetischen Schriften* Eingang gefunden, in der Funktion der εἰσαγωγή (hier: Einweihung) und unter Verwendung von Orakeltexten, so daß „eine Verschmelzung von Offenbarung und Fachwissen" entstanden ist[23]. In den gnostischen „Gesprächen" sieht Rudolph eine „Mischung von Dialog und (orakelhaftem) ‚Frage-Antwort-Schema' oder der Problemataform (‚Probleme und Lösungen')". Sie nur der letzten Form zuzurechnen, hält er für nicht gerechtfertigt, „da ihnen der Rahmen, der für die Dialogform charakteristisch ist und in der (fiktiven) Situationsschilderung des Gesprächs besteht, niemals fehlt."[24] Er kommt zu dem Schluß: „Der formale Charakter des Dialogs wird beibehalten, aber von einem neuen Inhalt gefüllt, wobei dessen Stilisierung von der Erotapokriseis-Literatur beeinflußt erscheint ... Es ist eine eigenständige Literaturform durch Fortbildung älterer Stilformen entstanden[25]."

Es liegt in den Gesprächen des Auferstandenen eine Übernahme und Kombination von Literaturgattungen der antiken Philosophie und Wissenschaft vor, kein Erzeugnis der christlichen Urliteratur. Diese Schriften liegen also jenseits der von uns für dieses Buch gezogenen sachlichen Grenzen.

---

[23] Rudolph, 88.
[24] AaO, 89.
[25] Ebd.

# 8. KAPITEL

## APOKRYPHE APOSTELGESCHICHTEN

### § 55. Vorbemerkung

*Literatur:*

Fr. Pfister in: E. Hennecke, Neutestamentl. Apokryphen, ²1924, 163ff;
W. Schneemelcher und K. Schäferdiek in: E. Hennecke – W. Schneemelcher,
Neutestamentl. Apokryphen II, ³1964, 110ff;
R. Söder, Die apokryphen Apostelgeschichten und die romanhafte Literatur der Antike, (Neudruck) 1969.

Von den zahlreichen apokryphen Apostelgeschichten sollen nur die fünf ältesten behandelt werden und auch diese nur im Überblick, denn chronologisch und ihrem literarischen Genos nach überschreiten sie den Bereich dieser Literaturgeschichte; aber gerade als Grenzphänomene verlangen sie hier Beachtung. Sie sind meist in Fragmenten, allerdings sehr zahlreichen und sehr umfänglichen Fragmenten auf uns gekommen – in auffälligem Unterschied zu den apokryphen Evangelien, von denen meistens nur Fetzen erhalten sind. Dieser Unterschied hat kanonsgeschichtliche Gründe. Diese Evangelien wurden – mit bezeichnender Ausnahme der sog. Kindheitsevangelien – im Lauf der Konsolidierung des Kanons und im Zug der Ketzerbekämpfung allmählich ausgerottet; die apokryphen Apostelakten aber bildeten kanonsgeschichtlich nie eine Konkurrenz zur lukanischen Apostelgeschichte, schon aus Gründen ihrer Entstehungszeit nicht. Daß sie wie die Kindheitsgeschichten trotz aller kirchlichen Polemik einigermaßen toleriert wurden, hat noch einen anderen Grund; sie hatten von vornherein eine andere Funktion, einen anderen Sitz im Leben als die Evangelien. Daß sie mit Ausnahme der Thomasakten nur unvollständig erhalten sind, verwundert nicht. Sie genossen nicht den Schutz, der den kanonischen Büchern zuteil wurde, und teilten das Schicksal vieler antiker Literaturwerke, zB der Historien und Annalen des Tacitus. Sie teilten speziell das Schicksal mancher antiker Romane; sie wurden verkürzt wie zB die Ephesiaka des Xenophon von Ephesus und die Babyloniaka des Iamblichos; außerdem wurden manche besonders interessierende Partien wie die Martyrien oder andere in sich abgeschlossene Stücke aus den Werken herausgelöst und selbständig weitertradiert, worüber der Rest in Vergessenheit oder Verlust geriet. Daß trotzdem so viel von ihnen erhalten blieb, liegt außer an ihrer Beliebtheit an einem besonderen Glücksfall: im 4. Jh. wurden die Akten des Petrus, Johannes, Andreas, Thomas und Paulus zu einem *Corpus* vereinigt, das bei den Manichäern hohes Ansehen genoß und wohl von ihnen zusammengestellt worden war, das Augustin kennt und das noch der Patriarch Photios von Konstantinopel im 9. Jh. bespricht und bekämpft.

Photios behauptet, ein *Leukios Charinos* habe die fünf Apostelakten verfaßt. Tatsächlich stammen sie von verschiedenen Verfassern und aus verschiedenartigen Kreisen. Trotz wiederkehrender Motive und einiger theologischer Gemeinsamkeiten bilden die apokryphen Apostelgeschichten keine Einheit; jede hat ihr eigenes Gepräge, theologisch und literarisch, und muß für sich beurteilt werden.

Gleichwohl ist die Frage nach der *Gattung* der apokryphen Apostelakten zu stellen. Gehören sie – das ist die nächstliegende Frage – zur gleichen Gattung wie die lukanische Apostelgeschichte? War diese das Modell für jene? Diese Frage wurde schon vor hundert Jahren von Franz Overbeck verneint und kann durch die eindringenden Untersuchungen W. Schneemelchers als erledigt gelten. Einer positiven Lösung hat Fr. Pfister das Gattungsproblem nähergebracht. Er hat die apokryphen Apostelakten der antiken πράξεις-Literatur zugeordnet, dh einer Literatur, die die „Taten" großer historischer oder mythischer Personen, und zwar natürliche oder übernatürliche Taten darstellen, in denen sich die ἀρεταί und δυνάμεις dieser Personen manifestieren. Er zeigt diese Zusammengehörigkeiten an drei Elementen oder Motiven auf, die hier wie dort vorkommen. Das erste ist das aretalogische Element, dh die Verherrlichung des Helden durch Hervorhebung des Wunderbaren an seinen Taten. Dann das Motiv der Wanderung, der περίοδοι, wenn die „Taten" im Rahmen eines Reiseberichts erzählt, werden, in dem dann auch ethnologische Themen berührt werden. Schließlich das religiöse Element, die Darstellung und Propaganda bestimmter religiöser Ideen (die in den heidnischen Praxeis natürlich auch philosophische sein können). Pfister charakterisiert die apokryphen Apostelakten als „christliche Wanderungs- oder Missionsaretalogien" (aaO, 167). Rosa Söder hat dann diese Werke in den weiteren Rahmen der „romanhaften Literatur der Antike" hineingestellt und gezeigt, daß sie mit dieser durch zahlreiche feste Elemente verbunden sind und zusammengehören. Die fünf wichtigsten sind: das Element der Wanderung; das aretalogische Element; das teratologische Element (Schilderung von fabulösen Völkern, Menschen, Tieren und Ereignissen); das tendenziöse Element, religiöser, philosophischer, politischer und ethischer Art; das erotische Element. Sie kommt zu dem Ergebnis, daß die apokryphen Apostelakten „keine eigentlichen Romane" und „auch der F o r m nach keine einheitliche Gattung" seien; sie seien „volkstümliche Erzählungen, für das Volk, nicht so sehr für die Gebildeten, wie der Roman, bestimmt" (aaO, 216). Wir kommen auf die Frage der Gattung noch zurück, wenn wir die einzelnen Werke besprochen haben.

Zunächst noch eine Bemerkung zur *Entstehung* dieses Schrifttums aus dem gesteigerten Interesse an den Aposteln. Es zeigt sich schon früh, in manchen Stücken der Evangelientradition; und Lukas kann bereits auf vorgeformte Erzählungen über Petrus und Paulus, Stephanus und Philippus für seine Apostelgeschichte zurückgreifen – bezeichnenderweise nicht nur Personal- und lokale Gründungslegenden, sondern auch „weltliche" Novellen. Die Gemeinden hatten aber das Bedürfnis, mehr und Genaueres, und zwar über alle Apostel zu erfahren. Dieses Interesse war verschieden orientiert. Einerseits richtete es sich im Kampf gegen Irrlehren auf die Apostel als die Garanten der reinen Lehre und entwickelte die Prinzipien der apostolischen Tradition und Sukzession, die sich in späten Schriften des NT, bei Irenäus und in den lokalen Bischofslisten ebenso verschiedenartig wie eindeutig dokumentieren. Andererseits richtete es sich auf die Apostel als θεῖοι ἄνδρες – dies ist der Fall bei den apokryphen Apostelakten. Dieses Interesse wurde stimuliert durch die Masse solcher Gestalten, die die damalige Welt durchzogen. Es galt, diese Konkurrenz zu überbieten. Die Apostel nahmen immer stärker die typischen Züge dieser Konkurrenten an, zunächst in der Vorstellung und in der mündlichen Verherrlichung, dann aber in der literarischen Darstellung. Denn das Bedürfnis nach einer *spezifisch christlichen Unterhaltungsliteratur,* die mit der nichtchristlichen konkurrieren konnte, war ebenso stark wie das religiös-erbauliche. Der Ursprung der apokryphen Apostelakten ist keineswegs „häretisch", sondern liegt in den unterschwelligen paganen Elementen des Vulgärchristentums. Aber diese Elemente zogen andere gleicher Art an und bildeten einen fruchtbaren Boden für „häretische", insbesondere gnostische Gedanken; so kann der Apostel zB gelegentlich sogar Traditionsträger in großkirchlichem Sinne (in den Paulusakten), aber auch Träger gnostischer Geheimoffenbarungen sein (in den Johannesakten). Die Kirche wollte oder konnte nicht diese beliebte Literatur ausschalten. Ihr Widerstand spiegelt sich in mannigfachen – purgierenden und erweiternden – kirchlichen Überarbeitungen. Im 3. und 4. Jh. entstanden neue Apostelakten.

Wir übergehen die Überarbeitungen und Neubildungen und behandeln nur die fünf alten Apostelakten, und zwar in der vermutlichen Reihenfolge ihrer Entstehung.

## § 56. Die fünf großen Apostelakten

Literatur:

R. A. Lipsius – M. Bonnet, Acta Apostolorum Apocrypha I IIa IIb (Neudruck), 1959;

E. Hennecke – W. Schneemelcher, Neutestamentliche Apokryphen II, ³1964, 110–372.

### 1. Die Petrusakten

Die Acta Petri (= APt) sind die ältesten der erhaltenen apokryphen Apostelgeschichten; sie dürften zwischen 180 und 190 in Kleinasien oder Rom entstanden sein[1]. Von dem ganzen Werk sind nur etwa zwei Drittel auf uns gekommen, nämlich der große Mittel- und Schlußteil (in einer lateinischen Übersetzung, den sog. Actus Vercellenses, und in zwei kleineren Stücken in der griechischen Ursprache) und zwei Einzelgeschichten aus dem ersten Teil. So vermitteln nur die *Actus Vercellenses* einen Eindruck von der Art der APt[2].

Sie berichten, daß nach Abreise des Paulus aus Rom zur Spanienmission der Magier Simon in der Welthauptstadt erschienen sei und die dortige Gemeinde bis auf wenige Getreue zu seinen Anhängern gemacht und die Römer durch seine Wunder in Bewunderung versetzt habe; da sei Petrus von Jerusalem, wo er zwölf Jahre verbracht hatte, auf göttlichen Befehl nach Rom gereist, habe dort die Ge-

---

[1] Vgl. Schneemelcher, 187f.
[2] Alles Weitere bei Schneemelcher, 183ff.

meinde wiederhergestellt, den Simon besiegt und schließlich das Martyrium erlitten. Man sieht: der größte Teil der APt umfaßt nur die letzte Wirksamkeit des Apostels, die sich in Rom abspielt; die apokryphe Überlieferung von Petri zwölfjährigem Verweilen in Jerusalem (Kerygma Petrou) und seinem Martyrium in Rom liefert die Fixpunkte; von der nt. Petrusüberlieferung ist nur der Zusammenstoß des Apostels mit dem Magier Simon (Apg 8, 18ff) produktiv wirksam geworden.

Die Darstellung verherrlicht Petrus nicht als den Apostelfürsten, sondern als großen θεῖος ἀνήρ, der mächtig im Wort, aber noch mächtiger, jedenfalls erfolgreicher in Taten ist. Er imponiert den Römern durch Schauwunder: er läßt einen Hund reden, einen Säugling mit Männerstimme sprechen und einen geräucherten Thunfisch schwimmen; er treibt aus einem Jüngling, der sich durch Lächeln als besessen verrät, einen Dämon aus, der eine Kaiserstatue zertrümmert, und läßt sie wunderbar wieder heil werden, damit ihr christlicher Besitzer keine polizeilichen Schwierigkeiten bekommt. Natürlich vollbringt er auch Heilungswunder – er gibt blinden Witwen ihr Augenlicht wieder –, aber diese Hilfewunder treten hinter den anderen zurück. Ganz auf öffentliche Schaustellung ausgerichtet ist die große Auseinandersetzung mit dem Magier Simon, der Höhepunkt des Buches. Sie findet auf angemessen hoher Bühne, auf dem Forum und vor einer riesigen Zuschauermenge statt, darunter, wie ausdrücklich erwähnt, Senatoren, Präfekten und Beamte. Wie zwei homerische Helden vor ihrem eigentlichen Zweikampf duellieren sich die beiden Kontrahenten zunächst mit Reden – wie übrigens die ganze Schilderung durch Einlage von Reden, Dialogen und Gebeten zerdehnt ist; dann obsiegt Petrus glorreich durch drei Totenerweckungen und rettet sogar seinen Gegner, der kläglich versagt hat, durch Fürsprache vor dem Feuertod. Aber die völlige Ausschaltung Simons erfolgt erst einige Tage später, wieder an geeigneter Stätte; der Magier will durch wunderbare Flugkünste seinen Einfluß zurückgewinnen, aber auf das Gebet des Apostels hin stürzt er mit dreifacher Schenkelfraktur auf die Via Sacra nieder; er wird mit Steinen beworfen, verhöhnt und schließlich von einem Anhänger aus Rom fortgeschafft und stirbt bald darauf an seinen Verletzungen.

Das Martyrium des Apostels wird, wie in den Apostelakten üblich, durch die Keuschheitspredigt veranlaßt. Das erotisch-asketische Element nimmt zwar in den APt keinen großen Raum ein; vielleicht war das in dem verlorenen ersten Teil anders, die beiden von ihm

erhaltenen Stücke könnten darauf hinweisen. Aber die Keuschheitspredigt hat in Rom, insbesondere unter den vornehmen Damen,
einen die Männer beunruhigenden großen Erfolg. Ein retardierendes
Moment, die bekannte Quo-vadis-Geschichte, wird eingeschaltet; Petrus flieht vor der drohenden Verhaftung, begegnet aber vor dem Tor
dem Herrn, der sich wiederum kreuzigen lassen will, und kehrt zurück.
Der Präfekt Agrippa, dem Petrus vier Konkubinen abspenstig gemacht
hat, läßt den Apostel wegen Gottlosigkeit kreuzigen. Die Schilderung
der Kreuzigung nimmt nur zwei Nebensätze in Anspruch. Das Gewicht liegt ganz auf den beiden Reden des Apostels über das Geheimnis des Kreuzes; in der ersten bittet er zudem, mit dem Kopf
nach unten gekreuzigt zu werden; die zweite, die er vom Kreuz aus
hält, geht in ein Gebet über, mit dessen letzten Worten er seinen
Geist aufgibt. Den Schluß des Martyriums bilden – ein häufiger Zug
in den Apostelakten – Erscheinungen des Verstorbenen: vor seinem
Freund Marcellus, den er wegen der aufwendigen Bestattung milde
tadelt, und vor Nero, den er durch Schläge einschüchtert und von
der geplanten Christenverfolgung abhält.

Der Verfasser hat die APt nicht ohne Geschick komponiert. Er
verknüpft die römische Wirksamkeit des Petrus mit dem Aufbruch
des Paulus nach Spanien und motiviert sie mit dem Auftauchen Simons in Rom; er ist weiter bestrebt, die einzelnen Handlungen nicht
einfach hintereinander zu berichten, sondern vorzubereiten und miteinander zu verschlingen, wenigstens äußerlich. Durch eine Rückblende – einen Bericht des Petrus über den Raub eines Schatzes
durch Simon und seine wunderhafte Entdeckung durch ihn selbst –
greift der Verfasser über größere Zusammenhänge hinweg und gibt
dem Ganzen einige Kohärenz. Er spricht gelegentlich im Wir-Stil,
um sich als Augenzeugen zu empfehlen; allerdings nur für die
Ereignisse in Rom, nicht für die vorhergehenden (APt 4; 21). Die
obligatorischen Redestücke gelingen ihm dagegen nicht sonderlich;
wenigstens inhaltlich interessant sind die Kreuzesspekulationen (37–
39) und die Passagen über die vielgestaltigen Erscheinungen Christi
(21; vgl. 5; 17), Motive, die auch in anderen Apostelakten eine Rolle
spielen. Den inneren Zusammenhalt bildet aber nicht die Komposition, sondern das aretalogische Element (Wunder, Visionen und dgl.).

Über den *literarischen Charakter* des ganzen Werkes können wir
nur mit Vorbehalt urteilen, da der erste Teil fehlt. Bezieht sich die
Bemerkung über den zwölfjährigen Aufenthalt des Petrus in Jerusalem (5) auf diesen ersten Teil, so folgt daraus, daß die APt nicht

zur περίοδοι-Literatur gehören. Denn dann berichten sie von nur einer Reise des Apostels, der von Jerusalem nach Rom. Der Seefahrtsbericht enthält allerdings typische περίοδοι-Motive[3], vor allem dies, daß der Kapitän gläubig wird, die Taufe und die Eucharistie empfängt. Aber Reisen geben nicht den Rahmen des Ganzen ab. Die APt bestehen aus einzelnen Taten des Apostels, die offenbar nur in Jerusalem und in Rom lokalisiert sind, und der einen Reise, die beide Schauplätze verbindet; wieweit die APt über die genannten Verbindungslinien hinaus noch andere erzählerische Beziehungen geknüpft haben, wissen wir nicht. Man wird sie aber – unter dem genannten Vorbehalt – der eigentlichen Praxeis-Literatur zuzurechnen haben.

Unter den Nag-Hammadi-Texten findet sich in Codex VI, S. 1–12 eine Schrift, die hier erwähnt werden muß und die mir H.-M. Schenke liebenswürdigerweise in seiner Übersetzung zugänglich gemacht hat[3a]. Sie träg als Explicit den Titel „Die Taten des Petrus und der zwölf Apostel", ist aber nach dem Incipit eine Predigt des Petrus „über die Veranlassung der Apostelschaft". Der Inhalt dieser höchst seltsamen und interessanten Schrift hat aber nichts mit den bekannten APt zu tun. Sie kann auch kein Stück ihrer verlorenen Partien sein.

## 2. Die Paulusakten

Die Acta Pauli (= AP) dagegen – etwas jünger als die Petrusakten und von ihnen abhängig, kurz vor 200 von einem kleinasiatischen Presbyter verfaßt – gehören zur περίοδοι-Literatur. Sie berichten die „Taten des Paulus", wie ja nur natürlich, im Rahmen einer großen Reise. Aber die Reiseroute läßt sich nicht vollständig rekonstruieren, die Überlieferung ist trotz ihres großen Umfangs recht fragmentarisch[4]. Die wichtigen, in diesem Jh. entdeckten Handschriften der AP,

---

[3] ZB die besondere Veranlassung der Reise; das bereitliegende Schiff; das besondere Interesse des Kapitäns für den Passagier; die Windstille; das besondere Verhalten der Matrosen (hier ihre Betrunkenheit).

[3a] Jetzt erschienen in ThLZ 98, 1973, 13ff.

[4] Zur Bezeugung und Überlieferung: Schneemelcher, aaO, 221ff. Da eine Gesamtausgabe der Fragmente im Urtext noch nicht existiert, die denkbar vollständigste Wiedergabe der Texte in Übersetzung sich bei Schneemelcher (242–270) findet, wo auch jeweils die Publikationen des Urtextes angegeben sind, verweise ich im Folgenden der Einfachheit halber auf die Seiten in seiner Übersetzung.

vor allem ein griechischer Papyrus in Hamburg und ein koptischer in Heidelberg, haben zu den schon früher bekannten Stücken – den Paulus- und Theklaakten, der Korrespondenz zwischen Korinth und Paulus, dem sog. 3. Korintherbrief, und dem Martyrium – nicht nur Parallelüberlieferungen, sondern vor allem wesentliche Ergänzungen durch neues Material gebracht; ein noch nicht edierter, aber von R. Kasser für Hennecke-Schneemelcher (268ff) in Übersetzung zur Verfügung gestellter koptischer Papyrus enthält die schon von Origenes erwähnte Geschichte von der Taufe eines Löwen durch Paulus[5]. Aber der Anfang der AP fehlt noch immer, und in der Mitte klafft eine große Lücke; die Endstation ist Rom; als Ausgangspunkt der Reise läßt sich Damaskus erschließen. Alle erhaltenen Stücke legen die Annahme nahe, daß die AP nur eine einzige Reise des Paulus erzählt haben – ganz im Unterschied zu der kanonischen Apostelgeschichte. Sie stimmen zwar mit dieser in einer großen Anzahl von Ortsnamen überein, entwerfen aber ein völlig anderes Bild von Ablauf und Art der Wirksamkeit des Paulus; so kommt er, um nur dies noch zu erwähnen, nicht als Gefangener, sondern als freier Mann nach Rom. Die lukanische Apostelgeschichte war für den Verfasser der AP, wenn er sie gekannt hat, noch nicht so kanonisch, daß ihr Paulusbild für ihn verpflichtend gewesen wäre. Er gestaltet sein Werk nach eigenem Plan und mit Material, das er aus der mündlichen Tradition über Paulus gesammelt oder anderswoher auf ihn übertragen, vielleicht auch erfunden, und das er gründlich überarbeitet hat[6].

Er bemüht sich, literarisch zu arbeiten. Er hat mehrere Episoden zu größeren Kompositionen ausgearbeitet, so vor allem die Theklageschichte, die als kleiner Roman oder große Novelle gelten kann, das Martyrium, aber auch Haft und Tierkampf in Ephesus, und vermutlich noch andere Geschichten, deren fragmentarischer Erhaltungszustand aber kein sicheres Urteil zuläßt. Literarischem Streben entspringen auch die Rückblende (Bekehrung und Taufe des Löwen) und die Einlage des Briefwechsels (recht sinnvoll in den Philippibericht; der Verfasser kennt offenbar den 2Kor). Hierher gehört

---

[5] Über den Sinn dieses Motivs vgl. W. Schneemelcher, Der getaufte Löwe, in: Mullus, Festschrift Theodor Klauser, 1964, 316ff.
[6] Vgl Schneemelcher, NT Apokryphen II, 227ff und ders., Die Apostelgeschichte des Lukas und die Acta Pauli, in: Apophoreta, Festschrift für E. Haenchen, BZNW 30, 1964, 236ff.

auch das steckbriefartige Portrait des Paulus[7] und auch dies, daß der Verfasser es nicht selbst gibt, sondern es einen anderen zeichnen läßt. Titus schildert ihn als „einen Mann klein von Gestalt, mit kahlem Kopf und krummen Beinen, in edler Haltung mit zusammengewachsenen Augenbrauen und ein klein wenig hervortretender Nase, voller Anmut; denn bald erschien er wie ein Mensch, bald hatte er eines Engels Angesicht." (Hennecke-Schneemelcher II, 243). Während aber üblicherweise bei den θεῖοι ἄνδρες viel Rühmens von ihrer Schönheit gemacht wird, ist hier die Verborgenheit des Göttlichen betont, das doch immer wieder die unscheinbare Hülle durchbricht (eine Reminiszenz an Sokrates? Ein gnostisches Motiv?); bezeichnend, daß Thekla „den Herrn in der Gestalt des Paulus" sehen kann (aaO, 247), wie denn auch in anderen Apostelakten Christus gelegentlich in Gestalt eines Apostels erscheint.

Der Verfasser nennt als *Inhalt* der Verkündigung des Paulus „das Wort Gottes von der Enthaltsamkeit und der Auferstehung" (243) und erläutert den inneren Zusammenhang der beiden Themen: „Auf andere Weise gibt es für euch keine Auferstehung, es sei denn, daß ihr rein bleibt und das Fleisch nicht befleckt, sondern es keusch bewahrt" (245), oder, etwas griechischer: „der Gott, der kein Bedürfnis kennt" habe Paulus zum Heil der Menschen gesandt, daß er „sie der Vergänglichkeit und der Unreinigkeit entreiße und aller Lust und dem Tode" (246). Aber weitergehende theologische Reflexionen über diesen Zusammenhang liegen dem Verfasser fern. Er läßt den Paulus seine Verkündigung lieber in Form einer Makarismenreihe (darunter Mt 5, 8. 7) vortragen (244).

In der *Erzählung* scheinen das aretologische und das erotisch-asketische Element sich quantitativ die Waage zu halten[8]. Aber was den Gang der Ereignisse vorantreibt, ist das letztere. Die Darstellung folgt meist dem Schema: Keuschheitspredigt des Paulus, großer Erfolg bei den Frauen, vor allem den vornehmen, Empörung und Eifersucht der Gatten, Verlobten und Liebhaber, dann Verfolgung, Verhaftung und Mißhandlung des Apostels (gelegentlich auch seiner Anhängerinnen), Besuch von Jüngerinnen in seinem Kerker, Befreiung. Die

---

[7] Zum Portrait vgl. E. Rohde, Der griechische Roman, [3]1914, 160.

[8] Ich gehe auf die vielen Wunder, Heilungen, Totenerweckungen und Erscheinungen (Jesu oder von Engeln) nicht ein und erwähne nur die Zerstörung des Apollontempels in Sidon (253f), eine Parallele zur Zerstörung des Artemistempels in Ephesus durch Johannes (ActJoh 37–45).

immer wiederkehrenden Verfolgungen unterscheiden die AP von den erhaltenen Teilen der APt.

Man kann sich *Schema und Motive* am besten an den Theklaakten vergegenwärtigen, obwohl Paulus hier nicht die Hauptrolle spielt.

In Ikonium hört die ebenso schöne wie tugendhafte wie vornehme Jungfrau Thekla die Predigt des Paulus, ist von ihr und ihm sofort restlos fasziniert und will von ihrem Verlobten Thamyris nichts mehr wissen. Dieser verklagt mit anderen Männern, die mit ihren Frauen gleiches erlebt hatten, den Paulus beim Prokonsul, und der Apostel wandert ins Gefängnis. Thekla besticht die Gefängniswärter, besucht ihn des Nachts und lauscht gläubig seinen Worten. Als das ruchbar wird, kommen beide vor den Richter. Der Prokonsul sympathisiert mit der christlichen Lehre – ein nicht ganz seltenes Motiv –, verbannt Paulus aus der Stadt, verurteilt aber Thekla auf Betreiben ihrer eigenen Mutter zum Feuertod. Die standhafte Märtyrerin schaut nach Paulus aus, sieht in seiner Gestalt Christus und besteigt getrost den Scheiterhaufen. Aber die Flammen können ihr nichts anhaben, ein Wolkenbruch mit Hagelschlag löscht das Feuer und tötet viele Zuschauer zur Strafe. Thekla reist dem Paulus nach, eröffnet ihm, sie werde ihn überallhin begleiten, und läßt sich durch seine Warnung vor den Gefahren von ihrem Vorsatz nicht abbringen[9]. Doch schon in der nächsten Stadt widerfährt ihr neue Unbill. Ein einflußreicher Bürger Antiochiens verliebt sich auf den ersten Blick in sie, wird zudringlich, und als die resolute Jungfrau ihm auf offener Straße das Obergewand vom Leib und den Kranz vom Kopf gerissen, verklagt der so Verhöhnte, dessen Liebe sich in Haß verwandelt hat, sie beim Statthalter und erwirkt ihre Verurteilung zum Tierkampf. Eine bescheidene Abwechslung findet sich bei diesem zweiten Martyrium: einerseits hat Thekla die Sympathien aller Frauen für sich, andererseits muß sie mehr und größere Gefahren bestehen, erlebt aber auch mehr und größere Wunder. Löwen und Bären werden auf sie gehetzt, aber eine Löwin verteidigt sie bis zum Tode; vor einer zweiten Horde Bestien sucht Thekla in einem Teich der Arena Zuflucht; sie erteilt sich selbst die Taufe und wird aufs neue geschütz die gefrässigen Robben des Teiches werden vom Blitz erschlagen, die anderen Tiere durch eine Feuerwolke von ihr fern gehalten; eine dritte Schar wilder Tiere wird von Betäubung befallen, und als man Thekla zwischen zwei bösartige Stiere bindet – wie das trotz der Feuerwolke möglich ist, fragt man besser nicht –, da verbrennen die Fesseln und Thekla bleibt unversehrt. Die Zuschauer ergreifen nun Partei für die schöne Dulderin und verlangen ihre Freilassung; der Statthalter vergießt Tränen, sogar der verschmähte Liebhaber wird anderen Sinnes. Die Exekution wird abgebrochen und die Märtyrerin offiziell freigesprochen. Wieder reist sie Paulus nach, erhält von ihm den Befehl, das Wort Gottes zu verkündigen

---

[9] Joh. Geffcken, Christl. Apokryphen, 1908, 27 Anm. 1, sieht hier eine Analogie zu der Warnung der Hipparchia durch Krates (Diog. Laert. VI, 96ff).

und kehrt dann in ihre Heimatstadt zurück. Der Verlobte ist inzwischen gestorben – die einfachste Lösung –, und der bösen Mutter bietet sie die Versöhnung mit den schönen Worten an: „Willst du Geld und Gut, so wird der Herr es dir durch mich geben, willst du dein Kind, siehe, da bin ich" (251). Dann begibt sie sich nach Seleukia; „und nachdem sie viele durch das Wort Gottes erleuchtet hatte, entschlief sie eines sanften Todes" (251)[10].

Das Repertoire und die Variationsfähigkeiten des Verfassers haben sich in der Theklageschichte ziemlich erschöpft. Das zeigt die Ephesusepisode.

Paulus ist wegen seiner erfolgreichen Keuschheitspredigt eingekerkert und ad bestias verurteilt[11]. Wieder erhält er nächtlichen Besuch vornehmer Anhängerinnen – darunter die Frau des Statthalters, der ihn verurteilt hat. Göttliches Eingreifen ermöglichen es ihm, in der Nacht vor dem Tierkampf frei zu werden, die beiden Jüngerinnen am Meeresstrand, also recht weit weg von Ephesus, zu taufen und ungesehen ins Gefängnis zurückzukehren. Anderentags wird in der Arena ein sehr wilder Löwe auf ihn losgelassen. Aber siehe, es ist der Löwe, den Paulus getauft hatte und der, statt den Apostel zu zerreißen, sich mit ihm freundlich, wenn auch in lakonischer Kürze unterhält. Der Statthalter befiehlt, gegen beide eine Schar Bestien und zudem Bogenschützen einzusetzen. Da wiederholt sich das Hagelwunder, die wilden Tiere werden erschlagen, ebenso eine Menge Zuschauer; diesmal kommt auch der Statthalter nicht unbeschadet davon; er verliert zwar nicht das Leben, aber immerhin ein Ohr. Paulus und der Löwe bleiben unverletzt, jener begibt sich zu Schiff nach Makedonien und dieser in die Berge.

Das *Martyrium des Paulus* ist unter einem grundsätzlicheren Aspekt als das des Petrus dargestellt. Es wird nicht wie dieses – aber auch nicht wie nach dem Vorhergehenden zu erwarten wäre – durch die Keuschheitspredigt veranlaßt, sondern durch die Verkündigung von „Christus Jesus, dem König der Äonen" (266) und steht unter dem Gesichtspunkt des Gegensatzes von irdischem Machthaber und himmlischem Herrn; es exemplifiziert an Paulus und seinen verfolgten Genossen die Haltung der Christen in diesem Spannungsfeld paränetisch als militia Christi; die Bilder aus diesem Vorstellungsbereich häufen sich hier, während das Motiv vom Streiter Christi im Martyrium des Petrus nur einmal anklingt.

---

[10] Die Jungfrau Thekla wurde anstelle der jungfräulichen Pallas Athene Stadtpatronin von Seleukia in Isaurien. Zur späteren Theklalegende s. die bei Schneemelcher, aaO, 229 Anm. 2 genannte Literatur.
[11] Vgl. 1Kor 15, 32.

Nero sieht durch diese Verkündigung seine Herrschaft bedroht, zumal der neue Glaube schon in seiner engsten Umgebung Anhänger gefunden hat: sein jugendlicher Mundschenk Patroklos, den Paulus vom Tode erweckt hat[12], und eine Anzahl sehr hochgestellter Günstlinge bekennen sich zu Christus. Der Kaiser läßt sie einkerkern und ordnet eine allgemeine Christenverfolgung an, in deren Verlauf auch Paulus verhaftet und zum Tode durch Enthauptung verurteilt wird. In zwei Szenen kommt es zur Konfrontation des Kaisers mit dem Apostel, des Inhabers der weltlichen Macht mit dem Streiter Christi; es ist aber auch in einzelnen Motiven die Konfrontation des Tyrannen mit dem Philosophen, wie sie etwa in der Gegenüberstellung von Domitian und Apollonius geschildert wird[13]. Paulus gewinnt – ein häufiger Zug in den Martyrien – die mit seiner Hinrichtung Beauftragten, einen Präfekten und einen Centurio, und lehnt deren Anerbieten, ihm zur Flucht zu verhelfen, wie ein christlicher Sokrates ab („Ich bin kein Fahnenflüchtiger Christi, sondern ein dem Gesetz gehorsamer Soldat des lebendigen Gottes" (267)). Bei der Hinrichtung geschieht ein Wunder; als sein Haupt fällt, spritzt aus der Wunde Milch statt Blut, so daß alle Anwesenden Gott preisen, „der dem Paulus solche Herrlichkeit gegeben hatte" (267). Auch nach seinem Tode wirkt er Wunder. Er erscheint, wie er vorausgesagt, dem Nero und weissagt ihm in Anwesenheit vieler Philosophen sein baldiges schreckliches Ende; worauf der Kaiser voller Angst den Patroklos und seine Gefährten freiläßt. Eine weitere Voraussage des Paulus erfüllt sich; der Präfekt und der Centurio treffen an seinem Grabe zwei Männer, Titus und Lukas, und empfangen von ihnen die Taufe.

Diese Beispiele mögen zur Charakterisierung der AP genügen. Was dem Verfasser besonders am Herzen liegt, ist die Propaganda für die Enthaltsamkeit[14]. Daneben verfolgt er einen aktuellen theologischen Zweck, den Kampf gegen die Gnosis. Ihm dient der vom Verfasser fingierte und eingelegte *Briefwechsel* der korinthischen Gemeinde mit Paulus (der später aus den AP herausgelöst, selbständig tradiert und sogar in den Kanon der armenischen und vielleicht der syrischen Kirche aufgenommen wurde).

---

[12] Patroklos war während der Predigt des Paulus eingeschlafen und aus dem Fenster gefallen (265f) wie Eutychos, Apg 20, 7ff.

[13] Der Hinweis auf die Vergänglichkeit von Reichtum und Macht ist ein philosophischer Topos; die Behauptung des Paulus, der Kaiser könne ihn nicht töten, hat ihre Parallele bei Philostrat., vit. Ap. VIII, 5.

[14] Der Eifer des Verfassers macht auch vor den Tieren nicht halt. Der berühmte Löwe hat die Taufe empfangen und entfernt sich „voller Jubel" ins Feld; „eine Löwin begegnete ihm, und er wandte sein Gesicht nicht zu ihr hin, sondern er . . ., er lief davon . . ." (269); so sehr hat auch er sich der Keuschheit geweiht, daß sogar die soliden Reize einer Löwin ihn nicht anzufechten vermögen.

Die Korinther legen die Irrlehren zweier bei ihnen aufgetauchten Prediger – typisch gnostische Thesen: die Welt nicht Gottes Schöpfung, Ablehnung des AT, doketische Christologie, Spiritualisierung der Auferstehung – dem Apostel zur Widerlegung vor und dieser kommt dem Wunsche nach – in einem Schreiben, das von phraseologischen Anleihen aus den Paulusbriefen wimmelt (und das noch zu Lebzeiten des Verfassers als Fälschung erkannt wurde). Die Absicht, gegen die Gnosis die alte apostolische Autorität ins Feld zu führen, wird ganz naiv ausgesprochen (die Korinther: „... daß wir, während du noch im Fleische bist, solches noch einmal von dir hören" (258); Paulus: „Ich habe euch ja im Anfang überliefert, was ich von den Aposteln vor mir empfangen habe, die allezeit mit dem Herrn Jesus Christus zusammengewesen waren" (259)).

Die Paulusakten sind in großkirchlichen Kreisen Kleinasiens beheimatet und galten der Großkirche nie als häretisch. Wenn auch der Verfasser wegen der Erdichtung der Korrespondenz seines Presbyteramtes enthoben wurde und wenn auch Tertullian daran Anstoß nahm, daß Thekla sich selbst taufte und, was sie als Frau doch nicht darf, das Wort Gottes predigte, so tat das der Schätzung der AP keinen Abbruch. Die Verwerfung der Geschlechtlichkeit und der Ehe wurde offenbar nicht als Gegensatz zu der Haltung der Pastoralbriefe empfunden; sie war zu tief in einer weitverbreiteten Zeitstimmung begründet und hat dem Werk den Weg auch in gnostische Kreise geöffnet.

### 3. Die Andreasakten

Andreas, der Bruder des Petrus, ist der Held einer ausufernden Legendenliteratur geworden, in der er bald mit Mathias, bald mit Petrus, bald mit Bartholomäus auftrat. Die ursprünglichen Andreasakten, etwas jünger als die APt und AP und nicht sicher lokalisierbar, waren die umfangreichsten Apostelakten. Sie sind aber nur in ein paar Bruchstücken und in stark eingreifenden Überarbeitungen auf uns gekommen[15]. Aus diesen letzteren läßt sich erkennen, daß sie die Form eines Reiseromans hatten und welche Route der Apostel nahm: von Pontus nach Achaia. Die Wunder werden von Euseb (KG III 25, 6f) als besonders abgeschmackt bezeichnet. Der Hauptinhalt seiner Predigt ist die Forderung absoluter Enthaltsamkeit. Sie veranlaßt auch sein Martyrium, das in ermüden-

---

[15] M. Hornschuh in: Hennecke-Schneemelcher II, 270ff (Lit.); zu der weitverzweigten Überlieferung: P. M. Peterson, Andrew, Brother of Simon Peter. His History and his Legends, 1958.

der Ausführlichkeit geschildert wird. Der Apostel predigt vom Kreuz herab sehr ausführlich (u. a. über den Sinn des Kreuzes), zwei Tage und zwei Nächte, gewinnt fast die ganze Stadt Patrai für den Glauben und lehnt eine Rettung in letztem Augeblick mit schroffen Worten ab. Eigentümlich griechisch ist der Eindruck, den das Volk von dem Märtyrer und Apostel gewinnt: er ist Gerechter, Asket und Weiser und – das Vorbild! – Philosoph[16].

## 4. Die Johannesakten

Nicht ganz so desolat ist der Überlieferungsbestand der Acta Johannis (= AJ), von denen etwa zwei Drittel in ihrer griechischen Ursprache erhalten sind. Die zahlreichen Übersetzungen geben eine Vorstellung von ihrer Beliebtheit und weiten Verbreitung. Die AJ genossen hohes Ansehen bei den Manichäern und den Pricillianisten und wurden deshalb und wegen ihres als häretisch empfundenen Inhalts vom zweiten nicänischen Konzil 787 verurteilt; in mehreren kirchlichen Bearbeitungen haben sie sich ins Mittelalter durchgerettet[17]. Der Held ist der Apostel und Zebedaide Johannes, der altkirchlicher Tradition gemäß mit dem Verfasser des vierten Evangeliums und der Apokalypse und mit dem langlebenden Johannes von Ephesus für identisch galt.

Die erhaltenen Stücke lassen Umfang und Aufbau, oft auch den verlorenen Inhalt erschließen; K. Schäferdiek hat eine überzeugende Rekonstruktion auch der Anordnung geliefert[18]. Der ursprüngliche Anfang existiert nicht mehr, der jetzige (AJ 1–17) ist sekundär und soll offenbar die sonst in dem Werk nicht erwähnten Traditionselemente (Exil auf Patmos, Verurteilung durch Domitian) einfügen. Den Abschluß bildet diesmal kein Martyrium, sondern die „Metastasis", der friedliche Heimgang des Johannes. Die Struktur der AJ wird durch zwei Reisen (von Jerusalem nach Ephesus, von hier nach Laodikeia und zurück) und durch zwei Aufenthalte in Ephesus bestimmt. Den größten Raum nimmt die Schilderung dieser Aufenthalte ein; Ephesus ist ja traditionsgemäß die Wirkungsstätte des Johannes; von den Reisen gibt es nur einige Anekdoten; die περίοδοι -Form scheint nicht stark ausgearbeitet gewesen zu sein. Das ganze

---

[16] Der Text bei Hornschuh, aaO, 294.
[17] K. Schäferdiek in: Hennecke-Schneemelcher II, 125ff.
[18] AaO, 141f.

Werk will von einem Begleiter des Apostels verfaßt sein, dessen Name nach der Tradition und wohl auch nach dem verlorenen Anfang des Buches Leukios war; aber der Wir-Stil ist nicht durchgehalten.

Auch der Verfasser der AJ versucht, einfache Einzelgeschichten zu größeren Kompositionen, zu Novellen in zeitgenössischer Manier durch Einlage von – allerdings ebenso wortreichen wie gedankenarmen – Reden auszuweiten und darüberhinaus Zusammenhänge herzustellen, zB durch Anfügung einer Erzählung mit den Hauptpersonen der vorhergehenden (Rettung des Lykomedes und der Kleopatra durch Johannes (19–25); Portrait des Johannes im Auftrag des Lykomedes (26–29)) oder so, daß eine Geschichte aus dem ersten Ephesusaufenthalt beim zweiten ihre Fortsetzung findet (so der Drusianaroman, dessen erster, allerdings nur zu erschließender Teil in der Drusiana- und Kallimachos-Geschichte des zweiten Ephesusaufenthaltes seine Fortsetzung findet (63–86)).

Der Leser der bisher genannten Apostelakten stößt in den AJ hinsichtlich der Motive auf keine Überraschungen, es sei denn, er lasse sich durch die Steigerung und Vergröberung überraschen. Das erotisch-asketische Element dominiert. Es überschreitet mit der Selbstentmannung des jugendlichen Ehebrechers und Vatermörders, die der Apostel übrigens nicht tadelt (48–54), und mit der Nekrophilie des Kallimachos (63ff) die Grenze des Peinlichen und enthüllt mit seiner Extravaganz die Askese als Erotik mit negativem Vorzeichen. Im Übrigen führt die Keuschheitspredigt des Apostels in den AJ zwar zu Verwicklungen, aber nie zu einer Katastrophe, die aufgebrachten Ehemänner und enttäuschten Liebhaber werden bekehrt.

Das *aretalogische Element* tritt recht massiv auf. Johannes gilt von vornherein als der große Thaumaturg, das Wunder als bestes Mittel, den Glauben zu wecken. Daher spielen die Schauwunder die größte Rolle.

Die Zerstörung des Artemistempels (37–45) gehört von vornherein in diese Kategorie. Aber auch die Hilfewunder werden oft zu Schauwundern stilisiert; die Heilung der alten Frauen wird ins Theater verlegt (30–37), zur Rettung der Kleopatra und zur Erweckung des Lykomedes (19–25) „lief die Stadt der Epheser zusammen" (22) usw. Auch ein Selbsthilfewunder vollbringt Johannes; er befiehlt in einer kümmerlichen Reiseherberge den schlafraubenden Wanzen, das Lokal zu verlassen und am Morgen wieder hereinzumarschieren, und schließt daran eine sinnige Betrachtung über den Gehorsam der Tiere und den Ungehorsam der Menschen. Er vollbringt mehr Totenerweckungen als Jesus. Seine Wunder-

macht ist so groß, daß er sie sogar an andere zu Totenerweckungen
delegieren kann (47; 81f). Daß er übernatürliches Wissen, Vorahnungen
und Gesichte hat, ist selbstverständlich. Es überrascht nicht, daß der Herr
selbst nicht nur des öfteren in der Gestalt eines schönen Jünglings, sondern auch in der des – jugendlichen – Johannes erscheint (87).

Die Verehrung des Apostels grenzt an Adoration. Bezeichnend,
daß Lykomedes ein Portrait des Johannes malen läßt und wie ein
Götterbild in seinem Schlafzimmer aufstellt: „ein bekränztes Bildnis eines alten Mannes und Leuchter danebenstehend und einen
Altar davor" (27). Interessant an dieser Geschichte sind Kritik und
Verteidigung des Vorgangs. Johannes tadelt, daß nur sein fleisch-
liches, nicht sein geistliches Bild dargestellt ist („Du hast ein totes
Bildnis eines Toten gemalt" (29))[19]. Lykomedes betont, sein Verhalten tue dem Monotheismus keinen Abbruch: „Sofern man aber
nach jenem Gott auch unsere menschlichen Wohltäter Götter nennen
darf, bist du es, Vater, . . . den ich bekränze und liebe und verehre
als den, der mir ein guter Führer geworden ist" (27)).

Als letzte Verherrlichung wird die „Metastasis" erzählt (106–115).
Ansätze zu Martyrien gibt es erst in der späteren Johannestradition
(Gifttrank, Ölmartyrium, die aber nicht zum Tode führen). Die AJ
berichten, der Apostel habe sich nach einem letzten Gottesdienst mit
einigen Begleitern vor die Tore begeben, ein Grab schaufeln lassen,
sich hineingelegt und mit Freuden den Geist aufgegeben. Schon in
der handschriftlichen Überlieferung der AJ finden sich mirakulöse
Erweiterungen; der Leib des Johannes sei entrückt worden, man
habe seine Sandalen gefunden (wie bei Empedokles), oder er schlafe
nur; später spendet das Grab Manna, usw[20].

Das interessanteste Stück ist die sog. Evangeliumsverkündigung
(87–105), ein *gnostischer Text*, der vielleicht schon vor der Abfassung der AJ existiert hat.

Johannes teilt seinen Anhängern eine Geheimüberlieferung mit: über
Christi vielgestaltige irdische Erscheinung („seine vielgesichtige Einheit"
bald als Knabe, bald als Ephebe, bald als erwachsener Mann, bald als
Greis; gelegentlich von einer bis an den Himmel reichenden Größe; sein

---

[19] Dieser Gedanke, der m. W. hier zum erstenmal ausgesprochen wird,
wird in den Erwägungen des Paulinus von Nola, der von seinem Freund
Sulpicius Severus um sein Portrait für ein Altarbild gebeten worden
war, theologisch ausgeführt, und ist in dieser Fassung für die Menschen-
darstellung des Mittelalters bis ins 13. Jh. maßgebend geworden. Vgl.
W. von den Steinen, Homo Caelestis I, 1965, 105ff.
[20] Vgl. Schäferdiek, aaO, 176.

Leib bald materiell, bald immateriell; (88–93))[21], über einen Reigentanz Christi mit seinen Jüngern und einen dabei responsorisch gesungenen Hymnus in der Nacht zum Karfreitag (94–96) und über eine Offenbarung des Kreuzesgeheimnisses, die durch eine besondere Rahmenhandlung vom Übrigen abgehoben, dem Johannes allein zuteil wird und ihn zum eigentlichen Träger der wahren Erkenntnis qualifiziert (97–102)[22]. Johannes ist von der Stätte der Kreuzigung auf den Ölberg geflohen und erlebt hier eine Epiphanie Christi; er sieht „ein gefestigtes Lichtkreuz"[23] umgeben von einer ungestalten, formlosen Masse, und nimmt „oben über dem Kreuz den Herrn" wahr, der aber „keine Gestalt, sondern nur eine Stimme" hat. Die Stimme belehrt ihn, das Lichtkreuz werde bald Logos, bald Vernunft, bald Jesus, bald Christus usw. genannt, sei aber in Wahrheit „die Begrenzung aller Dinge und die starke Erhebung des aus Unstetem Gefestigten und die Harmonie der Weisheit" (98), es sei kosmogonische Potenz und soteriologisches Prinzip; es habe mit dem Kreuz aus Holz und dem daran Gekreuzigten nichts zu tun:

„Nicht das Kreuz ist es, welches du sehen wirst aus Holz, wenn du von hier hinabkommst. Auch bin ich, den du jetzt nicht siehst, sondern dessen Stimme du nur hörst, nicht der auf dem Kreuz" (99).

Der Volkshaufe am Kreuz, der der formlosen Masse um das Lichtkreuz entspricht, ist „die untere Natur" (100). Für Johannes, dh den Gnostiker, ergeben sich aus dieser doketischen Christologie zwei Folgerungen. Er soll sich mit dem Offenbarer und Erlöser Christus als „verwandt" erkennen und sich in das durch das Lichtkreuz symbolisierte kosmische Geschehen der Erlösung hineinziehen lassen (so werden die „Glieder des Herabgestiegenen zusammengefaßt", (100); die Vorstellung vom kosmischen Leib Christi); für sein Verhalten gegenüber den Nichtgnostikern gilt: „Darum kümmere dich nicht um die große Masse und verachte die, die außerhalb des Mysteriums stehen!" (100). Nach dieser Belehrung wird Christus in den Himmel aufgenommen[24].

Der gnostische Charakter der Evangeliumsverkündigung, zumal des Tanzes Christi und vor allem der esoterischen Offenbarungsrede, die im Corpus Hermeticum formale und sachliche Parallelen hat[25], zeigt, daß die AJ in gnostischen Kreisen beheimatet sind, und macht

---

[21] Christi vielgestaltige Erscheinung auch APt 21.

[22] Dieser Passus entspricht den Kreuzesspekulationen der Apostel beim Martyrium: APt 37ff = Mart. Pt. 8ff; Act Andr = Hornschuh, aaO, 242f.

[23] Die Beziehungen zu dem redenden Kreuz PetrEv 36ff können hier nicht näher untersucht werden.

[24] Die Rahmenhandlung hat eine gewisse Ähnlichkeit mit der des Apokryphon des Johannes, ist ihr gegenüber aber ursprünglicher; vgl. Hornschuh, aaO, 47f.

[25] Vgl. M. Pulver, Jesu Reigen und Kreuzigung nach den Johannes-Akten, Eranos-Jahrbuch, 1942, 141ff.

verständlich, warum sie von der Großkirche abgelehnt wurden. Diese gnostischen Kreise lassen sich nicht mit einer der bekannten Sekten identifizieren. Man hat manche Berührungen mit dem Valentinianismus festgestellt. Es zeigen sich aber auch viele johanneische Motive, die mit der Möglichkeit rechnen lassen, daß die AJ ein Dokument jener gnostischen Richtung sind, die der 1 Joh bekämpft und die sich vom „johanneischen Kreis" abgespalten hat.

## 5. Die Thomasakten

Die syrisch verfaßten und bald ins Griechische übersetzten Thomasakten (= ATh) sind die einzigen vollständig erhaltenen Apostelakten, trotz ihres gnostischen Ursprungs und Inhaltes. Sie waren weit verbreitet und wurden kirchlich überarbeitet. Folgen dieser Überarbeitung sind Abweichungen zwischen der syrischen und der griechischen Fassung, aber auch Spannungen innerhalb dieser Fassungen. Der syrische Text scheint in seiner jetzigen Gestalt stärker bearbeitet als der griechische. Doch läßt sich die gnostische Urgestalt noch einigermaßen erkennen[26].

Die Namensform des Helden „Judas Thomas, der auch Didymos" (= Zwilling, heißt) (Kap. 1) ist dieselbe wie im Proömium des ThEvs. Dieser Apostel gilt als Zwillingsbruder Jesu, als sein engster Vertrauter, „miteingeweiht in das verborgene Wort des Christus, der du seine verborgenen Aussprüche empfängst" (39; vgl. ThEv 13), als Mittler der erlösenden Erkenntnis, gelegentlich als Doppelgänger des Herrn oder gar mit ihm identisch. Von dieser eigenartigen Verbindung von Apostel und Erlöser her erhalten die ATh ihren schillernden, doppelsinnigen, hintergründigen Charakter.

Vordergründig erzählen sie die Mission des Thomas in Indien, das ihm bei der Aufteilung der Welt in Missionsgebiete zugefallen war. Er sträubt sich, wird aber vom Herrn an einen indischen Kaufmann Abban, der im Auftrag seines Königs Gundafor einen geschickten Zimmermann beibringen soll, verkauft und von diesem zuerst nach Andrapolis und dann nach Indien gebracht. Hier missioniert er durch Wort und Wunder und erleidet schließlich das Marty-

---

[26] Vgl. G. Bornkamm in: Hennecke-Schneemelcher II, 297ff und A. F. J. Klijn, The Acts of Thomas, Introduction, Text, Commentary, Suppl. NovTest V, 1962.

rium. Die Erzählung ist formal in dreizehn πράξεις eingeteilt, die numeriert und mit Überschriften versehen sind, und trägt den Titel πράξεις τοῦ ἁγίου ἀποστόλου Θωμᾶ mit Recht; das Buch stellt Praxis neben Praxis, ohne den zwischen ihnen liegenden Reisen größeres Interesse zu schenken. Es gehört in den Bereich der antiken Praxeisliteratur. Kompositionstechnisch zerfällt es in zwei Teile; im ersten (1.  6. Praxis) sind die einzelnen Geschichten in sich abgeschlossen und nur notdürftig miteinander verbunden, im zweiten (7.–13. Praxis) sind sie aufeinander bezogen, enger miteinander verknüpft und um einen einheitlichen Mittelpunkt, den Hof des Königs Misdai, gruppiert; auch der König ist ein anderer, und der Apostel heißt hier Judas. Im zweiten Teil treten die Wunder in den Hintergrund, der Akzent liegt auf den Bekehrungen; aber Sprache, Stil und Gedanken bleiben einheitlich.

Auch in den ATh sind den Erzählungen zahlreiche *Redestücke* zugeordnet, aber diese weisen eine ungleich größere Vielfalt auf als die der anderen Akten: Missions- und andere Predigten, Vorträge, Gebete, liturgische Texte wie sakramentale Epiklesen, Preisgedichte und Lieder (von der mystischen Hochzeit und von der Perle). Obwohl großenteils eigenständig und aus dem Kontext leicht herauszulösen, haben sie die Funktion, den Sinn der geschilderten Ereignisse zu deuten, das eigentliche Geschehen transparent zu machen. Der Verfasser will die Erzählungen „als legendäre Einkleidungen des Mysteriums der Erlösung" verstanden wissen[27].

Zwar ist das Repertoire der *Motive* dasselbe wie in den anderen Akten. Der Apostel vollbringt Heilungen, Exorzismen und Totenerweckungen, auch ein Selbsthilfe- und ein Strafwunder fehlen nicht. Hinzu treten märchenhafte Elemente: redende Tiere – Drachen, Wildesel und ein Eselsfüllen – tummeln sich in Indien; ein Drachen muß das Gift aus einem von ihm getöteten Jüngling wieder aussaugen, selbst schlucken und daran eingehen. Das erotisch-asketische Motiv durchzieht das gesamte Werk und treibt mitunter seltsame Blüten (ein Jüngling tötet das geliebte Mädchen, weil es sich weigert, „rein" mit ihm zusammenzuleben; doch wird die Tat immerhin bestraft und das Mädchen wieder zum Leben erweckt); aber im Allgemeinen ist dieses Motiv vergleichsweise dezent behandelt. Es dient auch hier wieder dazu, den Apostel in Gefahr, in Kerker und schließ-

---

[27] Bornkamm, aaO, 301.

lich zum Martyrium zu bringen, nachdem das asketische Ideal von
der engsten Umgebung des Königs Besitz ergriffen hat. Der Apostel
vollbringt auch hier nach seinem Tod noch Wunder und bekehrt
sogar seinen Mörder.

Aber dieses ganze traditionelle Material ist dem *christlich-gnosti-*
*schen Erlösungsmythos* dienstbar gemacht und gewinnt durch den
Kontext symbolische Bedeutung[28]. Mythos und Symbolik der ATh
sind oft untersucht worden. Ich nenne daher nur einige Beispiele für
den Symbolismus der literarischen Darstellung. Der Mythos hat ja
im Lied von der Perle (9. Praxis, K. 108–113) seinen vollendeten
Ausdruck gefunden[29] und ist leicht erreichbar.

Schon die erste Praxis ist voller Doppelsinn, angefangen von Person und
Namen des Zwillingsbruders des Erlösers, seinem Beruf Zimmermann und
Baumeister, der ihn befähigt, den himmlischen Bau zu errichten (2. Praxis)
und seinem Schicksal: er wird verkauft und zieht als Unfreier aus. Andrapolis, die „Menschenstadt", symbolisiert die Welt; das „Fest" zur Hochzeit der Königstochter mit seiner tumultuösen Freude und Trunkenheit ist
Bild für die Selbstvergessenheit der Unerlösten. Das Brautlied, das der
Apostel in hebräischer Sprache singt, wird von niemandem verstanden
außer von einer Flötenspielerin, „denn sie war von Abstammung eine
Hebräerin" (8): der Offenbarer ist in der Welt ein Fremder, die Offenbarung unverständlich und wird nur von Wesensverwandten verstanden,
die nicht zur „Welt" gehören. Aber auch die Erlösung, die Befreiung des
Ich von den Fesseln der „Welt" und die Vereinigung mit dem Erlöser,
wird gleich in der ersten Praxis dargestellt. Thomas hat in seinem Lied
die Erlösung als heilige Hochzeit der Lichtjungfrau mit dem himmlischen
Bräutigam besungen. Die Flötenspielerin hat verstanden; in ihrer Bekehrung, ihrer liebenden Hinwendung zum Apostel, dem Zwillingsbruder des
Erlösers, vollzieht sich die Erlösung. Wenn dann Christus im Brautgemach
die Königstochter und ihren Bräutigam für eine geistliche Ehe gewinnt,
so ist diese zum Bild der himmlischen Ehe und das Brautgemach wie
häufig in der Gnosis zum Symbol der vollendeten Erlösung geworden.
Der Drache in der dritten Praxis stellt sich selbst in einer langen Rede
als Sohn Satans und Repräsentanten der bösen kosmischen Macht vor;
seine Vernichtung und die Rettung des Jünglings werden so zum Bild der
Erlösung. Ebenso die Bannung der Dämonen, die Frauen belästigt
und vergewaltigt haben (5., 7. und 8. Praxis), wie die bei-
gefügten Redestücke beweisen. Der Ritt des Apostels auf dem redenden
Eselsfüllen, das sich als Nachkomme von Bileams Esel und Jesu

---

[28] Vgl. zum Folgenden Bornkamm, aaO, 298ff; ders., Mythos und Legende
   in den apokryphen Thomasakten, FRLANT 31, 1933.
[29] Zum Perlenlied: G. Widengren, Der iranische Hintergrund der Gnosis,
   ZRGG 4, 1952, 97ff; A. Adam, Die Psalmen des Thomas und das
   Perlenlied, BZNW 24, 1959, 48ff.

Reittier kundgibt und vor dem Tor der Stadt tot zusammenbricht, versinnbildlicht wenn nicht die Himmelsreise der Seele, so doch sicher das irdische Leben; denn das Eselsfüllen (das wie Petri sprechender Hund und Theklas helfende Löwin nach geleistetem Dienste stilgemäß stirbt), symbolisiert hier den irdischen Leib, dem keine Auferstehung zuteil wird. Die Beispiele mögen genügen, um die Verwendung traditioneller Stoffe und Motive als Symbole des gnostischen Erlösungsgedankens zu illustrieren.

Die ATh, die mancherlei Berührungen mit dem koptischen ThEv aufweisen und mit ihm theologiegeschichtlich zusammengehören, sind am Anfang des dritten Jahrhunderts im östlichen Syrien entstanden. Sie sind das wichtigste Dokument christlicher Gnosis jener Zeit und Gegend. Daß ihr Einfluß weit darüber hinausgegriffen hat, zeigen die zahlreichen Übersetzungen und nicht zuletzt die Hochschätzung des Buches und seines Helden bei den Manichäern. Die ATh sind zudem literarisch und religionsgeschichtlich die interessantesten der apokryphen Apostelakten.

## § 57. Die literaturgeschichtliche Stellung

*Literatur:*

M. Blumenthal, Formen und Motive in den apokryphen Apostelgeschichten, TU 48, 1, 1933;
D. Esser, Formgeschichtliche Studien zur hellenistischen und zur frühchristlichen Literatur, Diss. ev. theol. Bonn 1969;
R. Helm, Der antike Roman, ²1956;
K. Kerényi, Die griechisch-orientalische Romanliteratur in religionsgeschichtlicher Beleuchtung, 1927, (Neudruck) 1962;
R. Reitzenstein, Hellenistische Wundererzählungen, 1906, ²1963;
E. Rohde, Der griechische Roman und seine Vorläufer, ³1914;
R. Söder, Die apokryphen Apostelgeschichten und die romanhafte Literatur der Antike, 1932, (Neudruck) 1969;
F. Wehrli, Einheit und Vorgeschichte der griechisch-römischen Romanliteratur, Mus. Helvet. 22, 1965, 133ff;
O. Weinreich, Der griechische Liebesroman, 1962.

Zum Abschluß kommen wir noch einmal auf die *Gattungsfrage* zurück, um die literaturgeschichtliche Stellung der apokryphen Apostelakten näher zu bestimmen. Es geht dabei um die Werke als ganze; doch muß eine Bemerkung zu literarischen Einzelheiten vorangeschickt werden.

Daß der *Erzählungsstoff* der Akten in seinen Haupt- und Neben-
elementen recht wenig mit dem der lukanischen Apg zu tun hat,
aber zahlreiche Parallelen in der „romanhaften Literatur der Antike"
besitzt und auch mit manchen Sagen- und Märchenmotiven verwandt ist, braucht nach R. Söders umfassender Monographie nicht
mehr eigens gezeigt zu werden. Es fällt auf, daß die eigentliche
Legende hinter der „weltlichen", meist sehr weltlichen Novelle zu-
rücktritt und der „fromme" Legendenton nur durch die umgebenden
Redestücke (und auch durch sie nicht immer) hervorgebracht wird.
– Der *Redestoff* ist sehr vielgestaltig, zeigt aber wenig nt. Formen.
Es finden sich Missionsreden und Gemeindepredigten verschiedenster
Art, Gebete verschiedener Gattungen und interessantes liturgisches
Material. Die Typen lukanischer Reden fehlen. Keine Rede in den
apokryphen Akten hat die Funktion, besondere geschichtliche Höhe-
oder Wendepunkte zu markieren und zu deuten wie bei Lukas im
Gefolge der antiken Historiographie (Apg 15; 17; 20; 22); denn ein
übergreifender Geschichtszusammenhang ist nirgends ins Auge gefaßt; die Reden garnieren und interpretieren nur die jeweilige Story,
um die sie gruppiert sind: wie in der romanhaften Literatur jener
Zeit. Mit dieser werden die Akten noch durch zwei andere Redeformen verbunden, den Dialog und den Monolog. Die *Dialoge* sind
ganz anders geartet als die der synoptischen Streit- und Schulgespräche, der johanneischen Offenbarungsreden und der gnostischen
Erotapokriseis; sie sind Unterhaltungen zur Unterhaltung, wenn auch
mit lehrhaftem Zweck. Die *Monologe* schließlich sind in der christlichen Literatur überhaupt eine Novität. Sie dienen der Schilderung
von Gedanken und seelischen Vorgängen – wie in Drama, Roman
und Novelle jener Zeit – und kompensieren den Mangel an äußerer
Dramatik durch rhetorische Effekte. Hier tritt das literarische Bemühen der Autoren besonders stark zutage. Es scheint, daß insbesondere der Liebesroman Modell und Motive für derartige Ergüsse
geliefert hat (vgl. ATh 46; 91; 100). Liest man den hochpathe-
tischen Monolog, in dem Lykomedes seiner Verzweiflung über die
verlorene Schönheit der todkranken Kleopatra, seinem Entschluß
zum Selbstmord und seiner Absicht, die Göttin Dike zur Rechen-
schaft zu ziehen, wohldisponierten Ausdruck verleiht (AJ 20),
so spürt man die „weltliche" Atmosphäre; der Passus könnte auch
bei Xenophon von Ephesus oder bei Apuleius stehen[1]. Aber auch der

---

[1] Vgl. P. Wendland, Die urchristlichen Literaturformen, 1912, 339f.

Monolog des Petrus (APt 8) weist dieselbe rhetorische Stilisierung auf. Und sie beschränkt sich nicht auf die Monologe, sondern findet sich auch in anderen Reden[2] und in manchen Erzählpartien. – Diese Einzelheiten machen das Bestreben der Autoren deutlich, den literarischen Ansprüchen ihres Publikums und damit bestimmten *literarischen Mustern* zu entsprechen.

Letzteres gilt aber auch für die Werke als ganze. Die apokryphen Apostelakten sind keine Nachfolger der lukanischen Apostelgeschichte, aber auch keine Neuschöpfungen, denn „eine neue Gattung wird nicht gleichzeitig von mehreren geschaffen"[3]. Bei der Gattungs- und Herkunftsbestimmung müssen wir auf die oben erwähnten Thesen Fr. Pfisters und R. Söders kurz eingehen.

Wenn Pfister die Akten als christliche Vertreter der Wanderungs- und Missionsaretalogien bezeichnet[4], so trifft er damit Inhalt und Zweck, nicht aber die literarische Form dieser Werke. Denn was er als nichtchristliche Vertreter dieser Aretalogien heranzieht, gehört den unterschiedlichsten Gattungen an (Epos, Hymnus, Vita, Roman u. a. m.). Wie an früheren Stellen schon betont, ist der Terminus „Aretalogie" als Gattungsbezeichnung ungeeignet[5]. „Das Aretalogische durchzieht viele Sparten der Literatur, es ist für ihren Geist bezeichnend, nicht für eine bestimmte Gattung", sagt O. Weinreich mit Recht[6]. Wenn Rosa Söder die apokryphen Akten zwar motivisch der romanhaften Literatur einordnet, aber dann gattungsmäßig doch nicht dem Roman zuordnen will – weil manche der Haupt- und Nebenmotive der Akten auch außerhalb des Romans, zwei andere, das aretalogische und teratologische, in ihm kaum vorkämen[7] –, so wird damit – dh mit der Quantifizierung inhaltlicher Motive zur Bestimmung einer Gattung – die Einsicht in den literaturgeschichtlichen Zusammenhang verstellt. Und wenn Söder die Akten als „volkstümliche Erzählungen, für das Volk, nicht so sehr für die Gebildeten, wie der Roman" (aaO, 216) charakterisiert, so kommt damit eine Unterscheidung ins Spiel, die weder den Akten noch dem antiken Roman gerecht wird; die Autoren der Akten hatten literarische Ambitionen, die antiken Romane hatten ein Lesepublikum von beachtlicher soziologischer Breite[8].

Die apokryphen Apostelakten gehören literaturgeschichtlich zweifellos in den Zusammenhang des *antiken Romans*. Ich setze die

---

[2] Die Leichenrede des Johannes an der Bahre der Drusiana (ActJoh 67ff) liest sich wie eine rhetorische Stilübung – bei völliger Nullität der Gedanken – für einen Nekrolog.

[3] R. Söder, aaO, 186.

[4] AaO, 164ff.

[5] S. o. S. 310; 400; ferner Esser, aaO, 98ff.

[6] AaO, 26.

[7] AaO, 184ff.

[8] Vgl. Weinreich, aaO, 10ff.

Berechtigung, diese antike Prosagattung mit dem neuzeitlichen Terminus „Roman" zu bezeichnen, voraus, zumal sie von der antiken Poetik keinen Namen erhalten hat, sondern schlicht ignoriert wurde. Diese Gattung gedieh in der Zeit von etwa 200 vChr bis etwa 300 nChr; die apokryphen Akten entstanden also in der Spätblüte des Romans. Von seiner Entstehung – aus einer Verbindung des Epos und der romanhaften Historiographie[9] – her hatte er Bezüge zu einer sehr vielfältigen Thematik; und da er durch keine poetologischen Gesetze reglementiert wurde, konnte er sich frei und reich entfalten. Man sollte daher nicht den Liebesroman als Roman „im engeren Sinn" und alle anderen Romane als Romane „im weiteren Sinn" bezeichnen[10]; mag der Liebesroman, weil am beliebtesten, auch den am stärksten elaborierten Typus darstellen, so ist er doch nicht der einzige und für die literaturgeschichtliche Beurteilung allein maßgebende.

Wir hatten bei der Besprechung der fünf großen Akten immer wieder darauf aufmerksam gemacht, daß die Form des *Reiseberichts* unterschiedlich stark herausgearbeitet ist, und das eine Werk mehr zur πράξεις-, das andere mehr zur περίοδοι-Literatur gerechnet. Diese vorläufige Differenzierung muß kurz präzisiert werden. Da die Apostel als reisende Missionare vorgestellt wurden (die die Welt in Missionsgebiete aufgeteilt hatten), sollte man erwarten, daß jeweils ein Reisebericht die Form des ganzen Werkes abgäbe. Das ist auffälligerweise aber nur bei den Paulus- und den Andreasakten der Fall, bei den Petrusakten bildet die Reise nur das Verbindungsstück zwischen dem Jerusalem- und dem Romteil, in den Thomasakten wird sie durch die Praxeis-Einteilung in den Hintergrund gedrängt. In den Johannesakten sind von den Reisen nur kleinere Episoden erhalten; vermutlich waren keine besonders wichtigen berichtet worden, die neben den ephesinischen erhaltenswert schienen; man kann vermuten, daß die Reiseberichte einem Schema zuliebe mit den in Ephesus spielenden Erzählungen verbunden wurden; doch mag der kompositionstechnische Vorgang auf sich beruhen. Wichtiger ist die Feststellung, die sich gerade auch bei den Paulus- und den Andreasakten treffen läßt, daß traditionsgeschichtlich die Einzelgeschichten, die Praxeis, das Primäre und die Reiseberichte, die Periodoi, das Sekundäre sind. Die apokryphen Apostelakten präsentieren sich in

---

[9] Hierzu vor allen Weinreich, aaO, 21ff.
[10] So R. Söder, aaO, 4.

ihrer jetzigen Gestalt als bald mehr, bald weniger energisch durchgeführte Kombination beider literarischer Formen.

Die *Praxeisform,* die Nebeneinanderstellung bemerkenswerter „Taten" berühmter Männer, entsprach dem ursprünglichen Bedürfnis zur Verherrlichung der Apostel als θεῖοι ἄνδρες. Diese aretalogischen Praxeis waren von vornherein „romanhaft", dh mehr am Wunderhaften als am Historischen orientiert. Wollte man aus ihnen ein zusammenhängendes Ganzes machen, um es in eine literarisch ansprechende und das Interesse fesselnde Gestalt zu kleiden, so bot sich die Gattung des Reiseromans, schon von der Missionstätigkeit der Helden her, als nächstliegendes Modell an. Natürlich wäre theoretisch auch die Form der Vita möglich gewesen, zumal sie mit dem Reiseroman leicht kombiniert werden konnte; man denke an Philostrats Vita Apollonii oder an den Alexanderroman. Ob der Verzicht auf eine Biographie, dh eine wunderbare Geburts- und Kindheitsgeschichte und einen Berufungs- oder Bekehrungsbericht, in literarischer Ökonomie oder Insuffizienz oder theologisch begründet ist, mag auf sich beruhen. Der Reiseroman lag zZ der Abfassung der Akten in mannigfachen Typen und Mischungen vor[11]. Insbesondere dürften für die Akten – typologisch, nicht als literarische Quellen – der „historische" (zB Alexander-)Roman und der Liebesroman (der ja mit seiner Trennung der Liebenden, ihren Irrfahrten und schließlichem Wiederfinden ein Reiseroman ist) bestimmend gewesen sein.

R. Söder vermißt im Roman das aretalogische Element zu Unrecht; es ist nicht nur im Alexanderroman vorhanden, sondern auch im erotischen Roman: die Ephesiaka des Xenophon und die Metamorphosen des Apuleius sind Isis-Aretalogien, die mit den Leiden und Abenteuern ihrer Helden die Gottheit verherrlichen[12]. Und Söders richtige Beobachtung, daß das Erotische in den Akten eine andere Rolle spielt als im Roman, spricht nicht gegen den Modellcharakter des letzteren; einerseits ist in ihm die Keuschheit – wenn auch nicht aus Ablehnung der Sexualität, sondern aus Treue zum Partner – ein festes Element, andererseits finden sich in den Akten unkontrolliert eindeutige erotische Züge[13]; im übrigen wird ein literarisches Modell ja immer nach der Tendenz des Benutzers moduliert.

---

[11] Vgl. Helm, aaO, 24ff.

[12] Dieses wichtige Moment hat Kerényi mit Recht hervorgehoben; sein Buch ist trotz aller Mißdeutungen durch die Zunft – eine rühmliche Ausnahme macht O. Weinreich – das bedeutendste und immer noch nicht für Spätantike und Christentum fruchtbar gemachte Werk zum Roman seit E. Rohde.

[13] Abgesehen von den schon erwähnten Passagen der Johannesakten sind die Paulus-Thekla-Akten zu nennen.

Zu Söders Qualifikation der Akten als volkstümlicher Erzählungen für das Volk im Gegensatz zum Roman für die Gebildeten ist zu bemerken, daß damit nur ein Unterschied des Niveaus, aber keine Verschiedenheit der Gattung getroffen ist. Lassen wir außer acht, daß für die antike Ästhetik diese Gattung überhaupt nicht existierte und daß Lukian Heliodors Aithiopika kaum ernster genommen hätte als die Acta Pauli, so muß man doch von modernem Standpunkt aus feststellen, daß die antiken Romane erhebliche Niveauunterschiede aufweisen und auch den Trivialroman in ihren Reihen haben. Die volkstümliche Vorliebe für vornehme Kreise dominiert im Roman ebenso wie in den Akten, und die von diesen verwendeten Stilformen indizieren keineswegs das, was man als „gesunkenes Kulturgut" bezeichnen kann, sondern das Bestreben, auch die sogenannten Gebildeten zu erreichen.

Die apokryphen Apostelakten nehmen die sehr alte Vorstellung von den Aposteln als θεῖοι ἄνδρες auf, gestalten sie aber literarisch in Form der romanhaften Praxeis und – diese überformend – in der der Periodoi aus. Sie dokumentieren die Aufnahme von Gattungen der Weltliteratur – die zwar von der Poetik nicht anerkannt, aber von einem weite Schichten umfassenden Lesepublikum hochgeschätzt wurden – in das Christentum. Ihr Weiterwirken zeigt sich einerseits in dem vielschichtigen Reise- und Wiederfindungsroman der Pseudo-Clementinen[14], andererseits in den Heiligenlegenden der alten und der mittelalterlichen Kirche[15].

---

[14] Hierzu vor allem O. Cullmann, Le Problème littéraire et historique du Roman Pseudo-Clémentin, 1930; ferner J. Irmscher in: Hennecke-Schneemelcher II, 313ff.

[15] Vgl. W. Schneemelcher und A. de Santos in: Hennecke-Schneemelcher II, 399ff.

# 9. KAPITEL

## GEMEINDEORDNUNGEN UND KULTISCHES

### § 58. Die Didache

*Textausgaben:*

J.-P. Audet, La Didachè, ÉtB, 1958 (mit Übersetzung und Kommentar);
K. Bihlmeyer-W. Schneemelcher, Die Apostolischen Väter I, ²1956;
A. Harnack, Die Lehre der zwölf Apostel nebst Untersuchungen zur ältesten Geschichte der Kirchenverfassung und des Kirchenrechts, TU II, 1/2, 1884, ²1893;
H. Lietzmann, KlT 6, ³1912 (= Neudr. 1962; ohne die Varianten der koptischen Übersetzung);
C. Schmidt, Das koptische Didache-Fragment des British Museum, ZNW 24, 1925, 81ff.

*Übersetzung und Kommentar:*

R. Knopf, HNT Erg.-Bd. I, 1920.

*Untersuchungen:*

A. Adam, Erwägungen zur Herkunft der Didache, ZKG 68, 1957, 1ff;
B. Altaner-A. Stuiber, Patrologie, ⁷1966, 79ff;
E. Bammel, Schema und Vorlage von Didache 16, TU 79, 1961, 253ff;
M. Dibelius, Die Mahlgebete der Didache, in: ders., Botschaft und Geschichte II, 1956, 117ff;
G. Klein, Die zwölf Apostel, FRLANT 77, 1961;
H. Köster, Synoptische Überlieferung bei den Apostolischen Vätern, TU 65, 1957;
E. Molland, RGG³ I, 1957, 508 (Lit.);
J. Muilenburg, The Literary Relation of the Epistle of Barnabas and the Teaching of the Twelve Apostles, 1929;
G. Peradse, Die „Lehre der zwölf Apostel" in der georgischen Übersetzung, ZNW 31, 1932, 111ff;
E. Peterson, Über einige Probleme der Didache-Überlieferung, in: ders., Frühkirche, Judentum und Gnosis, 1959, 146ff.

Die Veröffentlichung der Didache (= Did) durch ihren Entdecker, Philotheos Bryennios, Metropolit von Nikomedien, 1883 und durch A. Harnack 1884 rief eine langwährende Sensation hervor, die sich nur mit derjenigen um die Qumranfunde vergleichen läßt. Man besaß nun endlich den Text eines Werkes, von dem bisher nur der Titel durch altkirchliche Zeugnisse bekannt war, eines Werkes, dessen In-

halt das traditionelle Bild des ältesten Christentums, insbesondere
seiner Verfassungsgeschichte zu revidieren nötigte. „Die Διδαχή hat
endlich Licht gebracht" – diese triumphierende Feststellung Harnacks[1]
bestimmte lange Zeit die Einschätzung der Did. Aber so viele Rätsel
die Did auch gelöst hat, so viele gab sie wiederum auf; ihr Alter,
ihre Heimat und nicht zuletzt ihr Text wurden immer problematischer, und heute scheint eine immer stärker werdende Skepsis die
ursprüngliche Hochschätzung zu verdrängen. Vor allem haben Text-
funde das Vertrauen in den von Bryennios edierten Text erschüttert[2].

## 1. Überlieferung

Bryennios entdeckte die Did 1873 in einem Codex, der sich damals
in einer Klosterbibliothek zu Konstantinopel befand und 1887 in die
Patriarchatsbibliothek nach Jerusalem überführt wurde. Dieser Codex
war laut einer Notiz an seinem Ende im Jahre 1056 von einem
„Notar und Sünder" namens Leo geschrieben worden und enthält
die Did unter einer Anzahl anderer Schriften, nach einem Werk des
Chrysostomos, dem Barn und den beiden Clemensbriefen und vor
der Korrespondenz des Ignatius von Antiochien. In griechischer
Sprache gibt es noch folgende Zeugen der Did: Ein kleines Frag-
ment (Did 1, 3b–4a; 2, 7b–3, 2a) ist auf dem Oxyrhynchus-Papyrus
1782 (Ende des 4. Jh.) erhalten. Die ganze Did ist ferner in das VII.
Buch der Apostolischen Konstitutionen aufgenommen, aber hier
reichlich paraphrasiert. Ein Fragment aus dem Lehrstück von den
Zwei Wegen (1, 1–4, 8, ohne 1, 3b–2, 1) findet sich ziemlich wörtlich in der Apostolischen Kirchenordnung. Harnack hat diese beiden
Texte S. 178–192 und 225–232 in extenso wiedergegeben und den
Did-Text durch Fettdruck hervorgehoben.

Von den Übersetzungen sind nur Bruchstücke bekanntgeworden.
Eine lateinische Version der Zwei Wege, Did 1, 2–6, 1 (ohne 1,
3b–2, 1) ist in einem Münchener Codex enthalten (Monacensis 6264;
11. Jh.) unter der Überschrift De doctrina apostolorum, ein kürzeres
Fragment 1, 1–2, 5 (ohne 1, 3b–2, 1) unter der Überschrift Doctrina
apostolorum in einem Melker Codex; beide Texte stellen keine
wörtliche Übertragung des von Bryennios edierten Textes dar. Von

---

[1] Die Lehre der zwölf Apostel, Prolegomena 94.
[2] Vgl. den Forschungsbericht bei Audet, 1–21.

großer Bedeutung ist das Bruchstück einer koptischen Übersetzung von Did 10, 3–12, 1a auf einem Papyrus des Brit. Museums (Pap. Brit. Mus. Or. 9271) aus dem 5. Jh., einer Übersetzung, die möglicherweise aus der 1. Hälfte des 3. Jh.s stammt. Der äthiopischen Version der Canones ecclesiastici sind Did 11, 3–13, 7; 8, 1–2a (in dieser Reihenfolge) einverleibt. Schließlich ist eine georgische Übersetzung der ganzen Did zu nennen, von der aber nur die Kollationen bekannt sind, die G. Peradse zum Bryennios-Text in deutscher Sprache gemacht hat; er benutzte eine Handschrift des Jh.s, die auf ein nicht genau datierbares Manuskript (5.–9. Jh.) zurückgehen soll. Bis jetzt ist keines der beiden Exemplare zugänglich gemacht worden. Die von Peradse vorgeschlagene Datierung dieser Übersetzung in die 1. Hälfte des 5. Jh.s ist unsicher.

Die ausführlichste Besprechung der Textzeugen und eine vollständige Notierung der Lesarten finden sich bei Audet (22–78; für die lateinischen Zwei Wege 138–153; ferner im textkritischen Apparat 226–242).

## 2. Inhalt

### 3. Titel

Da fast allgemein die Anschauung herrscht, daß der Titel dieser
Schrift über ihre theologische Tendenz und darum auch in einem gewissen Maße über ihren literarischen Charakter Auskunft gebe, muß
zuerst die Frage des bzw. der Titel besprochen werden. Das Büchlein
trägt in der Bryennios-Hs und in der georgischen Übersetzung zwei
Überschriften:

1. Διδαχὴ τῶν δώδεκα ἀποστόλων.
2. Διδαχὴ κυρίου διὰ τῶν δώδεκα ἀποστόλων τοῖς ἔθνεσιν[3].

Die zunächst zu stellende Frage, welchem der beiden Titel die Priorität zukomme, wird von der Mehrzahl der Forscher zugunsten des
*Langtitels* beantwortet, als dessen Verkürzung dann der Kurztitel
gilt. Der Langtitel wird außerdem als ursprünglich, dh als vom Verfasser bzw. Kompilator stammend angesehen. Harnacks Schluß aus
dieser Voraussetzung ist communis opinio geworden: „Die Schrift
ist wirklich, wie ihr Titel besagt, eine für die Heidenchristen bestimmte Darlegung der von Christus stammenden, den Christen als
der ἐκκλησία gegebenen Lehren, wie sie nach Meinung des Verfassers die zwölf Apostel verkündet und übermittelt haben" (TU II,
1/2, Proleg. 30). Knopf betont, „dass die Apostel, und zwar die
Zwölf, wie so oft im nachapostolischen Zeitalter als Mittler und
Bürgen aller Lehre, Überlieferung und Einrichtung erscheinen" (3).
    Die Did gehört nach dieser Auffassung zu jener pseudepigraphi-
schen Literatur, die die (zwölf) Apostel zu Trägern der Tradition
macht; freilich nicht zu jener Gattung, in der der Auferstandene
seinen Aposteln geheime Lehren offenbart, die von ihnen dann
weitergegeben werden (zB Epistula apostolorum), sondern zur Art
der Didaskalia und verwandter Werke (Titel der Syrischen Diada-
skalia: „Didaskalia, dh die katholische Lehre der zwölf Apostel und
heiligen Schüler des Erlösers").
    Aber diese ganze literarische und theologische Konstruktion ist
fragwürdig. Zunächst was die Priorität des Langtitels, dann aber

---

[3] Die georgische Version („Lehre der zwölf Apostel, geschrieben im Jahre
90 oder 100 nach dem Herrn Christus. Lehre des Herrn, die durch die
zwölf Apostel der Menschheit gelehrt worden ist") ist kein unabhängiger
Zeuge des Doppeltitels, wie die sekundären Elemente – Datierung im
1.Titel und Paraphrasierung des 2. – zeigen; vgl. Audet, 93 und Klein,
81 Anm. 375.

auch was die Folgerungen aus dem Titel (dem längeren oder dem
kürzeren) betrifft. Audet hat m. E. überzeugend die Priorität des
*Kurztitels* nachgewiesen (91ff).

Zwar ist das Argument, in der handschriftlichen Überlieferung des NT
lasse sich die Tendenz zur Anreicherung der Inscriptiones und Subscriptiones feststellen, nicht zwingend; denn es lassen sich in der patristischen
Literatur auch Titelverkürzungen nachweisen (vgl. Klein, 80 Anm. 370);
aber die allgemeine überlieferungsgeschichtliche Tendenz geht auf Amplifikation. Audet stellt mit Nachdruck die früher nicht genügend ge-
würdigte Tatsache heraus, daß der Langtitel einzig und allein von der
Bryennios-Handschrift und der georgischen Übersetzung geboten wird, daß
aber alle altkirchlichen Zeugnisse für die Did in verschiedenen Formen
nur eine kürzere Überschrift kennen: ‚Lehren der Apostel‘ bzw. ‚Lehre
der Apostel‘, und zwar immer ohne die Zwölfzahl[4]. Er mißt diesem
Konsensus umso mehr Bedeutung bei, als die meisten dieser Zeugnisse
nicht voneinander abhängen. Sie werden unterstützt durch die lateinische
Version der Zwei Wege, die mit Did 1, 1–6, 1 eng verwandt ist und ebenfalls eine kurze Überschrift = ‚(De) Doctrina apostolorum‘ trägt. Dieser
Befund spricht eindeutig für die Priorität eines kürzeren Titels. Dafür
spricht auch die Überlegung, daß wenn der Langtitel (διδαχὴ κυρίου διὰ
τῶν δώδεκα ἀποστόλων τοῖς ἔθνεσιν) älter wäre, bei der Verkürzung
(διδαχὴ τῶν δώδεκα ἀποστόλων) die ‚Lehre nicht mehr auf den ‚Herrn‘,
sondern auf ‚die Apostel‘ zurückgeführt und dadurch die Autorität der
Did vermindert worden wäre – ein allen Überlieferungsgesetzen wider-
sprechender Vorgang (vgl. Audet 99f), während sich die präzisierende und
theologisch füllende Erweiterung gut begreifen läßt.

Die Priorität des Kurztitels darf als gesichert gelten. Nur muß
nachdrücklich betont werden, daß er die Zwölfzahl, die nur durch
den Bryennios-Text und die georgische Übersetzung bezeugt ist, nicht
enthielt[5].

Sehr viel wichtiger ist die Frage, ob der Kurztitel ursprünglich ist,
dh ob er vom Didachisten stammt, der damit sein Büchlein unter
apostolische Autorität stellen wollte. Diese Frage ist m. E. zu verneinen. Denn im Corpus der Did wird nirgends apostolischer Ursprung dieser Schrift behauptet, nirgends eine Anordnung auf die
Apostel zurückgeführt, nirgends die Autorität der Apostel beschwo-
ren[6]. Das geschieht nicht einmal dort, wo man es unbedingt erwarten müßte, in dem Passus über die wahren und falschen Apostel

---

[4] Die Texte bei Audet, 78–90 und 92f.
[5] S. den Nachweis bei Klein, 80–83.
[6] In der Wiedergabe der Did durch die Apostolische Kirchenordnung wird
dagegen die apostolische Herkunft stark betont, und zwar dadurch, daß
jedem Apostel einige Sätze von Did 1–4 in den Mund gelegt werden.

(11, 3–6), der einzigen Stelle im Corpus der Did, an der die Apostel
überhaupt erwähnt werden:

„Was aber die Apostel und Propheten betrifft, so handelt nach der Satzung
des Evangeliums: Jeder Apostel, der zu euch kommt, soll aufgenommen
werden wie der Herr. Er soll aber nicht länger bleiben als einen Tag; ist
es jedoch nötig, dann auch noch den zweiten; bleibt er aber drei Tage,
dann ist er ein Lügenprophet. Zieht der Apostel weiter, dann soll er nichts
mitnehmen außer (genügend) Brot, bis er (wieder) übernachtet; bittet er
um Geld, dann ist er ein falscher Prophet."

Hier wird das aktuelle Problem, das durch das Vorhandensein dubioser Wanderapostel gestellt ist, kasuistisch zu lösen versucht, ohne daß
auch nur eines der urchristlichen Kennzeichen des Apostolates als
kritische Norm geltend gemacht würde[7]. Die „Apostel" in 11, 3–6
sind keine unbestrittene Lehrautorität wie die „Apostel" im Titel.
Dh es liegt hier und dort ein verschiedener Apostelbegriff vor. Dieser
Befund legt den Schluß nahe, daß nicht nur die Zwölfzahl im Titel,
sondern der Titel διδαχὴ τῶν ἀποστόλων überhaupt nicht vom Didachisten, sondern von einem Späteren stammt, daß das Büchlein
also von Haus aus keine apostolische Autorität beansprucht und
erst sekundär durch die Inscriptio in ein apostolisches Pseudepigraphon verwandelt wurde.

Dieser Vorgang ist leicht begreiflich. Die Schrift erfreute sich, wie
ihre weite Verbreitung zeigt, schon sehr früh großer Beliebtheit und
wurde deshalb unter den Schutz apostolischer Autorität gestellt.
Wann dies geschah, ist natürlich nur ungefähr zu sagen; es muß
aber in einer Zeit gewesen sein, in der das Problem von 11, 3–6
nicht mehr aktuell war und für die „die Apostel' eine fest umrissene Größe von unbestrittener Autorität bildeten"[8]. Wann die

---

[7] 1Kor 9, 1ff; 15, 3–8; 2Kor 12, 12; Röm 15, 19.
[8] Vgl. Klein, 83. – Es verhält sich mit der Titelgebung der Did ebenso
wie mit den Inscriptiones der übrigen urchristlichen Schriften. Die
nächsten Analogien bieten Hebr und Barn. Deren Inscriptiones können
sich nicht wie die der anderen nt. Briefe auf die Präskripte stützen;
die Adresse „An die Hebräer" und die Verfasserangabe „Brief des Barnabas" sind frei erfunden, aber durchaus überlegt: die Adressierung soll
den Hebr als Brief des Paulus, die Verfasserangabe soll den Barn als
„Katholischen Brief" charakterisieren, beides soll beiden Schreiben apostolische Herkunft bescheinigen. Es besteht kein Grund, bei der Did einen
anderen Vorgang anzunehmen; daß bei ihr nicht ein einzelner Apostel,
sondern die Gesamtheit der Apostel als Verfasser genannt wird, mag
auf die relativ späte Entstehung des Titels oder auch auf lokale
Sonderentwicklungen hinweisen.

Zwölfzahl in die Inscriptio eingedrungen ist, läßt sich noch weniger genau sagen: irgendwann zwischen dem spätesten altkirchlichen Zeugnis für die Did und dem Bryennios-Text (11. Jh.), der sie als erster und zusammen mit dem Langtitel bezeugt[9].

Die vorhin zitierte Kennzeichnung der Did durch Harnack und Knopf trifft zwar genau den Sinn des Langtitels und mit einigen Modifikationen auch den des Kurztitels, aber nicht die Absicht des Didachisten. Man muß sich von der Suggestion der Inscriptio freimachen, die Did gehöre zu jener pseudepigraphischen Literatur, die ihre Lehren und Ordnungen durch die Fiktion apostolischen Ursprungs zu sanktionieren sucht, wenn man dem Buch gerecht werden will. Es hat ursprünglich keinen Titel gehabt und im Unterschied etwa zu den Pastoralbriefen oder der Apostolischen Kirchenordnung keine apostolischen Prätentionen erhoben und muß aus sich selbst verstanden werden.

## 4. Literarischer Charakter

a) Über die literarische G a t t u n g der Did herrscht im übrigen Einigkeit: die Did ist eine Kirchenordnung, und zwar die älteste ihrer Art. Diese Charakteristik scheint zwar nur auf den Mittelteil mit den liturgischen Anweisungen (7–10) und den Bestimmungen über Gemeindeverfassung und Gemeindeleben (11–15) zuzutreffen; aber in allen derartigen Dokumenten findet sich reichlich die Paränese, so daß auch das Vorhandensein der Zwei-Wege-Lehre (1–6) neben den anderen Anordnungen durchaus sachgemäß ist. Nur die kleine Apokalypse (16) scheint aus diesem Rahmen zu fallen, denn das eschatologische Element fehlt zwar in den verwandten Schriften nicht völlig, ist aber weniger stark ausgebildet. Man hat deshalb gelegent-

---

[9] Die Zwölfzahl fehlt sogar noch bei Johannes Zonaras (gest. etwa 1120); vgl. Audet, 90. – Die gelegentlich geäußerte Vermutung, der Titel ‚Lehre der Apostel' hänge ursprünglich an dem Lehrstück von den Zwei Wegen, ist unbeweisbar und im Blick auf Barn 18–20 unwahrscheinlich. Die Inscriptio der lateinischen Version der Zwei Wege ‚(De) Doctrina apostolorum' ist nicht durch eine traditionsgeschichtlich zwischen Barn und Did liegende Christianisierung des Lehrstücks zu erklären (gegen Köster, 217ff), sondern nur durch Abhängigkeit von der schon mit Titel versehenen (aber noch nicht interpolierten! s. u.) Did (Harnack). Audets Hypothese, die Zwei Wege hätten den Spezialtitel διδαχὴ κυρίου τοῖς ἔθνεσιν getragen, scheitert ebenfalls an Barn 18–20. Vgl. Peterson, Frühkirche etc., 280f.

lich vermutet, K. 16 gehöre nicht ursprünglich zur Did, aber wohl
zu Unrecht. Der Didachist wollte offenbar seinen Anordnungen mit
dem Hinweis auf das bevorstehende Weltende Nachdruck verleihen
und schloß sie mit einem eschatologischen Ausblick ab; er folgte
dabei einem Kompositionsprinzip, das auch sonst in der urchristlichen Literatur zu beobachten ist[10].

Es gehört zum Wesen der Gattung „Kirchenordnung", daß sie
literarisch nicht einheitlich, sondern aus Stücken verschiedener Art
und Herkunft zusammengesetzt ist. Das zeigt sich nicht nur an den
christlichen Seitenstücken zur Did, sondern auch an ihren jüdischen
Analogien (und Vorbildern?) wie zB der „Gemeinderegel" und „Ge-
meinschaftsregel" von Qumran (1QS; 1QSa). Die Did stellt den
bescheidenen Versuch dar, die moralischen, liturgischen, kirchenrechtlichen und anderen Regeln und Ordnungen, die sich als nützlich erwiesen und als notwendig herausgebildet hatten, zu kodifizieren. Sie
ist dabei ausschließlich „praktisch" orientiert und läßt abgesehen von
Kap. 16 alles dogmatisch Lehrhafte vermissen – sehr im Unterschied
zu den Pastoralbriefen und vollends zu den genannten Qumran-
schriften.

Ein konkreter Anlaß, der zur Kodifikation der genannten Regeln
und damit zur Schaffung dieser im Christentum neuen Gattung geführt hat, ist unbekannt. Das aktuelle Problem der Unterscheidung
wahrer und falscher Apostel und Propheten (11, 3–12, 4) kann es
schwerlich gewesen sein; dies Problem könnte kaum das ganze
Unternehmen einer Kirchenordnung rechtfertigen. Vielleicht war es
nur das ganz allgemeine und natürliche Bedürfnis einer jungen
Gemeinschaft, die in ihr entstandenen Ordnungen festzulegen – ohne
alle weitergehenden Prätentionen.

b) Die K o m p o s i t i o n erweist sich als recht locker. Über die
Stellung des apokalyptischen Kapitels am Ende der Did wurde schon
gesprochen. Der erste Teil ist mit dem zweiten durch den Satz verbunden: „Was die Taufe betrifft, tauft folgendermaßen; nachdem
ihr dies alles vorher mitgeteilt habt, so taufet auf den Namen…"
(7, 1). Dadurch wird die Zwei-Wege-Lehre (1–6) als präbaptismale
Belehrung gekennzeichnet, und ihre Stellung am Anfang der Did
scheint sich durch diesen „Sitz im Leben" zu erklären. Die Komposition folgt demnach dem Schema ‚Christwerden – Christsein': Kate-

---

[10] Vgl. G. Bornkamm, Die Vorgeschichte des sogenannten Zweiten Korintherbriefes: SAH, Phil.-hist. Kl. 1961, 25ff.

chumenenunterricht (1–6), Taufe (7), regelmäßiges Fasten und Beten (8), Eucharistie (9f). Aber die Worte, an denen dieses Verständnis hängt: ταῦτα πάντα προειπόντες βαπτίσατε sind von Audet mit guten Gründen textkritisch stark in Frage gestellt worden (58ff) und sind höchstwahrscheinlich sekundär. Auch sachliche Bedenken erheben sich gegen sie: Die Zwei Wege mögen im Taufunterricht eine Rolle gespielt haben, keinesfalls bildeten sie seinen einzigen Gegenstand (dazu gehören vor allem christologische und – auf heidnischem Gebiet – monotheistische Belehrungen); außerdem sind sie zur Belehrung gerade der Christen üblich gewesen, wie Barn 18–20 zeigt. Ist die Did tatsächlich eine Kodifikation der gebräuchlichen Ordnungen und Regeln, so kann in ihr die Zwei-Wege-Lehre schwerlich den Katechumenenunterricht repräsentieren; seine wichtigsten Stücke würden fehlen. Es empfiehlt sich also, jene Worte in 7, 1 zu streichen. Im ursprünglichen Zusammenhang der Did fungieren die Zwei Wege nicht als präbaptismales Lehrstück, sondern als Paränese an die Christen. Der Didachist hat seinen Stoff unter dem Gesichtspunkt: zuerst die allgemeinen moralischen Regeln, dann die speziellen kirchlichen Anweisungen, angeordnet.

Die kirchlichen Anweisungen des großen Mittelteils (7–15) zeigen keine straffe Disposition. Vor allem zerreißt der Passus über das Verhalten gegenüber wahren und falschen Aposteln, Propheten und Lehrern (11–13) den Zusammenhang zwischen den Bestimmungen über Taufe, Fasten, Beten und Eucharistie (7–10) und denen über die Teilnahmebedingungen am sonntäglichen Gottesdienst (14) und über Bischöfe und Diakone (15, 1f). Aber gerade diese Unebenheiten lassen, wie M. Dibelius gezeigt hat, ein älteres Schema erkennen[11]. Hebt man den Passus 11–13 heraus, dann ergibt sich dieselbe Reihenfolge der Themen wie in 1Tim 2f: Beten (Did 8, 2–10, 7; 1Tim 2, 1ff) – sittliche Bedingungen des Gottesdienstes (Did 14; 1Tim 2, 8ff) – Bischöfe und Diakone (Did 15, 1f; 1Tim 3, 1ff). Diese Themenfolge stellt das älteste Schema dar, das von Did und 1Tim benutzt ist und in das der Didachist den aktuellen Abschnitt eingefügt hat. Die Einfügung gerade an dieser Stelle ist durch die Bemerkung, die Propheten hätten bei der Eucharistie das Recht zu freiem Gebet (10, 7), veranlaßt, also durch Stichwortassoziation.

Der Anfang des Mittelstücks scheint ebenfalls durch ein vorgegebenes Schema bestimmt zu sein: Taufe (7) – Eucharistie (9f).

[11] Geschichte der urchristlichen Literatur II, 1926, 80f; Die Pastoralbriefe (HNT 13), ²1927, 3f.

Denn es fällt auf, daß die jeweils mit περὶ δὲ ... eingeleiteten Abschnitte über die beiden kultischen Feiern (7, 1; 9, 1) durch einen Passus unterbrochen werden (8), der – ohne solche Einleitungsformeln – Bestimmungen über zwei auch sonst verbundene, nicht eigentlich gottesdienstliche Bräuche enthält, das regelmäßige Fasten (am Mittwoch und Freitag) und Beten (des Vater-Unsers dreimal täglich). Es fällt ferner auf, daß die sonst übliche Reihenfolge (Beten – Fasten) umgekehrt ist; aber der Grund ist klar: nur dadurch war die Stichwortverknüpfung nach rückwärts (Fasten vor der Taufe 7, 4) und vorwärts (Eucharistiegebete 9, 1) möglich. Dh: Der Passus K. 8 ist in ein vorgegebenes Schema eingefügt. Ob dieses Schema ursprünglich zu dem vorhin genannten gehörte oder vom Didachisten mit ihm kombiniert wurde, sei dahingestellt.

c) Einige Bemerkungen zum literarischen Charakter einzelner Partien. Über die Zwei-Wege-Lehre, die traditionelle Paränese enthält, wurde schon gesprochen (s. oben S. 52f). Der einzige aktuelle Passus ist 11–13; er behandelt das Problem, das durch das Vorhandensein dubioser Wanderprediger gestellt ist, in kasuistischer Weise; interessant ist die Anleitung zur Unterscheidung wahrer und falscher Propheten:

„Und jeden Propheten, der im Geist redet, den versucht nicht und prüft ihn nicht. Denn ,jede Sünde wird vergeben werden, aber diese Sünde wird nicht vergeben werden'. Nicht jeder aber, der im Geist redet, ist ein Prophet, sondern (nur) wenn er die Sitten des Herrn hat. An den Sitten also wird der falsche und (wahre) Prophet erkannt: jeder Prophet, der im Geist einen gedeckten Tisch anrichten läßt, ißt selber nicht von ihm; tut er es aber, so ist er ein falscher Prophet. Jeder Prophet aber, der die Wahrheit lehrt, ist, wenn er nicht tut, was er lehrt, ein falscher Prophet. ... Wer im Geist spricht: Gib mir Geld! oder anderes dergleichen, auf den sollt ihr nicht hören; wenn er es aber anderen, die bedürftig sind, zu geben befiehlt, so soll ihn niemand richten" (11, 7–10. 12).

Die liturgischen Anweisungen über Taufe und Eucharistie sind ganz verschieden strukturiert. Der Abschnitt über die Taufe bringt zunächst den trinitarischen Taufbefehl (7, 1), dann – falls ursprünglich – kasuistische Anordnungen über das beim Vollzug zu verwendende Wasser (7, 2f) und schließlich Bestimmungen über das Fasten des Täufers, des Täuflings und etwaiger Freiwilliger (7, 4).

Ganz anders der lange Passus über die Eucharistie. Er enthält weder die Einsetzungsworte noch Angaben über den Vollzug der heiligen Handlung; er enthält vielmehr eine Gebetssammlung mit rubrikalen Anmerkungen[12] und eine kurze Liturgie (Worte des Liturgen und Responsionen der Gemeinde, 10, 6), die mit 1Kor 16, 20ff verwandt ist. Das Fehlen der genannten Angaben, die Reihenfolge der Gebete (Kelchsegen 9, 2; Brotsegen 9, 3; Danksagung nach dem Mahl 10, 2ff) und die Stellung der Liturgie am Schluß (10, 6) geben viele Rätsel auf, und es ist immer noch kontrovers, um was für eine Feier es sich bei dieser Eucharistie handelt und wie ihr Verlauf gewesen ist.

Ohne hier auf die komplizierten liturgiegeschichtlichen Fragen einzugehen, seien zwei Lösungsversuche erwähnt. H. Lietzmann[13] meint, es handle sich um eine durch die Eucharistiefeier eingeleitete Agape, um einen Typ des Herrenmahls, der sich nicht auf die bei Mk und Paulus erhaltenen Traditionen bezieht; er lokalisiert die Kommunion zwischen Kap. 9 und 10 und stellt auch 10, 6 dorthin um. M. Dibelius[14] hat auf Grund einer religionsgeschichtlichen Analyse der Mahlgebete und auf Grund des koptischen Textes eine Deutung vorgetragen, die plausibler ist und Textumstellungen vermeidet. Er weist nach, daß die Besonderheiten der Gebete nicht auf den eucharistischen Akt, sondern darauf zurückgehen, daß es sich meist um vorchristliche Gebete des hellenistischen Judentums handelt. Er gewinnt ferner aus der Tatsache, daß der koptische Text über den griechischen hinaus in c. 10 dreimal ein Amen bringt (hinter V 4, 5 und 6a) und die damit beschlossenen Sätze als selbständige kleine Einheiten faßt, ein sachgemäßeres Verständnis von c. 10; die Schwierigkeiten, die die Verse 2–5 belastet haben, entfallen, wenn V 5 ein selbständiges Gebet ist und nicht zu dem vorhergehenden gehört[15]. Der Charakter beider Texte wird deutlich: V 5 ist ein christliches Gebet für die Kirche, V 2–4 ein christianisiertes jüdisches Nachtischgebet, das den Vortischgebeten von c. 9 (Weinsegen V 2, Brotsegen V 3f) korrespondiert.

Dibelius rekonstruiert den Gang der Feier folgendermaßen. Am Anfang steht, eingerahmt von den Vortischgebeten und dem Nachtischgebet, das Sättigungsmahl (10, 1). Es folgt das Gebet für die Kirche (10, 5) und dann die Liturgie (10, 6), deren Wortlaut seiner Bedeutung wegen – mit den Varianten des Kopten in Klammern – zitiert sei:

---

[12] 9, 2a: „zuerst betreffs des Kelchs"; 9, 3a: „Weiter: betreffs des Brotes"; 9, 5: „Niemand aber soll von eurer Eucharistie essen und trinken außer den Getauften..."; 10, 1: „Nach der Sättigung aber betet also"; 10, 7.

[13] Messe und Herrenmahl, 1926, 231–238.

[14] Die Mahl-Gebete der Didache: Botschaft und Geschichte II, 1956, 117–127.

[15] Das anstößige πρὸ πάντων (10, 4) ist nach dem Kopten in περὶ πάντων zu ändern und bietet keinen Anlaß mehr zu Umstellungen.

„Kommen möge die Gnade (der Herr) und vergehen möge diese Welt. (Amen). Hosanna dem Gott (Hause) Davids. Ist jemand heilig, so trete er herzu, ist er es nicht, so tue er Buße. Maranatha (Der Herr ist gekommen). Amen."

Die Liturgie leitet den heiligen Akt ein, der nicht zwischen c. 9 und 10, sondern nach 10, 6 stattfindet. Dibelius läßt die Frage offen, worin die heilige Handlung, die 14, 1f als θυσία bezeichnet wird, bestanden hat.

## 5. Literar- und textkritische Probleme

Die Did ist weitgehend eine Kompilation vorgegebener Traditionen verschiedener Art und Herkunft. Wieweit die „Quellen" reichen und wo der Didachist selbst spricht, ob Eingriffe fremder Hand vorliegen und wieweit der Text intakt ist, läßt sich im einzelnen schwer entscheiden.

a) Q u e l l e n. Zu den aufgenommenen Stoffen gehören zunächst die Zitate: der Taufbefehl 7, 1, das Vaterunser 8, 2, die Mahlgebete 9f. Wieweit der Didachist bei den Gemeinderegeln 11–15 zitiert oder selbständig formuliert, kann hier nicht untersucht werden.

Zweifellos gehört das Lehrstück von den Zwei Wegen zu den Quellen der Did. Daß es einmal selbständig existiert hat, geht daraus hervor, daß es sich auch Barn 18–20 findet und beide Texte als voneinander unabhängig erwiesen sind. In dem von dem Didachisten übernommenen Quellenstück fehlte aber die Logiensammlung 1, 3b–21; denn sie fehlt in Barn 18–20 ebenso wie in der der Did noch näherstehenden lateinischen Rezension der Zwei Wege (Doctrina apostolorum), sowie in der Apostolischen Kirchenordnung. Ohne diese Logiensammlung hat das Lehrstück nichts Christliches an sich[16]; es ist substantiell jüdisch, ein „altes jüdisches Formular" (Dibelius), das schon vor Did und Barn in der urchristlichen Paränese verwendet wurde.

Auch die kleine A p o k a l y p s e Did 16, 3–8 ist höchstwahrscheinlich ein Quellenstück, da ihr Stil von dem des Vorhergehenden stark abweicht. Sie gibt einen klar gegliederten Abriß der Endereignisse:

[16] Köster möchte allerdings in der Zusammenstellung von Gottes- und Nächstenliebe in einem Satz (Did 1, 2), die in Barn 19, 2. 5 noch voneinander getrennt sind, einen christlichen Einfluß sehen (170ff).

„Denn in den letzten Tagen werden die falschen Propheten und Verderher zahlreich werden, und die Schafe werden sich in Wölfe verwandeln, und die Liebe wird sich in Haß verwandeln. Denn wenn die Gesetzlosigkeit sich vermehrt hat, werden sie einander hassen und verfolgen und verraten, und dann wird der Weltverführer erscheinen wie Gottes Sohn und Zeichen und Wunder tun, und die Erde wird in seine Hände dahingegeben werden, und er wird Frevel begehen, die seit Weltbestehen niemals begangen worden sind. Dann wird die Menschenwelt in die Feuersglut der Prüfung kommen, und viele werden sich ärgern und verlorengehen, diejenigen aber, die im Glauben ausgeharrt haben, werden von dem Verfluchten (? Christus? – Audet: vor dem Grabe) gerettet werden. Und dann werden die Zeichen der Wahrheit erscheinen: erstens das Zeichen der Öffnung der Himmel, dann das Zeichen des Posaunentons und drittens die Auferstehung der Toten, – aber nicht aller, sondern, wie gesagt wurde: ‚Kommen wird der Herr und alle Heiligen mit ihm'. Dann wird die Welt den Herrn kommen sehen auf den Wolken des Himmels."

Es ist strittig, ob diese Apokalypse jüdischer oder christlicher Herkunft ist. Natürlich sind Schema und die meisten Stoffe jüdisch. Aber die Verwandtschaft mit Mk 13 und insbesondere Mt 24 und die Anklänge an 2Thess 2 sind auffällig. Da sich jedoch kein direktes Zitat, also keine literarische Abhängigkeit der Did von diesen Texten nachweisen läßt, hilft man sich gerne mit der Annahme einer diesen Texten gemeinsamen Quelle[17]. Aber die Frage bleibt bestehen, ob Did 16, 3–8 von Juden oder Christen formuliert worden ist. Einige Indizien sprechen für das Letztere: die starke Hervorhebung des Weltverführers, seine Charakterisierung „wie Gottes Sohn" (V 4), die Ersetzung des Menschensohns durch den Kyrios (V 8) und vor allem das σημεῖον ἐκπετάσεως (V 6), das möglicherweise die Erscheinung des Kreuzes bedeutet[18]. Die kleine Apokalypse wird also in christlichen Kreisen entstanden sein.

Häufig wird vermutet, Did 16 habe ursprünglich die Fortsetzung des „Zwei-Wege-Katechismus" (1–6) gebildet und beide Stücke stellten die „Grundschrift" der Did dar. Sind aber die Zwei Wege jüdischer und die Apokalypse christlicher Herkunft, dann ist die Grundschrift-Hypothese hinfällig.

Doch müssen ihre Argumente geprüft werden. Als solche werden angeführt: die Verwandtschaft von Did 16, 2 mit Barn 4, 9f, die Mahnung „Wachet über euer Leben" (16, 1), die auf den Lebensweg (1–4) Bezug nehmen soll, und die allgemeine Erwägung, die Zwei-Wege-Lehre müsse

---

[17] Vgl. Köster, 189f.
[18] Vgl. Köster, 190; Hennecke-Schneemelcher II, 443f.

einen eschatologischen Abschluß gehabt haben. – Gewichtig ist die Parallele.

Did 16, 2: „Oft sollt ihr euch versammeln und nach dem suchen, was euren Seelen nottut; denn die ganze Zeit eures Glaubens wird euch nichts nützen, wenn ihr nicht in der letzten Zeit vollkommen dasteht."

Barn 4, 9f: „Deshalb müssen wir aufpassen in den letzten Tagen. Denn die ganze Zeit unseres Lebens und Glaubens wird uns nichts helfen, wenn wir nicht jetzt in der gottlosen Zeit und unter den bevorstehenden Ärgernissen, wie es Gottes Söhnen geziemt, Widerstand leisten. Damit nun der Schwarze keinen Unterschlupf finde, wollen wir fliehen vor aller Eitelkeit, wollen wir gründlich hassen die Werke des schlechten Weges. Verkriecht euch nicht einsam in euch selbst, als wäret ihr schon gerechtfertigt, sondern beteiligt euch an den Versammlungen und an den Beratungen über das gemeinsame Heil."

Diese eschatologische Mahnung ist, da Did und Barn literarisch voneinander unabhängig sind, eine beiden Schriften gemeinsame Tradition. Es fragt sich nun, ob sie ursprünglich die Verbindung zwischen den Zwei Wegen und einer Apokalypse gebildet hat. Sie leitet in Did unmittelbar die apokalyptische Schilderung ein, nimmt aber auf die Zwei Wege keinen Bezug. In Barn dagegen folgt das eschatologische Mahnwort auf eine schriftgelehrte eschatologische Prophetie (4, 1–5), allerdings in einiger Entfernung, und weist mit der Erwähnung des „Schwarzen" und des „schlechten Weges" auf den Zwei-Wege-Abschnitt (18–20) voraus; das Wort steht hier mit beiden Größen in einer, wenn auch recht losen Beziehung. Faßt man aber den gemeinsamen Grundbestand von Did 16, 2 und Barn 4, 9f ins Auge, so zeigt sich, daß die Verbindung zu den Zwei Wegen vom Barn-Autor stammt, also nicht ursprünglich ist. Auch eine ursprüngliche Zugehörigkeit zu einem bestimmten apokalyptischen Text oder Topos läßt sich nicht nachweisen, da in Did 16, 3–8 und Barn 4, 1–5 völlig verschiedenartige Traditionen vorliegen. Es handelt sich also bei dem eschatologischen Mahnwort, dh bei dem gemeinsamen Grundbestand von Did 16, 2 und Barn 4, 9f, wie ja auch seine Stellung und Funktion in beiden Schriften deutlich macht, um ein u r s p r ü n g l i c h  i s o l i e r t e s  T r a d i t i o n s s t ü c k , das sich leicht in eschatologische oder paränetische Zusammenhänge einfügen, aber auch selbständig verwenden ließ. Auf Grund dieses Traditionsstückes ist die ursprüngliche Zusammengehörigkeit der Zwei Wege (Did 1–6) und der Apokalypse (Did 16, 3–8) weder zu beweisen noch zu postulieren.

Es ist richtig, daß die Zwei-Wege-Lehre oft mit einem eschatologischen Ausblick schloß – begreiflicherweise, denn der zu Belehrende mußte ja erfahren, wohin die Wege führen. Aber dieser eschatologische Ausblick bestand meist in einer ganz kurzen Androhung des Gerichts und bzw. oder einer ebenso kurzen Verheißung des Lohnes[19], nie aber in einer ausgeführten apokalyptischen Schilderung der Endereignisse. So bringt Barn am Schluß und sogar innerhalb des Zwei-Wege-Abschnittes eschatologische Hinweise (19, 1. 10f; 20, 1f; 21, 1), aber kein Pendant zur

---

[19] Vgl. S. Wibbing, Die Tugend- und Lasterkataloge im NT, 1959, 39ff; 71ff und vor allem E. Bammel, 253ff.

Did-Apokalypse. Auch das spricht dagegen, daß diese die ursprüngliche Fortsetzung des Zwei-Wege-Passus gewesen ist. Man wird in Did 1–6 und 16 also nicht die „Grundschrift" der Did, sondern zwei voneinander unabhängige, selbständige Quellenstücke sehen müssen.

b) Integrität. Die Logiensammlung Did 1, 3b–2, 1 gehört, wie schon gesagt, nicht zu dem übernommenen Quellenstück der Zwei Wege; es ist umstritten, ob sie vom Didachisten selbst eingefügt wurde (so zB Köster) oder von einem späteren Interpolator (so zB Harnack und Audet). Doch dürfte Letzteres wahrscheinlich sein, da ja noch die Apostolische Kirchenordnung einen Did-Text voraussetzt, in dem dieser Passus fehlt[20].

Auch sonst muß man mit Interpolationen in Did rechnen.

Audet macht darauf aufmerksam, daß – abgesehen von dem übernommenen Zwei-Wege-Lehrstück, das ja ein Text sui generis ist – in der Did die übliche Anrede in der 2. Pers. plur. gelegentlich von der Anrede in der 2. Pers. sing. abgelöst wird. Er hält diese „Du-Stücke" (6, 2f; 7, 2–4; 13, 3. 5–7) für Interpolationen von derselben Hand, die auch die Logiensammlung eingefügt hat. Sie sind durch verschiedene Besonderheiten miteinander verbunden: zB durch die Art der Berufung auf die göttliche Autorität (1, 5; 13, 5. 7), durch die Vorstellung von der Vollkommenheit (1, 4; 6, 2), die Beziehung auf das Gesetz (6, 2; 13, 3. 5–7) und durch Kasuistik (6, 2f; 7, 2ff; 13, 3. 5–7). – Der Wechsel von Du- und Ihr-Stücken ist in der Tat auffällig, aber dennoch kein sicheres Anzeichen für Interpolationen. In 7, 2–4 ist der Du-Stil unanstößig, da hier nicht die ganze Gemeinde angeredet wird, sondern der Täufer den liturgische Instruktionen für bestimmte Fälle erhält. Bei 13, 3. 5–7 könnte das Du durch das Bestreben veranlaßt sein, unmißverständlich deutlich zu machen, daß die Bestimmungen über die ‚Kirchensteuer' für jeden Einzelnen gelten; darauf könnte der Wechsel von Du und Euer in v. 3 hinweisen („...d u sollst den Anbruch den Propheten geben; denn sie sind e u r e Hohenpriester") und ebenso die im Ihr-Stil gegebene allgemeine Anordnung v. 4 („Wenn ihr keine Propheten habt, gebt es den Armen"), die Audet allerdings als noch späteren Zusatz streichen will. Doch wäre die Gültigkeit dieser Bestimmungen für den Einzelnen auch dann deutlich, wenn sie im Ihr-Stil gehalten wären, so daß die Frage, ob Interpolation oder nicht, offen bleiben muß. Daß 6, 2f nicht original zum übernommenen Zwei-Wege-Stück gehört, ist klar, die Sätze nehmen tatsächlich eine Sonderstellung in der Did ein, so daß man bei ihnen am ehesten eine Interpolation annehmen könnte.

---

[20] Dasselbe gilt auch von der lateinischen Rezension, der Doctrina apostolorum, die m. E. auf die Did, wenn auch nicht auf den vom Bryenniostext repräsentierten Wortlaut zurückgeht. Die syrische Didaskalia, auf die Köster (219) verweist, kann schwerlich eine Gegeninstanz bilden, da es fraglich ist, ob sie die Did benutzt hat.

Die Did scheint am Schluß defekt zu sein; nach 16, 8 erwartet man eine Gerichtsschilderung, und eine solche findet sich in der Wiedergabe der Did im VII. Buch der Apostolischen Konstitutionen und in der georgischen Übersetzung, allerdings in verschiedener Fassung[21]. Das Fehlen im Bryennios-Text ist indes kein literarkritisches, sondern ein textgeschichtliches Problem.

c) T e x t. Daß der Bryennios-Text, auch abgesehen von den Interpolationen, vielfach nicht in Ordnung ist, wird allgemein anerkannt. Eine kritische Textherstellung ist bei der Spärlichkeit des Vergleichsmaterials einstweilen nicht möglich. Das ist insbesondere im Blick auf den eigentlich interessanten Teil, Did 7–15, bedauerlich. Die vorhandenen Varianten machen jedenfalls deutlich, wie unsicher der Wortlaut der Bryennios-Handschrift ist.

Immerhin haben einige Lesarten der koptischen Übersetzung von Did 10, 3–12, 1 zur Sicherung einiger Textstellen und darüber hinaus zur Klärung der Probleme der Did 9f vorausgesetzen Mahlfeier geführt (s. o.). Andererseits ist durch den Kopten dadurch ein neues Problem aufgeworfen worden, daß er zwischen 10, 7 und 11, 1 ein Dankgebet für das „Salböl" bringt, das dem μύρον-Gebet an der gleichen Stelle in den Apostolischen Konstitutionen (VII 27) entspricht; ist dieses Gebet im Bryennios-Text unterdrückt worden (so Peterson) oder im koptischen Text und in den Apostolischen Konstitutionen ein Zusatz (so Audet)?

Textänderungen, wie etwa die wohl richtige Streichung von ταῦτα πάντα προειπόντες βαπτίσατε (7, 1) durch Audet, müssen Vermutungen bleiben. Dies gilt in noch höherem Maß von den Konjekturen, die E. Peterson mit Vehemenz suggerieren will (zB Did 4, 14; 5 seien Einschub; in 7, 2 sei die Salbung mit Öl und Myrrhe in sinnloser Weise durch warmes und kaltes Wasser ersetzt usf.), und von denen, die A. Adam unter der Voraussetzung, die Did sei ursprünglich syrisch verfaßt, durch Rückübersetzung vorschlägt. So problematisch Adams Hypothese und Petersons Vorliebe für die Apostolischen Konstitutionen auch ist, so zeigen ihre Untersuchungen doch, daß man mit Einwirkungen der Theologiegeschichte auf den Did-Text zu rechnen hat – bei einem nicht durch die Kanonisierung geschützten Text eigentlich eine Selbstverständlichkeit; sie zeigen aber auch, wie sehr es noch an den methodischen Voraussetzungen zur Rekonstruktion des Originaltextes fehlt. Wenn nicht neue Funde Hilfe bringen, bleibt der Zustand des Did-Textes desolat und bleiben die historischen Rückschlüsse aus der Did hypothetisch.

d) Audet nimmt eine stufenweise E n t s t e h u n g der Did an. Ein nicht zum Zwölferkreis gehörender Apostel habe zuerst Did 1,

---

[21] Beide Texte sind zitiert bei Hennecke-Schneemelcher II, 443.

1–11, 2 (= D 1) verfaßt und nach einigen Jahren 11, 3–16, 8
(= D 2) angefügt; später seien die Du-Stücke von einem Zeitgenossen
des Didachisten interpoliert worden. Die Argumente: 11, 2 sei ein
Buchschluß, die Stichenzahl der Did nach der Stichometrie des Nikephoros entspreche derjenigen von D 1, die Berufung auf die Autorität des Herrn geschehe in D 1 im Präteritum, in D 2 im Präsens
und setze hier ein geschriebenes Evangelium voraus.

Aber gegen diese These erheben sich Bedenken. Abgesehen davon,
daß die Angaben des Nikephoros recht zweifelhaft sind und literarkritischen Operationen keine zureichende Basis liefern, kann Did 11,
1f, so wie der Text heute lautet, kein Buchschluß gewesen sein; die
Sätze bilden vielmehr eine typische Überleitung. Ferner hat Köster
nachgewiesen, daß der Didachist kein geschriebenes Evangelium benutzt hat. Schließlich entbehrte D 1 jeder Aktualität; es wäre schwer
einzusehen, welchem Zweck eine Zusammenstellung der Zwei Wege
und der liturgischen Anweisungen dienen sollte. Die Spuren eines in
7–15 verwendeten Schemas zeigen vielmehr, daß der Didachist von
vornherein das ganze Büchlein geplant hat.

## 6. Zeit und Ort der Abfassung

a) Die Z e i t der Abfassung – terminus ad quem ist die
älteste Erwähnung durch Clemens Alexandrinus – läßt sich durch
äußere Indizien nicht feststellen. Zwar hat man früher die Berührungen mit Barn (18–20; 4, 9f; // Did 1–6; 16, 2) und mit Pastor
Hermae (Mand II 4–6 // Did 1, 5) als literarische Abhängigkeit der
Did gewertet und ihre Entstehung zwischen 131 und 160 datiert.
Seit man diese Berührungen aber als Abhängigkeit von einer gemeinsamen Tradition versteht, sieht man sich auf innere Indizien angewiesen. Und diese legen eine frühere Datierung nahe.

Vor allem macht die G e m e i n d e v e r f a s s u n g einen altertümlichen Eindruck. Die Charismatiker spielen eine große Rolle;
wandernde Propheten und Lehrer können ortsansässig werden und
haben Anspruch auf Unterhalt durch die Gemeinde (13). Neben den
Charismatikern gewinnen die Bischöfe und Diakone, die auch die
Funktionen jener zu übernehmen beginnen, an Bedeutung: „Wählt
euch nun Bischöfe und Diakone, des Herrn würdig, Männer, die
mild, frei von Geldgier, wahrhaftig und erprobt sind. Denn auch sie
leisten den Dienst von Propheten und Lehrern" (15, 1f). Die Propheten und Lehrer, in den paulinischen Gemeinden noch ortsansässig,

sind hier reisende Prediger wie in der Apg, in der Lukas offenbar Verhältnisse seiner Zeit in die Vergangenheit zurückträgt. Die Zerfallserscheinungen des Charismatikertums, die sein Ansehen schädigen und gegen die der Didachist Maßnahmen ergreift (11, 5ff), deuten ebenfalls in nachpaulinische Zeit. Andrerseits läßt sich von einer hierarchischen Gliederung der Einzelgemeinde, wie sie von Ignatius von Antiochien und in anderer Weise von den Pastoralbriefen angestrebt wird, nichts entdecken. Da dies aber lokale Gründe haben kann, lassen sich daraus keine chronologischen Schlüsse ziehen.

Desgleichen sind die Passagen über die T a u f e (7) und die E u c h a r i s t i e (9f; 14, 1f) chronologisch unergiebig, da man ihnen wenig über den Ritus und gar nichts über das theologische bzw. christologische Verständnis der Sakramente entnehmen kann, was zur zeitlichen Fixierung brauchbar wäre. Auch die „ t h e o l o - g i s c h e n " Aussagen der Did sollte man in Datierungsfragen nicht bemühen; es ist ein – allerdings verbreiteter – Irrtum zu meinen, die Did bringe die g a n z e Theologie der hinter ihr stehenden Gemeinde zum Ausdruck und erweise sie, da so vieles fehlt, als „archaisch"; eine so „archaische" Theologie hat es überhaupt nie gegeben; und die Did ist nach Tendenz und literarischem Charakter kein Kompendium der Theologie.

Da das Material der Did weitgehend jüdischer Herkunft ist, fällt das Fehlen einer Auseinandersetzung mit dem J u d e n t u m besonders auf, denn die Polemik gegen die (nicht genannten) Juden, die in ihrem Fasten und Beten „Heuchler" seien (8, 1f), ist nicht aktuell, sondern traditionell (vgl. Mt 6, 5. 16). Daß die Juden in der Did überhaupt nicht erwähnt werden, also weder ein äußeres noch ein inneres Problem für diese Gemeinde bilden, weist in eine Zeit, in der sie für die Christen zur Bedeutungslosigkeit herabgesunken sind, also in die Zeit nach 70. Auch die E s c h a t o l o g i e gibt einen ähnlichen Hinweis. Von der immer wieder behaupteten Naherwartung läßt sich nichts finden; in der Apokalypse (16, 3–8) fehlt jeder Gegenwartsbezug, und die Mahnung zur Wachsamkeit und Bereitschaft in der Endzeit (16, 1f) ist ein unvermeidlicher Topos. Das deutet – ebenso wie das Faktum der Did selbst, die ja Anweisungen für die Dauer, nicht für den Augenblick gibt – auf eine Zeit, in der mit dem unmittelbar bevorstehenden Weltende nicht mehr gerechnet wurde, oder auch: auf eine Zeit und einen Raum, worin die Naherwartung durch Verfolgungen nicht mehr oder noch nicht aktualisiert worden war. – Das Verhältnis der Did zur s y n o p t i s c h e n

Tradition läßt erkennen, daß ein schriftliches Evangelium vom Didachisten zwar nicht benutzt worden ist, aber schon existiert hat (Köster, 159. 241).

All diese internen Indizien erlauben nur eine sehr ungefähre Datierung: die Did wird am Anfang des 2.Jh. entstanden sein.

b) Der O r t der Entstehung wird in Ägypten oder Syrien gesucht. Die Bestimmungen 13, 3–7 weisen jedenfalls in ein ländliches, bäuerliches, nicht städtisches Milieu; Alexandria oder Antiochia kommen als Entstehungsort nicht in Frage. Für die Entstehung in Ägypten hat man die Verwandtschaft mit Barn und die erste Bezeugung bei Clemens Alexandrinus geltend gemacht, gegen sie aber das Brot von den Bergen (9, 4) und den Wassermangel (7, 2f) ins Feld geführt; für Syrien das Vorhandensein jüdischer Elemente. A. Adam will die in der Did vorausgesetzten Verhältnisse noch genauer in der Adiabene lokalisieren, die Abfassung dagegen nach Pella oder Jerusalem verlegen; aber seine zwei Voraussetzungen – ein syrisches Original der Did und eine autoritative Instanz als Autor – sind gleicherweise unbewiesen und unbeweisbar. – Sieht man von denjenigen Elementen ab, die durch die Tradition gegeben sind und deshalb nur über die Heimat dieser Tradition, nicht aber der Did als ganzer Auskunft geben können, und beschränkt man sich auf diejenigen Züge, die der Didachist aus aktuellen Gründen erwähnt, so bleibt nur der Passus über das Taufwasser, der den Wassermangel als ein bekanntes Übel voraussetzt (7, 2f), als Heimatindiz übrig: ein negatives Indiz; es spricht gegen das wasserreiche Ägypten als Entstehungsort der Did (die allerdings trotzdem dort beliebt und verbreitet war). Wenn dies ein zureichender Grund für eine Entstehung in Syrien ist, dann mag man eine solche annehmen.

Es sei nachdrücklich betont, daß all diese Ausführungen an der Ungesichertheit des Did-Textes partizipieren.

## § 59. Der sogenannte zweite Clemensbrief

*Ausgaben:*

Bihlmeyer-Schneemelcher (Lit.);
v. Gebhard-Harnack-Zahn;
Lake I;
Übersetzung und Kommentar: R. Knopf bei Lietzmann, HNT, Erg.-Bd. 1.

*Literatur:*

B. Altaner – A. Stuiber, Patrologie, ⁷1966, 88;

O. Bardenhewer I 487–490;

A. Harnack, Überlieferung I, 1, 47–49; Chronologie II, 1, 438–450;

K. P. Donfried, The Theology of Second Clement, HThR 66, 1973, 487ff;

R. Harris, The Authorship of the so-called Second Epistle of Clement: ZNW 23, 1924, 193–200;

R. Knopf, Die Anagnose zum zweiten Clemensbriefe, ZNW 1902, 266–279;

Chr. Stegemann, Herkunft und Entstehung des sog. 2. Klemensbriefes, Diss. Bonn, 1974;

H. Windisch, Das Christentum des zweiten Clemensbriefes: Harnack-Ehrung, 1921, 122–134.

## 1. Überlieferung

Der sog. 2. Clemensbrief ist nur in drei Handschriften überliefert, und zwar immer im Anschluß an 1Clem (s. § 36, 1): im Codex Alexandrinus (A), allerdings nur bis 12, 5, in dem von Ph. Bryennios entdeckten Jerusalemer Codex (H) und in einer syrischen Handschrift (S). Als zweiter Brief des Clemens (nach Korinth) wird das Schreiben lediglich durch die Inscription in H und S und durch die Subscriptio in S bezeichnet; in A hat es keine Überschrift, wird aber im Inhaltsverzeichnis 2Clem genannt. Das Schreiben selbst gibt keinen Anlaß zu dieser Titulierung, trägt sie aber schon in seiner ältesten Bezeugung bei Euseb: „Bemerkenswert ist, daß es heißt, es gäbe noch einen zweiten Clemensbrief; aber wir wissen, daß er nicht in der gleichen Weise wie der erste anerkannt ist, weil ihn auch die Alten unseres Wissens nicht benutzt haben" (KG III 38, 4). Die Schrift scheint anonym umgelaufen zu sein, wurde aber wegen ihrer Beliebtheit – wie so viele andere auch – dem römischen Clemens zugeschrieben, und sie hat es unter diesem Patronat zeitweilig in Ägypten und Syrien zu fast kanonischem Ansehen gebracht und ist auf diese Weise erhalten geblieben.

## 2. Inhalt und Aufbau

Die Ausführungen sind locker gefügt, doch zeigen sich gewisse Zäsuren, nach denen man das Schreiben gliedern kann.

---

¹ R. Knopf (ZNW 3, 1902, 266–279) will nachweisen, es sei Jes 54–66 gewesen; doch ist der Versuch nicht überzeugend.

1. Die Größe des Heils in Christus 1. 2
2. Mahnungen zum „Gegenlohn" 3–8
   a) Das Tatbekenntnis 3. 4
   b) Auszug aus „dieser Welt", die für Christen nur Gast- und Reiseaufenthalt ist 5. 6
   c) Verwirklichung der Taufverpflichtung 7. 8
3. Polemik gegen Zweifel an der Auferstehung des Fleisches und am Endgericht 9–12
4. Mahnung zur Buße 13–18
   a) Motivation im Blick auf die Nichtchristen 13
   b) Motivation im Blick auf das Wesen der Kirche 14
   c) Motivation im Blick auf den Prediger und den Hörer 15
   d) Buße als ständige Christenpflicht 16–18
5. Schlußmahnung zu Buße, Leidensbereitschaft und Erwartung der himmlischen Herrlichkeit 19. 20

## 3. Literarische Einheitlichkeit

Die literarische Einheitlichkeit wurde gelegentlich bezweifelt, besonders die ursprüngliche Zugehörigkeit von Kap 19f zum Ganzen gilt als problematisch. Aber keine Teilungshypothese hat sich durchsetzen können. Gewisse sachliche Unausgeglichenheiten erklären sich nicht aus der Bearbeitung einer Grundschrift oder dem Zusammenstückeln von Quellen, sondern aus der Aufnahme verschiedener Traditionen. Sprache und Stil sind so einheitlich, daß die Schrift als literarische Einheit, als Werk eines Verfassers verstanden werden muß.

## 4. Literarischer Charakter

2Clem ist kein Brief – alle brieflichen Elemente fehlen – sondern eine Predigt, nach verbreiteter Meinung sogar die älteste erhaltene christliche Predigt. Die Predigtsituation zeigt sich an zwei aufschlußreichen Stellen:

„Wir wollen uns nicht nur gerade jetzt, wo wir von den Presbytern ermahnt werden, den Schein geben, zu glauben und aufmerksam zu sein, sondern auch, wenn wir nach Hause gegangen sind, wollen wir uns der Gebote des Herrn erinnern . . .; wir wollen häufiger zusammenkommen und versuchen, in den Geboten Gottes Fortschritte zu machen . . ." (17, 3). Die Ansprache gilt als Ermahnung durch „die Presbyter", obwohl nur einer redet (15, 1; 18, 2; 19, 1). Näheres über die Art der Predigt sagt 19, 1: „Also, Brüder und Schwestern, nachdem der Gott der Wahrheit geredet hat, lese ich euch eine Ermahnung (ἔντευξις, eigentlich „Bittschrift") vor, damit ihr das, was geschrieben steht, beherzigt, damit ihr sowohl euch selbst als auch den, der unter euch vorliest, errettet."

Es handelt sich also um eine schriftlich ausgearbeitete und im Gottesdienst verlesene Predigt. Ihr war eine Schriftlektion vorausgegangen. Die Rede verfolgt den Zweck, die Hörer zur Beherzigung des Schriftwortes anzuhalten, ist aber keine Auslegung dieses Textes. Sie zitiert zwar häufig, aber vielerlei, exegesiert das Zitierte auch gelegentlich, läßt jedoch nicht erkennen, welcher Text zuvor verlesen worden war; aus der Terminologie (τοῖς γεγραμμένοις) ergibt sich lediglich, daß es ein Passus aus „der Schrift", aus dem AT gewesen ist[1].

Ob sich die Predigt als Ganzes an ein bestimmtes Muster anlehnt, ist nicht mit Sicherheit zu sagen.

Die antike Kunstrede kommt selbstverständlich nicht in Frage, dazu ist 2Clem zu unliterarisch. Er läßt sich auch nicht nach Analogie der palästinischen Synagogenpredigt, die ja Auslegung des Gesetzes ist, begreifen, auch nicht in das Schema der jüdisch-hellenistischen Homilie einreihen, deren Struktur H. Thyen herausgearbeitet hat, wenn auch diese Homilie auf Einzelheiten des 2Clem eingewirkt haben mag[2]. Am ehesten zeigt er eine Verwandtschaft mit der kynisch-stoischen Diatribe[3] – vor allem in dem unsystematischen Aufbau, in der weniger argumentierenden als überführenden Darlegung, in manchen rhetorischen Mitteln, im häufigen Zitieren, in der Bildersprache, in dem lebhaften und „seelsorgerlichen" Ton; aber ein ganz wesentliches Element der Diatribe fehlt; der dialogische Charakter (fingierte Einrede und Antwort)[4], sodaß 2Clem weniger der Diatribe als dem (kunstlosen) Redetypus zuzuordnen ist.

Er hat indes Parallelen im neutestamentlichen Eph und 1Petr, insofern das Motiv: „die Größe des Heils legt den Christen Verpflichtungen auf" den formalen Aufbau aller drei Schriften bestimmt[5]; trotz der verschiedenen Proportionen und des verschiedenartigen Inhalts lassen sich zwei Hauptteile unterscheiden, deren erster die Größe des Heils und deren zweiter die Pflichten der Christen darlegt. Die drei Schriften verwenden dasselbe Predigtschema, nur ist es in Eph und 1Petr noch brieflich gerahmt.

---

[2] H. Thyen, Der Stil der jüdisch-hellenistischen Homilie, FRLANT 65, 1955, 27f.

[3] Ihr hat ihn H. v. Schubert zugeordnet: Hennecke, NT Apokryphen, ²1924, 588f.

[4] Zum Charakter der Diatribe vgl. R. Bultmann, Der Stil der Paulinischen Predigt und die kynisch-stoische Diatribe, FRLANT 13, 1910, 10–64.

[5] M. Dibelius, Geschichte der urchristlichen Literatur II, 57.

Das Schema kann naturgemäß sehr verschiedenartig gefüllt werden. Doch gehört es offenbar zum Stil, daß der Eingang in feierlich hohem Ton gehalten ist (vgl. die Eulogien Eph 1, 3–14; 1Petr 1, 3–12). So beginnt auch 2Clem plerophor: „Brüder, über Jesus Christus müssen wir denken wie über Gott, wie über den Richter der Lebendigen und der Toten; und wir dürfen nicht gering über unser Heil denken. Denn wenn wir gering über ihn denken, dann haben wir auch nur Geringes zu erhoffen ... Wir sündigen, wenn wir nicht wissen, woher und von wem und für welchen Ort wir berufen sind und was alles Jesus Christus um unseretwillen zu leiden auf sich genommen hat" (1, 1f; vgl. die ähnlich plerophorische Schlußdoxologie 20, 5). Doch die Fortsetzung bringt keine christologischen oder soteriologischen Ausführungen von einiger Relevanz, sondern unermüdliche Bußmahnungen; schon gleich zu Anfang in der Schilderung des Heils wird diese eigentliche Tendenz sichtbar: „Welchen Gegenlohn (ἀντιμισθίαν) werden wir ihm nun geben? Oder welche Frucht, würdig dessen, was er selbst uns gegeben hat? Wieviel heiligen Dank schulden wir ihm?" (1, 3)

Als Ganzes präsentiert sich 2Clem als eine große – und da nirgends Außenstehende angeredet werden – an Christen gerichtete Bußpredigt.

### 5. Der theologische Charakter

Diese Absicht des 2Clem ist bei der Beurteilung seines theologischen Charakters zu berücksichtigen. Der Prediger versteht sich und seine Gemeinde rein heidenchristlich; Judentum und Judenchristentum spielen keine Rolle. Er hat eine reiche und vielschichtige theologische Tradition im Hintergrund[6], weiß sie aber nur teilweise zu nutzen. Anders als Eph und 1Petr entwickelt er die Christenpflichten nicht aus dem in Christus geschenkten Heil, sondern er stellt sie da-

---

[6] Hierzu vgl. vor allem H. Windischs Aufsatz. Resumé: „Das Christentum des II.Clem. hat sich gespeist aus der p r o p h e t i s c h e n  Drohrede, der s y n o p t i s c h e n  Predigt vom kommenden Gericht und vom kommenden Reich, aus der s p ä t j ü d i s c h e n  Zweiwegelehre und allerlei damit verwandten ethisch-eschatologischen Motiven, aus einigen die Synopse weiterführenden Heilsgedanken der a p o s t o l i s c h e n  Überlieferung, aus den in apostolischer Zeit begründeten Lehren vom göttlichen  C h r i s t u s  und seiner Epiphanie und von der himmlischen  K i r c h e , endlich aus der gleichfalls in apostolischer Lehre und Praxis festgelegten Lehre von der  T a u f verpflichtung" (132). Vgl. ferner Donfried, aaO, 487ff und Chr. Stegemann, aaO, 118ff.

neben als den von den Christen geforderten „Gegenlohn"; dieser
häufig wiederkehrende Begriff ist das theologische Prinzip der Mahnungen des 2Clem. Er predigt eine handfeste Werkgerechtigkeit. Die
christologischen Gedanken (1) und ekklesiologischen Spekulationen
über die präexistente Kirche (14) werden unverstanden als moralische Motivationen verwendet und sind „mehr stammelnde Laien-
theologie als schulmäßige Gnosis" (Windisch, 130). Auch die zahlreichen eschatologischen Aussagen dienen ausschließlich dazu, durch
Drohung und Verheißung die moralischen Forderungen einzuschär-
fen; von einer wirklichen Naherwartung des Endes kann trotz 12, 1
nicht die Rede sein (vgl. 12, 2–6!). Aber die eschatologischen Vorstellungen – vor allem von der Auferstehung des Fleisches, vom
Gericht nach den Werken und sogar vom Ergötzen des Gerechten
an den Qualen des Verdammten (17, 6) – dünken dem Verfasser besonders geeignet, der Bußpredigt Nachdruck zu verleihen.

Man hat in diesem Moralismus samt seiner Motivierung mit Recht
eine Aufnahme jüdischer Gedanken gesehen. Die Summe der moralischen Forderungen des 2Clem könnte auch in einer jüdischen Schrift
stehen:

> „Gut nun ist Almosen wie Reue über Sünde; besser ist Fasten als Gebet
> und Almosen besser als beide; ‚Liebe aber deckt der Sünden Menge zu',
> Gebet aus reinem Gewissen rettet vom Tode. Selig jeder, der in diesen
> Dingen voll erfunden wird; denn Almosen ist eine Erleichterung von
> Sünden" (16, 4).

Die Bußauffassung des 2Clem unterscheidet sich in bemerkenswerter Weise von der des Hebr und des PastHerm; die Möglichkeit
der Christenbuße ist kein theologisches Problem mehr, sondern als
selbstverständlich vorausgesetzt. Buße ist die echt christliche Haltung:
„Darum, Brüder, da wir eine nicht geringe Gelegenheit zur Buße
empfangen haben, wollen wir, da wir noch Zeit haben, uns zu Gott,
der uns berufen hat, bekehren, solange wir noch den besitzen, der
uns annimmt" (16, 1). Ein enthusiastisches Vollkommenheitsideal
gibt es nicht mehr. „Denn auch ich", bekennt der Prediger, „da ich
ein ganz armer Sünder und keineswegs der Versuchung entflohen,
sondern noch mitten unter den Werkzeugen des Teufels bin, bemühe
mich doch, der Gerechtigkeit nachzujagen, damit ich imstande bin,
ihr wenigstens nahe zu kommen, weil ich das künftige Gericht
fürchte" (18, 2).

Die theologischen Autoritäten des 2Clem sind „die Schrift" und
„der Herr". Er zitiert viel alttestamentliche Texte, vor allem aus den

Propheten, darunter drei Stellen, die auch bei den Synoptikern angeführt werden[7]. Aus der „evangelischen" Tradition zitiert er nie
Erzählungen, sondern nur Herrenworte, die er offenbar schriftlichen
Quellen entnimmt; es lassen sich enge Berührungen der Worte entweder mit der Mt- oder Lk-Fassung, aber nicht sicher die Benutzung
dieser Evangelien nachweisen; man muß mit der Möglichkeit rechnen,
daß eine schriftliche Sammlung von Herrenworten gebraucht wurde[8].

Gelegentlich kombiniert 2Clem ein alttestamentliches und ein Herrenwort (2, 1. 4; 3, 2. 5; 13, 2. 4); wenn er auch 2, 4 das Jesuswort als „andere Schrift" bezeichnet, so zeigt doch der übrige Befund, daß er noch
kein Evangelium als heilige Schrift kennt[9]. Feste Kanonsgrenzen gibt es
noch nicht. Wie er 11, 2 ein jüdisches Apokryphon mit der Zitationsformel
„das prophetische Wort sagt" einführt, das auch 1Clem 23, 3f vorkommt,
so auch drei oder vier neutestamentliche Apokrypha mit der Zitationsformel „der Herr sagt" bzw. „sagte" (4, 3; 5, 2–4; 8, 5; 12, 2. 6)[10]. Besonders interessant ist das Logion 12, 2: „Als der Herr selber von je-
mandem gefragt wurde, wann sein Reich komme, sagte er: ‚Wenn die
Zwei eins sein werden und das Äußere wie das Innere und das Männliche mit dem Weiblichen, weder Männliches noch Weibliches'" – interessant wegen seiner gnostischen Parallelen[11] und wegen seiner verharmlosen-
den moralisierenden Interpretation in 2Clem 12, 3–5.

Der Amts- und Sukzessionsgedanke und sakramentale Vorstellungen fehlen in 2Clem. Doch mag dies Fehlen im Thema der Predigt
und im Interesse des Predigers, nicht aber in der Theologie seiner
Gemeinde begründet sein; wie Kap. 1 und 14 vermuten lassen, gibt
2Clem kein Gesamtbild der in seiner kirchlichen Umgebung herrschenden Theologie.

## 6. Verfasser. Zeit und Ort der Abfassung

Der Verfasser ist sicher nicht identisch mit dem des 1Clem, da Stil
und Gedanken in beiden Schriften ganz verschiedenartig sind. Man
hat die Identifikationsversuche – zB Harnacks: Soter von Rom oder

---

[7] 2Clem 3, 5 = Jes 29, 13 = Mk 7, 6/Mt 15, 8; 1Clem 15, 2. – 2Clem
7, 6 (17, 5) = Jes 66, 24b = Mk 9, 48. – 2Clem 14, 1 = Jer 7,
11a = Mt 21, 13parr.

[8] H. Köster, 62–111; bes. 109ff.

[9] Vgl. Köster, 64ff.

[10] Eine sorgfältige Analyse be Köster, 79–105.

[11] ÄgEv = Clemens Alex., Strom. III 91ff; Stählin II 238, 14–30; ThEv 22;
vgl. ThEv106; 114; PhEv69?; weitere Parallelen bei Puech: Hennecke-
Schneemelcher I, 215. 217.

Harris': Julius Cassianus – mit Recht als müßig aufgegeben und beschränkt sich auf die Feststellung, daß der Autor, dessen Ich mehrfach hervortritt (15, 1; 18, 2; 19, 1) ein Presbyter seiner Gemeinde war (17, 3).

Zur Bestimmung des Abfassungsortes geht man von der frühen Verbindung von 2Clem mit 1Clem aus (Knopf, 151f). Man denkt entweder an Rom oder Korinth; auch Alexandria wurde vorgeschlagen. Aber die Argumente, die zugunsten der einen oder anderen Stadt geltend gemacht werden, sind nicht zwingend. Das jüdische Apokryphon, das 2Clem 11, 2ff unabhängig von 1Clem 23, 3f zitiert wird, spricht nicht sicher für Rom, da es ebenso gut in Korinth und anderswo bekannt gewesen sein kann; auch die Bußlehre des 2Clem weist nicht sicher nach Rom, zumal die des ungefähr gleichzeitigen PastHerm ein Problem behandelt, das für 2Clem nicht mehr existiert. Daß schließlich das Bild vom Wettkampf (7, 1ff) wegen des absolut gebrauchten καταπλεῖν auf die isthmischen Spiele und also auf Korinth als Abfassungsort deute, leuchtet auch nicht gerade ein. Da 2Clem seine Erhaltung der frühen Verbindung mit 1Clem verdankt, liegt es nahe, seine Entstehung dort zu suchen, wo diese Verbindung hergestellt wurde, also etwa in Ägypten oder Syrien.

Als Abfassungszeit wird, da 2Clem noch keinen festen Evangelienkanon kennt und unbedenklich apokryphe Traditionen zitiert, die Mitte des 2. Jh.s angenommen.

## § 60. Das sogenannte Evangelium der Wahrheit

*Textausgaben und Übersetzungen:*

Editio princeps: Evangelium Veritatis, ed. M. Malinine, Puech, G. Quispel (dazu: H. Jonas, Gn 32, 1960, 327ff);
M. Krause, Die Gnosis II, 1971, 63ff;
H.-M. Schenke, Die Herkunft des sogenannten Evangelium Veritatis, 1959;
W. Till, Das Evangelium der Wahrheit, ZNW 50, 1959, 165ff.

*Forschungsberichte:*

E. Haenchen, ThR NF 30, 1964, 38ff;
K. Rudolph, ebd 34, 121ff; 194ff.

*Untersuchungen:*

Altaner-Stuiber, Patrologie, [7]1966, 103f;
H. Jonas, Gnosis und spätantiker Geist I, [3,1]1964, 408ff;
W. C. van Unnik, Evangelien aus dem Nilsand, 1960, 69ff (hier auch eine Übersetzung von H.-M. Schenke, 174ff).

In den Zusammenhang der zu gottesdienstlichem Gebrauch bestimmten Dokumente sei – wenn auch mit einigem Vorbehalt – das sogenannte „Evangelium der Wahrheit" gestellt. Diese gnostische Schrift in koptischer Sprache steht in dem Nag Hammadi – Codex I, dem „Codex Jung", an zweiter Stelle (S. 16, 31–43, 24) zwischen dem apokryphen Jakobusbrief und der „Abhandlung über die Auferstehung" und wurde als erster Nag Hammadi-Text veröffentlicht[1]. Die Herausgeber verliehen ihr den Titel: „Evangelium Veritatis" (im folgenden = EV).

Die Schrift selbst trägt keinen Titel. Die Herausgeber sahen sich zu dieser Betitelung durch zwei Gründe berechtigt. Einmal dadurch, daß die Schrift mit den Worten beginnt: „Das Evangelium der Wahrheit ist Jubel für diejenigen ...“; denn das Incipit eines Werkes wurde in der Antike häufig als Titel verwendet. Vor allem aber dadurch, daß sie in dieser Schrift aufgrund terminologischer und gedanklicher Verwandtschaften mit dem valentinianischen System das von Irenäus erwähnte, aber bisher unbekannte valentinianische „Evangelium der Wahrheit" gefunden zu haben glaubten (Irenäus, Adversus haereses III 11, 9). Trifft diese Identifikation des titellosen Werkes zu, so wäre seine Entstehung aufgrund der Angabe des Irenäus, es sei „non olim conscriptum", also nicht allzu lange vor seinem eigenen Werk (ca 180) verfaßt, auf etwa 150 zu datieren.

Diese Identifikation wird indessen angefochten, und zwar mit zwei Argumenten. Das erste betrifft die literarische Form: die Schrift sei kein Evangelium im literarischen Sinn (kein Bericht über Jesu Wirken, Sterben und Auferstehen) und könne schon deshalb nicht das EV sein. Aber dieser Einwand setzt voraus, was erst noch zu beweisen wäre, daß das EV ein Evangelienbuch gewesen ist. Aber das geht aus der Irenäus – Notiz nicht hervor. Die vielerörterte Frage, ob der Kirchenvater das Buch überhaupt gekannt hat, gegen das er polemisiert, kann beiseite bleiben[2]. Er tadelt, daß die Valentinianer „sich rühmen, mehr Evangelien zu besitzen, als es überhaupt gibt" – nicht etwa, wie immer wieder behauptet wird, sie stellten ein fünftes Evangelienbuch neben oder gegen die vier kanonischen. Er entrüstet sich, daß „sie ihre Frechheit so weit getrieben haben, daß sie ein unlängst von ihnen verfaßtes Buch als Evangelium der Wahrheit betiteln (Veritatis Evangelium titulent), obgleich es in nichts mit den Evangelien der Apostel übereinstimmt"; er empört sich über die mißbräuch-

---

[1] In der pompösen Editio princeps fehlen zwei Blätter (S. 33–36); diese wurden später von W. Till publiziert und übersetzt in: Or NS 28, 1959, 170–181. Die Übersetzung von H.-M. Schenke (aaO, 33ff), W. Till (ZNW 50, 1959, 165ff) und M. Krause (aaO, 67ff) sind vollständig.

[2] Vgl. Haenchen, aaO, 63f.

liche Titulierung eines Buches als „Evangelium", dem dieser Titel in keiner Weise zukommt. Die Wendung „in nihilo conveniens apostolorum evangeliis" läßt weniger auf eine von der apostolischen abweichenden Leben-Jesu-Darstellung als auf ein Buch völlig anderer Art (nach Form und Inhalt) schließen[3]; sie paßt jedenfalls ausgezeichnet für unsere Schrift. Außerdem wurde im zweiten Jahrhundert εὐαγγέλιον nicht nur im literarischen, sondern auch im ursprünglichen sachlichen Sinne von „Heilsbotschaft" gebraucht; gerade unter den Nag Hammadi-Schriften gibt es einige, die den Titel „Evangelium" tragen, aber keine Evangelienbücher sind. Von der literarischen Form her läßt sich die Identität unserer Schrift mit dem EV nicht bestreiten. Das andere Argument betrifft den Inhalt: die Spekulationen unserer Schrift wichen erheblich von der valentinianischen Lehre ab (zB fehlen die Gestalten der Sophia und des Demiurgen), also könne sie nicht valentinianisch und folglich auch nicht das EV sein. Diese sachlichen Differenzen waren den Herausgebern natürlich auch nicht verborgen geblieben. Da die Verwandtschaft aber doch unverkennbar ist, haben sich die Vertreter der Identität den Sachverhalt so zurechtgelegt: unsere Schrift präsentiert eine Vorform des ausgebildeten Systems oder umgekehrt dessen Konzentrat, eine Reduktion auf das Wesentliche oder eine Sonderform. In der Diskussion über diesen Fragekomplex hat sich unter den Dogmenhistorikern noch kein Consensus gebildet[4]. So muß die Frage, ob wir es in unserer Schrift mit dem von Irenäus erwähnten EV zu tun haben, offen bleiben.

Unter diesem Vorbehalt, aber berechtigt durch das Incipit, kann man die Schrift als EV bezeichnen und zitieren. Ihre genaue dogmengeschichtliche Ortsbestimmung ist für unsere literaturgeschichtliche Betrachtung von sekundärer Bedeutung.

Der Anfang des EV mag Art, Ton und Inhalt der Schrift exemplifizieren:

„Das Evangelium der Wahrheit ist Jubel für diejenigen, welche die Gnade vom Vater der Wahrheit empfangen haben, daß sie ihn erkennen durch die Kraft des Wortes (Logos), das aus dem Pleroma gekommen ist; das, welches im Denken und Nus des Vaters war – das ist der, den man ‚Heiland' nennt –, weil das der Name des Werkes ist, das er tun soll(te), zur Errettung derer, die den Vater nicht erkannt haben. Indem der Name [des] Evangeliums die Offenbarung der Hoffnung ist, indem es das Finden derer ist, die ihn suchen" (16, 31–17, 4).

So geht es weiter bis zum Schluß. „Evangelium" bedeutet hier nicht Evangelienbuch, sondern im ursprünglichen Sinn „Botschaft", und zwar frohe Botschaft („Jubel") von der „Wahrheit", dh der göttlichen Welt, und wird näherhin charakterisiert als „Offenbarung

---

[3] Vgl. H. Jonas, Gn 32, 1960, 328f; Gnosis I, 408.
[4] Vgl. Haenchen, aaO, 64ff; 74ff; Rudolfh, aaO, 194ff.

der Hoffnung", das heißt dessen, was erhofft wird, und damit ist die
„Errettung" (Erlösung) gemeint, die in der „Erkenntnis" des Vaters
besteht. Das EV hat auch nicht die Form, die gelegentlich als die
typische Form gnostischer „Evangelien" bezeichnet wird, die eines
Zwiegesprächs des Erlösers mit einem (oder mehreren) seiner Jünger.
Es beansprucht nicht, eine Offenbarungsschrift in diesem Sinne zu
sein.

Das EV hat die *Form* einer Ansprache, genauer: einer Homilie[5].
Der Autor redet mehrfach seine Hörer bzw. seine Leser an.
Zweimal spricht er auch in der ersten Person (27, 34; 42, 39–43,
6); er beansprucht dabei eine gewisse Autorität, aber nicht die des
Offenbarers, nicht einmal die eines Mystagogen, sondern nur die
eines Eingeweihten, wenn auch höheren Grades, der zu Miteinge-
weihten über seine ekstatische Erfahrung spricht:

„Die anderen nun mögen ... wissen, daß es sich für mich nicht ziemt,
nachdem ich an dem Ruheort gewesen bin, über etwas anderes zu sprechen,
sondern er ist es, in dem ich sein werde, und, um alle Zeit für den Vater
des Alls Muße zu haben und die wahren Brüder ..." (42, 39ff).

Aber sonst bleibt der Tenor der Ansprache von subjektiven Ein-
schlägen frei. Sie ist durchweg lehrhaft; auch die Paränese (32, 31–33,
32) erhält eine lehrhafte Begründung. Aber der Rede fehlt ein klarer
Aufbau oder gar ein streng folgerichtiger Gedankengang – das unterscheidet sie von einer Abhandlung oder einem Traktat. Sie trägt ihre
Gedanken assoziativ vor, kommt mehrfach auf die gleichen Themen
zurück, wenn auch meist unter neuen Gesichtspunkten, und könnte
ebensogut früher enden wie noch lange weitergehen. Man hat sie
deshalb auch als „Meditation" bezeichnet; aber weil Meditation ein
Selbstgespräch ist, das EV dagegen deutlich den Charakter einer Rede
und zwar mit erbaulicher und seelsorgerlicher Absicht hat, bleibt
man besser bei der Bezeichnung Homilie. Aber – wie schon angedeutet – es ist eine esoterische Homilie. Die Art, wie der Autor
Themen nur andeutungsweise streift, die von höchstem Gewicht sind,
wie er in raffender Kürze eine ganze Kosmogonie und Soteriologie
in einige Zeilen drängt, setzt Leser beziehungsweise Hörer voraus,
denen diese Gedanken völlig vertraut sind; Außenstehenden bleiben
sie unverständlich. Nur mit Mühe kann sich der heutige Leser aus
den verstreuten Bemerkungen ein ungefähres Bild des ganzen Gedan-

---

[5] So schon die Ersteditoren, H.-M. Schenke, H. Jonas u. a.

kengebäudes rekonstruieren, und auch dieses erhält erst vom valentinianischen System her einige Kohärenz und Durchsichtigkeit. Diese
änigmatische Schrift „wendet sich an wohlvorbereitete Leser – wohl-
vorbereitet in der vorausgesetzten spekulativen ‚Theorie' –, also an
‚Wissende'. Deshalb kann sie in den spekulativen Teilen weitgehend
mit ‚Code'-Worten arbeiten"[6].

Vom *Inhalt des* EV sollen zwei Passagen einen Eindruck vermitteln. Zunächst ein Überblick über das Schema:

> Das einzige nicht entstandene Wesen ist der Vater der Wahrheit, der
> sich im Pleroma, auch „Ruhe" geheißen, befindet. Er bringt als seinen
> Sohn den Logos, auch Jesus Christus und Heiland genannt, hervor und
> schafft dann „das All", die „Äonen", die sich ebenfalls im Pleroma be-
> finden und zu deren Herrn er den Logos einsetzt. Nur der Logos kennt
> den Vater, die Äonen nicht, sie sollen ihn erst zu einem festgesetzten Zeit-
> punkt durch den Logos erkennen. Sie suchen von sich aus den Vater und
> finden ihn nicht; die „Unwissenheit" um den Vater erzeugt „Angst" und
> „Schrecken", in deren „Nebel" die πλάνη (Irrtum, Irrung) an Macht ge-
> winnt, die die Materie schafft und aus ihr die untere, irdische Welt und
> die Menschen bildet; diese Welt ist Schein, ein Nichts, und in ihr existieren
> zwei Menschenklassen: die eine besteht nur aus Materie (Hyliker) und die
> andere aus gefallenen Äonen („Same des Vaters"). Zur Rettung der letzte-
> ren, und nur dieser, sendet der Vater den Logos, der sie durch die „Er-
> kenntnis" ihres Ursprungs von der „Vergessenheit" und vom „Mangel"
> (am Vater) befreien und zu ihrem Ursprung zurückführen soll. Dieser
> letzte soteriologische Gedanke wird zweimal in einer Formulierung aus-
> gesprochen (18, 7–11; 24, 28–32), die so frappant an einen von Irenäus
> überlieferten valentinianischen Satz erinnert, daß H. Jonas das Vorliegen
> einer „Formel" konstatiert – einer Formel, die in dem Kontext bei Irenäus
> den kompletten valentinianischen Mythos voraussetzt und aus ihm „die
> soteriologisch entscheidende Folgerung zieht" und die in EV 18, 11 charak-
> teristischerweise als „das Evangelium" bezeichnet wird. Da die Formel in
> ihrer irenäischen Fassung den kosmischen Sinn des Gemeinten deutlicher
> ausspricht, sei sie den Passagen aus dem EV vorangestellt: „Da durch ‚Un-
> wissenheit' ‚Mangel' und ‚Leidenschaft' entstanden, so wird durch Wissen
> wieder aufgelöst die ganze aus der ‚Unwissenheit' entstandene Anordnung"
> (dh das Reich der Materie) (Adv. haer. I 21, 4).
> „Das All wandte sich nach dem, aus dem es hervorgekommen war. Und
> das All war in dem undenkbar Unfaßbaren, der über alles Denken er-
> haben ist, während das Nichterkennen des Vaters Angst und Furcht her-
> vorbrachte. Die Angst aber verdichtete sich wie ein Nebel, so daß nie-
> mand sehen konnte. Daher gewann die Irrung an Kraft. Sie bearbeitete
> ihre Materie ohne Erfolg, weil sie die Wahrheit nicht kannte. Sie entstand
> in einem Gebilde, indem sie in der Kraft den Ersatz der Wahrheit in

---

[6] Jonas, Gn 32, 1960, 332; Gnosis I, 415.

Schönheit bereitete. Das war keine Demütigung für ihn, den undenkbar Unfaßbaren; denn ein Nichts war die Angst, das Vergessen und das Gebilde der Lüge ... Das Vergessen der Irrung ... ist nicht beim Vater entstanden, wenn es auch seinetwegen entstanden ist. Was aber in ihm entsteht, ist die Erkenntnis. Diese wurde offenbar, damit das Vergessen aufgelöst werde und man den Vater erkenne. Da das Vergessen entstanden ist, damit man den Vater nicht erkannte, wird dann, wenn man den Vater erkennt, von diesem Zeitpunkt an das Vergessen nicht (mehr) existieren. Das ist das Evangelium dessen, nach dem sie suchen, das er den Vollkommenen offenbart hat, das geheime Mysterium, Jesus Christus" (EV 17, 5–18, 16).

„Der Vater offenbarte seinen Busen. Sein Busen aber ist der Heilige Geist, welcher sein Verborgenes offenbart. Sein Verborgenes ist sein Sohn, damit die Äonen ihn durch das Mitleid des Vaters erkennen und aufhören, sich zu plagen, indem sie nach dem Vater suchen, indem sie in ihm ruhen, indem sie wissen, daß dieser die Ruhe ist. Nachdem er den Mangel gefüllt (= behoben) hatte, löste er die äußere Erscheinung auf. Seine äußere Erscheinung ist die Welt, in der er gedient hatte. Der Ort nämlich, an dem es Eifersucht und Streit gibt, ist mangelhaft. Der Ort aber, der die Einheit ist, ist vollkommen. Da der Mangel entstanden ist, weil sie den Vater nicht erkannten, wird dann, wenn sie den Vater erkennen, der Mangel von diesem Zeitpunkt an nicht mehr bestehen" (24, 10–32).

Das Thema der Homilie wird von H.-M. Schenke zutreffend als „Jesus, der Offenbarer und Erlöser für die Erwählten" bestimmt[7]. Die spekulative Ausarbeitung des Themas deutet Fall und Erlösung als einen innergöttlichen Prozeß[8]. Aber die Homilie verwendet dabei auch neutestamentliches Material; es finden sich Anspielungen auf die Synoptiker und Johannes, die Paulusbriefe und die Johannes-Apokalypse. In 19, 16–34 scheint eine apokryphe Kindheitsgeschichte verwendet zu sein. In 31, 35–32, 34 wird das Gleichnis vom verlorenen Schaf mit Hilfe der Zahlensymbolik allegorisch ausgedeutet.

W. C. van Unnik nennt das EV „ein Musterbeispiel gnostischer Verkündigung", das – weder Apologie noch Missionsschrift – „versucht, das Wesentliche christlicher Offenbarung zu geben"[9]. Dieses Genos der Verkündigung muß es auch in der „rechtgläubigen" Kirche gegeben haben, wenn auch kein Beispiel aus dieser Zeit (Mitte des 2. Jh.s) auf uns gekommen ist. Das EV mag stellvertretend einen Eindruck vermitteln, wie man – mutatis mutandis – sich eine Gemeindehomilie im Wortgottesdienst jener Zeit vorzustellen hat.

---

[7] AaO, 11.
[8] Hierzu vgl. Jonas, Gnosis I, 416ff.
[9] AaO, 81.

# § 61. Die Oden Salomos

*Textausgaben und Übersetzung:*

R. Harris-A. Mingana, The Odes and Psalms of Solomon, I. II, 1916. 1920;
W. Bauer, Die Oden Salomons, KlT 64, 1933;
–, in: Hennecke-Schneemelcher, NT Apokryphen, II, 1964, 576ff.
M. Testuz, Papyrus Bodmer X–XII, 1959, 47ff.

*Forschungsbericht:*

K. Rudolph, ThR NF 34, 1969, 221ff.

*Untersuchungen:*

R. Abramowski, Der Christus der Salomooden, ZNW 35, 1936, 44ff;
A. Adam, Die ursprüngliche Sprache der Salomo-Oden, ZNW 52, 1961,
    141ff;
Altaner-Stuiber, Patrologie, [7]1966, 97 (Lit.);
J. Carmignac, Les affinités qumraniennes de la onzième Ode de Salomon,
    RQ 3, 1961, 71ff;
–, Recherches sur la langue originale des Odes de Salomon, RQ 4, 1963,
    429ff;
W. Frankenberg, Das Verständnis der Oden Salomos, BZAW 21, 1911;
J. Kroll, Die christliche Hymnodik, [2]1968;
S. Schulz, RGG[3] V, 1339ff.

Von dem Reichtum urchristlicher Lieder sind nur wenige Reste auf
uns gekommen, und diese dazu noch inkorporiert in andere Texte als
mehr oder weniger deutlich gemachte Zitate. Ein Buch wie den at.
Psalter der jüdischen oder die Hodajot der Qumrangemeinde besaß
das Urchristentum nicht. Umso wichtiger ist es, daß wir die Lieder-
sammlung eines christlich-gnostischen Kreises besitzen, die „Oden
Salomos" (die allerdings auch in großkirchlichen Kreisen Ansehen
genossen haben; denn sie werden in zwei Kanonsverzeichnissen zusammen mit den Psalmen Salomos als apokryph abgelehnt). Die
Sammlung umfaßt 42 Oden. Sie liegt in zwei syrischen Handschriften
aus dem 16. und 10. Jh. vor, die auf denselben syrischen Grund-
typus zurückgehen.

Die erste wurde 1909 von J. Rendel Harris, die zweite 1912 von F. C.
Burkitt entdeckt. Bis dahin wußte man von den Oden Salomos nur durch
ihre Erwähnung in den beiden Kanonsverzeichnissen, durch ein kurzes
Zitat bei Lactantius (De divinis institutionibus IV 12, 3) und durch Zitierung von fünf Oden in der koptischen gnostischen Pistis Sophia (OdSal
1; 5; 6; 22; 26). Die syrischen Handschriften sind nicht ganz vollständig;
die von Burkitt gefundene beginnt erst mit 17, 7, in der anderen fehlen die
beiden ersten Oden und der Anfang der dritten; aber die Pistis Sophia
liefert die erste Ode wenigstens in koptischer Übersetzung, sodaß die
Sammlung bis auf die zweite Ode vollständig erhalten ist. Zu den syrischen

und koptischen Texten kam 1959 erstmalig ein griechischer: der Papyrus Bodmer XI (3. Jh.) enthält zwischen der apokryphen Korrespondenz des Paulus mit den Korinthern aus den Paulusakten und einem kurzen liturgischen Stück die elfte Ode Salomos in griechischer Sprache[1]. Dieser Text ist in mehrfacher Hinsicht interessant. Zunächst wegen der Sprache; denn immer schon war vermutet worden, nicht syrisch, sondern griechisch sei die Ursprache der Oden. Ferner war der Titel des Buches nur durch die Erwähnungen in den Kanonsverzeichnissen, bei Lactantius und durch die Zitationsformeln in der Pistis Sophia belegt, nicht aber durch die Oden selbst – wohl weil der Anfang des Buches fehlt –; diese erwähnen Salomo überhaupt nicht; aber im Papyrus Bodmer XI trägt der Text die Überschrift: ΩΔΗ ΣΟΛΟΜΩΝΤΟΣ.

Schließlich ist der griechische Text der elften Ode länger als der syrische; er bringt zwischen V. 16 und 17 ein Mehr an Text von acht Zeilen und zwischen V. 22 und 23 eine Zeile mehr; ob der längere griechische oder der kürzere syrische Text ursprünglicher ist, sei dahingestellt. Die Differenz zeigt jedenfalls eindeutig, daß die Oden Salomos überarbeitet worden sind; von dieser Differenz her rücken auch die Verschiedenheiten des Umfangs der fünften und sechsten Ode im syrischen Text und in der Pistis Sophia in ein neues Licht.

Das Problem der *Ursprache* der Oden ist immer noch kontrovers; die Argumente der Spezialisten pro und contra griechisch bzw. syrisch halten sich nach dem Urteil anderer Spezialisten die Waage. Auch der Papyrus Bodmer XI hat keine Entscheidung gebracht; er hat im Gegenteil einige Gelehrte zu neuen Hypothesen inspiriert: die Ursprache sei weder griechisch noch syrisch, sondern – so A. Adam – ein dem edessenischen Syrisch verwandtes Aramäisch bzw. – so J. Carmignac – Hebräisch[2]. So muß die Frage nach der Originalsprache weiterhin offen bleiben.

Diese Unsicherheit zieht andere nach sich. Zunächst hinsichtlich des Entstehungsortes; zur Debatte stehen der zweisprachige griechisch-syrische Raum und Ägypten. Dagegen hat sich über die Entstehungszeit ein sensus communis gebildet: Mitte des 2. Jh.s.

Die andere Unsicherheit bezieht sich auf das Verständnis der *Texte* selbst. R. Abramowski bemerkt: „Streckenweise fordern die Oden direkt eine Rückübersetzung ins Griechische. Man spürt etwas vom Hauch der berühmten ‚akuten Hellenisierung'. Der formal und inhaltlich großartige Hymnus Ode 22 ist nicht ganz faßbar und

---

[1] Ausser bei Testuz findet sich der griechische Text auch bei Adam, 146ff.
[2] Ihre Argumentationen haben mich nicht überzeugt; sie divergieren und sind in sich nicht zwingend. Carmignac nimmt die Bemühungen von H. Grimme, Die Oden Salomos. Syrisch-Hebräisch-Deutsch, 1911, wieder auf.

kommt nicht recht zur Geltung; eine Rückübersetzung hebt diesen Fehler sofort auf"[3]. Umgekehrt will A. Adam die Schwierigkeiten des griechischen Textes der Ode 11 als fehlerhafte Übersetzung aus einem aramäischen Text erweisen[4]. Wie problematisch Rückübersetzungen hinsichtlich der Terminologie, der Tempora und der Worstellung sind, zeigt evident ein Vergleich von W. Frankenbergs Retroversion der Ode 11 ins Griechische[5] mit dem Text des Papyrus Bodmer XI.

Trotzdem läßt sich im großen und ganzen über *Form* und *Inhalt* der Oden sicher urteilen. Die Form ihrer Poesie ist nicht griechisch, sondern orientalisch, nicht metrisch, sondern eine gehobene, rhythmisierte Rede. Der Parallelismus membrorum, das Kennzeichen der at. Dichtung, herrscht durchweg in den Oden. Dazu kommen Prädikationen im Ich-, Du- und Er-Stil[6]. Meist enden die Oden mit dem Ruf „Hallelujah". Die formgeschichtliche Untersuchung hat das Vorhandensein at. Psalmengattungen unter den Oden aufgewiesen. R. Abramowski, der auf diesem Gebiet das bisher Wichtigste geleistet hat, unterscheidet Lehrdichtungen (Ode 12; 23; 32), Gemeindelieder (4; 13; 16; 20; 30; 39) und Lieder des Einzelnen (die große Masse der Oden)[7]. Unter diesen finden sich wieder verschiedene Gattungen: Hymnen (22; 26), Dankpsalmen (25; 29), Klagepsalmen (5; 18), um nur einige zu nennen. Bildersprache und Thematik sind teilweise ebenfalls alttestamentlich (der Schöpfungshymnus 16, 8ff zB könnte auch im Psalter stehen), aber bei weitem nicht durchgängig.

Aufschlußreich für die geistige Haltung des Kreises, aus dem die Oden stammen, sind einmal das Überwiegen der Lieder des Einzelnen und dann das Vorherrschen der preisenden Gattungen, dh Individualismus und Enthusiasmus; denn das Grundthema ist die dem Einzelnen bereits geschenkte Erlösung. Es handelt sich freilich nicht um Individuallyrik im modernen Sinne. Die Oden haben ihren Sitz im Kult. Das zeigt sich zB daran, daß gelegentlich am Ende eines Liedes des Einzelnen die Gemeinde respondiert (17, 16); vielleicht soll auch das Hallelujah immer von der Gemeinde gesprochen werden. Ode 41 ist eine Liturgie, die aus einem Hymnus der Gemeinde (V. 1–7), der Selbstaussage eines Einzelnen (V. 8–10) und einem Gemeindebekenntnis (V. 11–16) besteht[8]:

---

[3] AaO, 48; ebd Anm. 7 die Retroversion einiger Verse von Ode 22.
[4] AaO, 150f.
[5] AaO, 13f.
[6] Dazu vor allem Kroll, 70ff.
[7] AaO, 50ff.

1 Es sollen den Herrn preisen alle seine Kinder,
und sie sollen sich aneignen die Wahrheit seines Glaubens.
2 Und es werden anerkannt sein bei ihm seine Söhne.
Deshalb wollen wir singen in seiner Liebe.
3 Wir leben im Herrn durch seine Güte,
und das Leben empfangen wir durch seinen Christus.
4 Denn ein großer Tag leuchtete uns,
und wunderbar ist, der uns von seinen Lobpreisungen gibt.
5 Darum wollen wir uns allzumal vereinigen auf den Namen des Herrn
und ihm Ehre geben in seiner Güte.
6 Und leuchten soll unser Angesicht in seinem Lichte,
und nachsinnen sollen unsere Herzen in seiner Liebe
bei Nacht und bei Tag.
7 Wir wollen jubeln vor Jubel über den Herrn.
8 Wundern werden sich alle die, welche mich sehen,
weil ich von anderem Geschlechte bin.
9 Denn der Vater der Wahrheit gedachte meiner,
er, der mich bereitete am Anfang.
10 Denn sein Reichtum hat mich gezeugt
und der Gedanke seines Herzens.
11 Und sein Wort ist mit uns auf unserem ganzen Wege.
Der Erlöser, der lebendig macht und nicht verwirft unsere Seelen,
12 der Mann, der erniedrigt wurde
und erhöht wurde um seiner Gerechtigkeit willen,
13 der Sohn des Höchsten ist erschienen
in der Vollkommenheit seines Vaters.
14 Und das Licht ging auf von dem Wort,
das von jeher in ihm war.
15 Der Christus ist in Wahrheit e i n e r ,
und er war bekannt vor der Gründung der Welt,
16 der lebendig machen wird die Seelen in Ewigkeit durch die
Wahrheit seines Namens.
Ein neuer Lobpreis dem Herrn von denen, die ihn lieben.
Hallelujah!

Gerade dieser liturgische Text läßt die seltsame Atmosphäre und die
eigentümliche Ausdruckweise dieser enthusiastischen Erlösungsfröm-
migkeit spürbar werden und macht die sachliche Distanz zu den at.
Psalmen und den qumranischen Hodajot deutlich. Besonderes Interesse verdient das Mittelstück V. 8–10; der Einzelne, der hier spricht,
wohl ein Vorbeter, repräsentiert „den Christus"; seine Selbstaussagen
sind eine Offenbarungsrede des Erlösers selbst – ein Phänomen, das
in den Oden nicht singulär ist und auf das wir noch eingehen
werden. Mit der Selbstoffenbarung des Erlösers korrespondiert sach-
und stilgemäß das Bekenntnis der Erlösten (V. 11–16).

---

⁸ Vgl. H. Gressmann in: E. Hennecke, NT Apokryphen, ²1924, 470f; R.
Abramowski, 52; S. Schulz, 1340.

Die christologischen Prädikationen (Christus, Sohn des Höchsten) und Vorstellungen (Präexistenz, Katabasis/ Erniedrigung und Anabasis/ Erhöhung, Motiv der Fremdheit, Erscheinen des Präexistenten in der Welt als das Heilsereignis) verbinden nicht nur diese Ode, sondern mit wenigen Ausnahmen[9] auch die anderen religionsgeschichtlich mit jenem Gedankenbereich, dem die christologischen Anschauungen vieler urchristlicher Lieder und des Johannes entstammen[10]. Daß mit dem Erlöser der Oden Salomos Jesus Christus gemeint ist, leidet keinen Zweifel. Aber der Jesusname wird in ihnen nie genannt – wie übrigens auch in den meisten urchristlichen Liedern auf Jesus nicht. Gleichwohl finden sich Anspielungen auf die Evangelientradition: auf die Menschwerdung, (7, 6ff), auf die Jungfrauengeburt (19, 6ff), vielleicht auf die Taufe (24, 1), auf die Kreuzigung (27, 3; 42, 1f) und auf die Auferstehung (42, 6). Sogar die Trinität wird erwähnt (19, 2ff; 23, 22). Aber all diese Reminiszenzen wirken blaß, unkonkret, fast ungeschichtlich, wie kleine Züge in dem eigentlichen, großen Geschehen, dem Erlösungsdrama. Dessen Grundmuster liefert der gnostische Erlösermythos, der in seinen einzelnen Elementen deutlich erkennbar ist[11]: Abstieg und Aufstieg des Erlösers (22, 1. 11); sein Fremdsein (17, 6; 28, 10; 41, 8); sein scheinbares Unterliegen (28, 7f; 42, 10); die göttliche Hilfe (22, 5ff; 41, 9); die Überwindung der Hölle (42, 11ff); die Erweckung der Gläubigen (42, 14ff); ihre Befreiung (17, 8ff) und die Rückkehr des Erlösers (21, 2; 38, 1ff). Der Mythos vom erlösten Erlöser („Laß auch uns  m i t  d i r  erlöst werden, denn du bist unser Erlöser", 42, 18) wird nicht en bloc geschildert wie etwa im Perlenlied der Thomasakten, im Naassenerhymnus oder in mandäischen und manichäischen Texten; er bildet den Hintergrund und verschafft sich meist in einer sublimierten Bildersprache, relativ selten dagegen in massiv mythologischer Weise Ausdruck[12]; wie denn auch der kosmologische (nicht dagegen der anthropologische) Dualismus fehlt[13]. Typisch gnostisch

[9] OdSal 5; 16; 25; 40.

[10] Zur Verwandtschaft mit Joh vgl. R. Bultmann, Das Evangelium des Johannes, [11]1950, 563 (Index).

[11] Das Folgende nach H. Jonas, Gnosis und spätantiker Geist, I, 1934, 326f.

[12] Zu den ganz mythologischen Stücken gehören: der Himmelsbrief OdSal 23, 5ff; die Hochzeit des gottfeindlichen Äonenpaars und die Trunkenheit der Welt 38, 9ff; die Gestalt der Jungfrau 33, 5ff; die Hadesfahrt 42, 11ff und nicht zuletzt der groteske Passus 19, 1ff.

[13] Vgl. Schulz, 1340.

ist das Verständnis der Erlösung als mystische Vereinigung, genauer:
als Selbstidentifikation des zu Erlösenden mit dem Erlöser. Eine
personelle Differenzierung scheint zwar in Ode 3 noch gewahrt:

5 Ich glühe für den Geliebten, und es liebt ihn meine Seele,
   und wo sein Ruhelager ist, bin auch ich...
7 Ich bin vermählt, weil der Liebende den Geliebten fand,
   weil ich ihn, den Sohn, lieben sollte, daß ich (selbst) Sohn
   sein möchte.
8 Denn, wer mit dem verbunden ist, der unsterblich ist,
   wird auch unsterblich sein...

Aber die erotische Metaphorik und die Vorstellung von der Unsterblichkeit zeigen, daß eine andere Einheit von Erlöstem und Erlöser
gemeint ist als mit der „Sohnschaft" Christi und der Christen bei
Paulus, Johannes und im Hebräerbrief[14]. Und formale Beobachtungen
an manchen Oden machen die genannte Identifikation evident. In
vielen Oden scheint es unklar, ob das Ich das des Dichters oder das
des Erlösers ist – oder ob es sich einfach um eine Offenbarungsrede
des Christus ohne eine entsprechende Einleitungsformel (etwa: der
Herr sprach) handelt. In diesem harmlosen Sinne könnte man sich
zumindest den vorhin zitierten Passus im Ich-Stil 41, 8–10 erklären.
Aber in manchen Oden begründet der Dichter seine Berechtigung,
als Christus zu sprechen, mit der vorhergehenden Schilderung seines
Einswerdens mit dem Erlöser, mit seiner Verwandlung in eine andere
Person (10; 17; 28; 36; 42). Besonders klar kommt dieser Übergang,
die Identifikation des Erlösten mit dem Erlöser, in Ode 17 zum
Ausdruck:

1 Ich bin aber bekränzt worden durch meinen Gott,
   und mein Kranz ist lebendig.
2 Und ich bin gerechtfertigt worden durch meinen Herrn,
   meine Erlösung aber ist unvergänglich.
3 Ich bin befreit worden von den Eitelkeiten
   und bin nicht verurteilt.
4 Meine Fesseln sind durch ihn zerrissen worden,
   Antlitz und Gestalt einer neuen Person habe ich empfangen
   und wandelte in ihr und wurde erlöst.
5 Und das Denken der Wahrheit leitete mich,
   und ich ging ihm nach und ging nicht irre.
6 Und alle, die mich sahen, erstaunten,
   und wie ein Fremder kam ich ihnen vor.
7 Und er, der die Erkenntnis besitzt und mich wachsen ließ,
   ist der Höchste in seiner ganzen Vollkommenheit.
   Und er brachte mich zu Ehren in seiner Freundlichkeit
   und erhöhte zur Höhe der Wahrheit mein Erkenntnisvermögen.

---

[14] ZB Gal 4, 4f; Röm 8, 15. 29; Joh 1, 12f; Hebr 2, 14ff.

8 Und von da gab er mir den Weg seiner Schritte (frei),
　und ich öffnete die Tore, die verschlossen waren,
9 und ich zerschlug die eisernen Riegel.
　Mein eigenes Eisen aber geriet in Glut und schmolz vor mir.
10 Und nichts erwies sich für mich als verschlossen,
　weil ich der geworden war, der alles öffnet.
11 Und ich ging hin zu allen den Meinen, die eingeschlossen waren,
　sie zu befreien,
　daß ich keinen ließe gebunden oder bindend.
12 Und ich gab meine Erkenntnis ohne Mißgunst
　und meine Fürbitte voller Liebe.
13 Und ich säte in die Herzen meine Früchte
　und verwandelte sie durch mich.
14 Und sie empfingen meinen Segen und wurden lebendig,
　und sie versammelten sich bei mir und wurden erlöst.
15 Denn sie sind mir Glieder geworden
　und ich ihr Haupt.
16 Preis dir, unserem Haupte, Herr, Christus!
　Hallelujah!

Die Zuordnung dieser Gnosis zu einem der bekannten großen Systeme des 2. Jh.s will nicht gelingen. Es gibt zwar terminologische Parallelen zwischen den Oden Salomos und dem Evangelium Veritatis[15]; aber es ist doch fraglich, ob sie einen zureichenden Grund abgeben, die Oden dem Valentinianismus oder beide Werke einem anderen Kreis zuzurechnen; denn die Differenzen zwischen den beiden Werken überwiegen. Valentin gar als Dichter der Oden erweisen zu wollen, ist überflüssige Spielerei. Was die Oden mit der Gnosis verbindet, ist einmal der Erlösermythos in seinem allgemeinen Schema und dann eine „religiöse Kunstsprache" (Reitzenstein), die – ohne literarische Abhängigkeit – sich überall in der Gnosis findet (und ebenso unabhängig in mystischen Dichtungen der Moderne, zB in Rilkes Stundenbuch und Sonetten an Orpheus). Der urchristliche Enthusiasmus hat in der Identitätsmystik der Oden eine späte, sehr vergeistigte und künstlerisch bemerkenswerte Ausdrucksform gefunden.

---

[15] Frappant ist lediglich eine Parallele: OdSal 19, 1f: „Ein Becher Milch wurde mir gereicht, und ich trank ihn in der süßen Freundlichkeit des Herrn. Der Sohn ist der Becher, und der, der gemolken wurde, der Vater, und, der ihn molk, der heilige Geist." Ev Veritatis 24, 10ff: „Der Vater offenbarte seinen Busen (Schoß). Sein Busen (Schoß) aber ist der heilige Geist, welcher sein Verborgenes offenbart. Sein Verborgenes ist sein Sohn." (Wie W. Till, ZNW 50, 1959, 174; eine noch andere Übersetzung bei H.-M. Schenke, Die Herkunft des sogenannten Evangelium Veritatis, 1959, 40).

## 10. KAPITEL

## DER AUSGANG DER CHRISTLICHEN
## URLITERATUR

### § 62. Papias von Hierapolis,
### „Auslegung von Herrenworten"

*Textausgaben:*

Funk-Bihlmeyer-Schneemelcher, 1956, 133–140.
E. Preuschen, Antilegomena², 1905, 91–99, 195–202.

*Literatur:*

B. Altaner-A. Stuiber, Patrologie, ⁷1966, 52f;
E. Bammel, RGG³, V, 47f;
O. Bardenhewer I, 1902, 537–547;
G. Bardy, DThC 11, 1932, 1944ff;
V. Bartlet, Papias's „Exposition": Its Date and Contents: Amicitiae Corolla, 1933, 15–44;
W. Bauer, Rechtgläubigkeit und Ketzerei, 187–191;
K. Beyschlag, Herkunft und Eigenart der Papiasfragmente: Studia Patristica IV, TU 79, 1961, 268–280;
A. Harnack I, 1, 1893, 65–69; II, 1, 1897, 356ff;
M. Jourjon, Dictionnaire de la Bible, Suppl. 6, 1960, 1604–09;
J. Kürzinger, LThK², 8, 1963, 34ff;
F. Loofs, Theophilus von Antiochien, TU 46, H. 2, 1930;
F. Overbeck, Über zwei neue Ansichten von Zeugnissen des Papias für die Apostelgeschichte und das vierte Evangelium: ZWTh 10, 1867, 35–74;
Ed. Schwartz, Über den Tod der Söhne Zebedaei: Abh. d. Kgl. Ges. d. Wiss. zu Göttingen, Phil.-hist. Kl., NF Bd. VII, Nr. 5, 1904;
F. Wottke, PW, 18, 3, 1949, 966–976.

### 1. Überlieferung. Chronologie

Was von Papias' fünf Büchern „Auslegung von Herrenworten" auf uns gekommen ist, sind nur einige Zitate und Referate bei Irenäus, Euseb, späteren Kirchenschriftstellern und in Katenen; die biographischen Nachrichten sind noch dürftiger, und zwei ihrer Hauptzeugen, Irenäus und Euseb, widersprechen sich in einem wichtigen Punkt. Die Bruchstückhaftigkeit der gesamten Papiasüberlieferung hat Anlaß zu endlosen Diskussionen gegeben, von denen einige schon bei der Behandlung der Synoptiker und des Johannes zur Sprache gekommen sind (die Notizen über Mk und Mt; das Fehlen solcher Notizen über Lk und Joh; das Verhältnis des Papias zu Johannes). Andere Fragen, an denen sich die Diskussion entzündet hat, sind die nach Umfang, literarischem Charakter und theologischer Tendenz des Werkes.

Die kirchlichen Autoren haben aus ihm vor allem Kuriositäten für die Nachwelt gerettet, die für die kirchliche Mentalität von damals ganz aufschlußreich sind, aber doch ein etwas einseitiges Bild von Papias' Anschauungen vermitteln dürften. Man hat versucht, dieses Bild zu vervollständigen, indem man die Presbytertradition des Irenäus[1] ganz oder teilweise dem Papias zuwies (Harnack, Schwartz, Loofs); doch bleibt die Zuweisung Hypothese, die wegen ihrer Unbeweisbarkeit hier außer acht gelassen wird.

Vom Leben des Papias weiß man mit Sicherheit nur, daß er Bischof von Hierapolis in Phrygien, Freund Polykarps und Verfasser der „Auslegung" war; alles andere bleibt ungewiß, vor allem die C h r o - n o l o g i e .

Nach Irenäus war Papias „Hörer des Johannes, Gefährte Polykarps, ein Mann der alten Zeit" (vetus homo, ἀρχαῖος ἀνήρ) (Fragm. Ib bei Bihlmeyer-Schneemelcher). Euseb hat die Behauptung, Papias sei Hörer des Apostels Johannes gewesen, zunächst übernommen (Chronik II, 162 Schoene), später aber energisch bestritten, und zwar aufgrund der Aussagen des Papias selbst: dieser habe nicht den Apostel, sondern den πρεσβύτερος Johannes gehört und überhaupt keine Apostel, sondern nur Apostelschüler gekannt (KG III 39, 2–7; Fragm. II). Beide Aussagen sind tendenziös, da Irenäus mit der Aufstellung der Traditionskette Papias-Johannes die Echtheit, Euseb mit der Bestreitung dieser Traditionskette die Unechtheit eines apokryphen Jesuswortes erweisen will. Von der Beurteilung dieses Dissensus hängen chronologische Folgerungen ab. Aufgrund der Irenäusnotiz wird häufig versucht, das Geburtsdatum des Papias möglichst hinaufzurücken, auf 60/70 (Kürzinger) oder gar auf nicht später als 60 (Bartlet); aufgrund der Eusebnotiz wird die Geburt später angesetzt, auf ca 80. Dementsprechend schwanken die Vermutungen über das Todesdatum.

Uneinig ist man auch über die Abfassungszeit seines Werkes; die Vorschläge bewegen sich zwischen 90 und 140. Wenn die Bemerkung in Fragm. XI, einige vom Tode auferstandene Christen hätten bis in die Zeit Hadrians gelebt (ἕως Ἀδριάνου ἔζων), tatsächlich auf Papias

---

[1] Die Texte sind zusammengestellt bei Preuschen, Antilegomena ²1905, 99–107; 202–210.

zurückgeht – was gelegentlich bestritten wird, allerdings ohne zureichende Argumente –, so hätte er gegen Ende oder nach der Regierungszeit Hadrians (117–138) sein Werk verfaßt. Auch innere Gründe der Fragmente (s. u.) sprechen eher für eine Spät- als Frühdatierung.

## 2. Der literarische Charakter

Euseb hat den Titel mitgeteilt: Λογίων κυριακῶν ἐξηγήσεως συγγράμματα πέντε (KG III 39, 1). Schon der äußere Umfang des Werkes – fünf Bücher – und dann sein rhetorisch gut stilisiertes Vorwort[2] zeigen, daß Papias ein literarisches Werk schreiben wollte. Aber welche l i t e r a r i s c h e  F o r m hatte diese fünfbändige ,Auslegung'? Schließt Papias sich mit ihr an die Auslegungsliteratur des palästinischen oder hellenistischen Judentums oder der Griechen und Römer an, oder hat er das erste Werk der patristischen Kommentarliteratur geschaffen? Weder der Terminus ἐξήγησις noch die erhaltenen Fragmente geben darauf eine direkte Antwort. Man ist auf indirekte Rückschlüsse angewiesen.

Zunächst ist nach dem G e g e n s t a n d der „Auslegung" zu fragen, dh danach, was mit den λόγια κυριακά gemeint ist. Der Ausdruck begegnet in der Papiasnotiz über die Entstehung des Mk (Markus σύνταξιν τῶν κυριακῶν ποιούμενος λογίων) und nimmt hier die Wendung ἔγραψεν... τὰ ὑπὸ κυρίου ἢ λεχθέντα ἢ πραχθέντα auf (Euseb, KG III 39, 15); er bezeichnet also nicht nur die Worte, sondern auch die Taten Jesu, dh a potiori die Jesus-Überlieferung überhaupt, aus der Markus eine σύνταξις gemacht hat; noch kürzer heißt es anschließend von Matthäus: τὰ λόγια συνέταξεν (ebd 16). Danach wird man auch die λόγια κυριακά im Titel trotz fehlenden Artikels als Bezeichnung der Jesus-Tradition insgesamt verstehen müssen. Diese Terminologie spricht von vornherein gegen alle Versuche, den Gegenstand der papianischen „Auslegung" auf die Worte Jesu zu beschränken – ob man dabei (wegen der Einteilung in fünf Bücher) an die fünf Jesusreden bei Mt oder an die Logienquelle oder an irgendeine sachliche Auswahl von Jesussprüchen denkt, ganz zu schweigen von dem Einfall, es handle sich um eine Sammlung messianischer Testimonien aus dem AT. Nach dem Sprachgebrauch von λόγια κυριακά wird man also die Jesus-Tradition, den „Evangelienstoff" als Gegenstand der papi-

---

[2] Vgl. hierzu Ed. Schwartz, Über den Tod der Söhne Zebedaei, 9ff.

anischen Auslegung ansehen müssen. Aber war er es in Form von Evangelienbüchern bzw. eines Evangelienbuches oder in Form mündlicher Überlieferung? Darüber erhält man einigen Aufschluß durch das Proömium des Papias, das Euseb – allerdings nicht vollständig – zitiert (KG III 39, 3f):

> „Ich werde aber die Mühe nicht scheuen, auch all das, was ich einst von den ‚Alten' (πρεσβυτέρων) gut gelernt und gut behalten habe, mit den Auslegungen (ἑρμηνείαις) für dich zusammenzustellen, wobei ich mich für dessen Wahrheit verbürge. Denn nicht an denen, die viel reden, hatte ich Freude, wie die große Menge, sondern an denen, die die Wahrheit lehren, auch nicht an denen, die die fremden Gebote (τὰς ἀλλοτρίας ἐντολάς), sondern an denen, die die vom Herrn für den Glauben gegebenen und der Wahrheit selbst entstammenden (Gebote) überliefern. Wenn aber einer kam, der den Alten wirklich gefolgt war, so pflegte ich die Worte der Alten zu prüfen (erforschen?): was Andreas oder Petrus gesagt hat oder was Philippus oder was Thomas oder Jakobus oder was Johannes oder Matthäus oder irgendein anderer der Jünger des Herrn und was Aristion und der Alte (ὁ πρεσβύτερος) Johannes, Jünger des Herrn, sagen. Denn was aus den Büchern kommt, bringt mir meiner Ansicht nach nicht so großen Nutzen wie das, was von lebendiger und bleibender Stimme herstammt (παρὰ ζώσης φωνῆς καὶ μενούσης)."

Es ist unverkennbar, daß Papias die mündliche Tradition hoch über die schriftliche stellt und daß er der Überzeugung ist, durch selbständige Erkundigungen bei den ‚Alten' umfangreichere und vor allem zuverlässigere Nachrichten über Jesus erhalten zu können, als dies durch Bücher möglich sei. Gegen welche Bücher der letzte Satz des Proömiums auch gerichtet sein mag, er schränkt in seiner prinzipiellen Formulierung auch den Wert der Evangelien erheblich ein. Ein Evangelienbuch kann also nicht der Gegenstand der „Auslegung" gewesen sein. Die treuherzigen Versicherungen, Papias habe sich doch an ein Evangelium angelehnt oder doch die Hauptmasse seines Stoffes aus den Evangelien entnommen (Bartlet, Bardenhewer), verraten zwar die Besorgnis um die Kirchlichkeit des hierapolitanischen Bischofs, scheitern aber an den klaren Aussagen seines Proömiums. Auch seine bemerkenswerte Reserve gegenüber Mk und insbesondere Mt sowie das vielsagende Fehlen von Äußerungen über Lk und Joh[3] sprechen dagegen, daß Papias ein Evangelium ausgelegt hat. Was er auch an Stoff aus schriftlichen Quellen, unseren Evangelien und anderen Aufzeichnungen über Jesus, übernommen haben mochte, ein Evangelienkommentar nach Art der späteren patristischen Kom-

---

[3] Vgl. oben § 18 und W. Bauer, Rechtgläubigkeit, 187ff.

mentare waren seine fünf Bücher „Auslegung von Herrenworten"
nicht. Dazu fehlten die entscheidenden Voraussetzungen: die ausschließliche Autorität der schriftlich fixierten Tradition gegenüber
der mündlichen Überlieferung und ein abgeschlossener Evangelienkanon.

Das Buch war offenbar eine Sammlung und Kommentierung von
Nachrichten verschiedenster Herkunft über Worte und Taten Jesu[4]
und sollte die Jesus-Überlieferung hinsichtlich ihrer Echtheit sichten
und ihr richtiges Verständnis durch Auslegung (ἐξήγησις, ἑρμηνεῖαι)
sichern. Es finden sich allerdings auch Nachrichten über Jünger, die
nicht mehr in den zeitlichen Rahmen des Lebens Jesu gehören –
zB die Gruselgeschichte vom Ende des Judas, das Martyrium beider
Zebedaiden, die wunderbare Errettung des Barsabbas, sogar Totenerweckungen von Christen der nachapostolischen Zeit –; aber das
alles spricht nicht gegen die angegebene Thematik des Buches, sondern läßt sich gut als Illustrationsmaterial zur Jesus-Tradition verstehen. Diese selbst stammt – nach den erhaltenen Proben zu schlies-
sen – weitgehend aus der sogenannten „wilden Überlieferung". Wie
Papias „exegesiert" und wie er sein Werk angelegt hat, können wir
infolge des Zustandes der Fragmente nicht sagen. Zwar werden einzelne Fragmente einzelnen Büchern zugewiesen[5], doch läßt sich daraus der Aufbau des Ganzen nicht erkennen. Dagegen läßt sich den
erhaltenen Bruchstücken entnehmen, daß Papias weder die Aus-
legungsmethode der späteren patristischen Exegese noch die der zeitgenössischen jüdischen oder auch griechisch-römischen Interpretations-
literatur teilt.

Diese negativen Feststellungen zum literarischen Charakter des
Werkes sind indes für die literaturgeschichtliche Beurteilung von Belang. Daraus, daß die „Auslegung von Herrenworten" sich keiner
der bekannten Literaturgattungen des zeitgenössischen Judentums
oder Hellenismus oder des patristischen Schrifttums einordnen läßt,
folgt, daß sie zu dem gehört, was Overbeck christliche Urliteratur
genannt hat. Aber auch hier ist sie ohne Analogie – es sei denn,
daß man in den von Papias häufig zitierten τῶν τοῦ κυρίου λόγων
διηγήσεις des sonst unbekannten Aristion (Euseb, KG III 39, 7. 14)
ein analoges (aber verlorenes) Werk sehen möchte – und zeigt schon

---

[4] Vgl. hierzu K. Beyschlag, 268ff.
[5] Zum 1. Buch Fragm. VIII; zum 2. Buch Fragm. XI, XII; zum 4. Buch
Fragm. I, IV und IX.

den Übergang zur eigentlichen Literatur an. Denn „Papias ist un-
zweifelhaft ein *Schriftsteller* der alten Kirche, sofern sein Werk die
universelle Bestimmung für das christliche Publicum seiner Zeit hatte,
mit der wir überhaupt die Welt der Litteratur betreten... Er
tritt ... als ein Vorahne des christlichen Gelehrtenthumes oder der
christlichen Theologie auf, der mit dem Mittel einer litterarischen
Behandlung ein kirchliches Problem seiner Zeit, das sichere Verständnis ihres Besitzes an Worten Christi an- und auszubauen unternimmt" (Overbeck)[6].

### 3. Die theologische Tendenz

Diese Absicht – die Sicherung der echten Jesus-Tradition durch
Auslegung – muß noch näher bestimmt werden. Sie ist polemisch,
und zwar a n t i h ä r e t i s c h , genauer: antignostisch orientiert;
das ist seit den Nachweisen von Ed. Schwartz und insbesondere von
W. Bauer fast allgemein anerkannt und wird von Kürzinger im
Interesse seiner Frühdatierung zu Unrecht bezweifelt. Veranlaßt ist
die „Auslegung" des Papias nicht primär durch das Wuchern der
Jesus-Überlieferung überhaupt, sondern dadurch, daß christliche Gnostiker neue Evangelien produzierten, schon vorhandene für sich
beanspruchten und durch eine offenbar umfängliche Auslegungsliteratur für ihre Ideen warben. Von gnostischen Evangelien war
schon die Rede, ebenso von dem Ansehen, das Lk bei Markion
und Joh bei den Valentinianern genossen; Basilides hat eine Auslegung „des Evangeliums" in 24 Büchern verfaßt (Euseb, KG IV 7,
7). Gegen solche und ähnliche literarische Unternehmungen und
ihren großen Erfolg richtet sich das Werk des Papias, richten sich
speziell die Antithesen des Proömiums (Bücher – die lebendige
Stimme; die fremden Gebote – die vom Herrn dem Glauben gegebenen und der Wahrheit entstammenden Gebote[7]) und der Seiten-
hieb auf „die Vielen", die Freude an denen haben, die vieles reden,
und nicht an denen, die die Wahrheit sagen.

Wie führt Papias seine Absicht durch? Nach dem Proömium
scheint er fast ausschließlich auf die mündliche Jesus-Überlieferung

---

[6] Vorlesung über „Geschichte der Litteratur der alten Kirche" (S. S. 1895):
Overbeck-Nachlaß der UB Basel A 105; S. 294. 295.

[7] Unter „den fremden Geboten" versteht Ed. Schwartz wohl mit Recht
gnostisch-asketische Verbote der Ehe, bestimmter Speisen und dergleichen; aaO, 11.

rekurrieren und sie sichten und deuten zu wollen. Aber er verwendet auch schriftliche Dokumente, bezeichnenderweise den unter der Autorität Petri stehenden 1Petr, den antignostischen 1Joh, die Apk und das HE (Euseb, KG III 39, 17), nicht jedoch die Paulusbriefe, und zwar aus demselben Grund, aus dem er Lk und Joh ablehnt: wegen ihres Ansehens bei den Häretikern[8]. Von der schriftlichen Jesus-Überlieferung hat er, wenn man von dem einen Zitat aus dem HE absieht, nur Mk und Mt anerkannt und auch sie nur mit den genannten Kautelen und Reserven, da auch diese Bücher von Häretikern verwendet wurden[9].

Echte Jesus-Überlieferung ist für Papias die, die sich durch eine sichere Traditionskette in den Kreis der persönlichen Jünger Jesu zurückverfolgen oder aus diesem Kreis neu in Erfahrung bringen läßt. Diesen Kreis kennzeichnet er durch sieben Namen aus dem Zwölferkollegium und durch Aristion und den ‚Alten' Johannes. Als Gewährsmänner dieser sozusagen palästinischen Tradition nennt er die πρεσβύτεροι = die ‚Alten', unter denen er nicht Amtsträger (Presbyter), sondern Traditionsträger versteht. Er ist mit diesen nicht mehr persönlich in Berührung gekommen, sondern nur mit wirklichen oder angeblichen „Nachfolgern" dieser Alten (Euseb, KG III 39, 4); nach Euseb (aaO 9) hat er auch die prophetisch begabten Töchter des Philippus gekannt. Es ist zu beachten, daß Papias diese Traditionskette nicht durch eine Amtssukzession sichert – der Begriff ‚Apostel' fehlt wohl nicht zufällig in den erhaltenen Fragmenten – und daß er die ihm zugekommenen „Worte der Alten prüfen" muß; sein Traditionalismus ist noch nicht so ausgebildet wie der der Pastoralbriefe, des Hegesipp oder Irenäus. Das Kriterium echter Überlieferung und damit auch der „Auslegung" ist letztlich der subjektive Geschmack des Papias.

Sein Traditionalismus hat zudem frappante Parallelen auf Seiten seiner gnostischen Gegner, die ebenfalls ihre Auffassungen durch Traditionsketten in der ältesten Zeit verankern[10]. Basilides will seine Erkenntnisse von seinem Lehrer Glaukias, dem Dolmetscher des Petrus (!), erhalten haben, Valentin die seinen über einen gewissen

---

[8] Vgl. Bauer, 217f.

[9] Vgl. Bauer, 207f.

[10] Vgl. Bauer, 123f; von Campenhausen, Kirchliches Amt und geistliche Vollmacht, 172ff. – Ptolemaeus spricht von der „apostolischen Überlieferung, die auch wir (sc. die Valentinianer) in ununterbrochener Erbfolge empfangen haben zugleich mit der Begründung aller Sätze durch die Lehre unseres Heilandes" (ep. ad Floram 5, 10).

Theodas von Paulus[11]. Dabei stellen sie die mündliche Tradition hoch über die schriftliche; Ed. Schwartz sieht in des Papias Berufung auf die „lebendige Stimme" eine sarkastisch gemeinte Pointe, da φωνὴ ζῶσα ein gnostischer terminus technicus für die geheime mündliche Überlieferung ist[12]. Daß Papias unter der „lebendigen Stimme" keine Geheimlehre, sondern die von ihm sorgfältig geprüfte und als stichhaltig erfundene mündliche Überlieferung verstand, machte keinen grundsätzlichen Unterschied zur gnostischen Behandlung der Jesus-Tradition aus.

Ein solcher liegt auch nicht in der verschiedenen Auswahl des Stoffes. Gewiß, Papias bevorzugt Stoffe, die von den Gnostikern nie akzeptiert worden wären, zB die Weissagung von der sagenhaften Fruchtbarkeit des tausendjährigen Reiches, die Worte vom realen Essen und Trinken in diesem Reich, die massiven Mirakelgeschichten und dergleichen; hier äußert sich der grundsätzliche Antispiritualismus des Papias, der tatsächlich eine prinzipielle Differenz zur Gnosis bedeutet. Aber einerseits hatten er und seine Gegner weitgehend dasselbe Überlieferungsmaterial (zB Mk und Mt) und unterschieden sich nur in seiner Auslegung. Andererseits waren Auswahl und „Auslegung" des Papias keineswegs in „kirchlichen" Kreisen unbestritten, haben sich jedenfalls nicht durchgesetzt, und zwar gerade der gegen den gnostischen Spiritualismus aufgebotene Chiliasmus und Wunderglaube (Euseb, KG III 39, 11–13)[13].

Trotz gewisser Erfolge war die theologische Position des Papias schon zu seiner Zeit eine Verlegenheit, wenn nicht geschichtlich überholt. Zwar wirkte sein Bemühen um die Herstellung mündlicher Traditionsketten noch bei Hegesipp und Irenäus nach, allerdings stark modifiziert. Bei dem Letzteren diente es nur noch als Hilfskonstruktion zur Sicherung schriftlicher Dokumente und ihrer mittelbaren oder unmittelbaren apostolischen Herkunft. Um die christliche

---

[11] Clemens Alex. Strom. VII 17, 106, 4: ὁ Βασιλίδης κἂν Γλαυκίαν ἐπιγράφηται διδάσκαλον, ὡς αὐχοῦσιν αὐτόν, τὸν Πέτρου ἑρμηνέα κτλ. Ed. Schwartz (18–20) hält daher die Notiz über Markus als Dolmetscher des Petrus für eine antignostische Erfindung des Papias.
[12] AaO, 11 mit Anm. 5 und 6.
[13] Euseb beklagt sich über den Erfolg, den Papias gerade damit gehabt hat: „Freilich hat er es verschuldet, daß die meisten kirchlichen Schriftsteller nach ihm eine der seinigen ähnliche Anschauung hatten, da sie sich auf das Alter des Mannes berufen konnten; so vertreten Irenäus und sonst noch andere dieselbe Auffassung" (aaO, 13). Es ist nicht aufgeklärter Zweifel an den Wundern als „allzu mythischen

Überlieferung zu sichern, bedurfte es der begrenzenden Auswahl schriftlicher Dokumente (unter Einbeziehung der „apostolischen" Schriften) und einer autoritativen Institution zu ihrer Auslegung, also des Kanons und des Amtes, beides verknüpft mit dem Gedanken der apostolischen Sukzession. Ein sachliches, wenn auch nicht zeitliches Bindeglied zwischen Papias und Irenäus bildet der mit dem Letzteren etwa gleichzeitige Hegesipp.

## § 63. Hegesipp, „Hypomnemata"

*Textausgaben:*
E. Preuschen, Antilegomena², 107–113;
Th. Zahn, Forschungen zur Geschichte des neutestamentlichen Kanons VI, 1900, 228–250.

*Literatur:*
B. Altaner-A. Stuiber, Patrologie, ⁷1966, 109f;
Bardenhewer I 483–490;
H. von Campenhausen, Kirchliches Amt und geistliche Vollmacht, 1953;
A. Ehrhardt, The Apostolic Succession, 1953;
N. Hyldahl, Hegesipps Hypomnemata: StTh XIV, 1960, 70–113;
K. Junack, RGG³ III, 1959, 120;
H. J. Lawlot, Eusebiana, 1912;
J. Lenzenweger, LThK² V, 1960, 60f;
H. Lietzmann, PW VII, 2, 1912, 2611f;
F. Overbeck, Über die Anfänge der Kirchengeschichtsschreibung, 1892 (= Darmstadt 1965).

### 1. Überlieferung, Biographisches

Wie vom Werk des Papias sind auch von den fünf Büchern der ‚Hypomnemata' Hegesipps nur einige Bruchstücke in Form von Zita-

---

Dingen" (aaO, 11), sondern seine Abneigung gegen die Kanonisation der Apk, in der nun einmal ein realistischer und nicht ein „mystischer" und „bildhafter" Chiliasmus (aaO, 12) vertreten wird, die den Euseb – mangels besseren – zu dem Argument greifen läßt, Papias sei „offenbar sehr beschränkten Verstandes" gewesen, wie man „aus seinen Worten schließen" könne (σφόδρα γάρ τοι σμικρὸς ὢν τὸν νοῦν, ὡσὰν τῶν αὐτοῦ τεκμηράμενος εἰπεῖν, φαίνεται; aaO, 13): ein falsches, aber wirksames Argument, das auch heute noch besonders gerne von Leuten tradiert wird, die in der Wunderfrage kaum weniger skeptisch sind als Papias und die eigentlich wissen müßten, daß dieser in Sachen Chiliasmus exegetisch recht hat.

ten und Referaten auf uns gekommen, die meisten durch Euseb[1] und je eines durch Philippus Sidetes und Stephanus Gobarus[2]. Obwohl vermutet wird, es hätten Hegesipp-Handschriften noch im 16. Jahrhundert existiert[3], scheint das Werk frühzeitig verschwunden zu sein; denn schon das, was Sozomenos und Hieronymus darüber berichten, beruht nicht auf eigener Lektüre der Hypomnemata, sondern auf den Notizen bei Euseb.

Dieser widmete Hegesipp eine relativ ausführliche Würdigung, und zwar unter den „Vorkämpfern der Wahrheit", die nicht nur durch das gesprochene, sondern auch durch das geschriebene Wort „gegen die gottlosen Häresien zu Felde zogen" (IV 7, 15–8, 2). Er rechnet ihn zu der unmittelbar auf die Apostel folgenden Generation (II 23, 3) und behauptet, er sei ein zum Glauben gekommener Jude gewesen (IV 22, 8). Aber das ist eine Folgerung Eusebs aus der Tatsache, daß Hegesipp das Hebräer- und das „Syrische" Evangelium verwendet, aus der „hebräischen Sprache" zitiert und manches aus mündlicher jüdischer Tradition angeführt hat; eine Folgerung, die sich angesichts der abenteuerlichen Angaben Hegesipps über jüdische Verhältnisse nicht halten läßt. Soviel wird aber richtig sein, daß er aus dem Osten des Reiches stammt. Herkunft, Geburts- und Todesjahr sind unbekannt. Von seinem Leben weiß man nur zweierlei: daß er in Sachen der „Rechtgläubigkeit" eine Reise nach Rom unternommen und dabei in Korinth Station gemacht hat (IV 22, 1–3) und daß er die Hypomnemata verfaßt hat. Die Reise und die Abfassung lassen sich ungefähr datieren, Hegesipp weilte nach seinen eigenen Angaben zur Zeit des Bischofs Aniketos (ca 154–166) in Rom (IV 22, 3); und da er an derselben Stelle auch dessen zweiten Nachfolger Eleutheros erwähnt, müssen die Hypomnemata während dessen Pontifikats (ca 174–189) abgeschlossen worden sein; man setzt daher die Reise auf ca 160 und den Abschluß des Werkes auf ca 180 an und hat Grund zu der Annahme, daß Hegesipp es nicht in Rom, sondern in seiner Heimat verfaßt hat.

## 2. *Der literarische Charakter*

Hegesipp hat wie Papias gewisse literarische Ambitionen gehabt; das geht schon aus dem großen Umfang des Werkes und aus seiner

---

[1] KG II 23, 3–18; III 20, 1–6; 32, 2–8; IV 8, 1f; 22.
[2] Fragm. 4b und 10 bei Preuschen.
[3] Zahn, aaO, 249 Anm. 1; Altaner, 118.

Bezeichnung ὑπομνήματα hervor. Da aber die Bruchstücke gering-
fügig sind, ein Proömium unter ihnen – anders als im Fall des Papias
– nicht erhalten und die Bezeichnung ὑπομνήματα nach Wortsinn
und Bedeutung (Titel oder literarische Charakteristik?) umstritten ist,
hat die Frage nach dem literarischen Charakter und der literaturgeschichtlichen Stellung noch keine allgemein anerkannte Antwort gefunden. Diese Frage wurde ernsthaft zuerst von F. Overbeck[4] und
zuletzt von N. Hyldahl[5] aufgeworfen: gehört das Werk einer der
bekannten griechisch-römischen bzw. patristischen Literaturgattungen
an (so Hyldahl), oder ist es der „christlichen Urliteratur" bzw. dem
Übergang von dieser zur patristischen Literatur zuzuordnen (so Overbeck)? Chronologisch und den sachlichen Voraussetzungen nach wäre
es durchaus möglich, daß Hegesipps Hypomnemata zur patristischen
Literatur gehörten, denn seit Jahrzehnten gab es regelrechte christliche Apologien, und gleichzeitig mit ihm schrieb Irenäus sein großes
Werk gegen die Häresien. Doch ist mit diesen allgemeinen Erwägungen die literaturgeschichtliche Stellung des Werks nicht zu bestimmen,
sondern nur mit der Erkenntnis seiner literarischen Gattung.

Das Problem der Gattung ist von der Bezeichnung ὑπομνήματα aus
nicht zu lösen (gegen Hyldahl und andere), gleichgültig ob man sie als
Titel oder als literarische Charakteristik versteht. Das erstere dürfte wahrscheinlicher sein, da sowohl Hegesipp selbst[6] als auch Euseb[7] das Werk
so bezeichnen und dieser sich sogar ein bescheidenes Wortspiel mit dem
Ausdruck gestattet[8]. Wie dem auch sei, der Wortsinn von ὑπομνήματα
ist „Aufzeichnungen, Notizen, Abhandlungen". In literarischer Verwendung
wird das Wort streng von ἀπομνημονεύματα = „Denkwürdigkeiten, Memoiren" unterschieden, wie schon Overbeck[9] und durch eine Fülle antiker
Belege Hyldahl[10] gezeigt haben. Man darf beides nicht identifizieren und
tut besser daran, ὑπομνήματα nicht mit „Denkwürdigkeiten", sondern

---

[4] Anfänge der patristischen Literatur 33ff; Anfänge der Kirchengeschichtsschreibung 17–22.

[5] AaO, 70–113; Hyldahl kennt leider die zweitgenannte Arbeit Overbecks
nicht und mißversteht den Begriff „christliche Urliteratur", den er mit
urchristlicher Literatur verwechselt.

[6] KG II 23, 8.

[7] II 23, 3; IV 22, 1.

[8] IV 22, 1: ...Ἡγήσιππος ἐν πέντε τοῖς ...ὑπομνήμασιν τῆς
ἰδίας γνώμης πληρεστάτην μνήμην καταλέλοιπεν. Hyldahl meint,
das Werk habe gar keinen Titel gehabt (83f).

[9] Anfänge der Kirchengeschichtsschreibung, 21; Vorlesung über „Geschichte
der Litteratur der alten Kirche" (S. S. 1895): Overbeck-Nachlaß der
Universitätsbibliothek Basel A 105, S. 300–303.

[10] AaO, 75ff.

mit „Aufzeichnungen, Abhandlungen" zu übersetzen. Die Apomnemoneu-
mata sind eine klar umrissene und thematisch auf „Meister der Philosophie" festgelegte Literaturgattung[11]. Die von ihren Verfassern oder von
anderen als ὑπομνήματα bezeichneten Bücher dagegen können die verschiedenartigsten Themen behandeln (Geschichte, Biographie, Philosophie,
Rhetorik, Geographie, Naturwissenschaft, Medizin usf.) und gehören –
was zu beachten ist – den verschiedensten literarischen Gattungen an[12].
Der literarische Terminus ὑπομνήματα bezeichnet also keine literarische
Gattung und zeigt wie sein deutsches Äquivalent „Aufzeichnungen, Abhandlungen" in seiner unbestimmten Weite nur dies an, daß das betreffende Werk ein literarisches Erzeugnis ist oder sein will[13]. Die Frage
der Gattung bleibt dabei völlig offen und ist nur von dem betreffenden
Werk selbst her zu beantworten. Das gilt auch von Hegesipps ‚Hypomnemata'.

Auf Grund des mißverstandenen Titels („Denkwürdigkeiten") und
der erhaltenen Fragmente galt es lange als selbstverständlich, daß die
Hypomnemata ein historisches Werk, eine Art Kirchengeschichte
seien, die die Geschichte des Christentums von den Anfängen bis auf
Hegesipp darstellten.

Diese alte, auf Hieronymus zurückgehende Auffassung wurde von Overbeck und vor ihm schon von Chr. A. Kestner (1816) und anderen mit
durchschlagenden Gründen erschüttert[14] und kann als erledigt gelten. Denn
die Fragmente, die ja einen verschwindenden Bruchteil des Gesamtwerkes
bilden, stellen nur eine Auswahl des dem Historiker Euseb für seine
Zwecke brauchbaren Materials dar, sodaß „nur die allergrösste optische
Täuschung" (Overbeck) sie für repräsentativ halten kann; außerdem wäre
es für ein historisches Werk, in dem man eine chronologische Darstellung
erwartete, recht seltsam, daß der Tod des Herrenbruders Jakobus im
fünften, dh letzten Buch, erzählt wird (II 23, 3). Das historiographische
Verständnis widerspricht ferner Eusebs Angaben, er habe in der Kirchengeschichtsschreibung keine Vorgänger gehabt[15], und vor allem seiner Charakterisierung des hegesippianischen Werkes, die zweifellos zutrifft: „In

---

[11] Vgl. Hyldahl, 77ff; bes. 80f.
[12] Vgl. die Belege bei Hyldahl, 81f.
[13] Gegen Hyldahl, der ὑπομνήματα als „Gattung" (81) und als „eine
    bestimmte Literaturform" bezeichnet, „die eine ungeheuer große Ver-
    breitung in der griechisch-römischen Literatur hatte" (83) – eine ange-
    sichts des von ihm selbst gebrachten Materials unverständliche Fol-
    gerung, die auf einer Verwechslung literarischen Anspruchs mit lite-
    rarischer Gattung beruht. Diese Folgerung wird von Hyldahl selbst
    dadurch als Kurzschluß erwiesen, daß er sich um eine genauere Bestim-
    mung der Gattung von Hegesipps Hypomnemata bemüht (84–113).
[14] Overbeck, Anfänge der Kirchengeschichtsschreibung, 17–21; hier S. 17
    Anm. 27 Hinweise auf Kestner, C. Weizsäcker und andere.
[15] Vgl. Overbeck, aaO, 5–13.

fünf Büchern hat dieser (sc. Hegesipp) die irrtumslose Tradition der apostolischen Verkündigung (τὴν ἀπλανῆ παράδοσιν τοῦ ἀποστολικοῦ κηρύγματος) in ganz schlichter schriftlicher Darstellung aufbewahrt" (IV 8, 2). „Hegesipp hat in den auf uns gekommenen fünf (Büchern der) Hypomnemata ein ganz vollständiges Denkmal seiner eigenen Lehrweise (τῆς ἰδίας γνώμης) hinterlassen" (IV 22, 1).

Diese Kennzeichnung deutet nicht auf ein historiographisches, sondern auf ein lehrhaftes Werk: „Hegesipp zeichnet darin die Traditionen auf, welche er zum Zeugniss für den Stand der apostolischen zu seiner Zeit zu sammeln unternommen hatte" (Overbeck, aaO, 21).

Nicht besser als mit dem historiographischen Verständnis steht es mit der Deutung der Hypomnemata als einer A p o l o g i e .

H. J. Lawlor hat mit Energie die These vertreten, es handle sich um eine Apologie des Christentums gegen zwei Fronten, gegen das Heidentum und gegen die Häretiker. Aber Hyldahl hat die innere Unmöglichkeit einer solchen Doppeladresse in der kirchlichen Situation des zweiten Jahrhunderts nachgewiesen (aaO, 72ff). Er hat seinerseits versucht, die Hypomnemata als Apologie im üblichen Sinne zu erweisen, dh als an die Heiden gerichtete Verteidigungsschrift mit dem Zweck, das Verhältnis von Staat und Kirche zu verbessern. Die einzige Basis dieser These ist die Tatsache, daß Hegesipp die Apotheose des Antinoos erwähnt (bei Euseb IV 8, 2); da diese Apotheose in der sonstigen christlichen Literatur des zweiten Jahrhunderts nur von den Apologeten erwähnt werde, also ein Topos frühchristlicher Apologetik sei, müsse auch Hegesipps Werk eine Apologie gewesen sein. Ein nicht gerade überzeugendes Beweisverfahren und eine schwache Basis, die die Apologie-These kaum zu tragen vermag. Zudem ist Hyldahls Durchführung seiner These an den Fragmenten ziemlich gewaltsam und desavouiert sich selbst (86–112). Vor allem ignoriert er die Tatsache, daß Euseb Hegesipp und seine Hypomnemata ausdrücklich in den Kampf „gegen die gottlosen Häresien" einordnet und klar von dem anschließend erwähnten Justin und seiner „Apologie an Antoninus" unterscheidet (IV 7, 15–8, 2; 8, 3ff).

Die Hypomnemata sind weder eine Kirchengeschichte noch eine Apologie, sondern – inhaltlich! – ein Werk zur Sicherung apostolischer Tradition gegenüber den „Ketzern". Aber über seine literarische Form ist damit noch nichts gesagt. Man könnte versucht sein, es dem etwa gleichzeitigen, ketzerbekämpfenden Werk des Irenäus zu parallelisieren und der antihäretischen patristischen Literatur zuzuordnen; aber eine Darstellung und Widerlegung der Häresien scheint nicht sein Zweck gewesen zu sein, sondern eben nur die Festigung der Tradition innerhalb der Kirche angesichts der häretischen Gefahr.

Die Hypomnemata gehören – soweit wir erkennen können – keinem bekannten Typus der patristischen Literatur an; aber auch keinem der christlichen Urliteratur. Und doch erheben sie mit ihrem Titel und Umfang literarische Ansprüche. Das Problem des literarischen Charakters und der literaturgeschichtlichen Stellung der Hypomnemata ist also dem der „Exegesen" des Papias ganz analog. Beides sind Werke sui generis; sie „literarisch zu rubrizieren", bringt in „Verlegenheit"[16]. Indes, „unter dem Maßstab der patristischen Literatur und ihrer Formen" erscheinen sie doch „als Stücke, die man der Urliteratur einzuordnen Ursache hat"[17], insofern man unter Urliteratur eine christliche Literatur versteht, die „im strengen und ausschliesslichen Sinne sozusagen aus christlichen Wurzeln und aus den eigenen, gegen Fremdes noch abgeschlossenen Interessen der christlichen Gemeinde lebte"[18]. Nur sind die Hypomnemata einige Dezennien später als das Werk des Papias entstanden, dh zu einer Zeit, da das Christentum schon längst den Anschluß an die griechisch-römische Literatur gefunden hatte (Apologeten, Irenäus), ohne selbst diesen Anschluß zu erreichen oder zu erstreben. So ragen die Hypomnemata als Fossil christlicher Urliteratur in eine Zeit, da eine „wirkliche" Literatur der Christen in ihrem ersten, nicht gerade glänzenden, aber recht kräftigen Flore stand.

### 3. Die theologiegeschichtliche Stellung

Daß Hegesipp mit seinem Werk ein Protagonist im Kampf der „Rechtgläubigkeit" gegen die „Ketzerei" war, ist sicher und ist von W. Bauer im großen Zusammenhang dargestellt worden. Hegesipp, der offenbar sein ganzes Wirken diesem Kampf gewidmet hat, gehört engstens mit Papias zusammen, trotz des zeitlichen Abstandes und des Unterschiedes in der persönlichen Position (Papias ein monarchischer Bischof, Hegesipp ein Privatmann und, wenn man so will, ein ‚freier Schriftsteller'). Beide kämpfen gegen die Gnosis, und zwar in einer Zeit, in der es noch keine allgemein anerkannten Institutionen oder Dokumente als notae ecclesiae gab bzw. in der diese Dinge – Gemeindeverfassung, monarchischer Episkopat, Glaubensregel, Kanon – erst im Entstehen waren. Beide bemühen sich um Sichtung der echten Tradition, Papias um die zuverlässige Jesus-

---

[16] Overbeck, Anfänge der patristischen Literatur, 34.
[17] Overbeck, aaO, 32.
[18] Overbeck, Geschichte der Literatur der alten Kirche, 298.

überlieferung, Hegesipp dagegen – und hier zeigt sich ein Generationsunterschied – um „die irrtumslose Tradition der apostolischen Verkündigung". Beide sind dabei auf „die lebendige Stimme" mündlicher Übergabe und Übernahme angewiesen und bemühen sich wie die bekämpften Gnostiker, ihre Auffassungen durch Tradentenketten bis in die Anfänge des Christentums zurückzuführen; den Erkundigungen des Papias bei den „Alten" entspricht bei Hegesipp die Reise aus dem Osten nach Korinth und Rom.

Aber sie manifestiert auch eine neue Fassung des Traditionsgedankens. Aufschlußreich hierfür ist der Bericht darüber bei Euseb (IV 22, 1–3):

„Er (Hegesipp) erzählt in ihnen (den Hypomnemata), daß er mit sehr vielen Bischöfen zusammengekommen sei, als er eine Reise nach Rom unternommen hatte, und daß er bei allen dieselbe Lehre empfangen habe (τὴν αὐτὴν παρὰ πάντων παρείληφεν διδασκαλίαν). Man höre nur, was er nach einigen Bemerkungen über den Brief des Clemens an die Korinther noch hinzufügt: ‚Und die Gemeinde der Korinther blieb in der rechten Lehre (ἐν τῷ ὀρθῷ λόγῳ), bis Primus in Korinth Bischof war. Mit ihnen kam ich zusammen, als ich nach Rom fuhr, und ich verbrachte mit den Korinthern einige Tage, während derer wir uns an der rechten Lehre gemeinsam erquickten. Als ich aber nach Rom gekommen war, machte ich eine Sukzession(sliste? διαδοχὴν ἐποιησάμην) bis auf Aniketos. Dessen Diakon war Eleutheros. Auf Aniketos folgte Soter, diesem dann Eleutheros. In jeder Sukzession aber (ἐν ἑκάστῃ δὲ διαδοχῇ) und in jeder Stadt verhält er sich so, wie das Gesetz es verkündigt und die Propheten und der Herr'."

Die Tradentenkette besteht nicht mehr wie bei Papias und den Gnostikern in Lehrer-Schüler-Reihen, die bis in den Kreis der unmittelbaren Jesusjünger zurückreichen, sondern in der Sukzession „rechtgläubiger" monarchischer Bischöfe, die durch ihre Lückenlosigkeit die Reinheit der Lehre garantiert. Diese „neue, spezifisch katholische Form" des Traditionalismus, die den Traditionsgedanken „mit der Nachfolge der monarchischen Bischöfe in Verbindung bringt", dh ihn mit einer zwar noch nicht allgemein vorhandenen und anerkannten, aber lebenskräftigen und recht handfesten Institution stützt, vermeidet die Schwäche des papianischen und gnostischen Unternehmens, das – an sich schon fragwürdig genug – mit der Zeit immer unmöglicher geworden war. Deshalb geht es primär nicht mehr um die Sicherung der echten Jesus-Tradition, sondern um die der „rechten Lehre", in der jene zwar eingeschlossen ist, die aber durch autoritative Dokumente – „Gesetz und Propheten" (= AT) und „den Herrn" (Evangelien oder Evangelientraditionen) – konstituiert und

49*

normiert wird. Darum hat Hegesipps „kirchlich-theologische Studien-
reise" (von Campenhausen) nicht die Stätten der heiligen Geschichte
zum Ziel, sondern die maßgebenden Städte der Gegenwart, in denen
die Rechtgläubigkeit herrschte – "jede Sukzession und jede Stadt",
dh jede Stadt mit lückenloser Sukzession rechtgläubiger Bischöfe –,
und der Zweck besteht darin, die Übereinstimmung des christlichen
Glaubens in diesen Kirchen festzustellen und für den antihäretischen
Kampf zu festigen – ein Zweck, dem dann auch die Herausgabe der
Hypomnemata diente.

Dieser Zweck erforderte aber auch gewisse „historische" Argumente; es genügte nicht, daß sich die Gleichgesinnten „an der rechten
Lehre gemeinsam erquickten", dh sich über taktische und organisatorische Fragen der Verbreitung und Sicherung dieser Lehre einigten.
Die historischen Nachrichten, die Euseb aus den Hypomnemata
mitteilt, hatten in diesem Werk die Funktion, bestimmte Behauptungen historisch zu stützen. Besonders deutlich ist das bei der Verbindung des Traditions- mit dem Sukzessionsgedankens.

Ihrer historischen Untermauerung dient zB das, was Hegesipp als
διαδοχὴν ἐποιησάμην μέχρις 'Ανικήτου bezeichnet, ob er damit nun die
Feststellung einer schon vorhandenen oder die Herstellung einer neuen
Bischofsliste meint[19]. Der historischen Fundierung der genannten Verbindung dient vor allem das Idealbild der Urgemeinde, das er entwirft oder
wohl richtiger: in den Grundzügen übernimmt und durch Einarbeitung des
Sukzessionsgedankens für seine Zwecke akzentuiert[20]. So zeigt er, wie in
der Urgemeinde der Friede und die Einheit des Glaubens durch die von
den Aposteln und den Herrenjüngern einhellig getroffene Wahl des Her-
renverwandten Symeon zum Nachfolger des Jakobus gesichert blieben
(Euseb KG III 11f); bis weit in den Episkopat Symeons hinein „nannte
man die Kirche ‚jungfräulich', denn sie war noch nicht durch eitle Lehren
verdorben" (IV 22, 4).

Hegesipp wendet den Sukzessionsgedanken aber auch kritisch-
polemisch gegen die Häretiker, „die die Einheit der Kirche zerrissen
durch verderbliche Lehren wider Gott und seinen Christus" (IV 22,
6) und über die Gemeinde durch Denunziationen Verfolgungen und
Martyrien brachten (II 19; III 32, 6); er will die Häretiker entgegen
ihren eigenen Genealogien einerseits als relativ junges Phänomen,

---

[19] Zu dem vielverhandelten Problem der Stelle Euseb KG IV 22, 3 vgl. vor
allem von Campenhausen, Kirchliches Amt, 180ff; ferner die bei Altaner,
118 verzeichnete Literatur.
[20] Die Frage nach dem historischen Kern seiner Nachrichten bleibt hier
außer Betracht.

andererseits als nichtchristlichen Ursprungs erweisen und führt sie deshalb auf einen gewissen Thebuthis zurück, der, ursprünglich Glied einer der sieben jüdischen Sekten, aus Verbitterung über seine mißglückte Kandidatur für die Nachfolge des Jakobus der erste Ketzer wurde und dem dann in rascher Folge die bunte Fülle der Ketzerhäupter und ihres Anhangs nachwuchs (IV 22, 5f). Jüdische Herkunft und verletzte Eitelkeit sind nach Hegesipp der Ursprung der Häresie. Euseb charakterisiert dessen Auffassung folgendermaßen:

„Dem (Bericht über das Martyrium Symeons) fügt derselbe Mann (Hegesipp) in seinem Bericht über die Genannten hinzu, daß bis zu den damaligen (sc. Trajans) Zeiten die Kirche eine reine und unverdorbene Jungfrau geblieben war. Denn die Leute, die die gesunde Richtschnur der Heilspredigt zu zerstören trachteten, hielten sich – falls sie schon existierten – bis dahin in völligem Dunkel verborgen. Als aber der heilige Chor der Apostel auf verschiedene Weise sein Lebensende gefunden hatte und jene Generation vergangen war, die gewürdigt worden war, mit eigenen Ohren die göttliche Weisheit zu hören, da nahm die Verschwörung des gottlosen Irrtums ihren Anfang durch den Betrug der Irrlehrer. Diese versuchten, da keiner der Apostel mehr am Leben war, nun schon mit unverhülltem Haupt der Verkündigung der Wahrheit die fälschlich so genannte ‚Erkenntnis‘ (Gnosis) entgegenzusetzen" (III 32, 7f).

Zur Bestimmung des theologiegeschichtlichen Ortes Hegesipps und seines Werkes ist noch zweierlei zu bemerken. Euseb behauptet, Hegesipp sei auf seiner Romreise mit „sehr vielen Bischöfen" zusammengetroffen und habe „bei allen dieselbe Lehre" gefunden; dieser selbst aber nennt nur Korinth und Rom, und das werden tatsächlich auch die wichtigsten, wenn nicht überhaupt die einzigen nennenswerten Bastionen der Rechtgläubigkeit zu jener Zeit gewesen sein[21]. Die „Rechtgläubigkeit" war noch durchaus in der Minderheit[22]. Ferner fällt auf, daß Hegesipp als Autoritäten nur „das Gesetz und die Propheten und den Herrn" erwähnt, nicht aber „die Apostel" (IV 22, 3), obwohl zu jener Zeit in Korinth und Rom der Apostel Paulus anerkannt war. Es scheint sich dabei nicht einfach um eine ältere, stereotyp wiederholte Formel zu handeln, sondern um eine bewußte Ausklammerung des Paulus, wie neben anderem auch aus Hegesipps Polemik gegen 1Kor 2, 9 hervorgeht[23]. Er

---

[21] Vgl. W. Bauer, Rechtgläubigkeit, 107. 111. 124. 174 Anm. 1; 199f.
[22] Vgl. von Campenhausen, Kirchliches Amt, 174.
[23] „Denn das den Gerechten Bereitete hat weder ein Auge gesehen noch ein Ohr gehört noch ist es in eines Menschen Herz gekommen. Hege-

vertritt in der „Kanons"-Frage einen sehr viel älteren Standpunkt als die von ihm besuchten Gemeinden[24].

Von „dem sehr vollständigen Denkmal seiner Lehre (γνώμη)", das Hegesipp laut Euseb (IV 22, 1) hinterlassen hat, können wir uns auf Grund der Fragmente kein auch nur einigermaßen vollständiges Bild mehr machen. Er scheint wie literaturgeschichtlich so auch theologiegeschichtlich eine Gestalt des Übergangs gewesen zu sein. Seine Bedeutung lag offenbar nicht im theologischen Denken, sondern im kirchenpolitischen Wirken gegen die „Ketzerei" und für die „Rechtgläubigkeit".

## § 64. Das Problem der Kanonsbildung

*Texte:*

G. Preuschen, Analecta II Zur Kanonsgeschichte, [2]1910;
Hennecke-Schneemelcher, NT Apokryphen I, [3]1959, 1ff.

*Literatur:*

H. Freiherr von Campenhausen, Die Entstehung der christlichen Bibel, BHTh 39, 1968 (Lit.);
A. von Harnack, Die Entstehung des NT und die wichtigsten Folgen der neuen Schöpfung, 1914;
E. Käsemann (Hg.), Das Neue Testament als Kanon, 1970;
W. G. Kümmel, Einleitung in das NT, [17]1973, 420ff (Lit.);
H. Lietzmann, Wie wurden die Bücher des NT heilige Schrift?, 1907 (in: Kleine Schriften II, TU 68, 1958, 15ff);
Th. Zahn, Grundriß der Geschichte des nt. Kanons, [2]1904.

Das Urchristentum hat eine große Fülle eigener Literatur hervorgebracht, die in mannigfacher Weise den christlichen Glauben bekundete. Aber keine dieser Schriften erhob den Anspruch, in besonderer oder ausschließlicher Weise „heilige Schrift" zu sein[1]. Wie

---

sipp nun, ein alter und apostolischer Mann, sagt im fünften Buch seiner Hypomnemata – ich weiß nicht, aus welchem Grunde – ,daß dies verkehrt gesagt sei und daß die lügen, die dies Wort gebrauchen, weil nämlich die göttlichen Schriften und der Herr sagen: Selig eure Augen, die sehen, und eure Ohren, die hören usw.'" Zitiert bei Stephanus Gobarus, Frgm. 10 bei Preuschen.

[24] Vgl. Bauer, 199f; 216f.

[1] Auch nicht Apk 22, 18f; hier wird nur die Unantastbarkeit des Buches behauptet.

kam es, daß aus dieser Literatur 27 Schriften den Rang einer „hl. Schrift" erhielten und zum „Kanon des NT" zusammengeschlossen wurden? Wir befassen uns hier nur mit den grundsätzlichen Problemen der Kanonsbildung.

### 1. Zur Terminologie (Kanon; Altes und Neues Testament)

Die Anwendung des Terminus Kanon und seiner Derivate[2] auf die Sammlung hl. Schriften der christlichen Kirche begegnet sehr spät, erstmalig in der Mitte des 4. Jh.s, dh zu einer Zeit, als das Gebilde, das wir den „Kanon des NT" nennen, bis auf einige Einzelheiten seines Umfangs schon längst existierte. Das ist bedeutsam: Mit der Entstehung des NT hat der Terminus „Kanon" also nichts zu tun. Gleichwohl ist es im Interesse begrifflicher Klarheit unerläßlich festzustellen, in welchem Sinn die Alte Kirche den Terminus und seine Derivate auf die Sammlung der nt. Schriften angewendet hat.

Das griechische Wort κανών, semitischen Ursprungs, bedeutet „Rohr", dann als Werkzeug das Richtmaß des Zimmermanns und das Lineal des Schreibers. Ein übertragener Gebrauch hat sich in zwei Richtungen entwickelt. Erstens Maßstab, Norm, Regel – und zwar auf den verschiedenartigsten Gebieten; so auf dem ästhetischen, grammatischen, hermeneutischen (Philo, spec. leg. I, 287 spricht zB von οἱ τῆς ἀλληγορίας κανόνες), aber auch auf ethischem, philosophischem und religiösem Gebiet (im letztgenannten Sinn begegnet es auch 2Kor 10, 13. 15. 16; Gal 6, 16). Es liegt auf derselben Linie, wenn ein Satz, in dem eine grammatische, philosophische oder ethische Regel oder Norm formuliert ist, als κανών bezeichnet wird. So finden sich im kirchlichen Sprachgebrauch seit der Mitte des 2. Jh.s die Ausdrücke κανών τῆς ἀληθείας und κανών τῆς πίστεως als Bezeichnungen des formulierten Bekenntnisses des christlichen Glaubens (regula fidei), aber auch für „den Inbegriff der in der Kirche allgemein anerkannten Glaubenslehren", der daneben auch als ὁ κανὼν τῆς ἐκκλησίας oder als ὁ ἐκκλησιαστικὸς κανών benannt werden kann[3]; dabei hat der Begriff κανών eine polemische, antithetische Komponente. Eine Fortsetzung dieses Sprachgebrauches bildet seit dem 4. Jh. – also in zeitlicher Nähe zur Anwendung des Terminus Kanon auf die Sammlung heiliger Schriften der Kirche – die Bezeichnung kirchlicher Synodalbeschlüsse, die früher δόγματα oder ὅροι hießen, als κανόνες, canones. – Die zweite übertragene Verwendung von κανών ist: Liste, Verzeichnis, Register (Äquivalent zu κατάλογος). Dieser Sprachgebrauch hat von Hause aus nichts mit der Bedeutung „Maßstab, Norm" zu tun. Er findet

---

[2] Hierzu Zahn, Grundriß, 1ff und Beyer, ThW VIII, 600ff.
[3] Zahn, 5.

sich schon in vorchristlicher Zeit für mathematische und astronomische, aber auch für chronologische Tabellen. Im 4. Jh. nChr findet er sich bei Euseb für die κανόνες der Evangelien, eine tabellarische Aufschlüsselung der parallelen und Sondergut – Perikopen, – nicht jedoch für die „Regeln" dieser Aufschlüsselung; diese gibt er in einem vorangestellten Brief an Karpian[4]. Damit eng verwandt ist der schon auf dem Konzil von Nikaia (325) belegte Gebrauch von κανών im Sinne eines offiziellen Verzeichnisses (Katalog) der in einer Diözese angestellten Kleriker; davon leitet sich der abendländische Begriff des „Kanonikers" ab.

Es fragt sich, in welchem Sinn um die Mitte des 4. Jh.s der Ausdruck κανών auf die Sammlung heiliger Schriften angewendet worden ist, dh ob er sie inhaltlich als die maßgebende Norm für Lehre und Leben der Kirche kennzeichnen soll (so zB Beyer und Schneemelcher) oder formal als offizielles Verzeichnis (so zB F. C. Baur u. Th. Zahn); beides wäre möglich gewesen. Aber die Verwendung der Derivate von κανών ist, wie Zahn überzeugend nachgewiesen hat, eindeutig:

„Die hl. Schriften verdanken ihre Zugehörigkeit zum κανών einer auf sie gerichteten menschlichen Tätigkeit, welche κανονίζειν (opp. ἀπο-κανονίζειν) heißt. Als zum Kanon gehörige Schriften sind sie κανονικά, κανονιζόμενα, κεκανονισμένα (opp. ἀκανόνιστα, ἀπόκρυφα κτλ). Es ist dabei nicht an die Grundbedeutung ‚Richtscheit, Lineal, Maßstab, Norm' zu denken und bei der Entstehung des Sprachgebrauchs nicht daran ge-dacht worden"; vielmehr ist κανών „im Sinne von κατάλογος auf die Liste der als hl. Schriften in der Kirche anerkannten Bücher angewandt worden"[5].

Daß später „kanonisch" in Bezug auf diese Bücher auch als „göttlich, heilig, irrtumslos, unbedingt maßgebend" verstanden wurde (Jülicher, 555), ist möglich, besagt aber nichts für die Bedeutung, die ‚Kanon, Kanonisieren' bei ihrer ursprünglichen Anwendung auf die hl. Bücher hatten, und zwar umso weniger, als deren Qualität als „heilig, göttlich" damals ohnehin schon längst feststand und keiner neuen Bezeichnung bedurfte.

Als Bezeichnung der ganzen Sammlung heiliger Schriften christ-licher Herkunft hat sich der Ausdruck ‚N e u e s   T e s t a m e n t' (novum testamentum, καινὴ διαθήκη), durchgesetzt und andere Be-zeichnungen verdrängt. Sie bildet das Korrelat zum A l t e n   T e-s t a m e n t (vetus testamentum, παλαιὰ διαθήκη). Beide Begriffe

---

[4] Abgedruckt bei E. Nestle, Novum Testamentum Graece, 251971, 32*–37*.
[5] Zahn 8. 9. – Beyer, 605, bemüht sich für die gegenteilige Behauptung um keinen Beweis und ignoriert Zahns sorgfältige Analyse des Sprach-gebrauchs.

finden sich im NT, bezeichnen aber hier im Anschluß an Jer 31 die
Verfügungen Gottes – παλαιὰ διαθήκη ist der am Sinai verfügte
„Alte Bund", καινὴ διαθήκη der in Christi Tod konstituierte „Neue
Bund", die eschatologische Heilsordnung –, nicht aber die später so
bezeichneten Schriftensammlungen. Wann erfolgte die Übertragung
des biblischen Begriffs διαθήκη von der Verfügung Gottes auf die
Urkunde dieser Verfügung? Der erste Beleg für diese Literarisierung
begegnet bei Paulus, wenn er von der „Vorlesung des Alten Bundes"
spricht (2Kor 3, 14), aber er hat damit zunächst keine Schule
gemacht. Die entsprechende Verwendung von ἡ καινὴ διαθήκη und
damit die Unterscheidung der beiden Hälften der Bibel (als AT und
NT) findet sich noch nicht bei Irenäus, vielleicht bei Clemens
Alexandrinus[6], sicher bei Tertullian und Origenes. Von da an hat
sich der Ausdruck eingebürgert, und zwar so sehr, daß als Derivat
der Begriff ἐνδιάθηκος gebildet wurde, um eine Schrift als zu der
heiligen Sammlung gehörig zu charakterisieren. Das Aufkommen des
literarischen Gebrauchs der Begriffe παλαιὰ διαθήκη und καινὴ
διαθήκη zu einer Zeit, als die Sammlung hl. Schriften christlicher
Herkunft in ihrem wesentlichen Umfang schon vorhanden war, zeigt,
daß die E n t s t e h u n g dieser Sammlung nichts mit dem biblischen
Bundesgedanken zu tun hat.

## 2. Das Alte Testament als Urkanon

Das junge Christentum war nie ohne „Heilige Schrift"; es hat die
heiligen Schriften des damaligen Judentums einfach als selbstverständliche Autorität übernommen. Die ältesten Christen, gebürtige
Juden, glaubten an Jesus als den verheißenen Messias, sahen in ihm
das in den Schriften verheißene Heil erfüllt und verstanden sich in
dieser Erkenntnis als die eschatologische Gemeinde, die besser als
die anderen Juden die hl. Schriften verstanden. Sie hatten also keinen
Anlaß, diesen überkommenen Schriften neue zur Seite oder gar entgegenzustellen; im Gegenteil, sie bedurften der alten Schriften, um

---

[6] Harnack bestreitet, daß die von Zahn (Geschichte des nt. Kanons I,
1888, 105 Anm. 2) herangezogenen Stellen aus Clemens das schriftlich
fixierte NT bezeichnen (Das NT um das Jahr 200, 1889, 42 Anm.). –
Ob der Ausdruck bei dem von Euseb zitierten Antimontanisten (τῷ τῆς
τοῦ εὐαγγελίου καινῆς διαθήκης λόγῳ, KG V 16, 3) literarisch-technisch
zu verstehen ist, bleibt ungewiß.

das in Jesus erschienene Heil zu begründen und seine Übereinstimmung mit der schriftlich fixierten Offenbarung Gottes zu erweisen. Der jüdische Kanon war zZ Jesu noch nicht abgeschlossen. Fast allgemein anerkannt waren „Gesetz und Propheten". Aber einerseits lehnten die konservativen Sadduzäer die „Propheten" als hl. Schriften ab, andererseits genossen die „Hagiographen" (die Ketubimschriften) steigendes Ansehen und beanspruchten einige Pseudepigraphen kanonische Geltung. Die hl. Schriften des Diasporajudentums, die Septuaginta, wichen in Zahl und Reihenfolge von denen des palästinensischen Judentums ab. Erst Ende des 1. oder Anfang des 2. Jh.s wurde der „masoretische" Kanon endgültig abgeschlossen, unter Einbeziehung der Hagiographen und unter Ausschluß „apokrypher" Pseudepigraphen; so entstand ein dreiteiliger jüdischer Kanon, bestehend aus „dem Gesetz, den Propheten, den Schriften".

Das Verhalten der Urchristen zum jüdischen Kanon spiegelt dessen Unabgeschlossenheit wider. Die urchristlichen Autoren zitieren aus allen seinen drei Teilen, bewerten aber im Unterschied zum synagogalen Schriftgebrauch „das Gesetz" nicht höher als „die Propheten", sondern billigen allen Teilen, auch den Hagiographen, die gleiche Dignität zu. Sie bringen sogar apokryphe Worte als Zitate aus „der Schrift" (1Kor 2, 9; Lk 11, 49; Joh 7, 38; Jak 4, 5; Jud 14f). Der Text der at. Zitate ist meist der der LXX, auch wenn dieser vom hebräischen Text abweicht, und wird mitunter recht frei gehandhabt; er gilt also nicht als sakrosankt[7]. Über den Umfang des jüdischen Kanons hat sich das Urchristentum offenbar keine Gedanken gemacht. Erst aus der Zeit, als der nt. Kanon schon feste Konturen annahm, erfahren wir von derartigen Überlegungen[8]. Aber die Christen übernahmen nicht einfach den masoretischen Kanon des AT, sie waren zu stark der LXX verhaftet; die endgültige Abgrenzung des at. Kanons erfolgte erst im 4. Jh. Diese Unsicherheit hinsichtlich des Umfangs und des Wortlautes minderte die Autorität des AT bei ihnen merkwürdigerweise überhaupt nicht.

Es ist seltsam, daß das Urchristentum nicht – analog der Komplettierung des jüdischen Kanons durch die Rabbinen – seinerseits

---

[7] Vgl. K. Stendahl, The School of St. Matthew, 1954; E. E. Ellis, Paul's Use of the Old Testament, 1957; M. Reese, At. Motive in der Christologie des Lukas, 1969.

[8] Melito von Sardes (ca 180) stellt in Palästina Recherchen über „Zahl und Reihenfolge der alten Bücher" an und gibt einen Katalog der Schriften des „Alten Testaments", der mit dem masoretischen Kanon übereinstimmt (Euseb, KG IV 26, 13f).

den jüdischen Kanon durch Zufügung der einen oder anderen wichtigen christlichen Schrift ergänzt, sondern ihm 70–80 Jahre später eine selbständige Sammlung christlicher Schriften als zweiten Teil, und zwar gleicher Heiligkeit und gleichen Ranges, zur Seite gestellt hat: als Neues Testament neben das Alte[9]. Damit präzisiert sich die eingangs gestellte Frage nach der Entstehung des nt. Kanons zu der Doppelfrage: Warum ist überhaupt ein Kanon heiliger Schriften christlicher Herkunft entstanden? Und warum nicht als Ergänzung des übernommenen jüdischen Kanons, sondern als selbständiges Corpus, das gleichen Ranges neben jenen tritt? Diese Frage ist nicht mit dem Hinweis zu beantworten, daß das Urchristentum neben dem „AT" noch andere Autoritäten hatte: den „Herrn" und die „Apostel"; denn wenn diese Tatsache allenfalls die Zweiteilung des christlichen Kanons in AT und NT verständlich machen könnte, so ließe sie doch die Frage offen, warum es so spät und dh warum es überhaupt zur Bildung eines nt. Kanons gekommen ist.

Die Tatsache, daß das Urchristentum von vornherein in dem später so genannten AT eine „Heilige Schrift" besaß und mit ihr umging, liefert Kriterien für die Erkenntnis der Kanonizität einer christlichen Schrift: eine christliche Schrift hat erst dann den Rang einer „hl. Schrift", also kanonische Geltung erreicht, wenn sie ebenso behandelt wird wie das AT. Dh wenn sie als γραφή benutzt wird, und das zeigt sich an der Art der Zitierung. Also nicht schon, wenn eine christliche Schrift in einer anderen stillschweigend zitiert wird, sondern erst dann, wenn sie wie das AT als γραφή zitiert wird – durch Formeln wie λέγει ἡ γραφή (Gal 4, 30), ὡς bzw. καθὼς γέγραπται (1Kor 1, 31; Röm 1, 17 u. ö.) oder λέγει τὸ πνεῦμα τὸ ἅγιον (Hebr 3, 7) –, ist sie dem AT gleichrangig, hl. Schrift, „kanonisch".

### 3. Der Herr, die Apostel und der Geist

Die Verkündigung des christlichen Glaubens verstand sich zwar in Übereinstimmung mit der schriftlich fixierten Offenbarung Gottes und suchte diese Übereinstimmung unter den verschiedensten Aspek-

---

[9] Zu anderen Möglichkeiten des Urchristentums, ohne ein selbständiges NT auszukommen, s. Harnack, Die Entstehung des NT, 4ff. Außerdem hätte das Urchristentum wie die Qumrangemeinde seine eigene religiöse Literatur weiter vermehren und kultivieren können, ohne sie zu kanonisieren; religiöse Schriften sind ja nicht per se „heilige Schriften".

ten und in unterschiedlicher Extensität zu erweisen[10]; aber faktisch
verwendete sie die Heilige Schrift des AT nur sekundär und sub-
sidiär, als apologetisches und polemisches Mittel zur Deutung dessen,
was Gott in Jesus Christus getan hat, nicht jedoch als kritische Norm
ihrer selbst. Es geht beim urchristlichen Schriftgebrauch und Schriftbeweis entweder um eine Selbstbestätigung des christlichen Glaubens
oder – in Auseinandersetzung mit dem Judentum – um das „richtige"
Verständnis der gemeinsamen Heiligen Schrift. Aber was „richtig"
ist, wissen die urchristlichen Autoren – zumal Paulus – schon vorher[11]. Faktisch steht der urchristliche Glaube über dem AT. Unter
kanonsgeschichtlichem Gesichtspunkt pflegt man dieses Phänomen
durch den Hinweis zu verdeutlichen, daß neben „der Schrift" die
Autorität „des Herrn"[12] und in einigem Abstand die Autorität des
„Apostels"[13] in Erscheinung treten.

Aber Ansätze zur Bildung eines nt. Kanons sind damit noch nicht
gegeben. Denn erstens war den urchristlichen Autoren garnicht bewußt, daß sie die jüdische Schrift in sehr kritischer Weise rezipierten;
nicht einmal die bewußtesten urchristlichen Autoren, Paulus und der
Verfasser des Hebr, reflektieren darüber. Ferner ist weder die Autorität „des Herrn" noch die des „Apostels" die Autorität einer heiligen Schrift (eines Evangelienbuches oder eines Apostelbriefes); erst
ein schriftliches Dokument kann mit einem Kanon an Kanonizität
verglichen werden. Und schließlich war das urchristliche Bewußtsein
des Geistbesitzes der Ausbildung eines eigenen Kanons nicht günstig:
daß es mit der Autorität des AT jedenfalls nicht bewußt in Konkurrenz trat, wurde schon gesagt, andererseits galten, solange die
Überzeugung herrschte, daß jeder Christ als Gläubiger und Getaufter
den Geist besaß, auch die literarischen Aussagen der Urchristen als
einander gleichgestellt; es bestand also keine Veranlassung, einer
bestimmten Anzahl urchristlicher Schriften einen höheren Grad von
Heiligkeit als anderen zuzuerkennen und sie als heilige Schriften von
den anderen abzusondern. – Damit präzisiert sich das Problem der
Kanonsbildung abermals: *wie* geschah es bzw. *was* geschah, daß aus
der Fülle der urchristlichen Literatur eine Anzahl bestimmter Schrif-

---

[10] Vgl. dazu die eindringende Darstellung von Campenhausens, Entstehung, 5–75.
[11] Vgl. meinen Aufsatz, Paulus und das AT, in: Studien zur Geschichte
und Theologie der Reformation, Bizer-Festschr., 1969, 33ff.
[12] 1Kor 7, 10. 12. 25; 9, 9. 13. 14; 11, 23ff; 1Thess 4, 15.
[13] 1Kor 7, 25ff; Gal 1, 1. 7ff; später: Eph 4, 1; 1Tim 5, 14; 6, 13ff.

ten ausgewählt, an Rang über die anderen erhoben und der überkommenen „Schrift" des AT gleichrangig zur Seite gestellt wurde?

## 4. Der gegenwärtige Stand der Diskussion

Gegen Ende des 2. und am Anfang des 3. Jh.s war dieser nt. Kanon in seinen wichtigsten Bestandteilen vorhanden.

Das bezeugen Irenäus für Gallien und wohl auch für Kleinasien, Tertullian für Afrika, Clemens Alexandrinus für Ägypten und der Kanon Muratori für Rom bzw. für Italien. Dieser Kanon war zweigeteilt, in Evangelien und Apostelschriften. Aber sein Umfang war bei den genannten Zeugen nicht identisch. Allen gemeinsam waren 4 Evangelien, 13 Paulusbriefe und 3 (verschiedene) katholische Briefe. Darüberhinaus hatte jeder dieser Zeugen seine kanonischen ‚Sondergüter', von denen einige später endgültig in den Kanon aufgenommen, die andern allmählich ausgeschlossen wurden. Der nt. Kanon war um 200 noch offen. Abgeschlossen wurde er für den griechischen Osten durch den 39. Osterfestbrief des Athanasios von 367 und für den Westen durch die Synoden von Hippo Regius 393 und Karthago 397 und 419. Der Kanon der syrischen Kirche hatte seine eigene Geschichte.

Zur Verdeutlichung seien einige wichtige Differenzen im Umfang des Kanons genannt. Der Hebr, im griechischen Osten von jeher ein fester Bestandteil des kanonischen Corpus Paulinum, wurde im Westen erst am Ende des 4. Jh.s rezipiert. Umgekehrt hat die Apk, im Westen ein fester Bestandteil des Kanons, im Osten erst in der 2. Hälfte des 4. Jh.s Aufnahme in den Kanon gefunden. Die katholischen Briefe hatten in den verschiedenen Provinzialkirchen ein sehr wechselvolles Schicksal, bis sie endlich in ihrer Siebenzahl kanonisiert wurden. Zeitweise genossen auch der 1. 2. Clem, Barn und der Pastor Hermae in einigen Kirchengebieten kanonisches Ansehen. Die syrische Kirche hatte bis 400 statt der vier Evangelien das Diatessaron Tatians als einziges Evangelienbuch.

Die Geschichte der Abgrenzung und Festigung des Kanons seit 200 bietet keine unlösbaren Rätsel. Dagegen liegt die *Bildung* des nt. Kanons – dh einer Sammlung christlicher heiliger Schriften, die 1. nicht die Fortsetzung oder Ergänzung der bisher gültigen hl. Schrift (des AT) bildet, sondern selbständig neben sie tritt und die 2. zweigeteilt ist, – immer noch im Dunkel. Jedenfalls sind die wissenschaftlichen Erklärungen, wie es zu dieser Bildung gekommen ist, heute mehr denn je kontrovers[14]. Zwei gegensätzliche Hypothesen, als deren Vertreter W. G. Kümmel und H. von Campenhausen zu nennen sind, stehen zur Diskussion.

---

[14] Vgl. Kümmel, Einleitung, 420ff. und die historisch orientierten Aufsätze in Käsemanns Sammelband.

Kümmel sieht in der Kanonsbildung das *notwendige* Resultat einer *innerkirchlichen Entwicklung.* Als „das mündliche Wort der Männer Apostelzeit" verstummt war, „mußte man die Worte des Herrn ebenso wie die Verkündigung der Apostel aus Evangelien- und Apostel-Schriften entnehmen, die damit ganz von selbst in die Würde einer dem Alten Testament überlegenen Norm einrückten." „Die *Bildung* eines neutestamentlichen Kanons hat sich also mit dem Ende des urchristlichen Zeitalters als notwendige Formwerdung innerhalb der Kirche vollzogen, und dieser Kanon hatte von Anfang an aus sachlichen Gründen die Tendenz, Evangelienschriften und Apostel-schriften nebeneinander zu enthalten."[15]

Dagegen versteht v. Campenhausen – in Modifikation von Thesen A. von Harnacks[16] und J. Knox'[17] – die Bildung des nt. Kanons als *Reaktion der Kirche auf die Schaffung eines Kanons durch Markion.* Er hält die traditionelle Meinung, der Kanon wäre „aus den älteren Formen der Verkündigung und Überlieferung allmählich wie von selbst herausgewachsen", für einen Irrtum[18]. Vielmehr: „Idee und Wirklichkeit einer christlichen Bibel sind von Markion geschaffen worden, und die Kirche, die sein Werk verwarf, ist ihm hierin nicht vorangegangen, sondern – formal gesehen – seinem Vorbild nach-gefolgt."[19] Markion hatte das AT verworfen, weil es ihm als Offenbarung des falschen Gottes, des Gottes dieser Welt und des Gesetzes galt; er war also ohne hl. Schrift und mußte eine solche für seine Kirche schaffen. Als Ersatz für das verworfene AT bildete er seinen Kanon, eine geschlossene Sammlung christlicher Schriften, zweige-teilt in Euangelion, das LkEv, und Apostolikon, 10 Paulusbriefe (ohne Past). Diese Zusammensetzung ist in Markions Überzeugung begründet, daß Paulus der einzige Zeuge und Apostel des wahren, des „fremden" Gottes, des Gottes der Gnade, sei und daß hinter Lk das Evangelium stehe, das Paulus als „mein Evangelium" bezeichnet. Da Markion glaubte, Lk und die Paulusbriefe seien judaistisch ver-fälscht, hat er sie durch radikale Textänderungen in ihrer ursprüng-lichen Reinheit wiederherzustellen gesucht und sein Vorgehen in seinem Werk „Antithesen" gerechtfertigt. Diese „Tat eines bedeuten-den Einzelnen, eines Irrlehrers", steht nach v. Campenhausen am An-

---

[15] Bei Käsemann, 69. 70.
[16] Marcion. Das Evangelium vom fremden Gott, ²1924 (Neudr. 1960).
[17] Marcion and the New Testament, 1942.
[18] Bei Käsemann, 116.
[19] Die Entstehung der christlichen Bibel, 174.

fang der Kanonsbildung; "und erst im Gegenschlag gegen dessen Kanon und in der Auseinandersetzung mit ihm entsteht dann auch in der Großkirche verhältnismäßig schnell die Vorstellung und dann auch der klare Umriß unseres heutigen ‚Neuen Testaments'".[20]

Weder die eine noch die andere Hypothese ist historisch streng „beweisbar"[21]. Die Quellen gestatten nur Wahrscheinlichkeitsurteile. Aber sie verleihen der Markion-Hypothese (in v. Campenhausens Fassung) m. E. die größere Wahrscheinlichkeit. Sie lassen zwar die immer stärker werdende Notwendigkeit zur Sichtung und Sicherung der christlichen Tradition erkennen – man denke an Papias und Hegesipp –, sie zeigen aber vor Markion keine positiven Ansätze oder Tendenzen zur Bildung des nt. Kanons, wie er sich um 200 präsentiert: selbständig neben dem AT und in sich zweigeteilt. Das sei an dreierlei verdeutlicht.

1. Eine abgegrenzte *Evangeliensammlung*[22] existiert erst seit Irenäus, der den sog. Vier-Evangelien-Kanon theologisch zu rechtfertigen sucht und eben damit seine Neuheit beweist; Joh war wie vorher so auch noch um 220 in Rom umstritten. Vorstufen dieser Sammlung lassen sich nicht nachweisen, obwohl viele Evangelien bekannt waren, in manchen Gemeinden mehrere nebeneinander in der gottesdienstlichen Lesung verwendet wurden und Justin gelegentlich synoptische Texte (aber auch Kontaminationen) mit der Zitationsformel γέγραπται einführt, dh als hl. Schrift wie das AT behandelt. Es läßt sich somit feststellen, daß um die Mitte des 2. Jh.s die Autorität des Kyrios mancherorts auf Evangelienschriften übergegangen war, daß solche Schriften der gottesdienstlichen Lesung dienten, daß sie aber nicht zu einer offiziellen oder auch nur offiziösen Sammlung zusammengeschlossen und gegen andere ähnliche Werke abgegrenzt waren.

2. Umgekehrt verhält es sich mit den *Paulusbriefen:* von ihnen existierten zu Beginn des 2. Jh.s Sammlungen[23], sie waren in man-

---

[20] Bei Käsemann, 116.

[21] Auf die alte, auch heute noch sporadisch vertretene Ansicht, Markion habe seinen Kanon durch Reduktion eines schon bestehenden kirchlichen geschaffen, braucht nicht eingegangen zu werden.

[22] Hierzu vor allem O. Cullmann, Die Pluralität der Evangelien als theologisches Problem im Altertum, in: *ders.*, Vorträge und Aufsätze, 1966, 548ff.

[23] Solche Sammlungen werden bezeugt durch 1Clem, Ignatius (zB Eph 12, 2), Polykarp und 2Petr 3, 15.

chen Kreisen hoch geschätzt, aber sie wurden vor Markion nie als hl. Schrift zitiert[24]. Die Paulusbriefe wurden schon früh unter interessierten Gemeinden ausgetauscht (Kol 4, 16), dh in Abschriften verbreitet; auch die vermuteten Briefkompositionen (2Kor; Phil) dienten diesem Zweck. Soviel wir erkennen können, wurde dieses Sammeln und Verbreiten nicht systematisch von einer zentralen Stelle aus betrieben, sondern geschah je und dann auf Initiative einzelner Gemeinden. Welchen Umfang diese Sammlungen hatten, läßt sich nicht sagen. Die oft geäußerte Vermutung, sie hätten bereits alle 10 im Kanon Markions vereinigten Briefe enthalten, ist unwahrscheinlich: der 1Clem hat außer dem Röm nachweislich nur den 1Kor gekannt und der Polyk verrät jedenfalls keine Kenntnis des 2Kor[25]. Es scheinen mehrere Sammlungen verschiedenen Umfangs im Umlauf gewesen zu sein. Markion war offenbar der erste, der systematisch eine vollständige Sammlung, ein Corpus Paulinum, geschaffen hat. Der Bereich, in dem die Paulusbriefe Ansehen genossen, läßt sich geographisch kaum umschreiben. Er umfaßte jedenfalls nicht die gesamten Missionsgebiete des Apostels, die vielmehr in der ersten Hälfte des 2. Jh.s, wie Ed. Meyer[26] und Walter Bauer[27] gezeigt haben, seinem Einfluß weitgehend entglitten sind. Es waren bestimmte Kreise, die Paulus und seine Briefe als Autorität anerkannten: einerseits jene Gemeinden, die an der paulinischen Tradition festhielten und denen die Deuteropaulinen entstammen, und andererseits gnostische Schulen, Markion und sein Anhang. Die „rechtgläubige" Kirche stand um die Mitte des 2. Jh.s mit wenige Ausnahmen Paulus mehr als zurückhaltend gegenüber und dachte nicht daran, seine Briefe zu kanonisieren.

3. *Justin* gilt häufig wegen seines Gebrauchs von Evangelienschriften als „Schrift" als erster Zeuge des werdenden nt. Kanons, und zwar als Zeuge seiner eingliedrigen Form, die nur Evangelien enthalten habe[28]. Kümmel glaubt aber, daß sich in einigen Äußerungen Justins über die JohApk (Apol 28, 1; Dial 81, 4) „deutlich die normative Geltung einer ‚Apostelschrift'" anbahne, und folgert: „Ein zweiteiliger Kanon n e b e n dem AT ist also im Werden"[29]. Aber

---

[24] Auch nicht Polyk 12, 1; vgl. Kümmel, Einleitung, 427f.
[24] Vgl. G. Bornkamm, Gesammelte Aufsätze IV, 1971, 188.
[26] Ursprung und Anfänge des Christentums III, 923, 566ff.
[27] Rechtgläubigkeit, 215ff.
[28] So zB Schneemelcher, NT Apokryphen I, 10.
[29] Einleitung, 429. 430.

diese Folgerung dürfte schwerlich zutreffen, denn 1. war die Apk nie der Ansatz für die Bildung des Apostelteils und 2. hat Justin die „apostolische" Autorität nur für e i n e Schriftengruppe reklamiert, für die ‚Memoiren der Apostel', dh für Evangelien. Paulus und seine Briefe übergeht er mit vielsagendem Schweigen, wie es auch sein Zeit- und Gesinnungsgenosse Papias und sogar später noch Hegesipp taten. Von einem werdenden Apostelteil des nt. Kanons kann bei Justin nicht die Rede sein. Dagegen ist in Justins Umgang mit Evangelienschriften in der Tat eine Vorstufe ihrer Kanonisierung zu erblicken. Aber es ist auch zu beachten, daß er nur für das kirchliche Rom repräsentativ ist – gleichzeitig nimmt Papias in Kleinasien eine ganz andere Stellung zu den Evangelienschriften ein – und daß die Frage völlig offen ist, ob Justin die als hl. Schrift verstandenen Evangelien als Ergänzung und Fortführung „der Schrift" oder als selbständige Größe neben ihr angesehen hat.

Die Bildung des selbständigen und zweiteiligen nt. Kanons scheint mir daher durch Markion nicht gefördert oder beschleunigt, sondern überhaupt erst provoziert worden zu sein. Markion hatte – um nochmals den wichtigsten Vertreter dieser These zu zitieren – „seine Kirche ... auf eine kleine, dogmatisch bearbeitete Auswahl urchristlicher Dokumente, die er allein als echt ansah," verpflichtet. „Dadurch wurde auch die Großkirche genötigt, ihm und allen anderen Irrlehrern eine entsprechende, aber erheblich weitere und nicht korrigierte Sammlung echter Urkunden entgegenzustellen."[30]

Die literatur- wie theologiegeschichtlich bedeutsamste Folge der markionitischen und dann der kirchlichen Kanonsbildung dürfte die Kanonisierung der Paulusbriefe gewesen sein. Diese sind durch ihre markionitische Kanonisation bei der Großkirche zunächst vollends in Mißkredit geraten, dann aber ebenso paradoxer- wie notwendigerweise zum Ansehen „heiliger Schriften" gelangt. Denn eine Kirche, die sich außer auf den Kyrios auch auf „die Apostel" berief, befand sich in Verlegenheit, wenn sie von diesen sozusagen ‚etwas Schriftliches' vorweisen wollte oder sollte. In dieser Hinsicht konnte sie n a c h Markion mit der ‚idealen Größe' der zwölf Apostel gar nichts und mit dem 1Petr oder 1Joh nicht viel anfangen. Sie konnte den einzigen Apostel mit einer ansehnlichen literarischen Hinterlassenschaft nicht den Ketzern überlassen, sie mußte Paulus und seine Briefe für sich beanspruchen. Sie konnte das umso eher, als Paulus

---

[30] von Campenhausen, Die Entstehung, 379.

von der ‚rechtgläubigen' Seite ja schon längst vor Markion in die antischismatische und antihäretische Front eingereiht worden war.

Ohne Markion hätten die Paulusbriefe literaturgeschichtlich allenfalls das Schicksal der Ignatiusbriefe, wenn nicht gar das der apokryphen Evangelien geteilt. Daß die Paulusbriefe kanonisiert wurden, daß Paulus durch Augustin der Theologe des Abendlandes und durch Luther der Theologe des Protestantismus werden konnte und daß am Anfang jeder großen christlichen Erneuerung eine Wiederentdeckung des Apostels Paulus steht: das verdankt die Kirche – historisch gesehen – dem ‚Erzketzer' Markion.

# REGISTER

*Stellenregister*

(In Auswahl. Diejenigen Stellen einer Schrift, die innerhalb des Paragraphen über diese Schrift behandelt werden, sind hier nicht aufgeführt)

Altes Testament

Num 11, 8  654
Dtn 21, 22f  643
Jos 6, 26  608
1Kön 22, 20  498
2Chr 24, 20ff  329
Ps 2, 7  26; 31
  50, 16–21  122
Jes 6  489
  6, 8  498
  8, 14  583
  24–27  487
  28, 16  583
  53, 12  21
  59, 9f  646
Ez 1  501
  1ff  489
  8, 3ff  489
  37–48  487
Dan 2  490
  7  501
  12, 6  498
  12, 9  488
Hos 2, 23  583
Sach 9–14  487
Mal 2, 7ff  122

Neues Testament

Mt 1.2  666
  2, 9–12  651
  3, 4  654
  3, 13–15  650

4, 1–11  271
4, 23  253
5, 8.7  701
5, 17f  655
5, 44  639
6, 9–13  36
8, 5–12  418
8, 5–13  271
8, 19–22  299
8, 20  319
9, 9  261
9, 27–31  273
9, 35  253
10, 3  261
10, 12  312
11, 1ff  271
11, 2–19  299
11, 5  253
11, 10  373
11, 14  373
11, 19  319
11, 25ff  652
12, 9ff  651
12, 22ff  271
12, 22–37  299
13, 36ff  521
15, 29–31  273
16, 18f  138
18, 12–14  417
19, 16–24  650
20, 29ff  650
22, 1–10  628
22, 7  347
23  640

Griechische und lateini-
sche Literatur

Griechische Wörter

## Namen- und Sachregister